DURCH AFRIKA

**Streckenbeschreibungen
Touristische Informationen
Nachtragsgutschein**

9. Auflage

Cip-Titelaufnahme der Deutschen Bibliothek:
Afrika-Führer. – Hohenthann: Reise Know-How Verlag Därr GmbH
(Reise-Know-how)

Bd. 2. Durch Afrika
[Hauptband.]. – 9. Aufl. – 1995

Durch Afrika: Streckenbeschreibungen, touristische
Informationen, Nachtragsgutschein/TCS. – München: Därr.
(Afrika-Führer; Bd. 2)
NE: Touring-Club der Schweiz

[Hauptbd.]. – 9. Aufl. – 1995
(Reise-Know-how. Sachbuch)
ISBN 3-921497-11-6

Auslieferung für den Buchhandel:
Deutschland: Prolit Buchvertrieb,
Postfach 9, 35463 Fernwald/Annerod
Schweiz: AVA Buch 2000,
Postfach 89, CH-8910 Affoltern a. A.
Österreich: Mohr und Morawa Buchvertrieb,
Postfach 260, A-1101 Wien

Impressum
© TCS und Edition Olizane Genf für die franz. Ausgabe
© 1992, Reise Know-How Verlag Därr GmbH für die deutsche Ausgabe
9. Auflage 1995, Reise Know-How Verlag Därr GmbH
Im Grund 12, 83104 Tths.-Hohenthann
Alle Angaben ohne Gewähr
Alle Rechte vorbehalten

Umschlag-Konzept und Design:
Manfred Schömann/Peter Rump, Bielefeld
Übersetzung der 8. Aufl.: Daniela Schetar-Köthe, Anne Buonanno, Wolfgang
Lechner
Redaktion der dt. Ausgabe: Daniela Schetar-Köthe, Friedrich Köthe, Erika
Därr
Karten: Stadtpläne – Astrid Fischer, München; Routenkarten – Michael Luck,
Reise Know-How Verlag Därr GmbH, Hohenthann; Ägyptenkarten – Tondoks,
München
Layout und Satz: Erika Därr, Michael Luck
Druck: Clausen & Bosse, Leck
Satzbelichtung: Osmar Loidl, Garching

Vorwort

Dieses Buch ist wohl mittlerweile zum Klassiker und Standardwerk für Afrikareisende geworden. Die in ihm enthaltenen Informationen gehen bis auf das Jahr 1973 zurück, damals noch ausschließlich vom Touring Club der Schweiz bearbeitet. Seit 1976 erscheint das Buch in Zusammenarbeit mit den Därrs, erst im Därr-Expeditionsservice und seit 1987 im Reise Know-How Verlag Därr, 83104 Hohenthann.

Viele Informationen sind im Laufe der Zeit von Reisenden auf ihren Touren quer durch Afrika gesammelt, dem Verlag geschickt und dem Buch hinzugefügt worden – so können eigentlich viele einen kleinen Teil der Urheberschaft für sich in Anspruch nehmen. Wir möchten an dieser Stelle allen Afrikafahrern danken, die so zur Entstehung und Weiterführung dieses Buches beigetragen haben.

Für Reisende ist Afrika kein „einfacher" Kontinent, eher ein Stück Abenteuer, geeignet für all diejenigen, die die Zeit und das Verlangen haben, sich für Wochen und Monate aus unserem Alltag hinwegzustehlen, um die schwierige Aufgabe zu bewältigen, den Kontinent zu Fuß, mit dem Fahrrad, Motorrad oder Auto zu meistern.

Zum ersten Mal seit Erscheinen der 1. Auflage trat im Jahre 1992 die Situation ein, daß auf offiziellen Wegen die Sahara aus Sicherheits- und/oder politischen Gründen nicht mehr durchquert werden konnte. Die Lage wird von Jahr zu Jahr eher instabiler, und so gestaltet sich der Kontext für einen Reiseführer, der doch vor allem dem motorisierten, grenzüberschreitenden Reisenden in Afrika weiterhelfen will, nicht gerade günstig. Es bleibt das Prinzip Hoffnung und das kontinuierliche Einholen von Informationen, um dem Wandel der Verhältnisse so dicht wie möglich auf der Spur zu bleiben. Mit unseren zweimal im Jahr erscheinenden Nachträgen zur jeweils aktuellen Auflage wollen wir versuchen, Sie über die Situation in Afrika auf dem Laufenden zu halten (s. Gutschein auf S. 960).

Seit der 8. Auflage 1992 wird das Reise-Handbuch „Durch Afrika" vom Reise Know-How Verlag Därr nicht nur – wie seit jeher – vertrieben, sondern auch herausgegeben und redaktionell bearbeitet, bis dahin Aufgabe des Touring Clubs der Schweiz. Wie schon im Falle der 8. Auflage konnten so auch für die vorliegende Ausgabe bis zum allerletzten Moment (Frühjahr '95) aktuelle Infos und Leser-Tips berücksichtigt und eingearbeitet werden. Nochmals allen Briefeschreibern ein herzliches Dankeschön, ebenso Daniela Schetar-Köthe und Friedrich Köthe, München, für die mühevolle Aufgabe der redaktionellen Überarbeitung und Abfassung der Länderüberblicke.

Informationen zur Reise-Vorbereitung, zu gesundheitlichen Fragen, zu Kfz-technischen Belangen und zu Visafragen entnehmen Sie bitte dem Buch „TransSahara – Afrika-Führer Band 1" von Klaus Därr (Neuauflage im Frühjahr '96), das Sie in jeder Hinsicht aufs Beste auf Ihr Reisevorhaben einstimmt.

Der vorliegende Band soll Ihnen die nötigen Information über die Reiseländer und zu den Routen geben. Beide Bände in einem Buch zusammenzufassen würde den Umfang eines Buches sprengen.

Die Gebrauchsanleitung zur Handhabe dieses Buches findet sich nach diesem Vorwort.

Viel Glück und „Hals- und Achsbruch" für Ihre Afrikafahrt wünscht Ihnen das Team vom Reise Know-How Verlag Därr!

Was enthält dieser Afrikaführer, wie gebraucht man ihn?

Seit der 8. Auflage 1992 soll eine systematische Anordnung der Routen die Übersichtlichkeit und Handhabung des vorliegenden Reisebuchs erleichtern.

Die Länder sind, beginnend im Norden und dann von West nach Ost alphabetisch fortfahrend, geordnet. Die Einteilung beginnt also mit Marokko (A,) es folgt Algerien (B), Tunesien (C), Libyen (D), Ägypten (E), weiter geht´s dann wieder im Westen – sozusagen eine geographische Etage tiefer – mit Mauretanien (F) usw. (s. a. Karte in der vorderen Umschlagklappe).

Nach Zaire (Z) wird die Einteilung mit Doppelbuchstaben wie AA für Uganda fortgeführt (s. wiederum Umschlagkarte).

Vor jedem Land finden sich eine Karte mit Einteilung und Numerierung der Routen und ein kurzer Länderüberblick mit den wichtigsten Daten. Nach jedem Land finden Sie Stadtpläne und Karten.

Zur Kennzeichnung oft wiederkehrender Angaben (bei Pisten) wurden Abkürzungen in Form von Buchstaben gewählt, z. B. A/H/I (s. u.). Die anschließende Jahreszahl benennt das Jahr, in dem die Strecke in dem beschriebenen Zustand befahren wurde (bei Asphaltstrecken meist nicht, da nebensächlich; fehlt die Jahreszahl bei Pisten oder steht der Hinweis „alt" bei der Eingangsbeschreibung, so bedeutet dies, daß die Beschreibung schon mehrere Jahre zurückliegt).

Der Angabe der Jahreszahl folgt die des benutzten Fahrzeugs, die zweifellos die Beurteilung der Pisten beeinflußt (hat).

Kartenlegende

— · — · — · —
Grenze

Tunis   Hauptstadt

━━━━━━
Befestigte Straße

32   Streckennummer

――――――
teilweise befestigte Straße

➡ **B** weiterführende Strecke in Routenteil **B** beschrieben

- - - - - - - - - - - -
Piste

Fès **B** in Routenteil **B** aufgeführte
○   Stadt

Kennzeichnung der Pisten

A: Piste (oft schlecht) **B:** aus politischen Gründen verbotene Piste
C: Fahren im Geleit empfohlen **D:** Fahren im Geleit obligatorisch
F: Führer und Fahren im Geleit obligatorisch
G: Geländefahrzeug empfohlen **H:** Geländefahrzeug obligatorisch
I: Reserven (Wasser, Lebensmittel, Treibstoff) obligatorisch
J: Führer obligatorisch **K:** Bewilligung obligatorisch

Inhaltsverzeichnis

Vorwort 3
Bedienungsanleitung 4
Inhaltsverzeichnis 5
Marokko – Routenteil A **8**
Marokko Überblick 8
Marokko Routeninformationen 11
Algerien – Routenteil B **60**
Algerien Überblick 62
Algerien Routeninformationen 68
Tunesien – Routenteil C **136**
Tunesien Überblick 137
Tunesien Routeninformationen 139
Libyen – Routenteil D **160**
Libyen Überblick 161
Libyen Routeninformationen 165
Ägypten – Routenteil E **196**
Ägypten Überblick 197
Ägypten Routeninformationen 200
Mauretanien – Routenteil F **234**
Mauretanien Überblick 235
Mauretanien Routeninformationen 237
Mali – Routenteil G **254**
Mali Überblick 256
Mali Routeninformationen 261
Niger – Routenteil H **294**
Niger Überblick 296
Niger Routeninformationen 301
Tschad – Routenteil I **332**
Tschad Überblick 333
Tschad Routeninformationen 336
Sudan – Routenteil J **350**
Sudan Überblick 352
Sudan Routeninformationen 355
Äthiopien/Eritrea/Djibouti – Routenteil K **392**
Äthiopien Überblick 393
Djibouti Überblick 396
Eritrea Überblick.. 398
Ätiopien/Eritrea/Djibouti Routeninformationen 400
Senegal/Gambia, Guinea, Sierra Leone – Routenteil L/M/N **414**
Senegal Überblick 415
Gambia Überblick 418
Senegal/Gambia Routeninformationen 419
Guinea Überblick 436

Guinea Routeninformationen..438
Sierra Leone Überblick...458
Sierra Leone Routeninformationen 460
Liberia, Elfenbeinküste – Routenteil O/P **464**
Liberia Überblick 465
Liberia Routeninformationen 467
Elfenbeinküste Überblick 472
Elfenbeinküste Routeninformationen 475
Burkina Faso, Ghana – Routenteil Q/R..**490**
Burkina Faso Überblick 491
Burkina Faso Routeninformationen 494
Ghana Überblick 512
Ghana Routeninformationen 514
Togo, Benin, Nigeria – Routenteil S/T/U **524**
Togo Überblick 526
Togo Routeninformationen 529
Benin Überblick 536
Benin Routeninformationen 538
Nigeria Überblick 548
Nigeria Routeninformationen 551
Kamerun – Routenteil V **572**
Kamerun Überblick 573
Kamerun Routeninformationen 576
Zentralafrikanische Republik – Routenteil W......................................**608**
Zentralafrikanische Republik Überblick...609
Zentralafrikanische Republik Routeninformationen.................................612
Gabun/Äquatorialguinea, Kongo – Routenteil X/Y **622**
Überblick Gabun 623
Überblick Äquatorialguinea 625
Gabun/Äquatorialguinea Routeninformationen.......................................627
Kongo Überblick 632
Kongo Routeninformationen..634
Zaire – Routenteil Z...**638**
Zaire Überblick 640
Zaire Routeninformationen 643
Uganda, Kenia, Somalia – Routenteil AA/BB/CC **676**
Uganda Überblick 678
Uganda Routeninformationen 681
Kenia Überblick 692
Kenia Routeninformationen...696
Somalia Überblick 728
Somalia Routeninformationen 730
Ruanda, Burundi – Routenteil DD/EE **734**
Ruanda Überblick 735
Ruanda Routeninformationen..737

Burundi Überblick	744
Burundi Routeninformationen	746
Tansania – Routenteil FF	**750**
Tansania Überblick	751
Tansania Routeninformationen	754
Angola – Routenteil GG	**776**
Angola Überblick	777
Angola Routeninformationen	780
Sambia, Malawi – Routenteil HH/II	**784**
Sambia Überblick	786
Sambia Routeninformationen	789
Malawi Überblick	796
Malawi Routeninformationen	798
Namibia – Routenteil JJ	**808**
Namibia Überblick	809
Namibia Routeninformationen	811
Botswana – Routenteil KK	**830**
Botswana Überblick	831
Botswana Routeninformationen	834
Zimbabwe – Routenteil LL	**844**
Zimbabwe Überblick	845
Zimbabwe Routeninformationen	847
Moçambique – Routenteil MM	**864**
Moçambique Überblick	865
Moçambique Routeninformationen	868
Republik Südafrika – Routenteil NN	**872**
Südafrika Überblick	874
Südafrika Routeninformationen	877
Anhang	**910**
Wie notiert man die Korrekturen	910
Notfall	911
Geographische Buchhandlungen	913
Botschaften und Informationsstellen	915
Was bedeuten diese Sahara-Ausdrücke?	940
Die arabischen Zahlen	942
Ortsregister	**943**

8 Durch Afrika

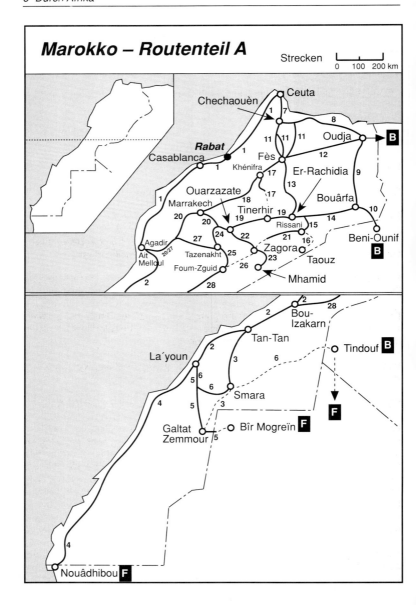

Marokko – Routenteil A

Überblick

Fläche: 458 730 km^2 (einschließlich Westsahara: 710 850 km^2).

Einwohner: 26 934 000.

Ethnien: Berber, arabische Berber und Araber.

Hauptstadt: Rabat (1,4 Mio. Einw. mit Salé).

Sprachen: Arabisch (Amtssprache) und Berberdialekte, Französisch.

Religion: Islam.

Ruhetag: Ämter, Banken und Büros, städt. Geschäfte: Sonntag. Geschäfte in den Altstädten (*souks*) und im ländlichen Bereich gelegentlich Freitag.

Feiertage: 1.1, Nationalfeiertag 3.3., 1.5, 14.5, 9.7, 6.11, 18.11 sowie einige jährlich wechselnde islamische Feiertage.

Einreise: Mindestens noch 6 Monate gültiger Reisepaß für Deutsche, Schweizer, Österreicher; Niederländer benötigen ein Visum. Videokameras müssen deklariert und in den Paß eingetragen werden.

Impfung/Gesundheit: Keine Impfungen vorgeschrieben; Malariaprophylaxe wird im Sommer von den Tropeninstituten empfohlen.

Währung: Marokkanischer Dirham. Wechselkurs 1 DM = 6,75 DH (01.95).

Kfz: Führerschein und Fahrzeugschein. Die internationale Grüne Versicherungskarte muß für Marokko gültig geschrieben werden. Wer ein Fahrzeug mieten will, benötigt offiziell den internationalen Führerschein, meist genügt auch der nationale, Mindestalter 21 Jahre. Bei Einreise mit mehreren Fahrzeugen, die auf einen Halter zugelassen sind, kann es Schwierigkeiten geben (sinnvoll ist es, eine beglaubigte Vollmacht des Halters mitzuführen; Vordrucke beim ADAC). Lieber zeitlich versetzt versuchen! Die Einreise wird Fahrzeugen mit militärischem Aussehen häufig verwehrt. Kein *carnet de passage* notwendig, auch nicht für Wohnmobile oder Wohnanhänger. Fahrzeuge, Anhänger, Boote, Surfbretter etc. werden nicht mehr in den Paß, dafür in ein speziell dafür vorgesehenes, grünes Formular eingetragen. Seit Ende 1994 dürfen Fahrzeuge mit ausländischer Zulassung nur noch für max. ein halbes Jahr im Land verbleiben (dabei werden mehrere Einreisen zusammengezählt).

Treibstoff: Versorgung fast überall im Land gesichert. Billigerer Treibstoff in den spanischen Enklaven Ceuta, Melilla, wesentlich billiger in der Ex-Westsahara ab etwa 50 km südlich von Tan-Tan. Diesel ca. 4 DH; Super ca. 7 DH; Normal ca. 6,73 DH. Bleifreibenzin bei den „Afriquia"-Tankstellen (Verzeichnis beim ADAC) und in den Großstädten.

Straßenzustand: Die meisten Straßen sind asphaltiert und in gutem Zustand. Gebührenpflichtige Autobahn zwischen Rabat und Casablanca. Pisten im Atlas und im Süden sind häufig nur mit geländegängigen Fahrzeugen befahrbar. Vorsicht im Winter und Frühjahr: durch Schnee und starke Regenfälle unterbrochene Routen.

Grenzen: Die Grenzen nach Mauretanien sind zumindest in Nord-Süd-Richtung offen (siehe Route A4). Inzwischen gibt es Führer für die Befahrung von Süden nach Norden, die angeblich die Lage der Minengürtel und die Korridore dazu kennen (ca. 300 DM). Marokko läßt die Einreise aus dem Süden dann unproblematisch zu. Es muß allerdings noch einmal darauf hingewiesen werden, daß die Süd-Nord-Route zu befahren bislang immer noch illegal ist und die Risiken nicht kalkulierbar sind. Die Grenzen zu Algerien sind seit Herbst 1994 (nach einem Anschlag von algerisch gelenkten Fundamentalisten auf ein Hotel in Marrakesch) meist geschlossen. Solange keine Besserung der Situation in Algerien eintritt, ist mit einer Öffnung nicht zu rechnen!

Kontrollen: Bei der Einreise häufig sehr sorgfältige Kontrollen, bei der Ausreise strenge Kontrollen nach Haschisch (*kiff*). Häufig Kontrollen an den Ausfallstraßen bei den Grenzen. Im Süden ab Oued Draa bis Dakhla (Westsahara) häufig Militärkontrollen mit genauer Registrierung der Fahrzeuge und persönlichen Daten. Es empfiehlt sich, selbst ein gut lesbares Formular zu erstellen mit allen Daten der Reisenden (Name, Vorname, Geburtsort und -datum, Namen der Eltern, Heimatadresse, Paßdaten, Reiseursprung, -grund und -ziel), dieses mehrfach zu kopieren und gegebenenfalls dem Militär/der Polizei auszuhändigen.

Sicherheit: Vorsicht vor Diebstählen und Trickbetrügern in den Großstädten. Besondere Vorsicht im Rif-Gebirge vor Drogenhändlern. An den Stränden bis Oued Laou Wildcampen nicht zu empfehlen, aus Sicherheitsgründen wird bei einer Aufenthaltsdauer von länger als zwei Stunden mit dem Fahrzeug eine Genehmigung verlangt, deren Ausstellung mehrere Stunden beansprucht. Ob dies allerdings nur eine Finte der Polzei ist um evtl. Schmiergelder zu kassieren, ist uns derzeit nicht bekannt.

Zeitverschiebung: - 1 Stunde. Ob in Marokko die Sommerzeit gilt, wird jedes Jahr neu festgelegt (wenn keine Sommerzeit in Marokko: - 2 Stunden).

Stromspannung: 115 bis 220 V. Steckdosen-Adapter (franz.) empfohlen.

Literatur und Landkarten:
Reiseführer: Erika Därr, „Reise Know-How Marokko" (6.Auflage) und Erika Därr, „Reise Know-How Agadir und die Königsstädte Marokkos" (2. Auflage Herbst 1995).
Landkarten: Michelin 969 Marokko, 1:1 000 000. RV Marokko, 1:800 000. Maroc 1:500 000 in 16 Blättern, erschienen bislang 6 Karten des Kerngebiets (siehe Versandkatalog von Därr Expeditionsservice).
Hintergrund: Romane marokkanischer Autoren, wie Tahar ben Jalloun („Sohn ihres Vaters"), Dris Chraibi („Die Zivilisation", „Mutter"); Romane und Erzählungen von Paul Bowles (alle Taschenbuch). W. Neumann, „Die Berber", DuMont Dokumente.

Geschichte: Die Ureinwohner des heutigen Marokko, die Berber, wurden im 7./8. Jahrhundert von den arabischen Eroberungsheeren unter Oqba Ibn Nafi zwar oberflächlich unterworfen, jedoch nicht wirklich befriedet. Erst die Übernahme des Islam schaffte ein gewisses Zusammengehörigkeitsgefühl unter den miteinander verfehdeten Berberstämmen. Unter Führung der Araber eroberten die Berber Teile Spaniens, revoltierten aber schon bald gegen die arabischen Heerführer. Marokkos erste Herrscherdynastie, die arabischstämmigen Idrissiden, waren Nachfahren des Propheten Mohammed. Darauf folgten Berberdynastien wie die Almoraviden ab dem 11. Jh. (al-murabitun = die Menschen des Klosters) die Almohaden (13. Jh.) und die Meriniden (14. Jh.), unter deren Herrschaft Marokko eine sowohl wirtschaftliche wie kulturelle Blüte erlebte. Das marokkanische Reich lag an den großen Sahara-Handelsstraßen, die das Mittelmeer mit den Ländern südlich der Sahara verbanden. Die legendäre Stadt Sijilmassa (beim heutigen Erfoud) war Handelsknotenpunkt. Waren aus dem Sudan und aus Europa und dem Maghreb wurden umgeschlagen. Die aufeinanderfolgenden Herrscherdynastien bauten die marokkanischen Königsstädte Marrakech, Fes, Rabat und Meknes aus und holten berühmte Literaten, Architekten, Künstler und Wissenschaftler an ihren Hof (Ibn Battuta, Ibn Khaldoun). Die eigentlichen Rückzugsgebiete der Berber im Atlas und Rif bekamen die marokkanischen Herrscher nie völlig unter ihre Kontrolle. 1906 teilten die europäischen Mächte das marokkanische Territorium unter Frankreich (Nord- und Zentralmarokko) und Spanien (Südmarokko) auf. Die Unabhängigkeit erlangte Marokko 1956, die spanisch besetzte Westsahara wurde erst 1975 geräumt und ist seit dieser Zeit unter marokkanischer Kontrolle.

Politik: Zentrale Figur der marokkanischen Politik ist König Hassan II, der sich trotz zahlreicher Attentats- und Umsturzversuche seit seinem Amtsantritt 1961 an der Macht halten konnte. Hassan laviert geschickt zwischen arabischen und westlichen Positionen und gilt als gemäßigter arabischer Staatschef, innenpolitisch ist allerdings seine Geheimpolizei und das Vorgehen gegen Regimekritiker gefürchtet. Die internationale Anerkennung des Königs wird nur durch seine Westsahara-Politik getrübt: 1975 führte Hassan über 300 000 Marokkaner auf dem „Grünen Marsch" zur Annexion der von Spanien geräum-

12   Durch Afrika

ten Westsahara, 1979 besetzte Marokko schließlich auch die Teile der West-sahara, die ursprünglich von Mauretanien beansprucht wurden (die Regionen südlich von Dakhla). Die seit 1992 von der UN geforderte Volksabstimmung über die Zugehörigkeit der West-Sahara zu Marokko wurde von Marokko wegen Unklarheiten bzgl. der Berechtigung zur Abstimmungsbeteiligung bislang immer wieder verschoben.

Der Krieg gegen die Polisario hat Marokkos Wirtschaft in den Jahren 1975-1989 schwer belastet, zugleich aber auch ein patriotisches Gefühl von Einigkeit mit dem König geschaffen, dem sich auch Oppositionelle nicht entziehen konnten. Da trotz starker Oppositonsparteien, die parlamentarisch zugelassen sind, eine Kritik am derzeitigen Regime und vor allem am König nicht erwünscht ist und die Geheimpolizei allgegenwärtig ist, sollte man bei Gesprächen mit Marokkanern das Thema Politik möglichst vermeiden.

Routeninformationen

A 1: Ceuta (spanische Exklave) – Tanger – Larache – Souk el-Arba du Rharb – Kénitra – Rabat – Casablanca – Safi – Essaouira – Agadir – Aït Melloul (993 km)

Gute Asphaltstraße. 60 km vor Casablanca: Autobahn. Starker Verkehr zwischen Tanger und Casablanca.

Ceuta – 10–60 m, 70 000 Einwohner. Diese spanische Exklave liegt malerisch auf einem Vorsprung des Monte Hacho. Falls Sie von hier aus nach Marokko einreisen, tanken Sie nochmals voll – meist ist es billiger!
Unterkunftsmöglichkeit: Campingplatz im Stadtteil Benitez. Keine Zufahrtsmöglichkeit für hohe Wohnmobile wegen niedriger Toreinfahrt. Vorsicht vor Dieben in Ceuta – freies Camping nicht empfehlenswert.
Verschiedenes: an der Grenze etwa zwei Stunden für die Formalitäten rechnen; GPS-Geräte möglichst verstecken, ansonsten erhebliche Diskussionen, evtl. als „compass electronique" einführen. Vorsicht vor selbsternannten „Studenten", die Ihnen dabei behilflich sein wollen; dies sind oft Drogenhändler, auf keinerlei Geschäfte und Einladungen einlassen. Die Formalitäten sind sehr leicht selbst zu erledigen. Sie brauchen einen weißen Einreisezettel, den Sie ausfüllen und zusammen mit dem Paß durch das Fenster, bei dem normalerweise schon viele Menschen anstehen, reichen. Wenn Sie nach längerer Wartezeit die Paßformalitäten erledigt haben, geht es an die Zollformalitäten. Wagenpapiere kontrollieren lassen; falls in der Grünen Versicherungskarte nicht gültig geschrieben, Kfz-Versicherung abschließen; grünes Zollformular für das Fahrzeug und andere größere Gegenstände (Anhänger, Boote, Videokameras etc.) ausfüllen, Zollstempel geben lassen, danach die Fahrzeugkontrolle abwarten, dann können Sie weiterfahren.

12 km vor Tanger, Fahrt am Kap Malabata vorbei, mit schöner Sicht auf die Stadt.

Tanger – 5 bis 90 m, 363 000 Einw. Schöne Stadt mit zahlreichen historischen Bauten, mehreren Museen und Gärten, empfehlenswerten *souks*. Mehrere Campingplätze vor allem entlang der Atlantikküste in Richtung Asilah.

Umgebung: 12 km hinter Tanger, links: Asphaltstraße zum Kap Spartel, dem Übergang vom Atlantik zum Mittelmeer; Aussichtspunkt. Cotta (archäologische Fundstätte) und „Herkules-Höhlen".

Asilah – 10 m, 20 000 Einw. Gute Infrastruktur.

Unterkunft: manche Campingplätze sind im Winter geschlossen, trotzdem nach dem Zeltplatz „Atlas" fragen; weitere Plätze sind „Echrigui" und „Sahara". Im August sind die Campingplätze sehr stark von marokkanischen Urlaubern frequentiert und brechend voll. Kleine Hotels. Motorradfahrer finden in der Pension „En-Nasr" in der Nähe des zentralen Kreisverkehrs Unterkunft.

Sehenswert: Altstadt mit Festungsmauern, Meerespforte. *Souk* donnerstags.

Ausflug: an der Kreuzung nach Tetuan zum prähistorischen **Cromlech** (Steinkreis) **von Mzoura.** Man fährt 4,2 km in Richtung Tetuan. Dort ist links ein Abzweig nach **Souk Tnine de Sidi el Yamani** (GPS-Koordinaten N35°22.596'/ W5°56.730'), das man auf 2 km schlechter Asphaltstraße erreicht. Am Ortseingang der Gabelung rechts folgen und am Ortsrand entlang fahren. Anschließend folgt man einem sandigen und zerfurchten Weg in ein Tal. Vor der Moschee eines kleinen Weilers links halten in ein Tal mit Bachabfahrt, diesen durchqueren und bei der folgenden Gabelung links fahren. Man überquert einen kleinen Hügel und fährt auf kaktusgesäumte Gärten zu. Darin findet sich ein Weg, nach dessen Passage man unmittelbar vor dem Cromlech ankommt (N35°24.241'/W5°56.669').

4 km vor Larache wird **Lixus** passiert, eine archäologische Fundstätte aus der Römerzeit.

Larache – 5–40 m, 50 000 Einw. Campingplatz. *Souk* mittwochs und sonntags. Relativ moderne, angenehme Stadt. Schöne Strände nördlich und ca. 20 km südlich.

Arbaoua – Kleinstadt. Campingplatz. Nach Kénitra gehen zwei Straßen: die Hauptstraße über Souk el-Arba du Rharb oder die Küstenstraße.

Kénitra – 10 m, 362 000 Einw. Bedeutender Hafen, moderne Stadt.

In der Umgebung: das an einer Lagune mit Vogelschutzgebiet und sehr schönem Sandstrand gelegene Moulay Bousselham.

Unterkunft: angenehmer Campingplatz im Schatten der Bäume, im Juli/August allerdings überfüllt, Bademöglichkeit im Meer.

Mehdiya-Plage – Angenehmer Strand, Campingplatz, 70 Sanitäranlagen in katastrophalem Zustand.

10 km vor Salé Bouknadel.

Bouknadel – Die sehenswerten exotischen Gärten von Rabat-Salé mit Flora aus der ganzen Welt.

Salé – 17 m, 180 000 Einw. Schöne alte Stadt, zahlreiche *souks* und Handwerksbetriebe.

14 *Durch Afrika*

Unterkunft: Camping Salé am Strand mit wenig Schatten und veralteten, relativ sauberen Sanitäranlagen (10 DH pro Person).
Rabat – 15–60 m, 1,02 Mio. Einw. Die Hauptstadt wurde im 8. Jh. v.Chr. gegründet und ist eine der schönsten aber auch angenehmsten Städte Marokkos, da es hier im Gegensatz zu Marrakech und Fes kaum aufdringliche Führer gibt. Zahlreiche historische Bauten und Museen.
Sehenswert: vor allem die *kasbah* und das „Mausoleum Mohammed V.“; Archäologisches Museum; die Kasbah; *souks*, Handwerksbetriebe und zahlreicher Krimskrams rund um die Rue du Consul in der Medina. Ein Ausflug nach Salé, der alten Piratenstadt, ist empfehlenswert.
Unterkunftsmöglichkeit: Jugendherberge, Rue Marassa nahe am Misr-Boulevard gegenüber den Stadtmauern der Altstadt (25 DH). Hotel „Darna" im Babelalou-Viertel Unterkunft (besonders für Morradfahrer empfehlenswert); das einfache aber saubere Hotel „Central" (2, Rue al Basra, 1 Stern); die etwas komfortableren Hotels „Velleda" (106, Av. Allal Ben Abdellah in der Nähe des Bahnhofs im 4. Stock mit geräumigen Zimmern, 2 Sterne), Drei-Sterne-Hotel Moussafir der Eisenbahngesellschaft ONCF, 12, 14, Rue Abderrahmane, direkt am Bahnhof, schönes neues Hotel, DZ ca. 320 DH, und „Terminus" (388, Av. Mohammed V, 3 Sterne), sauber, angenehm und im Zentrum.
Verschiedenes: algerische Botschaft, Möglichkeit der Visumverlängerung (40 DH); Schweizer und Deutsche können ein algerisches Visum beantragen, Wartezeit ca. 2–3 Wochen. Auffüllen von Campinggas-Flaschen in der Nähe des Bahnhofs, nach M. Sabri fragen.
Témara Plage – Badeort.
Unterkunft: angenehmer Campingplatz nahe am Meer (ca. 10–15 DH pro Person).
Von Rabat kann man entweder entlang der Küste oder auf der Autobahn nach Casablanca gelangen. Die Autobahn ist ab Mohammedia–Ouest gebührenpflichtig.
Mohammedia – Badeort. Bungalows, Campingplatz.
Casablanca – 19 m, 1 561 000 Einw. Bedeutendste Stadt des Landes, modern, einzig die *medina* erinnert an das alte Marokko.
Sehenswert: die neuerbaute Moschee Hassan II. (zweitgrößte der Welt); die Medina, die Neustadt zwischen Platz Mohammed V. und Platz der Vereinten Nationen mit schönen Häusern aus der Kolonialzeit.
Unterkunftsmöglichkeit: schöne und verhältnismäßig neue Jugendherberge in der Medina, am Admiral-Philibert-Platz 6 in Hafennähe (25 DH). Lauter und wenig gepflegter Campingplatz „Oasis", im Beauséjour-Viertel an der Straße zum Flughafen. Zentral gelegenes, lautes Hotel „Sully" (284, Bd Rahal el Meskini) mit Appartements und großen Zimmer, die Waschräume sind aber häufig demoliert (291 DH/2-Zimmer-Appartement); Hotels „George V." oder „Toubkal" an einer Gabelung zur Av. des F.A.R im Zentrum (2 Sterne); Drei-Sterne-Hotel „Moussafir" der Eisenbahngesellschaft ONCF, Bd Bou Hmad, Place de la Gare, direkt am Bahnhof, schönes Hotel, DZ ca. 300 DH; Hotel de Paris, 2 Rue Ech-Charif Amziane, Ecke Rue Prince Moulay Abdallah, schönes Hotel, sehr zen-

tral gelegen (nahe Av. Hassan II.), DZ ca. 250 DH. Alle wichtigen Hotels befinden sich rund um die Av. des F.A.R., ebenso die Flugbüros.

Verschiedenes: gute Einkaufsmöglichkeit, viele Cafés, Geschäfte, Restaurants etc. im Centre 2000 beim Hafen und nahe der Av. des F.A.R.

Von Casablanca nach Azemmour gibt es zwei Möglichkeiten: die Hauptstraße (P8) über Bir-Jdid und die S130 in Küstennähe (vorzuziehen).

Azemmour – 30 000 Einw. Befestigte Stadt mit beeindruckenden Festungsmauern. Gute Infrastruktur. *Souk* dienstags.

El-Jadida – 4 m, 70 000 Einw. Alte befestigte Stadt, von den Portugiesen erbaut.

Sehenswert: Hafen, Festungsmauern und historische Häuser der „Cité portugaise", hier vor allem die Zisterne mit den mittelalterlichen Kreuzrippengewölben.

Von El-Jadida nach Safi gibt es zwei Verbindungen; die landschaftlich interessantere S121 an der Küste entlang wählen (lohnenswerte Aussichtspunkte).

Safi – 10–60 m, 330 000 Einw. Zahlreiche *souks.*

Sehenswert: Hafen, die Festungen und ihre Mauern und das Töpferviertel.

Essaouira (früher Mogador) – 40 000 Einw. Befestigte Stadt. Interessante *souks* (Schmuck, Intarsien, Möbel). Gute Infrastruktur. Von der Terrasse des Hotels „Rempart": großartiger Blick auf die Stadt.

Unterkunft: Campingplatz (7 DH/Person, 14 DH/Fahrzeug). Hotel „Villa Maroc", 10 Rue Abdallah Bou Yacine, wunderschönes, individuell gestaltetes Hotel in der Altstadt, bewachter Parkplatz nahe der Altstadt, DZ ca. 500 DH.

Sehenswert: Fischerhafen und Marinetor. Sehr schöner Strand mit wilder Campingmöglichkeit (Vorsicht Diebe!) in Sidi Kaouiki, ca. 30 km südlich von Essaouira.

Unterkunft: Residence „Kaouki Beach" (Surfzentrum und Ableger der Villa Maroc in Essaouira), sehr schön, DZ mit HP ca. 380 DH.

Tarhazoute – 20 km nördlich von Agadir. Schöner Strand mit einfachem, wenig gepflegtem Campingplatz.

Unterkunft: schöne Häuser und hübsches Café/Restaurant; es besteht die Möglichkeit, von dort wohnenden Europäern Häuser oder Appartements zu mieten (ab einer Woche).

Imouzzèr des Ida Outanane – Abzweigung 12 km vor Agadir Richtung NO. Asphalt über 50 km, doch schmale, kurvenreiche und unebene Straße. Mit Palmen und Oleander bewachsene Schluchten wechseln mit hohen, kahlen Hügeln ab; hübsche Wasserfälle, die schleierartig einen hohen Felsen herunterstürzen und unten einen Pool bilden. Einheimische Jugendlichen springen vom ca. 15 m hohen Felsen zur Touristenbelustigung hinunter und lassen sich teuer bezahlen. Bademöglichkeit, für Frauen wegen der entsetzlich aufdringlichen Kinder und Jugendlichen wenig empfehlenswert. Sehr angenehmes Hotel und Restaurant in Imouzzèr; Markt donnerstags; Treibstoff. Hin- und Rückfahrt: ein Tag.

Agadir – 334 000 Einw. Vom alten Agadir sind nur noch die Festungsmauern der Kasbah zu sehen, der Rest wurde am 1. März 1960 durch ein Erdbeben

16 Durch Afrika

zerstört. Im neuen Agadir zahlreiche moderne Gebäude, vor allem die Post
zählt zu den gelungeneren Beispielen moderner Architektur.
Sehenswert: kleiner Zoo und Vogelpark gegenüber dem *marché municipal*,
Blick von der *kasbah* auf Agadir.
Unterkunft: der Campingplatz in Agadir ist sowohl im Juli/August, als auch im
Dezember häufig überfüllt und dann schmutzig. Das freundliche Hotel „Petite
Suede" (2 Sterne, ca. 200 DH/DZ) mit gutem Frühstück und Hotel „Aferni" (3
Sterne, 300 DH/DZ mit Pool), beide an der Av. Generale Kettani; Drei-Sterne-
Hotel „Ali Baba" mit Swimmingpool und Garten, Av. Mohammed V., DZ
ca. 350 DH; preiswerte Hotels am Busbahnhof zwischen Zankat du 29 Fevrier
und Av. Allal ben Abdallah oder an der Rue Yacoub el Mansour.
Gute Einkaufsmöglichkeiten und zahlreiche gute Restaurants, z.B. „Marine-
heim – Bei Hilde" an der Av. Mohammed V. (ca. 60 bis 90 DH/ Menü) und „La
Guedra" (preiswerter, ca. 50 DH/Menü) am Place Prince Sidi Mohmammed
Heritier beim *marché municipal*.
Verschiedenes: am *marché municipal*, in einem zweistöckigen modernen Ge-
bäude, gibt es alle Frischwaren von Meeresfrüchten bis Fleisch, Gemüse,
Obst aber auch Gewürze, Butter, Milch, Joghurt etc., besser aber noch der
große Souk am Stadtrand.
Hinter Agadir führt die Route durch eine Ebene, die zusehends dürrer und
wüstenähnlicher wird.
Aït Melloul – 17 m. Großer lebhafter Ort, jetzt Sitz des neuen Flughafens von
Agadir. Treibstoff. Lebensmittel. Hotels. (Beginn A 2; Ende A 18 und A 25.)

A 2: Aït Melloul – Tiznit – Goulimime – Tan-Tan – Laayoun (637 km)

Sehr gut ausgebaute Asphaltstrecke.

Aït Melloul – S. A 1. (Ende A 1, A 18 und A 25.)
Nach Tiznit gibt es zwei Routen: die direkte, 78 km lange Hauptstraße oder die
Rundtour über die landschaftlich sehr schöne 237 km lange Bergstraße (As-
phalt, mehrere, nicht immer ausgebesserte Furten) über Tafraoute.
Tafraoute – Ca. 6000 Einw. Gute Infrastruktur.
Unterkunft: Hotel „Tafraoute" (ca. 120 DH/DZ), einfach und sauber, und das
überteuerte (ca. 400 DH/DZ) Vier-Sterne-Hotel „Les Amandiers". Campingplatz
mit wenig Schatten und einfachen Sanitäranlagen (ca. 20 DH/Person).
In der Umgebung: interessante Ausflugsmöglichkeiten vor allem zu den be-
malten Felsen des belg. Künstlers Jean Veràme beim Weiler Aguard Oudad.
Großartige Felsformationen aus rosa Granit, Palmenhaine, Felsgravuren.
Auf der direkten Strecke nach Tiznit entlang der Küste: Abzweigung zum Meer
nach **Sidi-Rbat:** Abzweigung in Had bel Faa bzw. Aït Belfa – Wegweiser
Richtung Massa, nach 8 km rechts nach Tassila abbiegen, dann wieder rechts
nach Sidi Rabat. Zunächst Asphalt, dann Piste (A). Sehr schöner Strand.
Treibstoff, Lebensmittel.

Unterkunft: einfacher Campingplatz (15 DH/2 Personen mit Auto) beim WWF-Vogel- und Naturschutzgebiet Woud Massa, mit Restaurant und Zimmervermietung (70 DH).

Tiznit – 224 m, 13 000 Einw. Gute Infrastruktur.

Sehenswert: Juwelier-*souk*.

Unterkunft: Campingplatz in Zentrumsnähe auf einem großen, von Mauern umgebenen Platz, wo auch Veranstaltungen durchgeführt werden, sanitäre Einrichtungen schmutzig; weiterer Campingplatz am Stadteingang (ca. 10 DH/Person mit Motorrad). „Hotel de Tiznit", Rue Bir Inzaran, an der Kreuzung in Richtung Goulimime bei der Tankstelle, mit sehr schönen Zimmern und Swimmingpool (ca. 250 DH/DZ) und gegenüber das „Hotel de Paris" (ca. 190 DH/DZ).

Zwei Möglichkeiten von Tiznit nach Goulimime: die 108 km lange Hauptstraße über Bou-Izakarn (Treibstoff, Lebensmittel; Ende A 28) oder die 132 km lange, gebirgige Straße (stellenweise schlecht unterhaltener Asphalt) an der Küste entlang über Sidi Ifni, der ehemaligen spanischen Enklave. Nördlich von Sidi Ifni in Richtung Tiznit gibt es einige sehr schöne Strände.

Goulimime – 200 m, 20 000 Einw. Gute Infrastruktur. Dichter Militärverkehr.

Sehenswert: Kamelmarkt am Samstag/Sonntag, Touristenspektakel. Am besten gleich nach Sonnenaufgang hingehen.

Unterkunft: Übernachtung im einfachen Hotel „Salam" oder Camping ca. 60 km entfernt, s. u.

In der Umgebung: Ausflugsmöglichkeit zum Plage blanche (ca. 48 km), erst Teerstraße dann Piste, oder zum malerischen Fort Bou Jerif, in dessen Nähe der hervorragende Campingplatz, Rallye- und Afrikafahrertreffpunkt der Franzosen Evi und Guy Dreumont (schecht beschildert) liegt (ab Goulimime beschildert). Von dort ist es sowohl möglich zum Plage blanche als auch zu dem 15 km vor dem Fort liegenden Strand zu fahren (nur mit Geländefahrzeug). Bademöglichkeit im nahen Fluß, hervorragendes Essen und die besten Camping-Sanitäranlagen von ganz Marokko. Übernachtung 20 DH pro Person im Fahrzeug oder im Nomadenzelt mit Schlafsack, Menü 70 DH, Frühstück 25 DH, Übernachtung im Zimmer 70 DH (geplant im Erweiterungsbau).

Tan-Tan – Kleinstadt. Gute Infrastruktur. Treibstoff. Teurer Stadtmarkt.

Tan-Tan Plage – Verkommener Ort. Treibstoff. Hafen wird ausgebaut. Zwei Cafés.

Unterkunft: Campingplatz nur im Sommer geöffnet. Übernachten auf einem kleinen Platz ohne Infrastruktur in der Nähe der Polizei möglich.

Ab hier gute Asphaltstraße, zum Teil im Bau.

Daora – Dorf. Wasser.

Laayoun – Stadt. Gute Infrastruktur. Tanken, da der Treibstoff hier billiger ist. Krankenhaus.

Unterkunft: Campingplatz in Laayoun Plage beschildert – wenig Schatten. Hotel „Al Massina", Hotel „Nagjir", beide groß und neu; Hotel „Parador" – gegenüber befindet sich das Touristenbüro und das einfache Hotel „Atlas". (Beginn A4, A5 und A6.)

A 3: Tan-Tan – Smara – Hausa – Galtat Zemmour
(435 km)

Von Tan-Tan nach Smara Asphalt, wenig Verkehr. Ab Tan-Tan zahlreiche Checkpoints mit akribischer Kontrolle. Strecke ab Smara bis zur Grenze Piste, z. Zt. gesperrt (A/B/G/I). Rückfahrt über Laayoun möglich. Von Laayoun nach Smara Asphalt, einige Furten, nach Regenfällen hohe Bodenfreiheit erforderlich.

Tan-Tan – S. A 2. (Zur A 2.)
Laayoun – S. A 2. (Ende A 2; Beginn A 4, A 5 und A 6.)
Smara – Ehemalige heilige Stadt der Reguibat-Nomaden, von der alten Moschee ist allerdings nichts mehr erhalten. Dorf. Wasser, Treibstoff (Diesel und Super), Reparaturwerkstatt, Hotel.
(Beginn A 6.)
Galtat Zemmour – Militärposten (freundliche Soldaten). Wasser. Lebensmittelversorgung schwierig (einige Geschäfte). Kein Treibstoff. Friedhof, letzte Ruhestätte der Soldaten, die von der Polisario 1985 getöten wurden.
(Beginn A 5.)

A 4: Laayoun – Dakhla – mauret. Grenze – Nouâdhibou
(1014 km)

(10.94, Land Rover) Asphalt. Die im Krieg gelegten Minenfelder wurden nicht geräumt, lediglich Passagen existieren. Unter keinen Umständen auf eigene Faust vom Weg abweichen. Ab Laayoun bis 50 km vor Nouâhdibou gut, dann Piste mit ausgefahrenen Sandpartien, im Minengürtel Weichsandfelder. Sowohl ab Tan-Tan, als auch weiterhin vor und nach Laayoun zahlreiche *checkpoints* mit genauer Personenkontrolle – Angabe von Geburtsdaten, Eltern, Paßnummern etc. sämtlicher Mitreisenden.

Laayoun – S. A 2. (Ende A 2; Beginn A 5 und A 6.)
Boujdour – Dorf. Lebensmittel, Wasser. Treibstoff. Einige kleine Restaurants. Polizeiposten.
17 km hinter Boujdour Möglichkeit auf einer Piste die Steilküste zum Strand hinunterzufahren, schöne Campingmöglichkeit am Sandstrand, zwei gestrandete Schiffe – Vorsicht viele Rochen im flachen Wasser im Sand eingebuddelt.
Dakhla – 3 000 Einwohner. Hauptsächlich militärische Stadt. Gute Infrastruktur. Campingplatz ca. 2 km vor der Stadt, oder in der Lagune von Dakhla ca. 15 km nördl. der Stadt. Meldung bei Polizei und Militär obligatorisch. Die Genehmigungen für die Weiterreise müssen eingeholt werden bei der Polizei und dem Militär an der katholischen Kirche, bei der Provinzverwaltung (Ausreisebewilligung) und beim Zoll. Bearbeitungszeit ca. 2-3 Tage. Anmeldung für den Konvoi am Vortag, besser 2 Tage vorher. Der Konvoi startet Dienstag und Freitag um 11:00 Uhr am Ortsrand.
Unterkunft: einfache Hotels „Doums" und „Wahda". Camping ca. 25 km nördlich von Dakhla in der Bucht am Sandstrand. Treffpunkt der Globetrotter. 6 km vor Dakhla ist ein neuer Campingplatz in Bau. Gutes Restaurant „Chez Juan".

Routenteil A – Marokko   19

Verschiedenes: Flughafen (Flüge nach Laayoun).
El Argoub – Militärposten. Für die Weiterfahrt in den Süden wird hier keine Genehmigung erteilt, nur in Dakhla. Von einer Weiterfahrt ohne Genehmigung ist abzuraten, zahlreiche Kontrollen. Hoher Risikofaktor bei Fahrten abseits der Teerstraße im südlichen Bereich – Minen!
Km 33, Abzweig nach El-Agroub.
Km 140, Straße verläuft in Meeresnähe.
Imlili – Militärposten, weder Verpflegung noch Treibstoff.
Km 176, Straße verläuft in Meeresnähe.
Km 276, Straße verläuft in Meeresnähe.
Bir Guendoûz – Militärposten. Weder Verpflegung noch Treibstoff.
Km 376, Kontrollposten, Zollkontrolle (kein Alkohol), angeblich korrupte Beamte, keine Einreiseformalitäten.
Nouâdhibou (Mauretanien) – 21 000 Einw. Erz- und Fischereihafen. Gute Infrastruktur. Hotel der Bergbaugesellschaft „Cominor". „Culpéa-Klinik". Die Stadt wurde anläßlich der ersten Postflüge gegründet. Saint-Exupéry und Mermoz sind hier gelandet. Hier müssen die Einreiseformalitäten für Mauretanien erledigt werden (ca. 1 Tag). Zuerst zur Polizei (Wegbeschreibung am Kontrollposten bei Km 376) und den Paß stempeln lassen. Danach zum Zoll am Hafen, deklarieren und *carnet de passage* vorweisen, letzteres wird nur vormittags abgestempelt (u.U. genügt auch der Fahrzeugschein). Es kann passieren, daß eine lokale Haftpflichtversicherung abgeschlossen werden muß. Das *laisser passer* zur Weiterreise wird dann bei der Polizei geholt (500 UM). Fordert man eine Quittung wird u.U. auf die „Gebühr" verzichtet. Gebühr 10 DM für Parc d´Árguin (wer die Küste entlangfährt) im Büro Parc d´Árguin.
Sehenswert: der Strand mit den Seehunden an der Atlantikseite der Halbinsel.

A 5: Laayoun – Bou Kra – Galtat Zemmur – mauretanische Grenze – Bir Mogreïn (350 km)

(03.92) Strecke gegenwärtig gesperrt! Asphalt bis Bu Craa und von Guelta Zemmur bis zur mauretanischen Grenze. Zwischen Bu Craa und Galtat Zemmur Sand- bzw. Kiespiste (B/H/I), schlecht markiert; Durchquerung einiger Oueds.

Laayoun – S. A 2. (Ende A 2; Beginn A 4, A 5 und A 6.)
Bou Kra – Lebensmittelversorgung schwierig (einige kleine Läden). Wichtiges Zentrum des Phosphatabbaus.
30 km vor Galtat Zemmur: Eine große Düne erschwert das Erkennen der Piste. Gebirgiges Gelände.
Galtat Zemmur – Dorf. Wasser. Weder Treibstoff, Lebensmittel (abgesehen von einem kleinen Laden mit Getränken) noch Unterkunftsmöglichkeit.
Hinter Galtat Zemmur führt die Strecke zunächst durch bergige Gegend, danach über eine Ebene. Gefahr, sich zu verfahren: zahlreiche Pisten führen von der Hauptpiste zu Nomadenlagern. Militärisches Sperrgebiet nahe des elektronischen Grenzwalls, der vom marokkanischen Militär zum Schutz gegen die

20 Durch Afrika

Polisario errichtet wurde. Wer ohne Erlaubnis dieses Gebiet bereist, riskiert Gefängnisstrafen, außerdem sind viele Gebiete vermint. Der Grenzposten zwischen Marokko und Mauretanien soll nicht besetzt sein.
Bir Mogreïn (Mauretanien) – Kleiner Laden. Sehr teurer Treibstoff. Weder Restaurant noch Unterkunftsmöglichkeit. Mauretanische Grenz- und Zollformalitäten. (Ende F 1; Beginn F 2.)

A 6: Laayoun – Smara – Hausa – Al Mahbas – algerische Grenze – Tindouf (707 km)

Piste (A/B/H/I). Vorsicht – diese Route ist ab Smara gesperrt! Von Laayoun nach Smara Asphalt, einige Furten, nach Regenfällen hohe Bodenfreiheit erforderlich. Von Smara bis zur Grenze Piste.

Laayoun – S. A 2. (Ende A 2; Beginn A 4 und A 5.) Auf den letzten 40 km vor Smara gefährliche Kurven.
Smara – S. A 3. (Zur A 3.)
Tindouf – 433 m. Kleinstadt. Lebensmittel. Wasser. Treibstoff. Algerische Einreiseformalitäten. (Ende B 9; Beginn F 1.)
Unterkunft: Hotel „El Mouggar".

A 7: Ceuta – Tétouan – Chechaouen (97 km)

Asphalt

Ceuta – S. A 1. (Beginn A 1.)
Ungefähr 30 km hinter Tétouan führt rechts eine steile und schwierige Piste nach Souk el-Arba und zu einer spanischen Turmruine; ruhiger Ort zum Biwakieren mit überwältigender Aussicht.
Tétouan – 431 000 Einwohner. Gute Infrastruktur, viele Neubauten, aber auch schöne intakte Altstadt.
Unterkunft: Camping in Martil am Mittelmeer.
Sehenswert: das bekannte Volkskundemuseum, das archäologische Museum, die Handwerks- und Kunstschule, die *souks* in der *medina*.
Chechaouen – 610 m, 20 000 Einw. Gute Infrastruktur. Äußerst malerische Altstadt mit weiß gekalkten Häusern und blau bemalten Eingangstüren – arabisches und andalusisches Viertel. Verkauf von preiswerten Webarbeiten.
(Beginn A 8 und A 11.)
Unterkunft: Jugendherberge, Motorradfahrer willkommen. Ganzjährig geöffneter Campingplatz (10 DH/Person, 5 DH/Auto/Zelt).
Verschiedenes: zahlreiche, ziemlich aufdringliche Führer, gelegentlich Anmache wegen Haschisch.

Routenteil A – Marokko 21

A 8: Chechaouen – Ketama – Al Hoceima – Berkane – Oujda – algerische Grenze (507 km)

(10.92, Land Rover) Asphalt. Im Winter vor allem zwischen Bab Reded und Targuist (W und O von Ketama) Schnee- und Eisgefahr. Vorsicht, in der Gegend zwischen Chechaouen und Targuist wimmelt es von Haschischhändlern, die zu allem fähig sind, um ihren Stoff an den Mann zu bringen; strenge Polizeikontrollen. Möglichst nicht anhalten, keine Einladungen annehmen, auch kein Rauschgift für den Eigenbedarf einkaufen! Die Rifbewohner dürfen zwar Cannabis (*kiff*) anbauen, aber es ist nicht erlaubt die Ware zu erwerben – hohe Haftstrafen unter unmenschlichen Bedingungen drohen dem leichtsinnigen Touristen!

Chechaouen – S. A 5. (Ende A 5; Beginn A 9.)
Ketama – Dorf. Treibstoff. Lebensmittel.
Unterkunft: gutes Hotel „Tidighine".
Verschiedenes: *souk* donnerstags.
Targuist – Dorf. Treibstoff.
Al Hoceima – Hafen, 8 km von der Hauptstraße entfernt.
Unterkunft: schöner terrassenartiger Campingplatz an einer Meeresbucht vor Al Hoceima. Im Winter ist der Campingplatz gratis; sicherer Ort, von Soldaten des anliegenden Armeepostens bewacht.
Ab **Selouane** 26 km lange autobahnähnliche Straße über **Nador**, einer großen Stadt mit allen Versorgungsmöglichkeiten (Camping 18 km entfernt an der Mittelmeerküste beim Camping „Kariat Arkmane"), zur spanischen Enklave Melilla.

Melilla – 70 000 Einw.
Unterkunft: der Campingplatz existiert nicht mehr. Hotel „Anfora" mit Garage.
Verschiedenes: hier sind die Zollformalitäten für die Einreise nach Marokko häufig langwierig. Nach Algeciras gibt es keine Fähre, wohl aber nach Malaga und Almeria (im Winter jeweils 2 mal wöchentlich, im Sommer fast täglich). Im Juli, August und Anfang September die Fähre unbedingt vorausbuchen, da sonst mit Wartezeiten von 1 bis 2 Tagen im Hafen zu rechnen ist, und die Tickets nur jeweils nach stundenlangem, mörderischem Schlangestehen, eingekeilt von Menschenmassen, nach Öffnung des Büros ab 20:00 Uhr im Hafen erhältlich sind. Vom 2. bis 6. September sind in Melilla Feiertage, dann sind sowohl die Banken und Geschäfte nachmittags als auch das Fährbüro in der Stadt geschlossen. Preiswerter Treibstoff.
10 km vor Berkane führt die S403 (Asphaltstraße) über Taforalt und Sidi-Bouhouria auch nach Oujda. Bis Taforalt kurvenreiche Straße in bezaubernder Hügellandschaft. In der Nähe der Ortschaft die Kamelhöhle besuchen; Taschenlampe erforderlich!
Berkane – Bedeutender Weinbauort. Gute Infrastruktur.
Ahfir – Dorf.
Straße nach Saida (20 km), Richtung Grenzübergang nach Algerien, wenig Verkehr, etwa 2 Stunden für die Formalitäten einkalkulieren.
Saida – Kleine Stadt.

22   *Durch Afrika*

Unterkunft: mehrere Hotels aller Klassen. Campingplatz ohne Strom, sanitäre Anlagen schmutzig, aber freundliche Angestellte. Herrlicher Strand.
Oujda – 500 m, 190 000 Einw. Die Stadt wurde im 10. Jh. erbaut und gab immer Anlaß zu heftigen und häufigen Kämpfen zwischen Algerien und Marokko. Jugendherberge (11, Bd Allal Ben Abdellah, 15 DH), Motorradfahrer willkommen. (Ende B 4.)
Verschiedenes: Land Rover-Agentur. Reparaturwerkstatt (Rue d'Oran), guter, preisgünstiger Service. Algerisches Konsulat am Bd Bir Anzarane, Visum für Deutsche dort nicht oder nur nach mehrwöchiger Wartezeit erhältlich. Angenehme Stadt, da wegen der wenigen Touristen hier keine aufdringlichen Führer oder Händler existieren.
(Ende A 12; Beginn A 9.)
13 km hinter Oujda ist die algerische Grenze. Stark befahrener Übergang, mehrere Stunden für die Formalitäten vorsehen.

A 9: Oujda – Ain-Benimathar – Bouarfa (268km)

Asphalt. Bis Ain-Benimathar zweispurig, dann einspurig. Unterwegs wenig Versorgungsmöglichkeiten.

Oujda – S. A 8. (Ende A 8 und A 12.)
Ain-Benimathar – Dorf.
Unterkunft: „Hotel du Commerce", einfach, Motorradfahrer willkommen.
Bouarfa – Dorf. Treibstoff (Tankstellen). Lebensmittel. Öffentliche Duschen. Banken. (Ende A 14; Beginn A 10).
Unterkunft: „Hotel-Café des Hauts-Plateaux", einfach (20 DH/EZ, 25 DH/DZ).

A 10: Bouarfa – Figuig –
algerische Grenze (Beni Ounif) (113 km)

Asphalt. Viele Furten. Schmale Straße.

Bouarfa – S. A 9. (Ende A 9 und A 11.)
Kurz vor Figuig der Zenaga-Paß.
Figuig – Palmenoase mit sieben Dörfern. Gute Infrastruktur. Sehenswerte Oase, mehrere interessante *ksour*. Baden in heißen Quellen oder im Stadtschwimmbad nahe Hotel „Oasis" möglich.
Unterkunft: Hotel „Sahara" ist praktisch unbewohnbar; Hotel „Diamant Vert", sympathisches Ambiente, Umbauarbeiten im Gange (80 DH/DZ mit Dusche), hier kann auch gecampt werden (Zelt, Motorrad, 2 Personen 20 DH); Hotel „El Meliasse", Ausfahrt Richtung Bouarfa, schlechte hygienische Verhältnisse (ca. 35 DH pro Person), Camping in Hotelnähe möglich, jedoch teuer.
Verschiedenes: Busverbindung nach Oujda zwei- bis viermal täglich (ca. 66 DH). Geldwechsel zum offiziellen Kurs im Café „Oasis" und im Café „Figuig".

Routenteil A – Marokko **23**

Ausreise bzw. Einreiseformalitäten werden zwar nicht schnell, aber seriös bei der Polizei in der Nähe des Hotels „Oasis" und beim Zoll in einer Seitenstraße gegenüber vom Hotel erledigt. (Unbedingt darauf achten, daß man den Polizeistempel und die Eintragung des Fahrzeugs in den Paß erhält, wenn man von Algerien einreist.) Grüne Karte für die Einreise obligatorisch. Zusätzliche Ein- bzw. Ausreisekontrolle unmittelbar an der Grenze (mittags zwischen 12 und 14 Uhr geschlossen); die Zöllner haben viel Zeit, da der Grenzübergang nur wenig frequentiert ist, deshalb fallen die Kontrollen hier wesentlich langwieriger und gründlicher aus als an den Grenzen im Norden (Ende 94/Anfang 95 war die Grenze zu Algerien geschlossen).

4 km hinter Figuig bei Beni Ounif die algerische Grenze, Tag und Nacht geöffnet, während der Siestazeit hingegen geschlossen; wenn unmittelbar vor der Mittagspause die Grenze von Marokko nach Algerien überquert wird, gelingt es in Beni Ounif nicht mehr Geld zu wechseln (Pflichtumtausch), da die Banken mittags bis ca. 14:30 Uhr (im Sommer noch länger) geschlossen haben und Sie weder tanken noch etwas zu trinken kaufen können, sofern Sie nicht über Schwarzgeld verfügen. Entweder gleich morgens um 08:00 Uhr oder nach der Mittagspause die Grenzformalitäten erledigen, oder noch in Marokko auftanken, damit man in Beni Ounif nicht zwei Stunden festsitzt.

A 11: Chechaouen – Fes (zwischen 190 und 270 km)

Asphalt. Von Dezember bis April bei Variante 2 Schnee möglich.

Chechaouen – S. A 7. (Ende A 7; Beginn A 8.)
Von Chechaouen nach Fes gibt es drei Möglichkeiten:
1. Über Ouezzane dann P28 oder P26 (190 bzw. 220 km). Landschaftlich reizvolle Strecke durch hügelige Gegend mit großen Agaven und weiß gekalkten Bauerngehöften.
2. Über Ouezzane, Moulay Idriss (heilige Stadt auf zwei Hügeln), Volubilis (römische Ruinen) und Meknès, der ehemaligen Herrscherstadt (265 km).
3. Über Ketama (270 km). Malerische Fahrt, die aber durch das Ketamatal führt, wo Haschisch angebaut wird. Immer wieder strenge Polizeikontrollen in dieser Region; aggressive Belästigungen durch Dealer sind häufig – Strecke möglichst meiden.
Fes – 415 m, 635 000 Einw. Ehemalige Königsstadt aus dem 8. Jahrhundert. (Beginn A 12, A 13 und A 17.)
Sehenswert: zahlreiche Sehenswürdigkeiten wie die gut erhaltene Altstadt (unter dem Schutz der Unesco) mit der berühmten „Kairaouine-Moschee" und der ehemaligen Universität (nach der von Kairo die älteste der Welt, nur von außen zu besichtigen), Koranschule „Medersa el Attarine", Andalusier-Viertel, Mellah (Judenviertel), Königspalast (nur von außen), Gerber- und Töpferviertel und die *souks*, nach denen von Marrakech die größten im Lande, aber schöner als diese und weitgehend noch nach Handwerksbereichen eingeteilt.
Führung für 1/2 Tag ca. 50 DH mit offiziellem Führer. Empfehlenswert ist Herr

24 *Durch Afrika*

Abdelaziz Benjelloun, ein junger, gut deutsch sprechender, offizieller Führer. Er wohnt ca. 3 km vom Campingplatz an der Route Aïn Chkeff, 95, Hay Adarassi, Tel. 60 12 21, ist aber auch häufig beim Campingplatz zu erreichen – zu erkennen an der weißen Djellabia und an der Ausweisplakette aus Messing plus Führerausweis.

Unterkunft: Jugendherberge hinter dem Hotel „Zallagh" (25 DH/Person), Motorradfahrer willkommen. Schöner Campingplatz „Diamant vert" mit vielen Bäumen und angeschlossenem Freibad mit Wasserrutschen und allem Comfort 6 km südlich in Ain-Chkeff (40 DH/Erwachsener, 20 DH/Kind 20 DH, 20 DH/Camper, 10 DH/Motorrad). „Splendid Hotel" (9, Rue Abd el Kerim el Khattabi, 3 Sterne, ca. 250 DH/DZ); sehr schönes Drei-Sterne-Hotel „Amor" (31, Rue Pakistan, 1 Stern, 120 DH/DZ), freundl. Personal; Hotel „Moussafir" der Eisenbahngesellschaft ONCF am Bahnhof, Av. des Almohades, DZ ca. 300 DH; das luxuriöse Hotel „Palais Jamai" in einem ehem. Stadtpalast, sehr komfortabel mit einem traumhaften Garten (am Bab Guissa, 5 Sterne, ca. 800 DH/DZ). Sehr schöne Aussicht von der Dachterrasse des „Palais de Fes" (großer Teppichladen) gegenüber der „Kairaouine-Moschee" und sehr gutes, aber nicht billiges Essen im dazugehörigen Restaurant. Der Besitzer, Herr Tazi Azzedine, spricht sehr gut deutsch und ist bereit, Rabatt auf das Essen zu gewähren, wenn man nicht mit Führer kommt (sonst streichen die Führer Provision ein).

Verschiedenes: drei Tage zum Kennenlernen dieser Stadt vorsehen. Alle Annehmlichkeiten in der Neustadt mit vielen Restaurants und Cafés.

A 12: Fes – Taza – Oujda – algerische Grenze (366 km)

Asphalt. Gut befahrene und ausgebaute Hauptverbindungsstraße. Gängige, rasche Verbindung zwischen Marokko und Algerien.

Fes – S. A 11. (Ende A 11; Beginn A 13 und A 17.)
Sidi Abdallah des Rhiata – Dorf. Treibstoff.
In der Umgebung: Ausflugsmöglichkeit über die Asphaltstraße S311 ins Tazzeka-Massiv (Nationalpark). Ausgedehnte Korkeichenwälder. Einige km nach dem Dorf Bab-Bou-Idir befindet sich links der beschilderte Eingang zur Friouatogrotte, der größten Höhle Nordafrikas, die sich von einer größeren Weite trichterförmig nach unten zieht und zu einem engen Höhlenlabyrinth verzweigt. Der erste Teil der Höhle ist mit Treppen bis zur Verengung gut begehbar, hierfür ist ein zweistündiger Besuch vorzusehen – Eintritt 20 DH pro Person. Will man in die engen Gänge des Höhlenlabyrinths vordringen, so ist ein Führer Voraussetzung. Empfehlenswert ist Herr Mustapha Goudeli (der Bruder des Wächters), der die Höhlen in- und auswendig kennt. Man kann die Höhlen über mehrere Stunden durchforsten und stößt auf Tropfsteinhöhlen und unterirdische Seen. Eine Taschenlampe, alte Kleider und gute Schuhe sind erforderlich, die Begehung kostet zusätzlich 70 DH pro Person für ca. 4 Stunden.
Über die S311 kann man nach Taza gelangen (ca. 80 km von Sidi Abdallah des Rhiata).

Taza – 550 m, 60 000 Einw. Die Altstadt stammt aus dem 12. Jh. und überragt die modernen Stadtteile.
Unterkunft: Hotel „Dauphiné" (80 bis 150 DH/DZ mit Bad), Schwimmbad im Park; „Hotel de la Poste", sauber, Motorradfahrer willkommen.
Sehenswert: Festungsmauern, das Tor „Porte du Vent", die *medina* und die *souks*; Berber-*souk* montags und donnerstags.
Taourit – Dorf. Treibstoff.
Oujda – S. A 8. (Ende A 8; Beginn A 9.)

A 13: Fes – Sefrou – Midelt – Er-Rachidia (364 km)

(03.94, Land Rover) Asphalt. Von November bis April können die Pässe des Mittleren Atlas wegen Schnee zeitweise gesperrt sein.

Fes – S. A 11. (Ende A 11; Beginn A 12 und A 17.)
20 km vor Midelt sauberer Campingplatz mit Restaurant (12 DH/Person/Zelt/ Auto).
Midelt – 1488 m, ca. 40 000 Einw. Gute Infrastruktur. Letzter Ort vor der Berberregion. Von Nonnen betriebene Webstube.
Zwischen Midelt und Er-Rachidia liegen drei Pässe (Tizi-Aekhnanes, 1769 m; Tizi-n'-Talrhemt, 1907 m und ein namenloser Paß kurz vor den Ziz-Schluchten, 1369 m); mehrere ausgebaute Furten. Malerische Strecke.
100 km hinter Midelt gelangt man in die reizvollen Ziz-Schluchten und durchfährt den *tunnel des légionnaires*, der zwischen Oktober 1927 und Mai 1928 ohne Sprengstoff von 800 Fremdenlegionären in den Granit gehauen worden ist. Erinnerungstafeln am Nord- und Südeingang.
Er-Rachidia (ehemals Ksar-es-Souk) – 1060 m, 30 000 Einw. Gute Infrastruktur. (Beginn A 14, A 15 und A 18.)
Unterkunft: Camping in Meski bei den blauen Quellen 16 km südlich (siehe A 12). Hotel „PLM-Rissani". Gutes Restaurant „Renaissance".

A 14: Er-Rachidia – Bouarfa (287 km)

Asphalt, zumeist in gutem Zustand und problemlos befahrbar. Zahlreiche Furten.

Er-Rachidia – S. A 13. (Ende A 13; Beginn A 15 und A 18.)
Unterkunft: 16 km südlich von Er-Rachidia in Richtung Erfoud befindet sich etwas abseits der Straße die „Blaue Quelle von Meski", die in den 30er Jahren von den Fremdenlegionären in ein Schwimmbad, in dem nach wie vor Fische schwimmen, umgewandelt wurde. Nach wie vor reizvoll zwischen Oasengärten gelegen – Camping unter Palmen; am Wochenende herrscht Hochbetrieb, da die Soldaten der Kaserne von Errachïdia zum Baden kommen. Das Restaurant wurde 1994 von dem Niederländer Leo Pennings übernommen, der auch vorhatte, von der Gemeindeverwaltung den Campingplatz zu pachten.

26 Durch Afrika

Neue sanitäre Anlagen waren 1992 in Bau. Gebühren 1993: Camping 8 DH/ Person, 10 DH/Auto/Motorrad/Zelt. Eintritt nur fürs Schwimmbad ohne Campen 2 DH.
Km 23, nach rechts, Richtung S, Straße nach Rissani und Taouz (s. A 15).
Boudenib – Dorf. Treibstoff (Super und Diesel) an der Tankstelle. Lebensmittel.
Unterkunft: einfaches Hotel (10 DH/Person).
Bouânane – Dorf. Kein Treibstoff. Lebensmittel. Cafés.
Ain-Ech-Chair – Dorf. Keine Versorgungsmöglichkeit.
Mengoub – Brunnen und Kreuzung. Gefährliche, ausgefahrene Pisten nach Figuig und Béchar.
Bouarfa – S. A 9. (Ende A 9; Beginn A 10.)

A 15: Er-Rachidia – Erfoud – Rissani (101 km)

Asphalt; Variante über Merzouga, 88 km, Piste.

Er-Rachidia – S. A 13. (Ende A 13; Beginn A 14 und A 18.)
Die Straße verläuft landschaftlich reizvoll entlang des Oued Ziz, eines von Oasen und Palmen gesäumten Flußtals in der Halbwüste.
Km 16, abseits der Straße die „Blauen Quellen von Meski" (s. A 14); links Straße nach Bouarfa (s. A 14).
Erfoud – ca. 10 000 Einw. Größte Oase des Tafilalet-Gebietes. Gute Infrastruktur.
Unterkunft: einfacher Campingplatz mit angenehmem und hilfsbereiten Platzwart. Hotel „Tafilalt" (3-Sterne, ca. 150 DH/DZ) an der Av. Moulay Ismail; Cafe-Restaurant „Hotel des Palmiers" an der Av. Mohammed V.
In der Umgebung: südlich von Erfoud in Richtung Merzouga befindet sich ein Millionen Jahre altes Korallenriff, aus dem Fossilien gebrochen werden, die es überall im Ort zu kaufen gibt. Rundfahrt von Erfoud entlang der Telefonmasten in Richtung Merzouga-Taouz zum Erg Chebbi, den größten Sanddünen Marokkos bis nach Rissani möglich (s. A 16). Piste, zeitweise sandig aber auch ohne Vierrad mit Vorsicht möglich (88 km, über Taouz ca. 110 km). Fahren Sie vom „Camping Municipal" in Erfoud los (N31°25.754'/W4°13.912'). Die Straße kreuzt ein Korallenriff (N31°22.209'/W4°09.365') und stößt auf einen Steinbruch mit Verkauf (N31°21.776'/W4°07.052') und später auf einen Verkaufsstand, der der Familie Segaoui gehört (N31°21.612'/W4°07.483'). Im weiteren Verlauf stoßen Sie auf das Restaurant Derkaoua (N31°17.376'/W4°05.530'), auf ein Schild „Restaurant au Lac" (N31°13.687'/W4°02.187') und auf einen See am Nordrand des Erg Cebbi ((N31°12.803'/W3°59.333'). Am Geländepunkt N31°12.119'/ W4°01.640' findet sich das Restaurant „Dunes d'Or" mit einem Flugzeug der „Aeropostale". Schließlich erreichen Sie Merzouga (N31°05.869'/W4°00.890').
Rissani – (N31°17.017'/W4°16.133') Palmenoase. Schöner Markt am Sonntag. Die Kinder und Führer in Rissani sind ausgesprochen aufdringlich.
(Beginn A 16 und A 21.)

Unterkunft: Hotel „El Filalia", preiswert und angenehm; einfaches aber sauberes und neu umgebautes Hotel „Sjilmassa" (100 DH/DZ).
Sehenswert: der große Torbogen des Moulay Ismail aus dem 18 Jh., „Mausoleum des Moulay Ali Cherif" (nur von außen zu besichtigen).
In der Umgebung: Rundfahrt durch die Palmenhaine des Tafilalt – zum Teil vertrocknet und zum schönen Lehmtor mit Maueren des Ksar Abbar (rundfahrt insgesamt ca. 20 km), am Ortsausgang auf die Piste links abbiegen; festgefahrener Lehmboden für Motorräder und Personenwagen mit ausreichender Bodenfreiheit.

A 16: Rissani – Merzouga – Taouz (ca. 60 km)

(08.94, Mercedes G) Piste (A/G), mit Vorsicht auch für Pkw möglich. Gefahr des Einsandens bei Oueddurchfahrten auf Teilstücken der Strecke.

Rissani – S. A 15. (Ende A 15; Beginn A 21.)
Rissani in Richtung O (Teerstraße) verlassen (sh. auch Karte) und dem Wegweiser Haroum folgen, bei einer Gabelung dann nicht mehr der Teerstraße nach, sondern rechts auf die Piste (Wellblech) in Richtung SO abbiegen (unleserlicher Wegweiser – die Wegweiser werden von den Jugendlichen unkenntlich gemacht, um sich als Führer aufzudrängen). Bis zum Ende der Oase fahren.
Km 5, vorbei am Café, Camping, Restaurant „Le Tresor" (ebenes Gelände ohne Bäume an einem Ziehbrunnen mitten in der Wildnis).
An dem am Horizont sichtbaren Erg Chebbi entlangfahren
Km 18, die Piste wird wesentlich breiter, Wellblech.
Km 19, Abzweig links (Schild) zur Auberge Erg Chebbi, geradeaus weiterfahren).
Km 30, Telefonleitungen, die von Erfoud kommen.
Km 31, in die Piste einbiegen, die von Erfoud kommend ein.
Km 37, **Merzouga** – Nettes Dorf. Freundliche Bevölkerung.
Unterkunft: Hotel (1 km vom Dorf entfernt) und einfache Gasthäuser. „Café/ Restaurant des Amis", einfache Übernachtungsmöglichkeit auf der Dachterrasse, Camping La Kharma, Camping Le Touareg, beide einfach, Duschen. Einige km südlich des Dorfs gibt es am Fuße der Dünen gute Biwakmöglichkeiten.
Sehenswert: der Sri-See (Dayet Sri) 3 km im W; nur in regenreichen Jahren große Flamingokolonie, sonst ausgetrocknet; Merzouga auf der Piste kurz vor dem Hotel nach links, verlassen; sie führt durch mehrere ausgetrocknete Seen und durch Treibsandfelder (Vorsicht!).
Taouz – Militärgarnison. Ausweiskontrolle.
Sehenswert: Manganbergwerke und Felsmalereien (Führer empfehlenswert).

Vergleichen Sie zu Marokko auch das im Reise Know-How Verlag Därr erschienene Reise-Handbuch „Marokko" von E. Därr.

A 17: Fes – Azrou – Ain-Leuh – Oum-er-Rbia-Quellen – Khenifra – Arhbala – Imilchil – Agoudal – Tamtattouchte – Todhra-Schlucht – Tinerhir (439 km)

Asphalt, dann Piste (A,H,I), wegen starker Steigungen hinter Arhbala ist nach Regenfällen, häufig auch im Frühjahr bei der Schneeschmelze, die Strecke in umgekehrter Richtung einfacher befahrbar.

Fes – S. A 11. (Ende A 11; Beginn A 12 und A 13.)

Ifrane – 1650 m. Bedeutender Wintersportort und Sommerfrische (Sommerresidenz des Königs); zahlreiche Kontrollen, wenn sich der König in Ifrane aufhält. Gute Infrastruktur. Zahlreiche Hotels, Jugendherberge, Campingplatz.

Azrou – 1200 m, 22 000 Einw. Gute Infrastruktur. *Souk* dienstags. Interessante Handwerkergenossenschaft (kunstvolle Teppiche).

Von Azrou nach Khenifra gibt es zwei Verbindungen: die Hauptstraße (P24, 112 km) und die kleine Asphaltstraße (S303, dann 3211 und 3485), ca. 15 km durch die Zedernwälder des Mittleren Atlas nach Ain Leuh (vorzuziehen).

Ain-Leuh – Großes Dorf. Treibstoff. Montags und donnerstags großer Markt.

Oum-er-Rbia-Quellen – Großartiges Naturschauspiel. Etwa 40 Quellen (zum Teil salzhaltig) sprudeln aus einer Kalkfelswand und vereinigen sich zum größten Fluß Marokkos. Möglichkeit zum Baden und Forellenfangen.

Aguelmane Azizga – Einige km von der Straße entfernt, auf halber Strecke zwischen den Oum-er-Rbia-Quellen und Khenifra: malerischer Bergsee, von Zedernwäldern umgeben. Camping- und Bademöglichkeit, gegen Abend gute Gesellschaft – von zahlreichen Affen!

In der weiteren Umgebung gibt es in den Zedernwäldern noch mehr Seen, ein wunderschönes Wandergebiet.

Khenifra – 830 m, 28 000 Einw. Gute Infrastruktur. Malerische Stadt, aus rotem Lehm erbaut. Viele Gärten.

Unterkunft: Hotel „Es-Saada", einfach, im Zentrum (ca. 50 DH/Person); gegenüber Shell-Tankstelle Garage für Motorräder (10 DH).

Sehenswert: Brücke aus dem 17. Jh., beeindruckende *kasbah*.

Khenifra auf der Straße nach Marrakech (P24) verlassen.

Variante 1:

Nach 17 km links in Richtung Boumia abbiegen (Straßen 3409, dann 3416 und P33); ca. 20 km weiter rechts abbiegen und auf einer schlecht unterhaltenen Piste einen kleinen See entlang (1,5 km nach der Abzweigung) ca. 15 km nach S fahren; dann Asphalt bis zur Kreuzung ca. 17 km hinter Arhbala; links in Richtung Cherket abbiegen.

Variante 2:

Von der Straße nach Marrakech bei Km 78 in Richtung El Ksiba, das nach 7 km erreicht ist, abbiegen.

El Ksiba – Gute Einkaufsmöglichkeiten, Erholungsort in schöner, grüner Gegend.

Unterkunft: einfacher Campingplatz beim Erholungsgelände am Fluß, Hotel

„Henri VI" neben *Gendarmerie Royale* und Post mit schöner überdachter Terrasse und gutem Essen (ca. 120 DH/DZ).
Ab El Ksiba ca. 58 km bis zum Abzweig rechts auf die Piste nach Cherket.
Cherket – 1600 m. Dorf. Keine Versorgungsmöglichkeit. Ausflug zum malerisch gelegenen Berberdorf Aouchgal (in Cherket nach dem Weg fragen); hübsche Gegend. Allradantrieb notwendig. Die Piste steigt weiter an. Sie ist in schlechtem Zustand, manchmal am Flußbett entlang, doch immer leicht zu erkennen. Abgesehen von einigen Büschen und Bäumen am Ufer ist die Region kahl. In den Wintermonaten ist diese Strecke infolge von Regen- und Schneefällen meist nicht passierbar. Nach der Oase Tassent führt die Piste auf die Seehochebene. Der erste See, der Tislitsee, ist zum Campen und Baden am besten geeignet. Eine Piste führt am Nordufer entlang bis zum Iselisee (12 km). Die beiden Seen werden nach einer alten Berbersage als Braut und Bräutigam bezeichnet.
Imilchil – Schönes Kasbahdorf. Siedlungsgebiet der Ait-Haddidouh-Berber mit ihren malerischen Trachten. Polizeikontrolle.
Unterkunft: Hotel „Haute Atlas" und „Izlan".
Verschiedenes: Mitte bzw. Ende September wird hier alljährlich ein großer Schafmarkt abgehalten, an dem Zehntausende von Nomaden teilnehmen und der auch als Hochzeitsmarkt von Imilchil bekannt ist. Denn hier ergibt sich sowohl für die jungen Mädchen (unter Vermittlung der Eltern) als auch für geschiedene Frauen die Gelegenheit, einen Ehemann zu finden; die Ehen werden auch gleich vor Ort vom Kadi geschlossen.
Variante 3:
(Azrou – Imilchil, 11.91, Range-Rover) Auf der P21 (96 km) über den Zad-Paß bis Zeida; dann auf der P33 (18 km) zum Dorf **Boumia** (Treibstoff, Lebensmittel, Reparaturwerkstatt). Auf einer neu asphaltierten Straße gelangt man nach Tounfite (36 km) und auf Piste weiter bis Agoudim (61 km); schmucke, bäuerliche Marktflecken, freundliche Bevölkerung. Von da führt eine weniger gut markierte Piste über Anemzi und Anefgou nach Imilchil (70 km).
Hinter Imilchil führt eine gute Piste nach S, die allerdings im Winter wegen zahlreicher Bäche nicht befahrbar ist. Im Sommer geht sie durch grüne Täler, und die Kasbahs heben sich kaum von den umliegenden Bergen ab. Die Häuser bestehen aus getrockneter Erde; ihre Bewohner sind sehr gastfreundlich.
6 km hinter Imilchil: die Piste links nach der Brücke führt nach Midelt; rechts einbiegen bis zur nächsten Abzweigung 10 km weiter; links schlechte Piste nach Rich; weiter geradeaus fahren.
Agoudal – Großes sehenswertes Dorf. Piste rechts zur Dadès–Schlucht; nach links abbiegen.
Tamtattouchte – Dorf. Treibstoff teuer. Manchmal Militärkontrolle.
Unterkunft: zwei einfache Campingplätze. Im Todhratal (s.u.).
In der Umgebung: nach dem Ort gelangt man in das im Sommer ausgetrocknete obere Todhratal. An der schmalsten Stelle (30 m breit mit 300 m hohen Felswänden auf beiden Seiten) entspringt eine Quelle; dort gibt es zwei saube-

30   Durch Afrika

re Hotels („Yasmina" und „Hotel des Roches" mit Restaurant; gebührenpflichtiger Campingplatz). Man kann natürlich auch in der Schlucht wild campen,
sollte allerdings den Platz sauber hinterlassen. Campen in der Schlucht bei
Regengefahr vermeiden. Die Asphaltstraße beginnt wieder, wo die Schlucht
weiter wird. Mehrere Hotels und Campingplätze. Empfehlenswert ca. 10 km
vor Tinerhir der Campingplatz „Atlas" mit sehr freundlichem Personal und schönem Camping unter Palmen (7 DH/Person, 5 DH/Zelt/Motorrad, gutes Essen
zwischen 30 und 40 DH). „Hôtel des Gorges", gute Küche, Duschen, WC,
Übernachten auf der Terrasse möglich; wenn möglich letzten Teil der Strecke
gegen Abend fahren. Der Sonnenuntergang über den Palmenhainen des unte-
ren Todhratals ist unvergeßlich.
Tinerhir – 1342 m, 4000 Einw. Gute Infrastruktur. Prächtiger Palmenhain bis
zur Todhraschlucht. (Zur A 19).

A 18: Khenifra – Beni Mellal – Bin-el-Ouidaneö-Stausee – Ouzoud-Wasserfälle – Marrakech (446 km)

Asphalt. Landschaftlich schöne Strecke an Obstplantagen und den Gebirgszügen des
Mittleren Atlas im Übergang zum Hohen Atlas vorbei.

Khenifra – S. A 17
Km 78, Abzweigung links nach El Ksiba und Imilchil (s. A 17, Variante 2),
geradeaus 22 km weiter nach
Kasba-Tadla – Ca. 20 000 Einwohner, am Fluß Ou-R'Bia gelegen.
Sehenswert: die ockerfarbene *kasbah* mit der Moschee, welche von Moulay
Ismail 1677 erbaut wurde und die der Stadt ihren Namen gab.
Km 129, **Beni-Mellal** – Provinzhauptstadt, ca. 60 000 Einwohner, am 625 m
hohen Jebel Tassemsit gelegen. Wichtiges Obstanbaugebiet und günstiger
Ausgangspunkt für Trekkingtouren im Mittleren und Hohen Atlas.
Übernachtung: Hotel „Ouzoud", Route de Marrakech (4 Sterne); Hotel „Chems",
Route de Marrakech (4 Sterne, marrokanisch-schweizerischer Leitung), „Ghar-
nata", Bd Mohammed V., einfach; „Hotel de Paris", Nouvelle Medina, einfach;
„Hotel du Vieux Moulin", Route de Kasba-Tadla, einfach.
Die Straße führt weiter in Richtung Marrakech.
Km 140, **Oulad M'barek** – Dorf.
Km 141, links auf eine kleine Teerstraße zum **Bin-El-Ouidane-Stausee** und
nach Azilal (Schild Ouaizarth) abbiegen.
Km 165, Abzweigung nach links, geradeaus weiterfahren.
Km 167, **Ouaizarth** – Dorf, am Ostufer des Stausees mit traumhaftem Blick
auf den See.
In der Umgebung: Möglichkeit zum Abstecher auf mittelmäßiger Piste bis
zum Kathedralberg (*cathedrale des roches*), links in traumhaft schöne Ge-
birgslandschaft abzweigen (ca. 40 km).
Entlang des Stausees (schöne Camping- und Bademöglichkeiten nahe des
Flußufers auf Halbinseln, zu denen Pisten führen) weiter bis man 38 km nach

Routenteil A – Marokko 31

dem Abzweig von der Hauptstrecke nach Marrakech den kleinen Ort **Bin-el Ouidane** erreicht.

2 km nach dem Ort rechts Richtung Afourer und zum kleinen, aber sauberen und schön gelegenen „Hotel du Lac" und zum Campingplatz (am Fluß, Baden verboten, 8 DH/Person, 10 DH/Wohnmobil). Links weiter über die Staumauer und nach Azilal das nach weiteren 27 km erreicht ist.

Azilal – Sauberer Provinzort. Alle Versorgungsmöglichkeiten. Ausgangspunkt für Trekkingtouren, Möglichkeit der Buchung über „Agence de Voyages Rourki" an der Straße nach Ouzoud.

Unterkunft: ordentliches Hotel/Restaurant „Tanout" (2 Sterne) am Ortsanfang.

Km 22 nach Azilal, rechts Abzweig zu den Ouzoud- Wasserfällen nehmen.

Km 39 nach Azilal, **Ouzoud-Wasserfälle** - Die Wasserfälle , die mit zu den größten Naturschönheiten Marokkos zählen, werden vor allem im Juli/August durch Camper und Ausflügler sehr stark in Mitleidenschaft gezogen, so daß sie ihren Reiz zumindest im Hochsommer stark einbüßen. Überall an den Hängen reihen sich die Zelte, Müll wird meist liegengelassen und Toiletten gibt es kaum welche. Das einstmals klare Wasser mit seinen Becken unterhalb der Wasserfälle ist zumindest im Sommer mehr braun als grün. Wenn man allerdings im Frühjahr kommt, dürften die Wasserfälle immer noch einen Besuch wert sein.

In der Umgebung: schöne Wandermöglichkeiten in die Abid-Schlucht, auf der gegenüberliegenden Flußseite. In den umliegenden Wäldern hausen noch Makakkenaffen.

Unterkunft: Camping rechts (im Sommer überfüllt und schmutzig), ferner zahlreiche Saisoncampingplätze links auf dem Weg zu den Wasserfällen. Einfaches „Hotel Petit".

Zurück zur Hauptstraße (17 km) erreicht man wieder die Straße nach Demnate und Marrakech.

Km 36 (19 km nach der Kreuzung), **Tannant** – Kleiner Ort. Tankstelle.

Links geht es nach Demante (siehe Abstecher), geradeaus erreicht man nach 103 km Marrakech.

Abstecher: wenn man in Tannant links nach Demnate (27 km) abbiegt, dieses durchfährt (schöner Markt am Samstag), erreicht man nach 33 km die Naturbrücke („Pont naturel Im n'Ifri"), von wo sich der Oued Lakhdar durch Erde und Stein hindurchgegraben und so eine Naturbrücke geschaffen hat. Hier ist es schön zum Wandern und Vögel beobachten, die unter der Brücke nisten. Von Imi-n-Ifri aus gibt es die Möglichkeit Dinosaurierabdrücke zu bewundern. Wenn Sie in Im-n-Ifir über die Brücke (also links) und dann 7 km auf Piste fahren, befinden sich links, kurz vor zwei Dörfern, auf einem Hügel in rotbraunen versteinerten Lehmplatten mehrere Abdrücke dieser Urzeitriesen. Zurück nach Demnate kann man von dort direkt in 109 km Marrakech erreichen.

(Weiter A 20.)

Gute Fahrt wünscht Ihnen Ihr REISE KNOW-HOW Verlag Därr!

32   *Durch Afrika*

A 19: Er-Rachidia – Tinerhir – Boulmane-du-Dadès – Ouarzazate (306 km)

Asphalt. Durchquerung einer wüstenähnlichen Ebene; Berge im Hintergrund, bis nahe Tinerhir, danach von Bergen gesäumtes und von Palmen bestandenes Oasental mit vielen *kasbahs* (befestigte Lehmbauten) , deshalb „Straße der Kasbahs" genannt; die Strecke zählt zu einer der beliebtesten touristischen Routen Marokkos.

Er-Rachidia – S. A 13. (Ende A 13; Beginn A 14, A 15 und A 18.)
Tinerhir – S. A 17. (Ende A 17; Beginn A 19.)
Boulmane-du-Dadès – 1586 m. Größerer Marktort. Treibstoff. Lebensmittel.
Unterkunft: Hotel-Restaurant „Salam", gastfreundlich, einheimische Küche.
In der Umgebung: Ausgangspunkt für Ausflug in die Dadès-Schlucht (20 km Asphalt, dann mittelmäßige Piste); verläßt man die Schlucht bei Msemrir, gelangt man über eine sehr schlechte Piste (nur Allradfahrzeuge), aber durch eine großartige Canyonlandschaft in die Todhraschlucht bei Tamtattouchte oder nördlich weiter nach Imilchil (s. A 17). Ausgangspunkt für Ausflug zum Ksar Ait Benhaddou (s.A 24) und für Trekkingtouren oder Geländewagentouren ins Irhil M'Goun-Massiv (4068 m), im NW der Ortschaft; abwechslungsreiche Autofahrten, Wanderungen und Skitouren (Dezember bis Mai) möglich.
Ca. 15 km vor Ouarzazate Bademöglichkeit beim „Site touristique du lac du barrage Mansour Eddahbi" (auf Schild angegeben); Wassertemperatur im Sommer über 30°C!
Ausflugsmöglichkeiten ins Draatal in Richtung Zagora und zu den Cascade du Draa, ca. 20 km in Richtung Agdz (s. A 22)
Ouarzazate – 1160 m, 15 000 Einw. Gute Infrastruktur.
Unterkunft: guter Campingplatz, dessen Qualität je nach „Belagerungszustand" allerdings wechselt (ca. 10 DH/Person, 4 DH/Zelt/Auto, Strom 8 DH, Bus 20 DH); neben dem Campingplatz befindet sich das Freibad.
Sehenswert: halb verfallene Storchen*kasbah* (beim Stausee), „Kasbah von Taourrit" links vor der Stadteinfahrt, sowie das Dorf unterhalb (Handwerkergenossenschaft), wo Berberteppiche verkauft und kostbare alte Teppiche ausgestellt werden.)
Verschiedenes: gute Versorgung in Ouarzazate mit Supermarkt am Boulevard Mohammed V. (auch Alkoholika), Marché Municipal für Frischobst und Gemüse in einer nördl. Parallelstraße zum Bd Mohammed V. (von Marrakech kommend links). Zahlreiche Restaurants entlang des Bd Mohammed V. und im neuen Viertel, nettes Café gegenüber der „Kasbah Taourirt"; gutes Eiscafé „Glacier 3 Mars" am gleichnamigen Platz im Zentrum. Fahrradverleih am gleichen Platz.
Unterkunft: empfehlenswert ist das Hotel „Le Gazelle" mit Swimmingpool und bewachtem Innenhof am Bd Mohammed V. (ca. 250 DH/DZ); preiswerter ist das einfache und saubere Hotel „Es Salam" nahe Post und Kino im Zentrum (ca. 80 DH/DZ), zahlreiche Luxushotels, Club Mediterranée am Stausee. (Beginn A 20, A 22 und A 24.)

Routenteil A – Marokko 33

A 20: Ouarzazate – Marrakech – Aït Melloul (ca. 480 km)

Asphalt. Einige Furten. Strecke kann zwischen Dezember und April wegen Schnee gesperrt sein.

Ouarzazate – S. A 19. (Ende A 19; Beginn A 22 und A 24.)
Kurz hinter Ouarzazate: links die „Kasbah von Tiffoultoute"; dann etwas weiter, rechts und einige km von der Straße entfernt das *ksar* (befestigtes Dorf) von **Aït Benhaddou**, das sich oberhalb des Assif Ounila-Flusses als eindrucksvolles Lehmdorf erhebt und jetzt unter den Schutz der Unesco gestellt wurde. Hier drehte Orson Welles seinen Film „Sodom und Gomorrha". Auch zahlreichen anderen Filmen diente das *ksar* als Kulisse.
Variante Aït Benhaddou **– Telouet-Tizi-n-Tichka** (ca. 71 km).
Von Aït Benhaddou kann man über eine Piste, die mehrmals durch tiefe Furten führt (Wasserstand je nach Jahreszeit und Regenfällen unterschiedlich – aber hohe Bodenfreiheit erforderlich, Allrad empfehlenswert), auf landschaftlich fantastischer Route entlang des **Assif-Ounila-Tales**, in dem wunderschöne *kasbahs* an den Felsmauern kleben, bis nach Telouet gelangen und so zwei wichtige Sehenswürdigkeiten verbinden. Nach ca. 39 km erreicht man Telouet. Da es auf der Strecke einemal einen niedrigen Felsüberhang gibt, sollten Fahrzeuge über 2,60 m Höhe die Strecke meiden. Von dort geht es links weiter auf Teerstraße bis man die Straße nach Marrakech 4 km vor dem Tizi-n-Tichka-Paß erreicht.
Bei Km 26 führt die P32 weiter Richtung Tazenakht und Aït Melloul (s. A 24 und A 27). Empfohlene Strecke im Winter!
Ab Amerzgane: langsam nähert man sich dem beeindruckenden Tizi-n-Tichka-Massiv (2260 m); Paß im Winter häufig geschlossen. An vielen Ständen entlang der Straße werden falsche Mineralien angeboten.
Iminni (oder Agouim) – Dorf. Straße, dann Piste (A) bis zum Fuß des **Djebel Toubkal** (4167 m), des höchsten Gipfels des Maghreb. Besteigung möglich (eigentlicher Ausgangspunkt für Toubkalbesteigung ist allerdings Imlil bei Asni – an der Strecke die von Marrakech über den Tizi-n-Test führt).
51 km hinter Amerzgane (kurz vor dem Paß) führt rechts die schmale Asphaltstraße nach Anemiter (21 km) durch eine herrliche Gegend mit malerischen Kasbahs (siehe auch vorherige Variante Aït Benhaddou-Telouet).
Die Kasbah von Telouet ist einen Besuch wert; von hier aus beherrschte der *Glaoui* (Pascha) von Marrakech den Paß von Telouet mit der früheren Karawanenroute Marrakech – Ouarzazate.
Marrakech – 453 m, 550 000 Einw.
Unterkunft: meist voller und staubiger Campingplatz (ca. 20 DH/Person, 15 DH/Kind, 26 DH/Auto); Jugendherberge hinter dem Campingplatz (15 DH), Motorradfahrer willkommen. „Grand Hotel Tazi", „Angle" Av. El Mouahidine und „Bab Aganou", nahe des Djema-el-Fna-Platzes, sauber (ca. 250 DH/DZ); sehr zu empfehlen ist das Zwei-Sterne-Hotel „Islane" an der Av. Mohammed V., ebenfalls nahe des Djema-el-Fna-Platzes mit bewachtem Parkplatz und angeschlossenem preisgünstigen Restaurant, das über eine hübsche Dachterrasse mit Blick zur

34   Durch Afrika

Koutoubia-Moschee verfügt, DZ ca. 200 DH; empfehlenswertes „Safir Siaha",Av. Kennedy, Hivernage (4 Sterne, Bungalow f. 4–5 Personen ca. 600 DH), Parken direkt davor möglich, sehr schöner Garten und Swimmingpool.

Sehenswert: eindrucksvolle Aussicht auf die Stadt von der Café-Terrasse des „Café de France" an der Südseite des Djema-el-Fna-Platzes (Fotografieren nur, wenn man ein Getränk bestellt). Menara- undAgdal-Gärten,*souks* und zahlreiche historische Bauten wie die „Saadiergräber", den „El-Badi-Palast", „Palais de la Bahia", die „Medersa Ben Youssef", Volkskundemuseum. Jedes Jahr findet das internationale Folklore-Festival Ende Mai oder Anfang Juni im „El-Badi-Palast" statt. Um alles zu sehen, mindestens 2 Tage rechnen und unbedingt einen offiziellen Führer mieten (bei den großen Hotels oder über das Fremdenverkehrsbüro, da die inoffiziellen für eine halbtägige Führung ca. 100 DH verlangen – offiziell ca. 50 DH, ganztags 100 DH).

Von Marrakech nach Aït Melloul gibt es zwei Routen:
Variante 1:
Über denTizi-n-Test (Paß, 2092 m, im Winter meist geschlossen). Farbenprächtige Berglandschaft. Zwischen Mzouzit und der Paßhöhe sind nur ca. 10 km ohne Asphalt, was aber problemlos ist. Eindrucksvolle Fahrt in die Ebene hinunter, die im Süden bis zum Anti-Atlas reicht. 47 km nach Marrakech gelangt man zu dem kleinen Bergort**Asni**, einem beliebten Kurort der Marokkaner (letzteTankstelle für ca. 130 km).

Unterkunft: „Grand Hotel du Toubkal" und eine Jugendherberge hinter dem Hotel. Hier zweigt eine 17 km lange Straße zu dem Bergdorf Imlil ab, dem Ausgangspunkt der Jebel-Toubkal-Besteigung (4167 m) ab. Führer sind in Imlil erhältlich.

Geradeaus geht es weiter nach Marrakech. 37 km nach dem Paß gelangt man wieder auf die Strecke A 25 (Tazenakht – Aït Melloul).

Variante 2:
Über Chichaoua und Imi-n-Tanoute. Nicht besonders interessant; nur um im Winter die Berge zu vermeiden.

Aït Melloul – S. A 1. (Ende A 1 und A 27; Beginn A 2.)

A 21: Rissani – Alnif – Tazzarine – Zagora (237 km)

(08.91, Mercedes G) Teerstraße von Rissani bis Tazzerine dann Piste (A); teils flache, teils hügelige Wüstenlandschaft am Djebal Sarho und Ougnat entlang.

Rissani – S. A 15. (Ende A 15; Beginn A 16.)
Alnif – Oase. Wasser. Lebensmittel.
Tazzarine – Sehr schöne ursprüngliche Oase. Wasser. Treibstoff. Lebensmittel.
Unterkunft: ein Hotel im Zentrum, ein weiteres ist gegenüber dem Campingplatz in Bau. Sehr schöner, neuer (1991) und gepflegter Campingplatz unter Palmen.
In der Umgebung: einige weitere ursprüngliche Oasen, Felsgravuren – vom Campingplatz können Exkursionen unternommen werden.
Tizi-n-Tafilalet – (N30°26.697'/W5°33.188') Paß (1356 m).

Routenteil A – Marokko   35

Zagora – (N30°19.744'/W5°48.851') 550 m. Marktort. Treibstoff. Lebensmittel.
(Ende A 22; Beginn A 23 und A 26.)
Unterkunft: modernes Hotel. Campingplätze „Montagne", „Sindibad" und „Amazrou"; „Sindibad" liegt näher am Zentrum, vom Standard und der Ausstattung her gibt es unterschiedliche Aussagen von schlecht bis gut, im Winter gibtl es manchmal sogar warme Duschen. „Amazrou" und „Montagne" erreicht man, indem man hinter dem „Drâa-Fort" im S des Dorfes in Richtung „Cercle de Zagora", dann über die Furt in Richtung Jebel Zagora fährt. Erst kommt der kleine und wenig gemütliche Campingplatz „Amazrou" rechts neben Hotel „La Fibule du Drâa" (das Schmuckstück des Drâa, sehr schönes und gepflegtes Hotel mit Pool und preiswert, Dreierzimmer 180 DH, sehr freundliches Personal); und weiter in Richtung N, Camping „Montagne", sauber, freundlich, aber häufig ohne Strom, wenn der Generator ausfällt; Bademöglichkeit in einer zum Schwimmbad umfunktionierten Zisterne, wenn genügend Wasser und Gäste da sind. Kamelausflüge werden von dort organisiert.
In der Umgebung: Zagora ist das Tor zur Wüste, Ausgangspunkt für viele Ausflüge; dabei ist ein Fahrzeug mit Allradantrieb oft erforderlich.
Sehenswert: die 400 Jahre alte *zaouia* Tamgroute 18 km südöstlich von Zagora (nach Camping „Amazhrou" nach rechts), ein berühmtes Heiligtum und Sitz des islamischen Nassirya-Ordens, mit berühmter Bibliothek aus dem 17. Jh.; das Töpferviertel im Ort Tamgroute.

A 22: Ouarzazate – Agdz – Zagora (164 km)

Asphalt.

Ouarzazate – S. A 19. (Ende A 19; Beginn A 20 und A 24.)
Die Straße führt zunächst durch schroffe Bergwüstengegend, erreicht dann kurz nach Agdz das Drâatal und verläuft an einem riesigen Palmenhain bis nach Zagora entlang. Ca. 50 *ksour* im Drâatal, sehr malerisch.
Agdz: hübscher Ort, umrahmt von der Kulisse des Jebel Kissane, Markt am Donnerstag. Treibstoff. Lebensmittel.
Unterkunft: sehr schöner Campingplatz „Kasbah" (vom Zentrum links, beschildert), den Herr M´barek Aït el-Kaid und seine Brüder betreiben, um die Familien*kasbah* „Asslim" zu erhalten. In der Nachbarschaft der *kasbah* wurde ein idyllischer Campingplatz unter Palmen errichtet, der zwar nur über einfache sanitäre Anlagen verfügt, aber sehr sauber und familiär geführt wird. Ein Swimmingpool sorgt für Erfrischung. Unglaublich freundliche Besitzer. M´barek hat Soziologie studiert und gibt sehr kenntnisreich Auskunft über die Umgebung – er ist der Enkel des letzten *kaid*. Ideal für Ausflüge ins Drâatal, zu den „Cascades du Drâa" und zu den *kasbahs* (10 DH/Person, 5 DH/Auto). Hotel „Kissane", neu errichtetes Hotel (2 Sterne, 100 DH/DZ), sehr netter Besitzer Herr Ahmed el-Jabiri.
Umgebung: Kasbah Tamnougalte (ca. 65 km nach Ouarzazate, links des Flußes – Brücke), sehr ursprünglicher Ort und Kasbah, wo der Film „Himmel über der

36 Durch Afrika

Wüste" gedreht wurde; Cascades du Drâa, auf dem Weg von Ouarzazate nach Agdz (beschildert), sehr schöne Kaskaden, die sich in ein von Palmen umstandenes Becken ergießen und als Wasserrutsche für Badespaß sorgen, „Freiluft-Mobilkoch" Achmed, ein Bewohner des nahegelegenen Dorfes, kocht für Touristen nach Bedarf Tajine.

Zagora – S. A 21. (Ende A 21; Beginn A 23 und A 26.)

A 23: Zagora – Mhamid (105 km)

Asphalt. Die Strecke führt auf einer guten Teerstraße durch Wüstendörfer mit *kasbahs*, vereinzelten Sanddünen und Palmenhainen.

Zagora – S. A 21. (Ende A 21 und A 22; Beginn A 26.)
Km 18 **Tamgroute**, *zaouia* (Kloster und Heiligtum).
Sehenswert: die brühmte Bibliothek aus dem 17. Jh. in der *zaouia* und das Töpferviertel.
km 28, Tinfou, kl. Sanddünen, Wüstenlandschaft, Kamelausflüge, Hotel Kasbah, Bivuac Port au Sahara – Hotel unter dt. Leitung.
Mhamid – Dorf nahe algerischer Grenze (kein Grenzübergang). Lebensmittel.
Montags *souk*, der von seßhaften Bewohnern und Wüstennomaden besucht wird.

A 24: Ouarzazate – Tazenakht (90 km)

Asphalt. Einige Furten.

Ouarzazate – S. A 19. (Ende A 19; Beginn A 20 und A 22.)
Links kurz hinter Ouarzazate die „Kasbah von Tiffoultoute"; dann rechts, Abzweig nach Aït Benhaddou (12 km, s. A 20).
Km 26, Straße nach Marrakech (s. A 20).
Tizi-n-Bachkoum – Paß (1700 km).
Tazenakht – Hübscher Ort in schroffer Berggegend. (Beginn A 25 und A 27.)

A 25: Tazenakht – Foum-Zguid (92 km)

Durchgehend asphaltiert, schöne Landschaften, reizvolle Oasen.

Tazenakht – S. A 24. (Ende A 24; Beginn A 27.)
Tazenakht auf der Teerstraße S510 Richtung Bou Azzer verlassen, dann den Taguergoust– (1640 m) und den Timlaine-Paß (1190 m) überqueren. Kurz nach dem zweiten Paß (ca. 22 km nach Tazenakht) führt die Teerstraße nach rechts in Richtung SO (links Ri Bou Azzer und Agdz).
Foum-Zguid – Oase. Wasser, Getränke, Lebensmittel (einfach), Metzger. Zahlreiche Soldaten; Ausweiskontrolle und bei der *Gendarmerie* am Hauptplatz melden (Gebäude mit arabischer Aufschrift und Treppe nach oben). (Ende A 26; Beginn A 28.)

Routenteil A – Marokko 37

A 26: Zagora – Bou-Rbia – Foum-Zguid (124 km)

(08.91, Mercedes G) Piste (A/H). Von Zagora nach Bou-Rbia schwierige Piste (schmale und tiefe Furten). Von Bou-Rbia nach Foum-Zguid ist die Piste gut. Landschaftlich ist Bou-Rbia recht schön. Reizvolle Oasen.

Zagora – S. A 21. (Ende A 21 und A 22; Beginn A 23.)
Auf halber Strecke zwischen Zagora und Bou-Rbia ein für normale Fahrzeuge schwierig zu durchquerendes *oued* (1 km breit, kiesig bis auf drei 50 m breite Sandfelder).
Bou-Rbia – Oase. In der Nähe wohnen äußerst arme Hirten in Zelten (für Medikamente und dringend benötigte Gebrauchsgegenstände dankbar).
Foum-Zguid – S. A 25. (Ende A 25; Beginn A 28.)

A 27: Tazenakht – Aït Melloul (272 km)

Asphalt.

Tazenakht – S. A 24. (Ende A 24; Beginn A 25.)
Zwischen Tazenakht und Taliouine führt die Straße über den Tizi-Ikhsane (1650 m) und den Tizi-n-Taghatine (1886 m). Die Strecke führt durch zerklüftete und reizvolle Gebirgslandschaften.
Taliouine – Dorf.
Unterkunft: „Auberge Souktana" 2 km vom Dorf entfernt, sauber, angenehm, gutes Essen. Von dort werden 5-tägige Trekkingtouren ins Jebel-Sarho-Gebiet organisiert.
Sehenswert: geologische Gesteinsfalten.
30 km hinter Aoulouz stößt man auf die von Marrakech kommende Straße (s. A 20). Danach Übergang in die Sous-Ebene mit zahlreichen Arganienbäumen und Obstplantagen.
Taroudannt – 256 m, ca. 35 000 Einw. Gute Infrastruktur.
Sehenswert: die Festungsmauern und die *souks*, vor allem der Juwelier-*souk*.
Unterkunft: Hotel „Saadien" (2, Sterne, ca. 180 DH/DZ).
Aït Melloul – S. A 1. (Ende A 1 und A 20; Beginn A 2.)

A 28: Foum-Zguid – Tata – Akka – Bou-Izakarn (415 km)

Straße Foum-Zguid – Tata seit Ende 1994 asphaltiert, dadurch können sich Änderungen im beschriebenen Streckenverlauf ergeben. Wüstenlandschaft am Jebel Bani entlang, sehr schön bei Tissint.

Foum-Zguid – S. A 25. (Ende A 25 und A 26.)
In der Umgebung: Felsmalereien im S von Mrimina, Akka und Foum-el-Hassan, in der Grenzregion zu Algerien. Erkundigen Sie sich vorsichtshalber, ob die Besichtigung erlaubt ist.

38   *Durch Afrika*

Foum Zguid im Zentrum nach Hauptplatz rechts verlassen, danach mehrere Militärposten in Lehmhäusern, Panzer. Weiter auf langweiliger Steinwüstenstrecke, nur wenige Akazien und Dornbüsche. Meist gute Piste, teilweise steinig. Ein *oued* führt links der Piste entlang.
Ca. Km 24 nach Foum-Zguid durch das *oued*, danach Wegstein mit arabischer Beschriftung, der den Beginn der neuen Provinz anzeigt. Weiter durch Hügellandschaft, die in der Folge rechts liegenbleibt. Der *oued* liegt jetzt rechts der Piste, vereinzelte Sanddünenausläufer.
Km 40–42, Häuser des *douar* **Mirimina** in einem Palmenhain. Nach ca. 5 km wieder Abfahrt ins *oued*, dieses durchqueren (im Sommer wenig Wasser, im Winter schwieriger), steiniges Flußbett, der Fluß bleibt rechts. Weiter auf holpriger Piste zwischen Hügelzug und Fluß. Die Piste zieht sich dann den Berghang und vom Fluß weiter entfernt entlang.
Ca. 65 km nach Foum-Zguid, Beginn des Palmenhains von Tissint, der nach ca. 3,5 km erreicht ist.
Tissint – Ursprüngliche Oase. 1994 herrschte rege Bautätigkeit (zwei Hotels im Rohbau). Bei der *Gendarmerie* an der Hauptstraße rechts melden.
In der Umgebung: hervorragende Bademöglichkeit bei den Kaskaden des Oued Tissint im Ort, wo sich ein riesiges Wasserbecken bildet; selbst im Sommer ist hier noch genügend Wasser zum schwimmen. Zu erreichen, indem man am Ende der Hauptstraße nicht dem Knick folgt, sondern bei der Kaserne und dem Kontrollposten geradeaus fährt und nach der Telegrafenstation parkt. Direkt darunter liegt der Fluß mit den Kaskaden.
Weiter links vom Fluß aus dem Ort hinaus. 1 km nach dem Ort bei einer kleinen Siedlung mit Marabout gabelt sich der Flußlauf und fließt in einem zerklüfteten, erodierten Canyon weiter. Die Piste führt in weiterer Folge sehr steinig an einem Berghang entlang.
Ca. Km 11 nach Tissint, ein Palmenhain rechter Hand der Straße. Großer Palmenhain rechts am Fluß, nach 6 km ist das *douar* Trit erreicht.
Ca. Km 140 nach Foum-Zguid. **Tata** – Größere Oase. Bedeutender Karawanenstützpunkt. Treibstoff. Lebensmittel.
Unterkunft: „Hotel de la Renaissance" (ca.70 DH/DZ). Schlechter Campingplatz.
In der Umgebung: 30 verschiedene *ksour* im Umkreis.
Akka – Größere Oase am Fuß der Berge. Ehemals wichtiger Karawanenhaltepunkt. Treibstoff. Lebensmittel, Wasser häufig nur aus Tankwagen.
Foum-el-Hassan – Oase. Beginn einer gesperrten Strecke nach Tindouf.
Kurz vor der Oase Tagmout führt rechts eine Piste zum imposanten *agadir* (hier: Gemeinschaftsspeicher) von **Id-Aissa**, auf einem Bergkamm hoch über dem Dorf **Amtoudi** thronend und auf einem etwa vierzigminütigem Marsch zu erreichen. Gehfaule haben auch die Möglichkeit auf einem Esel bergauf zu reiten. Vor Tourbeginn muß erst der Wärter des *agadir* mit dem Schlüssel aufgetrieben werden. Üblicherweise gibt es bei den Speicherburgen immer jemanden, der für die Aufbewahrung des hölzernen, zahnbürstenartigen Schlüssels verantwortlich ist. Trinkgeld bereithalten! Von Amtoudi aus lohnenswerte

Routenteil A – Marokko 39

Badeausflüge entlang des Palmentales zu zahlreichen Wasserbecken (*gueltas*).
Übernachtung: Camping neben dem Restaurant im Ort. Das Restaurant wird derzeit umgebaut, so daß man in Kürze dort auch besser übernachten kann als früher und damit das Matratzenlager der Vergangenheit angehört.
Bou-Izakarn – Großer Ort. Treibstoff. Lebensmittel. Einfache Hotels.
(Zur A 2.)

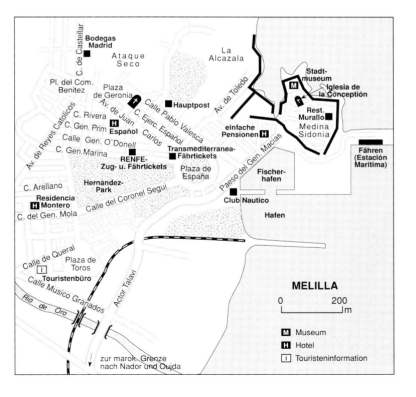

40 Durch Afrika

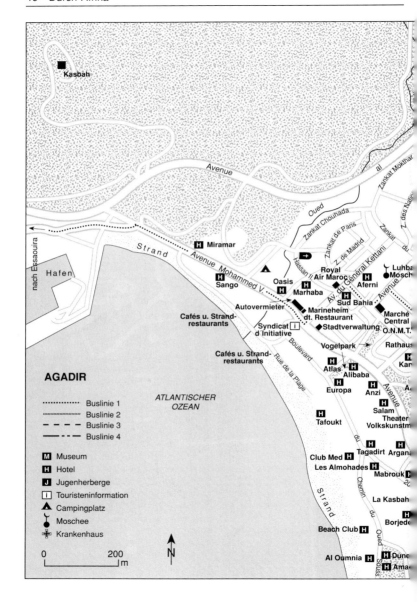

Routenteil A – Marokko 41

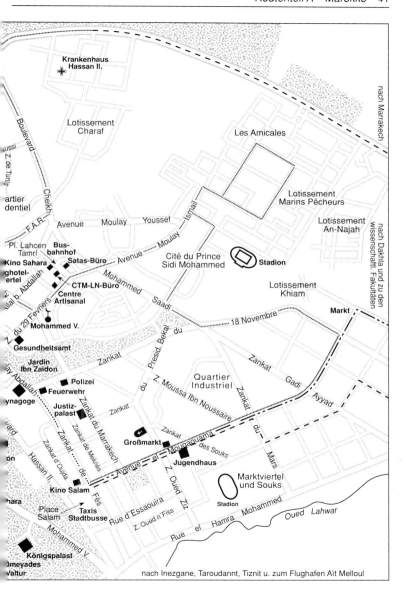

42 Durch Afrika

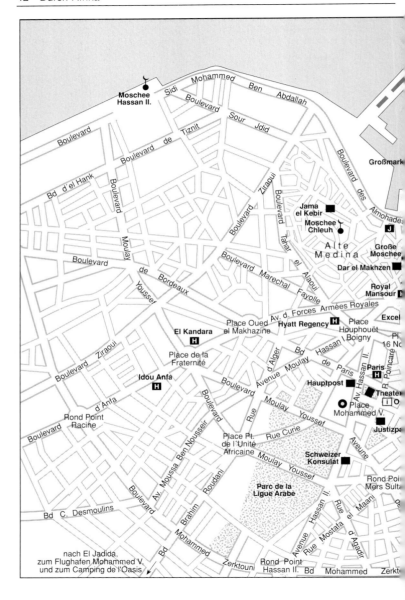

Routenteil A – Marokko 43

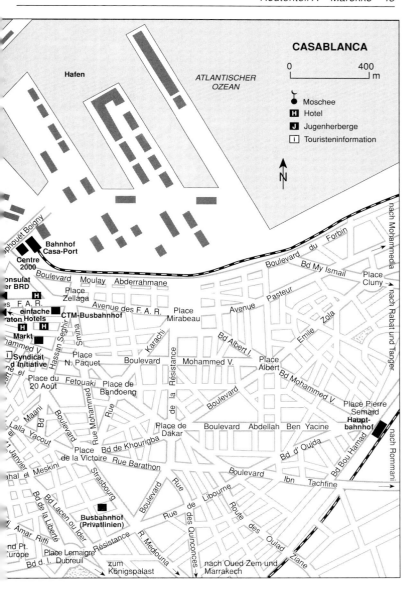

44 Durch Afrika

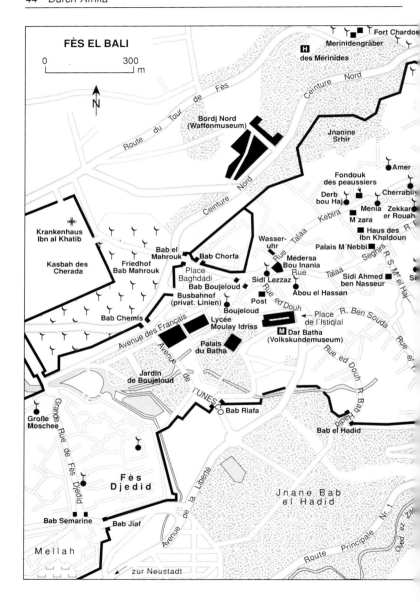

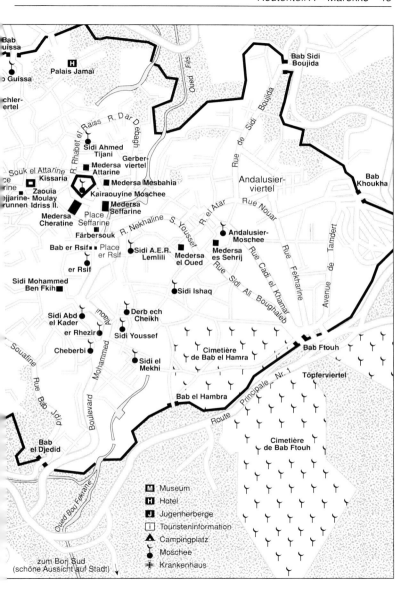

46 Durch Afrika

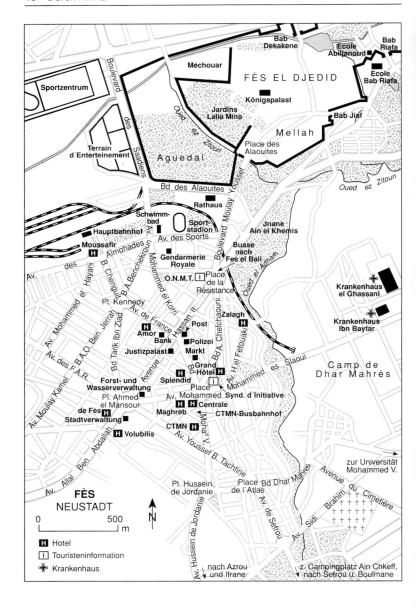

Routenteil A – Marokko 47

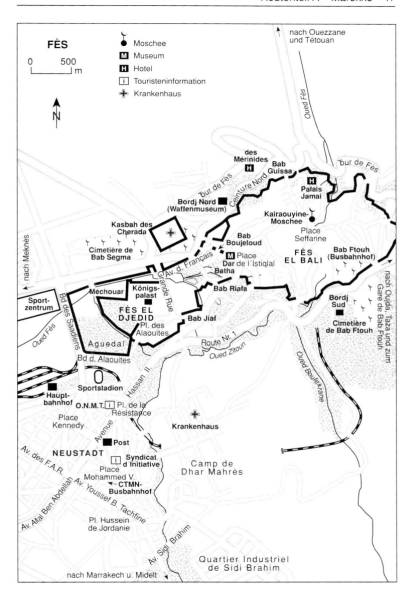

48 Durch Afrika

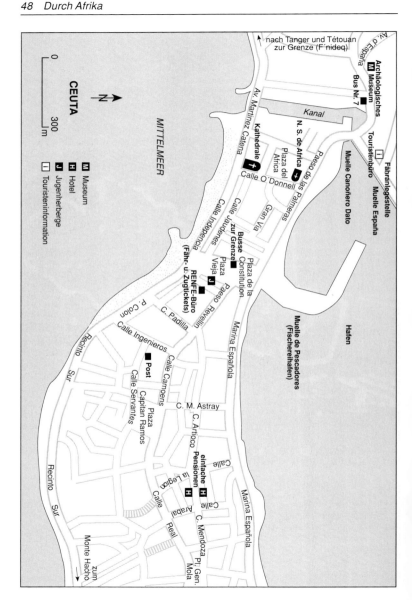

Routenteil A – Marokko 49

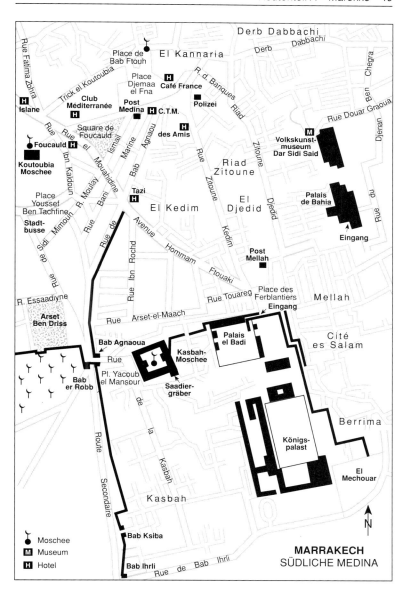

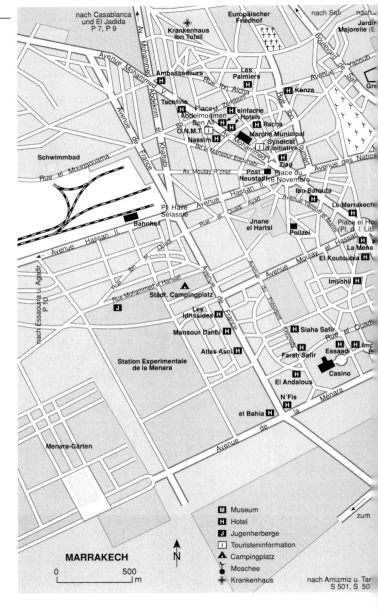

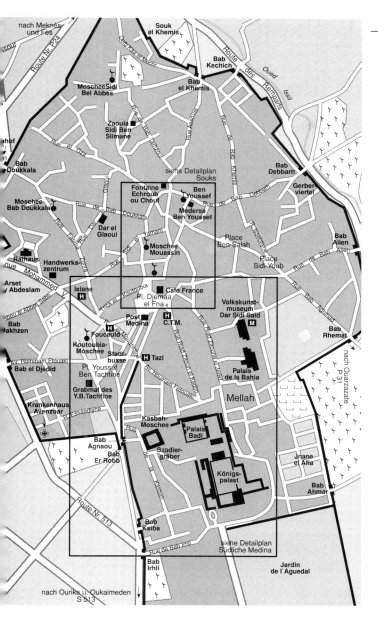

52 Durch Afrika

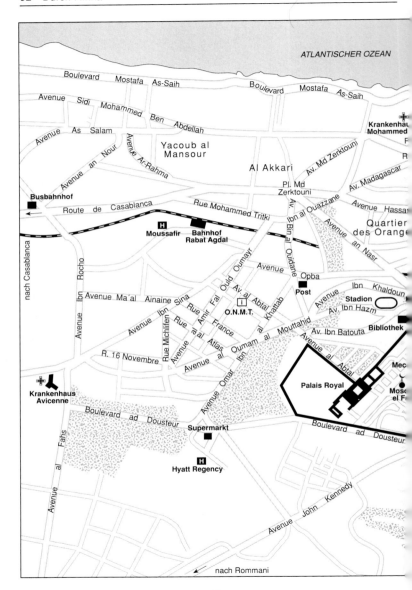

Routenteil A – Marokko 53

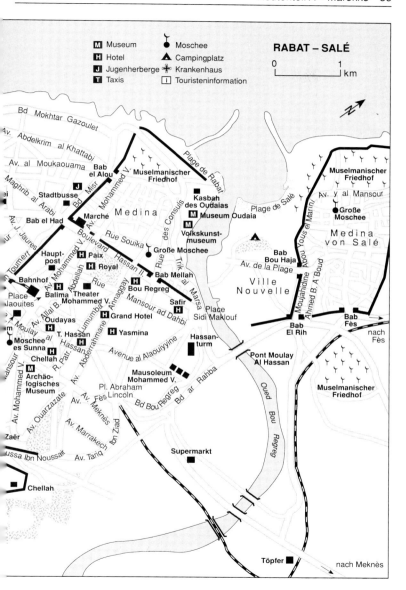

Avenue Hadj Mohammed Tazi

Krankenhaus Al Kortobi

Avenue U.S.A.

Stadion

Forbes-Museum

Rue Assad Ibn al Fassat

Kasbah-Tor

Kunst-museum

Institut Pasteur

Chari Al Imam Malik

Avenue Hassan II.

Rue Ibn al Abbar

zum Zeltplatz Miramonte

Chari Al Imam Mouslim

Alter Palast Moulay Hafid

Rue Hassan I.

Palast Mendoubia

Mendoubia Park

Pl. du 9 Avr

Boulevard Sidi

Rue Bouarrakia

Konsulat der BRD

Rue Sidi Bouabid

Rue d'Angleterre

el Minza

Grand Hotel Villa France

Chari al Hafid Ibn Hajar

Rue Ibn Zaidoun

Place de Kuweit

Rue de Belgique

Pla Moham

Chari Sidi Bouchari

Rue Habib Bourgiba

Rue Mexique

Rue d'Angleterre

de Hollande

Rue Sidi Amar

Mohammed

Spanisches Krankenhaus

Place Oued el Makhazine

Rue

Zum Cap Spartel

l'Aeroport

de

Avenue

Haroun

Ben

Rue

Abdallah

de Rue

Fes

Zum Flughafen

Route

Ar-Rachid

Place du 20 Aout

Chari Wad Ziz

Chari al Qadi Iyya

Rue al Hassan Addakhil

nach Rabat

Routenteil A – Marokko 55

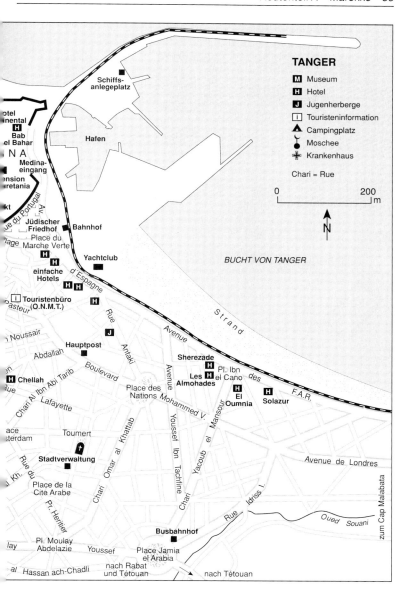

56 Durch Afrika

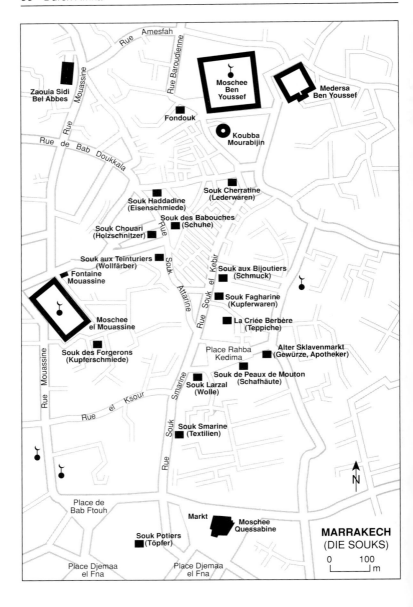

Routenteil A – Marokko 57

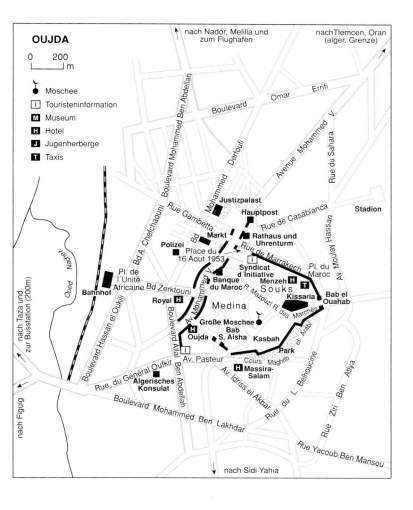

58 Durch Afrika

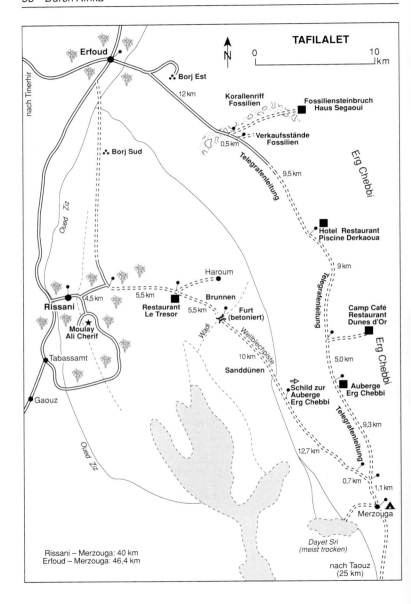

Routenteil A – Marokko 59

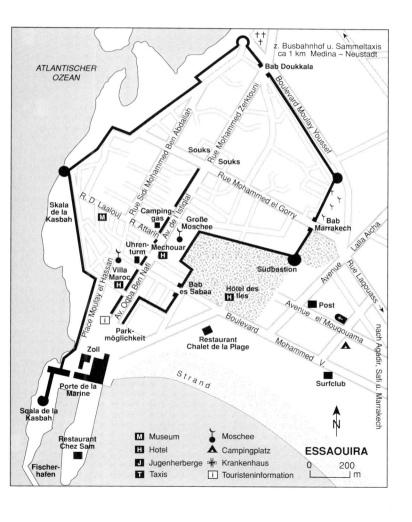

60 Durch Afrika

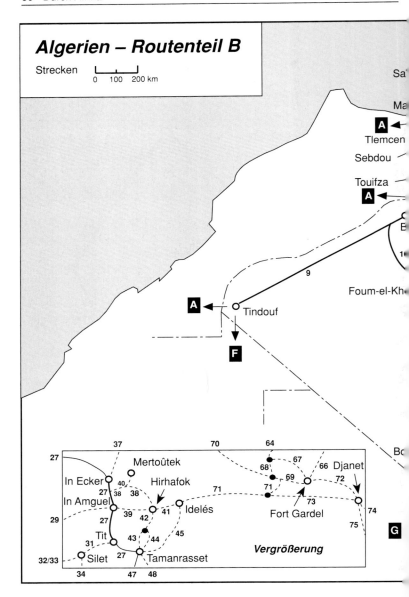

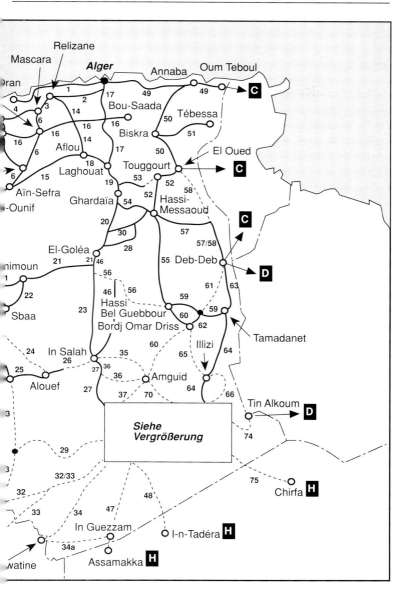

Algerien – Routenteil B

Überblick

Fläche: 2 381 741 km².

Einwohner: 26 375 000.

Hauptstadt: Algier (3 000 000 Einw.).

Sprache: Verkehrssprachen sind Arabisch und Französisch. Im Rif-Gebiet und den Gebirgen der Zentralsahara werden Berbersprachen (u.a. Kabylisch und Tamaschek) gesprochen.

Religion: Islam (Sunniten).

Ethnien: Araber und Berber.

Ruhetag: Freitag. Ämter und Büros schließen bereits Donnerstagmittag. Samstag und Sonntag gelten als normale Werktage.

Feiertage: 1.1., 1.5, 5.7., Nationalfeiertag 1.11., außerdem die beweglichen islamischen Feiertage wie Aid el Kebir, Aid es Seghir, Achoura, Mouloud.

Impfung/Gesundheit: Bei Einreise aus einem Infektionsgebiet ist Gelbfieberimpfung vorgeschrieben. Malariaprophylaxe im Süden empfehlenswert (beim Gesundheitsamt erkundigen). In Algerien ist die medizinische Versorgung kostenlos.

Währung: Einfuhr von mehr als 50 alger. Dinar ist untersagt. Bei der Devisenerklärung müssen Bargeld und Schecks aber auch Wertgegenstände wie Kamera oder Schmuck, schriftlich deklariert werden. Bei Geldumtausch wird der gewechselte Betrag in der Devisenerklärung vermerkt; bei der Ausreise werden die wieder ausgeführten Devisen abzüglich der in der Devisenerklärung bestätigten gewechselten Beträge geprüft. Devisenkontrollen werden gelegentlich auch in grenznahen Gebieten und den touristischen Zentren durchgeführt. Jeder Reisende über 18 Jahre ist verpflichtet, an der Grenze 1000 algerische Dinar einzutauschen (unter 18 Jahre: 500 Dinar). Dabei werden nur „gängige" Währungen akzeptiert (DM, FF), österreichische Schillinge können beispielsweise an der Grenze nicht gewechselt werden. Euroschecks und Kreditkarten werden von algerischen Banken und Hotels akzeptiert, wenn sie an der Grenze deklariert worden sind. Reiseschecks können fast überall ohne Probleme eingelöst werden. Wechselkurs: 1994 wurden für 100 FF offiziell 750 Dinar eingewechselt. Auf dem Schwarzmarkt wird erheblich mehr geboten (1994 für

Algerien – Routenteil B **63**

100 DM 2600 alg. Dinar; 100 FF = 1000 alger. Dinar. Ganz Algerien soll mit dem Schwarzkurs rechnen. Zum offiziellen Kurs ist das Leben teurer als in Europa. Generell sind die Preise horrenden Schwankungen unterworfen und können sich täglich ändern. Deshalb wird vorerst auf die Angabe von Hotelpreisen verzichtet.

Kfz: Internationaler Führerschein, deutscher, schweizer oder österreichischer Fahrzeugschein; die internationale Grüne Versicherungskarte ist nicht gültig, es muß eine algerische Haftpflichtversicherung abgeschlossen werden. Reisende, die mit einem fremden Fahrzeug unterwegs sind, müssen eine notariell beglaubigte Vollmacht des Fahrzeughalters in französischer Sprache vorweisen. Der Fahrzeugverkauf ist in Algerien untersagt. Ein *carnet de passage* ist nicht erforderlich. Bei Ankunft wird kostenlos ein Zollpapier (*carte touristique*), befristet auf 3 Monate, ausgestellt. Fahrzeuge über 5,5 t benötigen eine Genehmigung des „Ministère des Transports, Diréction Génerale des Transports terrestres", 119, rue Didouche Mourad, Alger (außer Campmobile). Diese Genehmigung muß mindestens 6 Wochen vor Antritt der Reise in französischer Sprache beantragt werden. Für Fahrzeuge über 2,8 t ist eine Straßenbenützungsgebühr zu entrichten. Die Einreise mit olivgrünen Fahrzeugen ist untersagt.

Treibstoffpreise: Im Norden des Landes bietet die Treibstoffversorgung keine Probleme, im Süden des Landes ist es schwieriger (mit Wartezeiten von mehreren Tagen muß man rechnen); beachten Sie hierzu die Routenbeschreibungen. Motoröl für Dieselfahrzeuge ist schwer zu finden. Die Tankstellen und Lager der Sonatrach führen bisweilen das Öl Cifa SAE 40 in 200-l-Fässern. Bei der Ausreise aus Algerien darf offiziell nur so viel Treibstoff mitgeführt werden, wie zum Erreichen der nächsten Tankstelle im Nachbarland notwendig ist. Diesel 6,5 alger. Dinar/l.

Sicherheit: Ausländer und Touristen wurden von der islamischen Heilsfront (FIS) aufgefordert, das Land zu verlassen. Zwischenzeitlich wurden nicht wenige Ausländer im Norden des Landes (Hochburg der FIS) ermordet. Auch bei Fahrten im Süden des Landes, insbesondere auf den beiden Sahara-Transversalen Tanezrouft- und Hoggarpiste, kam es immer häufiger zu Überfällen aufständischer Tuareg (s. Niger, Mali). Obwohl im Augenblick (1/95) der Grenzübergang Tamanrasset/Assamaka wieder offen ist, ist eine Reise im Süden Algeriens mit unwägbaren Risiken verbunden, da nicht nur die Tuareg, sondern auch räuberische Banden den Reisenden Gepäck und vor allem Fahrzeuge (mit Vorliebe gut ausgestattete Geländewagen) abnehmen. Reisende, die diese Routen, aber auch abgelegene Routen wie die Gräberpiste wählen, sollten unbedingt im Konvoi fahren, möglichst auch mit schnellen Fahrzeugen, um eventuellen Verfolgern zu entkommen. Im Winter 94/95 herrschte Konvoipflicht mit militärischer Begleitung auf der Strecke Tamanrasset – In Salah – El-Goléa – Ghardaïa. Für die Strecke Tamanrasset/Djanet braucht man inzwi-

64   Durch Afrika

schen eine Bewilligung der *protection civile* (im Ortszentrum von Tam). Der südliche Teil der Tanezrouft sollte gemieden werden, da Banden bis zur Balise 250 vorstoßen. Durch die veränderte politische Situation können sich auch die Aussagen über offene oder geschlossene Grenzübergänge, Meldepflicht, Kontrollen sowie erlaubte/gesperrte Strecken unvermittelt ändern. Prinzipiell ist derzeit (Anf. 1995) von einer Einreise dringend abzuraten (dies wird Touristen von den algerischen Grenzbeamten bei der Einreise auch zu verstehen gegeben). Alternativroute in Richtung Süden ist derzeit Marokko–Westsahara–Mauretanien.

Einreise: Reisende aus der Bundesrepublik Deutschland benötigen einen noch mindestens 6 Monate gültigen Reisepaß und ein Visum, das bei der algerischen Botschaft in Bonn beantragt weden muß. Die Antragsformulare erhalten Sie ebenfalls von der Botschaft (frankierten Rückumschlag beilegen). Das Visum kostete Ende 1994 DM 33. Da das Visum unterwegs kaum verlängert werden kann, empfiehlt es sich, eine möglichst lange Gültigkeitsdauer (60 Tage) sowie zwei Einreisen zu beantragen (in den Nachbarländern bestehen nur minimale Chancen ein algerisches Visum zu bekommen; ein Konsulat gibt es beispielsweise in Agadez/Niger; einigen Reisenden zufolge wurden dort Visa für Österreicher und Schweizer, aber nicht für Deutsche ausgestellt). Die Einreise muß noch vor dem im Visum angegebenen Verfalldatum erfolgen. Reisende mit einem Sichtvermerk Israels, oder Taiwans müssen damit rechnen, daß ihnen das Visum verweigert wird. Die Einfuhr von Funkgeräten, Waffen und Munition (ausgenommen Jagdwaffen mit besonderer Genehmigung), pornographischer Literatur und von Literatur, die den Interessen des Landes zuwiderläuft, ist verboten. Verstöße gegen das strenge Drogengesetz werden hart geahndet. Zollfrei ist die Einfuhr von 200 Zigaretten oder 50 Zigarren, 2 l Wein und 1 l Spirituosen. Film-/Fotokameras sind deklarationspflichtig.

Grenzen: Inzwischen wurden mehrere Friedensverträge zwischen den Tuareg-Gruppen und den jeweiligen Regierungen geschlossen und wieder gebrochen. Entsprechend ändert sich die Situation an den Grenzübergängen. Die malische Grenze (Tessalit) ist geschlossen. Touristen dürfen Algerien auf eigenes Risiko verlassen (Erklärung unterschreiben). Können sie dann die malische Grenze nicht passieren, ist eine Rückkehr nach Algerien nur möglich, wenn sie zwei Einreisen im algerischen Visum eingetragen haben. Die Grenze bei Assamaka ist offen (1/95). Falls nicht, ist es gut, wenn Sie ein weiteres Einreisevisum für Algerien beantragt haben. Ausreise nach Bir Moghrein (Mauretanien) ist nicht möglich. Die Reisenden werden bereits in Béchar gestoppt. Die Grenzen zu Marokko wurden von Seiten Marokkos im Herbst 1994 geschlossen, um eine Infiltration von Fundamentalisten nach Marokko zu unterbinden; ob die Grenzen 1995 wieder geöffnet werden, ist unbestimmt.

Kontrollen: Neuerdings häufig Zoll- und Devisenkontrollen unterwegs (z.B. an der Kreuzung Ghardaïa/El Oued/In Salah). Vor allem in den südlichen Landesteilen und in grenznahen Gebieten häufig Militärpatrouillen. Die Erlaubnis zum Befahren genehmigungspflichtiger Pisten erhalten Sie bei der zuständigen Präfektur (*wilaya – protection civile et de secours*). Häufig gibt es widersprüchliche Angaben zur Melde- bzw. Abmeldepflicht beim Befahren der Pisten (s. beispielsweise Illizi – Djanet). Im Zweifelsfall wenden Sie sich an die *protection civile*. Sollte die Grenze offen sein, werden bei der Ausreise aus Algerien in Richtung Niger die algerischen Ausreiseformalitäten (Zoll, Polizei) nicht mehr in Tamanrasset erledigt, sondern an der Grenzstation in In Guezzam, eine Abmeldung und die Kontrolle der Vorräte ist nicht mehr nötig (Stand 11/94).

Straßenzustand: Im nördlichen Landesteil zumeist Asphaltstraßen in gutem Zustand, im Süden häufig Pisten (meist gut markiert). Die in der Michelinkarte als „verboten" bezeichneten Pisten dürfen offiziell nur mit Genehmigung der zuständigen *wilaya* befahren werden. Diese Genehmigungen sind zur Zeit nur schwer zu bekommen. Nach gängigen Erfahrungen gab es bislang wenig Probleme, wenn die Strecken ohne Genehmigung befahren wurden. Für diese Pisten sind allerdings mindestens zwei Geländefahrzeuge mit guter Ausrüstung und einschlägige Wüstenerfahrung dringend erforderlich.

Sonstiges: Aufgrund der schwierigen politischen Situation in Algerien reisen kaum mehr Touristen in das Land, daher dürfte sich die touristische Infrastruktur entlang der Routen erheblich verschlechtert haben; viele Cafés, Restaurants, Hotels, Campingplätze, usw., die unter den jeweiligen Routen aufgeführt sind, dürften mittlerweile geschlossen sein. Verläßliche Angaben können z. Z. nicht gegeben werden (vgl. auch Datum der Routenbeschreibungen).

Literatur und Landkarten:
Reiseführer: Das Buch von W. u. U. Eckert, „Richtig reisen Algerische Sahara", DuMont Verlag, das neben Routenbeschreibungen ausführliche Hintergrundinfos zu Geschichte, Ethnologie, Kultur, etc enthält, ist vergriffen und nur noch in Bibliotheken erhältlich; „Sahara", Edition Erde.
Hintergrund: G. Göttler, „Die Tuareg", DuMont Verlag; Reiselektüre: Saint-Exupery, „Wind, Sand und Sterne", Karl-Rauch Verlag; Isabelle Eberhard, „Sandmeere", Rowohlt Verlag; „Märchen der Berber", Diederichs Verlag.
Landkarten: Als Übersichtskarte: Michelin 953, 1:4 000 000, Nordwestafrika. Detailkarten: Cartes IGN, 1:1 000 000, 1:500 000 und 1:200 000 (für Südalgerien und grenznahe Gebiete manchmal nur s/w erhältlich). Gute Geländedarstellungen (sofern IGN Karten nicht erhältlich sind) bieten die Pilotenkarten TPC (1:500 000), Blätter G1c, G2d, H2a, H2b, H2c, H2d, H3a, H3d.

Geschichte: Zahlreiche Felsgravuren in den zentralsaharischen Gebirgszügen zeugen davon, daß die heutige Sahara bis vor etwa 10 000 Jahren ein zumindest teilweise fruchtbarer, bewohnter Landstrich war. Über die ethnische Zugehörigkeit der damaligen Sahara-Bewohner wird viel spekuliert; einige Forscher nehmen an, daß es sich um Vorfahren der heute im Sahel beheimateten, rinderzüchtenden Peul handeln könnte, die von den Berbern allmählich in südlichere Gebiete abgedrängt wurden. Vom 1. vorchristlichen bis zum 5. Jh. n. Chr. stand Nordalgerien unter römischer Herrschaft (Numidia und Mauretania Caesariensis), danach wurde es von den Wandalen und im 7. Jh. von Arabern erobert. Zwischen dem 16. und dem 19. Jh. stand Nordalgerien unter der Oberhoheit der von den Türken eingesetzten *deis*, die von ihrem Stützpunkt Algier aus Raubzüge im Mittelmeer unternahmen. 1830 Eroberung durch die Franzosen, die sich bis weit nach Südalgerien hinein festsetzen konnten und die Kolonie in einem blutigen Krieg gegen die Widerstandsbewegung bis zur Unabhängigkeit 1962 verteidigten. 1965 wurde der FLN-Generalsekretär und algerische Staatspräsident Ben Bella durch einen Putsch von H. Boumedienne entmachtet. Nach dessen Tod übernahm Chadli Ben Jedid die Regierungsgewalt.

Politik: 27 Jahre nach Erlangung der Unabhängigkeit änderte Präsident Chadli Ben Jedid im September 1989 nach anhaltenden Protesten der Bevölkerung die Verfassung und ließ neben der Regierungspartei FLN auch andere politische Vereinigungen zu. Angestrebt wurde ein allmählicher Demokratisierungsprozeß, der in den für Dezember 1991 vorgesehenen Wahlen münden sollte. Überschattet wurde diese Entwicklung von massiven Demonstrationen gegen Teuerung und Arbeitslosigkeit, die zum Teil mit brutaler Gewalt niedergeschlagen wurden. Die sich zunehmend verschlechternden Lebensbedingungen der Algerier brachten der fundamentalistischen Islamischen Heilsfront (FIS) starken Zulauf. Beim ersten Wahlgang im Dezember 1991 konnte die Heilsfront einen erdrutschartigen Sieg verbuchen. Um die endgültige Machtübernahme durch die Fundamentalisten beim zweiten Wahlgang (Januar 1992) zu verhindern, setzte ein „Nationaler Sicherheitsrat" Mitte Januar 1992 Präsident Chadli ab und stoppte den Demokratisierungsprozeß. Der aus dem marokkanischen Exil heimgekehrte Mohamed Boudiaf wurde zum neuen Präsidenten bestimmt. Seitdem kommt es immer wieder zu bewaffneten Auseinandersetzungen zwischen Anhängern der Heilsfront und Militär. Vorläufiger Höhepunkt der innenpolitischen Auseinandersetzungen war die Ermordung von Staatspräsident Boudiaf am 29.6.1992. Anfang 1994 forderte die FIS schließlich alle Ausländer auf, das Land zu verlassen. Gleichzeitig wurden zahlreiche Intellektuelle von der FIS „hingerichtet", darunter auch zwei bekannte Raï-Sänger. Im Herbst 94 versuchte die algerische Regierung, durch die Freilassung zweier FIS-Führer einen Dialog mit den Islamisten beginnen. Die Freigelassenen verweigerten allerdings jede Zusammenarbeit. Anfang 95 rief die US-Regierung alle in Algerien verbliebenen Amerikaner auf, das Land endgültig zu verlassen.

Die Tuareg

Die geheimnisvollen „Ritter der Wüste" haben schon Generationen von Sahara-Reisenden fasziniert und beschäftigt. Historische Forscher wie Heinrich Barth im 19. Jh. fühlten sich von den stolzen Kamelreitern angezogen und an (Raub)-Ritter des europäischen Mittelalters erinnert. Jahrhundertelang kontrollierten die berberstämmigen Tuareg die Karawanenwege durch die Sahara, erhoben Wegzölle und überfielen Reisende. Eine Praxis, zu der einige Tuareggruppen heute anscheinend wieder zurückgefunden haben.

Die Tuareg-Gesellschaft folgt einer strengen Einteilung in Adelige (Imaghehen), Vasallen (Imghad) und Sklaven (Iklan) bzw. inzwischen Nachkommen ehemaliger Sklaven (Haratin), die sich die Tuareg auf Beutezügen im Sahel holten. Die verschiedenen Stämme haben sich zu Konföderationen zusammengeschlossen (in der algerischen Sahara Kel Ahaggar und Kel Ajjer), deren Oberhaupt Amenokal genannt wird. Die Abstammung bestimmen die Tuareg nach der Linie der Mutter (matrilinear); Frauen genießen ein hohes Ansehen und sind freier als üblicherweise in muslimischen Ländern. Sie tragen auch keinen Schleier, während Männer ihr Gesicht meist mit dem indigoblauen Litham verhüllen. Trotz früher Annahme des Islam haben sich bei den Tuareg viele Überreste einer alten Naturreligion erhalten. Auch die Vielehe wird nur selten praktiziert. Eine besondere gesellschaftliche Position haben Schmiede (Enaden), die wegen ihrer Macht über das Feuer gefürchtet, ob ihrer Tätigkeit aber zugleich verachtet werden. Die Schmiede stellen nicht nur den bei Touristen begehrten Silberschmuck her, sondern u.a. auch Sättel, Schwerte und Dolche. Die Frauen der Schmiede-"Kaste" sind zumeist zuständig für die reich bemalten Lederarbeiten der Tuareg. Ein fast intimes Verhältnis verbindet die Tuareg mit ihren Kamelen. Die Eleganz des Kamels, seine Ausdauer und Kraft werden in den Tuaregliedern mindestens ebenso euphorisch gepriesen wie die Reize einer schönen Frau. Seitdem der Karawanenhandel fast überall in der Sahara zum Erliegen gekommen ist, sehen sich die einstigen Nomaden gezwungen, sich zumindest einen Teil des Jahres niederzulassen, Oasengärten zu bestellen oder sich als Wächter oder Touristenführer zu verdingen. Im Sahel betreiben die Tuareg nach den letzten guten Regenjahren auch wieder Viehzucht.

68   *Durch Afrika*

Routeninformationen

B 1: Algier – Tipaza – Mostaganem – Oran (450 km)

Asphaltierte Straße am Meer entlang (N11) Schöne Landschaft, Wasser- und Lebensmittelversorgung schwierig.

Algier – 3 Mio. Einw. Hauptstadt, gute Infrastruktur. Vom Flughafen „Houari Boumediene" führt eine Autobahn in das Stadtzentrum; zollfreier Einkauf gegen Devisen, auch wenn man kein Flugzeug nimmt.
Fähren nach Marseille: „SNCM", 28, Bd. Zirout Youcef; Tel: (02) 630333; Telex: 67067 (Fährverkehr wird 1995 angeblich eingestellt).
Unterkunft: Hotels aller Kategorien in der Stadt und an den Stränden in Sidi Ferruch, Moretti-Plage und Zéralda. Campingmöglichkeit ungefähr 16 km vom Stadtzentrum entfernt auf der N41 in Richtung Cheraga (2,2 km hinter Souk el Fellah biegen Sie am Waldrand links in eine kleine Straße und nach 30 m nochmals links; Picknickplätze).
Sehenswert: das „Denkmal der Märtyrer", die *kasbah*, die Hauptpost, die Uferpromenaden, die „Cité des Sports", der Botanische Garten. Informationen geben die Büros der „ONAT", Rue Didouche Mourad gegenüber des Hotels „Es-Safir", Rue Ben-Boulaïd.
(Beginn B 2, B 17 und B 49.)
Zéralda – Ort.
Unterkunft: Jugendherberge und großer Campingplatz mit Warmwasser.
Tipaza – Gute Infrastruktur. Gut erhaltene historische Stadt. Strand.
Cherchell – Fischerdorf. Gute Infrastruktur.
Ténès – Stadt mit guter Infrastruktur.
Zwischen Ténès und Mostaganem keine Unterkunftsmöglichkeiten; Wildcampen möglich. Die Strecke führt durch liebliche Landschaft; Weinanbaugebiet.
Mostaganem – Stadt mit guter Infrastruktur.
Arzew – Dorf. Markt. Treibstoff.
Oran – 663 000 Einw. Großstadt mit guter Infrastruktur.
Fähren nach Marseille: „ENTMV", 9, Bd. de la Soummam; Tel: (06) 393954; Telex: 22369.
Unterkunft: Campingplatz „Ain-el-Turck", 15 km westlich der Stadt, ganzjährig geöffnet, falls das Hauptportal geschlossen ist, benützen Sie den Seiteneingang in der nächsten Querstraße oder fragen Sie im Tourismusbüro nach.

B 2: Algier – Relizane (302 km)

Guter Asphalt. Wasser, Treibstoff, Lebensmittel und Hotels in allen größeren Orten.

Algier – S. B 1. (Ende B 1; Beginn B 17 und B 49.)
Relizane – Kleinstadt. Lebensmittel. Treibstoff.
(Beginn B 3 und B 14.)

B 3: Relizane – Mascara (65 km)

Guter Asphalt. Malerische Landschaft.

Relizane – S. B 2. (Ende B 2; Beginn B 14.)
Mascara – 600 m, 68 000 Einw. Gute Infrastruktur. Zentrum des Weinanbaus, auch berühmt für seine Teppiche und Spitzen. Gelegentlich werden in diesem Gebiet Polizeikontrollen durchgeführt, generell gibt es jedoch keine Probleme. (Beginn B 4 und B 6.)

B 4: Mascara – Siddi-bel-Abbès – Tlemcen – Maghnia – marokkanische Grenze (233 km)

Asphalt. Vielbefahrene schnelle Verbindung zwischen Algerien und Marokko.

Mascara – S. B 3. (Ende B 3; Beginn B 6.)
Siddi-bel-Abbès – 470 m, 150 000 Einw., gute Infrastruktur.
Tlemcen – 800 m, 146 000 Einw., gute Infrastruktur.
Unterkunft: zahlreiche Hotels aller Kategorien. Der Campingplatz liegt hinter der Kreuzung Sebdou – Maghnia, etwa 100 m links in Richtung Maghnia, saubere Sanitäranlagen, sympathisches Personal; ein zweiter Campingplatz befindet sich in Mansourah (auf der N22 in Richtung Sebdou), sanitäre Einrichtungen, Restaurant, Telefon.
Verschiedenes: ungefähr 3 km in Richtung Sidi-bel-Abbès liegt eine Fabrik für Kfz-Federblätter, hier werden auch Reparaturen ausgeführt.
Sehenswert: die vielen Bauten aus der hispano-maghrebinischen Zeit, mehrere schöne Moscheen, das Museum klassischer und muslimischer Antiquitäten und die Grotten von Aïn Fezza (ungefähr 18 km von Tlemcen entfernt), zu erreichen über El Ourit (N7), dann an der Kreuzung nach rechts. Die Straße ist kurvenreich und gefährlich.
(Beginn B 5.)
Maghnia – 365 m, 90 000 Einwohner. Moderne Stadt mit guter Infrastruktur. In der Umgebung umfangreiche Bewässerungsanlagen.
13 km hinter Maghnia, Grenzposten. Für die Formalitäten müssen drei bis sechs Stunden eingeplant werden. Sind die Zöllner verärgert, kann es noch länger dauern. (Schneller geht es am Grenzposten von Ahfir, etwa 35 km nördlich; Ende 1994 waren die Grenzen zu Algerien geschlossen.) Ungefähr 3 km vor der algerischen Grenze steht ein Wachposten, der nicht markiert und kaum auszumachen ist. (Ende A 8 und A 12.)

Nicht vergessen! Aktuelle Infos und Ergänzungen schicken. Nur so kann ein Führer dieser Größenordnung aktuell bleiben. Bei Pisten mit schwieriger Orientierung bitten wir um Angabe von GPS-Koordinaten! Danke!!!

70 Durch Afrika

B 5: Tlemcen – Sebdou – El Aricha – Touifza (217 km)

Guter Asphalt. Die Straße führt über Hochplateaus, häufige Sandstürme.

Tlemcen – S. B 4. (Zur B 4.)
Bis Sebdou kurvenreiche Straße.
Sebdou – Dorf. Treibstoff. Wasser. (Beginn B 16.)
El Aricha – Dorf. Treibstoff. Wasser.
Touifza – Bahnhof auf der Strecke Mascara – Béchar. Keine Versorgungsmöglichkeit. (Zur B 6.)

B 6: Mascara – Saïda – Aïn Sefra (330 km)

Asphalt. Wasser, Treibstoff, Lebensmittel und Hotels in allen wichtigen Orten.

Mascara – S. B 3. (Ende B 3; Beginn B 4.)
Saïda – 840 m. Kleiner Ort. Lebensmittel. Treibstoff. Zwei einfache Hotels. (Zur B 16.)
Mecheria – Dorf. Treibstoff. Wasser.
Touifza – S. B 5. (Ende B 5.)
Aïn Sefra – 1070 m. Mittelgroße Stadt. Gute Infrastruktur.
Unterkunft: das Hotel „El Mekter" bietet einen herzlichen Empfang, doch leider ist die Klimaanlage nur schwach.
In der Umgebung: zahlreiche Oasen (Palmengärten), die Berge, die alten *ksour* und viele Felsgravuren.
Verschiedenes: in Aïn Sefra starb am 21. Oktober 1904 die Schriftstellerin und Abenteurerin Isabelle Eberhard. Sie ist auch hier begraben.
(Beginn B 7; Ende B 15.)

B 7: Aïn Sefra – Beni-Ounif (153 km)

Asphalt. Viele Militärkontrollen. Hinter Aïn Sefra wird die Landschaft sehr malerisch. Flüssiger Verkehr, kleine Ortschaften, Brunnen.

Aïn Sefra – S. B 6. (Ende B 6 und B 15.)
Beni-Ounif – 850 m, Kleinstadt. Lebensmittel. Treibstoff. Bank. Nach Norden führt eine Straße nach Figuig und Bouarfa (Marokko); die Grenze war Ende 1994 geschlossen. (Ende A 10; Beginn B 8.)

B 8: Beni Ounif – Béchar (114 km)

Asphalt.

Beni-Ounif – S. B 7. (Ende B 7 und A 8.)
Km 64, **Ben-Zireg** – Dorf. Keine Lebensmittel. Beginn einer asphaltierten Stra-

Algerien – Routenteil B **71**

ße (126 km), auf der man über Fendi und den Oued Zousfana Taghit erreichen kann (zur B 10). Nach Überquerung des Oued nehmen sie an der Kreuzung die rechte Straße. Die linke Abzweigung führt nach El Bayadh. Schöne Landschaft entlang des Großen Westlichen Erg.
20 km nördlich von Béchar, **Hassi-el-Mokta** – Mehrere Brunnen mit Wasserhahn, das Wasser ist umsonst und von guter Qualität.
Béchar – 785 m, 60 000 Einw. Gute Infrastruktur. (Beginn B 9 und B 10.)
Unterkunft: Hotel „Autar" mit interessanter Architektur; Hotel „Saoura". Der Campingplatz am nördlichen Ortseingang (von Beni-Ounif kommend ist es der Palmenhain links der Brücke) macht keinen sicheren Eindruck.

B 9: Béchar – Tindouf (802 km)

(11.92) Asphalt. Die Straße ist für Touristen gesperrt – offizielle Begründung: hohe Überfallgefahr; schon seit Jahren aber spielen militärische Gründe eine Rolle: die unbereinigte Grenzsituation zwischen Algerien und Marokko und Polisario-Flüchtlingslager.

Béchar – S. B 8. (Ende B 8; Beginn B 10.)
Abadla – 580 m. Dorf. Treibstoff gibt es nur manchmal.
Unterkunft: gutes Motel, in dem allerdings kein Alkohol ausgeschenkt werden darf.
Kurz hinter Abadla zweigt eine Straße nach links nach Adrar (zur B 10).
Hassi el Khebi – Dorf. Treibstoff. Hotel.
Tindouf – 433 m. Kleinstadt. Gute Infrastruktur. (Ende A 6; Beginn F 1.)
Unterkunft: Hotel „El Mouggar".
Algerischer Kontrollposten. Pisten nach Marokko und Mauretanien.

B 10: Béchar – Taghit – Igli – Foum-el-Kheneg (433 km)

(02.93, Ford Transit) Guter Asphalt, aber auf Schlaglöcher achten. Neuerbaute Brücken. Fantastische Dünenlandschaft.

Béchar – S. B 8. (Ende B 8; Beginn B 9.)
26 km hinter Béchar führt kurz hinter Abadla eine Abzweigung nach links nach Taghit. 7 km vor Taghit zweigt die Straße nach rechts in Richtung Igli (sie führt nicht durch Taghit, wie fälschlich auf der Michelinkarte angegeben). Schöne Sanddünen
Taghit – Kleinstadt. Gute Infrastruktur.
Unterkunft: das Hotel „Taghit" und der Campingplatz (freundlicher Empfang) liegen am Ortsausgang am Fuß der Dünen. Auf dem Campingplatz gibt es Strom und fließendes Wasser.
Sehenswert: der *ksar*, der die Stadt beherrscht, und der Blick von der großen Düne über den Großen Westlichen Erg.
In der Umgebung: Felsgravuren (leider von Touristen stark beschädigt), die man nur mit festem Schuhwerk besuchen sollte, da es viele Schlangen gibt. Auf den Dünen kann man auch Skifahren, Auskunft an der Tankstelle.

72   *Durch Afrika*

Zwischen Taghit und Igli ist die Straße neu asphaltiert.

Igli – Dorf. Lebensmittel. Gutes Wasser. Treibstoff (kein Diesel!). Post.
Eine alte Piste führt von hier direkt nach Beni-Abbès (40 km über den Oued Saoura). Sie ist schwierig zu finden und nur mit geländegängigen Fahrzeugen befahrbar. Beginn im äußersten Süden von Igli.

Beni-Abbès – Die Oase liegt etwa 15 km (Asphalt) links von der Hauptstraße. Gute Infrastruktur, Treibstoff, Krankenhaus.

Unterkunft: das „Hotel du Grand Erg" ist geschlossen. Im Hotel „Rym" gibt es gutes Essen, eine saubere, wenn auch schon angeschlagene Innenausstattung und eine sehr schöne Aussicht auf den Grand Erg. Leider ist das Personal recht unfreundlich; im Sommer ist es außerdem sehr heiß und stickig (keine Klimaanlage); man kann auch auf dem Parkplatz übernachten. Der Campingplatz und ein schönes Schwimmbecken aus der Franzosenzeit liegen im Palmenhain.

Sehenswert: Saharamuseum mit Zoo und Botanischem Garten; Palmenhain.

Verschiedenes: das Tourismusbüro organisiert Sand-Skitouren in der Umgebung. Kleines Museum.

El Ouata – Oase. Nicht immer Lebensmittel. Treibstoff. Post.
Kurz vor Guerzim führt die Straße über eine neue Brücke.

Kerzaz – Kleine ruhige Oase. Treibstoff. Bäckerei.

Unterkunft: Campingmöglichkeit beim Hotel-Restaurant (hinter der Tankstelle), wenn man im Restaurant ißt.

Sehenswert: das alte Kerzaz, die Ziehbrunnen und der *ksar*.

Ksabi – Kleines Restaurant an der Kreuzung.

Foum-el-Kheneg – Kleine Oase ohne Versorgungsmöglichkeit.
(Beginn B 11, B 21.)

B 11: Foum-el-Kheneg – Adrar (177 km)

(03.93, Yamaha XT 600) Asphalt.

Foum-el-Kheneg – S. B 10. (Ende B 10; Beginn B 21.)

Adrar – 35 000 Einw. Die Stadt wird stark ausgebaut. Gute Infrastruktur.
(Beginn B 12 und B 24.)

Unterkunft: das Hotel „Touat" ist sehr gut unterhalten, Warmwasser und Kühlschrank im Zimmer, gute Mahlzeiten, Direktwähldienst. Im Hotel „Adrar" gibt es manchmal kein Wasser. Es gibt keinen Campingplatz, Übernachtungsmöglichkeit in der Nähe des Stadions am Beginn der Straße nach Reggane. Jugendherberge (französisch: „A.I.") in der Nähe des Radioturmes. Gutes Essen im Restaurant „Milev" gegenüber dem Denkmal und im Restaurant am Hauptplatz neben Hotel „Touat". Weiteres Restaurant 100 m links vom Hotel „Touat".

Verschiedenes: die Polizei ist zwar wachsam, dennoch empfiehlt es sich, den Geldgürtel anzulegen. Flugtickets gibt es schneller und billiger als bei „Air Algerie" beim „Touring Club d'Algerie" am Plaçe des Martyrs. Reisende, die nach Mali weiterfahren wollen, müssen sich hier mit allem Nötigen, Wasser,

Algerien – Routenteil B 73

Lebensmittel und Treibstoff, versorgen (der malische Zoll erlaubt die Einfuhr von maximal 100 Litern Treibstoff). Die Versorgungslage ist hier besser als in Reggane. Im Prinzip werden die Grenzformalitäten zur Ausreise nach Mali nicht mehr in Adrar, sondern in Reggane oder Bordj Moktar erledigt. Informieren Sie sich trotzdem bei der Grenzpolizei (bei der man sich auch melden muß, wenn man von Mali kommt). Die Grenze ist seit 1992 geschlossen.

B 12: Adrar – Reggane (145 km)

(02.93) Auf der Strecke vier Tankstellen, die allerdings nicht immer Treibstoff führen. Viele *foggaras*.

Adrar – S. B 11. (Ende B 11; Beginn B 24.)
Km 12, **Tamentit** – Oase. Lebensmittel. Wasser. Übernachtungsmöglichkeit im Palmenhain am Ortseingang.
Sehenswert: alte Hauptstadt des Touat. Mächtige Festungsmauern, Goldschmiede (Arbeit auf Bestellung).
Km 30, Tankstelle.
Km 48, **El Djedid** – Oase.
Km 69, **Zaglou** – Oase.
Reggane – Kleinstadt, wichtiger Militärposten (nur wenige Zivilisten). Die Versorgung ist nicht gesichert. Wasser (gute Qualität an der Tankstelle ungefähr 2 km westlich des Ortes; in der Stadt selbst gibt es nicht immer Wasser, oft ist es stark magnesiumhaltig). Krankenhaus. (Beginn B 13 und B 25.)
Unterkunft: das neue Hotel „Tanezrouft" ist sehr unsauber. Der schmutzige und teure Campingplatz mit Duschen und kleinem Restaurant liegt am Ortsausgang in Richtung Bordj Moktar, neben dem Gebäude der *protection civile*. Im *hammam* kann man auch schlafen.
Verschiedenes: Zollformalitäten und die Untersuchung („Wüsten-TÜV") des Fahrzeugs für die Ausreise von Algerien nach Mali (über Bordj Moktar) werden bei der *protection civile* abgewickelt (am südlichen Ortsausgang). Danach überprüft und stempelt die Polizei die Formulare (im Nordosten, in Richtung der Piste nach In Salah). Bei der Fahrzeugkontrolle wird unter anderem geprüft, ob Sie 200 Liter Treibstoff, genügend Wasservorrat, Lebensmittel und einen Erste-Hilfe-Kasten, einen Feuerlöscher und Ersatzreifen dabeihaben (macht das Fahrzeug bereits äußerlich einen gut ausgerüsteten Eindruck, wird meist nicht so detailliert geprüft). Die Kontrolle für Reisende aus Mali wird in Adrar durchgeführt. Vorsicht! Im Augenblick ist der Grenzübergang nach Mali wegen der Tuaregrevolte in Mali gesperrt, die Weiterreise ab Reggane ist nicht möglich.

Nicht vergessen! Aktuelle Infos und Ergänzungen schicken. Nur so kann ein Führer dieser Größenordnung aktuell bleiben. Bei Pisten mit schwieriger Orientierung bitten wir um Angabe von GPS-Koordinaten! Danke!!!

74   *Durch Afrika*

B 13: Tanezrouft-Piste. Reggane – Bordj Moktar – mali. Grenze – Tessalit (ca. 780 km)

(05.92, Yamaha XT 600) Piste (A/C/G/I). Derzeit ist die Piste gesperrt. Erkundigen Sie sich vor Fahrtantritt (lesen Sie auch den Abschnitt „Sicherheit" im allgemeinen Länderteil). Mit Solarstrom betriebene Leuchtmarkierungen alle 10 km bis Km 250 (Poste Weygand, der allmählich verschwindet), später dann alle 10 km bis Bordj Moktar. Die meisten sind bereits ausgefallen. Auf der zweiten Hälfte der Strecke ist die Markierung auf den Begrenzungssteinen nur mit viel Fantasie zu entziffern. Bei den häufigen Sandstürmen langsam fahren, da man die Fahrspuren auf dem harten Grund leicht verliert. Zwischen Reggane und Bordj Moktar zwei bewohnte „Orte" (PK 200 und PK 400, benannt nach den jeweiligen Kilometersteinen) mit Wasser und ev. Treibstoff.

Reggane – S. B 12. (Ende B 12; Beginn B 25.)

In Reggane folgt man dem gemauerten Wegweiser am Ortsausgang (Kreuzung der Pisten nach Tessalit und Aoulef) in Richtung Bordj Moktar. Kurz darauf beginnt die berühmte Tanezrouft-Piste.

Die ersten 100 km ist die Piste für Pkw sehr schwierig, abwechselnd Wellblech und Weichsand. Mit einem Geländewagen kein Problem.

Km 20/760, Düne auf der Piste. Sie muß links umfahren werden. Auf dem Gipfel der Düne idealer Biwakplatz.

Km 100/680, sandige Passagen.

Km 200/580, **PK 200** - Bewohnter Ort. Motel mit Schwimmbecken, Cafét. Wassertank mit Pumpe, gutes Trinkwasser. Manchmal gibt es Diesel.

Km 250/530, **Poste Weygand**, Ruinen, inzwischen kann man mehr sehen.

Km 370/410, Zisterne. Diesel.

Km 380/400, schöne Dünen östlich der Piste. Hübscher Platz für die Nacht.

Km 400/380, Wassertank, allerdings leer. Kurz vor Km 400/380 verläuft die Hauptpiste außerhalb der Markierungen; die Markierung 265 liegt 2 km östlich der Piste. Nach der Markierung 260 weiche Sandpassagen, die links umfahren werden sollten, um Einsanden zu vermeiden. Dahinter, bei Km 400/380, weist eine Tafel darauf hin, daß man nun den Wendekreis des Krebses überquert.

Km 530/250, **Bidon V**. Der Turm ist schon von weitem sichtbar. Unbewohnt.

Km 558/222, linker Hand ein Baum.

Km 580/200, der Baum der Tanezrouft (in armseligem Zustand).

Km 620/160, eine Düne versperrt die Piste, links umfahren. Hinter der Düne wieder Weichsandpassage.

Km 650, **Bordj Moktar** – Ein Dorf, das im Begriff ist, sich zur Stadt auszuwachsen. Algerischer Grenzposten. Lebensmittel nur begrenzt erhältlich. Bäkkerei. Wasser. Zwei Restaurants. Kein Hotel. Verdreckter Campingplatz. Die neue Tankstelle führt meist Treibstoff, allerdings wird man nur mit einer Bewilligung der *gendarmerie nationale* versorgt. Gute Werkstatt mit malischem Mechaniker. Zwangsumtausch für die Einreise nach Mali, Reisechecks werden akzeptiert. Die Bank ist von 08.00 bis 18:00 Uhr geöffnet (ausgenommen zur Siestazeit). Die Zollabfertigung verläuft im allgemeinen unproblematisch, der Posten ist von 12.30 bis 15:00 Uhr und nach 17.30 Uhr geschlossen. Zuerst Polizei (Sanitärkontrolle), dann Zoll (Überprüfung der Devisenerklärung, dann

Fahrzeugdurchsuchung). Erst dann kann man volltanken (nur die Versorgung mit Diesel ist gewährleistet). Die Ausfuhrbeschränkungen für Treibstoff (100 l) werden nicht besonders streng gehandhabt. Neben dem gefüllten Tank können meist bis zu 200 l in Kanistern mitgenommen werden (50 l pro Motorrad). Wer den Zöllnern höflich begegnet, darf vielleicht in ihrem Wasserbecken ein Bad nehmen. Trinkwasser bei der Polizei. (Ende B 32.)

Hinter Bordj Moktar fahren Sie in südliche Richtung. Die ersten 10 km sind schwierig.

Km 655/125, ein großer Wegstein mit Aufschrift markiert die malische Grenze.

Km 660/120, nicht in südöstliche Richtung abfahren (Pisten nach Timiaouine und Tamanrasset).

Km 663/117, Sandpassagen.

Km 665/115, erste malische Markierung (kleine quadratische graue Tafeln, bis Tessalit spärlich markiert). Danach schlechte Piste.

Km 690/90, eine Piste zweigt nach rechts (unbekannte Richtung); Markierung: drei große aufeinandergestapelte Reifen.

Km 760/20, man trifft auf eine Piste, die von Timiaouine (B 33) kommt, Metalltafel.

Km 775/5, nicht nach rechts abbiegen, die Piste umfährt den Militärposten. Bei Zuwiderhandlung riskiert man, daß der Paß für 24 Stunden abgenommen wird. Von hier aus führt die Piste bis Tessalit nach Westen.

Tessalit – Nettes Dorf, aber aufdringliche Kinder. Lebensmittelversorgung begrenzt (kleiner Markt). Brunnen mit Pumpe außerhalb beim ehemaligen Camping „Sahel Vert", es muß erst jemand geholt werden der die Pumpe in Betrieb setzt (Trinkgeld), gutes Wasser. Treibstoff teuer nur auf dem Schwarzmarkt .

Unterkunft: der Campingplatz „Sahel Vert" wurde von Tuareg zerstört, der malische Besitzer ist nach Gao abgewandert. Campingplatz „Chez Baya" dürfte mittlerweile auch geschlossen sein.

Verschiedenes: Zarahs sehenswerter Laden mit Kunsthandwerk ist geschlossen. Angeblich wurden nach den ersten Tuaregunruhen und Überfällen Racheakte des Militärs durchgeführt und viele der ansässigen Tuareg vertrieben. Die malische Polizei hat sich außerhalb in einem Militärcamp verbarrikadiert, das von Fremden nicht betreten werden darf. Um die Einreiseformalitäten durchführen zu können, muß ein Einheimischer die Polizei holen. Zoll und Versicherung müssen in Gao erledigt werden. Wenn Sie Tessalit in Richtung Bordj Moktar verlassen, nicht die Piste, die nach rechts zu einem Militärcamp führt nehmen. Die richtige Piste zweigt nach links ab. (Beginn G 1; Ende B 33.)

B 14: Relizane – Aflou (259 km)

Asphalt. Die Verbindungsstrecke mündet in die Hoggarpiste. Interessant für alle, die von Marokko kommen oder über Oran eingereist sind.

Relizane – S. B 2. (Ende B 2; Beginn B 3.)
Tiaret – 1050 m, 55 000 Einw. Gute Infrastruktur.

76   *Durch Afrika*

Unterkunft: Hotel „Ibn Rostom".
Verschiedenes: Fort. Die Stadt lebt von Ackerbau und Viehzucht.
Aflou – 1310 m, 55 000 Einw. Gute Infrastruktur. Zentrum der Hammel- und
Ziegenzucht. (Beginn B 15 und B 18.)

B 15: Aflou – El Bayad – Aïn Sefra (359 km)

Asphalt. Einige unterhaltene Furten. Im Winter ist die Straße zwischen Aflou und El
Bayad häufig durch Schnee- und Sandverwehungen blockiert, die nur schwer zu umfahren sind. Achtung auf Schlaglöcher! Die Polizeikontrollen sind unproblematisch. Entlang
der Route gibt es viele Felsgravuren (die schönsten finden Sie in Mouch-geug zwischen
Chellala Dahrania und der Abzweigung nach El-Abdiod-Sidi-Cheikh).

Aflou – S. B 14. (Ende B 14; Beginn B 18.)
El Bayad – 1310 m, 65 000 Einw. Gute Infrastruktur. Viehzuchtgebiet (Ziegen,
Schafe, Rinder und Kamele).
Sehenswert: die lokalen Teppich- und Stoffwebereien.
In der Umgebung: zahlreiche prähistorische Stätten (Aïn Marshal, Fouaidj
Tamara, Hadjera Driess, Merdoufa oder Keradka) mit Felsgravuren aus dem
Neolithikum (ca. 5000 v. Chr.); man erreicht sie über die schlechte Piste (Füh-
rer mitnehmen!), die von El Bayad nach Brézina führt (70 km nach Süden). Die
Felsgravuren stellen Elefanten, Strauße und Raubtiere und Jäger dar.
Aïn Sefra – S. B 6. (Ende B 6; Beginn B 7.)

B 16: Sebdou – Ras-el-Ma – El Hammam – Saïda – Frenda – Sougueur – Rechaiga – Bou-Saada (593 km)

(01.89) Bis auf etwa 20 km zwischen Ferhat Zit und El Hammam (Piste) Asphalt. Die
Route führt nur über Nebenstraßen.

Sebdou – S. B 5. (Zur B 5.)
Bei der Ausfahrt von Sebdou nehmen Sie die Straße nach Ouled Mimoun
(NO). Bei Km 20 führt eine Straße nach rechts nach Ras-El-Ma (SO).
Km 20, **El-Gor** – Dorf. Lebensmittel. Wasser.
Km 54, **Ras-El-Ma** – Dorf. Lebensmittel. Wasser.
Hinter Ras-El-Ma die Straße nach El Hammam (O) einschlagen.
Km 65, **Ferhat Zit** – Dorf. Lebensmittel. Wasser.
Km 90, **El Hammam** – Dorf.
Bei der Ausfahrt von El Hammam auf die Straße nach Marhoum und Moulay
Larbi (O) fahren.
Km 147, **Moulay Larbi** – Dorf. Lebensmittel. Wasser. Treibstoff.
Km 162, **Saïda** – Kleinstadt. Gute Infrastruktur. (Zur B 6.)
Bei der Ausfahrt von Saïda die W48 in Richtung Tiaret (NO) nehmen.
Km 191, **Tifrit** – Wasserfälle. Schöne Landschaft.
Km 206, **Balloul** – Dorf. Lebensmittel. Wasser.

Km 268, **Frenda** – Kleinstadt. Lebensmittel. Wasser. Treibstoff.
Km 320, **Sougueur** – Dorf. Lebensmittel. Wasser.
Bei der Ausfahrt von Sougueur die Straße nach Bouchekif (N) einschlagen.
Km 340, **Bouchekif** – Dorf. Lebensmittel. Wasser.
Km 382, **Rechaiga** – Dorf.
Km 431, **Sidi Ladjel** – Dorf. Lebensmittel. Wasser. Treibstoff.
Km 464, **Aïn Oussera** – Dorf. Lebensmittel. Wasser. Treibstoff. (Zur B 17.)
Unterkunft: im Hotel Central freundlicher Empfang.
Bei der Ausfahrt von Aïn Oussera die Straße nach Djelta (S) nehmen. Nach
ungefähr 1 km an der Kreuzung nach Had Sahari und Zenzach nach links.
Km 505, **Had Sahari** – Dorf. Lebensmittel. Wasser.
Km 530, **Aïn F'ka** – Dorf in sehr schöner Umgebung.
Km 561, **Sidi Ameur** – Dorf.
Km 593, **Bou Saada** – Stadt. Gute Infrastruktur.

B 17: Algier – Laghouat (412 km)

Asphalt. Kurvenreiche Überquerung des Tell-Atlas zwischen Blida und Ksar-el-Boukhari.
Fantastische Landschaft.

Algier – S. B 1. (Beginn B 1, B 2 und B 49.)
Blida – 240 m, 400 000 Einw. Gute Infrastruktur. Der Markt ist sehenswert.
Unterkunft: Hotel „El Ansar". 5 km hinter Blida liegt das sehr angenehme
„Hotel de la Citadelle".
Aïn Oussera – S. B 16.
Laghouat – 752 m, 30 000 Einw. Gute Infrastruktur.
Unterkunft: das Hotel „Marhaba" ist angenehm, allerdings ist der Parkplatz
nicht bewacht. Eine Garage gibt es 400 m vom Hotel entfernt; das Hotel
„Sayaz" ist schmutzig und bietet schlechten Service. Ein schattiger Camping-
platz liegt am Ortseingang, Richtung Aflou. In der Jugendherberge kann auch
ohne Mitgliedsausweis übernachtet werden. Empfehlenswert ist das Restau-
rant „Elfeth" an der Hauptstraße mit guter Küche.
Verschiedenes: technische Hilfe geben die Werkstätten der „SNTR" und einer
amerikanischen Bohrgesellschaft. Die „Garage Oasis" in der Rue M'Hamed
Ben Salem kann Reifen reparieren.
Sehenswert: die Große Moschee, die „Moschee El Atik" und die vielen modernen Gebäude. Einige, wie das Hotel „Marhaba" stammen vom Architekten
Fernand Poillon. (Beginn B 19; Ende B 18.)

B 18: Aflou – Laghouat (122 km)

Asphalt. Vorsicht vor Schlaglöchern! Die Polizeikontrollen sind unproblematisch.

Aflou – S. B 14. (Ende B 14; Beginn B 15.)
Laghouat – S. B 17. (Beginn B 17; Ende B 19.)

78   *Durch Afrika*

B 19: Laghouat – Ghardaïa (412 km)

(03.92) Asphalt. Bei der Ankunft in Ghardaïa schöner Blick über die Stadt und die umliegenden Oasengärten.

Laghouat – S. B 17. (Ende B 17 und B 18.)
Tilrehmt – An der Straße weist eine Tafel auf das exzellente Hotel und Restaurant.
Ghardaïa – 566 m, 90 000 Einw. Gute Infrastruktur.
(Beginn B 20 und B 54; Ende B 53.)
Unterkunft: das Hotel „Rostemides" liegt malerisch auf einer Anhöhe in der Nähe des Stadtzentrums, interessante Architektur (Pouillon), Treffpunkt der Wüstenfüchse, Zimmer schmutzig, Pool; Hotel „Djanoub", empfehlenswert, gleiche Preisklasse wie „Rostemides"; Hotel „Essada" im Zentrum, ruhig gelegen; Hotel „1001 Nuits", verwahrlost, aber das Personal ist freundlich; daneben das Hotel „Atlantique"; das Hotel „La Palmerie" im NW ist freundlich und sauber.
Der Campingplatz „Oued M'Zab liegt", von Laghouat kommend, rechter Hand der Straße am Ortseingang in einem Palmenhain, freundliches Personal, die sanitären Einrichtungen sind sauber, es gibt warme Duschen; im Camping „La Bouleila" kein Warmwasser und Diebstahlsgefahr. In der Jugendherberge kann ohne Mitgliedsausweis übernachtet werden. Restaurant „M'llika", Rue des Arcades, gutes Essen, allerdings teuer.
Busbahnhof: tägliche Busverbindung nach Tamanrasset (die Fahrt dauert, wenn alles gutgeht, ca. 20 Stunden und kostet ca. 130 DA).
Verschiedenes: Gasflaschen können in der Rue des Légumes aufgefüllt werden. Empfehlenswerte Werkstätten: „Le Sud", „Sahara Garage"; für Dieselfahrzeuge „Sahara/Diesel Oasis", Rue Haroun Rachid. Reifenreparaturen „Ghardaïa Pneus", H. Hadj, Charet, Avenue Talbi Ahmed. Viele Geschäfte mit Ersatzteilverkauf.
Sehenswert: Ghardaïa, der Hauptort der M'zab-Oasen, liegt in einer grandiosen Landschaft, umgeben von vier weiteren heiligen Städten der berberstämmigen Mozambiten, die sich im 11. Jh. hierher zurückzogen, um ungestört nach ihren islamisch-puritanischen Glaubensvorstellungen leben zu können (Kharedjiten). Ghardaïa ist der einzige Ort mit touristischer Infrastruktur. Die anderen Orte kann man tagsüber besichtigen. Sehenswert sind die *palmerie*, der Markt, die Altstadt, das kleine Museum des M'zab und die Moschee, die nur mit Führer besichtigt werden darf. An Freitagen ist Nicht-Muslimen der Zutritt verboten.
In der Umgebung lohnen auch die anderen Städte des M'zab einen Besuch. Am sehenswertesten ist Beni Isguen, die frömmste und strengste Stadt der Pentapolis. Besichtigung nur mit Führer. Fotografieren ist nur gestattet, wenn die Menschen einverstanden sind. Interessant ist der Markt, auf dem die Waren versteigert werden (täglich gegen 17:00 Uhr).
In El-Ateuf, einer anderen Stadt des M'Zab, gibt es einen kleinen Zoologischen Garten mit Wüstenfauna.

Algerien – Routenteil B 79

B 20: Ghardaïa – El Goléa (El Meniaa) (270 km)

(09.93, Landcruiser) Asphalt. Die Straße ist in gutem Zustand, wenn auch gelegentlich versandet. Vorsichtig fahren! Herrliche Landschaft: im Westen erstrecken sich die Dünen des Großen Westlichen Erg bis zum Horizont. Achtung! Auf vielen Straßenschildern und Karten wird El Goléa als El Meniaa bezeichnet.

Ghardaïa – S. B 19. (Ende B 19 und B 53; Beginn B 54.)
Km 24, Abzweigung nach Metlili (22 km, guter Asphalt). Die schöne Oase liegt eingebettet zwischen Hügeln, die von zahlreichen Marabuts gekrönt sind. Seb Seb (17 km hinter Metili, schlechter Asphalt) ist eine recht verwahrloste Oase in fantastischer Dünenlandschaft. Kehren Sie von hier aus auf der gleichen Straße zurück, die Fortsetzung der Route im Bett des Oued Sebseb nach Südosten ist gefährlich.
Km 92, links von der Straße locken nach etwa 300 m Piste artesische Brunnen mit 30 Grad heißem Wasser.
Hassi Touiel – Restaurant. Wasser. Läden.
Unterkunft: der Campingplatz liegt 500 m von der Hauptstraße entfernt (schlechte Ausschilderung); er ist sauber, ruhig, die Duschen haben warmes Wasser. Für organisierte Exkursionen abseits der Pisten wenden Sie sich an das Restaurant.
Km 112, **Hassi Fahl** – Tankstelle.
El Goléa (El Meniaa) – 390 m, 20 000 Einw. Gute Infrastruktur. Manchmal wird das Wasser rationiert (Wasser gibt es am Wasserturm gleich am Ortsein-gang links, wenn man von Ghardaïa kommt). Ab und zu Treibstoffmangel. (Beginn B 23, B 76, B 77 und B 78; Ende B 21 und B 56.)
Unterkunft: das Hotel und Restaurant „El Boustan" ist sauber, das Personal höflich, der Parkplatz wird nachts bewacht. Allerdings gibt es nur kaltes Was-ser. Mit dem Hotel-Restaurant „Le Vieux Ksar" auf der Straße nach In Salah haben Reisende schlechte Erfahrungen gemacht, man sollte es besser mei-den. Der Campingplatz des Touring Club liegt in kleinen Palmengärten am Ortsausgang in Richtung In Salah, Duschen (nicht immer Wasser!), saubere Sanitäranlagen, Waschküche, auf Vorbestellung einfaches Essen, sympathi-scher Geschäftsführer; ebenfalls mit freundlichem Geschäftsführer der Cam-pingplatz „La Palmerie", von Ghardaia kommend am Ortseingang, saubere Sanitäranlagen, allerdings eigener Brunnen und heiße Duschen (wer auf den Dünen Ski fahren will, erhält hier die Ausrüstung; vom 1 km entfernten Hügel aus öffnet sich ein fantastischer Blick über die Landschaft). Im Restaurant „Amis" gibt es ebenfalls eine Campingmöglichkeit. An der Hauptstraße gegen-über der Tankstelle liegt ein gutes kleines Restaurant, das bis spät abends geöffnet ist; etwa 100 m von der Post entfernt serviert das Restaurant „Port Saïd" ebenfalls sehr gutes Essen.
Verschiedenes: Gasflaschen können Sie in einem Lebensmittelgeschäft auf-füllen lassen: von Ghardaïa kommend fahren Sie an der ersten Kreuzung in der Stadt rechts; das Geschäft befindet sich gegenüber einer Reifenwerkstatt.

80   Durch Afrika

Die „Garage Ahmed Ben Mohamed", die Vertretung der „Sonacome", liegt in der Avenue Larbi Ben M'hidi. Reifenreparaturen werden auch bei Bouhafri Abdel Kader in der Rue de l'Emir Abdel Kader durchgeführt. Vom Busbahnhof startet täglich ein Bus nach Tamanrasset (ca. 16 Stunden Fahrt).

Sehenswert: die Oase mit ihren 200 000 Palmen, der alte *ksar* El Menia (wunderbares Panorama) und die prähistorische Sammlung der „Pères Blancs" (auf Anfrage). Das Grab und ein Standbild von Pater Foucauld finden Sie von Ghardaïa kommend in der Nähe des Kreisverkehrs. Folgen Sie dem Wegweiser nach Ben Bachir bis zum Ende der Asphaltstraße, nehmen Sie dann die erste Piste nach links und fahren der Ausschilderung nach noch etwa 2 km. Die Einwohner El Goléas verkaufen schöne preiswerte Sandrosen.

B 21: Foum-el-Kheneg – Timimoun – El Goléa (El Meniaa) (508 km)

(08.93, BMW 80 GS) Guter Asphalt. Im Sommer unbedingt Wasservorrat mitnehmen, weil einige Brunnen ausgetrocknet sein können.

Foum-el-Kheneg – S. B 10. (Ende B 10; Beginn B 11.)
Km 58 – Kreuzung. Fahren Sie nach links in Richtung Timimoun; geradeaus geht es nach Adrar. Café–Restaurant mit sehr teurer Limonade.
Charaouine – Oase. Lebensmittel. Café.
Timimoun – 38 000 Einw. Hübsche Oase in malerischer Dünenumgebung. Gute Infrastruktur. (Beginn B 22.)
Unterkunft: das Hotel „Gourara" ist laut, aber sehr sauber (Möglichkeit Telex aufzugeben); das Hotel „Oasis Rouge" ist ein gelungenes Beispiel der Sudanarchitektur aus rotem Lehm; gutes Restaurant; das Personal im Hotel „Ighzer" ist unfreundlich. Camping „La Palmerie" mit warmen Duschen und sauberen Sanitäranlagen.
Verschiedenes: Telefonieren von den beiden Telefonzellen aus (Post, Polizei) auch problemlos nach Europa, faxen bei der „ONAT". Guter und freundlicher Führer für Kameltouren: Herr Soufi Abdallah.
Sehenswert: das „Centre d'artisanat" (das auch eine Karte für Exkursionen zur Verfügung stellen kann, siehe auch Karte Ausflüge Timimoun am Ende des Kapitels), die vielen roten Lehmbauten und der schöne Palmengarten. Die Agentur der „Air Algérie" veranstaltet Ausflüge in die Umgebung.
M'Guiden – Oase. Lebensmittelladen mit guter Auswahl aber exorbitanten Preisen. Treibstoff.
Unterkunft: Essen im Restaurant ist wesentlich teurer als in Timimoun. Der Campingplatz befindet isch immer noch in der Rohbauphase.
160 km östlich von Timimoun führt eine Piste nach links zum Fort Mac-Mahon, das in malerischer Lage mitten im Dünenmeer gelegen ist.
Hassi Marroket – Die Brunnen sind ausgetrocknet. Guter Platz für die Nacht.
El Goléa (El Meniaa) – S. B 20.
(Beginn B 23, B 76, B 77 und B 78; Ende B 21 und B 56.)

Algerien – Routenteil B 81

B 22: Timimoun – Tiberghamine – Sbaa (140 km)

Asphalt. Direkte Verbindung zwischen B 21 und B 11.

Timimoun – S. B 21. (Zur B 21.)
Sie verlassen Timimoun auf der Straße nach Beni-Abès in Richtung Charaoui-ne. Nach etwa 10 km nach links abbiegen.
Tiberghamine – Oase. Treibstoff. Palmengärten. Foggaras.
Sbaa – Die Oase liegt auf der B 11. Kurz davor kommen Sie auf die Straße von Beni Abbès nach Adrar (zur B 11).

B 23: El Goléa (El Meniaa) – In Salah (400 km)

(7/94, Mercedes 280SE) Durchgehend guter Asphalt.

El Goléa (El Meniaa) – S. B 20. (Beginn B 23, B 76, B 77 und B 78; Ende B 21 und B 56.)
Hassi Marroket – Der artesische Brunnen wurde in Rohre gefaßt und kanali-siert. Achtung vor Dieben, wenn Sie hier zwischen den Dünen campieren!
Km 63, Abzweigung nach rechts in Richtung Timimoun und Adrar (zur B 21). Restaurant, sehr sympathischer Besitzer.
Der folgende Streckenabschnitt bis zum Plateau von Tademaït ist wunder-schön.
Km 107, Abzweigung nach links zum Fort Miribel (leider durch Touristenmüll stark verschmutzt).
Ca. Km 200, Brunnen von Tabaloulet.
Km 250, Tankstelle und Restaurant geschlossen.
Km 255, aufgegebenes Café; sauberer Brunnen.
Vom Ende des Plateaus von Tademaït windet sich die Straße allmählich in vielen Serpentinen hinunter nach In Salah. Malerische Landschaft.
In Salah – 200 m, 30 000 Einw. Gute Infrastruktur. Öffentliches Bad. Manch-mal geht der Treibstoff aus. (Beginn B 27; Ende B 26, B 35, B 36 und B 78.)
Unterkunft: das Hotel „Tidikelt" wechselt Reiseschecks, der Besitzer ist sehr zuvorkommend, saubere Zimmer mit Dusche, WC und Klimaanlage, gutes Essen, das Schwimmbecken war im Frühjahr 92 nicht gefüllt. In den Restau-rants „du Carrefour" (Hadschi, der Besitzer und skifahrender Tuareg, ist vielen Reisenden bekannt und sehr hilfsbereit) und „Relais Saharien" wird gutes Es-sen serviert; daneben gibt es noch das „Restaurant-Salon de thé Baraka". Drei Campingplätze in Richtung Tamanrasset, doch Vorsicht vor Dieben!
Verschiedenes: ab In Salah Konvoipflicht nach Tamanrasset (8/94). Reparatur-werkstatt mit großem Ersatzteillager, faire Preise. Es gibt jetzt eine National-parkverwaltung für das Hoggargebirge auch in In Salah (bzw. Amguid und Taman-rasset). Hier kann ein Eintrittsticket erworben werden. Die Quittung muß gut aufbewahrt werden, da diese bei Einfahrt in den Nationalpark verlangt wird. .

82 *Durch Afrika*

Sehenswert: die aus rotem Lehm erbauten Häuser (sudanesischer Stil) und der Markt. Ausflüge nach Fouggaret Es-Zoua, eine schöne Oase mit heißen, artesischen Quellen, 41 km östlich von In Salah. Die „Agence Bouchikhi" organisiert Exkursionen zu Fuß, mit Kamelen oder mit Fahrzeugen.

B 24: Adrar – Aoulef (175 km)

(05.92) Felsige Piste mit einigen Sandpassagen (A/C/G/I). Gut markiert. Vor der Fahrt bei der Polizei in Adrar melden!

Adrar – S. B 11. (Ende B 11; Beginn B 12.)
3 km vor Alouef eine markierte und ausgeschilderte Kreuzung. Die nach Norden abgehende Piste führt nach In Salah (zur B 26).
Alouef – Die Stadt wird voll ausgebaut. (Beginn B 26; Ende B 25.)
Unterkunft: der Campingplatz am Straßenrand (in Richtung Reggane) bietet zwar keinen Komfort, doch die Angestellten sind sehr freundlich (keine Sanitäranlagen, eigener Brunnen – Vorsicht vor Blutegeln).
Sehenswert: die Foggaras (mit bis zu 3 360 l/min haben sie die höchste Ausstoßmenge im ganzen Land).

B 25: Reggane – Alouef (118 km)

(05.92) Asphalt.

Reggane – S. B 12. (Ende B 12; Beginn B 13.)
Sie verlassen Reggane auf einer breiten asphaltierten Straße in Richtung Osten, die zu militärischen Anlagen führt. Nach 7 km steigt die Straße über 70 Höhenmeter hinauf zur Hochebene des Tidikelt; seltsam-schöne, einsame Landschaft. Km 19, ausgeschilderte Abzweigung nach rechts („Source Chibani"). Die Quelle ist ein großes Wasserloch von 15 m Durchmesser.
Aoulef – S. B 24. (Ende B 24; Beginn B 26.)

B 26: Aoulef – In Salah (155 km)

(12.93, BMW 80 GS) Asphalt bis zur Abzweigung nach Tit, danach ziemlich gute Piste (A/G), ab In Ghar zur Asphaltierung vorbereitet und damit teilweise nicht befahrbar, da gesperrt oder schlimmes Wellblech (ausweichen in tiefen, verspurten Sand).

Alouef – S. B 24. (Ende B 24 und B 25.)
Km 3/152, Kreuzung. Nach links in Richtung In Salah abbiegen (nach rechts geht es nach Reggane).
Km 50/110, rechts biegt eine Piste nach Tit ab (5 km).
Von Km 44 bis In Ghar Wellblech und einige Sandpassagen. Die Piste ist zum Teil markiert (Steinmännchen). Bei Sandsturm sollte hier immer im Konvoi oder, wenn möglich, mit einem Führer gefahren werden.

Algerien – Routenteil B 83

Km 75/80, artesischer Brunnen, Gärten.
Km 92/63, **In Ghar**.
Sehenswert: die mit einem _foggara_-System bewässerte _palmerie_ und die versteinerten Bäume auf dem Tademaït-Plateau. Ein Führer kann Sie hinbringen.
Ab Km 130/25, Strommasten verlaufen parallel zur Piste.
In Salah – S. B 23. (Beginn B 27; Ende B 26, B 35, B 36 und B 78.)

B 27: In Salah – Arak – In Ecker – Im Amguel – Tit – Tamanrasset (658 km)

(7/94, Mercedes 280SE) Durchgehend Asphalt bis 5 km nach Abzweig Moulay Lahcene, dann 10 km schlecht. Notruftelefone mit Solarbetrieb. Konvoipflicht bis Tamanrasset.

In Salah – S. B 23. (Beginn B 27; Ende B 26, B 35, B 36 und B 78.)
Km 35, Café-Restaurant.
Vom Brunnen Hassi-el-Krénig (etwa bei Km 100; zur B 36) bietet sich als Alternativstrecke die alte Piste nach Arak an. Sie wird kaum noch benützt und führt über Tiguelguemine (gutes Wasser), Tadjemout (gutes Wasser) und die Arak-Schlucht.
Km 200, Café.
Km 386, Abzweig Moulay Lahcene.
In der Arakschlucht sind die _oued_-Durchfahrten ungeteert und uneben.
Arak – Treibstoffversorgung ist nicht immer gesichert.
Unterkunft: Campingplatz mit Hütten, Restaurant (überteuert), Wasser aus der Zisterne (schlecht), keine Duschen, wenn möglich lieber meiden!
Km 394, eine asphaltierte Straße nach rechts führt zum Marabut Moulay Hassan.
Kurz hinter Moulay Hassan Straßenbauarbeiten. Umleitung über eine Piste mit Weichsand im letzten Teil.
In Ecker – Stützpunkt der „Sonarem". Manchmal gibt es Treibstoff. Kleines Restaurant.
(Beginn B 28; Ende B 37 und B 38.)
In der Umgebung: von In Ecker aus ist ein Abstecher auf guter Piste nach Mertoutek möglich (interessante Felsgravuren). Sie verlassen In Ecker nach Südosten auf zwei Bergspitzen zu, die bei Km 24 und 42 im Süden passiert werden. Die Piste führt nun zunächst nach Osten, dann nach Nordosten und trifft schließlich auf die von Hirhafok kommende Piste. Bei Km 85 ist Mertoutek erreicht. Zu den Felsgravuren gelangt man nur zu Fuß (ca. 1 Std.); Führer gibt es in Mertoutek.
(Ende B 37 und B 38.)
In Amguel – Weiler. Laden und Café. Fort.
(Beginn B 40; Ende B 39.)
Tit – Weiler. Keine Versorgungsmöglichkeit. (Beginn B 31.)
Oûtoul – Weiler. Zwei Cafés.
Sehenswert: die Felsgravuren.

84   Durch Afrika

Tamanrasset – 1395 m, 16 000 Einw. Gute Infrastruktur, doch gehen immer wieder einzelne Artikel aus. Zwei Tankstellen. (Beginn B 47 und B 48; Ende B 43, B 44 und B 45.)

Unterkunft: Hotel „Tahat", teuer, unfreundlicher Empfang, der Parkplatz ist bewacht, Geld und Reiseschecks können gewechselt werden; das Hotel „Tin Hinan" im Zentrum ist sympathischer, preiswerter und sauber, doch gibt es nicht immer Wasser (gehen Sie nicht in die Parks gegenüber dem Hotel – Diebe). Die Jugendherberge beim Campingplatz „Dassine" ist gut, Duschen, aber nachts laut, Möglichkeit der kostenlosen Gepäckaufbewahrung. Der Campingplatz „Dassine" ist sehr ungepflegt, die Sanitäreinrichtungen sind schmutzig, Wasser gibt es weder an den Waschbecken noch in den Duschen, sondern aus einer Zisterne, das Restaurant ist geschlossen (Achtung vor Dieben); Camping „Zéribas", Wasser den ganzen Tag, saubere Sanitäranlagen; neuer Campingplatz „Adrean", etwa 1 km hinter dem Camping „Zéribas" (am Tahat und alten Camping vorbeifahren), sehr freundliche Leitung, gutes Essen, Wasser, saubere Sanitäranlagen, kein Schatten, Übernachtungsmöglichkeit in Strohhütten. Öffentliche Duschen gibt es im Ortszentrum, warmes Wasser, sauber. Das Restaurant „Le Palmier" im Ortszentrum ist sehr einfach, sympathisch und billig.

Verschiedenes: Telefonieren ins Ausland ist langwierig; ein Telex gibt es im Hotel „Tahat" (unproblematisch). Blaue Campinggas-Flaschen werden neben der Polizeistation auf der Straße in Richtung Niger ausgewechselt. Es gibt mehrere Banken, Reiseschecks wechselt die „Banque Centrale". Mitte 1994 war in Tamanrasset nur nach mehrtägiger Wartezeit Sprit zu bekommen. Die „Société Eguelwid" an der nördlichen Stadteinfahrt führt eine große Auswahl an Ersatzteilen für Land Rover und ist die billigste Werkstätte in Tam (im Verhältnis zu unseren Preisen sehr günstig). Die obligatorische Versicherung für aus dem Niger kommende Reisende kann bei der Agentur „SAA" (gegenüber „Air Algérie") abgeschlossen werden. Die Bewilligung für die Weiterfahrt nach Djanet wird von der *protection civile* in der Ortsmitte ausgestellt. Ein Visum für den Niger gibt es innerhalb eines halben Tages im Konsulat (300 FF oder 55 US$). Die Formalitäten für die Ausreise nach Niger (B 47 und B 48) werden nicht in Tam, sondern in In Guezzam, für Mali (B 31, B 32, B 33 und B 34) bei der *protection civile* erledigt. In Tam wird nicht mehr abgemeldet. Die Kontrollen am Ortsausgang sind schnell (Personalien und Fahrzeug werden registriert und nach In Guezzam gemeldet, Wasser und Treibstoff nicht mehr kontrolliert). Die restlichen Formalitäten werden in In Guezzam an der Grenze zu Niger durchgeführt. Vorsicht: die unklare politische Situation läßt keine Informationen über Öffnung der Grenzübergänge zu; Anfang 1995 war die Grenze offen. Passen Sie beim Photographieren auf, nicht eines der vielen *objets militaires* abzulichten. Entsorgen Sie sorgfältigst jeden Abfall, bei Nichtbeachtung drohen empfindliche Geldstrafen!

Sehenswert: das kleine Saharamuseum (neben dem „Bordj de Père de Foucauld") und die alljährliche Messe im Januar, zu der Tuareg aus allen Teilen der Sahara und des Sahel anreisen (auch aus Mali und Niger).

Algerien – Routenteil B 85

In der Umgebung: Ausflüge zum Grab des Amenokal Moussa ag Amastane, zu den Assekrem-Schutzhütten, nach Idelès, zu den Felsgravuren von **Oûtoul** etc. Für den Hoggarnationalpark muß man sich eine Eintrittskarte bei der Nationalparkverwaltung in Tamanrasset (oder In Salah bzw. Amguid) besorgen. Quittung gut aufheben, da diese bei Einfahrt in den Park verlangt wird.

B 28: El Goléa – Hammam Berkane (185 km)

(12.93, BMW 80 GS) Die ersten 85 km Asphalt, Rest Piste, mit Solarmasten markiert.

Km 0, **El Goléa** – S. B 20. (Beginn B 23, B 76und B 77, B 78; Ende B 21 und B 56.)
Richtung Ghardaïa fahren.
Km 85, rechts abbiegen Richtung Hammam Berkane (ausgeschildert).
Die Piste führt direkt nach Osten, fast genau auf dem 31. Breitengrad.
Km 180, die Oase ist erreicht, noch 5 km bis zum Hammam.
Hammam Berkane – Es liegt nicht mehr dort, wo es auf den alten IGN-Karten eingetragen war. Das alte Hammam ist versiegt und das neue nach einer fündigen Bohrung wurde gegründet. Keine Bewohner, keine Versorgungsmöglichkeiten, sehr viele Fliegen, je ein *hammam* für Frauen und Männer.

B 29: In Amguel – Aïn Ziza – Tanezrouft (ca. 600 km)

(03.89, Landcruiser) Piste (A/C/G/I).

In Amguel – S. B 28. (Ende B 28 und B 39; Beginn B 30 und B 40.)
Folgen Sie dem Flußbett des Oued Amguel nach Westen. Stark sandige Passagen; nach Regenfällen nicht zu befahren.
Km 5, an der Kreuzung nach rechts halten.
Km 9, wieder Kreuzung, nach links aus dem *oued* hinausfahren.
Km 13, man erreicht den Oued Tidjirine, der parallel zum Oued Amguel verläuft.
Km 33, der Oued Tidjirine mündet im Oued Amguel. Bleiben Sie besser am Nordufer. Sandige Passagen.
Km 48, Tin-Felki, Wasser.
Km 50–52, mehrere Pisten zweigen nach links ab. Bleiben Sie im Flußbett des Oued Tekouijat.
Km 63, der *oued* wird breiter. Die Piste führt zunächst am linken Ufer parallel zum *oued* und kehrt dann wieder ein Stück weiter in diesen zurück. Wellblech.
Km 85, die Piste steigt wieder auf die Uferböschung des *oued*.
Km 105 (ca.), der *oued* wird so breit, daß man ihn kaum noch von der umgebenden Ebene unterscheiden kann. Fahrzeugspuren werden seltener. Mit dem Kompaß Kurs auf 220 Grad nehmen und die Richtung halten.
Ca. Km 135, Durchfahrt zwischen zwei Hügeln.

86   Durch Afrika

Ca. Km 185, Pisten kreuzen. (Wahrscheinlich die Piste von Silet nach Aïn Ziza.)
Ca. Km 210, Kurs auf 290 Grad nehmen.
Km 280, hohe Berge kommen in Sicht. Im Süden umfahren und dann Kurs auf 340 Grad nehmen.
Km 305, Dünen in Sicht. Nach der Durchquerung den Adrar Nahalet südlich umfahren.
Km 340, Adrar In-Hihaou in Sicht. Man befindet sich auf einer sehr schönen Ebene.
Km 355, kurz vor dem Berg kreuzt eine sehr breite Piste. Nach links halten.
Km 360, Bergpassage, Richtung Norden. Mehrere *oueds* werden überquert.
Km 377, Kreuzung. Die Piste nach rechts führt nach Ziza (mehrere *gueltas*); nach links geht es zur Tanezrouft-Piste.
Km 382, nach links eine Abzweigung zu einem *guelta* (1 km).
Aïn Ziza – Km 384. *Guelta*. Schöne Stelle.
Nach Westen zur Tanezrouft-Piste weiterfahren (ca. 220 km; zur B 13).
Fährt man nach Norden, gelangt man auf einer guten Piste nach der Durchquerung des Adrar Taoudrad nach Adrar.

B 30: El Goléa – Ouargla über Hassi-el-Hadjar (350 km)

(12.93, BMW 80 GS) Die ersten 129 km Asphalt danach 221 km Piste. In Gegenrichtung ist der Pisteneinstieg praktisch nicht zu finden, da der Boden durch Bohrungen umgepflügt ist.

Km 0, **El Golea** – S. B 20.
(Beginn B 23, B 76, B 77 und B 78; Ende B 21 und B 56.)
Richtung Ghardaïa fahren.
Km 80, rechts auf die Asphaltstraße Richtung „Agriculture Khanem" biegen. Links zieht sich eine Bergkette, rechter Hand das Erg Khanem dahin. Nach einer langgezogenen Rechtskurve kurz vor der Oase nach links abbiegen und solange diese Richtung halten, bis man auf eine deutlich erkennbare Piste stößt (alte Hoggar-Piste), in die man links einbiegt.
Kurz nach der Oase geht es auf das Kef el Djoua. Kreuzungen ignorieren und auf der Hauptpiste bleiben.
Km 99, **Hassi Djafou**, ausgetrocknet, aber schöner Übernachtungsplatz auf umliegenden Dünen.
Km 115, nach einem Rechtsknick eine Anhöhe, auf der es links auf der alten Hoggar-Piste nach Ghardaïa geht und geradeaus nach Ouargla.
Km 122, am Abzweig rechts halten.
Km 148, bei einer Solarbalise stößt man auf die Piste El Golea – Hammam Berkane. Die folgenden 10 km auf dieser Piste bleiben.
Km 151, trockenes Wasserreservoir.
Km 156, Schild auf arabisch „El Menia 14 km".
Km 160, die Solar-*balises*-Piste Richtung Nordosten verlassen.
Km 165, altes Schild „El Goléa 156 – Ouargla 204".

Algerien – Routenteil B 87

Km 191, Querung der Piste Hammam Berkane – Hassi Fahl.
Km 213, Canyon, in den relativ problemlos hinabgefahren werden kann (wenn zu verspurt, weiter links versuchen, wo es flacher ist). Den Canyon über die versandete Auffahrt gegenüberr verlassen (die Spuren nach rechts und das Hinweisschild ignorieren).
Bis Km 249 müssen die Wanderdünen immer wieder umfahren werden; Abzweig nach Hassi Inifel ignorieren.
Km 251, **Hassi Hadjar**, wunderschön gelegen, Brunnen mit Wasser in 10 m Tiefe. Durch eine *sebkha* weiterfahren, die sehr verspurt ist.
Km 259, Abzweig mit Schild „GBC 1 SH 103" ignorieren.
Km 292, Plateau. Hier ist der schöne Teil der Strecke zu Ende. Die nächsten Kilometer sind holprig, steinig und Wellblech.
Km 301, Teerstraße, links einbiegen.
Km 309, rechts abbiegen.
Km 314, bei einer Tankstelle rechts.
Km 321, rechts.
Km 340, links. Nächste Kreuzung ist die Hauptstraße, in die rechts eingebogen wird.
Km 350, **Ouargla** – S. B 54. (Zur B 54.)

B 31: Tit – Abalessa – Silet (86 km)

(11.90, Fiat Campagnola) Piste (A/C/G).

Eine interessante Route, über die man Pisten nach Bordj Moktar (s. B 32), Timiaouine (s. B 33) oder Tin-Zawatine (s. B 34) zur Weiterfahrt nach Mali erreicht. Stellen Sie sicher, daß Ihre Papiere in Ordnung sind. Die Erlaubnis, von Silet aus eine dieser drei Pisten zu befahren, erteilt die Grenzpolizei in Tamanrasset. Wegen der zahlreichen Überfälle im malischen Grenzgebiet im Augenblick nicht zu empfehlen.
Tit – S. B 27.
Die Piste verläßt die Straße nach In Salah etwa 3 km nördlich von Tit und führt nach Westen. Bis Tim-Missao verläuft sie dann in süd-südwestlicher Richtung. Die Piste ist gut erkennbar (harter Sand und *reg*) aber nicht markiert.
Abalessa – Kleine Oase. Wasser. Lebensmittel beschränkt erhältlich. Ehemaliger Hauptort des Hoggar.
Sehenswert: das Grab von Tin-Hinan, der legendären Königin der Hoggar-Tuareg und Urahnin der Tuareg Kel Rela. Es liegt etwa 3 km östlich der Siedlung.
Zwischen Abalessa und Silet starkes Wellblech, kurz vor Silet dann Sand. Die Piste ist nicht markiert, aber gut zu erkennen.
Silet – Wasser. Lebensmittel. Treibstoff (Normalbenzin gibt es nur selten, Diesel fast immer). Kontrollposten des Militärs neben der Tankstelle. Melden Sie sich bei der Polizei am südlichen Ortsausgang.
(Beginn B 32, B 33 und B 34.)

B 32: Silet – Bordj Moktar (ca. 440 km)

Die Piste (A/C/G/I/K) ist eigentlich gesperrt. Erkundigen Sie sich in Tamanrasset oder Silet.

Silet – S. B 31. (Ende B 31; Beginn B 33 und B 34.)
Bis Km 250 und ab Km 260 ist die Piste gut zu erkennen.
Verlassen Sie Silet in nordwestlicher Richtung und lassen Sie die Piste nach Tin Zawatine linker Hand liegen. Als Orientierungspunkt können zwei große Felsen dienen, die weit entfernt im Westen sichtbar sind und zwischen denen die Route hindurchführt. Danach wendet sich die Piste nach Südwesten.
Zu Beginn Markierung mit Eisenstangen alle 10 km, danach dreibeinige Markierungen. Die Piste besteht aus zahlreichen Spuren, die sich ungefähr bei Km 155 zu einer guten Piste vereinigen (kleines Dünenfeld).
Km 160, Kreuzung, markiert mit einer weißen Tonne. Den Spuren nach Süd-Südwest, später West folgen.
Ignorieren Sie den Wegweiser nach Timiaouine, die Spuren nach links münden höchstwahrscheinlich in die Strecke B 33.
Km 195, linker Hand die Ausläufer eines Berges.
Km 222, kleines, etwa 30 m langes Weichsandfeld.
Km 252, die Spuren führen wieder auseinander; nach rechts in Richtung Süd-Südwest halten.
Km 261, ein Steinviereck dient als Wegweiser; hier nach Westen fahren.
Km 268, Kreuzung, markiert mit einer Tonne. Auf den Spuren nach rechts in westlicher Richtung weiterfahren. Von hier ab regelmäßige Markierung mit Tonnen.
Km 292, *fesch-fesch* (harter Untergrund), danach mehrere Sandfelder.
Km 350, ein umgestürzter dreieckiger Wegweiser.
Km 378, die Piste bietet nun keine Probleme mehr.
Km 440, **Bordj Moktar** – S. B 13. Die Piste endet vor der Polizeistation.
(Zur B 13.)

B 33: Silet – Timiaouine – malische Grenze – Tessalit (ca. 630 km)

(11.90, Fiat Campagnola) Piste (A/C/G/I/K). Die Genehmigung erteilt die *daïra* in Tamanrasset (siehe Anmerkung zu B 31 sowie Kap. Sicherheit im allgemeinen Teil).

Silet – S. B 31. (Ende B 31; Beginn B 32 und B 34.)
Verlassen Sie Silet in nordwestlicher Richtung und biegen Sie hinter dem Polizeiposten nach rechts. Wellblech und Sand.
Die Piste ist alle 5 km mit 1,5 m hohen, weißen Zementpfosten markiert, auf denen zunächst Silet und die von da aus zurückgelegte Entfernung angezeigt ist und dann Timia (Timiaouine) und die noch zu fahrenden Kilometer. Auf die

Algerien – Routenteil B **89**

Entfernungsangaben sollten Sie sich nicht verlassen. Zusätzliche Markierung mit weißen Tonnen. Ein anderer Pistenverlauf ist mit weißen Metallstangen markiert, der offensichtlich bei Adrar mit der beschriebenen Piste wieder zusammenführt.

Km 30, man erreicht den Adrar Tioueïne. Beim Verlassen des Adrar fällt die Markierung mit einer anderen Markierung einer alten Piste zusammen (hohe Metallstangen mit vier aufgesteckten weißen Tafeln). Man kann sie zur allgemeinen Orientierung nutzen, doch die richtige Piste entfernt sich nach rechts von dieser Markierung.

Km 50, Bogen nach W und dann nach SW. Die Piste ist in sehr gutem Zustand.

Ab der Markierung 265 auf ungefähr 5 km Sandpassagen.

Vor der großen Düne nach rechts orientieren. Nicht geradeaus nach Tim-Missao weiterfahren, da die Piste dort nicht vorbeiführt. (Exkursionen in das Tal von Tim-Missao sind möglich; herbe Felsen- und Dünenlandschaft, schwierige Piste.) Die Piste umfährt im Norden den Berg In Debirène und verläuft dann wieder nach Süd-Südwest. Auf den folgenden 40 km *reg* und Steine, dann wieder guter Pistenzustand.

Km 245, *oued*. Folgen Sie nicht den deutlichen Spuren, die nach links abzweigen. Die Hauptpiste verläuft weiterhin nach Süden.

Km 270, quadratische Markierung (2 x 2 m) „nach Silet 260, Timia 150". Großer *reg*, Wellblech und Sand.

Km 325, Markierung: Timia/Silet 305, die Fahrt nach Süden fortsetzen. Auf einer Länge von 75 km verläuft die Route entlang des Oued Tadjeraout. Immer wieder Weichsand.

Km 400, die Piste führt in südwestlicher Richtung entlang der Ausläufer des Iforas (Wellblech, Steine und Sand).

Km 450, **Timiaouine** – Das Dorf versteckt sich zwischen den Felsen, wichtiger Militärposten. Lebensmittel (mehrere Geschäfte). Treibstoff gibt es nicht immer. In der Umgebung Felsgravuren. (Beginn G 2.)

Die Fortsetzung der Route nach Tessalit ist nicht markiert und auch nicht auf der Michelinkarte Nr. 953 eingezeichnet und nur für erfahrene Wüstenfahrer empfehlenswert.

Sie verlassen Timiaouine in nordwestlicher Richtung und fahren entlang des Oued Djoudène (linker Hand).

Km 476, verlassen Sie den *oued* und halten Sie sich nach Westen (links).

Km 525, am Beginn einer großen Geröllebene (dem südlichen Ausläufer der Tanezrouft) verlassen Sie die Piste und halten 90 Grad nach Südwest (nach links). Die Spuren sind stellenweise kaum noch zu erkennen. Fährt man geradeaus weiter, stößt man auf die Piste Bordj Moktar – Tessalit.

Etwa 40 bis 50 km weiter passiert die Piste rechter Hand einen *oued*.

Ca. Km 535, eine Steinmarkierung bezeichnet die malische Grenze.

Km 545, Oued Akerakar.

Km 562, die Piste Bordj Moktar – Tessalit (B 13) ist erreicht.

Km 630, **Tessalit** – S. B 13. (Ende B 13; Beginn G 1.)

B 34: Silet – Tin Zawatine – malische Grenze
(ca. 400 km)

(11.90, Fiat Iveco 75 PC) Piste (A/G). Die Genehmigung für diese Piste erteilt die *protection civile* in Tamanrasset (siehe dazu die Anmerkung zu Beginn der Strecke B 31 und das Kapitel über Sicherheit im allgemeinen Teil).

Silet – S. B 31. (Ende B 31; Beginn B 32 und B 33.)
Am Kontrollposten der Polizei (wo man sich melden muß) schlagen Sie die südliche Richtung ein.
Bis Tin Zawatine ausgezeichneter Pistenzustand. Die Markierung ist gut und besteht aus folgenden Markierungsarten: alle 5 km etwa 3 m hohe Metallpfeiler mit solarbetriebenen Lampen; Steinmarkierungen aus 1 m hohen Steinen alle 2 bis 3 km, auf denen die Entfernung von Silet (und auf der anderen Seite von Tin Zawatine) angegeben ist; Fässer, die in einigen hundert Metern Abstand aufgestellt sind (variabel). Unmöglich, sich zu verfahren!
Die ersten 80 km über steinige Hügel. Viele wellenförmige, festgefahrene kleine Dünen.
Km 81, die erste Düne. Es beginnt eine weite, ein wenig sandige Ebene.
Km 88, Solar-*balise* (Wegmarkierung mit Solarstrombeleuchtung).
Km 93, Solar-*balise*. Auf der rechten Seite der Piste kommt man schneller auf der von den Lastwagenfahrern vorgeebneten Strecke voran.
Km 156, links am Horizont eine alleinstehende Berggruppe.
Km 175, Tonne mit der Aufschrift PK 172.
Ca. Km 181, nach der Ebene beginnt ein Stück mit hartem Untergrund.
Km 201–214, weicher Boden.
Km 225, auf der linken Seite Bergspitze.
Km 220–290, weicher Sand und fester Boden wechseln sich ab.
Km 265–285, einem weitläufigen *oued* folgen.
Km 306–311, schöne runde Felsen links und rechts der Fahrbahn.
Km 313, Abzweigung. Rechts führt die Straße nach Tin Zawatine. Links durch ein *oued* liegt der Brunnen von In Tedeini. Schön und eindrucksvoll!
Km 315–350, Strecke fortlaufend über *oueds* und an den Bergkuppen entlang. Unregelmäßige Bodenbeschaffenheit. Geschwindigkeit herabsetzen.
Km 350–360, Sand.
Km 363, großer Meilenstein aus weißem Zement. Wegweiser: Tin Zawatine/Timeiaouine/In Guezzam.
Km 367, Tin Zawatine.
Tin Zawatine – Dorf. Lebensmittelversorgung schwierig (Brot). Wasser. Treibstoff; die Tankstelle befindet sich am Ortseingang. Bei der Polizei melden. Zoll- und Polizeikontrolle für die Ausreise aus Algerien.
2 km hinter Tin Zawatine – malische Grenze. Passieren Sie nach Möglichkeit die Grenze nicht nach Sonnenuntergang und vermeiden Sie die Militärkontrolle der benachbarten malischen Garnison. Diese Formalitäten werden besser in Kidal erledigt (s. G 4). (Beginn G 3.)

Algerien – Routenteil B 91

B 34 a: Tin Zawatine – In Guezzam (350 km)

Alle 5 km Meilensteine aus weißem Zement und in unregelmäßigen Abständen, ca. alle 25 km, Markierungssteine durch Solarbetrieb beleuchtet.

Wenn man **Tin Zawatine** verläßt, nimmt man wieder die Piste nach Silet.
Km 4, großer Wegweiser aus weißem Zement nach Tam und In Guezzam.
Km 5, erster weißer Meilenstein mit der Aufschrift IGZM 345. Die ersten 25 km führen über felsige Hügel.
Km 40, Grenzstein von Mali.
Km 60, kleine Wanderdünen.
Km 100, Meilenstein mit der Aufschrift IGZM 250, Pfeil links nach Puit Inazoua. Jetzt beginnt eine große sandige Ebene, ab und zu ziemlich lockerer Sand, bis km 155.
Km 175,6, weißer Meilenstein, Linkspfeil nach Tingharho.
Km 195, *oued*-Querung.
Km 200, der Weg führt durch ein *oued*. Gleich danach folgt eine Sandebene. Kompaß 180°, danach weite Kurve nach links, Kompaß 120°.
Km 220, weißer Meilenstein (IGZM 130) mit der Aufschrift „puit Anesabaraka" (Pfeil nach rechts). Der Brunnen befindet sich 15,5 km nach dem Meilenstein, Kompaß 120/140° folgend. Ungefähr 10 km nach dem Brunnen entdeckt man zwischen den Dünen den Motor von General Lapperines Flugzeug.
Km 220–290, abwechselnd fester und sandiger Boden, manchmal auch locker.
Km 290–308, die Piste führt über den Hügel. Die letzten Kilometer führen durch eine sandige Ebene. Sehr schöne Felsen, ab und zu tauchen Wegweiser zu nahegelegenen Brunnen auf.
Km 350, **In Guezzam** – S. B 47. (Zur B 47.)

B 35: Amguid – Foggâret ez Zoûa – In Salah (ca. 540 km)

Piste (A/D/G/I/K), zwischen Foggâret ez Zoûa und In Salah Asphalt. Die Passage kann in umgekehrter Richtung (von Foggâret ez Zoûa aus) gesperrt sein. Informieren Sie sich!

Amguid – S. B 60. (Ende B 60 und B 70; Beginn B 36 und B 37.)
Sie verlassen Amguid und umfahren den Erg d'Amguid im Westen (etwas Sand). Danach kommen Sie auf eine gut befahrbare Piste.
Km 70 (ca.), am Ende des *erg*, treffen Sie auf die Piste Amguid – Bordj Omar Driss (B 60) und folgen ihr, entlang den Ausläufern des Tin Telremt. Am Ende des Gebirgszuges folgen Sie den Metallstangen links der Piste bis zum dreieckigen Wegzeichen der Kreuzung In Salah – Bordj Omar Driss – Amguid. Hier fahren Sie nach links in Richtung In Salah. Zu Beginn ist die Piste mit Steinmännchen markiert, später sind die Spuren am Boden gut zu erkennen.
Km 340, neue Verzweigung; auf einer dreieckigen Mauer die Aufschrift „FF 380" und „In Salah 200". Nehmen Sie die rechte Piste, die nach Westen führt. Die linke Piste kommt direkt aus Amguid.

92   Durch Afrika

Km 368, sulfathaltige heiße Quelle von Tamesguidat (Gebäude).
Km 401, Quelle von Aïn Kahla (Becken, Gebäude).
Km 404, nach links zweigt eine nicht markierte Piste nach Foggâret el Arab ab.
Foggâret ez Zoûa – Oase. Keine Lebensmittel.
Sehenswert: der *ksar* und die Reste versteinerter Wälder in der Umgebung.
In Salah – S. B 23. (Beginn B 27; Ende B 26, B 35, B 36 und B 78.)

B 36: Amguid – In Salah (über die verbotene Piste) (410 km)

(04.90, Toyota Hilux) Die ersten 333 km Piste (A/C/G), dann 76 km Asphalt bis In Salah. Die Piste ist gut markiert. IGN-Markierungen von 1953; Die Markierung 0 steht an der Kreuzung mit der alten Hoggar-Piste (Km 253). Ursprünglich waren diese Markierungen im 5-km-Abstand aufgestellt, doch sind inzwischen viele verschwunden.

Amguid – S. B 60. (Ende B 60 und B 70; Beginn B 35 und B 37.)
Man verläßt Amguid in südwestlicher Richtung und passiert im Süden die Ausläufer des Erg d'Amguid. Danach nordwestlich halten. Nach ungefähr 30 km erreicht man den Ausläufer eines Tafelberges.
Km 16, Einfahrt in ein Tal, Richtung Norden, etwas Sand.
Km 26, Richtung Westen, dann Süden. Sehr schöne Landschaft, Sand.
Km 40, Richtung Westen, man passiert einen Paß; Kiesel.
Km 50, Durchquerung des Oued El Bahadi, danach hügeliges Gelände.
Km 56, auf 2 km dem Flußbett eines *oued* folgen, danach nach Norden weiterfahren.
Km 66, Richtung Westen, leichter Anstieg, Kieselsteine.
Km 69, Paß.
Km 78, die Route führt im Osten entlang des Erg Khanguet El Hadid.
Km 84, Richtung Nordwesten und Überquerung eines großen *oued* im Norden des *erg*; dann Richtung Westen (IGN 29).
Km 103, Anstieg auf niedriges schwarzes Bergland.
Km 112, IGN 26.
Km 119, auf den nächsten 10 km entlang des Oued Abadegha, einige Passagen im Flußbett; danach sandige Ebene.
Km 148, IGN 19.
Km 161, kleines Tal.
Km 163, dickes Metallkabel rechts der Piste. Etwa 500 m davon entfernt zweigt eine kleine Piste nach links (ignorieren). Nach 1 km eine Kreuzung: die markierte Piste, die geradeaus weiterführt, nehmen. Die rechte, nicht markierte Piste führt auf die Piste Amguid – In Salah über Foggâret ez Zoûa (B 35, ignorieren).
Km 170, IGN 15. Überquerung einer sehr sandigen Ebene in Richtung auf einen Paß im Süden der höchsten Gipfel des Djebel Idjerane.
Km 179, schwieriger Aufstieg auf einer sehr steinigen Piste.
Km 180, Paß, schöne Aussicht.

Algerien – Routenteil B 93

Km 181, Metallmarkierung (3–4 m hoch). Die Piste führt bis Km 184 zum Teil sehr steil wieder hinunter, viele große Steine. Danach überquert eine schlechte Piste (große Bodenfreiheit erforderlich) einen kleinen _chott_ und mehrere Hügel. Orientierung immer nach Westen!
Km 196, den Markierungen nach in Richtung Nordwest, dann Nord.
Wenige Kilometer weiter ein Grab linker Hand der Piste.
Km 208, IGN 8.
Km 212, Ankunft in Aïn Tidjoubar. Links der Piste und etwas unterhalb ein Brunnen mit Windrad. Danach erreicht man eine Kreuzung, die Hauptpiste verläuft in südwestlicher Richtung; die Piste nach links führt zum Brunnen. Die Piste nach Norden trifft nach einigen hundert Metern auf einen _marabut_ und zahlreiche Gräber an der Böschung eines Oued. Etwa 150 m nördlich des _marabut_ sind auf einer Felsinsel im _oued_ Buchstaben (wahrscheinlich Tifinar) in Stein graviert.
Km 216, IGN 7.
Km 233, IGN 4.
Km 253, IGN 0. Hier trifft man auf die alte Hoggarpiste. Die Kreuzung ist mit einem dreieckigen Wegweiser ausgeschildert. Nach rechts die Richtung nach In Salah einschlagen.
Km 280, kleines Tal und Brunnen von Assi el Krénig.
Km 303, man erreicht die Straße In Salah – In Ecker (B 27).
In Salah – S. B 23. (Beginn B 27; Ende B 26, B 35, B 36 und B 78.)
Verschiedenes: Angaben zum Pisteneinstieg für diejenigen, die diese Passage in umgekehrter Richtung fahren wollen: 4,5 km hinter dem Wegweiser „Arak 2 km/In Salah 70 km" macht die Straße eine Kurve nach links und führt hinunter. Kurz darauf führen Spuren nach links von der Straße weg. Man folgt ihnen, hält sich soweit wie möglich links und entfernt sich allmählich von der Asphaltstraße, bis man die Markierung der alten Hoggarpiste erreicht (Eisenstangen). Nach 50 km trifft man auf einen dreieckigen Wegweiser aus drei verrosteten Metallschildern. Hier biegt man nach links in Richtung Amguid ab.

B 37: Amguid – In Ecker (298 km)

(02.93, Range Rover) Piste (A/D/G/I/K) gut markiert (Steinmännchen) und leicht befahrbar; viele Lkw. Etwa auf der Hälfte der Strecke wrd in einem Dorf eine Gebühr für den „Parc du Teffedest" erhoben, Geschenke werden erwartet.

Amguid – S. B 60. (Ende B 60 und B 70; Beginn C 35 und C 36.)
Amguid über den südlichsten Punkt des Erg d'Amguid verlassen und den Metallstangen folgen. Einige Kilometer Weichsand.
Ca. Km 12, links am Ausläufer des Berges liegt die Quelle von Aïn Kerma mit hervorragendem Wasser. Die Quelle wird von algerischem Militär bewacht.
Km 12, Abzweigung nach Djanet; kann leicht fälschlicherweise erwischt werden. Präzise Orientierung durch Eisenstange und Steinplatte mit Bodeninschrift „26.5.70 Amguid", von da aus 100 m westlich Wegweiser Djanet/In Ecker, dann

94 *Durch Afrika*

alle 5–10 km (mit Ausnahmen) Markierung.
Km 54, Überquerung des Oued Irharhar.
Km 60, Wegzeichen mit der Aufschrift „IE 210 TAM 390".
Km 80, Markierung mit der Aufschrift „Tam 370".
Km 110, Einfahrt in den Oued Bernélé. Die Piste wird besser.
Km 128, Mont Tazoumi.
Km 130, Brunnen mit einigen Hütten.
Km 148, linker Hand kommt der 2327 m hohe Garet El Djenoun in Sicht.
Km 161, rechts der Piste der dreieckige Berg Tidikmar. In den Felsen im Süden des Massivs finden sich zahlreiche Höhlen mit Artefakten aus dem Neolithikum und Felsmalereien (ungefähr 1 km von der Markierung „Tam 385" entfernt).
In Ecker – S. B 27.
(Ende B 27 und B 38; Beginn B 28.)

B 38: Hirhafok – In Ecker (über das Teffedest-Gebirge) (132 km)

Piste (A/G/I).

Hirhafok – S. B 41. (Ende B 41; Beginn B 39 und B 42.)
Sie verlassen Hirhafok auf der Piste nach Idelès (B 41).
Km 8, Felsmalerei linker Hand der Piste.
Km 12, nach Norden der Piste nach Mertoûtek folgen (Ende B 40). Steinige Piste. Vulkane und Zeugenberge.
Km 42, an der Kreuzung links halten. Die Piste nach rechts führt nach Mertoûtek.
Zwischen Km 42 und Km 100 fantastische Landschaft entlang der Südflanke des Teffedest. Gute Piste, wenig Sand. Zahlreiche Spuren von Lagerfeuern.
Ca. Km 100, Militärcamp, Zutritt verboten. Rechts umfahren.
Km 112, man trifft auf die Straße In Ecker – In Amguel (B 28).
In Ecker – S. B 27.
(Ende B 27 und B 37; Beginn B 28.)

B 39: Hirhafok – In Amguel (72 km)

(02.93, Range Rover) Piste (A/I) in sehr gutem Zustand; harter Untergrund, gute Markierung, zum Teil starkes Wellblech. Wunderschöne Landschaft. Auf halber Strecke wird in einer Hütte die Genehmigung zum Besuch des Nationalparks von In Amguel kontrolliert, zahlreiche Polizei- und Armeekontrollen.

Hirhafok – S. B 41. (Ende B 41; Beginn B 38 und B 42.)
Die Piste führt zunächst bergauf auf ein kahles Plateau und durch den Oued Timesdelissine. Später wird die Ebene dann felsig. Der Oued Tora wird überquert.

Algerien – Routenteil B 95

Km 52, Abzweigung nach Süden nach Ifrak (Oase 2 km von der Piste entfernt, keine Versorgungsmöglichkeit). Danach Überquerung des Oued Ifrak. Bei Km 70 trifft man 8 km südlich von In Amguel auf die Straße In Amguel – Tit (B 30).
In Amguel – S. B 28. (Ende B 28; Beginn B 29, B 30 und B 40.)

B 40: In Amguel – Mertoûtek (118 km)

Asphalt, dann schwach befahrene Piste (A/G/I).

In Amguel – S. B 28. (Ende B 28 und B 39; Beginn B 29 und B 30.)
Sie verlassen In Amguel in nördlicher Richtung (Asphalt).
Km 11, rechts ein Militärcamp.
Km 14, die asphaltierte Straße nach rechts führt zum Militärcamp. Zutritt verboten!
Km 17, zahlreiche Fahrzeugspuren verlaufen nach rechts. Der Anfang der Piste ist schwer zu finden: Richtung Osten, das Militärcamp nördlich umfahren.
Km 23, erste Steinmarkierungen. Rechts der Berg Issek-en-Toufreg.
Km 30, nach Norden halten. Rechts zwei Gebirgsmassive.
Km 32, wieder nach Osten halten. Sandige Passagen. Steinmarkierungen.
Km 35, Einfahrt in ein Tal.
Km 40, die Piste verläuft in einem sandigen *oued* (keine Markierung).
Km 48, wieder Markierungen.
Km 50, eigentümliche Felsformation auf der linken Seite.
Km 51, Spuren führen nach links, Piste nach In Ecker.
Km 55, die Piste läuft entlang des westlichen Ufers eines *oued*.
Km 56, Abstieg in das Flußbett, Richtung Norden.
Km 60, Spuren kreuzen von rechts. Man folgt ihnen auf 1,2 km. Hinter einem Hügel trifft man wieder auf die Piste.
Km 63, Überquerung eines *oued*.
Km 69, Sandpassage. Linker Hand das Breghi-Massiv.
Km 74, die Piste führt über eine Ebene.
Km 80, Spuren zweigen nach rechts ab und führen auf die Piste nach Hirhafok.
Km 81, Überquerung eines Hügels.
Km 84, rechts zweigt die markierte Piste nach Hirhafok ab. Auf dem Boden Aufschrift „Mertoûtek". Geradeaus weiter, später biegt die Piste nach links ab.
Km 89, rechter Hand wieder eine Piste nach Hirhafok. Biegen Sie nach links ab, um auf die Hauptpiste Hirhafok – Mertoûtek zu gelangen. Einige Sandpassagen.
Km 101, Sandpassagen. Ein Stück weiter kommt rechts der 1698 m hohe Djif Amane in Sicht.
Km 113, Durchfahrt zwischen großen Felsen.
Km 115, eine 180-Grad-Kurve nach links. Rechter Hand ein großer Felsen.
Km 118, **Mertoûtek** – Oase. Weder Lebensmittel noch Treibstoff.
Unterkunft: Übernachtungsmöglichkeit in den Hütten.

96   Durch Afrika

Sehenswert: mehrere prähistorische Fundstellen in der Umgebung (einen Führer nehmen).
Von Mertoûtek aus geht es auf der selben Route einige Kilometer zurück zur Piste Idelés – Hirhafok (B 41).

B 41: Idelès – Hirhafok (30 km)

(12.91, Landcruiser) Gute neue Piste (A/C/I), aber Wellblech im Entstehen.

Idelès – S. B 71. (Ende B 71; Beginn B 45.)
Km 3,5, links Einmündung der Piste nach Tazrouk (B 45). Danach Überquerung des Oued Idelès, die nach Regenfällen schwierig sein kann. Dann ist die Piste gut bis Hirhafok.
Km 18, Abzweigung nach links in Richtung Norden. Die Piste führt ca. 80 km zur Oase Mertoûtek, ist aber in schlechtem Zustand.
(Ende B 40.)
Hirhafok – Tuaregdorf. Wasser (Motorpumpe), ungefähr 12 m tiefer Brunnen am Straßenrand. Kleiner Laden mit geringer Auswahl.
Sehenswert: die *foggaras* und die aus rohem Lehm gestampften Häuser. Die Erzeugnisse des Kunsthandwerks (Schlösser, Peitschen, Lederobjekte) sind hier sehr teuer. Felsgravuren befinden sich links bei der Ortsausfahrt auf der Piste nach Idelès. Ein Ausflug in die Umgebung zum Doppelvulkan Ouksem kann auch ohne Führer unternommen werden. Folgen Sie 35 km der Piste nach Mertoûtek und gehen Sie dann 2 Stunden zu Fuß.
(Beginn B 38, B 39 und B 42.)

B 42: Hirhafok – Schutzhütten des Assekrem (71 km)

(04.92, Lada Niva) Piste (A/H/I). Die Route ist schwierig für hohe Fahrzeuge (Schräglagen um 20 Grad, steile *oued*–Ein- und Ausfahrten) Für normale Geländefahrzeuge problemlos, sofern nicht starke Regenfälle die Piste erneut ausgewaschen haben. In regenreichen Jahren ist die Piste besonders auf den letzten 30 km stark ausgewaschen, viele Stellen müssen umfahren werden. Das Gebiet gehört zum Hoggar-Nationalpark. Eine Eintrittskarte wird dann in Hirhafok gelöst (s. auch In Salah – B 23).

Hirhafok – S. B 41. (Ende B 41; Beginn B 38 und B 39.)
Von Hirhafok aus verläuft die gut ausgefahrene, felsige Bergpiste direkt nach Süden in das Atakor-Massiv und erreicht dann ein Hochplateau. Von hier schöner Panoramablick.
Km 32,5, nach rechts zweigt eine Piste zu einem grünbewachsenen *oued* ab. In einem Basalterguß befinden sich die Gueltas von Idjef-Mellen, die ständig Wasser führen (wunderbar klares Wasser).
In einer sanften Steigung verläßt man den Oued Zerzoua und erreicht ein vulkanisches Hochplateau oberhalb des Guelta Imarha.
Abfahrt in das Tal von In Tekadène (mehrere Wasserstellen) und dann steiler Anstieg mit vielen Kehren zum Tin-Taratimt-Paß (Km 53).

Algerien – Routenteil B 97

Überquerung des Oued Tamort und Umfahrung im Westen des erloschenen Vulkans Imadouzène (die Felsen erinnern an halb abgebrannte Kerzen).
Die Piste führt am Fuße der majestätischen Basalttürme des Tazouai vorüber und steigt dann wieder in Kehren zur Verzweigung mit der Strecke B 44 hinauf (Km 65). Wegweiser „Assekrem 6, Tamanrasset 76".
Nach einigen Km mit Steilstrecken und Kurven ist der Assekrem-Paß erreicht.
Km 71, **Assekrem-Schutzhütten** – Die Schutzhütten sind oft belegt. Der Campingplatz ist sauber. (Beginn B 43 und B 44.)
Ausflüge in der Umgebung: lassen Sie das Fahrzeug an den Schutzhütten und folgen Sie dem Weg, der dahinter in vielen Kehren zur 180 m höher gelegenen Kapelle und zur Einsiedelei des Paters Foucauld führt (etwa eine Dreiviertelstunde hin und zurück). Foucauld lebte hier von Juli bis Dezember 1911 und im Juli 1914. Von oben öffnet sich ein fantastischer Blick auf das **Atakor-Massiv.** Die unter bescheidensten Verhältnissen lebenden Patres empfangen jeden Besucher freundlich und sind dankbar für jede Spende (Lebensmittel, Kleidung) für die Tuareg, um die sie sich kümmern. In der *eremitage* steht eine interessante Bibliothek zum Thema Sahara und Hoggar. Ein grandioses, unbedingt sehenswertes Schauspiel hier oben ist der Sonnenaufgang.

B 43: Schutzhütten des Assekrem – Illamane – Tamanrasset (108 km)

(02.91, Land Rover) Die Piste (A/G) ist vom Regen stark ausgespült, wurde aber relativ gut repariert; befahrbar nur mit einem Geländewagen mit großer Bodenfreiheit. In der Gegenrichtung teilweise sehr starke Steigungen. Fantastische Landschaft. Gebiet des Hoggarnationalparks, Eintrittspreis 100 DA/5 Tage (s. In Salah – B23).

Assekrem-Schutzhütten – S. B 42. (Ende B 42; Beginn B 44.)
Die ersten 5 km sind miserabel. Große Bodenfreiheit und starker Motor unerläßlich. Bis Illamane steinige Piste (19 km).
Die folgenden 5 km führen durch das sandige Bett eines *oued*.
Km 98, Sie erreichen Sie die Strecke B 46 gegenüber der Abzweigung zum Flughafen von Tamanrasset, indem Sie das neue Militärcamp umfahren. In umgekehrter Richtung ist die Piste nur schwer zu finden.
Tamanrasset – S. B 27. (Ende B 27, B 44 und B 45; Beginn B 47 und B 48.)

B 44: Assekrem-Schutzhütten – Akar-Akar – Tamanrasset (85 km)

(03.91, Land Rover) Die Piste ist sehr schwierig (A/H/I) und zum großen Teil kaum befahrbar. Geländewagen wird unbedingt empfohlen. Fährt man in umgekehrter Richtung, ist der Anstieg zu den Schutzhütten außerordentlich mühsam.

Assekrem-Schutzhütten – S. B 42. (Ende B 42; Beginn B 43.)
Folgen Sie auf 5 km den Kehren nach Osten und biegen Sie dann an der

98   *Durch Afrika*

Abzweigung rechts ab. Abfahrt in das Tal des Oued In-Daladje, der mehrmals überquert werden muß.

Das Tazouaï-Massiv linker Hand der Piste wird umgangen, danach verläuft die Piste am Fuß des Tidjemaïene entlang, der einem riesigen Backenzahn gleicht.

Km 20, Abzweigung zu den Afilale-Gueltas 1,5 km links der Piste (kleines Café, einige Lebensmittel, Bademöglichkeit).

14% Gefälle zum Akar-Akar-Plateau (gewaltiger Gebirgsstock zur Rechten).

Km 52, Abfahrt vom Plateau, Passage zwischen zwei Gipfeln und Überquerung eines kleinen Plateaus.

Km 56, rechts das vulkanische Ahounehamt-Massif, das an eine riesige Festung erinnert.

Km 57, Abzweigung nach links auf eine schmale und schwierige Bergpiste nach Tahifet. Nur für Geländewagen!

Km 62, links der Basaltturm des Adaodo.

Km 67, Überquerung des Oued des Gueltas. Einigen Reisenden zufolge muß hier eine Genehmigung zur Weiterfahrt in Richtung Assekrem-Schutzhütten eingeholt werden (ca. 70 DA).

Gehen Sie zu Fuß im *oued* etwa 300 Meter weiter. Von hier aus öffnet sich ein fantastischer Blick auf die fünf Gueltas von In-Lalaouène. Sie sind über einen Weg zu erreichen, der bei Km 70 nach rechts führt (die Kreuzung ist beschildert „Hirhafok 134, Assekrem 70").

Km 71, Überquerung des Oued Tamanrasset. Rechts der Basaltberg Tindé.

Km 75, rechter Hand überragt der 100 m hohe Iharen die Piste. Auf den letzten 20 km Wellblech.

Tamanrasset – S. B 27. (Ende B 27, B 43 und B 45; Beginn B 47 und B 48.)

B 45: Idelès – Tazrouk – Tamanrasset (270 km)

(09.89, Toyota Hilux) Hoggarnationalpark. Piste von Idelès nach Tahifet (A/C/H/I), von Tahifet nach Tamanrasset (A/C/G/I). Neue Piste, doch bereits viel Wellblech. Markierungen im Abstand von 1 km (Markierung aus weißem Zement), alle 10 km größere Markierungen. Durch die starken Regenfälle ist die Piste teilweise von den Wassermassen weggespült und dann für normale Fahrzeuge nicht passierbar, auch Geländewagen können sie nur unter Schwierigkeiten meistern. Ein Umweg über In Amguel ist möglich.

Idelès – S. B 71. (Ende B 71; Beginn B 41.)

Die Piste klettert von Plateau zu Plateau.

Km 44,5, der höchste Punkt der Strecke: das kleine Kerkour-Plateau auf 2020 m Höhe. Danach Abfahrt in ein kleines Tal (80 m Höhenunterschied).

Km 54, Kreuzung (wird auf einem Stein bei Km 52 angekündigt). Halten Sie sich nach Osten in Richtung Tazrouk (25 km). Zwischen Km 54 und km 66 großes Sandfeld.

Tazrouk – 1820 m. Oase. Keine Lebensmittel. Die Einwohner sind sehr freundlich, aber arm.

Sehenswert: die Gärten, in denen Pappeln, Aprikosen- und Feigenbäume wachsen. Kunstvolle Lederarbeiten.

Algerien – Routenteil B 99

Kehren Sie zur oben beschriebenen Kreuzung zurück und fahren Sie nach Süden. Überquerung zahlreicher trockener *oueds* und Sandfelder.
Unmerkliche Steigung zum Azrou-Paß (1848 m, Km 99). Unmittelbar hinter dem Paß führt eine gut erhaltene Piste 300 m hinunter in ein sandiges Tal (in umgekehrter Richtung kann die Steigung Probleme bereiten).
Km 125, **Tahifet** – Oase. 1420 m. Keine Versorgungsmöglichkeit.
Sehenswert: die *zéribas* der Tuareg und die Dorfhütten aus getrockneten Lehmziegeln.
Fahren Sie weiter in Richtung Süden. Sie passieren mehrere kleine, zum Teil sandige Täler. Stellenweise dichtes Buschwerk und steinige Hügel. Danach wendet sich die Piste für einige km nach Südosten.
Km 150, unweit eines großen Steins teilt sich die Piste. Geradeaus nach Westen weiterfahren.
Km 164, Kreuzung mit Wegweiser („Tarhaouhaout 10 km, Djanet 680 km, Idelès 164 km"). Die Piste führt nach Südosten in Richtung der Ruinen des Bordj Tarhaouhaout (Fort Motilinsky). Militärgebiet, Zutritt verboten!
Km 174, in der Ferne werden die Berge längs der Piste Tamanrasset – Assekrem (B 44) sichtbar.
Km 192, ab hier teilt sich die Piste in mehrere Nebenarme.
Km 204, die Asphaltstraße der Strecke B 47 ist 6 km südlich von Tamanrasset erreicht.
Tamanrasset – S. B 46. (Ende B 46, B 43 und B 44; Beginn B 47 und B 48.)

B 46: El Goléa – Fort Miribel – Aïn Guetarra – In Salah (530 km)

(12.93, BMW 80 GS) Die ersten 200 km Asphalt, danach 330 km Piste. Teil der alten „Piste Michelin" (so benannt, weil sie mit Tausenden von Reifen gesäumt ist).

Km 0, **El Goléa** – S. B 20. (Beginn B 23, B 76, B 77 und B 78; Ende B 21, B 56.)
Auf der Piste B 56 Richtung Fort Miribel fahren.
Km 212, Spuren nach rechts ignorieren.
Km 220, am Pistenkreuz nach rechts fahren. Gute Piste, aber praktisch nicht mehr befahren. Die Piste nach links führt nach Hassi Inifel.
Km 286, Hauptpiste führt nach rechts Richtung Süden. Die Spuren nach links Richtung Erg Megroun ignorieren.
Km 288, Spuren und Wegweiser nach links ignorieren.
Km 293, Reste eines kleinen Hauses, Spuren rechts ignorieren.
Km 323, Abzweig nach Aïn Sokki ignorieren.
Km 335, links eine alte Kaserne/Fort.
Km 355, Abzweig nach Aïn Sokki ignorieren.
Km 373, **Aïn Guetarra** – Fort. Den Spuren geradeaus folgend erreicht man die Mitte des Abbruchs mit einer in Palmen gefaßten Quelle, ein herrlicher Übernachtungsplatz. Am Rand des Abbruchs steht das Fort. Autoreste in der Schlucht stammen von der Rallye Paris-Dakar.

100 Durch Afrika

Die Piste führt weiter ins Tal. Am Fuß des Abbruchs steht ein kleiner *marabut*. Nach einigen Kilometern erreicht man eine schwarze steinige Ebene, die Piste schwenkt nach Westen.
Km 400, steinmarkierte Piste nach rechts ignorieren. Danach wird das nicht zu sandige Oued Sahibet er Rih gequert. Es geht querfeldein Richtung Teerstraße El Goléa – In Salah indem man sich am Abbruch orientiert, der nur im Sandsturm außer Sicht gerät.
Km 440, Teerstraße.
Km 530, **In Salah** – S. B 23. (Beginn B 27; Ende B 26, B 35, B 36 und B 78.)

B 47: Tamanrasset – In Guezzam – nigrische Grenze – Assamaka (446 km)

(01.94, Yamaha XT 600) Auf den ersten 60 km Asphalt in sehr schlechtem Zustand, danach Piste (A/C/G/I), die jeden Kilometer markiert ist (neue *balises*). Achtung! Seit Herbst 91 ist die Strecke südlich der Laouni-Dünen und vor allem südlich von Assamaka sehr gefährlich geworden. Zahlreiche Raubüberfälle – meist werden den Reisenden die Fahrzeuge abgenommen. Informieren Sie sich unbedingt in Tamanrasset über die Lage und fahren Sie nur im Konvoi! (Siehe dazu auch Kapitel Sicherheit im allgemeinen Teil.).

Tamanrasset – S. B 46. (Ende B 46, B 43, B 44 und B 45; Beginn B 48.)
Falls Sie vergessen haben, Ihre Wasservorräte in Tamanrasset aufzufüllen, so ist das noch in Amsel möglich. Bitten Sie einen der Arbeiter, die Pumpe anzuwerfen.
Km 90, verbotene und kaum erkennbare Piste nach links nach In Azaoua (B 48). Da Spuren nach links abzweigen, besteht die Gefahr, diese Piste mit der Haupttrasse zu verwechseln. Der Wegweiser ist nur schwer zu erkennen.
Ca. Km 130, die Hauptpiste führt auf ungefähr 30 km Länge westlich von der markierten Piste.
Ca. Km 200, Abzweigung einer stark befahrenen Piste nach Süd-Südost bis Südost, die nach I-n-Atei, einem Militärlager, führt.
Ca. Km 316, (100 km vor In Guezzam) ausgedehnte Sandfelder (Laouni-Dünen), die jedem Fahrzeugtyp Probleme bereiten. Um sie zu umgehen, nicht die Piste nehmen, die unmittelbar an den Dünen vorbeiführt (zahlreiche Autowracks), sondern nach links eine gut befahrbare Piste einschlagen, die etwa 100 m nach dem Wegweiser IGZ 115 von der gepflasterten Piste abzweigt (unmittelbar hinter einem Autobuswrack).
Hinter dem Schild IGZ 80 breiter versandeter *oued* (nicht zu weit von der Piste entfernen!).
Bei der Tafel IGZ 60, große Felsbrocken bezeichnen das Ende des *oued* (ein angenehmer Platz für die Nacht).
Tafel IGZ 50, auf eine sanfte sandige Steigung folgt ein sehr langes Sandfeld. Auf der Hauptpiste tiefe Furchen.
In Guezzam – 411 m. Militärposten. Lebensmittel (Bäckerei). Wasser (Brunnen). Treibstoffversorgung relativ sicher (schlechtes Diesel, häufig mit Wasser oder Kerosin versetzt). Kleine Werkstatt. Restaurant „Dunes d'Or".

Algerien – Routenteil B 101

Hinter dem letzten Haus von In Guezzam nach links biegen und süd-südöstlich halten. Um die folgenden Sandpassagen zu überwinden, empfiehlt es sich, den Reifendruck um etwa ein Drittel zu senken und sich möglichst weit rechts zu halten.

Die neue Zollstation liegt etwa 9 km hinter In Guezzam, ca. 500 m vor den alten Blechcontainern. Die Formalitäten werden ziemlich schnell und problemlos erledigt (in umgekehrter Richtung dauert es länger). Der Export von Dieseltreibstoff kann Probleme aufwerfen. Sagen Sie immer, daß die Kanister in Algier aufgefüllt worden wären, keinesfalls in Tamanrasset oder In Guezzam. Wenn Sie mit einem Fahrzeug unterwegs sind, das Ihnen nicht gehört, brauchen Sie eine Erklärung des Besitzers in französischer Sprache, der die Benutzung genehmigt (auf einfachem Papier und notariell bestätigt). Das Fotografieren an der Grenze ist verboten. Von der Zollstation folgen Sie nicht der markierten Piste nach Osten, sondern fahren Sie nach Süden, bis Sie die west-östlich verlaufende Piste Assamaka – Arlit erreichen und fahren Sie dann westlich bis Assamaka (ca. 18 km).

Assamaka – Einreiseformalitäten für Niger. Mit etwa zwei Stunden muß gerechnet werden (kleine Geschenke beschleunigen den Vorgang). Die Polizisten kontrollieren Pässe und Impfausweise, die Zöllner die Fahrzeugversicherung (die hier abgeschlossen werden kann – schneller als in Arlit) und das *Carnet de Passage*. Es wird eine Tourismussteuer von 1000 CFA bei der Einreise verlangt. Lebensmittel. Wasser. Zwei Cafés mit stolzen Preisen. Konvoipflicht für die Weiterfahrt nach Arlit. (Beginn H 5 und H 10.)

B 48: Tamanrasset – In Ebeggi – In Azaoua – nigrische Grenze – In Tadéra (ca. 490 km)

Verbotene Piste (A/D/H/I), die in Tamanrasset ausgestellte Genehmigung gilt ausschließlich für den algerischen Teil. Da somit die Einreise nach Niger illegal ist, riskiert man, aus dem Land ausgewiesen zu werden. (Siehe dazu die Anmerkung zu Beginn der Strecke B 47 und das Kapitel Sicherheit im allgemeinen Teil.)

Tamanrasset – S. B 46 (Ende B 46, B 43, B 44 und B 45; Beginn B 47.)
Sie verlassen Tamanrasset auf der Straße nach Assamaka (B 47).
Km 105, nach links (Wegweiser) auf die (jeden km) markierte Piste nach In Azaoua einbiegen.
Km 206, sandige Einfahrt in den Oued Tagira. Schöne Landschaft. Felsgravuren auf den Felstürmen linker Hand der Piste.
Km 245, Ebene von In Ebeggi. Der gleichnamige Brunnen liegt weit entfernt im Norden.
Km 248, auf ungefähr 50 km schwere befahrbare Sandpassage.
Km 378, Militärposten In Azaoua. Paß- und Fahrzeugkontrolle. Eine Grenzstation ist angeblich in Ausbau, ob dies einen weiteren Grenzübergang eröffnet, der vom Niger auch anerkannt ist oder als Alternative zu In Guezzam geplant ist, ist noch unklar.

102 *Durch Afrika*

Km 395, Brunnen von In Azaoua, Grenze Algerien/Niger.
Km 428, kurze und sehr sandige Steigung auf einen kleinen Paß, danach
Sandebene.
In Tadéra – (Beginn H 6).

B 49: Algier – Bejaïa – Skikda – Annaba – El Kala – Oum Teboul – tunesische Grenze (552 km)

Asphalt, guter Straßenzustand. Auf der ganzen Strecke keine Versorgungsprobleme; in
den größeren Orten Hotels.

Algier – S. B 1. (Beginn B 1, B 2 und B 17.)
Bejaïa – 124 000 Einw. Touristischer Ort. Gute Infrastruktur. Schöner Sand-
strand.
Von Bejaïa bis Jijel verläuft die Straße entlang der Küste, großartiger Strek-
kenabschnitt, Felsüberhänge, viele Buchten (Badeplätze).
Jijel – Kleinstadt. Gute Infrastruktur.
Von Skikda nach Annaba gibt es zwei Routen: die Hauptstraße verläuft im
Landesinneren über Azzaba (s. B 50); nehmen Sie lieber die Küstenstraße, die
dann das Edough-Massiv durchquert.
Annaba – 350 000 Einw. Großstadt. Gute Infrastruktur.
Sehenswert: die römischen Ruinen von Hippone, das angeschlossene Muse-
um und die Moscheen. Schöne Strände.
El Kala – Kleinstadt. Gute Infrastruktur.
Hinter El Kala fährt man durch ein Naturschutzgebiet (Korkeichenwälder) mit
interessanten Naturlehrpfaden.
Oum Teboul – Algerischer Grenzposten in einem schönen maurischen Haus.
Die tunesische Grenze liegt einige Kilometer weiter in Melloula. (Ende C 1).

B 50: Annaba – Constantine – Batna – Biskra – El Oued (660 km)

(03.93, Yamaha XT 600) Asphalt.

Annaba – S. B 49. (Zur B 49).
Nehmen Sie die Straße nach Azzaba und El Arrouch.
Constantine – 634 m. 450 000 Einw. Wichtige Stadt. Gute Infrastruktur. Das
Zentrum ist für Lkw gesperrt.
Sehenswert: die Lage der Stadt am Zusammentreffen zweier eindrucksvoller
Schluchten, die Brücken, der Boulevard de l'Abîme, verschiedene Bauten aus
prähistorischer und römischer Zeit, das Museum, die Moscheen und die *kas-
bah*.
In der Umgebung: die römischen Ruinen von **Tiddis** (im NW, ungefähr 60 km
hin und zurück) und in der Khenegh-Schlucht die Stadt **Mina** (im Nordwesten,

etwa 96 km hin und zurück), deren Festungsanlage im 6. Jh. von Justinian erbaut wurde.

Schlagen Sie nun eine südliche Richtung ein und fahren dann 2 km hinter El Khroub nach rechts in Richtung Batna.

Etwa 2 km hinter dem Dorf Aïn Yagout Ausflugsmöglichkeit zum Rundgrab von Médracen (3. Jh. v.Chr., 59 m Durchmesser, 20 m hoch).

Batna – 1038 m. 123 000 Einw. Stadt. Gute Infrastruktur.

In der Umgebung: Ausflüge können in die Zedernwälder der Belezma-Berge und zu den römischen Ruinen und der byzantinischen Kirche von Zana unternommen werden.

Von Batna nach Biskra gibt es zwei Routen: die direkte Verbindung verläuft über El Kantara (117 km), die touristisch interessantere Route (161 km) ist hier beschrieben:

Verlassen Sie Batna in südöstlicher Richtung.

Tazoult Lambèse – Etwa 10 km hinter Batna auf der rechten Seite bedeutende römische Ruinen (Gerichtssaal, Triumphbogen, Arenen, Kapitol, Äskulap-Tempel, Amphitheater, Museum). Unweit der Ruinen von Markouna nach links in Richtung

Timgad – 1072 m, bedeutende römische Ruinenstadt, vergleichbar mit Pompej.

Unterkunft: es gibt zwei Hotels, doch beide sind schlecht unterhalten und teuer.

In der Umgebung: etwa 10 km im Südosten die Berberstadt **Icchoukane** (kreisrunde megalithische Bauten).

Über Bouhmar Rückkehr auf die Hauptstraße.

Arris – Die Kleinstadt liegt linker Hand etwas abseits der Straße, hübsche Lage in den Obsthainen des Aurès-Massivs.

Rhoufi – 750 m. Dorf. Eindrucksvoller Blick über den Canyon des Oued El Abiod. Sehr schöne Landschaft. Man kann auch in die Schlucht hinuntersteigen. Die Händler hier sind sehr zudringlich, tauschen Sie auf keinen Fall auf dem Schwarzmarkt!

Ungefähr 15 km hinter Rhoufi führt eine Abzweigung nach links zu der Bergoase Baniane, die für ihre dreistöckigen *guelaas* (Gemeinschaftsspeicher) berühmt ist. Einige Kilometer weiter führt eine erneute Abzweigung nach links in Richtung

M'Chounèche – 330 m. Oase. Hübsche Lage am Ausgang des Canyon. Auch hier sind die Händler aufdringlich, doch sie verkaufen schöne Kelims.

Biskra – 121 m, Großstadt. Gute Infrastruktur.

Unterkunft: Jugendherberge im Zentrum.

Sehenswert: der riesige Palmenhain, die alten Stadtviertel, das türkische Fort (schöner Blick über die Stadt) und die Frühjahrsfeste, bei denen Folkloretänze aufgeführt werden.

In der Umgebung: das Thermalbad Hammam Salahine, das noch aus der Römerzeit stammt ist berühmt für seine sulfathaltigen Quellen; eine der heiligen islamischen Städte, Sidi Okba, (im Südosten, 34 km hin und zurück) mit

104 Durch Afrika

ihrer sehenswerten Moschee; die Oase Tolga (78 km hin und zurück in Richtung Bou Saada), einer der Haupterzeuger von Datteln in der Region, und die 13 km südlich von Tolga liegende Oase Lichoua mit ihrem pittoresken *ksar*. (Beginn B 51.)
Von Biskra aus führt die Route nach Süden in Richtung Touggourt. 79 km nach Biskra geht es an einer Kreuzung rechts nach Touggourt. Fahren Sie links.
El Oued – 80 m. Oasengruppe. Alle Straßenschilder sind arabisch beschriftet. Die Einwohner sind sehr entgegenkommend. Fahrzeugversicherung im Büro der „SAS", an der Ortsdurchfahrt Richtung Touggourt.
(Beginn B 52 und B 58; Ende C 6.)
Unterkunft: Hotel „Si Moussa", ungepflegt, kalte Duschen, teures Essen; „Hotel des Dunes"; „Hotel du Souf", freundliche Aufnahme, Schwimmbad. Malerische Jugendherberge in den Dünen, außerhalb (südöstlich) am Ortseingang von Nakhla. Der Campingplatz „La Crepuscule" (früher ca. 5 km außerhalb der Stadt direkt an der Straße nach Tunesien) existiert nicht mehr.
Sehenswert: die Palmenhaine, die weit verstreut in riesigen Trichtern angelegt wurden, damit die Wurzeln den Grundwasserspiegel erreichen können. Von der „Moschee Sidi Salem" öffnet sich ein fantastischer Blick über die Stadt mit ihren Kuppeldachhäusern. Auch der Markt lohnt einen Besuch. Es gibt ein reiches Kunsthandwerk (schöne Teppiche, die nicht allzu teuer sind) und überall am Straßenrand werden Sandrosen verkauft.

B 51: Biskra – Tébessa (314 km)

Asphalt. Die Route führt über Nebenstraßen.

Biskra – S. B 50. (Zur B 50.)
Sie verlassen Biskra auf der Straße nach Batna. 2 km hinter der Stadt nach links abbiegen (auf die N 83).
Sidi Nadji – Kleine Oase. Lebensmittel (Markt). Wasser. Treibstoff. Von hier aus führen mehrere Pisten in das landschaftlich sehr reizvolle Aurès-Massiv.
Taberdga – Kleine Oase. Wasser. Treibstoff.
Babar – Kleine Oase. Lebensmittel (Markt). Wasser. Treibstoff.
Chéria – Kleine Oase. Wasser. Treibstoff. Werkstatt.
Vor Tébessa sehr steiles Gefälle.
Tébessa – Kleinstadt. Gute Infrastruktur.

B 52: El Oued – Touggourt – Hassi Messaoud (267 km)

(01.94, Yamaha XT 600) Asphalt. Landschaftlich zeitweise schöne Strecke, entlang des Dünengebiets des Grand Erg Oriental.

El Oued – S. B 50. (Ende B 50 und C 6; Beginn B 58.)
Zwischen El Oued und Touggourt führt die Straße entlang der Dünen, die Sie gelegentlich auch überqueren. An diesen Stellen ist die Passage mit Normal-

fahrzeugen schwierig. Vorsicht bei der Durchfahrt durch die Orte (Steinewerfer). Die Kinder postieren sich gerade dort, wo man durch Geschwindigkeitsbeschränkungen oder eingebaute Schwellen gezwungen ist, langsam zu fahren. Sicher ist das Steinewerfen weniger eine Aggression, sondern eher eine Mut- und Geschicklichkeitsprobe unter den Kindern. Sie werden aber schon häufig abgeschreckt, wenn man einen Beifahrer als „Aufpasser" so postiert, das ihn auch die Kinder als solchen erkennen können. Häufig hilft auch einfach Anhalten und drohend auf die Kinder zuzugehen.

Touggourt – Hauptort der Oued-Rhir-Oasenregion. Gute Infrastruktur. Vorsicht vor stehlenden und steinewerfenden Kindern.

Unterkunft: Hotel „Oasis" (Campingmöglichkeit auf dem Parkplatz); Hotel „En-Nakhil" im Stadtzentrum; Hotel „Transatlantique", im Winter geschlossen; Hotel „Station Thermale", ungefähr 2 km auf der Straße nach Hassi Messaoud, recht sauber, warme Duschen, 50 Grad heiße Thermalquelle, Bäder; Hotel „In Sahra", einige Kilometer auf der Straße nach Ouargla, nicht angenehm, da sehr laut. Die Jugendherberge ist nicht immer geöffnet.

Sehenswert: der *ksar* mit seinen überdachten Gäßchen, die Moschee und die Königsgräber.

In der Umgebung: etwa 15 km südlich, liegt **Temacine** (vom Minarett aus schöner Blick über Oase und *ksar*); etwas weiter der **Merdjerda-Salzsee**, ein idealer Ort zum Campieren; besonders hervorzuheben ist **Tamelhat** mit seinen zwei Moscheen (eine ist reich dekoriert), dem Grabmal und seinen hübschen überdachten Gäßchen. (Beginn B 53.)

53 km hinter Touggourt führt die Straße in das Dünengebiet von Dokhara.

Km 80 (von Touggourt aus), „Square Bresson", Lastwagenfahrer-Restaurant mit sehr moderaten Preisen, hygienische Verhältnisse unklar. Abzweigung nach Ouargla.

Hassi Messaoud – Wichtige Erdölförderstätte. Gute Infrastruktur.

Sehenswert: die Raffinerien bei Nacht (Fotografieren verboten, da als militärisches Objekt deklariert). (Beginn B 55 und B 57; Ende B 54.)

B 53: Touggourt – Chegguet El Ftaïet – El Alia – Guerara – Berriane – Ghardaïa (ca. 300 km)

(03.93) Asphalt.

Touggourt – S. B 52. (Zur B 52.)
Sie verlassen Touggourt auf der Straße nach Hassi Messaoud.

El Hadjira – An der Kreuzung vor dem Ortseingang nach rechts in Richtung „Centre Ville" fahren. (Nach links geht es auf einer neuen Asphaltstraße über Dbidibi, Frane und N'Goussa nach Ouargla.)

Chegguet El Ftaïet – Oase. Keine Versorgungsmöglichkeit.
Von Chegguet El Ftaïet bis Ghardaïa sehr gute Straße.

El Alia – Oase. Treibstoff.

106 Durch Afrika

Ca. 15 km vor Guerara sind die Brücken inzwischen asphaltiert worden.

Guerara – 326 m. Oase. Lebensmittel (mehrere Geschäfte). Treibstoff (zwei Tankstellen).

Unterkunft: auf dem Hauptplatz das Restaurant „Sindbad" und das Restaurant „Ikoumar" beide mit freundlichem Besitzer. Der Campingplatz befindet sich in den Palmengärten. Im Norden des Ortes gibt es eine heiße Quelle (35°) und ein Schwimmbecken (eine halbe Stunde zu Fuß, fragen Sie nach dem Weg).

Berriane – 580 m. Moderne Oase. Lebensmittel. Treibstoff.

Unterkunft: Hotel „Ballouh".

Sehenswert: der Ort und die Palmengärten.

Von Berriane aus Weiterfahrt auf der Strecke B 19.

Ghardaïa – S. B 19. (Ende B 19; Beginn B 20 und B 54.)

B 54: Ghardaïa – Ouargla – Hassi Messaoud (274 km)

(03.93, Landcruiser) Asphalt.

Ghardaïa – S. B 19. (Ende B 19 und B 53; Beginn B 20.)

Zelfana – Oase. Lebensmittel. Treibstoff. Maurisches Bad.

Ouargla – 129 m, 90 000 Einw. Gute Infrastruktur.

Unterkunft: das Hotel-Restaurant „Tassili" (ehem. „Transatlantique") ist in schlechtem Zustand, Zimmer mit Dusche und WC; Hotel „El Mehri". Der Campingplatz „Camel Raissat" existiert nicht mehr. Das Schwimmbad ist von der „Jeunesse sportive" verstaatlicht worden.

Sehenswert: der alte *ksar*, der Marktplatz und das Saharamuseum (Kunsthandwerk und Frühgeschichte).

14 km hinter Ouargla führt eine Straße nach links nach Touggourt. (Zur B 77.)

Hassi Messaoud – S. B 52. (Ende B 52; Beginn B 55 und B 57.)

B 55: Hassi Messaoud – Hassi bel Guebbour (357 km)

(01.94, Yamaha XT 600) Asphalt, guter Straßenzustand. Hinter Belhirane führt die malerische Route durch das 300 km lange und zwischen 10 und 20 km breite, trockene Gassi-Touil-Tal! Je näher man dem südlichen Teil des Grand Erg Oriental kommt, desto mehr ähneln die Dünen Pyramiden (Oghourds).

Hassi Messaoud – S. B 52. (Ende B 52 und B 54; Beginn B 57.)

Belhirane (ehemals Fort-Lallemand) – Militärcamp.

Km 163, Tankstelle.

Saipem – Ölbohrfeld mit italienischem Personal. Der Empfang ist angenehm, hier kann man Wasser und eventuell auch etwas zu essen bekommen.

Hassi bel Guebbour – Lebensmittel, Treibstoff, 2 Restaurants. Wasser gibt es an der Tankstelle aus einer Lastwagenzisterne (stark schwefelhaltig). Hier kann man einen Kompressor leihen. 2 km weiter heiße Quelle westlich der Straße gut versteckt im Schilf. (Beginn B 56, B 59 und B 60.)

Algerien – Routenteil B 107

B 56: Hassi bel Guebbour – Fort Miribel – El Goléa (El Meniaa) (ca. 495 km)

(12.93, BMW 80 GS) Piste (A/C/I) auf den ersten 400 km, danach Asphalt. Da die Piste wenig benutzt wird, ist es empfehlenswert im Konvoi zu fahren. Unterwegs keine Versorgungsmöglichkeit. Die Strecke ist recht monoton. Steinhaufen als Markierung. Bei Fahrt in umgekehrter Richtung aufpassen, daß man nicht auf die Piste nach Hassi Inifel kommt, da die Beschreibung besonders am Anfang trotzdem auf die Landschaft paßt. 5 km hinter Fort Miribel beim Schild „CEPA" kreuzen sich 3 Pisten. Die geradeaus führende und größere Piste ist die alte Hoggar-Piste und führt nach ca. 40 km auf die Teerstraße. Von der nach links abgehenden Piste gehen gleich darauf nochmals Spurenbündel nach Hassi Inifel. Die mittlere Piste führt nach Hassi bel Guebbour.

Hassi bel Guebbour – S. B 55. (Ende B 55; Beginn B 59 und B 60.)
Bei der Ausfahrt von Hassi bel Guebbour schlagen Sie etwa 100 m südlich der Tankstelle südwestliche Richtung ein. In der Nähe der großen Düne erreichen Sie die Piste. Sie führt zunächst nach Westen, dann nach Südwesten und schließlich, auf dem Plateau, nach Süden.
Km 51 bis Km 174, in westlicher Richtung fahren.
Km 81 bis Km 84, Reste eines versteinerten Waldes am Pistenrand.
Km 174, die südwestliche Grenze des Grand Erg Oriental ist erreicht. Die Piste verläuft nun nach Norden und dann nach Nordwesten. Mehrere _oueds_ müssen überquert werden, vorsichtig fahren!
Km 283, bei Sokki Überquerung des _oued_, für Fahrzeuge ohne große Bodenfreiheit schwierig! In der Regenzeit kann es gefährlich sein.
Km 290, Daloa el-Barha. Die Piste führt vom Plateau hinunter. Im Süden ist der Erg Megraoun zu erkennen.
Km 334, mehrere parallel verlaufende Pisten nach Nordwesten.
Km 373, **Fort Miribel** – Das Fort ist vollständig restauriert und wird zeitweise als Gefängnis genutzt (es läßt sich trotzdem besichtigen). Der Brunnen im _oued_ führt gutes Wasser.
Km 401, die Piste trifft auf die Straße El Goléa – In Salah (B 23).
El Goléa (El Meniaa) – S. B 20.
(Beginn B 23, B 76, B 77, B 78; Ende B 21, B 56.)

B 57: Hassi Messaoud – Rhourd-el-Baguel – Rebaa – Sif Fatima – Bordj Messouda – Deb-Deb (518 km)

(10.92, Landcruiser) Asphalt mit zahlreichen Schlaglöchern ab Km 160, Straße manchmal vom Sand zugeweht, dann wird auf eine Piste umgeleitet, manchmal sehr sandig. Die alte Piste ist gut erkennbar. Auf der gesamten Strecke keine Versorgung (I), wenig Verkehr. Manchmal Militärpatrouillen, die fallweise kontrollieren. Ab Km 300 bis zum Ende der Dünen ist die Strecke nur mit Geländewagen zu bewältigen. Die Grenze nach Tunesien ist zu, die Grenze nach Libyen ist für den „kleinen Grenzverkehr", d. h. für Algerier und Libyer geöffnet, für Touristen jedoch von Seiten Libyens geschlossen (Anfang 1995).

Hassi Messaoud – S. B 52. (Ende B 52; Beginn B 54 und B 55.)
Km 14, Abzweig nach El Borma.

108 Durch Afrika

Km 23, die ersten Dünen links und rechts der Straße.

Im Gebiet um Rourd-el-Baguel etwas Verkehr.

Km 135, aufgelassenes Militärcamp.

Km 237, Militärcamp, eventuell Kontrolle.

Km 247, Piste nach Norden (entspricht Km 354 der Strecke B 58).

Km 249, Abzweig nach Deb Deb.

Km 251, Barackenlager, Kaserne.

Km 254, nach rechts halten.

Km 286, Ruinen von Borj Rebaa.

Km 291, verlassenes Fort.

Km 306, Militärcamp, Kontrolle, bis hier wird die Straße geräumt.

Km 314, Abzweigung zum Brunnen von Sif Fatima, der inzwischen nicht mehr zugänglich ist, da dort ein Fort errichtet wurde. (5 km Luftinie von der Asphaltstraße.)

Km 364, aufgelassenes Militärcamp.

Km 370, Fort.

Km 442, Abkürzungsmöglichkeit: man verläßt die Straße und fährt durch das Dünengebiet nach Süden.

Km 484, großes verlassenes Fort links der Straße.

Km 489, **Bordj Messouda** – Dorf. Paßkontrolle. Grenzposten für Fahrzeuge, die von Libyen oder Tunesien kommen.

Km 512, **Deb-Deb** – Dorf. Lebensmittel. Wasser. Treibstoff. Militärposten. Die Weiterfahrt nach Tunesien ist nicht möglich, da die Grenze geschlossen ist, nach Libyen (Ghadames) ist die Grenze nur für Libyer und Algerier offen (Formalitäten zur Ausreise müssen in Deb-Deb erledigt werden). (Beginn B 61 und B 63; Ende B 58 und D 11.)

B 58: El Oued – Bir Djedid – Deb-Deb (620 km)

(1992) Piste (A/D/H/I/K) auf den ersten 353 km, danach Asphalt. Ohne Karten im Maßstab 1:200 000 nicht zu befahren. Sehr schwierige Strecke über Sanddünengebiet, mindestens zwei Geländefahrzeuge und Satellitennavigation sind unerläßlich.

El Oued – S. B 50. (Ende B 50 und C 6; Beginn B 52.)

Sie verlassen El Oued auf der Strecke B 52 in Richtung Nefta.

Km 22, **Debila** – Kleines Dorf. Keine Versorgungsmöglichkeit.

Km 32, **Hassi Khélifa** – Kleines Dorf. Keine Versorgungsmöglichkeit.

Km 36, Kreuzung mit Wegweiser. Fahren Sie nach rechts in Richtung „Village socialiste", das Sie zwischen Km 42 und 44 passieren.

Hinter der Siedlung fahren Sie auf einer alten Piste in Richtung Süd-Südost, die teilweise von Dünen überlagert ist. Gelegentliche Spuren stammen von Zöllnern und Händlern, die Orientierung ist manchmal schwierig.

Km 89, die Piste beschreibt einen kreisrunden Bogen nach Osten. Km 91, Kreuzung, die jedoch schwer zu finden ist: nach Osten führt eine Piste zu einem artesischen Brunnen. Sie nehmen die Piste nach Südosten in Richtung

Algerien – Routenteil B _109_

Bir Djedid, die im Grunde nur aus einem Durchgang zwischen Büschen besteht. Keine Spuren! Die Kreuzung ist eventuell an einem Metallrohr von etwa 10 cm Durchmesser erkennbar, das hinter einem Busch etwa 50 cm in die Höhe ragt (wenn Sie die Kreuzung verpassen, erreichen Sie bei Km 101 ein verlassenes Bohrloch, wo die Piste aufhört. Etwa 100 m nördlich des Bohrlochs gibt es einen artesischen Brunnen mit schwefelhaltigem Wasser. Von hier gibt es nur den gleichen Weg zurück).

Von der Kreuzung aus folgen Sie dem oben beschriebenen Gang zwischen dem Buschwerk, der die meiste Zeit deutlich zu erkennen ist (wenn Sie ihn verlieren, können Sie ihn von einer Düne aus leicht wiederfinden).

Km 104, ein zweiter, ähnlicher Durchgang führt nach Westen weg. Geradeaus weiterfahren (205 Grad). Von hier sollten Sie die Fahrt nur fortsetzen, wenn Sie in einem Konvoi mit mindestens drei Fahrzeugen unterwegs sind und sich nach den Sternen oder mit Hilfe von Satellitennavigation orientieren können. Die Spuren verwehen so schnell, daß eine Rückkehr auf den eigenen Spuren ausgeschlossen ist.

Km 128, Bodensenken, in denen man Schalen von Straußeneiern finden kann. Einsanden garantiert!

Km 159, in einer Bodensenke zwei Brunnen (einer ist versandet). Auf der Suche nach einer Passage zwischen den Dünen treffen Sie auf ein kleines weißgekalktes Mausoleum mit drei Räumen, der „Marabut Sidi Moussa", in dem die Holzkarawanen, die in diesem Gebiet durchkommen, gelegentlich Vorräte zurücklassen. Hohe Dünen versperren den Weg. Halten Sie sich in süd-südöstlicher Richtung. Nach etwa 3 km werden die Dünen flacher.

Km 172, in einem fast dünenlosen Gebiet mit großen, flachen Senken erreichen Sie den Bordj Mouiet er Rebah. Das alte französische Fort ist noch sehr gut erhalten und dient inzwischen offensichtlich als Ziegenstall. Neben dem Fort gibt es einen funktionierenden Brunnen. Verlassen Sie das Fort in nördlicher Richtung, um die Dünen zu umgehen. Nach 2 km treffen Sie auf Markierungen. Fahren Sie nun 600 m nach Osten, wo zahlreiche Fahrzeugspuren verlaufen (die übrigens bei jeder Dünenüberquerung wieder verlorengehen). In Richtung Süd-Südost weiterfahren.

Km 179, von hier ab werden die Dünen zunehmend flacher und rücken näher zusammen. Die alte Piste ist nicht mehr zu erkennen. Versuchen Sie, parallel zu den Dünenkämmen zu fahren, die in süd-südöstlicher Richtung, also in Fahrtrichtung, verlaufen. Die Passagen zwischen den parallelen Dünentälern sind immer sehr steil abfallend und versandet. Gelegentlich ist es sinnvoll, die beste Durchfahrt zunächst zu Fuß zu erkunden.

Km 188, das Dünengebiet öffnet sich nach Süd-Südost auf die Ebene von Sahane bou Sbabel, dazwischen kleine _barkanen_-Felder (Sicheldünen). Stellenweise kleine Sandrosen. Zahlreiche sehr alte Fahrzeugspuren führen ins Zentrum der Ebene (offensichtlich stammen sie noch aus der französischen Besatzungszeit). Gelegentlich finden sich Markierungen.

Km 209, **Bir Djedid** – Ehemals wichtiger Militärstützpunkt, großer Flughafen aus der französischen Kolonialzeit, Zisternen, mehrere Brunnen, zahlreiche

110 Durch Afrika

Lehmbauten, die teilweise verfallen sind. Interessante Fresken. Typische Landschaft des Großen Östlichen Erg.
Verlassen Sie den *bordj* in südöstlicher Richtung. Die Piste ist markiert.
Km 213, man trifft wieder auf Dünen, die nur schwer zu überqueren sind. Weichen Sie zunächst auf die niedrigeren Dünen aus (nach Südwesten fahren, dann nach Nordosten).
Km 219, die Piste führt durch eine Senke, die durch Dünen verborgen ist. Von dieser Stelle ab verlaufen die Dünen erneut im rechten Winkel zur Piste und sind nur unter Schwierigkeiten zu überwinden.
Km 222, die Piste ist wieder besser markiert und nur noch von einigen Sandbänken blockiert, die leicht zu umfahren sind, wenn man sie rechtzeitig erkennt. Die Pistenmarkierung ist grün. Halten Sie nach Süd-Südost bis Südost und kümmern Sie sich nicht um die Fahrzeugspuren, die mit anderen Markierungen in andere Richtungen verlaufen.
Km 264, Abzweigung nach dem Bordj Bir Rhoraffa. Eine kleine Tafel („Bir Larache 54 km") und zahlreiche nach Osten führende Fahrzeugspuren. Der *bordj* ist 7 km entfernt (zahlreiche Sandpassagen zwischen 80 bis 100 m hohen Dünen).
Bir Rhoraffa - Aufgegebenes Militärcamp. Mehrere Brunnen und Gebäude.
Kehren Sie zu Km 264 zurück und folgen Sie aufmerksam den grünen Markierungen. Die Piste windet sich durch hohe Dünenketten. Dort, wo die Dünen eng zusammenrücken, ist mit schwierigen Weichsandpassagen zu rechnen. Die Markierungen sind hier nur schwer zu finden. Niemals weiterfahren, wenn die nächste Markierung nicht passiert ist, denn in diesem Gebiet verfährt man sich sehr leicht. Auch die größeren Dünenketten sind auf der 1:200 000-Karte schwer wiederzufinden.
Km 309, **Bir Larache** – Altes französisches Fort, das fast völlig zerstört ist und vom Militär aufgegeben wurde. Brunnen. Die Dünen sind nun wieder weiter voneinander entfernt, und man sandet nicht mehr so oft ein. In der Nähe *zériba*-Siedlung mit Kamelnomaden.
Km 316, Kreuzung mit einer alten Piste nach Hassi Messaoud (schwarz markiert). Folgen Sie der grün markierten Hauptpiste nach Süden.
Km 320, man kreuzt die alte Piste El Borma – Hassi Messaoud. Die noch erhaltenen Wegweiser zeugen von der einstigen Bedeutung dieser Piste. Inzwischen ist sie teilweise von kleinen Dünen überlagert, birgt aber keine Orientierungsprobleme.
Km 353, 1 km westlich der Straße Hassi Messaoud – Deb-Deb (B 57) erreicht man eine dazu parallel verlaufende Pipeline, die zum Teil überirdisch geführt ist und nur an wenigen Stellen überquert werden kann. Nach links weiter.
Km 354, die Asphaltstraße Hassi Messaoud – Deb-Deb ist erreicht. Nach rechts halten. Die Dünen erreichen bis zu 250 Meter Höhe. Mit einem Geländewagen kann man leicht hinauffahren. Vom Kamm öffnet sich ein schöner Ausblick.
Bordj Messaouda – Dorf. Paßkontrolle. Grenzposten für Fahrzeuge, die aus Tunesien oder Libyen kommen.
Deb-Deb – S. B 57. (Ende B 57, C 10 und D 11; Beginn B 61 und B 63.)

Algerien – Routenteil B 111

B 59: Hassi bel Guebbour – Tin Fouyé – Ohanet – Kreuzung N3/N5 nahe Tamadanet (307 km)

(01.93, Land Rover Discovery) Neuer Asphalt auf 160 km, dann immer wieder Schlaglöcher, 13 km hinter Ohanet wieder neuer Asphalt.

Hassi bel Guebbour – S. B 55. (Ende B 55 und B 56; Beginn B 60.)
Km 18, Wasser (kein Trinkwasser) ca. 900 m von der Straße hinter den Tamarinden.
Km 61, ein kleiner Abstecher (zweimal 2 km Piste, angezeigt) nach Hassi Tabankort. Hier arbeitet eine Erdölgesellschaft. Der zum Großteil gefaßte artesische Brunnen liegt in einem grünen Tal (magnesiumhaltiges Wasser, 39 Grad). Keine Biwakmöglichkeit (viele Fliegen).
Km 97, eine Piste zweigt rechts nach Bordj Omar Driss ab.
Ab Km 170 führt die Route entlang der Felswand, die die Hamada du Tinrhert begrenzt. Schöner Blick nach Süden auf die Djoua-Senke und den Erg Issaouane.
Tin Fouyé – Erdölförderstätte. Sehr gutes Wasser, Gemüse bei der Erdölgesellschaft, in Notfällen auch Brot.
(Beginn B 62; Ende B 61.)
Mazoula – Erdölförderstätte. Keine Versorgungsmöglichkeit.
Km 270, kurz vor Ohanet Treibstoffdepot.
Ohanet – Erdölförderstätte. Wasser und Limonade. Treibstoff. Freundlicher Empfang. Von Ohanet an geben Kilometersteine die Entfernung von In Aménas aus an.
Km 307, Kreuzung N3/N5 nahe Tamadanet. (Beginn B 64; Ende B 63.)

B 60: Hassi bel Guebbour – Bordj Omar Driss – Amguid (412 km)

(01.94, Yamaha XT 600) Asphalt bis Bordj Omar Driss (74 km), dann Piste (A/C/I).

Hassi bel Guebbour – S. B 55. (Ende B 55; Beginn B 56 und B 59.)
Km 2, heiße Quelle. Ungefähr 10 km vor Bordj Omar Driss „Kreuzung der vier Straßen". Ein Wegweiser gibt die Richtung nach Tamanrasset an.
Bordj Omar Driss (früher Fort Flatters) – Kleinstadt. Keine Versorgungsmöglichkeit, keine Unterkunft. Wasser bei der freundlichen *gendarmerie nationale*. Eine Genehmigung für die Weiterfahrt ist zwar nicht mehr nötig, doch ist es empfehlenswert, sich vorsichtshalber bei der Polizei zu melden.
(Beginn B 62; Ende B 65.)
Auf etwa 50 km hinter Bordj Omar Driss Wellblech, dann weisen große Steinhaufen die Richtung. Bis Amguid ist die Piste sandig, zahlreiche Spuren.
Ungefähr 70 km vor Amguid wird die Piste schmäler und verläuft wie durch ein Tal. Halten Sie sich auf der linken Seite, wo die meisten Spuren verlaufen.

112 Durch Afrika

Vor Amguid, 10 km vor der Düne, große, gut zu befahrende Ebene mit 20 cm hohem Wellblech.

Amguid – Militärposten. Dorf bestehend aus *zéribas* (Schilfhütten), Steinhäuser werden gebaut. Keine Versorgungsmöglichkeit. Kein Treibstoff. Wasser am Dorfbrunnen oder an der Quelle Aïn Kerma, die von der Armee requiriert ist. Camping und Photographieren verboten.

Sehenswert: das interessante *guelta* und die etwa 3 km nördlich gelegenen Felsmalereien. (Beginn B 35, B 36 und B 37; Ende B 70.)

B 61: Deb-Deb – Tin Fouyé (368 km)

(10.92, Landcruiser) Piste (A/C/G/I). Viel Sand u. Felsen. Im Gebiet zwischen Deb-Deb, Bordj Messaouda und Fort-Saint sind Straßenbauarbeiten im Gange, hier ist die Orientierung sehr schwierig. Wir empfehlen, die Strecke lieber von Bordj Messaouda als von Deb-Deb aus zu fahren. Da die Route wenig befahren wird, sind mindestens zwei Geländefahrzeuge unerläßlich. Vorsicht vor Schmugglerbanden! Die Kilometerangaben sind stark abhängig von der gewählten Strecke (entlang der Dünen oder der Piste).

Deb-Deb/Bordj Messaouda – S. B 57. (Ende B 57, B 58, C 10 und D 11.)
Verlassen Sie Bordj Messaouda auf der Piste, die nach Westen und später nach Süden führt.

Km 15, beim Kilometerstein 230 auf den Spuren nach rechts weiterfahren. Die Hauptpiste mündet 20 km weiter in die Asphaltstraße nach In Aménas. Die Piste führt durch ein *wadi*.

Km 31, Markierung IGN 15, Piste von Steinen begrenzt. Rechter Hand in 2 km Entfernung werden ein Bohrturm und einige Häuser sichtbar. Weiterfahrt teilweise auf Dünen, teilweise auf steiniger Piste. Markierung mit Steinmännchen und Steinmauern.

Km 39, eine Piste zweigt nach rechts in Richtung der Dünen ab.

Zwischen Km 58 und Km 64 sandiges Gelände, Piste schwer zu folgen.

Km 76, lange, von Steinen begrenzte Furche (Pistenkreuzung?).

Km 88, Im Norden Dünen und linker Hand (südlich) Dünen mit steinigen Ausläufern.

Km 92, Überquerung eines nordsüdlich verlaufenden *wadi*. Man trifft auf Fahrzeugspuren, die von Süden kommen. Eisenstangen.

Km 93, Mauerreste.

Km 119, langer Stab in einer Tonne, Bodenmarkierung mit Tonnen (ehemaliger Flugplatz?).

Km 129, die Piste verläuft im Süden entlang der Dünen. Mit einem Geländewagen fahren Sie lieber auf dem flachen Sand der Dünen als auf der steinigen Piste. Die Spuren teilen sich und führen teils auf Dünensand, teils auf *reg*. Pfeilspitzen und zerbrochene Muscheln.

Km 140, alte, mit Abfällen gefüllte Säcke und leere Tonnen (ehemalige Erdölbasis?).

Eine mit Stäben markierte Piste zweigt nach Norden ab. Sie führt anscheinend über Bir Fatima nach Ouargla.

Km 159, vier Tonnen, Markierung, verlassenes Camp.

Km 184, großer Steinhaufen, offensichtlich ein *marabut*.

Km 194, im Süden der Dünen, zwischen Kilometerstein 31 und 32 der artesische Brunnen von Hassi Marabout mit 38 Grad warmem Wasser. Idealer Badeplatz !

Km 223, die unterirdische Pipeline wird überquert. Der Brunnen von Hassi Mdarba müßte sich ungefähr 60 km westlich befinden.

Km 267, „Sonatrach"-Pumpstation (ehemals „Mannesmann").

Km 271, die Piste führt von den Dünen weg nach Südwesten. Die auf den Karten eingezeichnete Piste nach Hassi Tabankort verläuft wahrscheinlich weiter an den Dünen entlang. Die guten Spuren (neueren Datums) verlaufen alle an der Pipeline nach Südwesten. Starkes Wellblech. Die breite Piste ist auf den Karten nicht eingezeichnet. Die Pipeline wird kurz hinter der Pumpstation gequert (schwierig, da unter einem Erdwall).

Km 331, Lampe, TFT-Station, Pumpstation, Zisternen.

Km 343, man kommt auf Asphalt.

Km 344, **Tin Fouyé Tabankort** – Zweitgrößte Erdölbasis Algeriens, doch keine öffentliche Tankstelle.

Tin Fouyé – S. B 59. (Zur B 59; Beginn B 62.)

B 62: Tin Fouyé – Bordj Omar Driss (92 km)

(01.94, Yamaha XT 600) Piste (A/C/H/I/K), kein Asphalt mehr, schwierig zu befahren, stark ausgewaschen, praktisch ohne Verkehr.

Tin Fouyé – S. B 59. (Zur B 59; Ende B 61.)

Nehmen Sie die Straße nach Hassi bel Guebbour.

Km 15, Abzweigung nach links nach Bordj Omar Driss. Asphalt.

Km 46, Abzweigung nach links nach Hassi Tabankort (B 62).

Zwischen Km 49 und Km 56 Tal zwischen zwei Tafelbergen.

Km 63, Wegweiser nach Ohanet – Fort Flatters.

Km 69, die Hauptstraße nach links verlassen in Richtung Plateaurand.

Km 70, in einem *wadi* Abfahrt den Felsabfall hinunter. Die Steinwände schimmern in verschiedenen Farben, interessante geologische Formationen.

Km 78, Ende des *wadi*.

Km 81, man trifft auf zahlreiche ostwestlich verlaufende Spuren der Piste Tin Fouyé – Fort Flatters, die durch das Tal führt. Sehr schönes Gebiet, das im Süden durch den Erg Issaouane begrenzt ist. Hohe, mit Tamarinden bewachsene Hügel.

Km 84, Kreuzung, eine Piste führt nach links in ein verlassenes Camp.

Km 85, gemauerter Brunnen mit gewölbtem Dach (Hassi en Nemenes). Etwas abseits der Piste Fossilien von Schnecken und Muscheln, die einzigen Spuren des Meeres, das einst die Sahara bedeckte.

Km 91, man trifft auf die Hauptstraße Bordj Omar Driss – Hassi bel Guebbour.

Bordj Omar Driss (ehem. Fort Flatters) – S. B 60. (Zur B 60; Beginn B 65.)

114 Durch Afrika

B 63: Deb-Deb – Kreuzung N3/N5 nahe Tamadanet
(157 km)

(04.92, Lada Niva) Straße streckenweise stark beschädigt, 20 km vor Tamadanet neu asphaltiert.

Deb-Deb – S. B 57. (Ende B 57, B 58, C 10 und D 11; Beginn B 61.)
Km 38 bis Km 143, schnurgerade Straße durch eine Steinwüste.
Km 143, Einmündung einer asphaltierten Straße von links, die zweifellos zu einer Bohrstelle führt.
Km 157, **Kreuzung N3/N5 nahe Tamadanet**. (Beginn B 64; Ende B 59.)

B 64: Kreuzung N3/N5 nahe Tamadanet – In Aménas –
Illizi – Kreuzung bei Km 173 hinter Illizi (482 km)

(01.94, Yamaha XT 600) Asphalt bis Illizi, dann Piste.

Kreuzung der N3/N5 nahe Tamadanet – Ende B 59 und B 63.
In Aménas – Kleinstadt mit guter Infrasruktur. Lebensmittel, Bäckerei und Konditorei. Bank. Krankenhaus. Treibstoff. Duschmöglichkeit an der Tankstelle am Ortseingang. Die Genehmigung zur Fortsetzung der Fahrt in Richtung Djanet bekommen Sie bei der *daïra* (in der Nähe des Hauptplatzes). Über die Notwendigkeit, sich strikt an die Meldevorschriften zu halten, gibt es allerdings unterschiedliche Auskünfte.
Unterkunft: einfaches Hotel „Le Grand Erg", mit Bungalows, Sanitäranlagen defekt, schmutzig, meist durch auswärtige Arbeiter ausgebucht.
El Adeb Larache – Bohrfeld. Das beste Wasser weit und breit, häufig jedoch nur gegen Bezahlung.
Ungefähr 60 km vor Illizi Bademöglichkeit in einem Becken unweit des Forts, das links der Straße zu sehen ist.
Illizi (ehem. Fort Polignac) – 560 m. Grundnahrungsmittel. Wasser. Treibstoff; Werkstätte. Post. Zoll- und Polizeiposten. Tourismusbüro. Krankenhaus.
Unterkunft: Jugendherberge, Duschen, 40 Betten/Zimmer. Der Campingplatz liegt 5 km außerhalb an der Piste in Richtung Djanet, Übernachtungsmöglichkeit in Hütten, schmutzige Sanitäranlagen.
Sehenswert: die Felsgravuren und -malereien im Oued Djaret (Jungsteinzeit, etwa 5000 v. Chr.). Das Tourismusbüro vermittelt Kamele und Führer. Für eine wirklich interessante Exkursion sollten 7 bis 10 Tage kalkuliert werden.
(Beginn B 66; Ende B 68.)
Bis 30 km nach Illizi Baustellen und Umleitungen.
Km 162 (hinter Illizi), eine Piste zweigt nach links ab und führt zu Felsgravuren. Ähnliche Gravuren sind auch bei Km 165 auf den Felsbrocken am rechten Straßenrand zu sehen.
Km 173 (hinter Illizi), Kreuzung. (Beginn B 67 und B 68.)

Algerien – Routenteil B 115

B 65: Bordj Omar Driss – Zaouia Sidi Moussa – Gara Khanfoussa – Aïn el Hadjadj – Illizi (430 km)

Gräberpiste: Piste (A/C/H/I/K)! Die Strecke ist genehmigungspflichtig und wenig befahren; allerdings sind hier immer wieder Saharakundige unterwegs; gute Karten und Kompaß – möglichst Satellitennavigation, sowie Fahren im Konvoi unerläßlich! Auf der Strekke viele Mauerreste und Gräber von Tuareg und französischen Legionären. In diesem Gebiet müssen zahlreiche Kämpfe während der Kolonialzeit stattgefunden haben.

Bordj Omar Driss (ehem. Fort Flatters) – S. B 60. (Zur B 60; Ende B 62.)
Verlassen Sie Bordj Omar Driss und fahren Sie hinauf bis Fort Flatters (2 km). Das große, verlassene Fort lohnt einen Besuch. Schöner Blick über das Tal. Gegenüber ein *marabut* und ein Friedhof. Kein Treibstoff.

Km 9, Bohrloch (Wasser), kleines Dorf Zaiouia Sidi Moussa. Geradeaus weiterfahren. Beim Verlassen des Tales werden mehrere kleine Dünen überquert.

Km 16, Dünen, sehr sandige, schwierige Passage. Auf etwa 10 km dem Fuß einer Felswand folgen.

Km 32, *reg*-Ebene.

Km 39, Markierungsstab.

Km 40, Wellblechhütte mit fast unleserlichen Ortsangaben („Fort Flatters 52", Amguid, 241"), Tafel „HTTI".

Km 49, man trifft auf die Piste nach Amguid. Starkes Wellblech.

Km 50, Pyramide aus Metallstangen, Wegangabe „Amguid 251".

Km 59, nach links in Richtung Osten abbiegen, in Richtung Aïn el Hadjadj sind keine Spuren zu erkennen. 1 km weiter führen Spuren nach Südosten in Richtung Dünen.

Km 76, Wellblechbaracke, felsiger Grund. Ewas weiter trifft man auf harte, unebene Dünenteile, die schwer zu überwinden sind. Anschließend *sérir* mit weicher Unterlage. Einige Holzstückchen dienen als Markierung.

Km 102, die Piste führt nach Osten. Wellblechbaracke, ein Stein mit der Aufschrift „AP".

Km 113, Blechbaracke und Wegzeichen. Die nach Südosten verlaufenden Spuren führen zum Berg Gara Khanfoussa, der gut sichtbar zwischen den Dünen aufragt. Man läßt ihn links liegen (Norden).

Km 118, Markierung, Aufschrift „AP".

Km 122, aufgegebene Bohrstelle, rostige Fässer.

Km 123, Markierung (Stange in Betonsockel), Aufschrift „AP".

Km 125, Kreuzung, nach links den alten Spuren folgen, die zum Gara Khanfoussa führen. Die Hauptpiste verläuft weiter geradeaus.

Km 128, *sebkha* auf der linken Seite.

Km 131, Beginn einer Dünenpassage, die schwer zu durchfahren ist, Markierung mit Stangen und Tonnen. Man trifft auf eine von Norden kommende Piste (vielleicht die Hauptpiste, die bei Km 125 verlassen wurde). Die Franzosen hatten die Piste ursprünglich auf eine Unterlage von Stroh und Steinen gebaut. Sie ist oft unterbrochen und kaum zu erkennen. Starke Steigung nach Norden, später dann Gefälle in die Dünen nach Süden in Richtung der Berge.

116 Durch Afrika

Km 149, Pflasterung vor Beginn der Steigung zum Gara Khanfoussa.

Km 150, die Piste (gesperrt) führt zum Berg (schöner Blick). Etwas weiter südlich verläuft eine Piste zum Gipfel. Alter französischer Militärposten. Die normale Piste nach Aïn el Hadjadj führt auf der rechten Seite am Berg entlang und wendet sich auf der Höhe des Gipfels nach Süden. Vorsicht, Spuren auch nach Norden und Osten!

Km 152, ein mit „AP 64" beschrifteter Stein (wichtiger Orientierungspunkt, um die Einfahrt in die Dünen zu finden). Fahren Sie nach Süden weiter und folgen Sie nicht der mit Eisenstangen markierten Piste, die zu einem Geologencamp führt.

Km 154, schwierige Passage (starkes Gefälle) durch die Dünen auf weichem Boden.

Km 164, eine Piste von rechts mündet ein (vielleicht die bei Km 125 verlassene Piste).

Km 169, Wegzeichen „IGN 61", zahlreiche Spuren nach rechts. Die Hauptspuren führen links nach Osten und überqueren zwischen Km 176 und 177 den Berg (unstabile, steinige Ebene, die von Dünen und Bergen begrenzt wird).

Km 179, das von Palmen umstandene Wasserloch von Hassi Tiskirine rechts der Piste.

Km 190, rechts nahe am Berg ein präislamisches Grab in „Schlüssellochform".

Km 191, an der Bergflanke wachsen Palmen und Akazien. Reste eines Forts, ein islamischer Friedhof und ein großes, von Mauern umgebenes christliches Grab mit Kreuz. Gemauerter Brunnen (Hassi Tabelbalet, schmutziges Wasser), „IGN 56".

Km 192, Palme links der Oase, schmutziger Tümpel.

Zunächst folgt eine *fesch-fesch*-Strecke (harte, holprige Oberfläche mit weicher Unterlage), dann holprige *hamada*.

Ab Km 250 müssen mehrere Wadis überquert werden. Die Böschungen sind mit Akazien bewachsen.

Km 259, eine Piste kommt von rechts (schwierige Piste nach Amguid). Nach Ost-Nordost in Richtung der Dünen halten (Abkürzung).

Km 262, ein von Steinen eingefaßter französischer Friedhof, Reste eines Weilers oder französischen Depots, Turmruine. Der Brunnen Aïn el Hadjadj führt viel gutes Wasser. Rechter Hand erhebt sich ein schwarzes, bizarr geformtes Bergmassiv.

Km 282, schwierige Durchquerung eines mit riesigen Schollen durchsetzten *wadi*.

Km 283, Wegzeichen „IGN 35", Beginn des Dünengebiets. Die Piste ist quasi unsichtbar.

Km 285, kleine Dünen und Ebene vor einem Bergmassiv.

Km 286, die Piste führt nach Norden. Möglicherweise wäre es einfacher, die Dünen bereits früher, ebenfalls in nördlicher Richtung, zu durchqueren. Es gibt tatsächlich keine logische Erklärung dafür, daß die Dünen so weit im Süden durchquert werden sollten. Tatsächlich ist die nördlichere Route kürzer. Von Aïn el Hadjadj aus verläuft die Piste zunächst nach Osten, biegt dann nach

Süden und schließlich nach Norden. Der direkte Weg müßte folglich nach Osten führen.

Km 287, man trifft auf zahlreiche Spuren, die vom Süden und hinter dem Dünengürtel hervorkommen, der den Oued Samene begrenzt. Die Landschaft ist fantastisch, Sanddünen, Bäume, Buschwerk und Berge.

Von Km 295 bis Km 297 trifft man häufig auf Nomaden. Kurz vor Km 297 folgt man den Spuren, die nach Nordosten führen. Danach sandige und hügelige Strecke.

Km 307, man trifft wieder auf Berge.

Km 317 bis Km 319, die Route verläuft durch ein wunderschönes *wadi*, auf den Hügeln beiderseits des Flußbetts wachsen Tamarinden. Darauf steinige Piste zwischen *wadi*, Dünen und Bergen.

Km 335, kurze Überquerung eines Berges.

Zwischen Km 339 und 385 große, flache Ebene (*chott*?).

Km 345, zahlreiche Steinkreise rechts der Piste, ihre Bedeutung ist nicht bekannt.

Km 399, in die Piste nach rechts biegen; die linke Piste führt weiter an der Bergflanke entlang und trifft bei Km 408 auf die eingeschlagene Piste; sie ist zwar 5 km kürzer, enthält dafür aber eine starke Steigung.

Km 411, von Bergen umgebene Ebene. Die Piste (teilweise Wellblech) führt entlang des Plateaus. In der Ferne werden tiefe Einschnitte in den schwarzen Bergen sichtbar. Überquerung des Oued Tadjeradjéri.

Von Km 422 an, Ebene.

Illizi – S. B 64. (Zur B 64; Beginn B 66.)

B 66: Illizi – In Akeouet – Tarat – Tin Taradjelli – Zaouata-llaz/Fort Gardel (Bordj el Haouares) (420 km)

(01.94, Yamaha XT 600) Piste (A/D/H/I/K). Fahrzeuge mit Allrad und großer Bodenfreiheit unbedingt angeraten. Die Route kann jetzt angeblich auch über Fort Tarat hinaus durchgeführt werden, wenn man die Gebühr für den Tassili-Nationalpark und eine Pistengebühr für den Abschnitt Fadnoune – Tarat gezahlt hat. Ein Führer soll nicht unbedingt notwendig sein.

Illizi – S. B 64. (Zur B 64; Ende B 65.)

Bis Km 20, extremes Wellblech.

Km 20 bis 117, steiles, felsiges Gelände. Für Motorräder schwierig.

Km 96, **Hassi In Akeouet** – Rechter Hand ein Brunnen, links ein Fort. Auf der schlechten Piste weiterfahren, die nach links nach Südosten und dann nach Süden führt.

Zwischen Km 96 und 107, steinige Bergpiste.

Zwischen Km 106 und 107, starkes, kurvenreiches Gefälle zu einem eingedeichten *oued*, darin viel Sand.

Km 132, Ausfahrt aus dem *oued*, libysche Dünen in Sicht.

Km 147, **Tarat** – Militärcamp und Polizeiposten. Paßkontrolle.

118 Durch Afrika

Km 157, Fort Tarat, altes Fort. Folgen Sie den Spuren nach Südwesten am Berg entlang. Die Piste ist sehr steinig und manchmal schwierig.
Km 220, die Piste wendet sich nach Westen und umfährt rechts den letzten Berg.
Km 223, die Piste nach rechts einschlagen.
Km 233 bis 235, schöne goldfarbene Dünen auf der rechten Seite.
Km 235, Durchquerung eines sandigen *oued*.
Von Km 255 an führt die Piste entlang des Bergmassivs weiter in Richtung S.
Zwischen Km 260 und 267 biegt die Piste nach Westen und führt zwischen zwei Bergen hindurch (Steine und Felsen, schwierige Passage).
Zwischen Km 275 und 341, schwierige Piste.
Km 288, Kreuzung; geradeaus halten, danach biegt die Piste nach Süden.
Km 341, Abfahrt in ein *oued*; die Piste ist nun besser befahrbar.
Zwischen Km 351 und 352 Überquerung mehrerer *oueds*, steile und schwierige Passagen.
Km 368, Einfahrt auf das Plateau des Oued Dider.
Km 370, man trifft auf die normale Route, die von Illizi über das Fadnounplateau in Richtung Fort Gardel führt.
Zaoutallaz/Fort Gardel (Bordj el Haouares) – 1090 m. Oase. Offiziell ist kein Treibstoff erhältlich, die Tankstelle ist seit längerem geschlossen, der Schwarzmarkt sehr teuer. Ehemaliger wichtiger Stützpunkt aus der Franzosenzeit. Bei der Polizei melden. Die Tuareg tauschen Erzeugnisse des Kunsthandwerks gegen Kleidung.
Unterkunft: ein neuer Campingplatz ist im Bau (am Ortsausgang an der Piste nach Djanet).
Sehenswert: das Tuaregdorf Zaoutallaz, die Felsmalereien und die Felsgravuren von Tinterhert, die ca. 70 km entfernt in Richtung Norden (s. B 67) liegen (Führer Pflicht). (Beginn B 69 und B 72; Ende B 67.)

B 67: Kreuzung bei Km 173 hinter Illizi – Ihérir – Zaoutallaz/Fort Gardel (Bordj el Haouares) (101 km)

(04.92, Lada Niva) Piste (A/D/G/I), bis Km 51 breit; etwas Wellblech, oft stark ausgewaschene Abschnitte. Ein Geländefahrzeug ist unerläßlich, fahren im Konvoi ist nicht unbedingt notwendig und wird auch nicht von der Polizei in In Aménas verlangt.

Kreuzung bei Km 173 hinter Illizi – Ende B 64; Beginn B 68.
Fahren Sie nach Osten in Richtung einer sandigen Ebene (1370 m).
Km 19, *guelta*.
Km 27, höchster Punkt der Strecke (1600 m).
Km 36, eine kurze Piste führt nach links zu einem *guelta*.
Km 37, eine Piste (breit, gut befahrbar) führt nach links nach Ihérir (54 km hin und zurück).
Ihérir – 1050 m. Bergoase. Campingplatz am Ortseingang. Der Ort in der Sahara, an dem es am meisten Wasser gibt.

Algerien – Routenteil B   119

Sehenswert: das *guelta* (eine Viertelstunde Fußweg) und Felsmalereien aus
der Rinderzeit (zwischen 4000 und 1500 v. Chr., Führer notwendig). Achtung!
Manchmal verlangt der Dorfvorsteher eine Steuer von 15 DA pro Tourist für
den Besuch des *guelta*. Gelegentlich behält er auch die Pässe der Besucher
über Nacht ein und zwingt sie, gegen teures Geld in einer Hütte zu übernachten. Nehmen Sie sich vor Langfingern (Kinder) in acht!
Km 51, Kurve nach Süden und Einfahrt auf die kleine Dider-Ebene.
Km 55, eine Piste führt nach links zu mehreren *gueltas* (5 km hin und zurück),
nachdem sie einen *oued* überquert hat, und zu den bekannten Felsgravuren
von Tinterhert (Besichtigung nur mit Führer (in Fort Gardel besorgen) erlaubt,.
Zwischen Km 65 und 72, Enge von Tin-Taradjeli zwischem dem Adrar-Massiv
(Westen) und dem Djebel Assar (Osten). Sanftes Gefälle bis zum Plateaurand
(1240 m). Die sehr steile Abfahrt zum sandigen Talboden ist kurvig und kann
gefährlich sein, Steinschlag. Danach durch eine gut befahrbare Ebene nach
Zaoutallaz/Fort Gardel (Bordj el Haouares); zahlreiche Spuren. Fort Gardel
befindet sich rechts.
Zaourtallaz/Fort Gardel (Bordj el Haouares) – S. B 66.
(Ende B 66; Beginn B 69 und B 72.)

B 68: Kreuzung bei Km 173 hinter Illizi – Kreuzung bei Km 112 hinter Fort Gardel (Bordj el Haouares) (119 km)

(11.89, Patrol) Piste (A/C/H/I/K), auf den ersten 50 km in sehr gutem Zustand. Trotz
einiger sandiger Teilstücke auch für normale Fahrzeuge befahrbar, wenn man sich auf
der Nordseite der Piste hält. Fantastische Landschaft. Numerierte „Sogotec“-Markierung.

Kreuzung bei Km 173 hinter Illizi – S. B 64. (Ende B 64; Beginn B 67.)
Km 52, ungefähr 200 m lange Passage im Flußbett eines *oued*. Danach Ein-
fahrt in eine riesige Steinwüste, die bis Km 96 durchfahren wird.
Km 70, geradeaus über die Steinebene fahren. Die Steinpiste nach links führt
zu einem Dorf mit Brunnen.
Km 96, etwa 3 km steinige Piste.
Km 97, Kreuzung, nach Süden weiterfahren.
Km 103, Sand.
Km 106, ab hier ist die Piste sehr schwer zu erkennen. Sie folgt auf etwa 2 km
dem Flußbett eines *oued*. Nach Süd-Südost weiterfahren.
Km 110, Kreuzung mit der alten Piste Fort Gardel – Amguid. Eisenmarkierung
mit der Aufschrift „FG 112/AM 530“. Nach Süden fahren.
Km 113, von hier an Steinmännchen. Bei der Kreuzung 112 km hinter Fort
Gardel treffen Sie auf die neue Piste Fort Gardel – Djanet.
(Beginn B 70 und B 71; Ende B 69.)

---

*In Algerien herrschen seit 1993 bürgerkriegsähnliche Zustände; seitdem
gab es über 30 000 Tote. Von Reisen dorthin ist dringend abzuraten!*

B 69: Zaoutallaz/Fort Gardel (Bordj el Haouares) – Kreuzung bei Km 112 hinter Fort Gardel (112 km)

(03.91, Land Rover) Piste (A/C/G/I); manchmal Wellblech, wenig Sand.

Zaoutallaz/Fort Gardel (Bordj el Haouares) – S. B 66.
(Ende B 66 und B 67; Beginn B 72.)
Hinter dem Polizeiposten verlassen Sie Fort Gardel in südlicher Richtung.
Bis Km 92, Überquerung einer steinigen Ebene. Einige sandige Passagen.
Km 92, auf jeden Fall das Wegzeichen finden, leider ist es nicht leicht zu entdecken. Die Piste nach Tamanrasset links liegen lassen und nach Norden fahren. Zu Beginn verwirrende Spuren (viele Lkw-Spuren). Eisenmarkierungen alle 10 km.
Kreuzung bei Km 112 hinter Zaoutallaz/Fort Gardel (Bordj el Haouares) – Beginn B 70 und B 71; Ende B 68.

B 70: Kreuzung bei Km 112 hinter Zaoutallaz/Fort Gardel (Bordj el Haouares) – Amguid (350 km)

(12.91, Landcruiser) Piste (A/C/I); viel Wellblech, zahlreiche Parallelpisten.

Kreuzung bei Km 112 hinter Zaoutallaz/Fort Gardel – S. B 70. (Beginn B 71; Ende B 68 und B 69.)
Starkes Wellblech bis zum Berg Toukmatine. Auf den folgenden 30 km besserer Pistenzustand, danach wird die Piste entlang des Erg Tihodaïne wieder schlechter. Abgesehen von einigen *oued*-Passagen bis Amguid nur wenig Sand. Amguid kann im Westen über eine gute markierte Piste umfahren werden, die einige Kilometer vor dem Dorf in der Nähe einer 3 m hohen Metalltafel nach links wegführt (rechts nach Amguid). In spitzem Winkel zurückfahren und die Ausläufer des Erg d'Amguid in einem großen Bogen südlich umgehen. Nach einigen Kilometern biegt die Piste nach Norden, die hohen Dünen des *erg* befinden sich dann im Osten.
Amguid – S. B 60. (Ende B 60; Beginn B 35, B 36 und B 37.)

B 71: Kreuzung bei Km 112 hinter Zaoutallaz/Fort Gardel (Bordj el Haouares) – Serouenout – Idelès (263/268 km)

(03.91, Land Rover) Piste (A/C/G/I) in schlechtem Zustand, stark vom Regen ausgewaschen.

Kreuzung bei Km 112 hinter Zaoutallaz/Fort Gardel (Borj el Haouares – S. B 70. (Beginn B 71; Ende B 68 und B 69.)
Auf 20 km der Piste folgen, die nach Zaoutallaz/Fort Gardel führt (B 69).

Bei Km 20, rechts in süd-südwestliche Richtung abbiegen; hier ist die Abzweigung nach Tamanrasset, die allerdings schwer zu finden ist. Markierung mit Eisenstangen alle 5 km.

Km 21, rote, mit Sand gefüllte Tonnen und Steinhaufen.

Km 28, Überquerung des Oued Tafassasset (1057 m). Der Boden ist hart und für alle Fahrzeuge befahrbar. Das Gelände wird hügelig.

Km 34, mehrere dunkelbraune Dünen.

Km 40, Wegweiser nach Idelès im Sand.

Von Km 46 bis 63, auf der Steigung große Weichsandfelder.

Km 57, Wrack eines Peugeot 204 Break.

Von Km 65 an, steinige Piste, links ein schöner Tafelberg.

Km 69, **Serouenout** – Der Brunnen liegt ungefähr 20 m im Südosten des verlassenen, aber noch gut erhaltenen Forts; Wasser sehr salzig. (Ende B 73).

Km 73, Eisenpfahl mit der Aufschrift „150 km F.G.".

Km 77, die Piste teilt sich:

1. Lkw-Piste:

Unproblematisch für einen Geländewagen; geradeaus weiterfahren.

Km 98, Lkw-Reifen am Boden.

Zwischen Km 110 und 119, Sandfeld, kann rechts umfahren werden.

Zwischen Km 123 und 125, wieder Sandfeld, ebenfalls rechts umfahren.

Km 132, großes Sandfeld, möglichst mit hoher Geschwindigkeit durchqueren.

Km 136, vereinzelter Felspfeiler links. Mehrere große Sandfelder.

Km 157, die Piste verläuft nach West-Südwest (die Richtungsänderung ist kaum wahrnehmbar). In der Ferne sind zwei Hügel auszumachen, die als Orientierungspunkte dienen können.

Km 165, die Spuren teilen sich. *Fesch-fesch*-Feld, das leicht ansteigt und sich bis zur Passage durch die beiden oben erwähnten Hügel hinzieht. Mit hoher Geschwindigkeit überqueren und tiefe Spurrillen vermeiden. Das Sandfeld kann auch rechts umfahren werden, aber vergessen Sie nicht, daß die Piste zwischen den Hügeln hindurchführt.

Km 182, die Piste führt nun nach Südwesten.

Km 193, großer *oued* (bei der Ausfahrt Gefahr des Einsandens).

Km 204, man trifft auf die Piste Nr. 2.

2. Normale Piste:

Nach links in Richtung Südwesten fahren.

Km 99, Durchquerung eines engen Tals (große Akazien).

Km 103, links schöner Blick auf das Hoggar.

Km 116, sandige Passage und Gefälle.

Von Km 119 an auf 4 km Felswüste.

Km 123, weiches Terrain entlang eines sandigen *oued*. Hinter dem Oued Tin-Hiden (viele Tamarinden) mündet die Piste in die Amadror-Ebene am Fuß des Gara Tindi (1614 m). Linker Hand breitet sich die imposante Bergmasse des Djebel Telertheba (2455 m) aus.

Km 142, stark versandeter *oued*.

122 Durch Afrika

Ab Km 158, einige Sandpassagen (Wanderdünen) müssen rechts umfahren werden. Danach gut befahrbare Piste.

Km 183, links der alleinstehende Tafelberg Tin-Kourkour.

Km 199, man trifft auf die Piste Nr. 1.

Danach folgt schwieriges Terrain; die Route führt durch einen Engpaß südlich des Djebel Tala-Mellet und überquert den Oued Teguerette.

Km 201/206, Eisenpfeiler mit der Aufschrift „TAM 280".

Km 241/246, schöner Platz für ein Picknick im Schatten großer Tamarinden.

Km 243/248, wieder Picknickplatz, diesmal im Schatten großer Akazien. Von hier aus verläuft die Piste nach Süden und überquert eine Felsregion.

Ab Km 258/263, schwieriges Wellblech (Lavafeld).

Bei Km 262/267, Kreuzung. Idelès liegt 1 km rechts der Piste.

Idelès – 1400 m. Oase. Die Bevölkerung ist schwarzen oder arabischen Ursprungs. Die Lebensmittelversorgung ist prekär (Obst und Gemüse bei den Oasenbauern). Gutes Wasser. Treibstoff ist zwar vorhanden, wird aber nicht einmal an Einheimische abgegeben. (Beginn B 41 und B 45.)

Unterkunft: kein Hotel, aber Unterkunftsmöglichkeit im *bordj.*

Verschiedenes: der Schmied besitzt ein Schweißgerät und hat schönen Schmuck zu verkaufen. Melden Sie sich bei der Polizei, die Beamten sind freundlich.

Sehenswert: der Ort und ein aus dem Aïr übernommener Tanz, der Tazengaret.

B 72: Zaoutallaz/Fort Gardel (Bordj el Haouares) – Djanet (136 km)

(04.92, Lada Niva) Piste (A/D/G/I). Eine der schönsten Wellblechstrecken der Sahara! Bei Verlassen der Piste Gefahr des Einsandens. Fahren im Konvoi ist nicht vorgeschrieben. Auf den letzten 60 km besonders starkes Wellblech, die letzten 30 km Asphalt. Die Piste verläuft zwischen den Ausläufern des Tassili und dem Erg d'Admer.

Zaoutallaz/Fort Gardel (Bordj el Haouares) – S. B 66. (Ende B 66 und B 67; Beginn B 69.)

Verlassen Sie Fort Gardel in östlicher Richtung.

Km 16, Kurve nach Ost/Nordost.

Ab Km 33 Richtung Ost/Südost.

Km 50, Abstecher abseits der Piste zum Oued Essendylène: in der Nähe des Wracks eines Minibusses nach links abfahren (im rechten Winkel zur Piste) und auf 18 km dem Lauf des *oued* folgen.

Km 92, schöne Rundfahrt, wenn man die Hauptpiste verläßt und auf der Piste weiterfährt, die durch ein kleines Tal führt.

Ca. Km 110, Richtung Osten.

Ab Km 119, Überquerung einiger Ausläufer des Tassili N'Ajjer, die Piste verläuft nun wieder nach Nordosten und steigt allmählich an. Steile Gefällstrecke in den Talgrund.

Algerien – Routenteil B **123**

Km 134, man trifft auf die Straße, die vom Flughafen von Djanet kommt.
Djanet – Mehrere _ksour_ bei einer Oase, die von zahlreichen Quellen aus dem
Tassili bewässert wird. Asphaltierte Straßen. Gute Infrastruktur. Melden Sie
sich bei der _daïra_ (Dienstag und Freitag geschlossen) und bei der Polizei.
Unterkunft: „Hotel des Zéribas", warme Duschen, Campingmöglichkeit, mittel-
mäßiges Restaurant, der freundliche Patron stellt sich gelegentlich auch ko-
stenlos als Führer zu den Felsgravuren in der Nähe von Djanet zur Verfügung.
Ein besseres Restaurant liegt am Hügel gegenüber; Restaurant „Farouk" im
Süden der Oase. Im nördlichen Oasenteil gibt es ein _hammam_ (Dampfbad),
das von 19:00 bis 20:00 Uhr für Touristen beiderlei Geschlechts geöffnet ist.
Sehenswert: die Architektur der einzelnen Dörfer, die zusammen die Oase
bilden, und die Palmengärten mit 35 000 Palmen.
In der Umgebung: Ausflüge zu den prähistorischen Fundstellen des **Tassili**
werden von der ONAT oder dem Reisebüro „Tim-Beur" vermittelt (Rundtouren
zu Fuß oder mit Geländewagen, Dauer zwischen einem halben oder einem
ganzen Tag und mehrtägig; Fußwanderungen aufs Plateau). Die Direktion der
Tassili-Nationalparkverwaltung erteilt die Genehmigung zum Fotografieren der
Felsbilder (Blitzlicht und Filmkameras sind verboten).
(Beginn B 73, B 74 und B 75.)

B 73: Djanet – Erg d'Admer – Admer-Ebene – Serouenout (ca. 195 km)

(04.89, Landcruiser) Piste (A/C/H/K). Außer in Djanet keine Versorgungsmöglichkeit.

Djanet – S. B 72. (Ende B 72; Beginn B 74 und B 75.)
Verlassen Sie Djanet auf der Piste nach Fort Gardel.
Km 23, nach Südwest-West fahren. Man nähert sich der Dünenkette des Erg
d'Admer. Die Piste umfährt die Dünen im Südosten (Achtung, die Karten sind
hier nicht zuverlässig!). Die zahlreichen Spuren vereinigen sich zu einer brei-
ten Piste.
Km 45, schwierige Passage an einer mehr als 100 Meter hohen Düne, nur für
Geländefahrzeuge und Motorräder befahrbar. Große Gefahr des Einsandens.
Ca. Km 50, nach der Düne eine Kreuzung dreier Pisten (nach Süden, Nordwesten und Westen). Die Piste nach Westen einschlagen. Sie führt durch die
weite Admer-Ebene. Weiterhin nach Westen halten.
Die letzten Kilometer sind sandig, ein _oued_ wird überquert. Die Piste wendet
sich nun nach Nordwesten.
Serouenout – S. B 71. (Zur B 71.)

_Nicht vergessen! Aktuelle Infos und Ergänzungen schicken. Nur so kann
ein Führer dieser Größenordnung aktuell bleiben. Bei Pisten mit schwieriger Orientierung bitten wir um Angabe von GPS-Koordinaten, Meßung
bitte in Grad, Minuten, Sekunden z. B. 28° 46´55´´! Danke!!!_

B 74: Djanet – Tin Alkoum – libysche Grenze
(ca. 235 km)

(02.91, Honda XL 500) Piste (A/D/I). Wellblech, während und nach der Regenzeit sehr schwierige Piste. Grenze ist 1995 von Seiten Libyens für Touristen gesperrt worden.

Djanet – S. B 72. (Ende B 72; Beginn B 73 und B 75.)
1 km hinter der alten Zollstation läßt man die Piste nach Fort Gardel (B 72) rechts liegen. Auf der asphaltierten Straße zum Flughafen und dann entlang der Flugpiste weiterfahren. Dahinter direkt nach Norden auf einen etwa 3 km entfernten Hügel zuhalten. Schließlich die Richtung zum Mont Tiska einschlagen.
Km 36, die Piste nach Chirfa zweigt nach rechts ab (B 75).
An jeder Abzweigung die linke Spur, d. h. bergseits, einschlagen. Nur bei Km 88 nach rechts abbiegen.
Zwischen Km 50 und 95, steinige Piste.
Km 90, unmittelbar vor einem kleinen Paß Möglichkeit, die Piste zu verlassen und nach links den Oued Anaïs bis zu einem kleinen, charakteristischen Turm aus Sandstein hochzufahren, der etwa 15 km hinter der Abzweigung auf der rechten Seite liegt. Fahrzeuge mit geringer Bodenfreiheit können die gesamten 15 km nicht bewältigen (große Felsbrocken an der Stelle, wo der *oued* enger wird). Man kann den Weg aber zu Fuß fortsetzen.
Etwa 15 Minuten Fußweg vom Turm entfernt liegt ein oft ausgetrocknetes *guelta*; nach weiteren 10 Minuten zu Fuß ist das ebenfalls meist wasserlose Guelta d'Adjiri erreicht. Das *guelta* liegt in einem grandiosen Felsrund des Tassili, in den Felswänden befinden sich zahlreiche Höhlen.
Ca. Km 117, Überquerung eines trockenen *oued*, man trifft auf einige Nomaden.
Ca. Km 127, Freiluftmoschee. Mit Feldstecher sind die Ruinen des Forts Akirine zu erkennen.
Km 146, Abzweigung auf einem kahlen Plateau. Die Piste nach rechts führt zu den Ruinen des Forts Akirine, das besichtigt werden kann, und dann weiter nach In Ezzane und in den Niger. Hier trifft man auch auf die Strecke H 25 aus Chirfa (Niger). Danach Überquerung eines sehr steinigen Geländes (schwierige *oued*-Passagen). An jeder Abzweigung die linke Piste einschlagen.
Ca. Km 210, **Tin Alkoum** – Algerischer Militärposten. Keine Versorgungsmöglichkeit. Formalitäten zur Ausreise aus Algerien, Zoll, Kontrolle der Papiere, des Fahrzeugs und der Pässe. (Zur H 25.)
Km 235, libyscher Grenzposten (schon von weitem sichtbar); weißgekalktes Gebäude auf einem Hügel. (Ende D 13.)

Reise-Sprechstunde mit aktuellen Infos zur Sicherheitslage beim Därr-Expeditionsservice Donnerstag Nachmittag: Tel. 0 89/28 20 32.

B 75: Djanet – nigrische Grenze – Chirfa (über die Westpiste) (580 km)

Auf den ersten 10 km Asphalt, danach Piste (A/B/D/H/I); viel Wellblech. Achtung: Die Einreise nach Niger ist auf dieser Strecke nicht erlaubt. Bei illegaler Einreise riskieren Sie die Ausweisung (s. Anmerkung bei H 25)!

Djanet – S. B 72. (Ende B 72; Beginn B 73 und B 74.) Hier müssen die Formalitäten zur Ausreise aus Algerien erledigt werden.
1 km hinter der alten Zollstation läßt man die Piste nach Fort Gardel (B 72) rechts liegen. In Richtung Flughafen und dann entlang der Flugpiste weiterfahren. Dahinter direkt nach Norden auf einen etwa 3 km entfernten Hügel zuhalten. Schließlich die Richtung zum Mont Tiska einschlagen.
Km 36, die Piste nach Libyen (Ghat) zweigt nach links ab (B 74). Die Piste verläuft entlang des Erg Admer (*fesch-fesch*) und passiert dann den Mont Tiska und den Adrar Marianou.
Km 140, Piste nach rechts, Richtung Ost-Südost, nach In Ezzane (zur H 25).
Vor Chirfa leicht holprige Piste.
Chirfa – Palmenoase. Kaum Versorgungsmöglichkeit. Weder Treibstoff noch Hotel. Militärkontrolle. (Beginn H 25 und H 26.)
Sehenswert sind der alte Ksar Daba, die 10 km entfernte, alte, verfallene Stadt Djado (18. Jh.) und zahlreiche prähistorische Fundstätten in der Umgebung.
Verschiedenes: laut Aussage von einem erfahrenen Saharareisenden ist es möglich von Algerien aus (nach Meldung beim Militär in Chirfa) den Ort und die Ksour Daba und Djado zu besichtigen, da hier laut nigrischen Behörden kein Führerzwang herrscht, wenn man dann wieder zurück nach Algerien ausreist (Information von 1/92).
In umgekehrter Richtung, also vom Niger aus, ist es möglich, von Chirfa nach Algerien auszureisen, wenn man für die Rückfahrtkosten des Führers, der von Agadez aus gebucht werden muß, aufkommt (Lkw-Transport). Da sich aber angeblich Ende 1994 auch im östlichen Niger eine Rebellenbewegung aus Kanuri und Toubou formierte, ist es wahrscheinlich inzwischen nicht mehr empfehlenswert, in den östlichen Niger einzureisen.

126 Durch Afrika

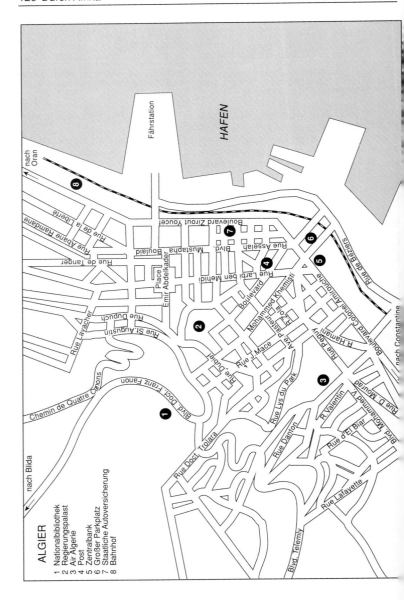

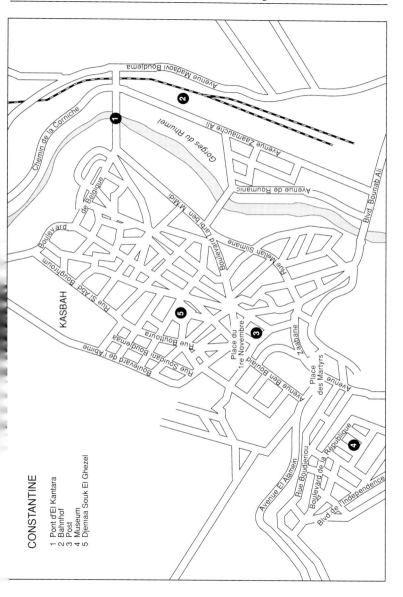

128 Durch Afrika

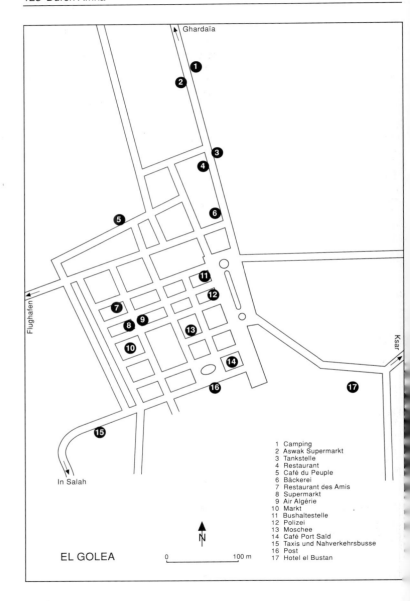

Algerien – Routenteil B 129

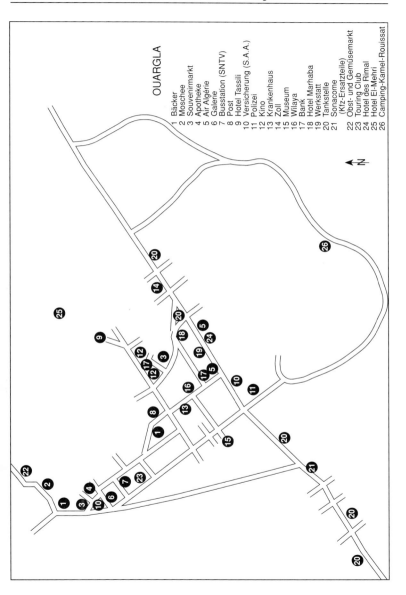

130 Durch Afrika

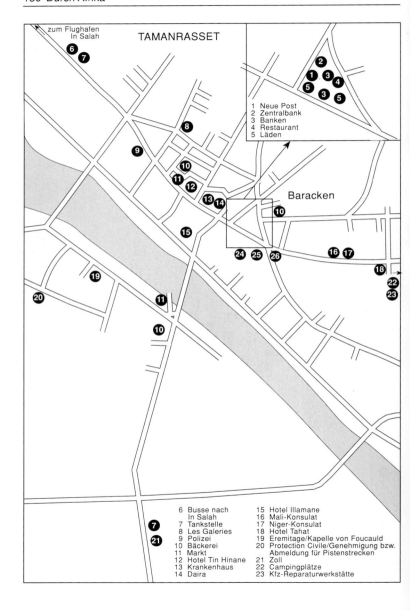

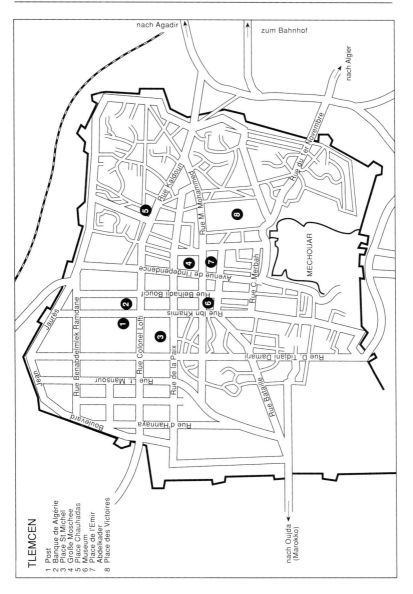

132 Durch Afrika

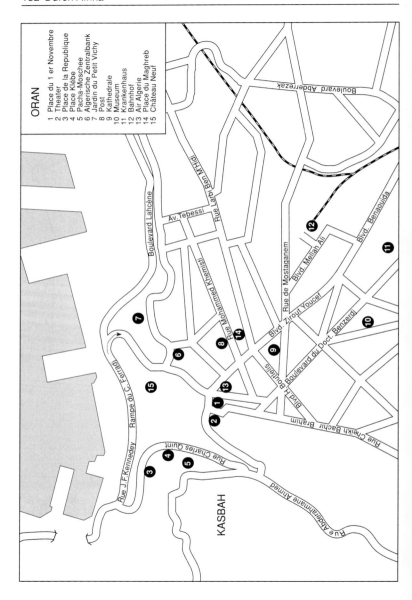

Algerien – Routenteil B 133

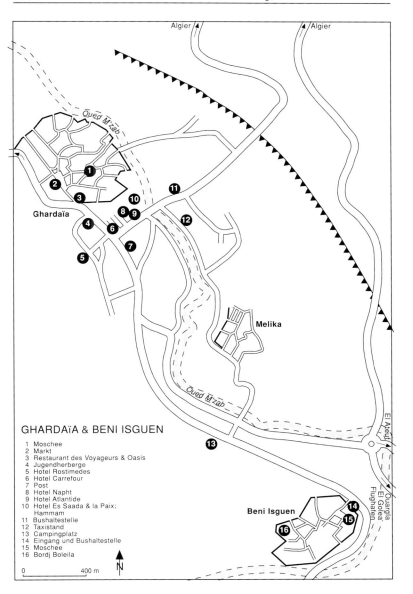

GHARDAÏA & BENI ISGUEN

1 Moschee
2 Markt
3 Restaurant des Voyageurs & Oasis
4 Jugendherberge
5 Hotel Rostimedes
6 Hotel Carrefour
7 Post
8 Hotel Napht
9 Hotel Atlantide
10 Hotel Es Saada & la Paix; Hammam
11 Bushaltestelle
12 Taxistand
13 Campingplatz
14 Eingang und Bushaltestelle
15 Moschee
16 Bordj Boleila

134 Durch Afrika

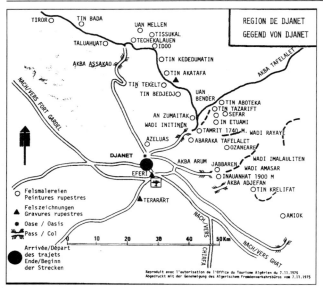

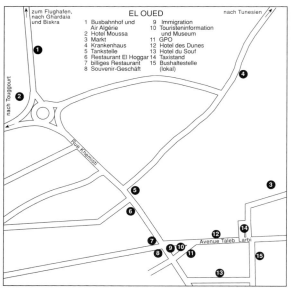

Algerien – Routenteil B 135

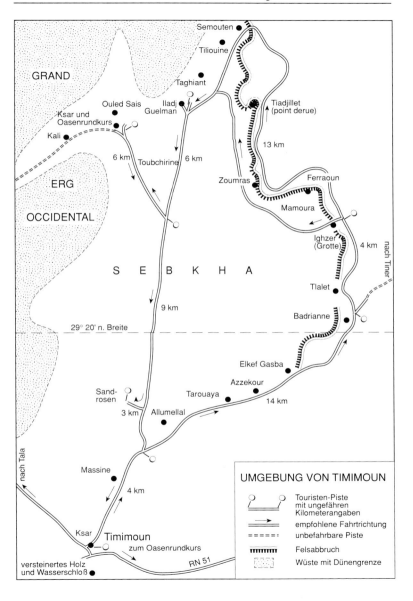

136 Durch Afrika

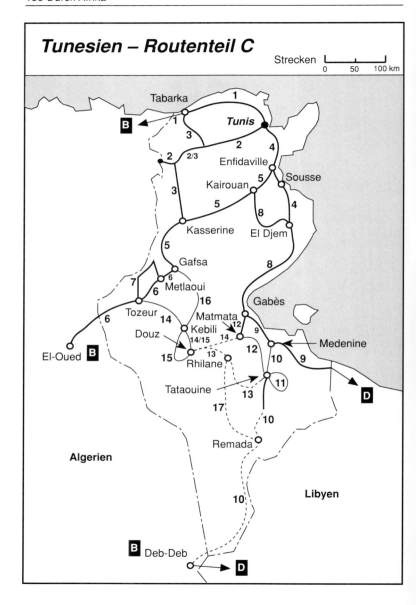

Tunesien – Routenteil C

Überblick

Fläche: 163 610 km².

Einwohner: 8 405 000.

Ethnien: Araber, Berber.

Hauptstadt: Tunis, ca. 1 000 000 Einwohner.

Sprachen: Amtssprache Arabisch, daneben Berberdialekte und Französisch.

Religion: Islam.

Ruhetag: Sonntag, in den *souks* der *medinas* sind die Geschäfte häufig am Freitagvormittag geschlossen. Manche Büros sind auch freitags und samstags zu.

Feiertage: 1.1., 20./21.3., 9.4., 1.5., 25.7., 7.11., 3.8., außerdem sich jährlich verschiebende islamische Feiertage.

Einreise: Keine Visumpflicht für Deutsche, Schweizer, Österreicher. Die Einfuhr von Wertsachen (z.B. Video) bei der Einreise besser deklarieren, damit keine Probleme entstehen. Die Einfuhr von Sprechfunkgeräten ist verboten. Ebenso auch die Einfuhr von Datteln oder anderen Palmenerzeugnissen (Matten, Körbe). Wichtig: während der Überfahrt mit der Fähre die beiden Fiche (Personen und Fahrzeug) besorgen!

Währung: Tunesischer Dinar zu 1000 Millimes, 1 DM = 0,625 TD, 1 TD = 1,60 DM.

Kfz: Nationaler Führerschein und Fahrzeugschein. Die internationale Grüne Versicherungskarte muß gültig geschrieben sein, wenn nicht, muß eine Versicherung an der Grenze abgeschlossen werden.

Treibstoff: Gute Treibstoffversorgung, ausgenommen im Süden. Die Einfuhr algerischen Treibstoffs im Kanister ist untersagt. Benzin ca. 0,530 TD, Diesel ca. 0,310 TD, Super ca. 0,570 TD, Bleifrei ca. 0,620 TD (in den großen Städten entlang der Hauptverbindungstraßen).

Straßen: Zumeist asphaltiert, nur im Süden Pisten, allerdings häufig auch für normale Pkw befahrbar.

138 Durch Afrika

Die Strecken südlich der Linie Dehibat – Remada – Kam(p)our sind nach wie vor nur mit einer Genehmigung, die ausschließlich für geländegängige, gut ausgerüstete Fahrzeuge erteilt wird, zu befahren. Die Bewilligung kann auf verschiedene Weise erlangt werden:

1. (Offizielle Art): Schriftliche Antragstellung (auf französisch) mind. 2 Wochen vor Besuchsantritt an: „Commissariat Régional de Tourisme, Rue Ulyssee, Houmt Souk/Djerba", mit folgenden Angaben:
Personalien aller Reisenden mit Paßnummern, genaue Bezeichnung der Fahrzeuge (Marke, Kennzeichen). Datum der gewünschten Einreise ins Sperrgebiet und gewünschte Aufenthaltsdauer (erfahrungsgemäß werden max. 7 Tage bewilligt). Auflistung aller gewünschten Etappenziele. Verlangt wird ferner die Angabe der Übernachtungsorte (obwohl es nirgends Übernachtungsmöglichkeiten gibt – wir wiederholten einfach einige Namen von Etappenzielen!) sowie nach den genauen Bezeichnungen evtl. mitgeführter Radios und Kameras.
Kopie dieses Antrags an das „Gouvernorat in Tataouine – M. Aidoudi Boubaker – Tataouine" schicken.
Bei persönlicher Vorsprache beim Gouvernorat dürfte die beantragte Autorisation dann ohne große Wartezeit zu erhalten sein.

2. Wer erst vor Ort den Antrag stellt, kann dies auf Djerba bei genannter Adresse tun (Wartezeit angeblich 1 bis max. 2 Tage) und muß die Bewilligung dann beim Gouvernorat in Tataouine noch absegnen lassen; Antragstellung nur persönlich in Tataouine bedingt in jedem Fall eine mehrtägige Wartezeit (wir bekamen die Bewilligung am 3. Tag), da dann zwischen Tataouine und Djerba hin- und hergefaxt werden muß.
Die zusätzliche Meldung in Remada (Militärstation) ist nicht mehr erforderlich!
Im Sperrgebiet besteht Meldepflicht bei den diversen Militärstationen und bei der *garde nationale*. Eine Weiterfahrt nach Algerien im Süden (El Borma – Deb-Deb) ist nicht möglich.

Grenzen: Die Grenzen zu Libyen an der Küste (Ras Adjir) ist zur Zeit offen, die Grenze bei Nalut ist nur für Tunesier/Algerier geöffnet. Der Grenzübergang Deb-Deb nach Algerien ist gesperrt.

Zeitverschiebung: Keine; in den Monaten April und Mai minus 1 Std., da in Tunesien die Sommerzeit vom 1.6. bis 31.9. gilt, d. h. zwei Monate später als in Deutschland beginnt.

Stromspannung: 220 V (in alten Gebäuden 110 V).

Geschichte: Das Gebiet des heutigen Tunesien war bereits von Phöniziern (Karthago) und Römern kolonisiert. Aus dieser Zeit stammen auch die zahlreichen historischen Denkmäler, die man in Nord- und Mitteltunesien besichtigen kann. Die Berber, die Ureinwohner Tunesiens, zogen sich vor den aufeinanderfolgenden Eroberungsheeren der Römer, Vandalen, Araber etc. in die Gebirgsregionen zurück, wo, wie beispielsweise im Bergland von Matmata, die typischen Höhlensiedlungen entstanden. Auch Tunesien wird von alten Handelsstraßen durchzogen, die zumeist über Libyen durch die Zentralsahara in die Reiche des Zentralsudan führten (Haussa, Bornu). Nefta ist einer der alten Handelsorte, an dem einst Waren aus allen Gegenden Afrikas und Europas umgeschlagen wurden. 1883 fiel Tunesien als Protektorat an die Franzosen, 1956 wurde das Land in die Unabhängigkeit entlassen.

Politik: Habib Bourgiba, der Führer des Widerstandes gegen die französische Besatzung, prägte bis zu seinem erzwungenen Rücktritt 1987 die Entwicklung des Landes. In den letzten Jahren seiner Herrschaft war er zunehmend Angriffen aufgrund seiner Willkür und seiner ablehnenden Haltung den fundamentalistischen Bestrebungen gegenüber ausgesetzt. Sein Nachfolger Abidine Ben Ali versucht eine allmähliche Demokratisierung, greift aber angesichts der stärker werdenden fundamentalistischen Kräfte auch zu immer massiveren Repressalien. Ein angeblicher Putschversuch durch Fundamentalisten im Mai 1990 führte zu Massenverhaftungen auch unter den Streitkräften. 1994 fanden weitgehend demokratische Wahlen statt, die Ben Alis RCD haushoch gewann. Die Fundamentalisten-Partei MIT war von den Wahlen ausgeschlossen.

Literatur und Landkarten:
Reiseführer: „Reise-Know-How Tunesien" von Wolfgang und Ursula Eckert (aktualisierte Auflage 95 in Vorbereitung); „Tunesien", Kulturführer von Daniela Schetar-Köthe und Friedrich Köthe, Edition Erde 1994.

Landkarten: Michelinkarte 172 Algerien und Tunesien, 1:1 000 000, amtl. tunes. Touristenkarte 1:500 000.
Hintergrundliteratur: Zur Unterhaltung: Karl May, „Durch die Wüste"; zur Information: W. Neumann, „Die Berber", DuMont Dokumente.

Routeninformationen

C 1: Tunis – Mateur – Nefza – Tabarka – algerische Grenze (182 km)

(01.94, Yamaha XT 600) Asphalt.

Tunis – Hauptstadt. (Beginn C 2 und C 4.)
Sehenswert: die Souks, die Ruinen von Karthago, ca. 15 km außerhalb am Meer im Villenvorort Carthage (TGM-Verbindung mit Tunis).
Unterkunft: Hotel „Sabra", Duschen, preisgünstig, (ca. 3–4 TD/Person). „Hotel de Suisse" in der Rue de la Suisse mittelmäßig mit warmen Duschen (8 TD/Person), Motorräder können im Gang der Rezeption untergestellt werden. „Hotel du Lac" in der Innenstadt (kopfstehende Pyramide), Av. Mohammed V., mit bewachtem Parkplatz, DZ mit Bad 69 TD inkl. Frühstück, Preis-/Leistungsver-

140 Durch Afrika

hältnis stimmt nicht. Empfehlenswertes Restaurant „La Mamma", Rue de Marseille. Auf dem bewachten Parkplatz ist es möglich, im Fahrzeug zu übernachten, mit dem Wächter reden! (24 Std. 4 TD/Auto).

In der Umgebung: La Goulette, Restaurant „Karim", preiswert, vorzüglich, keineswegs nur auf Touristen ausgerichtet. Sidi Bou Saïd, kleines Städtchen mit berümtem „Café des Nattes".

Sonstiges: in der britischen Botschaft erhlt man die Visa für Nigeria, Uganda und Kenia innerhalb einer Stunde für TD 47. Je nach Tag können die Formalitäten zur Abfertigung des Fahrzeugs beim Verlassen des Hafens von Radès mehrere Stunden in Anspruch nehmen. Eine ausführliche Liste des mitgeführten Gepäcks kann zeitsparend sein. Der Busbahnhof ist geteilt worden: Gare rout. du Nord am Bab Saadoun für Ziele nördlich von Tunis; Gare rout. du Sud, Rue Sidi el-Bechir in der Nähe des Djellaz-Friedhofes für Destinationen im Süden. Gute Werkstätten und Ersatzteilhändler für alle Automarken in der Av. de Carthage. Fähren nach Marseille: Tunis SNCM, 47, Avenue Farhat-Hached; Tel: 246536.

Mateur – 68 m, 25 000 Einw. Stadt. Lebensmittel. Treibstoff. (Beginn C 3.)

Nefza – Dorf. Markt, Treibstoff, Wasser.

Tabarka – 12 000 Einw. Gute Infrastruktur. Markt mit schönen Produkten des lokalen Kunsthandwerks (kunstvolle Töpferarbeiten).

Sehenswert: Zitadelle, Strände.

Hinter Tabarka öffnet sich ein schöner Ausblick auf die Stadt und das Meer bis zum Grenzdorf Meloula. Die Strecke führt abwechselnd durch herrliche Eichen-, Korkeichen- und Lorbeerwälder, sowie Lavendel- und Wacholderfelder.

C 2: Tunis – Mejez El Bab – Dougga – El Kef – Sidi Youssef – algerische Grenze (256 km)

Asphalt.

Tunis – S. C 1. (Beginn C 1 und C 4.)

Dougga – 6 km von der Straße entfernt. Sehr gut erhaltene römische Ruinen; Straßen, Theater, Kapitoltempel, zahlreiche Häuserfundamente. Eintritt: ca. 1 TD pro Person, 1 TD für die Foto-Erlaubnis. Führungen.

Krib – Wunderschöne kleine Stadt. Gute Infrastruktur.

El Kef – Große Stadt. Interessante Anlage auf einem Hügel. Schloß.

Hilfe!

Dieses Buch ist wegen der Fülle von detaillierten Informationen ohne Ihre Mithilfe nicht aktuell zu halten. Bitte senden Sie uns deshalb Korrekturen zu den beschriebenen Routen, Ergänzungen und GPS-Koordinaten bei Pistenfahrten.

Tunesien – Routenteil C 141

C 3: Tabarka – Téboursouk – El Kef – Kasserine (318 km)

Asphalt.

Tabarka – S. C 1. (Zur C 1.)
Hinter Tabarka sehr kurvenreiche Straße durch Wälder, großartige Sicht auf die Ebene von Tabarka. Vorsicht, immer wieder springen junge Pilz- oder Skulpturenverkäufer plötzlich vor die Autos, um sie zum Halten zu bringen!
Ain Draham – 823 m. Hauptort der Kroumirie, Erholungsort. Polizeikontrolle.
Unterkunft: „Hotel des Chênes" 8 km südlich, Zimmer in Ordnung, vorzügliche Wildgerichte (ca. 11,5 TD/Person mit Halbpension).
Die Straße führt dann durch Korkeichenwälder hinunter in die **Jendouba-Ebene.** Ca. 32 km hinter Ain Draham, Km 32 hinter Ain Draham, links Abzweigung (1 km) nach
Bulla Regia – Römische Ruinen, gut erhaltene, unterirdische Villen mit schönen Mosaiken.
Von dort über Jendouba Weiterfahrt zur algerischen Grenze möglich.
Die Straße führt über Bou Salem nach Téboursouk. Zunehmend karge Landschaft.
Téboursouk – 400 m, 10 000 Einw. Stadt. Bank und Tankstelle an der Hauptstraße.
In der Umgebung: Dougga (zur C 2), ca. 8 km entfernt; am Ortsausgang von Téboursouk rechts abbiegen.
Bis El Kef (s. C 2) folgt man der Strecke C 2, dann weiter in Richtung S über Thala.
Kasserine – 675 m, 15 000 Einw. Stadt. Lebensmittel. Treibstoff.
Unterkunft: Hotel „Cillium" unmittelbar neben den Ruinen (ca. 17 TD/Person mit Frühstück).
Sehenswert: römische Ruinen von Cillium; Triumphbogen, Theater, etc.
(Zur C 5.)

C 4: Tunis – Hammamet – Sousse – El Djem (205 km)

Asphalt. Zwischen Tunis und Sousse Autobahn.

Tunis – S. C 1. (Beginn C 1 und C 2.)
Hammam Lif – See- und Thermalbad. Gute Infrastruktur.
Unterkunft: der Campingplatz „Le Moulin Bleu" ist geschlossen; ein weiterer Campingplatz befindet sich einige km weiter südlich, links, auf der anderen Seite der Bahnlinie.
Nabeul – Ort am Meer im NW von Hammamet. Supermarkt in Bahnhofnähe.
Unterkunft: am Ortsausgang in Richtung Hammamet der äußerst saubere Campingplatz „Les Jasmins" (ca. 1,9 TD/Person, Wohnmobil 1,5 TD, warme Dusche 2 TD). Hotel „Mahmoud", angenehmes Hotel an der Hauptstraße von

142 Durch Afrika

Hammamet, bewachter Parkplatz, TV, Bad, Nebensaisonpreis (Winter) 11 TD/ Person, Hochsaison 33 TD/Person.
Sehenswert: Kamelmarkt, Museum.
Hammamet – Badeort; angenehmer, sauberer Strand, riesige Hotelanlagen, zahlreiche Restaurants.
Unterkunft: ganzjährig geöffneter Campingplatz „Idéal" im Stadtzentrum (Motel geplant); Campingplatz „Samaris" (27 TD/Person, 8 TD/Zimmer), zwischen Autobahn und Stadt hinter der Tankstelle, an der ersten Kreuzung nach der Autobahnausfahrt; Wildcampen möglich beim Platz in der Nähe des *centre d'animation*, an der Route de Sousse.
In der Nebensaison (Winter) kann man in den Hotels preiswert Zimmer mieten. Empfehlenswert ist das 3-Sterne–Hotel Mahmoud mit bewachtem Parkplatz, Satellitenfernsehen, direkt an der Hauptstraße Av. des Nations Unies, (11 TD inkl. Frühstück pro Person in der Nebensaison, Hauptsaison 33 TD)).
Enfidaville Stadt, Ausfahrt zur Route C 5.
Sousse – drittgrößte Stadt des Landes ca. 200 000 EW. Wichtigstes Industriezentrum; im Norden schließt das Tourstenzentrum Port el Kantaoui an.
Unterkunft: Jugendherberge Av. Taieb Mehri, 3-Sterne-Hotel Marabout, DZ ca. 60 TD, Hotel Tour Khalef, DZ ca. 50 TD, beide in der nördl. Stranszone in Richtung Port el Kantaoui.
Sehenswert: Die Medina mit der 859 erbauten Stadtmauer und den Stadttoren, die große Moschee und das archäologische Museum in der *kasbah* (tägl. geöffnet außer montags), die Katakomben (eingang neben der *kasbah*).
In der Umgebung: Monastir die Geburtsstadt des ehemaligen Staatspräsdenten Bourghiba mit dessen Mausoleum.
El Djem – 1107 m, 20 000 Einw. Lebensmittel. Treibstoff. Hotel.
Sehenswert: römisches Amphitheater, das restauriert wird und eine kleinere Ausgabe des Kolosseums von Rom darstellt.
(Weiter C 8).

C 5: Enfidaville – Kairouan – Sbeitla – Kasserine – Gafsa (322 km)

Asphalt. Auf der ganzen Strecke mobile Polizeikontrollen, unproblematisch.

Kairouan – 60 m, 45 000 Einw. Heiligste Stadt Tunesiens und Pilgerort. Engagieren Sie am besten einen der amtlichen Führer (preiswert, an den Bassins), um den Zudringlichkeiten der zahlreichen Händlern zu entgehen.
(Beginn C 8).
Unterkunft: gutes Hotel „Amina" an der Ausfallstraße nach Tunis (Neueröffnung); das Hotel „Continental" sollte unbedingt gemieden werden (unglaublich versifft und unverschämt überteuert). Campingplatz und Zimmer in der Jugendherberge im Süden der Stadt, allerdings schlecht unterhalten.
Sehenswert: Stadtbild, „Große Moschee" und „Barbiermoschee" (Kombikarte

Tunesien – Routenteil C 143

ca. 0,5 TD). In den zahlreichen Teppichknüpfereien sind die Händler leider sehr aufdringlich. Vorsicht vor stehlenden Kindern.

Kairouan auf der C99 verlassen; nach 10 km links auf die P3 abbiegen. 70 km weiter nicht die direkte Verbindung nach Gafsa wählen, sondern auf der P3 bleiben.

Sbeitla – 525 m, 5000 Einwohner, Lebensmittel, Treibstoff, Bank.

Unterkunft: Hotel. Nettes Restaurant „Erriadh" mit Kuskus und Méchoui (am Spieß gebratenes Lamm).

Sehenswert: römische Ruinen von Sufetula (Eintritt ca. 1,5 TD pro Person); Triumphbogen, Tempel, Thermen und Kirchen.

Die Straße führt durch Pflanzungen und Wälder bis nach

Kasserine – S. C 3. (Ende C3.)

Thélepte – Dorf. Uninteressante römische Ruinen. Beginn einer Asphaltstraße zur algerischen Grenze (Tébessa); Grenzposten rund um die Uhr geöffnet, Formalitäten rasch erledigt. Wüstenlandschaft bis

Gafsa – 40 000 Einw. Stadt. Lebensmittel, Treibstoff. Banken.

(Ende C 16; Beginn C 6.)

Unterkunft: Hotel „Jugurtha Palace", schmutzig (ca. 14 TD/Person). Öffentliches Schwimmbad mit Duschen ca. 200 m vom Hotel entfernt, Camping möglich. Jugendherberge am Ortsausgang in Richtung Tozeur.

Sehenswert: *kasbah*, Moschee und Oase. Handwerk.

Verschiedenes: das algerische Konsulat stellt angeblich innerhalb von ein paar Tagen Visa aus.

C 6: Gafsa – Tozeur – Nefta – Hazoua – algerische Grenze (152 km)

Asphaltstraße.

Gafsa – S. C 5. (Ende C 5 und C 16.)

Am Stadtausgang Richtung Tozeur führt eine wunderschöne Piste rechts nach Redeyef und Tamerza (s. C 7). Bei Regen ist beim Durchqueren der *oueds* Vorsicht geboten (Morast); Steigungen von 15%.

Ca. 23 km hinter Gafsa sehr tiefe, aber ausgebaute Furt durch das Oued Magroun (auf der Michelin-Karte nicht angegeben).

Ab Gafsa Gärten, Obstkulturen, dann wüstenähnliche, sandige Ebene.

Metlaoui – 200 m, 3000 Einw. Zentrum einer phosphatreichen Region. Lebensmittel. Treibstoff. (Beginn C 7).

Unterkunft: Hotel-Restaurant „En-Nacime", sauber, angenehm (ca. 10 TD/Person mit Halbpension).

Sehenswert: Schlucht des Oued Seldja, die mit dem „Lézard Rouge", einem Zug aus der Jahrhundertwende, befahren werden kann (tägl. etwa um 11:00 Uhr).

Durch eine hügelige Gegend gelangt man auf die El-Djerid-Ebene.

144 Durch Afrika

Tozeur – 45 m, 24 000 Einw. Oase. Lebensmittel. Treibstoff. Bank. Tozeur ist bereits hochgradigst touristisch erschlossen. Viele Bereiche des Palmenhains sind abgestorben, da sich der Grundwasserspiegel durch den hohen Wasserverbrauch, u. a. auch touristisch bedingt, stark senkt. (Ende C 7 und C 14.)
Unterkunft: Hotel „Continental" in der Stadt, schön, ziemlich gut, geschlossenes und bewachtes Parkhaus, zahlreiche Reisegruppen (ca. 18 TD/Person); gegenüber dem Gemüsemarkt das Hotel „Essaada" ist sehr sauber, altertümlich und leise (2.5 TD/Person, Dusche 0,5 TD); in der neuen Hotelzone oberhalb des Camping „Belvédère" gibt es zahllose Luxushotels. Campingplatz „Les Beaux Rêves", 400 m vom Hotel „Jerid" entfernt an der *route touristique*, schlechte Sanitäranlagen, Baden im Palmenhain möglich, Unterbringung in Nomadenzelten (ca. 3,5 TD/Person mit Frühstück), 2 Pers. mit Wohnmobil 7 TD., allerdings viele Mücken. Jugendherberge 150 m von der Hauptkreuzung Richtung Kebili entfernt sehr zu empfehlen (ca. 1,5 TD/Person), Motorradfahrer willkommen. Bedouine-Camping im Vorort Degache ist sauber und empfehlenswert.
Sehenswert: die Oase, Dattelpalmenkulturen und die zwei Zoos „Zoo du Si Tijani" und „Zoo du Paradis", die Tierhaltung allerdings entspricht nicht im mindesten europäischen Standards (Eintritt ca. 1 TD). „Dar Cheraït", ein Volkskundemuseum mit angeschloßenem „Disneyland" namens „Medina 1001 Nacht" – interessante Sammlung an traditionellem Schmuck, Kleidung und an Gebrauchsgegenständen und unfreiwillig komischer Themenpark mit Bildern aus „Tausendundeiner Nacht", „Ali Baba und die vierzig Räuber" und „Sindbads Reisen"; Eintritt: ins Museum 3 TD, Video-Erlaubnis 10 TD, in die Medina 1001 Nacht 5 TD. Heißluftballonfahrten organisiert: Aeroasis, 2200 Tozeur, Tel.: 06-452361; eine einstündige Fahrt kostet ca. 130 DM
Ab Tozeur führt die Straße an der Salzfläche des Schott El Djerid entlang.
Nefta – 40 m, 20 000 Einw. Prächtige Oase. Lebensmittel. Treibstoff. Bank (Geldwechsel auch freitags). Fremdenverkehrsamt.
Unterkunft: Hotel „Sahara Palace" (ca. 55 TD/Person im DZ, wiedereröffnet); Hotel „Marhala" (ca. 28 TD/DZ), gute sanitäre Anlagen; Hotel „Le Nomade", sauber, in typisch tunesischem Stil; Hotel „Rose", neu und komfortabel (ca. 30 TD/DZ). Campen im alten Palmenhain möglich.
Sehenswert: die Architektur der Häuser (besondere Anordnung der Backsteine, obwohl die Häuser durch ein großes Unwetter unglaublich gelitten haben). Führung durch die natürliche Oase „La Corbeille", warme Quellen, erst ab 12 Uhr für Reisende geöffnet, vormittags den einheimischen Frauen vorbehalten, bei der Führung Plastiksandalen tragen, da man viel im Wasser geht.
An der Ortsausfahrt von Nefta überquert man auf einem Damm die westlichen Ausläufer des Chott El Djerid. Bei hochstehender Sonne kann es Luftspiegelungen (*fata morgana*) geben.
Hazoua – Grenzdorf. Tunesischer Zoll– und Polizeiposten.
Taleb Larbi – Algerischer Grenzposten. Langwierige Kontrollen. Alles mitgeführte Obst und Gemüse wird beschlagnahmt und verbrannt (gilt auch für die tunesische Seite, wenn die Strecke in anderer Richtung befahren wird; die

Tunesier achten besonders auf Datteln). Geldwechsel und Fahrzeugversicherung in El Oued. Vorsicht bei der Weiterfahrt: steinewerfende Kinder!
El Oued – S. B 50. (Ende B 50 und B 52.)

C 7: Metlaoui – Tamerza – Chbika – Tozeur (134 km)

Asphaltstraße, sehr malerisch.

Metlaoui – S. C 6. (Zur C 6.)
Redeyef (Km 46) – 600 m. Wichtiges Zentrum der Phosphatgewinnung. Treibstoff.
Km 66, Abzweigung nach rechts zu dem auf einem Felsen thronenden Dorf
Midès. – Wunderbare Oase. Einfacher, schön gelegener Campingplatz ohne jede Sanitäranlagen, Preis Verhandlungssache. In Midès gibt es zwei einfache Läden, Brot jedoch nur, wenn es gerade geliefert wird am Wagen.
Hinter Midès steile Abfahrt und Durchquerung des *oued* (Vorsicht nach Regenfällen).
Km 69, **Tamerza** – Prächtige Bergoase. Schlechtes Wasser. Einige Lebensmittel, jedoch kein Brot.
Unterkunft: Hotel und Restaurant unmittelbar neben dem Wasserfall, Kinder verkaufen Kalk- und Schwerspatkristalle; neu eröffnetes Luxushotel am Hang gegenüber dem alten Tamerza mit atemberaubenden Blick und einem großzügig verglastem, klimatisierten Restaurant in dem sich vorzüglich speisen läßt.
Steinige Piste nach der Gebirgspassage zwischen Tamerza und Chbika.
Km 84, **Chbika** – Oase am Fuß des Berges und am *chott*. Kleines Restaurant.
Sehenswert: Wasserfall in der Schlucht.
Tozeur – S. C 6. (Zur C 6; Ende C 14.)

C 8: Kairouan – Bouhajla – Sfax – Gabès (316 km)

Asphalt.

Kairouan – S. C 5. (Beginn C 8.)
Kairouan auf der P2 verlassen.
Bouhajla – Dorf. Treibstoff.
Weiter die C81 bis zur Kreuzung 33 km hinter Bouhajla, links auf die C96 abbiegen.
Souassi – Dorf. Treibstoff. Auf der C87 weiterfahren.
El Djem – S. C 4
Sfax – 140 000 Einw.
Sehenswert: Olivenhaine, Hafen und die pittoreske Altstadt (beeindruckende Stadtmauern und Tore).
Mahrés – Fischerort 8000 Einw.
Unterkunft: Hotel Tamaris, neu erbautes 3-Sternehotel, sehr geschmackvoll

146 Durch Afrika

eingerichtet mit ausgezeichneter Küche, DZ ca. 52 TD, bewachter Parkplatz.
Sehenswert: Die Skulpturen und Malereien in der Ortsmitte, die anlässlich eines jährlich im August stattfindenden Kunstfestivals geschaffen wurden und das Walfischskelett.
Gabès – 45 000 Einw. (Beginn C 9 und C 12.)
Unterkunft: Campingplatz im *centre des stages* in Nähe des Stadtzentrums, besser bekannt als „Essaigna", schön gelegen in einem ehemaligen Park mit Palmen, doch schlecht unterhaltene sanitäre Anlagen, nur kalte Duschen. Jugendherberge im Stadtteil Jara.
Sehenswert: Oase (300 000 Palmen) und das Zentrum des Kunsthandwerks.

C 9: Gabès – Medenine (– Djerba) – Ben Guerdane – libysche Grenze (180 km)

Asphalt.

Gabès – S. C 8. (Ende C 8; Beginn C 12.)
Metameur – Dorf. Treibstoff. Bäckerei.
Unterkunft: Hotel-Restaurant „Les Ghorfas", angenehm, preiswert, großer Innenhof.
Sehenswert: die *ghorfas* (mehrstöckige Getreidespeicher).
Medenine – 100 m, 12 000 Einw. Lebensmittel, Treibstoff, kleines Hotel.
Sehenswert: die *ghorfas*.
(Beginn C 10.)
Insel Djerba – In Houmt-Souk gute Adresse für Motorradfahrer, die Probleme mit ihrem Fahrzeug haben: Reparaturwerkstatt und Fahrrad-/Motorradverleih von Herrn Moncef Bourguiba („Holiday Bikes"), auf der Touristenroute von Djerba, 13 km außerhalb des Orts zwischen den großen Hotels. Einzelteile und Reifen auf Lager. Sogar Übernachten im Garten möglich! Weiterer Motorradverleih vor dem Hotel „Dar Djerba" bei Herrn M'Hirsi.
Unterkunft: Jugendherberge und Hotels „Marhala Touring Club" (7 TD/Person), „Sindbad" (5 TD/Person) und „Arisha" (6 TD/Person).
Ben Guerdane – Kleiner Ort. Lebensmittel. Treibstoff. Reparaturwerkstatt.
Ras Ajdir – An der Grenze Formalitäten zur Ausreise aus Tunesien und kurz danach zur Einreise nach Libyen. (Beginn D 1.)

Hilfe!
Dieses Buch ist wegen der Fülle von detaillierten Informationen ohne Ihre Mithilfe nicht aktuell zu halten. Bitte senden Sie uns deshalb Korrekturen zu den beschriebenen Routen, Ergänzungen und GPS-Koordinaten bei Pistenfahrten, vor allem bei schwieriger Orientierung!.

Tunesien – Routenteil C 147

C 10: Medenine – Tataouine – Remada – Bordj El Khadra – algerische Grenze (547 km)

(10.92, Trooper) Bis Remada Asphalt, dann Piste, im mittleren Bereich über ca. 150 km unangenehmes Wellblech, im Dünengebiet südl. Tiaret starke Sandverwehungen und einige schwierige Dünenüberquerungen. Genehmigungspflichtig, siehe allg. Teil. Der Grenzübertritt nach Algerien ist nicht möglich.

Medenine – S. C 9. (Zur C 9.)
Km 30, Polizeiposten, Anhalten obligatorisch.
Tataouine – 244 m. Bedeutende Oase. Lebensmittel, Markt montags und donnerstags. Treibstoff. Bank. (Ende C 11 und C 12; Beginn C 11 und C 13.)
Unterkunft: sehr schönes, neu eröffnetes Hotel „Club Sangho", etwas außerhalb, mit sehr nettem Personal, hübschen Zimmern im Bungalowstil und Schwimmbadlandschaft.
Tataouine auf der P19 in Richtung Süden verlassen.
Km 72 ab Tataouine, Militärkontrolle.
Remada – Oase. 3000 Einw. Treibstoff. Restaurant. Kaserne, hier muß die Genehmigung zur Weiterfahrt vorgelegt werden.
Sehenswert: die _ghorfas._ Ausflug nach Dehiba möglich (Asphalt, 50 km): Oase mit 1500 Einwohnern, Restaurant, Kaserne.
Von Remada zum Militärposten bei Km 72 hinter Tataouine zurückfahren und links auf die breite Piste nach Westen abbiegen. Starkes Wellblech.
Erneute Militärkontrolle nach 7 km.
Weiterfahrt bis Bordj Jenein, bei Abzweigungen immer links halten.
Bordj Jenein – Militärposten. Paßkontrolle.
Bir Zar – Militärposten. Paßkontrolle.
Anschließend gute Piste, einige leicht zu umfahrende Sandpassagen.
75 km hinter Bir Zar erneute Militärkontrolle.
Beginn der Durchfahrt des Großen Östlichen Erg auf einer sandigen Piste, die bisweilen nur eine Fahrspur aufweist.
30 km hinter der Militärkontrolle, kleine, verlassene Oase inmitten der Dünen links der Piste. Teich, einige Dattelpalmen und Büsche.
70 km weiter, Bordj El Khadra. Algerische Grenze.
Deb-Deb – Dorf. Lebensmittel. Wasser. Treibstoff. Post. Formalitäten zur Einreise nach Algerien. (Beginn B 61 und B 63; Ende B 57, B 58 und D 11.)

C 11: Tataouine – Ezzara (ehem. Krachaoua) – Ksar Ouled Soltane – Tataouine (62 km)

(03.94, Suzuki DR 600) Asphalt auf den ersten 21 und den letzten 10 km, sonst Piste (A/G). Schwierig für Fahrzeuge mit wenig Bodenfreiheit; diese sollten die Strecke in umgekehrter Richtung fahren. Ezzara ist auf keiner Karte eingezeichnet.

Tataouine – S. C 10. (Zur C 10; Beginn C 13.)
In Ksar Jelidat (Km 8) in Richtung Ezzara fahren.

148 Durch Afrika

Ezzara – Dorf und *ksar.* Zwei Innenhöfe mit drei- und vierstöckigen Speichern. Ab Ezzara steinige und schwierige Piste.

Km 25, Paß. Zisterne etwas oberhalb zur Linken. Nach rechts halten.

Km 26, rechts auf eine Nebenpiste abbiegen, die an einem Berg entlangführt.

Km 33, Dorf. Breitere Piste. Nach einem Gefälle wiederum nach rechts abbiegen und um den Berg herumfahren.

Km 37, steiler und steiniger Anstieg zu einer Ebene mit einem Fernsehsender.

Km 40, **Ksar Ouled Soltane** – Prächtiger Berg-*ksar* mit vier- und fünfstöckigen *ghorfas.* Keine Versorgungsmöglichkeit.

Km 45, **Tamalest** – Dorf.

Man stößt auf eine größere Piste. Nach rechts abbiegen.

Km 52, **Hamadid** – Dorf.

Wieder Asphalt. Ab Hamadid führt die Straße durch ein Tal mit zahlreichen *ksour* (Plural von *ksar*).

Tataouine – S. C 10. (Zur C 10; Beginn C 13.)

C 12: Gabès – Matmata – Toujane – Beni Kheddache – Ksar Haddada – Ghomrassen – Guermessa – Chenini – Douiret – Ksar Ouled Debbab – Tataouine (200 km)

(04.93, Fahrrad) Von Gabès nach Matmata Asphalt. Von Matmata nach Tataouine Piste (A/G); mit Pkw mit hoher Bodenfreiheit möglich, wenn man auf den Hauptpisten bleibt.

Gabès – S. C 8. (Ende C 8; Beginn C 9.)

Matmata – Alt-Matmata und Neu-Matmata. Treibstoff nur in letzterem Dorf. Lebensmittel. (Beginn C 14.)

Unterkunft: Hotels in den Höhlenwohnungen (ca. 10 TD/Person mit Halbpension). Campingmöglichkeit, außerdem ein neu eröffnetes Hotel mit ausnehmend unfreundlicher Bedienung.

Sehenswert: die Höhlenwohnungen, in den Boden gegrabenen Schächten, von denen aus mehrere, reich verzierte Räume abgehen.

Téchine – Höhlendorf. Keine Versorgungsmöglichkeit. Freundliche Bewohner.

Sehenswert: sehr gut erhaltene Häuser; unterirdische, mit Kamelen angetriebene Ölmühlen; malerische Landschaft.

Ab Téchine steinige Piste, für Fahrzeuge mit geringer Bodenfreiheit schwierig.

Km 23 ab Matmata, **Toujane** – Romantisches Steindorf, hervorragende Wasserqualität an der Quelle am Dorfeingang.

In der Umgebung: Bergpiste bis zur Verzweigung von Ain Tounine (7 km). Dort links auf schlechter Piste nach **Beni Zeltene** (8 km) abbiegen, sehr malerisches Höhlendorf.

Sehenswert: unterirdische Ölmühlen.

Nach Toujane zurück auf dem gleichen Weg.

Von Toujane bis Km 30 steinige Piste. Am Bergfuß um 45° nach rechts in Richtung eines Passes zwischen zwei niedrigen *djabal* (Plural von *djebel*) abbiegen, dann nach S fahren. So kann ein 60 km langer Umweg über Medenine vermieden werden. (Zur C9.)

Km 44, man erreicht die Piste C114 aus Medenine.

Km 52, **Ksar el Hallouf** – Hochgelegenes *ksar, ghorfas*. Keine Versorgungsmöglichkeit. Steinige Piste und Asphalt (1 km) bis

Km 63, **Beni Kheddache** – 512 m. Treibstoff. Lebensmittel. Altes Höhlendorf mit *ghorfa*-Ruinen. Markt montags und donnerstags.

Nach Medenine (36 km) führt eine Asphaltstraße.

Ab Beni Kheddache, Piste in ähnlichem Zustand.

Km 73, Piste links nach Medenine, hinter Ksar Kerachfa nicht mehr befahrbar.

Km 79, Paßfahrt, schwierig für Fahrzeuge mit geringer Bodenfreiheit (einfacher in umgekehrter Richtung).

Km 87, **Ksar Haddada** – *Ksar* und *ghorfas*, zu einem Hotel umgebaut, Besichtigung möglich.

Dann 5 km Asphalt bis **Ghomrassen** – 337 m. Höhlendorf. Treibstoff. Teerstraße nach Tataouine (24 km).

Km 100, **Guermessea** – Höhlendorf. Keine Versorgungsmöglichkeiten. Besser zu Fuß zum alten *ksar* auf dem Bergkamm gehen, die Piste dorthin macht einen 10 km langen Umweg.

Piste nach Tataouine über 5 km, dann nach rechts abbiegen. Nach weiteren 5 km stößt man auf die Piste Chenini – Tataouine.

Km 115, **Chenini** – Berg-*ksar* und unterirdische Moschee, beeindruckend, aber auch sehr touristisch.

Sehenswert: die ca. 90 km entfernte Oase **Ksar Rhilane** (s. C 13).

Dann zu Beginn äußerst mühsame aber lohnende Piste (Durchquerung von zwei kleinen Palmenhainen, in denen Übernachten möglich ist).

Km 129, Kreuzung mit Wegweiser Chenini/Ksar Rhilane/Douiret. Links abbiegen.

Km 135, **Douiret** – Berberdorf, etwas weniger besucht als Chenini. Von hier an sehr gute Piste.

Km 148, **Ksar Ouled Debbab** – Schöner, langgestreckter *ksar* auf einem Hügel, in ein Hotel umgebaut. Von hier an Asphalt.

Tataouine – S. C 10. (Zur C 10; Ende C 11; Beginn c 11 und C 13.)

C 13: Tataouine – Douiret – Ksar Rhilane – Bir Soltane – Amor – Bir Ghézene – Bir Roumi – Douz (207 km)

(01.94, Yamaha XT 600) Piste (A/G) bis Ksar Rhilane; danach (A).

Tataouine – S. C 10. (Zur C 10; Ende C 11 und C 12; Beginn C 11.)

Sie folgen der C 12 auf 28 km in umgekehrter Richtung bis zur Kreuzung mit dem Wegweiser Chenini/Ksar Rhilane/Douiret. Dort links abbiegen.

Km 33, die Piste gabelt sich. Die beiden Fahrspuren führen bei Km 41 wieder zusammen.

150 Durch Afrika

Km 50, markierte Kreuzung, links abbiegen.

Km 83, man kreuzt eine breite an der Pipe-line entlangführende Piste.

Ksar Rhilane – Oase. Keine Versorgungsmöglichkeit.

Unterkunft: mehrere Camp-Hotels, Warmwasserquelle in der Nähe mit Bademöglichkeit in ausgehobenem Becken (ca. 36°), saubere Sanitäranlagen. Quellcamp 3 TD p.P.

Sehenswert: Palmenhaine, Dünenfelder, *ksar*-Ruine 3 km zu Fuß Richtung W durch die Dünen (auch mit Geländewagen befahrbar). Abends fallen die Badetouristen von der Küste auf organisierten Zwei-Tages-Touren in die Camps ein. Angeblich kann man auf einer nur noch bruchstückhaft erkennbaren Piste direkt nach Douz fahren – nicht ohne Führer (s. auch C 17).

Km 110, man stößt auf die gut befahrbare Piste zu den Ölfeldern.

Km 120, links Verzweigung nach Bir Soltane (8 km), Brunnen (gutes Wasser).

Km 139, Piste zu den Ölfeldern links in Richtung Douz verlassen.

Km 153,**Amor** – Brunnen, der hauptsächlich von Nomaden genutzt wird. Dann einige Sandpassagen.

Km 157, man erreicht die Piste nach Matmata. Links abbiegen.

Km 167, Sandpassagen.

Km 170, **Bir Ghézene** – Oase.

Km 182,**Bir Roumi** – Oase..

Douz – Bedeutende Oase. Lebensmittel, Treibstoff, Bank.

(Zur C 14; Beginn C 15.)

Unterkunft: ausgebauter, vorzüglicher Campingplatz (3 TD/Person, Wohnmobil 4 TD, Motorrad 2 TD, Fahrrad 1 TD, Auto 3 TD, warme Duschen). Das Hotel „Bel Habib" hinter dem Gemüsemarkt ist leise und sauber, der Besitzer Ahmed spricht deutsch (4 TD/Person).

In der Umgebung: ein- oder mehrtägige Ausflüge auf *meharis* möglich. Ausflug nach Novail (18 km).

Sehenswert: Viehmarkt freitags; Winterfest, *fantasia* mit riesigen Kamelherden.

C 14: Matmata – Tamezret – Douz – Tozeur (208 km)

(04.93, Fahrrad) Asphalt bis Tamezret, dann steinige Piste bis Douz. Asphalt von Douz nach Tozeur. Von Matmata nach Kebili gibt es auch noch eine andere Piste (A) (98 km) als die unten genannte: bei Km 43 die Hauptpiste verlassen und rechts einbiegen; 5 km weiter erreicht man die Piste El Hamma – Kebili; nach links abbiegen; weiter über Bir Agareb und Bazma. Die Sandpassagen sind auch mit Pkw zu bewältigen.

Matmata – S. C 12.

Von Matmata nach Douz (100 km) beeindruckende Landschaft. Die auf der Michelin-Karte angegebene Strecke 172 ist ungenau oder nicht vorhanden.

An der großen Kreuzung in Matmata geradeaus nach Südwesten fahren. Ca. 200 m weiter, links der Piste ein Café, geschlossen. Ca. 8 km weiter Wasserreservoir.

Von hier an Sandpassagen, Durchqueren einiger *oueds*, hohe Bodenfreiheit unerläßlich.

Km 50, man erreicht eine Piste, die von Süden her nach Douz führt (Schild „Douz 50 km"). Café an der Kreuzung. Von hier an gute, aber steinige und gebirgige Piste mit Sandpassagen und leichtem Wellblech.

Nach 20 km Café „Sahara Centre" mit freundlichem Besitzer, der Informationen über den Zustand der Piste gibt. In der Nähe zahlreiche Zelte von Halbnomaden.

Douz – S. C 13. (Ende C 13; Beginn C 15.)

Kebili – Dorf. Lebensmittel. Treibstoff. Bank.

Unterkunft: Hotel „Ben Saïd", sehr sauber (5 TD/Person), Hotel „Oasis", luxuriös mit Klimaanlage und Schwimmbad (35 TD/Person). (Ende C 15; Beginn C 16.)

Asphalt bis Bechri und wieder nach Überquerung des Damms über den Chott El Djerid.

Degache – 7 000 Einw. Dorf. Lebensmittel. Treibstoff. 2 Banken. Post. Öffentliches Schwimmbad, sanitäre Anlagen makellos (ca. 0,5 TD pro Person). Ausflugsmöglichkeiten. Auf keinen Fall auf dem Campingplatz 15 km vor Tozeur übernachten, große Diebstahlgefahr!

Tozeur – S. C 6. (Zur C 6; Ende C 7.)

C 15: Douz – Sabria – El Faouar –Blidet – Kebili (85 km)

(04.93, Fahrrad) Asphalt, Pistenpassagen nur zwischen El Faouar und Kebili.

Douz – S. C 13. (Ende C 13; Zur C 14.)

Bei der Ausfahrt biegt die Straße im rechten Winkel nach links ab und verläuft danach entlang der Palmengärten. Am Oasenende stehen oft einheimische Anhalter.

Kurz vor der Verzweigung von Nouail (Km 12, Schild) fährt man durch **Zaafrane** – Oase. Hotel und Campingplatz.

Sehenswert: Blick von den Dünen hinunter auf das alte Dorf im Sand, traumhafte Sonnenuntergänge.

Es Sabria – Wunderschönes Dorf seßhaft gewordener Nomaden.

El Faouar – Oase. Bewässerung durch artesische Brunnen (von Belgiern finanziert), großer Palmenhain.

Unterkunft: Hotel „El Faouar" mit Schwimmbad auf dem Dach.

Anscheinend kann man auf einer Piste über den Chott El Jerid nach Nefta (zur C 6) gelangen, bei dieser Strecke wird ein Führer empfohlen! Nicht die direkte Piste nach Blidet über Touiba (verlassene Piste C210) nehmen, sondern auf der Asphaltstraße durch den Ort. 13 km Asphalt, dann glatte, harte Piste bis Blidet mit einer 1,5 km langen, unproblematischen Dünenumfahrung.

Nouail – Nomadenlager. Restaurant am Rande des Palmenhains.

Blidet – Kleine Oase.

Verschiedenes: Herstellung von *legmi*, einer Art Palmenwein, der sofort nach der Gewinnung getrunken werden muß, da er sonst vergärt. Der Stamm der Dattelpalmen wird zur Gewinnung auf ca. 1 m Höhe angeschnitten. Unter dem

152 Durch Afrika

Schnitt wird ein Behälter befestigt, um den Saft aufzufangen.
Kebili – S. C 14. (Zur C 14; Beginn C 16.)

C 16: Kebili – Gafsa (110 km)

Asphalt.

Kebili – S. C 14. (Zur C 14; Ende C 15.)
Kebili auf der Asphaltstraße nach Gabès verlassen.
Km 6, links abbiegen. Leicht befahrbare Piste über den Chott El Fejaj (nach Regenfällen ist Vorsicht geboten, die Piste wird zur Rutschbahn).
Km 30, Bou Abdallah.
Dann schöne, leicht befahrbare Bergpiste, anschließend Überquerung einer Ebene.
Km 73, man erreicht die Asphaltstraße Gabès – Gafsa. Nach links abbiegen.
Gafsa – S. C 5. (Ende C 5; Beginn C 6.)

C 17: Douz – Matmata – Borj Bourgiba – Remada (270 km)

(01.94, Minibus 4WD) Piste.

Km 0, **Douz** – S. C 13. (Beginn C 15.)
Gute Piste mit einigen leichten Sandpassagen.
Km 50, Kreuzung mit der Piste nach Matmata, die Piste zieht sich nun Richtung Südosten und wird steinig und schlechter.
Km 75, die Piste vereinigt sich mit der guten und breiten, die sich an der Pipeline entlangzieht.
Km 110, Abzweig nach **Ksar Rhilane**, man fährt weiter an der Pipeline entlang.
Km 173, **Kamour** – Kontrollposten. Pässe und Genehmigung für die Fahrt in den Süden werden gesichtet.
Die steinige Piste wendet sich nach Südosten und erreicht bei
Km 227 **Borj Bourgiba** – Militärischer Standort. Die Papiere werden wieder kontrolliert.
Die Piste wendet sich nach Nordosten, passiert einen Abzweig in den Süden und zur algerischen Grenze.
Km 257, Abzweig einer weiteren Piste aus S, Kontrollposten. Ab hier Asphalt bis
Remada – S. C 10. (zur C 10.)

Tunesien – Routenteil C 153

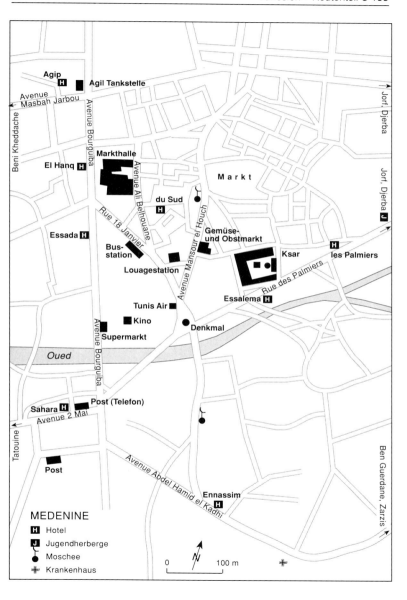

154 Durch Afrika

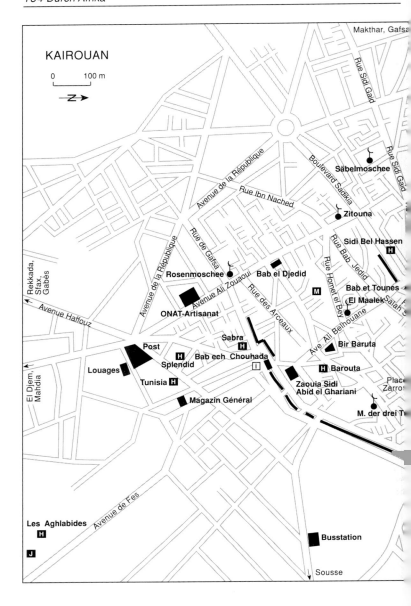

Tunesien – Routenteil C 155

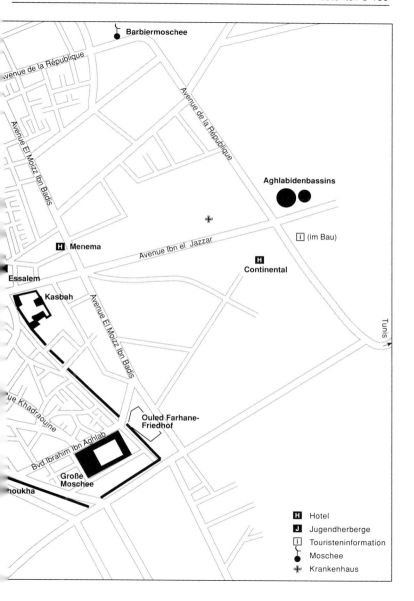

156 Durch Afrika

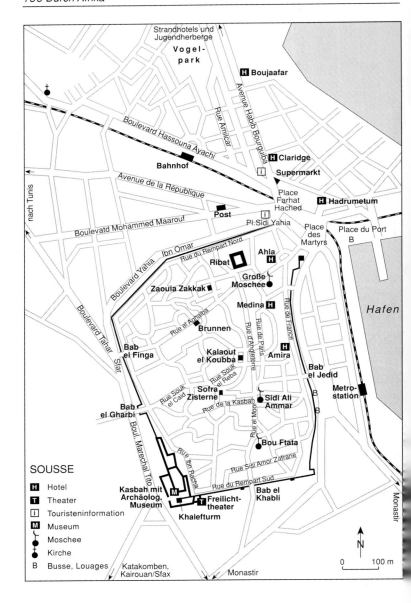

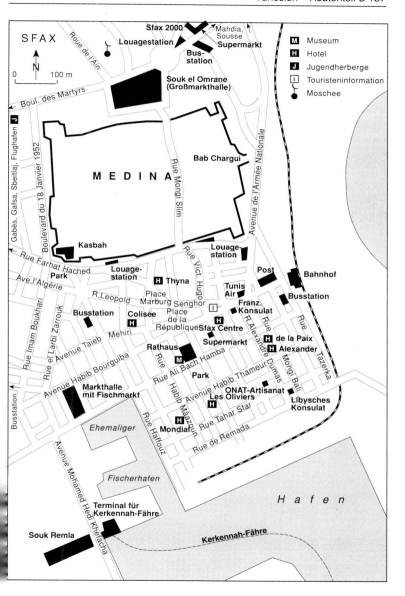

158 Durch Afrika

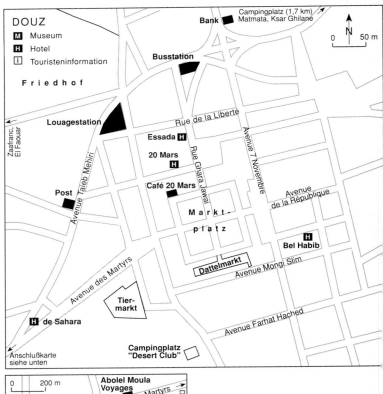

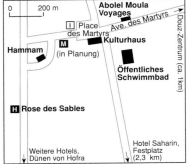

Tunesien – Routenteil C 159

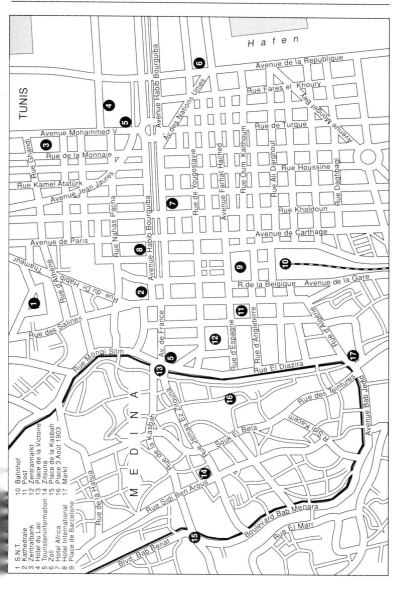

160 Durch Afrika

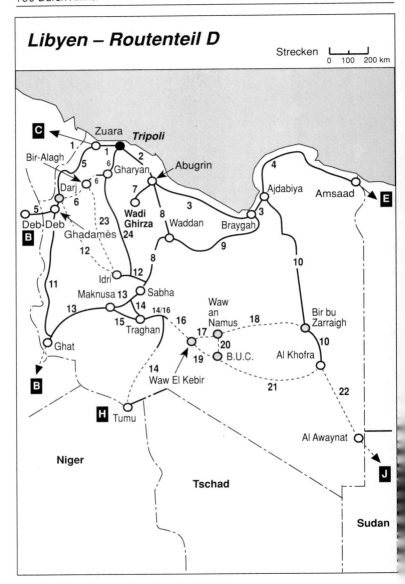

Libyen – Routenteil D

Überblick

Fläche: 1 775 500 km².

Einwohner: 4 867 000 Einwohner.

Ethnien: Araber, Berber, Schwarzafrikaner (als Gastarbeiter und Nachkommen ehem. Sklaven).

Hauptstadt: Tripolis (Tarabulus), 989 000 Einwohner.

Sprachen: Arabisch (Amtssprache), Berbersprachen, Handelssprachen teilweise Englisch und Italienisch.

Religion: Islam.

Ruhetag: Freitag.

Feiertage: 7.1., 2.3., 8.3., 28.3., 11.6., 23.7., 1.9., 7.1.; außerdem zahlreiche mit dem islamischen Jahr wechselnde islamische Feiertage.

Einreise: Visumpflicht für Deutsche, Österreicher und Schweizer. Antragsformulare müssen mit einem freigemachten A4-Kouvert angefordert werden. Alle eingereichten Dokumente müssen ins Arabische übersetzt sein (die deutschen Paßbehörden versehen den Paß mit einem Stempel, der die Angaben in arabischer Sprache enthält). Ein vereidigter Übersetzer (Adressen sind über die Botschaft erhältlich) setzt die persönlichen Daten in arabischer Schrift ein (dies muß in Deutschland erledigt werden, alle anderen Papiere, die allerdings 1994 nicht in Übersetzung notwendig waren, werden billiger in Kairo übersetzt). Das Visum ist einen Monat gültig und beim Volksbüro in Bonn erhältlich (2 Wochen), oder auch in Kairo (2 Tage). Die Einreise muß bis spätestens 1 Monat nach Visumserteilung erfolgen, u. U. werden Ausnahmen durch die Einreisebehörde zugelassen. Im Sommer 1994 wurden Visa nur sporadisch erteilt (angeblich gab es Visa nur für über Agentur gebuchte Reisen), dies lag aber wohl eher an der internen Kompetenzverteilung im Volksbüro/Bonn. Eine Garantie, ein Visum zu bekommen bzw. mit Visum auch eingelassen zu werden, gibt es nicht, dies hängt erheblich von der aktuellen politischen „Großwetterlage" ab. Grundsätzlich ist eine gewisse Öffnung gegenüber dem Tourismus zu beobachten. Erkundigen Sie sich rechtzeitig vor Festlegung der Route oder Fährbuchung bei den Botschaften, ob es möglich ist, ein Visum zu erhalten! In den letzten Jahren wurden wohl Österreichern und Schweizern problemloser Visa

162 Durch Afrika

erteilt als Deutschen. Nach Ankunft im Land innerhalb von sieben Tagen beim *immigration office* melden (Gebühr: Schreiber 1 LD, Behördenmarke 5 LD/Person) und mehrere Formulare ausfüllen. Hält man sich nicht daran, wird die Ausreise problematisch. In Ghadames übernimmt die Meldung das Touristenbüro (Fotos notwendig, auch für führerpflichtige Strecken).

Post und Telefon: Telefonieren ist nur mit Paß und viel Geduld möglich.

Impfung/Gesundheit: Gelbfieberimpfung nur bei Einreise aus einem Infektionsgebiet; Malariaschutz nur in den südlichen Oasen empfohlen.

Währung: Libyscher Dinar = 1000 Dirham. 1 LD = 4,50 DM. 1 DM = 0,22 LD. 1 US $ = 0,300 LD. Wechselkurs schwarz: 100 US$ = 260–300 LD. Es besteht kein Pflichtumtausch, auch wenn immer wieder Gerüchte umgehen, es müßte getauscht werden. Anfang 1995 wurden Touristen an der Grenze gedrängt zu tauschen, dies wird aber mit dem notwendigen Kauf der libyschen Nummernschilder und dem Abschluß der notwendigen Versicherung begründet.

Kfz: Internationaler Führerschein und Zulassung (eine autorisierte Übersetzung soll nicht mehr zwingend sein). Die Grüne Versicherungskarte wird nicht anerkannt, im Land muß eine Haftpflichtversicherung abgeschlossen werden (4 Wochen 12US$, 60 Tage 22 US$, zahlbar in Dollar, DM, Franc, Lire, etc.). Bei der Einreise werden gegen Kaution (60 LD, von denen bei bei der Ausreise am gleichen Grenzübergang 50 LD rückerstattet werden) libysche Nummernschilder montiert. An der libyschen Grenze wird ein libysches *carnet de passage* ausgestellt (30 LD).

Treibstoffpreise: Diesel 0,110 LD/Superbenzin O,140 LD.

Lebensmittelpreise: Sack Orangen 2 LD, Brot 0,025 LD, ½ kg Zitronen 0,5 LD, Huhn 4,75 LD, 1 Flasche Wasser 1 LD, Obst 3–5 LD/kg, 1 Dose Thunfisch, alkoholfreies Bier (im Restaurant in Ghat) 2,50 LD, Pepsi-Cola 1,50 LD, Pepsi-Cola/Limonade im Supermarkt 1,25 LD.

Straßenzustand: Im Norden und auf den wichtigsten Verbindungsachsen in den Süden gute Asphaltstraßen. Beschilderung nur in arabisch. Die Pisten sind teils schlecht markiert, es sind aber (im Gebiet Waw an-Namus beispielsweise) Ausbesserungsarbeiten im Gange.

Kontrollen: Es existieren sehr widersprüchliche Aussagen, von hochgradig schikanös bis äußerst selten und freundlich.
Ende 1994 wurden an der tunesisch-libyschen Grenze nicht einmal die Fahrzeuge kontrolliert. Wenn Straßenkontrollen stattfinden (vor und nach großen Städten, vor allem im Bereich Sebha), unbedingt anhalten, sonst wird man zurückgeholt. Personalien werden in der Regel aufgenommen. Im Süden Vor-

Routenteil D – Libyen 163

sicht bei Annäherung an militärisch aussehende Fahrzeuge. Die Abstecher ins
Wadi Mathendous und in den Akakus-Nationalpark sowie die Strecke Gha-
dames – Ghat sind allerdings nur mit Genehmigung und Führer, (50–80 US $/
Tag) möglich. Diese erhält man über die Reiseagenturen in Ghat bzw. beim
Touristenbüro in Ghadames oder bei der „Libyan Travel and Tourism Co.".
Häufig an der Küste und bei möglicherweise militärisch wichtigen infrastruktu-
rellen Einrichtungen ist Vorsicht beim Fotografieren geboten.

Sicherheit: 1994 wurden bei Überfällen nahe Sirte und bei Sebha insgesamt
drei deutsche Touristen getötet, wobei bei beiden Überfallen das Motiv der
Täter nicht eindeutig klar war, auch wenn die Behörden von Raubüberfällen
sprechen. Daraus zu schließen, daß Libyen generell gefährlich sei, kann man
nicht; sowohl die Strandgebiete an der Großen Sirte als auch die Region
Sebha gelten als sehr gefährlich, vom freien Campen wird im Umkreis dieser
Gebiete als auch im Bereich von Militäranlagen und ca. bis 40 km nach der
tunesischen Grenze dringend abgeraten.

Grenzen: Die Grenzübergänge nach Tunesien (Ras Ajdir/Ben Gardane) und
Ägypten (Soloum/Musaad) sind zur Zeit geöffnet.
Die Übergänge nach Algerien, Niger und Sudan sind theoretisch offen, seit
Jahren aber nur für Staatsangehörige arabischer Länder passierbar. Anderen
Nationalitäten wird die Einreise verwehrt.
Die Grenze zum Tschad ist seit Ende 1994 theoretisch auch offen (Libyen hat
dem Schiedsspruch des Internationalen Gerichtshofes zugestimmt und aner-
kannt, daß der umstrittene Aouzou-Streifen dem Tschad zugesprochen wurde),
praktisch aber wegen Verminung der Strecken nicht passierbar, außer man
findet einen sehr erfahrenen Führer.

Zeitverschiebung: MEZ - 1 Std.

Stromspannung: 220 V.

Literatur und Landkarten:
Reiseführer: Einen kulturellen Überblick bietet Mais „Weltführer Nordafrika";
praktische Reiseinformationen insbesondere für Nordlibyen in „Libyen" von
David Steinke (Conrad Stein Verlag, 1993) mit hilfreicher Beschreibung der
Einreiseformalitäten. Voraussichtlich im November 1995 erscheint „Reise Know-
How Libyen" von Gerhard Göttler im Därr Reisebuchverlag mit detaillierten
Routenbeschreibungen und GPS-Koordinaten.
Karten: Übersichtskarte 953 von Michelin, 1:4 000 000, und Oxford Map of
Libya, 1:3 500 000.
Detailkarten: Die Kartenschnitte der TPC-Pilotenkarte, 1:500 000, mit guter
Geländedarstellung, besser die russischen 1:500 000 Karten und für die Strek-
ke Ghadames – Ghat die IGN-Karten von Algerien 1:1 Mio.Hassi-Messaoud
und Djanet (besser noch 1:500 000).

164 Durch Afrika

Geschichte: Zu den frühesten menschlichen Zeugnissen in Libyen gehören Felsgravuren, Steinwerkzeuge und Gräber, die aus dem 10. Jahrtausend vor Christus stammen und, wie im benachbarten Algerien, in den innersaharischen Gebirgsregionen entdeckt wurden. Um 1400 v. Chr. scheinen die mit Streitwagen und Pferden ausgerüsteten Garamanten von Osten her in das Gebiet eingedrungen zu sein. Um 1000 v. Chr. entstanden die ersten phönizischen Handelsniederlassungen an der Küste, ihnen folgten Römer (im Westen) und Griechen aus Santorin (in der Cyrenaika), die die Küstenregion kolonisierten. Erst im letzten vorchristlichen Jahrhundert wurden auch erste römische Stützpunkte im Fezzan errichtet, von denen aus angeblich eine erste römische Expedition die Sahara durchquerte. Mit dem Einbruch der Vandalen war die relative Friedenszeit beendet. Bis zur Ankunft der arabisch-islamischen Eroberungsheere Mitte des 7. Jh. fiel die Mittelmeerregion abwechselnd an Byzantiner und Vandalen und wurde zusätzlich von Angriffen libyscher Stämme erschüttert. Auch nach der arabischen Invasion und der damit verbundenen Islamisierung kehrte nur kurzer Friede ein. Die Küstenorte wurden Sitz verschiedener Piraten und fielen schließlich im 16. Jahrhundert an das Osmanische Reich, das die Oberhohheit über Libyen bis 1911 behielt. Eine wichtige Rolle kommt den libyschen Saharatransversalen im Handel mit den Ländern Schwarzafrikas zu. Oasen wie Ghadames und Ghat waren blühende Handelsknotenpunkte und Karawanenzentren. Auch viele Forschungsreisende nahmen ihren Weg durch den Fezzan (Barth, Nachtigal). Dabei entdeckten sie die Felsbilder, deren tatsächlicher historischer Wert damals nur erahnt wurde (z.B. Heinrich Barth 1850 im Wadi Mathendous). Im 20. Jahrhundert war Libyen Schauplatz der Auseinandersetzungen zwischen den europäischen Mächten. Die Italiener vertrieben die türkischen Besatzer aus Tripolitanien und der Cyrenaika und verwickelten sich in einen zermürbenden Kleinkrieg mit der Senussya, einer muslimischen Bruderschaft, die das Landesinnere weitgehend beherrschte. Im Zweiten Weltkrieg geriet Libyen durch den Afrika-Feldzug unter Rommel in den Blickpunkt der Weltöffentlichkeit. Deutsche und Italiener wurden schließlich von den Briten nach Westen, auf tunesisches Gebiet, zurückgedrängt. Tripolitanien und Cyrenaika waren von den Briten besetzt; im Fezzan saßen die Franzosen. Dennoch konnte Libyen 1951 die Unabhängigkeit erringen. Herrscher im neuen Königreich Libyen wurde der Führer der Senussiya, König Idris I., der jedoch kaum Interesse für die wirtschaftliche und soziale Entwicklung zeigte. 1969 putschte eine Gruppe junger Offiziere unter Ghaddafi.

Politik: Mit den Einnahmen aus den neu erschlossenen Ölvorkommen begann Ghaddafi, die Infrastruktur im Land zu verbessern: medizinische Versorgung und Schulwesen wurden ausgebaut, Straßen angelegt und Tausende von Wohnungen aus dem Boden gestampft. Mit der Agrarreform und der Vervielfachung der agrarischen Nutzfläche, unter anderem durch Bewässerungsprojekte in Wüstengebieten, konnte Ghaddafi einen wichtigen Erfolg in Punkto Selbstversorgung mit Lebensmitteln verbuchen. Die Innenpolitik des Landes folgt den von Ghaddafi im Grünen Buch formulierten Grundsätzen, eine Verbindung sozialistischer und islamischer Lehren mit dem persönlichen und oft recht eigenwillig wirkenden Gedankengut des Staatschefs. Die Volksrepublik wird von einem General-Volkskomitee regiert, dessen Vorsitzender der Regierungschef ist (seit 1994 Abdel Majid al-Kaud). Staatsoberhaupt ist Ghaddafi. Die schillernde Rolle, die Ghaddafi in der Außenpolitik, vor allem in der Nahost-Politik spielt, braucht nicht näher erläutert zu werden. Die Sprunghaftigkeit Ghaddafis wird insbesondere von den libyschen Nachbarstaaten als Bedrohung empfunden. Ghaddafi hat auch wiederholt in Konflikte in Nachbarländern eingegriffen (Tschad beispielsweise) und Rebellengruppen unterstützt. Der im Augenblick eskalierende Aufstand unter den Tuareg soll ebenfalls von ihm mitfinanziert sein. Im Frühjahr 1994 wies der Internationale Gerichtshof Libyens territorialen Anspruch auf den rohstoffreichen Aouzou-Streifen zurück. Unter Aufsicht einer UN-Mission werden die libyschen Truppen aus dem besetzten Territorium des Tschad abgezogen. Allerdings hat sich inzwischen eine Befreiungsfront für den Aouzou formiert und ihre Ansprüche angemeldet (wer die wohl finanziert?).

Routeninformationen

D 1: Tunesische Grenze – Ras Ajdir – Zuara – Tripolis (170 km)

(12.94, Mercedes G) Asphalt. Zwischen Zuara und Tripolis stellenweise vierspurige Straße.

Grenze – Abgabe der grünen Karte (zum Visum gehörig), Einreisestempelung des Passes und Kauf des Nummernschildes in einer großen Blechhalle links – dort gibt es auch eine Bank, Abschluß der Versicherung in einem Container ca. 200 m weiter rechts in einem Containerhäuschen,
Ras Ajdir – Erstes libysches Dorf nach der Grenze. Treibstoff. Hotel. Telefon.
Bukamsh – Dorf.
Zuara – (N 32° 92,69, E 12°06,09) Stadt. Gute Infrastruktur. Viele Geschäfte und Restaurants. (Beginn D 5.)
Sabrata – Städtchen. Lebensmittel. Treibstoff.
Unterkunft: Hotel und Jugendherberge (sehr empfehlenswert, Mitglieder 1,5 LD, andere 3 LD).
Sehenswert: gut erhaltene römische, punische und byzantinische Ruinen (und Museum) von Sabrata (Amphitheater; Museum: Eintritt, 0,25 LD) und Mosaike. Abzweig vor einem Restaurant und einer Moschee links (Position W 32°48′07′′, E 12°29′06′′) entlang einer Platanenallee bis zu den Ruinen.
Tripolis – 1 Mio. Einw., Hauptstadt der libyschen Jamahiriya. Hafen. Gute Infrastruktur. Innerlibysche Flüge bei „Libyan Arab Airlines" (Tripoli – Sebha 17,5 LD, Ghat – Sebha 12,5 LD). (Beginn D 2 u. D 6.)
Bereits um 1000 v. Chr. von Phöniziern gegründet und um 100 v. Chr. von

166 Durch Afrika

Römern besetzt, geriet Tripolis (lat. Oea) in den darauffolgenden Jahrhunderten unter die Herrschaft der Vandalen, Araber, der Normannen und schließlich türkischer Piraten. Die türkische Oberhoheit hielt sich bis 1912, als die Italiener Tripolis besetzten. Tripolis war im 19.Jahrhundert ein wichtiger Handelshafen und Ausgangspunkt der Forschungsreisen in das Innere Afrikas.
Unterkunft: „Funduq el-Bahr el-Mutawasset" in der Omar el-Mukthar-Straße, sauber mit gutem Restaurant (11 LD/DZ mit Dusche, Abendessen 5 LD). Vier-Sterne-Hotel „Bab el Bahar", Bab el Jedid-Str. , (direkt am Meer, neben mehreren modernen Hochhäusern rechts von der Altstadt, nahe beim Busbahnhof, mit bewachtem Parkplatz, 55 LD, gelegentlich wird in großen Hotels eine Wechselbestätigung verlangt, vorher erkundigen, ob eine Bezahlung in LD möglich ist). Jugendherberge im Zentrum und eine neu eröffnete Richtung Westen außerhalb der Stadt.
Sehenswert: das Kastell mit historischem Museum, die Altstadt (*souks* und Moscheen), ein hübsches Museum in traditionellem Haus in der Sharia el Turq in der Altstadt, die „Djama en-Naga"-Moschee, der Triumphbogen des Marc Aurel; wenden Sie sich an Herrn Sharia Adrain Pelt im Fremdenverkehrsamt. Die „Libyan Travel and Tourism Co." bietet verschiedene Ausflüge in die Umgebung an.

D 2: Tripolis – Labdah – Zliten – Misratah – Abugrin (335 km)

Asphalt. Oft vierspurige, nachts beleuchtete Straße.

Tripolis – S. D 1. (Ende D 1; Beginn D 6.)
Abzweigung nach Leptis Magna (Tafel mit aufgezeichneter Ruine).
Labdah (früher Leptis Magna) – Ehemalige phönizische, dann römische Kolonie. Eindrucksvolle Ruinen, die früher völlig vom Sand bedeckt waren und daher noch erstaunlich gut erhalten sind. Parkplatz.
Sehenswert: das Museum, verschiedene Triumphbögen, der Marktplatz, das Theater und die Reste des ehemaligen Hafens.
Zliten – Oase. Typisch arabische Siedlung mit der Moschee „Sidi Abdel Salam" (100 Kuppeln). Lebensmittel. Treibstoff.
Unterkunft: Hotel „Gazelle".
Während der ganzen Fahrt auf der Hauptstraße wechseln zahlreiche Betondörfer mit Wüstengebieten ab.
Misratah – Moderne Stadt, deren Bauweise der traditionellen arabischen Architektur nachempfunden ist, Geburtsort Ghaddafis. Der alte arabische Stadtteil liegt östlich; in der Oase noch Überreste mehrerer *ksour*; etwa 10 km entfernt befindet sich der Badeort Misratah Marina. Lebensmittel. Treibstoff. Hotel „Misratah".
Abugrin – Dorf. Lebensmittel. Treibstoff (Super nicht immer erhältlich). Kleine Ersatzteilhandlung; preiswerte Reifen. (Beginn D 3, D 7 und D 8.)

Routenteil D – Libyen 167

D 3: Abugrin – Sirte – As Sidrah – Ajdabiya (546 km)

Asphalt.

Abugrin – S. D 2. (Ende D 2; Beginn D 7 und D 8.)
Sirte – Städtchen. Lebensmittel. Treibstoff. Hotel im traditionellen Baustil.
As Sidrah – Wichtigster libyscher Erdölhafen. Treibstoff (nicht immer erhält-lich).
Km 29 hinter As Sidrah, ein Marmorbogen markiert die Grenze zwischen den historischen Landesteilen Tripolitanien (zu Karthago gehörend) und Cyrenaika (griechisch).
Braygah – Dorf. (Zur D 9.)
Ajdabiya – Stadt. 35 000 Einw. Lebensmittel. Treibstoff. Wiederum typisches Hotel. Ausflugsmöglichkeit zum Strand nach Cas Turca.
(Beginn D 4 und D 10.)

D 4: Ajdabiya – Bingazi – Al-Marj – Al-Bayda – Darnah – Tubruk – Amsaad – ägyptische Grenze (790 km)

Tadelloser Asphalt. Starker Lastwagenverkehr. Vor der Weiterfahrt nach Ägypten sollte man sich erkundigen, ob die Grenze tatsächlich geöffnet ist.

Ajdabiya – S. D 3. (Ende D 3; Beginn D 10.)
Von Ajdabiya nach Tubruk gibt es zwei Routen: die längere, unten beschriebe-ne Küstenstraße und die viel kürzere Strecke über Bir Ben Ghimah (400 km), eine Asphaltstraße, die von indischen oder koreanischen Arbeitern fertigge-stellt wird. Es gibt weder Wasser noch andere Versorgungsmöglichkeiten; kein einziges Dorf liegt an dieser Strecke; Bir Ben Ghimah ist nur der Name der Kreuzung, wo die Straße auf eine Piste trifft.
Bingazi – Großstadt. 650 000 Einw. Gute Infrastruktur. Bedeutender Hafen, der 446 v. Chr. von einem Bruder des Königs von Kyrene gegründet wurde.
Al-Marj (ehem. Barca) – Städtchen. Treibstoff.
In der Umgebung: Ptolemais, in 29 km Entfernung an der Küste beim Dorf Toulmeitha, war früher der Hafen von Barca und wurde im 6. Jahrhundert v. Chr. gegründet. Ptolemäus, der König von Ägypten, verlieh ihm das Stadt-recht. Ptolemais wurde zuerst von den Griechen, dann von den Römern und Byzantinern besetzt, schließlich von den Arabern eingenommen und ab 1050 existierte es überhaupt nicht mehr.
Sehenswert: ein griechisches Theater, römische Villen mit kunstvollen Mosai-ken, zwei römische Theater und ein Amphitheater, ein kleiner byzantinischer Palast.
Ab Al-Marj führt die Straße durch eine herrliche Landschaft über den Djebel Akhdar, den „grünen Berg". An der Straße wird gutes Obst und Gemüse ver-kauft.

168 Durch Afrika

Al-Bayda – Moderne Stadt. Gute Infrastruktur.
12 km hinter Al-Bayda zweigt links eine Straße zum 2 km entfernten Shahat (ehem. Kyrene).
Shahat (Kyrene) – Die Stadt wurde 631 v. Chr. von Griechen aus Santorin gegründet. 200 Jahre später war sie die zweitgrößte Stadt des griechischen Reiches. 115/116 n. Chr. wurde sie bei einem Aufstand der hiesigen jüdischen Gemeinde in Schutt und Asche gelegt und im 3. Jahrhundert durch ein Erdbeben endgültig zerstört.
Sehenswert: Zeustempel, Apollotempel, Theater und andere gut erhaltene griechische und römische Bauwerke.
Von Shahat nach Darnah gibt es zwei Verbindungen: entweder zur Hauptstraße zurückfahren oder eine enge Küstenstraße (Asphalt, allerdings mit Schlaglöchern) über Susah und Ras al-Hilal nehmen.
22 km vor Tubruk, Soldatenfriedhof der Commonwealth-Länder.
Tubruk – Städtchen. Lebensmittel. Treibstoff. Hotel.
2 km hinter Tubruk, linker Hand ein deutscher Soldatenfriedhof, Festung über dem Hafen von Tubruk.
4 km hinter Tubruk, links ein englischer Soldatenfriedhof.
6 km hinter Tubruk, rechts ein französischer Soldatenfriedhof.
Amsaad – Dorf. Libyscher Zoll.

D 5: Zuara – Nalut – Darj – Ghadamès – Deb-Deb
(504 km)

(12.94, Mercedes G) Asphalt.

Zuara – S. D 1. (Zur D 1.)
Zuara in Richtung S (Wegweiser mit arabischer Ortsangabe und arabischen Ziffern „504") verlassen. Zweispurige, nachts beleuchtete Straße. Nach ca. 44 km rechts ab Richtung Ghadamès (Schild arabisch beschriftet 462 km; 9 km geradeaus nach Al Watia endet als Sackgasse).
95 km nach Zouara stößt man auf die Straße Tripolis – Goush, rechts weiter bis nach 28 km der Ort Goush erreicht ist.
Goush – Großer Ort am Rande des Jebel Nafusa-Gebirges, Tankstelle, Läden; bei V-Kreuzung links abbiegen, vierspurige Straße, nach einigen Kilometern bei T-Kreuzung rechts abbiegen. Der Jebel Nafusa bleibt links.
Tiji – (25 km nach Goush), kleiner Ort, div. Geschäfte. Am Ortsende großes Schild, geradeaus weiter nach Nalut.
Nalut – Auf einem Felsabbruch malerisch gelegene Stadt. Lebensmittel. Treibstoff. Unterkunftsmöglichkeit. Reisende, die über den südtunesischen Grenzübergang (Anfang 1995 für Europäer geschlossen) nach Nalut kommen, müssen hier die libyschen Nummernschilder erwerben und die Versicherung abschließen (am ersten Kreisverkehr parken und etwa 100 m zu Fuß zu einem Gebäude mit grüner Fahne gehen; Verständigung schwierig).

Durch Afrika

Sehenswert: die Anlage der alten Oase (in Fels gehauene und gebaute Häuser), die Burg. Die hier lebenden Berber gehören zur muslimischen Sekte der Ibaditen (zu denen auch die Bewohner des Mzab und Djerbas gehören). In Richtung Sinawan in Nalut rechts an der neuen Moschee vorbei, dann geradeaus wieder an einer neuen Moschee vorbei, die Straße führt erst nach N und umgeht Nalut weiträumig. Nach ca. 11 km bei einer Kreuzung links weiter (rechts in Ri. Grenze).

Sinawan – Dorf, Getränke erhältlich. Bis Darj nur 111 km, nicht 144 km wie in der Michelinkarte ausgewiesen.

Darj – Oase. Polizeiposten; Wasser erhältlich (von dort nach rechts Richtung Ghadames). Tankstelle (am Ortseingang von Nalut kommend), Restaurant, Laden. (Ende D 6.)

56 km nach Darj liegt links ein isolierter Zeugenberg in grandioser Landschaft.

Nach 61 km geht bei einem rostigen Schild (Le lac) eine Piste zum „See von Mzebzeb", 55 m tief, eingerahmt von Buschwerk und sehr schön zum Übernachten (bitte keinen Müll hinterlassen!).

Km 89, die Straße verläuft in 2 getrennten Fahrspuren.

Ghadamès – Bedeutende und schöne Oase. Post und Krankenhaus. Lebensmittel. Treibstoff. Die obligatorische Registrierung bei der Polizei innerhalb von 7 Tagen nach Einreise wird über das Touristenbüro erledigt. Beginn der Asphaltstraße nach Deb-Deb (Algerien). (Beginn D11.)

Verschiedenes: der Großvater des Touristenbürochefs von Ghadamès führt sachkundig durch die Altstadt (in französischer oder italienischer Sprache). Gezeigt wird außer den Gassen auch ein historisches, zum Museum umgestaltetes Haus (Fremdenverkehrsamt: Tel: 0484/2023, 2316 oder 2082; Telex: 20813 NADIEF.) Genehmigungen und Führer für die Piste nach Ghat (s. D 11) sind ebenfalls hier erhältlich. Führer mit Fahrzeug ca. 500 LD bis Ghat.

Unterkunft: Jugendherberge am Stadtrand Richtung Deb-Deb empfehlenswert. Hotel „Aïn al-Fras" im Zentrum. Seit Mitte 1994 existiert ein neues, gutes Hotel. Camping in Bau.

Sehenswert: die Altstadt die als „world heritage" unter dem Schutz der UNESCO steht (teilweise überdacht , kl. Museum in historischem Haus, Führer s. o. unter Verschiedenes) mit der Moschee; der Palmenhain; die Quelle; die *esnamen*, Turmruinen, die möglicherweise aus der Garamantenzeit stammen.

Zur Weiterfahrt nach Algerien (s. dort im allgemeinen Teil die politische Situation) an der Kreuzung nach der Jugendherberge und dem Krankenhaus links abbiegen.

Deb-Deb – S. B 57. Einreiseformalitäten für Algerien.

(Beginn B 61; Ende B 57, B 58 und D 5.)

Hilfe!

Ein Buch dieser Größenordnung, mit zahlreichen Infos und Routenbeschreibungen, läßt sich ohne Ihre Mithilfe nicht aktuell halten. Schicken Sie uns also Ihre Korrekturen und Ergänzungen! Bei Aktualisierungen von Pistenbeschreibungen sind GPS-Koordinaten willkommen! Danke!

170 Durch Afrika

D 6: Tripolis – Gharyan – Bir Alagh – Darj (491 km)

(02.93, Range Rover) Asphalt auf den ersten 144 und den letzten 43 km, sonst Piste (I).

Tripolis – S. D 1. (Ende D 1; Beginn D 2.)
Aziziyah – Dorf. Treibstoff.
Gharyan – Hinter dem Dorf in Richtung Yfren weiterfahren.
Kurz vor Yfren, Kreuzung. Nach links in Richtung Giado abbiegen. In Yfren gibt es eine schlecht unterhaltene Jugendherberge.
Km144, hier beginnt die Piste, die nach Bir Alagh und Darj führt.
Km 159, von Bäumen umgebenes Haus 500 m östlich der Piste (Wasser). Bisher verlief die Hochspannungsleitung parallel zur Piste, hier entfernt sie sich nach Osten.
Km 182, Brunnen.
Km 217, ost-westlich verlaufende Wasserleitungen und die Piste kreuzen sich.
Km 247, **Bir Alagh** – Drei eingezäunte Gebäude. Wasser. (Beginn D 23.)
Km 288, Verzweigung. Nach SW in ein *oued* abbiegen.
Km 384, unbewohntes Haus. Wasser.
Weiterhin südsüdwestlich halten. Wasserstelle, bewohnt. Danach verläuft die Piste im großen Bogen nach S oder sogar SO. Doch die allgemeine Richtung bleibt SW.
Km 429, man stößt auf eine Piste aus NO.
Km 434, Radioantenne von Darj endlich in Sicht.
Km 448, Asphalt. Man befindet sich auf der D 5.
Darj – S. D 5. (Ende D 5; Beginn D 11.)

D 7: Abugrin – Zam-Zam – Wadi Ghirza (109 km)

Asphalt bis Zam-Zam. Dann Piste (A/G/L)(auf der Michelin-Karte nicht eingezeichnet).

Abugrin – S. D 2. (Ende D 2; Beginn D 3 und D 8.)
Km 85, **Zam-Zam** – Drei Häuser und zwei Zelte. Wasser.
Bei der Ausfahrt von Zam-Zam bildet die Piste die Fortsetzung der Asphaltstraße. Bei den Thermalbädern die Piste nach Südosten nehmen.
Wadi Ghirza – Sanitätsposten, z.Z. nicht besetzt.
Sehenswert: links vom Sanitätsposten drei römische Mausoleen; das *hammam.*

D 8: Abugrin – Waddan – Hun – Suknah – Sabha (670 km)

Asphalt. Auf den letzten 80 km vierspurige Straße.

Abugrin – S. D 2. (Ende D 2; Beginn D 3 und D 7.)
Abu Nijayn – Dorf. Tankstelle. Kein Wasser.

Routenteil D – Libyen 171

Etwa 20 km hinter Abu Nijayn führt rechts eine Piste zu einer 1 km entfernten, großen, 100 m hohen Düne, bei der man versteinerte Schneckenhäuser finden kann.

Waddan – Städtchen. Kein Hotel. Markt. Tankstelle. (Beginn D 9.)

Hun – Städtchen. Lebensmittel. Werkstatt, Treibstoff nicht immer erhältlich (zwei Tankstellen zwischen Hun und Sabha).

Unterkunft: Hotel „Hun", nett, gutes Restaurant, über den Zimmerpreis kann verhandelt werden. Grand Hotel „Harooj" (20 LD/DZ). Jugendherberge mit nettem Betreuer (Direktor des Sportzentrums).

Suknah – 300 m. Dorf. Von Deutschen erbaute Bewässerungsanlage.

Hinter Suknah, kurvenreiche Straße durch den Djebel es-Sawda.

Km 74 (ab Suknah) zweigt links eine Piste nach El-Fogaha ab; 100 km, schöne Oase.

160 km hinter Suknah rechts asphaltierter Abzweig nach Brak und Idri (zur D12).

Sabha, (Sebha) 445 m – Hauptstadt des Fezzan. Treibstoff. Moderne Stadt mit großem Frucht- und Gemüsemarkt unter freiem Himmel und Altstadt. Das *ksar* kann nicht besichtigt werden. (Beginn D 13 und D 14; Ende D 12.)

Verschiedenes: in Sabha können Sie die obligatorische Genehmigung beantragen, den **Waw an-Namus**-Krater (s. D 17) zu besichtigen; man wende sich an „Libyan Travel & Tourism Co." in der Jamal Abd-al-Nasser Street (Tel: 2 58 33; 2 58 34). Im Büro der „Libyan Travel & Tourism Co." erhalten Sie auch die Genehmigung (10 LD) zum Besuch des **Wadi Mathendous** mit zahlreichen Felsgravuren, die von Heinrich Barth 1850 entdeckt wurden (s. D 13). Informieren Sie sich auf alle Fälle bei der Polizei, für welche Exkursionen eine polizeiliche Genehmigung benötigt wird. Freundlich und hilfsbereit ist in diesem Zusammenhang auch das Büro „Winrik Agency", Jamal Abd-al-Nasser Street (Tel: 2 68 82).

Sabha gilt wegen der vielen Flüchtlinge und Gastarbeiter aus Algerien, Niger und Tschad aber auch wegen der hohen Militärpräsenz als heißes Pflaster. Im Dezember 1994 wurde nahe der Stadt ein Überfall auf ein deutsches Ehepaar verübt, das die Frau nicht überlebte. Seitdem darf die Stadt nur im Konvoi mit mehreren Fahrzeugen durchfahren werden, bzw. man wurde (Dez. ´94 und Jan. ´95) von der Polizei zum Hotel geleitet (wenn eine Übernachtung im Hotel geplant war) und dort wieder abgeholt. Auch nach Aufhebung der Konvoipflicht sollte die Stadt nur mit mehreren Fahrzeugen durchfahren werden und ein Aufenthalt möglichst vermieden werden. Keinesfalls im Umkreis von 100 km um die Stadt campen! Keine Pausen alleine außerhalb der Stadt einlegen, keine fremden Grundstücke betreten, angemessene Kleidung tragen (nicht ärmellos, kein freier Oberkörper, keine kurzen Hosen, Badeanzug etc.)

Unterkunft: Hotel „Kalaa", modern, freundlich, Pool (25 LD/DZ); Hotel „Fathem" (45 LD/DZ); Hotel „El Djebel" mit großartiger Lage, aber unfreundlichem Personal (25 LD/DZ). Jugendherberge, betrieben von zwei netten Ghanesen.

Sehenswert: der Palast „Dar al-Beida"; italienisches Fort; Palmenhaine und Gärten.

172 Durch Afrika

D 9: Waddan – Zilla – Maradah – Braygah (556 km)

Asphalt; stellenweise, insbesondere ab Zilla, mit Sand bedeckt; zwischen Maradah und Braygah zahlreiche Baustellen.

Km 0, **Waddan** – S. D 8. (Zur D 8.)
Von Waddan nach Zilla, öde Landschaft.
Km 161, **Zilla** – Städtchen. Geschäfte. Tankstelle.
Von Zilla nach Maradah, äußerst malerische Landschaft. Bei der Abzweigung nach Hofra und Farrud zahllose Versteinerungen von Schnecken und Muscheln.
Km 556, **Braygah** – S. D 3. (Zur D 3.)

D 10: Ajdabiya – Awila – Jalu – Bir bu Zarraigh – Al-Khofra (876 km)

Tadelloser Asphalt. Trifft man ein vermutlich militärisches Fahrzeug, sofort halten.

Km 0, **Ajdabiya** – S. D3. (Ende D3; Beginn D4.)
Awila – Palmenhain. Lebensmittel. Wasser. Treibstoff (nicht immer erhältlich).
Jalu – Palmenhain. Moderne Gebäude. Lebensmittel. Wasser. Treibstoff. Polizei.
Ca. Km 278, Bewässerungsbögen, kreisförmige Begrünung, Ø 800 m.
Ca. Km 390, Basiscamp der koreanischen „KEC", die die Wasserpipeline von Süden nach Norden baut.
Ca. Km 470, Tankstelle und Wüstencafé.
Ca. Km 650, Tankstelle mit zwei Wüstencafés.
Bir bu Zarraigh – Oase. Wasser (mehrere Brunnen).
Ab Km 100 vor Al-Khofra auf 20 km malerische Landschaft; schwarze Berge und rötlicher Sand; gute Rastplätze.
Km 20 vor El-Khofra, Polizeikontrolle an einem großen Palmenhain; penible Durchsuchung (Alkohol und „Pornographie").
El-Khofra – Oase mit mehreren Ortschaften; Hauptort ist El-Giof. Lebensmittel. Treibstoff geht gelegentlich aus. Krankenhaus. Post. (Beginn D 22 und Ende D 21.)
Unterkunft: Hotel mit Restaurant. Herr Mansour, der Besitzer, ist zugleich Automechaniker und immer hilfsbereit bei Problemen – z.B. Ausreiseformalitäten, wenn man in den Sudan reisen will; dafür ist aber eine Genehmigung erforderlich, die nicht leicht zu bekommen ist.
Sehenswert: Seen im O und W der Oase.

Der Därr-Expeditionsservice bietet Ihnen unter der Tel.-Nummer 0 89/28 20 32 neueste Auskünfte über Reiseziele in Afrika an!

Routenteil D – Libyen 173

D 11: Ghadamès – Al Awaynat – Ghat (ca.720 km)

(Mercedes G, 12.94) Asphalt bis Pistenabzweig (Km 0) und die letzten 95 km vor Ghat, 612-635 km Piste (je nach Varianten in den Sanddünengebieten), meist holprige Strecke mit zahlreichen querenden Oueds und schwierige Sanddünenüberquerungen mit schlechter Orientierung. Da die Strecke immer parallel zur algerischen Grenze führt, darf die Piste nur mit Führer befahren werden, der über das Fremdenverkehrsamt in Ghat engagiert werden kann (ca. 500 US-$ mit eigenem Fahrzeug). Hammada und Sanddünengebiete sind zu queren, die Spuren sind nicht immer eindeutig auszumachen, zahlreiche querende Spurenbündel von Militärfahrzeugen. Dauer 3–4 Tage, landschaftlich langweilig im ersten Drittel der Strecke, sehr schön im Dünenbereich und im letzten Drittel ab Km 561. A/D/F/H/I.

Km 0, Abzweig rechts ins Gelände ca. 15 km nach Ghadames in Richtung Darj, GPS Position N 30°08´07´, E 09°32´48´´ über Sebkha-ähnliche Ebene.

Km 25, Reifen-Pistenmarkierung, die Piste führt über eine Kiesebene; sehr staubig; abgesehen von kleinen quer zur Piste verlaufenden Oueds meist gut befahrbar.

Km 44,5, Schotterberg mit markantem Felsen, links der Piste zerfurchtes, langsames Gelände, Tafelberge mit kleinen Abbrüchen links und rechts der Piste.

Km 47,5, die Piste macht einen Rechtsbogen und führt vom Plateau über einen Abhang ins Oued, rechts entfernt Tafelberge. N 29°40´18´´, E 09°54´47´´.

Km 52, Oued, Gras, Zeugenberge, Tafelberge, schöne Übernachtungsplätze. Die weitere Strecke führt meist über Serir mit zahlreichen querverlaufenden Oueds mit holprigem Gelände.

Km 85, betonierter Markierungsklotz, die Piste schlängelt sich steinig entlang eines Oued, Hänge und Hügellandschaft entlang der Piste.

Km 88, Verzweigung, rechts weiter 170°N bergan, danach steinige Hochebene,

Km 92, Pistenverzweigung, links weiter: Position N 29°30´44´´, E 09°59´52´´.

Km 101, Serir, wieder gut befahrbar (Ø 50 km/h), N 29°26´56´´, E 10°02´26´´.

Km 114, breites Oued queren.

Km 118-121, breite Lastwagenspuren kreuzen.

Km 130, breite Piste (Spuren) kreuzt.

Km 135, Autowrack (Rahmen).

Km 151, Markierungsstange, Position N 29°04´35´´, E 10°13´38´´.

Km 156, Pistenkreuzung, Oued links und wieder Kreuzung, Fässer rechts.

Km 158, Brunnen (abgedeckt und trotzdem schmutzig, tote Fledermäuse schwimmen im Wasser) Position N 29°02´49´´, E 10°17´31´´.

Km 169, Pistenverzweigung, rechts lang, ca. 500 m rechts davon liegt ein Oued

Km 173, großes Oued mit Steinen, umgekipptes Faß, danach Nomadenzelte, Büsche.

Km 175, von rechts mündet eine stärker ausgefahrene Piste ein, umgekippte Reifen und Fässer. Weiter entlang eines Ouedausläufers.

Km 186, Pistenabzweig nach links, geradeaus weiter über ein Oued mit Büschen, danach weiter über flache Kieswüste.

174 Durch Afrika

Km 189, weiter auf breiter Piste über schwarze Kieswüste.

Km 199, Hauptpiste queren und rechts weiter SE 150°.

Km 202, wieder kreuzende Spuren.

Km 203,5, Stangenmarkierung TU 1200, N 28°45′09″, E 10°30′59″.

Km 207 , Abbruch vom Plateau N 28°43′26″, E 10°32′41, danach Serirebene mit wenig Spuren.

Km 215, rostiges, umgekipptes Faß.

Km 216-223, zahlreiche breite Spuren kreuzen.

Km 230, Hügelkette auf holpriger Piste queren, danach feiner Serir und vereinzelt gr. Steine, eine Hügelkette bleibt rechts und ein Tafelberg mit zwei eigenartig eingekerbten Spuren, die wie Rutschen breit bergab führen.

Km 241, zweite Abbruchkante, die ersten zwei Dünen sind am Horizont auszumachen N 28°27′05, E 10°41′08″.

Km 250, sandige Passagen entlang einer Hügelkette, links Stangenmarkierung, danach bergab über kl. Abbruchkante N 28°22′22″, E 10°43′23″ auf Dünen und Hügel zu.

Km 258, weiter durch Hügellandschaft, ab und zu sandige Passagen entlang der Dünen.

Km 263, Kiesebene, Steinmarkierung rechts.

Km 285,5 Düneneinstieg N 28°06′15″, E 10°52′18″, erste Durchfahrt einfach, danach ca. 1 km schwierige Dünenpassagen.

Ab hier können sich Abweichungen in den Km-Zahlen ergeben, da, je nachdem wie oft versucht wurde, Dünen zu überqueren oder Umfahrungen zu wählen, die Angaben variieren. Außerdem werden auch von den Führern unterschiedliche Varianten gewählt. Deshalb werden im Sanddünenbereich nur GPS-Positionen bei eindeutigen Pistenmarkierungen gegeben, die km-Angaben können wie gesagt +/- 20 km abweichen. Insgesamt handelt es sich bei den Sandpassagen um sehr schöne Dünenfahrerei mit weiten Sandhügeln, ab und zu sind weiche, steile, aber nicht besonders hohe Dünenabhänge zu fahren. Trotzdem Vorsicht bei der Dünenauffahrt, damit man sich nicht bei zuviel Schwung auf der steilen Dünenrückseite überschlägt! Hier ist vor allem für Motorräder und sehr hohe Fahrzeuge Vorsicht geboten!

Km 325, eingegrabener Reifen N 27°50′51″, E 10°52′10″.

Km 326, eingegrabener Reifen.

Km 331, Reifen rechts N 27°47′34″, E 10°52′35″.

Km 344, Faßmarkierung N 27°43′33″, E 10°53′44″.

Km 345, Tonne N 27°42′08″, E 10°53′49″.

Km 350, Tonne N 27°41′17″, E 10°54′10″.

Km 352, Lastwagenspuren in Autobahnbreite queren, Faß NC 151 A 1, N 27°40′17, E 10°54′45″, danach auf weiteren Km mehrmals Fässer und breite LKW-Spuren entlang großer Sandebene.

Km 368, Tal mit Tamariskenhügel, danach Schotterhügel mit plattenartig aufgetürmten Steinen, Reifenmarkierung.

Km 370, Faß rechts N 27°33′52″, E 10°52′02″, danach wieder schwierige Dünenauffahrt und Ebene, weiter durch breite Dünengassis.

Routenteil D – Libyen 175

Km 376, Faß N   27°321′02′′, E 10°49′16, Fech-Fech, danach wieder weite weiche Sandfelder bergauf.

Km 383, Faß N 27°29′58′′, 10°4614′′, weite sandige Toboganstrecke.

Km 386, Faß (davor noch zwei Fäßer) N 27°29′11′′, 10°44′30′′

Km 393, drei Tonnen rechts N 27°27′59′′, E 10°41′22, auf den weiteren 5 km wieder schwierige Dünenüberquerungen.

Km 399,5 Steinvermessungspunkt (runder Betonsockel in der Erde versenkt mit Aufschrift SDL-PBM 11241) N 27°24′48′′, E 10°42′13′′, kurz danach weitere Betonmarkierungen. Weiter über eine Kiesebene.

Km 409, Gipsebene mit drei Bergkegeln links.

Km 410, Markierungsstein SDL- PBM   rechts, N 27°21′10′′, E 10°41′42′′

Km 416, Faß, bergab über Sandhügelebene, links und rechts Dünen, dann wieder Kieshügel und Sandflächen, dazwischen Fech-Fech.

Km 419, endgültiges Dünenende (nach anderen Angaben bei Km 398), Markierungsstein, N 27°19′06′′, E 10°36′07′′. Weiter über Schwemmtonebene, danach Hammadahügel, langsames Vorwärtskommen.

Km 438, deutliche Piste, manchmal Wellblech, kleine Hügel, dazwischen schnell befahrbare Reg-Reg Ebenen, die sich mit kurzen Hammadastücken abwechseln. Holzstabmarkierungen in der Ebene.

Km 459, Steinmarkierung auf einem Berg links der Piste, Abfahrt über einen kleinen Abhang, Fech-Fech, N 27°00′20′′, E 10°20′30′′, danach mühsam bergauf über hügelige Hammada und zahlreiche Ouedüberquerungen.

Km 464, Blick über große Ebene, bergab N 26°58′15′′, E10°29′59′′.

Km 477, N 26°57′10′′, E 10°25′28′′, Oued mit vielen Akazien, schöne Übernachtungsplätze, danach Oued queren, das sich rechts bleibt, Dünen sind am Horizont auszumachen, Wellblechpiste, Querrillen, danach Reg; Ø-Geschwindigkeit 40 km/h.

Km 482 Markierungsstange N 26°55′27′′, E 10°23′39′′.

Km 486, mit Steinen eingefaßtes Karrée (Feldmoschee?), immer den Dünen entlang (rechts der Piste).

Km 493, PBM- Betonmarkierungsklotz, N 26°49′44′′, E 10°23′46′′, ca. 500 m weiter mündet eine Piste ein, rechts Steinmarkierung auf einer Kuppe.

Km 498, Faß mit Steinmännchen, N26°47′11′′, E 10°23′20′′, weiter über graue, steinige Hügellandschaft mit Sand durchsetzt. Ca. 1 km danach bergab ins Tal durch Schuttplattenhügel, zum Teil Fech-Fech.

Km 513, Viel Schilf und Gras, durch Wasser des ca. 0,5 km entfernten Ain el Halou entstanden, rechts daneben runder Lehmhügel.

Km 513,5, **Ain el Halou,** großes grünes Areal (Schilf und kleine Bäume), eine Quelle die durch Bohrungen nach Öl entstanden ist. Brunnen mit Pumpe und Betonbecken, Bademöglichkeit, N 26°42′12′′, E 10°18′25′′.

Weiter über Hammada. Danach konstant bergab in einem Wadi zwischen Schutthügeln, danach über hügelige, öde Landschaft, immer wieder kleine querende Oueds.

Km 543, Abbruchkante, Steinmarkierung, N 26°29′42′′, E 10°11′15′′.

Km 546,5 PBM-Markierungsstein 112, N 26°28′20′′, E 10°10′30′′.

176 Durch Afrika

Km 547, große Akazie umgeben von schwarzen Schuttabhängen mit sandigen Flanken, danach wieder flache Plateaus, Hammada und Reg.

Km 561, Dünenanfang, links umfahren, Steinquader im Boden eingelassen N 26°21´50´´, E 10°09´04, 1 km weiter Reifenmarkierung und danach Einfahrt in die Dünen, rechts durch Dünengassi (199°).

Km 566, Steinmarkierung rechts und links.

Km 567, Anfang einer großen Ebene mit Tamariskenhügeln, rechts und links von Dünenzug eingerahmt, gut befahrbar über weite Regebene. Ab und zu schwarze Steinhügel und Plateaus.

Km 607, wieder am Rand der Dünen (links der Piste), am Horizont sind die schwarzen Plateauberge des Djebel Akakus auszumachen. Weiter über schnell befahrbare, breite Sandfelder durch sehr schöne Landschaft.

Km 643, (nach anderen Angaben Km 612) Richtfunkantenne links der Piste (an der Teerstraße Awbari – Ghat, kurz nach Al Awayanat, Einmündung der Piste in die Teerstraße N 25°44´04´´, E 10°21´52´´ (zur D 13).

Km 738,5, **Ghat** – große Oase, S. S 13. (Ende D 13, Beginn B 74).

D 12: Darj – Idri – Brak – Sabha (678 km)

(03.94, Suzuki DR 600) Piste (C/G/I). Zwischen Idri und Brak Asphalt in schlechtem Zustand (starke Risse quer zur Fahrrichtung).

Km 0, **Darj** – S. D 5. (Ende D 5 und D 6; Beginn D 11.)

Darj hinter dem Krankenhaus (roter Halbmond) nach links (Osten) verlassen (Richtung Gariyat).

Km 7, Piste mündet in eine Teerstraße in Richtung Osten.

Km 11, bei einem schwarzen Reifen (SSL 0048) wieder auf eine Piste nach rechts abbiegen.

Km 20, Faß (SSL 0048). Geradeaus weiterfahren (rechts ein kleines Camp).

Km 30, Piste dreht stark in südlicher Richtung ab (ca. 150°).

Km 45, Piste wendet sich stark nach Südwest (220°) und führt durch ein relativ schmales Wadi.

Km 48, ab hier Markierung mit rot-gelben Fässern mit der Aufschrift „F-A NC 147" (alle paar Km).

Km 56, Piste wendet sich wieder zurück in östliche Richtung (100°), dann auf 140°.

Km 80, Beginn eines grünen Flußtales, gelegentlich Kamelherden.

Km 100, Ende des Tales, Übergang in Hochebene (*reg*), ziemlich östlich halten und die mit Fässern markierte Piste verlassen .

Km 106/7, italienischer Markierstein „Campo di Aviazione di El Gazeil". Verlassenes Steinhaus und verfallener Brunnen.

Pistenverlauf nun nach SSO 150°, danach SSW, 210°.

Km 115, viele Spuren, links halten, da man sonst ca. 70 km von der Canyon-Einfahrt beim Km 325 wegkommt.

Km 134, Pistenmarkierungen mit Reifen, Eisengestell und Steinen. Hier kreu-

Routenteil D – Libyen 177

zen nordsüdlich verlaufende Spuren. Weiterhin nach Südosten fahren.
Km 147, eine mit gelben Hölzchen markierte Piste kreuzt. Weiter nach Südost, ca. 130°, fahren.
Km 157, erneut kreuzt eine nordsüdlich verlaufende Piste; Faßmarkierung; weiter nach Südosten, ca. 120°, fahren.
Km 169, Markierung. schwarz-weißer Reifen mit Aufschrift „SSL 048". Weiter auf 130° halten.
Km 213, quadratische rostige Tafel mit Kilometerangabe „205"; Fahrtrichtung 100°, vorwiegend östlich. Ab hier viele Schaf- und Ziegenherden, deren Versorgungsfahrzeuge praktisch den einzigen Pistenverkehr ausmachen.
Km 278, Kreuzung mit drei Schildern „Brak 308 km", geradeaus nach Südosten (ca. 130°).
Km 290, Pistenverlauf auf 150–160°.
Bei freier bzw. GPS-Navigation beachten, daß zu Awaynat Uennin von der Hochebene herunter auf die Piste gefahren werden muß, dies ist nur bis 30 km davor möglich.
Km 315, Piste dreht auf ca. 180° Süd.
Km 322, Piste wird schmäler und windet sich von der Hochebene Hamsa al-Hamra abwärts ins Tal. Grandioser Ausblick.
Km 325, **Awaynat Uennin**, (N28°26'36,1"/E12°46'46,8"). Polizeiposten – melden! Brunnen 200 m südwestlich, sauberes Wasser in 2 m Tiefe.
Km 328, links halten, den großen Steinmännchen auf den Rändern der Berge folgen (machmal auch am Wegrand, später auch „Tordurchfahrten").
Km 336, *marabout* rechts der Piste.
Km 340, Beginn eines malerischen Flußtals; viel Sand.
Km 346, kleine Paßfahrt.
Km 348, Piste dreht nach SW 220°.
Km 360, verfallene Steinhäuser, Fahrtrichtung 210°.
Km 369, sehr steinige Piste durch Berge und breite Täler, Markierung mit Steinmännchen. Vorsichtig fahren, hohe Bodenfreiheit erforderlich, Allradantrieb von Vorteil.
Km 371, von links Einmündung einer Piste.
Km 385, Verzweigung, nach links abbiegen, schwer zu finden. Wenn man die ursprüngliche Richtung auf der Piste beibehält, kommt man zu einem Vorort von Idri. Dort links halten um wieder auf die Teerstraße zu treffen (Km 470).
Km 395, Verzweigung nach links abbiegen.
Km 416, Berge weichen zurück, teilweise Dünen, Fahrtrichtung SO, 150°.
Km 433, Palmengärten von Idri in Sicht, Fahrtrichtung 125°, auf den Wasserturm zu. Die Piste führt an der Schule (grün-weißes Gebäude) vorbei und wendet sich dann leicht nach rechts.
Km 438, Einmündung auf Asphaltstraße.
Km 463, Tankstelle am Kreisverkehr, nach rechts Idri-Zentrum, nach links Richtung Brak. Bei der nächsten Kreuzung (ohne Ausschilderung) nach rechts .
Km 464, **Idri**, – Malerische Oase. Manchmal Treibstoff. Bei der Polizei melden! (Ende D 23.)

178 Durch Afrika

Ownsrik – Dorf. Lebensmittel.
Bargan – Polizeikontrolle. Restaurant. Treibstoff.
Brak – Oase. Großer Markt. Treibstoff an der Kreuzung vor dem Ort beim Polizeiposten. Die Jugendherberge ist geschlossen. Zahlreiche prähistorische Funde.
2 km hinter Brak zweigt eine Asphaltstraße links nach Sabha. Geradeaus führt eine Piste ebenfalls nach Sabha; auf diesem Weg kann man die Dünen des Erg Awbari besser sehen.
Sabha – S. D 8. (Ende D 8; Beginn D 13 und D 14.)

D 13: Sabha – Maknusa – Awbari – Ghat – algerische Grenze (609 km)

(03.93, Land Rover und 02.95, Mercedes 230E) Asphalt von Sabha nach Ghat. Piste (A/D/I) von Ghat bis zur algerischen Grenze. Polizeisperren zwischen Al-Awaynat und Ghat; nachts sollte man sehr vorsichtig fahren.

Sabha – S. D 8. (Ende D 8 und D 12; Beginn D 14.)
Bis Maknusa fährt man durch mehrere Oasen, die mit dem Grundwasser des Oued al-Ajaal bewässert werden. Die Gegend ist für ihre Felszeichnungen bekannt, die bis ins 5. Jahrtausend v. Chr. zurückgehen.
Km 25 vor Maknusa, mehrere *oueds* südlich der Piste mit versteinerten Bäumen.
Maknusa – Oase. Keine Versorgungsmöglichkeiten.
(Beginn D 16.)
Tekerkiba – Oase. Versorgungsmöglichkeiten. Gute und ruhige Campingmöglichkeit am Rande der Gärten bei den Dünen. Jugendherberge für 5 LD/Nacht, gemeinsame Küchenbenutzung möglich.
In der Umgebung: Mandara-Seen. Es gibt 10 Seen (Hauptseen: Mafu, Gabaron ca. 50 km nordöstlich von Tekerkiba in den Dünen, Mandara und Um al-Ma'a ca. 30 km nördlich von Tekerkiba). Sie liegen eingebettet von Palmen und Dünen in traumhafter Wüstenlandschaft. Sie sind sehr salzhaltig und die kleineren Seen sind zum Teil ausgetrocknet. Etwa 1000 Menschen lebten an deren Ufern, sind aber in die Orte entlang der Hauptstraße zwangsumgesiedelt worden. Mittlerweile führen deutlich sichtbare Spurenbündel über die Dünen zu den Seen. Eine Land Rover-Tour kostet ca. 200 LD. Vorsicht bei der Passage in Eigenregie! 100 km Dünen hin und zurück, nur mit leichten, nicht zu schwachen und gut ausgerüsteten Geländefahrzeugen zu schaffen; Führer vermittelt die „Libyan Travel and Tourism Co." in Sabha oder der Tankwart in Tekerkiba. Hier eine kurze Beschreibung:
Pistenbeginn am nördlichen Oasenrand direkt bei einem markanten, burgähnlichen, langgezogenen Berg (N 26°33´26´´, E 13°14´49´´), bis zu einem festen Sandfeld direkt bei einem umgefallenen Strommast, deutliche Spuren sind zu sehen. Fahrt über die erste Düne der Awbari-Wüste (relativ problemlos). Nach einer leichten Steigung durch eine Sandmulde in Richtung Norden weiter

Routenteil D – Libyen 179

(schwierig). 2 km weiter durch eine Ebene, Düne westlich umfahren. 18 problemlose km durch Dünen. Danach 3 Dünenreihen quer zur Piste (schlaufenweise überwinden!). An der Kreuzung (eingegrabene Felge rechts) N 26°38´22´´, E 13° 17´56´´ (nordwestlich geht es zu den Mandaraseen) weiter nach Osten zum ersten der Gabronseen. Der erste, fast ausgetrocknete See ist nach 37,5 km erreicht. Nach 44 km stößt man auf den Mafusee N 26°47´18´´, E 13°30´27. Bei ca.Km 48 ist der Gabronsee mit der verlassenen Ortschaft Gabron erreicht: N 26°48´29, E 13°32´39´´. Zu den Mandaraseen zurück bis zur Kreuzung und dann rechts den breiten Spuren folgen bis man den Mandarasee mit der verlassenen Ortschaft erreicht: N 26°41´19´´, E 13°18´33. Das Wasser ist schmutzig, und eine dicke Schlamm- und Salzkruste schwimmt darauf. Links am See vorbei erreicht man nach weiteren 3 km den langezogenen See Umm el-Ma in traumhafter Umgebung (N 25°42´33´´, E 013°19´43´´). Die Fahrt zu den Mandaraseen ab der Kreuzung macht keine größeren Probleme, zurück ist schwieriger, da es im Sand konstant bergauf geht und auch die Dünen schwieriger zu passieren sind.

Einen leichteren Einstieg zu den Mandara und Gabronseen gibt es ab Tekerkiba in Richtung Ubari (ca. 7 km bis ca. 800 m vor einem Sendemast) Östlich zweigt ein Weg vom Asphalt ab der ca. 3,8 km zu einem Tamariskenpaltz mit sehr vielen Spuren die in die Dünen führen, geht. Position N 26°35´45´´, E 13°09´55´´.

Germa – Interessante Ruinen und Gräber aus dem 10. Jahrhundert v. Chr. Kleines historisches Museum (Garamanten) an der Kreuzung gegenüber der Tankstelle (Eintritt). Hier beginnt die Straße zu der Ruinenstätte. Fotografieren verboten.

In der Umgebung: Felsgravuren im **Wadi Mathendous**, 1850 von Heinrich Barth entdeckt. Die Gravuren sind zwischen 6000 und 10 000 Jahre alt (Giraffen, Elefanten, Rinder, Krokodile). bis zum Oued Mathendous sind es ca. 160 km, nach In Habeter ca. 15 km weiter. Bei der Tankstelle Asphaltstraße nach S(N 26°31´33´´, E 13°03´54´´) nehmen, die auf das Messak-Mastafet-Plateau führt. Nach 21 km beginnt die Piste.

Km 61, Bewässerungsprojekt Wadi Barjuj. N 26°02´42´´, E 12°56´25´´Vor den Gebäuden nach rechts biegen und der Piste in Richtung Westen folgen.

Km 89, Reifenhaufen von Baumaschinen. Auf 240° halten. Die Piste ist mit kleinen Holzpflöcken markiert und entfernt sich allmählich von den Dünen des Idhan Murzuq.

Km 129,5, Kontrollposten El-Elaouen N 25°48´17, E 12°20´27´´, einige Bäume und Container. Ab hier ist eine Fortsetzung der Fahrt in Richtung Ghat nur mit Führer und Genehmigung aus Germa oder Sabha möglich. Man kann auch gegen Hinterlegung des Passes ohne Führer die Gravuren besichtigen und auf der Rückfahrt die Papiere wieder abholen.

Den Posten in Richtung 180° verlassen. Die gut markierte Piste führt zu einem Plateau.

Km 131,5, auf dem Plateau nach rechts biegen und der Piste nach Westen folgen, die mit Reifen markiert ist.

180 Durch Afrika

Km 152, Schild „Wadi Mathendous" (Hinweis, daß die Gravuren unter dem Schutz der Unesco stehen) rechts der Piste. N 25°43´01´´, E 012°11´26´´Hinter dem Schild ist aber immer noch kein *wadi* in Sicht! Weiter entlang der deutlichen Spuren, bis Sie auf nach 2,5 km eine blaue Tonne stoßen N 25¯43´47, E 12°10´08´. **Ab hier zwei Möglichkeiten:**
– zum nordöstlichen Ende des *wadi*, das hier „Mathendous" heißt. Ab der blauen Tonne geht es rechts ins Oued und über Hammada in einen Taleinschnitt bis nach ca. 5 km das Wadi Mathendous erreicht ist. N 25°45´46´´, E 12°10´02´´. Das sandige Oued mit vielen Akazien gesäumt liegt unspektakulär von niedrigen schwarzen Felswänden begrenzt, aber die Felsgravuren an der Nordseite des Oueds sind um so beeindruckender. Man kann mit dem Geländefahrzeugen bis ins Oued fahren und dort auch campen. Bitte nehmen Sie aber unbedingt Ihren Abfall wieder mit, denn selbst wenn dieser vergraben wurde, werden Überreste von Tieren oder den im Wadi umherfahrenden Fahrzeugen wieder ausgegraben. Der Platz zählt zum Weltkulturerbe und europäische Bier- und Konservendosen sind hier wirklich fehl am Platz.
– zum südwestlichen Ende des *wadi*: Sie fahren zurück bis zur blauen Tonne und fahren in Richtung West, bis Sie nach ca. 8 km auf eine Pisten-Kreuzung stoßen, N 25°42´05´´, E 12°06´24´´. (Eine Abkürzung ist möglich, wenn man kurz nach Beginn des steinigen Untergrunds zwischen zwei Orientierungspunkten hindurch in Richtung Westen – 240 ° – fährt ((Reifenspuren)) bis man nach ca. 11 km auf vier Erdhaufen stößt, dann rechts – 290°– auf die Piste einbiegen, die zum Wadi führt). Von erstgenannter Pistenkreuzung (8 km nach der blauen Tonne) leicht rechts weiter bis nach ca. 4 km der Wadiabschnitt „In Habeter" erreicht ist. Ab hier kann man mit einem Geländefahrzeug auf schwierigem Gelände bergab ins Oued fahren oder zu Fuß (ca. 45 Min) die Gravuren erreichen. Die linke Piste in Richtung Süden ab der Pistenkreuzung führt entlang des Idayan Murzuk zum Messak Mellet und zum Djebel Akakus (Nur mit Führer und Genehmigung aus Sebha oder Ghat, 2 Tage Piste und Sandfelder.) Zwischen beiden Wadiabschnitten liegen die Abschnitte El Aurer und In Galohien mit weniger bedeutenden Gravuren. Wer gut zu Fuß ist kann von In Habeter (oder umgekehrt) nach etwa 10 km den Mathendous-Teil des *wadi* erreichen. Felsgravuren finden Sie auf der gesamten Länge des Tals.
Awbari – 429 m. Bedeutende moderne Oase. Lebensmittel. Treibstoff.
Unterkunft: Campingmöglichkeit am Ortsrand in Richtung Ghat.
Bis nach Al-Awaynat durchquert man anschließend über 260 km völlig dürre Landstriche zwischen der Awbari- (im N) und der Murzuk-Wüste (im S). Dazwischen liegt eine niedrige Bergkette, an der die Straße entlangführt.
Bei Km 60 und Km 200 ab Awabri Polizeikontrollen.
Al-Awaynat – Oase. Lebensmittel. Treibstoff manchmal rar. Gratisübernachtung; am besten erkundigt man sich beim Polizeiposten im Gebäude aus rotem Sandstein am Ortseingang.
Ca. 80 km vor Ghat überquert man die Dünen von Egghidi-Uan Titagsin. Dann führt die Straße gegen S am Oued Tanezzuft entlang am Fuß der Tadrart-Kette bis nach Ghat hinunter.

Ca. Km 40 vor Ghat, der Tafelberg Idinen (1300 m). Hier hätte Heinrich Barths Forschungsreise fast ein jähes Ende gefunden: der Forscher hatte sich zu Fuß von seiner Karawane entfernt, war vom Weg abgekommen und wäre beinahe verdurstet.

Ghat – Kleine Oase. Lebensmittel, Markt. Treibstoff. Paßkontrolle beim Polizeiposten, wo man sich auch vor der Abreise aus Ghat zu melden hat.

Unterkunft: Hotel „Tassili", Container-Hotel, angenehme warme Duschen (27 LD/DZ), alkoholfreies Bier erhältlich, netter Garten.

Sehenswert: die Altstadt (ist mehr oder minder verfallen); das Handwerkerviertel und die zahlreichen Feste.

In der Umgebung: eine Akakus-Rundfahrt (ca.. 3 Tage) ist unbedingt zu empfehlen und mit das schönste, was die Sahara zu bieten hat, (s.u.).

Das Büro von O.E.A. for Travel and Tourism (Direktor Ahmed Yaya) und „Akakus Travel" (Direktor Mansur Unis) organisieren Ausflüge in den libyschen Südwesten. Beide Direktoren sind sehr freundlich und zuvorkommend. Reisende mit einem eigenen Geländewagen können hier auch einen Führer (ca. 25 LD/Tag) mieten. Ein Toyota Pickup mit Chauffeur und Führer kostet ca. 100 LD/Tag (Verhandlungssache). Führer und Fahrer sind häufig Tuareg. Es empfiehlt sich, den Zustand des Wagens zu checken und auch die Sprachkenntnisse des Führers zu testen.

Zum Besuch des **Akakus-Nationalparks** benötigen Sie eine Genehmigung (Ausweis mit Paßfoto), die von der Polizei ausgestellt aber von den Reiseagenturen beantragt und erledigt wird (5 LD). Paßbilder beim Fotografen am Marktplatz.

Im Gebiet des Akakus-Nationalparks haben Archäologen die ältesten Keramikfunde der Alten Welt ausgegraben, die auf ca. 7 200 v. Chr. datiert wurden.

Die gesamte Region ist übersät mit Felsbildern, die meisten aus der „Jägerepoche", der „Rundkopf-Phase" und der „Hirtenzeit". Bemerkenswert sind auch die zahlreichen Gräberfunde. Lassen Sie sich nicht am ersten Tag von den etwas unbedeutenderen Felsbildern irritieren (zum Teil schwach und übermalt), denn die besseren Bilder folgen erst im zweiten Teil der Rundfahrt!

Vorsicht! Zwischen Ghat und der Grenze nicht campen.

Ab Ghat Teerstraße.

Km 8 hinter Ghat, enge und sandige Straße durch eine kleine Oase.

Ca. 22 km hinter Ghat, libyscher Zoll, der schon von weitem zu sehen ist; kalkweißes Gebäude auf einem Hügel. Paßkontrolle. Achtung! Die Zöllner sind freundlich, wenn Sie selbst es auch sind. Ende Teerstraße.

Reisen Sie von Algerien nach Libyen ein, wird aufs genaueste nach Alkohol (in Libyen verboten) und Porno- oder ähnlichen Heften gesucht (eine Werbung in einer Zeitschrift mit Fotos von mehr oder weniger entblößten Frauen reicht aus, um den Zorn des Zöllners auf sich zu ziehen, was die Beschlagnahmung der Zeitschrift zur Folge hat!). Sehr unterschiedliche Handhabung – 1994 keinerlei Durchsuchungen.

Der algerische Zoll befindet sich in Tin Alkoum (s. B 74, Ende B 74); Grenze geschlossen.

182 Durch Afrika

D 14: Sabha – Traghan – Um al-Aranib – Al-Katrun – nigrische Grenze (620 km)

(11.91, Peugeot 504 bis Um al-Aranib) Asphalt von Sabha bis Al-Katrun. Piste (A/C/G/I) von Al-Katrun bis zur nigrischen Grenze. Erkundigen Sie sich vor der Fahrt, ob die Grenze tatsächlich geöffnet ist.

Sabha – S. D 8. (Ende D 8 und D 12; Beginn D 13.)
Traghan – Städtchen. Lebensmittel. Treibstoff.
(Beginn D 15.)
Um al-Aranib – Kleine Stadt. Lebensmittel. Wasser. Treibstoff.
(Beginn D 16.)
Al-Katrun – Oase. Einige Lebensmittel; Bäckerei gegenüber der Tankstelle. Wasser. Treibstoff. Duschen an der Tankstelle. Zoll- und Polizeikontrolle für aus Libyen Ausreisende. Von Al-Katrun nach Tajarhi gut befahrbare Piste.
Tajarhi – Militärposten, Paßkontrolle.
Ab Tajarhi schlecht markierte Piste, doch deutliche Spuren. Ca. 50 km nach W fahren.
Km 47, kleine Paßhöhe.
Km 50, Kreuzung. Die am schlechtesten markierte Piste nach S wählen; die andere führt nach O ins Tibestigebirge. Schwierige Piste (*fesch-fesch*).
Km 110, kurz vor Erreichen des Wendekreises des Krebses Abwärtsfahrt durch Sand, der mit großen Steinen übersät ist.
Km 160, ähnliche Verhältnisse, die man aber aufwärts zu bewältigen hat. Möglichst links, auf felsigem Grund, fahren.
Tumu – Nigrischer Zoll. Militärposten. Paßkontrolle.

D 15: Traghan – Murzuk – Tesawa – Maknusa (155 km)

(05.92) Asphalt. Verbindung Traghan – Awbari, ohne über Sabha zu fahren.

Traghan – S. D 14. (Zur D 14.)
Murzuk – Großer Ort und ehemaliger, wichtiger Karawanenstützpunkt, Ruinen einer türkischen Festung. Kleines Museum.
Unterkunft: Jugendherberge in schlechtem Zustand (Baracken).
Maknusa – S. D 13. (Zur D 13.)

Liebe Leser!
Im November ´95 erscheint in der Reihe REISE KNOW-HOW das Reisehandbuch Libyen von Gerhard Göttler mit ausführlichen Hintergrundinformationen und detaillierten Routenbeschreibungen (inkl GPS-Koordinaten). Erhältlich für ca. DM 39,80 im Buchhandel !

Routenteil D – Libyen 183

D 16: Um al-Aranib – Waw al-Kebir (259 km)

(03.93, Land Rover) Asphalt, dann Piste (A/C/G/I). Kompaß oder GPS benützen. Achtung! Die unten beschriebene Piste besteht zwar noch, wird aber immer weniger befahren. Die heute am meisten benützte Strecke führt über Zuwaylah und Timsah: Asphalt von Um al-Aranib bis Timsah (116 km), dann 170 km Piste, meist in gutem Zustand, im Ausbau begriffen (deshalb sind womöglich Angaben über den Pistenzustand nach Waw al-Kebir veraltet). Zuwaylah: Königsgräber. Timsah: letzte Tankstelle.

Um al-Aranib – S. D 14. (Zur D 14.)

Kreuzung ca. 20 km hinter Um al-Aranib, Straße ostwärts nach Zuwayla (Polizei, selten Treibstoff), südwärts nach Al-Katrun (zur D 15); Piste nach SO, In Richtung Terbou und Waw al-Kebir.

Km 61, Gegend mit Palmen und Büschen. Viel Sand.

Ab Km 62, die Piste ist wieder gut sichtbar. Man läßt Terbou rechts hinter sich und beschreibt eine große Kurve nach O in Richtung auf einen Tafelberg, an dem man links vorbeifährt. Linker Hand Dünenkette mit Palmen.

Km 66, bei einer kleinen Ruine in ein Tal nach S einbiegen. Gute Hartpiste.

Km 75, Kurve nach SO, nach 6 km steigt die Piste zum Djebel Um al-Adam an.

Km 113, die Hochebene nach SO durch ein kleines Tal mit *serir* verlassen.

Km 146, man gelangt in ein weiteres Tal, das sich zwischen der Hochebene Garet al-Bgar (links) und den letzten Ausläufern des Djebel Bin Ghanimah (rechts) hindurchwindet. Starkes Wellblech.

Ab Km 169, das Tal verengt sich, und man tritt wieder eine Bergfahrt auf eine Hochebene an. Die *serir*-Piste ist mit *guemiras* markiert und führt über einen gut unterhaltenen Paß nach O. Links sieht man das Bergmassiv des Garet es Sebaa.

Ab Km 213, man verläßt das Tal und gelangt ins Rhormet-Quaou-Gebirge. Paß in sehr schlechtem Zustand. Mühsame Strecke (Höchstgeschwindigkeit: 30 km/h, starker Motor und hohe Bodenfreiheit unerläßlich) durch eine wahre Mondlandschaft.

Km 240, schwierige Abfahrt (*hammada*) in das Tal des Wadi Zuwaylah.

Auf der Fahrt nach Waw al-Kebir muß genau auf die entgegenkommenden Fahrzeuge geachtet werden. Kommt eine Militärpatrouille (Land Rover, Unimog) in Sicht, muß man unbedingt anhalten. Legen Sie eine Engelsgeduld und vorbildliches Benehmen an den Tag. Lassen Sie Ihr Fahrzeug durchsuchen, vermeiden Sie heftige Bewegungen und geben Sie selbst an, daß Sie weder Waffen noch Whisky mitführen.

Km 254, die Piste führt auf die Waw al-Kebir-Berge und fällt fünf Kilometer weiter in den dortigen Krater ab.

Waw al-Kebir – Militärposten. Tankstelle, desweiteren keine Versorgungsmöglichkeit. Sich bei der Ankunft im Fort melden und wie oben beschrieben verhalten. Medikamente sind willkommen. (Beginn D 17 und D 19.)

Variante Timsah – Waw al-Kebir:

Km 0, **Timsah** – Tankstelle.

184 Durch Afrika

Piste führt in Verlängerung der Asphaltstraße durch die Oase am Wasserbecken vorbei.

Km 13, Gabelung, nach rechts halten, sehr sandige Passage bis Km 35 (tiefe Spurrillen können nördlich umfahren werden).

Km 35, die Piste führt ins Gebirge, zunehmend Wellblech, Markierungen vorhanden.

Km 141, Paßhöhe mit Kontrollposten, Überprüfung der Genehmigung aus Sabha.

Km 159, Gebäude zur Linken.

Km 174, Tankstelle von Waw al-Kebir, meist Treibstoff. Möglicherweise Kontrolle der Genehmigung. U.U. werden die Pässe einbehalten um eine Weiterreise in den Tschad oder zu den Kufra-Oasen zu unterbinden.

D 17: Waw al-Kebir – Waw an-Namus (126 km)

(03.93, Land Rover) Piste (A/D/H/I). Große Ausbesserungsarbeiten sind vorgesehen, der genaue Zeitpunkt ist allerdings unbekannt. Starke Militärpräsenz in der ganzen Gegend. Trifft man ein vermutlich militärisches Fahrzeug, sofort halten. Zahlreiche Kontrollen auf der ganzen Strecke; Touristen nicht wirklich willkommen. Achtung! Zur Besichtigung des Waw an-Namus-Kraters muß in Sabha (s. D 8) eine Bewilligung eingeholt werden (wird kaum mehr kontrolliert). Vorsicht, südlich der Piste nach Waw an-Namus zahlreiche Minen, nicht von den Pisten entfernen. Ein Führer ist nicht mehr obligatorisch.

Waw al-Kebir – S. D 16. (Ende D 16; Beginn D 19.)

Pisteneinstieg ab Tankstelle Waw al-Kebir: man folgt der Beschilderung und passiert das Militärgelände.

Km 0, Kreuzung, Abzweig zum Flughafen und nach Aouzou.

Km 1, hinter einem kleinen Hügel wendet sich die Hauptpiste nach rechts, die Piste nach Waw an-Namus führt geradeaus weiter. Zunächst sehr sandig (rechts durch leicht felsiges Gelände umfahren). Die Hauptspuren führen immer geradeaus in Richtung 120–150°.

Km 3, Tonnenmarkierung, im folgenden Teil weitere Markierungen (Reifen usw.), steiniges Gelände.

Km 49, mit Steinen auf den Boden gezeichnete Namenszüge. Bei der Weiterfahrt auf Einhaltung der Hauptrichtung achten; mehrere Abzweigungen (auch markierte) führen zu verlassenen Bohrstellen.

Km 71, Reifenmarkierungen.

Km 93 bis Km 100, die Piste windet sich über Weichsandfelder durch felsige Hügel.

Km 106, ab hier wird die Farbe des Bodens schwarz, denn die Vulkanasche des Waw an-Namus bedeckt in einem weitem Umkreis um den Krater den Sand.

Km 126 **Waw an-Namus** – (Beginn D 18 und D 20.); „Mückenkrater" mit einem Durchmesser von etwa 5 km ist eines der Traumziele Libyens. In seinem Innern befinden sich ein Vulkan sowie drei größere und ein kleinerer See mit salzigem Wasser, die von Palmen und Schilf umgeben sind. Die Oase ist (wahrscheinlich wegen der vielen Mücken) unbewohnt. Bitte keinen Müll zurücklassen, zu Fuß den Krater erkunden, nicht in den Krater fahren, da das labile ökologische Gleichgewicht immer mehr gestört wird und die dort heimischen Tiere ein Rückzugsgebiet verlieren. Außerdem sind die Reifenspuren der Offroad-Freaks, die es nicht lassen können, auch noch Jahre danach zu sehen – ein weiteres Naturparadies wird durch den Menschen zerstört.

D 18: Waw an-Namus – Tazurbu – Bir bu Zarraigh (ca. 520 km)

Piste (A/D/H/I). Kaum bekannte Strecke; mehrere Routen nach Tazurbu. Vermuten Sie ein Militärfahrzeug, sofort halten.

Waw an-Namus – S. D 17. (Ende D 17; Beginn D 20.)
Tazurbu – Oase. 700 Einw. Die Bevölkerung verteilt sich auf fünf oder sechs Ortschaften in jeweils 15 bis 20 km Entfernung. Wasser. Beschränkte Lebensmittelauswahl; Tomaten und Zwiebeln. Von Tazurbu nach Bir bu Zarraigh: flacher *serir*. Vereinzelte Spuren ohne jede Markierung.
Bir bu Zarraigh – S. D 10. (Zur D 10.)

D 19: Waw al-Kebir – B.U.C. (ca. 175 km)

(01.90) Kaum befahrene Piste (A/D/H/I) durch *serir*, der von einigen *oueds* durchfurcht wird. Kilometerweise Markierung durch 200-l-Fässer. Trifft man ein vermutlich militärisches Fahrzeug, sofort halten. Warnung! Erkundigen Sie sich, ob das Befahren der Piste erlaubt ist; seit 1990 ist die Piste aus militärischen Gründen gesperrt, da die Libyer bei ihrem Rückzug aus dem Aozoustreifen selbst zahlreiche Minen in Südlibyen gelegt haben um die Tschader aufzuhalten. Die Routen D 19-21 sind deshalb zu meiden.

Waw al-Kebir – S. D 16. (Ende D 16; Beginn D 17.)
B.U.C – (Beginn D 21; Ende D 20.); die Pisten von Waw al-Kebir nach Al-Khofra und von Waw an-Namus nach Aouzou (Tschad) kreuzen sich. Unbewohnt. Früher (vor Ghaddafis Zeiten) befand sich hier eine amerikanische Airbase, die Buchstaben B.U.C. sind mit Lesesteinen in riesiger Schrift (wahrscheinlich als Kennzeichnung für die Flugzeuge aus der Luft) in die Serir gelegt. Bedeutung der Abkürzung „B.U.C." unbekannt.

D 20: Waw an-Namus – B.U.C. (ca. 75 km)

(03.90, Landcruiser) Piste (A/D/H/I). Keine Markierungen. Große Ausbesserungsarbeiten sind vorgesehen, der genaue Zeitpunkt ist allerdings unbekannt. Trifft man ein vermutlich militärisches Fahrzeug, sofort halten. Warnung! Erkundigen Sie sich, ob das Befahren der Piste erlaubt ist; seit 1990 ist die Piste (verminte Passagen) gesperrt.

Waw an-Namus – S. D 17. (Ende D 17; Beginn D 18.)
Waw an-Namus nach S/SW verlassen. Diese Richtung beibehalten, bis man entweder auf die markierte Piste aus Sabha oder auf eine ebenfalls markierte,

186 Durch Afrika

von N nach S verlaufende Piste trifft. Beide führen nach B.U.C.
B.U.C – S. D 19. (Ende D 19; Beginn D 21.)

D 21: B.U.C – Hosenofu – Rabianeh – Al-Khofra
(ca. 800 km)

(01.90) Piste (A/D/H/I). Große Ausbesserungsarbeiten sind vorgesehen, doch der genaue Zeitpunkt ist unbekannt. Trifft man ein vermutlich militärisches Fahrzeug, sofort halten. Warnung! Erkundigen Sie sich, ob das Befahren der Piste erlaubt ist; seit 1990 ist die Piste wegen verminten Passagen gesperrt! Nur mit Führer befahren! Kompaß bzw. Satellitennavigation notwendig!

B.U.C. – S. D 19. (Ende D 19 und D 20.) Alle 1 bis 3 km bis zum Djebel Eghei (je nach Karte auch Neghei) Markierung durch Fässer.
Km 74, kleiner Dünengürtel, dann weicher *serir.*
Km 133, Kreuzung. Steinpfeile am Boden nach S, „Aouzou" (280 km; einige Spuren ohne Markierung, verbotene Piste); nach SO, „Eghei" (140 km); nach NW, „Waw al-Kebir" (300 km).
Km 135, man erreicht ein Berggebiet. Rechter Hand der Gara Smeraldi (alleinstehender, erloschener Vulkan). Dann harter, gut befahrbarer *serir.*
Km 165, Kreuzung mit Steinwegweisern nach N, „Waw an-Namus" (deutliche Spuren ohne Markierung); nach O, „Djebel Eghei"; nach W, „Waw al-Kebir"; nach SW keine Angaben, doch gut sichtbare Spuren zum Tibestigebirge.
Ab Km 165, breites Tal mit hartem Grund, Sandstellen, die einfach zu durchfahren sind. Schwarze Bergkämme, die vom hellen Sand aufragen.
Km 210, das Tal wird enger, und man gelangt in ein *oued* mit sandigem Grund. Im *oued* trifft man mehrmals auf unebenes Gelände mit tiefen Fahrrinnen. Die Winderosion hat die Felsen zu erstaunlichen Formen geschliffen.
Km 225, das Tal wird breiter, die Piste ist wieder markiert.
Km 236, die Piste teilt sich. Die markierte Piste windet sich den Berg hoch. Dieser Piste folgen, nicht den zahlreichen Spuren, die weiter ins *oued* hineinführen.
Km 256, Kreuzung mit Steinpfeilen am Boden nach O, Zouma (nach Al-Khofra); nach S, Baya.
Km 262, Beginn eines Berggebiets. Miserable, geröllbedeckte Piste mit kleinen, weißen Steinmarkierungen.
Km 266, wiederum Steinpfeil am Boden; die Angaben sind unlesbar.
Km 272, Zouma-Paß und Kreuzung; Pfeil nach Eghei, nach O; Waw al-Kebir (450 km) und Aouzou (400 km) sind angegeben, allerdings ohne Pfeil.
Km 280, Pfeil am Boden mit der Aufschrift „UAU" (Richtung N/NW).
Von Km 280 bis 287 ist die Piste voll Geröll.
Ab Km 287, streckenweise *fesch-fesch* und Weichsandfelder.
Km 303, „Kathedralberg", der vom Deutschen Eberhard Klitsch so getauft wurde. Es handelt sich um einen einsamen, kathedralenförmigen, schwarzen Felsberg zwischen hellen Sanddünen – sehr schöne Landschaft.

Routenteil D – Libyen 187

Ab hier Umfahrung des Minengebiets in Richtung Norden auf schwierigem Dünen- und Felsgelände möglich (nur mit Führer):
90 km bis zum 24. Breitengrad und dann Richtung Ost. Fortsetzung alte Strecke (Vorsicht, auch andere Durchfahrten nach Osten scheinen vermint zu sein).
Km 305, vereinzelte Felsen mit prähistorischen Gravuren. Lkw-Wrack. Minen!
Ab Km 305 wird die Strecke auf der Hochebene immer sandiger.
Km 307, gesprengter blauer Pickup blockiert die Piste. Ein Umfahren ist wegen Geröll und evtl. vorhandener weiterer Minen nicht möglich. Standort: E = 20.05/N = 23.13.
Ab Km 315, härterer Grund. Ende der Berggegend. Ebene mit hie und da kleinen Erhebungen. *Serir* mit einigen Weichsandstellen.
Km 335, keine Markierungen mehr.
Ab Km 350, harter Sand über 9 km am Rand des Sandmeers von Rabanieh.
Ab Km 359, mehrere äußerst weiche *fesch-fesch*-Strecken.
Ab Km 387 beginnt ein Lavageröllfeld, das mühsam zu durchqueren ist. Daran schließt eine besser befahrbare *hammada* an. Kleine *guemiras* weisen den Weg.
Ab Km 398 beginnt das Sandmeer von Rabianeh. Zwischen den ersten Dünenketten steinige Abschnitte, dann nur noch fester Sand (den gut sichtbaren Spuren folgen).
Ab Km 418 ist der pyramidenförmige Hosenofu-Berg zu sehen.
Km 465, Skelett eines sitzenden Dromedars, (1962 von E.Klitsch erwähnt)
Km 474, **Hosenofu** – rechteckiger Brunnen einige km westlich des gleichnamigen Berges. Von Tierskeletten (Dromedare, Ziegen, Wüstenfüchse) umgeben. Trinkwasser 15–20 m tief.
Nach dem Brunnen 10 km *Fesch-Fesch* bis zum Fuße der Dünen; weiter 16 km nach NO an den Nordrand der Hochebene. Relativ fester Grund zwischen zwei Dünenketten.
Km 576, die Hochebene von Rabianeh zeichnet sich ab. Davor befindet sich ein kleiner, pyramidenförmiger Berg. In der Nähe des Brunnens liegt sehr weicher Sand.
Rabianeh – Kleine Oase. Grundnahrungsmittel. Brunnen. Kein Treibstoff.
Von Rabineh nach Al-Khofra gibt es zwei Routen: nachfolgend die kürzere, aber schwierigere Strecke. Auf der anderen Strecke (+ 60 km) ist nur 40 bis 50 km Sand zu durchqueren. Rabianeh in Richtung S über ein breites Sandfeld verlassen.
Km 13 (ab Rabianeh), eine Düne 1 km weit in Richtung SW entlangfahren.
Zwischen Km 14 und 17 schwierige Überquerung mehrerer Dünenketten.
Ab Km 17 einen Tafelberg ansteuern, den man im W (rechts) umfährt, *fesch-fesch*.
Ab Km 26 fährt man wieder eine Dünenkette entlang, dann hält man nordöstlich. Nach 10 km feinem und weichem Sand überquert man eine dieser Ketten. Bis Km 62, Dünen weiterhin an den günstigsten Stellen überqueren.
Km 62, Ende der Dünen. Fester Grund zwischen den Bergen und den Dünen, dann 7 km breites Sandmeer.

188 Durch Afrika

Km 78, Paß, *fesch-fesch*. Äußerst schwierige Bergauffahrt. (Weichsand, der die festen Stellen beim geringsten Windstoß bedeckt). Leichtere Fahrzeuge können den Paß über die Dünen nach NO umgehen. Dann beginnt eine Berg- und Talfahrt; fester Grund und äußerst weicher *fesch-fesch* wechseln ab.
Km 103, bei der Abfahrt nach O muß ein großes Weichsandfeld bewältigt werden.
Ab Km 105, Wellblech. Piste gut sichtbar. Mehrere Spuren münden ein.
Zwischen Km 131 und Al-Khofra stellenweise Sand.
Al-Khofra – S. D 10. (Ende D 10; Beginn D 22.)

D 22: Al-Khofra – Djebel al-Awaynat (325 km)

Piste (A/D/H/I/K). Genehmigung obligatorisch, in Al-Khofra einholen – kein einfaches Unterfangen. Kilometerweise Markierungen durch Metallpfosten. Starker Lastwagenverkehr. Trifft man ein vermutlich militärisches Fahrzeug, sofort halten.

Al-Khofra – S. D 10. (Ende D 10 und D 21.)
Al-Khofra (Al-Giof) nach S/SW (Al-Tullab) verlassen und vor der Siedlung der Führungscrew der Bewässerungsanlage vorbeifahren. Den Djebel Attalab rechts umfahren, dann ca. 10 km weiter nach SO. Man überquert mehrere Hügelketten, bevor man auf Sandfelder und *serir* gelangt.
Auf 5 km Breite sind Spuren zu sehen, die an den sandigen Stellen verschwinden. Die Lastwagenspuren, die zu stark von der Piste abweichen, nicht beachten (Schmuggler, die den Djebel al-Awaynat meiden).
25 km vor dem Djebel al-Awaynat überquert man die Archenu-Düne, die vierte, 10 km breite Kette ab Al-Khofra. Viel Weichsand.
Djebel al-Awaynat – Dieser Berg vulkanischen Ursprungs ragt aus der Ebene auf. Beeindruckende Landschaft, Felszeichnungen und neolithische Werkzeuge.
Al-Awaynat – (N21°52.10/E24°48.22) Oase. Kleiner Laden mit wichtigsten Grundnahrungsmitteln. Wasser 8 km östlich direkt am Fuß des Berges an der im Fels liegenden Quelle „Ayn al-Gazal" (N21°48.50/E24°51.29). Polizeiposten (u.U. Benzin erhältlich). Diesel kann von libyschen Lkw-Fahrern erworben werden. Ausreisekontrolle beim Verlassen Libyens. Einreiseformalitäten. Der Weg in den Sudan ist für Touristen gesperrt.

D 23: Bir Alagh – Awaynat Uennin – Idri (500 km)

(11.91, Land Rover) Piste (A/C/H/I).

Bir Alagh – S. D 6. Bir Alagh auf der Piste in Richtung S auf die Bergkette zu verlassen.
Km 13, Auffahrt auf die Hochebene. Danach Weiterfahrt auf dem Plateau nach Kompaß in südlicher Richtung. Die Piste ist anfangs steinig, danach besser.

Routenteil D – Libyen **189**

Flache Landschaft ohne Orientierungspunkte. Es gibt keine Piste, der man die ganze Strecke folgen kann.

Km 119, man kreuzt die Asphaltstraße Ghadamès – Garyat.

Auf der Strecke trifft man immer wieder auf Markierungen (blaue und gelbe Fähnchen). Folgt man ihnen, dann stößt man bei

Km 217 auf ein Ölpumpfeld. Einige Ölleitungen müssen überfahren werden. Danach ist mit etwas Glück eine sehr gute Erdpiste erreicht.

Km 348, scharfe Rechtskurve vor dem Ende des Plateaus und steile Abfahrt ins Tal. Wer die Klippen nicht über die Erdpiste erreicht hat, ist zu weit östlich gefahren. Nach Westen fahren, bis man die Piste kreuzt.

Km 352, **Awaynat Uennin** – S. D 12. (Zur D 12.)

Km 357, Einfahrt in große Talebene.

Km 362, *marabout.*

Km 397, von links Einmündung einer Piste, nach 4 km rechts ein Baum.

Km 412, Verzweigung, links weiter, nach 10 km Verzweigung ebenfalls nach links.

Km 475, die Teerstraße Sabha – Idri ist erreicht (Idri liegt 25 km westlich).

Km 500, **Idri** – S. D 12. (Zur D 12.)

D 24: Gharyan – Mizda – Gariyat – Shwayrif – Brak – Sabha (675 km)

Asphalt.

Km 0, **Gharyan** – S. D 6.

Km 94, **Mizda** – Treibstoff.

In der Umgebung: Ausflugsmöglichkeit zum **Wadi al-Kheil** (Piste A/I), 70 km westlich von Fassanu, für alle Fahrzeuge mit hoher Bodenfreiheit befahrbar. Führer empfohlen. Die Felswände des *oued* sind mit Felsgravuren bedeckt, die Gerhard Rohlfs 1874 entdeckt hat.

Km 254, **Gariyat** – Ort rechterhand der Straße. Tankstelle an der Kreuzung. Bäckerei. Kleines, nettes Restaurant rechts der Straße (17 LD für vier Hühnchen) gegenüber der Tankstelle. Dort sind auch Getränke, ein wenig Lebensmittel und Brot erhältlich.

Km 330, **Shwayrif** – trostloser, vermüllter Ort. Treibstoff Links Abzweig in den Ort nach rechts in Richtung Tripolis abbiegen.

Km 377, die Straße nach Hun kreuzt.

Zwischen Km 378 und Brak (s. D 12) Vorsicht vor Straßenschwellen zur Geschwindigkeitsbegrenzung.

Km 467, Restaurant, Polizeiposten.

Km 592, Kreuzung vor Brak. Treibstoff. Kontrollposten. Nach Sabha nach links abbiegen.

Sabha – S. D 8. (Ende D 8, D12 und D 24; Beginn D 13 und D 14.)

190 Durch Afrika

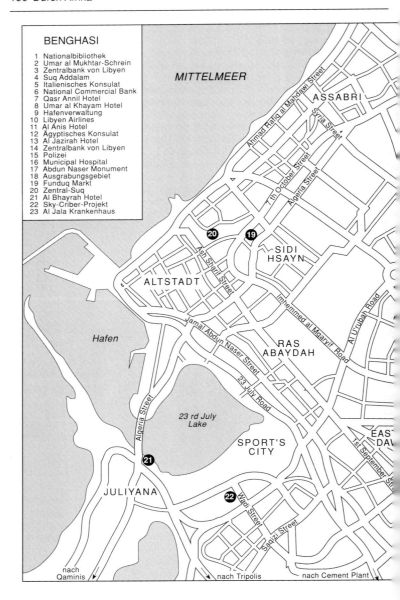

Routenteil D – Libyen 191

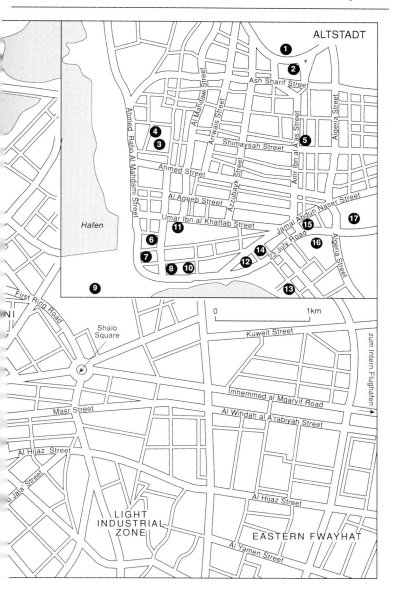

192 Durch Afrika

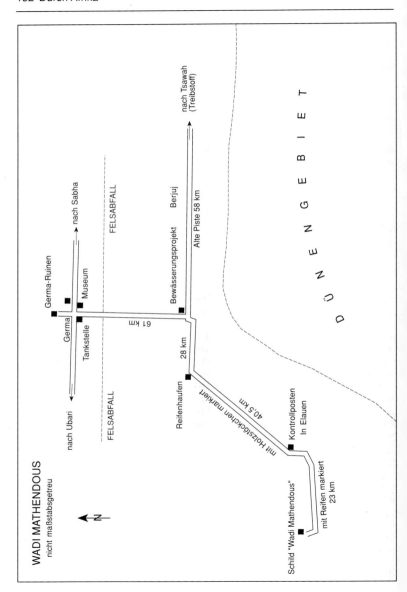

Routenteil D – Libyen 193

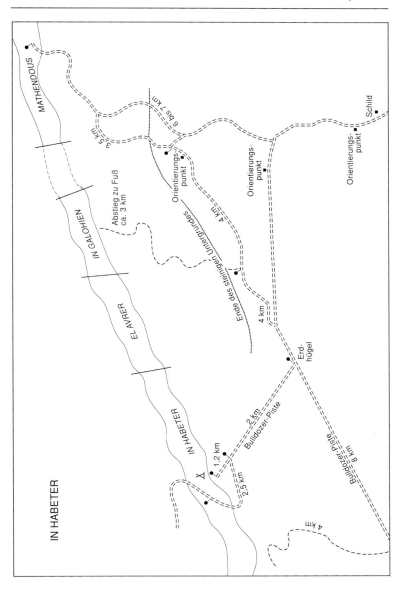

194 Durch Afrika

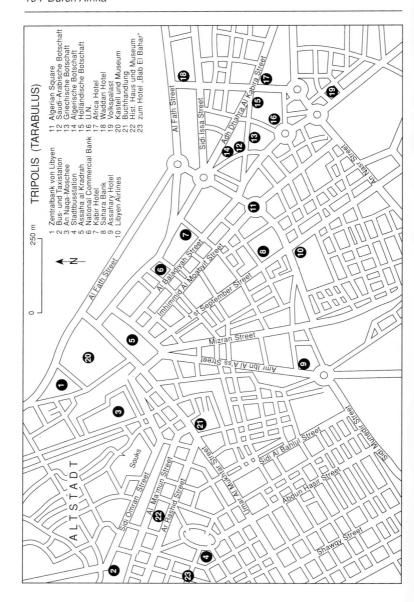

Routenteil D – Libyen 195

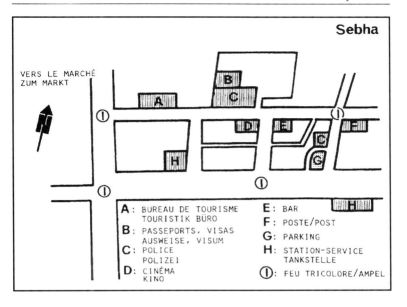

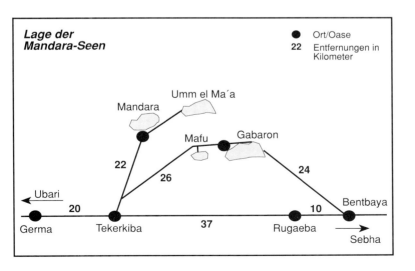

196 Durch Afrika

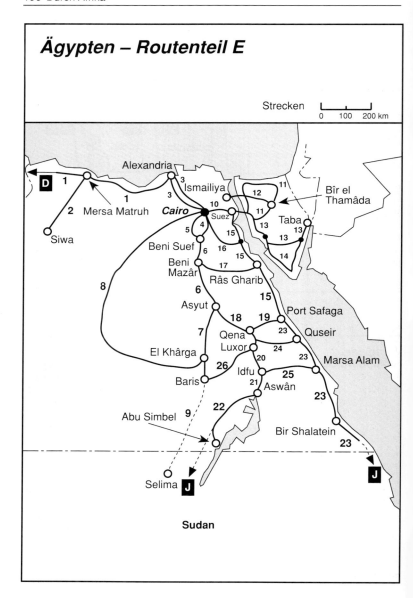

Ägypten – Routenteil E

Überblick

Fläche: 997 739 km².

Einwohner: 55 200 000.

Ethnien: Araber, Nubier.

Hauptstadt: Kairo (12 000 000 Einw.).

Sprachen: Amtssprache Arabisch, daneben Englisch.

Religion: Islam, ca. 7% koptische Christen.

Ruhetag: Freitag, Behörden schließen Donnerstag und Freitag, Firmen können ihr Wochenende selbst bestimmen z.B. ob Donnerstag/Freitag, oder Freitag/Samstag, bzw. Samstag/Sonntag.

Feiertage: 1.1., 5.4., 1.5., 18.6., 6.10., 24.10., 23. 12; außerdem noch zahlreiche mit dem Mondkalender wechselnde islamische Feiertage.

Einreise: Visumpflicht für Reisende aus der BRD, aus Österreich und der Schweiz. Das Visum kann bei den konsularischen Vertretungen beantragt werden (Rückumschlag beilegen), wird aber für Reisende aus der EG auch bei Ankunft am Flughafen ausgestellt. Jeder Reisende muß sich spätestens 7 Tage nach Einreise einen zusätzlichen Stempel (Sichtvermerk) zur Verlängerung der Aufenthaltsgenehmigung geben lassen, in Alexandria: Sharia Talaat Harb 28; in Kairo: Midan Tahrir, Mogama-Gebäude, Schalter 48 (siehe Kairo Plan Midan Tahrir; auf dem Sinai an allen Polizeistationen, spätestens jedoch in Sharm el Sheik. Eine Einreise nach Alexandria mit dem Schiff ist derzeit nicht möglich, da die Egito Express ihren Dienst eingestellt hat. Ausweichmöglichkeit: mit der „Habib" nach Tunis und über Libyen nach Ägypten (siehe jeweilige Länderteile), oder über Piräus – Israel (Haifa) nach Ägypten. U.U. kann es dann zu Schwierigkeiten bei der Weiterreise in die nachbarstaaten Libyen oder Sudan kommen, da israelische Sichtvermerke zu einer Einreiseverweigerung führen können (gegebenenfalls bei der Einreise nach Israel den Sichtvermerk bzw. das Visum auf einem gesonderten Blatt Papier stempeln lassen). Eine Alternative ist die Fahrt über Jordanien mit der Fähre von Aqaba nach dem ägyptischen Nuweiba auf Sinai (zweimal täglich mit Fahrzeug ca. 400 DM), so daß man den Nachweis der Einreise nach Ägypten aus einem arabischen Land führen kann. Da seit Ende 1994 eine Weiterreise/bzw. Anreise von Ägypten nach Sudan bzw. umgekehrt wegen geschlossener Grenzen

198 Durch Afrika

nicht möglich ist, besteht als Alternative die Schiffsverbindung Suez – Djidda – Suakin (Sudan) bzw. Port Sudan 1x wöchtentlich sonntags, 350 E£ p./P. 650 E£ pro Motorrad, Adressen von Agenturen s. Kairo E 3 und Port Sudan E 10.

Impfung/Gesundheit: Keine vorgeschriebenen Impfungen. Malariaschutz dringend empfohlen.

Währung: Ägyptisches Pfund (£) 1 DM= ca. 2,50 E£.; 1 E£ = ca. 0,40 DM.

Kfz: Internationaler Führerschein und internationaler Fahrzeugschein sowie ein *carnet de passage* oder alternativ Hinterlegung der Zollsumme als Kaution. Bei der Einreise muß eine Haftpflichtversicherung abgeschlossen werden (auf ausreichend lange Gültigkeit achten, kann unterwegs nur mit großer Mühe verlängert werden, Kosten: 15 E£/Motorrad). Ägyptische Nummernschilder werden montiert (Kosten ca. 15 E£). Ab 01.01.93 muß bei der Einreise pro Fahrzeug eine Gebühr bezahlt werden (bei Einreise von Jordanien aus güstiger): 1600 ccm = 205 E£, bis 2000 ccm = 405 E£, über 2000 ccm = 605 E£.

Treibstoff: Gute Treibstoffversorgung; Diesel in den Städten schwieriger. Preise: Diesel ca. 30 Piaster; Benzin 1 E£.

Kontrollen: Häufig entlang der Wüstenstraßen und in der Region um Asyut.

Sicherheit: Durch Anschläge fundamentalistischer Terroristen auf Touristen ist vor allem die Region Asyut – Qena und Fayum unsicher, diese Gebiete sollte man besser meiden. Häufig werden Touristen per Polizeieskorte durch die Region geschleust. Alle wichtigen Hotels stehen unter polizeilicher Bewachung.

Straßenzustand: Zumeist asphaltierte Straßen und einige Pisten.

Grenzen: Die Grenzen zu den Nachbarländern Israel und Libyen sind geöffnet, die Weiterreise in den Sudan ist seit November 94 wegen geschlossener Grenzen nicht möglich (s.o. Einreise) und war vor Grenzschließung nur mit der Fähre über den Assuan-Stausee möglich. Da keine Autofähre verkehrt, muß eine Fähre für 1500 $ gechartert werden. Die Ausreise über Wüstenstrecken nach dem Sudan ist verboten (s. E 22). Zahlreiche Schilder entlang der Strecke nach Abu Simbel, weisen darauf hin, daß ein Verlassen der Hauptstrecke verboten ist, desgleichen bei der Oase El Kharga (s. hierzu auch Einreise im allgemeinen Teil von Sudan). Bei unerlaubter Aus/bzw. Einreise riskieren Sie eine Fahrzeugbeschlagnahmung und Inhaftierung. Sudanvisum unbedingt n Deutschland besorgen, da in Kairo die Wartezeit mittlerweile 2 Monate beträgt.

Zeitverschiebung: + 1 Stunde.

Stromversorgung: 220 V.

Ägypten – Routenteil E 199

Literatur und Landkarten:
Reiseführer: Sigrid und Wil Tondok, „Reise Know-How Ägypten" (1994).
Landkarten: F&B Ägypten 1:1 000 000. Gute Geländedarstellung auf den TPC-Detailkarten 1:500 000; geeignet sind auch russ. Generalstabskarten.
Hintergrund: Das Literaturangebot zur pharaonischen Geschichte Ägyptens ist riesengroß. Ein Tip: „Das Ägyptische Totenbuch" (verschiedene TB-Ausgaben im Handel) schafft die richtige Einstimmung für die Besichtigungen. Das heutige Ägypten spiegelt sich spannend und unterhaltsam in den Büchern des Literatur-Nobelpreisträgers Nagib Mahfus (u.a. „Die Midaq-Gasse"), der 1994 von Fundamentalisten niedergeschossen wurde, das Attentat aber überlebte. Seine Romane sind im Unions-Verlag, Zürich, erschienen.

Geschichte: Die ägyptisch-pharaonische Kultur gehört zu den ältesten Zivilisationen der Welt. Die schriftlich aufgezeichnete Geschichte der Reiche am Nil reicht bis etwa 3000 v. Chr. zurück. Eine so komplexe Entwicklung wie die Ägyptens in wenigen Worten zusammenzufassen ist unmöglich. Daher im folgenden nur ein kurzer Überblick über die einzelnen Perioden ägyptischer Geschichte. Um 3000 v. Chr. vereinen die Herrscher der Ersten und Zweiten Dynastie die bis dahin getrennten Teile Ober- und Unterägypten. Das folgende Alte Reich (3. Jahrtausend v. Chr.) brachte die großen Pyramidenbauer (Djoser, Cheops etc.) hervor. Im Mittleren Reich, der Herrschaftszeit der 11. bis 17. Dynastie (bis etwa 1650 v. Chr.), löst Theben die bisherige Hauptstadt ab. Diese Epoche wird duch den Einfall der Hyksos beendet. 1550 v. Chr. werden diese vertrieben, Pharao Ahmose begründet das Neue Reich (18. bis 20. Dynastie). Neue Landesteile werden erobert (Nubien bis zum 4. Katarakt, Vorderasien bis zum Euphrat), glanzvolle Tempel entstehen (Abu Simbel, Ramasseum, Luxor, Abydos). In diese Epoche fällt auch die Herrschaft Echnatons, der eine kurze monotheistische Periode einleitet (Aton als einziger Gott) und die Hauptstadt nach Amarna verlegt. Doch bereits sein Sohn, Tut-Anch-Amun kehrt wieder zu den alten Göttern und in die alte Hauptstadt Theben zurück. Unter der 21. bis 24. Dynastie verfällt die Macht der Pharaonen, das Reich wird in einen nördlichen und einen südlichen Landesteil geteilt, fremdstämmige Pharaonen lenken die Geschicke Ägyptens, bis 322 v. Chr. Alexander der Große die kläglichen Überreste des einstigen Weltreichs mühelos erobert. Ihm folgen Ptolemäer und schließlich Römer (30 v. Chr.), danach Byzanz und im 7. Jh. n. Chr. die arabisch-islamischen Eroberer, die nicht nur eine neue Religion, sondern auch eine neue Sprache, das Arabische, einführen. Kairo entwickelt sich zur neuen Metropole. 1798 fällt Ägypten an die Franzosen. Im Begleittroß Napoleons reisen angesehene Archäologen wie Champollion, der Entzifferer der Hieroglyphen, die Jagd auf die pharaonischen Schätze und Kunstwerke setzt ein. Schon drei Jahre später wechselt in Ägypten wieder die Herrschaft. Neuer Regent wird Mohammed Ali, der sich in einem blutigen Handstreich der Herrschaft bemächtigt und durch seine Neuorganisation des Staates die Basis für das moderne Ägypten legt. Ende des 19. Jhs. wird Ägypten schließlich englisches Protektorat, 1922 erlangt es unter König Fuad die Unabhängigkeit.

200 Durch Afrika

Politik: 1952 beendet ein Militärputsch die Herrschaft der Königsdynastie, 1954 putscht Gamal Abdel Nasser seinen Vorgänger von der Macht. Er verstaatlicht unter anderem den Suezkanal und erreichtet mit sowjetischer Unterstützung den Assuan-Staudamm. 1967 verliert Ägypten im Sechs-Tage-Krieg den Sinai an Israel. 1970 stirbt Nasser, sein Nachfolger wird Anwar el Sadat, dem es 1973 gelingt, einen Teil des Sinai zurückzuerobern. 1979 schert Sadat mit dem Camp-David-Abkommen aus der Anti-Israel-Liga der arabischen Staaten aus und bekommt dafür den Sinai wieder zurück. 1981 wird Sadat bei einem Attentat ermordet. Sein Nachfolger Hosni Mubarak hat mit einer immer stärker werdenden fundamentalistischen Strömung in der Bevölkerung zu kämpfen, die ihm insbesondere auch seine Unterstützung der Amerikaner im Golfkrieg vorwirft. Er kommt deshalb innenpolitisch stark in Bedrängnis, vor allem auch bei der Durchsetzung der gemäßigten und auf Ausgleich bedachten Israelpolitik und seiner Hinwendung zum Westen.

Routeninformationen

E 1: Libysche Grenze – Soloum – Mersa Matruh – El Alamein – Alexandria (516 km)

Asphalt (vierspurige Straße). Starker Lastwagenverkehr. Legt man die Strecke in umgekehrter Richtung nach Libyen zurück, sollte man sich in Kairo erkundigen, ob die Grenze tatsächlich geöffnet ist.

Soloum – Dorf. Grenzposten für die Einreise nach Ägypten.
Mersa Matruh – 20 000 Einw. Gute Infrastruktur. Zahlreiche Soldaten.
Sehenswert: die malerische Lage der Stadt.
(Beginn E 2.)
Auf der Strecke von Mersa Matruh nach El Alamein wegen übriggebliebener Minen aus dem Zweiten Weltkrieg nicht wild campen.
Sidi Abd el Rahman – Dorf.
Unterkunft: Hotel „El Alamein" mit Bungalows. Schöne Bademöglichkeiten. Zum Campen in den weißen Sanddünen ist in El Alamein Genehmigung einzuholen.
El Alamein – Dorf. Hotel. Treibstoffversorgung manchmal schwierig.
Sehenswert: die Soldatenfriedhöfe, wo die Opfer der berühmten Wüstenschlacht von 1942 begraben sind, und das Kriegsmuseum.
Alexandria – 2 800 000 Einw. Gute Infrastruktur. Bedeutender Handelshafen, der 331 v.Chr. gegründet wurde. (Beginn E 3.)
Unterkunft: Hotel „Cecile" (28 E£/Person, 38 E£/DZ). Campingp in Agami (etwa 20 km von Alexandria entfernt), in der Nähe des „Agami-Palace-Hotels", Wasser und Duschen; in Abu Qir, auf der Küstenstraße (hinter dem Montazah-Palast) 22 km nach O fahren, in Abu Qir in die erste Straße rechts nach dem Bahnhof abbiegen, gegenüber vom Campingplatzeingang weist ein großes

Schild auf das „Youth Camp" (0,5 E£/Person), kalte Duschen; im Palastgarten von Montazah (1 E£/Person/Fahrzeug).

Verschiedenes: jeder Besucher muß spätestens 7 Tage nach der Ankunft bei der Einwanderungsbehörde (*immigration office*) zusätzlich zu dem Visum einen Sichtvermerkstempel einholen (Adressen siehe Einreise).

Sehenswert: Pompejussäule, Katakomben von Kom el Chougafa, griechisch-römisches Museum, Befestigung Kai't Bey, wo sich früher der Leuchtturm von Alexandria, eines der Sieben Weltwunder, befand, Hydrobiologisches Institut, Museum des Palastes Ras el-Tine (frühere offizielle Residenz der ägyptischen Könige), „Montazah-Palast" (Sommerresidenz und Parkanlagen, 17 km nach O am Kliff entlang), Strände mit feinem Sand (oft überfüllt), Abu Sir, das in der Antike Taposiris Magnadans hieß, Osiristempel, römischer Leuchtturm und alte Steinbrüche südlich der Straße.

E 2: Mersa Matruh – Siwa – Barhâriya (760 km)

Asphalt in gutem Zustand, ab Siwa schlechter Asphalt mit Sandverwehungen. Keine Genehmigung erforderlich.

Mersa Matruh – s. E 1. (Zur E 1.)
Mersa Matruh in Richtung Westen verlassen.
Km 15, Militärkontrolle. Kreuzung, rechts nach Soloum, links nach Siwa.
Km 28, Militärkontrolle. Bei der Kreuzung geradeaus fahren.
Km 177, Rasthaus mit geschlossener Tankstelle.
Km 179, **Bir el Nuss** – Militärposten. Restaurant. Lager.
Km 283, Militärkontrolle.
Siwa – Oase. Lebensmittel (Markt und Geschäfte). Wasser. Tankstelle am Marktplatz. Restaurant. Fährt man 500 m vor dem Marktplatz nach rechts, kommt man nach 5 km an eine gefaßte Quelle (gute Übernachtungsmöglichkeit).
In der Umgebung: Salzseen, Palmenhaine, Ruinen aus der Antike und mittelalterliches Lehmdorf.
Km 344, Passkontrolle.
Km 388, schöne Sanddüne rechts.
Km 413, linker Hand eine interessante Abbruchkante (3 km) mit zahlreichen Muscheln.
Km 428, versteinerte Muscheln und Schnecken.
Km 437, Passkontrolle.
Km 427, schönes Tal mit Zeugenbergen.
Km 477, Passkontrolle.
Km 521, Dünengebiet.
Km 663, Passkontrolle.
Km 760, **Bahâriya** – S. E 8. (Zur E 8.)
In Gegenrichtung in nordwestlicher Richtung am Campingplatz vorbei auf der Asphaltstraße die Oase verlassen.

202 *Durch Afrika*

E 3: Alexandria – El Giza – Kairo (225 km)

Asphalt. Gebührenpflichtige Straße. Vorsicht: Radarkontrollen der Polizei (strenge Geschwindigkeitskontrollen). Die beschriebene und schnellste Strecke nach Kairo führt über die Wüstenstraße – eine Art Autobahn, vierspurig ohne trennenden Mittelstreifen, auf der man auf alle Fortbewegungsmittel gefaßt sein muß: Fahrräder, Landwirtschaftsmaschinen, Tiere, Karren. In Ortschaften ist die Straße zweispurig. Vorsicht ist geboten!

Alexandria – S. E 1. (Ende E 1.)
Alexandria in Richtung W (Agami mit herrlichem, weißem Sandstrand) verlassen.
Km 13, links nach El Amriah, einem Bauerndorf, abbiegen.
Km 61, **Abstecher** links nach **Abu el Matâmir** und **Kellia** (ca. 80 km hin- und zurück). 20 km in diese Richtung zurücklegen, dann nach rechts abbiegen und auf 17 km entlang des Noubariyeh-Kanals weiterfahren. Den Kanal überqueren, anschließend auf 3 km südwestlich halten, bis man die archäologische Fundstätte von **Kellia** erreicht: etwa 700 koptische Klöster aus dem 6. bis 9. Jh. n. Chr., die 1964 entdeckt worden sind. Jedes Jahr führen das „Französische Institut für orientalische Archäologie" von Kairo, die Universität Genf und die Universität Warschau von September bis Dezember Ausgrabungen durch.
Km 122, **Wadi Natrun** – Hotel. Tankstelle.
In der Umgebung: Straße zu den koptischen Klöstern des Wadi Natrun, die im 4. Jh. n. Chr. gegründet wurden; campen in der Regel in der Nähe der vier Klöster möglich. **Deir Baramûs**, vier Kirchen; Ikonostase und Kanzel (13. Jh.) der „St. Makarius-Kirche". **Deir Suriâni**, drei Kirchen, byzantinische Fresken und Ikonen in der „El Adrah-Kirche"; das Refektorium und das *ksar*, der befestigte Teil des Klosters, sind ebenfalls sehenswert. **Deir Amba Bishoi**, ähnlich angelegtes Kloster wie vorher genanntes. **Deir Makâryûs**, dieses Kloster liegt am weitesten südlich und erlebt einen neuen Aufschwung (ca. 50 Mönche leben darin); drei wunderschöne, sehr alte Kirchen.
Hinter dem Kloster Deir Makâryûs gute, 5 km lange Piste, die bei Km 136 auf die Straße trifft.
Km 199, Polizeiposten.
El Giza – 1 600 000 Einw., gute Infrastruktur. (Zur E 5.)
Unterkunft: große Hotels, zu empfehlen ist das 4-Sterne-Siag-Hotel an der Saqqara-Road, dessen Besitzer Rami Siag die Pharao-Ralley mitorganisiert.
Campingplatz „Sahara Mar", warmes Wasser, elektrischer Ofen (3 E£/Person), schattiges Gelände, sehr freundlicher Besitzer El Hag Aamer Abu Khames, der selbst häufig in Deutschland ist und allen Touristen mit Rat und Tat zur Seite zu steht. Anfahrt: von den Pyramiden kommend Hotel „Mena" links liegen lassen, an der Kreuzung am Obelisken rechts in die Straße nach Saqqara abbiegen und das Hotel „Siag" passieren; rechts abbiegen, entlang des kleinen müllüberladenen Kanals weiter bis links ein größeres eingezäuntes mit Bäumen bewachsenes Gelände auftaucht, hier links abbiegen und ca. 1 km weiter liegt rechts der Campingplatz (zu erkennen an dem Wasserturm); der

Ägypten – Routenteil E 203

zweite Campingplatz „Salome Salma" neben der Teppichwebschule Wissa Wassef mit warmen und kalten Duschen, Waschbecken, Waschmaschinen, Kinderspielplatz, Restaurant und ständiger Bewachung liegt 2 km weiter auf der Hauptstraße rechts der roten Tafel „Drexel" (7 E£/Person). Restaurant „Andrea an Maryutin", Kanal Richtung Kairo, am zweiten Kanal links, beliebtes Gartenlokal mit hervorragenden Brathühnchen und ägyptischen Vorspeisen.

Sehenswert: die Pyramiden von Cheops, Chephren und Mykerinos, die Sphinx, Tempel und Mastabas, Papyrusmuseum. Die Baudenkmäler südlich von El Giza sind unter E 4 aufgeführt.

Hinter El Giza gelangt man über die Brücke El Gamaa oder El Giza nach Kairo. Beide Städte sind mittlerweile zusammengewachsen.

Kairo – Hauptstadt. Über 12 Mio. Einw. mit Vororten; 300 000 Einw. pro km²; die Einwohnerzahl nimmt alle 10 Monate um 1 Mio. zu! Jedes zweite Haus ohne Wasser und Abwasserkanäle, jedes dritte Haus ohne Elektrizität. Für Touristen gute Infrastruktur. Jugendherberge. Zur Erledigung von Formalitäten (Visa, verschiedene Fahrkarten, Versicherungen usw.) viel Zeit einplanen.

Unterkunft: Camping siehe El Giza. Arabisches Hotel (alkoholfrei) „El Hussein", Md. Hussein Moschee (Khan el Khalili) mitten in der Altstadt gegenüber der El Azhar-Moschee und dem Khan-el-Khalili-Bazar (keine Parkmöglichkeit), sauber und preiswert; „Garden City House", 23 Kanal el Din Salah; „Victoria", 69 Sharia Goumhouria (nahe des Bahnhofs), gutes Buffet. Happiton, 10, Sharia ali el Qasr/Imad el Din nahe Victoria, hinter der kl. Moschee, sauber und angenehm. Gemütliche Jugendherberge „El Manial", Insel Roda, Sharia el Malek Ad el Aziz – Ecke El Gamaa-Brücke ; *Y.W.C.A.* (f. Mädchen), 4 Sh. Ahmed el Shukry und jede Menge bessere Hotels.

Als Restaurants empfehlenswert: für anspruchsvollere Gaumen das Restaurantschiff "Nile Pharao" 21, Sharia el Nile. Am Abend ist Reservierung notwendig und für arabische Küche die Filfila-Restaurants, mehrer Restaurants in der Stadt (u.a. 15, Sharia Hod Sharawy südl. des Midan Talaat Harb – das Touristenrestaurant mit Fast Food-Abteilung, schön und weniger touristisch ist das Filfila-Gartenrestaurant an der Sharia Abd el Aziz (nahe der El-Gamaa-Brücke) mit Blick auf den Nil (Grillgerichte, ägypt. Spezialitäten, Steaks).

Sehenswert: die Moscheen Ibn Tulun, Sultan Hassan, Al Hazar, Al Moyad, Aq Sunqur („Blaue Moschee"); christliche „Mary Gregis-Kirche", koptische „St. Georg-Kirche"; „Palast von Manial", Abdin, El Gawhara; Islamisches Museum, Ägyptisches Museum, Museum für koptische Kunst (Taschenlampe unerläßlich); das alte Kairo (koptische, griechische und römische Bauten), Basar Khan el Khalili (in der Nähe des Opera Square) und die Gassen rund um den Basar besichtigen (nachts meiden).

Verschiedenes: Über Yara Shipping, nahe des Tahrir-Platzes kann man die Fähre von Suez über Jiddah (Saudi-Arabien, Transit) und Port Sudan bzw. Suakin (Sudan) buchen. Weitere Adressenin Kairo s. Route E 11, Suez. Fahrzeit ca. 2-3 Tage, es gibt zwei Reedereien die die Strecke abwickeln, Abfahrt Sa. oder Sonntag. Abwicklung im Sudan unproblematisch.

(Beginn E 4, E 5 und E 10; Ende E 8 und E 16.)

204 Durch Afrika

E 4: Kairo – El Wasta – Beni Suef (128 km)

Asphalt. Starker Verkehr. In den Ortschaften vorsichtig fahren.

Kairo – S. E 3. (Ende E 3, E 8 und E 16; Beginn E 5 und 10.)
El Badrshein – Kleiner Ort. Keine Versorgungsmöglichkeit.
Sehenswert: Ruinen von Memphis, rechts in eine kleine Straße durch El Badrshein einbiegen. Memphis befindet sich bei der Dorfausfahrt; Koloß von Ramses XI. und Sphinx aus Alabaster.
El Matanieh – Dorf. Keine Versorgungsmöglichkeit.
Sehenswert: Pyramiden von Lischt (sehr schlecht unterhalten), 3 km westlich; Grab von Amanemhat I. in der N-Pyramide und von Sesostris I. in der S-Pyramide.
Rikka – Dorf.
Sehenswert: Pyramide von Meidum, 5 km südwestlich; von Snefru (4. Dynastie) erbaut, ursprünglich acht, heute noch drei Stockwerke; Taschenlampe zur Besichtigung der beeindruckenden Gänge (einige sind senkrecht) erforderlich; zahlreiche Gräber in der Umgebung.
El Wasta – Marktflecken. Lebensmittel. Treibstoff. Verkehrsknotenpunkt für Straße und Schiene. Nilfähre.
Beni Suef – 30 m, 190 000 Einw. Gute Infrastruktur. Preiswertes Hotel dem Bahnhof gegenüber. Bedeutender Baumwollmarkt und Agrarzentrum. (Beginn E 6; Ende E 5.)

E 5: Kairo – El Giza – Saqqâra – El Faiyûm – Beni Suef (150 bis 295 km)

Asphalt. Starker Verkehr. In den Ortschaften vorsichtig fahren.

Kairo – S. E 3. (Ende E 3, E 8 und E 16; Beginn E 4 und E 10.)
Kairo auf der Straße nach El Giza verlassen. Rechts zahlreiche Kasinos und Nachtlokale. Ungefähr gegenüber dem letzten Nachtlokal, wo sich die Pyramiden zwischen den Bäumen abzuzeichnen beginnen, links in Richtung Saqqâra auf eine schmale Straße an einem Kanal entlang abbiegen (Wegweiser mit lateinischen Buchstaben).
Hauptdenkmäler um Saqqâra:
1. Pyramiden von Abusir (5. Dynastie).
2. Pyramiden und Nekropole von Saqqâra (die größte Nekropole dieser Gegend, 3. Dynastie).
3. Pyramiden und Nekropole von Saqqâra-Süd mit drei Gruppen von Bauten:
Nordgruppe (5. und 6. Dynastie);
Mittelgruppe (4. und 6. Dynastie);
Südgruppe (zwei Pyramiden der 13. Dynastie).
4. Pyramiden von Dahsh-r (13. Dynastie, gegenwärtig militärische Sperrzone).

Ägypten – Routenteil E 205

Die direkte Verbindung zur Straße nach El Faiyûm geht durch militärisches Sperrgebiet. Deshalb nach El Giza zurückfahren, wo die Straße hinter den Pyramiden beginnt.

Km 60, **Kom Aushim** – Zwei Varianten:

Variante A (145 km) von Kom Aushim nach El Faiyûm: Piste (A/C/G/K). Polizeiliche Genehmigung auf der Strecke von Kom Aushim nach Qârûn im Prinzip obligatorisch.

Von Kom Aushim nach Dime führt eine befahrene, problemlose Piste.

Variante A:

Km 0, man verläßt die Route E 5 bei einem Polizeiposten, etwa 30 km vor El Faiyûm, Wegweiser in lateinischer Schrift nach Qasr el Sagha. Im NO von Birket Qârûn erstrecken sich mehrere Senken mit Oasen. Mehrere Pisten führen dorthin. Immer die Kämme zwischen den Senken entlangfahren. Ab und zu Steinmarkierungen.

Km 25, Kreuzung, die mit farbigen Plastikkanistern gekennzeichnet ist; manchmal Polizeikontrolle. 1 km hinter Qasr el Sagha, rechts ein kleiner Tempel des Mittleren Reiches. Zurück zur Kreuzung bei Km 25 und Fahrt geradeaus nach S fortsetzen.

Km 32, **Dime** – bekannt auch als Dimiet es Sebaa oder Madinat Dimai. In der Antike hieß es Soknopaiu Nesos; bedeutende Karawanserei. Große Dünenfelder und Ruinen eines ptolemäischen Tempels.

Von Dime nach Qârûn führt eine ziemlich schwierige und kaum befahrene Piste. Tiefer Sand, starke Steigungen, wenig Markierungen, doch Pfosten mit kleinen Fähnchen kennzeichnen die Schlüsselstellen. Im SO von Dime verläuft die Piste in einem großen Bogen und führt dann nach Westen.

Durch die Erosion ist eine beeindruckende Landschaft entstanden, bei der alle Sedimentschichten sichtbar sind. Ungefähr am westlichen Ende des Sees erreicht man den tiefsten Punkt der Piste, die dann auf die Hochebene führt (120 bis 150 m).

Km 90, durch einen Lastwagenreifen gekennzeichnete Kreuzung. In Richtung N/NW stößt man auf die Asphaltstraße El Giza – Bahâriya (s. E 8). Links steile, sandige Abfahrt nach Qârûn in Angriff nehmen. Achtung, alle Spuren nach S führen an den Abgrund (überwältigende Aussicht). Anschließend zuerst nach S, dann nach O durch eine Kiesebene zu den Oasen in der Senke El Faiyûm fahren.

Km 102, Rand des Oasengebiets. Fahrt abwechselnd auf einer Teerstraße und einer Piste mit Sand- oder Erdgrund bis El Faiyûm (Km 145) fortsetzen, wo man auf Variante B stößt.

Variante B:

Km 66, Kreuzung. Die Straße rechts führt zum Birket Qârûn (See mit reichem Fischbestand, verlassenes Gasthaus) und endet im Fischerdorf Chakchuk. Die Straße links führt über Sinnûris (sehenswerte Befestigung) weiter nach El Faiyûm.

El Faiyûm – 40 m unter dem Meeresspiegel, 240 000 Einw. Bedeutendste Stadt des ehemaligen „Seelandes". Gute Infrastruktur.

206 Durch Afrika

Unterkunft: Hotel „Montazah", 2 Esmail El Medany Street, Manshiut Lotfahlah Faiyûm, einfach, ziemlich sauber, preiswert.
Sehenswert: Schaufelräder des Bewässerungssystems, Moschee aus dem 15. Jh., koptische Kirche, Ruinenfelder der ehemaligen Städte Arsinoe und Krokodopolis. Hier stößt man wieder auf Variante A.
Zwischen El Faiyûm und Beni Suef kann man die Pyramide von Hauwâra besichtigen, das Grab von König Amenemhat III. (12. Dynastie). Überreste des Labyrinths (Begräbnistempel mit 3000 Räumen auf zwei Stockwerken) in der Nähe.
El Lâhûn – Dorf.
Sehenswert: Pyramide von Sesostris II.
Beni Suef – S. E 4. (Ende E 4; Beginn E 6.)

E 6: Beni Suef – El Minya – Mallawi – Asyut (267 km)

Asphalt. Starker Verkehr. In den Ortschaften vorsichtig fahren. Ein Besuch der Region Asyut ist derzeit wegen der fundamentalistischen Übergriffe nicht angeraten.

Beni Suef – S. E 4. (Ende E 4 und E 5.)
Beni Mazâr – Städtchen. Gute Infrastruktur.
(Ende E 17.)
El Minya – 39 m, 190 000 Einw. Gute Infrastruktur.
Unterkunft: zahlreiche kleine, sehr einfache Hotels.
Sehenswert: die beiden Moscheen und die älteste Zuckerfabrik Ägyptens.
In der Umgebung: Zauiyet el Mayitîn, den Nil über die Brücke oder auf einer Fähre überqueren und nach S fahren, moderner Friedhof und antike Nekropole (Grab von Nefersekheru, 18. Dynastie); Tehneh el Djebl und Deir el Adrah, mit der Fähre über den Nil setzen und nach N fahren, in Tehneh el Djebel (früher Tehni) befinden sich zahlreiche Gräber und der Koloß des Ramses II., Deir el Adrah ist ein Kloster aus dem 4. Jahrhundert.
Abu Qurqâs – Dorf, 23 km südlich von El Minya bei El Fikrîya.
Sehenswert: mit einer Fähre, einer Feluke, einem Ruder- oder Motorboot zur Nekropole Bem Hasan übersetzen, die aus rund 40 Felsgräbern (11. und 12. Dynastie) besteht, die teilweise mit Malereien verziert sind.
In der Umgebung: etwa 17 km weiter die Ruinen von Hermopolis, angeblich der Ursprung der Welt, und die Ruinen von Tûna el Gabal (Grab von Petosiris, kunstvolle Skulpturen).
Mallawi – Städtchen. Lebensmittel. Treibstoff.
Sehenswert: Markt und Museum (interessante archäologische Sammlung).
In der Umgebung: einige km hinter Mallawi, mit der Fähre nach Tell el Amârna, der Hauptstadt von Amenophis IV. (Ehemann von Nefertiti, 18. Dynastie) übersetzen, die nur 25 Jahre bewohnt wurde; der Stadtkern hieß Akhetaton, aber heute ist nicht viel davon erhalten; die Nekropole besteht aus vielen Gräbern, die mit Skulpturen (Alltag in Akhetaton) verziert sind.
Asyut – 70 m, 240 000 Einw. Gute Infrastruktur. (Beginn E 7 und E 18.)

Ägypten – Routenteil E 207

Unterkunft: Jugendherberge; Campen auf dem Universitätsgelände oder im Offiziersclub am rechten Nilufer möglich. Hochburg der Fundamentalisten. Touristenfahrzeuge werden in schwer bewaffneten Konvois hindurchgeleitet. **Sehenswert:** Staudamm.

E 7: Asyut – El Khârga (240 km)

Asphalt. Langweilige Landschaft bis Km 152, wo man die Hochebene verläßt. Genehmigung erforderlich.

Asyut – S. E 6. (Ende E 6; Beginn E 18.)
Km 234,5, koptische Nekropole El Bagawât, ca. 500 m nordwestlich (Piste) von der Straße entfernt. 253 Lehmgrabstätten, die sehr gut erhalten sind. 500 m von der Nekropole entfernt liegt das gut erhaltene Kloster Qasr Ain Mustafa Kaschif (5. bis 10. Jh.).
Km 236, Amon gewidmeter Ibistempel nordwestlich der Straße. Gegenüber, ca. 1 km von der Straße entfernt, befindet sich auf einem Hügel der römische Tempel Nadura.
El Khârga – 40 000 Einw. Gute Infrastruktur. (Beginn E 8 und E 9.)
Unterkunft: campen im Hotelgarten. Mehrere Hotels. Gastfreundliche Bewohner.
Wer die Fahrt über die Strecke E 9 fortsetzen möchte, muß bei der Polizei ein *desert permit* beantragen, die Erlaubnis zum Verlassen der Straße, welche die Formalitäten bei Kontrollen erleichtert.
Sehenswert: Ibistempel, der Tempel El Ghoaita (Tempel von Amun aus der Ptolemäerzeit), der Tempel Kasr el Zayan (ptolemäisch), der Tempel Doche (römischer Tempel von Serapis und Isis), das Museum, die Nekropole, die Klosterruinen und die Dünen von Abu Muhârik.

E 8: El Khârga – Mût – Farâfra – Bawiti – El Giza – Kairo (917 km)

Asphalt; doch auf mehreren Abschnitten zwischen Mût und Bawiti schlechte Straße. Auf der ganzen Strecke zahlreiche Militärkontrollen. Genügend Treibstoff mitnehmen, die Versorgung ist schlecht.

El Khârga – S. E 7. (Ende E 7; Beginn E 9.)
Zwischen Km 10 und Km 20, große, halbmondförmige Dünen. Anschließend abwechslungsreiche Landschaft. Bis Km 172 mehrere Oasen.
Mût – Hauptstadt der Dakhla-Oasen. Lebensmittel. Wasser. Treibstoff. Kalt- und Warmwasserquelle ungefähr 2 km im NO der Stadt.
El Kasr – Oase. Mehrere Hotels. Warmwasserquelle. Überwältigende Landschaft (Klippe, Dünen, Oase).
Sehenswert: mittelalterliche, sehr ursprüngliche Oase (historisches Viertel,

208 *Durch Afrika*

Moschee, Töpfereien); Tempel „Deir el Hagar" („Steinkloster"), 4 km westlich, Überreste eines Amon und Mût geweihten Tempels; römische Nekropole von Mezawaka, 3 km westlich.

Zwischen Mût und Farâfra schlechter Asphalt. Es ist verboten, die Straße zu verlassen oder an der Straße zu übernachten.

Km 217, man läßt die letzten Oasen von Dakhla hinter sich. Öde Landschaft.

Bab el Maub – Dorf, das im Rahmen eines Entwicklungsprogramms für die Landwirtschaft gegründet wurde. Campen im Palmenhain möglich.

Km 397, **Bir Abu Minqâr** – Oase. Militärposten.

Zwischen Bir Abu Minqâr und Farâfra Baustellen. Straße in schlechtem Zustand.

Km 428, **Farâfra** – Befestigte Oase. 1 000 Einw. Wasser, Warmwasserquelle. Lebensmittel. Treibstoff nicht immer erhältlich. Übernachtungsmöglichkeit. Unterwegs Kontrollen.

Sehenswert: Museum des Malers Badr mit Gemälden und Darstellungen des dörflichen Lebens sowie Wüstenfauna und -flora.

Von Km 457 bis 467, „weiße Wüste" mit eigenartigen Kalkgebilden und Formationen, eine der schönsten Gegenden der Sahara.

Km 563, **El Haiz** – Kleine Oase. Keine Versorgungsmöglichkeiten. Ab El Haiz abwechslungsreiche Landschaft, tafelförmige Berge, Kiesebenen, Oasen.

Km 608, **Bawiti** – Hauptort der **Bahâriya**-Oasen. Warme Quellen. Lebensmittel. Treibstoff und kleine Reparaturwerkstatt.

Unterkunft: Hotel „Oasis", Hotel „Alpenblick". Camping „Safari".

El Gedida – Dorf, etwa 40 km nordöstlich von Barhâriya. Manchmal Treibstoff.

Unterkunft: Übernachten bei der Eisenminengesellschaft möglich (Gästewohnungen mit fließendem, warmem und kaltem Wasser).

Km 775, letzte Tankstelle vor El Giza. *Resthouse.* Camping möglich.

Zwischen Km 812 und 842, zahlreiche versteinerte Wälder auf beiden Seiten der Straße.

Ab Km 905, starker Verkehr und Baustellen. Warnung: Steinschlag.

Km 935, Kreuzung. Rechts nach El Faiyûm; links nach El Giza abbiegen.

El Giza – S. E 3. (Zur E 3.)

Kairo – S. E 3. (Ende E 3 und E 16; Beginn E 4, E 5 und E 10.)

E 9: El Khârga – Bâris – El Maks – Bir Abu el Husein – El Shab – sudanesische Grenze – Selima (379 km)

Karawanenstraße der 40 Tage, Darb el Arbain

(01.88, Landcruiser) Schlechter Asphalt auf den ersten 70 km, dann Piste (A/H/I), äußerst schwierig zu befahren. Zahlreiche Militärposten und Kontrollen auf der ganzen Strecke. Malerische Landschaft mit Dünen und Bergen. Die Strecke südlich von Baris ist militärisches Sperrgebiet und nur mit Genehmigung befahrbar.

El Khârga – S. E 7. (Ende E 7; Beginn E 8.)

In der Kaserne in einem südlichen Vorort erteilen die Militärbehörden die Ge-

Ägypten – Routenteil E 209

nehmigung für die Weiterfahrt zur sudanesischen Grenze. Über Funk erhalten die Kontrollposten die Erlaubnis, Reisende mit der Genehmigung durchzulassen (Seit Nov. 94 ist die ägypt./sudan. Grenze geschlossen, Genehmigungen werden nicht erteilt). Man verläßt El Khârga auf einer Hochebene; schlechter Asphalt bis Bâris.

Bûlaq – Kleine Oase, keine Versorgungsmöglichkeiten.

Bâris – Kleine Oase, Lebensmittel, Post, kein Treibstoff. (Beginn E 26).

In der Umgebung: Von Baris aus führt eine gute Piste nach Dush (16 km) mit seinem sehenswerten Isis-Tempel. dieser steht (!) auf der Ostseite eines Hügels, des sich etwa 2 km östlich von Dush befindet. Zurück kann man die Asphaltstraße über El Makas (26 km) benützen.

Von Bâris bis El Maks, gute Kiespiste, leichtes Wellblech.

Km 19 ab Bâris, **El Maks** – Oase. Bedeutende Militärgarnison. Vorweisen der Genehmigung. Ab El Maks äußerst schwierige Piste. An der Piste alle 10 km Militärposten; bei entsprechender Aufforderung langsamer fahren und halten.

Km 20 ab Bâris, die Piste verläuft nach S/SO. Etwa 2 km östlich der Straße Tempel „Ksar el Ghoaita" auf einem Hügel.

Km 22, Dünen, die man überqueren muß. Unter dem Sand harter Grund.

Km 28, die Spuren gehen auseinander. Sandiger Grund, einige Markierungen.

Km 29, Durchfahrt zwischen den Dünen. Festerer Grund, zahlreiche Kamelspuren.

Km 44, Ende des Dünengebiets. *Serir*, mit sandigen Stellen durchsetzt.

Km 55, Metallmarkierung, Beginn einer hügeligen Gegend. Harter, unebener Grund.

Km 66, Bohrloch eines Brunnens, das mit einer 1,50 m hohen Metallröhre mit einem Durchmesser von 30 cm gekennzeichnet ist.

Immer hügeligere Piste, arabische Wegweiser und Holztafeln zur Markierung.

Km 90, Beginn von weichem *serir*. Die Landschaft ist weniger hügelig.

Km 99, Wegweiser „S – El Shab 130 km, N – Bâris 130 km".

Km 125, *hammada*. Harter Grund, deutlichere Spuren. Von hier an wechseln Hügel mit sandigen Ebenen ab.

Km 141, wiederum harter *serir*. Gute Piste. Vereinzelte Berge.

Km 151, Schild. Schwierige Steigung durch sandiges und ab und zu steiniges Gelände.

Bis Km 157, weicher *serir*, der nach und nach zu Sand wird. Keine Gefahr des Einsandens. Ende des Berggebiets.

Ab Km 198, wieder Hügel mit sandigen Hängen.

Km 201, versteinerter Wald.

Km 205, **Bir Abu el Husein** – Militärlager, Ausweiskontrolle. Wasser.

Km 207, keine Hügel mehr, sondern Ebene mit *serir* und Sand.

Km 234, 4 m hohe Metallstange. Sandige Ebene, vereinzelte Felsen zeichnen sich am Horizont ab, undeutliche Spuren. Markierung mit 3 oder 4 m langen Metallstangen oder in den Boden gepflanzte Kamelknochen.

Km 256, schwierige Passagen durch Sandmulden mit schwarzen Steinbrocken.

210 Durch Afrika

El Shab – Verlassenes Militärlager. Palmen, Tamarisken, Gras. Großartige Gegend.

Km 276, Steigung mit äußerst weichem Sandfeld. Kleines Haus rechts auf dem Hügel.

Km 279, härterer Grund, sporadische Markierungen, doch leicht erkennbare Piste.

Km 297, kleine Holztafel, rechts auffallender Berg.

Km 302, Schild mit Pfeil und arabischer Aufschrift (gibt vielleicht die Grenze an). Beginn einer sandigen Ebene. Hügel und schwarze Berge. Undeutliche Spuren.

Km 309, **Selima** – Sudan. Verlassene Oase, die in einer großen Senke am Fuße des langen, dunkelroten Bergzuges liegt, der von weitem sichtbar ist und auf dem zwei große Steinfiguren stehen.

Selima verfehlt man allerdings häufig, da von der Piste aus kaum etwas von der Oase zu sehen ist, die an der Piste rechts unten im Tal versteckt liegt. Zwei Löcher mit klarem Wasser, die von dichtem Schilfgewächs umgeben sind. Ruine oberhalb der Wasserlöcher. Zahlreiche Dattelpalmen. Sandrosen. (Beginn J 5 und J 7; Ende J 1.)

E 10: Kairo – Suez (134 km)

Autobahn. Vorsicht! Straße auf keinen Fall verlassen, da es entlang der Straße verminte Passagen gibt; Radarkontrollen (strenge Geschwindigkeitskontrollen der Polizei).

Kairo – S. E 3. (Ende E 3, E 8 und E 16; Beginn E 4 und E 5.)

Heliopolis – Marktort. Gute Infrastruktur. Gärten, die in krassem Gegensatz zur Wüste stehen; Wohnort der Reichen von Kairo und internationaler Flughafen von Kairo.

Km 71, Hotel. Viele Soldaten.

Km 87, Verzweigung. Zweispurige Straße nach S, in Küstennähe des Roten Meers, die Suez umfährt.

Kurz vor Suez rechts, Djebel Attaka, erster Gipfel einer langen Bergkette, die sich am Roten Meer entlangzieht.

Suez – 254 000 Einw. Äußerst belebte Stadt. Gute Infrastruktur. Jugendherberge (allerdings wahre Mückenschwärme in den Schlafsälen!) mit Campingmöglichkeit. (Beginn E 11, E 13 und E 15.)

Sehenswert: südliche Einfahrt des Suezkanals, einzige Sehenswürdigkeit in einer Stadt, die noch vom Krieg von 1973 gezeichnet ist.

Verschiedenes: für die Fahrzeugverladung bzw. Rollon/off-Fähre von Suez nach Port-Sudan wende man sich an Yara Shipping Company, nahe des Tahrir Platzes in Kairo oder an Herrn Abu Bakr, „Misr Travel Tower", Abbassya Square, Kairo, Tel: 755 071 (ca. 350 E£ p.P und ca. 650 E£ für ein Motorrad). Die Fähre nach Suakin (50 km südlich von Port Sudan) oder Port Sudan ist mit der saudiarabischen Linie „SADAKA" möglich, es gibt aber noch eine weitere Reederei. Die Fähre geht samstags oder sonntags. Personenfahrscheine sind in der ganzen Stadt zu erhalten. Eine zuverlässige Buchungsstelle ist auch „Half Moon Tours", Herrn Mahmoud El Tazy, 15 Talaat Harb Street, Cairo (am Square), Tel: 0020-02-3923573 oder 3025578, Fax: 3925771, Telex: 20772 HFMN UN, wenden (die vertretende Gesellschaft in Suez ist die „Assiyut Agency" im „Agency House" hinter dem Hafen). Eine Person kostet zwischen 310 und 430 E£, ein Land Rover 2000 Saudi Rial und ein Minibus (Unimog etc.) 2500 Saudi Rial.

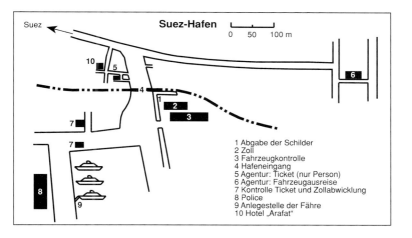

E 11: Suez – Port Tewfik – Sudr – Bîr el Thamâda – Bîr Hasana – El Arîsh – El Kantara – Suez (539 km)

(11.92, Yamaha XT 600) Asphalt. Warnung! Für die Strecke von Bîr el Thamâda über Bîr Hasana nach El Arîsh ist eine Genehmigung erforderlich, die man nur in Kairo einholen kann.

Suez – S. E 10. (Ende E 10, Beginn E 13 und E 15.)
Suez in Richtung El Kûbri verlassen, dort fährt man durch den Tunnel unter dem Suezkanal hindurch (Feuerlöscher im Fahrzeug obligatorisch). Schöner Aussichtspunkt auf den Suezkanal, nach Durchquerung rechts auf einer Schotterpiste den Hang hinauf (Fotos nur mit Genehmigung des Militärs).
Port Tewfik – Kleiner Hafen, Wasser, Treibstoff.
Sudr – Kleiner Hafen.
Km 46 ab Sudr, die Straße gelangt auf eine Hochebene. Etwa 1 km links Qa'lat el Jundi, alleinstehender Berg, der von weitem zu sehen ist und von einer mittelalterlichen Festung überragt wird. Großartiger Blick. Genehmigung zur Besichtigung am Militärposten an der Straße beantragen (der Qa'lat el

212 Durch Afrika

Jundi ist von militärischen Einrichtungen umgeben).

Km 66, Verzweigung. Links abbiegen und 500 m bis zum Militärposten fahren, dort rechts abbiegen (geradeaus führt die Straße zum Mitla-Paß).

Km 108, **Bîr el Thamâda** – Kreuzung mit Kontrollposten, wo für die Weiterfahrt nach El Arîsh über Bîr Hasana eine Genehmigung vorgelegt werden muß. Fahrt nach NO fortsetzen.

Km 186, **Bîr Hasana** – Oase. Wasser.

Km 209, nach O abbiegen.

Km 214, nach N/NO abbiegen.

El Arîsh – Bedeutende Stadt. Gute Infrastruktur. Grenzposten für Reisende nach Israel. Zwischen El Arîsh und El Kantara durchquert man eine Sandwüste. Die Küste gehört zur Sperrzone und kann nur von den Ortschaften aus erreicht werden. Mehrere Tankstellen.

El Kantara-Ost – Stadt. Gute Infrastruktur. Fähre nach El Kantara-West. Hinter El Kantara entfernt sich die Straße zunächst vom Suezkanal, führt dann am Kanal und später am Ostufer des „Großen Amer-Sees" (Buheirat Murrat El Kubra) entlang.

Durch den Tunnel unter dem Kanal El Kûbri nach Suez zurückkehren.

Suez – S. E 10. (Ende E 10; Beginn E 13 und E 15.)

E 12: Bîr el Thamâda – Bîr el Gifgâfa – Khatmia–Paß – Ismailia (310 km)

Asphalt. Auf der ganzen Strecke ist die Straße ab und zu von Sand bedeckt.

Bîr el Thamâda – S. E 11. (Zur E 11.)

Anfangs geht es durch eine Steinwüste, von kleinen *wadis* durchsetzt.

Km 12, Straße nach links zum Giddi-Paß.

Km 42, Kreuzung und Kontrollposten. Geradeaus nach Bîr el Abd; rechts nach El Arish (Genehmigung in Kairo einholen); links abbiegen.

Bîr el Gifgâfa – Oase. Lebensmittel. Wasser.

Von Bîr el Gifgâfa nach Ismailia die Fahrbahn nicht verlassen, Minenfelder.

Khatmia-Paß – 300 m. Zahlreiche Militäreinrichtungen. Wracks aus dem Krieg, Minenfelder. Nach dem Paß öde Landschaft; Sandwüste mit Dünen.

Km 98, Kontrollposten mit Kreuzung. Geradeaus nach Ismailia weiterfahren.

Km 129, man kreuzt die Straße El Kantara – Port Tewfik (s. E 11). Alte Straße nach links nehmen und 500 m weiter rechts abbiegen.

Km 133, Gratisfähre.

Ismailia – Bedeutende Stadt. Gute Infrastruktur.

Bitte senden Sie uns Ihre ausführlichen Routeninformationen, GPS-Koordinaten, Ergänzungen, Hotel- und Restaurantempfehlungen etc. Nur so kann ein Führer wie dieser aktuell bleiben! Danke für Ihre Mithilfe!

Ägypten – Routenteil E 213

E 13: Suez – Sudr – Ras Matarma – Abu Rudeis – Feran – Katharinenkloster – israelische Grenze (etwa 400 km)

(04.93) Asphalt. Campen am Meer verboten, an der Straße entlang jedoch erlaubt.

Suez – S. E 10. (Ende E 10; Beginn E 11 und E 15.)
Von Suez nach Sudr s. E 10.
Hinter Sudr führt die Straße über Asl und Ras Matarma weiter an der Küste entlang.
Djebel Hammam Pharaon südlich von Ras Matarma, über eine Piste an der Küste entlang erreichbar. Bis zu 500 m hohe Kreidefelsen; Warmwasserquellen und Höhlen.
Abu Zenima – Oase. Wasser. Lebensmittel.
Abu Rudeis – Oase. Treibstoff. Hier beginnt eine gute Piste zum Katharinenkloster, die leider aus militärischen Gründen gesperrt ist.
Km 20, ab Abu Rudeis, Kreuzung. Links abbiegen.
Km 22, Baustelle bis zur Abzweigung.
Km 32, Kreuzung, Tankstelle, Restaurant, Militärposten.
Unterkunft: Campingplatz „Rocky Lodge" nicht emfehlenswert.
Rechts Straße nach Sharm el Sheik (Beginn E 14). Links abbiegen. Kurz darauf wird die Asphaltstraße zur Piste.
Km 54, rechts Restaurant in einer Hütte. Links (im N) die gesperrte Piste aus Abu Rudeis.
Feran – Oase. Lebensmittel. Dattelpalmen.
Kurz hinter Feran die Waita-Paßhöhe. Ab hier wieder gute Straße.
Zeitum – Dorf, etwa 6 km vom Katharinenkloster entfernt.
Unterkunft: Campingplatz, guter Empfang, sauberes Trinkwasser.
Katharinenkloster – Besichtigung von 09:00 bis 12:00 Uhr, außer freitags und sonntags.
Unterkunft: Hotel (unter israelischer Besetzung erbaut) am Flughafen.
Sehenswert: Basilika (565 n.Chr.), Umfassungsmauer, Refektorium, Mosesbrunnen, St. Triphon-Kapelle und die Bibliothek (3500 Manuskripte).
In der Umgebung: **Djebel Musa** (Sinaiberg, Berg Mose), 2285 m, überwältigende Aussicht. Kleines Dorf am Ende der Straße; Lebensmittel, Wasser, Treibstoff.
Vom Kloster nach N zur Hauptstraße zurückkehren. Rechts nach Nuweiba abbiegen.
Kurz bevor man die Straße Sharm el Sheik – Elat erreicht: seltsame Sandsteingebilde in der Umgebung.
Nuweiba – Urlaubsort, von Israelis (Neviot) erbaut. Gute Infrastruktur.
Unterkunft: Hotel und guter Campingplatz beim Restaurant „Morgana", neben dem Hotel „Holiday Village" mit Bademöglichkeit, schmutzige Sanitäranlagen (3 E£/Person). „El Naha Camp" daneben vermietet Zelte und Strohhütten.
Verschiedenes: Tauchen in den Korallenriffen, alle Wassersportarten; Sauer-

stoffflaschen zum Tauchen können hier aufgefüllt werden. Fährverbindung nach Aqaba, 54 E£/Person, einmal täglich.
Hinter Nuweiba Küstenstraße; Berge immer näher an der Straße. Zahlreiche Campingplätze, Schwimmen, Tauchen, Klettern.
22 km hinter Nuweiba ist bei der Polizeistation Rab Barka besonders der Campingplatz „Basata Camp" zu empfehlen. Hübsche Hütten aus Bambusgeflecht, einfache sanitäre Einrichtungen, aber sauber, Essen im Camp, dto. Lebensmittel erhältlich, familiäre Athmosphäre. Ideale Tauchbucht mit sandigem Einstieg.
"The Fjord" – Kleine Bucht unterhalb der Straße, 8 km vor Taba.
Coral Island – Kleine Koralleninsel mit Kreuzfahrerfestung, einige 100 m vor der Küste, 2 km vor Taba.
Taba – Ägyptischer Grenzposten, wenige km von Elat entfernt.

E 14: Rundfahrt auf der Sinaihalbinsel über Sharm el Sheik (etwa 370 km)

(11.92, Yamaha XT 600) Asphalt.

Km 32 ab Abu Rudeis, **Kreuzung** – S. E 13. (Zur E 13.)
Rechts abbiegen.
El Tûr – Bedeutende Erdölgewinnung. Lebensmittel. Treibstoff. Mehrere Hotels.
Von El Tûr nach Sharm el Sheik, schmale Straße, Vorsicht Schlaglöcher!
Sharm el Sheik – Urlaubsort, unter israelischer Besetzung erbaut. Gute Infrastruktur.
Unterkunft: mehrere, teure Hotels.
Verschiedenes: Wassersportarten, Tauchen; Auffüllstation für Taucherflaschen. Hauptquartier der Vereinten Nationen.
Na'ama – Badebucht.
Unterkunft: Hotels. Restaurants. 4 km hinter dem Ort zweigt rechts eine Schotterstraße ab zum Strand mit schönem Camping „Shark's Bay"; Bungalows, Schnorchel- und Tauchmöglichkeit.
Dahab – Touristendorf in idyllischer Lage. Gute Infrastruktur. Etwa 40 km nördlich von Dahab kreuzt man die Straße zum Katharinenkloster (s. E 13).

Ägypten – Routenteil E 215

E 15: Suez – Ain Sukhna – Hurghada – Port Safaga (489 km)

Guter Asphalt. Breite Straße am Roten Meer entlang. Baden und Tauchen sind hier nur bei den ausgewiesenen Tauchstationen und Badeplätzen zu empfehlen. Wer es trotzdem probieren möchte, sollte folgendes beachten:
1. Von der Straße bis zum Strand zahlreiche Minenfelder. Sich nur an das Meer begeben, wenn man die zahlreichen Soldaten gefragt hat, ob der Platz ungefährlich und erlaubt ist.
2. 20 bis 30 m vom Ufer ins Meer zieht sich ein Korallenriff (Verletzungsgefahr und giftige Fische, nur mit Flossen oder Schuhen ins Wasser!).
3. Hinter dem Korallenriff Haifischgefahr und starke Strömungen!
4. Infolge der Erdölbohrungen sind die Strände oft verschmutzt.

Suez – S. E 10. (Ende E 10; Beginn E 11 und E 13.)

Ain Sukhna – Kleiner Ort. Gute Infrastruktur. Schweflige Warmwasserquelle ungefähr 100 m vom Meer entfernt.

Von Ain Sukhna nach Râs Zafarana kurvenreiche Straße hoch über dem Meer.

Râs Zafarana – Kleiner Hafen bei der Mündung des Wadi Arabah.

Unterkunft: Camping ist auf dem Parkplatz möglich.

(Beginn E 16)

In der Umgebung: koptisches „Antoniuskloster" (96 km hin und zurück, Asphalt, dann gute Piste), das älteste Kloster des Landes, jeweils von 09:00 – 17:00 Uhr geöffnet; Camping auf dem Parkplatz möglich.

Km 157, Piste nach W zum „Pauluskloster" (22 km hin und zurück), kleiner, weniger reich und in weniger gutem Zustand als das „Antoniuskloster". Sehr gastfreundliche Mönche.

Râs Gharib – Hochmoderner Urlaubsort. (Beginn E 17.)

Râs Gemsa – liegt auf einem Felsvorsprung, dem Ende des Golfs von Suez.

Hurghada – Urlaubsort, Taucherparadies. Gute Infrastruktur. Flughafen.

Unterkunft: Jugendherberge; zahlreiche sehr einfache und preiswerte Hotels; Urlaubszentrum „Family Camp"; Hotel „Sunshine". Campingplatz „Moon Valley", 2 km nördlich des „Sheraton";

In der Umgebung: organisierte Ausflüge in kleinen Gruppen auf die Inseln; mit Taucherbrille und Flossen über den Korallen schwimmen, die vielen bunten Fische sind gut zu sehen. Achtung, In Hurghada (im *frontier office*, gegenüber von „Eyptair") kann man die Genehmigung einholen, um bis nach Berenice zu fahren (s. E 23). Reisende in den Sudan müssen ebenfalls hier die Polizei-Ausreiseformalitäten erledigen (diese Route war im Frühjahr 1992 von sudanesischer Seite gesperrt).

Ausflug: Mons Porphyrites (Djebel Abu Dukhan):
Piste (A/C/G/K). Keine Kontrolle. Für normale Fahrzeuge sind Sandbleche und hohe Bodenfreiheit unerläßlich. Nur wer wirklich davon überzeugt ist, sollte sich diesen Ausflug zumuten. Für die anderen empfiehlt sich der größere, besser erhaltene und leichter zu erreichende Mons Claudianus (s. E 19).
Der Asphaltstraße die Küste entlang nach N bis
Km 18 folgen, dann eine der Pisten nach W nehmen (keine Wegweiser). Bei Km 28 gelangt man auf die Hauptpiste (einige Sandstellen).

216 Durch Afrika

Km 47, Kreuzung, die mit Steinen – einer davon ist blau bemalt – gekennzeichnet ist; die Piste nach links führt durch den Wadi El Atrash und den Wadi Qena nach Qena (E 18).
Piste nach N nehmen; zuerst führt sie den Berg entlang und dann in das Wadi Abu Mamaal, wo sie sich zusehends verschlechtert.
Km 65, Überreste eines antiken Baus.
Km 73, römische Festungsbauten, Tempel und Zisterne, schlecht erhalten. Bei Km 75 endet die Piste auf 670 m ü.M. Sehr steile Auffahrt zu den Porphyrbrüchen (1140–1200 m ü.M.). Reste eines Arbeiterdorfes.
Zwischen Hurghada und Port Safaga schmale Straße an den Ausläufern des Djebel el Shâyib entlang.
Port Safaga – Hafen. Phosphatgewinnung. Gute Infrastruktur. Schöne Strände. (Beginn E 19 und E 23.)
Unterkunft: man kann beim Hotel „Safaga" und in Sharm el Naga, einem Sandstrand 8 km nördlich der Stadt, in dem „Camp Sun Beach" Hütten mieten (7 E£/Nacht) bzw. auch campen (nach dem Hotel „Menaville" rechts abbiegen, nach 50 m wieder rechts; nicht besonders sauber, Tauchbasis, Ausrüstung ist zu mieten; guter Einstieg zum Schnorcheln in sandiger Bucht). Schönere Campingmöglichkeit am Hotel „Menaville" vorbei und auf der Hotelstraße etwa 10 km über die Kreuzung mit der Straße nach Hurghada hinaus nach Norden weiterfahren, am gemauerten Wegweiser „Sharm el Naga Diving Center" nach rechts auf 7 km Wellblechpiste (saubere, schöne, einsame Bucht mit Zelten, Tauchbasis, Cafeteria, Duschen, WC, 10 E£/Person + 3 E£/Fahrzeug).

E 16: Ras Zafarana – El Koreimat – El Saff – El Tabbin – Kairo (254 km)

Asphalt. Ziemlich monotone Landschaft.

Ras Zafarana – S. E 15 (Zur E 15.)
Bei der westlichen Ausfahrt Kreuzung. Den Schildern nach El Koreimat folgen.
Km 32, Abzweigung zum „Antoniuskloster" (28 km hin und zurück, s. E 15).
Km 98, Militärposten.
Km 165, Ostufer des Nils.
El Saff – Städtchen. Gute Infrastruktur.
El Tabbin – Industrievorort von Helwân (Flughafen von Kairo). Gute Infrastruktur.
Von El Tabbin aus kann man entweder über eine Brücke zum Westufer des Nils fahren oder die Fahrt am Ostufer fortsetzen.
Kairo – S. E 3. (Ende E 3 und E 8; Beginn E 4, E 5 und E 10.)

Ägypten – Routenteil E 217

E 17: Râs Gharib – El Sheik Fadl – Beni Mazâr (245 km)

Asphalt in schlechtem Zustand. Wenig befahrene Straße.

Râs Gharib – S. E 15. (Zur E 15.)
Km 4, Kreuzung. Geradeaus fahren.
Angenehme und abwechslungsreiche Landschaft bis zur Gegend des Wadi Tarfa.
El Sheik Fadl – Dorf am Ostufer des Nils. Fähre nach Beni Mazâr; auf Anfrage Betrieb den ganzen Tag lang, Preis verhandeln.
Beni Mazâr – S. E 6. (Zur E 6.)

E 18: Asyut – Sohâg – Nag Hammâdi – Qena (247 km)

Asphalt. Starker Verkehr. In den Ortschaften vorsichtig fahren. Ein Besuch der Region Asyut ist derzeit wegen der fundamentalistischen Anschläge nicht angeraten.

Asyut – S. E 6. (Ende E 6; Beginn E 7.)
Zwischen Asyut und Sohâg besser auf dem rechten Nilufer bleiben, weniger Verkehr und malerische Straße.
Sohâg – Städtchen (Baumwollindustrie). Gute Infrastruktur. Jugendherberge.
In der Umgebung: Kloster „Deir el Abyad" (Weißes Kloster, 4. Jh.), bewohnt, früher bekannt für seine Manuskripte; Kloster „Deir el Ahmar" (Rotes Kloster), Backsteinbau, schöne Kapitelle; zwei weitere Klöster auf dem linken Nilufer.
El Balyana – Städtchen.
In der Umgebung: Abydos (10 km, Asphalt, in Richtung W), archäologische Fundstätte. Hotel im Dorf und bei den Tempeln, Restaurant in der Nähe.
Sehenswert: Tempel von Sehti I. (19. Dynastie), dem Osiris-Kult geweiht, reich verziert; Tempel von Ramses II. (Sohn von Sethi I.), schlecht erhaltener Grabestempel mit wunderbaren Basreliefs; mehrere andere Tempel (Osiriskult) in sehr schlechtem Zustand; der älteste stammt aus der Zeit der 1. Dynastie.
Nag Hammâdi – Stadt. Gute Infrastruktur.
Unterkunft: Hotel „Aluminium".
Die Hauptstraße führt über einen Damm auf die andere Nilseite. Auf dem linken Ufer bleiben.
Dandara – Archäologische Fundstätte aus der Zeit der letzten Ptolemäer.
Unterkunft: Camping auf dem Platz vor dem Tempel möglich.
Sehenswert: Tempel der Hator, der Liebes- und Lustgöttin mit einem Kuhkopf, wunderbar verziert, N-S-Ausrichtung (normalerweise O-W, im rechten Winkel zum Nil), vom Dach des Tempels öffnet sich eine herrliche Aussicht über die Wüste und die Oasen; zwei *mammisi* (Gebärtempel); eine koptische Kirche (5. Jh.); heiliger See; Isis-Tempel.
6 km hinter Dandara führt eine Brücke über den Nil.
Qena – 80 000 Einw. Gute Infrastruktur. (Beginn E 20; Ende E 19 und E 24.)

218 Durch Afrika

Unterkunft: mehrere kleine, gute Hotels in Bahnhofsnähe.
Sehenswert: Herstellung von Krügen aus porösem Ton, in denen das Wasser kühl bleibt.

E 19: Port Safaga – Qena (161 km)

Asphalt. Starker Lastwagenverkehr. Diese Strecke sollte abends in Richtung W nicht gefahren werden, da das Gegenlicht stark blendet.

Port Safaga – S. E 15. (Ende E 15; Beginn E 23.)
Port Safaga nach N verlassen. Die Straße führt ab Km 80 entlang der Bahngleise.
Km 41, nach rechts zweigt eine Asphaltstraße zum Mons Claudianus ab. Nach Ende der Asphaltstraße auf der Piste nach NO weiterfahren, die sich ein paar hundert Meter weiter gabelt. 4 km auf der rechten Piste zurücklegen.
Mons Claudianus – Römische Festung, Tempel, riesige Steinbrüche; schöne Berglandschaft.
Auf demselben Weg zur Hauptstraße zurückkehren.
Qena – S. E 18. (Ende E 18 und E 24; Beginn E 20.)

E 20: Qena – Qift – Luxor – Idfu-Bahnhof (192 km)

Asphalt. Starker Verkehr (weniger Verkehr auf dem linken Nilufer). In den Ortschaften vorsichtig fahren. Achtung nachts Fahrzeuge, Tiere und Einheimische ohne Beleuchtung.

Qena – S. E 18. (Ende E 18, E 19 und E 24.)
Qift – Marktflecken. Früher bedeutender Markt.
(Zur E 24.)
Qûs – Dorf. Schöne Moschee.
In der Umgebung: 7 km südlich von Qûs befindet sich das Dorf **Garagûs**, eine Handwerkergenossenschaft, in der vor allem Kinder arbeiten.
El Madâmûd – Ruinen eines griechisch–römischen Tempels.
Luxor – Touristenstadt. 55 000 Einw. Gute Infrastruktur.
Unterkunft: zahlreiche Hotels. *YMCA*-Campingplatz an der nördlichen Stadtausfahrt (1,5 E£/Person, 1 E£/Fahrzeug), sehr laut und schmutzig, abends beliebter Ausflugsplatz der Bevölkerung, vor 01:00 Uhr nachts nicht an Schlafen zu denken. Camping bei der Kutschenstation des Tempels möglich; Camping auch in Theben auf der anderen Nilseite beim Hotel „Memnon" möglich, oder am südlichen Ende Luxors nahe des Hotels „Pharao". Baden ist gegen Gebühr in den Hotels „Winter Palace" und „Isis" (10 E£) und sehr schön im „Pharao" direkt am Nilufer, 1 km nördlich des Karnaktempels, möglich.
Hauptbaudenkmäler in Luxor:
1. „Luxor-Tempel", die von Maspéro 1883 begonnenen Ausgrabungen werden fortgeführt (der Tempel war völlig von Sand bedeckt). Er wurde von Amenophis III. und Ramses II. über einem Tempel der 12. Dynastie erbaut und diente dem

Amonkult. Der Obelisk der Place de la Concorde in Paris stammt aus diesem Tempel, der reich verziert ist. Der Tempel diente einer neueren Moschee als Fundament.

2. Museum, schöne, modern präsentierte Sammlung (Mauer der Talataten und Statue von Amenophis III.).

Tempelanlage von Karnak (3 km nördlich von Luxor) hat drei Tempelbezirke:

1. Tempelbezirk des Amon, Viereck mit fast 2400 m² Fläche mit den Bauwerken „Großer Amontempel" (Bauzeit vom Mittleren Reich bis zu den Römern), „Sphinx", „Tempel von Sethi II.", „Tempel von Ramses II.", „Heiligtum der Barken", „Festsaal", „Tempel von Ptah", „Hypostylon", „Die 10 Pylone", die Tempel von Chons, Opet, usw., interessantes Museum, *light and sound*-Vorführung in verschiedenen Sprachen.

2. Tempelbezirk des Mut, trapezförmiger Bezirk, in dem immer noch Ausgrabungen im Gange sind, die Tempel von Mut, Amenophis III. und Ramses III. sind bisher freigelegt worden.

3. Tempelbezirk von Month, Bezirk mit den zwei zerfallenen Tempeln von Month und Maât.

Baudenkmäler am W-Ufer des Nils (mit der Fähre erreichbar; man kann auch Esel oder Fahrräder mieten oder ein Taxi nehmen; Eintritt für alle Bauwerke: 6 E£ pro Person):

1. „Tempel von Sethi I.", wunderbar dekorierter Tempel, von Sethi I. begonnen und von Ramses II. fertiggestellt.

2. Tal der Könige, 62 Pharaonengräber der 18., 19. und 20. Dynastie, einzig das Grab von Tut anch-Amun wurde nicht geplündert, Besuchszeit bis 16:00 Uhr, beeindruckend.

3. Nekropole von Drah Abu el Neggah, beinhaltet die Gräber der Herrscher der 18. Dynastie.

4. Deir el Bahari, sehr gut erhaltener Felstempel der Königinnen Hatshepsut und Mentuhotep I.

5. Nekropole von Assasif und von Kokah, Höhlengräber der 25. und 26. Dynastie.

6. Nekropole von Cheikh Abd el Gurnah, verzierte Höhlengräber hoher Beamter der 18. Dynastie. In der Nähe Café-Restaurant-Hotel (einfach und sauber), von Scheich Ali, einem bodenständigen Mann, geführt; schöner Blick auf die „Kolosse von Memnon"; campen möglich.

7. Ramesseum, stark beschädigter Grabestempel von Ramses II. Fries im Basrelief und Monumentalsäulen gut erhalten.

8. Nekropole von Gurnet Murrayi, kleiner Hügel mit zahlreichen Beamtengräbern, z.T. reich geschmückt.

9. Deir el Medinêh, Nekropolendorf und Arbeitertempel des Tals der Könige: es handelt sich um die einzigen Überreste von Unterkünften aus dem antiken Ägypten.

10. Tal der Königinnen, rund 80 Königinnengräber der 19. und 20. Dynastie.

11. Medinet Habu, Ruinen (schöne Verzierungen) von mehreren Tempeln und dem königlichen Pavillon von Ramses III.

220 *Durch Afrika*

12. Kolosse von Memnon, zwei beschädigte Statuen von Amenophis III.
Zwischen Luxor und Idfu-Bahnhof befindet sich der kleine „Tempel von Isna"
(linkes Nilufer, über einen Damm erreichbar) und der „Tempel von El Kab" (am
Straßenrand).
Idfu-Bahnhof – Bahnhof, 3 km von der gleichnamigen Stadt entfernt, Verbindung über eine Nilbrücke. (Beginn E 21; Ende E 26.)
Idfu – Städtchen. Gute Infrastruktur.
Sehenswert: „Horustempel", nach Karnak landesweit der größte, 327 v.Chr.,
reich verziert und fast vollständig erhalten.

E 21: Idfu – Bahnhof – Kôm Ombo – Aswân (110 km)

(04.93) Asphalt. In den Ortschaften vorsichtig fahren. Warnung, nachts nicht fahren da
unbeleuchtete Fahrzeuge, Eselskarren, Tiere und Menschen kaum zu erkennen sind.

Idfu-Bahnhof – S. E 20. (Ende E 20 und E 26.)
Kôm Ombo – Städtchen. Lebensmittel. Treibstoff. Zuckerrohrplantagen.
Sehenswert: Ptolemäertempel von Sobek (Gott mit Krokodilskopf) und von
Haroeris (Gott mit Falkenkopf) am Nilufer.
Aswân – 105 m, 100 000 Einw. Gute Infrastruktur. Zollformalitäten bei Ausreise in den Sudan. (Beginn E 22; Ende E 26.)
Unterkunft: zahlreiche Hotels, u.a. Hotel „El Salam" über dem Nilufer (14 E£/
DZ mit Dusche). Jugendherberge. Schöner Campingplatz mit viel Schatten.
Camping am Südrand der Stadt (Richtung Staudämme) in der Nähe des Obelisken (schlecht ausgeschildert) ist sehr unsauber und bietet wenig Schatten.
Taxifahrten in das Zentrum kosten 6 E£.
Sehenswert: neues Museum, modern ausgestellte Einzelstücke (am Eingang
Riesenkopf aus rotem Granit von Amenophis III. und erstaunlicher Kopf von
Amenophis IV., Teil einer Riesenstatue, die in einem Tempel für den alleinigen
Gott Amon aufgestellt worden war); Markt in der Altstadt; der unvollendete
Obelisk; Elephantine-Insel (Museum und Nilometer, um den Wasserstand im
Nil zu messen); Blumen- oder Kitchenerinsel (schöner botanischer Garten);
Gräber auf dem linken Nilufer, wo sich auch die Ruinen des Simeonklosters (7.
– 13. Jh.) und das Mausoleum des Aga-Khan befinden.
In der Umgebung: regelmäßige Schiffsverbindungen zur Insel **Philae**, mit
dem Isistempel aus dem 4. Jh. v. Chr.; Ptolemäus und die Römer setzten den
Bau bis ins 2. Jh. n. Chr. fort; *light and sound*-Vorführung; weitere interessante
Tempel; der gesamte Komplex ist von 1972 – 1980 mit Unterstützung der
UNESCO auf die Insel **Aegilka** (vor den Fluten des Nils geschützt) versetzt
worden.
Die Staudämme: der frühere Stausee (Damm von 1902) umfaßte 5 Mrd. m³
und überflutete Nubien über 275 km flußaufwärts; der neue Staudamm Sadd el
Aali ist 3,6 km lang, sein Volumen ist 17 mal so groß wie jenes der Pyramide
Cheops, der Stausee umfaßt 157 km³ auf 500 km nach S, Besichtigung mit
Führer möglich.

Ägypten – Routenteil E 221

Ausflug: **Abu Simbel** mit dem Flugzeug für 110 E£/Hin- und Rückflug; nur Fahrzeuge mit einem Kennzeichen dieser Stadt werden zum Flughafen zugelassen, deshalb also ein Taxi nehmen. Nach Abu Simbel kann man auch mit dem Bus fahren (hin und zurück 16 E£, täglich). Beschreibung der Tempel von Abu Simbel s. E 22.

Verschiedenes: Fähre Assuan – Wadi Halfa. die Fähre wurde aufgrund der Grenzschließung zwischen Ägypten und Sudan im November 94 eingestellt. Ein Fahrzeug kostete bis 11/94 ca. 400 US-$, eine Plattform, die an die Fähre gehängt wird, für 4 Fahrzeuge 1500 US-$, die Wartezeit betrug bis zu zwei Wochen und die Fahrt dauerte drei bis fünf Tage. Motorräder wurden auf der Personenfähre mitgenommen. Wann die Grenze wieder geöffnet wird ist unklar. Ansprechpartner und Informationsstellen für die Überfahrt sind Herr Schoukry Saad, _public relation officer_ im Touristenbüro, Herr Suliman im Hafen an der Ostseite des Hochdammes oder Mr. Tarik von der Nile River Navigation, 13, Souk Elsiahi, alle drei in Aswân, Herr Kamel Hassan Osman, Zollbeamter und Herr Mohammed Salih, beide in Wadi Halfa. Von April bis September werden auf den Schiffen wegen des Hochwassers keine Fahrzeuge zugelassen; nicht sehr vertrauenerweckende Entladevorrichtungen in Wadi Halfa.

E 22: Aswân – Abu Simbel – sudan. Grenze (350 km)

(12.93, Mercedes G) Asphalt zwischen Aswân und Abu Simbel in hervorragendem Zustand (tanken unterwegs nicht möglich); dann Piste (A/D/H/I/K). Achtung: im Sudan frühestens in Dongola (von libyschen Lkw-Fahrern), oder in Khartoum Diesel erhältlich! Das heißt, daß ab Aswân für die gesamte Strecke Treibstoff mitzuführen ist, am besten auch noch für die Strecke über Khartoum hinaus (Versorgungslage extremst schwierig)! Für die Fahrt nach Abu Simbel ist keine Genehmigung mehr erforderlich.
Wadi Halfa war 1993 – 1994 auf dem Landweg erreichbar. Es gab die Möglichkeit sich eine Genehmigung für die Ausreise auf dem Landweg (auch für die Wiedereinreise) zu besorgen beim _army intelligence office_ („Mucharabat el Herbeiya") an der Straße vom Zentrum Kairos nach Heliopolis in der Nähe des „Roxy"-Kinos und des „House of Nasser". Die Bearbeitung dauerte ca. 2 Tage. Unterstützung in Kairo bekam man, wenn man im angenehmen Hotel „Siag Pyramids" an der Sakkara-Road in Giza nächst den Pyramiden nächtigte. Der Inhaber Herr Rami Siag hat hervorragende Beziehungen zu den Behörden und besorgte die Genehmigung gegen eine angemessene Bezahlung. Er besitzt auch eine große und moderne Geländewagenflotte und führt Touren durch.
Zur Zeit (11.94) werden keine Genehmigungen erteilt. Vor einer illegalen Befahrung der Strecke wird ausdrücklich gewarnt. Sie verbringen sonst einige Tage in ägyptischen Gefängnissen.
Sollte sich die Lage ändern, erhält man einen Begleitsoldaten bis zur sudanesischen Grenze. Für die Landstrecke ist volle Wüstenausrüstung und Konvoifahren unabdinglich. Die Piste ist schwierig mit teils sandigem, teils steinigem Gelände. Auch die Weiterfahrt nach Khartoum ist durchaus anspruchsvoll. Einfacher war es (s. E 21) auf der Fähre von Aswân nach Wadi Halfa schippern (eine Fährverbindung von Wadi Halfa zum gegenüberliegenden Ufer gibt es nicht).

Aswân – S. E 21. (Ende E 21 und E 26.)
Aswân über den alten Staudamm verlassen (Nil überqueren) und in Richtung Flughafen fahren.

Km 15, Kreuzung. Nach links zum Flughafen; geradeaus nach Abu Simbel.

Km 66, links Asphaltstraße nach Gerf Hussein.

222 *Durch Afrika*

Km 218, Toshka – Keine Versorgungsmöglichkeit. Geradeaus in Richtung Sudan, links nach Abu Simbel.

Km 276, Abu Simbel – Archäologische Fundstätte. Treibstoff.

Unterkunft: mehrere Hotels, „Nefertiti" (das luxuriöseste), „Nefertari" (Camping auf dem Parkplatz möglich, 20 E£ mit Poolbenutzung) und andere, in der Regel ziemlich teuer; Hotel „Abu Simbel", einfacher (13 E£/DZ). Camping ist auch auf dem Busparkplatz der Tempelanlage möglich. Es lohnt sich, mindestens eine Nacht in Abu Simbel zu verbringen, um den Sonnenaufgang über den Tempeln zu erleben.

Sehenswert: die beiden Tempel, die von 1963 bis 1972 mit der Unterstützung der UNESCO hierher versetzt worden sind (hochempfindliche Filme mitnehmen, da Blitzlichtaufnahmen im Innern verboten sind), der große Tempel (Tempel Ramses II.) ist Amon geweiht, vier Monumentalstatuen (20 m hoch) von Osiris/Ramses II. zieren die Fassade, die drei Haupträume sind vollständig mit Kriegsszenen bedeckt; auf der Fassade des kleinen Tempels („Hatortempel") befinden sich sechs Kolosse von 10 m Höhe, die Ramses II. und die Königin Nefertari darstellen, Basreliefs und Gemälde, die Opfergaben wiedergeben, zieren das Innere.

Abu Simbel im SW des Militärpostens, in der Nähe des Flughafens, verlassen. Die Piste umfährt einen westlichen Zipfel des Sees, führt dann nach SW, stößt wieder zum Ufer und verläuft mehr oder weniger nahe am Ufer entlang bis zur Grenze.

Ca. 80 km südlich von Abu Simbel, Grenze. Der ägyptische Zoll befindet sich in einem kleinen, roten Haus am Wasser. (Beginn J 8.)

E 23: Port Safaga – Quseir – Marsa Alam – Berenice – Bir Shalatein – Halaib – sudanesische Grenze (510 km)

(04.93) Asphalt bis nach Halaib; dann Piste (A/D/H/I/K). Vorsicht, die Einreise in den Sudan ist hier legal nicht möglich.

Port Safaga – S. E 15. (Ende E 15; Beginn E 19.)
Zwischen Port Safaga und Quseir mehrere Industriebauten.

Quseir – 5000 Einw. Lebensmittel. Treibstoff. Bahnlinie zu den Phosphatminen im Hinterland.

Unterkunft: nördlich der Stadt soll 1994 ein „Mövenpick"-Hotel eröffnen.

Sehenswert: Fischerhafen, Moschee, Befestigung und Basar.

(Beginn E 24.)

Straßenkontrolle (obligatorischer Halt) bei der S-Ausfahrt von Quseir.

Von Quseir nach Marsa Alam verläuft die Straße an einer wunderbaren Küste entlang. Mehrere Industrieanlagen im Bau.

Km 136 ab Quseir, sehr schlechter Asphalt, Risse, 15 km/h.

Marsa Umbarek – Kleiner Hafen, 7 km von den Goldminen von Umm Rus entfernt (Piste). Keine Versorgungsmöglichkeit.

Ägypten – Routenteil E 223

Marsa Alam – Fischerdorf. Lebensmittel. Restaurant. Treibstoff. Obligatorische Straßenkontrolle. (Beginn E 25.)

Km 73 ab Marsa Alam, äußerst schlechter Straßenzustand, zudem Risse im Asphalt, 15 km/h.

Km 118, Gebel Elba National Parc. Obligatorische Straßenkontrolle; das Fahrzeug muß von einem Soldaten bis nach Berenice begleitet werden.

Berenice – Kleiner Hafen (um 275 v.Chr. von Ptolemäus II. Philadelphius gegründet). Lebensmittel. Wasser. Militärzentrum. Reise kann nur mit Sondergenehmigung fortgesetzt werden (s. Hurghada, E 15).

Sehenswert: Ruinen eines kleinen Tempels.

Bir Shalatein – Kleines, äußerst ärmliches Dorf. Wasser. Ausreiseformalitäten für den Zoll für Reisende in den Sudan. (Beginn E 26.)

Halaib – Kleines Dorf. Wenig Lebensmittel. Wasser. Sich bei der Polizei melden. Fischerei, Schafzucht und Manganminen in der Umgebung.

Verschiedenes: etwa 40 km südlich von Halaib befindet sich ein nicht gekennzeichneter Grenzübergang, der von Ägypten in den Sudan führt.

E 24: Quseir – Qift – Qena

Asphalt. Überwältigende Landschaft. Diese Strecke war in der Antike die wichtigste Verbindung zwischen dem Nil und dem Roten Meer (Isthmusstraße). Zahlreiche archäologische Fundstätten liegen auf dieser Strecke und die turmförmigen Wegzeichen auf den Hügeln sind sehr alt. Wichtig vor allem für Touristen zur Erhaltung dieser Zeugnisse der Vergangenheit mit beizutragen ist nicht mit dem Fahrzeug in die Fundstätten fahren, von Gekritzel auf den Felszeichnungen absehen und alle archäologischen Gegenstände unberührt lassen (Scherben u.ä.).

Quseir – S. E 23. (Zur E 23.)

Km 87 und 100, Karawansereien aus der Römerzeit.

Km 110, Brunnen. Gegenüber zahlreiche Felsinschriften und Basreliefs aus der Pharaonen- und Römerzeit.

El Fawakhir – Kleiner Ort. Lebensmittel. Wasser. Restaurant. Alte Goldminen und Überreste der Arbeiterdörfer.

Km 131, ehemalige Steinbrüche und Felsinschriften.

Km 132, Felsinschriften und -malereien.

Km 135, **Bir el Hâmmâmat** – Überreste einer römischen Karawanserei, einzig der Brunnen (30 m tief) ist gut erhalten.

Sehenswert: Steinbrüche (von der 5. Dynastie bis zum Neuen Reich in Betrieb), dort gewann man die Steine zum Bau von Theben und anderer Städte und Tempel in Oberägypten.

Km 150, ehemalige römische Karawanserei.

Km 166, **Kasr el Banat** – Bizarre Felsgebilde mit einigen, z.T. alten Inschriften. Gegenüber römische Karawanserei.

Km 178, **El Laqeita** – Kleine Oase. Keine Versorgungsmöglichkeit.

Qift – S. E 20. (Zur E 20.)

Qena – S. E 18. (Ende E 18 und E 19; Beginn E 20.)

224 Durch Afrika

E 25: Marsa Alam – Idfu-Bahnhof (230 km)

Südlichste Asphaltverbindung vom Roten Meer zum Niltal. Durchquerung einer schönen Bergwüste, zahlreiche Minen.

Marsa Alam – S. E 23. (Zur E 23.)
Km 180, 1 km von der Straße entfernt links „Tempel von El Kanâyis", kleiner Tempel, der von Sethi I. erbaut und Amon geweiht wurde; leider ist er nach den Ausgrabungen zugemauert worden.
In der Gegend von El Kanâyis Baustellen.
Idfu-Bahnhof – S. E 20. (Ende E 20; Beginn E 21.)

E 26: Baris – Luxor (274 km)

(01.95, BMW R100 GS) grober Asphalt, einige wenige Stellen einspurig, Militärkontrollen, kein Treibstoff. Die Strecke gewinnt an Bedeutung, weil man auf dieser Route die Fundamentalistenhochburg Asyut umgehen kann.

Bâris – s. E 9.
Bâris in Richtung N verlassen.
15 km nördl. Baris (74 km von Kharga) blaues Schild „To Luxor", nach Osten auf Asphaltstraße einbiegen.
Km 75, stetige Auffahrt zum „Limestone Plateau".
Km 245, die Route trifft auf die westlich des Nils gelegene Straße Luxor – Isna. Die Abzweigung liegt 25 km südlich der Kreuzung ins Tal der Könige bzw. zur Fähre in Theben West.
Km 270, Abzweigung nach rechts zur Fähre.
Km 273 Fähre, **Theben-West** s. E 20.
Luxor – S. E 20

Ägypten – Routenteil E 225

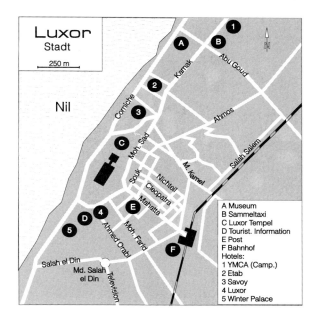

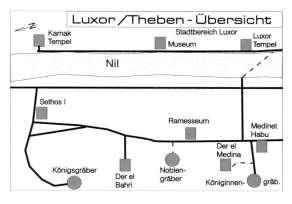

Nachfolgende Karten mit freundlicher Genehmigung von G. und S. Tondok, aus REISE-KNOW-HOW, Ägypten Aufl.94. .

226 Durch Afrika

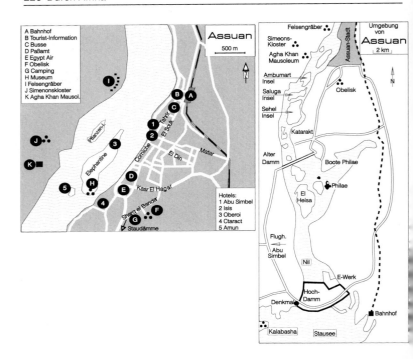

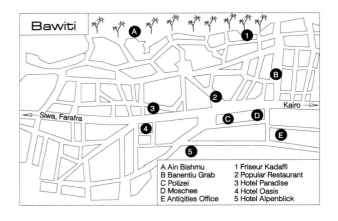

Ägypten – Routenteil E 227

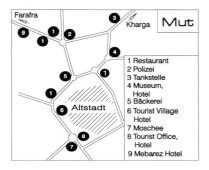
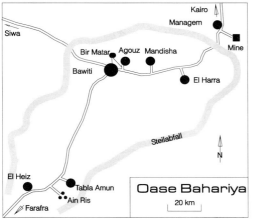
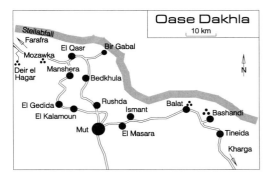

228 Durch Afrika

Kairo – Pläne

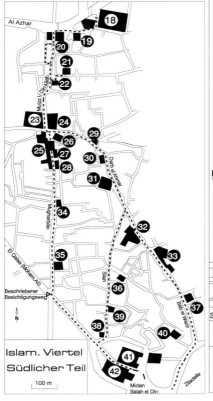

Islam. Viertel
Südlicher Teil

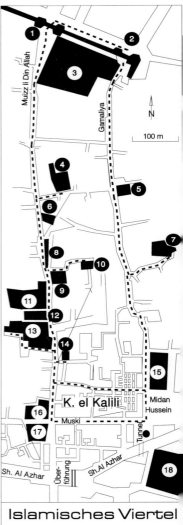

Islamisches Viertel
Nördlicher Teil

Ägypten – Routenteil E 229

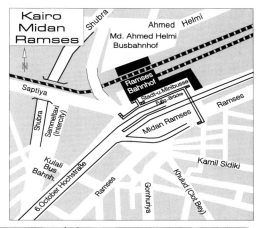

230 Durch Afrika

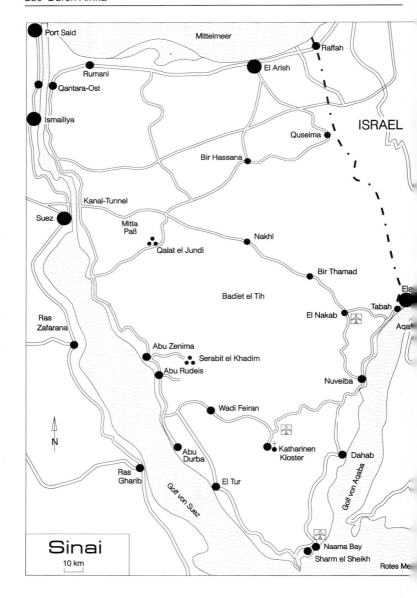

die TONDOKs

ÄGYPTEN individuell

Ein Reisehandbuch zum ERLEBEN, ERKENNEN, VERSTEHEN eines phantastischen Landes

Sigrid und Wil Tondok

603 Seiten,
30 s/w-Fotos
16 Farbseiten
75 Zeichnungen
und Pläne,
DM 36,80
ISBN 3-921838-10-X

Das **Handbuch für Reise-Individualisten** mit einer Fülle von Tips und praktischen Informationen: Es zeigt, wie man auf eigene Faust, preiswert und problemlos in Ägypten zurechtkommt. Und ein Reiseführer für Leute, die mit offenen Augen reisen, die nicht nur hastig die Pyramiden konsumieren, sondern das Erlebte vertiefen wollen. Denn unter dem Motto, „ein phantastisches Reiseland zu erleben, zu erkennen und zu verstehen" wird **Ägypten anders als üblich** vorgestellt:

Das Land und seine Menschen verstehen
Die längste Vergangenheit der Welt bewußt entdecken
Dem schillernden Orient nachspüren
Die Faszination der Wüste und die einsame Welt der Oasen erleben
Die grandiosen Sinai-Gebirge durchstreifen
Tauchen und Schnorcheln am Golf von Aqaba und am Roten Meer

Die Frankfurter Rundschau meint: *„So entstand ein wirklich informatives Buch, das sensibel mit dem Land, das es beschreibt, umgeht".*

Die GUTE FAHRT: *„Das Motto des Bandes ‚Erleben – Erkennen – Verstehen' wird voll realisiert. Eine hervorragende Arbeit."*

Reisebuchverlag
die TONDOKs
8000 München 40
Nadistraße 12

232 Durch Afrika

Ägypten – Routenteil E 233

Notizen:

234 Durch Afrika

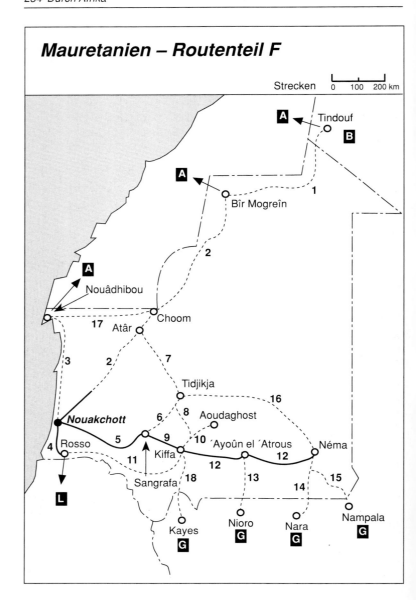

Mauretanien – Routenteil F

Überblick

Fläche: 1 030 700 km².

Einwohner: 2 082 000.

Ethnien: Mauren (80%), Fulbe, Bambara, Tukolor.

Hauptstadt: Nouakchott (450 000 Einw.).

Sprachen: Amtssprache Arabisch, daneben Französisch und Hassanya.

Religion: Islam.

Ruhetag: Freitag.

Feiertage: 1.1., 1.5, 25.5., 10.7., 28.11., 25.12., sowie mit dem Mondkalender veränderliche islamische Feiertage.

Einreise: Visum erforderlich. Das Visum sollte unbedingt in Deutschland besorgt werden. In Rabat wird seit 1994 kein Visum ausgestellt, wenn das Ausreiseland Marokko ist. Auch in der BRD wird kein Visum erteilt, wenn als Ausreiseland Marokko angegeben wird, deshalb Mali oder Senegal angeben; häufig wird auch nur ein Visum für Flugtouristen erteilt. Der Grenzübergang bei Nouâdhibou stört sich aber nicht daran, wenn ein falscher Einreiseort im Visum angegeben ist oder auf dem Visum „par avion" (für Einreise über den Flughafen Nouâkchott) eingestempelt ist; für eine Visaerteilung ist der Nachweis über ausreichende Geldmittel für die Heimreise (Bankbestätigung) oder ein bezahltes Rückflugticket ist notwendig. Ein Einladungsbrief, ein Empfehlungsschreiben oder eine Arbeitsbescheinigung aus dem Heimatland ist nicht mehr nötig. Keine Einfuhr von Alkoholika! Devisenerklärung.

Impfung: Gelbfieberimpfung ist nicht mehr vorgeschrieben, soweit man nicht weiter nach Westafrika fährt. Malariaprophylaxe empfohlen.

Währung: Ouguiya (UM). 100 FF = 2300–2500 UM. 100 UM = DM 1,96. 1 DM = 50,95 UM. UM dürfen weder ein- noch ausgeführt werden – strenge Kontrollen.

Grenzen: Die Grenze zur Westsahara/Marokko sowie nach Algerien (Tindouf) ist von mauretanischer Seite her offen. Zu den algerischen Grenzen siehe allgemeinen Teil Algerien. Wahrscheinlich sind die Grenzen seitens Algerien

236 *Durch Afrika*

gesperrt. Seitens Marokko ist eine Ein- bzw Ausreise mit dem Kraftfahrzeug möglich. Die Einreise in die Westsahara von Süden nach Norden ist von mauretanischer Seite aus verboten und wegen der Verminung hochgefährlich. Auch mit einem Führer ist von der Fahrt dringendst abzuraten. Zum Prozedere der Grenzüberschreitung Nord-Süd siehe Marokko Route A 4. Alternativ kann das Fahrzeug von Nouâdhibou mit dem Schiff über die Kanaren nach Europa verfrachtet werden (siehe hierzu Marokko, allgemeiner Teil, Grenzen).

Kfz: Internationaler Führerschein und Kraftfahrzeugschein. Haftpflichtversicherung muß nicht abgeschlossen werden, ist aber empfehlenswert und kann für alle CFA-Länder Westafrikas gültig geschrieben werden. *Carnet de passage* ist nicht mehr erforderlich, das Fahrzeug wird nicht mehr in den Paß eingetragen. Allerdings geht die Abfertigung mit *carnet* schneller.

Treibstoff: Benzin ca. 1,10 DM/l; Diesel ca. 0,50 DM/l, 55,5 UM/l in Atâr, 48,5 UM/l in Nouakchott. Versorgung in allen größeren Ortschaften gut (Super nur in Nouakchott).

Sicherheit: Die Kontrollen verlaufen schnell und freundlich. Zur Weiterfahrt nach Mali wird die Route über Nema/Nara (s. F 5, F 9, F 12, F 14) empfohlen, da dort geringere Überfallgefahr besteht.

Straßenzustand: Hauptsächlich Pisten mit teilweise schlechter Markierung. Die Straße von Nouakchott nach Nema ist zum größten Teil in recht gutem Zustand, ebenfalls die Straßen nach Bogué und Kaedi. Von Nouâdhibou nach Choûm kann man das Fahrzeug auf die Eisenbahn verladen (s. F 17).

Stromspannung: 220 V.

Zeitverschiebung: - 1 Stunde; in der Sommerzeit: - 2 Stunden.

Literatur und Landkarten:
Reiseführer: T.Krings, „Sahel", DuMont Verlag (ausgezeichneter Kulturführer mit Reiserouten). „Reise-Know-How Westafrika", Reise-Know-How-Verlag Därr.
Landkarten: Michelin 953, Nord- und Westafrika 1: 4 000 000; Carte Routière de Mauritanie 1:2 500 000; Cartes IGN 1:1 000 000, 1:500 000 und 1:200 000 (die meisten Blätter sind nicht mehr lieferbar und der Verlauf der Pisten ist häufig unrichtig und, abhängig vom Maßstab, unterschiedlich eingezeichnet).
Hintergrund: H. Ritter, „Sahel", Trickster Verlag München; P. Fuchs, „Menschen der Wüste", Westermann Verlag, Braunschweig.
Geschichte: Städte wie Chinguetti, Aoudaghost, Koumbi Saleh und Oualata waren im afrikanischen Mittelalter Handelsknotenpunkte und wissenschaftliche wie religiöse Zentren des westlichen Sahel. Kumbi Saleh war Hauptstadt des legendären schwarz-afrikanischen Reiches Ghana, dessen Einfluß ebenso wie

der seiner Nachfolger (u.a. Songhay-Reich) auf dem Transsaharahandel beruhte. Nördlich davon beherrschten nomadisierende Berberstämme (Sanhadja) die Wüstenregionen. Von ihnen gingen auch Impulse zu neuen Dynastiegründungen in Marokko aus (Almoraviden). Durch das Eindringen arabischer Stämme entstand eine neue ethnische Gemeinschaft, die Mauren (Arabo-Berber), die sich in mehrere Unterstämme gliedern. Ständige Fehden zwischen den führenden Clans leiteten schließlich den Niedergang des Transsaharahandels und damit auch der alten Handelsstädte ein. Den Franzosen gelang es erst zwischen den Weltkriegen, die Region unter ihre Kontrolle zu bringen. 1960 wurde Mauretanien unabhängig.

Politik: Der Konflikt um die bis 1975 spanisch besetzte Westsahara und der kostspielige Krieg mit der Polisario führten 1979 zum Verzicht Mauretaniens auf die Region. Seither hat sich im Süden des Landes ein neuer Konfliktherd gebildet, der in der streng hierarchisch gegliederten Gesellschaft der Mauren seinen Hintergrund hat. Zwischen den ehemaligen schwarzafrikanischen Sklaven und den „Gastarbeitern" aus dem Senegal und Mali einerseits und der herrschenden Schicht der arabo-berberischen Mauren andererseits kam es immer häufiger zu gewalttätigen Auseinandersetzungen, die schließlich in einem Massaker an der schwarzen Bevölkerung und umgekehrt in Racheakten gegen Mauren mündeten. Deshalb blieb die Grenze zwischen dem Senegal und Mauretanien mehrere Jahre gesperrt. Auch Mauretanien wurde von der afrikanischen Demokratisierungswelle erfaßt – die 1991 abgehaltenen Wahlen, bei denen der amtierende Regierungschef Taya die große Mehrheit der Stimmen für sich verbuchte, waren allerdings manipuliert und führten zu massiven Protesten der Bevölkerung.

Routeninformationen

F 1: Tindouf – algerische Grenze – Ain ben Tili – Bîr Morgrein (577 km)

Piste (A/B/H/I). Warnung, Strecke auf algerischer Seite gegenwärtig gesperrt.

Tindouf – S. B 9. (Ende B 9 und A3.)
Tindouf nach N verlassen, dann links abbiegen.
Km 9, rechts Piste nach Laayoun (s. A 3). Der Piste links nach S folgen. Holperige und kurvenreiche Piste, die in unregelmäßigen Abständen mit kleinen Bögen aus Eisen gekennzeichnet ist.
Km 48, Überquerung eines *sebkha*.
Km 68, Grenze. Die äußerst gewundene Piste verläuft nun auf hartem Grund. Querrinnen und Kämme.
Km 153, schwierige, 5 km lange Durchfahrt durch ein *wadi*, in der Regenzeit nicht befahrbar.

238 Durch Afrika

Km 227, sehr sandige Piste mit einigen steinigen Stellen. Für normale Fahrzeuge schwierig zu bewältigen.

Ain ben Tili – Marktflecken. Keine Versorgungsmöglichkeit, nur Wasser. Mauretanischer Kontrollposten. Verkehrsgebühr bezahlen.

Von Ain ben Tili nach Bir Mogrein (257 km) zuerst sandige Piste, v.a. bei Km 22, 23, 28 und 36 (schwierige *wadi*-Durchfahrten); dann holperige Piste mit kurzen Weichsandstellen.

Km 101 ab Ain ben Tili, 200 m langer, schwieriger Abschnitt durch Sand.

Km 210, Weichsand und 2 km weiter aus dem Sande ragende Felsbrocken.

Bîr Mogrein – Kleiner Krämerladen. Sehr teurer Treibstoff. Weder Restaurant noch Übernachtungsmöglichkeit. Zoll- und Polizeiformalitäten für Mauretanien. Warnung vor „falschen Fremdenführern"! (Ende A 4; Beginn F 2.)

F 2: Bîr Mogrein – Zouérat – Fdérik – Choûm – Atâr – Akjoujt – Nouakchott (981 km)

(03.94, Land Rover) Piste (A/H) bis Akjoujt, dann Asphalt bis Nouakchott, der auf den ersten 100 km allerdings oft beschädigt ist. Die letzten 150 km sind in Dünennähe bei hoher Geschwindigkeit oder bei Sandstürmen manchmal gefährlich. Achtung, Strecke Bîr Mogrein – Zouérat gegenwärtig gesperrt.

Bîr Mogrein – S. F 1. (Ende F 1 und A 4.)
Die Piste ist in Bîr Mogrein schwierig zu finden. Zahlreiche Pisten führen zu Nomadenlagern, deshalb sollte man sich besser erkundigen.
Die alte Piste führt östlich an den Salzseen vorbei und wird nicht mehr unterhalten. Sie ist 100 km länger als die unten empfohlene Piste, gut gekennzeichnet und – bis auf einige Sandstellen und die Überquerung einer kleinen Bergkette etwa 200 km südlich von Bîr Mogrein – nicht schwierig zu befahren.
Einige Kilometer auf der alten Piste (s. oben) zurücklegen. Rechts halten und auf die erste Piste rechts abbiegen. Im W an den Salzseen (Sebkhet Oumm ed Droûs Telli und Sebkhet ed Oumm ed Droûs Guebli) vorbeifahren.
Km 120, schwierige Sandstelle vor einer Bergkette, dann Beginn der Sebkha Oumm ed Droûs Guebli.
Km 211, Wendekreis des Krebses. Danach durchquert man den SO-Zipfel der Westsahara und gelangt wieder auf die alte, direkte Piste nach Zouérat (nicht mehr Fdérik). Vor Zouérat viel Sand.

Zouérat – Städtchen. Gute Infrastruktur, da Zentrum der Minengesellschaften (Eisenerz).

Unterkunft: mehrere Hotels, darunter ein erstklassiges.

Verschiedenes: die Eisenbahn befördert ausschließlich Personen (ev. mit Fahrrad, gratis) nach Choûm.

Von Zouérat nach Fdérik 32 km Asphalt.

Fdérik – Dorf. Wasser. Treibstoff. Mechaniker.

Ab Fdérik guter, fester *reg* auf den ersten 43 km, dann 23 km mit schlimmen Weichsandstellen.

Zwischen der Wartungsstelle der Bahn in Mjeida (Km 66 ab Fdérik) und Choûm kreuzt die Piste die Gleise und führt dann auf der W-Seite der Bahnlinie entlang; so kann der Einsinkgefahr bei Châr entgangen werden. Sehr schwieriger Streckenabschnitt, zahlreiche Kurven, starke Steigungen (10%) und mehrere km sehr weicher Sand.

Ab Km 165 ab Fdérik, felsige Ebene. Starkes Wellblech, Steine, Sand bis Km 184 (kleine Wartungsstelle in Choûm, im SW des Tunnels).

Warnung, es ist verboten und gefährlich, auf den Bahngleisen zu fahren, da die Züge für den Erztransport die längsten der Welt sind und über mehrere Loks verfügen die sowohl im Zug als auch im Schiebeeinsatz arbeiten und dadurch mehrere km Bremsweg haben. Ein Zusammenstoß mit dem Zug ließe sich im Ernstfall nicht vermeiden, da die Gleise auf einem Damm verlaufen. Außerdem könnten nur Fahrzeuge mit hoher Bodenfreiheit diese Gleishöhe bewältigen; zudem könnten die großen Schienenlaschen, die sich von den Schwellen lösen, die Reifen beschädigen.

Choûm – Größerer Bahnhof. Wasser.

1 km hinter dem Bahnhof Zoll (Kontrolle).

Gut mit Lkw-Reifen markierte Piste durch eine Steinwüste. Mittelstarkes Wellblech. Steigungen von 10–12% in den Atâr-Bergen, wo die Paßstraßen teilweise ausgebessert wurden.

Km 91 ab Choûm, Militärlager.

Km 93, Ksar Torchane. Dorf. Wasser.

Atâr – 224 m. Städtchen. Gute Infrastruktur. Drei Tankstellen; Reparaturwerkstatt. Kath. Mission.

Verschiedenes: die Bank wechselt keine Reiseschecks und ist meist geschlossen. Wechselmöglichkeit beim Schatzmeister, der aber selten Geld hat. Hier wird eine Verkehrsgebühr erhoben (1000 UM/Lkw, 500 UM/Motorrad). Die Quittung wird 6 km hinter Atâr kontrolliert.

Sehenswert: Kamelmarkt.

Ausflug: zur Oase Chinguetti (Ende F 7). Zwei Varianten:

1. Neue Piste, 90 km, Abzweigung am Ortsausgang; starkes Wellblech; steiler Amokjar-Pass bei Km 45, nach starken Regenfällen nicht befahrbar; hohe Bodenfreiheit erforderlich.

2. Alte Piste (s. IGN-Karte), 130 km, landschaftlich schöne Strecke durch steiniges *wadi* zwischen hohen Bergen; danach steile, steinige und schmale Auffahrt zum Plateau; dort Vereinigung mit Variante 1. Nur für Geländewagen.

Chinguetti – Eine der sieben heiligen und zugleich eine der ältesten Städte des Islam. Dattelpalmenanbau. Kleiner Markt. Nicht immer Treibstoff vorhanden (u. U. auf dem Schwarzmarkt).

Unterkunft: Hotel „Auberge des Caravanes", einfach und sauber. Campingmöglichkeit im Hof (500 UM/Fahrzeug).

Verschiedenes: Meldung bei der Polizei erforderlich. An sich ist Chinguetti bei der Ankunft aus Algerien bzw. Mali Grenzort; damit ist die lokale Gendarmerie aber überfordert. Kein Einreisestempel (den gibt es in Atâr), nur Eintrag in das „große Buch".

240 Durch Afrika

In der Umgebung: von Chinguetti aus erreicht man die Oase **Ouadâne** über zwei Pisten (140 km); man sollte sich dort bei der Polizei melden; Hotel und private Nomadenunterkünfte, kleiner Markt, kein Treibstoff.
1. Die in der Michelin-Karte eingezeichnete Piste zweigt etwa 17 km vor Chinguetti von der Piste nach Atâr ab und führt auf starkem Wellblech durch eine reizlose Landschaft.
2. Direkt von Chinguetti aus führt eine angenehme Piste (C/G/I) 100 km durch eine fantastische Dünenlandschaft (da keine Markierungen vorhanden sind, wird ein Führer empfohlen, 2500 UM).
45 km von Ouadâne entfernt (Piste durch eine sandige und steinige Ebene; Führer nehmen, da auch die Einfahrt in den Krater schwierig zu finden ist): **Guelb el Richât,** fünf Krater, wobei sich der höchste 400 m über die Wüste erhebt; Besichtigung des Forts Aguadir.
Ab Atâr 28 km steinige Bergpiste (mehrere Schleifen). Dann starkes Wellblech und schließlich Sand.
Km 30 ab Atâr, links zweigt eine Piste zur Oase Terjît (10 km) ab; nie versiegende Quelle; Beginn der Piste nach Oujeft. Von der Hochebene aus bietet sich eine grandiose Aussicht.
Km 40 ab Atâr, rechts nicht sehr tiefer Brunnen, gutes Wasser.
Akjoujt – Städtchen. Keine Versorgungsmöglichkeit; Reparaturwerkstatt. Auf steinewerfende Kinder achten! Zum Tanken muß eine Genehmigung der Polizei eingeholt werden. U.U. können Kanadier von der Goldmine aushelfen.
Ab Akjoujt zerstörter Asphalt; auf eine Piste daneben ausweichen, die häufig mit Sand bedeckt ist (starkes Wellblech).
Nouakchott – 500 000 Einw. Hauptstadt. Gute Infrastruktur.
(Beginn F 3, F 4 und F 5.)
Verschiedenes: Banken von Donnerstag 12:00 bis Sonntag 08:00 Uhr geschlossen. Keine schweizer Vertretung mehr, in Notfällen an die Botschaft der Bundesrepublik wenden. Visa für den Senegal stellt die marokkanische Botschaft aus. Auch keine malische Vertretung! In dringenden Fällen kann die „Comission des Comunautés Européennes" weiterhelfen. Kein Schiffsverkehr mit Dakar, aber Möglichkeit der Autoverladung nach Banjul und auf die Kanaren. Mercedes-Werkstatt mit deutschem Werkstattleiter und großem Ersatzteillager (teuer).
Unterkunft: Hotel „Sabah" außerhalb der Stadt, Traumstrand, Parkplatz vor dem Hotel (4600 UM/DZ). Campingplatz an der Küste, 1 km vom Hotel entfernt (ca. 400 UM/Pers., Rundhütte 1000 UM,) nicht sehr gepflegt; Hotel-Restaurant „Oasis", teuer aber gut. Libanesisches Restaurant „Ali Baba". Gutes und teures Hotel „Elamen" an der Hauptstraße, französische Leitung (12 000 UM/DZ).
Sehenswert: Ksar, große Moschee, Nationalmuseum, Kamelmarkt, Handwerkerviertel (im Marktbezirk) und Fischmarkt ab 18:00 Uhr auf der Straße des Hotels „Sabah".

Gute Fahrt wünscht Ihnen Ihr REISE KNOW-HOW Verlag Därr!

Mauretanien – Routenteil F 241

F 3: Marokkanische Grenze – Nouâdhibou – Jreida – Nouakchott (525 km)

(10.94, Land Rover) Piste (A/B/D/H/I). Der Grenzübergang nach Marokko ist von Süd nach Nordgesperrt! Von einer illegalen Befahrung in Süd-Nord-Richtung nach Marokko wird dringend abgeraten. Es bieten sich zwar inzwischen zahlreiche Führer nach Norden an, aber wie zuverlässig diese sind, ist uns nicht bekannt. Zwischen Nouakchott und Nouâdhibou sehr schlechter Pistenzustand – nur für geländegängige Fahrzeuge. Die Küstenpiste durch den Nationalpark Arguin sollte nur mit Führer befahren werden, da der Streckenverlauf teilweise nicht sichtbar und die Piste sehr sandig ist (Eintrittskarte für den Park in Nouâdhibou für ca. 10 DM, Führer ca. 200 DM). In der deutschen und französischen Botschaft sind Gezeitentafeln für die Strandpiste erhältlich, evtl. auch im Büro Parc d´Arguin in Nouâdhibou; dort ist auch eine interessante Brochüre über den Nationalpark erhältlich. Alternative ist die Bahnverladung nach Choûm und die Piste F 2. Bei Ebbe am Strand entlang zu fahren ist ein einzigartiges, aber gefährliches Erlebnis, denn der Sand kann unter dem Gewicht des Fahrzeugs nachgeben. Da man je nach Situation möglicherweise erst nach Stunden freikommt (lesen Sie dazu in dem Buch „Manche freilich müssen drunten sterben" von Birger Sechting), muß man plötzlich alles im Stich lassen, wenn die Flut steigt.

Nouâdhibou – 21 000 Einw. Erzumschlag- und Fischerhafen. Gute Infrastruktur. (Ende A 4.)

Unterkunft: Hotel der Erzgesellschaft Cominor.

Verschiedenes: Krankenhaus Culpéa. Einreiseformalitäten hier erledigen. Gezeitentafel und bei der Polizei Streckengenehmigung (500 UM) besorgen. Die Stadt wurde anläßlich der ersten Luftpostflüge gegründet. Mermoz und Saint-Exupéry sind auf dem Flughafen dieser Stadt gelandet.

Sehenswert: Robben an der Antlantikküste der Halbinsel.

Km 13, Kontrollposten, Polizei, Militär, Zoll. Unbedingt auf der Piste bleiben, da der Wall vor dem Kontrollposten vermint ist.

Km 15, Bahnübergang; bis zum nächsten Übergang (auch Kontrollposten) verläuft die Piste links und rechts der Bahn (nördliche Piste ist besser).

Km 45, Kontrollposten.

Km 48, **Boû Lanouâr**, die Piste biegt nach Südost von der Bahnlinie ab. Die weitere Streckenführung ist nicht in der Michelin- bzw. Mauretanienkarte eingezeichnet.

Km 210 bis Km 241, Dünen mit Sandfeldern.

Km 257, 2 km langes Weichsandfeld.

Km 280, die Piste verläuft parallel zum Wasser, schöne Landschaft.

Km 301, Fischerhütten.

Km 311, **Râs Timirist** – Dorf. Nicht sehr gastfreundliche Bevölkerung. Sehr salziges Brunnenwasser.

Sehenswert: fischen mit Hilfe der Delphine. Nachdem die Netze ausgelegt worden sind, schlagen die Fischer mit Stöcken auf das Wasser, so daß sich die Fische in Schwärmen zusammendrängen. Die Delphine werden auf die Fische aufmerksam, jagen ihnen nach und treiben sie so genau in die Fischernetze. Die UNESCO hat darüber einen Film gedreht.

Ab hier ca. 10 km im Abstand von 100 bis 500 m parallel zum Strand. Nach ca. 6 km sehr heller, weicher Sand, unbedingt umfahren!

242 Durch Afrika

Km 321, die folgenden 135 km verlaufen am Strand. Am besten fährt man 3 Stunden nach und vor dem Gezeitenwechsel (Ebbe), Geschwindigkeit bis zu 100 km/h möglich.

Km 435, **Jreida** (früher Coppolani) – Städtchen. Militärlager. Keine Versorgungsmöglichkeit. Militärkontrolle.

Km 456, Lehmhäuser mit Strohdächern, Übernachtungsmöglichkeit in sauberen Hütten (2500 UM/Hütte). Vom Strand über eine kurze Piste nach Nouakchott.

Nouakchott – S. F 2. (Ende F 2; Beginn F 4 und F 5.)

F 4: Nouakchott – Rosso (203 km)

(03.94, Land Rover) Guter Asphalt. Wegen zahlreicher Straßenkontrollen und Sandstellen nicht zu schnell fahren.

Nouakchott – S. F 2. (Ende F 2; Beginn F 3 und F 5.)
Rosso – 20 000 Einw. Gute Infrastruktur. Hier tanken, da der Treibstoff billiger ist. Neue Stadt. Grenzformalitäten zur Ausreise aus Mauretanien an der Fähre (1700 UM/Auto, Personen kostenlos, täglich 11:00 und 16:00 Uhr). Auch wenn im Paß ein anderer Übergang zur Ausreise eingetragen ist, gibt es keine Probleme. Alternative, 85 km auf guter Piste am Sénégal-Fluß entlang bis zur Brücke bei N'dyama (Formalitäten direkt an der Brücke).
(Beginn F 11 und L 1.)

F 5: Nouakchott – Boutilimit – Aleg – Sangrafa (459 km)

Asphalt; zwischen Boutilimit und Aleg in sehr gutem Zustand; Warnung vor den Dünen, die bei Sandstürmen auf die Straße gefegt werden (häufig schwere Unfälle).

Nouakchott – S. F 2. (Ende F 2; Beginn F 3 und F 4.)
Von Nouakchott nach Aleg führt die Straße an langen, schwarzen Dünenketten entlang; karge Landschaft.
Boutilimit – Dorf. Lebensmittel. Treibstoff. Verkauf von Silberschmuck, Lederarbeiten, Teppiche und Teekannen (preisgünstig).
Aleg – Dorf. Lebensmittel. Treibstoffversorgung unregelmäßig.
Beginn einer asphaltierten Straße nach Bogué (70 km) am Ufer des Senegal entlang.
Ab Aleg führt die Straße durch eine stellenweise grüne Ebene.
Sangrafa – Dorf. Keine Versorgungsmöglichkeit.
(Beginn F 6 und F 9.)

Vergessen Sie nicht, uns Routeninformationen und GPS-Koordinaten zu schicken, damit auch andere Leser sicher ans Ziel kommen!

Mauretanien – Routenteil F 243

F 6: Sangrafa – Moudjéria – Tidjikja (208 km)

(2.90, Land Rover) Piste (A/C/H/I).

Sangrafa – S. F 5. (Ende F 5; Beginn F 9.)
Sangrafa in Richtung Kiffa verlassen.
Ca. Km 5, links zahlreiche Spuren. Alle vereinigen sich zu einer, zumindest anfangs leicht befahrbaren Piste, also irgendeine wählen. Von Leftata nach Moudjéria ausgebesserte Piste, die aber oft voller *barkanen* ist.
Moudjéria – Ziemlich bedeutende Stadt, Präfektur. Beschränkte Lebensmittelversorgung. Kein Treibstoff. Melden Sie sich bei der Polizei (N-Ausfahrt der Ortschaft).
Hinter Moudjéria Auffahrt auf die Hochebene von Tagant über Acheft (ziemlich steil, sehr steinig). Auf der Ebene sandige Piste durch herrliche Landschaft (mehrere Ebenen, die von grünen Tälern und Palmenhainen voneinander getrennt sind), dann über eine Düne (in umgekehrter Richtung nicht leicht zu bewältigen).
Beika – Oase. Schöne Lage. Beschränkte Lebensmittelversorgung. Kein Treibstoff. Wasser von nicht sehr überzeugender Frische. Im Tal nicht campieren, Malariagefahr.
Ab Beika Piste in sehr schlechtem Zustand über etwa 40 km (sehr steinig), dann verbessert sich ihr Zustand.
Tidjikja – Stadt. Lebensmittel. Wasser. Keine zuverlässige Treibstoffversorgung. Übernachtungsmöglichkeit. Bei der Ankunft und Abreise sollte man sich bei der *gendarmerie* melden.
Sehenswert: Altstadt (17. Jh.) und Markt.
(Beginn F 7 und F 8; Ende F 16.)

F 7 Atâr – Tidjikja (439 km)

(01.94, Magirus Deutz 150) Piste (A/C/H/I), kaum auffindbar, schwierig. Unbedingt Führer nehmen, wenn kein GPS zur Verfügung steht. Im ersten Teil viele, große Steine, dann Dünen und Weichsand. Wenig durchgehender Verkehr, einige *oueds* sind von Nomaden besiedelt. Der Pistenverlauf hat sich in den letzten Jahren stark geändert und entspricht nicht mehr der IGN-Karte.

Km 0, **Atâr** – S. F 2.
Man verläßt Atâr auf der Piste nach Chinguetti (s. F 2). (N 20°32.11/ E 12°44.56.)
Km 20, steiler steiniger Pass; hartes Wellblech ab Passhöhe.
Km 44, ca. 5 km ab Passhöhe schlecht erkennbarer, unmarkierter Abzweig nach rechts (N20°31.88/E12°45.21).
Km 44 bis Km 63, gut sichtbare, steinige Piste; einige *oueds*. Wenige Kilometer nach Abzweig Hütte und Brunnen linker Hand (N20°27.56/E12°44.96 bis N20°42.86/E12°45.23).

244 Durch Afrika

Km 63 bis Km 66, Dünenpassage; Weichsand, keine Spuren mehr. Sicht auf den Berg Zarga, der rechts umfahren wird (N20°22.54/E12°46.34 bis N20°20.96/E12°46.56).
Km 66, steinige Piste auf sandigem Untergrund.
Km 77, verlassene Steinhütte (N20°16.43/E12°43.21).
Km 110, kurze Dünenpassage (N20°02.12/E12°36.97).
Km 117, Oued Margit, Felder (N20°00.54/E12°40.04).
Km 121, Verzweigung, linke Piste wählen, die rechte führt vermutlich nach Faraoun (N20°00.00/E12°40.85).
Km 125 bis Km 133, Dünenpassage; die Dünen können auf hartem Boden im Slalom durchfahren werden.
Km 133, Ende der Dünenpassage (N19°55.85/E12°41.97), danach harter Untergrund auf dem schneller gefahren werden kann.
Km 148, an der Verzweigung linke Piste wählen (N19°53.09/E12°36.06).
Km 152, an dieser Verzweigung auch linke Piste wählen (N19°52.73/E12°34.86). Die Piste dreht nun nach NNO ab, um auf die *falaise* zu klettern.
Km 167, Gedenktafel der franz. Armee zum Pistenbau anno 1959 (N19°55.61/E12°28.47).
Km 177, Einmündung einer Piste von links (vermutlich aus Chinguetti). Die Piste wird ab hier wieder besser erkennbar (N19°55.68/E12°24.42). Große Steine zwingen zu langsamen Tempo.
Km 184, an der Verzweigung rechte Piste wählen (N19°53.56/E12°22.47).
Km 189 bis Km 190, Dünenpassage; die Dünen können auf hartem Boden im Slalom durchfahren werden.
Km 197 bis Km 201, gute Piste, schnell zu fahren; dann wieder steinig.
Km 207 bis Km 210, Dünenpassage; die Dünen können auf hartem Boden im Slalom durchfahren werden (N19°45.60/E12°14.38).
Km 214 bis Km 221, Weichsand, einige *oueds*.
Km 221 bis Km 222, kurze Dünenpassage, Weichsand.
Km 222 bis Km 240, gute Piste auf hartem Untergrund entlang eines *wadis*.
Km 240, Dünenpassage, die Dünen können auf hartem Boden im Slalom durchfahren werden.
Km 246, **Ain el Zaffra** – Schön gelegenes Dorf. Keine Versorgungsmöglichkeit (N19°32.82/E12°06.55).
Dorf in Richtung Süden verlassen. Die Piste ist ab hier wieder unmarkiert. Man folgt den teilweise nur schwach sichtbaren Spuren.
Km 254 bis Km 277, harter Boden, gut zu fahren (N19°29.59/E12°04.34).
Km 277 bis Km 284, Dünenpassage, Weichsand (N19°23.40/E11°59.98).
Km 284 bis Km 319, flache Dünen, fester Sand, keine Spuren. Die hohen Dünen werden westlich umfahren (N19°20.87/E11°54.39 bis N19°19.93/E11°55.83).
Km 319, *oued*, danach steinige Piste, die Piste ist wieder erkennbar (N19°11.55/E11°55.31).
Km 324, Verzweigung, rechte Piste wählen (N19°08.97/E11°53.79).
Km 328 bis Km 339, Überquerung des Dünenzugs EL Khatt. Schwierige Pas-

Mauretanien – Routenteil F 245

sage, viel Weichsand; keine Spuren, dafür sehr schöne Dünenlandschaft (N19°06.76/E11°53.99).

Km 339, **Oued El Khatt** – Meist von Nomaden bewohnt. Auf der südlichen Seite des *oued* blickt man auf den Berg El Kerim, der rechts umfahren wird (N19°03.13/E11°52.81).

Km 345, El Kerim (N19°00.11/E11°53.22).

Km 345 bis Km 373, schwierige Passage, flache Dünen, teilweise Weichsand. In der Ferne wird das Massiv von Nouezerek sichtbar. Man quert das Tal und hält sich rechts entlang der *falaise*.

Km 373, Nouezerek; der Brunnen liegt gleich am Fuß der großen rötlichen Düne, sehr schöner Flecken (N18°48.13/E11°52.01). Aufstieg auf die *falaise* sehr steinig, die Piste wird wieder erkennbar.

Km 374 bis Km 402, flache Dünen, teilweise Weichsand. Die Piste ist meist gut erkennbar und Die Vegetation wird dichter ((N18°41.39/E11°51.10).

Km 402, Kreuzung; geradeaus weiterfahren. Nach links gelangt man nach **Rachid** (Wasser, keine Versorgungsmöglichkeit, sehenswerte alte Stadt), nach rechts auf die Piste Tidjikja – Moujderia (N18°39.62/E11°41.89). Schöne Landschaft bis Tidjikja, viel *cram-cram*. (fährt man die Strecke von Süd nach Nord kann man hier auch über Rachid und Taoujafet in das Oued El Khatt gelangen (339 km, wegen der Dünen aber nicht zu empfehlen.)

Km 439, **Tidjikja** – (N18°33.21/E11°25.83) S. F 6. (Ende F 6 und F 16; Beginn F 8.)

F 8: Tidjikja – Kiffa (etwa 240 km)

Piste (A/C/H/I). Für die Dünenfahrt zwischen El Gheddiya und Boûmedeid ist es empfehlenswert, einen Führer zu engagieren.

Tidjikja – S. F 6. (Ende F 6 und F 16; Beginn F 7.)
Man hat die Wahl unter mehreren Pisten, die äußerst schwierig sind (v.a. die auf der Michelin-Karte 953 eingezeichnete Piste über die Brunnen von Eriera und Bou Adrima). Erkundigen Sie sich in Tidjikja, welche am besten befahrbar ist.

Kiffa – 4500 Einw. Lebensmittel. Mehrere Tankstellen; letzte Möglichkeit für Reisende nach Néma (s. F 12) Diesel im freien Verkauf zu erhalten; Reparaturwerkstatt. Übernachtungsmöglichkeit. Zoll- und Polizeiformalitäten für Reisende von oder nach Mali.

(Beginn F 10 und F 12; Ende F 9 und F 11.)

Achtung! Bei Übersendung von GPS-Koordinaten bitte unbedingt exakte Schreibweise angeben: Entweder in Grad °, Minuten´, Sekunden´´, z.B. N 18°12´21´´, oder in Dezimalberechnung, z.B. N 18°12,376´.

246 Durch Afrika

F 9: Sangrafa – Kiffa (210 km)

Asphalt in sehr schlechtem Zustand; Piste neben der Straße. Zahlreiche Polizeikontrollen.

Sangrafa – S. F 5. (Ende F 5; Beginn F 6.)
Einige Kilometer hinter Sangrafa biegt die Straße nach SO ab und führt rechts von der Piste nach Moudjéria (s. F 6) weg.
Kiffa – S. F 8. (Ende F 8 und F 11; Beginn F 10 und F 12.)

F 10: Kiffa – Tâmchekket – Aoudaghost (160 km)

Piste (A/H). Die Strecke zwischen Tâmchekket und Aoudaghost verläuft etwas anders als in der IGN-Karte.

Kiffa – S. F 8. (Ende F 8, F 9 und F 11; Beginn F 12.)
Sandige Piste bis nach Tâmchekket (120 km).
Tâmchekket – Die Präfektur stellt einen Führer zur Verfügung, um den Brunnen von Noudache (40 km) und die Ruinen der Stadt Aoudaghost zu besichtigen.
Aoudaghost – Frühere Handelsstadt, die durch die Berichte arabischer Reisender seit dem 9. Jh. bekannt ist. Ende der früheren Karawanenroute von Nord- nach Schwarzafrika.
Sehenswert: älteste Moschee von Mauretanien (restauriert) und einige Häuser aus dem Mittelalter. Ausgrabungen. Sehr beeindruckender Ort.

F 11: Rosso – Bogué – Kaedi – Mbout – Kiffa (620 km)

(03.93, Yamaha XT 600) Piste (A/C/H/I).

Rosso – S. F 4. (Ende F 4.)
Von Rosso gibt es zwei Verbindungen nach Kaedi, die miserable und im zweiten Abschnitt zwischen Rosso und Bogué schwer erkennbare Piste (auf der Strecke keine Versorgungsmöglichkeit) am mauretanischen Ufer des Senegal entlang nach Bogué (gute Versorgungsmöglichkeit; Treibstoff) und dann weiter auf der neuen Asphaltstraße nach Kaedi oder mit der Fähre über den Senegal und dann wieder am Ufer entlang (ab Richard Toll auf senegalesischem Boden) fahren, dies allerdings nur möglich, wenn die Grenzen wieder offen sind; Asphalt bis Thilogne, dann Piste (Ende Juni bis Ende Dezember nicht befahrbar) bis zur Fähre, die eigentlich ein Ruderboot ist (doch der Fluß kann von Ende März bis Ende Juni an seichten Stellen durchquert werden).
Kaedi – 20 000 Einw. Lebensmittel (zum Ende der Regenzeit knappe Vorräte). Treibstoff nicht immer erhältlich. Übernachtungsmöglichkeit. Motorräder können den Fluß nicht überqueren. Fähre gegenüber Matam (Sénégal), auf 65 km nur in der Trockenzeit befahrbarer Piste erreichbar.

Von Kaedi nach Mbout gute Schotterpiste, etwas Wellblech.
Von Mbout nach Kiffa führt eine sehr schlechte Piste über Soufa. Starkes Wellblech zu Beginn, dann große Rinnen.
Kiffa – S. F 8. (Ende F 8 und F 9; Beginn F 10 und F 12.)

F 12: Kiffa – Ayoûn el Atroûs – Timbedgha – Néma (535 km)

(06.91, Unimog) Asphalt. Piste (H) für Ausflüge. Typische Sahellandschaft (viel *cram-cram*). Zahlreiche Polizeikontrollen.

Kiffa – S. F 8. (Ende F 8, F 9 und F 11; Beginn F 10.)
Schöne Landschaft mit schwarzen, pilzförmigen Felsformationen zwischen Kiffa und Ayoûn el Atroûs. (Beginn F 13.)
Ayoûn el Atroûs – Städtchen. Lebensmittel. Treibstoff.
Unterkunft: Hotel „Ayoûn".
Timbedgha – Dorf. Lebensmittel. Zwei Tankstellen.
Ausflug: zu den Ruinen von **Koumbi Saleh** (etwa 60 km nach S auf der Piste Timbedgha – Nara, ohne Führer von der Piste aus nicht zu sehen), Fahrzeug mit Allradantrieb unerläßlich. Im Mittelalter bedeutendster Ort des alten Reiches Gana (nicht der heutige Staat Ghana), das für seinen Goldhandel berühmt war.
Sehenswert: zahlreiche Schieferbauten, Moschee und einige Steinhäuser.
Néma – 400 m, 5000 Einw. Lebensmittel. Wasser. Treibstoff. Bank und Post.
Sehenswert: schöne Moschee und viele verzierte Häuser.
(Beginn F 14, F 15 , F 16.)

F 13: Ayoûn el Atroûs – Kobenni – malische Grenze – Nioro (194 km)

Piste (A/C/H/I). Viel Sand.

Ayoûn el Atroûs – S. F 12. (Zur F 12.)
Km 10, die Piste windet sich durch mehrere enge Passagen. Große Felsen. Zuerst verläuft die Piste nach SO, dann nach SW. Kein Dorf, nur Lager und Brunnen.
Km 112, **Kobenni** – Dorf. Keine Versorgungsmöglichkeit. Bei der *gendarmerie* und dem Zoll melden.
Km 130, die Piste führt östlich am Dorf Gogui vorbei. Keine Versorgungsmöglichkeit.
Km 143, **Boulouli** – Dorf. Keine Versorgungsmöglichkeit.
Km 154, **Senevaly** – Dorf. Keine Versorgungsmöglichkeit.
Km 162, **Diandioumé** – Erstes Dorf auf senegalesischem Boden. Keine Versorgungsmöglichkeit.

248 Durch Afrika

Ab Dandioumé Piste nach S nehmen.
Km 180, **Forcadi** – Dorf. Keine Versorgungsmöglichkeit.
Km 184, **Camana** – Dorf. Keine Versorgungsmöglichkeit.
Km 186, **Batacaridi** – Dorf. Keine Versorgungsmöglichkeit.
Km 190, Kreuzung. Geradeaus nach Nioro fahren. Man fährt die Piste zum
Flughafen entlang, bevor man Nioro erreicht.
Nioro – S. G 42.

F 14: Néma – Adel Bagrou – malische Grenze – Nara (181 km)

(05.91, Fahrrad) Piste (A) in gutem Zustand, durch eine breite Talsohle führend. Polizeiliche Genehmigung erforderlich; in Néma einholen. Zahlreiche Polizeikontrollen.

Néma – S. F 12. (Ende F 12; Beginn F 15 und F 16.) Ausreiseformalitäten
erledigen.
Adel Bagrou – Dorf. Lebensmittel. Brunnen. Treibstoff. Zoll. Devisenkontrollen. Geldwechsel.
Nara – S. G 39. (Ende G 39.)

F 15: Néma – Niout – Zemraguié – Bassikounou – Medd Allah – malische Grenze – Nampala (etwa 265 km)

Piste (A/C/H/I, ab Medd Allah zusätzlich J).

Néma – S. F 12. (Ende F 12; Beginn F 14 und F 16.) Ausreiseformalitäten
erledigen.
Mit Ausnahme einiger Sandstellen bis Niout bei Km 90 gute Piste.
Beim Brunnen von Niout befindet sich keine Verzweigung nach Adel Bagrou
und Nara/Mali (fälschlicherweise auf der Michelin-Karte eingezeichnet); in Wirklichkeit befindet sich diese viel weiter nördlich.
Zemraguié – Brunnen, keine Ortschaft.
Km 10 ab Zemraguié, schwieriger, 5 km langer Abschnitt mit viel Sand (zahlreiche Tierspuren). Dann wieder gute Piste mit hartem Grund.
Km 200, **Bassikounou** – Dorf. Keine Versorgungsmöglichkeit.
Ab Bassikounou ist die Piste schwierig zu finden, da sie unter den Hufen der
Tierherden verschwunden ist. Stellenweise sehr sandige Piste über eine leicht
mit Gras bewachsene Ebene.
Medd Allah – Dorf. Keine Versorgungsmöglichkeit. Kleiner Polizeiposten.
In Medd Allah ist die Piste zu Ende. Für die Weiterfahrt nach Nampala durch
die Savanne ist ein Führer also unerläßlich. Keine einzige Fahrzeugspur.
Nampala – S. G 19. (Ende G 19.)
Die Einreiseformalitäten für Mali werden in Niono (s. G 19) erledigt.

Mauretanien – Routenteil F 249

F 16: Néma – Oualâta – Oujâf – Aghrijit – Tîchît – Tidjikja (735 km)

(11.93) Piste (A/C/H/I/J). Extrem schwierige und nicht mehr befahrene Strecke; teils keine Spuren oder Markierungen mehr vorhanden. Mindestens zwei Fahrzeuge, gute Navigationskenntnisse und Ausrüstung und ausreichende Treibstoffreserven notwendig. Nimmt man einen Führer, darauf achten, daß dieser die Strecke schon einmal mit einem Fahrzeug gefahren ist. Dauer 6 – 12 Tage.

Néma – S. F 12. (Ende F 12; Beginn F 14 und F 15.)

Von Néma nach Oualâta führen zwei Pisten, am Fuß der Steilwand, die schwierigere, aber kürzere und befahrenere Piste (immer der Steilwand folgen; Weichsand am Ende), oder über die Berge, bei Km 10 den Spuren an den Rand der Hochebene folgen, die man über eine kurvenreiche, holperige Piste erreicht.

Km 105, Abfahrt im Sand nach **Oualâta** – Fast völlig verlassene Stadt. Wasser erhältlich.

Verschiedenes: melden Sie sich bei der sehr zuvorkommenden Polizei. Im 14. und 15. Jh war Oualâta neben Timbuktu das religiöse und geistige Zentrum des Sahel. Oualâta war eine Handelsstadt und ein „Verkehrsknotenpunkt" für die Karawanen zwischen Marokko und den Reichen des Sudan. Trotz der Abgeschiedenheit und des Bedeutungsverlustes bleibt es ein traditionelles Zentrum der Geisteslehre. Hier leben noch zwei landesweit bekannte Marabuts.

Sehenswert: Baustil (die Häuser sind mit Fresken aus rotem Ton und weißem Kalk und eindrucksvoll geschnitzten Türen verziert); Handwerk (Gold- und Silberschmuck), das am Aussterben ist.

Von Oualâta nach Aghrijit benötigt man etwa 2 Tage. Nicht den sporadischen Markierungen folgen, sondern so nah wie möglich am Fuß des Dahr Oualâta fahren, um den Sand zu vermeiden. Dünen und Grasbüschel.

Kurz vor dem Brunnen Ayoun El Kohal bei

Km 147, Abschnitte mit *barkanen*.

Bis zum Brunnen Tagourâret einige *barkanen*; der Piste auf einem Kamm folgen. Hinter Tagourâret durchquert man einen großen *barkan*-Abschnitt rechts in der Nähe der Steilwand, dann sucht man die Pistenspuren links, um bei

Km 230 den Brunnen Oujâf zu erreichen.

Hinter Oujâf verschwindet die Piste. Die Steilwand entlangfahren. Bei der Durchquerung des Enji-Massivs folgt man der Streckenführung der IGN-Karten. Um auf die Hochebene zu gelangen, muß man unbedingt das Wadi Chibé finden. Vor dem Tal gibt es noch einige schwierige *barkan*-Stellen zu überwinden. Kurz vor dem Brunnen Tinigaret (mitten in einem sehr steinigen *reg*), wo man wieder auf die Piste stößt, fährt man von der Hochebene herunter.

Anschließend Bergfahrt auf das Massiv Imedel el Akdar und Durchquerung eines großen *aklé* (etwa 50 km breit). Sich an den Kurs der Karte halten. Die ersten 10 km sind einfach (fester, flacher Sand); dann Senke bis zur IGN-Markierung und danach ein Abschnitt mit hohen *barkanen*, auf dem man passierbare Stellen finden und gleichzeitig den Kurs beibehalten muß. Man fährt

250 Durch Afrika

wiederum auf die Hochebene und durchquert dann einen felsigen Abschnitt, wo man bis zu

Km 360 am Brunnen Aratâne nur langsam vorwärts kommt.

Anschließend stößt man wiederum auf einige Spuren in einer grasbewachsenen Ebene (leicht befahrbar). Den Steilhang an der Stelle hinunterfahren, die auf der IGN-Karte eingezeichnet ist. Kurz vor dem Brunnen Touijinet, bei

Km 412, die *barkan*-Abschnitte links umfahren, indem man auf eine Felshöhe hochfährt. Hinter Touijinet einen großen *barkan*-Abschnitt rechts umfahren. Kurz vor Aghrijit nicht in das *wadi* rechts (mit sehr weichem Grund) fahren, sondern links auf die Düne hinauffahren.

Km 446, **Aghrijit** – Rund 100 Einwohner. Äußerst arme Geisterstadt, die allmählich unter einer Sanddecke begraben wird.

Sehenswert: die wunderbare, von Sand bedeckte Moschee.

Zwischen Aghrijit und Tîchît Salzebene und -see. Problemlose Piste.

Km 482, **Tîchît** – 200 m. Stadt. Wasser. Großer Palmenhain.

Verschiedenes: im 12. Jh. gegründet, ehemaliges Karawanenzentrum. Mauren (Charfa und Ouled Bella) und Schwarzafrikaner (Massana), Gebühr 300 UM/Fahrzeug.

Sehenswert: Baustil (Häuser aus hellem Stein mit Verzierungen aus grünem Schiefer, mit dreieckigen Nischen, zurückversetzten Bogen, tiefer liegende Motive) und die kürzlich restaurierte Moschee.

Ab Tîchît sehr sandige Piste über etwa 10 km (Luft aus den Reifen lassen), die dann kaum merklich auf das Massiv ansteigt. Bis zum Brunnen Zig bei

Km 520 führt die Piste nicht mehr – wie auf der IGN–Karte eingezeichnet – über die Höhe, sie verläuft unten und ist problemlos (Sand und Grasbüschel). Kurz vor Zig steigt der Weg an, und man stößt wieder auf die eingezeichnete Piste (wenn keine Spuren sichtbar sind, Kurs halten). Später trifft man wieder auf Spuren in einem weniger sandigen Gelände und auf IGN-Markierungen.

Danach fährt man durch das Dorf El Chrob, zu dem eine steinige Auffahrt führt. Die Spuren werden jetzt immer deutlicher bis Tidjikja, wohin man durch das *wadi*, nach einer Passage zwischen zwei Steilwänden (ziemlich weicher Sand), gelangt. Ab und zu sieht man in der Ferne das Sandmeer Aouker (im Neolithikum ein großer See, an dessen Ufern Menschen lebten).

Auf den letzten 50 km viel Sand; man kann sich nur schlecht orientieren, keine Markierung.

Km 735, **Tidjikja** – S. F 6. (Ende F 6; Beginn F 7 und F 8.)

Melden Sie sich bei Ankunft und Abreise bei der *gendarmerie*.

Fahrzeugverschiffungen zu allen wichtigen afrikanischen Häfen sowie Fährverbindungen über das Mittelmeer und nach dem Senegal können Sie bei Därr Expeditionsservice GmbH, Theresienstr. 66, 80333 München, Tel.: 0 89/28 20 32, buchen; verlangen Sie Frau Heike Reimann.

Mauretanien – Routenteil F 251

F 17: Nouâdhibou – Choûm (ca. 450 km)

(03.94, Land Rover) Piste (A/C/G). Führer nicht notwendig. Eine Bewilligung muß eingeholt werden. Die Strecke ist meist unmarkiert. Alternativ kann das Auto auf die Bahn
verladen werden (u.U. Wartezeiten bis zu 3 Tagen). Es müssen mindestens 3 Wagen
vorhanden sein (Pkw 4850 UM, Lkw 8500 UM).

Km 0, **Nouâdhibou** – S. F 2. (Ende A 4; Beginn F 3.)
Km 15, Polizei- und Militärkontrolle, die Bewilligung wird abgestempelt; die
Devisendeklaration wird kontrolliert. Südlich der Bahn weiterfahren.
Km 20, Bahnübergang, die Piste nördlich ist besser (sehr sandig). Unbedingt
auf der Piste bleiben, nördlich der Bahn soll es Minen geben!
Km 49, die Bewilligung wird kontrolliert und einbehalten. Auf ca. 1 km soll es
Minen geben. Die Piste ist etwas schwierig zu finden und eher schlecht. Mög-
lichst nahe an der Bahn bleiben und tagsüber fahren. Keineswegs auf den
Schienen fahren, da der Eisenerzzug (der längste der Welt) von mehreren Liks
gezogen wird und keinesfalls bremsen kann. Ein Ausweichen ist nicht möglich!
Km 95, **Boû Lanouâr** – Dorf. Gutes Wasser und Militärkontrolle. Benötigt man
kein Wasser, ist die Kontrolle der Bahn entlang zu umfahren. Nach dem Dorf
ist die Piste gut, zum Teil sandig. Auf der Michelin-Karte ist eine Piste nördlich
der Bahn eingezeichnet – die gibt es nicht, auch die Dörfer sind südlich. Die
eingezeichneten Dünenfelder stimmen sehr genau, die zwei ersten sind je 30
km, das dritte 5 km lang. Sandbleche und Schaufeln bereithalten. Es gibt
immer die Möglichkeit direkt bei den Schienen zu fahren (Achtung, die Schienen haben sehr scharfe Brauen).
Ca. Km 450, **Choûm** – S. F 2.

F 18: Kiffa – malische Grenze – Kayes (ca. 300 km)

(01.94, MAN 4x4) Piste.

Km 0, **Kiffa** – S. F 8. (Ende F 8, F 9, F 11; Beginn F 10, F 12.) Die Asphaltstra-
ße nach rechts nehmen.
Ca. Km 3, nach rechts abbiegen, Wellblechpiste.
Ca. Km 13, kleine bewachsene Düne queren.
Ca. Km 45, **Koûroudjél** – Dorf, rechter Hand.
Rechts haltend, links neben der Düne vorbei in ein grünes Tal. Am Ende des
Tales auf der Spur bleiben.
Ca. Km 95, **Kankossa** – Dorf. Eventuell Brot erhältlich.
Über die Düne weiterfahren (rechts Selibabi). Auf den nächsten 50 km ist die
Orientierung schwierig.
Ca. Km 150, **Hamoud** – Dorf, Polizei, Zoll, aber keine Kontrolle.
Richtung Westen weiter, nach 5 bis 6 km der Spur Richtung Süden folgen.
Ca. Km 220, **Aourou** – Dorf. Einreiseformalitäten.
Ca. Km 295, **Kayes** – S. L 6. (Ende L 6; Beginn G 41, G 45.)

252 Durch Afrika

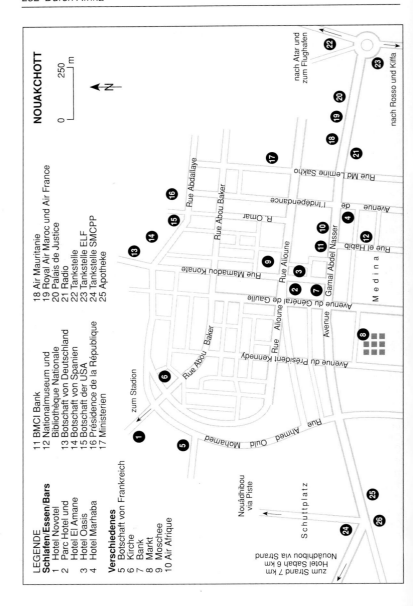

Mauretanien – Routenteil F 253

Sprachführer (nicht nur) für Globetrotter

die Reihe KAUDERWELSCH

Die Sprachführer der Reihe **Kauderwelsch** helfen dem Reisenden, wirklich zu sprechen und die Leute zu verstehen. Wie wird das gemacht? Abgesehen von dem, was jedes Sprachbuch bietet, nämlich Vokabeln, Beispielsätze etc., zeichnen sich die Bände der Kauderwelsch-Reihe durch folgende Besonderheiten aus:

● Die **Grammatik** wird in einfacher Sprache so weit erklärt, daß es möglich wird, ohne viel Paukerei mit dem Sprechen zu beginnen, wenn auch nicht gerade druckreif.

● Alle Beispielsätze werden doppelt ins Deutsche übertragen: zum einen **Wort-für-Wort**, zum anderen in "ordentliches" Hochdeutsch. So wird das fremde Sprachsystem sehr gut durchschaubar. Denn in einer fremden Sprache unterscheiden sich z. B. Satzbau und Ausdrucksweise recht stark vom Deutschen. Ohne diese Übersetzungsart ist es so gut wie unmöglich, einzelne Wörter in einem Satz auszutauschen.

● Die **Autorinnen** und **Autoren** der Reihe sind Globetrotter, die die Sprache im Land selbst gelernt haben. Sie wissen daher genau, wie und was die einfachen Leute auf der Straße sprechen. Deren Ausdrucksweise ist nämlich häufig viel einfacher und direkter als z. B. die Sprache der Literatur.

Kauderwelsch-Sprachführer gibt es für über 70 Sprachen, darunter:

*Mandinka (Gambia), Wolof (Senegal),
Französisch für Afrika-Reisen*

Jeder Band hat 96 bis 160 Seiten, viele Abbildungen und ein
Vokabular von ca. 1000 Wörtern in beide Richtungen geordnet.
Zu jedem Titel ist eine begleitende Tonband-Kassette erhältlich.
Buch und Kassette kosten jeweils 14.80 DM

Reise Know-How Verlag Peter Rump GmbH, Bielefeld

254 Durch Afrika

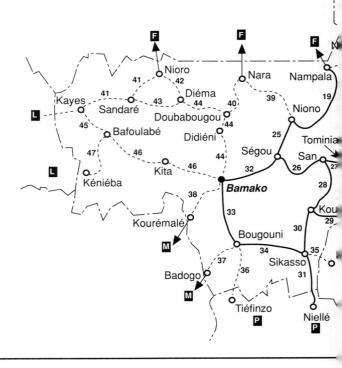

Mali – Routenteil G

Mali – Routenteil G 255

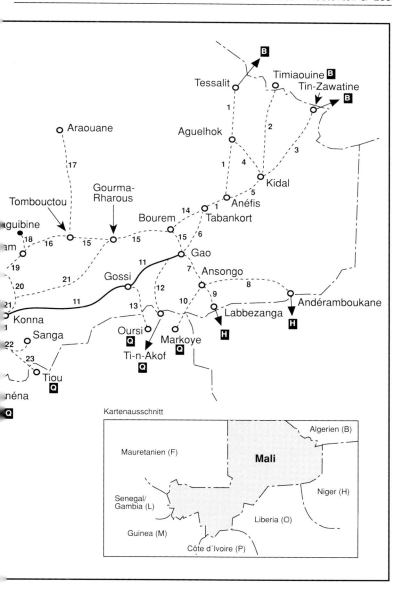

256 Durch Afrika

Mali – Routenteil G

Überblick

Fläche: 1 240 192 km².

Einwohner: 8 962 000.

Ethnien: Bambara, Peul, Tuareg, Songhay, Mauren, Senufo, Soninke.

Hauptstadt: Bamako (ca. 740 000 Einw.).

Sprachen: Verkehrssprache ist Französisch, daneben Bambara, Ful und Songhay.

Religion: Etwa 70% Muslime, der Rest Animisten.

Ruhetag: Sonntag. Büros und Regierungsstellen sind schon ab Freitagmittag geschlossen.

Feiertage: 1.1, 20.1., 25.5., 22.9., 19.11., sowie zahlreiche, mit dem Mondjahr wechselnde islamische Feiertage.

Zeitverschiebung: - 1 Stunde; Sommerzeit - 2 Stunden.

Stromspannung: 220 V.

Einreise: Deutsche, Schweizer und Österreicher benötigen ein Visum, das schnell und unproblematisch ausgestellt wird. Flugreisende müssen bei der Einreise ein gültiges Rückflugticket vorlegen.

Impfung/Gesundheit: Gelbfieberimpfung vorgeschrieben, Malariaschutz dringend zu empfehlen. Informieren Sie sich beim örtlichen Gesundheitsamt. Die medizinische Versorgung im Land ist eher mangelhaft.

Währung: Franc CFA. 1 DM = 333–344 CFA. Einfuhr unbegrenzt (ab 25 000 CFA wird eine Deklarierung empfohlen); Ausfuhr bis 25 000 CFA, es sei denn, es wurde bei der Einfuhr ein höherer Betrag deklariert. Bei Tausch von Reiseschecks werden hohe Gebühren erhoben. Achtung: Durch Abwertung des CFA im Frühjahr 93 kam es zu enormen Preissteigerungen in allen CFA-Ländern. Preisangaben können dadurch zum Teil überholt sein.

Kfz: Internationaler Führerschein empfohlen, Fahrzeugschein, die Grüne Versicherungskarte wird nicht anerkannt, an der Grenze muß eine Haftpflichtversi-

Mali – Routenteil G 257

cherung abgeschlossen werden. Ein *carnet de passage* ist nicht notwendig, an der Grenze wird ein *laissez passer* ausgestellt (ca. 2000 CFA), dazu eine Verkehrsbewilligung (*permission de circuler*), welche nur 8 Tage gültig ist und dann bei einer Zollstelle verlängert werden kann. Fahrzeugverkauf möglich.

Treibstoffpreise: Benzin ca. 425 CFA/l, Diesel 265–275 CFA/l.

Straßenzustand: Nur wenige Asphaltstraßen. Ein Teil der Piste in der Regenzeit nicht befahrbar (siehe dazu die Pistenbeschreibungen). In nahezu allen Ortschaften befinden sich zur Tempodrosselung künstliche Bodenwellen, die nur in Schrittempo zu befahren sind.

Kontrollen: Eine offizielle Meldepflicht besteht nicht mehr. Dennoch kommt es häufig vor, daß Reisende von der Polizei aufgehalten und zum Melden „verdonnert" werden. Hierfür wird oft auch die Vorlage eines Paßfotos verlangt und eine Bearbeitungsgebühr erhoben. Unterwegs häufig Polizeikontrollen. Die ehemalige malische Tourismusorganisation „SMERT" wurde aufgelöst, so daß „Pflicht"-Führer von der „SMERT" nicht mehr engagiert werden müssen (im Dogonland beispielsweise). Es gibt inzwischen aber einige Ersatzorganisationen, die Touren organisieren und Führer vermitteln.

Grenzen: Die Grenzen zu den Nachbarländern im Süden sind geöffnet. Ausnahme sind die malisch-algerische Grenze bzw. die malisch-mauretanische, die wegen der Tuaregunruhen bzw. der politischen Unruhen und Überfälle gesperrt wurden (siehe Sicherheit). Touristen dürfen Algerien auf eigenes Risiko verlassen (Erklärung unterschreiben). Können sie dann die malische Grenze nicht passieren, ist eine Rückkehr nach Algerien nur möglich, wenn sie zwei Einreisen im algerischen Visum eingetragen haben.

Saharatouren: Das Befahren der Strecken von Algerien ist zur Zeit wohl erlaubt, aber nach wie vor hochgefährlich (s. allgemeiner Teil Algerien).

Sicherheit: Auf der Hauptroute Algerien – Mali, der Tanezrouftpiste, wurden seit 1992 zahlreiche Überfälle auf Reisende begangen mit dem Ziel sich der Fahrzeuge und Wertsachen zu bemächtigen, in der Regel wurden die beraubten Touristen nur noch mit dem allernötigsten ausgestattet an der Piste ausgesetzt, es gab aber bereits auch Tote. Reisenden zufolge werden diese Übergriffe häufig auch von marodierendem Militär begangen und Tuareg in die Schuhe geschoben. Eine hohe Überfallgefahr besteht auch auf der Strecke Gao – Niamey. Zwischen Labézanga und Gao herrscht Militärkonvoipflicht. Von Reisen nach Timbuktu und Gao (sofern man mit Geländefahrzeug unterwegs ist), auch vom Süden kommend und auf dem Flußweg von Mopti aus, ist abzuraten . Insgesamt muß die Lage in der nördlichen Hälfte Malis im Augenblick als unsicher bezeichnet werden. Neben Übergriffen auf Touristenfahrzeuge kommt es häufig auch zwischen den einzelnen Bevölkerungsgruppen zu

258 Durch Afrika

Auseinandersetzungen. Hier scheint der alte Gegensatz zwischen hellhäutigen (Mauren, Tuareg) und dunkelhäutigen Maliern wieder aufzubrechen (ähnlich wie in Mauretanien). Erkundigen Sie sich kurz vor Ihrer Abreise über die aktuelle Sicherheitslage bei der malischen Botschaft oder dem Auswärtigen Amt bzw. bei Därr Expeditionsservice Gmbh in München (Reisesprechstunde Donnerstag Nachmittag, Tel. 089/28 20 32.

Literatur und Landkarten:
Reiseführer: Thomas Krings, „Sahel", DuMont Verlag (ausführliche Informationen über Geschichte und Kultur); Anne Wodtcke, „Reise Know-How-Westafrika" (mit vielen praktischen Reiseinformationen).
Landkarten: Übersicht Michelin 953, Nord- und Westafrika, 1:4 000 000, Carte IGN Mali, 1:2 500 000; Detailkarten Cartes IGN, 1:1 000 000, 1:500 000 und 1:200 000.
Hintergrund: Heinrich Barth, „Reisen und Entdeckungen in Nord- und Zentralafrika", Ed. Erdmann, Tübingen; Boyle, „Wassermusik", TB (Roman über die Reisen Mungo Parks); M. Griaule, „Gespräche mit Ogotemeli", Suhrkamp TB (über die Kosmologie der Dogon).

Geschichte: Das Reich Mali, gegründet von dem Mande Sundiata, dessen Heldentaten die *griots* in ihren Liedern heute noch preisen, beherrschte zwischen dem 13. und dem 16. Jh. die Völker im Nigerbinnendelta. Seine größte Ausdehnung, weit über das Territorium des heutigen Mali hinaus, erreichte es unter dem König Kankan Moussa, dessen glanzvolle Pilgerfahrt nach Mekka Malis Ruf als „Goldland" begründete und zahlreiche Kaufleute und islamische Gelehrte in das Reich am Niger zog. Mitte des 15. Jahrhunderts trat das Reich der Songhay mit der Hauptstadt Gao an die Stelle des Malireiches. Die Songhay konnten ihren Machteinfluß im Osten bis zum Aïr und den Haussa-Stadt-Staaten, im Westen bis an den Atlantik ausdehnen. Mit der marokkanischen Invasion 1591 war die Zeit der großen Reiche vorbei; Unsicherheit und häufige Fehden zwischen den einzelnen Volksstämmmen schädigten den einst florierenden Transsaharahandel, der sich nun allmählich gen Osten, in das Gebiet der Haussa-Staaten und des Reiches Kanem-Bornu verlagerte. Europäische Forschungsreisende fanden im 19. Jh. die ehemaligen Handelsmetropolen Djenné und Timbuktu verfallen und verlassen vor. Ende des 19. Jh. wurde Mali französische Kolonie, 1960 erhielt es seine Unabhängigkeit.

Politik: Modibo Keita, der erste Präsident der Republik Mali, wurde 1968 von Militärs unter Moussa Traoré gestürzt. Madame Traoré scheint die Regierungszeit ihres Mannes massiv dafür genützt zu haben, ihre Familie zu bereichern und der weitverzweigten Verwandtschaft Pöstchen zu verschaffen. Im Gegensatz zum puristischen Nachbarpräsidenten Kountché (Niger) wurden die Traorés überall im Land mit Korruption in Verbindung gebracht. Nach blutig niedergeschlagenen Studenten- und Schülerunruhen in Bamako putschte das Militär 1991 gegen die Traorés. Seitdem regiert ein „Übergangskomitee zur Rettung des Volkes", bestehend aus Militärs und Zivilisten. Neuer Präsident ist Ibrahim Boubacar Keita, der den allmählichen Übergang zu einer demokratischen Verfassung regeln soll. Erschwert wird diese Aufgabe einerseits durch die wachsenden Tuaregaufstände im Norden Malis, andererseits durch das Wiederaufbrechen rassischer Gegensätze in der Bevölkerung, das wiederholt zu Progromstimmung beispielsweise gegen die Mauren geführt hat. Zudem scheinen Teile des Militärs nicht mehr unter der Kontrolle der Befehlshaber zu stehen. Ende April 1992 fanden die ersten freien Wahlen in der Geschichte Malis statt, aus der die Demokratische Front ADEMA als Sieger hervorging. Eine Stichwahl steht noch aus. Den Provinzen im Norden mit ihrer Tuareg-Bevölkerung soll ein Autonomiestatus gewährt werden. Friedensverhandlungen mit den Tuareg sind im Gange, doch kam es Ende Mai ´92 nach weiteren Überfällen durch Tuareg zu einer Strafaktion von Regierungstruppen, bei der 15 Zivilisten, u.a. Mitarbeiter einer Hilfsorganisation, erschossen wurden. Weitere Verhandlungen wurden geführt, trotzdem gab es sowohl 1993 und 1994 in den nördlichen Provinzen und zuletzt im Januar 1995 in Gao zahlreiche Tote bei den Auseindersetzungen zwischen den Regierungstruppen und Tuareg.

Die Dogon

Die Dogon begegnen dem Mali-Reisenden auf fast jedem malischen Marktplatz — nicht persönlich zwar, aber in Form ihres Haupt-Exportproduktes, der getrockneten Zwiebelbällchen. Neben etwas Hirse sind Zwiebeln das einzige, das die Dogon dem kargen Boden ihres Rückzugsgebietes, der Falaise von Bandiagara, entlocken können. So prägen das frische Grün und der aromatische Duft der Zwiebeln zur Erntezeit auch die Landschaft des Dogonlandes, die mit ihren bizarren Affenbrotbäumen und den chaotisch aufgetürmten Felsblöcken so gar nicht gastlich wirkt. Im Kontrast zur rauhen Umgebung steht die reiche Kosmologie der Dogon, ihre komplexe Vorstellung von der Entstehung der Welt und vom Wirken der Götter und Naturkräfte. Der Ethnologe Marcel Griaule hat diese Vorstellungen detailliert aufgezeichnet und in seinem Buch „Gespräche mit Ogotemelli" auch für Laien verständlich und spannend beschrieben. Seinen schönsten Ausdruck findet der Glaube der Dogon in den Maskentänzen, die inzwischen leider häufig zu reinem Touristen-Theater verkommen sind. Die Masken begleiten Verstorbene zur letzten Ruhe und markieren ein wichtiges Ereignis, das jedoch nur alle 60 Jahre stattfindet: das Sigi, eine Feier zu Ehren des Urahnen Dyongou-Serou. Die Vorbereitungen für das Sigi-Fest und die eigentliche Sigi-Zeremonie hat der Ethno-Filmer Jean Rouch in einer Serie von Dokumentarfilmen festgehalten. Möglicherweise war es das letzte Sigi, das die Dogon gefeiert haben. Denn obwohl sie in einem Schutz-Reservat leben, sind die Auswirkungen des Tourismus und der Sog der Moderne auch an diesem alten Bauernvolk nicht vorbeigegangen. Reisende sollten aus Respekt vor der Glaubenswelt der Dogon die Dörfer nur mit Führer besichtigen.

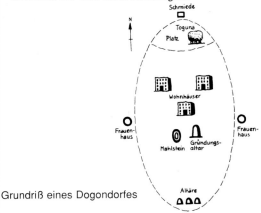

Grundriß eines Dogondorfes

Mali – Routenteil G 261

Routeninformationen

G 1: Tessalit – Aguelhok – Anéfis – Tabankort (ca. 330 km)

(01.91, Landcruiser) Piste (A/C/G/I). Vorsicht, häufig Tuaregüberfälle und Belästigung durch Militär. Fahren Sie nur im Konvoi (sehen Sie dazu auch den allgemeinen Teil). Zwei Pisten stehen zur Auswahl. Die Strecke durch das Tilemsi-Tal ist kürzer und besser befahrbar, in der Trockenzeit unproblematisch; dennoch sollte hier nicht allein gefahren werden, es gibt wenig Verkehr. Besonders wenn Sie in Eile sind, ist es empfehlenswert, einen Führer zu nehmen. Die Hauptpiste, die weiter unten beschrieben wird, ist sicherer und trägt den pompösen Namen „Route Nationale". Zu Beginn ist sie steinig, danach folgt Sand; nachts kein Verkehr; Markierung (Wegzeichen) alle fünf oder zehn Kilometer.

Tessalit – S. B 13. (Ende B 13; Beginn B 33.)
Bei der Ausfahrt von Tessalit starkes Wellblech; harter, steiniger Boden.
Km 26/304, Überquerung des Oued Tilemsi. Die Brücke ist in gutem Zustand.
Km 29/301, 34/296 und 38/292 *oued*-Überquerungen. Sand.
Km 52/278, erneut *oued*-Überquerung, die Brücke ist in schlechtem Zustand.
Km 60/270, Eisenbrücke (kurz davor eine schlechte sandige Passage). Danach das Dorf Tarlit (auf der Michelin-Karte nicht eingezeichnet). Am Ende des Dorfes eine Kreuzung, die Hauptpiste biegt nach links ab in Richtung Aguelhok; nach rechts führt eine gute Piste entlang des Oued Tilemsi. Sie trifft bei Km 78 wieder auf die Hauptpiste.
Km 95/235, **Aguelhok** – Dorf, bei der Polizei melden (gelegentlich wird eine Gebühr für die Ortsdurchfahrt erhoben). (Beginn G 4.)
Verschiedenes: neben dem Ort ein Pumpbrunnen mit gutem Wasser (10 l/20 CFA). Einige kleine Restaurants; in der „Bar de la Paix", rechts am Ortseingang gelegen, gibt es Duschen und Übernachtungsmöglichkeit. Lebensmittel (kein Gemüse); in einem Café am nördlichen Ortseingang gute Bäckerei. Treibstoff auf dem Schwarzmarkt (350 CFA/l). In der Stadt ist ein Militärkrankenhaus (nach Sergeant Adama fragen).
Bei der Ausfahrt von Aguelhok folgen Sie den Lkw-Spuren, die nach Osten, also links, führen; diese Strecke verläuft parallel zur „Route Nationale".
Km 113/217, von links Einmündung einer Piste, die nach Kidal führt (zur G 4); eine aufgestellte Felge dient als Wegzeichen.
Km 129/201, Pisten kreuzen.
Km 151/179 und 154/176, *oued*-Überquerung.
Km 174/156, Brücke.
Km 178/152, Pisten kreuzen. Rechts halten.
Km 181/149, VW-Bus-Wrack.
Km 198/132, Beginn der Marcouba-Ebene. Der Aufstieg erfolgt in nord-südlicher Richtung. Achten Sie darauf, die Hauptpiste nicht zu verlieren (tiefe Spurrillen von Lkws); links auf dem harten Sand bleiben (rechts zerwühlter Sand); wenn Sie keinen Geländewagen fahren, lassen sie Luft aus den Reifen und nehmen Sie Anlauf. Die schwierige Passage ist 8 km lang.

262 *Durch Afrika*

Km 225/105, breiter *oued*.
Km 246/84, zerstörte Brücke. Umleitung nach links.
Km 288/42, **Anéfis** – Dorf. Bei der Ortseinfahrt Polizeikontrolle. Mehrere Brunnen (sehr sandiges Wasser). Treibstoff auf dem Schwarzmarkt. (Ende G 5.)
Ca. Km 300/30, Polizeikontrolle. Café. Hier mündet die Piste durch das Tilemsi-Tal in die „Route Nationale".
Km 330/0, **Tabankort** – Dorf. Wasser und Brot. Polizeikontrolle. Nicht immer Treibstoff. (Beginn G 6 und G 14.)

G 2: Timiaouine – algerisch-malische Grenze – Kidal (250 km)

Vorsicht, häufig Tuaregüberfälle und Belästigung durch Militär. Fahren Sie nur im Konvoi. Gut erkennbare und ehemals vielbefahrene Piste (A/C/G/I); in der Regenzeit schwierig zu befahren.

Timiaouine – S. B 33. (Zur B 33.)
Verlassen Sie Timiaouine in südlicher Richtung. Auf etwa 10 km Weichsand.
Km 14/236, *oued*-Durchquerung.
Km 26/224, direkt vor Ihnen drei Berge in Pyramidenform.
Km 36/214, Pisten kreuzen; geradeaus weiterfahren.
Km 52/198, Steinmännchen.
Km 76/174, große Steine.
Km 105/145, Autowrack.
Km 126/124, Geröll.
Km 152/98, großer *oued*.
Km 158/92, Haus.
Km 167/83, einige Weichsandpassagen, viele Spurrillen.
Km 297/43, tiefe Spurrillen.
Km 207/33, Steinmarkierung in einem *oued*.
Km 232/18, zwei große Steinmännchen. Ein kleines Stück weiter mündet eine Piste von links, Tonnen und Wegweiser; geradeaus weiterfahren.
Km 247/3, linker Hand ein Haus.
Kidal – Dorf. Lebensmittel. Wasser. Treibstoff. Zwei Restaurants. Formalitäten zur Einreise nach Mali (Polizei und Zoll). (Ende G 3 und G 4; Beginn G 5.)
Verschiedenes: hier gibt es die Möglichkeit, die Grenz-Pflichtversicherung abzuschließen (beim Zoll, Preis ist Verhandlungssache; es kann aber auch die für zehn westafrikanische Staaten gültige Versicherung abgeschlossen werden, die bei Weiterreise in die Nachbarländer günstiger ist). Fort und Gefängnis im Ortszentrum dürfen nicht fotografiert werden.

Helfen Sie uns bei der Aktualisierung dieses Reise-Handbuchs, und schikken Sie uns Ihre Routenkorrekturen, -ergänzungen, -tips usw. zu! Danke!

Mali – Routenteil G 263

G 3: Tin Zawatine – Kidal (249 km)

(02.90, UMM 4x4) Harte und steinige Piste durch das Adrar des Iforhas (A/C/G/I). Auf den ersten 30 und den letzten 40 km (Markierung mit Steinmännchen); dazwischen gut befahrbare und erkennbare Piste ohne Markierung. Vorsicht, häufig Tuaregüberfälle und Belästigung durch Militär. Fahren Sie nur im Konvoi (derzeit, 04.92, gesperrte Piste; sehen Sie dazu auch den allgemeinen Teil).

Tin Zawatine – S. B 34. (Ende B 34.)
Kidal – S. G 2. (Ende G 2 und G 4; Beginn G 5.)

G 4: Aguelhok – Kidal (150 km)

In der Trockenzeit unproblematische Piste (A/C/G/I); in der Regenzeit nur mit Geländewagen befahrbar. Zunächst verläuft die Piste auf Granitboden, danach auf sandigem oder schlammigem Untergrund. Vorsicht, häufig Tuaregüberfälle und Belästigung durch Militär. Fahren Sie nur im Konvoi (sehen Sie dazu auch den allgemeinen Teil).

Aguelhok – S. G 1. (Zur G 1.)
Sie verlassen Aguelhok auf der Piste nach Tabankort (G 1).
Ca. Km 20/130, Abzweigung nach rechts (W).
Ab Km 30/120 ist die Piste gut mit Steinmännchen markiert.
Km 50/100, sehr breiter, sandiger *oued*, der in der Regenzeit Wasser führt.
Km 62/88, kleiner, aber tiefer *oued*; Sand und viel Wasser in der Regenzeit.
Zwischen Km 100/40 und Km 110/50 muß ein breites Tal umfahren werden, teilweise führt die Piste über die im Westen gelegenen Hügel.
Km 120/30, eine Piste zweigt nach links ab (Osten) in Richtung Timiaouine (zur G 2).
Km 135/15, große Kreuzung mit Wegweiser; nach links geht es nach Boughessa, nach rechts nach In Tedeïn.
Kidal – S. G 2. (Ende G 2 und G 3; Beginn G 5.)

G 5: Kidal – Anéfis (149 km)

(02.90, UMM 4x4) Auf den ersten 15 km holperige und steinige Piste (A/C/G/I), danach besser befahrbar. In der Regenzeit ist diese Piste nur schwer zu befahren; in einigen *oueds* kann das Wasser innerhalb weniger Stunden um einen Meter steigen. Derzeit gesperrt (04.92*)*. Vorsicht, häufig Überfälle und Belästigung durch Militär (s. dazu auch den allgemeinen Teil).

Kidal – S. G 2. (Ende G 2, G 3 und G 4.)
Kurz hinter Kidal wird ein steiniger *oued* überquert.
Km 31/118, *oued*-Durchquerung.
Km 33/116, Steinmarkierung.
Km 48/101, breiter *oued*.
Km 58/91, ein großer *oued*, der viel Wasser führt, muß links umfahren werden.
Kurz nach der Senke trifft man auf die Hauptpiste.

264 Durch Afrika

Km 66/83, kleine Dünen.

Km 70/79, Weichsandpassagen.

Km 76/73, Abzweigung nach rechts führt zu einer historischen Stätte (9 km).

Km 81/68, großer *oued*.

Km 114/35, Pistenspuren nach links.

Km 128/21, man trifft auf die Piste Tessalit – Tabankort (zur G 1).

Anéfis – S. G 1. (Zur G 1.)

G 6: Tabankort – Gao (201 km)

(03.92, Mercedes 200) Piste (A/C/G/I). Viel Lkw-Verkehr, auch nachts, siehe Anmerkungen zu Strecke G 1.

Tabankort – S. G 1. (Ende G 1; Beginn G 14.)

Beim Verlassen von Tabankort in Richtung Gao fahren Sie nach links (Wegweiser), nach rechts geht es in Richtung Bourem. Wenn man den Anfang der Piste verpaßt, durchquert man kleine Sandflächen und trifft etwas später auf die Hauptpiste.

Km 15/186, Brunnen von Trabichat, der meist östlich umfahren wird.

Km 18/185, ein Haus rechts der Piste.

Km 21/180, ein drei Kilometer langes Sandfeld, das keine Probleme aufgibt; es kann auch östlich umfahren werden.

Km 44/157, Abzweigung nach Süd-Südwest in Richtung In-Tassint. Weiter nach Süd-Südost fahren.

Km 56/145, Haus rechts der Piste.

Km 61/140, Piste nach Süd-Südost in Richtung Agamor und Bourem.

Km 94/107, Ruinen links der Piste.

Km 95/106, links der Piste ein Windrotor.

Km 134/67, Weiler mit Windrotor.

Km 150/51, großes Sandfeld.

Km 155/46, Weiler mit Windrotor.

Km 167/34, links kommen schwarze Berge in Sicht.

Km 180/21, Kreuzung mit Wegweiser, die Piste nach Osten führt nach Djebok; nach Gao nach Westsüdwest weiterfahren.

Km 195/6, großes Sandfeld.

Gao – 264 m, 43 000 Einw. Gute Infrastruktur. Gute Lebensmittelversorgung (teuer). (Beginn G 7, G 11, G 12 und G 15.)

Formalitäten: der Paß muß von der Polizei abgestempelt werden (Öffnungszeiten 07:00 – 14:30 Uhr; die fällige Steuer variiert zwischen 500 und 1500 CFA/Person). Vergessen Sie nicht, das an der Grenze ausgestellte *laissez passer* verlängern zu lassen. Hat man an der Grenze kein *laisser passer* erhalten ist es beim Zoll für 1500 CFA erhältlich.

Unterkunft: Hotel „Atlantide", nicht gerade sauber, kühles Bier und undefinierbares Essen (ca. 5000 CFA/DZ). Campingplatz „Yarga", in der Nähe des Niger in Richtung Fähre; „Chez Jean-Claude" (Franzose), Sanitäranlagen und Du-

Mali – Routenteil G 265

schen, Restaurant, gut bewacht (Vermietung von Hütten) mit netter Atmosphäre; „Bango" (Vermietung von Zimmern); „Tizi Mizi", am Ortsausgang in Richtung Flughafen, gute Sanitäreinrichtungen und Duschen, Bar und Nachtclub (Vermietung von Hütten). Restaurant „Le Senegalais", freundlich, gut und preiswert; „Yarga", sehr preiswert und gutes Essen; „Le Thierry Sabine", akzeptabel.

Verschiedenes: Amadou Kadil Touré ist als Mechaniker zu empfehlen, Sie finden ihn im Stadtteil Aljanabandier. Gute Werkstatt ist die „Garage Regional" (französisches Entwicklungshilfeprojekt, nahe dem Camping „Yarga"). Vermeiden Sie einen Aufenthalt in Gao während der Rallye Paris–Dakar, die Teilnehmer stürzen sich wie die Heuschrecken auf alles Eß- und Trinkbare. Eine Fotografiergenehmigung oder die Touristenkarte der „SMERT" sind nicht mehr nötig. Schecks werden in keiner Bank gewechselt.

Sehenswert: die Stadt selbst hat keinen eigenständigen Charakter, besuchenswert ist sie wegen ihrer ethnischen Vielfalt; hier begegnen sich zahlreiche Stämme aus Sahara und Sahel. Schön ist die Vielfalt der Bevökerung vor allem auf dem Markt zu beobachten.

Trotz der modernen Stadtanlage kann Gao auf eine fast tausendjährige Geschichte zurückblicken. Über 600 Jahre war Gao Hauptstadt des Songhay-Reiches, dessen mächtigster Herrscher, Mohammed Askia, auch hier begraben liegt (Grabmal des Askia). Erst die marokkanische Eroberung 1591 beendete die Blütezeit der alten Handelsstadt. Neben dem Grabmal des Askia gibt es ein archäologisches Zentrum und einen schönen Markt mit übertriebenen Preisen. Reisende, die Gao das erste Mal besuchen, sollten einen der jungen Führer anheuern, die beim Erledigen der verschiedenen Formalitäten sehr hilfreich sein können.

Gao – Timbuktu – Mopti per Nigerschiff: unregelmäßige Fahrtzeiten, verladen werden können nur Motorräder. Tarif Gao–Mopti etwa 5500 CFA/Person (auf der Brücke) und 5300 CFA/Motorrad. Autos können auf Schleppkähne verladen werden, die verschiedene Handelsgüter auf dem Niger befördern; hier sind die Abfahrtszeiten beliebig, die Verschiffung dauert lange, mit Verspätungen muß gerechnet werden, die Reise ist völlig ohne Komfort und außerordentlich teuer. Informationen gibt die „Compagnie malienne de Navigation".

G 7: Gao – Ansongo (105 km)

(03.92) Piste (A/G/I) in schlechtem Zustand, vor allem auf den ersten 50 km; an vielen Stellen starkes Wellblech, viel Sand, Vorsicht vor _cram-cram_; die parallel verlaufenden Pisten sind oft besser als die Hauptpiste. Es besteht Überfallgefahr.

Gao – S. G 6. (Ende G 6; Beginn G 11, G 12 und G 15.)
Ansongo – Dorf, in schöner Lage am Ufer des Niger. Lebensmittel. Treibstoff auf dem Schwarzmarkt.
Einfacher Campingplatz. Polizeikontrolle.
(Beginn G 8, G 9 und G 10.)

266 *Durch Afrika*

G 8: Ansongo – Ménaka – Andéramboukane – nigrische Grenze (310 km)

(11.89, Landcruiser) Piste (A/I) in schlechtem Zustand. Diese Strecke kann als Verbindung Gao – Tahoua dienen, die Niamey umgeht.

Ansongo – S. G 7. (Ende G 7; Beginn G 9 und G 10.)
Ménaka – Dorf. Brunnen. Malische Zollkontrolle.
Andéramboukane – Dorf. Malischer Grenzposten.
(Beginn H 15.)

G 9: Ansongo – Labézanga – nigrische Grenze (140 km)

(01.91, Landcruiser) Piste (A/G/I) in schlechtem Zustand. Wellblech bis Fafa.

Ansongo – S. G 7. (Ende G 7; Beginn G 8 und G 10.)
Fafa – Dorf. Lebensmittel. Empfehlenswertes *campement* am Fluß, französische Küche, Bungalows, saubere sanitäre Anlagen, ca. 4000 CFA/DZ (zwischen Juli und August geschlossen); Bootsausflüge, Bademöglichkeit.
Labézanga – Dorf. Malischer Grenzposten. Zoll- und Polizeikontrolle.
(Beginn H 1.)

G 10: Ansongo – Tessit – Grenze zu Burkina Faso – Markoye (133 km)

(05.89, Landcruiser) Piste (A/H/I), die in der Regenzeit nicht befahren werden kann.

Ansongo – S. G 7. (Ende G 7; Beginn G 8 und G 9.)
Verlassen Sie Ansongo auf der Piste nach Labézanga und Niamey (G 9).
Km 13, nach rechts auf die Piste abbiegen, die zur Nigerfähre führt (2500 CFA/ Fahrzeug, wenn der Motor funktioniert, 10 000 CFA, wenn der Motor eine „Panne" hat und die Fähre gerudert werden muß).
Die Piste führt nun deutlich sichtbar durch Buschland bis Tessit.
Km 53, **Tessit** – Dorf. Grenzformalitäten zur Ausreise aus Mali.
Der See muß rechts umfahren werden, danach einer ziemlich sandigen Piste nach Südwesten folgen.
Km 133, **Markoye** – Dorf. Lebensmittel (Markt am Montag). Grenzformalitäten zur Einreise nach Burkina Faso. (Beginn Q 5.)

Achtung! Beachten Sie die Hinweise im allgemeinen Teil zum Thema Sicherheit, von zahlreichen Strecken in Nordmali ist derzeit abzuraten!

Mali – Routenteil G 267

G 11: Gao – Hombori – Douentza – Mopti (615 km)

(03.94, Peugeot 505) Asphalt in nicht besonders gutem Zustand (die Strecke kann in einem Tag bewältigt werden). Viele Polizeikontrollen und viel Verkehr. Landschaftlich sehr schön bei Hombori.

Gao – S. G 6. (Ende G 6; Beginn G 7, G 12 und G 15.)

Km 11/604, Fähre. Die Fähre über den Niger (von ehemals zwei verkehrt nur noch eine) kostet zwischen 2000 und 5000 CFA/Fahrzeug, je nach Tageszeit (an Wochenden, mittags und abends werden Sondertarife erhoben). Sie verkehrt zwischen 06:00 und 12:00 Uhr und von 15:00 bis 17:00 Uhr.

Km 13/602, Polizeikontrolle. Es wird eine *taxe routière* erhoben (1000 CFA/Fahrzeug). Quittung aufheben, da sie weiterhin vorgezeigt werden muß.

Km 163/452, Abzweigung nach rechts nach Gourma Rharous (Ende G 20). Das Tuaregdorf liegt etwa 140 km nördlich und ist auf gut markierter Piste (A/C/G/I) zu erreichen, die allerdings selten befahren wird. Ausnahmen sind Samstag und Sonntag, die Markttage in Gossi. Die Piste führt zum Teil durch Sanddünen, auf denen ab und zu einige Grasbüschel wachsen, zum Teil über lehmigen Untergrund.

Gossi – Dorf. Polizeikontrolle.

(Beginn G 13.)

Hombori – 5000 Einw. Lebensmittel. Treibstoff (die Tankstelle ist Tag und Nacht geöffnet, sie liegt am Ortseingang rechts).

Unterkunft: das Restaurant „Le Paysan" ist zwar preiswert, doch kaum zu empfehlen.

Landschaftlich sehr reizvoll führt die weitere Strecke durch die **Berglandschaft von Hombori**, mit hohen turm- und kegelförmigen Bergen, die aus der flachen Wüsten/Steppenlandschaft in den Himmel ragen. Fußwanderungen und Klettertouren lohnen sich. Zur Regenzeit entspringen Quellen und Flüsse auf den Höhen der Bergrücken, die auch zum Baden geeignet sind. Sehr arme Bevölkerung.

Sehenswert: das Höhlendorf am Fuß der *falaise* (Klettertouren möglich).

Km 285/330, die Straße führt am nördlichen Fuß des Mont Hombori vorbei, ein faszinierender Berg mit drei Felsnadeln.

Douentza – Dorf. Lebensmittel. Gutes Wasser.

Unterkunft: wildcampen erlaubt. Ein kleines Restaurant liegt etwa 200 m hinter der Brücke.

Sehenswert: der eindrucksvolle Markt.

Km 142/173, Ankunft im Dorf Sydna am Fuß der *falaise* von Bandiagara.

Boré – Dorf.

Sehenswert: die schöne Moschee.

Konna – Dorf. Lebensmittel. Treibstoff. (Beginn G 21; Ende G 20.)

Sévaré – Dorf, etwa 10 km von Mopti entfernt.

Unterkunft: Motel und Campingplatz „Oasis-Club" (6500 CFA/DZ mit Ventilator und Dusche).

268 Durch Afrika

Mopti – 263 m, 78 000 Einw. Gute Infrastruktur.
(Beginn G 22, G 23 und G 24.)
Verschiedenes: die erforderlichen Polizeiformalitäten sind minimal, 2 Paßfotos für die Anmeldung erforderlich (das Büro liegt am Ortsausgang in Richtung San, 1000 CFA). Reiseschecks wechselt die „BIAO". Die Werkstatt des el Hadji Abdou Cisse, Avenue du Fleuve, ist sehr kompetent und hat Ersatzteile für Geländewagen. Schiffsverbindung auf dem Niger nach Timbuktu und Gao; unregelmäßige Abfahrtszeiten; näheres unter Gao (s. G 6).
Unterkunft: in der Hochsaison kann es schwierig werden eine Unterkunft zu finden. Campingmöglichkeit und Bungalows am Ortseingang („Campement-Hotel", Bungalow für 2 Personen 8500 CFA), großer Innenhof; Hotel „Sofitel", am Flußufer (21 000 CFA//DZ), gute Küche, internationale Telefonverbindung; Hotel „Kanaga" mit runtergekommenen Zimmern, aber gutem Essen (27 500 CFA/DZ); „Bar Mali" mit Zimmervermietung in der Altstadt, empfehlenswert, sehr afrikanisch (ca. 3000 CFA/DZ), große Dachterrasse. Restaurant „Nuits de Chine", reichhaltiges und preiswertes Essen; „Le Bozo" (mit Übernachtungsmöglichkeit auf dem Dach, 750 CFA/Person), teuer und nur von Weißen und Touristenschleppern besucht, aber der schöne Blick von der Terrasse über den Flußmachen vieles wett (guter gegrillter *capitaine*); guter Vietnamese.
Sehenswert: Mopti heißt „Treffpunkt". Die Stadt wurde Mitte des 19. Jh. vom Fulbe-Führer Sekhu Ahmadou gegründet und Ende des 19. Jh. von den Franzosen auf drei Inseln am Zusammenfluß von Bani und Niger ausgebaut. Es wird auch das „afrikanische Venedig" genannt (viele Mücken). Mopti ist zugleich auch die Stadt der Fische, die die Bozo-Fischer auf den der Stadt vorgelagerten Inseln trocknen und räuchern (ein frischer oder geräucherter *capitaine* ist ein herrlicher Genuß). Sehenswert sind die malerische Lage der Stadt, die Moschee, die Viertel der Händler und Handwerker mit der Markthalle (Kunsthandwerk, schöne Decken der Peul-Weber), der Pirogenhafen, Pirogenfahrten (teuer) und der Markt, bei dem besonders am Donnerstag alle wichtigen Volksgruppen Malis vertreten sind.
In der Umgebung: das **Dogonland** (s. G 22), die Seno-Ebene, die Straße der Légion.

G 12: Gao – In Tellit – Grenze zu Burkina Faso – Tin Akof (ca. 210 km)

Piste (A/F/H/I). In puncto Orientierung zum Teil sehr schwierige Strecke.

Gao – S. G 6. (Ende G 6; Beginn G 7, G 11 und G 15.)
Sie verlassen Gao auf der Straße nach Mopti (G 11).
Ca. Km 20, nach links (S) führt eine gut ausgefahrene Piste nach In Tellit.
Ca. Km 80, **Dorey** – *Campement*. Keine Versorgungsmöglichkeit.
Ca. Km 115, **In Tellit** – Dorf. Keine Versorgungsmöglichkeit. Formalitäten zur Ausreise aus Mali.

Mali – Routenteil G 269

Verschiedenes: Führer für die Strecke bis Kacham zu empfehlen. Die auf der Michelinkarte eingezeichnete Piste existiert nicht mehr; nur einige Kamelspuren dienen zur Orientierung im hügeligen, buschbewachsenen, schwierigen Gelände.
Ca. Km 190, **Kacham** – Aufgegebenes *Campement.*
Die Piste wendet sich nun in Richtung Osten.
Tin Akof – Dorf. Keine Versorgungsmöglichkeit. Beim Militärposten melden.
Die Formalitäten zur Einreise nach Burkina Faso werden in Dori durchgeführt (s. Q 2). (Beginn Q 4.)

G 13: Gossi – Ndaki – Grenze zu Burkina Faso – Oursi (etwa 140 km)

Sand- und Lateritpiste (A/C/G/I).

Gossi – S. G 11. (Zur G 11.)
Sie verlassen Gossi auf der Straße nach Gao. Nach etwa 3 km biegen Sie nach rechts (S) in die Piste nach Ndaki ein. Die Piste ist nicht markiert und bietet mehrere Sandpassagen. Folgen Sie ihr in südsüdöstlicher Richtung. Buschsavanne.
Ndaki – Dorf. Keine Versorgungsmöglichkeit.
Die Piste verläuft weiter nach Südsüdost; Lateritpiste; einige Streckenabschnitte können in der Regenzeit überschwemmt sein.
Ca. Km 130, die Piste überquert die Grenze (nicht markiert). Kurz danach führt sie durch den Gebirgszug Eraf n'Aman, in dem der Fluß Beli entspringt. Weiter nach Südsüdost.
Oursi – Dorf. Keine Versorgungsmöglichkeit. Die Formalitäten zur Einreise nach Burkina Faso werden in Dori durchgeführt (siehe Q 2).
(Beginn Q 3.)

G 14: Tabankort – Agamor – Bourem (150 km)

Piste (A/I), zwischen Tabankort und Agamor für jeden Fahrzeugtyp befahrbar. Ab Agamor Piste (A/H/I) mit zahlreichen langen und tiefen Sandpassagen. Zwischen Agamor und Bourem ist die Piste mit unleserlichen Kilometersteinen markiert. Diese Route umgeht Gao und kürzt so die Strecke Algerien – Timbuktu ab.

Tabankort – S. G 1. (Ende G 1; Beginn G 6.)
Sie verlassen das Ortszentrum von Tabankort in westsüdwestlicher Richtung.
Bis Agamor ist die Piste gut, aber wenig befahren; leichtes Wellblech. Die Piste kann nach der Regenzeit zerstört sein (dann sind zahlreiche Umfahrungen abseits der Piste durch schwieriges sandiges Gelände nötig).
Agamor – Einige Häuser. Brunnen mit Trinkwasser. Hier kommen große Viehherden zusammen.

270 Durch Afrika

Hinter Agamor werden große Sandflächen durchquert (die Spurrillen sind tief, aber meist unproblematisch).
Bourem – Dorf. Wasser. Markt. Klinik. Kein Treibstoff. Bei der Polizei melden. (Ende G 15; Beginn G 16.)

G 15: Gao – Bourem – Timbuktu (505 km)

(02.90, Land Rover) Stark versandete Piste bis Bourem sehr schwierig (A/G/I), im allgemeinen gut markiert. Abseits der Piste Vorsicht vor den Stacheln der Akazien und *cram-cram*-Gräsern, die Reifenpannen verursachen. Versorgen Sie sich in Bourem mit Vorräten, danach wird es teuer. Sehr schöne Landschaft, teils Sanddünen, teils Buschsavanne; gelegentlich Blick auf den Niger.

Gao – S. G 6. (Ende G 6; Beginn G 7, G 11 und G 12.)
Bourem – S. G 14. (Ende G 14 und G 15.)
Zwischen Bourem und Timbuktu kann die Piste auch ohne Probleme von Fahrzeugen ohne hohe Bodenfreiheit befahren werden. Reduzieren Sie den Reifendruck, um Einsanden zu vermeiden. Der Vierradantrieb wird hier nur selten gebraucht. Die Spuren sind gut zu erkennen.
Kurz hinter Bourem Durchquerung eines etwa 5 km langen Sandfelds. Viele Spuren, stark versandete Piste. Danach ist ein Plateau mit härterem Untergrund erreicht, die Piste ist besser zu befahren und leicht erkennbar. Etwa 30 km weiter erneut ein Sandfeld, die Piste ist gut erkennbar.
Km 238 bis Km 258, Sandfeld, schwierige Passage. Am Ufer des Niger das Dorf Bissane (keine Versorgungsmöglichkeit).
Km 300, Piste nach links nach Bamba.
Km 340, **Atlik-Ebangue** – Dorf. Wasser, aber keine Versorgungsmöglichkeit. Danach wieder besser befahrbare Piste (harter Untergrund).
Km 372, Piste nach links nach Gourma Rharous. Die Piste wird nun wieder schlechter, zahlreiche Sandpassagen.
Km 435, **Ber** – Dorf. Keine Versorgungsmöglichkeit. Von hier ab wieder besser befahrbare Piste.
Km 495, man trifft auf die Asphaltstraße Kabara – Timbuktu. Nach rechts fahren.
Km 505, **Timbuktu** – 296 m, 10 000 Einwohner. Gute Infrastruktur. Die Stadt ist von Sanddünen eingeschlossen. (Beginn G 16, G 17.)
Unterkunft: Motel-*campement*, groß und komfortabel (Duschen) im Stil einer Karawanserei, gutes Essen. Relais „Azala" (5000 CFA/Mahlzeit).
Verschiedenes: mehrere Geschäfte, Markt. Flughafen. Bei Zoll und Polizei melden, eine Stadtsteuer von 500 CFA/Person wird erhoben. Mineralwasser wird hier doppelt so teuer wie in Gao verkauft. Vom Hafen Kabara Nigerschiff nach Gao und Mopti, unregelmäßige Abfahrtszeiten, näheres unter Gao (siehe G 6).
Sehenswert: nehmen Sie einen Führer (etwa 5000 bis 8000 CFA/Tag). Die Ursprünge der Stadt gehen auf einen Tuareg-Lagerplatz zurück. Die strate-

Mali – Routenteil G 271

gisch günstige Lage am Endpunkt der Transsahararouten und zugleich an der Niger-Wasserstraße nach Djenne bescherten Timbuktu ab dem 14. Jh. einen Handels-Boom. Neben Händlern ließen sich auch viele Religionsgelehrte und Wissenschaftler in Timbuktu nieder, so daß der wissenschaftliche Ruhm der Stadt bald ebenso groß war wie ihr Wohlstand. Mit der marokkanischen Invasion und dem Zerfall des Songhay-Reiches war auch Timbuktus Blütezeit beendet. Die Stadt wurde zu einem Spielball rivalisierender Tuareg- und Peulgruppen, die sie abwechselnd eroberten. Als Mitte des 19. Jhs. die ersten Europäer Timbuktu betraten (R. Caillé, G. Laing, H. Barth), war die alte Handelsstadt zerstört und fast gänzlich verlassen, eine Situation, die nach anfänglichem Aufschwung auch heute wieder besteht, weil Timbuktu durch die Auseinandersetzungen zwischen Tuareg-Aufständischen und Militär wieder völlig isoliert ist. Ein Besuch Timbuktus lohnt sich dennoch (soweit nicht für Touristen gesperrt): neben den drei Moscheen aus dem 13., 14. und 15. Jh. kann man das Wohnhaus Heinrich Barths besichtigen. Interessant ist auch das „Centre Ahmed Baba", ein Dokumentationszentrum für arabische Literatur, in dem u.a. auch Fragmente des Tarikh es-Sudan aufbewahrt werden (unweit des Marktes). Am besten nehmen Sie einen Führer durch die Stadt.

G 16: Timbuktu – Goundam (97 km)

(2.90, Land-Rover) Stark versandete Piste, keine Orientierungsprobleme (A/G/I).

Timbuktu – S. G 15 (zur G 15, Beginn G 17)
Sie verlassen Timbuktu in Richtung Kabara. Nach 5 km in Richtung Flughafen weiterfahren; dann, etwa 500 m weiter, in die Piste nach rechts abbiegen. Die ersten 35 km sind stark versandet, danach wird die Piste besser. Die Orientierung wirft keine Probleme auf (parallel zu den alten Telefonmasten fahren). Die letzten 30 km sind wieder schwierig (Sand).
Goundam – Dorf. Lebensmittel. Wasser. Kein Treibstoff. Unterkunftsmöglichkeit. (Beginn G 18 und G 19.)
Sehenswert: der Markt und die schöne Moschee.

G 17: Timbuktu – Araouane (260 km)

(01.90, Land Rover) Piste (A/F/H/I), die auf den ersten 100 km leicht zu erkennen ist; danach ist die Weiterfahrt ohne Führer nicht möglich (zahlreiche Dünenüberquerungen). Vorsicht, häufig Tuaregüberfälle und Belästigung durch Militär. Fahren Sie nur im Konvoi (sehen Sie dazu auch den allgemeinen Teil). Gelegentlich werden Karawanentouren von Timbuktu nach Araouane organisiert (Kontaktadresse: „AEBI", Am Seeli, CH-9044 Walt/ AR, Tel: 071-952203).

Timbuktu – S. G 15. (Zur G 15, Beginn G 16)
Araouane – Dorf. Hier legten früher die Salzkarawanen der Kunta einen Halt ein, um die Kamele zu tränken. Gastfreundliche Bevölkerung.

272 Durch Afrika

Unterkunft: sehr gute Pension mit Restaurant (ca. 3000 CFA/Mahlzeit) und Zimmern (ca. 12 000 CFA/DZ); serviert wird Kamelfleisch. Einige Oasenbauern vermieten Zimmer.
Verschiedenes: das Projekt „Trees for Araouane" versucht der Oasenbevölkerung neue Einkommensquellen zu erschließen. Dazu gehört auch ein in sehr schöner Lehmbauweise errichtetes Hotel (12 000 CFA/DZ).
In der Umgebung: es gibt die Möglichkeit zu den alten Salzminen von Taoudenni weiterzufahren (500 km im Norden); früher waren in Taoudenni Strafgefangene untergebracht, heute hat man die Strafkolonie verlegt; ein Führer ist unentbehrlich.

G 18: Goundam – Lac Faguibine (60 km)

Piste (A/H/I), fantastische Landschaft. Wegen der gefährlichen Lage im Norden derzeit zu meiden (s.Sicherheit im allgemeinen Teil).

Goundam – S. G 17. (Ende G 17; Beginn G 19.)
Verlassen Sie Goundam in westlicher Richtung.
Auf den ersten 10 km ist die Piste sehr schwer zu erkennen (Weichsand, viele Löcher und Buckel). Nehmen sie einen der vielen Tuareghirten mit, die hier ihre Herden hüten, damit er Ihnen den Weg weist. Danach abwechselnd Sandpassagen und harter Untergrund. Bis etwa 5 km vor Mbouna kaum Schwierigkeiten.
Von hier ab weiße Sanddünen. Der Sand ist so fein, daß Spuren sofort wieder vom Wind verweht werden (Vierradantrieb unentbehrlich).
Lac Faguibine – Der 3000 m² große See liegt mitten in der Wüste. Keine Versorgungsmöglichkeit.

G 19: Goundam – Niafounké – Nampala – Niono (475 km)

(04.91, Unimog) Piste (A/H/I); ab Nampala Asphalt. Erkundigen Sie sich ob es ratsam ist die Strecke derzeit wegen der unsicheren Lage im Norden zu befahren.

Goundam – S. G 17. (Ende G 17; Beginn G 18.)
Sie verlassen Goundam über eine Steinbrücke. Etwa 100 m weiter nach rechts abbiegen (die geradeaus verlaufende Piste führt nach Diré). Bis Tonka sehr schlechte Piste (tiefe und versandete Spuren); man muß häufig die Piste verlassen und nach links auf die Dünen ausweichen; die Route verläuft in der Nähe des Lac Fati, an dem man teilweise entlangfährt.
Tonka – Wohlhabendes, sympathisches Dorf. Lebensmittel. *Campement* „La Poule Verte". Staudamm. Deutsches Entwicklungshilfeprojekt „Lac Horo".
Von Tonka nach Niafounké (37 km auf einem Damm) Wellblech, besser befahrbare Piste.
Niafounké – Malerisch gelegenes Dorf. Lebensmittel (schöner Markt). Treibstoff auf dem Schwarzmarkt. Polizeiposten. Nigerschiffe nach Mopti, Timbuktu

Mali – Routenteil G 273

und Gao; unregelmäßige Abfahrtszeiten; Informationen gibt die „Compagnie malienne de Navigation". (Beginn G 20.)

Zwischen Niafounké und Léré ist ein Führer empfohlen; schlecht beschilderte Sandpiste, nur wenige Spuren; Gefahr, sich zu verlieren. An der Ortsausfahrt von Niafounké fahren Sie an der ersten Kreuzung, noch vor den Bäumen, nach rechts. Auch die linke Piste führt nach Léré, kann aber nur in der Trokkenzeit zwischen April und Juni befahren werden.

Léré – Dorf. Lebensmittel. Bar. Treibstoff auf dem Schwarzmarkt.

Von Léré nach Nampala schmale Piste auf stabilem Untergrund. Unerwartete, mit Weichsand gefüllte Quergräben. Lange Steigungen, tiefe Spurrillen.

Km 68 hinter Léré, Kreuzung. Nach Nampala geradeaus weiterfahren; die Piste nach links führt über Diaoura (Lebensmittel) ebenfalls nach Niono.

Nampala – Dorf aus schwärzlichen Rundhütten. Keine Versorgungsmöglichkeit. Polizeiposten. (Ende F 15.)

Von Nampala nach Niono Asphalt. Die Straße führt durch ein Gebiet, das zum Teil dicht mit Dornbüschen (Akazien) bewachsen ist. Dazwischen Reisanbauflächen. Mehrere Peul-Dörfer.

Niono – Dorf. Lebensmittel. Treibstoff. (Beginn G 25 und G 39.)

G 20: Niafounké – Konna (etwa 165 km)

(03.94, Peugeot 505) Piste (A/C/G/I), nur am Ende der Trockenzeit, von April bis Juni befahrbar. Sie führt durch den nördlichen Teil des inneren Nigerbinnendelta, das in der Regenzeit überschwemmt ist. Es gibt mehrere Fähren; die Kilometerangabe ist unzuverlässig, da die Piste von Jahr zu Jahr einen anderen Verlauf nimmt. Dennoch ist sie leicht erkennbar und fast durchgängig mit kleinen Betonwürfeln markiert. Entlang der Piste viele prähistorische Gräber.

Niafounké – S. G 19. (Zur G 19.)

Verlassen Sie Niafounké mit der Nigerfähre (2500 CFA/Fahrzeug), die bis 17:00 Uhr verkehrt. Danach fahren Sie entlang des Niger nach rechts bis zur Piste in Richtung Saraféré. Wunderschöne Landschaft, viele Vogelarten. Zahlreiche kleine Dörfer, teilweise mit sehr schönen Moscheen. Einige seichte Furten sind zu überqueren.

Km 15, in der Nähe eines kleinen Dorfs eine tiefe Furt. Halten Sie sich links.

Km 23, kleine Ortschaft ohne Versorgungsmöglichkeit.

Km 34, kurz vor Saraféré eine sehr tiefe (bis zu 130 cm), schlammige Furt. Man kann diese Stelle mit einem Umweg von 20 km flußabwärts umfahren. Kinder lehnen Ihnen als Führer helfen.

Km 35, **Saraféré** – Dorf. Lebensmittelversorgung schwierig. Je nach Wasserstand Fähre oder Furt.

Km 55, **Ngorkou** – Dorf. Tabak und Zigaretten. Verlassen Sie das Dorf in südlicher Richtung (Ausfahrt ist schwer zu finden; fahren Sie nicht westlich in Richtung Sah).

Km 75, **Konkobougou** – Dorf. Keine Versorgungsmöglichkeit. Je nach Wasserstand Fähre oder Furt.

274 Durch Afrika

Km 90, **Korientzé** – Dorf. Lebensmittel (großer Markt, zu dem die Peul-Hirten der Region kommen). In der Umgebung ein See gleichen Namens. Hier leben zahlreiche Vogelarten.
(Zur G 21.)
Von hier ab gute Piste bis Konna.
Konna – Dorf. Lebensmittel. Treibstoff. (Beginn G 21; zur G 11.)

G 21: Konna – Korienzté – Kanioumé – Gourma-Rharous
(414 km)

Stark versandete Piste (A/H/I).

Konna – S. G 20. (Ende G 20; zur G 11.)
Verlassen Sie Konna in Richtung Niafounké (G 20).
Korientzé – S. G 20. Nehmen Sie hier einen Führer nach Ngouma (die Piste nach Niafounké ist nur zwischen April und Juni befahrbar). Von hier ab besteht die Piste aus einigen seltenen Spuren.
Km 162, **Ngouma** – Dorf. Keine Versorgungsmöglichkeit.
Km 194, **Kanioumé** – Dorf. Keine Versorgungsmöglichkeit.
Von hier ab immer mehr Sandpassagen.
Km 370, Brunnen In Ahara. Hier trifft man auf eine Piste, die von Gossi kommt (zur G 11).
Die letzten 20 km bestehen aus einer sehr sandigen, langen Steigung.
Gourma-Rharous – Stadt. Lebensmittel (schöner Markt). Kleines, einfaches *campement.* Die freundlichen Stadtbewohner sind zum größten Teil Tuareg. Fähre über den Niger (offizieller Tarif 3500 CFA/Fahrzeug, oft jedoch wesentlich teurer).

G 22: Mopti – Bandiagara – Sanga und Dogonland
(107 km)

(12.94) Hervorragende Piste bis Sanga.

Mopti – S. G 11. (Ende G 11; Beginn G 23 und G 24.)
Km 58, Piste nach links nach **Songho** (4 km) – Ehemalige Kultstätte der Dogon, wunderbare Felsmalereien. Führer nicht erforderlich. Möglichkeit zu übernachten und zu essen.
Bandiagara – Kleinstadt. Lebensmittel. Nicht immer Treibstoff. Polizeikontrolle an der Ortsausfahrt.
Unterkunft: „Auberge de Kansaye" (ca. 1500 CFA/Person), Campingmöglichkeit, wenn man in der Pension ißt.
Sehenswert: das lokale Kunsthandwerk (Markttag am Montag und Freitag).
Sanga – Dorf. Lebensmittel.
Unterkunft: „Hotel-Campement" (ca. 4550 CFA/DZ, Camping 1500 CFA).

Sehenswert: früher organisierte die „SMERT" Besichtigungen der Dogondörfer, heute gibt es Nachfolgeorganisationen, erkundigen Sie sich vor Ort; man kann auch bereits in Bandiagara einen Führer mieten (zwischen 5000 und 8000 CFA/Tag inkl. Verpflegung und Übernachtung). Aufgrund des massiven Tourismus ist die Bevölkerung recht aggressiv.

In der Umgebung: die Dogondörfer **Irelli**, **Banani** und **Nombori**, die in die Felswand oder am Fuße der Felswand gebaut wurden; ein Führer ist obligatorisch, die Exkursionen dauern von einigen Stunden bis zu mehreren Tagen. (Vorsicht vor Bilharziose die im Dogonland sehr häufig vorkommt, nicht in den Wasserfällen baden und möglichst keine Flüsse durchwaten.)

Verschiedenes: die Dogonbauern sind noch stark in ihren Traditionen und Riten verhaftet, die ihren intensivsten Ausdruck in den beeindruckenden Maskenfesten finden (siehe allgemeiner Teil). Das Dogonland wurde zum Nationalpark erklärt, der Eintritt ist frei, in den einzelnen Dörfern wird jedoch gelegentlich eine Gebühr erhoben. Eine Fotografiererlaubnis ist nicht notwendig.

Von Sanga können Sie auf dem gleichen Weg nach Mopti zurückkehren oder über Douentza auf die Strecke G 11 fahren. Die Piste ist sehr schwierig (mit einem Geländewagen ist auf der schlechten Piste mit acht Stunden Fahrzeit zu rechnen). Die Mühe wird mit einer Fahrt durch wunderschöne Landschaft, gänzlich ohne Touristen, belohnt.

Sonstiges: Sanga und Bongo werden mittlerweile durch den Tourismus so stark frequentiert, daß sich die negativen Auswirkungen auf die Bevölkerung bemerkbar machen (betteln, aufdringliche Kinder und Jugendliche) und so kaum mehr zum Verweilen einladen.

G 23: Mopti – Bandiagara (oder Bankass) – Koro – Grenze zu Burkina Faso – Tiou (206 km)

(02.94, Patrol) Die Piste (A/H, zwischen Bandiagara und Koro I) kann nach Regenfällen schwierig zu befahren sein. Zahlreiche Polizeikontrollen.

Mopti – S. G 11. (Ende G 11; Beginn G 22 und G 24.)
Von Mopti nach Koporokendié-Na gibt es zwei Varianten.
Variante 1:
Auf der Straße in Richtung San weiterfahren und in Somadougou nach links in Richtung Bankass abbiegen (rechts geht es nach Bandiagara); von Bankass aus (Camping-Bar „Chez Ben", sympathisch und nicht teuer; Führer ins Dogonland) kann man das Dogondorf Endde besichtigen (auch Bandiagara und Sanga sind von hier aus auf einer sehr schwierigen Piste erreichbar, die auf keiner Karte verzeichnet ist und an der *falaise* entlang führt); fahren Sie nun weiter in das Dorf Pel (mit Führer können die Dogondörfer Yawa u. Guimini besichtigt werden, wenig Touristen); schließlich trifft man in Koporokendié-Na auf die erste Piste; die Abfahrt über die *falaise* kann so vermieden werden. Bis Bandiagara s. G 22.

276 Durch Afrika

Variante 2:
Von Mopti in Richtung San, in Somadougou links halten.
Km 56, **Bandiagara** – S. G 22. (Zur G 22.)
Km 67,8, biegen Sie nach links in die Piste ein, die am Staudamm entlangführt
(die rechte Piste verliert sich in der Landschaft). Hohe Bodenfreiheit unumgänglich. Über eine Art Treppe muß man nun die *falaise* von Bandiagara
hinunterfahren, einige Teilstücke sind betoniert; mit einem Geländewagen dauert der Abstieg etwa zwei Stunden. In umgekehrter Richtung ist die Auffahrt auf
die Felswand sehr schwierig, da sich Sand vor den Felsstufen abgelagert hat.
Nach dem Abstieg verzweigt sich die Piste mehrfach. Fragen Sie nach dem
Weg nach Koro.
Km 154, **Koro** – Dorf. Lebensmittel. Nicht immer Treibstoff. Malischer Grenzposten.
Zwischen Koro und Tiou ist die Piste durch Regenfälle stark beschädigt.
Km 200, **Tiou** – Dorf. Keine Versorgungsmöglichkeit. Formalitäten zur Einreise
nach Burkina Faso. (Beginn Q 1.)

G 24: Mopti – Sévaré – Tominian (171 km)

(03.94, Peugeot 505) Guter Asphalt.

Mopti – S. G 11. (Ende G 11; Beginn G 22 und G 23.)
Sévaré – Ort. Lebensmittel (großer Markt). Treibstoff.
Unterkunft: das Motel liegt an der großen Kreuzung rechts (wenn man von
Mopti kommt), nahe der Tankstelle.
Sofara – Interessantes Dorf, das rechts etwas abseits der Straße liegt.
Km 100, Fähre nach Djenné (ca. 3000 CFA/Fahrzeug mit Fahrer, 100 CFA/
Mitfahrer, hin und zurück). Die Fähre verkehrt nur von Januar bis Juni (Niedrigwasser); die übrige Zeit setzen Pirogen über den Flußarm (der Preis sollte
vorher ausgehandelt werden). In der Trockenzeit bildet der Bani vor Djenne
eine Furt. Kinder können Sie hinüberführen, der Preis sollte vorher vereinbart
werden.
Djenné – Historische Stadt. Eine Meldung bei Polizei ist sofort bei Ankunft
erforderlich.
Verschiedenes: das Fahrzeug sollte am *campement*-Hotel abgestellt werden
(sauber, ca. 3000 CFA/DZ, doch viele Mücken; Übernachtungsmöglichkeit auf
dem Dach, 1500 CFA/Person), hier ist es in Sicherheit. Die beste Besichtigungszeit ist im Dezember und Januar, möglichst montags, wenn zahlreiche
Nomaden hierher zum Markt kommen.
Sehenswert: die Lage der Stadt, die auf allen Seiten von Flußarmen umgeben
ist, die fantastische Lehmmoschee und die im sudanesischen Stil erbauten
Lehmhäuser. Djenné war jahrhundertelang das südliche Pendant zur saharischen Handelsstadt Timbuktu. Auch hier wurde nicht nur gehandelt (zeitweise
sogar Gold gegen Salz im Verhältnis 1:1), sondern Djenné entwickelte sich

auch zum geistigen Mittelpunkt des westlichen Sahel. Welche Bedeutung das religiöse Leben für die Stadt hatte und hat, kann man bereits an den unzähligen Koranschulen in Djenné erkennen. Prunkstück der Stadt ist die riesige Lehmmoschee, die zu Beginn dieses Jahrhunderts an der Stelle und nach dem Vorbild eines älteren Gotteshauses errichtet wurde, das der malische König Kankan Moussa auf seiner Pilgerfahrt nach Mekka hier erbauen ließ. Ein Führer ist zwar nicht obligatorisch, doch unbedingt zu empfehlen, wenn man alles sehen möchte (nicht mehr als 2000 CFA bezahlen). Am Montag findet vor der Moschee der große Markt statt, sehr malerisch.

Téné – Dorf. Lebensmittel (kleiner Markt). Treibstoff.

Tominian – 280 m. Das Dorf liegt etwas abseits der Straße San – Mopti. Keine Versorgungsmöglichkeit. (Zur G 27.)

G 25: Niono – Ségou (110 km)

(02.94, Patrol) Asphalt.

Niono – S. G 19. (Ende G 19; Beginn G 39.)

Ségou – 190 m, 99 000 Einw. Gute Infrastruktur. Hübsches Städtchen mit sehr malerischem Markt. (Beginn G 26; Ende G 32.)

Unterkunft: *campement* und Hotel des „Offices du Niger" (12 Betten); Hotel „Auberge", Restaurant und Garten (ca. 5750 bis 11 500 CFA//DZ); „Centre d'Acceuil" (ca. 3000 CFA//DZ); Hotel „Maison du Peuple", einfach, Etagenduschen, gutes Restaurant, Garten, großer Parkplatz (ca. 2000 CFA/Person); Hotel „22 Séptembre 1960" mit gutem Essen, sauberen Zimmern und Bier vom Faß (15 000 CFA/DZ). Im Stadtzentrum gibt es ein gutes und preiswertes Restaurant mit malischen Spezialitäten.

Verschiedenes: der Supermarkt wurde 1991 geplündert und ist dann abgebrannt.

Sehenswert: der Markt (preiswertes Kunsthandwerk), die afrikanischen Viertel, das Gebäude des „Office du Niger", das mit einem Bewässerungsprojekt im Nigerbinnendelta Tausende von Hektar kultivierbaren Landes gewonnen hat (Reis, Baumwolle, Zuckerrohr), einige schöne Alleen mit Verwaltungsgebäuden im Kolonialstil und die Promenaden am Fluß.

In der Umgebung: der etwa 40 km entfernte Markala-Staudamm (Fotografieren verboten).

G 26: Ségou – San (199 km)

Asphalt, sehr guter Straßenzustand.

Ségou – S. G 25. (Ende G 25 und G 32.)

Cinzana – Dorf. Keine Versorgungsmöglichkeit.

Bla – Schutzhütte. Hier beginnt eine geteerte Straße (73 km) nach Koutiala

278 Durch Afrika

(G 28). Die Strecke führt ohne Umweg über San direkt von Ségou nach Sikasso umgekehrt.

San – 285 m, 20000 Einw. Stadt. Gute Infrastruktur. Tankstelle.

Unterkunft: im *campement* Campingmöglichkeit (1000 CFA/Person, 6000 CFA/DZ ohne Frühstück); ein guter Campingplatz liegt neben der Baumschule.

Sehenswert: der sehr schöne Montagsmarkt.

(Beginn G 27 u. G 28.)

G 27: San – Tominian – Bénéna – Grenze zu Burkina Faso (82 km)

(03.94, Peugeot 505) Ausgezeichneter Asphalt.

San – S. G 26. (Ende G 26; Beginn G 28.)

Tominian – S. G 25. (Ende G 25.)

Bénéna – Dorf. Malischer Grenzposten. Formalitäten zur Ausreise.

(Beginn Q 27.)

G 28: San – Koutiala (135 km)

(03.94, Peugeot 505) Asphalt, guter Straßenzustand.

San – S. G 26. (Ende G 26; Beginn G 27.)

Kurz hinter Kimparana zweigt eine ausgezeichnete Teerstraße links ab, über die die Route G 29 in Kouri zu erreichen ist. So spart man auf der Strecke San – Bobo Dioulasso 67 km.

Koutiala – 347 m, 18 000 Einw. Gute Infrastruktur.

Unterkunft: „Hotel de la Poule Verte", schmutzig (2000 CFA/DZ).

Sehenswert: die schöne Moschee.

Verschiedenes: hier beginnt eine Asphaltstraße (73 km) nach Bla (zur G 26), interessant für diejenigen, die die Strecke Sikasso – Ségou (oder umgekehrt) ohne den Umweg über San fahren wollen.

(Beginn G 29 und G 30.)

G 29: Koutiala – Kouri – Grenze zu Burkina Faso – Faramana – Fô (120 km)

Asphalt.

Koutiala – S. G 28. (Ende G 28; Beginn G 30.)

Kouri – Dorf. Formalitäten zur Ausreise aus Mali.

Von links mündet eine Asphaltstraße ein, die nahe Kimparana auf die Strecke G 28 trifft. Wer die Route Bobo-Dioulasso – San fährt, kann mit dieser Abkürzung 67 km sparen.

Mali – Routenteil G 279

Falamana – Dorf. Grenzposten von Burkina Faso.
Fô – Dorf. Formalitäten zur Einreise nach Burkina Faso, schnell und freundlich. (Beginn Q 18.)

G 30: Koutiala – Sikasso (130 km)

(04.91, Unimog) Asphalt, guter Straßenzustand.

Koutiala – S. G 28. (Ende G 28; Beginn G 29.)
Sikasso – 70 000 Einw. Gute Infrastruktur. Wer in Richtung Elfenbeinküste weiterfahren will, muß sich im Kommissariat einen Stempel geben lassen.
Unterkunft: „Hotel du Mamelon" (ca. 3500 CFA/DZ); „Kenedougou Palace" (ca. 4500 CFA/DZ; Hotel „Solokhan", in der Nähe des Zollbezirks (ca. 2000 CFA/DZ; „Tata", freundliches Personal, einfache Küche (ca. 4000 CFA/DZ, 6000 CFA mit Klimaanlage). Keine Campingmöglichkeit im Ort, nur außerhalb in der Nähe der Farako-Fälle.
Verschiedenes: malischer Grenzposten für diejenigen, die auf der G 35 nach Burkina Faso und Bobo-Dioulasso weiterfahren.
Sehenswert: die Reste der Stadtmauer (Ende des 19. Jh.) und die traditionellen Tänze der Einwohner (dazu braucht man aber etwas Glück).
In der Umgebung: die Höhlen von **Missirikoro** (11 km im SW) und die **Farako-Fälle** (30 km im Osten).
(Beginn G 31 und G 35; Ende G 34.)

G 31: Sikasso – Zégoua – Grenze zur Elfenbeinküste – Niéllé (136 km)

(02.93, BMW R 80) Asphalt. Zwischen Sikasso und Zégoua viele Schlaglöcher, danach guter Straßenzustand.

Sikasso – S. G 30. (Ende G 30 und G 34; Beginn G 35.)
Zégoua – Dorf. Malischer Grenzposten. Langwierige Formalitäten zur Ausreise aus Mali.
Pogo – Dorf. Ivorischer Grenzposten. Formalitäten zur Einreise in die Elfenbeinküste.
Niéllé – Dorf. Lebensmittel. Treibstoff. (Beginn P 3 und P 4.)

G 32: Bamako – Ségou (235 km)

Asphalt, guter Straßenzustand. Die Strecke führt durch Baumsavanne.

Bamako – S. G 44. (Ende G 44, G 38 und G 46; Beginn G 33.)
Fana – Dorf. Lebensmittel (Markt). Treibstoff.
Ségou – S. G 25. (Ende G 25; Beginn G 26.)

280 Durch Afrika

G 33: Bamako – Bougouni (163 km)

(09.93, Mercedes G) Asphalt, sehr guter Straßenzustand. Hügelige Landschaft, Baumsavanne.

Bamako – S. G 44. (Ende G 44, G 38 und G 46; Beginn G 32.)
Ouéléssébougou – Dorf. Lebensmittel (Markt). Treibstoff. Café.
Sido – Dorf. Keine Versorgungsmöglichkeit.
In der Umgebung: Eine ziemlich schlechte Piste nach links (Osten) führt nach **Tienra** (24 km), ein Dorf am Fuße des **Mont Kokoun** (schöner Blick). Auf einem Lateritplateau gegenüber befinden sich die Häuptlingsgräber des animistischen Dio-Bundes. Die Herrscher wurden hier mit ihren Ehefrauen und ihren *griots* bestattet. (In einigen westafrikanischen Ländern bilden die *griots* eine eigene Kaste innerhalb der Gesellschaft. Sie sind zugleich Historiker, Sänger, Musiker und mit magischen Fähigkeiten begabt. Bei den Dio wurden *griots* häufig mit dem Leichnam ihres Herrn lebendig begraben.) Sie sollten sich dieser Kultstätte nur vorsichtig nähern, denn die Bevölkerung sieht Touristen an diesem heiligen Ort nicht gerne.
Bougouni – 368 m. Kleinstadt. Gute Infrastruktur.
Unterkunft: schlechtes *campement* mit schmutzigem Wasser (6000 CFA/2 Personen). Campingmöglichkeit am Ufer des Baoulé, einige Kilometer in Richtung Sikasso.
Verschiedenes: Schweizer Entwicklungshilfezentrum „Helvétas". Melden Sie sich beim Kommissariat.
(Beginn G 34 und G 36; Ende G 37.)

G 34: Bougouni – Sikasso (210 km)

(09.93, Mercedes G) Holperige Asphaltstraße; hügelige Landschaft, Baumsavanne. Ab Niena wird die Straße sehr schlecht.

Bougouni – S. G 33. (Ende G 33 und G 37; Beginn G 36.)
Niéna – Dorf. Lebensmittel (Markt).
Sikasso – S. G 30. (Ende G 30; Beginn G 31 und G 35.)

G 35: Sikasso – Heremakono – Grenze Burkina Faso – Koloko (48 km)

(09.93, Mercedes G) Piste (A/G in der Regenzeit), relativ guter Zustand.

Sikasso – S. G 30. (Ende G 30 und G 34; Beginn G 31.)
Die Formalitäten zur Ausreise aus Mali werden in Sikasso erledigt.
Km 27, Abzweigung nach links (N) zu den Karako-Fällen, sauberes Wasser, Campingmöglichkeit.

Mali – Routenteil G 281

Heremakono – Dorf. Malischer Grenzposten. Wer den Ausreisestempel vergessen hat, kann versuchen die Grenzer zu bewegen, auf diesen Stempel zu verzichten.
Koloko – Dorf. Grenzposten von Burkina Faso, kleiner Markt.
(Beginn Q 17.)

G 36: Bougouni – Manankoro – ivorische Grenze – Tiéfinzo (155 km)

Piste (A/G in der Regenzeit); wenig Verkehr.

Bougouni – S. G 33. (Ende G 33 und G 37; Beginn G 34.)
Zwischen Bougouni und Manankoro ist die Piste sehr schlecht. In der Regenzeit kann sie überspült sein. Um Garalo, etwa 50 km hinter Bougouni, wird der Pistenzustand außerordentlich schlecht.
Manankoro – Dorf. Malischer Grenzposten. Grenzformalitäten. Die Brücke über den Dégou ist manchmal durch Hochwasser unterbrochen.
Tiéfinzo – Dorf. Ivorischer Grenzposten. Formalitäten zur Einreise in die Elfenbeinküste.
(Beginn P 1.)

G 37: Badogo – Bougouni (104 km)

(03.90, Patrol) Piste (A), Asphaltstraße in Bau.

Badogo – S. M 14. (Ende M 14.)
Km 15, Brücke.
Km 22, **Yanfolila** – Dorf. Polizeikontrolle.
Bougouni – S. G 33. (Ende G 33; Beginn G 34 und G 36.)

G 38: Kourémalé – Bamako (127 km)

(11.89, Pajero) Piste (A/G in der Regenzeit I).

Kourémalé – S. M 13. (Ende M 13.)
Die hier beschriebene Piste (breiter, jedoch steiniger, viele Löcher, einige Wellblechpassagen) wird zunehmend von der Piste ersetzt, die weiter südlich über Kangara führt.
Naréna – Dorf. Aus Guinea kommende Reisende müssen bei der *gendarmerie* ihren Paß vorzeigen.
Km 37, Dorf. Nach rechts fahren. Die Piste wird besser. Richtung zunächst Südsüdwest, später zunehmend Südost und Ost. Zahlreiche Dörfer.
Ban Koumawa – Dorf. Lebensmittel (Markt). Nach links fahren.
Danach führt die Piste durch die Dörfer Kollé, Koursalé und Sabayawa.

282 Durch Afrika

Km 124, eine Metallbrücke wird überquert. Danach wieder massive Verschlechterung der Piste (Steine, Löcher etc.).
Bamako – S. G 44. (Ende G 44 und G 46; Beginn G 32 und G 33.)

G 39: Niono – Nara (168 km)

Piste (A/C/H/I) in schlechtem Zustand, in der Regenzeit manchmal unterbrochen.

Niono – S. G 19. (Ende G 19; Beginn G 25.)
Nara – Dorf. Lebensmittel. Wasser (Brunnen außerhalb des Dorfes). Treibstoff (zwei Tankstellen). Formalitäten zur Ausreise aus Mali für diejenigen, die nach Mauretanien weiterfahren (F 14). (Ende G 40 und F 14.)

G 40: Nara – Didiéni (211 km)

(04.90, VW-Bus) Lateritpiste, ein wenig Wellblech.

Nara – S. G 39. (Ende G 39 und F 14.)
Zwischen Nara und Didiéni drei Dörfer (Goumbou, Mourdiah, Doubabougou).
Didiéni – Dorf. Lebensmittel (am Donnerstag großer Markt). Treibstoff.
(Zur G 41.)

G 41: Kayes – Sandaré – Nioro (259 km)

(11.94 Hanomag, Land-Rover) Akzeptable Piste (A/G/I) (ca. 25 km/h).

Kayes – S. L 6. (Ende L 6; Beginn G 45.)
Die Piste ist bis Koniakari gut befahrbar und enthält einige Wellblechpassagen.
Km 63, **Ségala** – Dorf.
Km 71, Abzweigung rechts in ein Dorf, die Piste führt halblinks an einem Tafelberg vorbei.
Km 86, Abzweigung links nach Yelimané
Km 101, **Maréna** – Dorf
Km 136 **Sandaré** – Dorf. Lebensmittel, Treibstoff auf Anfrage.
(Beginn G 42 und G 43.)
Sandare links in Richtung Nioro verlassen
Nioro – (Ende F 13.) Stadt, gute Versorgungsmöglichkeit.

G 42: Nioro – Diéma (99 km)

(02.93) Sehr gute zweispurige Piste (A).

Nioro – S. G 41 (zur G 41, Ende F 13)
Nioro in Richtung Flughafen verlassen und hinter den letzten Häusern des

Ortes der Piste folgen, die 90° nach rechts wegführt. Die folgenden 30 km sind unproblematisch.

Diéma – Großes Dorf. Lebensmittel. (Beginn G 44; Ende G 43.)

G 43: Sandaré – Lakamane – Diéma (132 km)

(02.90, Land Rover) Piste (A/C/H/I), in sehr schlechtem Zustand, sehr schwierige Piste.

Sandaré – S. G 41. (Ende G 41; Beginn G 42.)
Beim Verlassen von Sandaré in Richtung Diabé fahren. Die Piste passiert die Dörfer Lakamané und Diangounté (keine Versorgungsmöglichkeit).
Diéma – S. G 42. (Ende G 42; Beginn G 44.)

G 44: Diéma – Didiéni – Kolokani – Bamako (ca. 330 km)

(011.94 Land-Rover) Piste in sehr schlechtem Zustand (A/G/I); von Kati nach Bamako Asphalt. Die Piste Diéma – Didiéni (SO), die auf der Michelin-Karte 953 eingezeichnet ist, gibt es nicht mehr. Neu ist die Strecke über Dioumara, Doubabougou (auf der Michelin-Karte nicht eingezeichnet), viel Sand und häufige Verzweigungen, keine Markierung, bis Metanbougou ein-, danach zweispurig und Wellblech. Die Piste trifft etwa 10 km nördlich von Didiéni auf die Piste Nara – Bamako; für die 70 km von Diéma nach Dioumara ist mit vier Stunden Fahrzeit zu rechnen.

Diéma – Dorf. Wasser. Kleiner Markt.
Am Dorfeingang von Nioro aus gesehen kurz nach einem Flüßchen vor der großen Schule den Fluß entlang nach ONO fahren. Nach einem Kilometer kommt eine Gabelung. Links Richtung ONO halten. Die Piste verläuft in Richtung 60° bis 150° durch 7 Dörfer.
Km 55, Beginn der Sandpassagen.
Km 73, **Dioumara** – Dorf. Lebensmittelversorgung ist schwierig (Brot). Treibstoff. Im Dorf nach der Piste für „petit voitures" fragen (auch für Lkw befahrbar). Die Piste ist 25 km länger als die Lkw-Piste, aber in wesentlich besserem Zustand.
Km 79, Dorf.
Km 80, Schotter. Die Piste passiert 3 weitere Dörfer.
Km 103, Ruinen. Nach weiteren 4 Dörfern Gabelung, rechts halten und durch zwei Dörfer fahren.
Km 163, **Métanbougou,**
km 166, hier trifft man bei **Doubabougou** auf die Lateritpiste Nara – Bamako (zur G 40).
Km 173, **Didiéni** – Großes Dorf. Lebensmittel (mehrere Geschäfte). Treibstoff. Werkstätte. Wasser 500 m südöstlich des Dorfes beim Solarbrunnen.
Kolokani – Dorf. Lebensmittel. Treibstoff. Hotel.
Kati – Großes Dorf. Lebensmittel. Treibstoff.
Bamako – 480 m, 740 000 Einw. Hauptstadt. Gute Infrastruktur.
(Ende G 38 und G 46; Beginn G 32 und G 33.)

284 Durch Afrika

Unterkunft: Hotel „Tennessee", im Sommer 1989 eröffnet, in der Nähe der ehem. sowjetischen Botschaft, familiäre Atmosphäre, von zwei Franzosen geführt (einer ist ehemaliger Arzt und kann bei kleinen Wehwehchen helfen), Pool, Restaurant, wenig Mücken, exzellente Hygiene (ca. 18 000 bis 22 000 CFA/DZ); „Hotel de l'Amitié", in der Nähe des Niger, von Mücken belagert, der angenehme Pool ist auch für Nicht-Gäste zugänglich (ca. 35 000 CFA/DZ); „Grand-Hotel" (ca. 24 000 CFA/DZ mit Bad); „Majestic", billig aber schmutzig (ca. 7000 CFA/DZ); „Des Hirondelles", an der Straße nach Koulikoro, sehr sauber (ca. 18 000 CFA/DZ); „Hotel des Colibris", hinter der Brücke (in Richtung Süden) nach 3 km nach links, gut ausgeschildert, Bungalows in einem schönen tropischen Garten, Bar, angenehme Atmosphäre (ca. 15 000 CFA/DZ); Motel an der Straße in Richtung Guinea. Unterkunftsmöglichkeit auch in der „Maison des Jeunes", am Nordufer des Niger, in der Nähe der Brücke (ca. 1000 CFA/Person im Schlafsaal), schlechte Sanitärinstallationen, Vorsicht vor Dieben; in der Katholischen Mission (nahe der Kathedrale), sehr sauber, kein Parkplatz (ca. 1000 CFA/Person im Schlafsaal, 5000 CFA/DZ, nicht für Motoradfahrer). Libanesische Mission, direkt neben dem Ersatzteilladen „Simagala", großer Innenhof, günstige Lage (2 000 CFA/Auto und 2 Personen); Bungalow-Hotel „Le Cactus", am Ufer des Niger gelegen im Stadtteil Kalaban Koro, unter Leitung eines kanadischen Ehepaares, Sportmöglichkeiten, Pool, Ausflüge, Restaurant, sehr gut und sehr teuer. Restaurant „Phoenicia" (libanesisch); „L'Alsacienne" im Stadtzentrum, gutes Essen, aber recht teuer.

Verschiedenes: Camping-Gaz-Kartuschen verkauft nur die „Shell"-Tankstellen. Ersatzteile für VW und Mercedes gibt es bei „SIMAGALA" im Stadtzentrum. Reiseschecks wechselt die Bank „BMCD" gegenüber der Kathedrale (500 CFA Kommission). Neben der „BND"-Bank gibt es eine „American Express"-Filiale. Postlagernde Sendungen nach Bamako können nicht empfohlen werden, sogar eingeschriebene Briefe gehen spurlos verloren. Eine Meldung bei der Polizei ist nicht mehr notwendig. Ein Visum für Guinea erteilt die guineische Botschaft (15 000 CFA/Person und 10 000 CFA für das *carnet de passage*). Aufpassen, daß alles richtig ausgefüllt und die Unterschrift geleistet wird. Der Konsul spricht deutsch. Ebenfalls mit einer Botschaft ist der Senegal vertreten. Afrikanische Life-Musik gibt es im „Rive Gauche" (alles am Fahrzeug gut sichern). Vorsicht, die Polizisten von Bamako haben sich auf das Ausnehmen von Touristen spezialisiert. Unter allen möglichen und unmöglichen Vorwänden werden Geldstrafen verhängt (auch im Straßenverkehr). Zeigen Sie sich unbeeindruckt und tragen Sie immer Ihre Papiere bei sich.

Bahnfahrt Bamako – Kayes – Tambacounda (Senegal) – ein wirkliches Abenteuer (siehe L 6). In Bamako werden Fahrzeuge und Passagiere auf die Plattformen der Waggons verladen (langwierig); der Zug fährt mit etwa 60 Stundenkilometern, und das Fahrgefühl kann sich gut mit Wellblech messen. Wer direkt nach Senegal fahren möchte, kann in Diboli (Grenzposten des Senegal) den Zug verlassen; in Kidira (Grenzposten Malis) und später bis Tambacounda gibt es keine Verladerampe. In Bamako muß ein Spediteur genommen werden (20 000 CFA/Fahrzeug). Die Formalitäten zur Ausreise aus

Mali müssen in Bamako durchgeführt werden. Nicht weniger als vier Unterschriften sind nötig, bis das Ausreisedokument gültig ist (Bahnkosten 70 000 CFA für den malischen Teil der Strecke, in Bamako zu bezahlen, und 42 000 CFA für die senegalesische Seite, in Tambacounda zu zahlen, daneben ist mit etwa 5000 CFA für die Befestigung des Fahrzeugs auf dem Wagon und das Lösen der Verankerungen bei der Ankunft zu rechnen). Jeder Passagier muß eine Fahrkarte für die zweite Klasse lösen. Die interessanteste Lösung ist die Bahnfahrt bis Kayes (etwa 37 000 CFA) und dann die Weiterfahrt auf guter Piste nach Senegal. Die Grenzformalitäten sind beim Straßenzoll wesentlich schneller als auf der Bahn.

Sehenswert: der Markt („Marché rose", Vorsicht vor Dieben), das Zentrum des Kunsthandwerks, das Haus der Künste, das „Institut des Sciences humaines" und das Nationalmuseum.

In der Umgebung: der Botanische Garten, ein Zoo, die **Koulouba-Höhlen**, die **Mandingo-Berge** und die **Oyako-Fälle** (die nur in der Regenzeit Wasser führen).

G 45: Kayes – Diamou – Bafoulabé (130 km)

(12.94, Land Rover 110) Piste bis Km 68 z. T. gepflegt, durchgängig gut befahrbar, streckenweise Asphalt, ab Km 68 miserabler Pistenzustand.

Kayes – S. G 41. (Ende L 6; Beginn G 41.)
Sie verlassen Kayes, indem Sie neben der Bahnlinie entlangfahren.
Km 15 nahe Médine, die sehenswerten **Paparah-Fälle** (25 m hoch) und etwas weiter die **Félou-Fälle** (Kraftwerk).
Diamou – Dorf. Lebensmittel.
Asphaltstraße durch den Ort folgen, hinter der Kalkmine (linke Seite) geht direkt nach dem rechterhand liegenden Schrottplatz die schwierig zu erkennende Piste nach Bafoulabé rechts ab. Auf der schmalen Piste anfangs immer links halten; nach 13 km sind die Gouina-Fälle erreicht. Unterhalb der Wasserfälle Campingmöglichkeit an einer kleinen Bucht (nur in der Trockenzeit).
Es besteht auch die (einfachere) Möglichkeit, an der Kalkmine/Schrottplatz geradeaus weiterzufahren (teilweise gute Teerstraße, ansonsten gute Piste).
Km 38, die Teerstraße führt in Serpentinen einen Berg hinauf und endet in einem Steinbruch; am Fuße des Berges nach links auf die Piste abbiegen.
Km 68, nach rechts abzweigen, ca. 1 km später passiert man den Marmor-Steinbruch **Sélinkégni**.
Ab hier Buschpiste wechselnder Qualität, z. T. starke Regenschäden, so daß ein Geländewagen erforderlich ist, z. T. geschottert.
Km 106, **Bafoulabé** – Dorf. Lebensmittel. Per Fähre (10 000 CFA) über Bafing und Bakoye in den Hauptort zwecks Weiterfahrt nach Kita/Bamako.
(Beginn G 46; Ende G 47.)
Sehenswert: der Zusammenfluß des Bafing und des Bakoye, die zusammen den Senegalfluß bilden.

286 Durch Afrika

G 46: Bafoulabé – Kita – Bamako (ca. 500 km)

(12.94, Land Rover 110) Kurvenreiche Gebirgspiste (A/C/H/I) in sehr schlechtem Zustand; steile Steigungen und Gefällstrecken; wenig Verkehr, nur in der Trockenzeit befahrbar. In den Dörfern kann man einkaufen, wenn gerade ein Zug ankommt. Piste verläuft südwestlicher als in der Michelin-Karte eingetragen. Von Kita bis Négala 137 km ungepflegte Piste (Wasserschäden, Geröll, stark zugewachsen, 2 Flußdurchfahrten – 7 Std. Fahrzeit).

Bafoulabé – S. G 45. (Ende G 45 und G 47.)
Sie verlassen Bafoulabé entlang des Bafing-Flusses. Das Flüßchen wird bei Km 0 in der Nähe von Mahina auf der Eisenbahnbrücke überquert (3000 CFA). Nach der Überquerung geht es entlang des Flußes bis
Km 92, **Manantalis** – Dorf, am Bafing-Stausee gelegen.
Unterkunft: im *campement* kostet eine Wohnung 10 000 CFA, ein Appartement 5000 CFA.
Verschiedenes: der Staudamm wurde von Deutschen erbaut.
In Manantalis biegen Sie bei der großen Kreuzung (Asphaltstraße) links ab. Nach ca. 1 km erreicht man den Anfang einer mittelmäßigen bis schlechten Piste Richtung Kokofata, indem man links den Berg hinauffährt. Nach der schwierigen Auffahrt folgt zunächst ein gut erkennbarer und gut befahrbarer Buschpfad, dessen Zustand sich aber zunehmend verschlechtert (Wasserschäden, Geröll, Wasserlöcher, stark zugewachsen). Keine Versorgungsmöglichkeit. Für die 100 Pistenkilometer vom Staudamm bis **Tambarga** sind (ohne größere Probleme zu berücksichtigen) bis zu 12 Std. Fahrzeit zu veranschlagen.
Km 123, Trinkwasser mittels Handpumpe.
Km 180, **Kokofata** – Dorf. Nach Kokofata biegt man links auf eine gute Piste Richtung Kita ab.
Tambarga – Kita: 47 km gute Piste.
Kita – 342 m. Stadt. Lebensmittel. Treibstoff.
Unterkunft: Bungalows gibt es im „Chat Rouge" (7000 CFA mit Klimaanlage) und im „Relais", beide mit Disko. Im Restaurant „L'Oasis" wird sehr gutes Essen serviert.
Km 157, von Kita aus kommend rechts fahren.
Km 159, links fahren, bis man bei
Km 184 zum Dorf Kati kommt (von Négala 47 km einigermaßen passable Piste). Ab hier ist die Piste gut bzw. beginnt bald der Asphalt.
Bamako – S. G 44. (Ende G 44 und G 38; Beginn G 32 und G 33.)

Hilfe!
Ein so umfangreiches Buch mit so vielen detaillierten Informationen läßt sich nur aktuell halten, wenn Sie uns Ihre Erfahrungen, Änderungen und Ergänzungen schicken! Danke für Ihre Mithilfe!

Mali – Routenteil G 287

G 47: Kéniéba – Sitakili – Koulouguidi – Mahina – Bafoulabé (136 km)

Meist schlechte Piste.

Kéniéba – S. L 8. (Ende L 8.)
Einreiseformalitäten für Mali erledigen (Zoll, Polizei). Da der Posten keine Einreisestempel hat, muß das in Bafoulabé nachgeholt werden. Gute Strecke bis zum Abzweig bei Km 60.
Km 55 kurz hinter Sitakili, steiles steiniges Gefälle. Viele Paviane.
Km 60, Kreuzung. Nach links in Richtung Kayes. Nach rechts fahren. Gebirgspiste, schlechte Felspassagen.
Km 65, guter Übernachtungsplatz.
Mahina – Städtchen. Lebensmittel (Markt). Treibstoff.
Unterkunft: zwei Bars mit Unterkunftsmöglichkeit (2500 CFA/DZ).
Verschiedenes: es gibt die Möglichkeit, gegen eine Gebühr von 300 CFA über die Eisenbahnbrücke zu fahren, um in Kalé die Route G 46 zu erreichen. Wer nach Bamako fahren will, kann so den langen Umweg über Bafoulabé vermeiden.
Bafoulabé – S. G 45. (Ende G 45; Beginn G 46.)

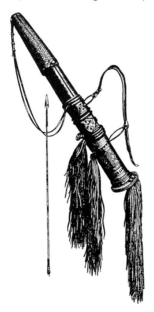

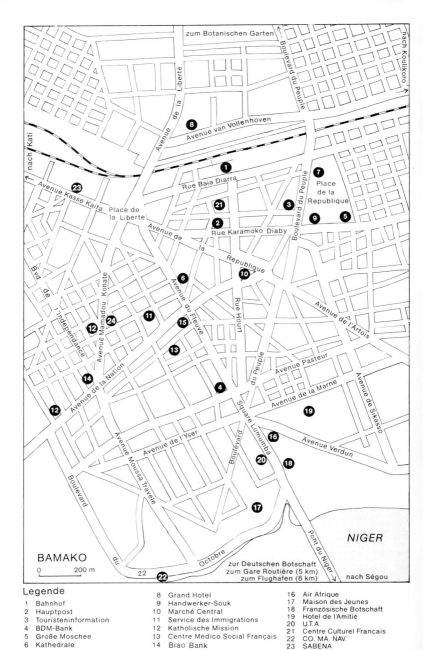

Mali – Routenteil G 289

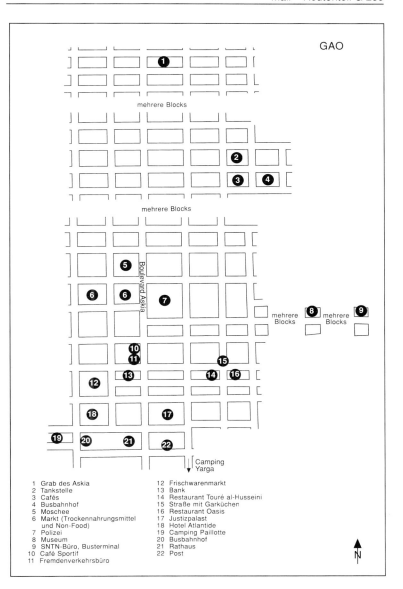

1 Grab des Askia
2 Tankstelle
3 Cafés
4 Busbahnhof
5 Moschee
6 Markt (Trockennahrungsmittel und Non-Food)
7 Polizei
8 Museum
9 SNTN-Büro, Busterminal
10 Café Sportif
11 Fremdenverkehrsbüro
12 Frischwarenmarkt
13 Bank
14 Restaurant Touré al-Husseini
15 Straße mit Garküchen
16 Restaurant Oasis
17 Justizpalast
18 Hotel Atlantide
19 Camping Paillotte
20 Busbahnhof
21 Rathaus
22 Post

290 Durch Afrika

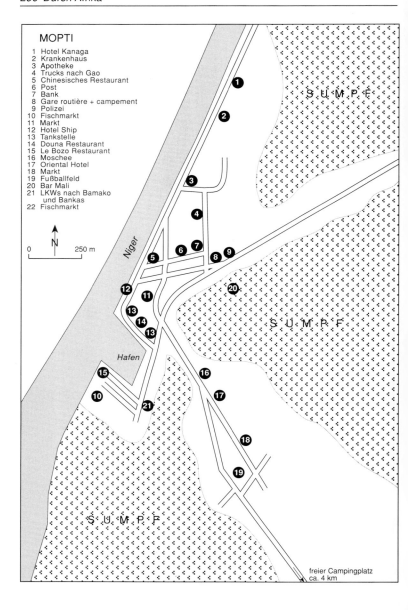

MOPTI

1 Hotel Kanaga
2 Krankenhaus
3 Apotheke
4 Trucks nach Gao
5 Chinesisches Restaurant
6 Post
7 Bank
8 Gare routière + campement
9 Polizei
10 Fischmarkt
11 Markt
12 Hotel Ship
13 Tankstelle
14 Douna Restaurant
15 Le Bozo Restaurant
16 Moschee
17 Oriental Hotel
18 Markt
19 Fußballfeld
20 Bar Mali
21 LKWs nach Bamako und Bankas
22 Fischmarkt

Mali – Routenteil G 291

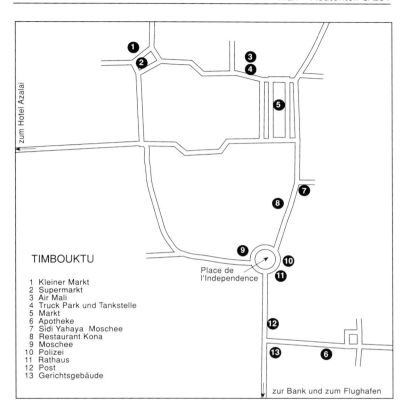

TIMBOUKTU

1 Kleiner Markt
2 Supermarkt
3 Air Mali
4 Truck Park und Tankstelle
5 Markt
6 Apotheke
7 Sidi Yahaya Moschee
8 Restaurant Kona
9 Moschee
10 Polizei
11 Rathaus
12 Post
13 Gerichtsgebäude

292 Durch Afrika

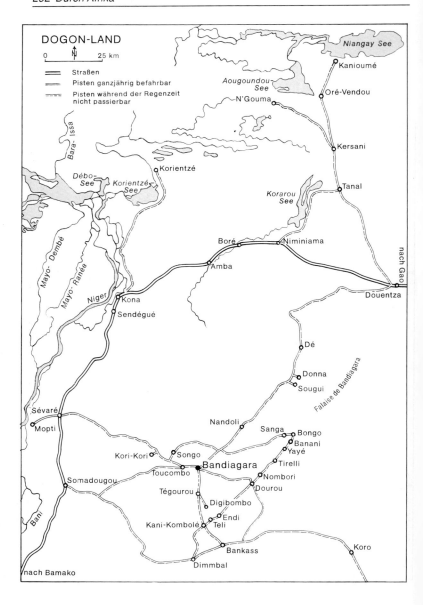

Mali – Routenteil G 293

Niger – Routenteil H

Strecken

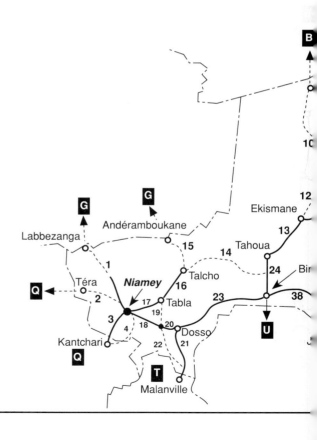

Niger – Routenteil H 295

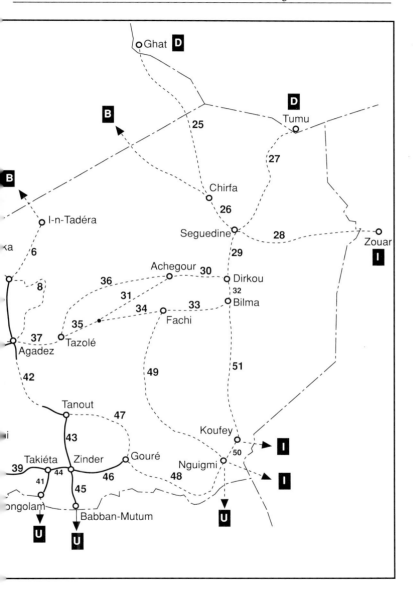

296 Durch Afrika

Niger – Routenteil H

Überblick

Fläche: 1 267 000 km².

Einwohner: 8 171 000.

Ethnien: Haussa, Peul, Tuareg, Djerma, Kanuri.

Hauptstadt: Niamey (ca. 500 000 Einw.).

Sprachen: Verkehrssprachen sind Französisch und Haussa, daneben werden Tamaschek, Ful, Djerma und Kanuri gesprochen.

Religion: Islam.

Ruhetag: Sonntag.

Feiertage: 1.1., 15.4., 1.5., 3.8., 18.12.., 25.12., sowie jährlich wechselnde islamische Feiertage (Tabaski, Mouloud).

Zeitverschiebung: Gleich, Sommerzeit - 1 Stunde.

Stromspannung: 220 V.

Einreise: (Noch) keine Visumpflicht für Bürger der Bundesrepublik Deutschland (das soll sich in Kürze ändern (Stand Frjh.95), so daß es ratsam ist, sich zeitig vor Reiseantritt bei der Botschaft zu informieren). Visumpflicht für Schweizer und Österreicher. Bei der Einreise wird ein Nachweis über ausreichende Finanzmittel verlangt (Bargeld, Schecks, Bankgarantie), bei Flugreisenden ein gültiges Rückflugticket. Häufig wird auch bei Ein- und Ausreise eine Tourismussteuer erhoben – die Höhe variiert wohl je nach Verhandlungsgeschick. Die Botschaft der Republik Niger in Bonn verschickt eine kostenlose Informationsbroschüre für Touristen.

Impfung/Gesundheit: Gelbfieberimpfung vorgeschrieben. Malariaprophylaxe dringend empfohlen. Die ärztliche Versorgung ist eher mangelhaft, in einigen Städten franz. Kliniken (z.B. Arlit).

Kfz: Internationaler Führerschein, Kfz-Schein. Die Grüne Versicherungskarte wird nicht anerkannt, an der Grenze muß eine Haftpflichtversicherung abgeschlossen werden (braune Versicherungskarte für Westafrika, 2 Monate Gültigkeit, Preis für VW-Bus ca. 17 000 CFA). Ein *carnet de passage* ist zwar nicht vorgeschrieben, wird aber empfohlen, da sonst bei der Einreise eine Gebühr von einem Prozent des deklarierten Fahrzeugwerts für die Transiterlaubnis erhoben wird.

Treibstoffpreise: Super ca. 385, Diesel ca. 265 CFA.

Währung: Franc CFA. 100 CFA = 1 FF. 100 CFA ca. 0,30 DM. Einfuhr unbegrenzt, Ausfuhr auf 25 000 CFA begrenzt (einschließlich FF), es sei denn, man hat bei der Einreise einen anderen Betrag deklariert (Beleg). Achtung: Durch Abwertung des CFA im Frühjahr 93 kam es zu enormen Preissteigerungen in allen CFA-Ländern. Preisangaben können dadurch zum Teil überholt sein.

Straßenzustand: Im Norden und Nordosten zumeist Pisten (sehen Sie dazu die Routenbeschreibungen), im südlichen Landesteil Asphalt, der aber auf einigen Routen (v.a. Tanout – Zinder), trotz Kartographierung noch nicht fertiggestellt ist.

Kontrollen: Theoretisch müssen sich Reisende in jedem Ort bei der Polizei melden. Praktisch werden diese Gebote wohl unterschiedlich ausgelegt (je nach Laune der Beamten). Auch wenn man andere Informationen bekommt sicherheitshalber melden, da bei Nichtbeachtung langatmige Prozeduren zu befürchten sind. Die Meldestempel im Paß werden auch bei den häufigen Straßenkontrollen überprüft (an den Wochenenden seltener). Militär und Polizei sind im Niger sehr streng und straff organisiert. Verstößt man gegen Vorschriften, können die Beamten sehr unangenehm werden. Eine Fotografiererlaubnis ist nicht mehr erforderlich.

Führer: Für eine Fahrt durch das Air-Gebirge (seit 1992 wegen der Tuaregaufstände nicht möglich) und die Ténéré-Wüste (erkundigen Sie sich vor Ort ob wegen der politischen Lage eine Befahrung möglich bzw. erlaubt ist) ist ein *guide* vorgeschrieben, sowohl die Polizei als auch das Militär machen Kontrollen. Beachten muß man, daß ein Führer nur bis Bilma oder Dirkou seitens der Behörde vorgeschrieben ist. Für Djado oder die Weiterfahrt nach Djanet (Algerien) benötigt man seitens der nigrischen Behörden und Militär keinen Führer mehr. Bei der Suche nach einem Führer muß man recht vorsichtig sein. Häufig wurde in Agadez versucht den unbedarften Touristen einen Führer mit Auto und Chauffeur bis zur algerischen oder libyschen Grenze anzudrehen. Die Kosten können dann leicht gegen 6000 DM (Führer ca. 150,00 DM/Tag, Auto inkl. Chauffeur 300 DM/Tag und mindestens 1000 l Benzin à ca. 1,35 DM) gehen. Hin- und Rückreisetage vom Führer, Begleitauto und Chauffeur werden selbstverständlich in Rechnung gestellt. Bei der Kostenrechnung werden 15 bis 20 Tage angesetzt. Vorsicht bei à-conto-Zahlungen. Sollte man seine Reiseroute ändern, dann wird der Betrag, auch nicht ein Teil davon, zuückerstattet. Seitens der Behörde von Agadez ist das Honorar für einen *guide* auf DM 50 bis 100 angesetzt. Die entsprechende Zeit für die Rückreise sollte auch

298 Durch Afrika

vergütet werden. Die Rückreisekosten für den *guide* auf einem Lastwagen sind vernachläßigbar. Die Anwerbung eines Führers kann an den verschiedensten Orten erfolgen. Ansprechorte sind Reisebüros, Tankstellen, Restaurants, Hotels, Botschaften etc. Bei der Anwerbung eines Führers ist darauf zu achten, daß sich der *guide* mit einem amtlichen Ausweis legitimiert. Kommt es zu einem Kontakt, dann muß der *guide* beim *office du tourisme* eine Fahrerlaubnis holen, welche dann vom *secretaire géneral*, der *police*, der *gendamerie* bestätigt wird. Es ist darauf zu achten, daß die Fahrerlaubnis durch das Touristenbüro korrekt ausgefüllt wird, ansonsten wird man von den kontollierenden Organen mit der Aufforderung zurückgewiesen, daß eine neue Fahrerlaubnis auszustellen ist. Zusätzliche Wartezeit mindestens einen halben Tag. Bei der Anwerbung eines Führers sollten Sie berücksichtigen, daß das Wissen der Führer recht unterschiedlich ist. Für das Air-Gebirge eignet sich eher ein Tuareg und für die Ténéré, Bilma und Djado eher ein Tubu. Das Touristenbüro bevorzugt eindeutig die Tuareg und schneidet Tubu. Dies führt zu aggressiven Spannungen zwischen den Führern.

Grenzen: Einreise von Algerien nur über die Hoggarpiste erlaubt. Bei Grenzübertritt an anderen Stellen riskieren Sie die Ausweisung. Laut Militärbehörden in Dirkou ist allerdings eine Anreise von Djanet nach Djado erlaubt, sofern man sich nur dort aufhält und anschließend wieder nach Algerien zurückfährt. Da aber in Djanet (siehe B 72 und B 75) nach wie vor für diese Strecke keine Ausreiseformalitäten durchgeführt werden, ist deshalb eine Ausreise nur illegal möglich. Eine Ausreise nach Libyen (s. H 25 oder H 27) ist theoretisch möglich, wenn ein libysches Visum vorhanden ist bzw. in Agadez besorgt wird (s. allgemeine Bestimmungen Libyen) und die libysche Botschaft in Agadez ein *laissez passer* ausstellt, das von den Militärbehörden in Dirkou verlangt wird (Führer bis Dirkou notwendig). Es ist auf jeden Fall vor Antritt der Fahrt (sowohl nach Algerien als auch nach Libyen) empfehlenswert, wenn man sich über die entprechenden Modalitäten bei den Botschaften erkundigt, welche aber nicht in jedem Fall eine eindeutige Antwort geben können. Auch wenn die libysche Botschaft ein Visum und *laissez passer* ausstellt, bedeutet das nicht unbedingt, daß man nach Libyen einreisen darf (so geschehen im Januar 92, wo vier Italienern mit zwei Autos trotz gültigem Visum und *laissez passer* die Einreise verwehrt, es anderen jedoch gestattet wurde). Seit dem Lockerbie-Boykott gegen Libyen, wird nichtarabischen Ausländern die Ein-/bzw. Ausreise an den Südgrenzen von bzw. nach Niger, Algerien, Tschad und Sudan (auch mit gültigem Visum) nicht gestattet. Lesen Sie zur Grenzsituation auch in den allgemeinen Teilen von Tschad, Algerien und Mali nach.

Sicherheit: Ähnlich wie in Algerien kommt es auch im nigrischen Teil der Hoggarpiste und im gesamten Norden immer häufiger zu Überfällen auf Touristen, sei es von aufständischen Tuareg, sei es von Räuberbanden. Informieren Sie sich vor Fahrtantritt in Tamanrasset bzw. Arlit über die Sicherheitslage und fahren Sie nur im Konvoi. Lesen Sie hierzu auch den allgemeinen Teil von Mali und Algerien. 1994 wurde zwar ein Friedensvertrag zwischen den Tuareg und dem nigrischen Staat ausgehandelt, dieser wurde aber bald wieder gebrochen. Zudem existieren wohl einige Räuberbanden, die die Situation zur persönlichen Bereicherung ausnutzen. Die gleiche Situation herrscht auch im Gebiet Diffa/Nguigmi und im gesamten Grenzgebiet zum Tschad, wo bewaffnete Tubu und Kanuri auf Beutezüge gehen. Richtung Norden nach Algerien herrscht auf der Strecke Tahoua – Agadez – Arlit noch immer Konvoipflicht (zweimal die Woche kostenfrei, für ausländische Fahrzeuge ca. 30 DM). Richtung Mali gibt es keine Konvois, die Strecke gilt nunmehr als brandgefährlich. Ab Niamey nach Süden sollen alle Strecken offen und normal befahrbar sein.

Literatur:
Reiseführer: T. Krings, „Sahel", DuMont Verlag, mit ausführlicher Darstellung von Geschichte und Kultur. „Reise Know-How Westafrika", von Anne Wodtcke, mit detaillierten Infos über Verkehrsverbindungen, Unterkünfte etc.
Landkarten: Übersichtskarten Michelin 953, Nord- und Westafrika 1:4 000 000; IGN 1:1 000 000 und Niger, 1:2 500 000. IGN Detailkarten 1:500 000 und 1:200 000, in Deutschland meist nicht lieferbar.
Hintergrundlektüre: H. Barth, „Reisen und Entdeckungen in Nord- und Zentralafrika", Ed. Erdmann, Thübingen; H. Ritter, „Sahel", Trickster Verlag, München; P. Fuchs, „Völker der Wüste", Westermann Verlag, Braunschweig.

Geschichte: Der Süden der heutigen Republik Niger war zwischen dem 14. und dem 19. Jahrhundert Sitz mehrerer Stadt-Staaten der Haussa und Peul (z.B. Gobir) und war zeitweise dem Songhayreich von Gao tributpflichtig. Im äußersten Osten, im Gebiet um den Tschadsee bis hinauf nach Djado, lag das mächtige Reich von Kanem-Bornu, während Agadez und das Aïr-Gebirge der Oberhoheit des Sultans von Agadez unterstanden. Stabilität und Wohlstand aller Reiche basierten auf dem ausgedehnten Karawanenhandel von Nord nach Süd und von West nach Ost. Mit der Eroberung durch die Franzosen bis 1890 wurden die Einzelstaaten aufgelöst und in der Kolonie Niger zusammengefaßt. 1960 erlangte Niger die Unabhängigkeit.

Politik: Die prägende Gestalt der jüngeren nigrischen Politik war der 1974 an die Macht geputschte Oberstleutnant Seyni Kountché, der seinen Vorgänger Hamami Diori wegen der immer mehr um sich greifenden Korruption absetzte. Der Kampf gegen die Korruption war denn auch Kountchés vorrangiges Anliegen, und als einer der wenigen afrikanischen Potentaten galt er als integer und unbestechlich, als „afrikanischer Preuße". Kountché installierte jedoch auch ein umfassendes Kontroll- und Überwachungssystem, das jede Unmutsäußerung in der Bevölkerung brutal unterdrückte. Unter seiner harten Hand hatten vor allem die Nomaden, Tuareg und Peul-Bororo, zu leiden. Besonders die Tuareg galten immer als potentielle Aufwiegler, die Kountché auch häufig der Verschwörung mit Libyens Khadafi beschuldigte. Seit Kountchés Tod (1987) wird Niger von dem als „schwach" und vom Militär gelenkt geltenden General

300 Durch Afrika

Ali Saibou regiert. Wie in den meisten anderen afrikanischen Staaten sind auch im Niger Demokratisierungsbestrebungen im Gange. Dieser Prozeß wurde jedoch im Frühjahr 1991 schroff unterbrochen, als Militär nördlich von Tahoua in mehreren Tuareglagern ein Massaker anrichtete, und zahlreiche prominente Tuaregführer verhaftet und exekutiert wurden. Diese Ereignisse waren u.a. Auslöser für die Unruhen und Aufstände unter den Tuareg. Im Februar 1993 fanden im Niger die ersten freien Wahlen statt, die ein Bündnis verschiedener Parteien, die „Alliance des Forces Changement", AFC, gewann. Das neue Staatsoberhaupt heißt Mhmane Ousmane. Verhandlungen mit den inzwischen untereinander zerstrittenen aufständischen Tuareg führten bislang zu keinem Erfolg. Während die gewählte, aber schwache Regierung in Niamey ums Überleben kämpft, beherrscht weite Teile des Landes marodierendes Militär.

Die Peul-Bororo

Zu den wohl eindrucksvollsten Erlebnissen bei Reisen im Niger gehört das Fest Gerewol, zu dem sich Peul-Bororo-Nomaden aus allen Landesteilen anläßlich der cure salée im Gebiet um Ingal versammeln. Höhepunkt dieses „Stammestreffens" ist der Schönheitswettbewerb der jungen Peul-Männer, die sorgfältig frisiert und geschminkt und reich mit Schmuck und Amuletten behängt tanzend um die Gunst der Mädchen werben. So fremdartig die Gesänge und Tänze der Bororo anmuten, so geheimnisvoll ist ihre Herkunft. Man vermutet jedoch eine Verbindung mit den Rindernomaden, die auf vielen zentralsaharischen Felsbildern dargestellt werden. Auffällig ist auch die Aufteilung der Peul in die seßhaften, streng-muslimischen „Stadt-Peul" (die große Mehrzahl) und die Peul-Nomaden, die immer noch ihrem alten Naturglauben verhaftet sind. Äußerlich sind die Peul-Bororo an den fast europiden Gesichtszügen, der helleren rötlichen Haut und ihrem traditionellen Kleidungsstück, einem ledernen Lendenschurz, leicht zu erkennen. Viele Männer haben inzwischen auch die Kleidung der Tuareg übernommen und tragen häufig auch die Takuba (Tuaregschwert). Unübersehbar ist die lässige Eleganz und Selbstsicherheit, mit der Bororo-Männer wie –Frauen über die Sahelmärkte schlendern. Wegen ihrer „unmoralischen" Lebensweise (Frauen genießen auch bei diesen Nomaden eine sehr große Freiheit) sind sie bei den muslimischen Seßhaften nicht gerade beliebt, werden aber häufig als Rinderhirten engagiert. Die Liebe zu ihren Rindern ist denn auch das prägende Element für jeden Peul-Bororo. Als man einen Bororo auf dem Agadezer Markt beim Diebstahl von Rindfleisch ertappte, reagierte er erstaunt: Rinder gehörten ja schließlich den Peul!

Niger – Routenteil H 301

Routeninformationen

H 1: Malische Grenze – Firgoun – Ayorou – Tillabéri – Niamey (205 km)

(12.92, Land Rover) Piste (A/G/I), in schlechtem Zustand bis Tillabéri; danach Asphalt bis Niamey.

Malische Grenze – S. G 9. (Ende G 9.)
Firgoun – Dorf. Formalitäten zur Einreise nach Niger. Die Beamten sind korrekt, das *laissez passer* wird meist ohne Gebühren ausgestellt.
In der Umgebung: Pirogen-Exkursionen auf dem Niger (Flußpferde).
Die Wellblechpiste führt am Niger entlang. Einige Kilometer hinter Firgoun keine Zollkontrolle mehr.
Ayorou – Dorf. Wasser. Kein Treibstoff. Zollkontrolle. **Unterkunft:** Campingmöglichkeit im Hof des Hotels, das geschlossen ist; weder Wasser noch Sanitäreinrichtungen (ca. 2000 CFA/Person).
Sehenswert: der schöne Wochenmarkt am Sonntag, zu dem auch Nomaden (Peul, Buzu, Tuareg) aus Mali anreisen; in Ayorou können auch Pirogenausflüge auf dem Niger unternommen werden.
Hinter Ayorou Kiespiste, nicht zu schnell fahren; einige Weichsandpassagen.
Tillabéri – Kleinstadt. Lebensmittel. Manchmal Treibstoff.
Unterkunft: angenehmes Touristenhotel, leider mit schwachen Sanitäreinrichtungen.
Verschiedenes: in der Stadt müssen Sie sich einen Stempel der Polizei geben lassen, der von einem Posten am Ortsausgang überprüft wird.
Farié – Dorf. Keine Versorgungsmöglichkeit. Man trifft hier auf die Route H 2.
Km 90 ab Tillabéri (etwa 20 km vor Niamey), Campingplatz auf der Boubon-Insel, wohin man mit Motorbooten übersetzen kann (ca. 100 CFA), gutes, preiswertes Restaurant.
Unterkunft: 3 km weiter der Campingplatz „Rio Bravo" (siehe Niamey). Kinder bieten Pirogenausflüge auf dem Niger an, der Preis sollte vor der Tour ausgehandelt werden.
Niamey – 195 m, 600 000 Einw. Hauptstadt. Gute Infrastruktur.
(Ende H 2, H 3 und H 17; Beginn H 4 und H 18.)
Unterkunft: „Grand Hotel" (ca. 18 000 CFA/DZ und 17 000 CFA/Bungalow), abends zur Aperitifzeit werden sehr gute Brochettes serviert; Hotel „Gaweye" (ca. 34 000 CFA/DZ, Frühstücksbuffet auch für Nicht-Gäste ca. 3000 CFA); „Hotel du Sahel", Mittelklasse (ca. 12 000 CFA/DZ), nachts sehr laut, der Pool ist im Winter nicht benützbar; Hotel „Rivoli", freundlicher Empfang, ruhige und entspannte Atmosphäre, ziemlich heruntergekommen, Treffpunkt der Reisenden, gemäßigte Preise (ab 6500 CFA), die Fahrzeuge werden bewacht, allerdings warnen einige Touristen vor diesem Hotel, wo angeblich auch viel gestohlen wird; Hotel „Moustache" (ca. 4000 CFA/DZ); „Hotel du Ténéré", mit

302 Durch Afrika

Parkplatz (ca. 15 000 CFA/DZ); Hotel „Ouali" (ca. 10 000 CFA/DZ); „Hotel les Rôniers", 4 km vom Zentrum entfernt in Gudel am Niger, schöner Garten mit Bungalows, Pool, sauberes Haus mit Warmwasser und guter französischer Küche (ca. 10 000 CFA/DZ); Hotel „Terminus", von Franzosen geführt, gute Adresse (ca. 10 500 CFA/DZ mit Klimaanlage, Pool für Nichtgäste 500 CFA). Der städtische Campingplatz liegt an der Straße nach Tillabéri, nach etwa 20 km links, unmittelbar hinter dem Wegweiser „Rio Bravo", rosafarbene Umfassungsmauer, freundlicher Empfang, viel Schatten, Sanitäreinrichtungen in gutem Zustand, gute Bewachung (ca. 1000 CFA/Person, 1000 CFA/Fahrzeug).

Restaurants: „Le Mbaké", preiswertes und gutes Essen im Garten, kein Alkohol; Restaurant im Hotel „Rivoli" (gute Brochettes); „Le Fouta Djalon" (gegenüber dem „Min. de l'Agriculture"); „La Gaieté", Av. Soni Ali Ber, preiswert und gut; „Chaiselong", Rue de la Corniche, nicht billig, aber gute französisch-italienische Küche, schön am Niger gelegen.

Werkstätten: Mercedes-Werkstatt; „Niger-Afrique", neben „Score", verkauft Mitsubishi-Ersatzteile; weder VW- noch Land Rover-Vertretung; „Chez Sonida", unangenehmes und inkompetentes Personal. „Chez Tarzan", schlechte Arbeit und teuer; Motorinstandsetzung für Diesel bei „MECA", gegenüber der Freitagsmoschee.

Formalitäten: bei der Polizei (Av. Prés. Luebcke) muß man sich nach wie vor melden, die Formalitäten erledigt der Kontrollposten am Ortseingang nicht. Die Botschaft von Mali (in der Nähe des Grand Marché) stellt Visa innerhalb eines Tages aus, ca. 6500 CFA. Ein Nigeria-Visum erhält man nach ca. einem Tag (zwei Fotos, 450 CFA).

Bei der Ausfahrt von Niamey in Richtung Say und Burkina Faso wird das Fahrzeug manchmal gründlichst durchsucht, alles muß ausgeladen werden, ein Ausreisestempel muß vorhanden sein.

Verschiedenes: neben dem „Hotel du Sahel" befindet sich das olympische Schwimmbecken (öffentlich, ca. 200 CFA), sehr sauber und preiswert, wenig Besucher, Bar mit kalten Getränken; man kann auch den Pool der „Sofitel"-Hotels benützen (ca. 1000 CFA). Vorsicht vor Dieben, die sich insbesondere um den „Petit Marché" und den Supermarkt „Score" herumtreiben. Vorsicht auch vor den Polizeikontrollen an den Plätzen mit Kreisverkehr; sie halten Autofahrer wegen geringster Vergehen auf, verhängen Geldstrafen und können sogar die Papiere bis zum nächsten Tag einbehalten – außer, man hat ein kleines „Geschenk" zur Hand. Die „Bank of Credit and Commerce" existiert nicht mehr. Euroschecks akzeptiert die „Banque Arabo-libyenne" gegenüber dem Hotel „Rivoli". Postlagernde Sendungen sollten nur an das „Hotel de Postes" (Hauptpost) geschickt werden. Auf dem Markt gibt es gute Moskitonetze zu kaufen. Das Auffüllen von Gasflaschen besorgt „Nigergaz", Route de Dosso, in Richtung Flughafen nahe der „Total"-Tankstelle (ca. 1000 CFA/3 kg).

Sehenswert: das wunderschöne Nationalmuseum (Eintritt frei), mit einem schattigen Garten mit Bar (Bier etc.), das montags geschlossen ist; am Sonntag sind dort viele Besucher, besser an einem Werktag beischtigen; auch der Trödlermarkt von Boukaki lohnt einen Besuch.

Niger – Routenteil H 303

H 2: Téra – Gothèye – Farié – Niamey (175 km)

(05.89, Landcruiser) Gute Piste bis Farié, danach Asphalt.

Téra – S. Q 2. (Ende Q 2.)
Sehr gute Piste zwischen Téra und Gothèye.
Gothèye – Dorf. Keine Versorgungsmöglichkeit. Polizeikontrolle.
Kurz hinter Gothèye Fähre über den Niger (sehr schöne Überfahrt) nach Faré,
wo man auf die Route H 1 und die Asphaltstraße trifft.
Niamey – S. H 1. (Ende H 1, H 3 und H 17; Beginn H 4 und H 18.)

H 3: Kantchari (Burkina Faso) – nigrische Grenze – Niamey (147 km)

Asphalt, guter Straßenzustand. Viele Polizeikontrollen, besonders nachts.

Kantchari – S. Q 9. (Ende Q 9, Q 10 und H 4.)
Makalondi – Dorf. Nigrischer Grenzposten. Die Formalitäten werden schnell
erledigt. Restaurants.
Sehenswert: die interessante Kooperative der Kunsthandwerker.
Lamordé-Torodi – Dorf. Lebensmittel. Restaurant. Post. Überprüfung der Po-
lizeiformalitäten, die in Makalondi durchgeführt wurden und Erledigung der
Zollformalitäten.
Niamey – S. H 1. (Ende H 1, H 2 und H 17; Beginn H 4 und H 18.)

H 4: Niamey – Say – Tamou – La Tapoa – Tamou – Grenze Burkina Faso – Botou – Kantchari (ca. 270 km)

(01.92) Auf dem größten Teil dieser Route hervorragende Pisten. Die Formalitäten zur
Ausreise aus Niger müssen in Niamey erledigt werden. Diese Route führt durch einen
Teil des W-Nationalparks; informieren Sie sich vorsichtshalber, ob der Park für Touristen
geöffnet ist. Motorräder sind im Park nicht erlaubt.

Niamey – S. H 1. (Ende H 1, H 2, H 3 und H 17; Beginn H 18.)
Say – Dorf. Lebensmittel. Treibstoff.
An der Abzweigung Tamou – La Tapoa Polizeikontrolle. Reisende, die nach La
Tapoa weiterfahren wollen, müssen sich zunächst in Tamou eine Genehmi-
gung beim Polizeiposten besorgen (am Ortsausgang links).
La Tapoa – *Campement.*
Unterkunft: Hotel mit Bungalows (ca. 12 000 CFA ohne Klimaanlage und 19
000 CFA mit Klimaanlage), Pool, Camping ist in der Nähe des Hotels verboten.
In der Umgebung: Möglichkeit zu einem Besuch eines Teils des Parc Natio-
nal du W, in dem zahlreiche Tierarten leben (Eintritt ca. 3500 CFA/Person/Tag,
3000 CFA/Führer/Tag); im Park darf nicht übernachtet werden. Fahren Sie nie

304 Durch Afrika

schneller als 20 km/h, um die Tiere nicht zu verscheuchen. In der Trockenzeit versammeln sich fast alle an den Ufern des Mékrou, eines Flüßchens, das die Grenze zu Benin bildet (etwa 30 km von La Tapoa entfernt). Die üppige Vegetation des Parks steht im krassen Kontrast zu der umliegenden, fast wüstenartigen Landschaft. Seien Sie besonders im Winter vorsichtig, wenn das hohe Gras die Tiere verbirgt. Planen Sie einen Tag für die Besichtigung und nehmen Sie genügend Essensvorrat mit.

Von La Tapoa kehren Sie zurück nach Tamou (bei der Polizei melden) und fahren dann auf einer sehr schlechten Piste nach links in Richtung Botou.

Botou – Grenzposten von Burkina Faso. Das *laissez passer* kostet ca. 2000 CFA/30 Tage.

Hinter Botou ist die Piste zwar schmal, aber gut mit einigen Umleitungen.

Kantchari – S. Q 9. (Ende Q 9 und Q 10; Beginn H 3.) Formalitäten zur Einreise nach Burkina Faso, wenn Sie sie nicht bereits in Botou erledigt haben.

H 5: Assamaka – Arlit (212 km)

(01.94, Yamaha XT 600) Piste (A/C/G/I), Markierung mit Eisenstangen in Fässern im Abstand von einem Kilometer, die Kilometerangaben beziehen sich auf die Entfernung von Assamaka; achten Sie sorgfältig darauf, nicht versehentlich auf die verbotene Piste nach Ingal zu geraten (H 10). Auf der gesamten Strecke große Sand- und Kiesfelder (fest genug, um darauf zu fahren), auch Stellen mit Weichsand (einfach zu umfahren). Vorsicht, da das Gebiet zwischen Arlit und Assamaka durch wiederholte Überfälle extrem unsicher geworden ist, müssen Sie sich hier dem zweimal wöchentlich verkehrenden Militärkonvoi anschließen (lesen Sie hierzu auch im allgemeinen Teil von Algerien).

Assamaka – S. B 47. (Ende B 47; Beginn H 10.)

Assamaka auf der markierten Piste nach Osten verlassen.

Nach 40 km (ab Assamaka) nach Südsüdost wenden.

Km 30 bis 78, steinige Piste, Wellblech und Sandpassagen.

Km 78 bis 83, unproblematische Durchquerung einer Sandpassage, folgen Sie der Hauptmarkierung.

Km 83 bis 91, steinige Piste.

Km 91 bis 92, Durchquerung eines sehr steinigen *oued* (etwa 200 m), danach viel Sand.

Zwischen Km 92 und 93 eine scharfe Kurve nach rechts. Nicht geradeaus weiterfahren.

Km 96, schwierige Durchquerung eines *oued*; versuchen Sie, neben den Spuren zu fahren.

Ab Km 120 gute Piste auf hartem Sand.

Km 417, **Arlit** – Moderne Stadt. Lebensmittel (schöner Markt). Wasser. Treibstoff. Krankenhaus. Auch wenn Sie nur durch den Ort durchfahren, unbedingt bei der Polizei melden (von Assamaka kommend der Hauptstraße folgen und an der „Total"-Tankstelle nach rechts).

Unterkunft: „Auberge La Caravane", sehr angenehm und sauber (ca. 4500 CFA/DZ mit Ventilator), Übernachtungsmöglichkeit auf der Terrasse (ca. 1500

Niger – Routenteil H 305

CFA/Person); Hotel-Restaurant „Tamesna" (ca. 5000 bis 7000 CFA/DZ). Die Jugendherberge im Stadtzentrum ist schwer zu finden, saubere Zimmer, Duschen, einfache aber gute Küche, freundlicher Service. Der Campingplatz liegt 3 km vom Zentrum entfernt, Treffpunkt der Reisenden, sauber, gutes Restaurant (ca. 1000 CFA/Person); ein anderer Campingplatz befindet sich in der Nähe des Uranbergwerks, weniger empfehlenswert (ca. 4500 CFA/2 Personen und Fahrzeug).

Verschiedenes: es gibt eine gute Peugeot-Werkstatt mit vielen Ersatzteilen, fragen Sie nach Monsieur Mohammed Boutalé. Die Bank „BIAO" tauscht zu gutem Kurs. Reiseschecks werden nur mit Bestätigung über den Kauf in CFA eingelöst (ohne Kommission). Souvenirs sind teurer als in Agadez. (Beginn H 7 und H 8; Ende H 6.)

H 6: In Tadéra – Arlit (ca. 215 km)

Piste (A/D/H/I/J/K). Verbotene Piste.

In Tadéra – S. B 48. (Ende B 48.)
In Richtung Süden fahren; mit Steinen ist die Richtung Iferouâne auf den Boden geschrieben.
Km 22, von links Einmündung der Piste, die vom Adrar Bous kommt.
Km 75, Kreuzung, Markierung mit einem Steinmännchen. Die Hauptpiste führt ostwärts nach Iferouâne (H 56), etwa 100 km weiter. Folgen Sie den Spuren in südsüdwestlicher Richtung im Kori Aourour. Bis auf einige Schlammfelder während und nach der Regenzeit nur wenige Schwierigkeiten.
Km 150, Zusammenfluß der Koris Idrarène (von Osten), Mammanat (von Westen) und Ethagas (von Süden). In der Umgebung auf den Felsen viele Felsgravuren. Sie umfahren den Mont Ekade-n-Elgein im Osten, folgen dann dem Kori Ethagas nach Südwesten und verlassen auf einer sandigen Ebene das Gebirge. Gute Piste bis Arlit.
Arlit – S. H 5. (Ende H 5; Beginn H 7 und H 8.) Melden Sie sich bei Polizei und Zoll und hoffen Sie, daß Sie nicht allzuviel Ärger bekommen.

H 7: Arlit – Agadez (238 km)

(01.94) Hervorragende Asphaltstraße mit wenig Verkehr und nur wenigen Polizeikontrollen. Zweimal wöchentlich verkehrt ein Militärkonvoi, dem man sich anschließen sollte.

Arlit – S. H 5. (Ende H 5 und H 6; Beginn H 8.)
Km 84, kleines Dorf. Lebensmittel (Geschäfte).
Km 110, eine Spur führt von der Straße weg zunächst nach Osten, dann nach Nordosten. Nach 2 km sehen Sie einen versteinerten Baum am Rande der Piste, die bei Km 6 schwieriger wird. Verlassen Sie das Fahrzeug und gehen Sie zu Fuß 500 m nach Nordosten. Sie treffen auf einen Felsen mit prähistori-

306 Durch Afrika

schen Gravuren, darunter zwei wunderbar gearbeitete Giraffen (eine etwa fünf Meter hohe Mutter mit ihrem Jungen).

Km 184, Polizeikontrolle. Restaurant. Unterkunftsmöglichkeit.

Km 233, Polizeikontrolle.

Agadez – 496 m, 31 000 Einw. Kleinstadt. Gute Infrastruktur. Krankenhaus. Libysche und algerische Botschaft in Agadez, die auch Visa ausstellen (alger. Botschaft teilt in der Regel keine Visa für Bundesbürger aus, evtl. aber Verlängerung). Da aufgrund der Unruhen im Norden kaum mehr Touristen (und wenn dann nur im Konvoi durchfahren) nach Agadez kommen, sind womöglich einige dar nachfolgend genannten Restaurants und Hotels geschlossen!

Unterkunft: Hotel „Telwa", angenehm, (ca. 6000 CFA/DZ mit Dusche und Klimaanlage); „Hotel de l'Aïr", bewachter Parkplatz (ab 6000 CFA/Zimmer, Übernachtung auf der Terrasse für ca. 1500 CFA/Person); Hotel „Tellit", gegenüber dem Aïr (Besitzer ist der Italiener Vittorio, der seit Jahren in Agadez lebt und mit einer Targuia verheiratet ist), angeschlossen ist ein italienisches Restaurant, das angesichts seiner Qualität und angebotenen Menüs und der gastronomischen Notlage in der Sahara einen Michelinstern verdienen würde (angeblich jetzt geschlossen); Hotel „Agriboun", Hotel „Atlantide", beide preiswert. Camping „Oasis", 7 km nördlich der Stadt, ein meist ruhiger, schattiger und sauberer Platz unter großen Bäumen (wenn nicht gerade Kolonnen von Autoschiebern ihre Fahrzeuge reparieren), Pool (der leider oft nicht aufgefüllt wird) und Gemüseverkauf, häufig zudringliche Souvenirverkäufer (ca. 1500 CFA/Person, 500 CFA/Fahrzeug); Camping „L'Escale" mit Restaurant, kein Schatten, einfache Duschen und Sanitäreinrichtungen (gleiche Preise). Restaurant „Chez Nous", neben dem Markt, gut und preiswert; Restaurant „Tamgak", im Zentrum, östlich der Hauptstraße, sehr gut und einladend, korrekte Preise, Bäckerei; Restaurant „Orida", angenehme Atmosphäre. Da

Verschiedenes: „Garage de l'Aïr" gegenüber dem Hotel „Atlantide"; „Garage Yahaya Ango" mit Schweißgerät, 300 m vom Hotel „Agriboun" entfernt, auf derselben Straßenseite; bei schweren Pannen nach Herrn Aboubacar Sidi B fragen (wurde in Deutschland ausgebildet). Die Bank „BDRN" ist geschlossen, Geldwechsel im „Hotel de l'Aïr" möglich („Sonibank", auch Reiseschecks). Im Tourismusbüro kann man Führer für das Aïr und Bilma mieten (Pflicht). Bei der Polizei melden. Visa für Algerien beim algerischen Konsulat (11 Tage Wartezeit).

Sehenswert: die Anlage der Stadt, die Moschee, der Sultanspalast, in dessen Innenhof der Sultan von Agadez (und zugleich Oberhaupt der Aïr-Tuareg) Audienz hält, der „Grand Marché" und der Viehmarkt der Tuareg und Peul etwas außerhalb der Stadt. Agadez ist das Zentrum der Tuaregschmiede, die in ihren „Ateliers" neben Silberschmuck (Kreuz von Agadez, Armreifen, Ringe) auch die überall in der Sahara begehrten Kamelsättel herstellen. Wenn Sie ernsthaft die Absicht haben, Schmuck zu kaufen, lassen Sie sich ruhig zu einem Besuch der Ateliers einladen. Bei einem Glas Tee können Sie vielleicht zusehen, wie der Schmuck in der Technik des „Gusses in der verlorenen Form" entsteht.

(Beginn H 9, H 11,H 42; Ende H 8 , H 37.)

Niger – Routenteil H 307

H 8: Arlit – Iferouâne – Timia – Elméki – Agadez (542 km)

(01.94, Yamaha XT 600) Piste (A/C/H/I/J/K). Zu ruhigen Zeiten nur mit Führer erlaubt (siehe Anmerkung im allgemeinen Teil), derzeit (Frjh. 95) nicht ratsam das Gebiet zu besuchen, eine Erlaubnis wird z.Zt. auch nicht erteilt.

Arlit – S. H 5. (Ende H 5 und H 6; Beginn H 7.)
Verlassen Sie Arlit auf der Straße nach Agadez (H 6) und folgen Sie ihr bis
Km 48,5 (Tonne mit Aufschrift Iferouâne). Hier biegen sie auf die kleine Piste nach links ab.
Km 51 bis 55, Durchquerung eines sandigen *oued* (einige Büsche). Markierung mit Tonnen.
Km 71, Sandpassage, die mit Schwung genommen werden kann. Einen halben Kilometer weiter Einmündung einer Piste von Norden.
Km 75, man erreicht die Ausläufer des Aïr-Gebirges (kleines Dorf). Die Piste führt nach Ostnordost.
Km 149, sandige Steigung.
Km 177, **Iferouâne** – Oase, am Fuß des Berges Tamgak. Lebensmittel sind rar (nur Brot). Wasser (20 m tiefe Zisterne). Der Vorsteher der „PTT", M. Hassan, verkauft schlechtes Benzin zu sehr hohen Preisen; er besitzt als einziger im Ort einen privaten Wagen; wenn Sie Probleme haben, ist er der letzte, der Ihnen hilft – es sei denn, man bezahlt ihn teuer. Sie müssen sich bei der Polizei melden (am Ortsausgang, in der Nähe der Landebahn, Richtung Arlit).
Sehenswert: lokales Kunsthandwerk (das Kreuz von Iferouâne ist hier billiger als gleichwertige in Agadez).
Verlassen Sie Iferouâne in Richtung Südosten (gut markierte Piste).
Km 288, nach rechts zweigt die Piste nach Elméki in Form einer Haarnadelkurve ab. Die Kreuzung ist mit Holzwegweisern ausgeschildert, die die Aufschrift „Elméki – Agadez und Assode – Iferouâne" tragen. Nach Timia geradeaus weiterfahren.
Km 288, Kreuzung, sowohl nach rechts als auch nach links nach Timia.
Km 301, **Timia** – Bergoase, die sich auf 8 km Länge an den Ufern eines *oued* entlang zieht. Schöne Palmengärten, bei den Bauern kann man Gemüse kaufen. Wasser.
Beim Verlassen von Timia schlagen Sie nicht die alte Piste nach Elméki ein, die nach der Ausfahrt aus den Palmengärten in einen sehr schroffen Felsabsturz mündet, von wo ab sie quasi nicht mehr weiterführt (Unfallgefahr). Kehren Sie zur Kreuzung bei Km 288 zurück und nehmen Sie die Piste nach links nach Elméki (Richtung N); sie ist mit Steinen markiert und wurde teilweise 1981 erneuert.
Km 322, die Piste führt nun nach Westen.
Km 337, eine Piste nach Iferouâne zweigt nach Nordwesten ab. Fahren Sie weiter nach Südsüdwest. Die Piste wird schmäler und umgeht das imposante Massiv des Adrar Egalah (im Südosten der Piste).

308 Durch Afrika

Km 355, die Piste wendet sich nach Westen.

Km 363, in Form einer Haarnadelkurve mündet eine von Osten kommende Piste ein. Holzschilder weisen nach Timia und Assode. Es handelt sich möglicherweise um die alte Hauptpiste nach Timia, die heute nicht mehr befahrbar ist (siehe oben). Fahren Sie weiter nach Südwesten, später nach Westen.

Km 395, Durchquerung eines steinigen *oued*. Vorsicht, gefährliche Einfahrt. Im *oued* fahren Sie etwa 5 km weiter und verlassen es dann nach links.

Km 401 bis 403, mehrere schwierige *oued*-Durchquerungen. Langsam fahren.

Km 434, **Elméki** – Dorf. Einfache Lebensmittel (frisches Brot). Zinnminen. Hinter Elméki führt die Piste nach Süden.

Km 441, Abzweigung nach Aoudéras (die Piste nach Aoudéras verläuft durch ein malerisches, mit Palmen bewachsenes Tal).

Km 542, **Agadez** – S. H 7. (Ende H 7 und H 37; Beginn H 9, H 11 und H 42.)

H 9: Agadez – Ekismane (243 km)

Hervorragende Asphaltstraße. Wenig Verkehr. Zweimal wöchentlich verkehrt ein Militärkonvoi, dem Sie sich anschließen können.

Agadez – S. H 7. (Ende H 7, H 8 und H 37; Beginn H 11 und H 42.)

Km 5, Polizeikontrolle.

Km 50, auf der linken Seite der Straße ein versteinerter Baumstumpf.

Ca. Km 80, ein versteinerter Baum auf der rechten Seite der Straße.

Km 110, Abzweigung nach rechts in Richtung Ingal (zur H 10). 150 m weiter linker Hand Treibstoff.

Km 122, Restaurant.

Km 137, Dorf. Hotel. Restaurant.

Km 205, kleiner Laden. Restaurant.

Ekismane – Brunnen, Wasser. Treibstoff. (Beginn H 13; Ende H 12.)

H 10: Assamaka – I-n-Abangarit – Tegguidda-n-Tessoum – Ingal (346 km)

Verbotene Piste (A/H/I/K)! Viele umgestürzte Markierungen, viel Weichsand. Vorsicht vor aufständischen Tuareg (siehe Anmerkung zur Strecke H 5).

Assamaka – S. B 47. (Ende B 47; Beginn H 5.)

Verlassen Sie Assamaka in östlicher Richtung.

Km 2, biegen Sie nach Südosten, danach nach Süden. Die Piste, die geradeaus weiterführt, führt nach Arlit (Route H 5).

Auf 80 km abwechselnd felsiger Boden und Weichsandpassagen.

Km 80 bis 150, immer wieder Gefahr des Einsandens. Achten Sie darauf, die Piste nicht mit den vielen Lkw-Spuren zu verwechseln, die in alle Richtungen abgehen.

Niger – Routenteil H 309

Ab Km 150, stabilerer Untergrund und mehr Vegetation. Die Piste ist besser zu erkennen.

I-n-Abangarit – Brunnen. Gutes Wasser.

Hinter I-n-Abangarit verläuft die Piste zwischen Dornbüschen (Vorsicht vor Reifenpannen). Einige schwierige *oued*-Durchquerungen.

Tegguida-n-Tessoum – Dorf. Salziges Wasser. (Beginn H 12; Ende H 11.)

Sehenswert: die Salzminen unter freiem Himmel (in einer jahrhundertealten Methode wird hier mit Hilfe der Verdunstung Salz von Wasser getrennt). Zur Zeit der *cure salée* (Regenzeit) kommen hier Hunderte von Nomaden mit ihrem Vieh zusammen.

Achtung, in der Regenzeit verwandelt sich die Umgebung des Dorfes in ein wahres Schlammeer. Danach starkes Wellblech, das von Passagen mit Weichsand oder Staub unterbrochen wird.

Ingal – 482 m. Oase und wichtiger Marktort für die Nomaden aus der Umgebung (Tuareg, Peul). Lebensmittel (Brot, gegrilltes Fleisch und Spießchen). Wasser. Der Umweg lohnt einfach schon wegen des herzlichen Empfangs durch die Bevölkerung und durch die *gendarmerie*.

Sehenswert: der versteinerte Wald und die Gärten.

H 11: Agadez – Ingal (127 km)

Die Piste (A/H/I/K) ist seit dem Bau der Asphaltstraße Agadez – Tahoua (H 9 und H 13) praktisch fast völlig aufgegeben. An einigen Teilabschnitten Sand und Dornen. Ingal kann auch von der Route H 19 aus über eine Asphaltstraße erreicht werden.

Agadez – S. H 7. (Ende H 7, H 8 und H 37; Beginn H 9 und H 42.)
Ingal – S. H 10. (Ende H 10; Beginn H 12.)

H 12: Ingal – Ekismane (150 km)

Piste (A/H/I/K), die seit dem Bau der Asphaltstraße Agadez – Tahoua (H 9 und H 13) gesperrt ist.

Ingal – S. H 10. (Ende H 10 und H 11.)

Zwischen Ingal und I-n-Ouagar einige leicht passierbare Sandpassagen, die nicht umfahren werden können.

I-n-Ouagar – Oase. Brunnen.

Danach einige aufgeschüttete Teilstücke mit teilweise tiefen Spurrillen (hohe Bodenfreiheit ist unerläßlich).

Ekismane – S. H 9. (Ende H 9; Beginn H 13.)

Hilfe! Ein Buch dieser Größenordnung, mit zahlreichen Infos und Routenbeschreibungen, läßt sich ohne Ihre Mithilfe nicht aktuell halten. Schicken Sie uns deshalb Ihre Korrekturen und Ergänzungen. Danke!

310 *Durch Afrika*

H 13: Ekismane – Tahoua (160 km)

(01.94, Yamaha XT 600) Hervorragende, aber schmale Asphaltstraße; wenig Verkehr und zahlreiche Polizeikontrollen. Einmal wöchentlich verkehrt ein Militärkonvoi, dem Sie sich anschließen sollten.

Ekismane – S. H 9. (Ende H 9 und H 12.)
Die Straße führt durch mehrere Dörfer mit interessantem Kunsthandwerk und freundlicher Bevölkerung.
Abalak – Dorf. Gute Infrastruktur. Wochenmarkt am Donnerstag. Campingplatz.
Km 87, von rechts Einmündung der Piste nach Kao.
Kurz vor Tabalak wird auf einem Damm ein großer See überquert.
Km 103, **Tabalak** – Hübsch am See gelegenes Dorf. Lebensmittel (Geschäfte und Restaurants, Markt am Freitag).
Ca. Km 105, Überquerung eines Flüßchens. Interessante Flora und Fauna.
Km 137, nach links zweigt die Piste nach Keïta ab.
Km 156, Polizeikontrolle.
Tahoua – 415 m. 42 000 Einw., Kleinstadt. Gute Infrastruktur. Die „BIAO"-Bank tauscht Reiseschecks.
Unterkunft: das *campement* liegt im Ortszentrum (ca. 9500 CFA/DZ mit Klimaanlage und Dusche), teures Restaurant und Bungalows; Hotel und Restaurant „Galabi Ader", rechts an der Hauptstraße gelegen, viele Mücken (ca. 6000 CFA/DZ), Campingmöglichkeit, allerdings weder Duschen noch Wasser. „Camping des Arènes", akzeptabel (ca. 1100 CFA/Person/Kfz), Schwarztreibstoff erhältlich; „Camping du Stade", schattig mit Duschen, gut bewacht, Restaurant (ca. 1500 CFA/Person). Gutes Restaurant am Flugplatz.
(Beginn H 14 und H 24.)

H 14: Tahoua – Badéguichéri – Illéla – Tébaram – Talcho (332 km)

Bis Badéguichéri Asphalt, dann sandige und häufig schwer erkennbare Piste (A/G/I). Malerische Dörfer mit runden Getreidespeichern. Gute Wasserversorgung auf der gesamten Strecke.

Tahoua – S. H 13. (Ende H 13; Beginn H 24.)
Verlassen Sie Tahoua auf der Straße nach Birnin-Konni (H 24). Folgen Sie ihr bis Badéguichéri (Km 44 – S. H 24) und biegen dann nach rechts nach Illéla. Gute Piste (leichtes Wellblech und Regenbarrieren) bis Tébaram (Km 198). Zwischen Tébaram und Talcho ist die Piste in sehr schlechtem Zustand; viel Sand, Vierradantrieb ist unentbehrlich. Zwischen Badéguichéri und Tébaram malerische Dörfer.
Talcho – Dorf. Keine Versorgungsmöglichkeit.
(Beginn H 16; Ende H 15.)

Niger – Routenteil H 311

H 15: Malische Grenze – Abala – Talcho (ca. 140 km)

(03.90, Landcruiser) Auf der Piste (A/I) kann man von Gao nach Tahoua gelangen, ohne den Umweg über Niamey zu machen. In umgekehrter Richtung müssen die Formalitäten zur Ausreise aus Niger in Tahoua erledigt werden.

Malische Grenze – S. G 8. (Ende G 8.)
Sehr schwierige Piste zwischen der malischen Grenze und Abala in der Regenzeit.
Abala – Dorf. Lebensmittel (schöner Markt am Donnerstag).
Talcho – S. H 14. (Ende H 14; Beginn H 16.)

H 16: Talcho – Filingué – Tabla (115 km)

Asphalt. Die Route führt durch die interessante Region des Dallol (*oued*) Boboye.

Talcho – S. H 14. (Ende H 14 und H 15.)
Ungefähr auf halber Strecke zwischen Talcho und Filingué zweigt nach rechts eine Piste nach Abala (zur H 15) ab.
Filingué – Dorf. Lebensmittel. Manchmal Treibstoff. Einfaches *campement*-Hotel.
Tabla – Dorf. Manchmal Treibstoff.
(Beginn H 17 und H 19.)

H 17: Tabla – Niamey (105 km)

Asphalt, guter Straßenzustand.

Tabla – S. H 16. (Ende H 16; Beginn H 19.)
Niamey – S. H 1. (Ende H 1, H 2 und H 3; Beginn H 4 und H 18.)

H 18: Niamey – Birnin-Gaouré (107 km)

Asphalt. Guter Straßenzustand. Polizeikontrollen.

Niamey – S. H 1. (Ende H 1, H 2, H 3 und H 17; Beginn H 4.)
Birnin-Gaouré – Dorf. Gute Infrastruktur. (Beginn H 20 und H 22; Ende H 19.)

Hilfe!
Ein Buch dieser Größenordnung, mit zahlreichen Infos und Routenbeschreibungen, läßt sich ohne Ihre Mithilfe nicht aktuell halten. Schicken Sie uns deshalb Ihre Korrekturen und Ergänzungen. Bei Aktualisierungen von Pistenbeschreibungen sind GPS-Koordinaten willkommen! Danke!

H 19: Tabla – Birnin-Gaouré (80 km)

Piste (A/G/I), die viele kleine Dörfer durchquert. Schöne Landschaft; viele Ziegen und Langhornrinder.

Tabla – S. H 16. (Ende H 16; Beginn H 17.)
Bis Km 9, gute Piste, leichtes Wellblech.
Km 11, kurze, sehr tiefe Sandpassage, leicht zu umfahren.
Km 13 bis 16, sandiger Boden, die Hauptpiste ist starkt versandet, die Ausweichpisten sind stark beschädigt und führen durch hohes Gras.
Km 51, mehrere tiefe Sandpassagen von 100 bis 150 m Länge mit leichtem Gefälle. Unterbrochen werden sie von Passagen mit härterem Sand.
Km 76, 150 Meter lange Sandpassage, tiefe Spurrillen.
Birnin-Gaouré – S. H 18. (Ende H 18; Beginn H 20 und H 22.)

H 20: Birnin-Gaouré – Dosso (33 km)

Asphalt. Guter Straßenzustand.

Birnin-Gaouré – S. H 18. (Ende H 18 und H 19; Beginn H 22.)
Dosso – Kleinstadt. Gute Infrastruktur. (Beginn H 21 und H 23.)
Unterkunft: Hotel „Etoile d'Afrique" an der Straße nach Birnin-Konni, Bar, afrikanisches Essen; Hotel „Djerma" (ca. 5000 CFA), Pool, nobelstes Restaurant von Dosso; mittelmäßige „Auberge du Carrefour" im Zentrum.
Verschiedenes: häufig Polizeikontrolle am Ortsein- und -ausgang (ein Lächeln und ein Händedruck erleichtern die Durchfahrt); grundsätzlich Überprüfung der Versicherungspapiere; wenn diese nicht anerkannt werden oder bereits abgelaufen sind, wird der Fahrer aufgefordert, sein Fahrzeug stehenzulassen und nach Niamey zu fahren, um die Papiere in Ordnung zu bringen.

H 21: Dosso – Gaya – beninische Grenze – Malanville (170 km)

Asphalt.

Dosso – S. H 20. (Ende H 20; Beginn H 23.)
Gaya – Dorf. Gute Infrastruktur. Schnelle Grenzformalitäten. Geschmuggelter Sprit aus Nigeria erhältlich (ca. 60 CFA/l Diesel).
In der Nähe der Grenze befindet sich eine Werkstatt, in der kleinere Schweißarbeiten gemacht werden können. (Ende H 22.)
Malanville – Dorf. Gute Versorgungsmöglichkeiten (schöner Markt). Treibstoff. Post. Ausreise nach Nigeria direkt vor der Nigerbrücke, Einreiseformalitäten direkt danach, sehr zügig, das Schweizer *carnet* ist gültig, keine zusätzlich Versicherung nötig (eine Gebühr wird am Wochenende erhoben). (Beginn T 1.)

Niger – Routenteil H 313

Unterkunft: Hotel „Rose du Sable" am Ortseingang (4000 CDA/DZ) mit Campingmöglichkeit; gutes Essen; sehr sicher, da Polizeiposten direkt vor der Tür.
Sehenswert: der große Sonntagsmarkt.

H 22: Birnin-Gaouré – Falmey – Koulou – Gaya (170 km)

(09.89, VW-Bus) Piste (A), Wellblech. Schöne Landschaft.

Birnin-Gaouré – S. H 18. (Ende H 18 und H 19; Beginn H 20.)
Falmey – Dorf. Lebensmittelversorgung schwierig. Wasser. Polizeikontrolle.
Km 120, Polizeikontrolle.
Km 147, Dorf.
Gaya – S. H 21. (Zur H 21.)

H 23 Dosso – Dogondoutchi – Birnin-Konni (282 km)

(01.94, Yamaha XT 600) Asphalt, guter Straßenzustand. Einige Polizeikontrollen. Viel Verkehr; zahlreiche Esel und Kamele. Für die ersten 60 km war Anfang 91 Fahren im Konvoi vorgeschrieben (siehe Anmerkung bei Strecke H 24).

Dosso – S. H 20. (Ende H 20; Beginn H 21.)
Bis Km 70 hinter Dogondoutchi führt die Route über Lateritplateaus mit magerem Baumbestand, dazwischen einige sandige Senken (*dallo*) mit Dörfern und Äckern.
Boureïmi – Dorf. Lebensmittel (Markt am Sonntag). Hier beginnt eine Piste nach Lido.
Korémairwa – Dorf. Lebensmittel (Geschäfte). Restaurant. Beginn einer Piste nach Tibiri.
Dogondoutchi – Dorf. Lebensmittel. Gelegentlich Polizeikontrollen am Ortseingang und -ausgang.
Unterkunft: Hotel (ca. 2000 bis 5000 CFA/DZ) mit Campingmöglichkeit, allerdings zu hohen Preisen und völlig ohne Komfort.
Ab Km 70 hinter Dogondoutchi führt die Route durch stark hügeliges Gebiet. Die neue Straße führt nicht mehr über Bayzo. Sie umgeht den Gebirgszug hinter Bayzo und verläuft etwa 5 km weiter südlich.
Birnin-Konni – 283 m. Dorf. Lebensmittel. Diesel auf dem Schwarzmarkt.
Unterkunft: „Relais Touristique" an der Straße in Richtung Niamey (ca. 5000 CFA/DZ mit Dusche), sehr sauber und freundlich, gutes Essen, Campingmöglichkeit (1000 CFA/Person); Hotel „Kado" im Zentrum, mit schönem Innenhof; Hotel „Wadata" im Zentrum, sauber und einfach.
Verschiedenes: Die Bank „BDRN" akzeptiert keine Reiseschecks. Ferngespräche sind von der Post aus möglich, achten Sie auf die Zeit denn die Gebühren sind horrend!
(Beginn H 38; Ende H 24 und U 9.)

314 Durch Afrika

H 24 Tahoua – Birnin-Konni (122 km)

Asphalt, guter Straßenzustand. Nach Informationen von Januar 1991 darf diese Strecke sowie die ersten 60 km der Strecke H 23 nur im Konvoi gefahren werden, der von einem Zollauto begleitet wird. Sinn dieser Maßnahme ist die Verhinderung von illegalen Autoexporten nach Nigeria. Abfahrt zweimal täglich (12:30 und 18:30 Uhr, Preis 10 000 CFA/Fahrzeug).

Tahoua – S. H 13. (Ende H 13; Beginn H 14.)

Km 4, Polizeikontrolle.

Badéguichéri – Dorf. Lebensmittel (schöner Wochenmarkt am Donnerstag, der von unzähligen Menschen der unterschiedlichsten Volksgruppen mit einer Vielzahl von Tieren aufgesucht wird), Restaurant. Wasser. Treibstoff.

(Zur H 14.)

Salewa – Dorf.

Iserhoua – Dorf. Lebensmittel (Restaurants). Hier treffen Sie auf die Asphaltstraße nach Maradi (H 38.)

Birnin-Konni – S. H 23. (Ende H 23 und U 9; Beginn H 38.)

H 25: Chirfa – algerische Grenze – In Ezzane – Tin Alkoum – libysche Grenze – Ghat (etwa 530 km)

Piste (A/B/C/H/I/K). Vorsicht, die nigrischen Behörden genehmigen im algerischen Grenzverlauf nur Ein- bzw. Ausreisen über Assamaka. Jeder andere Grenzübertritt wird mit Ausweisung geahndet (siehe Anmerkungen im allgemeinen Teil). Eine Streckenbeschreibung, welche vom Lesenden auch verstanden wird, ist für diese rund 530 km lange Strecke schwer erstellbar. Diese Strecke stellt außerordentlich hohe Anforderungen an das Orientierungsvermögen. Auch mittels Satellitennavigation ist ein Durchkommen nicht selbstverständlich. Ab Km 200 ist der Einstieg in eine sehr steinige Strecke mit Steinmännchen gekennzeichnet. Als Navigationshilfe kann die amerikanische Militärkarte dienen. Im Zweifelsfalle immer links fahren, dies führt ständig auf die Touristenroute. Für die H 25 sind mindestens 3 Tage anzusetzen. Im Januar 1992 waren nur vereinzelte, verwitterte Fahrspuren auszumachen, welche nicht mehr als Führungsspur bezeichnet werden können. Die Strecke ist menschenleer und wird nicht vom Militär kontrolliert. Hilfe von Dritten kann nicht erwartet werden. Daher sollte diese Strecke nur im Konvoi gefahren werden. Die Landschaft ist in jeder Beziehung einzigartig.

Chirfa – Palmenoase. Wenig Lebensmittel. Weder Treibstoff noch Hotel. Militärkontrolle.

Sehenswert: der alte Ksar Djaba, die Ruinen der alten, aus dem 11. Jahrhundert stammenden Wüstenstadt Djado (10 km entfernt) die sich in einem Palmenhain mit vorgelagertem Tümpel (viele Mücken) burgartig erhebt. Zahlreiche prähistorische Fundstellen in der Umgebung.

(Ende B 75; Beginn H 26.)

Verlassen Sie Chirfa in nördlicher Richtung (In Richtung Djado).

Km 15, Paß.

Auf einer von Felsen übersäten Ebene fahren Sie nach Nordnordwest weiter.

Die letzten Wasserstellen liegen in Diaba und Orida (letzter und höchster

Niger – Routenteil H 315

Berggipfel). Nach ca. 35 km auf Geröll wenden Sie sich in Richtung Ténéré und umgehen zwei Berge im Westen.

Danach folgen Sie dem windumtosten Felsplateau nach Norden.

Ca. Km 100, erneut ein Paß, schon von weitem im Osten zu erkennen.

Danach verläuft die Piste über eine sandige Ebene in Richtung Westen.

Nach 25 km Fahrt durch ein felsiges, nordnordwestlich gerichtetes Tal Abzweigung nach rechts, die Passage ist gut mit Steinmännchen markiert.

Sie nehmen diese Abzweigung nicht, sondern fahren auf weiteren 5 km geradeaus weiter und erreichen ein langes, sandiges Gefälle.

Danach verläuft die Route auf 60 bis 70 km über Felsen, Orientierung direkt nach Norden. Ein dunkles Bergmassiv, das rechts umfahren werden muß, kann als Orientierungspunkt dienen.

Sobald Sie die höchste Stelle erreicht haben (mehrere vereinzelt stehende Felsen), treffen Sie auf einen fast schwarzen Fels, der mit einem Steinmännchen markiert ist. Sie fahren unmittelbar vor diesem Felsen rechts vorbei und erreichen eine Sandsteigung, die nach einigen Kilometern in ein breites Tal mündet, in das man von der linken Talseite hineinfährt. Es endet in einem sandigen Felskessel, in dessen Mitte zwei Felstürme aufragen, die rechts umfahren werden müssen.

Durch eine Schlucht, die dem Eingang des Felskessels fast direkt gegenüber liegt, können Sie diesen wieder verlassen.

Sie folgen der Schlucht (sehr alte Kamelspuren) etwa 4 bis 5 km und stoßen auf eine große und zwei kleinere Dünen, die auf der linken Seite überquert werden können. Am Ende der Schlucht ragt der Pic Aho auf, von dessen Fuß aus ein Tal in östlicher Richtung zum „Passe de Salvador" führt.

4 km hinter dem Gipfel wird das Tal über einen schwer erkennbaren Paß wieder verlassen, der in ein breites, nördlich gerichtetes Tal mündet.

Sie folgen dem Tal etwa 10 km und erreichen die algerische Grenze (Steinmännchen, kein Grenzposten).

Zwei Kilometer weiter kreuzt die gut unterhaltene Piste Djanet – „Passe de Salvador". Sie folgen ihr nach links in einem kreisrunden Bogen auf etwa 10 bis 12 km (nicht weiterfahren, da sie sich nach etwa 80 km im Sande verliert).

Danach geradeaus weiterfahren (die alte Piste ist gut zu erkennen).

Etwa 4 bis 5 km weiter ein alter Holzwegweiser. Sie fahren in der Mitte des *oued* weiter und überqueren nach 6 km eine Sandpassage (so weit links halten, wie möglich).

Als nächster Orientierungspunkt dient ein etwa 10 km entfernter Felshügel, der rechts umfahren werden muß (nicht in das Tal links der Felsen fahren, es handelt sich um die alte Piste In Ezzane – Djanet, auf der man sich leicht verlieren kann).

Jenseits des Hügels folgen Sie der markierten Piste (die parallel zur Landebahn verläuft) bis In Ezzane.

In Ezzane – Altes verfallenes und verlassenes Fort. Schlechtes Wasser.

Von hier ab gut markierte Piste, die nach 75 km in Richtung Norden auf die Piste Djanet – Ghat (zur B 74 und D 13) trifft.

Tin Alkoum – S. B 74. (Zur B 74.)
Formalitäten zur Einreise nach Algerien (und ebenfalls Ausreise).
Ghat – S. D 13. (Zur D 13.) Formalitäten zur Einreise nach Libyen.

H 26: Chirfa – Seguedine (130 km)

Piste (A/C/H/I), die auf den ersten 100 km zumeist markiert ist. Nur mit Führer!

Chirfa – S. H 25. (Beginn H 25; Ende B 75.)
Trotz der Markierung ist die Piste nach Sandstürmen bis etwa Km 37 schwierig
zu erkennen. Hier führt der Sara-Paß über einen Felsgrat.
Km 37 bis 40, keine Markierung.
Ab Km 40 erneut Markierung.
Km 40 bis 47, hügelige Hochfläche mit versandeten Gefällstrecken. Etwa 25
km im Westen ist der alleinstehende Berg Oleki zu erkennen.
Danach 53 km Sand entlang der östlichen Ausläufer der Ténéré. In den Sen-
ken Gefahr des Einsandens. Etwas weiter gut befahrbares, sandiges Gelände.
Die Markierung endet bei Km 100.
Seguedine – Kleines Dorf in einer Mulde am Fuß des Pic Zumri. Lokale
Lebensmittel. Gutes Wasser (Brunnen). Einige Palmengärten.
(Beginn H 28 und H 29; Ende H 27.)

H 27: Libysche Grenze – Tumu – Madama – Dao Timmi – Seguedine (363 km)

(03.89, Landcruiser) Piste (A/B/C/G/I). Einreise nach Libyen nur mit *laissez passer* (siehe
hierzu im allgemeinen Teil unter „Grenzen").

Tumu – Militärposten. Auf nigrischem Gebiet ist die Piste mit Betonpfosten mit
Kilometerangabe markiert.
(Ende D 14.)
Sobald man sich Madama nähert, dient der Berg Kokarama als Orientierungspunkt.
Madama – Militärposten. Zollkontrolle für die Einreise nach Niger. Sie müssen
dazu vor dem Fort anhalten, die Stelle ist mit leeren Benzinfässern markiert;
unweit davon liegt die Landepiste mit einem ausgedienten Flugzeug. Halten
Sie nicht zu nahe am Fort und fotografieren Sie nicht. Gutes Wasser (Brun-
nen).
Verlassen Sie Madama in südwestlicher Richtung. Nachdem Sie die Landebahn diagonal überquert haben, halten Sie auf ein Benzinfaß zu, das auf
einem sandigen Gefälle aufgestellt ist. Die Piste ist schlecht markiert und auf
etwa 40 km holperig, aber leicht zu folgen.
Etwas weiter Sand. Im Gebiet um Mabrous schöne Landschaft, angenehmer
Platz zum Campieren. Wasser. Zahlreiche Gazellen.

Dao Timmi – Militärposten. Polizei- und Zollkontrolle. Nicht in der Nähe des Forts fotografieren. Verlassen Sie Dao Timmi in westlicher Richtung (die Militärs können Ihnen den Weg zeigen). Bis Seguedine Sand.
Seguedine – S. H 26. (Ende H 26; Beginn H 28 und H 29.)

H 28: Seguedine – Yeï-Lulu-Paß – tschadische Grenze – Zouar (460 km)

Sehr wenig befahrene Piste (A/B/C/H/I/J). Sie wurde 1960 von der zweiten Berliet-Mission verbessert und enthält auf den ersten 300 km keine Felspassagen mehr. Sie umgeht im Süden die markierte aber schwierige Piste über Itchouna und die Brunnen der Karawanenstrecke. Markierungen bei wichtigen Richtungsänderungen. Vorsicht, als Folge des tschadischen Bürgerkriegs sind weite Teile dieser Strecke auf tschadischem Gebiet vermint. Von Reisen ins Tibesti muß nach wie vor abgesehen werden!

Seguedine – S. H 26. (Ende H 26 und H 27; Beginn H 29.)
Formalitäten zur Ausreise aus Niger.
Sie verlassen Seguedine in östlicher Richtung. Kurz darauf zweigt nach Nordosten die Piste nach Madama ab (zur H 27). Sie fahren nach Osten (rechts). In einem Bogen wird über eine leichte Gefällstrecke die *falaise* des Kaouar überquert (Greh Azara), danach flacher und harter *reg* in Richtung Ehi Turba, gut zu befahren; ein alleinstehender Felsen muß südlich umfahren werden. In diesem Gebiet zahlreiche prähistorische Werkzeuge.
Auf etwa 10 km direkt nach Süden fahren (Balise 3), danach Ostsüdost. Recht gutes Gelände mit Weichsandpfannen.
Balise 4, nach Ostnordost halten.
Km 230, Ehi Dohar, alleinstehender Felsen, der nördlich umfahren wird.
Km 265, Gobo-Paß; die Piste verläuft entlang der Felsbarriere. Das Gelände ist nun sandiger, aber immer noch gut befahrbar.
Einfahrt in felsiges Gelände. Die Piste wird holperiger und schwieriger.
Hinter dem Yeï-Lulu-Paß wendet sich die Piste über den Enneri Lulu nach Nordosten. Die tschadische Grenze wird passiert. Abwechselnd Hochebenen und *oued*-Passagen mit Weichsand.
20 km nördlich des Enneri Tao kreuzt die nordsüdlich verlaufende Piste Sebha – Zouar. Sie fahren im Bett des Enneri Tao nach Süden weiter.
Vom Brunnen der Beni Mado an verläuft die Route über eine mit Pflanzen bewachsene Hochebene, die an ein Gebirgsmassiv grenzt. Zahlreiche Gazellen und Antilopen.
Im Hintergrund sind die Gipfel des Tibesti zu erkennen, darunter der Pic Toussidé (3265 m).
Die Piste wendet sich nun voll nach Osten (holperiges, aber einfaches Gelände) und führt in die Zouarké-Schlucht, die sich nach Zouar hin öffnet.
Zouar – 775 m. Oase. Wasser. Lokale Lebensmittel. Formalitäten zur Einreise in den Tschad. (Beginn I 2.)
Sehenswert: die zahlreichen Felsgravuren in der Umgebung; für die Besichtigung ist eine Genehmigung erforderlich.

318 Durch Afrika

H 29: Seguedine – Dirkou (150 km)

Die Piste (A/G/I) folgt einer nordsüdlich verlaufenden Felsbarriere; die Orientierung ist einfach.

Seguedine – S. H 26. (Ende H 26 und H 27; Beginn H 28.)
Sie verlassen Seguedine auf den Spuren, die in Richtung des Pic Zumri führen, den man im Westen liegenläßt. Suchen Sie nun nach den besten N-S gerichteten Spuren und verlieren Sie die Felsbarriere nicht aus den Augen.
Zu Beginn flache und harte Sandpassagen, die später immer weicher werden. Fahren Sie so weit wie möglich von der Felswand entfernt, da sich am Fuße der Barriere heiße Luftmassen sammeln.
Kurz vor Dirkou und kurz nachdem man wieder auf Vegetation gestoßen ist, Ausflugsmöglichkeit zum Arrigui-See, einige km östlich der Piste. Vorsicht vor Weichsand!
Man erreicht Dirkou vom Süden her. Beim Schild „Arrêt" („HALT") verläßt man das Fahrzeug. Von hier ab Weichsand.
Dirkou – 350 m. Oase. Militärcamp. Lebensmittel. Wasser. Normalbenzin bei M. Jérôme, einem libyschen Händler. (Beginn H 30 und H 32.)
Sehr strenge Paß- und Zollkontrolle. Für die Strecken H 33 und H 51 sind Führer vorgeschrieben (Tarif für die Ténéré ca. 10 000 CFA).

H 30: Dirkou – Achegour (129 km)

Piste (A/F/H/I). Es ist Pflicht, einen Führer mitzunehmen (siehe dazu im allgemeinen Teil).

Dirkou – S. H 29. (Ende H 29; Beginn H 32.)
Verlassen Sie Dirkou in westlicher Richtung, als Orientierungspunkt dient der „Kontrollturm" des Flughafens. Markierung bei jedem Kilometer. Vorsicht vor sehr kleinen Dünen bei der Ausfahrt aus dem Militärgebiet, Gefahr des Einsandens.
Danach bis Km 68 viel Sand und schwierige Passagen (Beginn von *cram-cram*, Vorsicht vor Reifenpannen).
Km 88, Ende des *cram-cram*-Gebiets.
Km 129, sandiges Gefälle; Vorsicht vor verborgenen Steinen.
Achegour – Brunnen. Gutes Wasser. (Beginn H 31; Ende H 36.)

Hilfe!
Ein Buch dieser Größenordnung, mit zahlreichen Infos und Routenbeschreibungen, läßt sich ohne Ihre Mithilfe nicht aktuell halten. Schicken Sie uns deshalb Ihre Korrekturen und Ergänzungen. Bei Aktualisierungen von Pistenbeschreibungen sind GPS-Koordinaten willkommen! Danke!

Niger – Routenteil H 319

H 31: Achegour – Arbre du Ténéré (228 km)

Markierte Piste (A/F/H/I), ein Führer und Fahren im Konvoi ist Pflicht (sehen Sie dazu auch die Anmerkung im allgemeinen Teil).

Achegour – S. H 30. (Ende H 30 und H 36.)
Km 23, die Markierungen beschreiben eine Krümmung. Weichen Sie nicht nach rechts ab, hier kann man sich leicht verfahren.
Km 33 bis 45, *cram-cram*, das zum Teil Weichsandstellen verdeckt (Gefahr von Reifenpannen).
Ca. Km 123, Sie erreichen eine Düne, die links umfahren wird. Man entfernt sich von den Markierungen, ohne sie jedoch aus den Augen zu verlieren (sehr sandige Passage). Etwa 10 km weiter sind die Markierungen wieder erreicht. Von hier ab folgen Sie den Hauptspuren bis zum *arbre du ténéré*.
Arbre du Ténéré – Von weithin sichtbare, eigenwillige Metallkonstruktion, an der Wegzeichen nach Dirkou und Fachi angebracht sind. Der echte Baum der Ténéré wurde von einem ungeschickten Lkw-Fahrer umgefahren und steht nun im Museum von Niamey. Wasser in 55 m Tiefe. (Beginn H 35; Ende H 34.)

H 32: Dirkou – Bilma (45 km)

(11.90, Land Rover) Piste (A/F/G/I). Diese Strecke kann auch auf einem Lkw bewältigt werden (etwa 2000 CFA). Führerpflicht, ca. 15 000 CFA/Fahrzeug. Im Gebiet um Bilma hat sich angeblich eine Rebellenbewegung aus Kanuri und Tubbu formatiert, erkundigen Sie sich vor der Abfahrt nach dem aktuellen Sicherheitsstand.

Dirkou – S. H 29. (Ende H 29; Beginn H 30.)
Bilma – Oase. Lebensmittel. Gutes Quellwasser. Manchmal Treibstoff (200-l-Faß Diesel 55 000 CFA). (Beginn H 33 und H 51.)
Unterkunft: Campingmöglichkeit in der Nähe des „Schwimmbeckens" (in Bilma wurde bei Bohrungen nach Wasser artesisches Tiefenwasser angebohrt, das jetzt frei in die Landschaft sprudelt und einen großen See gebildet hat; Bademöglichkeit).
Verschiedenes: langwierige und lästige Polizei- und Zollkontrolle. Vor Verlassen der Oase müssen Sie sich bei der *gendarmerie* melden.
Sehenswert: die Salinen. Hier wird nach dem Verdunstungsprinzip Salz gewonnen. Die stark salzhaltigen Erdschichten werden in kleinen Wasserlöchern aufgelöst, das Wasser verdunstet und die zurückbleibenden Salzablagerungen werden abgetragen. Diese noch feuchte Masse wird in Palmstümpfe gefüllt (*kantu*) bzw. zu flachen runden Kuchen geformt und zum Trocknen aufgestellt. Einige der Salinen sind inzwischen versandet. Im Winter bringen Tuareg und häufig auch Haussa die Salzstöcke mit Kamelkarawanen nach Agadez und zum Teil sogar bis Zinder, ein großartiges Schauspiel. Neben Fachi und Tegguida-n-Tessoum (s. H 10) gehört Bilma zum wichtigsten Viehsalzlieferanten für die Sahelbewohner.

320 Durch Afrika

H 33: Bilma – Fachi (176 km)

Piste (A/F/H/I). Ein Führer ist Pflicht (siehe auch die Anmerkung im allgemeinen Teil).

Bilma – S. H 32. (Ende H 32; Beginn H 51.)
Sie verlassen Bilma in Richtung auf den ehemaligen Lichtmast des Flughafens.
Km 8, Beginn eines Gebiets mit flachen Dünen, die man in den Zwischentälern in leichter Steigung durchfährt. Mit einem Geländewagen kein Problem.
Dann Markierung jeden km, Orientierung problemlos, einige Weichsandpassagen.
Km 158, man erreicht das Gebirgsmassiv von Fachi; schöner Blick auf Tal und Oase.
Fachi – 397 m. Oase. Keine Versorgungsmöglichkeit. Campingmöglichkeit im Palmenhain. (Beginn H 34; Ende H 49.)
Sehenswert: die Salinen im Palmenhain, die von den seßhaften Kanuri ausgebeutet werden. Die Kanuri führen hier ein sehr einfaches Leben in einer patriarchalischen Gesellschaftsordnung; in den Zeiten der Salzkarawanen (*azalai*) in den Wintermonaten kann man hier bis zu 300 Kamele am Brunnen antreffen.

H 34: Fachi – Arbre du Ténéré (185 km)

(11.90, Land Rover) Sehr schwierige Piste (A/F/H/I); viele Dünen. Folgen Sie den Metallmarkierungen. Führer und zweites Fahrzeug Pflicht (sehen Sie dazu die Anmerkungen im allgemeinen Teil). Die Alternativroute entlang des Karawanenwegs, rechts der Piste, außer Sichtweite der Markierungen ist am Kamelkot und den Karawanenspuren gut erkennbar und sehr interessant.

Fachi – S. H 33. (Ende H 33 und H 49.)
Arbre du Ténéré – S. H 31. (Ende H 31; Beginn H 35.)

H 35: Arbre du Ténéré – Tazolé (112 km)

Piste (A/F/H/I). Führer Pflicht (sehen Sie dazu die Anmerkungen im allgemeinen Teil). Bis Km 70 Metallmarkierungen, danach Fässer oder Kilometersteine links und rechts der Piste.

Arbre du Ténéré – S. H 31. (Ende H 31 und H 34.)
Bis Km 50 harter und gut befahrbarer Sand.
Km 41, Piste nach rechts (Ziel unbekannt). Geradeaus weiterfahren.
Km 50 bis 100, harter und steiniger Boden.
Ab Km 100, sehr unterschiedliche Bodenbeschaffenheit: Sand, Steine, Staub und Wellblech.
Tazolé – Oase, nördlich der Piste. Keine Versorgungsmöglichkeit.
(Beginn H 36 und H 37.)

Niger – Routenteil H 321

H 36: Tazolé – Adrar Madet – Achegour (516 km)

Piste (A/F/H/I). Ein Führer ist Pflicht (sehen Sie dazu die Anmerkungen im allgemeinen Teil).

Tazolé – S. H 35. (Ende H 35; Beginn H 37.)
Sie verlassen Tazolé in nördlicher Richtung und fahren später entlang des östlichen Randes des Aïr. Viele Strauße und Gazellen.
Km 156, trockener Brunnen von Tchérozerine. In Richtung Südosten weiterfahren. Man entfernt sich vom Aïr und passiert die Areschima-Berge im Nordwesten.
Km 314, Beginn eines 25 km breiten Dünengürtels. Die Piste ist stellenweise stark versandet.
Km 354, man erreicht den Adrar Madet, ein Gebirgszug, an dessen Fuß einige Büsche wachsen. Sie umfahren ihn im Norden und wenden sich danach nach Südosten und schließlich nach Osten.
Achegour – S. H 30. (Ende H 30; Beginn H 31.)

H 37: Tazolé – Agadez (158 km)

Piste (A/F/H/I). Führer Pflicht (sehen Sie dazu die Anmerkungen im allgemeinen Teil). Markierung mit Fässern und Wegzeichen abwechselnd auf beiden Seiten der Piste.

Tazolé – S. H 35. (Ende H 35; Beginn H 36.)
Bis Km 50 sandige, leicht befahrbare Piste. Danach tiefe Spurrillen, die von Lkws in die Savanne gegraben wurden.
Auf den letzten 50 km Wellblech, unterbrochen von Staubfeldern.
Agadez – S. H 7. (Ende H 7 und H 8; Beginn H 9, H 11 und H 42.)

H 38: Birnin-Konni – Madaoua – Maradi (250 km)

Asphalt.

Birnin-Konni – S. H 23. (Ende H 23 und H 24.)
Madaoua – Dorf. Gute Infrastruktur. Reparaturwerkstätte (elektrisches Schweißgerät) am Ortseingang.
Sehenswert: die Erdnußfelder und die hier hergestellten Matten.
In der Umgebung: das Dorf **Bouza** (66 km nach Norden).
Hinter Madaoua führt die Route durch eine tiefe Senke; zwischen Juli und September kann die Straße überschwemmt sein. Erdnuß- und Hirsekultur.
Maradi – 368 m. 65 000 Einw. Gute Infrastruktur. (Beginn H 39 und H 40.)
Unterkunft: Hotel „Jangorza", schlecht unterhalten und unfreundlicher Empfang (ca. 10 000 bis 12 000 CFA/DZ); Hotel „Liberté" (ca. 5000 CFA/DZ), Übernachtung auf dem Parkplatz möglich (ca. 1000 CFA/Person); Hotel „Ni-

322 Durch Afrika

ger" (bekannter unter dem Namen des ehemaligen Besitzers Blanchard), gutes Essen, Preis ist Verhandlungssache; Hotel „Larewa", von Niamey kommend nach dem Ortseingang bei „CNSS" links und wieder links, sauber und preiswert (3000 CFA/DZ mit Ventilator, 6000 CFA mit Klimaanlage).

Verschiedenes: Maradi ist ein wichtiges Wirtschaftszentrum (Erdnüsse und rotes Ziegenleder). Sie müssen sich bei der Polizei melden und den Paß abstempeln lassen, da es sonst Probleme mit dem Zoll gibt, wenn Sie nach Nigeria weiterfahren. Die „Banque Internationale Nigériane" wechselt zu Schwarzmarktkursen und akzeptiert Reiseschecks.

H 39: Maradi – Tessaoua – Takiéta (185 km)

(12.92, Land Rover) Asphalt, sehr löcherig.

Maradi – S. H 38. (Ende H 38; Beginn H 40.)
Tessaoua – 399 m. Dorf. Gute Infrastruktur.
Unterkunft: *campement*-Hotel, dunkle und schlechte Zimmer mit Dusche, Waschbecken und Ventilator, Getränke und Essensmöglichkeit, freundliches Personal.
Takiéta – Dorf. Keine Versorgungsmöglichkeit. (Beginn H 41 und H 44.)

H 40: Maradi – Dan Issa – nigerianische Grenze – Jibiya (50 km)

Asphalt, guter Straßenzustand. Viele Polizeikontrollen zwischen der Grenze und Kano.

Maradi – S. H 38. (Ende H 38; Beginn H 39.)
Dan-Issa – Dorf. Formalitäten zur Ausreise aus Niger (schnell).
Jibiya – Dorf. Formalitäten zur Einreise nach Nigeria. (Beginn U 13.)
Verschiedenes: Sie müssen das *carnet de passage* vorlegen oder das Formular Nr. 45, daß umsonst erhältlich ist, ausfüllen; die Devisenerklärung ist Pflicht. Da die Grenzbeamten jeden drängen, zu Schwarzmarktkursen Geld zu tauschen, empfiehlt es sich, in der Devisenerklärung nur Reiseschecks aufzuführen.

H 41: Takiéta – Matamey – nigerianische Grenze – Kongolam (68 km)

Asphalt.

Takiéta – S. H 39. (Ende H 39; Beginn H 44.)
Matamey – Dorf. Die Formalitäten zur Ausreise aus Niger müssen jetzt direkt an der Grenze erledigt werden.
Kongolam – Dorf. Formalitäten zur Einreise nach Nigeria. (Beginn U 14.)

Niger – Routenteil H 323

H 42: Agadez – Tanout (311 km)

(12.91, Patrol) Asphalt bis Km 82, danach gute Piste mit einigen Sandverwehungen, teilweise Wellblech, schließlich wieder guter Asphalt. Asphaltierungsarbeiten im Gange (A/G/I).

Agadez – S. H 7. (Ende H 7, H 8 und H 37; Beginn H 9 und H 11.)
Polizeikontrolle am Ortsausgang von Agadez. Fahren Sie in Richtung Tahoua und biegen dann unmittelbar hinter dem Polizeiposten nach links in Richtung Zinder.
Km 80, die Straße führt in einigen Kurven hinauf auf die *falaise* von Tiguidit; schöne Landschaft.
Aderbissinat – Dorf. Lebensmittel. Treibstoff (Diesel). Polizeikontrolle.
Unterkunft: Hotel und Restaurant in den Lehmhäusern.
Tanout – Großes Dorf aus weißen Hütten und Häusern. Lebensmittel. Wasser. Treibstoff. (Beginn H 43; Ende H 47.)

H 43: Tanout – Zinder (160 km)

(12.92, Land Rover) Guter Asphalt. Savannenlandschaft, üppige, niedrige Vegetation, viele Dörfer und viele Kamele (Vorsichtig fahren).

Tanout – S. H 42. (Ende H 42 und H 47.)
Zinder – 468 m. 83 000 Einw. Ehemalige Hauptstadt der französischen Kolonie Niger. Gute Infrastruktur.
Unterkunft: im Hotel „Central" treffen sich alle, die unterwegs sind, gute Küche, vernünftige Preise, Campingmöglichkeit im Hof (für 1000 CFA/Person, Dusche und WC inklusive). Das Kino neben dem Hotel sorgt allerdings für eine laute Geräuschkulisse. Neben dem Hotel auch eine Bäckerei.
Verschiedenes: das Fleisch ist sowohl bei „Nénesse", gegenüber der Post, als auch bei den drei europäischen Fleischern im Viertel am „Petit Marché" sehr teuer.
Sehenswert: die reich mit Ornamenten verzierten Bürgerhäuser der Altstadt Birni und der Donnerstagsmarkt, zu dem sowohl Bauern als auch Viehzüchter aus der Umgebung kommen (Tuareg, Peul).
(Beginn H 45 und H 46; Ende H 44.)

H 44: Takiéta – Zinder (52 km)

Asphalt, guter Straßenzustand.

Takiéta – S. H 39. (Ende H 39; Beginn H 41.)
Zinder – S. H 43. (Ende H 43; Beginn H 45 und H 46.)

Bitte nicht vergessen: aktuelle Ergänzungen und Korrekturen schicken!

324 Durch Afrika

H 45: Zinder – Magaria – nigerianische Grenze – Babban Mutum (115 km)

Asphalt, guter Straßenzustand. Hauptstrecke Zinder – Kano.

Zinder – S. H 43. (Ende H 43 und H 44; Beginn H 46.)
Magaria – Kleinstadt. Gute Infrastruktur. Formalitäten zur Ausreise aus Niger.
Babban Mutum – Dorf. Formalitäten zur Einreise nach Nigeria. Korrekte Beamten, allerdings leicht reizbar. (Beginn U 14.)
Verschiedenes: es soll gelegentlich vorkommen, daß am Wochenende die Beamten von Reisenden eine zusätzliche Gebühr von 5000 CFA für den Grenzübertritt erheben.

H 46: Zinder – Gouré (161 km)

Asphalt.

Zinder – S. H 43. (Ende H 43 und H 44; Beginn H 45.)
Km 3, Polizeikontrolle.
Miria – Dorf.
Sehenswert: die idyllisch gelegenen Oasengärten.
Gouré – Malerische Stadt. Lebensmittel. Treibstoff ist nicht immer zu bekommen. Post. (Beginn H 47 u. H 48.)

H 47: Gouré – Boultoum – Qualeram – Aborak – Tejira – Tanout (ca. 235 km)

Piste (A/H/I/J) durch fantastische Landschaft. Die Strecke führt durch zahlreiche traditionelle Dörfer, wo kaum jemand Französisch spricht. Rechnen Sie mit 2 Tagen Fahrzeit.

Gouré – S. H 46. (Ende H 46; Beginn H 48.)
Aborak – Dorf. Militärposten. Beginn einer Piste nach Termit.
Tanout – S. H 42. (Ende H 42; Beginn H 43.)

H 48: Gouré – Maïné-Soroa – Diffa – Nguigmi (425 km)

Asphalt. Bis auf die letzten 5 km guter Straßenzustand.

Gouré – S. H 46. (Ende H 46; Beginn H 47.)
Goudoumaria – Dorf. Post.
Maïné-Soroa – Dorf. Schmutziges Wasser. Treibstoff. Post. Polizeikontrolle.
Verschiedenes: Fähre nach Nigeria, allerdings gefährlich; die Fähre besteht aus Brettern, die auf 200-l-Fässern aufliegen. Fällt das Fahrzeug ins Wasser,

Niger – Routenteil H 325

dann kann es nicht mehr herausgeholt werden. In der Trockenzeit wird der Fluß auf einer Furt überquert.

Schmaler, holperiger Asphalt auf 40 km vor Diffa.

Diffa – Großes Dorf. Gute Infrastruktur. Gutes Krankenhaus (zwischen Zinder und Nguigmi die einzige medizinische Hilfe, die es gibt). Strenge Kontrollen (bei der Polizei melden). Für diejenigen, die nach Nigeria weiterfahren, schnelle Zoll- und Polizeikontrolle. (Beginn U 17.)

Nguigmi – 248 m. Malerische Oase. Freundliche Bevölkerung. Lebensmittel (bedeutender Markt mit guter Auswahl). Nicht immer Treibstoff. Werkstätte. Krankenhaus. Post. (Beginn H 49, H 50, I 4 und U 20.)

Verschiedenes: in der *sous-préfécture* kann man FF gegen CFA wechseln (1 km östlich der Tankstelle). Fahrzeuge von Reisenden, die in den Tschad weiterfahren, werden bei der Grenzkontrolle völlig durchsucht. Die Polizei empfiehlt, sich bis zur die Tschadgrenze von einem Führer begleiten zu lassen.

Sehenswert: der Markt.

H 49: Nguigmi – Termit-Sud – Termit-Ouest – Fachi (etwa 820 km)

Sehr schwierige Piste (A/C/H/I). Ein Führer ist Pflicht. Üppige Fauna mit Antilopen, Gazellen und Steinböcken.

Nguigmi – S. H 48. (Ende H 48; Beginn H 50, I 4 und U 20.)
Bis Termit-Sud folgt die nicht markierte Piste dem schwierig zu befahrenden Bett eines *oued*.

Termit-Sud – Verlassener Flughafen am äußersten Rand des Termit-Massivs. In den drei aufgelassenen Gebäuden halten sich manchmal Nomaden auf. Sehr ursprüngliche Region, arme Bevölkerung, Medikamente sind willkommen.

Die sehr schlechte, sandige Piste nach Termit-Ouest führt im Westen entlang des Termit-Massivs.

Termit-Ouest – Drei sehr schmutzige Brunnen.

Die Piste (abwechselnd Dünen und steinige Senken mit großen Kieseln) umrundet nun das Termit-Massiv im Westen und verläßt bei etwa Km 52 die Termit-Region. Vorsicht, diese Piste folgt nicht der Karawanenroute Termit-Ouest – Fachi durch den Erg de Ténéré (diese Route ist für Fahrzeuge nicht passierbar).

Bis Km 167 ab Termit-Ouest führt die Piste direkt nach Norden auf die Kassror-Berge zu, an denen sie zunächst im Osten, später dann im Norden entlangführt. Sie verläßt das Gebirge 20 km weiter.

Danach wendet man sich zunehmend nach Westen und schließlich nach Nordwesten. Die Dünen werden größer.

Km 252 ab Termit-Ouest, Überquerung von 40 Dünengürteln. Davon sind etwa zehn schwierig zu passieren (abgebrochene Dünen oder Dünen, die plötzlich enden).

326 Durch Afrika

Fahren Sie nach Nord-Nordwest. Das Kamelgras verschwindet.

Km 317, fahren Sie direkt nach Norden über Feinsanddünen.

Km 347, man trifft wieder auf die Spuren der Karawanenroute Tanout – Fachi, der man auf 170 km nach Nordosten folgt.

Fachi – S. H 33. (Ende H 33; Beginn H 34.)

H 50: Nguigmi – Koufey (70 km)

Extrem schwierge Piste (A/F/H/I), die nicht unterhalten wird und völlig versandet ist.

Nguigmi – S. H 48. (Ende H 48; Beginn H 49, I 4 und U 20.)
Koufey – Oase. Wasser. Keine Versorgungsmöglichkeit.
(Beginn I 1; Ende H 51.)

H 51: Bilma – Zoo Baba – Dibella – Agadem – Koufey (etwa 700 km)

Eine der schwierigsten und gefährlichsten Pisten der Sahara. Beinahe 300 mehr oder weniger große Dünen müssen überquert werden; die Strecke ist kaum befahren. Führer und Genehmigung sind Pflicht; Genehmigungen werden von den Verwaltungen in Agadez oder Arlit ausgestellt, allerdings bekommen sie nur Konvois mit mindestens drei vollständig ausgerüsteten Fahrzeugen; häufig muß auch eine Versicherung für den Führer abgeschlossen werden, weil die Route so gefährlich ist.

Bilma – S. H 32. (Ende H 32; Beginn H 33.)
Früher orientierte man sich bei der Fahrt von Bilma nach Zoo Baba an der *falaise*; seit der Rallye Paris – Dakar 1986 wird eine westlichere Route eingeschlagen, die die vielen extrem schwierigen Dünen in der Umgebung von Zoo Baba umgeht.

Von Bilma aus folgen Sie auf 12 bis 15 km der Piste nach Fachi (H 33) und biegen dann nach Südsüdost. An einigen wenigen Stellen sind noch die Markierungen der Rallye erkennbar. Zwischen Bilma und Agadem müssen Sie mit einer Durchschnittsgeschwindigkeit von 12 km/h rechnen.

Zoo Baba – Oase. Einige Strohhütten. Die Bevölkerung ist freundlich und sehr arm, Medikamente werden dringend gebraucht. Das Wasser muß abgekocht werden.

Ca. Km 295, **Dibella** – Verlassene Oase. Schlechtes Wasser. Angenehmer Platz für die Nacht.

Sie verlassen Dibella in nordöstlicher Richtung. Nach etwa 8 km biegen Sie nach Süden. Nach etwa einer Stunde Fahrt wird am Horizont das Felsmassiv von Agadem sichtbar, das etwa drei Stunden später von rechts erreicht wird.

Ca. Km 400, **Agadem** – Verfallenes Fort. Schöner Palmenhain. Der Ort ist gelegentlich bewohnt. Mehrere Wasserlöcher, das beste Wasser finden Sie in der Nähe des Forts. In der Umgebung der Festung zahlreiche versandete Salzseen, deren Salzkruste nicht immer dick genug ist, ein Fahrzeug zu tragen.

Niger – Routenteil H 327

Zwischen Agadem und Koufey ist die Piste nur schwer zu finden. Seit vier Jahren schreitet die Wüste in dieser Region unaufhaltsam voran und hat die alte Piste mit Sand bedeckt. Die einzige Möglichkeit, die Piste hinter Agadem wiederzufinden (wenn man es bis hierher geschafft hat) ist, sich nach den gut erkennbaren Homodji-Bergen zu orientieren, die im Osten aufragen, und nach Südwesten zu fahren, bis man auf eine nach Süden führende Piste stößt, die gleichfalls nur schwer erkennbar ist.
Koufey – S. H 50. (Ende H 50; Beginn I 1.)

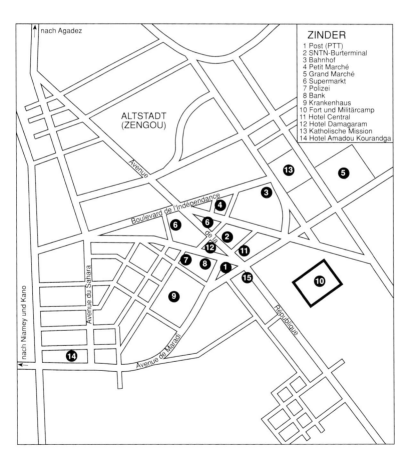

328 Durch Afrika

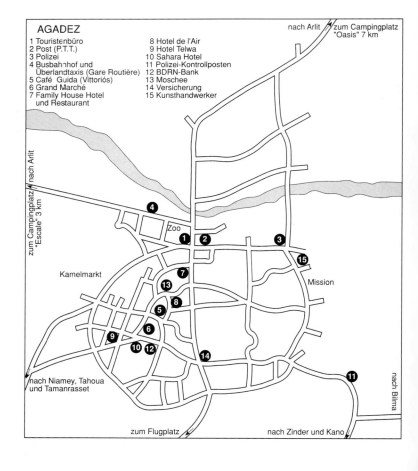

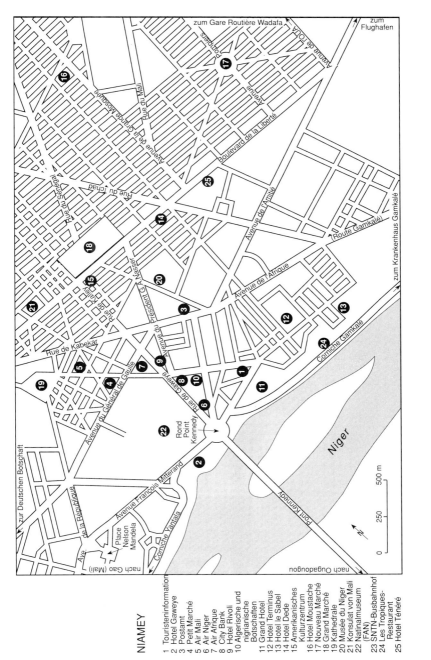

330 Durch Afrika

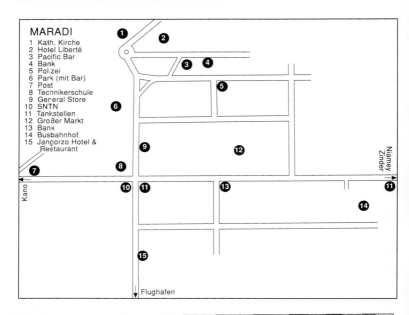

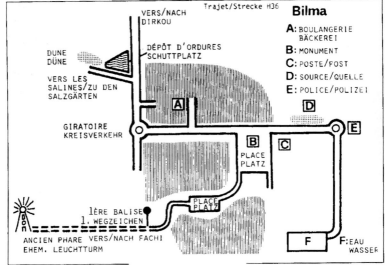

Niger – Routenteil H 331

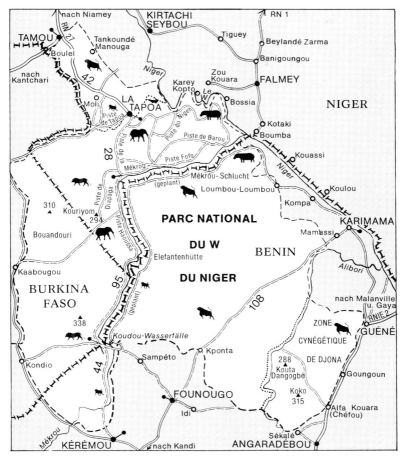

332 Durch Afrika

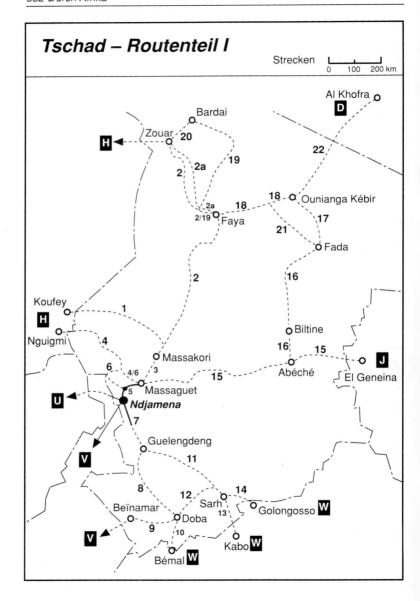

Tschad – Routenteil I

Überblick

Fläche: 1 284 000 km².

Einwohner: 5 961 000 Einwohner.

Ethnien: Araber, Sara, Tubu.

Hauptstadt: N'Djamena (687 800 Einw.).

Sprachen: Amts- und Verkehrssprache Französisch und Arabisch, daneben Sara, Tebu.

Religion: 60% Muslime, 30% Christen, Naturreligionen.

Ruhetag: Sonntag.

Feiertage: 1.5., 7.6., 22.6., 11.8. und die christl. und islamischen Feiertage.

Einreise: Visumpflicht für Deutsche, Schweizer und Österreicher. Nachweis ausreichender Geldmittel und ordnungsgemäßer Papiere für die Weiterreise in Nachbarländer, bei Flugreisenden ein Rück- bzw. Weiterflugticket erforderlich.

Impfung/Gesundheit: Gelbfieberimpfung und Malariaprophylaxe empfohlen.

Währung: Franc CFA, 100 CFA = 1 FF. 100 CFA = ca. 0,30 DM. Einfuhr unbeschränkt, Ausfuhr auf 10 000 CFA beschränkt. Die Einfuhr ausländischer Währungen muß deklariert werden. Achtung: Durch Abwertung des CFA im Frühjahr ´93 kam es zu enormen Preissteigerungen in allen CFA-Ländern. Preisangaben können dadurch z.T. überholt sein.

Kfz: Internationaler Führerschein, Kfz-Schein, die Haftpflichtversicherung ist in der ersten größeren Stadt hinter der Grenze abzuschließen. Ein *carnet de passage* ist erforderlich.

Treibstoffpreise: Falls vorhanden, Super 390 CFA/l, Diesel 320 CFA/l, im Norden ist die Versorgung sehr unsicher.

Straßenzustand: Hauptsächlich Pisten.

Kontrollen: Sehr häufige Straßenkontrollen mit gründlicher Durchsuchung (besonders in grenznahen Gebieten).

334 *Durch Afrika*

Genehmigungen: Für alle Landesteile außer N'Djamena sind Sonderbewilligungen erforderlich. Für alle Gebiete außer N´Djamena ist eine Fotografiererlaubnis notwendig (Innenministerium).

Grenzen: Die nördliche Grenze zum Niger (Wüstengebiete) ist gesperrt, über die Grenze zu Libyen gibt es unterschiedliche Informationen (wahrscheinlich gesperrt). Für alle anderen Grenzübergänge sind Sondergenehmigungen des Innenministeriums erforderlich.

Zeitverschiebung: Keine; Sommerzeit - 1 Stunde.

Stromspannung: 220 V, Adapter empfohlen.

Sicherheit: Durch den jahrelangen Bürgerkrieg sind Strecken im Nordtschad (**Borkou, Ennedi, Tibesti**) teilweise vermint; zum Bereisen des BET ist eine Genehmigung des Verteidigungsministeriums in N´Djamena erforderlich, die auch unbedingt einzuholen ist! Die Sicherheitslage im gesamten Land ändert sich schnell. Die Strecke N'Djamena – Abéché zur Weiterreise in den Sudan ist befahrbar (Stand Frühjahr ´95).

Literatur und Landkarten:
Reiseführer: Keine.
Übersichtskarten: Michelin 953, Nord- und Westafrika, 1:4 000 000.
Detailkarten: Cartes IGN 1:1 000 000, Carte Routière.
Hintergrundliteratur: P. Fuchs, „Menschen der Wüste", Westermann Verlag; G. Nachtigal, „Tibesti", Ed. Erdmann, W. Gartung, „Yalla Tibesti", Westermann-Verlag.

Geschichte: Im Grenzgebiet der heutigen Staaten Niger, Kamerun und Tschad bestimmten vom 13. Jh. bis zur kolonialen Eroberung Ende des 19. Jhs. das Reich Kanem und später Kanem-Bornu die Geschicke der Völker am Tschadsee. Von hier führten bedeutende Handelsstraßen durch die Wüste an die Große Syrte, nach Osten nach Wadai und in den Westen zu den Haussa-Stadt-Staaten und weiter in den Maghreb. Wichtigstes Handelsgut waren Sklaven, die sich die Kanem-Herrscher aus den Gebieten im Süden ihres Reiches holten.
Im Norden des Tschad, im Tibesti-Gebirge, weisen Funde prähistorischer Steinwerkzeuge und zahlreicher Felsgravuren darauf hin, daß auch diese Region, wie Hoggar und Tassili, früher fruchtbare Landstriche und von Hirten bewohnt waren. Die Tubu scheinen seit dem Beginn unserer Zeitrechnung in der östlichen Sahara beheimatet zu sein. Ihrer Gesellschaftsstruktur entsprechend, in der sich jeder Tubu als Gleicher unter Gleichen fühlt, haben sie nie Reiche gegründet. Den Lebensunterhalt bestritten sie aus ihren Herden, dem Transsaharahandel und den Oasen, in denen Sklaven als Arbeitskräfte eingesetzt wurden.

Politik: Bereits 8 Jahre nach der Unabhängigkeit 1960 kam es im Tschad zu den ersten bürgerkriegsähnlichen Auseinandersetzungen, die das Land bis heute prägen. Auslöser war ein Streit zwischen Tubu und Militär, der in Windeseile die gesamte Tibesti-Region erfaßte. Die Ursache des Konfliktes liegt jedoch in der neuen Machtverteilung nach der Unabhängigkeit. Die stolzen Tubu wollten die neue schwarzafrikanische Führungselite, ihre ehemaligen Sklaven, nicht anerkennen. Mit Unterstützung Ghaddafis gelang es ihnen trotz Eingreifen der französischen Schutzmacht, den Nordtschad weitgehend unter Kontrolle zu behalten und schließlich auch N'Djamena zu erobern. Seither folgen Putschversuche, Uneinigkeiten in der FROLINAT und Attacken verschiedenster in der Zwischenzeit entstandener und von Nachbarländern unterstützter Guerillatruppen aufeinander. Der augenblickliche Präsident, der Hissen Habre 1990 aus N'Djamena verjagte, heißt Idriss Déby (ehem. Armeechef Habres). Nach der neuesten Entwicklung begibt sich der Tschad auf den Weg zur Demokratie. Oppositionsparteien wurden 1992 zugelassen, Wahlen sollen 1995 stattfinden. 1994 bekam der Tschad den von Libyen besetzt gehaltenen Aouzou-Streifen zurück.

Fischer am Tschadsee (hist. Darstellung)

Routeninformationen

I 1: Koufey (Niger) – tschadische Grenze – Nokou – Mao – Massakori (428 km)

Piste (A/B/H/I/K), bis Nokou teilweise schwierig zu befahren, weil sie praktisch weder benützt noch unterhalten wird und völlig versandet ist. Eine Genehmigung ist Pflicht; informieren Sie sich in Nguigmi. Zur nördlichen Umfahrung des Tschadsees ist die Route I 4 geeigneter.

Koufey – S. H 50. (Ende H 50 und H 51.)
Ausreiseformalitäten für Niger müssen in Nguigmi erledigt werden.
Nokou – Dorf. Obligatorischer Stop.
Mao – Dorf. Formalitäten für die Einreise in den Tschad. Wasser. Eventuell bekommen Sie Treibstoff beim Polizeikommissar.
Massakori – Dorf. Keine Versorgungsmöglichkeit. (Beginn I 3; Ende I 2.)

I 2: Zouar – Faya (Largeau) – Koro-Toro – Salal – Moussoro – Massakori (1325 km)

Piste (A/B/C/H/I/J), bis Koro-Toro sehr schwierig.

Zouar – S. H 28. (Ende H 28.)
Von Zouar bis Faya 525 km. Markierte aber schwierig zu befahrende Piste.
Auf den ersten 38 km felsige und holperige Piste, danach etwas besser.
Km 46, die Piste nach Kichi-Kichi kreuzt (Wegzeichen).
Km 58, **Sherda** – Aufgegebener Posten. Der Brunnen ist trocken.
Schwierige Durchquerung des Enneri Sherda. Danach bessere Piste (harter Untergrund, undeutliche Spuren).
Km 126, Durchquerung des Enneri Maro.
Km 150, westlich der Piste der Tafelberg Ehi Atroun. In diesem Gebiet zweigen mehrere alte Pisten nach links ab und führen in derselben Richtung weiter. Bleiben Sie rechts auf der Berliet-Piste.
Km 285, Maraho („Rond-point De Gaulle"). Steinkreis am Boden, Pfeile weisen nach Zouar und Faya.
Bis Km 465 Querrinnen und Eselsrücken, leichtes Terrain.
Km 465, Durchquerung eines gut befahrbaren, sandigen *reg*. Die Piste nach Kirdimi (Wegweiser) zweigt nach links ab.
Die letzten km vor Faya sind sehr holprig und sandig.
Faya (Largeau) – 268 m. Wichtigste Stadt des Nordtschad. Lebensmittel, Treibstoff. (Beginn I 18; Ende I 19.)
Unterkunft: Hotel „Chez Coussa".
Sehenswert: der malerische Markt.
Von Faya nach Koro-Toro 270 km. Die Piste ist sehr schwierig, daher nach Möglichkeit nur im Konvoi und mit Führer fahren.

Man verläßt Faya über eine Mulde mit sandigen Passagen.
Km 30, Aufstieg auf ein Plateau (besser befahrbares *reg*).
Bis Km 200 kurvenreiche Piste (Brunnen von Broulkou, markiert durch ein halb versandetes, leeres 200-l-Faß).
Südl. von Broulkou Durchquerung des Erg Djourab. Die Berliet-Piste verläuft westlicher als die alte Piste und umgeht so die schwierigeren Dünen. Abwechselnd Weichsandpassagen und harter Untergrund. Erkennbare Spuren.
Kurz vor Ankunft in Koro-Toro verläßt die Piste das Plateau.
Koro-Toro – Militärposten. Lokale Lebensmittel erhältlich. Gutes Wasser. Einfache Unterkunftsmöglichkeit.
Von Koro-Toro nach Massakori 530 km. Die Piste führt durch Savannenlandschaft, ist gut befahrbar und leicht zu erkennen.
Km 202, **Salal** – Dorf.
Von hier ab sandige und kurvenreiche Piste bis Km 395.
Moussoro – 301 m. Bezirkshauptort. Lebensmittel. Treibstoff.
Massakori – S. I 1. (Ende I 1; Beginn I 3.)

I 2a: Faya (Largeau) – Zouar (554 km)

(12.93, Mercedes G) Piste (A/C/G/I). Die alte Piste von Faya nach Zouar ist auf dem ersten Abschnitt vermint.

Faya – S. I 2.
Eine Umfahrung des verminten Geländes führt durch unebenes Gelände in nördlichem Bogen und kommt bei
ca. Km 100 nahe Ain Galaka, bei zwei artesischen Brunnen mit gutem Wasser vorbei; erster Brunnen „In" (N18°5.16/E18°27.48) und zweiter, schönerer Brunnen und idealer Rastplatz „Dalaga" (N18°02.54/E18°26.13).
Km 120, die Umfahrung trifft auf die alte, gut markierte, aber nicht trassierte Piste. Der Weg führt vorbei an Haufen scharfer und ungesicherter Munition und an ausgebrannten libyschen Militärfahrzeugen.
Km 140, die mit Stangen markierte, alte Piste nach Zouar wird erreicht (N17°59.47/E18°15.58). Auf den folgenden 290 km Sand-, Kies- und *oued*-Durchfahrten.
Km 430, Militärkontrollpunkt Maro (N19°50.46/E16°57.54).
Km 462, Militärkontrolle (N20°04.34/E16°55.09).
Die Piste wird steiniger und gebirgiger bis Zouar.
Km 554, **Zouar** – S. H 28. (Ende H28, Ende I 2a.)

I 3: Massakori – Massaguet (68 km)

Piste (A/B/H/I).

Massakori – S. I 1. (Ende I 1 und I 2.)
Massaguet – Dorf. Keine Versorgungsmöglichkeit.
(Beginn I 5; Ende I 4, I 6 und I 15.)

338 Durch Afrika

I 4: Nguigmi (Niger) – tschadische Grenze – Daboua – Kiskawa – Liwa – Bol – Ngarangou – Iseirom – Amerou – Doum-Doum – Baladga – Massaguet (ca. 440 km)

(01.90, Toyota Hilux) Piste (A/C/H/I). Zur Zeit soll die Route wegen dauernder Überfälle durch Tubu-Banden hochgefährlich sein. Rechnen Sie mit 3 Tagen Fahrtzeit bis zur Hauptstadt. Der Tschadsee ist erneut ausgetrocknet und die Piste führt über einen Seitenarm des Sees. Bis ca. Km 200 ist der Pistenverlauf verwirrend und manchmal sandig, bietet aber keine größeren Schwierigkeiten. Von Bol ab breite und gut befahrbare Piste. Hier sind auch Asphaltierungsarbeiten im Gange. Auf den letzten 30 km gibt es zahlreiche *fesch-fesch*-Passagen mit tiefen Spurrinnen. Der Sand ist weich und auch für gut ausgerüstete Fahrzeuge schwer zu passieren.

Nguigmi – S. H 48. (Ende H 48; Beginn H 49 und H 50.)

Hier müssen die Formalitäten zur Ausreise aus dem Niger erledigt werden.

Verlassen Sie Nguigmi auf der Hauptstraße, am Ende der Straße fahren Sie dann rechts in Richtung Markt. Hinter Nguigmi nach Ostnordost halten, in Richtung Boula Brin (nicht bis zum Dorf fahren, Sackgasse). Man überquert den alten Flughafen. Danach zu Beginn sehr sandige Piste.

Km 16, geradeaus weiterfahren (eine Piste zweigt rechts ab).

Ab Km 20 gelegentlich tiefe Spurrillen.

Km 34, Kreuzung. Nach rechts (Osten) auf der Piste nach Daboua weiterfahren, der Ort ist bei Km 64 erreicht. Die letzten 10 km davor sind stark versandet. Ein Ausweichen ist wegen der starken Vegetation beiderseits der Piste riskant.

Km 64, **Daboua** – Dorf aus ca. hundert Lehmziegelhäusern, zwei Brunnen und einem Geschäft mit geringer Auswahl. Militärposten. Fahrzeugdurchsuchung.

Man verläßt Daboua in östl. Richtung. Die ersten 15 km sind unproblematisch.

Km 74, hinter dem Dorf Nonamg (20 Lehmhütten) nach Ostsüdost halten. Die Spuren verzweigen sich vor jedem Sandfeld und vereinen sich danach wieder. Vorsicht vor den zahlreichen Dornbüschen, Gefahr von Reifenpannen. Die Route führt über viele ehemalige Inseln des Tschadsees. Hier so weit wie möglich neben der Piste fahren, um ein Einsanden zu vermeiden.

Km 115, **Kiskawa** – Kleines Dorf. Militärgarnison; erneute Fahrzeugdurchsuchung. Medikamente sind gern gesehen.

Zwischen Kiskawa und Liwa sehr tiefer, weicher Sand.

Km 133, kleiner Berg, der links umfahren wird.

Km 173, **Liwa** – Großes Dorf. 200 Lehmhäuser. Militärposten – wieder Durchsuchung. In der Bar gibt es Bier für ca. 1000 CFA/Flasche.

Hinter Liwa eventuell mit einem Führer weiterfahren, der helfen kann, die Piste zu finden (nach Bedarf auch bis Bol). Man verläßt das Dorf in südl. Richtung.

Km 200, Dorf Kaya. Nach Ostsüdost halten. Nicht über Baga Sola fahren, das Gebiet ist total versandet.

Km 235, **Maou** – Dorf.

Die folgenden 10 km nach Südosten, dann weitere 10 km nach Süden halten. Auf dem letzten Stück außerordentlich schlechte Piste.

Tschad – Routenteil I 339

Km 255, **Bol** – Kleinstadt. Lebensmittel (Markt). Kein Treibstoff. Zollstation und, was sonst, erneut komplette Fahrzeugdurchsuchung.

Unterkunft: vermeiden Sie es, in Bol oder der unmittelbaren Umgebung zu übernachten, da es hier von Militär nur so wimmelt.

Verschiedenes: im *office d'immigration* melden und Paßfotos vorlegen. Diese Formalitäten müssen in N'Djamena wiederholt werden. Falls Sie einen Zoll- oder Polizeibeamten mitnehmen können, zeigt er Ihnen die Abkürzung nach Doum-Doum. Am Ortseingang eine von zwei Nigerianern geführte Bar (einer der beiden, Desmond, kann bei Problemen mit den Behörden sehr hilfreich sein). In dringenden Fällen kann der Militärmechaniker eine behelfsmäßige Reparatur vornehmen; fragen Sie nach Zao, dem verantwortlichen Chef. Da die Beamten die offiziellen Öffnungszeiten ihrer Dienststellen nicht immer ein- halten, sollte man sich nicht scheuen, sie Zuhause aufzusuchen; gegen ein kleines Geschenk arbeiten Sie auch außerhalb der Dienstzeiten. Bei all den Kontrollen sollten Sie auf folgende Punkte achten:

1. Der Paß muß von der Polizei gestempelt werden.
2. Die Zollbehörden müssen den Paß mit einem Einreisestempel versehen.
3. Auch das *carnet de passage* muß gestempelt werden. Wurde das verges- sen, kann nur das Hauptzollamt in N'Djamena den Stempel nachholen.

In der Umgebung: von Bol aus führt eine Piste entlang des Tschadseeufers nach N'Djamena (370 km). Sie ist nicht auf der Michelinkarte 953 eingezeich- net (Durchschnittsgeschwindigkeit 80 – 100 km/h).

Bol ist gewissermaßen eine Sackgasse. Man muß folglich etwa 3 km zurück- fahren und dann rechts abbiegen. Ab Bol folgt die Piste einem kleinen Bach, der einige km weiter auf einer kleinen Brücke (links) überquert werden muß. Die einzige wirkliche Schwierigkeit ist eine Seelagune mit steilem, sandigen Ufer, etwa 15 km hinter Bol, die passiert werden muß.

Km 280, **Ngarangou** – Dorf. Lebensmittel (kleiner Markt). Wasser.
Hinter Ngarangou schließt eine Dünenregion an, die zunächst unpassierbar erscheint. Halten Sie sich nach Ostsüdost. Man fährt durch ein recht dicht besiedeltes Gebiet, wo Obst und Gemüse angebaut werden. Hier führt der See wieder Wasser (viele Vögel).

Km 310, **Iseirom** – Dorf. Einige Lehmhütten. Wasser.
Weiter nach Ostsüdost fahren. Sehr schwieriges Terrain.

Km 340, **Amerou** – Dorf. Einige Lehmhütten. Wasser.
Die Piste wird etwas besser (immer noch viel Sand) und führt nach Süden.

Km 360, **Doum-Doum** – Dorf. Lebensmittel (Brot und Gemüse). Wasser. Treib- stoff (Normalbenzin) von schlechter Qualität und nur in geringen Mengen.

Ca. Km 380, wesentlich bessere Piste, deutliche Spuren. Folgen Sie nicht den nach Osten führenden Spuren, sondern fragen Sie die Einheimischen nach der Richtung von Baladga.

Km 383, **Baladga** – Dorf. Wasser.
Hier trennt sich die Piste, die direkt nach N'Djamena führt, von der Piste über Tourba und Massaguet. Erkundigen Sie sich bei den Einheimischen und blei- ben Sie immer auf der Hauptspur.

340 *Durch Afrika*

Ab Km 455 laufen immer mehr Spuren zusammen. Hier trifft man auf die Strecke I 5, etwa 15 km vor Massaguet.
Massaguet – S. I 3. (Ende I 3 und I 6; Beginn I 5.)

I 5: Massaguet – Djermaya – N'Djamena (81 km)

(02.92, Unimog) Asphalt. Sehr schlechter Straßenzustand.

Massaguet – S. I 3. (Ende I 3, I 4, I 6 und I 15.)
Djermaya – Dorf. Keine Versorgungsmöglichkeit. Polizeikontrolle. (Beginn I 6.)
N'Djamena – 295 m, 220 000 Einw. Gute Infrastruktur. Gut ausgerüstete Werkstatt „SECADEV" an der Hauptstraße. (Beginn I 7, V 1 und V 4; Ende U 18.)
Unterkunft: „Hotel du Chari" und „La Tschadienne" (etwa 15 000 CFA/DZ), Pool. „Team Guest House" der ev. Mission, B.P. 127, Tel. 0 02 35/51 26 57;sauber, geräumige Zimmer, Küchenbenutzung, Parkmöglichkeit im großen Vorgarten (mit Wächter), sehr freundliche Aufnahme, Voranmeldung ist günstig.
Formalitäten: Beim *office d'immigration* müssen zwei Paßfotos vorgelegt werden. Die Formalitäten dauern mindestens einen halben Tag. Visum für Zaïre (2 Monate Gültigkeit) bei der Botschaft (dauert 48 Stunden und kostet ca. 8000 CFA); Visum für Nigeria (1 Monat gültig) ohne Wartezeit bei der Botschaft (ca. 5000 CFA); Visum für den Sudan dauert ca. 1 bis 4 Wochen (7000 CFA).
Sehenswert: der Markt, das afrikanische Viertel und die Moschee.
Abstecher: zum Felsen des Riesen („Hadjer el Hamis") und zum Tschadsee. N'Djamena in nördlicher Richtung auf einer Teerstraße in Richtung Sahellandschaft verlassen. Nach 10 km kommt eine Kontrolle. Nach weiteren 33 km wird der Abzweig nach links Richtung Douguia erreicht, in dem man nach 40 km ankommt.
Douguia – Dorf.
Unterkunft: Hotel mit Pool, gut geführt.
In der Umgebung: von hier können mit Führer Fahrten zum Tschadsee nach Adide (N12°54.41/EO14°33.56) und zum Felsen des Riesen (N12°51.19/EO14°58.26) gemacht werden.

I 6: Djermaya – Mani – Hadjer el Hamis – Tourba – Massaguet (ca. 290 km)

Piste (A/B/G/I). Am Rande von Turba 10 km Weichsand. Kompaß unerläßlich.

Djermaya – S. I 5. (Zur I 5.)
Recht gute und leicht erkennbare Savannenpiste bis Hadjer el Hamis.
Hadjer el Begui – Kleiner, von Geröllhalden umgebener Felsen. Vom Gipfel schöne Aussicht.
In der Umgebung: das Fischerdorf **Gité** (40 km hin und zurück auf schlechter und staubiger Piste), von dem aus man eine Pirogenfahrt auf dem Tschadsee unternehmen kann.

Bis Tourba ist die Piste nicht markiert, schwierig zu finden und manchmal versandet. Immer nach Osten halten. Nicht nach Massakori (I 2) fahren, Piste ist total versandet.

Hadjer el Hamis – Dorf. Keine Versorgungsmöglichkeit.

Sehenswert: der Basaltfelsen am Ufer des Tschadsees, der bereits von weitem zu sehen ist – für ihn allein lohnt sich schon die Reise.

Tourba – Dorf. Keine Versorgungsmöglichkeit.

Ab Tourba ist die Piste relativ leicht zu befahren (einige Sandpassagen). Sie führt in Richtung Süden.

Massaguet – S. I 3. (Ende I 3, I 4 und I 15; Beginn I 5.)

I 7: N'Djamena – Mandélia – Guélengdeng (156 km)

Asphalt, guter Straßenzustand auf den ersten 80 km. Danach Schlaglöcher vom Ausmaß wahrer Krater. Der Asphalt existiert praktisch nicht mehr.

N'Djamena – S. I 5. (Ende I 5 und U 18; Beginn V 1 und V 4.)

Mandélia – Dorf. Keine Versorgungsmöglichkeit. Das Elefantenreservat ist aufgegeben, die Tiere wurden abgeschossen oder sind nach Kamerun gezogen.

Guélengdeng – Dorf. Gelegentlich Treibstoff. Polizeikontrolle.
(Beginn I 8, I 11.)

I 8: Guélengdeng – Bongor – Laï – Doba (349 km)

Sandige Piste (A/G/I) in schlechtem Zustand. Schöne Landschaft und freundliche Menschen (bis auf die Beamten). Zahlreiche Polizeikontrollen. Beim Campieren Vorsicht vor Schlangen, die vom Ufer des Logone kommend die Straße überqueren.

Guélengdeng – S. I 7. (Ende I 7; Beginn I 11.)

In der Nähe von Bongor Einfahrt in die reizvolle Logone-Ebene.

Bongor – Oase. Lebensmittel. Hotel. Krankenhaus. Kein Treibstoff.

Sehenswert: der Montagsmarkt.

In der Umgebung: die eigenartig geformten Kegelhütten der Mouloui.

Laï – 9000 Einw. Lebensmittel. Treibstoff. Werkstatt. *Campement*.

Sehenswert: die Erzeugnisse des lokalen Kunsthandwerks (Keramik und Korbflechterei). Wildreiche Gegend.

Doba – Dorf. Treibstoff. (Beginn I 10 und I 12; Ende I 8.)

I 9: Beïnamar – Moundou – Doba (190 km)

Gute Piste.

Beïnamar – S. V 10. (Ende V 10.)

Moundou – Kleinstadt. Gute Infrastruktur.

Doba – S. I 8. (Ende I 8; Beginn I 10 und I 12.)

342 Durch Afrika

I 10: Doba – Goré – zentralafrikanische Grenze – Bémal
(126 km)

Piste (A/G/I) mit vielen Schlaglöchern.

Doba – S. I 8. (Ende I 8 und I 9; Beginn I 12.)
Goré – Dorf. Treibstoff. Unterkunftshütte ohne Komfort. Die Formalitäten zur Ausreise aus dem Tschad gehen schnell. **Sehenswert**: die üppige Landschaft. Ungefähr 30 km hinter Goré Grenze zwischen dem Tschad und der ZAR.
Bémal – Dorf. Zollformalitäten zur Einreise in die ZAR. (Beginn W 1.)

I 11: Guélengdeng – Manda – Sarh (403 km)

Piste (A), nur in der Trockenzeit befahrbar. Im Gebiet um Sarh Wellblech.

Guélengdeng – S. I 7. (Ende I 7 und I 8.)
Bis Bousso eintönige Ebene.
Manda – Dorf. *Campement*-Hotel. Das Naturschutzreservat von Menda ist verlassen, die meisten Tiere wurden abgeschossen.
Sarh – 65 000 Einw. Hauptort des Südtschad. Gute Infrastruktur.
Verschiedenes: die Formalitäten bei der Polizei sind obligatorisch, werden aber freundlich durchgeführt. Wer in die ZAR weiterfährt, muß hier auch die Zollformalitäten erledigen. (Beginn I 13 und I 14; Ende I 12.)

I 12: Doba – Sarh (191 km)

Piste (A).

Doba – S. I 8. (Ende I 8 und I 9; Beginn I 10.)
Sarh – S. I 11. (Ende I 11; Beginn I 13 und I 14.)

I 13: Sarh – Maro – Sido – zentralafrikanische Grenze –
Kabo (187 km)

Piste (A) in sehr schlechtem Zustand, nur in der Trockenzeit befahrbar.

Sahr – S. I 11. (Ende I 11 und I 12; Beginn I 14.)
Maro – Dorf. Formalitäten für die Ausreise aus dem Tschad. Polizeikontrolle. Achtung, auf jeden Fall bereits in Sichtweite des Stopschildes anhalten, da sonst mit Schwierigkeiten (Geldstrafe) zu rechnen ist.
Sido – Dorf. Militärkontrolle.
Kabo – Dorf. Formalitäten zur Einreise in die ZAR. (Beginn W 8.)
Unterkunft: etwa 100 m von der Sicherheitspolizei entfernt in der Mission Unterkunftsmöglichkeit.

Tschad – Routenteil I 343

Verschiedenes: Polizei, Zoll und Sicherheitspolizei, die die Gesundheitskontrollen durchführt, am Ortsausgang. Pro Fahrzeug dauern die Formalitäten etwa einen halben Tag.

I 14: Sarh – Chari-Fähre – zentralafrikanische Grenze – Golongosso (132 km)

Piste (A), in der Regenzeit schwierig zu befahren. Region mit reicher Fauna. Informieren Sie sich in Sarh, ob die Fähren über den Chari funktionieren; eine andere Möglichkeit ist die Fähre, die von der tschadischen Baumwollgesellschaft (Coton Tchad) betrieben wird, in Helibongo, etwa 20 km von Sarh entfernt (2500 CFA/Fahrzeug).

Sarh – S. I 11. (Ende I 11 und I 12; Beginn I 13.)
Golongosso – Dorf. Formalitäten zur Einreise in die ZAR. (Beginn W 11.)

I 15: El Geneina (Sudan) – tschadische Grenze – Adré – Abéché – Ati – Massaguet (886 km)

(02.92, Unimog) Piste (A/D/H/I).Von El Geneina nach Adré auf 15 km sehr sandige und schwierige Piste (langsam). Zwischen Adré und Abéché kann die Piste während der Regenzeit unterbrochen sein, ansonsten kommt man zügig voran. Nach Ati wieder nur langsames Vorankommen. Zahlreiche Polizeikontrollen.

El Geneina – S. J 15. (Ende J 15; Beginn J 17.)
Gute Piste bis Adré.
Adré – Dorf am Ufer eines Sees. Einreiseformalitäten für den Tschad.
Verschiedenes: amerikanischer Arzt am Ort.
Abéché – 545 m. Stadt. Lebensmittel. Treibstoff. Werkstatt. Flughafen.
Verschiedenes: Restaurant „Béchir". Bäckerei. Picknickplätze um den Lkw-Parkplatz. Krankenhaus mit zum Teil europäischen Ärzten. Die „GTZ"-Niederlassung hat Funkverbindung nach N'Djamena. Das sudanesische Konsulat erteilt keine Visa.
Sehenswert: die Moscheen und *souks*. Schöne Kamelhaardecken.
Bis Ati schnelle, staubige Piste.
Ati – 331 m. Kleinstadt. Lebensmittel. Treibstoff. Flughafen.
Zwischen Ati und Massaguet langsame Piste. Sie führt durch sehr vogelreiches Gebiet.
Massaguet – S. I 3. (Ende I 3, I 4 und I 6; Beginn I 5.)

I 16: Fada – Biltine – Abéché (447 km)

(12.93, Mercedes G) Piste (A/C/G/I).

Fada – Provinzhauptstadt. Markt mit Grundnahrungsmitteln. Treibstoff. Meldung bei der Präfektur erforderlich. (Ende I 21, I 17.)
Ausflug: zum 73 km entfernten Guelta d'Archei (N16°54.04/E21°46.30). In

344 Durch Afrika

einem riesigen Canyon mit permanenter Wasserstelle tränken die Nomaden ihre Kamele und Ziegen und fassen selbst Wasser (extrem verschmutzt durch Tierexkremente).
In den Nähe von Fada beginnt die gut markierte, sandige Piste. Später fallen die Markierungen weg, die Spuren sind aber gut sichtbar. Flotte Fahrt mit Geländefahrzeugen möglich. Das auf den Karten verzeichnete Oum-Chalouba mit seiner Militärbasis wird nicht erreicht. Statt dessen wird das 20 km nordöstlich gelegene Kalait angefahren.
Km 180, **Kalait** – Dorf. Kontrolle. Kleiner Markt. U.U. Treibstoff.
Km 290, **Arada** – Dorf.
Km 355, **Biltine** – Dorf. Großer Markt. Treibstoff. Brot.
Ab Biltine trassierte, schnell zu befahrende Piste, zum Teil auf einem angelegten Damm.
Km 447, **Abéché** – S. I 15. (zur I 15.)

I 17: Ounianga Kébir – Ounianga Sérir – Fada (ohne Angabe)

Piste (A/F/H/I). Über die Querung der „Dépression du Mourdi" liegen keine Informationen vor.

Ounianga Kébir – Oase (N19°03.12/E20°29.28). (Ende I 18, Anfang I 22.)
Verschiedenes: malerisch gelegen am am Lac Yoa, dessen Wasser stark salzhaltig ist. Elementarste Nahrungsmittel sind erhältlich, gelegentlich auch Treibstoff. Die von N aus Libyen über Kufra und Matan as Sarah eintreffenden Lkw laden ihre Waren nicht ab, sondern fahren nach Faya (Largeau) weiter.
Km 56, **Ounianga Sérir** – Dorf.
Hier muß ein Führer genommen werden, der (hoffentlich!) den richtigen Weg über die „Dépression" kennt.

I 18: Faya (Largeau) – Wadi Doum – Ounianga Kébir (336 km)

(12.93, Mercedes G) Piste (A/C/G/I). Die Piste nimmt einen völlig anderen Verlauf, als in der IGN-Karte und der Michelin–Karte eingezeichnet. Sie verläuft zunächst strikt östlich, um dann, nach ca. 120 km, nach NO zu verlaufen.

Faya (Largeau) – S. I 2. Fahren Sie Richtung Osten aus dem Ort.
Km 8, Polizeikontrolle.
Km 28, bei der Position N17°57.10/E19°09.28 markierter Abzweig nach „OK" (= Ounianga Kébir). Gut erkennbare, aber weder trassierte, noch markierte Piste auf kiesigem, teilweise sandigem Untergrund.
Km 237, **Wadi Doum** – Senke mit einzelnen Hütten.
Km 255, libyscher Befestigungswall zur Abwehr der tschadischen Truppen bei der Rückeroberung des Nordtschad (N18°29.52/E20°14.57).

Tschad – Routenteil I 345

Km 256, umzäunter Minengürtel mit vielen zerstörten Panzern und Geländefahrzeugen. Achtung, allerhöchste Gefahr bei Verlassen der Piste. Im Bereich vor dem Wall bis hinter den Flughafen außerhalb der frischen Spuren der befahrenen Piste zahlreiche scharfe Minen.
Militärkontrolle, die auf Anfrage und gegen Zigaretten u.U. die zerstörten libyschen Militäreinrichtungen vorführt.
Die folgende Piste ist zumeist sandig.
Km 336, **Ounianga Kébir** – S. I 17. (Beginn I 17.)

I 19: Bardai – Yebbie Bou – Miski – Faya (Largeau)

(12.93, Mercedes G) Piste (A/C/G/I).

Bardai – Dorf (N21°21.14/E17°00.01). (Ende I 20.) Meldung auf der Unterpräfektur notwendig. Grundnahrungsmittel erhältlich. Das Faß libyschen Dieselöls mit 200 l kostet 50 000 CFA (= 300 DM).
Achtung: Piste von Bardai nach N in das libysch besetzte Aozou ist vermint.
Verlassen Sie Bardai Richtung Osten.
Km 30, **Osouni** – Kontrollposten (N21°19.07/E17°10.48).
Die Piste führt nun teilweise durch bewohnte Täler, die vermint sein können. Fahren Sie peinlich genau in den frischen Spuren. Die neue, sehr steinige Piste folgt nicht dem Knick nach Norden östlich von Aderké bzw. Kamai, sondern verläuft zunächst genau östlich zur Wasserstelle von Torotorom, um dann mit leicht nördlicher Tendenz nach Osten weiterzuführen.
Km 150, **Yebbi Souma** – Malerisches Dorf ((N21°06.23/E17°57.13).
Km 186, **Yebbi Bou** – Dorf. Keine Einkaufsmöglichkeit.
Verschiedenes: Wasser in der Schlucht (für das Kfz keine Zufahrt). 4 km südlich eine kleine Quelle (N20°55.45/E18°07.43). Mit völlig intakten Geländefahrzeugen und örtlichem Führer kann unter Umständen von Yebbi Bou der Emi Koussi nördlich umfahren und der Weg nach Gouro gefunden werden. Von dort führt die reguläre Piste nach Ounianga Kébir.
Sehenswert: traumhafter Palmengarten in der Schlucht unterhalb des Dorfes.
Verlassen Sie Yebbi Bou Richtung Süden.
Km 190, eine kleine Quelle (N20°55.45/E18°07.43).
Es geht am höchsten – aber unauffälligen – Berg der Sahara, dem Emi Koussi, westlich vorbei.
Km 284, **Miski** – Dorf (N20°12.22/E18°03.00). Wasser an einem Brunnen im Miski-Tal (*enneri* heißt Tal), mitten auf der Piste, nahe beim Dorf.
Nach dem Verlassen des Tales schlängeln sich die vereinzelten Spuren durch wechselweise steiniges und sandiges Gelände, ohne erkennbare Piste südlich auf die große, gut erkennbare, markierte Piste von Faya (Largeau) nach Zouar zu.
Km 627, auf der Piste von Faya (Largeau) nach Zouar gelangt man an einen großen Haufen abgeladener, scharfer, libyischer Panzergranaten (N18°00.25/E18°14.48).

346 Durch Afrika

Km 658, Militärkontrolle (N18°05.33/E18°28.09).
Km 667, Militärkontrolle (N18°08.18/E18°31.45).
Beide Kontrollpunkte liegen bereits auf der nördlichen Umfahrung des verminten Pistenabschnittes westlich von Faya.
Faya – S. I 2.

I 20: Zouar – Bardai (180 km)

(12.93, Mercedes G) Piste (A/C/G/I). Ein Führer wird strikt empfohlen, um nicht in vermintes Gelände zu gelangen.

Zouar – S. I 2.
Verlassen Sie Zouar westlich durch eine grandiose Schluchtenlandschaft mit Felsgravuren an den Wänden.
Km 45, Talende (N20°25.36/E16°14.53). Das nach Norden führende breitere Arkiafera-Tal, vorbei an Wour und den Aiguilles de Sissé zum Korizo-Pass in Richtung Libyen, ist vermint, deshalb geht die Piste gleich nach Talende nach Norden auf kürzestem Weg zum Wasserloch von Sao (N20°36.48/E16°15.20). Wollen Sie zu den *aiguilles,* müssen Sie sich unbedingt einen ortskundigen Führer nehmen. Ebenfalls vermint ist das westlich von Zouar gelegene Tal zum Niger Enneri Mi und das südwestlich von Wour gelegene, ebenfalls nach Niger führende Tal Enneri Sidi Abakenar.
Km 98, **Yinde** – Wasserloch (N20°54.17/E16°32.32).
Km 103, Kraterrand des „Trou au Natron" (N20°56.28/E16°34.04) in 2300 m Höhe.
Es geht auf sehr staubiger, steiniger, wackeliger Piste nach Bardai.
Km 160, kleiner Wendekreisel mit Parkmöglichkeit zur Besichtigung des Tales von Gonoa (N21°18.26/E16°53.34).
Km 180, **Bardai** – S. I 19. (Beginn I 19.)

I 21: Wadi Doum – Fada (373 km)

(12.93, Mercedes G) Piste (A/C/G/I).

Wadi Doum – Tal.
Auf vereinzelten Spuren geht es eine vielfach benutzte Karawanenroute entlang. Sandige, streckenweise steinige Piste mit schwieriger Durchquerung eines kleinen Dünengebietes. Bei Erreichen des Ennedi-Gebirges eröffnet sich eine grandiose Landschaft mit herrlichen Felsnadeln in sandigen Ebenen. Wieder zunehmende, aber immer noch spärliche Besiedelung.
Fada – S. I 16. (Ende I 17, I 21; Beginn I 16.)

Aktuelle Reise-Informationen erhalten Sie Donnerstag Nachmittag von 15-19 Uhr unter Tel.0 89/28 20 32 in der Reise-Sprechstunde beim Därr-Expeditionsservice.

Tschad – Routenteil I 347

I 22: Ounianga-Kébir – libysche Grenze – Al Khofra (Libyen) (800 km)

(08.94, Toyota Landcruiser BJ 42/BJ 40) Hinweis: In umgekehrter Richtung aus Al Kofrah in Libyen abfahrend, ist die Strecke offiziell nur mit Erlaubnis der libyschen Behörden zu befahren. Diese wird durch Posten an den Ausfallstraßen kontrolliert. Da z.Zt. die südlichen Grenzen für Nicht-Araber offiziell gesperrt sind, dürfte es schwer sein, in den Besitz einer Genehmigung zu kommen.

Ounianga-Kébir – (s. a. I 17.) Paßkontrolle bei Polizei, Dorfchef, Militär (korrekt, höfliche Behandlung); Wasser am Brunnen des Seeufers (gut), auf dem Markt Lebensmittel spärlich und teuer aus Libyen; Dieseltreibstoff aus 200l-Fässern (Inhalt 180-190l) für 700 FF erhältlich (Dorfpolizist vermittelt). Bademöglichkeit im See (hoher Salzgehalt). Traumhafte Landschaft, die von dem Gegensatz zwischen türkisfarbenem Wasser, rotgelben Dünen, dem Palmenbestand und Palmhütten lebt. Offiziell kein Geldwechsel, FF werden akzeptiert. Ortsausgang O-Kébir: Kontrolle nicht bekannt. Umfahren des südl. Seendes Richtung **Ounianga-Sérir**, deutliche Lkw-Spuren nach NO. See bleibt in Sicht. Sandige Piste durch Hügel, Verlauf wie in IGN Largeau 1:1 Mio. im Quadi Zeringa.

Km 39: temporärer Wasserteich bei 19°08′27′′ N/20°50′03′′O. Ab hier verläuft die Piste etwa 10 km östl. der IGN-Piste durch Dünen an **Tékro** vorbei, bleibt deutlich erkennbar und sehr sandig (hohe Lkw-Spurrillen). Will man nach Tékro (19°28′93′′N/20°57′47′′O), muß man Dünen nach W überqueren; nahe dem verlassenen Franzosenfort (umliegend viel Bohrschrott, Fort nicht besonders sehenswert, da zerfallen) kleine Palmenoase mit etwas unfreundlichen Tubus. Evtl. Wasser erhältlich. Piste nimmt nach Tékro Kurs N und bei

Km 150 sogar Kurs NNW (335°). Weite und flache, z.T. tiefsandige Ebene. Lkw-Spuren fächern weit auf. Piste weicht streng von der IGN-Piste ab und trifft sie nie wieder (möglicherweise aufgrund des Tschad-Krieges und der Niederlage bei Maaten n′Sarra vermint, oder aber man will den Spuren der Niederlage aus dem Weg gehen).

Km 200: streng nördl. Verlauf (355°), deutlich zu erkennen. Umfahren des **Jef-Jef-Plateau**s westl. (Km 250). Grenze Tschad/Libyen bei 21°11′11′′N/20°41′10′′O, kein Posten. Deutliche Lkw-Spuren, Nordkurs, westl. des Jef-Jef-Plateaus, fester Sand.

Km 350: freistehender Fels wird nördl. umfahren. Nördl. der Piste zieht sich noch ein Plateaurand als Begrenzung hin (22°00′00′′N/20°52′46′′O). Spuren fächern weit auf. Achtung: Kursänderung nach Nordost (60°) entlang des nördl. Plateaurandes. 50 km/h möglich im Sand. Einfädeln in Felslandschaft bei

Km 465 (22°09′74′′N/21°21′53′′O). Alle Spuren laufen zusammen am letzten freistehenden Felsen des nördl. Plateaurandes; Piste verläuft durch Hügel, fester Untergrund.

Km 520: anschließend nordöstliche Piste in flachem Gelände. Im W Plateaurand in Sicht. Sehr staubig (Fech-Fech) im weiteren Verlauf bis **Kufrah.**

Km 650: weiterhin Kurs nordöstlich (45°), freistehende schwarze Felsen.

348 Durch Afrika

Km 700: sehr, sehr sandig, Lkw-Spuren nach NO folgen.
Km 770: erste Palmen des **Al Khofra-Archipel**s (24°10′31′′N/23°08′69′′O).
Definitiver Pisteneinstieg in Al Khofra-Ounianga Kébir-Richtung; wir fahren nach
Al Khofra aus Richtung Rabianah ein.
Km 800: Zentrum **Al Khofra.**

Notizen:

Tschad – Routenteil I 349

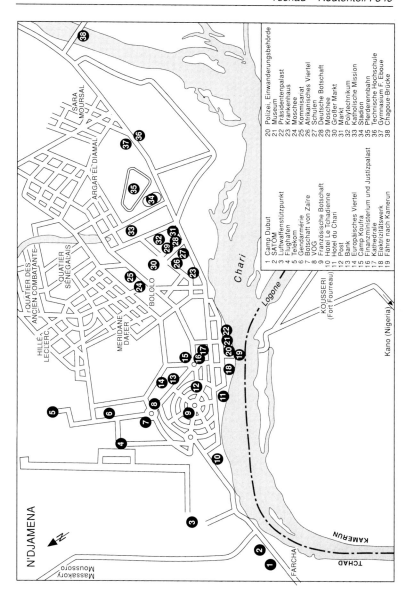

350 Durch Afrika

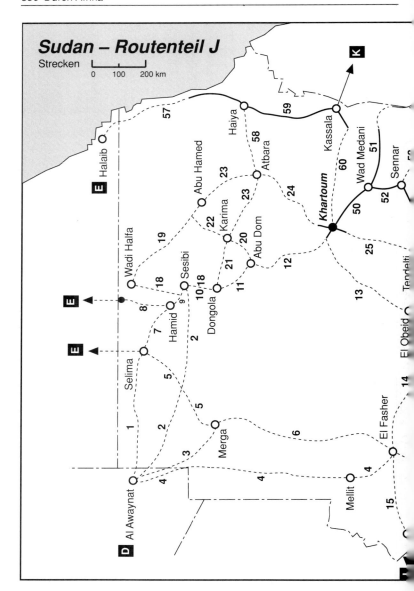

Sudan – Routenteil J 351

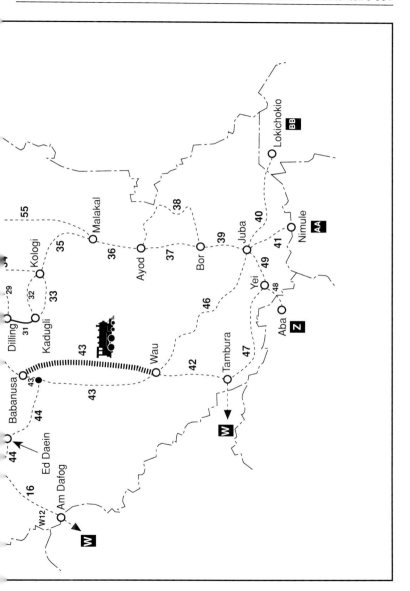

352 Durch Afrika

Sudan – Routenteil J

Überblick

Fläche: 2 505 813 km².

Einwohner: 26 587 000.

Ethnien: Araber, Nubier, Dinka, Nuer, Shilluk, Nuba u. a.

Hauptstadt: Khartoum (473 597 Einw.).

Sprachen: Amtssprache ist Arabisch, es gibt zahlreiche lokale Sprachen, Englisch ist bei Männern über 40 weit verbreitet. Die jüngere Generation spricht infolge der immer schlechter werdenden Bildungssituation, bedingt durch den Bürgerkrieg und die fundamentalistische Orientierung, immer weniger Fremdsprachen.

Religion: Staatsreligion Islam (50 – 60%), im Süden Naturreligionen.

Ruhetag: Freitag.

Feiertage: 1.1., 8.4., 1.5., 21.10., 23.10., 25.12., dazu zahlreiche islamische und christliche Feiertage.

Zeitverschiebung: + 1 Stunde; Sommerzeit: gleich.

Stromspannung: 220/240 V.

Einreise: Es gilt eine Visumpflicht für Deutsche, Schweizer und Österreicher. Reisende mit Sichtvermerken von Südafrika und Israel erhalten kein Visum. Das Visum im Heimatland sollte rechtzeitig beantragt werden, Bearbeitungszeit 4 bis 6 Wochen. Beim Antrag auf mehrmalige Einreise wird die Anfrage nach Khartoum geschickt – die Bearbeitungszeit ist entsprechend länger. In Kairo ist das Visum innerhalb von 6 bis 8 Wochen für 50 US-$ (Devisen werden verlangt) erhältlich. Schneller bekommt man ein Transitvisum (2 bis 3 Tage) für 7 Tage, das in Khartoum problemlos um 4 Wochen verlängert werden kann.

Impfung/Gesundheit: Gelbfieberimpfung ist bei Ankunft aus einem Infektionsgebiet und bei Reisen außerhalb der Städte vorgeschrieben. Malariaprophylaxe dringend empfohlen. Informieren Sie sich beim zuständigen Gesundheitsamt.

Kontrollen: In jedem Ort bei der Polizei melden, im Süden auch nur bei Durchfahrt.

Währung: Pfund (£) zu 100 Piastern. Es gibt im Sudan einen offiziellen und einen Freimarktkurs:
Offizieller Kurs: 1 DM = 977,27 Pt. (9,77 £), 100 Pt. = 10,23 DM
Freimarktkurs: 1 DM = 1954 Pt. (19,52 £), 100 Piaster = 5,11 DM.
Ein- und Ausfuhr von £S verboten. Ausländische Währungen unbeschränkt, müssen aber ab dem Gegenwert von 1000 US-$ deklariert werden. Ausfuhr deklarierter Betrag abzüglich Umtausch.

Kfz: Internationaler Führerschein und Kfz-Schein; *carnet de passage* ist nicht erforderlich.

Treibstoffpreise: 1 Gallone (4½ l): Super 12 £S; Diesel 5 £S. Treibstoff ist sehr schlecht erhältlich, nach Möglichkeit sollte versucht werden, den gesamten Bedarf für die Sudandurchfahrt mitzuführen. Ist dies nicht möglich, kann versucht werden in Dongola von libyschen Lkw-Fahrern Diesel zu erwerben oder in Khartoum offiziell zu kaufen (Tip: bei der *security police* fragen!).

Straßenzustand: Kaum Asphaltstraßen, zumeist schlechte Pisten, im Süden in der Regenzeit selten befahrbar; beachten Sie die Streckenbeschreibungen.

Grenzen: Einreise von Ägypten aus offiziell zur Zeit nicht mehr möglich, da die Grenzen geschlossen sind und der Fährbetrieb bis auf weiteres eingestellt wurde. Die Straßenverbindung Abu Simbel – Wadi Halfa ist von ägyptischer Seite gesperrt, Genehmigungen werden zur Zeit nicht erteilt (siehe dort). Wegen der überall im Land vorherrschenden Unsicherheit vor Reiseantritt informieren. Als Alternative bietet sich die Fährverbindung Suez – Djidda – Port Sudan (bzw. Suakin) an (s. Routenteil E – Ägypten). Der Süden des Landes ist für Reisende gesperrt, d. h. die Weiterreise in die Zentralafrikanische Republik ist aufgrund des Bürgerkriegs derzeit nicht möglich, ebenso nach Kenia. Die Weiterreise in den Tschad ist durch häufige Überfälle sehr unsicher (nur über El Geneina möglich). Nach Eritrea ist die Strecke über Kassala frei, nach Äthiopien die Strecke über Gedaref (letztere mit Genehmigung aus Khartoum; Visum für Äthiopien und/oder Eritrea im Sudan nicht erhältlich!). Das dt. Auswärtige Amt versendet Kurzberichte zur aktuellen Ein- und Ausreisesituation.

Sicherheit: Derzeit ist ohne Risiken nur ein Bereisen der nördlichen Landesteile möglich. Im Süden herrscht Bürgerkrieg, diese Gebiete sind lebensgefährlich. Die Gegend in Richtung Zentralafrikanische Republik (Wau) sind angeblich jetzt wieder in nordsudanesischer Hand und evtl. zu bereisen (unbedingt in Khartoum erkundigen). Der Westen des Landes entlang der Tschadgrenze ist durch immerwährende Grenzkonflikte sehr unsicher. Viele Überfälle und militärische Auseinandersetzungen.

354 Durch Afrika

Literatur und Landkarten:
Reiseführer: B. Streck, „Sudan", DuMont Verlag; „Sudan" Conrad Stein Verlag, mit praktischen Infos.
Landkarten: Übersichtskarte Michelin 954, Nord- und Ostafrika, 1:4 000 000. Russische Generalstabskarten im Maßstab 1:500 000 (z.B. bei Därr Expeditionsservice oder ILH Stuttgart erhältlich).
Hintergrund: B. Selby, „Ah Agala!", Serie Piper Abenteuer (mit dem Fahrrad zu den Quellen des Nil). O. Itten, „Fungor", über die Zerstörung der Nuba-Kultur.

Geschichte: Reiche wie Meroë, Napata und Kusch prägten die Geschichte des Nordsudan noch lange nach dem Zerfall des pharaonischen Ägypten. In ihrer Nachfolge fungierten die Königreiche Dongola, Nobatia und Alodia fast 2000 Jahre lang als Mittler zwischen den Reichen am Oberlauf des Nil und den „Fanggründen" für Sklaven und Elfenbein im Süden des heutigen Sudan. Zwischen 1820 und 1876 eroberten ägyptische Truppen, unterstützt von den Briten, den Sudan. Für kurze Zeit gelang es einer religiösen und politischen Erneuerungsbewegung unter dem „Mahdi" (Erlöser), die Besatzer aus Khartoum zu vertreiben, doch bereits 1898 konnten die Briten das verlorene Territorium wieder zurückerobern. Während die britische Kolonialverwaltung eine Aufteilung des Gebietes anstrebte, die den muslimisch-arabischen Nordsudan Ägypten, den christlich-animistischen Süden Uganda zugeschlagen hätte (sogar Eheschließungen zwischen Nord- und Südsudanesen wurden für illegal erklärt, um die Teilung voranzutreiben), strebte die Unabhängigkeitsbewegung die Einheit des Territoriums an. 1955 wurde der Sudan unabhängig.

Politik: Der ethnisch wie religiös bedingte Gegensatz zwischen dem muslimischen Norden und dem christlich-animistischen Süden des Sudan hat dem unabhängigen Staat ein Konfliktpotential hinterlassen, das maßgeblich seine jüngere Geschichte prägt. Der Bürgerkrieg zwischen den verfeindeten Landesteilen ist fast ebenso alt wie die Unabhängigkeit selbst. Während in Khartoum mit Numeiri und seinem per Putsch 1989 an die Macht gekommenen Nachfolger El-Beshir immer Vertreter des arabischen Nordens die Regierungsgewalt innehaben, kämpft im Süden die SPLA unter John Garang um die Unabhängigkeit. Maßnahmen wie die Einführung der Sharia (islamisches Gesetz) als Rechtskodex für das ganze Land haben die Spannungen nur noch verschärft. Die Regierung isoliert sich wegen des zunehmenden Einflusses des islamischen Fundamentalismus zusehends vom Westen, gute Beziehungen werden v. a. zum Iran aufrechterhalten. Im Gefolge des Bürgerkriegs leidet der Süden des Landes unter massiver Unterversorgung mit Lebensmitteln; Noteinsätze der Hilfsdienste scheitern an den Kämpfen und an der „Aushungerungspolitik" des Nordens, der Hilfsmaßnahmen nicht zuläßt. Ein Ende des Bürgerkriegs ist nicht absehbar, auch wenn in letzter Zeit Gerüchte umgehen, daß eine Abspaltung des Südsudans vom Norden auch von der Regierung in Khartoum nicht mehr ausgeschlossen wird.

Sudan – Routenteil J 355

Routeninformationen

J 1: Al Awaynat (ehemals Uweinat, Libyen) – sudanesische Grenze – Selima (490 km)

(Alt) Piste (A/D/H/I). Streckenverlauf meist abseits der Piste; Satellitennavigation notwendig. Die Formalitäten für die Ausreise aus Libyen sind in Al Awaynat zu erledigen. Von libyscher Seite werden Touristen keine Ein- und Ausreisegenehmigung in Richtung Sudan erteilt und bereits in Kufra die Weiterfahrt untersagt. In Kufra erkundigen. Ausgesprochen einsame und schwierige Strecke. Nur wirklichen „Wüstenfüchsen" empfohlen.

Al Awaynat – S. D 22. (Ende D 22; Beginn J 2, J 3 und J 4.)
Verlassen Sie Al Awaynat in östlicher Richtung.
Km 30, die Grenze ist mit einem Metallschild markiert. Die Spuren werden hier deutlicher und verlaufen erst Richtung Osten, dann mehr und mehr Richtung Norden. Nicht nach Norden, sondern Richtung Osten weiterfahren, zwischen dem Jebel Awaynat (links) und dem Jebel Kissu (rechts), einer südöstlich vom Jebel Awaynat gelegenen Spitze, hindurch. Der Boden ist sehr steinig.
Km 230, zwei langgestreckte Dünen (*barkane*), die im Norden zu umfahren sind. Unmittelbar hinter diesen Dünen liegt ein aufgegebenes Treibstofflager (Ölfässer und 4-Gallonen-Benzinkanister mit der Aufschrift „Air fuel".) Den mit diesen Kanistern errichteten Markierungen ist nicht zu trauen, da es in der Wüste davon wimmelt. Richtung Ostsüdost weiterfahren.
Km 410, man kommt zurück auf die alte Karawanenstraße, genannt „Straße der 40 Tage", die circa 30 km Richtung Osten verläuft und dann nach Nordost in Richtung Selima abbiegt.
Selima – S. E 9. (Ende E 9; Beginn J 5 und J 7.)

J 2: Al Awaynat (Libyen) – sudanesische Grenze – Jebel Kissu – Sesibi (670 km)

(Alt) Piste (A/D/H/I). Streckenverlauf abseits der Piste; Satellitennavigation notwendig. Formalitäten für die Ausreise aus Libyen in Al Awaynat erledigen. Ausgesprochen einsame und schwierige Strecke. Nur wirklichen „Wüstenfüchsen" zu empfehlen (siehe Anmerkungen zu J 1).

Al Awaynat – S. D 22. (Ende D 22; Beginn J 1, J 3 und J 4.)
Al Awaynat in Richtung Jebel Kissu verlassen und südlich an diesem vorbeifahren.
Km 40, nach Südost halten.
Km 66, Beginn einer niedrigen von Nordost nach Südwest verlaufenden Bergkette.
Km 72, Überfahren einer kleinen Paßhöhe.
Km 73, einige Dünen.
Die Spuren führen dann immer mehr nach Süden und verlieren sich in einer sehr sandigen Region, in der man auf mehrere Hügel trifft.

356 Durch Afrika

Danach grobe Richtung Südsüdost. Man folgt hier zweifellos der Piste, auf der 1925 Prinz Kemal el-Din fuhr (s. „Carte générale de l'Afrique", 1:1 000 000, Blatt NF 35, Awaynat).

Km 100, Beginn eines hügeligen Gebietes. Viele Spurrillen.

Ca. Km 180, Spuren werden schwächer und hören auf. In Richtung Osten weiterfahren.

Km 275, Dünenketten *(barkane),* die voneinander durch festen Untergrund getrennt sind. Eine Überquerung ist nach 6 km in südlicher Richtung möglich.

Km 360, Querung der Piste von Selima nach Laqiyat el-Umran, die Nordnordost/Südsüdost ausgerichtet ist (J 5).

Km 376, Überquerung einer flachen Düne, danach Weiterfahrt auf steinigem Boden bis Km 400 (einige kleinere Dünen).

Km 440, erneut eine Kette kleinerer Dünen *(barkane)* mit einer Breite von ca. 10 km, die durch kurze Zonen härteren Bodens voneinander getrennt sind; wenn man hier entlangfährt, vermeidet man Einsinken in den Sand.

Danach bei Weiterfahrt in Richtung Osten (diese Richtung ist möglichst beizubehalten) mit größeren Steinbrocken durchsäte Sandsteinschichten, die von sandigen Tälern unterbrochen werden.

Ab Km 485 „Wald" mit versteinerten Bäumen auf 50 km Länge. *Hammada* mit außergewöhnlichen Farben, die sich bis zum Nil hinzieht und von sandigen Tälern und kleinen Zeugenbergen durchschnitten wird.

Km 667, Spuren in Richtung Süden und nach Dongola (J 10.) Nach Osten weiterfahren.

Sesibi – Malerischer Ort am Nil. Bevölkerung sehr sympathisch und gastfreundlich. Wasser. (Beginn J 10; Ende J 9.)

In der Umgebung: zahlreiche Tempelruinen.

J 3: Al Awaynat (Libyen) – sudanesische Grenze – Merga (ca. 400 km)

(Alt) Piste (A/D/H/I). Streckenverlauf abseits der Pisten; Satellitennavigation notwendig. Russische Generalstabskarten 1:500 000 mitnehmen. Für die Formalitäten für die Ausreise aus Libyen siehe D 22. Nur wirklichen „Wüstenfüchsen" empfohlen (siehe Anmerkungen zu J 1).

Al Awaynat – S. D 22. (Ende D 22; Beginn J 1, J 2 und J 4.)

Al Awaynat wird in Richtung Süden verlassen. Weiter geht es entlang eines Berges, der links von der Piste liegt. Unmittelbar dahinter in Richtung Osten abbiegen und ein Dünengebiet durchqueren. Danach weiter Richtung Süden fahren bis zu einer Art Gang zwischen zwei Dünen. Am Ausgang dieses Ganges nach links, Richtung Nordost, abbiegen und weiterfahren bis zur Merga-Senke. Schlechte Piste nördlich von Merga. Den Merga-See umfährt man ca. 15 km östlich.

Merga – Oase. See und Palmen. Schöne einsame Region.

(Beginn J 6; Ende J 5.)

Sudan – Routenteil J 357

J 4: Al Awaynat (Libyen) – sudanesische Grenze – El Fasher (ca. 980 km)

(Alt) Piste (A/D/H/I). Schwierige, einsame Wüstenstrecke, keinerlei Touristenverkehr; nur solange es friedlich ist, von Lkw-Konvois, die sudanesische Gastarbeiter nach Libyen bringen, befahren. Kompaß dringend erforderlich, Satellitennavigation empfehlenswert. Strecke nur für wirkliche „Wüstenfüchse" (s. Anmerkungen zu J 1).

Al Awaynat – S. D 22. (Ende D 22; Beginn J 1, J 2 und J 3.)
Al Awaynat in Richtung Süden verlassen. Zauberhafte Landschaften; je weiter man Richtung Süden fährt, desto dichter wird die Vegetation.
Ca. 100 km nördlich von Mellit (J 6) stößt man auf die ersten Siedlungen (seßhafte Ackerbauern und Rinderzüchter).
In Amara Gedid (40 km im Norden von Mellit) teilt sich die Piste in zwei Richtungen. In Richtung Westen über Kutum nach El Fasher abbiegen.
El Fasher – 730 m. Provinzhauptstadt. Verpflegung. Wasser. Treibstoff (rationiert, Diesel jedoch ohne Probleme an der „Shell"-Tankstelle erhältlich).
(Beginn J 15 und J 16; Ende J 6 und J 14.)
Verschiedenes: Läden mit Fahrzeugzubehör. Post. Bank. Flughafen. Restaurants. Die Reiseerlaubnis erhält man schnell und kostenlos beim *immigration office*.

J 4a: El Fasher – Mellit – Karabatum – Al Awaynat (Libyen)

(12.93, Mercedes G) Piste (A/D/H/I). Achtung: die Einreise nach Libyen aus dem Sudan über Al Awaynat wird von den Libyern nur Arabern gestattet. Da Touristen auch die Ausreise in den Sudan verweigert wird, hängt man in der Luft (allerdings haben die Sudanesen nichts gegen eine Einreise aus Libyen). Die ersten 900 km sind tiefer, weicher Sand (keine Dünen), der zu exorbitantem Treibstoffverbrauch führt (Mercedes 290 GD 40 l/100 km). Satellitennavigation erforderlich.

El Fasher – S. J 4. Mittwoch und Sonntag geht ein Lkw-Konvoi nach Kufra ab. (Ende J 4, J 6, J 14; Beginn J 15, J 16.)
Fahren Sie Richtung Norden auf tiefen, sandigen Spuren aus El Fasher heraus. Sie erreichen riesige, rötliche, sehr flache, bewachsene Sandfelder.
Km 36, **Umm Marahik** – Dorf (N13°58.32/E25°27.47). Praktisch keine Versorgungsmöglichkeit.
Es geht in tiefen Sandspuren weiter.
Km 71, **Mellit** – Städtchen (N14°07.39/E25°32.06). Relativ gute Versorgungsmöglichkeit. Markt. Zollamt. Polizei. *Security*. Gutes Wasser an einem Motorbrunnen. Ausreiseformalitäten erledigen. Besorgen Sie sich den gesamten Treibstoff bis Kufra. Kalkulieren Sie den hohen Verbrauch ein (über 40 l/100 km). Sollte der Treibstoff knapp werden, fragen Sie libysche Lkw-Fahrer.
Km 101, **Sayah** – Dorf (N14°18.40/E25°45.26). Brunnen. Kleine Läden.
Km 147, **Madu** – Dorf (N14°36.08/E26°02.18).

358 Durch Afrika

Km 205, **Malha** – Dorf (N15°05.25/E26°09.36).

Sehenswert: der nordöstlich liegende ca. 80 m tiefe Krater mit Salzsee von Malha (N15°07.39/E26°10.32). Er liegt in einem vom Ort aus gut sichtbaren Vulkan und dient den Nomaden als Viehtränke und Salzlager. Mit dem Geländewagen kann bis zum Kraterrand gefahren werden.

Die Piste ist nun unmarkiert.

Km 249, Dorf (N15°23.15/E26°03.16).

Km 287, **Harra** – Lkw-Rastplatz (N15°35.17/E26°14.52).

Km 387, die Vegetation endet hier.

Km 447, **Wadi Howar** – Geländepunkt (N16°57.26/E26°04.04).

Vom Wadi Howar führen viele, weit auseinanderlaufende, auf weiten Strecken verwehte Spurenbündel durch tiefen Sand nach Norden.

Km 747, teilweise kiesiger, steiniger Untergrund.

Km 847, **Karabatum** – Sudanesischer Polizeistützpunkt (N20°12.00/E25°19.00). Meldung erforderlich, der Paß wird registriert. Notfalls ist Wasser erhältlich. Hier passieren auch die Lkw und allradgetriebenen Busse von Kufra kommend Richtung Dongola (ca. 600 km). Diese Piste sei weit weniger sandig als die von Mellit kommende.

Km 1047, **Al Awaynat** – S. D 22. (Ende D 22; Beginn J 1, J 2, J 3, J 4.)

J 5: Selima – Merga (ca. 480 km)

(Alt) Piste (A/D/H/I). Streckenverlauf weitgehend abseits der Piste; Satellitennavigation erforderlich. Schwierige Wüstenstrecke durch hügeliges, steiniges, zeitweise sandiges, einsames Gelände ohne jeglichen Verkehr, nur wirklichen „Wüstenfüchsen" empfohlen

Selima – S. E 9. (Ende E 9 und J 1; Beginn J 7.)

Selima in Richtung Südsüdost verlassen (230 Grad).

Km 20, Überquerung eines Felsriegels, der das Ende des Selima-Kessels darstellt.

Bis Km 36 in Richtung 210 Grad weiterfahren. Vereinzelte Markierungen, seltene Spuren von Kamelen.

Bis Km 41 halten Sie sich Richtung 235 Grad, danach bis Km 48 nach 250 Grad.

Schließlich mit 210 Grad bis Km 52 weiterfahren, wo man eine Ost-West-Piste („Convoy route 1934") quert. Unzureichende Markierung durch Metallstangen und 4-Gallonen-Ölkanister.

Auf der westlichen Piste mit 270 Grad bis zu Km 70 weiterfahren, wo die Piste eine abrupte Biegung nach Norden macht. An diesem Punkt hat der Reisende zwei Möglichkeiten:

a) Piste über Laqiyat Umran (nicht ratsam). In der Biegung die markierte Süd-West-Piste (214 Grad) verlassen und durch sandige, kiesige Becken bis Km 100 weiterfahren.

Von da ab bis Km 170 in Richtung 230 Grad weiterfahren. Markierung durch einzelne Steinmännchen, zahlreiche scharfkantige Steine.

Sudan – Routenteil J 359

Dann Orientierung auf 210 Grad bis Km 220, wo man den Jebel el-Bik erreicht, der den Eingang in den Laqiyat-Umran-Canyon darstellt. Das Gefälle auf der Kamelpiste in den Canyon ist durch ein Dutzend Steinmännchen markiert. Diese Piste endet in der riesigen Düne, die den Canyoneingang versperrt. Einen anderen Eingang viel weiter im Westen suchen – der Canyonausgang ist jedoch für ein Fahrzeug so gut wie nicht befahrbar.

Wir kennen die weitere Strecke zwischen dem Ausgang und Merga nicht, sie dürfte jedoch über leichtes Gelände führen.

b) West-Piste nach Laqiyat Umran. Nach der Biegung bis Km 200 (felsige Erhebung von Burg-el-Tuyur, 230 m) nach 264 Grad halten.

Von dort an mit 215 Grad weiter quer durch flaches, leichtes Gelände bis Km 470, wo man die Gebirgsregion von Merga erreicht. Der Zugang zur Oase ist vom Norden her durch eine schwierig zu überquerende Wanderdüne versperrt.

Merga – S. J 3. (Ende J 3; Beginn J 6.)

J 6: Merga – El Atrun – Wadi Howar – El Fasher
(ca. 710 km)

(Alt) Piste (A/D/H/I). Fahrstrecke abseits der Pisten; Kompaß dringend erforderlich, Satellitennavigation empfehlenswert. Nur wirklichen „Wüstenfüchsen" angeraten. Man sollte versuchen, sich die alten vom Survey Department, Khartoum, herausgegebenen 1: 250 000 Karten zu besorgen (schwierig zu finden) oder die russ. Generalstabskarte 1:500 000.

Merga – S. J 3. (Ende J 3 und J 5.)

Merga in Richtung Süd-Südwest verlassen; Durchquerung einer steinigen Region. Den alten Spuren folgen.

Einige deutliche Spuren führen nach El Atrun; dann in Richtung Süden weiterfahren, anschließend nach Südsüdost. Die Piste führt in Slalomkurven durch eine mit Granitblöcken durchsäte Gegend, dazwischen Weichsandstrecken. Einige Steinmännchen.

Kurz vor El Atrun tauchen links im Osten charakteristische Bergformationen auf, die von einer Reihe von teilweise schwer überquerbaren Wanderdünen gefolgt werden.

El Atrun – Wichtiger Karawanenknotenpunkt. Büsche. Wasser nur, wenn die Pumpe funktioniert. Polizeistation. Manchmal halten sich hier auch einige Nomaden auf. Zeltlager und einige feste Häuser etwa 3 km südlich der hohen Berge in der Oase südöstlich von El Atrun (Polizeistation, Wasser und manchmal Diesel).

Südlich von El Atrun nicht den Kamelpisten folgen, die nahezu alle als Sackgassen enden, sondern nach Südost, danach Richtung Südsüdost auf der Lkw-Piste weiterfahren. Überquerung von weiten sandigen Flächen, wo vereinzelt Gras wächst.

Wadi Howar – Hohe Bäume. Wasser. Pumpstation außer Betrieb. Zwischen Wadi Howar und Wadi Magrur führt die Route über weite sandige Flächen, die ab und an von leicht zu überquerenden Dünenketten durchbrochen werden.

360 Durch Afrika

Wadi Magrur – Bewohnter Ort. Außergewöhnlich malerisch. Wasser. Pflanzungen. Anschließend fährt man über den Meidob-Hills-Canyon (sehr schöne Landschaft) in Richtung Malha weiter.
Malha – Krater mit einem See in der Mitte.
Gut sichtbare Spuren von leichten Fahrzeugen bis Mellit.
Mellit – S. J 4a.
Gute Piste bis El Fasher.
El Fasher – S. J 4. (Ende J 4 und J 14; Beginn J 15 und J 16.)

J 7: Selima – Hamid (ca. 130 km)

(Alt) Piste A/D/H/I. Einsame Strecke, kaum befahren, Satellitennavigation erforderlich.

Selima – S. E 9. (Ende E 9 und J 1; Beginn J 5.)
Die Piste führt geradeaus Richtung Südosten. Anfangs sind zahlreiche felsige Stufen zu überfahren, danach Sand- oder *serir*-Felder.
Die letzten Kilometer vor Erreichen des Nil sind bergig. Der Berg Abri, am östlichen Flußufer und bereits von großer Entfernung aus sichtbar, dient als Orientierungspunkt.
Hamid – Hübscher Ort, zauberhafte Landschaft, gastfreundliche Bevölkerung. Verpflegung (kleiner Laden). Gutes Wasser (Brunnen). Geldwechsel im Laden möglich. Polizeistation, Zoll und Einwanderungsstelle. Kein Treibstoff.
(Beginn J 9; Ende J 8.)

J 8: Ägyptische Grenze – Amara-Tempel – Hamid (ca. 185 km)

(Alt) Piste (A/D/H/I/K).

Ägyptische Grenze – S. E 22. (Ende E 22.)
Nach Passieren des ägyptischen Grenzübergangs führt die Piste weiter nach Südwesten und entfernt sich immer mehr vom Fluß. Kein Verkehr, keine Markierung, häufiger Weichsand. Die Fahrt führt mehr oder weniger entlang der Kamelpiste von Ägypten in den Sudan, die häufig durch Steinkegel markiert ist.
Ungefähr bei Km 95 erreicht man den See; gegenüber, am anderen Ufer, liegt ein Dorf. Die Piste verläuft dann über Weichsanddünen und entfernt sich erneut vom Nil.
Ungefähr bei Km 105 großes, so gut wie unbewohntes Dorf am Fluß. Hier biegt die Piste wieder ins Landesinnere ab und überquert einen Gebirgszug. Kieshügel mit ziemlich steilen und schrägen Hängen.
Ca. Km 125, **Kulb** – Dorf. Keine Versorgungsmöglichkeit. Herzlicher Empfang, hübsche Lage auf einem Hügel.
Die Piste führt auf der anderen Seite des Hügels wieder hinunter nach SW und überquert weitere Hügel. Weichsand. Gazellen.

Ungefähr bei Km 140 stößt man wieder auf den Nil, an dem die Route dann mehr oder weniger entlangführt. Piste gut markiert (passiert mehrere Ortschaften).

Ca. Km 155, die Piste biegt nach Westsüdwest ab (Weichsand), umfährt die Dünen und durchquert eine weite Ebene, um sich dann allmählich ab Km 175 wieder Richtung Südsüdwest zu orientieren. Gefährliche Dünen.

Ca. Km 185, **Hamid** – S. J 7. (Ende J 7; Beginn J 9.)

J 9: Hamid – Sesibi (ca. 180 km)

Piste (A/D/H/I), nicht markiert, führt durch trockene von Felsen versperrte Flußtäler. So nahe wie möglich am Fluß bleiben.

Hamid – S. J 7. (Ende J 7 und J 8.)
Seddenga-Tempel – Bereits zerfallenes Bauwerk aus der Zeit von Amenophis III. Unweit einige ebenfalls stark beschädigte Pyramiden.
Die Gegend wird von zahlreichen Bauern bewohnt.
Sulb-Tempel – Tempel aus der Zeit von Amenophis III., erinnert an den von Luxor (s. E 20), schöne Basreliefs.
Sesibi – S. J 2. (Ende J 2; Beginn J 10.)

J 10: Sesibi – Dongola (147 km)

Piste (A/D/H/I) nicht markiert, entlang des Nils. Fahrrinnen, ausgetrocknete Flußtäler, steile Steigungen und Gefälle. Freundliche Bevölkerung, interessante lokale Architektur (Häuserfronten sind oft geschmückt und mit Fetischen behängt). Mühsame Strecke mit tiefen Spurrillen entlang des Nils – landschaftlich sehr schön.

Sesibi – S. J 2. (Ende J 2 und J 9.)
Dongola – Stadt. Gute Infrastruktur. Treibstoff. Bank. Markt. Hotels und Restaurants. Bei der Polizei melden. (Beginn J 11 und J 21; Ende J 18.)
In der Umgebung: Kawa (drei Tempel) am rechten Nilufer (Fähre).

J 11: Dongola – Debba – Abu Dom (177 km)

(01.91, Yamaha XT 600) Die Piste (A/C/H/I) ist zumeist nicht markiert und folgt mehr oder weniger dem Lauf des Nils. Weichsand. In den Ortschaften tiefe *fesch-fesch*-Löcher mit Spurrillen von Lkw.

Dongola – S. J 10. (Ende J 10 und J 18; Beginn J 21.)
Wellblech bis El Khandaq.
El Khandaq – Dorf. Keine Versorgungsmöglichkeit.
Sehenswert: Überreste der Befestigungsanlagen und die malerische Architektur.
Km 76 ab Dongola, Beginn zahlreicher sandiger Passagen und tiefer Fahrrinnen.

362 *Durch Afrika*

Km 125, die Piste wird undeutlich. Folgen Sie nicht den vielen nach Süden führenden Spuren, sondern bleiben Sie am Nil.

Debba – Dorf. Wichtiger Treffpunkt für Karawanen, die vom Süden des Landes kommen. Verpflegung. Fähre über den Nil.
Sehenswert: der Markt.
Abu Dom – Weiler. Lebensmittelversorgung schwierig. Markt am Samstag. Restaurant. (Beginn J 12 und J 20.)

J 12: Abu Dom – Omdurman – Khartoum (367 km)

(01.93) Piste (A/C/H/I/J), von Juli bis September nicht befahrbar; mit weißen Stangen markiert. Landschaften im Oktober und November üppig grün, sonst wüstenartig. Die Bevölkerung dieser Region ist sehr arm.

Abu Dom – S. J 11. (Ende J 11; Beginn J 20.)
Man fährt am Nil entlang bis zur Ortschaft Ganetti (circa 10 km östlich von Abu Dom); dort sucht man den Lkw-Treffpunkt („Relais de Gabolab"), von wo aus die Piste nach Khartoum abgeht. Dann Richtung Südsüdost fahren.
Km 17, Beginn der Gebirgsregion.
Km 63, einige Nomadenhütten und Brunnen.
Km 80, Fahrt auf einen Hügel.
Km 106, Brunnen und Weiler
Km 128, Beginn einer weiten Ebene.
Km 160, Weiler (fünf oder sechs Häuser).
Km 203 und 209, weitere Weiler.
Bis Km 273, Wellblech und tiefe Fahrrinnen. Danach besser.
Km 287, einige Nomadenhütten auf der rechten Seite.
Km 309, alleinstehendes Haus.
Km 307 bis 317, sehr sandiger, steiler Hang mit tiefen Fahrrinnen.
Km 319, Häuser beiderseits der Piste.
Km 339, Ort mit Brunnen.
Omdurman – 378 m, 500 000 Einw. Stadt. Gute Infrastruktur.
Sehenswert: die *souks* (vielfältiges Kunsthandwerk), die alten Derwischklöster, das „Khalifa-Haus" (Museum) und das Mausoleum des Mahdi.
Khartoum – 378 m, 500 000 Einw. Hauptstadt. Gute Infrastruktur. Innerhalb von 3 Tagen beim *aliens registration office* melden (nahe BRD-Botschaft). (Beginn J 13, J 25, J 50 und J 60; Ende J 24.)
Unterkunft: beste Hotels: „Arak" und „Méridien"; der „Deutsche Club" (Kost und Logis) ist in der First Street, südl. der Straße zum Flughafen, wo die Nationalstraße in Richtung Wad Medani weiterführt, unweit vom Zwischenlager der „Sudan Airways Cargo" (dort rechts abbiegen, ca. 35 000 £S/DZ mit Klimaanlage), Möglichkeit zu campen. Jugendherberge, El-Tabia-Street, im östlichen Teil von Khartoum (am Bahnhof, kurz vor der Polizeistation, ca. 20 £S/Person).
Sehenswert: der Zoo, das sudanesische Nationalmuseum (interessante prähistorische und historische Sammlungen), das ethnographische Museum (aus-

Sudan – Routenteil J 363

gestellt sind Objekte sämtlicher Stämme des Landes) und der Zusammenfluß von Weißem und Blauem Nil. Keine historischen Monumente (die Stadt entstand erst zur Kolonialzeit).

Verschiedenes: in Khartoum nicht fotografieren. Das Innenministerium stellt die Genehmigungen für die Weiterfahrt in den Süden und den Westen (Richtung ZAR) des Landes sowie Benzingutscheine aus (Reserven für Fahrten in den Süden sind unerläßlich). Die Botschaft des Tschad stellt Visa aus (Empfehlungsschreiben erforderlich, ca. 400 £S). Tickets für Flüge ins Ausland können nur gegen Vorlage einer offiziellen Wechselbescheinigung erstanden werden; diese Bescheinigung wird nur von drei Banken ausgestellt; den Fluggesellschaften ist deren Adresse bekannt. Die Botschaft von Äthiopien stellt Visa aus (nicht nur zur Einreise mit dem Flugzeug, sondern auch mit dem Kfz, siehe hierzu im allgemeinen Teil von Äthiopien). Die Botschaft von Eritrea ist geschlossen, Grund: Vorwurf der Regierung Eritreas, der Sudan „unterwandere" den Demokratisierungsprozeß durch Unterstützung von Guerillas. Die Grenze in Kassala kann allerdings von Ausländern mit Visum passiert werden. Mercedes-Vertretung mit deutschem Meister „Yousif Mohamed El Ashi & Sons" (westlich der El-Hurriya-Street). Zahnarzt Dr. Mahir Saad Mehanna im Stadtteil Rias.

J 13: Khartoum – Bara – El Obeid (451 km)

Asphalt bis Omdurman, wo die (schwierig zu findende) Piste nach Süden beginnt, danach Piste (A/C/H/I). Vorsicht, von der direkten Piste Khartoum – Sodiri – El Fasher wird stark abgeraten; die Behörden stellen für diese Strecke auch keine Fahrerlaubnis aus (große Gefahren durch nicht politisch motivierte, gut organisierte Räuberbanden); die Polizei stellt auch Einheimischen in leichten Fahrzeugen keine Eskorte zur Verfügung. Alternative: Asphaltstraße von Khartoum über Kosti nach El Obeid.

Khartoum – S. J 12. (Ende J 12 und J 24; Beginn J 25, J 50 und J 60.)

Km 47, Militärcamp.

Km 61, Beginn des Qoz Abu Dulu. Die Piste wird sandiger und führt durch die letzten Ausläufer einer Dünenreihe. Tiefe Spurrinnen.

Ca. Km 107, Ende des Qoz Abu Dulu; leichtes Wellblech.

Km 125, Brunnen, einige Häuser aus getrocknetem Schlamm und Strohhütten.

Km 137, **Umm Inderaba** – Dorf.

Bis Km 159, Piste stark beschädigt (tiefe Spurrinnen) auf grasbewachsener Ebene.

Km 239, Weiler (zwei Häuser) gekennzeichnet durch ein Schild mit arabischer Aufschrift.

Ab Km 248, sehr tiefe Spurrinnen, die vom Lkw-Verkehr in der Regenzeit herrühren.

Km 293, **Gabra** – Dorf.

Die Piste nach Bara ist schwierig zu finden. Nicht den Hauptspuren folgen (die Piste führt hinauf in Richtung Nordwesten nach Hamrat-el-Wuz), sondern nach Südwesten fahren. Weichsand, die Gegend ist mit dichtem Buschwerk bewachsen.

364 *Durch Afrika*

Km 311, die Piste wird besser.

Km 313, Dorf.

Danach erneut sehr sandiges Pistenstück durch Steppenlandschaft (mehr Vegetation). Sehr tiefe Fahrrillen, kein Ausweichen möglich, da links und rechts der Piste dichtes Buschwerk wächst.

Km 345, großes Dorf.

Km 379, Dorf. Die Piste wird etwas besser, die Fahrrillen sind weniger tief.

Km 375, Dorf. Hübsche Hütten mit Graszäunen.

Km 380, **Bara** – Kleiner Marktflecken.

Danach führt die Route an einer Telegrafenleitung entlang; die Piste ist sehr stark ausgefahren, v. a. zwischen den Km 392 und 415, und sehr sandig.

Km 427, Beginn harten Bodens, guter Pistenzustand.

El Obeid – 568 m. Stadt. Verpflegung (großer Markt). Treibstoff mit Genehmigung der Polizei an der Tankstelle (hier auch Wasser). Hotel.

(Ende J 13, J 28, J 45; Beginn J 14, J 30, J 61.)

J 14: El Obeid – En Nahud – El Fasher (645 km)

Die Piste (A/C/H/I) ist stark versandet; oft tiefe Furten. Viele Möglichkeiten den schwierigen Passagen bis En Nahud auszuweichen. Ab En Nahud sehr wenig Verkehr, jedoch viele Dörfer; die Bevölkerung ist sehr freundlich. Orientieren Sie sich an der stillgelegten Telegrafenleitung, auf die man von Zeit zu Zeit stößt. Infolge von tschadisch-sudanesischen Grenzstreitigkeiten unsicheres Gebiet (siehe allgemeinen Teil).

El Obeid – S. J 13. (Ende J 13, J 28, J 45; Beginn J 14, J 30, J 61.)

El Obeid in Richtung Westen verlassen. Die Piste ist leicht zu finden (Lkw-Spurrillen); etwas Weichsand; Baobabs. Danach wird der Boden etwas härter und die Vegetation dichter.

Km 19, Dorf rechts.

Die Piste führt durch Felder oder an Feldern vorbei.

Km 36, Dorf rechts.

Km 45, zwei Hütten.

Km 53, Dorf.

Km 64, Dorf. Lkw–Raststätte.

Km 69, größere Lichtung (Rodungsarbeiten).

Km 108 und 174, größere Orte. Lkw-Raststätten.

Km 146, 149 und 198, Dörfer.

Km 215, **En Nahud** – Marktflecken. Verpflegung. Manchmal Treibstoff. Hotel.

Sie verlassen diesen Ort sozusagen in der Verlängerung der von El Obeid kommenden Piste. Die Piste biegt danach in Richtung Nordwesten ab.

Km 224, die gleiche Richtung beibehalten (nicht den Spuren in Richtung Norden folgen). Zeitweise Markierung durch Metallstangen von 1 m Höhe (ehemalige Telefonleitung En Nahud – El Fasher).

Km 231, kleiner Ort am Fuße des Jebel Kiria.

Km 239, Dorf und kleine Moschee.

Km 292, **Wad Banda** – Dorf. Verpflegung. Wasser

Km 340 bis 346, Sanddünen, zeitweise sehr weich, schwierig zu befahren.

Km 350, Markierung wieder durch Metallstangen.

Km 353, **Dam Gamad** – Dorf. Lkw-Raststation.

Km 358 bis 365, erneut Dünen.

Km 369, Reste eines Fahrbahnbelags.

Bei Km 389 stößt man wieder auf die alte Telefonleitung.

Km 402, **El Hilla** – Dorf. Die Piste führt nun nach Osten und wendet sich schließlich nach Nordwesten. Rechter Hand mehrere Berge.

Km 433, **Burush** – Dorf. Die kaum erkennbare Piste biegt in Richtung Westen ab und führt auf einen Berg hinauf.

Km 447, Dorf.

Km 453, Piste führt den Berg wieder hinab.

Km 459 bis 463, schwer zu befahrende Sanddünen.

Km 466, **Umm Keddada** – Dorf.

Km 482, steiler sandiger Hang.

Km 488, Lkw–Raststätte.

Km 498, **Abyad** – Dorf.

Die Telefonleitung taucht wieder auf; Masten von 4 bis 5 m Höhe. Richtung Nordwesten weiterfahren.

Km 511, die Piste neigt sich nach Westen.

Km 515, Hütte.

Km 517, Dorf, danach Ebene mit Weichsand

Km 517, Dorf.

Km 560, **Kuma** – Dorf mit Moschee. Wasser.

Am Ortsausgang Spuren einer Kiesfahrbahn. Folgen Sie in etwa der Telefonleitung. In der von Tälern durchzogenen grasbewachsenen Ebene ist der Boden ziemlich fest.

Km 613, Überquerung von trockenen *wadis* über baufällige Brücken. Danach fester und felsiger Boden, auf den eine große Ebene mit Bepflanzungen folgt.

El Fasher – S. J 4. (Ende J 4 und J 6; Beginn J 15 und J 16.)

J 15: El Fasher – Kebkabiya – El Geneina (356 km)

(03.92, Unimog) Piste (A/H/I.) Zahlreiche Steine, tiefe Fahrrillen. Wenn Sie die Formalitäten für die Ausreise aus dem Sudan nicht in El Fasher oder in El Geneina erledigen können, dann fahren Sie die Strecken J 16 und J 17, um die Formalitäten in Nyala zu erledigen.

El Fasher – S. J 4. (Ende J 4, J 6 und J 14; Beginn J 16.)

El Geneina – 805 m. Stadt. Verpflegung. Nicht immer Treibstoff. Unterkünfte vorhanden.

Verschiedenes: Zollstelle. Hier wird die Zollabfertigung für die Ausreise aus dem Sudan vorgenommen (nur vormittags). Bank nur vormittags geöffnet. Sehr lebhafter Ort; Cafés im Freien.

(Beginn I 15; Ende J 17.)

366 Durch Afrika

J 16: El Fasher – Nyala – Am Dafog (Grenze zur Zentralafrikanischen Republik , 486 km)

Piste (A/G/I), die vor kurzem instandgesetzt wurde, jedoch in der Regenzeit oft nicht befahrbar ist; einige Abschnitte Wellblech. Die Landschaft ist sehr malerisch. Infolge von gelegentlichen Grenzkonflikten zwischen Tschad und Sudan politisch unsicheres Gebiet (siehe Allgemeiner Teil).

El Fasher – S. J 4. (Ende J 4, J 6 und J 14; Beginn J 15.)
Menawashei – Dorf.
In der Umgebung: der **Jebel Marra**; herrliche Landschaften, allerdings Rebellengebiet. Informieren Sie sich, ob die Region zugänglich ist. Auf guter Piste bis Mellam, weiter in Richtung Nordwesten bis zu einem kleinen Ort auf der linken Seite, wobei die ersten 25 km leicht zu fahren sind. Ab dann steile Bergpiste, nur mit kurzen Fahrzeugen mit viel Bodenfreiheit befahrbar; Gräben und große Steine am Fuße einer Bergkette. Längere Fahrzeuge mit niedriger Bodenfreiheit sollten über Kalu Kitting (J 17) die Marra-Berge befahren. Bezaubernde Berglandschaft.
Gute Wellblechpiste nach Nyala.
Nyala – größerer Ort. Verpflegung. Wasser. Treibstoff. Schöner Markt. 2 Restaurants. *Security* liegt etwas außerhalb. Wichtig: Für die Einreise in die ZAR muß auf dem *road-permit* vermerkt sein, daß die Ausreise über Am Dafog erfolgt. (Beginn J 17; Ende J 44 und W 12.)
Unterkunft: Hotel „Dafour" und Hotel „Tourist" (mit abgeschlossenem Parkplatz).
Weiterfahrt in Richtung Zentralafrikanische Republik: Mittelmäßige Piste mit mehreren Querdurchfahrten und Sandfeldern in Richtung
Am Dafog – kleiner Grenzort. Markt. Sofort bei der Ortseinfahrt melden! Formalitäten für die Ausreise aus dem Sudan.

J 17: Nyala – El Geneina (398 km)

(03.91, Fahrrad) Asphalt bis Zalingei, danach ist die Straße noch in Planung (harter Sand). Im Gebiet um den Jebel Marra viele Rebellen, Gefahr von Schießereien (siehe auch Hinweise im allgemeinen Teil). Die Formalitäten für die Ausreise aus dem Sudan in Nyala erledigen, der Zollposten von El Geneina ist nicht immer geöffnet.

Nyala – S. J 16. (Ende J 16, J 44 und W 12.)
Ca. Km 120, an der Abzweigung nach Kalu Kitting, ist ein Ausflug ins Marra-Gebirge möglich (über politische Situation informieren, Rebellengebiet). Vor der Polizeistation von Kalu Kitting (keine Kontrolle) führt eine sehr schlechte Bergpiste 6 km hinauf zu einem idyllisch gelegenen Dorf, dessen Einwohner Strohmatten flechten und sich bereitwillig fotografieren lassen. In dieser Richtung weiterfahren. 200 m nach der Ortsausfahrt ist ein Bach zu überqueren (schwierig bei Regen). 100 m weiter versperrt eine Schranke (theoretisch...) die Weiterfahrt zum Jebel Marra. Sie können diese öffnen und 6 km durch

Sudan – Routenteil J 367

einen wunderschönen Nadelwald weiterfahren (sehr schlechte Piste). Dann erreicht man einen kleinen Parkplatz auf 2400 m Höhe, unterhalb dessen eine beinahe 300 m hohe Felswand und schöne Wasserfälle liegen. Der Gipfel des Jebel Marra überragt den Parkplatz um 600 bis 700 m. Die Landschaft ist großartig.

El Geneina – S. J 15. (Ende J 15; Beginn I 15.)

J 18: Wadi Halfa – Akasha – Kerma en Nuzi – Dongola (422 km)

(01.91, Yamaha XT 600 und 12.93, Fahrrad) Piste (A/C/H/I), tiefe Spurrillen bis Akasha. Fahrgenehmigung in Wadi Halfa einholen.

Wadi Halfa – Treibstoff. Verpflegung (kleiner Markt). Bahnhof. Bank. Restaurants. Sudanesische Formalitäten für die Ein- und Ausreise nur Montag bis Donnerstag bis 14 Uhr (s. E 22).
Unterkunft: Hotel „Wadi Nil" in der Nähe des Bahnhofs oder Hotel „Onatti", 5 km nördlich am Stausee (1 US-$/Nacht, 1,5 US-$/zwei Mahlzeiten).
(Beginn J 19.)
Wadi Halfa in Richtung Südosten verlassen. Die Piste (bis Km 74 nicht markiert, Wellblech) entfernt sich vom Nil.
Km 61, Strohhütte.
Km 66, Strohhütte.
Km 91, Rasthaus, Wasser.
Km 122, die Piste erreicht wieder den Nil. Rasthaus.
Km 130, **Akasha** – Dorf. Keine Verpflegungsmöglichkeit.
Dann harte Piste auf felsigem Plateau; einige sandige Abschnitte, leichtes Wellblech.
Ab Km 154 (bei Ferka) führt die Piste immer am Nil entlang.
Danach Durchquerung einiger Dörfer bis Abri (Km 185, Fähre über den Nil).
Km 274, **Delgo** – Fähre über den Nil nach Sesibi.
Von hier gibt es zwei mögliche Routen: die Weiterfahrt am Westufer des Nils und die unten beschriebene Route am Ostufer.
Km 324, die Piste biegt nach links landeinwärts ab.
Kerma en Nuzi – Dorf mit hübscher Lage am Nilufer. Keine Versorgungsmöglichkeit.
Ab hier ist die Piste ansatzweise vorhanden und oft schlecht zu erkennen. Sie verläuft mäandrisch in einem ausgetrockneten Nilarm. Fähre zur Überfahrt nach Dongola.
Dongola – S. J 10. (Ende J 10; Beginn J 11 und J 21.)

Helfen Sie uns bei der Aktualisierung diese Reise-Handbuchs, und schicken Sie uns Ihre Reiseerfahrungen zu!

368 Durch Afrika

J 19: Wadi Halfa – Abu Hamed (369 km)

(01.91, Fahrrad) Piste (A/C/H/I). Kurz nach Station 6 (trübes Wasser) einige lange Weichsandfelder, ansonsten guter Zustand. Bei Erteilung der Fahrerlaubnis (ca. 180 £S) muß
sich der Reisende verpflichten, die Piste nur im Konvoi mit mindestens zwei Fahrzeugen
zu befahren (Informationen von 10.93 besagen, daß die Fahrt im Konvoi nicht mehr
vorgeschrieben sei). Verladen des Fahrzeugs auf den Zug bis Khartoum möglich (ca. 200
£S für einen VW-Bus.)

Wadi-Halfa – S. J 18. (Beginn J 18.)
Die Piste führt quer durch die Nubische Wüste entlang der Eisenbahntrasse;
diese dürfen Sie nicht aus der Sicht verlieren, aber auch nicht befahren, Gefahr! Wasser kann an der Eisenbahnhaltestelle Nr. 6 (ungefähr Km 200) nach-
gefüllt werden. In Wadi-Halfa besteht die Möglichkeit, den Bahnhofsvorsteher
zu bitten, Stationen 4, 6 und Abu Hamed zu informieren, daß Reisende unterwegs sind: so kann Hilfe organisiert werden, sollte es Probleme geben.
Abu Hamed – 312 m. Dorf. Verpflegung. (Nicht immer) Treibstoff beim City
Council. Kleiner Markt. Camping am Nil. (Beginn J 23; Ende J 22.)

J 20: Abu Dom – Korti – Karima (113 km)

(01.91, Yamaha XT 600) Unmarkierte Piste (A/C/H/I) entlang des Nils; viel Sand.

Abu Dom – S. J 11. (Ende J 11; Beginn J 12.)
Korti – Oase. Keine Versorgungsmöglichkeit.
Merowe – Dorf. Übernachten möglich. Bei der Polizei melden.
Sehenswert: die Nekropole von Nuri (25. Dynastie, 58 Pyramiden) sowie die
Kirche und das befestigte Kloster von Ghazali (atemberaubende Anlage). Da-
nach die Piste einschlagen, die zur Fähre nach Karima führt.
Karima – Für die Region bedeutende Stadt. Verpflegung, Treibstoff, Hotels,
Restaurant, Krankenhaus. Endstation der von Abu Hamed (J 19) kommenden
Eisenbahnlinie. (Beginn J 22; Ende J 21.)
In der Umgebung: mit einem Führer nach **Napata** (Hauptstadt des ehemali-
gen Kusch-Königreiches, am Fuße des Jebel Barkal; großer Amon-Tempel;
schöne Bas-Reliefs aus der Zeit der 25. Dynastie); nach **Barkal** (Nekropole
aus dem 3. Jh. v. Chr., westlich vom Jebel Barkal, wo man auch die schönsten
Pyramiden des Sudan findet); nach **El Kurru** (Nekropole aus dem 7. Jh. v. Chr.;
mehrere Pyramiden in schlechtem Zustand; schöne Fresken in den Grabkam-
mern), nach dem *gaffir* fragen, der die Schlüssel zur Nekropole verwahrt.

J 21: Dongola – Karima (190 km)

Piste (A/C/H/I) teilweise markiert. Belag unterschiedlich.

Dongola – S. J 10. (Ende J 10 und J 18; Beginn J 11.)
Dongola mit der Nilfähre verlassen. Viel Sand bis Km 10, danach härterer

Boden bis zum Beginn der Gebirgsregion (dort Weichsandbereich an den Ge-
fällen).
Km 75 bis 76, Dünen leicht befahrbar. Danach stark versandete Piste, durch-
setzt mit einigen Passagen härteren Bodens.
Km 160, die Piste wird sehr undeutlich.
Ca. Km 184, versteinerte Bäume.
Karima – S. J 20. (Ende J 20; Beginn J 22.)

J 22: Karima – Abu Hamed (ca. 250 km)

Piste (A/C/H/I) entlang der Eisenbahntrasse, häufig sandig.

Karima – S. J 20. (Ende J 20 und J 21.)
Abu Hamed – S. J 19. (Ende J 19; Beginn J 23.)

J 23: Abu Hamed – Berber – Atbara – Karima (564 km)

(02.94, Kawasaki KLX 650) Piste (A/C/H/I/J), nur zwischen Oktober und Juni befahrbar;
lange, tiefe Sandpassagen. Abfahrt bei der Polizei in Abu Hamed melden. Die Piste
westlich des Nils ist wesentlich besser, als die östlich an der Bahnlinie entlang führende.

Abu Hamed – S. J 19. (Ende J 19 und J 22.)
Den Ort in südl. Richtung verlassen und 2 km der Eisenbahnlinie folgen bis zur
Fähre. Auf die andere Nilseite wechseln. Gute Piste, kurze Sandpassagen.
Kadeita – Dorf.
Umm Mirdi – Dorf.
El Baqeir – Dorf.
El Bauga – Dorf.
Hier mit der Fähre wieder übersetzen.
Berber – Stadt. 45 000 Einw. Unterkunftsmöglichkeit. Verpflegung. Nicht im-
mer Treibstoff erhältlich. Bei der Polizei melden.
Sehenswert: das Kunsthandwerkerzentrum.
Ab Berber Asphalt mit vielen Schlaglöchern.
Atbara – 346 m, 80 000 Einw. Verpflegung. Treibstoff. Markt. Bei der Polizei
melden. Internationales Telefon bei der Hauptpost (5 Min. = 3 US-$).
Unterkunft: Hotel „Nile" (900 £S) und Villa-Hotel „Resthouse", gut. (Beginn J
24 und J 58.)
(01.95, BMW R100GS) Die Piste nach Karima ist sehr sandig am Anfang und
Ende, einige tiefe Sandpassagen, im mittleren Teil gebirgig (Fahrzeit 7 Std.).
Atbara südlich über die Eisenbahnbrücke verlassen und mit der südlichen der
beiden Fähren über den Nil übersetzen (100 Dinar); etwa 2 km südlich der
Anlegestelle beginnt eine Eisenbahntrasse, die ca. 18 km östlich und danach
2 km nördlich bis zu einem Steinbruch führt. Dieser Trasse ostwärts folgen,
nach ca. 18 km einige Häuser mit Abzweigung; die Trasse verlassen und der
Piste Richtung Osten folgen.

370 Durch Afrika

Nach 100 km ist eine Teehütte erreicht; von hier führt die Hauptpiste nach Tangasi-Sanareit (20 km südl. von Merowe). Auf den letzten 30 km extrem sandig. Hält man sich nach der Teehütte am rechten Rand der Piste, gerät man auf eine Piste, die direkt nach Merowe geht, meist gut zu befahren ist und nur durch einige wenige kurze Sandpassagen führt.

Km 285, **Merowe** – Dorf. Flugplatz, Übernachten möglich, Versorgung, kein Treibstoff, Fähre.

Km 295, **Karima** – S. J 20.

J 24: Atbara – Ed Damer – Meroë – Shendi – Wad Ben Naqa – Nord-Khartoum – Khartoum (312 km)

Asphalt bis Ed Damer; danach Piste (A/H/I), die mit 1,5 m hohen Betonpfeilern in 10 km Abstand markiert und deutlich zu erkennen ist, jedoch nur zwischen Oktober und Juni befahren werden kann. Einige Furten und mehrere Weichsandpassagen, tiefe Spurrillen. Asphalt ab El Kadada bis Khartoum.

Atbara – S. J 23. (Ende J 23; Beginn J 58.)
Atbara über die Eisenbahnbrücke verlassen.

Meroë – Ruinen etwas nördlich der Eisenbahntrasse, unweit des Dorfes Kabushiya. Ehemalige Hauptstadt des Königreiches von Kusch, die Stadt gab der meroïtischen Kultur ihren Namen.

Sehenswert: Königsstadt (Bäder aus dem 2. Jh. v. Chr.), die Nekropole (ca. 30 Pyramiden) und die königliche Nekropole (mehrere schöne Pyramiden).

Shendi – 33 000 Einw. Verpflegung. Treibstoff. Unterkünfte sehr einfach. Baumwollindustrie. Ab hier wieder Asphalt.

Km 33 ab Shendi, **Musawwarat** – Ort.

Sehenswert: mehrere Tempel, darunter der restaurierte Löwentempel von Apdemak (meroïtische Kultur); ein wunderschönes Basrelief stellt Elefanten dar.

Km 57, **Naga** – Ort. Meroïtische Ruinen.

Sehenswert: der Löwentempel (der besterhaltene des Landes) und der Amon-Tempel (zahlreiche Basreliefs). Danach kommt man über die direkte Piste nach Wad Ben Naqa wieder auf die Hauptpiste.

Km 100, **Wad Ben Naqa** – Dorf. Manchmal Treibstoff.

Sehenswert: zwei meroïtische Tempel und die Ausgrabungen, bei denen eine Stadt freigelegt wird.

Nord-Khartoum – 340 000 Einw., Industriestadt am rechten Ufer des Blauen Nils.

Khartoum – S. J 12. (Ende J 12; Beginn J 13, J 25, J 50 und J 60.)

J 25: Khartoum – Ed Dueim – Tendelti (356 km)

Asphalt.

Khartoum – S. J 12. (Ende J 12 und J 24; Beginn J 13, J 50 und J 60.)
In Jebel Aulia Überquerung des Nils und Weiterfahrt auf dem Westufer.

Ed Dueim – Kleiner Marktflecken am Nil. Verpflegung. Treibstoff. Einfaches Hotel. Nilfähre, die Fahrzeuge (bis zu 8 m Länge) transportieren kann. Danach Richtung Zureiqa und Derafisa fahren. Sandige und schwierige Piste kurz vor Tendelti.
Tendelti – Dorf. Keine Versorgungsmöglichkeit. (Beginn J 26; Ende J 56.)

J 26: Tendelti – Umm Ruwaba (75 km)

Asphalt.

Tendelti – S. J 25. (Ende J 25 und J 56.)
Der südlich der Eisenbahntrasse gelegenen Piste folgen (im Gegensatz zur Michelin-Karte Nr. 954) und über El Ghabsha weiterfahren.
Umm Ruwaba – Kleiner Marktflecken. Verpflegung. Treibstoff. Restaurant. Bescheidenes Hotel. Viel und unfreundliches Militär. (Beginn J 27; Ende J 34.)

J 27: Umm Ruwaba – Er Rahad (75 km)

Asphalt.

Umm Ruwaba – S. J 26. (Ende J 26 und J 34.)
Der Piste (am Ortausgang von Umm Ruwaba schwer erkennbar) folgen, die südlich der Eisenbahnstrecke nach Semeih verläuft. Hier Überquerung der Gleise. Nicht der auf der Michelin-Karte Nr. 954 angegebenen Piste folgen, die nördl. der Eisenbahntrasse verläuft und über mehrere Dünen führt, in die Lkw riesige Spurrillen gegraben haben (Einsanden garantiert).
Er Rahad – Dorf. Hotel mit Schlafsälen. (Beginn J 28 und J 29.)

J 28: Er Rahad – El Obeid (75 km)

Asphalt.

Er Rahad – S. J 27. (Ende J 27; Beginn J 29.)
El Obeid – S. J 13. (Ende J 13, J 28, J 45; Beginn J 14, J 30, J 61.)

J 29: Er Rahad – Sidra – Kortala – Dilling (193 km)

Piste (A/H/I).

Er Rahad – S. J 27. (Ende J 27; Beginn J 28.)
Er Rahad in Richtung Süden verlassen. Sehr sandige Piste am Ortsausgang. Überquerung der Eisenbahntrasse und Umfahrung des Stausees im Osten. Danach wird der Boden wieder härter. Fahren Sie in Richtung Jebel Ed Duair. Km 6, Brücke über den Auslaß des Sees.

372 Durch Afrika

Km 9, V-förmige Gabelung (Hinweisschild auf Arabisch). Nach links abbiegen. Durchquerung eines *wadi* (sehr steile Zufahrt). Nach dem *wadi* nach rechts halten.

Km 11, Brücke bei Abu Halill. Nach links abbiegen.

Km 13, **Tomat** – Dorf. Keinerlei Versorgungsmöglichkeit. Die Bevölkerung ist nigerianischer Herkunft. Erste Baobabs. Im folgenden führt die Piste gerade auf die Berge zu.

Bei Km 23 biegt sie ab, um die Berge schräg ostwärts zu umfahren. Durchquerung einer schönen bewaldeten Savanne.

Km 36, **Sidra** – Dorf. Restaurant-Hütte.

Hinter Sidra führt die Piste weiter Richtung Osten, weg vom Gebirge. Nach 1 km rechts auf eine undeutliche Piste abbiegen, die erneut den Berg umfährt.

Km 41, starke Kurve in Richtung Osten.

Km 46, Überquerung einer sehr breiten, von Semeih (J 27) kommenden Piste; auf dieser nach rechts weiterfahren.

Sehr ausgeprägtes Wellblech, das sogar bei 80 km/h in die Knochen geht. Piste bis Kortala fast gerade.

Km 75, kurze Passage ohne Wellblech.

Km 77, tiefes, plötzlich auftauchendes *wadi*. Vorsicht!

Km 79, erneute Durchquerung eines *wadi*.

Km 110, **Kortala** – Hübsches Dorf am Fuße eines Berges. Restaurant.

An der Ortsausfahrt nach links in Richtung Habila abbiegen. Der Berg wird südlich umfahren.

Km 113, Y-Gabelung; nach rechts abbiegen.

Km 117, am Fuße eines Berges rechter Hand befindet sich ein hübsches, von Baobabs umgebenes Dorf.

Km 120, U-Kurve in der Nähe eines *hafir* (Wasserstaubecken).

Km 121, Kreuzung; Piste nach rechts einschlagen, die mit Resten von Telegrafenmasten markiert ist, von denen oft nicht mehr als der Metallsockel übrig ist. Diese alte Telegrafenleitung führt bis nach Habila und ist leicht zu verfolgen.

Km 137, kleiner Ort rechts.

Km 146, **Habila** – Dorf. Baracken eines landwirtschaftichen Projekts am Fuße des Hügels.

Km 148, **Habila Souk** – Dorf.

Am Ende des *souks* zwei Möglichkeiten:

1) nach links halten (entlang des Hügels) um am Jebel Sernasen, 40 km südlich von Dilling (J 31), auf die Asphaltstraße zu stoßen;

2) geradeaus bis Km 191 weiterfahren, wo man auf die Asphaltstraße trifft. Nach rechts in Richtung Dilling oder nach links Richtung Kadugli abbiegen.

Dilling – Größerer Ort. Verpflegung (Markt). (Beginn J 31; Ende J 30.)

Aktuelle Reise-Infos unter 0 89/28 20 32 beim Därr-Expeditionsservice!

Sudan – Routenteil J 373

J 30: El Obeid - Dilling (153 km)

Asphalt.

El Obeid – S. J 13. (Ende J 13, J 28, J 45; Beginn J 14, J 30, J 61.)
Verlassen Sie El Obeid entlang der Telegrafenlinie in Richtung Südwesten.
Lassen Sie sich nicht von den vielen nach Süden führenden Spuren verwirren.
Km 46, Ortschaft.
Danach holperige, sehr schlechte Piste. Mehrere schwierige *wadi*-Durchquerungen.
Km 71, Kreuzung; geradeaus weiterfahren.
Km 85, die Piste stößt wieder auf die Eisenbahn und folgt dieser bis Km 98.
Dubaibat – Dorf. Keine Versorgungsmöglichkeit.
Die Piste überquert anschließend die Eisenbahn und führt in Richtung Süden
weiter.
Dilling – S. J 29. (Ende J 29; Beginn J 31.)

J 31: Dilling – Kadugli (127 km)

Asphalt. Die theoretisch für die Durchfahrung dieser Gegend erforderliche Erlaubnis wird
nur in Kadugli erteilt. Buschsavannenlandschaft (Baobabs und Büsche mit rosa Blüten);
in den Orten sehr typische, runde Strohhütten. Hier beginnt das Land der Nuba.

Dilling – S. J 29. (Ende J 29 und J 30.)
Kadugli – Größerer Ort. Verpflegung. Verwaltungssitz des Nuba-Gebiets.
(Beginn J 32 und J 33.)
Verschiedenes: Sie sollten sich unbedingt bei der Polizei melden, die meist
erst nach langwierigen Verhandlungen eine Genehmigung zur Besichtigung
des Nuba-Landes ausstellt.

J 32: Kadugli – Jebel Heiban – Kologi (192 km)

(Alt) Piste (A/H/I/K).

Kadugli – S. J 31. (Ende J 31; Beginn J 33.)
Den Weg nach Jebel Heiban erfragen (die Piste von Kadugli aus ist anfangs
schwer zu finden). Am Ortsausgang nach links abbiegen.
Km 10, Kreuzung, nach rechts abbiegen (Piste nach links führt nach Delami).
Km 16, Kreuzung, nach links abbiegen.
Durchquerung mehrerer kleiner Ortschaften, die unter schattigen Palmen liegen. Die Dächer der Strohhütten sind mit Kalebassen verziert.
Die Piste schlängelt sich durch das hohe Gras, durch schöne, hügelige Landschaft mit Baobabs und Büschen.
Einige schwierige *wadi*-Durchfahrten (Sand oder Kies).
Km 39, die Hügel werden steiler und die Piste verschlechtert sich.

374 Durch Afrika

Km 62, Dorf (Pumpstation.) Danach sehr schlechte und holperige Piste.

Km 77, Kreuzung, geradeaus weiterfahren (linke Piste führt nach Delami).

Km 87, **Jebel Heiban** – Schönes Bergdorf; viel Baumwuchs.

An der Heiban-Kreuzung nach rechts Richtung Süden abbiegen (die linke Piste führt nach Delami). Sehr schlechte Piste (Steine, Löcher).

Km 111, **Kaoda** – Dorf; Steinhäuser. Schule (mit sehr freundlichen Lehrern).

Km 117, in eine Haarnadelkurve in Richtung Kologi einbiegen.

Km 138, Kreuzung, nach rechts abbiegen. Viele Durchquerungen von besonders schwierigen *wadis*.

Km 146, Kreuzung der Straßen nach Tosi – Rashad und Heiban – Kologi; geradeaus fahren.

Km 170, man stößt wieder auf die Hauptpiste von Tolodi nach Kalogi (J 33). In Richtung Tosi weiterfahren.

Km 170 bis 171, Weiterfahrt entlang des Jebel Tosi (links von der Piste) auf dessen Südseite man Felsmalereien mit Leoparden, Büffeln und Giraffen bewundern kann.

Km 172, Kreuzung, geradeaus weiterfahren. Piste etwas besser, jedoch Durchfahrt durch nach wie vor schwierige *wadis*.

Kologi – Dorf. Keine Versorgungsmöglichkeit. (Beginn J 34; Ende J 33.)

J 33: Kadugli – Talodi – Kologi (ca. 165 km)

(Alt) Piste (A/H/I/K).

Kadugli – S. J 31. (Ende J 31; Beginn J 32.)
Etwa bei Km 143 stößt man wieder auf die vom Jebel Heiban kommende Piste (J 32).
Kologi – S. J 32. (Ende J 32; Beginn J 34 und J 35.)

J 34: Kologi – Rashad – Umm Ruwaba (ca. 280 km)

(Alt) Piste (A/H/I/K).

Kologi – S. J 32. (Ende J 32 und J 33; Beginn J 35.)
Rashad – Dorf. Übernachtungsmöglichkeit.
Umm Ruwaba – S. J 26. (Ende J 26; Beginn J 27.)

J 35: Kologi – Kau – Kodok – Malakal (ca. 280 km)

(Alt) Piste (A/H/I//K), wenig befahren; Durchquerung von schwierigen *wadis*. Hinter Kau ist die Piste nur in der Trockenzeit befahrbar. Wegen des Bürgerkriegs derzeit gesperrt.

Kologi – S. J 32. (Ende J 32 und J 33; Beginn J 34.)
Kologi auf der Piste nach Ostam verlassen.
Km 25, starkes Gefälle. Zahlreiche Vögel.

Sudan – Routenteil J 375

Km 51, Kreuzung, nach links abbiegen.

Km 57, etwas ab von der Piste und schwer zu finden liegt eine Wasserstelle im Wald und ein Dorf 500 m weiter. Die hier lebenden Nuba sind noch tiefer in ihren Traditionen verankert als die Nuba von Kau. Danach wird die Piste wieder sehr undeutlich und ähnelt eher einem Muli-Pfad, der sich durch Bäume und Büsche seinen Weg sucht.

Km 65, Dorf.

Km 73, **Kau** – Hübsches Dorf; Steinhäuser; große Baobabs. Verpflegung (Geschäft). Melden Sie sich beim *omda* (Bürgermeister), der gewöhnlich die Reisenden in den benachbarten Ort Niaro zur Polizeikontrolle begleitet. Filmen und Fotografieren ist in Kau verboten.

Verschiedenes: die Veröffentlichung der Aufnahmen von Leni Riefenstahl aus dieser Gegend hat mit Sicherheit dazu beigetragen, daß die Behörden ein größeres Augenmerk auf die Traditionen der Gegend legen; gegen das Nacktgehen der Bevölkerung wurden strengere Maßnahmen ergriffen; die Einwohner müssen sich heute anziehen, wenn sie ihre Häuser verlassen; bei Nichteinhaltung dieser Bestimmung werden sie zwei Jahre mit dem Bann belegt. Außer den Touristen, die von Reiseveranstaltern wie Lama oder Bitsch hierhergeführt werden, gibt es kaum Besucher in der Gegend. Die Menschen sind daher noch sehr freundlich und haben auch nichts von ihrer natürlichen Gastlichkeit eingebüßt; da viele Menschen hier an Lepra und Malaria erkrankt sind, wird häufig um Medikamente gebettelt.

Km 78, man erreicht den Jebel Iskat (Quelle mit klarem Wasser ca. 50 m unterhalb des Bergfußes).

Km 82, man stößt wieder auf die von Niaro kommende Piste.

Km 83, **Fungor** – Dorf (kleiner und einfacher als Kau).

Die Piste von Kodok geht direkt hinter den Felsen von Fungor nach rechts ab. Sie ist sehr schwer zu erkennen und durchquert ein Gebiet mit hohem Grasbewuchs (Vorsicht vor Buschfeuern).

Km 127, verbranntes Chassis eines Toyota-Pickup links der Piste. Einige stachelige Büsche werden durch Laub verdeckt.

Km 144, ein Pfahl, der die Grenze zum Südsudan markiert (Grenze zwischen den Provinzen Obernil im Süden und Kordofan im Norden).

Km 145, Beginn einer lichten Waldzone. Die Piste ist sehr holperig, zahlreiche Löcher und Spurrillen quer über die Fahrbahn.

Km 174, Dorf auf einer Lichtung.

Km 185, Dorf.

Km 195, **Kodok** – Kleinstadt (Strohhütten, einige feste Häuser im Ortszentrum). Verpflegung (oft schwierig). Bei der Polizeistation melden. Gefängnis. Militärposten. Keine Fahrzeuge (außer Militär- und Polizeifahrzeugen), der gesamte örtliche Personentransport erfolgt mit Nilfähren.

Die Piste von Kodok nach Malakal ist, außer im Januar, häufig überschwemmt. Beim Versuch, diese Schlammgruben zu umgehen, läuft man häufig Gefahr, sich zu verfahren. Brücken sind oft von den Flüssen mitgerissen oder schwierig zu überqueren (gefährliche Zufahrt, Fahrbahndecke in schlechtem Zustand).

376 Durch Afrika

Zahlreiche Shilluk-Dörfer an den Flußufern (sehr einfaches Leben, altherge-
brachtes Brauchtum).
Km 278, Dorf mit Landebrücke für Fähre. Wegen des Bürgerkrieges wahrscheinlich nicht in Betrieb.
Malakal – 386 m, 50 000 Einw., Verpflegung, Markt. Hotel am Flughafen;
Gasthaus. Militärkontrolle. (Beginn J 36 und J 55.)
In der Umgebung: viele **Shilluk-Dörfer** im Nordwesten. Die Bewohner sind
für ihre Körpergröße bekannt und ihr Lebensstil ähnelt dem der Dinka, von
denen sie sich durch die Sprache unterscheiden.

J 36: Malakal – Doleib Hill – Ayod (173 km)

(Wegen des Bürgerkriegs derzeit nicht befahrbar) (Alt) Piste (A/D/H/I), nur von Mitte
Dezember bis Mitte April befahrbar; ausgeprägtes Wellblech. Melden Sie sich unaufgefor-
dert in jedem Dorf bei der Polizei. Falls Sie in einem Dorf übernachten möchten, sollten
Sie sich an den *district commissioner* wenden, der meist Englisch spricht und gerne hilft.
Wegen des Bürgerkriegs derzeit gesperrt.

Malakal – S. J 35. (Ende J 35 und J 55.)
Im Ort Doleib Hill muß man mit der Fähre über den Fluß Sobat übersetzen.
Vor dem Verschiffen bei der Polizei melden. Dann führt die Piste entlang des
Jonglheï–Kanals.
Ayod – Dorf. Keine Versorgungsmöglichkeit. (Beginn J 37; Ende J 38.)

J 37: Ayod – Duk Fadiat – Duk Faiwil – Bor (237 km)

(Alt) Piste (A/D/H/I), nur von Mitte Dezember bis Mitte April befahrbar; ausgeprägtes
Wellblech (s.a. die Bemerkung am Beginn der Strecke J 36). Wegen des Bürgerkriegs
derzeit gesperrt.

Ayod – S. J 36. (Ende J 36 und J 38.)
Bor – 420 m. Dorf. Verpflegung. Treibstoff. Hotel. (Beginn J 38 und J 39.)

J 38: Bor – Pibor Post – Akobo – Waat – Ayod (523 km)

(Alt) Piste (A/H/I), nur in der Trockenzeit, d.h. im Januar und Februar, befahrbar. Die Piste
nach Pibor beginnt in Bor und nicht in Malek wie es auf der Michelin-Karte Nr. 954
vermerkt ist. Wegen des Bürgerkriegs derzeit gesperrt.

Bor – S. J 37. (Ende J 37; Beginn J 39.)
Bor in Richtung Osten verlassen. Die Piste ist auf den ersten 20 km gut,
danach mäßig. Einige interessante Ortschaften auf den ersten 50 km, danach
100 km Wüste (zahlreiche Gazellen).
Auf den letzten 50 km vor Pibor Post lebt die Bevölkerung noch stark in ihren
Traditionen verhaftet.
Pibor Post – Dorf. Keine Versorgungsmöglichkeit.
Danach ist die Wellblechpiste von Rinderherden, die hier in der Regenzeit
durchziehen, sehr ausgetreten.

Sudan – Routenteil J 377

Akobo – 403 m. Dorf in unmittelbarer Nähe der äthiopischen Grenze (hier kein Grenzübergang).

Es folgt ein Streckenabschnitt mit tiefen, durch das hohe Gras versteckten Spurrinnen. Vorsicht vor Buschfeuern! Gute Piste auf den 10 km vor Waat.

Waat – Dorf. Keine Versorgungsmöglichkeit.

Hinter Waat 30 km sehr gute Piste; später sandige Piste durch Wüstenlandschaft mit starkem Buschbewuchs.

Ayod – S. J 36. (Ende J 36; Beginn J 37.)

J 39: Bor – Mongalla – Juba (200 km)

(Alt) Piste (A/C/H/I), nur von Mitte Dezember bis Mitte April befahrbar. Tiefe Löcher, Wellblech, etwas Sand bei Juba. Bei jedem Militärposten an der Piste müssen Sie sich unaufgefordert melden. Bei Schwierigkeiten oder auf der Suche nach einem Quartier für die Nacht kann Ihnen der *district commissioner* des jeweiligen Dorfes helfen. Die meisten Beamten sprechen Englisch und sind gerne behilflich. Wegen des Bürgerkriegs derzeit gesperrt.

Bor – S. J 37. (Ende J 37; Beginn J 38.)

Malek – Dorf. Hotel.

Gemmeiza – Dorf. Hotel.

Mongalla – Dorf. Hotel.

Juba – 15 000 Einw. Gute Infrastruktur. (Beginn J 40, J 41; Ende J 46, J 49.)

Unterkunft: Hotel „Juba", teuer und überbelegt; Hotel „Africa", billiger; Übernachtung auch im „Senior Resthouse" möglich. Camping hinter der Polizeistation am Nilufer (Vorsicht vor Schlangen) oder unweit der evangelischen Kirche („All Saints Cathedral"), in einem Garten mit Wasser und WC möglich. Gutes Essen in den Hotels, im Kulturzentrum und im „Griechischen Klub".

Verschiedenes: Aus-/Einreise in den Sudan derzeit (03.95) nicht möglich.

J 40: Juba – Ngangala – Torit – Kappeta – Lotimi – Grenze zu Kenia – Lokichokio (360 km)

(Alt) Piste (A/G/I). Viel Lkw-Verkehr angesichts der Tatsache, daß die Gegenden, die man durchfährt, relativ abgelegen sind. Piste in der Regenzeit schwierig (H). Vorsicht vor Überfällen im Grenzgebiet Sudan – Kenia! Wegen des Bürgerkriegs derzeit gesperrt.

Juba – S. J 39. (Ende J 39, J 46 und J 49; Beginn J 41.)

Juba über die Nilbrücke verlassen. In Ngangala kommt man links auf die von Mongalla kommende Piste (J 39). Die Strecke führt durch einen erst jüngst eingerichteten Nationalpark.

Betonierte Furt am Ortseingang von Torit.

Torit – Dorf ohne Versorgungsmöglichkeit. Militärposten, bei der Polizei melden.

Hinter Torit wird das Gras kürzer, die Bäume weichen den Dornbüschen, und die Landschaft wird gebirgig.

378 Durch Afrika

Gute Piste bis zur Brücke am Km 30 (ab Torit). Danach mäßige Piste, große Steine, einige steile Hänge, etwas Schlamm.
Km 112, sandige Furt; Furt auch am Ortseingang von Kappeta.
Kappeta – Dorf. Verpflegung (schwierig). Polizeiposten (Kontrolle). Zollformalitäten für die Ausreise aus dem Sudan.
Die Piste nach Kenia geht 16 km hinter Kappeta rechts ab.
Vorsicht ist bei der Durchquerung von Flüssen nach Regenfällen geboten, da der Wasserspiegel sehr schnell ansteigen kann.
Wegen der Stammesfehden wird davon abgeraten, in dieser Grenzgegend zu zelten. Lebensstil und Kleidung der Eingeborenen sind hier sehr interessant.
Die Grenze zwischen dem Sudan und Kenia ist nicht markiert. Vergessen Sie nicht, daß in Kenia Linksverkehr herrscht.
Die Zoll- und Polizeiformalitäten in Kenia sind auf halber Strecke zwischen Grenze und Lokichokio zu erledigen.
Lokichokio – Dorf. Verpflegung schwierig. Wasser. Kanadische Mission. Bei der Polizei melden. (Beginn BB 1.)

J 41: Juba – Nimule – Grenze zu Uganda (175 km)

(Alt) Piste (A/G/I). Strecke wegen des Bürgerkriegs derzeit gesperrt.

Juba – S. J 39 (Ende J 39; J 46 und J 49; Beginn J 40.)
Juba über die Nilbrücke verlassen.
Nimule – Kleinstadt. Verpflegung. Treibstoff rar. Einfache Übernachtungen. Formalitäten für die Ausreise aus dem Sudan (Kontrolle der in Juba ausgestellten Papiere). (Beginn AA 1.)
Sehenswert: der Nimule-Nationalpark.
Der Grenzposten für die Einreise nach Uganda befindet sich in Atiak, 35 km weiter.

J 42: Tambura – Wau (265 km)

(Alt) Piste (A/G/I), steinig und holperig (max. 30 km/h). Interessante Gegend, in der man bisweilen auf Elefantenherden stößt, die von den Einheimischen noch mit Speeren gejagt werden. Erkundigen Sie sich, ob die Sicherheitslage die Benutzung der Strecke zuläßt (siehe auch Allgemeiner Teil).

Tambura – S. W 15. (Ende W 15; Beginn J 47.)
Wau – Kleinstadt. Verpflegung. Treibstoff (mit Genehmigung der Polizei). (Beginn J 43 und J 46.)
Unterkunft: zwei einfache Hotels; „Griechischer Klub".
Verschiedenes: Kino, ein Besuch lohnt sich v. a. wegen der „Atmosphäre": Da der Projektor nicht hell genug und der Lautsprecher nicht laut genug ist, sieht und hört man so wenig, daß man weniger die Filmhandlung als vielmehr das Drumherum mitkriegt.

Sudan – Routenteil J 379

J 43: Wau – Aweil – Wed Weil – Sumeih – El Muglad – Babanusa (539 km)

(Alt) Piste (A/H/I/K) nur in der Trockenzeit befahrbar. Alternative: das Fahrzeug auf den Zug verladen und bis nach Babanusa oder gleich nach Er Rahad fahren. Zuginfos siehe bei Wau.
Erkundigen Sie sich, ob die allgemeine Sicherheitslage eine Befahrung der Strecke zuläßt (siehe auch allgemeinen Teil).

Wau – S. J 42. (Ende J 42; Beginn J 46.)
Bahnverladung: darauf achten, daß die Fahrzeuge beim Befestigen auf der Ladefläche nicht beschädigt werden. Führen Sie diese Arbeit besser selber aus. Dauer der Fahrt (mit Stops) 2 bis 4 Tage bis Babanusa, 3 bis 8 Tage bis Er Rahad. Ausreichend Wasser und Verpflegung mitführen. Sie sollten auch einige Tage für das Warten in Wau einkalkulieren, bis Sie einen Platz auf der Bahn bekommen. Der Tarif für einen Land Rover liegt bei ca. 400 £S bis Babanusa, ca. 600 £S bis Er Rahad (je nach Gesamtgewicht des Fahrzeugs). Man kommt etwas billiger weg, wenn man auf der Piste bis Aweil fährt, wo man ebenfalls das Fahrzeug auf den Zug aufladen kann (ungefähre Kosten Aweil – Babanusa 120 £S für einen Land Rover).
Km 6, unbeschilderte Verzweigung; links halten. Von hier bis El Muglad werden auf der Michelin-Karte Nr. 954 falsche Angaben gemacht: Eisenbahn und Piste kreuzen sich mehrmals bis Aweil und führen beide durch Wed Weil.
Km 149, **Aweil** – Dorf.
Wed Weil – Dorf. Man kreuzt die Eisenbahntrasse.
5 km hinter dem Dorf, schwierige Durchquerung des Lol-Flusses.
Km 303, **Sumeih** – Dorf. Keine Versorgungsmöglichkeit.
Ab Sumeih führt die Route auf 90 km am oder auf dem Bahndamm entlang. Hierzu wird beinahe 1 Tag benötigt.
Km 359, Überquerung des Bahr el Arab auf der Eisenbahnbrücke (da der Schienenabstand variiert, wird diese Übung streckenweise zu einem gefährlichen Unterfangen). In der Trockenzeit Überquerung an der Furt möglich.
Ab km 391, gute Piste.
Km 505, **El Muglad** – Dorf. Verpflegung. Treibstoff bei der Raffinerie.
(Beginn J 44.)
Babanusa – Dorf. Eisenbahnknotenpunkt. (Beginn J 45.)

J 44: El Muglad – Nyala (150 km)

(10.89, Land Rover) Piste (A/G), in gutem Zustand; sandig. Eventuell wegen kriegerischer Handlungen zwischen Tschad und Sudan unsicher. Erkundigen Sie sich vor Ort, ob eine Befahrung möglich ist (siehe auch allgemeinen Teil).

El Muglad – S. J 43. (Zur J 43.)
In Richtung Südwesten weiterfahren. Vor Abu Gabra viel Sand. Ab Abu Gabra bis Ed Daein in Richtung Norden weiterfahren; Sand.

Ed Daein – Kleiner Ort. Treibstoff. Markt. (Ende J 61.)
Ab Ed Daein folgt man der Eisenbahntrasse; Piste ziemlich gut.
Nyala – S. J 16. (Ende J 16 und W 12; Beginn J 17.)

J 45: Babanusa – Ed Odaiya – El Obeid (372 km)

(Alt) Piste (A/C/H/I/K). Erkundigen Sie sich vor Ort, ob die Sicherheitslage eine Befahrung zuläßt (siehe auch allgemeinen Teil).

Babanusa – S. J 43. (Ende J 43.)
100 km sehr sandige und schlechte Strecke bis El Odaiya.
El Odaiya – Dorf. Übernachtungsmöglichkeit.
Danach auf 121 km tiefe Spurrillen, in der Regenzeit bis Abu Zabad unbefahrbar.
Abu Zabad – Dorf. Treibstoff rar. Übernachtungsmöglichkeit. Bahnhof.
Ab hier 155 km mittelmäßige Piste bis El Obeid.
El Obeid – S. J 13. (Ende J 13, J 28, J 45; Beginn J 14, J 30, J 61.)

J 46: Wau – Tonj – Rumbek – Mundri – Amadi – Medi – Juba (665 km)

(Alt) Piste (A/H/I/K). Wegen des Bürgerkriegs derzeit gesperrt.

Wau – S. J 42. (Ende J 42; Beginn J 43.)
Zwischen Wau und Amadi auf 477 km schlechte Piste; ausgeprägtes Wellblech; max. 50 km/h.
Rumbek – Kleiner Marktflecken. Mangelhafte Versorgungssituation. Treibstoff rar. Einfaches *resthouse*.
Mundri – Dorf. Treibstoff rar.
An der Abzweigung nach links abbiegen.
Amadi – Kleiner Marktflecken. Treibstoff rar. Gasthaus sehr einfach.
Ab hier 20 km breite, gut ausgebaute Piste.
Medi – Dorf.
An der Abzweigung nach links in die Piste abbiegen, die über Rokkom führt, sie ist kürzer als die Piste über Mendopolo, jedoch in weniger gutem Zustand. Viel Staub, Wellblech, tiefe Löcher und Spurrillen.
Juba – S. J 39. (Ende J 39 und J 49; Beginn J 40 und J 41.)

J 47: Tambura – Yambio – Maridi – Yei (533 km)

(Alt) Piste (A/H/I). Unaufgefordert bei den örtlichen Behörden melden. Wegen des Bürgerkriegs derzeit gesperrt.

Tambura – S. W 15. (Ende W 15; Beginn J 42.)
Gute Piste bis Yambio.

Sudan – Routenteil J 381

Yambio – Dorf. Polizeistation.
Maridi – Kleines Dorf. Polizeistation.
Unterkunft: Niederlassung des Deutschen Caritasverbandes (Camping im Garten möglich).
Die Piste nach Yei geht am ersten Kreisverkehr hinter Maridi rechts ab (vor der Polizeistation). Ihr Zustand ist schrecklich (zahlreiche Löcher, Schlamm nach Wolkenbrüchen). Variante: über Mundri auf die J 46.
Garmabe – Dorf. Keine Versorgungsmöglichkeit.
Yei – Dorf. Verpflegung. Bank. Polizei, Einwanderungs- und Zollbehörde. Hübscher Ort, jedoch hohe Militärpräsenz. (Beginn J 49; Ende J 48.)

J 48: Aba (Zaire) – sudanesische Grenze – Yei (60 km)

(Alt) Piste (A/H/I). Schlechte Lateritpiste bis Laso, danach ausgezeichnet. Die Formalitäten für die Ausreise aus Zaïre in Aba erledigen. Wegen des Bürgerkriegs derzeit gesperrt.

Aba – S. Z 27. (Ende Z 27; Beginn Z 28.)
Laso – Sudanesische Grenzstation. Polizei- und Zollkontrolle.
Yei – S. J 47. (Ende J 47; Beginn J 49.)

J 49: Yei – Juba (153 km)

(Alt) Piste (A/H/I). Zeitweise sehr beschwerliches Wellblech. Wegen des Bürgerkriegs derzeit gesperrt.

Yei – S. J 47. (Ende J 47 und J 48.)
Juba – S. J 39. (Ende J 39 und J 46; Beginn J 40 und J 41.)

J 50: Khartoum – Wad Medani (177 km)

Asphalt.

Khartoum – S. J 12. (Ende J 12 und J 24; Beginn J 13, J 25 und J 60.)
Wad Medani – 407 m, 120 000 Einw. Stadt. Gute Infrastruktur.
(Beginn J 51 und J 52.)
Unterkunft: Hotels „Continental", „El Gezira" und „El Kwawad".
Verschiedenes: Industriestadt (Baumwolle und Autoreifen); großes Bewässerungsnetz (7000 km Kanal), das Wasser stammt aus dem Sennar-Stausee.

Zur Aktualisierung und Korrektur der in diesem Reise-Handbuch enthaltenen Informationen bedarf es Ihrer Mithilfe: Schicken Sie uns Ihre Ergänzungen, Tips und sonstigen Hinweise zu! Danke!

382 Durch Afrika

J 51: Wad Medani – Gedaref – Gallabat – Grenze zu Äthiopien – Metema – Azezo (611 km)

Asphalt bis Gedaref; danach Piste (A/G) bis zur Grenze, ab dort wieder Asphalt.

Wad Medani – S. J 50. (Ende J 50; Beginn J 52.)
Gedaref – Kleinstadt. Verpflegung. Treibstoff. Hotel.
Ab hier eine geteerte Straße (220 km) bis Kassala (J 59). Zunächst 125 km Wellblech; danach grobe Steine, Sand, Flußquerungen.
Gallabat – Dorf. Formalitäten für die Ausreise aus dem Sudan.
Metema – Dorf. Formalitäten für die Einreise nach Äthiopien.
Azezo – Dorf. Manchmal Treibstoff. (Beginn K 5; Ende K 4.)

J 52: Wad Medani – Barakat – Sennar (115 km)

Asphalt.

Wad Medani – S. J 50. (Ende J 50; Beginn J 51.)
Kurz vor Sennar zweigt eine Straße nach rechts nach Kosti ab (J 54).
Sennar – Mittelgroße Stadt. Verpflegung. Treibstoff rar. Bescheidenes Hotel. (Beginn J 53 und J 54.)
Sehenswert: das Stauwehr, während der englischen Kolonialzeit für die Bewässerung der Region errichtet; zwischen 1959 und 1961 hat ein deutsches Unternehmen ein Kraftwerk dazugebaut, das die ganze Gegend bis Khartoum mit Strom versorgt.

J 53: Sennar – Suki – Dinder Station – Dinder – Abu Hashim – Galegu (247 km)

(Alt) Piste (A/H/I), in der Regenzeit unbefahrbar. Erkundigen Sie sich vor Ort über die Sicherheitslage. Wegen des Bürgerkriegs könnte die Strecke gesperrt sein.

Sennar – S. J 52. (Ende J 54; Beginn J 54.)
Sennar auf der Piste nach Suki verlassen, dabei den Damm überqueren und an der Eisenbahntrasse entlangfahren.
Suki – Dorf. Verpflegung. *Campement*-Hotel.
Bis Dinder Station Weiterfahrt entlang der Eisenbahntrasse.
Dinder Station – Bahnhof. Keine Versorgungsmöglichkeit.
Danach Piste nach Dinder einschlagen.
Dinder – Dorf. Treibstoff. Militärkontrolle.
Abu Hashim – Dorf. Keine Versorgungsmöglichkeit.
Galegu – Dorf. Einfaches Hotel.
In der Umgebung: der **Dinder-Nationalpark**, ein schöner Nationalpark, der bis zur äthiopischen Grenze reicht; artenreiche Tier- und Pflanzenwelt (5 £S/

Person, 1 £S/ Führer/Person/Tag, 15 £S/Ausflug/Person, mindestens 3, höchstens 6 Personen); Übernachtung in einfachem Hotel (ca. 15 £S/Person). Vorsicht, es ist nicht möglich, den Park in Richtung Basunda und Streckenabschnitt J 51 zu verlassen, da der Rahad-Fluß nicht überquert werden kann.
Die Einreise nach Äthiopien wird von äthiopischer Seite verweigert. In seltenen Fällen kann die Strecke im Konvoi bereist werden. Hiervon ist allerdings abzuraten, da die Strecke im Westen Äthiopiens sehr gefährlich ist. Die Einreise von Eritrea nach Äthiopien ist problemlos (s. K 3).

J 54: Sennar – Kosti (102 km)

Asphalt.

Sennar – S. J 52. (Ende J 52; Beginn J 53.)
Kosti – 377 m, 75 000 Einw. Verpflegung. Hotel. Treibstoff (rar).
(Beginn J 55 und J 56.)
Verschiedenes: eine Autowäsche ist an der Total-Tankstelle möglich. Industriestadt.
Kosti – Juba per Nilschiff: Kosti ist Abfahrtspunkt für die Nilschiffe, die über Malakal und Bor nach Juba (J 39) fahren; Reisedauer ca. 9 Tage (abhängig vom Wasserstand und der Anzahl der Pannen); Auskünfte über Beförderungstarife und Abfahrtszeiten erhielt man vor dem Bürgerkrieg bei der „Sudan River Transport Corporation", P.O. Box 29, Khartoum-Nord. Die Boote sind in einem jämmerlichen Zustand, die 1. Klasse ist weit von europäischen Standards entfernt; wegen des Bürgerkriegs ist mit keiner regulären Verbindung zu rechnen.

J 55: Kosti – El Jebelein – Geigar – Renk – Paloich – Malakal (511 km)

(Alt) Piste (A/D/H/I), nur von November bis April befahrbar; ausgeprägtes Wellblech. Wegen des Bürgerkriegs derzeit gesperrt.

Kosti – S. J 54. (Ende J 54; Beginn J 56.)
El Jebelein – Dorf. Treibstoff rar. Hotel.
Geigar – Dorf. Treibstoff rar. Hotel.
Renk – Kleiner Ort. Letzter großer Markt vor dem Süden. Treibstoff rar.
Unterkunft: Hotel mit angenehmem Restaurant.
Umgebung: mit Hilfe des *district commissioner* kann ein Ausflug in die Dinka-Dörfer unternommen werden. Dieses gastfreundliche Volk mit fast schwarzer Hautfarbe lebt sehr einfach in Hütten aus getrocknetem Schlamm und Strohdächern.
Paloich – Dorf. Treibstoff rar. Hotel.
Malakal – S. J 35. (Ende J 35; Beginn J 36.)

384 Durch Afrika

J 56: Kosti – Tendelti (95 km)

(03.92, Unimog) Aspahalt.

Kosti – S. J 54. (Ende J 54; Beginn J 55.)
Tendelti – S. J 25. (Ende J 25; Beginn J 26.)

J 57: Halaib (Ägypten) – sudanesische Grenze – Dungu-nab – Port Sudan – Suakin – Sinkat – Haiya (547 km)

(03.92, Unimog) Piste (A/D/H/K) bis Port Sudan; danach Asphalt bis Haiya. Ausreise seitens Ägypten nicht erlaubt.

Halaib – S. E 23. (Ende E 23.)
Zwischen Halaib und Dungunab wird die Grenze zwischen Ägypten und Sudan überschritten (nicht markiert; die Grenzformalitäten werden in Port Sudan erledigt). Gute Piste bis Port Sudan.
Dungunab – Fischerdorf. Wasser.
Muhammad Qol – Fischerdorf. Wasser.
Port Sudan – 206 000 Einw. Hafenstadt. Gute Infrastruktur; nicht immer Treibstoff. Formalitäten für die Einreise in den Sudan. Schiffsverbindungen nach Ägypten (Suez, 3 Tage), Saudi-Arabien, Somalia, Yemen und Europa.
Verladen von Fahrzeugen und Verschiffung nach Hamburg über die Agentur „El Shark General Agencies", P.O. Box 558, Port Sudan (sehr seriöse Firma) möglich; für ca. US-$ 150 übernimmt diese Agentur sämtliche Formalitäten, die für eine Privatperson mehrtägige Behördengänge bedeuten würden; das Fahrzeug verbleibt dann bis zur Verschiffung im Freihafen, unweit des Büros der Agentur. Eisenbahnverbindungen nach Atbara und Kassala.
Unterkunft: Jugendherberge mit großem Parkplatz am Meer (kein Schatten) im Stadtteil Salabbone (80 £S/Person).
Sehenswert: die rechteckige Anlagestruktur der Stadt.
Suakin – Kleiner Hafen. Verpflegung. Treibstoff rar. Einfaches Hotel.
Sehenswert: die Überreste des alten Suakin, einem Piratenstützpunkt.
Die Straße führt anschließend über die Paßhöhe von Akaba (starke Steigungen) und dann längere Zeit entlang der Eisenbahn.
Sinkat – Kleines Dorf. Wasser. Treibstoff rar.
Haiya – Eisenbahn- und Straßenknotenpunkt. (Beginn J 59; Ende J 58.)

Aussagekräftige Informationen zu neuen Routen und Ergänzungen/Korrekturen zu den angegebenen Strecken werden mit der Zusendung einer Neuauflage dieses Buches oder eines anderen Buches aus dem Verlagsprogramm Därr honoriert!

Sudan – Routenteil J 385

J 58: Atbara – Haiya (291 km)

(01.91, Yamaha XT 600) Piste (A/D/H/I) entlang der Eisenbahntrasse. Dichter Lkw-Verkehr.

Atbara – S. J 23. (Ende J 23; Beginn J 24.)
Tiefe Spurrillen und viel Staub auf den ersten 60 km, danach etwas besser. Die letzten km vor Haiya sind sehr schwierig (Vorsicht vor Dornbüschen).
Haiya – S. J 57. (Ende J 57; Beginn J 59.)

J 59: Haiya – Derudeb – Ungwatiri – Erida – Mitatib – Aroma – Kassala (404 km)

(01.93, Patrol) Asphalt. Die Straße führt an der Eisenbahntrasse entlang.

Haiya – S. J 57. (Ende J 57 und J 58.)
Derudeb – Dorf. Wasser.
Ungwatiri – Bahnhof. Keine Versorgungsmöglichkeit.
Erida – Bahnhof. Keine Versorgungsmöglichkeit.
Mitatib – Bahnhof. Keine Versorgungsmöglichkeit.
Aroma – Dorf. Wasser. Treibstoff. Einfaches Hotel. Bahnhof. Kleinindustrie (Karton und Baumwolle).
Kassala – 529 m. Kleiner hübscher Ort. Verpflegung. Wasser. Treibstoff. Hotel. Unproblematische Formalitäten für die Ausreise aus dem Sudan für Reisende in Richtung Eritrea (über die K 1). (Beginn K 1; Ende J 60.)

J 60: Khartoum – Kassala (481 km)

(Alt) Piste (A/C/H/I) bis Khashm el Girba, von Juli bis November unbefahrbar, danach Asphalt. Schotterpiste, einige Durchquerungen von sandigen *wadis*. Baumwollanbaugebiet.
Wer es eilig hat, kann über die Strecken J 50 und J 51 bis Gedaref fahren, von wo aus es nach wie vor auf einer geteerten Straße nach Kassala weitergeht.

Khartoum – S. J 12. (Ende J 12 und J 24; Beginn J 13, J 25 und J 50.)
In der Trockenzeit, wenn der Atbara-Fluß seinen Tiefststand erreicht hat, kann Kassala direkt auf einer Piste über Amara Abu (Sarsereib) angefahren werden. Sollten Zweifel hinsichtlich der Befahrbarkeit der Furt bei Amara Abu bestehen, besser der Eisenbahntrasse bis New-Halfa folgen.
New-Halfa – Stadt. Verpflegung. Treibstoff. Übernachtungsmöglichkeit.
Verschiedenes: die Neugründung der Stadt erfolgte, als durch den Bau des neuen Assuan-Staudamms der Bevölkerung Nubiens ihre Heimat genommen wurde.
Khashm el Girba – Dorf. Keine Versorgungsmöglichkeit.
Sehenswert: der Staudamm, der die Bewässerung von annähernd 100 000 ha Wüste ermöglicht; die landwirtschaftliche Fläche wird von der umgesiedelten

nubische Bevölkerung bestellt. Am Ortsende nach links in Richtung Kassala abbiegen. Rechts geteerte Straße (140 km) nach Gedaref (J 51.)
Kassala – S. J 59 (Ende J 59; Beginn K 1.)

J 61: El Obeid – En Nahud – El Aid – Ed Daein

(02.93, Motorrad) Sehr schwere und schlechte Piste (A/C/G), tiefe Spurrinnen, die sich immer wieder verzweigen, extreme Sandfelder. Aus Sicherheitsgründen sollte diese Route in Richtung Nyala gefahren werden. Kompass unabdinglich, GPS angeraten. Um die durch Lkw zerstörten Wege zu umgehen, kann man sich nach den *donkey-tracks* erkundigen, Spuren der Eselskarren, die die Wasserversorgung der Dörfer sicherstellen.

El Obeid – S. J 13. (Ende J 13, J 28, J 45; Beginn J 14, J 30, J 61.)
Gleich an der Dorfausfahrt kommen tiefe, versandete Spurrinnen. Vor En Nahud laufen viele Pisten zusammen und verwandeln den Weg in ein Schlachtfeld (am besten von Norden hineinfahren).
En Nahud – S. J 14.
Ghubeish – Kleiner Ort. Die Moschee ist schon von weitem erkennbar.
El Aid – Kleiner Ort. Vorsicht vor der Polizei, nicht in umittelbarer Nähe von El Aid campen.
Ed Daein – S. J 44. (Zur J 44.)

Sudan – Routenteil J 387

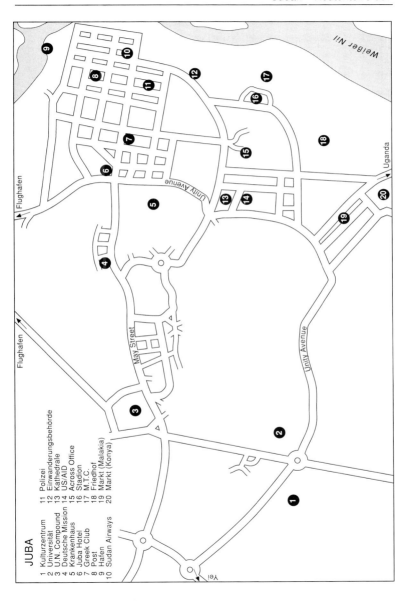

388 Durch Afrika

KHARTOUM

1 Nationalmuseum
2 Botanischer Garten
3 Ägyptische Botschaft
4 Zoo
5 Sudan Hotel
6 Grand Hotel
7 Koptische Kirche
8 Touristeninformation
9 Lido Hotel
10 Busse und sonstige Mitfahrgelegenheiten nach Omdurman
11 Polizei
12 Hauptpost
13 Qasr El Shaab
14 Sudan Air (Internat. Flüge)
15 Athenae Cafe
16 Sudan Club
17 Sudan Air (Nationale Flüge)
18 Busse nach Nord-Khartoum, Omdurman und zum Flughafen
19 El Kabir-Moschee
20 Busbahnhof für Langstrecken
21 Merdian Hotel
22 Royal Hotel
23 Oasis Hotel
24 Britisches Konsulat
25 Immigration
26 Jugendherberge
27 Universität
28 Flughafen
29 Bahnhof
30 Suq 2
31 Deutsch-Sudanesischer Club
32 Athiopische Botschaft

Sudan – Routenteil J 389

390 Durch Afrika

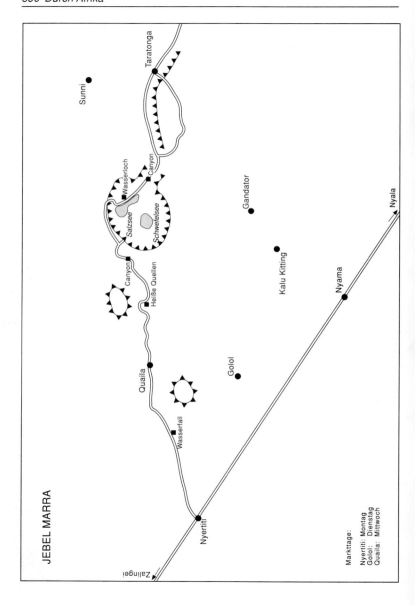

FAHRZEUGVERLADUNG

▶ **Fähren nach Nordafrika**
▶ **Fahrzeugverschiffung nach allen internationalen Seehäfen -Afrika und weltweit-**
▶ **Roll-on/Roll-off und Containerverladung**
▶ **Luftfrachtverladung für Motorräder und Autos**

Roll-on/Roll-off: Schnell, preiswert, aber nicht zu jedem Hafen möglich
Containerverladung: Aufwendiger, aber diebstahlsicher

Zur Ausarbeitung eines Angebotes fragen Sie bitte schriftlich mit folgenden Angaben an:

Ziel(flug)hafen, Termin und evtl. Alternative,
Autotyp, größte Fahrzeughöhe, tatsächliches Gewicht.
Bitte unbedingt Kopie des Kfz-Scheines beilegen.
Wahlweise Containerverladung: (Max. Höhe 2,30 m B. 2,30 m, L. 5,98 m)
oder Kranverladung ohne Container oder Ro-Ro
Motorrad: Angaben nach Demontage aller herausragenden
Teile (Lenker etc.) und nach Montage auf Palette

Därr Expeditions-
service GmbH
Theresienstr. 66
D-80333 MÜNCHEN
Tel. (089) 28 20 32
Fax (089) 28 25 25

FRACHT

SEE- & LUFT-

392 Durch Afrika

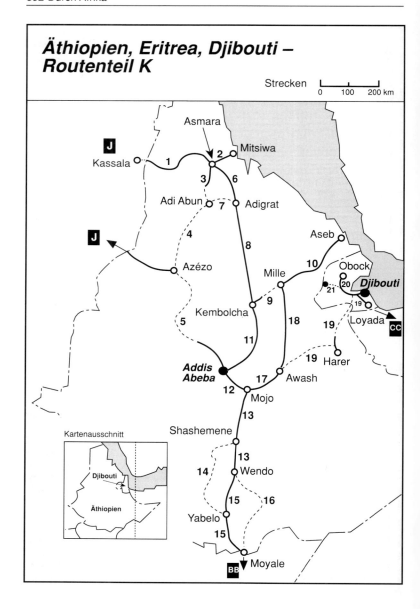

Äthiopien, Eritrea und Djibouti – Routenteil K

Äthiopien

Überblick

Fläche: 1 130 138 km².

Einwohner: 49 947 400.

Ethnien: Amharen und Tigre, Oromo, Danakil, Niloten, Somali.

Hauptstadt: Addis Abeba (1 700 000 Einwohner).

Sprachen: Amtssprache Amharisch, daneben Englisch, Französisch, Arabisch und Italienisch, lokale Sprachen.

Religion: Ca. 50% äthiop. Christen, 35% Muslime, ca. 10% Naturreligionen.

Ruhetag: Sonntag.

Feiertage: 7.1. (Weihnachten), 19.1., 2.3., äthiop. Osterfest (ca. 1 Woche nach unserem), 6.4., 1.5., 11./12.9., 27.9., jährlich wechselnde islamische Feiertage. In Äthiopien hat das Jahr 13 Monate, 12 zu 30 Tagen und 1 zu 5 oder 6 Tagen (julianischer Kalender).

Zeitverschiebung: MEZ + 1 Std., während unserer Sommerzeit + 1 Std.

Stromspannung: 110 - 220 V.

Einreise: Deutsche, Schweizer und Österreicher benötigen ein Visum, das frühestens einen Monat vor der Reise beantragt werden sollte (Bearbeitungszeit 1 Woche). Flugreisende müssen ein gültiges Rück- oder Weiterreiseticket vorlegen. Die Ein- und Ausreise mit dem Fahrzeug ist zur Zeit, laut Auskunft der Botschaft in Bonn, erlaubt. Allerdings verweist diese wegen eines Visums für Reisende mit Kfz an die Botschaft in Khartum. Das Auswärtige Amt in Bonn hat die Information, daß in Deutschland auch Visa für Kfz-Reisende ausgestellt werden. Für die Meldeformalitäten im Land Paßfotos mitnehmen. Sollte es bei der Ausstellung der Visa in Khartum Schwierigkeiten geben, da behauptet wird, daß eine Einreise nur per Flug möglich sei, sollte man sich ein Ticket besorgen bei einem Reisebüro, das bereit ist, nach Vorlage bei der Botschaft (und Ausstellung der Visa – mit denen man auch per Kfz einreisen kann) dieses wieder zurückzunehmen (gegen einen Obulus natürlich). Am geeignetsten sind mittelgroße Reisebüros, nicht die Fluggesellschaften. Im „Deutschen

394 Durch Afrika

Club" kann man hierzu vielleicht nähere Informationen bekommen. Die Einreise von Eritrea scheint völlig unproblematisch zu sein (das Visum ist in Asmara für 63 US-$ erhältlich, ohne daß ein Flugticket vorgezeigt werden muß).

Impfung/Gesundheit: Gelbfieberimpfung vorgeschrieben, Malariaprophylaxe für Gebiete unter 2000 m dringend empfohlen. Informieren Sie sich beim zuständigen Gesundheitsamt.

Währung: Birr, Br (= 100 Cents). Wechselkurs: 1 DM = 3,57 Br; 1 Br = 0,28 DM.

Treibstoffpreise: gute Treibstoffversorgung: Normal 2 Birr/l, Diesel 1,45 Birr/l.

Öffentliche Verkehrsmittel: Gute Bus- und Pick-up-Verbindungen und preiswerte Inlandsflüge. Wegen Überfüllung frühmorgens antreten.

Kfz: Für Äthiopien werden keine *carnets* ausgestellt, das Fahrzeug wird in den Paß eingetragen. Kein Haftpflichtversicherungszwang, der Abschluß einer Versicherung ist dringend zu empfehlen. Internationaler Führerschein für Mietfahrzeuge.

Straßenzustand: Wenig Asphaltstraßen. Zumeist Pisten die in der Regenzeit häufig nicht befahrbar sind. Beachten Sie dazu die Routenbeschreibungen.

Kontrollen: Häufig nachts Straßensperren.

Grenzen: Nach Somalia geschlossen. Die Routen in den Sudan können nur in der Trockenzeit (von Mitte Oktober bis Mitte Juni) befahren werden. Grenzübergang von und in den Sudan: Gedaref – Gondar (ohne Probleme).

Sicherheit: Vorsicht bei der Weiterreise nach Kenia über Moyale: im Grenzgebiet Gefahr von Raubüberfällen (K 15). Ansonsten scheint sich die Situation in puncto Überfälle wesentlich gebessert zu haben.

Literatur und Landkarten:
Reiseführer: Keine lieferbaren deutschsprachigen Reiseführer.
Landkarten: Übersichtskarte Michelin 954, Nord- und Ostafrika, 1:4 000 000.
Detailkarten: ONC- und TPC-Karten (1:1 000 000, 1:500 000) mit guter topografischer Darstellung (Fliegerkarten).

Geschichte: Ob in Äthiopien tatsächlich das biblische Reich der Königin von Saba zu sehen ist, bleibt Spekulationen überlassen. Das erste historisch verbriefte Königreich auf äthiopischem Boden war Axum, das ab etwa 300 v. Chr. zum größten Umschlagplatz für Elfenbein in Nordostafrika wurde. Im vierten Jahrhundert n. Chr. nahm der König von Axum den christlichen Glauben an

Äthiopien/Eritrea/Djibouti – Routenteil K 395

und begründete so die älteste Tradition eines christlichen Königreiches in Afrika. Die erste ernsthafte islamische Bedrohung für Axum ging vom Osmanischen Reich aus, das im 16. Jh. lokale muslimische Fürsten im Kampf gegen die christlichen Könige unterstützte, die nur durch das Eingreifen der Portugiesen 1542 vor dem Zusammenbruch bewahrt werden konnten. Erst im 18. Jh. war die Epoche des Reiches Axum zu Ende: das Land spaltete sich in mehrere Provinzen, deren Fürsten sich gegenseitig bekriegten. Ende des 19. Jh. übernahm mit Menelik ein König die Macht, der die Grenzen seines Reiches wieder ausdehnte (auf die Gebiete der Galla im Südwesten und der Somali in Harrar und im Ogaden). Trotz anfänglicher Erfolge im Krieg gegen die Italiener konnte er jedoch nicht verhindern, daß diese sich in Eritrea festsetzten. 1936 – inzwischen war Haile Selassie König – wurde Äthiopien schließlich vollständig von Mussolinis Truppen überrannt, doch bereits 1941 wurden diese wieder aus dem Land vertrieben. Nur Eritrea blieb bis 1952 unter britischer Verwaltung, und wurde dann, nach einer Volksabstimmung in einer Föderation mit Äthiopien vereint. Als Selassie 1962 die Föderation auflöste und Eritrea annektierte, legte er damit den Samen für einen Bürgerkrieg, der erst 1991 sein Ende fand.

Politik: Die Unabhängigkeit 1948 und die Rückkehr Haile Selassies auf den äthiopischen Thron bescherte der äthiopischen Bevölkerung eine zweite feudale Ära. 80% des fruchtbaren Landes waren im Besitz der Herrscherfamilie und des koptischen Klerus. Die schlechten Lebensbedingungen führten zu einer Erstarkung nationalistischer Bewegungen, die, wie die Volksfront zur Befreiung Eritreas, schon bald Landgewinne verzeichnen konnten. Angesichts massiver Proteste der Bevölkerung gegen die feudale Unterdrückung durch Kirche und König kam es 1974 zum Militärputsch, dem Selassie nur mit Mühe lebend entkommen konnte. Nach Auseinandersetzungen im Militärrat gelangte schließlich Haile Mariam Mengistu an die Macht. Der sozialistische Kurs der Militärregierung wurde lange Zeit von Cuba und der ehem. UdSSR unterstützt, brachte aber weder Beruhigung in den Unabhängigkeitsbestrebungen der einzelnen Provinzen, noch eine verbesserte Versorgung der Bevölkerung. Die Dürrekatastrophen der 70er und 80er Jahre verschärften die Situation; die Machthaber in Addis Abeba nutzten den Hunger der Bevölkerung als Waffe gegen die Befreiungsbewegungen und behinderten die Hilfseinsätze der internationalen Katastrophendienste. 1991 mußte Mengistu schließlich vor den anrückenden Truppen der Rebellen die Hauptstadt verlassen. Die vorläufige Übergangsregierung unter Tamirat Layne beschloß eine allmähliche Demokratisierung, die 1994 in freien Wahlen der Regierungspartei eine überwältigende Mehrheit verschaffte. In Eritrea führte eine Volksabstimmung über die Unabhängigkeit 1993 zu einer einvernehmlichen Abspaltung von der äthiopischen Zentralregierung.

Ein REISE KNOW-HOW-Handbuch „Äthiopien" ist in Vorbereitung.

Djibouti

Überblick

Fläche: 23 200 km².

Einwohner: 546 000.

Ethnien: Issa, Afar, zahlreiche Europäer, Flüchtlinge aus Äthiopien und Somalia.

Hauptstadt: Djibouti (290 000 Einw.).

Sprachen: Französisch und Arabisch als Amtssprachen, daneben kuschitische Sprachen und Issa.

Religion: 94% Muslime, Christen.

Ruhetag: Sonntag.

Stromspannung: 220 V, Adapter empfohlen.

Zeit: MEZ + 2 Std., in der Sommerzeit + 1 Std.

Einreise: Visumpflicht für Deutsche, Österreicher und Schweizer (erhältlich bei den französischen Konsulaten), bei Flugreisen gültiges Rück- oder Weiterreiseticket. Einreise auch mit der Fähre von Aden (Jemen) nach Djibouti möglich. Einmal die Woche verkehrt ein Containerschiff (Container 1000 US-$, Flug 80 US-$). Alle zwei Wochen verkehrt ein Frachter, der allerdings weniger seriös ist (700 US-$/Fahrzeug). Personen an Bord sind erlaubt. Die nicht zu empfehlende Überfahrt mit einer Dau kosten 500 US-$/Fahrzeug (max. 3 to).

Impfung/Gesundheit: Gelbfieberimpfung vorgeschrieben. Malariaprophylaxe dringend empfohlen.

Währung: Djibouti-Franc. 1 DM = 110 FD, 100 FD = 0,91 DM. Unbeschränkte Einfuhr von Fremdwährung, größere Beträge sollten allerdings deklariert werden.

Kfz: Internationaler Führerschein und Kfz-Schein, *carnet de passage*, Haftpflichtversicherung muß bei der Einreise in der ersten größeren Stadt abgeschlossen werden.

Grenzen: Die Grenzen zu den Nachbarländern, außer zu Somalia sind geöffnet.

Äthiopien/Eritrea/Djibouti – Routenteil K 397

Treibstoffpreise: Super 130 FD, Diesel 90 FD.

Straßenzustand: Teils gute Asphaltstraßen.

Kontrollen: Selten.

Literatur und Landkarten:
Reiseführer: Es gibt keine deutschsprachigen Reiseführer.
Landkarten: Michelin 954, 1:4 Mio., Detailkarten: ONC/TPC 1:1 Mio., 1:500 000.

Geschichte: Der Hafen Obock wurde 1862 mit seinem Hinterland vom Sultanat Tadjoura (an der somalischen Küste gelegen) für 52 000 FF an Frankreich verkauft. Schon knapp 40 Jahre später war die Ära des Sultanats bendet und Djibouti zur Hauptstadt der französischen Kolonie „Somaliland" geworden, die ihren Namen kurze Zeit später in „Territorium der Afar und Issa" änderte. Die kleine Kolonie wurde außerordentlich gut gegen das feindliche Umfeld abgeschirmt: Stacheldraht und elektrische Zäune grenzten sie von den Nachbarn Äthiopien und Somalia ab, über 20 000 französische Soldaten wurden zu ihrer Bewachung abkommandiert.
Die Unabhängigkeitsbestrebungen im benachbarten Somalia führten auch in Djibouti zur Bildung von Oppositionsbewegungen, die ihren Widerstand gegen die französische Besatzung teils auf legalem Wege, teils auch mit Waffengewalt geltend machten. Doch erst nach schweren Unruhen in den siebziger Jahren beendete Frankreich nach einer Volksbefragung 1977 die koloniale Epoche Djiboutis.

Politik: Der erste gewählte Regierungschef der unabhängigen Republik, Hassam Gouled, war Vorsitzender der „African League for Independence", einer der beiden Unabhängigkeitsbewegungen Djiboutis. Durch die Einbeziehung der wichtigsten ethnischen Gruppen in die Regierung versuchte er, ethnischen Konflikten den Wind aus den Segeln zu nehmen. Im äthiopischen Bürgerkrieg wahrte er strikte Neutralität und lavierte zugleich zwischen den beiden verfeindeten Nachbarländern Somalia und Äthiopien, die beide territoriale Ansprüche auf Djibouti erheben. Djiboutis wichtigster Wirtschaftsfaktor ist sein Hafen, über den Äthiopien einen Großteil seines Exports abwickelt.
Der Versuch, Djibouti zu einer Drehscheibe der internationalen Finanz- und Handelswelt nach dem Vorbild Hongkongs zu entwickeln und so die Wirtschaft zu stärken, ist in den achtziger Jahren gescheitert. Djibouti ist auch weiterhin auf internationale Finanzhilfe angewiesen und wird als Mitglied der Arabischen Liga auch von zahlreichen arabischen Staaten unterstützt.
1981 wurden per Dekret alle Oppositionsparteien verboten, 1993 fanden erstmals wieder Wahlen statt. In diesem Jahr kam es auch zu Kämpfen zwischen Regierungstruppen und der FRUD (Front für die Wiederherstellung der Einheit und Demokratie), die durch einen Friedensschluß Ende 1994 weitgehend beigelegt wurden.

398 Durch Afrika

Eritrea

Überblick

Fläche: 121 144 km².

Einwohner: 3 200 000.

Ethnien: Tigre, Tigrnya, Bilen, Afar, Hedareb, Baria, Kunoma, Saha, Rashaida.

Hauptstadt: Asmara (350 000 Einwohner).

Sprachen: Amtssprachen sind Tigrinya und Tigre. Ansonsten lokale Sprachen, Englisch, Italienisch und Arabisch.

Religion: 50% orthodoxe Christen, 45% Muslime, 5% Naturreligionen.

Ruhetag: Sonntag.

Feiertage: 1. Sept. (Nationalfeiertag), sowie wechselnde Tage nach alter äthiopischer Zeitrechnung.

Stromspannung: 110 – 220 V.

Zeit: MEZ + 1 Std., während unserer Zeit + 1 Std.

Einreise: Deutsche, Österreicher und Schweizer benötigen ein Visum, das frühestens ein Monat vor Einreise beantragt werden sollte. Die Gültigkeit beträgt ein Monat (Verlängerung möglich). Visa werden auch in Khartum (Sudan) ausgestellt (Empfehlungsschreiben bei der Deutschen Botschaft besorgen).

Kfz: Die Einreise mit eigenem Kfz ist möglich. *Carnet de passage* nicht nötig; keine Zollformalitäten.

Impfung/Gesundheit: Gelbfieberimpfung ist Pflicht.

Währung: Äthiopischer Birr (bis die eigene Währung installiert ist). Devisendeklaration ist nicht notwendig.

Sicherheit: Das Land ist sehr sicher. Obwohl so gut wie kein Militär oder Polizei (Ausnahme Verkehrspolizei) in den Straßen zu sehen ist, gibt es keine Überfälle, Diebstähle oder Betteleien. Die Bevölkerung steht völlig hinter der Regierung. 1994 haben fundamentalistische Kräfte im Grenzgebiet zum Sudan mit kriegerischen Übergriffen für Unruhe gesorgt. Das Grenzgebiet wird seither vom Sudan streng kontrolliert.

Äthiopien/Eritrea/Djibouti – Routenteil K 399

Grenzen: DIe Grenzen nach Äthiopien sind offen. Zur Weiterreise nach Äthiopien ist ein Ausreisevisum des Provinzgouverneurs in Asmara nötig (1 Std., 2 Fotos, 20 Birr). Für das Kfz müssen die Ausreisepapiere im Transportdépartement beantragt werden (Ausreisevisum vorlegen). In Ballambesa werden die Papiere bei der Ausreise verlangt. Einreise über den Sudan nur über Kassala – Teseney.

Literatur/Landkarten: Keine deutschsprachige Literatur. Empfehlenswert ist „Guide to Eritrea", Bradt Publications. Übersichtskarte Michelin Nord- und Ostafrika, 1:4 000 000.

Geschichte: Siehe Äthiopien.

Politik: Bei der Volksabstimmung im Frühjahr 1993 erklärt sich die überwältigende Mehrheit der Eritreer für die Unabhängigkeit von Äthiopien. In einem Kooperationsvertrag legen die beiden Länder die Bedingungen für eine künftige, enge Zusammenarbeit fest, die u.a. die Nutzung der eritreischen Häfen durch Äthiopien vorsieht. Aus der Eritreischen Volksbefreiungsfront bildet sich die Regierungspartei PFDJ unter Isayas Afewerki, der in der vorläufigen Übergangsregierung als Staatspräsident fungiert.

400 Durch Afrika

Routeninformationen

K 1: Kassala (Sudan) – äthiopische Grenze – Sebderat – Teseney – Barentu – Akordat – Keren – Asmera (432 km)

(08.93, Pajero) Bis Sebderat Piste (A/H), die in der Regenzeit nicht befahrbar ist; danach bis Akordat Schotterstraße (viele zerstörte Brücken – im trockenen Flußbett umfahren) und ab hier Asphalt, erst schlecht und ab Km 410 gut. Die Formalitäten zur Ausreise aus dem Sudan werden in Kassala erledigt.

Kassala – S. J 59. (Ende J 59 und J 60.)
Man verläßt Kassala westlich auf der Brücke über den Fluß Gash. Hinter der Brücke nach Süden abbiegen und 40 km bis zum Polizeigrenzposten fahren. Die in Kassala ausgestellte Zollbescheinigung wird geprüft.
Nach 7 km kommt die Grenze nach Eritrea. Hier einfache Formalitäten.
Danach 27 km schlammige Piste.
Teseney – Dorf. Gute Infrastruktur. Zollformalitäten zur Einreise.
Barentu – Dorf. Lebensmittel. Treibstoff. Hotel. Post und Telegrafenamt.
Akordat – Dorf. Lebensmittel. Treibstoff. Hotel. Post, Telegrafen- und Telefonamt. Bahnhof.
Keren – Dorf. Gute Infrastruktur.
Kurz hinter Keren Brücke über das Flüßchen Anseba.
Asmara – 2340 m, 275 000 Einw. Stadt. Gute Infrastruktur.
(Beginn K 2, K 3 und K 6.)
Sehenswert: die Kolonialbauten (die Stadt wurde von den Italienern erbaut), die „St.-Josephs-Kathedrale", die „St.-Maria-Kirche", das archäologische Museum, die Moschee und der Kaiserpalast.

K 2: Asmara – Mitsiwa (115 km)

(08.93, Pajero) Asphalt. Höhenunterschied 2500 m.

Asmara – S. K 1. (Ende K 1; Beginn K 3 und K 6.)
Ginda – Kleinstadt, in einem hübschen Tal gelegen. Treibstoff. Bahnhof.
Dengolo – Dorf.
Verschiedenes: heiße mineralhaltige Quellen, das Wasser wird in der nahegelegenen Fabrik abgefüllt. Kurz hinter Dengolo nimmt die Landschaft, bedingt durch die niedrige Höhenlage, wüstenähnlichen Charakter an. Ein kleines Denkmal erinnert an die Schlacht von Dengali (1887, Sieg der Äthiopier unter Ras Alula über die Italiener); rechts die äthiopischen Gräber, die gefallenen Italiener sind links begraben.
Danach führt die Straße geradeaus durch die Mitsiwa-Wüste.
Mitsiwa – Seit Jahrhunderten ein wichtiger Hafen. Lebensmittel. Treibstoff.
Unterkunft: bestes Hotel liegt 15 km nördlich an der Badeküste bei Gorgussum. Ansonsten sind die Hotels in jämmerlichen Zustand.

Äthiopien/Eritrea/Djibouti – Routenteil K 401

Sehenswert: die malerische Lage der Stadt auf Inseln und Halbinseln, die untereinander mit Dämmen verbunden sind. Die Stadt wurde im Bürgerkrieg fast völlig zerstört. Hervorragendes Revier für Unterwasserjagd und Hochseefischerei.

K 3: Asmara – Adi Abun (157 km)

Asphalt bis zur Brücke über das Flüßchen Mereb; danach Piste (A).

Asmara – S. K 1. (Ende K 1; Beginn K 2 und K 6.)
Adi Ugri – Dorf. Treibstoff. Unterkunftsmöglichkeit.
Adi Quala – Dorf. Treibstoff. Unterkunftsmöglichkeit.
Adi Abun – Kleines Dorf. Wasser. Treibstoff. Unterkunftsmöglichkeit.
(Beginn K 4; Ende K 7.)

K 4: Adi Abun – Axum – Inda Silase – Adi Arkay – Debark – Gonder – Azèzo (394 km)

(03.93, Patrol) Piste (A) bis Gonder; danach extrem löcheriger Asphalt.

Adi Abun – S. K 3. (Ende K 3 und K 7.)
Axum – 2133 m. Kleinstadt. Lebensmittel. Treibstoff. Hotel. Bis zum 10. Jahrhundert Hauptstadt des Reiches Axum; wichtiges Wirtschafts-, Kunst- und religiöses Zentrum (koptisch).
Sehenswert: der Palast des Taakha Maryam (der den „Enda-Mikael-Palast" miteinschließt), die reich verzierten monolithischen Begräbnisstellen, die wahrscheinlich aus dem 4. Jahrhundert unserer Zeitrechnung stammen (die höchste Stelle mißt 33,3 Meter), das in einen Felsen gegrabene künstliche Wasserbecken (Bad der Königin von Saba) und die „St.-Maria-von-Zion-Kathedrale" (16. Jh.).
Inda Silase – Städtchen. Treibstoff. Unterkunftsmöglichkeit.
Von hier aus führt die Piste hinunter in die Schluchten des Tekeze-Flusses, den sie überquert, um auf der anderen Seite wieder auf ein Plateau hinaufzuklettern. Da die Brücke zerstört und noch nicht aufgebaut wurde, ist keine Durchfahrt möglich.
Adi Arkay – Kleines Dorf. Treibstoff selten. Unterkunftsmöglichkeit.
Sehenswert: die schönen Berge in der Nachbarschaft.
Die Piste überquert nun den Wolkefit-Paß (3100 m).
Debark – Kleines Dorf. Treibstoff. Unterkunftsmöglichkeit.
In der Umgebung: in unmittelbarer Nähe der Simien-Nationalpark.
Gonder – 2223 m, 69 000 Einw. Gute Infrastruktur. Ehemalige Kaiserstadt; wichtiges Handelszentrum.
Sehenswert: das kaiserliche Viertel, in dem mehrere gut erhaltene Paläste besichtigt werden können: der „Fasilidas-Palast" (1632 bis 1667), der „Palast von Yassou dem Großen" (um 1700), die „Bibliothek von Tsadigt Yohannes"

402 Durch Afrika

(1667 bis 1682), Mauer und Eingangstor des Viertels, das „Haus des Ge-
sangs", das „Hochzeitshaus", die „Kirche St. Michael dem Schönen" und das
„Schatzhaus der Maria" (Fresken). Außerhalb der kaiserlichen Domäne liegen
der „Ras-Micael-Sehoul-Palast", das „Grab des Pferdes" sowie das „Bad des
Fasilidas".
In der Umgebung: die „Debra-Berhan-Selassie-Kirche" (mit einem der schön-
sten Freskenensembles ganz Äthiopiens).
Azèzo – S. J 51. (Ende J 51; Beginn K 5.)

K 5: Azèzo – Addis Zemen – Bahir Dar – Dangla – Debre Markos – Debre Libanos – Addis Abeba (748 km)

(03.93, Patrol) Gute Piste bis Debre Markos; danach sehr schlechter Asphalt.

Azèzo – S. J 51. (Ende J 51 und K 4.)
Addis Zemen – Kleiner Marktflecken in der Nähe des Tana-Sees. Wasser.
Treibstoff. *Campement*-Hotel.
Bahir Dar – Stadt. Lebensmittel. Wasser. Treibstoff. Hotel.
In der Umgebung: die Wasserfälle des Blauen Nils (Tis Isat Falls, 60 km
Piste hin und zurück) und die 14 Kirchen des „Tana-Klosters", die meisten mit
wunderschönen Fresken geschmückt.
Dangla – Dorf. Treibstoff. *Campement*-Hotel.
Debre Markos – 2515 m, 40 000 Einw. Kleinstadt. Lebensmittel. Treibstoff.
Hotel. Kaffee-, Rinder- und Getreidewirtschaft.
Sehenswert: die schöne Brücke über das Flüßchen Uatzau, einem Zufluß des
Blauen Nils.
Debre Libanos – Kloster und Kirche liegen nicht weit von der Straße entfernt
am Rande einer tiefen Schlucht.
Addis Abeba – 2400 m, 1 412 000 Einw. Gute Infrastruktur.
(Beginn K 12; Ende K 11.)
Sehenswert: die „Africa Hall" (Sitz der OAU, wunderbare Glasfenster des
äthiopischen Künstlers Apewerk Teklé), der große „Palast von Menelik II." (1892),
das Nationalmuseum, der „Löwe von Juda", der neue Markt (Mercado, samstags und mittwochs geöffnet, einer der größten Märkte Afrikas), die „St.-Ge-
orgs-Kathedrale", die der Kaiser Menelik II. nach dem Sieg von Adowa erbau-
en ließ, die „Dreieinigkeitskirche" und die im Herzen des Mercado gelegene
große Moschee.

---

*Seit Ende des Bürgerkriegs ist Äthiopien einem ständigen Wandel der Ver-
hältnisse unterworfen und erst seit wenigen Jahren wieder mit eigenem KFZ
bereisbar. Es erreichen uns zwar immer wieder gute Informationen, aber
vieles ist nach kurzer Zeit wieder veraltet, so daß zuverlässige Beschrei-*

Äthiopien/Eritrea/Djibouti – Routenteil K 403

K 6: Asmara – Dekemehare – Adi Kevih – Senafe – Adigrat (195 km)

(02.93, Patrol) Asphalt. Dichter Lkw- und Busverkehr.

Asmara – S. K 1. (Ende K 1; Beginn K 2 und K 3.)
Dekemehare – Städtchen. Treibstoff. Unterkunftsmöglichkeit.
Adi Kevih – Kleines Dorf. Treibstoff selten.
Kurz hinter Adi Kevih, zwischen Km 121 und 122 (ab Asmara), zweigt eine nur für geländegängige Fahrzeuge befahrbare Piste nach links zu den Ruinen von Cohaïto ab (ca. 25 km hin und zurück).
Cohaïto – Ruinenstadt; einst wichtige Stadt des Reiches Axum.
Sehenswert: die Gräber und Höhlen, das Wasserreservoir (mit schönen Säulen im axumitischen Stil) sowie die kunstvollen Fresken; die Einwohner können Sie durch die Anlagen führen.
Senafe – Kleines Dorf. Treibstoff. Unterkunftsmöglichkeit.
In der Umgebung: die „Ruinen von Matara" (2 km hin und zurück), ebenfalls eine Stadt des Reiches Axum, die zugleich als ältester besiedelter Ort in Eritrea gilt.
Adigrat – Kleinstadt. Lebensmittel. Treibstoff und Werkstatt. Bank. Unterkunftsmöglichkeit. (Beginn K 7 und K 8.)

K 7: Adigrat – Debre Damo – Inticho – Adi Abun (97 km)

(03.93, Patrol) Gute Bergpiste, nur bei trockenem Wetter befahrbar.

Adigrat – S. K 6. (Ende K 6; Beginn K 8.)
Km 35, **Debre Damo** – Dorf. Keine Versorgungsmöglichkeit.
Sehenswert: das christliche Kloster, dessen Kirche als eine der ältesten des Landes gilt (4. Jh. n. Chr.). In dem hoch auf dem Felsen gelegene Kloster leben heute fast 300 Mönche (10 km Piste nach Norden).
Inticho – Dorf. Treibstoff selten.
Kurz vor Adi Abun zweigt eine Piste nach links zu den Ruinen von Yeha ab, der ehemaligen Hauptstadt des Landes (10 km hin und zurück).
Sehenswert: die Überreste eines der Mondgöttin geweihten Tempels und einer koptischen Kirche.
Km 97, **Adi Abun** – S. K 3. (Ende K 3; Beginn K 4.)

bungen und Daten kaum gegeben werden können. Gerade für dieses Land gilt, daß nur mit Ihrer Mithilfe eine ständige Aktualisierung bezüglich der Gegebenheiten vor Ort erreicht werden kann; also nochmals: Senden Sie uns Ihre Korrekturen und Ergänzungen zu! Danke!

K 8: Adigrat – Wikro – Kwiha – Weldiya – Dese – Kembolcha (510 km)

(01.95, BMW R100GS) Schotterstraße, viel Staub und Verkehr; ab Weldiya Asphalt.

Adigrat – S. K 6. (Ende K 6; Beginn K 7.)
Wikro – Dorf.
In der Umgebung: die Felsenkirchen von Kirkos und Abraha Atsbha (am nördlichen Ortsende Abzweigung südlich des Flusses in Richtung Osten – ca. 300 m zu Fuß).
Kwiha – Dorf. Treibstoff. Hotel.
In der Umgebung: lohnenswerter Abstecher nach Mekele, der Hauptstadt der Provinz Tigre mit dem sehenswerten Schloß von Xohannes IV.; Montagsmarkt, auf dem Salzplatten aus der Danakil-Wüste angeboten werden, die mit Karawanen antransportiert wurden.
Hinter Enda Medhane Alem (60 km südlich von Kwiha) führt die Straße in engen Kehren und starker Steigung hinauf zum Amba-Alagi-Paß (3250 m). Auf der anderen Seite steiles Gefälle.
Weldiya – 1850 m. Städtchen. Lebensmittel. Treibstoff. Hotel.
In der Umgebung: Piste nach Lalibela (3 bis 4 Tage mit dem Muli, auch mit Geländewagen möglich, allerdings nur außerhalb der Regenzeit), dem wichtigsten Zentrum der äthiopischen Felsenkirchen. 45 km Richtung Werota (auf der „Chinese Road") zu einem kleinen Hüttendorf (Dilb), dort Richtung Lalibela, auf 75 km steile Passagen und unzählige Bachbettdurchquerungen.
Lalibela – Stadt, mit den berühmten 11 Felskirchen.
Unterkunft: im Hotel „Roha", sauber und preiswert (im Ortszentrum; nicht mit dem gleichnamigen staatlichen Hotel am Ortsrand verwechseln).
Wieder auf die Hauptpiste zurückfahren.
Dese – Hauptstadt der Provinz Wollo. Lebensmittel. Treibstoff. Hotel-Restaurant. Krankenstation.
Die Piste führt in landschaftlich schönen Kehren etliche hundert Meter vom Hochland herunter.
Kembolcha – Dorf. Treibstoff. Unterkunftsmöglichkeit. (Beginn K 9 und K 11.)

K 9: Kembolcha – Bati – Mille (130 km)

Bis Bati Asphalt; danach Piste (A/I) bis zur Kreuzung vor Mille; ab hier wieder Asphalt.

Kembolcha – S. K 8. (Ende K 8 und K 11.)
Bati – kleines Dorf. Lebensmittel (Montagsmarkt). Wasser (Brunnen).

Aktuelle Reise-Infos gibt es in der Reise-Sprechstunde beim Därr-Expeditionsservice unter der Tel.- Nummer 0 89/28 20 32.

Äthiopien/Eritrea/Djibouti – Routenteil K 405

K 10: Mille – Tendaho – Logia – Serdo – Aseb (330 km)

Asphalt (I). Die Strecke führt durch malerische Vulkanlandschaft und durchquert die Danakil-Wüste.

Mille – S. K 9. (Ende K 9; Beginn K 18.)
Tendaho – Kleines Dorf. Manchmal Treibstoff.
Logia – Dorf. Treibstoff. Unterkunftsmöglichkeit.
Serdo – Dorf. Keine Versorgungsmöglichkeit.
45 km hinter Serdo zweigt eine Teerstraße nach rechts in Richtung Djibouti ab (zur K 19).
Aseb – Hafen. Lebensmittel. Treibstoff. Hotel.
Verschiedenes: regelmäßige Frachtverbindungen mit Europa. Salinen und Raffinerien. Aseb liegt in einer Region mit einem der unangenehmsten Klimata von ganz Afrika, es ist zugleich sehr heiß und sehr feucht.

K 11: Kembolcha – Karakore – Debre-Sina – Debre Birhan – Addis Abeba (375 km)

(02.93, Patrol) Asphalt, teilweise sehr schlecht.

Kembolcha – S. K 8. (Ende K 8; Beginn K 9.)
Km 49, Brücke über das Flüßchen Borchenna. Vor Karakore sehr schlechter Asphalt.
Karakore – Dorf. Treibstoff. Unterkunftsmöglichkeit.
Km 123, die Straße folgt einem ausgetrockneten Flußbett durch ein enges Tal, dieses Teilstück kann nach starken Regenfällen unpassierbar sein. Auf 15 km hinter Karakore schlechter Asphalt.
Robit – Dorf. Treibstoff.
Debre-Sina – Dorf. Treibstoff. Unterkunftsmöglichkeit.
Über mehrere Kehren erreicht die Straße den Termaber-Paß (3230 m). Auf der anderen Seite steile Gefällstrecken. Sehr schlechter Asphalt.
Debre Birhan – Städtchen. Lebensmittel. Treibstoff. Hotel.
Addis Abeba – S. K 5. (Ende K 5; Beginn K 12.)

K 12: Addis Abeba – Akaki – Debre Zeit – Mojo (70 km)

(02.93, Patrol) Asphalt (I). Viel Lkw- und Busverkehr. Kurz hinter Addis Abeba Polizeikontrolle.

Addis Abeba – S. K 5. (Ende K 5 und K 11.)
Akaki – Dorf. Treibstoff. Unterkunftsmöglichkeit.
Debre Zeit – 51 000 Einw. Kurort, zwischen zwei Seen vulkanischen Ursprungs gelegen. Lebensmittel. Treibstoff. Hotel.
Mojo – Dorf. Treibstoff. Unterkunftsmöglichkeit. (Beginn K 13 und K 17.)

406 Durch Afrika

K 13: Mojo – Meki – Adami Tulu – Bulbula – Shashemene – Awasa – Yirga Alem – Wendo (263 km)

(08.93, Pajero) Asphalt (I). Die Strecke führt durch das Rift Valley, beiderseits begrenzt von hohen Berggipfeln wie dem Mont Kaka (4190 m).

Mojo – S. K 12. (Ende K 12; Beginn K 17.)
Meki – Dorf. Treibstoff. Unterkunftsmöglichkeit.
Adami Tulu – Dorf. Treibstoff. Unterkunftsmöglichkeit.
Bulbula – Dorf am Ufer des Langano-Sees, dem einzigen See in Äthiopien, der noch bilharziosefrei ist. Treibstoff. Gutes Hotel.
Shashemene – 1580 m. Kleinstadt. Lebensmittel. Treibstoff. Hotel.
(Beginn K 14.)
Sehenswert: das Museum für lokale Geschichte und Kultur; das jamaikanische Dorf.
In der Umgebung: heiße Quellen.
Awasa – Städtchen. Lebensmittel. Treibstoff. Hotel. Campingplatz. Tabakindustrie.
In der Umgebung: der **Awasa-See**.
Yirga Alem – Kleinstadt. Lebensmittel. Treibstoff. Hotel.
Wendo – Kleinstadt. Treibstoff. Unterkunftsmöglichkeit. (Beginn K 15, K 16.)

K 14: Shashemene – Sodo – Arba Minch – Konso – Yabelo (475 km)

Piste (A/B/G).

Shashemene – S. K 13. (Zur K 13.)
Km 15, **Wendo-Genet** – Ehemalige Kaiserresidenz. Heiße Quellen.
Arba Minch – Kleinstadt. Lebensmittel. Treibstoff.
Unterkunft: Hotel „Bekele Molla" mit schönem Blick über die Seen; hier erhalten Sie auch Auskunft über eine Exkursionsmöglichkeit mit dem Schiff auf dem Chamo-See, in dem eine riesige Krokodilart lebt. (Abfahrt 10 Kilometer hinter der Stadt auf der Straße in Richtung Konso.)
Konso – Befestigtes Dorf. Grabstellen.
In der Umgebung: das Dorf **Arboré** (Ausflugsmöglichkeit mit Führer zum Chew-Bahir-See, dem ehemaligen Stèphanie-See, ausgedehnte Sandebene); schlagen Sie die Straße nach Jinka ein und biegen Sie 6 km hinter der Woito-Brücke nach links ein, nach 50 km ist Arboré erreicht.
Weiterfahrt auf einer Bergpiste.
Km 383, 1 km lange Passage durch ein *wadi*.
Km 389, Straßenverzweigung, nach rechts halten.
Km 390, wieder *wadi*-Passage, danach ist die Piste in der Wüstensavanne nur schwer zu erkennen.

Äthiopien/Eritrea/Djibouti – Routenteil K 407

Km 410, man trifft auf die hervorragende Piste von Tartale (im Westen). Nach Osten weiterfahren.

Yabelo – Kleinstadt westl. der Piste. Lebensmittel. Wasser. Treibstoff (rar). (Zur K 15.)

K 15: Wendo – Dila – Yabelo – Mega – Moyale (454 km)

Asphalt. Sehr wenig Verkehr. Vorsicht vor den Straßensperren, die bei Anbruch der Nacht an den Ortseinfahrten aufgebaut werden. Vorsicht vor Kamelen auf der Straße.

Wendo – S. K 13. (Ende K 13; Beginn K 16.)
Dila – Kleinstadt. Die Lebensmittelversorgung ist schwierig. Treibstoff selten. Hotel. Kurort. Bergregion mit interessanter tropischer Vegetation.
Yabelo – S. K 14. (Ende K 14.)
Mega – Kleinstadt. Wasser. Bitten Sie die Polizei um eine Eskorte bis zur Grenze (nach 16 Uhr nicht mehr möglich).
In der Umgebung: der **El-Sod-Krater** (10 km im Nordosten).
Hinter Mega schlechter Asphalt.
Moyale – 1280 m. Stadt. Gute Infrastruktur. (Beginn BB 12; Ende K 16.)
Unterkunft: auf der äthiopischen Seite zwei gute Hotels, auf der kenianischen Seite keine Unterkunftsmöglichkeit.
Verschiedenes: Grenzformalitäten zur Ausreise aus Äthiopien; die Grenze schließt um 16 Uhr. Ab Moyale muß man sich zur Ausreise einem täglich verkehrenden Konvoi anschließen.

K 16: Wendo – Negele – Wachille – Moyale (542 km)

Piste (A/G/I), bis Negele gut, danach schlecht (Savanne mit tiefen Gräben).

Wendo – S. K 13. (Ende K 13; Beginn K 15.)
Kibre Mengist – Dorf. Treibstoff. In der Nähe bedeutende Goldminen.
Negele – 1441 m. Dorf. Wasser. Lebensmittelversorgung schwierig. Treibstoff selten; Werkstatt.
Kurz vor Hudat führt eine Holzbrücke über das Flüßchen Dawra.
Moyale – S. K 15. (Ende K 15; Beginn BB 12.)

K 17: Mojo – Nazret – Awash (155 km)

Asphalt (I).

Mojo – S. K 12. (Ende K 12; Beginn K 13.)
Nazret – Industriestadt. Lebensmittel. Treibstoff.
In der Umgebung: der **Koka-Staudamm** am Awash-Fluß, wo noch Krokodile und Flußpferde beobachtet werden können.

408 Durch Afrika

Awash – 986 m, Kleinstadt. Lebensmittel. Werkstatt. Treibstoff. Hotel.
Sehenswert: Awash-Nationalpark mit seinen Krokodilen.
(Beginn K 19; Ende K 18.)

K 18: Mille – Gewane – Awash (480 km)

Asphalt (I). Durchquerung des südlichen Teiles der Danakil-Wüste.

Mille – S. K 9. (Ende K 9; Beginn K 10.)
Gewane – Dorf. Treibstoff.
Awash – S. K 17. (Ende K 17; Beginn K 19.)

K 19: Awash – Harer – Alemaya – Dire Dawa – Chinile – Dewele (Äthiopien) – Ali Sabieh (Djibouti) – Djibouti – Loyada – somalische Grenze (ca. 670 km)

(11.92, Landcruiser) Piste (B/D/H/I); Asphalt bis Mieso, zwischen Harer, Alemaya und Chinile und zwischen Ali Sabieh und Loyada. Die Strecke führt durch malerische Landschaft.

Awash – S. K 17. (Ende K 17 und K 18.)
Mieso – Städtchen. Bahnhof. Treibstoff.
Bis Kulubi gute steinige Bergpiste.
Asbe Teferi – Städtchen, auf den ersten Ausläufern der Ahmar-Berge gelegen.
Lebensmittel (Markt). Treibstoff.
Unterkunft: einfaches Hotel.
Kulubi – Dorf. Keine Versorgungsmöglichkeit.
Sehenswert: die Pilgerfahrt zur „St.-Gabrielskirche" Ende Dezember.
Kurz vor Alemaya Kreuzung, links nach Dire Dawa, rechts nach Harer. Wer hier direkt nach Dire Dawa weiterfährt, kürzt die Strecke um 68 km ab.
Alemaya – Dorf am Ufer eines Sees. Keine Versorgungsmöglichkeit.
Harer – 70 000 Einw. Gute Infrastruktur.
Verschiedenes: die Stadt Harer wurde im 7. Jh. unserer Zeitrechnung gegründet, doch Felsmalereien, die in der Umgebung gefunden wurden, bezeugen, daß die Stelle bereits vor 20 000 Jahren besiedelt war.
Sehenswert: der Marktplatz, wo Waren aus Äthiopien, Somalia und Djibouti umgeschlagen werden, des weiteren der Palast Meneliks II. (der selbst nie in Harer gewesen ist), Mausoleum und Palast des Kaisers Makonnen (Vater von Haile Selassie), die „Kathedrale von Medhane Alem", die „Jami-Moschee", die „Michaelskirche" und das Haus, in dem Rimbaud angeblich gelebt haben soll; abends kann man bei einer Hyänenfütterung zusehen (ein Stadtbewohner füttert die hier zahlreich vertretenen Tiere am Fuß der Stadtmauer).
In der Umgebung: viele bemalte Höhlen (im „Ras Hotel" bekommen Sie Informationen darüber, wie Sie die Höhlen besichtigen können).
Dire Dawa – 1207 m, 98 000 Einw. Gute Infrastruktur. Flughafen in Chinile.

Äthiopien/Eritrea/Djibouti – Routenteil K 409

Verschiedenes: Industriestadt, die Anfang dieses Jahrhunderts anläßlich des Baus der Eisenbahnlinie Addis-Abeba – Djibouti gegründet wurde (hier ist auch der Verwaltungssitz der Eisenbahngesellschaft). Autoverladung auf den Zug bis Djibouti, doch aus strategischen Gründen ist die Benutzung der Eisenbahn für Europäer auf dem äthiopischen Streckenteil verboten. Die Piste, die entlang der Eisenbahnschienen verläuft, ist bis Ali Sabieh in einem armseligen Zustand, Improvisation wird großgeschrieben. Sehr wenig Verkehr; die Straße Djibouti – Galafi im Norden wird stärker befahren.
Sehenswert: der Palast der Fürsten von Harer.
Aysha – Dorf. Bahnhof. Militärkontrolle und Formalitäten zur Ausreise aus Äthiopien.
Dewele – Dorf. Bahnhof. Erneut Militärkontrolle und Formalitäten zur Ausreise aus Äthiopien.
Ali Sabieh – Dorf. Bahnhof. Lebensmittel. Treibstoff. Unterkunftsmöglichkeit. Militärkontrolle und Formalitäten zur Einreise nach Djibouti. Ab hier wieder Asphalt.
14 km hinter Ali Sabieh, Kreuzung (zur K 21); nach Djibouti nach rechts fahren.
Oueha – Kleinstadt. Lebensmittel. Treibstoff.
(Zur K 20 und K 21.)
Djibouti – 140 000 Einw. Gute Infrastruktur. (Beginn K 20 u. K 21.)
Verschiedenes: regelmäßige Frachtschifflinien nach Europa. Botschaften von Äthiopien und Somalia.
Sehenswert: die Lage der Stadt am Tadjourah-Golf. Markt.
Loyada – Dorf. Formalitäten zur Ausreise aus Djibouti und zur Einreise nach Somalia.

K 20: Djibouti – Arta – Oueha – Assal-See – Tadjourah – Randa – Day-Wald – Obock (ca. 280 km)

Asphalt auf dem größten Teil der Strecke; in der Regenzeit manchmal schwierig zu befahren. Die Route war 11.92 wegen Schießereien gesperrt.

Djibouti – S. K 19. (Zur K 19; Beginn K 21.)
Arta – Fantastischer Aussichtspunkt über dem Tadjourah-Golf. Über die mittelmäßige „Piste der Jungvermählten" ist der Strand von Arta zu erreichen (Tiefseetauchen).
Oueha – S. K 19. (zur K 19 und K 21.)
Einige Kilometer hinter Oueha an der Kreuzung nach rechts in Richtung Assal abbiegen.
Assal-See – 150 m unter dem Meeresspiegel; hoher Salzgehalt (350 g/l). Mondlandschaft.
Auf der Hauptstraße in Richtung Tadjourah weiterfahren. Zwischen dem Goubet-Wald und dem Assal-See Gefahr von starken Böen. Kreuzung mit der Piste zum Ardoukoba-Vulkan (wer ihn besuchen will, biegt hier nach links ab).

Tadjourah – Freundliche Stadt (mit nervigen Kindern). Gute Infrastruktur.
Randa – Dorf. Auch hier Vorsicht vor Kindern.
Am Ortsausgang nach links auf der Piste zum Day-Wald weiterfahren.
Day-Wald – Primärwald, der sich auf natürliche Weise selbst zerstört. Ausflugsmöglichkeiten. Wasser und Treibstoff im französischen Militärcamp. Zurückfahren bis Tadjourah.
Obock – Städtchen. Gute Infrastruktur. Hervorragender Platz zum Tiefseetauchen.
In der Umgebung: Ausflugsmöglichkeit zu den Iles des Sept Frères (Tauchen).
Von Obock aus kann man mit der Fähre nach Tadjourah oder Djibouti zurückfahren; Informationen beim Tourismusbüro in Djibouti, Place du Menelik.

K 21: Djibouti – Dikhil – Es-Eyla – Abbé-See (ca. 170 km)

Asphalt bis Dikhil, danach Piste.

Djibouti – S. K 19. (Zur K 19; Beginn K 20.)
Oueha – S. K 19. (Zur K 19; Beginn K 20.)
Dikhil – Stadt. Polizeikontrolle (schnell).
Es-Eyla – Stadt.
Verschiedenes: zum Abbé-See sollte ein Führer gemietet werden.
Abbé-See – Ohne Führer kommt man an die steile Böschung nicht heran. Nicht den Fuß in die Quellen halten – sie sind kochendheiß.

Äthiopien/Eritrea/Djibouti – Routenteil K 411

ADDIS ABEBA
1 Universität, Ethnologisches Museum
2 Nationalmuseum
3 Goethe-Institut
4 Französisches Kulturzentrum
5 Markt (Merkato), Country Buses
6 Taitu-Hotel
7 Post
8 Archäologisches Museum
9 Ras-Hotel, Nationaltheater
10 National-Palast
11 Stadium
12 Africa Hall
13 Touristeninformation
14 Hauptbahnhof
15 Hilton
16 Parlament
17 National Bank of Ethiopia
18 Ethiopian Airlines, Aeroflot
19 Lufthansa
20 Ministry of Immigration
21 Red Lion Hospital

412 Durch Afrika

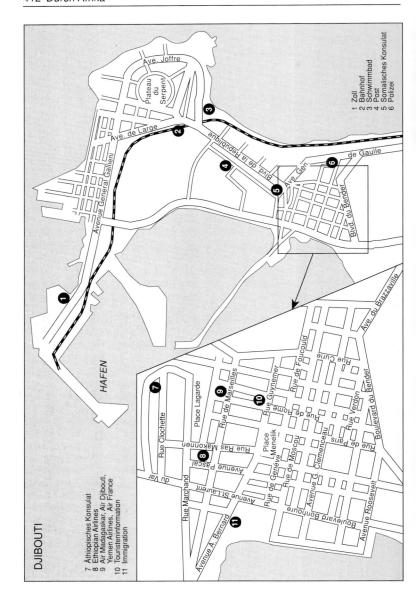

Äthiopien/Eritrea/Djibouti – Routenteil K 413

Notizen:

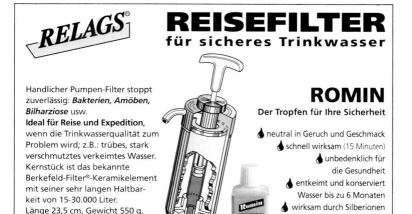

414 Durch Afrika

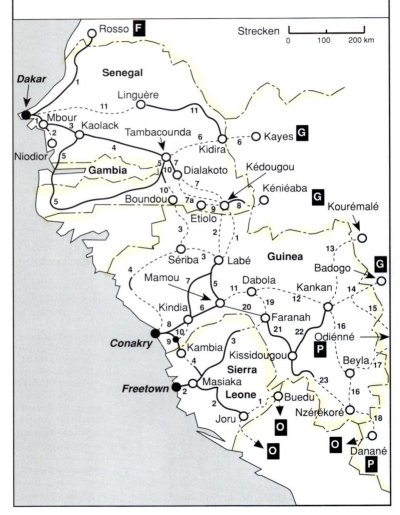

Senegal/Gambia – Routenteil L

Senegal
Überblick

Fläche: 196 722 km².

Einwohner: 7 845 000.

Ethnien: Wolof, Serer, Tukolor, Fulbe, Mauren.

Hauptstadt: Dakar (1 490 450 Einw.).

Sprachen: Amtssprachen sind Französisch und Wolof, daneben Ful.

Religion: Über 90% Muslime.

Ruhetag: Sonntag.

Feiertage: 1.1., 4.4., Ostermontag, 1.5., Himmelfahrt, Pfingstmontag, 15.8., 15.8., 1.11., 25.12., sowie einige jährlich wechselnde islamische Feiertage.

Einreise: Keine Visumpflicht für Deutsche; Schweizer, Österreicher benötigen ein Visum. Flugreisende müssen ein gültiges Rück- oder Weiterflugticket vorlegen.

Impfung/Gesundheit: Gelbfieberimpfung vorgeschrieben, Malariaprophylaxe dringend empfohlen. Die medizinische Versorgung in den Städten ist gut, auf dem Land mangelhaft.

Währung: Franc CFA. 100 CFA = 1 FF. 1 DM = 300 – 350 CFA. Einfuhr unbegrenzt, Ausfuhr begrenzt auf 20 000 CFA. Höhere Beträge müssen bei der Einreise deklariert werden. Achtung: Durch Abwertung des CFA im Frühjahr 93 kam es zu enormen Preissteigerungen in allen CFA-Ländern. Preisangaben können dadurch zum Teil überholt sein.

Kfz: Führerschein (internationaler empfohlen), Kfz-Schein, Grüne Versicherungskarte wird nicht anerkannt, an der Grenze muß eine Haftpflichtversicherung abgeschlossen werden (4 Monate für alle CFA-Länder 35 000 CFA). Ein *carnet de passage* benötigen Sie auf alle Fälle. Bei Einreise direkt aus Europa muß es beim Verkehrsclub in Dakar abgestempelt werden. Man kann angeblich 40 000 CFA bei der Ausschiffung sparen, wen man in den Papieren vermerken läßt, daß man im Transit in ein anderes Land ist.

416 Durch Afrika

Treibstoffpreise: Super 455 CFA/l, Diesel 300 CFA/l.

Straßenzustand: Einige Asphaltstraßen, vor allem im Grenzbereich zu Mali schlechte Pisten (sehen Sie dazu die Routenbeschreibungen). Aufpassen bei Orts- und Stadteinfahrten, nicht mehr als 40 km/h fahren. Die Polizei lauert auf Verkehrssünder und ist vor allem bei Ausländern gnadenlos.

Grenzen: Die Grenzen zu den Nachbarländern sind offen.

Sicherheit: Erhöhte Diebstahlgefahr in touristischen Gebieten und Städten.

Kontrollen: Unproblematisch, keine Schikanen; entgegen aller Horrormeldungen waren die Behörden korrekt und hilfsbereit.

Zeitverschiebung: -1 Stunde; Sommerzeit: -2 Stunden.

Stromspannung: 220 V, Adapter empfohlen.

Literatur und Landkarten:
Reiseführer: „Reise Know-How Westafrika", Reise-Know-how-Verlag Därr GmbH, mit vielen praktischen Reisetips; T. Krings, „Sahel", DuMont Verlag, mit ausführlichen Hintergrundinformationen; „Senegal–Gambia", Meyer Verlag.
Hintergrund: Mariama Bâ, „Der scharlachrote Gesang", Fischer TB (Roman über den Emanzipationsprozeß einer Frau); Sembene Ousmane, „Chala", Ullstein TB (Roman um den Konflikt zwischen Tradition und modernem Leben); C. Boyle „Wassermusik" TB (die Reisen Mungo Parks wurden hier als Roman amüsant erzählt); A. Haley, „Roots", Fischer TB.
Landkarten: Übersichtskarten: Michelin 953, Nord- und Westafrika, 1:4 000 000, IGN Carte Touristique Senegal, 1:1 000 000.

Geschichte: Im „afrikanischen Mittelalter" war das Gebiet des heutigen Senegal zwischen mehreren Reichen aufgeteilt (Wolof, Tekrur). Mit der Landung der Portugiesen im 15. Jh. und der ersten französischen Niederlassung St. Louis Ende des 17. Jh. geriet das Senegalgebiet zunehmend unter den Einfluß europäischer Interessen. Die Insel Gorée wurde zum wichtigen Stützpunkt des transatlantischen Sklavenhandels ausgebaut, die französische Kolonialmacht dehnte ihr Einflußgebiet bis zum Ende des 19. Jh. auf den gesamten Senegal aus. Im Landesinneren herrschten verschiedene Wolof-Könige (Damels), die sich zunächst heftig der französischen Landnahme widersetzten, später jedoch auch mit der Kolonialmacht kooperierten. Die bedeutenden Wolof-Clans spielen auch im heutigen politischen Leben eine wichtige Rolle. 1960 erlangte Senegal die Unabhängigkeit.

Politik: Im Gegensatz zu den meisten anderen westafrikanischen Ländern hat Senegal eine demokratische Verfassung. Neben der von Senghor gegründeten

UPS gab es ursprünglich drei, inzwischen 16 weitere Parteien. In den 80er Jahren kam es wiederholt zu gewalttätigen Protesten und Demonstrationen vor allem der Jugendlichen, die eine weitere Liberalisierung des politischen Systems forderten. Seit dem freiwilligen Rücktritt von Leopold Sedar Senghor 1980 steht Abdou Diouf an der Spitze des Staates; er wurde bei den ersten freien Wahlen im Senegal 1993 in seinem Amt bestätigt. Zu Beginn der 90er Jahre führten Massaker an Senegalesen in Mauretanien (und umgekehrt im Senegal an Mauren) zu Spannungen zwischen den beiden Ländern.

Die Mouriden

Muslimische Bruderschaften haben überall im geistigen, aber auch im politischen Leben des Senegal einen großen Einfluß. Vorreiter dieser Entwicklung war der Wolof Ahmadou Baba, der in der zweiten Hälfte des 19. Jhs. die Bruderschaft der Mouriden gründete und – ganz im Gegensatz zu den traditionellen Wolof-Werten, die körperliche Arbeit als unwürdig ablehnen – ein Leben forderte, das von Arbeit und Gebet geprägt sein sollte. Nach der erniedrigenden Erfahrung der Kolonisation schien diese neue Lehre für viele, vor allem adelige Wolof die Verheißung auf ein neues Leben und möglicherweise auch auf die Erneuerung der alten Wolof-Reiche. Neben der geistigen und körperlichen Askese zeichneten sich die überall im Land entstehenden Mouriden-Zentren durch außerordentlich hohe Wirtschaftlichkeit (billige Arbeitskräfte) aus. Binnen kurzem hatten die Mouriden-Scheikhs den Erdnußanbau unter ihre Kontrolle gebracht; ihr Wohlstand erhöhte auch ihren politischen Einfluß. Ahmadou Baba wurde von den Franzosen wiederholt ins Exil geschickt. Sein Grab in Touba gehört zu den wichtigsten Wallfahrtsstätten senegalesischer Muslime. Bis heute haben die Mouriden großen politischen wie religiösen Einfluß. Ihre größte Anhängerschaft finden sie unter den Jugendlichen, die sich im Widerstreit zwischen Moderne und Tradition von der asketischen Welt der Mouriden-Zentren angezogen fühlen.

418 Durch Afrika

Gambia
Überblick

Fläche: 11 295 km².

Einwohner: 812 000.

Ethnien: Mandingo, Peul, Wolof.

Hauptstadt: Banjul (44 000 Einw.).

Sprachen: Englisch, verschiedene lokale Sprachen.

Religion: 90% Muslime.

Ruhetag: Sonntag.
Währung: Dalasi (D). 1 Dalasi = 0,18 DM, 1 DM = 5,60 Dalasi. Einfuhr unbeschränkt; Ausfuhr bis 75 D, ausländische Währungen bis zur Höhe des eingeführten Betrags.

Zeitverschiebung: - 1 Stunde; Sommerzeit: - 2 Stunden.

Stromspannung: 220 - 240 V.

Treibstoffpreise: Normal nicht erhältlich, Diesel 6 D/l, Super 8 D/l.

Kontrollen: Häufige Polizeikontrollen.

Geschichte: Siehe Senegal

Politik: Am 23.7.1994 wurde der bis dahin amtierende Alleinherrscher Sir Dawda Kairaba Jawara durch einen Putsch entmachtet. Er konnte auf ein US-amerikanisches Kriegsschiff fliehen, ein Teil seiner Minister wurde inhaftiert. Neuer Staatschef ist Leutnant Yayah Jammeh.

Senegal/Gambia – Routenteil L 419

Routeninformationen

L 1: Rosso (Mauretanien) – senegalesische Grenze – Saint Louis – Dakar – Mbour (273 km)

(03.94, Land Rover) Asphalt.

Rosso – S. F 4. (Ende F 4; Beginn F 11.)
In der Umgebung: zwischen Rosso und Saint-Louis ungefähr 70 km hinter Rosso Abzweigung (gut ausgeschilderte Strecke) zum **Djoudj-Nationalpark** (Vögel) im Delta des Senegal-Flusses (33 km Piste zum *campement*, Eintritt in den Park 2000 CFA); fantastisches Naturschutzgebiet; im Dezember und Januar kann man hier Pelikane und Kormorane beim Brüten beobachten; Rundfahrten mit der Piroge.
Unterkunft: Campingplatz; Bungalows im *campement* von Djoudj, im Reservat oder 25 km entfernt im *campement* von Maka Diama (sehr schöne Bungalows in einem Garten am Ufer eines Seitenarmes des Senegal, unweit des Maka-Diama-Staudamms, 30 000 CFA/Bungalow, vorher anmelden, Hotel 2000 CFA/Person, Camper 3000 CFA).
Saint Louis – 118 000 Einw. Stadt. Ehemalige Hauptstadt des Senegal.
Unterkunft: „Hotel de la Poste" mit dem Charme vergangener Zeiten, Feinschmeckerrestaurant, vernünftige Preise. Im dazugehörigen Campement stehen preiswerte Rundhütten, 2 Pers./Nacht 14 000 CFA, Repas (Essen) 3500 CFA, petit dejeuner 1500 CFA. Anmeldung im Hotel erforderlich, dort gibt es auch einen Plan mit Wegbeschreibung (am besten bei Niedrigwasser am Strand entlangfahren).
Sehenswert: Die Stadt war schon früh französischen Einflüssen unterworfen. Herausgekommen ist eine faszinierende Mischung afrikanischer und französischer Elemente. Besuchenswert sind vor allem die Ile St. Louis (Altstadt) mit dem Gouverneurspalast und der muslimische Fischerfriedhof südlich von Ndar Guet.
Mboro-s-Mer – Ruhiges Fischerdorf, etwa 27 km nordwestlich von Tivaouane. Sandstrand, wenig Touristen.
Dakar – 1 400 000 Einw. Hauptstadt. Gute Infrastruktur. (Beginn L 11.)
Unterkunft: die meisten Hotels erheben eine Touristensteuer von 400 CFA/Person und Nacht. Hotel „Continental Annex" (ca. 10 000 CFA/DZ); Hotel „Farid", 51, Rue Vicens (in der Nähe des Hafens), herzlicher Empfang, komfortabel, libanesisches Restaurant (ca. 13 000 CFA/DZ); die folgenden Hotels kosten mindestens 20 000 CFA/DZ: „Sofitel-Taranga", „Novotel", „Le Lagoon", „Le Savena", „Indépendance" und „Méridien" (die Pools des „Taranga" und des „Savena" sind auch der Öffentlichkeit zugänglich, ca. 2000 CFA/Person); ein gutes Preis-/Leistungsverhältnis bietet das Hotel „Al Baraka", 35, Rue Bourgi (nahe der Place de la Indépendance, ca. 15 000 CFA/DZ) oder der „Club de Calao" (Ngor, Yoff-Plage – nahe des Flughafens); Rundhütten-Bungalowdorf

420 Durch Afrika

mit Pool, direkt am Meer, Parkmöglichkeit neben den Bungalows (ca. 25 000 CFA/3-Bett-Bungalow mit Dusche/WC); für einfache Ansprüche „Hotel des Princes", Rue Raffenel (ca. 5000 CFA/DZ mit Dusche und WC); Hotel „Ganalé", 38 Rue Amadou Ndoye, Dusche und Klimaanlage, sehr gut geführt. Camping am Strand des Hotels „Su-Nu-Gal" Richtung Flughafen (Route de N'Gor) und am Campingplatz „Le Boulagou" (Yoff-Plage) in der Nähe des Flughafens (3000 CFA inkl. Frühstück).

Essen: Restaurant „Dionevar" (etwa 3000 CFA/Person) an der Straße zum Flughafen; gute, preiswerte Restaurants sind „Chez Loutcha" (100, Rue Blanchot) und „L'Auberge Rouge" (116, Rue Blanchot); üppiges und gutes Essen im „Relais 114"; auf Fische spezialisiert ist „Dagonne" (Rue Dagonne, nahe dem Kermel-Markt).

Verschiedenes: VW-Vertretung „Sacida", Route de Rufisque. Vorsicht vor Dieben, auch beim Geldwechseln in der Bank. Wenn der Paß gestohlen wird, in der Garage des *corps rapides* nach „la caisse" fragen. Meist kann man den Paß hier einige Tage später wieder zurückkaufen. Visum für Mali bei der Botschaft, 46 Blvd. de la République (5000 CFA). Visum für Guinea bei der Botschaft (10 000 CFA), darauf achten, daß alles korrekt ausgefüllt ist, da es sonst zu Problemen kommen kann (*laisser passer* für Motorrad 10 000 CFA, für beides ist ein Empfehlungsschreiben der Deutschen Botschaft vonnöten; dieses kosten 3500 CFA). Visum für die Elfenbeinküste innerhalb eines Tages (90 Tage gültig, 5000 CFA). Die Touristeninformation befindet sich in der Rue Dr. Calonette.

Sehenswert: die Märkte Sandanga und Kermel, der Hafen, die Kathedrale, das ethnographische und archäologische Museum des „IFAN" (*institut fondamental de l'afrique noire*), die „Große Moschee" und die *medina*.

In der Umgebung: die **Insel Gorée**, von der bis zum 18. Jh. viele Sklaven nach Amerika verschifft wurden (Sklavenhäuser, Historisches Museum und ozeanographisches Museum); die Panoramastraße an der Küste. Der See **Retba** (Salzabbau, Dünen) 50 km im Norden von Dakar über Tiaroye-Mer, Keur Massar bis Niakoul Rap; von hier gute Piste zum See. In Popenguine schöner Strand, Bungalows, Campingmöglichkeit.

Fahrzeugtransport nach Europa: „Vasquez et Espinosa", Agentur der „Mac-Lines-Gesellschaft", Avenue Faidherbe 7 (Dakar); etwa 1200 DM bis Livorno, nach Marseille etwas billiger (Hauptsitz der Gesellschaft ist Madrid). Das Fahrzeug wird in einen Container verschlossen, so daß man alles im Inneren lassen kann. Versicherungen vermittelt die Agentur „La Foncière" (seriös), 79, Avenue Peytavin.

Bahnverladung: Zugverbindung Dakar – Bamako zweimal/Woche (ungefähr 14 000 CFA/2.Klasse, 19 000 CFA/1. Klasse und 32 000 CFA/Schlafwagen). Die wahrlich abenteuerliche Reise dauert etwa 40 Stunden. Näheres über die Mitnahme von Fahrzeugen im Zug unter L 6.

Mbour – Kleinstadt. Gute Infrastruktur, schöner Strand. (Beginn L 2 und L 3.)

Unterkunft: teure Hotels, u.a. Ferien-Club „Nianing" von Neckermann; preiswerte und gute Übernachtungsmöglichkeit in der *village touristique*; „Mbour

Senegal/Gambia – Routenteil L 421

Camping" (8000 CFA/Kfz/Zelt); Möglichkeit, am Strand zu übernachten (Vorsicht vor Dieben).

L 2: Mbour – Joal – Ndangane – Niodior (ca. 70 km)

(03.94, Land Rover) Bis Joal Asphalt, dann gute Piste bis Djiffer. Zwischen Djiffer und Niodior Piroge.

Mbour – S. L 1. (Ende L 1; Beginn L 3.)
Joal – Dorf. Gute Infrastruktur. Hotels ebenso teuer wie in Mbour. Pirogenfahrt durch die Lagunen und die Mangrovensümpfe. Fußgängerbrücke nach
Fadiouth – (christlicher) Ort, auf Muschelinseln erbaut (sehenswert).
Ndangane – Fischerdorf. Gute Infrastruktur.
Unterkunft: Hotel „Le Pélican", gut geführt, Bungalow-Hütten, Tennis, Restaurant (ca. 14 000 CFA/Vollpension).
In der Umgebung: Pirogenausflüge zur Vogelinsel (teuer).
Djiffer – *Campement.* Einmal täglich Überfahrt in der Piroge nach Niodior (ca. 200 CFA/Person).
Niodior – Ort. Keine Übernachtungsmöglichkeit. Schöne Moschee.
In der Umgebung: Fußweg nach Dionewar (30 Minuten), wo es ebenfalls eine schöne Moschee gibt.

L 3: Mbour – Kaolack (107 km)

Asphalt, guter Straßenzustand.

Mbour – S. L 1. (Ende L 1; Beginn L 2.)
Kurz hinter Tiadaye kann man nach Ndangane fahren (zur L 2); 7 km vor Ndangane führt eine Piste nach rechts nach Fumela, wo Léopold Sédar Senghor geboren wurde (Geburtshaus).
Kaolack – 132 000 Einw. Gute Infrastruktur, aber schmutzige und trostlose Stadt. Wichtiges Zentrum des Erdnußanbaus. (Beginn L 4 und L 5.)
Unterkunft: empfehlenswerte Hotels „Paris" und „Dior" (sympathische Chefs, ca. 10 000 CFA/DZ); Hotel „Napoléon" etwas billiger.
Sehenswert: der Markt (täglich).

L 4: Kaolack – Tambacounda (266 km)

(02.94, Patrol) Asphalt, guter Straßenzustand außer zwischen Km 40 und 90, vor und hinter Kaffrine (viele Löcher). Die Dörfer sollten mit 40 km/h durchfahren werden, in fast jedem Ort gibt es einen Polizisten. Zwischen Birkelane und Koungheul starke Längswellen.

Kaolack – S. L 3. (Ende L 3; Beginn L 5.)
Kaffrine – 10 000 Einw. Lebensmittel. Treibstoff.
In der Umgebung: vorgeschichtliche Überreste.

422 Durch Afrika

Tambacounda – 52 m, 30 000 Einw. Gute Infrastruktur.

(Beginn L 6, L 7 und L 11; Ende L 5.)

Unterkunft: Hotel „Asta-Kébé" (28 000 CFA/DZ); Hotel „Niji", einfach aber sauber (ca. 10 000 CFA/DZ).

L 5: Kaolack – gamb. Grenze – Banjul – senegalesische Grenze – Ziguinchor – Kolda (Variante Medina – Gonasguin. Grenze) – Velingara – Tambacounda (844 km)

(02.93, Land Rover) Asphalt (bis zur gambischen Grenze sehr schlecht), gut befahrene Piste in Rchtung Guinea.

Kaolack – S. L 3. (Ende L 3; Beginn L 4.)

Toubakouta – Dorf.

Unterkunft: Ferienclub am Ufer eines Flüßchens, meist für Gruppen reserviert, kein Bungalow am Flußufer (ca. 12 000 CFA/DZ); dem Feriendorf ist das „Les Palétuviers", etwa 500 Meter weiter, vorzuziehen, herzlicher Empfang, französischer Besitzer (saubere Bungalows, ca. 20 000 CFA/zwei Personen mit Vollpension), Vermietung von Pirogen, Jagd vom 1. Januar bis zum 1. April (Vermietung von Citroën Méhari und Ausflüge).

Karang – Dorf. Formalitäten zur Ausreise aus dem Senegal. Am Wochenende werden Gebühren von 800 CFA erhoben.

Barra – Dorf. Formalitäten zur Einreise nach Gambia.

Verschiedenes: am Ortsausgang von Barra setzt eine Fähre nach Banjul über; die Tickets müssen 2 km vor Barra auf der linken Seite gekauft werden (Motorrad 300 CFA, Land Rover 7000 CFA, Lkw 11 500 CFA); an der Anlegestelle in Barra können Sie CFA zu einem wesentlich günstigeren Kurs in Dalasi wechseln. Die Fähre über Farafenni und Mansa – Kokko ist wesentlich preiswerter, da der Fluß hier nicht so breit ist (siehe später, Variante zur Regenzeit). Die gambischen Beamten sind sehr unfreundlich und erheben Straßenabgaben und -zölle nach Gutdünken. Die braune Versicherungskarte ist hier nicht zu kaufen (erst in Banjul). Bei Weiterfahrt am Gambia nach Basse volltanken (Versorgung ist schwierig).

Banjul – 45 000 Einw. Hauptstadt Gambias. Gute Infrastruktur. Zahlreiche zollfreie Geschäfte.

Unterkunft: Hotel „Apollo" (165 D/EZ); Hotel „Teranga" (60 D/EZ); Hotel „The Malawi Guesthouse" ist einfach und sauber, bewachter Parkplatz; viele Hotels südlich von Banjul, in der Satellitenstadt am Strand.

Sehenswert: die Strände, das Nationalmuseum und der Zoo (Abuko Park).

Verschiedenes: Visum für Nigeria, Wartezeit 2 Wochen (12 D).

Brikama – Dorf.

7 km hinter Brikama Kreuzung, beide Straßen führen nach Ziguinchor. In der Trockenzeit die rechte Straße einschlagen, sie führt durch schöne Landschaft mit Affen und Vögeln (der Zoll ist im Dorf Jibara bzw. Seleti an der Grenze, keine Probleme). Weiter auf der Strecke von Seleti nach

Senegal/Gambia – Routenteil L 423

Dioloulou, Dorf. Von hier aus führt ein Teerstraßenabzweig nach
Kafoutine – Hübscher Ort am Strand, wenig Touristen und viele günstige kleine Strandhotels.
Die Straße führt weiter zu dem Ort Bignona.
Bignona – Größerer Ort, gute Versorgung; hier mündet die unten beschriebene Variante ein.
Variante: in der Regenzeit fahren Sie an obengenannter Kreuzung bei Brikama geradeaus über Bwiam und Kwinella weiter und treffen dann in der Nähe von Mansa-Konko (Treibstoff) auf die Hauptverkehrsachse Kaolack – Ziguinchor.
Zwischen Mansa-Konko und Farafenni verkehrt halbstündlich eine Fähre über den Gambia (diese Fähre ist auch vom Norden kommend von Kaolack direkt über Nioro du Rip erreichbar). Kurz darauf wieder Einreise in den Senegal.
Moderne Brücke am Ortseingang von Ziguinchor.
Ziguinchor – 107 000 Einwohner. Gute Infrastruktur.
Unterkunft: „Hotel de l'Escale" (ca. 7000 CFA/DZ); *campement* „Ndary Kassoum" (nicht zu verwechseln mit dem gleichnamigen, teureren Hotel), Rue de France, nahe dem „Hotel du Tourisme" (ca. 3000 CFA/DZ).
Verschiedenes: Visa für Guinea-Bissau werden im Büro neben dem „Hotel du Tourisme" ohne Wartezeit ausgestellt.
Sehenswert: das Zentrum des Kunsthandwerks und der Markt.
In der Umgebung: die Casamance, schöne Landschaft, riesige Kapokbäume mit großen Brettwurzeln, doch leider auch viele Touristen auf organisierten Rundtouren; zum Parc National de la Basse Casamance führt eine kleine, 9 km lange Piste, die kurz hinter Oussouye von der Straße Oussouye – Cap Skirring abzweigt (Eintritt ca. 2000 CFA/Person und ca. 5000 CFA/Fahrzeug); in einem Tag kann der Nationalpark sowohl zu Fuß als auch im Auto besichtigt werden (Camping am Parkeingang).
Cap Skirring – Seebad, ideal zum Erholen und über eine gute, asphaltierte Straße erreichbar. Stark ausgebaute touristische Infrastruktur, darunter auch ein Dorf des Club Méditerranée. Leider nach lokalen Unruhen stark zerstört.
Unterkunft: empfehlenswert ist das Hotel „La Paillotte" mit einem exzellenten Restaurant und einem 2 km langen Sandstrand (ca. 20 000 bis 30 000 CFA/DZ oder etwa 3000 CFA/Hütte für zwei Personen, ohne Wasser und Elektrizität). Zahlreiche Campingplätze (ca. 1000 CFA/Person); am Strand sollte nicht wild gecampt werden.
Zwischen Ziguinchor und Velingara ist die Straße aus militärischen Gründen manchmal gesperrt (Nähe der Grenze zu Guinea-Bissau). Am besten vorher fragen.
Kolda – Ziemlich große Stadt. Gute Infrastruktur.
Unterkunft: einfaches Hotel; luxuriöses Touristencamp im Wald (ca. 5000 CFA/Person).
Kounkané – Kleiner Ort. Hier führt die Straße in Richtung Norden nach Velingara.
Médina Gounas – guineische Grenze: wer direkt zur guineischen Grenze

424 Durch Afrika

weiter will, kann 12 km nach Kounkane in einem kleinen Dorf die Abzweigung nach Médina-Gounas/Linkiring (zur L 11), wählen. Die Abkürzung ist nicht markiert und schwer zu finden, wird aber viel befahren. Achtung volltanken, denn in Guinea gibt es kaum Diesel.

Velingara – Marktflecken.

Unterkunft: in der Nähe des Zolls möglich. Wasser.

Tambacounda – S. L 4. (Ende L 4; Beginn L 6, L 7 und L 11.)

L 6: Tambacounda – Kidira – malische Grenze – Kayes (285 km)

(11.94, Land Rover 110) Tambacounda – Kidira: 180 km Piste in grauenvollem Zustand (Loch an Loch); neue Brücke über den Falémé zwischen Kidira und Diboli (Grenze). Bei Einreise in Diboli wird eine Haftpflichtversicherung verlangt, wobei es im Ort keine Möglichkeit gibt, diese abzuschließen, 3 Möglichkeiten bieten sich an: 1. Versicherung im Senegal abschließen; 2. Auto in Diboli stehenlassen und per Buschtaxi nach Kayes fahren zwecks Versicherungsabschluß; 3. „Arrangement" mit der Polizei treffen. Wir wählten letztere Option und wurden in ganz Mali nicht mehr nach der Versicherung gefragt.

Tambacounda – S. L 4. (Ende L 4 und L 5; Beginn L 7 und L 11.)

Bahnverladung: Tarif Tambacounda – Kayes (zeitaufwendig), ca. 9000 CFA/ Person, ca. 45 000 CFA/Fahrzeug bis 1,5 t; Kayes – Bamako (insgesamt mit 2,5 Tagen rechnen), ca. 4000 CFA/Person, ca. 57 000 CFA/Fahrzeug bis 1,5 t. Zusätzlich muß mit etwa 10 000 CFA weiteren Kosten bis Bamako gerechnet werden. Auch Fahrzeuge über 1,5 t können verladen werden: das Fahrzeug muß an allen vier Ecken verankert werden, die Kabel müssen diagonal nach außen gespannt werden (Befestigungsmaterial stellt das Bahnpersonal nicht). Da die Gleise sehr uneben sind und oft recht brüske Zugmanöver erfolgen, sollte die Befestigung des Fahrzeug zweifach gesichert sein. Sorgen Sie für ausreichend Wasser und Lebensmittel für ca. 3 Tage und vergessen Sie nicht, eine Zeltplane zum Schutz gegen die Sonne mitzunehmen, da die Fahrzeuginsassen auf derselben Plattform reisen wie das Auto. In Tambacounda sollten Sie es ablehnen, seitlich auf die Plattform hinaufzufahren. Am Ende der Verladerampe gibt es eine Vorrichtung, die ein Hinauffahren am Wagenende erlaubt. Das Bahnpersonal ist oft zu bequem, die dafür nötigen Manöver durchzuführen. Ein Päckchen Zigaretten im richtigen Moment bewirkt Wunder. Vergessen Sie nicht, das *carnet de passage* für die Ausreise aus dem Senegal abstempeln zu lassen. Übrigens können Fahrzeuge auch bereits in Dakar auf eine Plattform verladen werden, die dann an einen Expresszug angehängt wird. Hier reisen die Passagiere im Schlafwagen, das Mitfahren auf der Plattform ist verboten (Dakar – Bamako kostet etwa 1500 DM/Fahrzeug). Die Plattformen zum Fahrzeugtransport müssen bereits lange vorher in Dakar reserviert werden, die Wartezeiten betragen zwischen 8 Tagen und mehreren Wochen (nur malische Plattformen dürfen den Senegal verlassen). In Kidira (Zisterne mit Wasser im Bahnhof) nehmen Sie sich vor Schwarzhändlern in acht, die versuchen, ihre Handelswaren im Zug oder in den Fahrzeugen zu verstek-

Senegal/Gambia – Routenteil L 425

ken (während des Halts das Auto nicht aus den Augen lassen). In Kayes kann die lange Wartezeit dazu genützt werden, die Einreise nach Mali im *carnet de passage* eintragen zu lassen. Das Abladen in Bamako dauert sehr lange und ist insbesondere für Fahrzeuge mit geringer Bodenfreiheit schwierig. Lösen Sie die Verankerung des Fahrzeugs selbst.

Km 64, **Bala** – Dorf.

Km 117, **Goudiri** – Dorf. Lebensmittel. Treibstoff.

Km 189, **Kidira** – Dorf. Am Bahnhof Zisternenwasser (filtern). 2 Tankstellen mit ausreichenden Treibstoffvorräten. Gute Versorgungsmöglichkeiten. (Ende L 11.)

Verschiedenes: neben der Eisenbahnbrücke führt eine Brücke über den Fluß. Formalitäten zur Ausreise aus dem Senegal; die Zollkontrolle ist langwierig, die Polizeikontrolle dafür sehr schnell.

In der Umgebung: 63 km im Nordwesten liegt **Bakel**, eine angenehme kleine Stadt am Ufer des Senegal (interessanter Markt, Treibstoff); von hier aus führt eine hervorragende Straße am Fluß entlang bis Rosso (F 4), 530 km.

Km 194, **Diboli** – Dorf. Lebensmittel, Tankstelle, Werkstatt. Formalitäten zur Einreise nach Mali können mehrere Stunden dauern, Ausreise aus Senegal schnell und unkompliziert.

Km 285, **Kayes** – 47 m, 75 000 Einw. Gute Infrastruktur. (Beginn G 41, G 45.)

Verschiedenes: hier das *carnet de passage* abstempeln lassen. Die Fähre über den Senegal verkehrt nur, wenn die Furt nicht passierbar ist, und dann nur mit häufigen Pannen (offizieller Tarif ca. 500 CFA, Touristentarif 1500 CFA). Am Bahnhof von Kayes darf man nicht damit rechnen, daß die Fahrzeuge sofort abgeladen werden, wenn man hier den Zug verlassen möchte. Dies passiert erst am nächsten Tag ab 8 Uhr morgens. Die Polizeikontrolle gegenüber dem Bahnhof wird schnell und freundlich abgewickelt; danach Zollkontrolle. Beim Abladen mit zwei bis drei Stunden rechnen. Hier kann das Fahrzeug auch nach Tambacounda oder Bamako auf die Bahn verladen werden.

Unterkunft: Campingmöglichkeit beim „Maison des Jeunes" (1000 CFA zuzüglich Dusche, Zimmer 3000 CFA, Essen 750 CFA). „Hotel de la Gare" (ca. 18 000 CFA/DZ).

In der Umgebung: Ausflugsmöglichkeit zu den „Chutes du Félou" (50 km hin und zurück). Dazu die Stadt an den Gleisen entlang nach OSO verlassen.

L 7: Tambacounda – Dialakoto – Niokolo-Koba-Nationalpark – Kédougou (242 km)

(02.94, Patrol) Asphalt auf den ersten ca. 100 km, gute neue Straße in Bau.

Tambacounda – S. L 4. (Ende L 4 und L 5; Beginn L 6 und L 11.)

Km 4, Kreuzung, rechts nach Velingara (zur L 5), links nach Kédougou. Die Straße führt durch schöne, baumbestandene Savannenlandschaft, die nur dünn besiedelt ist.

Km 61, Brücke über den *marigot* (Trockenflußbett) Niériko.

Km 73, **Dialakoto** – Dorf.

426 *Durch Afrika*

Km 94, Niokolo-Koba-Nationalpark – 900 000 Einw., das Wegenetz von 600 km ist trotz guten Detailplans (gibt es am Eingang in Niokolo, dort ist auch die Fahrbewilligung erhältlich) nicht nutzbar, die Pisten sind völlig zugewachsen und deshalb kaum passierbar; von Großwild ist folglich nichts zu sehen. Der Park ist für Motorräder gesperrt, nur die Durchfahrt ist gestattet. Im Park leben etwa 350 Elefanten und 200 Löwen, Büffel, Antilopen, Warzenschweine, Affen, Krokodile, 350 verschiedene Reptilienarten und 60 Fischarten. Die Vegetation ist vielfältig, entlang der Wasserläufe Galeriewälder, Hochwald mit Unterholz aus Bambus, in den Senken Baumsavanne, Termitenhügel an den Böschungen und dichter Urwald am Fuß der Hügel, riesige Sumpfgebiete am Flußufer des Gambia. Fischen ist erlaubt, Jagen und das Mitführen von Waffen sind verboten. In der Nähe der Sammelstellen der Tiere wurden Hochstände zum Fotografieren eingerichtet.

Unterkunft: Hotel „Simenti" in Simenti völlig heruntergekommen; Jagdcamp „Relais de Kedougou" in Kedougou (15 000 CFA). In Dialakoto und Mako gibt es *campements*.

Besichtigung: Informationen bei der Direktion des Parks in Tambacounda (Tel: 120) oder der Direktion der Nationalparkverwaltung in Dakar, BP 5135 (Tel: 23 07 93 oder 21 42 21). Verschiedene Rundfahrten sind möglich. Der Eintrittspreis von ca. 2000 CFA/Person und ca. 5000 CFA/Fahrzeug gilt unbeschränkt. Führer 6000 CFA.

Die Lateritpiste führt durch Baumsavanne mit vielen Affen, Warzenschweinen, Wasserböcken, und Nashornvögeln.

Km 96, Teerstraße ab Parkeingang bei Diénoundiala im Bau; von Niokolo-Koba bis Kédougou ist sie bereits fertiggestellt, die fehlende Hälfte soll Anfang 1995 fertig sein.

Km 136, abgebranntes *campement* Niokolo-Koba.

Kurz hinter dem *campement* führt eine Brücke über den Niokolo-Koba-Fluß. Lateritpiste mit leichtem Wellblech.

Km 192 (Mako), Brücke über den Gambia-Fluß.

Km 198, *campement* de Mako-Niokolo (Africa Safari, ca. 7000 CFA/DZ mit Dusche), Essen, Schwimmbecken, am Ufer des Gambie unter franz. Leitung ist sehr empfehlenswert.

Km 201, **Tomboronkoto** – Dorf.

Kédougou – 128 m, 8000 Einw. Gute Infrastruktur. Werkstatt. Krankenhaus. (Beginn L 8, L 9, M 1 u. M 2; Ende L 7a.)

Verschiedenes: Formalitäten zur Ausreise aus dem Senegal für alle, die nach Guinea weiterfahren.

Senegal/Gambia – Routenteil L 427

L 7a: Dialakoto – Kédougou (ca. 315 km)

Piste (H).

Dialakoto – S. L 7. (Zur L 7.)
Kurz hinter Dialakoto Einfahrt in den Niokolo-Koba-Nationalpark an den Posten Wouring und Badi vorbei. Die kleinen Pisten führen durch sehr artenreiches Gebiet und enden im *campement* von Simenti (siehe L 7).
Simenti – S. L 7. (Zur L 7.)
Dahinter wird die nach Süden verlaufende Piste schlechter (Steine). Fahren Sie besser entlang des Gambia-Flusses zu den Posten Bangaré und Worouli (*campements* für die Nacht).
Hinter Worouli führt eine schwierige Trasse aus Steinen und Baumstämmen über den Gambia. Auf den folgenden 40 km verläuft die Piste direkt nach Süden. Sie ist schlecht markiert und schwer zu befahren (wenig Spuren, Baumstämme quer über der Straße, Geröll). Die Piste durchquert dichtbewachsenes Savannenland und trifft dann auf die gute Piste Salémata - Bandafassi (zur L 9), über die Kédougou erreicht wird.
Kédougou – S. L 7. (Beginn L 8, L 9, M 1 und M 2.)

L 8: Kédougou – Saraya – malische Grenze – Kéniéba (130 km)

(02.94, Patrol) Asphalt bis Saraya, danach Piste (A/H/I). In Satadougou Furt durch den Faleme nach Tintiba. Danach schlechte Piste. Die Formalitäten für die Ausreise aus dem Senegal werden in Kédougou erledigt.

Kédougou – S. L 7. (Ende L 7 und L 7a; Beginn L 9, M 1 und M 2.)
Saraya – Dorf. Keine Versorgungsmöglichkeit.
Verschiedenes: Alternative zur unten beschriebenen Route nach Kéniéba, der nach Süden führenden, guten Piste nach Nafadji auf 7 km folgen, dann nach links die schlechte Piste zum Dorf Kiakha Madina einschlagen. Die Piste ist 10 km länger, jedoch besser.
Saraya in östlicher Richtung verlassen. Schlechte Bergpiste (schwierige Felspassagen und viel Sand), die auf der Michelinkarte 953 nicht eingezeichnet ist, bis Mahina; schwierige Flußüberquerungen.
Km 106, durch eine Furt wird das Flüßchen Falémé überquert (Mitte Dezember ist das „Flüßchen" allerdings ein breiter Fluß, der nach Auskunft von Einheimischen frühestens im Januar, wohl eher erst im Februar passierbar ist). Keine malischen Grenzposten vor Kéniéba.
Km 109, Kreuzung; die Piste links führt nach Kayes; rechte Piste einschlagen.
Km 122, man erreicht die Piste Kéniéba – Kayes. Nach Süden weiterfahren.
Kéniéba – Dorf. Lebensmittel (kleiner Markt). Tankstelle. Formalitäten zur Einreise nach Mali. Da der Posten keinen Einreisestempel besitzt, muß dies in Bafoulabé nachgeholt werden. (Beginn G 47.)

428 *Durch Afrika*

L 9: Kédougou – Etiolo (80 km)

Piste (A/H/I).

Kédougou – S. L 7. (Ende L 7 und L 7a; Beginn L 8, M 1 und M 2.)
Kédougou in westlicher Richtung (Salémata) verlassen. Leichtes Wellblech.
Km 14, **Bandafassi** – Dorf. Marmorbrüche. Nach Nordosten zweigt eine sehr
schlechte Piste in Richtung Tioketian und Landé ab.
Km 24, **Ibel** – Dorf. Steinbrüche mit grauem und weißem Marmor.
In der Umgebung: das Dorf Iwol (2 km im Norden) mit dem größten Baobab
(Affenbrotbaum) des Senegal (21 m Umfang).
Km 42, Brücke über den Tiokoye.
Km 57, **Tiankoye** – Ort.
Abzweigung nach links in Richtung Dakateli. 500 m weiter rechts Abzweigung
nach Wouroli und dem *campement* „Eland" im Niokolo-Koba-Nationalpark
(s. L 7).
Km 71, Brücke über die Diakha.
Km 72, erneut Abzweigung, geradeaus nach Ebarak, links nach Etiolo. Die
Piste wird schwierig (viele Löcher, in der Regenzeit Gefahr von Überschwem-
mung).
Km 75, **Nangar** – Dorf.
In der Umgebung: Beginn des Bassari-Landes. Die Bassari gehören zu den
ältesten Bevölkerungsgruppen des Senegal. Im Gegensatz zu ihren Nachbarn
Wolof und Peul haben sich die Bassari der Islamisierung widersetzt und ihre
animistische Glaubenswelt bewahrt.
Etiolo – Dorf. Hauptort des Bassari-Gebiets. Keine Verpflegungsmöglichkeit.

L 10: Tambacounda – Médina Gounas – Kalifourou – Boundou-Foudou (Guinea) (147 km)

(03.93, BMW R 75) Asphalt bis Médina Gounas, danach Piste (A/G/I), die während der
Regenzeit unpassierbar sein kann (zwischen Kalifourou und Boundou-Foudou ist der
Zustand katastrophal und in der Regenzeit auch von Geländewagen nicht befahrbar).
Dieselfahrzeuge sollten im Senegal volltanken, da Diesel in Guinea sehr schlecht erhält-
lich ist.

Tambacounda – S. L 4. (Ende L 4 und L 5; Beginn L 6 und L 7.)
Tambacounda in Richtung Velingara verlassen (L 5). Baumsavanne.
Km 38, im Dorf Gouloumbou Brücke über den Gambia.
Médina Gounas – Stadt. Lebensmittel. Wasser. Treibstoff.
Sehenswert: die Moschee.
Beginn der Piste, die große Löcher aufweist (in der Regenzeit verschlammt).
Der Boden ist sehr uneben, große Bodenfreiheit unerläßlich.
Km 111, **Kalifourou** – Dorf. Formalitäten zur Ausreise aus dem Senegal.
Km 115, Kreuzung, nach rechts fahren (auch die geradeaus weiterführende
Piste durch den Niokolo-Koba-Nationalpark endet in Boundou-Foudou). Die

Piste wird schmäler, tiefe Spurrinnen von Lkw; trotz der zahlreichen kleinen Ausweichpisten lassen sich die tiefen Furchen nicht immer umgehen.
Ab Km 138 wird die Piste auf etwa 10 km Länge besser und dann wieder schlechter.
Km 139, von links Einmündung einer Piste.
Km 146, ein großer Stein markiert die Grenze zwischen Senegal und Guinea.
Boundou-Foudou – Dorf. *Gendarmerie*, Polizei und Zoll. Formalitäten zur Einreise nach Guinea. (Beginn M 3.)

L 11: Dakar – Linguère – Ouro Sogui – Bakel – Kidira (738 km)

(09.93, Mercedes G) Asphalt bis Linguère, danach Piste.

Dakar – S. L 1. (Zur L 1.)
Relativ gute Teerstraße mit vereinzelten Schlaglöchern.
Linguère – Stadt.
Schlechte Piste mit tiefen Wasserlöchern während der Regenzeit. Manchmal fehlt ein Stück der Piste und man muß durch den Busch ein Wegstück umfahren (Durchschnittsgeschwindigkeit 25 km/h).
Ouro Sogui – Stadt.
Reste einer Teerstraße, Loch neben Loch, sehr unangenehm zu fahren.
Bakel – Dorf.
Relativ gute Piste.
Kidira – S. L 6. (Zur L 6.)

430 Durch Afrika

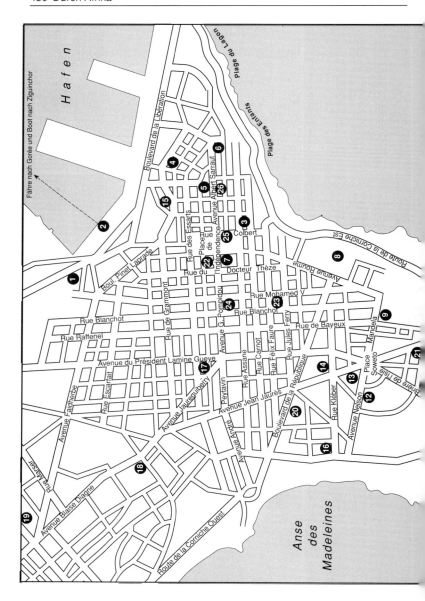

Senegal/Gambia – Routenteil L 431

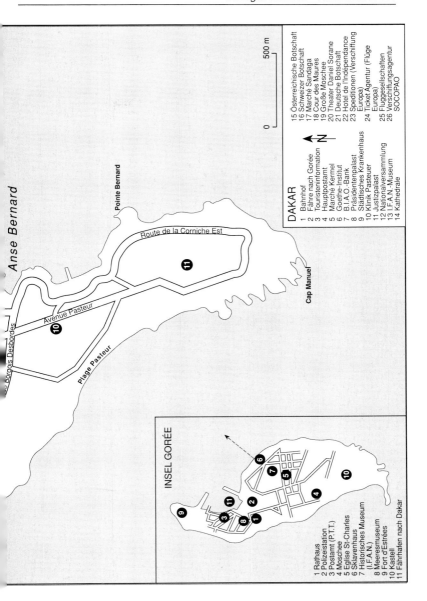

432 Durch Afrika

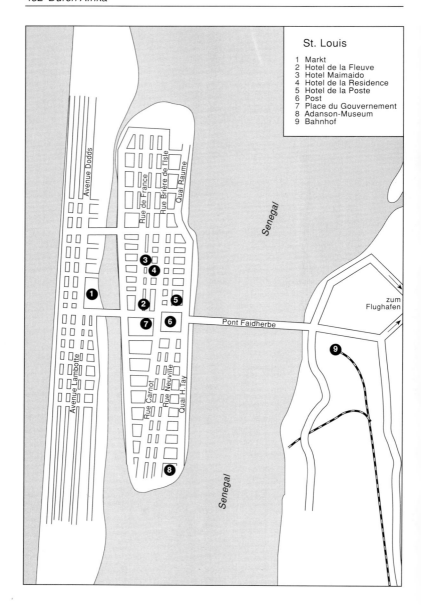

Senegal/Gambia – Routenteil L 433

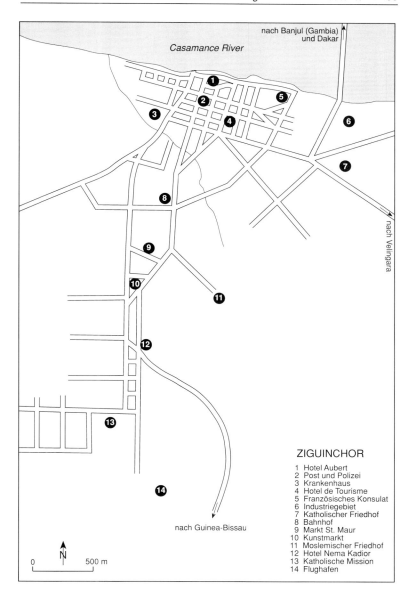

434 Durch Afrika

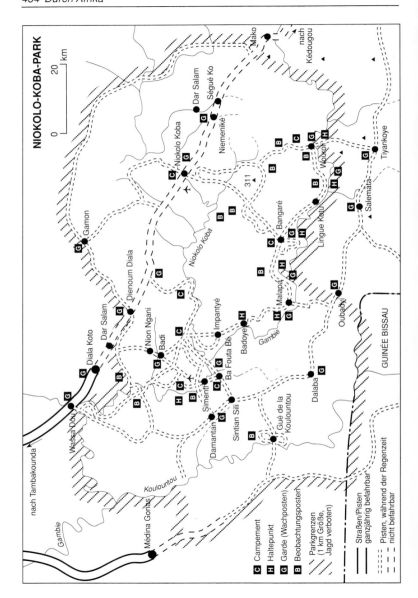

Senegal/Gambia – Routenteil L 435

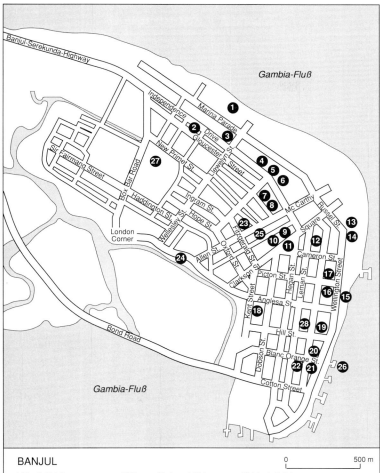

BANJUL

0 — 500 m

1 Atlantic Hotel
2 Carlton-Hotel
3 Gamtel Telefon-, Telegramm- und Telexamt
4 Texaco Café-Bar
5 Texaco-Tankstelle
6 Nationalmuseum (MRC)
7 Taxis nach Bakau
8 BP-Tankstelle
9 Busse und Taxis nach Serekunda
10 Busse u.Taxis nach Birkama
11 Restaurant, Bar u.Nachtclub OASIS
12 Restaurant Bräustübel
13 Hauptpost (PTT)
14 Gambia Airways-Büro
15 Shell-Tankstelle
16 CFAO-Supermarkt u. African Heritage Restaurant
17 Hauptplizeiwache u.BICIS-Bank
18 Traveller's Lodge
19 Adonis-Hotel
20 Sonnar Stores-Supermarkt
21 Chellerams-Supermarkt
22 Apollo-Hotel
23 Ritz-Kino
24 Odeon-Kino
25 Youth Centre (Jugendzentrum)
26 Barra-Fährhafen
27 Moschee
28 Gambia-Air-Shuttle

436 *Durch Afrika*

Guinea – Routenteil M

Überblick

Fläche: 245 857 km².

Einwohner: 6 876 000.

Ethnien: Malinke, Fulbe, Franzosen und Libanesen.

Hauptstadt: Conakry (1 300 000 Einw.).

Sprachen: Amtssprache Französisch, Mandingo, Ful.

Religion: 80% Muslime, 20% Naturreligionen, einige Christen.

Ruhetag: Sonntag.

Feiertag: 1.1., Ostermontag, 3.4., 1.5., 15.8., 28.9., 2.10., 25.12. und diverse jährlich wechselnde islamische Feiertage.

Zeitverschiebung: - 1 Stunde; Sommerzeit: - 2 Stunden

Stromspannung: 220 V.

Einreise: Visumpflicht für Schweizer, Österreicher, Deutsche. Bei Flugreisen Rück- oder Weiterreiseticket. Visum (10 000 CFA) und *laissez passer* (16 000 CFA) in Abidjan innerhalb von ein bis zwei Tagen.

Impfung/Gesundheit: Gelbfieberimpfung vorgeschrieben bei Einreise aus einem Infektionsgebiet; grundsätzlich anzuraten, auch Malariaprophylaxe.

Währung: Franc Guinée (FG). Ein- und Ausfuhr von FG sind verboten, ausländische Währungen können unbeschränkt eingeführt werden, müssen aber deklariert werden. Wechselkurs: 1 DM = 690 FG, 1 $ = 1100 FG.

Kfz: Internat. Führerschein und Fahrzeugschein. Das *carnet de passage* wird anerkannt. Haftpflichtversicherung muß abgeschlossen werden. Bei der Einreise (oder bei Visumerstellung in den Nachbarländern Mali und Sierra Leone) wird eine Verkehrsbewilligung ausgestellt (ca. 5000 CFA oder Gegenwert).

Treibstoffpreise: Normal 750 FG, Diesel 700 FG. Die Treibstoffversorgung ist in den größeren Orten gewährleistet, Versorgungsengpässe sind aber nie auszuschließen, bei Schwierigkeiten an den Schwarzmarkt wenden; grundsätzlich gilt: Menge und Qualität des Treibstoffs genau kontrollieren.

Straßenzustand: Einige asphaltierte Straßen (Asphalt dünn, bröckelt sehr leicht), ansonsten Pisten (meist schlecht, in der Regenzeit katastrophal).

Kontrollen: Sehr häufige Polizeikontrollen, meist korrekt bis arrogant.

Grenzen: Die Grenzen zu den Nachbarländern sind geöffnet.

Literatur und Landkarten:
Reiseführer: Das Reise-Handbuch „Westafrika" von A. Wodtcke, erschienen in der 3. Aufl. 1994 im REISE KNOW-HOW Verlag Därr, enthält ein 110-Seiten-Kapitel über Guinea von D. Kammermann.
Karten: Als Übersichtskarrte die Michelin 953, 1:4 000 000, IGN Carte touristique 1:1 000 000.

Geschichte: Über die frühe Geschichte der Region ist nur wenig bekannt. Anzunehmen ist, daß in dem Gebiet des heutigen Guinea eines der legendären Goldländer lag, das den Sahelkönigen das begehrte Gold als Tauschmittel gegen europäische Waren lieferte und den Reichtum von Königreichen wie Mali begründete.
Zwischen dem 17. und dem 19. Jahrhundert zogen die islamisierten Fulbe allmählich in das Futa Djalon, verdrängten die hier lebenden Ureinwohner (Temne, Kissi, Limba) in Richtung Küste und gründeten einen feudalen Staat, der zwar streng islamisch geprägt war, in dem sich jedoch auch Überreste der traditionellen Religionen erhalten haben. Zeiten friedlicher Koexistenz wechselten ab mit kriegerischen Auseinandersetzungen, unter anderem mit den Malinke. Ende des 19. Jahrhunderts gehörte auch das heutige Guinea zum französischen Protektorat.

Politik: Mit der durch Sékou Touré erkämpften Unabhängigkeit 1958 begann für Guinea eine Phase strenger Isolation. Sékou Touré schottete sein Land gegen europäische und insbesondere gegen französische Einflüsse ab und nahm dafür die Aussetzung von Militär- und Wirtschaftshilfe seitens Frankreich in Kauf. Während seine konsequent anti-koloniale Haltung von den Nachbarländern bewundert wurde, hatte die Bevölkerung unter den Folgen dieser Politik zu leiden. Zugleich begann in Guinea eine schonungslose Verfolgung „Andersdenkender", denen Konspiration und Umsturzpläne vorgeworfen wurden und die zu Tausenden in Gefängnissen oder vor Exekutionskommandos landeten. Zahlreiche Guineer flohen vor der strengen Überwachung in die Nachbarländer und nach Europa. Der von Portugal unterstützte Invasionsversuch von Exil-Guineern im Jahr 1970 bestärkte Touré in seiner Angst vor politischer Opposition. 1984 starb Touré, kurz darauf übernahm eine Militärjunta die Macht, die sich nach internen Machtkämpfen unter dem als Sieger hervorgegange-

438 Durch Afrika

nem Lansana Conté auf die wirtschaftliche Entwicklung des Landes konzentrierte und das Land dem Westen öffnete. Der 1991 gebildete „Provisorische Rat für den nationalen Wiederaufbau" hat den Übergang zu einer Zivilregierung innerhalb von 5 Jahren vorgesehen, kommt aber mit der Umsetzung nicht voran. 1993 kam es deshalb in Conakry zu Demonstrationen, bei denen 18 (nach Oppositionsangaben 63) Menschen getötet wurden. Die im Dezember 1993 erfolgten Präsidentschaftswahlen bestätigten Conté mit 51% im Amt. Trotz Proteste der Opposition wegen Wahlbetrugs wurde die Wahl vom Obersten Gericht 1994 anerkannt.

Routeninformationen

M 1: Kédougou (Senegal) – guineische Grenze – Balaki – Labé (240 km)

(04.92, Trooper) Piste (A/G/H/I). Sehr schlechte Piste. Durchschnittsgeschwindigkeit 20 km/ h. Von der Grenze des Senegal bis kurz nach Madina sehr schwieriger Weg durchs Gebirge. Steil, Geröll mit großen Steinblöcken, Bodenfreiheit unbedingt notwendig. Unbedingt gut versorgen, auch mit Wasser. Zeitbedarf etwa 2 Tage. Sehr interessante Region – Wald, Berge, viele Affen und Vögel, aber extremes Gelände. In der Regenzeit nicht befahrbar.

Kédougou – S. L 7. (Ende L 7 und L 7a; Beginn L 8, L 9 und M 2.)
Hier müssen die Formalitäten zur Ausreise (bzw. Einreise) aus dem Senegal erledigt werden. Man verläßt Kédougou auf einer breiten Piste in Richtung Saraya.
Km 15, eine kleine, nicht sehr schwierige Piste zweigt nach rechts (Wegweiser) in Richtung Fongolembi ab.
Fongolembi – Kleiner Ort. Kurze Formalitäten zur Ausreise aus dem (bzw. Einreise in den) Senegal. Fragen Sie nach dem Abzweig nach Balaki. Von dem Abzweig an (etwa 3 km nach rechts hinter dem Ortsausgang) wird die Piste sehr schwierig; Steilhänge mit Geröll, Furchen usw.
Balaki – Kleines, sympathisches Dorf. Keine Versorgungsmöglichkeit. Schnelle Formalitäten zur Einreise nach Guinea.
Die Piste bleibt auf etwa 50 km noch sehr schwierig und wird dann etwas besser.
Madina-Salambandé – Kleiner Ort. Keine Versorgungsmöglichkeit. Erneut Polizeiformalitäten. In Richtung Koubia (kann umfahren werden) Pistenzustand besser.
Labé – 1050 m, 110 000 Einw., Hochburg des Islam in Guinea. Gute Infrastruktur. Wichtiger Güterumschlagplatz, Schwarzmarkt mit Waren aus Senegal. (Beginn M 5; Ende M 2, M 3 und M 7.)
Unterkunft: „Hotel du Tourisme" im Stadtzentrum, schmutzige Zimmer, 5 $, schöne Terrasse, kühles Bier, Restaurant; „Hotel de la Sala", Richtung Conakry, ca. 2 km, sehr sympathisch, ziemlich saubere Zimmer, 5 $, Restaurant.

Guinea – Routenteil M 439

Verschiedenes: parken Sie das Fahrzeug bei der Präfektur oder der *gendarmerie*, um Diebstählen vorzubeugen. Polizeiliche Formalitäten zur Einreise nach Guinea im Hauptkommissariat.
In der Umgebung: „Chutes de la Sala", herrliche Wasserfälle in schöner Gegend, guter Badeplatz, 35 km z. T. schlechte Piste, ca. 2 Std. Fahrt.

M 2: Kédougou (Senegal) – guineische Grenze – Mali – Yambéring – Labé (223 km)

(05.93, 2 CV) Piste (A/H), zwischen Ségou und Mali in sehr schlechtem Zustand; etwas besser zwischen Mali und Labé. Große Bodenfreiheit unerläßlich, da steile Anstiege auf engen Wegen in ausgefahrenen Lkw-Spuren (die Bewohner helfen zwar, dies ist aber sehr teuer).

Kédougou – S. L 7. (Ende L 7 und L 7a; Beginn L 8, L 9 und M 1.)
Hier werden die Formalitäten zur Ausreise aus dem Senegal erledigt.
Kédougou in Richtung Bandafassi (L 9) verlassen.
Km 11/212, Kreuzung; nach links halten. Geradeaus geht es nach Bandafassi.
Km 28/195, **Ségou** – Kleiner Ort. Formalitäten zur Ausreise aus dem Senegal.
Sehenswert: die 7 km entfernten Wasserfälle (kleine Piste nach rechts in Richtung Dinndefelou, dann 30 Minuten Fußweg); Campingmöglichkeit. In Dinndefelou gibt es Lebensmittel (Markt am Samstag) und ein *campement* (ca. 1400 CFA/Person).
Km 28–31/195–192, sehr schwierige Passagen, die Piste ist sehr schmal und steil, das Terrain unstabil.
Km 41/182, **Longué** – Kleiner Ort. Formalitäten zur Einreise nach Guinea (unfreundliche Zöllner).
Im Anschluß daran durchquert die Piste das Tamgué-Massiv, eine fantastische Gebirgslandschaft.
Km 72/151, alte Zementfabrik, Wasser.
Mali – Kleinstadt in den Bergen. Nicht immer Lebensmittel. Manchmal Treibstoff.
Unterkunft: Hotel „La Dame de Mali" ist etwas heruntergekommen, aber der Empfang ist herzlich, 4 $, einfache Mahlzeiten für 2 $; „Centre d´Acceuil" (Villa), sehr schön gelegene Rundhäuser, ca. 5 $, etwa 10 Min. zu Fuß zum Zentrum.
Sehenswert: der Mt. Loura und der schöne Felsen „Dame de Mali", 9 km nördlich der Stadt.
Km 153/70, **Yambéring** – Kleiner, schöner Ort. Nicht immer Lebensmittel. Kein Treibstoff. Für ein Nachtlager wende man sich an die *Sous-Prefecture*, ihre vier Gastzimmer werden auch Reisenden gerne zur Verfügung gestellt.
Sehenswert: die zweite Moschee des Ortes am Dorfausgang Richtung Mali.
Sehr gute Piste bis Labé.
Km 176/47, Brücke über den Fluß Koumba.
Labé – S. M 1. (Ende M 1, M 3 und M 7; Beginn M 5.)

440 Durch Afrika

M 3: Boundou-Foudou – Koundara – Sériba – Labé
(305 km)

(02.93, BMW R 75) Piste (A/G/I), Asphalt auf den letzten 15 km. Die Fähre bei Seriba kann 500 m nördlich umfahren werden. Die Strecke ist M 1 und M 2 vorzuziehen.

Boundou-Foudou – S. L 11. (Ende L 11.)
Km 27, **Sambailo** – Kleiner Ort. *Gendarmerie*, Polizei und Zoll. Erneut Formalitäten zur Einreise nach Guinea (die ja bereits in Boundou-Foudou erledigt wurden).
Hinter Sambailo 13 km sehr gute Piste.
Km 42, **Koundara** – Kleinstadt. Gute Infrastruktur.
Hinter Koundara verschlechtert sich die Piste. Die Landschaft nimmt zunehmend Gebirgscharakter an.
Km 68, die Piste teilt sich, nach rechts fahren. Nach der Kreuzung sehr steiniger und teilweise felsiger Boden.
Ab Km 111, wieder besserer Pistenzustand (etwas Wellblech).
Km 142, **Sériba** – Kleines Dorf, bestehend aus etwa 15 Hütten. (Beginn M 4.)
Km 187, Fähre (ca. 4000 FG/Fahrzeug).
Km 210, **Koumba** – Kleiner Ort. Auf einer Brücke wird ein Flüßchen überquert (keine Fähre).
Labé – S. M 1. (Ende M 1, M 2 und M 7; Beginn M 5.)

M 4: Sériba – Gaoual – Boké – Kamsar – Conakry
(596 km)

(05.89, Range Rover) Piste (A/G in der Regenzeit) zwischen Sériba und Boké und zwischen Kamsar und Conakry; Asphalt zwischen Boké und Kamsar (55 km).

Sériba – S. M 3. (Zur M 3.)
Zwischen Sériba und Boké führt die sehr schlechte Piste durch Gebirgslandschaft.
Gaoual – Kleinstadt. Lebensmittel (Markt). Manchmal Treibstoff. Schöne, von Bäumen gesäumte Hauptstraße.
Bis Boké gute Piste.
Boké – Kleinstadt. Gute Infrastruktur. Großer Markt.
Unterkunft: „Centre de Jeunesse", gegenüber dem Markt, einfach, 3 $; „Centre d´Acceuil", oberhalb des Flusses, 5 $.
Sehenswert: das kleine historische Museum (Masken), der alte, geschichtsträchtige Hafen, schöne Umgebung
Kamsar – Stadt mit amerikanischem Flair.
Verschiedenes: von den Amerikanern für die guineische Bauxitgesellschaft gebaut („CBG"). Lebensmittel (Supermarkt, Preise in US-$). Treibstoff, die Tankstelle ist nicht immer geöffnet. Ein Schiff fährt einmal wöchentlich über Boffa nach Conakry.

Guinea – Routenteil M 441

Unterkunft: Hotel „Haffia", im Zentrum, schmutzig, 17 $, Klimaanlage, Pool. Hotel „RBQ", im Zentrum, Hotel der Bauxitgesellschaft, modern mit allem Komfort, 30 $, oft ausgebucht.

Beim Verlassen von Kamsar auf der asphaltierten Straße nach Boké weiterfahren.

Km 25 ab Kamsar, **Kolabouniy** – Dorf.

Rechts auf die Piste nach Boffa einbiegen. Schöne Piste unter Kokospalmen, doch viel Wellblech und einige gefährliche Schlaglöcher.

Km 90, **Ausflugsmöglichkeit** zum Cap-Verga-Strand (20 km, möglichst Geländewagen), angenehmer Erholungsort mit Hütten, weißem Sandstrand mit Kokospalmen, Fischgerichte von den einheimischen Fischern.

Boffa – Kleiner Ort. Lebensmittel. Manchmal Treibstoff.

Der Meeresarm wird auf einer Motorfähre überquert (2500 FG/Fahrzeug).

Ab Boffa wird die Piste eintöniger (Wellblech).

Km 218, **Wassou** – Kleine Bar. Piste nach Fria (64 km sehr gute Piste); die Stadt wurde für die Pechiney-Fabrik erbaut; gute Infrastruktur.

Sehenswert: die 5 km entfernten Stromschnellen des Konkouré-Flusses, Badeplatz (kurvenreiche Piste in Richtung des Flughafens).

Km 270, Kreuzung von Dubréka. Von hier ab Teerstraße bis Conakry.

In der Umgebung: der **Berg Kakoulima** (1000 m), von dessen Gipfel aus sich ein fantastischer Blick auf die **Conakry-Halbinsel** und die Stadt öffnet (steile Piste, die nach links abbiegt).

Conakry – 800 000 Einw. Hauptstadt. Gute Infrastruktur. (Beginn M 9 und Ende M 8.)

Unterkunft: Hotel „Camayenne", modernstes Hotel Guineas, gute Lage am Meer, 4 km vom Zentrum, Zimmer 130 bis 160 $; Pension „Doherty", im Zentrum, einfache, klimatisierte Zimmer, WC/Dusche, fl. Wasser kalt und warm, 22 bis 35 $, angenehme, familiäre Atmosphäre; „Mission Catholique", oft ausgebucht, im Zentrum, angenehme Zimmer für 9 $ (Frühstück inbegriffen), eine der billigsten Unterkünfte in Conakry. Grundsätzlich ist zu bemerken, daß das Preis-Leistungsverhältnis in vielen Hotels/Pensionen nicht stimmt!

Verschiedenes: in der Nähe des „Pont des Pendus", der einzigen Straßenbrücke der Stadt, zwei gut sortierte Supermärkte (WC-Papier nur in Supermärkten erhältlich). Viele Autovertretungen aller wichtigen Marken, die Land Rover-Vertretung befindet sich im Stadtteil Ratoma. Am „Marché Madina" (größter Markt des Landes, Autofriedhof) gibt es alle möglichen Ersatzteile und Werkzeug zu kaufen. Diesel ist am Hafen immer erhältlich, Bezin ist rar. Das Krankenhaus ist nicht zu empfehlen. Mehrere Botschaften (u.a. Elfenbeinküste). Wöchentliche Flüge nach Bamako.

Restaurants: in der mittleren Preisklasse das „Escale de Guinée", das „La Provençale", das „La Bonne Auberge" und das „Les Iles"; in der höheren Preisklasse das „Grand Hotel de l'Indépendance" (französische Küche) und das „Le Rustique" (deutsche Spezialitäten).

In der Umgebung: die verschiedenen **Los-Inseln** (u. a. Room, Kassa, Tamara) mit ihren teilweise fantastischen Stränden, per Piroge zu erreichen.

442 Durch Afrika

M 5: Labé – Pita – Mamou (152 km)

Asphalt. Sehr gute,neue Asphaltstraße, sehr schöne Berggegend. Panoramastraße.

Labé – S. M 1. (Ende M 1, M 2, M 3 und M 7.)
Pita – Stadt. Lebensmittel. Wasser. Treibstoff. Krankenhaus.
In der Umgebung: der Kinkon-Wasserfall. Eine ausgeschilderte Piste zweigt
2 km vor der Stadt ab; durch das Stauwerk oberhalb des Wasserfalls ist das
Naturschauspiel nicht mehr besonders sehenswert.
Zwischen Pita und Dalaba schöner Panoramablick auf den Futa Djalon.
Dalaba – 1400 m. Hübsche Stadt mit fast europäischem Klima. Lebensmittel.
Treibstoff.
Unterkunft: „Centre d´Acceuil", ca. 1,5 km südwestl. der Stadt, gute Zimmer in
großem Rundhaus mit fl. Wasser und WC (10 $), einfache Zimmer 5 $, keine
Versorgungsmöglichkeit.
In der Umgebung: „Chevalier-Garten", Pinienwald auf der Strecke nach Ditinn
(5 km nach Dalaba rechts abzweigen, Wegweiser); das Dorf **Ditinn** (im Nor-
den, Piste), wo man sich bei der fast schon legendären Madame Béké Néné
Fouta wunderbar erholen kann. Von Ditinn aus kann man mit einem Führer
den Wasserfall besuchen (15 Min. im Auto, 45 Min. zu Fuß). In der Trockenzeit
fällt leider nur sehr wenig Wasser die 200 m hohe Felswand hinunter.
Mamou – Großstadt. Wichtigster Verkehrsknotenpunkt des Landes. Gute Infrastruktur, alles erhältlich. Treibstoff auf dem Schwarzmarkt. Nachts vor Übergriffen in Acht nehmen. (Beginn M 6, M 11 und M 20.)
Unterkunft: Hotel „Bafing", Richtung Faranah, ca. 500 m nach Bahnübergang
links; 11 Zimmer, ziemlich sauber, WC und Dusche außerhalb, 5 $, einfache
Mahlzeiten; Hotel „Youla"; Einfahrt von Conakry links; 3 Zimmer, ziemlich sau-
ber, familiär, 6 bis 8 $; Hotel „Hidalgo/Luna", 3 bis 5 $, widerlich; „Buffet de la
Gare", 12 Zimmer, zentral, ruhig, mit WC, etwas schmuddelig, 8 $, einfache
Mahlzeiten im Buffet.

M 6: Mamou – Kindia (140 km)

Asphalt. Guter Straßenzustand. Gebirgige Gegend, schöne Landschaft.

Mamou – S. M 5. (Ende M 5; Beginn M 11 und M 20.)
Tafori-Paß, schöne Landschaft.
Kurz vor Kindia gut ausgeschilderter Abzweig zu den Wasserfällen „Cascades
du Voile de la Marie", wo in den Hütten beim Wasserfall übernachtet werden
kann.
Kindia – 80 000 Einw. Gute Infrastruktur. Treibstoff auf dem Schwarzmarkt.
(Beginn M 7, M 8 und M 10.)
Unterkunft: Hotel „Buffet de la Gare", rechts am Ortseingang, beim Bahnhof,
einfach, 3 bis 6 $; „Bar Sam", ausgeschildert, 2 Zimmer (Ausbau geplant),
10 $, sauber, gute Küche, oft ausgebucht.

Guinea – Routenteil M 443

M 7: Kindia – Fouta Djalon – Labé (269 km)

Piste (A/G), in der Regenzeit ist vom Befahren abzuraten. Bergstraßen durch malerische Landschaft. Zahlreiche traditionelle Dörfer. Sympathische Bevölkerung. Viele baufällige Brücken, die über mehr oder weniger trockene Furten umfahren werden können. Vorsicht vor Rinderherden.

Kindia – S. M 6. (Ende M 6; Beginn M 8 und M 10.)
Vom großen Platz von Kindia (Treibstoff-Markt) in Richtung des „Institut Pasteur" fahren. Die Eisenbahnlinie Conacry - Kankan wird überquert, bei Km 3 das Institut passieren. Gute Piste (Wellblech), wenig Verkehr, zahlreiche kleine Dörfer.
Km 58, Eisenbrücke über den Konkouré-Fluß (schöner Blick).
Km 89, **Kambaia** – Kleiner Ort. Lebensmittel.
Km 112, kleiner Ort. Verlassen Sie die Hauptpiste und biegen Sie in die kleinere Piste nach Osten (Labé) ein. Sie ist schmal und in schlechtem Zustand (ausgewaschen, tiefe Löcher, steinige Passagen).
Km 123, kleiner Ort. Kaffeeanbaugebiet.
Km 130, kleine steinige Furt, dahinter ein größeres Dorf.
Km 132, Fähre ohne Geländer, die Auffahrt auf die Rampe erfordert Fingerspitzengefühl.
Km 136, kleiner Ort. Lebensmittelgeschäft.
Km 146, kleiner Ort.
Km 160, kleiner Ort mit schöner Moschee zwischen Bäumen.
Km 179, kleiner Ort.
Die Piste überquert danach ein großes Plateau mit zwei Höhenstufen.
Km 191 und 202, Dörfer.
Km 205, Kreuzung, nach links fahren.
Km 207, kleiner Ort. Lebensmittelgeschäft.
Km 213 kleiner Ort. Am Ortsausgang nach rechts halten.
Km 218, die Piste mündet in eine andere, größere Piste und überquert eine Ebene. Nach links fahren.
Km 229, **Timbi Madina** – Kleinstadt. Lebensmittel (Markt).
Danach nach OSO halten. Die Piste teilt sich öfter, um Hindernisse zu umgehen.
Km 249, man trifft auf die Teerstraße Labé – Mamou (M 5), nach links abbiegen.
Labé – S. M 1. (Ende M 1, M 2 und M 3; Beginn M 5.)

M 8: Kindia – Conakry (133 km)

Asphalt, guter Straßenzustand. Viel Verkehr. Zahlreiche Polizeikontrollen.

Kindia – S. M 6. (Ende M 6; Beginn M 7 und M 10.)
Km 67, **Kourya**. Stadt.

444 Durch Afrika

Sehenswert: fahren Sie 4,5 km die Piste nach rechts und dann etwa 300 m einen Feldweg zum Ufer eines Flüßchens; etwa 100 m flußabwärts steht man über einem schönen, 15 m hohen Wasserfall.
Km 82, **Coyah** – Kleiner Ort. Lebensmittel. Manchmal Treibstoff.
Unterkunft: kleines Hotel (ca. 5000 FG/DZ mit Klimaanlage).
Conakry – S. M 4. (Ende M 4; Beginn M 9.)

M 9: Conakry – Forécariah – Pamelap – Kambia (135 km)

(04.92, Trooper) Asphalt bis 5 km vor Pamelap, dann gute Piste. Reisenden, die nach Sierra Leone weiterfahren, wird eine Treibstoffreserve empfohlen.

Conakry – S. M 5. (Ende M 4 und M 8.)
Die Straße nach Kindia einschlagen.
Coyah – Am Ortsausgang auf der rechts abgehenden, asphaltierten Straße weiterfahren.
Maferena – Kleiner Ort. Lebensmittel. Treibstoff. Ananaskonservenfabrik.
Forécariah – Dorf. Lebensmittel (Markt). Treibstoff. Hotel. (Ende M 10.)
Am Ortsausgang nach der Brücke hinter der Moschee nach rechts fahren.
Farmorene – Großes Dorf. Polizeikontrollle.
Pamelap – Grenzdorf. Formalitäten zur Ausreise aus Guinea (unproblematisch). Im guineischen Teil des Dorfes ein kleines Hotel.
Kambia – Kleiner Ort. Formalitäten zur Einreise nach Sierra Leone (unfreundlich), strenge Devisenkontrolle. (Beginn N 4.)

M 10: Kindia – Moussayah – Forécariah (120 km)

Piste (A/G), für alle Fahrzeuge in der Trockenzeit befahrbar, in der Regenzeit sehr schwierig. Viele Passagen über Vulkanfelsen; die Brücken sind zerstört, die Furten aber leicht passierbar.

Kindia – S. M 6. (Ende M 6; Beginn M 7 und M 8.)
Nach Kindia vor den „Wasserfällen Voile de la Marie" Piste nach links nehmen. Die Piste führt an den Bergen entlang und durchquert mehrere kleine Dörfer (keine Versorgungsmöglichkeit).
Km 90, **Moussayah** – Kleiner Ort. Lebensmittel.
Von hier ab breitere und besser zu befahrende Piste.
Forécariah – S. M 9. (Zur M 9.)

M 11: Mamou – Dabola (155 km)

(12.92, VW 181) Piste (A/I), bis Timbo gut ausgebaut, danach sehr schlecht. Die Brücken sind in gutem Zustand. Viele Kurven, aber sehr schöne Gebirgslandschaft.

Mamou – S. M 5. (Ende M 5; Beginn M 6 und M 20.)
Mamou auf der Asphaltstraße in Richtung Labé verlassen (M 5).

Guinea – Routenteil M 445

Dounet – Kleiner Ort. Lebensmittelversorgung schwierig. Wasser. Treibstoff.
Km 62, Überquerung des Flüßchens Bafing auf einer gut erhaltenen Brücke.
Km 95, Brücke in sehr schlechtem Zustand.
Km 98, erneut Brücke. Die Furt links ist einfach zu durchqueren.
Km 106, wieder Brücke. Diesmal liegt die Furt rechts, einfach zu durchqueren.
Km 136 und 140, Holzbrücken. Vorsichtig fahren.
Dabola – Kleinstadt. Lebensmittel. Wasser. Treibstoff. Post. Viele kleine Bars.
(Beginn M 12 und M 19.) Die nahegelegenen Wasserfälle von Tinkosso sind
durch den darüber erbauten Staudamm völlig ausgetrocknet.
Unterkunft: „Chez la Libanese", nahe Taxistand Richtung Mamou; einfache
Zimmer, 5 $, schöner Innenhof.

M 12: Dabola – Kouroussa – Kankan (275 km)

(12.92, VW 181) Piste (A/G in der Regenzeit /I). Auf dem größten Teil der Strecke harter
Untergrund und viel Wellblech; manche Passagen sind durch die Regenfälle tief ausgewaschen.

Dabola – S. M 11. (Ende M 11; Beginn M 19.)
Von Dabola nach Kouroussa führen zwei Pisten: die nördliche Piste hat stel-
lenweise Löcher; die südliche Piste führt über Dialakania und trifft bei Km 78
auf die Nordpiste. Von hier aus bis Kouroussa einfache Piste.
Km 115, Brücke; in der Trockenzeit kann auch durch das Flußbett gefahren
werden.
Bissikrima – Der Besitzer des Tanzclubs „Chez Cissé" (auf der Hauptstraße)
vermietet Zimmer.
Kouroussa – Kleinstadt. Lebensmittel. Wasser. Informieren Sie sich über den
Zustand der Brücken zwischen hier und Niandakoro.
Von Kouroussa nach Kankan Wellblech und unzählige Schlaglöcher.
Km 206, ausgeschilderte Kreuzung. Nach rechts geht es nach Kankan. Fahren
Sie geradeaus 3 km in Richtung Siguiri (M 13) weiter. Dort rechts, nach 2 km
kommt eine Fähre (1500 FG).
Kankan – 100 000 Einw. Zweitgrößte Stadt des Landes. Gute Infrastruktur.
Treibstoff auf dem Schwarzmarkt. (Beginn M 13, M 14 und M 16; Ende M 15
und M 22.)
Unterkunft: Hotel „Baté", in der Nähe des *Petit Marché*, 21 saubere Zimmer
mit WC/Du/Klima, 15 bis 20 $, momentan (1994) das beste Hotel außerhalb
Conakrys, Reservierung unbedingt nötig; „Le Refuge", ca. 2 km vom Ortszentrum entfernt, 7 Zimmer mit WC/Du, fl. Wasser am Morgen, sauber, 7 $; „A la
bonne Auberge", nahe beim Hotel „Le Refuge" (s. o.), 1 Zi. 7 $, einfach und
sauber, Ausbau vorgesehen, sehr schönes Restaurant mit Pergola und guter
Küche (6 $). Das einst renommierte Haus „Buffet de la Gare" befand sich 1994
im Umbau.

Aktuelle Reise-Infos beim Därr-Expeditionsservice: 0 89/28 20 32

446 Durch Afrika

M 13: Kankan – Niandankoro – Siguiri – Kourémalé – malische Grenze (217 km)

(11.89, Pajero) Piste (A/G, in der Regenzeit I).

Kankan – S. M 12. (Ende M 12, M 15 und M 22; Beginn M 14 und M 16.)
Informieren Sie sich über den Zustand der Brücken und den Fährverkehr.
Erdpiste, manchmal Wellblech.
Kurz vor Niandakoro Fähre über den Niger (ca. 500 FG/Fahrzeug), die auf
Verlangen verkehrt (nur tagsüber) und bis zu drei Fahrzeuge aufnehmen kann.
In Perioden von Niedrigwasser Gefahr des Einsandens bei den Anlegestellen.
Niandakoro – Kleiner Ort. Keine Versorgungsmöglichkeit.
Danach sandige Piste mit einigen großen Löchern. Vor Siguiri Motorfähre (ca.
300 FG/Fahrzeug) über das Flüßchen Tinkisso (hier gelten die gleichen Bedin-
gungen wie bei oben genannter Fähre).
Siguiri – Stadt am Niger. Lebensmittel. Treibstoff selten.
Verschiedenes: diejenigen, die nach Mali weiterfahren, benötigen hier jeweils
einen Stempel von der *gendarmerie* und der Polizei. Der von der guineischen
Botschaft zusammen mit dem Visum ausgestellte Fahrzeugbegleitschein muß
beim Zoll abgestempelt werden.
Hinter Siguiri wird die Piste steinig und eng, bleibt aber dennoch gut. Achtung,
gelegentlich stößt man unvermutet auf eingestürzte Brücken. In der Trocken-
zeit können sie ohne Probleme durch das Flußbett umgangen werden.
Km 22 ab Siguiri, Dorf Bouranfe. An der Kreuzung geradeaus weiterfahren.
Km 33, **Soum Barakoba** – Dorf.
Km 38, **Soum Baraka** – Dorf.
Km 46, **Tatakourou** – Dorf.
Km 51, **Doko** – Dorf.
Km 53, **Madinakoura** – Dorf.
Km 58, **Tomoko** – Dorf.
Kourémalé – Grenzdorf. Keine Versorgungsmöglichkeit.
Verschiedenes: die Grenze schließt um 18 Uhr. Formalitäten zur Ausreise aus
Guinea (*gendarmerie*, Polizei und Zoll) und zur Einreise nach Mali. (*gendarme-
rie* und Zoll; die Formalitäten müssen vor 14.30 Uhr erledigt werden, da die
Zöllner sonst Überstundenbezahlung verlangen).
Unterkunft: auf der Terasse des Grenzpostens.

M 14: Kankan – Mandiana – Badogo (172 km)

(12.92, VW 181) Piste (A/G).

Kankan – S. M 12. (Ende M 12, M 15 und M 22; Beginn M 13 und M 16.)
Kankan in Richtung Kérouané (M 16) verlassen und über die Milo-Brücke
fahren.

Guinea – Routenteil M 447

Km 6, Abzweigung nach rechts. Geradeaus weiterfahren.

Km 13, Brücke.

Km 38, Eisenbrücke.

Km 46, **Kodieran** – Kleiner Ort. Keine Versorgungsmöglichkeit.

Km 51 und 62, Dörfer. Keine Versorgungsmöglichkeit. Verbrannte Steppenlandschaft.

Km 87, **Mandiana** – Kleiner Ort. Treibstoff auf dem Schwarzmarkt. Krankenhaus. Polizeikontrolle.

Verschiedenes: Zoll am Ortsausgang; Durchsuchung des Fahrzeugs und Überprüfung des Passierscheins.

Am Ortsausgang in Richtung der Fähre fahren; an der Kreuzung zunächst nach rechts, dann zweimal nach links halten.

Km 101, Fähre über den Sankarani-Fluß in desolatem Zustand (3000 FG/Fahrzeug).

Km 107, Abzweigung nach rechts; geradeaus weiterfahren.

Km 130, eingestürzte Brücke; über das Flußbett ausweichen.

Km 131 und 141, Dörfer. Keine Versorgungsmöglichkeit.

Km 146, **Dandela** – Kleiner Ort. Keine Versorgungsmöglichkeit.

Km 155, **Toumanina** – Kleiner Ort. Lebensmittel.

Verschiedenes: Formalitäten zur Ausreise aus Guinea; Fahrzeugdurchsuchung (gesucht wird nach Waffen und Drogen); die Polizisten sind korrekt.

Km 160, **Niale** – Kleiner Ort. Keine Versorgungsmöglichkeit.

Von hier ab sehr schmale und schlechte Piste.

Km 172, **Badogo** – Kleiner Ort. Formalitäten zur Einreise nach Mali; das *laissez passer* gilt 8 Tage (2000 CFA). (Beginn G 37.)

M 15: Odiénné (Elfenbeinküste) – Mininian – guineische Grenze – Tindila – Mandiana – Kankan (287 km)

(12.92, VW 181) Piste (A/H/I).

Odiénné – S. P 1. (Ende P 1 und P 15; Beginn P 2 und M 17.)
Odiénné auf der Piste nach Bamako verlassen.

Km 24, nach links in Richtung Mininian abbiegen (Wegweiser).

Mininian – Kleiner Ort. Keine Versorgungsmöglichkeit. Formalitäten zur Ausreise aus der Elfenbeinküste. Von hier bis zur Grenze ist die Piste in besserem Zustand. Nach der Grenze verschlechtert sie sich wieder (während der Regenzeit schwierig).

Km 68, Grenze.

Km 71, kleiner Ort. Kontrollen der guineischen *gendarmerie* (Paß, Fahrzeugbegleitschein).

Km 93, **Boula** – Kleiner Ort. Keine Versorgungsmöglichkeit. Zollformalitäten zur Einreise nach Guinea.

Im Dorf die mittelmäßige Piste nach links einschlagen.

448 *Durch Afrika*

Km 106, **Tindila** – Kleiner Ort. Keine Versorgungsmöglichkeit.
Km 116, **Saladou** – Kleiner Ort. Keine Versorgungsmöglichkeit. Kontrolle von *gendarmerie* und Polizei.
Da die direkte Piste nach Tiriro kaum mehr benützt wird, auf der Piste weiterfahren, die nach rechts ins Dorf führt (sehr gut).
Km 122, kleiner Ort.
Km 128, ab hier bessere Piste. Trotzdem ist mit einigen steinigen Passagen und schwierigen Durchquerungen ausgetrockneter Flüsse zu rechnen.
Km 141, **Bakouna** – Kleiner Ort. Keine Versorgungsmöglichkeit.
Km 145, kleiner Ort.
Km 151, **Faraba** – Kleiner Ort. Keine Versorgungsmöglichkeit.
Km 168, kleiner Ort.
Km 172, **Tirakoulou** – Kleiner Ort. Keine Versorgungsmöglichkeit.
Km 182, man trifft auf die gute Piste Bougouni – Kankan; nach links fahren.
Km 188, kleiner Ort und Gratisfähre (Benützer muß für den Dieseltreibstoff sorgen; 5000 FG).
Km 197, **Mandiana** – Kleiner Ort. Keine Versorgungsmöglichkeit. Zoll, Polizei und *gendarmerie*.
Danach gute Piste (leichtes Wellblech).
Km 225, Eisenbrücke und kleiner Ort.
Km 236 bis 241, mehrere Dörfer.
Km 245, Kurzwellensender.
Km 250, drei Brücken, darunter eine Eisenbrücke, kleiner Ort.
Km 268, kleiner Ort. Mangoplantagen.
Km 273, kleiner Ort.
Danach Eisenbrücke und ein zweites Dorf.
Km 278, großes Dorf.
Einfahrt auf die Kankan-Ebene; man passiert mehrere Mangoplantagen.
Km 284, kleiner Ort.
Kankan – S. M 12. (Ende M 12 und M 22; Beginn M 13, M 14 und M 16.)

M 16: Kankan – Kérouané – Beyla – Nzérékoré (398 km)

(10.89, Trooper) Piste (A/G, in der Regenzeit I), bis Kérouané gut, zwischen Kérouané und Beyla sehr schlecht und danach zwischen Beyla und Nzérékoré etwas besser; ein geländegängiges Fahrzeug ist unbedingt zu empfehlen. Viele kleine, schlecht erhaltene oder zerstörte Holzbrücken, einige Wellblechpassagen.

Kankan – S. M 12. (Ende M 12, M 15 und M 22; Beginn M 13 und M 14.)
Km 150, **Kérouané** – Städtchen. Die Lebensmittelversorgung ist schwierig. Wasser. Treibstoff. Disco, wenn der Generator nicht gerade kaputt ist. Im Gegensatz zu den Angaben auf der Michelinkarte 953 führt die Piste durch den Ort.
Zwischen Kérouané und Beyla vier zerstörte Brücken; Durchquerung schlammiger, steiniger Furten, die zum Teil über steile Böschungen angefahren werden müssen.

Km 234 bis 237, Überquerung eines Passes. Ausgewaschene und von Spuren durchfurchte Piste.

Km 265, **Beyla** – Kleiner Ort. Lebensmittel. Gutes Brunnenwasser. Treibstoff selten. Hotel. (Ende M 17.)

Bis Boola gut befahrbare Piste.

Km 289, Holzbrücke, die rechts über das Flußbett umfahren werden kann.

Boola – Kleiner Ort. Keine Versorgungsmöglichkeit.

Hinter Boola auf 30 km sehr schlechte Piste (tiefe Furchen, Schlamm); danach wieder gut befahrbar.

Km 333, eingestürzte Holzbrücke; man hat die Möglichkeit, entweder das Fahrzeug über den Fluß ziehen zu lassen (1,5 m Wassertiefe) oder in der Umgebung einen besseren Übergang zu suchen. Das beste ist, hier einen Führer zu nehmen, da die Brücken nicht immer stabil genug sind.

Nzérékoré – 30 000 Einw. Gute Infrastruktur. (Beginn M 18; Ende M 23.)

Unterkunft: „Orly", einfache und saubere Billigunterkunft, nahe des Gouvernats, von Liberianern geführt, 3 $, Bar-Restaurant mit liberianischen Spezialitäten; „Centre d´Acceuil", beim Gouvernat rechts, teils komfortable Zimmer, sauber, kein fixer Preis, 5 bis 10 $, schön gelegen auf einem Hügel mit Sicht über die Stadt, keine Mahlzeiten; „Bakoli", Richtung Gare-Voiture Yomou, zentral, Zi. z. T. mit Du/WC, fl. Wasser, 3 bis 6 $, schöner Innenhof.

In der Umgebung: die Nimba-Berge.

M 17: Odiénné (Elfenbeinküste) – Sindia – guineische Grenze – Sinko – Beyla (184 km)

Piste in gutem Zustand bis Sindia, zwischen Sindia und Beyla schwierig.

Odiénné – S. P 1. (Ende P 1 und P 15; Beginn M 15 und P 2.)

Sindia – Kleiner Ort. Formalitäten zur Ausreise aus Côte d´Ivoire und zur Einreise nach Guinea, problemlos. Einreisevisum wird in Sinko abgestempelt. Von Sinda führen zwei Pisten nach Sinko. Fragen Sie bei den Grenzbeamten nach (die östliche Piste ist sehr schwierig, viele Schlaglöcher).

Sinko – Kleiner Ort. Erneut Formalitäten zur Einreise nach Guinea.

Hinter Sinko schmale Piste; zahlreiche Flußpassagen. Schöne Berglandschaft.

Beyla – S. M 16. (Zur M 16.)

M 18: Nzérékoré – Lola – Nzo – ivorische Grenze – Danané (134 km)

(04.90, Moto Guzzi 1000) Piste (A/I). Wer diese Strecke in entgegengesetzter Richtung fährt, sollte die Pässe bereits in Danané abstempeln lassen, da der Polizeiposten an der Grenze keinen Ausreisestempel hat.

Nzérékoré – S. M 17. (Ende M 17 und M 23.)

Am Ortsausgang von Nzérékoré führt eine schlechte Piste (große Löcher,

450 Durch Afrika

Furchen) nach rechts in Richtung Lola und durchquert den Regenwald. In der Trockenzeit harter Lateritboden, in der Regenzeit sehr glitschig. Die Holzbrükken sind baufällig. Zahlreiche Dörfer, malerische Märkte, fröhliche und sympathische Menschen.

Km 42, **Lola** – Kleiner Ort. Lebensmittel. Wasser. Polizeikontrolle.

In der Umgebung: für eine Exkursion in die Nimba-Berge ist eine Genehmigung des Präfekten erforderlich; ein Geländefahrzeug ist unabdingbar; großartige Landschaft.

Bis zur Grenze gute Piste.

Km 45, kleiner Ort. Nach links halten. An der Kreuzung bei der Polizei melden.

Km 69, an der Kreuzung rechts.

Km 75, **Nzo** – Kleiner Ort. Nur Zollkontrolle, die Polizeikontrolle erfolgt an der Grenze einige km weiter. Nach Überquerung der Brücke bei

Km 95, **Gbableu** – Zollposten der Elfenbeinküste. Bis Danané gute Piste.

Danané – S. P 14. (Ende P 14; Beginn P 15 und O 1.) Polizeiformalitäten zur Einreise in die Elfenbeinküste.

M 19: Dabola – Faranah (110 km)

Piste (A/G/I).

Dabola – S. M 11. (Ende M 11; Beginn M 12.)
Zwischen Dabola und Faranah enge, aber gute Piste. Man passiert mehrere kleine Dörfer. Die Einwohner sind sehr freundlich.
Hinter Bèlèya Brücke über den noch ganz schmalen Fluß Niger.
Faranah – Stadt am Oberlauf des Niger. Versorgung insgesamt gut. Treibstoff selten. (Beginn M 21; Ende M 20 und N 3.)
Unterkunft: das hübsch auf einem Hügel gelegene Hotel „Niger", Zi mit WC/Bad/fl. Wasser/Strom ausgerüstet, aber nicht immer funktionstüchtig, 8 bis 12 $; „Hotel de la Ville", Zi in Rundhäusern mit allem Komfort, aber schlecht unterhalten, 4 bis 8 $, schön gelegen. Ein kleines Restaurant befindet sich am Flughafen.

M 20: Mamou – Faranah (190 km)

(01.89, Peugeot 504) Asphalt in schlechtem Zustand; auf einigen Teilstücken Piste. Berglandschaft, später Ebene.

Mamou – S. M 5. (Ende M 5; Beginn M 6 und M 11.)
Faranah – S. M 19. (Ende M 19 und N 3; Beginn M 21.)

Helfen Sie uns bei der Korrektur und Erneuerung der in diesem Buch enthaltenen Informationen! Detailreiche und aktuelle Info-Zusendungen werden mit der Neuauflage dieses Führers oder einem anderen Buch aus dem REISE KNOW-HOW Verlag Därr belohnt.

Guinea – Routenteil M 451

M 21: Faranah – Kissidougou (139 km)

Asphalt (Vorsicht vor den unzähligen Schlaglöchern). Viel Verkehr. Die Strecke führt durch Savannen- und Gebirgslandschaft.

Faranah – S. M 19. (Ende M 19, M 20 und N 3.)
Kissidougou – Kleinstadt. Lebensmittel (Markt). Flughafen. Treibstoff selten und nur mit Genehmigung des Präfekten. Krankenhaus mit französischem Arzt. (Beginn M 22 und M 23.)
Unterkunft: Hotel-Restaurant „Kissi", Zi und Appartement, dreckig, ohne Komfort, 3 bis 20 $, Restaurant mit einfachen Gerichten für 2 bis 4 $; „Le Palmier, Auberge Guinée Forestière", 1,5 km Richtung Guékédou links, schöne, komfortable Zi (15 bis 40 $), gute franz. und internat. Küche (5 bis 10 $).

M 22: Kissidougou – Kankan (190 km)

Asphalt. Auf den ersten 80 km schlechter Straßenzustand (Schlaglöcher). Wenig Verkehr.

Kissidougou – S. M 21. (Ende M 21; Beginn M 23.)
Kankan – S. M 12. (Ende M 12 und M 15; Beginn M 13, M 14 und M 16.)

M 23: Kissidougou – Guékédou – Macenta – Nzérékoré (311 km)

(03.90, Landcruiser) Asphalt bis Sérédou, bis Guékédou sehr schlecht (große Löcher), zwischen Guékédou und Sérédou in sehr gutem Zustand; danach schlechte Piste. Fantastische Berglandschaft. Bis Guékédou viel Verkehr.

Kissidougou – S. M 21. (Ende M 21; Beginn M 22.)
Die Straße führt durch tropischen Regenwald (heiß und feucht) und wird schon bald sehr schlecht (Auswaschungen, riesige Löcher in denen zum Teil Wasser steht, Laterit, zerstörte Brücken). Ab Km 50 wird die Straße wieder besser.
Guékédou – Kleinstadt. Lebensmittel (großer Markt). Treibstoff auf dem Schwarzmarkt. Kalte Getränke in den vielen kleinen Geschäften.
Unterkunft: Hotel „Hibiscus", am Ortsausgang nach rechts fahren und die Brücke passieren, 4 Zi, Strom, sauber und sympathisch, 7 $, gutes Restaurant mit Terrasse (Mahlzeit für 3 bis 7 $); Hotel „Stadium", beim Fußballstadion, zentral gelegen, 8 Zi, einfach, ziemlich sauber, 4 $.
Bofossou – Kleiner Ort. Im Camp der „Société Lefèbvre" medizinische Versorgung.
Macenta – Kleine Bergstadt. Lebensmittel (schöner Markt). Treibstoff.
Unterkunft: „Le Sapin", Ausfahrt Richtung Nzérékoré, Schild rechts, 6 Zi mit WC/Du, sauber, 5 $, schön gelegen, Restaurant; Hotel „„Magnétie", im Zentrum, 15 Zi, einfach, 5 $, Dancing, Restaurant; „Palm-Hotel", im Zentrum, 24 Zi, einfach, Restaurant.

Sehenswert: die Lianenbrücke neben der Fähre über den Diani.

Zwischen Macenta und Nzérékoré zweimal mit einer Fähre übersetzen.

Km 30 ab Macenta, Ende des Asphalts. Die Piste führt durch zahlreiche malerische kleine Dörfer (die hübschen Hütten sind in den Farben weiß/braun/schwarz dekoriert).

Sibata – Kleiner Ort.

Nzérékoré – S. M 16. (Ende M 16; Beginn M 18.)

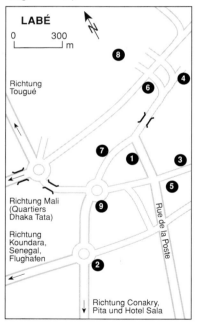

LEGENDE
Schlafen/Essen/Bars
1 Grand Hotel de l´Indépendance
2 Hotel de Tourisme und Disco Tinkisso
3 Macky La Cantine
4 Disco Sasse (Chez Baldi)

Verschiedenes
5 Post/Telefon
6 Bank BICIGUI
7 Gare Voiture Conakry
8 Centre Ville, Markt
9 Spital

Guinea – Routenteil M 453

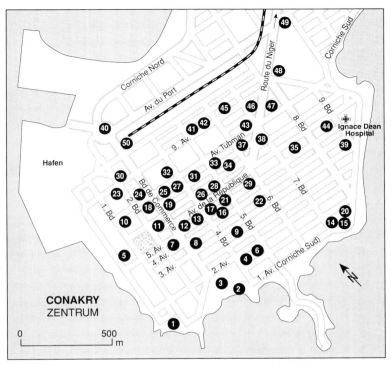

CONAKRY ZENTRUM

LEGENDE
Übernachtung
1 Hotel Indépendance
12 Hotel Kaloum
37 Hotel du Niger
44 Pension Doherty
48 Mission Catholique

Restaurants/Bars/Cafés
4 Macky
6 Les Iles
7 Bar-Café au Bon Coin
8 Le Conakry
12 Brasserie Kaloum
15 Restaurant le Refuge
16 African Queen
20 Macky
25 La Calebasse
26 Café de Pressing
29 Patisserie Centrale
33 Bar le Palmier
34 Le Cèdre

39 Le Rocher
40 Straßenbeizen
41 L´Escale de Guinée
42 Le Djoliba
43 Libanesischer Imbiß
45 La Gentilhommière
47 Patisserie Le Damier

Verschiedenes
2 Boulbinet-Hafen (Pirogen zu den Inseln)
3 Palais OUA/Regierungssitz
5 Ministère du Commerce, Transport et Tourisme
9 Soguip (Bücher/Zeitungen)
10 Immigration/Verlängerung
11 Kathedrale
12 Air Afrique
13 Sabena
14 Nationalmuseum
17 Karou Voyages, Stadtbüro/ Guinée Travel Service

18 CEDUIST
19 BIAG Bank
21 UTA, Air Guinée
22 Dr. Thermos Samal
23 Deutsche Botschaft
24 Franz. Botschaft/Alliance Franco-Guinéen
26 Kino und Dancing Le Palace/Holzbildhauer
27 Geldwechsler (Schwarzmarkt)
28 BICIGUI
29 Air Maroc/Aeroflot/KLM
30 USA-Botschaft
31 Disco Tropicana
32 Hauptpost/Telefon
35 Librairie l´Apostrophe
36 Bahnhof
38 Supermarché
46 Marché du Niger
49 zum Supermarkt Mackity

454 Durch Afrika

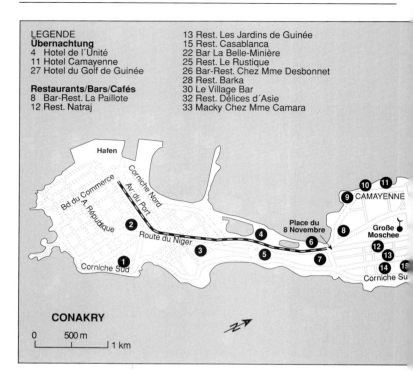

Guinea – Routenteil M 455

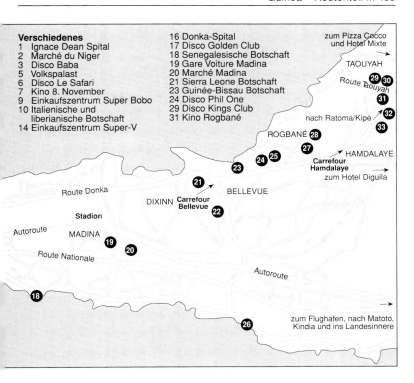

456 Durch Afrika

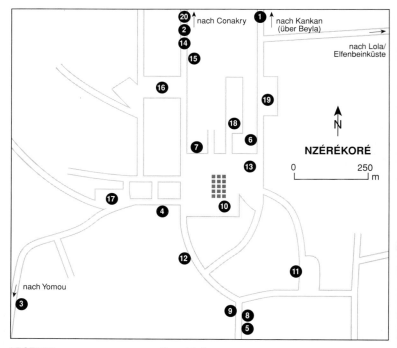

LEGENDE

Schlafen/Essen/Bars
1 Richtung Mission Catholique
2 Richtung Centre d´Acceuil
3 Hotel Bar Hanoi
4 Hotel Bakoli
5 Richtung Hotel Corniche Peking
6 Restaurant Chez M. Sow
7 Macky Escale de Guinée
8 Macky Escale de Centre

Verschiedenes
9 Post
10 Markt
11 Präfektur
12 Spital
13 BICIGUI Bank
14 Museum
15 Geschäft des Village Artisanale
16 Gare Voiture der Stadttaxis
17 Gare Voiture Yomou
18 Gare Voiture Liberia
19 Gare Voiture Beyla/Kankan/Lola
20 Gare Voiture Conakry

Guinea – Routenteil M 457

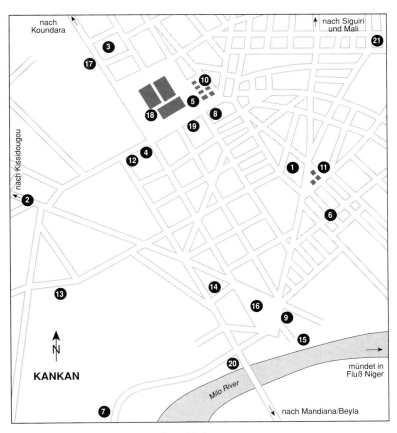

LEGENDE

Schlafen/Essen/Bars
1 Hotel Baté
2 Richtung Chez Mme Marie und À la Bonne Auberge
3 Hotel Buffet de la Gare
4 Mission Catholique
5 Macky Chez Maman Souman
6 Macky Calao
7 Richtung Macky La Source
8 Cafè Contact
9 Macky beim Hafen

Verschiedenes
10 Grand Marché
11 Petit Marché
12 BICIGUI Bank
13 Médicins sans Frontières
14 Krokodil-Brunnen
15 Ehemaliger Hafen
16 Gare Voiture
17 Bahnhof
18 Universität
19 Post
20 Ursprung Kankans
21 Richtung Hauptmoschee

Sierra Leone – Routenteil N

Überblick

Fläche: 71 740 km².

Einwohner: 4 354 000.

Ethnien: Mande, Temne, Soso, Kuranko, zahlreiche Briten, Libanesen und Kreolen.

Hauptstadt: Freetown (469 776 Einw.).

Sprachen: Amtssprache Englisch, daneben Malinke und Krio.

Religion: 52% Naturreligionen, 40% Muslime, einige Christen.

Ruhetag: Sonntag.

Feiertage: 1.1., Ostern, 19.4., 27.4., 25. und 26.12., sowie verschiedene veränderliche Feiertage.

Einreise: Visumpflicht für Deutsche, Schweizer und Österreicher. Vorgeschriebener Mindestumtausch 100 US-$.

Impfung/Gesundheit: Gelbfieberimpfung vorgeschrieben, Malariaprophylaxe dringend empfohlen.

Währung: Leone (Le). Einfuhr bis zu 20 Leone, Ausfuhr verboten. Einfuhr ausländischer Währungen unbeschränkt, muß aber deklariert werden. Wechselkurs: 1 DM = 286,49 Le; 100 Le = 0,34 DM.

Kfz: Internationaler Führerschein und Fahrzeugschein, *carnet de passage* nicht erforderlich, allerdings muß dann an der Grenze eine Kaution oder eine Bankbürgschaft hinterlegt werden. Eine Haftpflichtversicherung muß abgeschlossen werden.

Treibstoffpreise: Super ca. 500 Leone, Diesel ca. 450 Leone (meist nur auf dem Schwarzmarkt zu wesentlich höheren Preisen erhältlich – ca. 1500 Leone/l).

Straßenzustand: Zumeist schlechte Pisten.

Kontrollen: Zahlreiche Straßenkontrollen.

Sierra Leone – Routenteil N 459

Sicherheit: Wegen der politisch instabilen Lage (Bürgerkriegsflüchtlinge aus Liberia) und zahlreichen aufflackernden Kämpfen zwischen rivalisierenden Gruppen ist ein Bereisen des Landes derzeit (Frühjahr ´95) gefährlich. Erkundigen Sie sich vor der Abfahrt bzw. in den Nachbarländern über die Situation.

Grenzen: Die Grenzen zu den Nachbarländern – außer zu Liberia – sind geöffnet.

Zeitverschiebung: - 1 Stunde; Sommerzeit: - 2 Stunden.

Stromspannung: 230 V, Adapter empfohlen. Ende 1991 gab es Reisenden zufolge nirgendwo in Sierra Leone Strom. Kerzen mitnehmen!

Literatur und Landkarten:
Reiseführer: Keine deutschsprachige Reiseliteratur.
Karten: Als Übersichtskarte die Michelin 953 (1:4 000 000). Detailkarten ONC 1:1 000 000, TPC 1:500 000 Fliegerkarten.

Geschichte: Sierra Leone verdankt seine Entstehung einem „Experiment" zur Rückführung befreiter Sklaven nach Afrika: 1787 landeten die ersten 411 Siedler an der Küste, doch schon drei Jahre später waren von den ersten Pionieren nur knapp 50 Siedler übriggeblieben. 1792 wurden 1200 befreite Sklaven an die „Löwenküste" gebracht, kurz darauf folgten weitere 500 Menschen. In der ersten Hälfte des 19. Jh. stieg die Zahl der Siedler, denen sich inzwischen auch zahlreiche Afrikaner aus dem Landesinneren angeschlossen hatten, auf über 70 000. Verwaltet wurde diese bunt zusammengewürfelte Gemeinschaft von der britischen Regierung. Ende des 19. Jh. mündete die Einführung einer hohen Kopfsteuer in einem Aufstand der eingeborenen Bevölkerungsgruppe und in Gewalttaten gegen die „fremden" Siedler, die Kreolen. Die Erinnerung an diesen Krieg ist bis heute lebendig und führt zu einem gewissen Mißtrauen zwischen Einheimischen und Zugewanderten. 1961 erreichte Sierra Leone unter Führung der von den Kreolen favorisierten SLPP, der Partei der im Süden lebenden Mande, die Unabhängigkeit.

Politik: Politisch wie ethnisch bestimmte Rivalitäten zwischen der SLPP, und der APC (der Partei der im Norden lebenden Temne) prägten Sierra Leones Weg zur Unabhängigkeit. Zünglein an der Waage waren die Kreolen, die zunächst die SLPP, bei den Wahlen 1967 aber die APC unterstützten, weil sie um die zumeist von Kreolen besetzten höheren Posten fürchteten. Ein Militärcoup beendete die demokratische Entwicklung und führte zu einer Serie von Putschen, die schließlich 1967 mit der Wiedereinsetzung der gewählten Zivilregierung endeten. Siaka Stevens, der gewählte Regierungschef von der APC, hatte mit Stammeskriegen und massiven wirtschaftlichen Problemen zu kämpfen. 1978 schließlich wurden alle Oppositionsparteien verboten. 1985 übernahm der Armeekommandeur Saidu Momoh als Kompromißkandidat das Prä-

460 Durch Afrika

sidentenamt. Doch auch Momoh, der zu keiner der rivalisierenden ethnischen Gruppen gehört, gelang es bisher nicht, die tribalen Konflikte zu entschärfen, die hohe Inflation (100 %) zu stoppen oder die Korruption in den Griff zu bekommen. Man schätzt, daß von Sierra Leones Hauptausfuhrprodukt, den Diamanten, etwa ein Drittel ohne Gewinn für den Staat außer Landes geschmuggelt werden. Ende April 1992 putschte das Militär und stürzte den Präsidenten Momoh. Die Junta stellte eine neue Regierung aus 19 Mitgliedern vor, als neues Staatsoberhaupt wurde Hauptmann Valentine Strasser eingesetzt, der zugleich Vorsitzender des Rates und Verteidigungsminister wurde. Im Norden Sierra Leones hat sich eine Guerilla-Gruppe formiert, die v.a. durch aufsehenerregende Entführungen von Entwicklungshelfern und hohe Lösegeldforderungen von sich reden macht. Die politische Lage ist instabil, ein Bereisen des Landes kann nur sehr beschränkt empfohlen werden.

Routeninformationen

N 1: Buedu – Pendembu – Daru – Joru (86 km)

(03.90, Patrol) Piste (A/H), in schlechtem Zustand; Asphaltreste zwischen Buedu und Pendembu. Zahlreiche Polizeikontrollen.

Buedu – S. 0 2. (Ende 0 2.)
Pendembu – Weiler. Verpflegungsmöglichkeit. Treibstoff rar. Übernachtungsmöglichkeit. Bank.
Daru – Kleiner Ort. Treibstoff rar.
Joru – Kleiner Ort. Keine Versorgungsmöglichkeit. (Beginn N 2; Ende O 5.)

N 2: Joru – Kenema – Bo – Freetown (340 km)

(03.90, Landcruiser) Piste (A/I), in gutem Zustand (leichtes Wellblech) bis Kenema; danach Asphalt in schlechtem Zustand (viele Schlaglöcher) bis Freetown. Einige Polizeikontrollen (Schranke oder Seil über die Fahrbahn gespannt).

Joru – S. N 1. (Ende N 1 und O 5.)
Kenema – 31 000 Einw. Kleinstadt. Verpflegungsmöglichkeit (Waren im Supermarkt teuer). Treibstoff rar. Hotel und Restaurant. Banken. Post, Telefon. VW-Händler (keine gute Arbeit).
In der Umgebung: Diamantenminen (Besichtigungsmöglichkeit).
Bo – 39 000 Einw. Kleinstadt. Verpflegungsmöglichkeit (Waren im Supermarkt teuer). Treibstoff rar. Übernachtungsmöglichkeit. Mehrere Banken. Flugplatz.
Ausflugsmöglichkeit: ca. 14 Meilen vor Masiaka in Richtung Rotifunk/Moyamba (Piste teilweise mit Löchern) – Sembe – Shenge. In Shenge schöner Strand. Ausflugsmöglichkeit per Boot zur Plantain Island, Campingmöglichkeit (ca. 3 Stunden Fahrzeit).
Masiaka – Kleiner Ort. Keine Versorgungsmöglichkeit. (Beginn N 3; zur N 4.) Straße bis 30 km vor Freetown in schlechtem Zustand (viele Schlaglöcher).

Sierra Leone – Routenteil N 461

Freetown – 500 000 Einwohner. Hauptstadt. Gute Infrastruktur (Benzin ist jedoch rationiert und oft nicht zu finden, häufige Stromausfälle und Trinkwasserknappheit). Guter Wechselkurs bei libanesischen Händlern. Schöne Strände. Vorsicht vor Dieben. (Ende N 4.)
Unterkunft: Hotel „Mama-Yoko", Luxushotel, Privatstrand, Tennisplätze; Hotel „Bintumani", schöne Sicht auf das Meer bei Sonnenuntergang. Indische Spezialitäten und exotische Atmosphäre im Restaurant „Old Roots", in der Nähe des Hotels „Bintumani".
Sehenswert: der Regierungspalast, das Parlament, „Fourrah Bay College" (die älteste Universität Westafrikas), das Museum von Sierra Leone, das Zentrum für Kunst und Technik (lokales Kunsthandwerk), der Markt und die Bunce-Insel.
In der Umgebung: das **Africana Tokey Village**, 15 km nördlich (schlechte Piste), sämtliche Wassersportmöglichkeiten, Exkursionen zu den Bananen-Inseln, sehr schöner Strand mit weißem Sand, weitere schöne Strände etwa 30 km südlich der Stadt.

N 3: Masiaka – Makeni – Kabala – Falaba – Grenze zu Guinea – Heremakono – Faranah (381 km)

(02.91, Trooper) Asphalt in gutem Zustand bis Kabala; danach Piste in schlechtem Zustand bis 20 km vor Faranah; Asphalt erst wieder am Ende der Strecke. Wunderschöne Berglandschaften ab Makeni.

Masakia – S. N 2. (Zur N 2 und N 4.)
Km 29, **Magbale** – Kleiner Ort. Kreuzung; nach rechts abbiegen.
Makeni – Hübsche kleine Stadt. Verpflegungsmöglichkeit. Treibstoff. Bank.
Magburaka – Abzweigung nach Norden auf guter Piste in Richtung Bumbuna, die Rundfahrt führt via Bendugu auf kurvenreicher und landschaftlich schöner Strecke (nur für Geländewagen) nach Kabala (ca. 6 Stunden Fahrzeit für den Abstecher).
Kabala – Kleine Stadt. Verpflegung häufig nicht möglich.
Ab Kabala schwierige Bergpiste (steile Hänge); nur sehr langsames Fahren möglich.
Km 16 und 44 hinter Kabala, jeweils nach rechts abbiegen.
Falaba – Kleiner Ort. Keine Versorgungsmöglichkeit.
Km 8 hinter Falaba, Dorf, in dessen Zentrum nach rechts abgebogen werden muß.
Km 24, letztes Dorf in Sierra Leone. Formalitäten für die Ausreise, schnell und von einem Lächeln begleitet.
Heremakono – Kleiner Ort. Keine Versorgungsmöglichkeit. Formalitäten für die Einreise nach Guinea (schnell erledigt).
Gute Piste; 20 km vor Faranah stößt man wieder auf Asphalt. Hier nach rechts abbiegen.
Faranah – S. M 19. (Ende M 19 und M 20; Beginn M 21.)

462 Durch Afrika

N 4: Kambia – Mange – Port Loko – Masiaka – Freetown
(186 km)

(04.92, Trooper) schlechte Piste bis Mange, starkes Wellblech, danach gute Asphaltstraße bis Masiaka, danach schlechter Asphalt bis Freetown. Zahlreiche Polizeikontrollen.

Kambia – S. M 9. (Ende M 9.)
Mange – Größerer Ort. Kurz danach Beginn der Teerstraße.
Port Loko – Kleinstadt. Verpflegungsmöglichkeit.
Unterkunft: in der katholischen Mission.
Masiaka – S. N 2. (Zur N 2; Beginn N 3.)
Die Straße ist bis 30 km vor Freetown in schlechtem Zustand (zahlreiche Schlaglöcher).
Freetown – S. N 2. (Ende N 2.)

Sierra Leone – Routenteil N 463

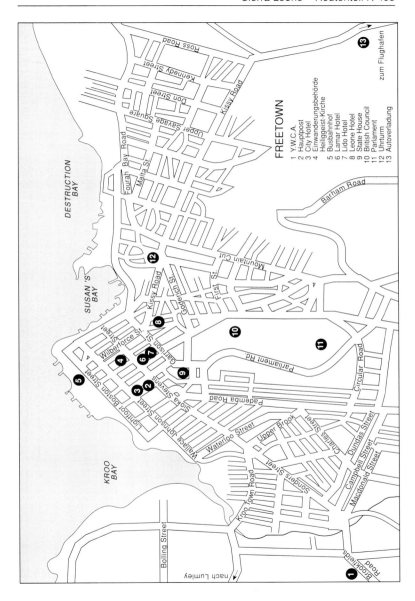

464 Durch Afrika

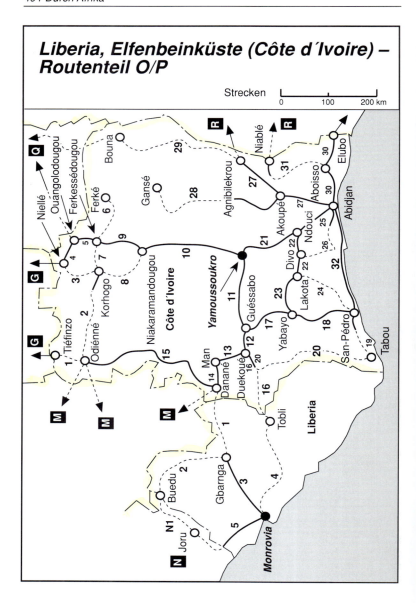

Liberia – Routenteil O

Vorbemerkung: Durch den in Liberia herrschenden Bürgerkrieg können sich die folgenden Informationen ständig ändern. Von Reisen in das Land muß im Augenblick abgeraten werden. Durch die verminderte Reisetätigkeit sind die Routenbeschreibungen in der Regel älter als 1990.

Überblick

Fläche: 111 369 km².

Einwohner: 2 510 000, davon sollen seit Ausbruch des Bürgerkrieges etwa 1,3 Mio. vertrieben worden sein.

Ethnien: 3% von amerikanischen Schwarzen abstammend, Kru, Mandingo, Kpelle, Bassa.

Hauptstadt: Monrovia (465 000 Einw.).

Sprachen: Amtssprache Englisch, daneben Kru, Mande, Golla etc.

Religion: Etwa 70 % Naturreligionen, Muslime, Christen.

Ruhetag: Sonntag.

Feiertage: 1.1., 7.1., 11.2., 2. Mittwoch im März, 15.3., 2. Freitag im April, 12.4., 14.5., 26. 7., 24.8., 1. Donnerstag im November, 29.11., 25.12.

Einreise: Deutsche, Österreicher und Schweizer benötigen ein Visum. Nach der Einreise Pflicht zur Anmeldung beim *immigration office* in Monrovia (2 Paßfotos), wenn man länger als 15 Tage im Land bleiben will; Ausreisegenehmigung erforderlich (spätestens 7 Tage vor Ausreisedatum beantragen).

Impfung/Gesundheit: Gelbfieberimpfung vorgeschrieben. Malariaprophylaxe dringend empfohlen.

Währung: Liberianischer Dollar ($lib), 1 $lib = 1 US-$. Wechselkurs: 1 DM = 0,66 $lib; 1 $lib = 1,52 DM. Neben dem offiziellen Kurs soll sich ein Parallelkurs gebildet haben, für den uns aber keine Kursangaben vorliegen.

Kfz: Internationaler Fahrzeugschein, der nationale Führerschein wird anerkannt, dennoch wird die Mitnahme eines internationalen Führerscheins empfohlen. Ein *carnet de passage* ist nicht erforderlich, an der Grenze wird ein *laissez passer* ausgestellt. Haftpflichtversicherung sollte abgeschlossen werden.

466 Durch Afrika

Treibstoffpreise: Sofern vorhanden. Super: 3,50 $lib/Gallone, Diesel 2,95 $lib/Gallone.

Straßenzustand: Weitgehend schlechte Pisten, in der Regenzeit oft nicht befahrbar.

Kontrollen: Zahlreiche Straßenkontrollen.

Grenzen: Theoretisch offen. Die Situation kann sich durch den herrschenden Bürgerkrieg ständig ändern.

Zeitverschiebung: - 1 Stunde; Sommerzeit: - 2 Stunden.

Stromspannung: 110/220 V, Adapter empfohlen.

Literatur und Landkarten:
Reiseführer: Deutschsprachige Reiseführer sind nicht auf dem Markt.
Karten: Als Übersichtskarte dient die Michelin 953, 1:4 000 000, ONC- und TPC-Karten.

Geschichte: Die Idee, freigelassene amerikanische Sklaven in ihre Urheimat zurückzuführen, stand Pate bei der Gründung Liberias, das als älteste afrikanische Republik zählt (1847 proklamiert). Die Heimgekehrten hatten einige Schwierigkeiten, sich in ihrer alten/neuen Heimat zurechtzufinden, viele starben an den ungewohnten Krankheiten. Auch mit ihrer Vorstellung von Freiheit (Liberia) war es offensichtlich nicht sehr gut bestellt: die einheimische Bevölkerung wurde von den ehemaligen Sklaven ähnlich rücksichtslos ausgebeutet, wie sie selbst es erlebt hatten. Dies führte dazu, daß sowohl die USA als auch Großbritannien für einige Zeit die diplomatischen Beziehungen zu Liberia aussetzten, und das Land noch 1960 von der „International Labour Organisation" wegen der Zwangsrekrutierung der lokalen Ethnien öffentlich verurteilt wurde.

Politik: Trotz der massiven Ausbeutung der lokalen Arbeitskräfte blieb das Land weitgehend von fremden Kapital abhängig. Die „True Whig Party" holte unter dem Staatspräsidenten William Tubman zwischen 1944 und 1971 zahlreiche ausländische Investoren ins Land. Um die immer stärker aufkeimenden sozialen und ethnischen Unruhen zu besänftigen, die sich in erster Linie gegen die afroamerikanischen Siedler richteten, gestand Tubman 1963 der großen Mehrheit der Bevölkerung, immerhin 97 %, das Bürgerrecht zu. Die Ära der „True Whig Party" ging 1980 mit einem blutigen Militärputsch zu Ende: ein junger Sergeant, Samuel Doe, übernahm die Macht. Dem Putsch folgten Kapitalflucht und internationale Ächtung, auch die afrikanischen Nachbarländer versagten Doe, immerhin dem ersten Vertreter einer lokalen Bevölkerungsgruppe in der Geschichte Liberias, die Anerkennung. Does Einparteienherrschaft endete 1990 mit seiner Ermordung durch Truppen des Rebellenführers Prince Johnson. Seitdem wird das Land von

Liberia – Routenteil O 467

einem blutigen Bürgerkrieg erschüttert, in dessen Verlauf beinahe die Hälfte der Bevölkerung vertrieben wurde.

Routeninformationen

O 1: Danané (Elfenbeinküste) – liberianische Grenze – Sanniquellie – Gbarnga (160 km)

Piste (A/H), bis zur Grenze (26 km) recht gut; von der Grenze bis Gbarnga breiter.

Danané – S. P 14. (Ende P 14 und M 18; Beginn P 15.)
Hier werden die Formalitäten zur Ausreise aus der Elfenbeinküste erledigt.
Hinter der Brücke über den Fluß Nipoué links der liberianische Zoll (auch sonntags geöffnet), rechts die Polizeikontrolle.
Kahnplay – Polizeikontrolle (korrupt). Vorsicht vor Dieben!
Sanniquellie – Kleinstadt. Lebensmittel. Treibstoff. Übernachtungsmöglichkeit.
Verschiedenes: Visakontrolle im Einwanderungsbüro (auch sonntags geöffnet). Polizeikontrolle im Hauptquartier der Polizei; korrekte Abwicklung. Manchmal muß eine Bescheinigung über die Gelbfieberimpfung vorgelegt werden.
Hinter Sanniquellie wird die Piste besser, kann aber im Falle starker Niederschläge auch mehrere Tage gesperrt sein. In den meisten Orten gibt es Treibstoff.
Gbarnga – 30 000 Einw. Lebensmittel. Treibstoff. Übernachtungsmöglichkeit. (Beginn O 2 und O 3.)

O 2: Gbarnga – Zorzor – Voinjama – Foya – Grenze zu Sierra Leone – Buedu (287 km)

Piste (A/H), zahlreiche Polizeikontrollen.

Gbarnga – S. O 1. (Ende O 1; Beginn O 3.)
Erdpiste (leichtes Wellblech).
Zorzor – Städtchen. Lebensmittel. Treibstoff. Evangelisches Hospital.
Danach wird die Piste schlechter und steiniger. Mehrere schwierige Steigungen. Schöne Berglandschaft mit tropischem Regenwald.
Voinjama – Kleinstadt. Lebensmittel. Treibstoff. Restaurant mit Zimmervermietung.
Die Piste (recht guter Zustand) biegt gegenüber der „Shell"-Tankstelle nach links ab.
Foya – Kleiner Ort. Lebensmittel. Formalitäten zurAusreise aus Liberia (langwierig) an der Grenze einige Kilometer weiter.
Buedu – Kleiner Ort. Treibstoff selten. Formalitäten zur Einreise nach Sierra Leone.
(Beginn N 1.)

468 Durch Afrika

O 3: Gbarnga – Monrovia (196 km)

Asphalt.

Gbarnga – S. O 1. (Ende O 1; Beginn O 2.)
Suakoko – Kleiner Ort. Lebensmittel. Treibstoff.
Unterkunft: staatliches Gästehaus.
Salala – Kleiner Ort. Polizeikontrolle.
Kakata – Kleinstadt. Lebensmittel. Treibstoff. Übernachtungsmöglichkeit.
Monrovia – 465 000 Einwohner. Hauptstadt. Gute Infrastruktur. Vorsicht, nehmen Sie sich vor den Polizisten in acht, die sehr aufdringlich und ebenso unehrlich sind! (Beginn O 5; Ende O 4.)
Sehenswert: das Nationalmuseum und viele Dörfer in der näheren Umgebung.
Unterkunft: im Süden der Stadt mehrere Strände, an denen im allgemeinen auch campieren erlaubt ist. „Elwa Beach" (ca. 1,5 $lib/Person), Snackbar; „Cooper's Beach" (ca. 1 $lib/Person), gutes Restaurant, von einer Französin (Madame Chantal) geführt; „Palm Beach" (ca. 2 $lib/Person); „Caesar's Beach" (ca. 1 $lib/Person).

O 4: Blay – Tappita – Kwendin – Buchanan – Monrovia (257 km)

(02.89, Mercedes L 207) Piste (A/G/H/I).

Blay – S. P 16. (Ende P 16.)
Tappita – Städtchen. Lebensmittel. Treibstoff. **Übernachtung:** am Ortsausgang links, in der Nähe der Kirche (sehr freundliche italienische Nonnen).
Folgen Sie von Tappita bis Monrovia nicht der Hauptstraße, die über Gbarnga führt. Sie ist in schlechtem Zustand. Außerdem befinden sich auf der Strecke drei Kontrollposten (*immigration post*), wo die langwierigen Formalitäten nur durch Zahlung einer Steuer beschleunigt werden können.
Schlagen Sie statt dessen die südliche Piste ein; vor der Kirche nach rechts abbiegen.
Kwendin – Kleiner Ort. Keine Versorgungsmöglichkeit.
3 km hinter Kwendin nach links abbiegen und noch einmal an der Kreuzung 17 km weiter.
33 km hinter dieser Kreuzung an der Abzweigung geradeaus weiterfahren.
2 km weiter passiert man die „Timber Company".
An den folgenden Kreuzungen nach 1, 27 und 42 km hinter der „Timber Company" immer rechts fahren.
41 km nach der letzten Kreuzung wird die Eisenbahnlinie überquert.
1,5 km nach dem Bahnübergang nach links fahren.
Von hier ab folgen 15 km schlechte Piste, danach wieder guter Pistenzustand bis Buchanan.

Buchanan – Städtchen. Lebensmittel. Treibstoff. **Übernachtung:** im Stadtteil Lamco, in dem hauptsächlich Weiße wohnen; mit etwas Glück erlaubt Ihnen einer der Einwohner, bei ihm zu duschen. Das Gasthaus ist nur Gästen mit Gutschein zugänglich, der vom „Main Office" der Stadt ausgegeben wird.
Monrovia – S. O 3. (Ende O 3; Beginn O 5.)

O 5: Monrovia – Klay – Tienie – Grenze zu Sierra Leone – Zimmi – Joru (230 km)

(03.90, Patrol) Asphalt bis zur Grenze (guter Zustand); danach schlechte Piste. Zahlreiche Polizeikontrollen (korrupt).

Monrovia – S. O 3. (Ende O 3 und O 4.)
Klay – Städtchen. Lebensmittel. Treibstoff. An der Kreuzung nach links fahren.
In der Umgebung: Robertsport mit der angeblich größten und schönsten Lagune Liberias; Campingmöglichkeit.
Tienie – Kleiner Ort.
Die Grenze liegt einige Kilometer hinter Tienie. Formalitäten zur Ausreise aus Liberia. Eine Brücke bildet die Grenze (ca. 2 $lib/Fahrzeug, ca. 2 Leones/Fahrzeug in der Gegenrichtung). Rechnen Sie mit einer Durchsuchung des Fahrzeugs, das Gepäck muß abgeladen werden.
Hinter der Brücke Formalitäten zur Einreise nach Sierra Leone. Das *carnet de passage* muß vorgelegt werden (wer kein *carnet* besitzt, kann hier ein Spezialformular erstellen lassen, das den vorübergehenden Import des Fahrzeugs nach Sierra Leone genehmigt). Danach eine sogenannte Sicherheitskontrolle (Personenbefragung und Inspektion des Fahrzeugs). Zum Abschluß Gesundheitskontrolle (genaue Überprüfung des Impfpasses) und Paßkontrolle (beide Ausweise müssen innerhalb von zwei Tagen dem Einwanderungsbüro in Freetown vorgelegt werden, das die Genehmigung der Grenzbeamten verlängert).
Zwischen Grenze und Zimmi zahlreiche Polizeikontrollen.
Zimmi – Kleiner Ort. Lebensmittel. Treibstoff selten.
In Zimmi nach dem Zollamt nach rechts fahren. Gute Piste.
Km 54 ab Zimmi, nach links fahren.
Joru – S. N 1. (Ende N 1; Beginn N 2.)

470 Durch Afrika

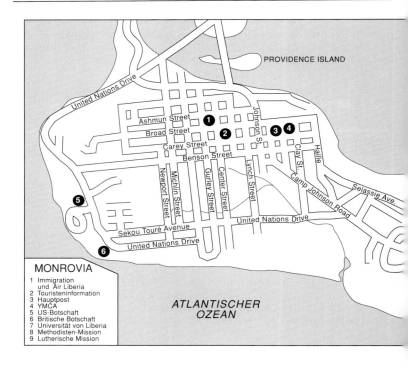

Liberia – Routenteil O 471

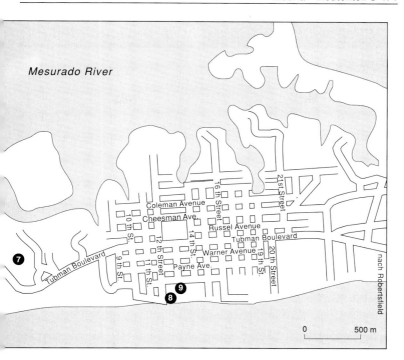

472 Durch Afrika

Elfenbeinküste (Côte d'Ivoire) – Routenteil P

Überblick

Fläche: 322 463 km².

Einwohner: 12 841 000.

Ethnien: 23 % Baule, 18 % Bete, 15 % Senufo, Malinke etc.

Hauptstadt: Yamoussoukro (130 000 Einwohner).

Sprachen: Amtssprache Französisch, Verkehrssprache Diula, lokale Dialekte.

Religion: 65% Naturreligionen, 23% Muslime, 12% Christen.

Ruhetag: Sonntag.

Feiertage: 1.1., Ostermontag, 1.5., Himmelfahrt, Pfingstmontag, 15.8., 1.11., 7.12., 25.12., außerdem jährlich wechselnde islamische Feiertage.

Einreise: Visumpflicht für Deutsche, Schweizer, Österreicher (Erteilung über Konsulate). Nachweis von Reisedokumenten zur Weiter-/Rückreise.

Impfung/Gesundheit: Gelbfieberimpfung vorgeschrieben. Malariaprophylaxe dringend empfohlen.

Währung: Franc CFA. 100 CFA = 1 FF. Sowohl CFA als auch ausländische Währungen können unbeschränkt eingeführt werden, Devisen (außer FF) müssen aber deklariert werden. Ausfuhr von CFA bis zu 25 000, ausländische Währungen bis zum deklarierten Betrag. Achtung: Durch Abwertung des CFA im Frühjahr 93 kam es zu enormen Preissteigerungen in allen CFA-Ländern. Preisangaben können dadurch zum Teil überholt sein.

Kfz: Internationaler Führerschein und Fahrzeugschein, *carnet de passage*; Haftpflichtversicherung muß vor der Einreise abgeschlossen werden. Kfz erhalten eine Vignette (für Motorräder kostenlos). Das *laissez passer* ist gratis. Anschnallpflicht beachten (hohe Geldstrafen).

Treibstoffpreise: Super 405 CFA/l; Diesel 270 CFA/l.

Straßenzustand: Im Küstenbereich asphaltierte Straßen und Autobahn, ansonsten gute bis mittelmäßige Pisten. Kleinere Pisten können während der Regenzeit unpassierbar sein.

Elfenbeinküste – Routenteil P 473

Kontrollen: Zahlreiche Polizeikontrollen (korrupte Polizei).

Grenzen: Die Grenzen zu den Nachbarländern sind geöffnet.

Zeitverschiebung: - 1 Stunde; Sommerzeit: - 2 Stunden

Stromspannung: 220 V, gelegentlich Gleichstrom, Adapter empfohlen.

Literatur und Landkarten:
Reiseführer: Anne Wodtcke, „Reise-Know-How Westafrika", Reise-Know-How-Verlag Därr GmbH.
Landkarten: Michelin 975, „Cote D'Ivôire", 1: 800 000;
Hintergrund: Till Förster, „Glänzend wie Gold", D. Reimer Vlg. Berlin, ein reich bebilderter Band mit interessanter Einführung in Handwerk und soziale Organisation der Senufo.

Geschichte: Vor der Kolonisierung durch die Franzosen gab es im Gebiet der heutigen Elfenbeinküste zahlreiche lokale Häuptlingstümer, die von den großen Reichen der Ashanti im Osten und den zentralsudanesischen Staaten im Norden eingerahmt wurden. Mit Ankunft der Portugiesen im 17. Jahrhundert entstanden die ersten europäischen Handelsniederlassungen an der Küste, denen schon bald christliche Missionare folgten. Erst im Verlauf des 19. Jahrhunderts kam es zu ersten Handelsverträgen zwischen französischen Niederlassungen und den lokalen Häuptlingen, die die Einflußnahme Frankreichs begründeten und schließlich dazu führten, daß das Gebiet der Elfenbeinküste im Jahre 1895 „Französisch-Westafrika" eingegliedert wurde. Die Unabhängigkeit erhielt die Elfenbeinküste 1960.

Politik: Einer der dienstältesten afrikanischen Präsidenten war Felix Houphouët-Boigny, der 1960 zum Präsidenten der Elfenbeinküste gewählt wurde. Zunächst von marxistischen Idealen geprägt, schwenkte er schon bald auf einen westlich-orientierten, kapitalistischen Kurs, der die Elfenbeinküste ausländischen Investoren öffnete und zahlreiche Gastarbeiter aus den Nachbarländern ins Land holte. Lange Zeit galt die Elfenbeinküste als eines der politisch stabilsten Länder Afrikas, eine Stabilität, die inzwischen beginnt, durch die immer größer werdenden Gegensätze zwischen Arm und Reich zu bröckeln. Auch der Präsident, dessen Regierungsgewalt sich bis 1990 auf die Einheitspartei PDCI stützte, ist immer umstrittener. Sein monströser Nachbau der St.-Peters-Kirche in Yamoussoukro, der neuen Hauptstadt, sorgte weltweit für Proteste gegen die Geldverschwendung in einem Land, dessen soziale Probleme immer drängender werden. Nichtsdestoweniger errang die PDCI bei den ersten pluralistischen Wahlen 1990 die Mehrheit im Parlament. Houphouet-Boigny starb am 7.12.93; sein Nachfolger ist Henri Konan Bédié. Laut Dekret vom 1.1.1986 darf das Land nicht mehr Elfenbeinküste genannt werden. Es heißt offiziell Republik Côte d'Ivoire.

Die Senufo

Die Waldsavanne im nördlichen Landesteil um das Senufo-Zentrum Korhogo ist der Lebensraum der Senufo. Als Ackerbauern siedeln sie schon seit Jahrhunderten ohne nennenswerte Wanderbewegungen in dieser Region und gelten daher als „Ureinwohner", als Erdherren des Senufo-Landes. Trotz starker Einflüsse durch muslimische Diula-Händler ist die traditionelle Senufo-Kultur noch relativ unverfälscht erhalten. Herausragendes Merkmal dieser Kultur sind die reich geschnitzen Masken der Senufo und, damit zusammenhängend, der Poro-Bund, in den junge Männer mit 18 Jahren initiiert werden, und der den gesamten rituellen und sozialen Bereich der Senufo dominiert. Der Poro ist kein „Geheim"-Bund, denn die Mitgliedschaft ist öffentlich, und jedes Dorf besitzt seinen Poro-Hain, der allerdings nur von Initiierten betreten werden darf. Initiationen finden alle 7 Jahre statt. Danach müssen die neuen Poro-Mitglieder eine siebenjährige Lehrzeit durchlaufen. Neben den rituellen Aufgaben des Poro besteht die Funktion des Bundes auch im Verbinden der einzelnen Verwandtschaftsgruppen der Senufo-Gemeinschaft: Mitglieder derselben Lineage müssen in unterschiedliche Poro-Bünde eintreten. So wird der Poro zu einem übergeordneten Verbindungsglied, das die verwandtschaftlich organisierten Gruppen zusammenhält und die Belange der Gemeinschaft regelt. Zu diesen Belangen gehört auch die Umverteilung von Eigentum - die Initiierten leisten, je nach wirtschaftlichem Vermögen, Abgaben an den Bund, die wiederum der gesamten überverwandtschaftlichen Gemeinschaft zugute kommen. Am spektakulärsten treten die Poro-Bünde bei den großen Bestattungs-Ritualen für bedeutende Bund-Mitglieder in Erscheinung, die mehrere Tage dauern können und bei denen auch die typischen helmartigen Metallmasken (Gelbguß) getragen werden.

Elfenbeinküste – Routenteil P 475

Routeninformationen

P 1: Tiéfinzo – Odiénné (108 km)

(04.93, Yamaha XT 600) Piste (A/G in der Regenzeit), gut befahrbar.

Tiéfinzo – S. G 36. (Ende G 36.)
Odiénné – 435 m, 25 000 Einw. Gute Infrastruktur. Malerische Stadt.
(Beginn P 2, M 15 und M 17; Ende P 15.)
Unterkunft: Hotel „Kao-ka" (3500 CFA/DZ/Du). Restaurant „Yankao" ist gut.
Sehenswert: Moschee. Goldgräberdorf (10 km in Richtung Touba, am Ortseingang des ersten Dorfes rechts, dann noch ca. 5 km Piste).

P 2: Odiénné – Boundiali – Korhogo (238 km)

(12.92, VW 181) Piste (A) auf den ersten 208 km, mit viel Wellblech, die letzten 30 km Asphalt.

Odiénné – S. P 1. (Ende P 1 und P 15; Beginn M 15 und M 17.)
Boundiali – 8000 Einw. Gute Infrastruktur.
Sehenswert: die vielen traditionellen Feste mit ihren Tänzen (die Region ist berühmt für ihre Folklore).
In der Umgebung: der See mit zahlreichen Flußpferden (20 km im Norden der Stadt an der Straße nach Kouto).
Korhogo – 381 m, 88 000 Einw. Stadt. Gute Infrastruktur. Kunsthandwerkszentrum der Senufo. (Beginn P 8, Ende P 7 und P 3.)

P 3: Niellé – Mbengué – Korhogo (115 km)

Piste (A) mit Wellblech. Mehrere malerische Dörfer (Kunsthandwerk). Schöne Landschaft.

Niellé – S. G 31. (Ende G 31; Beginn P 4.)
Korhogo – S. P 2. (Ende P 2 und P 7; Beginn P 8.)

P 4: Niellé – Ouangolodougou (61 km)

Asphalt, guter Straßenzustand.

Niéllé – S. G 31. (Ende G 31; Beginn P 3.)
Ouangolodougou – S. Q 19. (Ende Q 19; Beginn P 5.)

P 5: Ouangolodougou – Ferkessédougou (44 km)

Asphalt, guter Straßenzustand.

Ouangolodougou – S. Q 19. (Ende Q 19 und P 4.)

476 Durch Afrika

Ferkessédougou – 14 000 Einw. Gute Infrastruktur. Drei Tankstellen. Banken. Baptistenkrankenhaus mit amerikanischen Ärzten. (Beginn P 6, P 7, P 9.)
Unterkunft: „Auberge de la Réserve", saubere Bungalows mit Dusche und Klimaanlage, gute Küche (ca. 6500 CFA/DZ); Hotel „Le Refuge" (ca. 3000 CFA/ DZ mit Ventilator, ca. 4000 CFA mit Klimaanlage).
Sehenswert: die Zuckerrohrplantagen und die Zuckerfabrik.

P 6: Ferkessédougou – Nassian – Ferké (Comoé-Nationalpark) (121 Km)

Piste (A/G/I), nur in der Trockenzeit befahrbar.

Ferkessédougou – S. P 5. (Ende P 5; Beginn P 7 und P 9.)
Ferkessédougou auf der Piste nach Téhini verlassen.
Km 90, **Nassian** – Kleiner Ort.
In der Umgebung: die Moschee von Kong im sudanischen Baustil, 34 km südlich des Ortes.
Ferké – Kleiner Ort. Wachtposten von Kafolo.
Unterkunft: Hotel „Safari Lodge", teuer, schlecht geführt, Camping möglich.
In der Umgebung: der riesige **Comoé-Nationalpark** (Affen, Löwen, Warzenschweine, Büffel, Antilopen usw.). Der Park ist von Dezember bis Mai geöffnet; Februar und März sind die besten Monate für einen Besuch. Eintritt ca. 2000 CFA/Person. Besichtigung im Privatwagen möglich, aber der Park muß bis 18 Uhr verlassen werden (Camping verboten). Da die Pisten nicht unterhalten werden, ist die Durchquerung des Parks nur im Geländewagen möglich.
Ab Ferké kann man bis Oango Fitini (gutes Hotel, Besuch des Bouna-Reservats) weiterfahren, wo man in Bouna auf die Strecke P 29 trifft (hervorragende Piste, malerische Dörfer).

P 7: Ferkessédougou – Sinématiali – Korhogo (53 km)

(12.92, VW 181) Asphalt. Mehrere Polizeikontrollen.

Ferkessédougou – S. P 5. (Ende P 5; Beginn P 6 und P 9.)
Sinématiali – Kleiner Ort. Manchmal Treibstoff.
Korhogo – S. P 2. (Ende P 2 und P 3; Beginn P 8.)

P 8: Korhogo – Ténindiéri – Niakaramandougou (147 km)

Piste (A). Viele Polizeikontrollen. Malerische Dörfer (Kunsthandwerk). Schöne Landschaft.

Korhogo – S. P 2. (Ende P 2, P 3 und P 7.)
In der Umgebung: von Ténindiéri führt eine hervorragende Piste nach Tortya (10 km), ein Dorf, in dem Gold- und Diamantenfieber grassieren. Wunderschö-

Elfenbeinküste – Routenteil P 477

ne Umgebung. Unterkunft bei Marius, einem ungewöhnlichen Mann, der Zimmer und Betten in Schlafsälen vermietet (am Ufer des Flüßchens, ca. 5000 CFA/DZ oder ca. 4500 CFA/Person mit Vollpension); hier kann man fischen, jagen oder nach Diamanten schürfen.
Niakaramandougou – Kleiner Ort. Treibstoff. (Beginn P 10; Ende P 9.)

P 9: Ferkessédougou – Tafiré – Niakaramandougou (114 km)

Asphalt, guter Straßenzustand. Mehrere Tankstellen, wenig Polizeikontrollen.

Ferkessédougou – S. P 5. (Ende P 5; Beginn P 6 und P 7.)
Tafiré – Kleiner Ort. Gelegentlich Treibstoff.
Niakaramandougou – S. P 8. (Ende P 8; Beginn P 10.)

P 10: Niakaramandougou – Katiola – Bouaké – Yamoussoukro (230 km)

Asphalt, guter Straßenzustand. Mehrere Tankstellen; wenig Polizeikontrollen. Malerische Dörfer (Kunsthandwerk). Schöne Landschaft.

Niakaramandougou – S. P 8. (Ende P 8 und P 9.)
Katiola – 328 m. Kleinstadt. Lebensmittel (Markt). Treibstoff.
Unterkunft: Hotel „Hambol" (8000 CFA/DZ mit Klimaanlage).
Sehenswert: die Keramikschule.
Von hier aus führt eine Piste nach Osten (90 km) nach Dabakala (zur P 28).
Bouaké – 330 000 Einw. Zweitgrößte Stadt des Landes. Gute Infrastruktur. Bedeutender Markt.
Unterkunft: Hotel „Le Désert" im „Quartier Air France", (2500 CFA/DZ).
Yamoussoukro – 208 m. 75 000 Einw., seit kurzem Hauptstadt der Elfenbeinküste. Gute Infrastruktur. Großer Markt, breite Straßen. Moderne Architektur.
Unterkunft: Hotel „Président".
Sehenswert: der Krokodilsee unweit des Präsidentenpalastes und die gigantische Kathedrale, eine originalgetreue Nachbildung der Peterskirche in Rom. (Beginn P 11 und P 21.)

P 11: Yamoussoukro – Bouaflé – Daloa – Guéssabo (199 km)

Asphalt, guter Straßenzustand.

Yamoussoukro – S. P 10. (Ende P 10; Beginn P 21.)
Zwischen Yamoussoukro und Bouaflé Ausflugsmöglichkeit nach Yabouédo und Kossou (Piste, schöne Landschaft, in Kossou kein Hotel, aber Campingmöglichkeit in der Nähe des Staudamms).

478 Durch Afrika

Kurz hinter Yamoussoukro ist rechts eine Kaffeefabrik (Besichtigung möglich).
Bouaflé – 180 m, 70 000 Einw. Gute Inrastruktur.
In der Umgebung: die Straße nach Daloa verläuft entlang der Südgrenze des
Maraoué-Nationalparks (Elefanten, Büffel und Antilopen). Die Eintrittsgebühren
(ca. 1000 CFA/Person) werden an der Straße erhoben, etwa 20 km hinter
Bouaflé. Geöffnet ist der Park von 06:00 bis 17:30 Uhr; mit Genehmigung der
Parkwächter kann auch im Park übernachtet werden.
Daloa – 277 m, 102 000 Einw. Gute Infrastruktur. Nissan-Werkstätte.
Sehenswert: das Haus der Kunsthandwerker.
Guéssabo – Kleiner Ort. Keine Versorgungsmöglichkeit. (Beginn P 12, P 17.)

P 12: Guéssabo – Duékoué (45 km)

Asphalt.

Guéssabo – S. P 11. (Ende P 11; Beginn P 17.)
Kurz hinter Guéssabo wird auf einer Brücke ein Arm des durch den Zakué-
Staudamm neu entstandenen Sees (des Flusses Sassandra) überquert. Der
See hat das alte Dorf Guétuzon überschwemmt.
Duekoué – 231 m. Kleiner Ort. Lebensmittel. Treibstoff.
(Beginn P 2, P 16 und P 20.)

P 13: Duekoué – Man (92 km)

Asphalt.

Duékoué – S. P 12. (Ende P 12; Beginn P 16 und P 20.)
Man – 346 m, 59 000 Einw. Gute Infrastruktur.
Sehenswert: die traditionellen Tänze und das Kunsthandwerk.
In der Umgebung: die Fernsehrelaisstation auf dem Berg Tonkoui (223 m, 38
km hin und zurück); schöner Aussichtspunkt. Die für den Besuch nötige Genehmigung erteilt die Präfektur. Man fährt auf der Umgehungsstraße von Man
in Richtung Bangolo bis zur Kreuzung mit der Route du Lycée; hier auf die
rechts abgehende, nicht ausgeschilderte Piste abbiegen; rechter Hand Wasserfall und Lianenbrücke (Zugang nahe beim Bambuswäldchen).
(Beginn P 14.)

P 14: Man – Danané (79 km)

Asphalt. Viele Lkw (Kaffeetransport; die Fabrik liegt in der Nähe von Danané).

Man – S. P 13. (Ende P 13.)
Danané – Kleinstadt. Gute Infrastruktur. Polizeiformalitäten zur Ausreise aus
der Elfenbeinküste für diejenigen, die nach Liberia weiterfahren.
(Beginn P 15 und O 1; Ende M 18.)

Elfenbeinküste – Routenteil P 479

P 15: Danané – Touba – Odiénné (375 km)

Asphalt.

Danané – S. P 14. (Ende P 14 und M 18; Beginn O 1.)
Die Strecke führt durch eine fantastische Wald- und Berglandschaft.
Biankouma – Kleiner Ort. Lebensmittel. Manchmal Treibstoff.
In der Umgebung: 20 km hinter Fouenan Ausflugsmöglichkeit zu einem östl.
der Straße gelegenen Aussichtspunkt (28 km hin und zurück, Rasthaus und
Campingplatz) hinter dem Dorf Zala (Kunsthandwerksarbeiten aus Bambus,
Korbsessel). Typische Dörfer und freundliche Menschen entlang der Straße.
Touba – 440 m, 6000 Einw. Lebensmittel. Treibstoff. Arzt. Unterkunft.
Sehenswert: die atemberaubende Lage des Ortes (Gebirge).
Odiénné – S. P 1. (Ende P 1; Beginn P 2, M 15 und M 17.)

P 16: Duekoué – Guiglo – Toulépleu – liberianische Grenze – Blay (167 km)

(02.89, Mercedes L 207) Asphalt bis Guiglo; danach Piste (A/H in der Trockenzeit).

Duekoué – S. P 12. (Ende P 12; Beginn P 13 und P 20.)
Guiglo – 209 m, Weiler. Lebensmittel. Treibstoff. *Campement.*
Sehenswert: die Erzeugnisse des lokalen Kunsthandwerks (schöne Masken).
Am Ortsausgang von Guiglo an der Kreuzung rechts in Richtung Toulépleu
abbiegen (links nach Tai und Tabou).
Zwischen Guiglo und Toulépleu 114 km mittelmäßige bis gute Piste, in der
Regenzeit möglicherweise nicht befahrbar (tiefe Schlammlöcher).
Toulépleu – 270 m, Weiler. Lebensmittel (Markt). Manchmal Treibstoff. *Campement.*
Ab hier 19 km gute Piste bis zur Grenze.
Pékanhouébili – Kleiner Ort. Grenzposten der Elfenbeinküste von Samstag
15:00 Uhr bis Montag morgen geschlossen. Formalitäten zur Ausreise aus der
Elfenbeinküste.
Blay – 1 km weiter. Kleiner Ort. Formalitäten zur Einreise nach Liberia (im
allgemeinen sehr langwierig). (Beginn O 4.)

P 17: Guéssabo – Issia – Yabayo (124 km)

Asphalt. Schöne Landschaft, Regenwald, unterbrochen von Bananen-, Ananas-, Kokos-,
Kaffee- und Ölpalmenplantagen. Viele Dörfer (Lebensmittelversorgung schwierig).

Guéssabo – S. P 11. (Ende P 11; Beginn P 12.)
Issia – 218 m. Kleiner Ort. Lebensmittel. Treibstoff.
Yabayo – 180 m. Kleiner Ort. Keine Versorgungsmöglichkeit.

(Beginn P 18; Ende P 23.)

480 Durch Afrika

P 18: Yabayo – Soubré – San-Pédro (154 km)

Asphalt. Beachten Sie die Anmerkungen zu Beginn der Strecke P 17.

Yabayo – S. P 17. (Ende P 17 und P 23.)
Soubré – 132 m. Kleiner Ort. Lebensmittel. Treibstoff. Hotel. Arzt.
Bei Km 115 mündet links die Piste von Lakota ein (zur P 24).
San-Pédro – Touristenort, moderner Hafen. Gute Infrastruktur. Strand.
(Beginn P 19; Ende P 24.)
Unterkunft: Camping „Le Ponty" am Meer, 4 km westlich des Hafens (ca.
500 CFA/Person, Hütten ca. 3000 CFA); Camping beim Restaurant „L'Horizon",
westlich des Hafens am Strand, schöne Bademöglichkeit, viel Schatten (ca.
750 CFA/Person).

P 19: San-Pédro – Grand-Bérébi – Tabou (144 km)

(04.93, Yamaha XT 600) Asphalt. Die Strecke führt durch Kokos- und Gummibaumplanta-gen.

San-Pédro – S. P 18. (Ende P 18 und P 24.)
Grand-Bérébi – Kleines Seebad, viele französische Touristengruppen. Gute
Infrastruktur. Wasser (der Brunnen befindet sich 50 m in Richtung Strand vom
Marktplatz entfernt).
Unterkunft: Hotel „Beau Rivage" in schweizerischer Hand, hervorragend und
teuer, gutes Restaurant, schöner, von Kokospalmen eingerahmter Strand, Bungalows und Hütten (nicht bewirtschaftet) am Strand.
In der Umgebung: Der **Ménéké-Strand** (20 km hin und zurück), Touristendorf
(besser die Weihnachts- und Osterferienzeit meiden); am Marktplatz in Richtung Flughafen fahren und etwa 50 m vor dem Ende der Piste nach links
abbiegen; man passiert zwei Dörfer (Wasser an einer manuell betriebenen
Pumpe im zweiten Dorf) und biegt dann wieder nach links (Wegweiser). Ebenfalls sehenswert ist das Dorf Boubélé (4 km von Ménéké entfernt, gute Piste),
ein bezaubernder Ort mit Lagune, Flüßchen und angenehmem, hübschen Hotel (ca. 18 000 CFA/Person mit Vollpension).
Tabou – Kleinstadt. Lebensmittel. Nicht immer Treibstoff. Arzt. (Ende P 20.)
Unterkunft: Hotel „Kleh", sauber (ca. 6000 CFA/DZ).
Sehenswert: die im Kolonialstil erbauten Häuser.
In der Umgebung: schöne Unterkunfts- und Bademöglichkeit an einer ruhig
gelegenen Landzunge, über die Piste von Sekreke in Richtung Boubélé zu
erreichen (Vermietung von Hütten).

Schicken Sie uns Ihre Korrekturen, Ergänzungen, Hinweise,
Tips, Kritiken, Anmerkungen, GPS-Koordinaten...

Elfenbeinküste – Routenteil P 481

P 20: Duekoué – Guiglo – Taï – Tabou (320 km)

(04.93, Yamaha XT 600). Bis Guiglo Asphalt, zwischen Youkou und Grabo neue Piste in Bau, bis Olodio gute Piste und dann bis Tabou mittelmäßig mit Wellblech. Einige Polizeikontrollen.

Duekoué – S. P 12. (Ende P 12; Beginn P 13 und P 16.)
Guiglo – S. P 16. (Zur P 16.)
Km 36, großer Kreisverkehr; in Richtung Tabou weiterfahren.
Danach 50 km starkes Wellblech. Viele Lkw, die Staubwolken aufwirbeln. Von hier ab gute Piste bis Taï.
Taï – Kleinstadt. Lebensmittelversorgung schwierig. Treibstoff nur auf dem Schwarzmarkt (es empfiehlt sich, in Guiglo vollzutanken).
In der Umgebung: das „WWF"-Büro erteilt Genehmigungen zum Besuch des Nationalparks.
Danach wird die Piste enger, es herrscht weniger Verkehr (einige kleine Schlammlöcher können in der Regenzeit Schwierigkeiten bereiten).
Djiroutou – Dorf. Lebensmittelversorgung schwierig. Brücke über den Hara-Fluß.
In der Umgebung: mit Pirogen flußaufwärts zum Mount Nienokué (3 Tage, Boot für 3 Personen 10 000 CFA, Führer 6000 CFA). 2-stündige Wanderung auf den Gipfel mit schönem Ausblick auf den Regenwald.
Grabo – Dorf.
Hinter Grabo wieder besserer Pistenzustand.
Tabou – S. P 19. (Ende P 19.)

P 21: Yamoussoukro – Toumodi – Ndouci (136 km)

Asphalt. Einige unübersichtliche Kurven.

Yamoussoukro – S. P 10. (Ende P 10; Beginn P 11.)
Toumodi – 162 m. Kleiner Ort. Lebensmittel. Treibstoff. Arzt.
Dupuy-Yao – Kleiner Ort. Beginn der Autobahn nach Abidjan.
Ndouci – Kleiner Ort. Treibstoff.
Übernachtung: in einer der zahlreichen Tankstellen.
(Ende P 21; Beginn P 22, P 25.)

P 22: Ndouci – Divo – Lakota (113 km)

Asphalt. Vorsicht vor Holztransportern, die mit überhöhter Geschwindigkeit fahren.

Ndouci – S. P 21. (Ende P 21; Beginn P 25.)
Tiassalé – Kleiner Ort. Lebensmittel. Treibstoff und Werkstatt. Arzt.
Divo – Kleiner Ort. Lebensmittel. Treibstoff und Werkstatt. Arzt. Übernachtungsmöglichkeit. (Ende P 26.)

482 Durch Afrika

37 km hinter Divo an der Kreuzung rechts fahren.
Lakota – 234 m. Weiler. Lebensmittel. Treibstoff und Werkstatt. Arzt. Übernachtungsmöglichkeit. (Beginn P 23 und P 24.)

P 23: Lakota – Gagnoa – Yabayo (126 km)

Asphalt. Beachten Sie die Anmerkungen zu Beginn der Strecke P 22.

Lakota – S. P 22. (Ende P 22; Beginn P 24.)
Gagnoa – 211 m. Kleinstadt. Lebensmittel. Treibstoff. Bank. Arzt.
Unterkunft: Campingplatz des Sportclubs der Europäischen Gemeinschaft einige Kilometer außerhalb der Stadt auf der Straße nach Man (blaues Hinweisschild „Camping"), ca. 1000 CFA/Person, Pool.
Yabayo – S. P 17. (Ende P 17; Beginn P 18.)

P 24: Lakota – Sassandra – San-Pédro (245 km)

(04.93, Yamaha XT 600) Piste (A) bis Sassandra, danach guter Asphalt.

Lakota – S. P 22. (Ende P 22; Beginn P 23.)
Sassandra – Malerische Kleinstadt an der Mündung des gleichnamigen Flusses. Gute Infrastruktur.
Wunderschöner Blick von der Brücke über den Fluß und den Urwald.
Unterkunft: Hotel auf der Landzunge am Meer mit schönem Strand (18 000 CFA//DZ, Camping 1000 CFA/Person).
Man verläßt Sassandra auf der Piste zum Flughafen, die am Meer entlangführt. Unterwegs passiert man malerische Fischerdörfer mit buntbemalten Booten.
Km 19 ab Sassandra, **Niega** – Dorf am Strand.
Unterkunft: Bungalowanlage im Bau, Campingmöglichkeit am Strand, schöne Bademöglichkeit, starke Brandung.
In der Umgebung: 2 km vor Niega Campingplatz in traumhafter Lage am Strand unter deutscher Leitung (kleine Hütte 1500 CFA/Person), gutes Essen.
San-Pédro – S. P 18. (Ende P 18; Beginn P 19.)

P 25: Ndouci – Abidjan (108 km)

(06.93) Autobahn. In den Waldgebieten Morgennebel. Vorsicht vor Kühen und Ziegen, die die Straße queren. Alternative: die Straße (schlechter Asphalt) über Sikensi (Lebensmittel, Treibstoff, Restaurant) und Dabou (zur P 26).

Ndouci – S. P 21. (Ende P 21; Beginn P 22.)
Abidjan – 2 500 000 Einw. Gute Infrastruktur. (Beginn P 26, P 27; Ende P 30.)
Unterkunft: Hotel „La Vigie" (ca. 4000 CFA/DZ); Hotel „Palm Beach" mit Pool (20 000 CFA/DZ mit Klimaanlage und Fernseher); Hotel „Le Baron" an der

Elfenbeinküste – Routenteil P 483

Hauptstraße in Richtung Grand Bassam, 200 m nachdem die Straße parallel zum Meer verläuft (10 000 CFA/DZ, Camping 5000 CFA/Tag/Fahrzeug, Busverbindung in das Zentrum); „Treichotel" (in Treicheville), Parkplatz (ca. 9000 CFA/DZ mit Klimaanlage); Hotel „Prince" (ca. 5000 CFA/DZ mit Klimaanlage); Motel „Chez Cakpo" (12 000 CFA/DZ mit Klimaanlage und Fernseher). Camping „Copacabana" in Bassam, 17 km von der Houphouët-Boigny-Brücke in Richtung Grand Bassam entfernt am Strand (die früher den Platz leitenden Franzosen sind mit ihrem Hund weg. Ihren Platz hat eine Madegassin eingenommen, deren Katze letztens überfahren wurde. Sie hält sich jetzt ein Kaninchen. Vorsicht vor Dieben!); Campingmöglichkeit auch auf dem Parkplatz des Hotels „Akwaba" unmittelbar neben dem „Palm Beach". Restaurant „Le Wharf" auf dem Plateau ist empfehlenswert.

Verschiedenes: Botschaft der Republik Niger, Rue de la Paix, Marcory, gegenüber der „Agip"-Tankstelle. Botschaft von Nigeria (Visum innerhalb von 24 Stunden für 30 Tage, 4140 CFA). Botschaft von Ghana (Visum innerhalb von 48 Stunden für 30 Tage, 10 000 CFA). Botschaft von Benin (Visum innerhalb von 2 Stunden für 15 Tage, 3000 CFA). Botschaft von Togo, bei der französischen Botschaft (Visum innerhalb von 3 Stunden für 3 Tage, 3000 CFA). Botschaft von Kamerun (Visum innerhalb von 2 Tagen für 3 Monate, 12 000 CFA, mit einem Empfehlungsschreiben der deutschen Botschaft zwei Häuser weiter). Stadtplan in der „Librairie française", Plateau und im Hotel „Ivoire". Toyota-Hauptvertretung am Boulevard de Vridi; eine von einem Österreicher geführte VW-Agentur befindet sich in Treicheville. Motorradersatzteile gegenüber dem Seemannsheim (von der H.-Boigny-Brücke Richtung Grand Bassam auf der rechten Seite). Im Krankheitsfall besser das Krankenhaus von Treicheville meiden und das kanadische Krankenhaus (auf dem Plateau) oder Dr. Montagnier (Praxis im Nuralhayat-Gebäude auf dem Plateau) aufsuchen. Ein guter Strand ist der Grand Bassam mit Restaurant „L'Equateur" (Liegen, Sonnenschirme).

Sehenswert: Stadtteil Treicheville, der Banco-Nationalpark und das Hotel „Ivoire". Auf der *Route de Cocody* erreicht man nach etwa 18 km guter Asphaltstraße das Städtchen **Bingerville**, in dem der alte Gouverneurspalast, der Botanische Garten und die Schule für afrikanische Bildhauerkunst sehenswert sind.

P 26: Abidjan – Dabou – Grand-Lahou – Guitri – Divo (261 km)

Asphalt bis 10 km hinter Dabou; danach Piste (A).

Abidjan – S. P 25. (Ende P 25 und P 30; Beginn P 27.)
Dabou – Kleinstadt. Lebensmittel. Treibstoff.
Sehenswert: die Moschee und der Markt.
Irobo – Kleiner Ort. Polizeikontrolle.
Km 127 und 141, Fähren über den Bandama und über die Lagune von Grand-Lahou.

484 *Durch Afrika*

Grand-Lahou – Weiler. Gute Infrastruktur. Schöner Strand an der Lagune.
Unterkunft: Hotel auf der Spitze der Halbinsel. Zahlreiche kleine Fischrestaurants.
Guitri – Kleiner Ort. Lebensmittel. Treibstoff. Arzt.
Divo – S. P 22. (Zur P 22.)

P 27: Abidjan – Abengourou – Agnibilékrou (280 km)

Asphalt, einige gefährliche Kurven; besser nicht nachts fahren. Zahlreiche Polizeikontrollen (Schranken).

Abidjan – S. P 25. (Ende P 25 und P 30; Beginn P 26.)
Adzopé – Kleiner Ort. Lebensmittel. Treibstoff. Post
Akoupé – Kleiner Ort. Kleiner Laden mit kalten Getränken. (Beginn P 28.)
Abengourou – 201 m. Kleinstadt. Lebensmittel. Treibstoff. Hotels.
(Beginn R 6; Ende P 29.)
Sehenswert: die Moschee.
Agnibilekrou – Kleiner Ort. Lebensmittel. Treibstoff; letzte Tankmöglichkeit für Reisende, die nach Ghana weiterfahren (Treibstoffreserve mitnehmen, da in Ghana immer Treibstoffknappheit herrscht). Übernachtungsmöglichkeit.
Verschiedenes: diejenigen, die nach Ghana weiterreisen, erledigen hier die Formalitäten zur Ausreise aus der Elfenbeinküste.

P 28: Akoupé – Daoukro – Ouelle – Prikro – Dabakala – Gansé (Comoé-Nationalpark) (ca. 375 km)

(01.89, Landcruiser) Asphalt bis Ouellé; danach breite, gute Piste bis Dabakala; zwischen Dabakala und Gansé leichtes Wellblech.

Akoupé – S. P 27. (Zur P 27.)
Daukro – Kleiner Ort. Lebensmittel. Treibstoff.
Ouellé – Kleiner Ort. Treibstoff. Fragen Sie, welche Piste einzuschlagen ist.
Prikro – Kleiner Ort. Laden mit kalten Getränken.
Dabakala – Kleiner Ort. Lebensmittel. Kein Treibstoff. Von hier aus führt eine Piste nach Westen 90 km nach Katiola (zur P 10).
Gansé – Kleiner Ort.
Unterkunft: Hotel „Calao Gansé", schöne Zimmer, Pool, gutes Essen.
Verschiedenes: Eingang zum Comoé-Nationalpark (s. P 6).

P 29: Bouna – Bondoukou – Agnibilékrou (320 km)

Piste (A). Baumsavanne, hinter Tanda dichter Wald.

Bouna – S. Q 21. (Ende Q 21.)
Leidlich gute Erdpiste (leichtes Wellblech). Zwischen den Dörfern Blinaodi und

Elfenbeinküste – Routenteil P 485

Kotouba führt die Strecke entlang der Ostgrenze des Comoé-Nationalparks (s. P 6 und P 28); Zufahrt zum Park im Dorf Bania.

Bondoukou – Kleinstadt. Lebensmittel. Treibstoff. Hotel.

In der Umgebung: das Dorf **Soko** (8 km in östlicher Richtung) an der Grenze zu Ghana.

Agnibilékrou – S. P 27. (Ende P 27; Beginn R 6.)

P 30: Elubo (Ghana) – Grenze zur Elfenbeinküste – Aboisso – Grand-Bassam – Abidjan (178 km)

(04.93, Yamaha XT 600) Asphalt. Etwa 50 km nach der Grenze überraschende und gefährliche Querrinnen und große Schlaglöcher auf ca. 1 km.

Elubo – S. R 17. (Ende R 17.)

Noé – Kleiner Ort. Formalitäten zur Einreise in die Elfenbeinküste.

Aboisso – Kleinstadt. Lebensmittel. Treibstoff. (Beginn P 31.)

Unterkunft: Hotel „Bemesso" (ca. 3000 CFA/DZ mit Klimaanlage).

Sehenswert: der Markt.

Grand Bassam – 32 000 Einw. Stadt. Gute Infrastruktur. Wunderschöne Kolonialbauten.

Unterkunft: Hotel „Assayam" von Franzosen geführt, Bungalows mit Dusche und Klimaanlage, Pool, Restaurant, Bar, Strand, freundlicher Empfang (12 000 CFA/DZ).

Abidjan – S. P 25. (Ende P 25; Beginn P 26 und P 27.)

P 31: Aboisso – Ebilassekro – Niablé (197 km)

(06.93, IFA W 50) Die ersten 30 km hinter Aboisso Asphalt, danach gute Piste (A). Asphalt auf den letzten 25 km.

Aboisso – S. P 30. (Zur P 30.)

Km 134, **Ebilassekro** – Kleiner Ort. Zollkontrolle.

Km 173, man trifft auf die asphaltierte Straße Abengourou – Niablé (31 km). An der Kreuzung Polizeikontrolle.

Niablé – Kleiner Ort. Formalitäten zur Ausreise aus der Elfenbeinküste. (Beginn R 7.)

P 32: Abidjan – San Pédro (ca. 350 km)

(06.93) Asphalt. Die neue Straße verläuft parallel zur Küste.

Abidjan – S. P 25. (Ende P 25, P 30; Beginn P 32, P 27.)

San Pédro – S. P 18. (Ende P 18, P 24, P 32; Beginn P 19.)

486 Durch Afrika

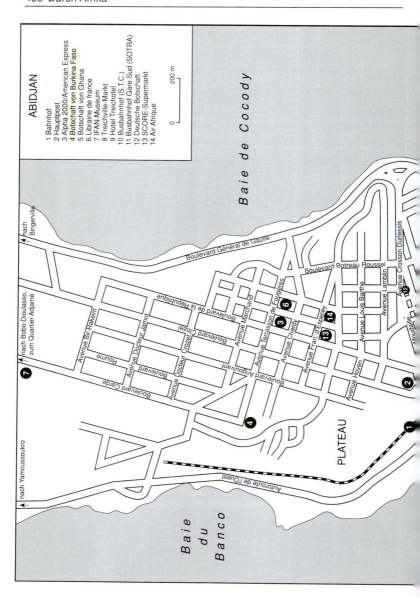

Elfenbeinküste – Routenteil P 487

488 Durch Afrika

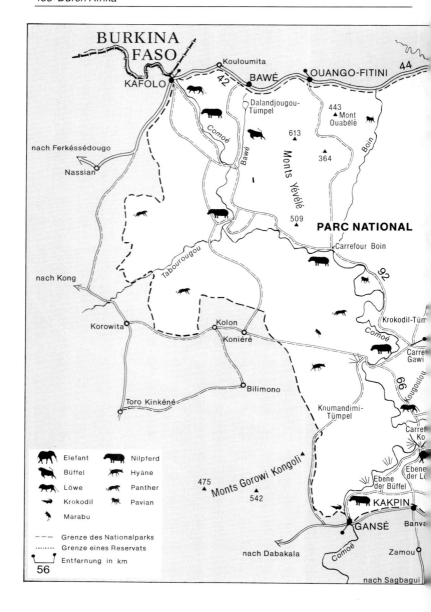

Elfenbeinküste – Routenteil P 489

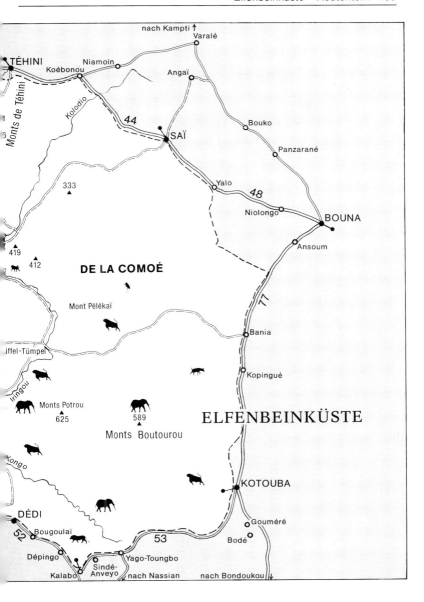

490 Durch Afrika

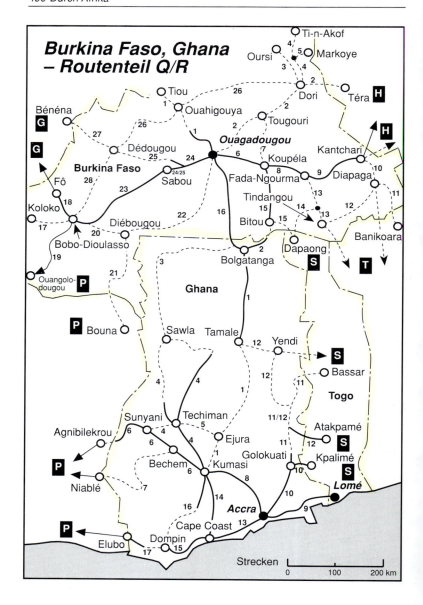

Burkina Faso – Routenteil Q

Überblick

Fläche: 274 200 km².

Einwohner: 9 537 000.

Ethnien: Mossi, Fulbe, Bobo, Diula.

Hauptstadt: Ouagadougou (442 000 Einwohner).

Sprachen: Amtssprache Französisch, More (Mossi, Ful).

Religion: 50% Muslime, 40% Naturreligionen, 10% Christen.

Ruhetag: Sonntag.

Feiertage: 1.1., 1.5., 20.5., 4.8., 15.10., 11.12., 25.12., sowie jährlich wechselnde islamische Feiertage.

Einreise: Visumpflicht für Deutsche (seit 15.1.1995), Schweizer und Österreicher. Verlangt wird auch der Nachweis gültiger Einreisepapiere in ein Nachbarland, bei Flugreisenden ein Rück- oder Weiterflugticket.

Impfung/Gesundheit: Gelbfieberimpfung vorgeschrieben; Malariaschutz wird dringend empfohlen (informieren Sie sich beim zuständigen Gesundheitsamt).

Währung: Franc CFA. 100 CFA = 1 FF. Einfuhr von CFA und ausländischen Währungen unbeschränkt, muß aber deklariert werden. Ausfuhr in Höhe des deklarierten Betrags (abzüglich der umgetauschten Summen). Achtung: Durch Abwertung des CFA im Frühjahr 93 kam es zu enormen Preissteigerungen in allen CFA-Ländern. Preisangaben können dadurch zum Teil überholt sein.

Kfz: Internationaler Führerschein und Kfz-Schein, Grüne Versicherungskarte wird nicht anerkannt. Bei der Einreise muß eine Haftpflichtversicherung abgeschlossen werden. Ein *carnet de passage* ist nicht notwendig. *Laissez passer* kostet 2000 CFA. Fahrzeugverkauf mit vorheriger Genehmigung erlaubt.

Treibstoffpreise: Super ca. 395 CFA, Diesel ca. 312–324 CFA.

Straßenzustand: Einige neu asphaltierte Straßen, sonst Pisten (siehe dazu die einzelnen Streckenbeschreibungen).

492 Durch Afrika

Grenzen: Die Grenzen zu den Nachbarländern sind geöffnet.

Kontrollen: Häufig Straßenkontrollen, deshalb unbedingt die Mautstellen anfahren, da die Quittungen kontrolliert werden könnten. Eine Fotografiergenehmigung ist theoretisch erforderlich.

Sicherheit: Allgemein keine Probleme, in Großstädten Taschendiebe.

Zeitverschiebung: - 1 Stunde; Sommerzeit: - 2 Stunden.

Stromspannung: 220 V.

Literatur und Landkarten:
Karten: Übersicht: Michelin 953, Nord- und Westafrika, 1:4 000 000; Cartes IGN Haute Volta, 1:1 000 000. Detailkarten: Cartes IGN 1:1 000 000, 1:500 000 und 1:200 000.
Reiseführer: Anne Wodtcke, „Westafrika", REISE KNOW-HOW Verlag Därr.
Hintergrund: Hans Ritter, „Sahel", Trickster Verlag; die Botschaft verschickt eine ausführliche Liste mit empfohlener Hintergrundliteratur sowie Informationsmaterial (Freiumschlag oder Briefmarken beilegen).

Geschichte: Im Gegensatz zu den realtiv stabilen Großreichen Ghana, Mali und Songhay nördlich des heutigen Burkina entwickelten sich am Oberen Volta zahlreiche einzelne Mossi-Fürstentümer (u.a. Ouagadougou, Yatenga, Gourma), die häufig auch untereinander befehdet waren. Legenden zufolge sind die Mossi um das 11. Jh. aus dem Osten eingewandert. Ihr Oberhaupt, der Mogho Naaba, war weltlicher Herrscher und religiöses Oberhaupt zugleich. Als „sakraler" König stand er in direkter Beziehung zu den Göttern, seine Insignien betonten seine übernatürlichen Kräfte, die rote Farbe seiner Kleidung setzte ihn in Bezug zur Sonne. Beim Tod eines Königs folgten ihm seine Frauen und Teile seines Hofstaats als Jenseitsgefolge ins Grab. Geprägt ist die Geschichte der Mossi-Reiche von gegenseitigen Rivalitäten und Kämpfen mit den Nachbarstaaten. Ende des 19. Jh. wurde auch das Mossi-Gebiet Französisch Westafrika einverleibt. Die Unabhängigkeit wurde 1960 proklamiert.

Politik: Die Unabhängigkeit des ehemaligen Obervoltas war eine Folge von Putschen und Gegenputschen, von Militärdiktaturen und Regierungen mit demokratischem Anspruch. Auch die Regierungszeit Thomas Sankaras, der 1983 die Macht übernahm, war nur ein kurzes Intermezzo in diesem Reigen. Allerdings avancierte der damals 34jährige zum Hoffnungsträger nicht nur für die Burkinabesen, sondern für viele andere Völker Afrikas. Sankara gehörte zu einer neuen Generation afrikanischer Staatschefs, die alle sehr jung und gut ausgebildet waren und ein neues afrikanisches Selbstbewußtsein verkörperten (wie auch Jerry Rawlings in Ghana und Yoweri Museweni in Uganda). Ihr rigider Purismus erinnert in vielem an den nigrischen Staatschef Seyni Kount-

Burkina Faso – Routenteil Q 493

ché. Bereits die Umbenennung Obervoltas in Burkina Faso („Land der Unbestechlichen") verdeutlicht sein Programm: Schluß mit Korruption, Ausbeutung, Vetternwirtschaft und der Abhängigkeit vom Mutterland Frankreich. Doch schon vier Jahre später wurde diese Entwicklung unterbrochen. Sankaras Weggefährte Blaise Compaoré putschte gegen ihn, Sankara wurde ermordet. Compaoré warf ihm Verrat an seiner eigenen „Revolution" vor, ja von Zuständen wie zu Zeiten der Roten Khmer in Kambodscha war die Rede. Die neue Regierung versucht nun, die „positiven Ansätze der Revolution" fortzuführen und eine allmähliche Demokratisierung anzustreben. 1992 fanden weitgehend demokratische Wahlen statt, aus denen die ODP als Sieger hervorging.

Die Mossi

Die Mossi bilden die größte Bevölkerungsgruppe Burkina-Fasos (48%), ihr König (Mogho Naaba) residiert in Ouagadougou. Dies war jedoch nicht immer so: Aufgabe der Mossi-Herrscher war in erster Linie die Kriegsführung, so daß sie meist zwischen den einzelnen Fürstentümern herumreisten und es keinen zentralen Königssitz gab. In der Regierungszeit des 20. Mogho Naaba scheint sich die Funktion der Könige jedoch geändert zu haben – nicht mehr Krieg, sondern die Sorge um die inneren Belange des Reiches waren nun ihre Aufgabe, und damit einhergehend wurde auch ein Verwaltungszentrum gebraucht. Die Legenden beschreiben diesen Umschwung so: Als die Lieblingsfrau des Mogho Naaba von einer Reise nicht mehr zurückkehrte, wollte der König sich auf die Suche nach ihr machen. Doch seine Höflinge hielten ihn zurück, sie befürchteten, daß dies zu einem neuen Krieg führen könnte. Der König, zerrissen zwischen der Sehnsucht nach seiner Frau und der Verantwortung für sein Land, entschied sich schweren Herzens, auf sein Vorhaben zu verzichten. Diese Entscheidung des Königs für sein Land – und damit die Entscheidung für Ouagadougou als Hauptstadt – wird nun einmal wöchentlich feierlich in einer Zeremonie bekräftigt, die jeden Freitagmorgen um 7 Uhr an der Westseite des Königspalastes abgehalten wird: Der Mogho Naaba kommt aus seinem Palast, gekleidet in Rot, der Farbe des Krieges. Seine Minister flehen ihn an, nicht zu gehen. Der König zieht sich wieder zurück und erscheint dann in einem weißen Bubu, bereit, bei seinem Volk zu bleiben. Griots stimmen Lobeshymnen auf ihn an, die Zeremonie ist beendet. Daß die Minister und Höflinge ihr Einkommen schon längst nicht mehr bei Hofe, sondern in ganz normalen weltlichen Berufen verdienen, verstärkt die Faszination dieser Zeremonie. Die Verbundenheit mit der jahrhundertealten Tradition ist offensichtlich stärker als der Einfluß des modernen Lebens und die Errungenschaften der Revolution. Noch bis zur Unabhängigkeit fungierten die Mossi-Könige als Oberste Gerichtsherren und regierten mit Unterstützung des Ministerrates ihre Untertanen. Inzwischen verfügt der Mossi-Herrscher zwar nicht mehr über die Regierungsgewalt, wird von der Bevölkerung jedoch tief verehrt und geachtet.

494 Durch Afrika

Routeninformationen

Q 1: Tiou – Ouahigouya – Yako – Ouagadougou (218 km)

(02.94, Patrol) Piste (A/H/I), in der Trockenzeit nur bis Yako befahrbar (Wellblech); danach Asphalt.

Tiou – Siehe G 23. (Ende G 23.)
Yako – Dorf. Lebensmittel. Treibstoff. *Campement*. Restaurant. Post.
Sehenswert: die schöne Moschee (ein Geschenk des größten Bauunternehmers des Landes.)
Ouahigouya – 337 m, 30 000 Einw. Gute Infrastruktur. (Zur Q 26.)
Unterkunft: „Hotel de l'Amitié" am Ortsausgang Richtung Tiou, einfach und einladend (11 000 CFA/DZ).
Ouagadougou – 308 m, 442 000 Einw. Hauptstadt. Gute Infrastruktur. Polizeikontrolle am Ortseingang und -ausgang. Melden Sie sich mit zwei Paßfotos bei der Polizei. (Beginn Q 2, Q 6 und Q 16; Ende Q 22 und Q 24.)
Unterkunft: Hotel „Silmand", Luxushotel; Hotel „Relax", vorzüglich, teuer (32 000 CFA/DZ); „Buffet-Hotel", sauber, Pool auch für Nichtgäste (ca. 12 000 CFA/DZ); Hotel „Central", nicht übel; „OK Inn", gleicher Besitzer wie das „Central", ausgezeichnete Küche, Pool, Bank (ca. 17 000 CFA/DZ); Hotel „Ricardo", rechts vom Staudamm Nr. 2, Pool, ruhig; Hotel „Oubri", in Flughafennähe, sympathisch; Hotel „Yennenga", neben der großen Moschee, sauber (4000 CFA/DZ); Hotel „Indépendance", gut, gute Küche (ca. 19 500 CFA/DZ, Vorsicht vor Dieben); Hotel „Delwende", zentral gelegen, einfach (3000 CFA/DZ mit Dusche); „Hotel de la Paix", Av. Yennenga (3500 CFA/DZ), hübsch, mit Innenhof. Möglichkeit, im Frauenkloster nahe der Kathedrale zu übernachten, guter Komfort und gastfreundlicher Empfang; Übernachtungsmöglichkeit ebenfalls in der „Pierre-Dufour-Stiftung" nahe am Friedhof, Sektor 1, familiäre Umgebung, gutes Essen (ca. 1000 CFA/Person). Camping „Poko Club", 12 km vom Zentrum entfernt, direkt neben der Straße nach Bobo-Dioulasso, hinter Zaghtouli (ca. 500 CFA/Person, 500 CFA/Auto, Bungalows ca. 1500 CFA); Camping „Ouaga", 2 km vom Zentrum entfernt an der Straße nach Pô, sympathisch aber etwas heruntergekommen, dafür relativ sicher (ca. 1000 CFA/Person und 500 CFA/Auto, Bungalows ca. 2200 CFA); es wird dringend davon abgeraten, in den Wäldern von Boulogne an der Straße nach Niamey zu campen (Versteck von Räubern, Gefahr von Überfällen).
Restaurants: „Le Don Camillo", am Stade du 4 Août; „La Forêt", an der Straße nach Pô, im „Maison du Peuple", gute afrikanische Küche; „Le Vert Galant", gegenüber der Polizeistation, französischer Besitzer; „Tam Tam", ungefähr 2 km vom Zentrum an der Straße nach Bobo, europäische Küche (österreichischer Besitzer), gutes Preis-Leistungs-Verhältnis; „Le Belvédère", im Koulouba-Viertel, teuer; „L'Eau-Vive", von Schwestern geführt, ausgezeichnete Küche; „La Chaumière", französischer Besitzer, gute Küche, gegenüber dem Hotel „Ran".
Verschiedenes: Toyotahändler, schöner Laden aber nur wenig Ersatzteile.

Burkina Faso – Routenteil Q 495

Der große überdachte Markt ist gut sortiert; Eis am kleinen Markt. Vorsicht vor Taschendieben! Drei Kinos. Mehrere Kunsthandwerksbetriebe (sehr schöne und sehr teure Batiken). Möglichkeit, mit dem Zug (Abfahrt täglich) nach Abidjan (Elfenbeinküste) zu fahren. Das Visum für Ghana kann lediglich Montagvormittag beantragt und donnerstags (jeweils 08:00 bis 14:00 Uhr) abgeholt werden, ca. 15 000 CFA (die beantragte Gültigkeitsdauer wird u.U. sowohl bei der Ausstellung als auch noch einmal bei der Einreise gekürzt); bei der algerischen Botschaft, Place des Nations, wird ein 1- bzw. 2-Tage-Visum für 1650 CFA ausgestellt (nicht für Deutsche); es ist jedoch nicht möglich, in Ouaga ein Visum für den Niger zu bekommen. In Ouaga Vorsicht an den roten Ampeln. Diebe stechen die Reifen auf, um das Fahrzeug in Ruhe ausplündern zu können. In letzter Zeit soll die Kriminalität zurückgegangen sein.

Sehenswert: der Markt (Grand marché), das Museum mit wechselnden Ausstellungen traditioneller afrikanischer Kunst und die Zeremonie des Mogho Naaba (Mossi-König) am Königspalast jeden Freitagmorgen zwischen 07:00 Uhr und 07:30 Uhr.

Q 2: Ouagadougou – Kaya – Dori – nigerianische Grenze – Téra (391 km)

(10.92, Land Rover) Piste (A/G.) Die Strecke führt durch Peul-Gebiet.

Ouagadougou – S. Q 1. (Ende Q 1, Q 22 und Q 24; Beginn Q 6 und Q 16.) Man verläßt Ouagadougou nach der dritten Straßensperre. Zur linken befindet sich das Hotel „Silmande". Gute Piste bis Kaya.
Kaya – 300 m. Weiler. Lebensmittel nicht immer zu bekommen. Treibstoff.
Unterkunft: „Campement-Hotel Oasis", Treffpunkt der in Kaya lebenden Europäer (2000 CFA/DZ mit Dusche), kein Restaurantbetrieb.
Sehenswert: der Markt (alle drei Tage).
In der Umgebung: der **See von Dem**. Versuchen Sie, falls sich die Gelegenheit ergibt, die Gegend mit einem Entwicklungshelfer zu besichtigen. So können Sie einen besseren Einblick in die Lebensverhältnisse der Menschen bekommen.
Zwischen Kaya und Dori besteht die Piste hauptsächlich aus Löchern! Benutzen Sie, so oft es geht, Umleitungen.
Km 34 ab Kaya, Umleitung, die in der Nähe von Wanobian (Km 45) wieder auf die Hauptpiste trifft.
Tougouri – Marktflecken. Lebensmittel. Treibstoff. (Ende Q 7.)
Km 113, **Yalogo** – Dorf. Keine Versorgungsmöglichkeit. Sehr hübscher Markt alle drei Tage.
Bani – Dorf.
Sehenswert: zwei schöne, moderne Moscheen; schöner Ersteindruck schon bei der Anfahrt von Dori; typische Sahel-Landschaft, in der man bereits die ersten Mattenzelte der Peul sieht. Die Peul-Nomaden sind sehr gastfreundlich.

496 Durch Afrika

Dori – 280 m. Dorf. Lebensmittel. Treibstoff nicht immer erhältlich.
(Beginn Q 26; Ende Q 3 und Q 4.)
Unterkunft: Hotel „L'Auberge" (ca. 2000 CFA/Rundhütte mit Dusche), Bar, Restaurant. In der Snack-Bar neben der Moschee gibt es täglich frischen Joghurt.
In der Umgebung: die Dörfer **Oursi** und **Markoye** (schöner Markt); sandige und sehr schwere Pisten.
Zwischen Dori und Téra sehr schlechte Piste, eng und kurvig; sollte man sich verfahren, sind die Bewohner der Gegend gerne bereit weiterzuhelfen.
Km 45 ab Dori, **Sitenga** – Dorf. Formalitäten zur Ausreise aus Burkina Faso.
10 km vor Téra, Durchfahrt eines sandigen Flußbetts, wenn der Fluß kein Wasser führt. Am Ortseingang von Téra wird ein Damm gebaut; große Gefahr des Einsandens bei Flußüberquerung in der Trockenzeit.
Téra – Dorf. Lebensmittel. Treibstoff (in Kanistern, bei den Behörden nachfragen). Polizei- und Zollformalitäten für die Einreise nach Niger. (Beginn H2.)
Unterkunft: *Campement*, jedoch im Winter geschlossen.

Q 3: Oursi – Gorom-Gorom – Dori (203 km)

Sand- und Laterit-Piste (A/C/G/I)

Oursi – S. G13. (Ende G13)
Gorom-Gorom – Dorf. Lebensmittel. Polizeikontrolle.
Unterkunft: *Campement* (ca. 3000 CFA/DZ), „L'Auberge" (ca. 1000 CFA/Hütte).
Dori – S. Q 2. (Zur Q 2; Beginn Q 26; Ende Q 4.)
Einreiseformalitäten für Burkina Faso (für Reisende, die aus Mali kommen).

Q 4: Tin Akof – Dori (ca. 125 km)

Piste (A/F/H/I) Strecke teilweise von der Orientierung her sehr schwierig.

Tin Akof – S. G 12. (Ende G 12.)
Km 8, *Campement* „Beldiabé". Keine Versorgungsmöglichkeit.
Ca. Km 50, rechts einige Hütten.
Salmossi – Dorf. Keine Versorgungsmöglichkeit.
Km 70, **Tin Agadel** – Dorf. Keine Versorgungsmöglichkeit. (Ende Q 5.)
Km 103, Kilometerstein ohne Aufschrift; rechts nach Gorom-Gorom (zur Q 3); nach links fahren.
Km 118, genau vor einer linker Hand liegenden Häusergruppe ist eine Kreuzung. Die gute von NO und vom Niger kommende Laterit-Piste nehmen und nach Süden fahren.
Dori – S. Q2. (Zur Q 2; Beginn Q 26; Ende Q 3.)
Für Reisende aus Mali sind hier die Formalitäten für die Einreise nach Burkina Faso zu erledigen.

Burkina Faso – Routenteil Q 497

Q 5: Markoye – Tin Agadel (20 km)

(05.89, Landcruiser) Piste (A/H/I), in der Regenzeit nicht befahrbar.

Markoye – S. G 10. (Ende G 10.)
Tin Agadel – S. Q 4. (Zur Q 4.)

Q 6: Ouagadougou – Koupéla (135 km)

Asphalt. Straße in gutem Zustand. Achtgeben auf Esel, Karren und Radfahrer.

Ouagadougou – S. Q 1. (Ende Q 1, Q 22 und Q 24; Beginn Q 2 und Q 16.)
Km 5, Kontrolle. *Taxe routière* beträgt 750 CFA/Fahrzeug. Quittung aufheben.
Mokté – Dorf. Lebensmittel (Markt montags, mittwochs und samstags).
Koupéla – Dorf. Lebensmittel (Markt). Treibstoff. Bank. Post.
Unterkunft: Hotel-Restaurant-Bar „Beau-Séjour" (ca. 2000 CFA/DZ), gleich hinter dem letzten Polizeiposten.
Verschiedenes: Polizeikontrolle an der Ortseinfahrt.
(Beginn Q 7, Q 8; Ende Q 15.)

Q 7: Koupéla – Boulsa – Tougouri (153 km)

(03.90, Landcruiser) Piste (A/G), sehr guter Zustand bis Boulsa.

Koupéla – S. Q 6. (Ende Q 6 und Q 15; Beginn Q 8.)
Koupéla in Richtung Ouagadougou (Route Q 6) verlassen.
Km 8, in der Nähe einer „Total"-Tankstelle nach rechts auf die Laterit-Piste Nr. 15 abbiegen (guter Zustand).
Km 15, **Pouyentza** – Dorf. Lebensmittel.
Km 64, **Boulsa** – Marktflecken. Lebensmittel.
Km 79, **Donam** – Dorf. Lebensmittel.
Km 80, hinter einer Brücke nach rechts auf eine gute Erdpiste abbiegen, die nach Tougouri führt.
Km 96, **Belga** – Dorf. Keine Versorgungsmöglichkeit.
Km 109, **Zéguédéguin** – Dorf. Lebensmittel.
Tougouri – S. Q 2. (Zur Q 2.)

Q 8: Koupéla – Fada-Ngourma (82 km)

Asphalt. Straße in gutem Zustand. Achtgeben auf die zahlreichen Radfahrer und Kühe. Dichter Verkehr. Polizeikontrolle auf halber Strecke.

Koupéla – S. Q 6. (Ende Q 6 und Q 14; Beginn Q 7.)

498 Durch Afrika

Fada-Ngourma – 282 m, 8000 Einw. Gute Infrastruktur.

(Beginn Q 9; Ende Q 13.)

Unterkunft: „Auberge Yemmame", schmutzig (ca. 4000 CFA/DZ), nachts sollte das Fahrzeug im Hotelgarten geparkt werden.

Verschiedenes: Schweißerei. Bank, die die Möglichkeit bietet, Reiseschecks einzulösen. Polizeikontrollen am Ein- und Ausgang der Ortschaft; viel Militär im Ort.

Sehenswert: der Markt.

In der Umgebung: die gesamte Gegend ist sehr reich an Wild; die Nationalparks **Arly** und **Pendjari** sollten Sie besser nicht von Fada-Ngourma aus besichtigen, da die Pisten, die dorthin führen, oft sehr schwierig, teils sogar unbefahrbar sind (s. Route Q 12).

Q 9: Fada-Ngourma – Ongarou – Kantchari (150 km)

Asphalt. Straße in gutem Zustand.

Fada-Ngourma – S. Q 8. (Ende Q 8 und Q 13.)

Ongarou – Dorf. Keine Versorgungsmöglichkeit. *Campement.*

Matiacoali – Dorf. Lebensmittel. Restaurant.

Kantchari – Dorf. Lebensmittel. Treibstoff auf dem Schwarzmarkt (fragen Sie im „Grand Café" nach; es liegt an der Kreuzung der Straße nach Niamey und den Straßen, die in die Nationalparks führen). Missionsstation.

(Beginn Q 10 und H 3; Ende H 4.)

Unterkunft: *Campement*, weder Wasser noch Strom (ca. 1500 CFA/Person).

Verschiedenes: Zoll von Burkina Faso und Polizeistation am Ortsausgang in Richtung Niamey (schnelle Formalitäten bei der Einreise nach Burkina Faso). Guter Mechaniker gegenüber dem Zoll.

Q 10: Kantchari – Diapaga (56 km)

(02.92, Yamaha XT 600) Gute Piste in der Trockenzeit (H in der Regenzeit).

Kantchari – S. Q 9. (Ende Q 9 und H 4; Beginn H 3.)

Zwischen Kantchari und Diapaga führt die Piste an zwei für Ornithologen interessanten Stauseen vorbei.

Diapaga – Dorf. Lebensmittel. Formalitäten für die Ausreise aus Burkina Faso.

(Beginn Q 11, Q 12 und T 8.)

Unterkunft: Jagdcamp mit kleinen Bungalows (3000 CFA/2 Personen), gutes und preiswertes Essen, Camping kostenlos.

In der Umgebung: Besichtigung des W-Nationalparks, der auf dem Territorium der beiden Länder Burkina Faso und Benin liegt und als der großartigste Westafrikas gilt. Die (ein Jahr gültige) Besuchserlaubnis bekommt man entweder am Campingplatz von Diapaga oder in Kantchari.

Burkina Faso – Routenteil Q 499

Q 11: Diapaga – W-Nationalpark – Grenze zu Benin – Wasserfälle von Koudou – Kérémou – Banikoara (237 km)

(03.90, Hilux) Piste (A/H/I) streckenweise schwer zu erkennen. An einigen Stellen Fluß-bettquerungen. Zu den Eintrittsmodalitäten in den Parc du W siehe unter Diapaga (Q 10).

Diapaga – S. Q 10. (Ende Q 10; Beginn Q 12 und T 8.)
Verlassen Sie Diapaga über ein trockenes Bachbett. Enge, kiesige Piste, die im W-Park etwas breiter wird. Mehrere steile Gefällpassagen und Durchquerung von Flußbetten. Traumhafte Landschaft bis Kérémou.
Tansarga – Dorf. Zoll. Nach links abbiegen.
Kodjari – Dorf. Nach rechts abbiegen.
Kondio – Haus der Waldhüter. Kleines *campement* mit einer Hütte, ohne Einrichtung, Übernachtungsmöglichkeit.
In der Umgebung: Vorbeifahrt an den Wasserfällen von Koudou, die im Winter allerdings kein Wasser führen; wunderschöner Platz zum campen (Dschungel, See und Felsen). Die Koudou-Wasserfälle liegen auf dem Territorium der beiden Staaten Burkina Faso (Gebühr ca. 2000 CFA/Fahrzeug) und Benin (gleiche Gebühr); hinzu kommen ca. 500 CFA Steuer für die Zeltübernachtung.
Kérémou – Keine Zollstation bei der Einreise nach Benin (Formalitäten in Banikoara). Wildhüterstation.
Verschiedenes: Besuchserlaubnis für die Nationalparks in Benin zu den gleichen Konditionen wie in Burkina Faso (2000 CFA/1 Jahr.)
Banikoara – S. T 4. (Ende T 4; Beginn T 6.)

Q 12: Diapaga – Arly (und Nationalpark) – Tindangou (159 km)

(11.93, Patrol) Schlechter Pistenzustand zwischen Diapaga und Arly (schwierig zu finden), danach wird die Piste nicht mehr unterhalten. Die Einreise nach Benin erfolgt über den Park von Pendjari.

Diapaga – S. Q 10. (Ende Q 10; Beginn Q 11 und T 8.)
Arly – Dorf.
Unterkunft: ausgezeichnetes Jagdcamp (in der Regenzeit geschlossen) mit Pool und klimatisierten Bungalows (ca. 15 000 CFA/DZ, zzgl. ca. 4200 CFA/ Essen/Person – obligatorisch), an der Grenze zwischen dem Arly-Park (Burkina Faso) und dem Pendjari-Park (Benin) gelegen. Der Treibstoff ist den Gästen des Jagdcamps vorbehalten. Übernachten auf dem Parkplatz des *campements* ist nicht erlaubt; Camping ist neben der Jagdpolizeistation möglich, ca. 200 m hinter dem Hotel.
In der Umgebung: Park von Arly. Ein Führer für die Besichtigung des Parks ist nicht unbedingt erforderlich (ca. 2000 CFA/Person; gleicher Preis wie für den Park von Pendjari). Es gibt viel Wild, Gazellen, Paviane, Warzenschweine,

500 *Durch Afrika*

Flußpferde, Antilopen und zahlreiche Vögel. Zahl- und artenreiche Fauna auch im Park von Pendjari.
Tindangou – Dorf. (Beginn Q 13; Ende Z 7.)

Q 13: Tindangou – Pama – Bigou – Fada Ngourma (121 km)

(11.93, Patrol) Asphalt. Ausgezeichnete Straße zum Pama-Nationalpark. Malerischer Strekkenabschnitt ab Bigou.

Tindangou – S. Q 12. (Ende Q 14 und T 17.)
Pama – Dorf. (Ende Q 14.)
Unterkunft: in der Nähe gibt es zwei neue *campements*.
Fada–Ngourma – S. Q 8. (Ende Q 8; Beginn Q 9.)

Q 14: Dapaong (Togo) – Grenze zu Burkina-Faso – Pama (ca. 75 km)

Piste (A/G/I) in sehr schlechtem Zustand (in der Regenzeit nicht ratsam). Die Formalitäten für die Ausreise aus Togo (Zoll und Polizei) sind in Dapaong zu erledigen.

Dapaong – S. S 5. (Ende S 5; Beginn Q 15.)
Sie verlassen die geteerte Straße, die um Dapaong herumführt (Achse Lomé – Ouagadougou) und fahren Richtung Korbongou (Hinweisschild).
Km 11, Durchquerung des Dorfes Korbongou.
Km 17, Abzweigung mit Hinweisschild; nach links abbiegen. Dann nach 200 m rechts abbiegen. Die Piste geht in einen Weg über, der sich in sehr schlechtem Zustand befindet (Spurrinnen, Löcher, Steine, durch Sturzbäche geformte Hohlwege, Felsstücke).
Km 35, **Ponio** – Rechts am Ort vorbei und nach den ersten Ziegelhäusern nach links abbiegen.
Km 36, über eine Furt wird der Grenzfluß zwischen Togo und Burkina Faso durchfahren. Von der togolesischen Seite aus gelangt man über harte Erde zum Fluß, auf der Seite von Burkina Faso trifft man dann auf eine wahrhaftige Mauer aus Sand.
Km 45, kleines Dorf, dessen Marktplatz man überquert (Markt ist montags). Am Ende dieses Platzes sofort nach rechts halten. Der Weg ist nach wie vor in schlechtem Zustand.
Etwa 10 km weiter stößt man plötzlich auf ein trockenes Flußbett.
Km 59, Kreuzung (unweit liegt ein Dorf) mit der Piste Sangha – Pama. Nach rechts Richtung Pama halten.
Km 60, Durchfahrt durch den Fluß Oti (die Furt ist auf beiden Seiten schwer zugänglich). Auf der anderen Seite wird die Erdpiste besser; sie ist deutlich zu erkennen (Fahrzeugspuren).
Pama – S. Q 13. (Zur Q 13.)

Burkina Faso – Routenteil Q 501

Q 15: Dapaong (Togo) – Sinkanse – Grenze zu Burkina-Faso – Bitou – Tenkodogo – Koupéla (187 km)

(09.93, Mercedes G) Sehr guter Asphalt. Straße streckenweise eng.

Dapaong – S. S 5. (Ende S 5; Beginn Q 14.)
Sinkanse – Dorf. Lebensmittel. Treibstoff und Werkstätte. Motel und Restaurant. Bank.
Verschiedenes: Grenzposten, Formalitäten für die Ausreise aus Togo (Grenzübergang von 7 bis 18 Uhr geöffnet); sehr pingelige Kontrollen, jedoch freundliche Beamte.
Bitou – Dorf. Lebensmittel (Markt). Formalitäten für die Einreise nach Burkina Faso (Grenzübergang von 7 bis 18 Uhr geöffnet). (Ende R 2.)
Unterkunft: Hotel-Restaurant „Frontalia", eher einfach (von 1000 bis 5000 CFA/Person).
Tenkodogo – Dorf. Lebensmittel (großer Markt mit reichhaltigem Angebot). Treibstoff nicht immer erhältlich. *Campement*-Hotel.
Koupéla – S. Q 6. (Ende Q 6; Beginn Q 7 und Q 8.)

Q 16: Ouagadougou – Pô – Paga – ghan. Grenze – Bolgatanga (202 km)

Asphalt. Straße auf den ersten 30 km in gutem Zustand, danach ziemlich schlecht.

Ouagadougou – S. Q 1. (Ende Q 1, Q 22 und Q 24; Beginn Q 6 und Q 16.)
Pô – 320 m. Dorf ohne Versorgungsmöglichkeit. Zollformalitäten *(laissez passer).*
Sehenswert: der **Nationalpark von Pô** (viele Tiere, insbesondere Elefanten, die manchmal, gegen Ende des Nachmittags, bis an den Straßenrand kommen). Der **Nationalpark von Nazinga**, circa 15 km in Richtung Léo, dann Richtung Nazinga, ist, so wird behauptet, noch interessanter als der Nationalpark von Pô; zahlreiche Elefanten (nicht in der Regenzeit), *campement* (3000 CFA/Person); Eintritt 8000 CFA (2 Personen und Kfz).
Nahouri – Dorf. Ausreiseformalitäten aus Burkina Faso.
Paga – Dorf. Keine Versorgungsmöglichkeit. Grenzübergang zwischen Burkina Faso und Ghana. Schnelle Erledigung der Formalitäten.
Bolgatanga – Kleinstadt. Gute Infrastruktur. (Beginn R 1, R 2 und R 3.)
Unterkunft: Hotel „Bolco" (ca. 1100 Cedi/Person); Hotel „Black Star" (ca. 2000 Cedi/Person); gutes Hotel „Royal", 1 km außerhalb in Richtung Tamale, bewachter Parkplatz (4000 Cedi/DZ); Hotel „Central" und Restaurant „Comme çi Comme ça" wenig zu empfehlen; gutes Café „Traveller's Inn".
Sehenswert: die traditionellen Tänze dieser Region.

Donnerstag Nachmittag telefonische Reiseinfos beim Därr-Expeditions-service von 15 – 19 Uhr: 0 89/28 20 32

502 *Durch Afrika*

Q 17: Koloko – Bobo-Dioulasso (125 km)

(09.93, Mercedes G) Relativ schlechte Piste (A/G in der Regenzeit) ohne Probleme in der Trockenzeit (Wellblech); sehr schwierig in der Regenzeit.

Koloko – S. G 35. (Ende G 35.)
Orodara – Dorf. Lebensmittel (Markt). Treibstoff. Sich bei der Polizei und der *gendarmerie* melden. Kurz vor Koumi, Abzweigung zum Strand von Quinquête oder Guinguette, Name der Einheimischen für die Quelle von Kou (sauberes Wasser); Zelten verboten und Vorsicht vor Dieben während des Badens. Ab Quinquête kann man auch weiterfahren, ohne Koumi zu passieren; nach 800 m an der Abzweigung geradeaus fahren; bei Km 3,2 die Brücke überqueren und am Fluß entlangfahren; bei Km 4,2 durchquert man ein Dorf und nach 800 m stößt man auf die Piste Karankasso nach Bobo-Dioulasso; nach 15 km Wellblech ist Bobo erreicht.
Koumi – Dorf. Lebensmittel. Viel Kunsthandwerk. Interessante Gebäude.
Bobo-Dioulasso – 460 m, 230 000 Einw. Gute Infrastruktur.
Unterkunft: Hotel „Relax" (ca. 10 000 CFA/DZ, Klimaanlage, Warmwasserdusche); „Hotel de l'Unité", in der Nähe von Bahnhof und Post, sympathisch (von ca. 3000 bis 5000 CFA/ DZ); Hotel „Auberge" (ca. 9000 CFA/DZ); Hotel „Renaissance" (4000 CFA/DZ); Hotel „Entente" (4000 CFA/DZ); Hotel-Camping „Casafrica", an der Straße zum Flughafen, von einer Französin geführt, sehr angenehme Atmosphäre, Restaurant mit Tischen im Freien, oft Musik am Abend, gemischtes Publikum (ca. 3000 CFA/Zimmer, ca. 1000 CFA/Person am Campingplatz); Hotel „Soba", in der Nähe des Hotels „Auberge" (ca. 4000 CFA/DZ), sauber, große Zimmer mit Terrasse, Dusche, WC; Hotel „Ran" (23 000 CFA/ DZ). Café „Le rêve", Restaurant „Ex-Makhno", von einem Belgier geführt, Live-Musik und Tanz von Mittwoch bis Sonntag, schöne Atmosphäre (300 CFA).
Verschiedenes: europäische Zeitschriften im Buchladen gegenüber dem Hotel „Auberge". Zwei Supermärkte mit französischen Waren. Verleih von Mofas und Motorrädern.
Sehenswert: das überaus malerische afrikanische Viertel, der riesige Markt (sehr interessant), die hübsche alte Moschee in der Nähe des Rathauses und die Ateliers der zahlreichen Weber.
In der Umgebung: die **Klippen von Borodougou** (Höhlenwohnungen); das Dorf **Koro** (10 km), ein fantastisches Durcheinander von Granitblöcken; und die **Banfora-Wasserfälle** (70 km südlich), Drehort einer der Tarzan-Filme.
Ausflug: Bobo-Dioulasso – Sindou (nach Regenfällen Bodenfreiheit erforderlich).
Km 0,0, an der Bahnlinie Richtung Orodora.
Km 0,5, rechts nach Orodora.
Km 1,0, links abbiegen, am Flughafen vorbei.
Km 3,4, links abbiegen.
Km 8,4, Piste von links, weiter geradeaus.
Km 22,0, Dorf.

Burkina Faso – Routenteil Q 503

Km 32,2, **Tiara** – Dorf.
Km 43,0, Dorf.
Km 47,9, **Guena** – Dorf.
Km 59,9, **Mina** – Dorf.
Km 64,6, **Toussiamasso** – Dorf.
Km 71,0, **Orodara** – Dorf. Kontrollposten. Lebensmittel. Tankstelle.
Nach Regenfällen ist der folgende Kilometer schwierig.
Km 82,6, **Diéri** – Dorf.
Km 107 – Km 109, nach Regenfällen u. U. nicht passierbar.
Km 116,4, Abzweig nach links zu den kleinen Wasserfällen von Tourny (ca. 7 km).
Km 123,1, **Kankalaba** – Dorf.
Nach Sindou links fahren.
Km 133,5, unauffällige, schmale Brücke.
140,1, Tankstelle.
140,4, **Sindou** – Dorf.
Sehenswert: Felsformationen.
Weiter zur Q 19 und dort nach Bobo-Dioulasso zurück.
Bobo-Dioulasso – Siehe oben. (Beginn Q 19, Q 20, Q 23; Ende Q 18, Q 28.)

Q 18: Fô – Bobo-Dioulasso (95 km)

(03.94, Peugeot 505) Asphalt, gegen Ende in der Stadt viele Schlaglöcher.

Fô – S. G 29. (Ende G 29.)
Bobo-Dioulasso – S. Q 17. (Ende Q 17, Q 28; Beginn Q 19, Q 20 und Q 23.)

Q 19: Bobo-Dioulasso – Banfora – Grenze zur Elfenbein-küste – Ouangolodougou (184 km)

Asphalt, zwischen Banfora und der Grenze gelegentlich gefährliche Schlaglöcher.

Bobo-Dioulasso – S. Q 17. (Ende Q 17, Q 18 und Q 28; Beginn Q 20 und Q 23.)
Banfora – 300 m, 15 000 Einw. Gute Infrastruktur.
Unterkunft: Hotel „Canne à Sucre" (ca. 10 000 CFA/DZ mit Klimaanlage), ausgezeichnete Küche; mehrere andere einfachere Hotels, z.B. „Far" und „Comoë" (sehr gut, 3000 CFA/DZ mit Dusche).
Verschiedenes: keine Bank akzeptiert hier Reiseschecks. Post.
Sehenswert: der schöne sonntägliche Markt.
In der Umgebung: die **Wasserfälle von Karfiguéla**, 10 km in Richtung Sandou (gute Straße), Campingmöglichkeit; einige km weiter der **Tingréla-See** und die **Sindou-Spitzen**, circa 50 km von Banfora entfernt, an der gleichen Straße; die imposanten **Léraba-Wasserfälle**, etwas weiter, am Kilometerpunkt 84 (in Tourni).

504 *Durch Afrika*

Niangoloko – Dorf. Formalitäten für die Ausreise aus Burkina Faso (schnell).
Kauara – Dorf. Keine Versorgungsmöglichkeit.
Sehenswert: die Moschee aus dem 17. Jahrhundert.
Ouangolodougou – Dorf. Formalitäten für die Einreise in die Elfenbeinküste.
(Beginn P 5; Ende P 4.)

Q 20: Bobo-Dioulasso – Diébougou (138 km)

Piste (A); Wellblech mit einigen Löchern. Buschsavanne, dazwischen verstreut viele Dörfer.

Bobo-Dioulasso – S. Q 17. (Ende Q 17, Q 18 und Q 28; Beginn Q 19 und Q 23.)
Die geteerte Straße nach Houndé und Boromo (Q 23) nehmen; am Kilometerpunkt 16 nach rechts abbiegen.
Diébougou – Dorf. Lebensmittel. Hotel (einfach). (Beginn Q 21 und Q 22.)
In der Umgebung: die **Nationalparks Bontioli und Léo,** die in unmittelbarer Nähe liegen.

Q 21: Diébougou – Gaoua – Kampti – Grenze zur Elfenbeinküste – Bouna (243 km)

Piste (A). Ausflug in das Gebiet der Lobi und Koulanko. Buschsavannenlandschaft.

Diébougou – S. Q 20. (Ende Q 20; Beginn Q 22.)
Sie verlassen Diébougou auf der sehr guten Piste in Richtung Süden.
Gaoua – 329 m. Kleinstadt. Gute Infrastruktur. Großes Krankenhaus.
Unterkunft: Hotel „Hala", sehr gut, libanesische Küche (ca. 8500 CFA/DZ).
Sehenswert: die Webereierzeugnisse und die Holzschnitzereien (Statuen) der Lobi. Gaoua ist einer der Hauptorte der Lobi.
Verschiedenes: für die Weiterfahrt nach Bouna Treibstoffreserve angeraten.
Sie verlassen Gaoua in Richtung Lokosso und biegen nach 1 km nach links in Richtung Kampti ab.
Kampti – Lobi-Dorf. Lebensmittel (Markt). Polizeistation. Formalitäten für die Ausreise aus Burkina Faso.
Sehenswert: einige Einkäufe werden hier noch mit Kauri-Muscheln bezahlt, kleinen Muscheln aus dem Indischen Ozean, die in weiten Teilen Afrikas jahrhundertelang als Zahlungsmittel galten.
Bouna – 275 m. Kleinstadt, eine der alten Hauptstädte der Lobi-Könige. Lebensmittel. Treibstoff. Unterkunft. Formalitäten für die Einreise in die Elfenbeinküste. (Beginn P 29.)

Schicken Sie uns Ihre Ergänzungen, Kritiken, Anregungen, Hinweise, Kartenkorrekturen, Kommentare...

Burkina Faso – Routenteil Q 505

Q 22: Diébougou – Léo – Ouagadougou (300 km)

(05.89, Landcruiser) Piste (A/G/I); viele Löcher. Zwischen Nebbou und La Volta Rouge kann die Piste in der Regenzeit unbefahrbar sein. Schwierige Weiterfahrt ab Léo (für die 160 km von Léo nach Ouagadougou ist mit 8 Stunden Fahrtzeit zu rechnen). Alternative ab Léo von Tabou – Kassou – Bouyounou – Dana – Thyou nach Sabou, wo man wieder auf die geteerte Straße nach Ouagadougou (zur Q 24) kommt.

Diébougou – S. Q 20. (Ende Q 20; Beginn Q 21.)
Léo – Dorf. Lebensmittel. Treibstoff in Nähe des Marktes.
Unterkunft: Hotel „Le Cosmopolite", einfach.
Sehenswert: die gesamte Gegend mit sehr artenreicher Fauna.
Ouagadougou – S. Q 1. (Ende Q 1 und Q 24; Beginn Q 2, Q 6 und Q 16.)

Q 23: Bobo-Dioulasso – Boromo – Sabou (269 km)

(11.93, Patrol) Asphalt mit einigen Schlaglöchern.

Bobo-Dioulasso – S. Q 17. (Ende Q 17, Q 18, Q 28; Beginn Q 19 und Q 20.)
Houndé – Dorf. Lebensmittel. Treibstoff.
Verschiedenes: von diesem Dorf aus gibt es eine Abkürzung für diejenigen, die von Sabou aus kommend, zum Flußpferdteich (Q 28) fahren möchten; am Ortsausgang von Houndé vor der Tankstelle nach rechts auf die Piste biegen, die nach Béréba und Sara führt; so kommt man auf die Q 28; dann nach links fahren bis zum Dorf Satiri, in dem ein Metallschild auf den Teich hinweist; in der feuchteren Jahreszeit ist es empfehlenswert, sich bei der Tankstelle von Houndé zu erkundigen, ob diese Piste befahrbar ist.
Boni – Dorf. Keine Versorgungsmöglichkeit.
Sehenswert: die Kirche, über deren Eingang eine riesige Maske hängt.
Boromo – Dorf. *Campement*-Hotel. Treibstoff.
Kurz hinter Boromo, Brücke über die Volta Noire.
Sabou – Dorf. Lebensmittel. Treibstoff. (Beginn Q 24 und Q 25.)
Unterkunft: Camp-Motel am See.
Sehenswert: der See der heiligen Krokodile (Eintritt ca. 15 000 CFA/Person). Die Tiere werden mit Hühnchen angelockt, die man für 500 CFA/Stück kaufen kann und die dann an die Krokodile verfüttert werden – ein vielleicht etwas zweifelhaftes Spektakel...

Q 24: Sabou – Ouagadougou (87 km)

Asphalt. Straße in gutem Zustand.

Sabou – S. Q 23. (Ende Q 23; Beginn Q 25.)
Ouagadougou – S. Q 1. (Ende Q 1 und Q 22; Beginn Q 2; Q 6 und Q 16.)

506 Durch Afrika

Q 25: Sabou – Koudougou – Dédougou (149 km)

Asphalt bis Koudougou; danach Piste (A) mit Wellblech. Zahlreiche Polizeikontrollen.

Sabou – S. Q 23. (Ende Q 23; Beginn Q 24.)
Koudougou – Kleinstadt. Lebensmittel. Manchmal Treibstoff. Hotel. Polizeikontrolle.
Dédougou – Dorf. Treibstoff. Missionsstation. Post. Bank. (Beginn Q 28; Ende Q 26 und Q 27.)
Unterkunft: „Hotel du Commerce" mit Restaurant.

Q 26: Dori – Djibo – Titao – Quahigouya – Tougan – Dédougou (479 km)

(01.89, Patrol) Piste (A), gut bis Ouahigouya, schlecht zwischen Ouahigouya und Dédougou (große Löcher).

Dori – S. Q 2. (Zur Q 2; Ende Q 3 und Q 4.)
Am Ortsausgang die Lateritpiste nehmen, die von der Kreuzung geradeaus abgeht.
Aribinda – Dorf. Keine Versorgungsmöglichkeit.
Djibo – Kleiner Marktflecken. Lebensmittel. Treibstoff. Restaurant.
Titao – Dorf. Lebensmittel. Treibstoff. Schöne Prachtstraße, die am Ortsein- und Ortsausgang von Bäumen gesäumt ist.
Ouahigouya – S. Q 1. (Zur Q 1.)
Tougan – Dorf. Lebensmittel. Treibstoff. Restaurant. Polizeikontrolle.
Dédougou – S. Q 25. (Ende Q 25, Q 27; Beginn Q 28.)

Q 27: Bénéna (Mali) – Grenze zu Burkina-Faso – Djibasso – Dédougou (109 km)

Piste (A); Wellblech. Schlechtes Stück zwischen Bénéna und Djibasso.

Bénéna – S. G 27. (Ende G 27.)
Djibasso – Dorf. Formalitäten für Einreise nach Burkina Faso.
Dédougou – S. Q 25. (Ende Q 25 und Q 26; Beginn Q 28.)

Q 28: Dédougou – Ouarkoye – Bobo-Dioulasso (178 km)

Piste (A/G); starkes Wellblech. Viele Schlaglöcher ab Bondoukuy.

Dédougou – S. Q 25. (Ende Q 25, Q 27 und Q 28.)
Ouarkoye – Dorf. Keine Versorgungsmöglichkeit.
Sehenswert: der große Baumwoll-Markt.

Satiri – Ortschaft.
In der Umgebung: sehr schlechte Piste nach rechts (Hinweisschild aus Metall) zum Nilpferdsee (20 km); Camping möglich, die Fischer verkaufen kühle Getränke.
Bobo-Dioulasso – S. Q 17. (Ende Q 17 und Q 18; Beginn Q 19, Q 20, Q 23.)

508 Durch Afrika

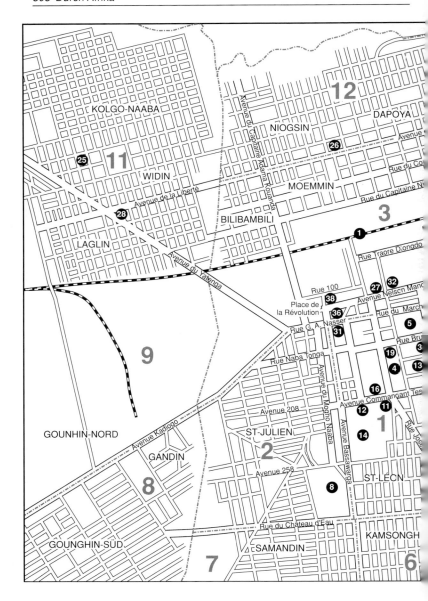

Burkina Faso – Routenteil Q 509

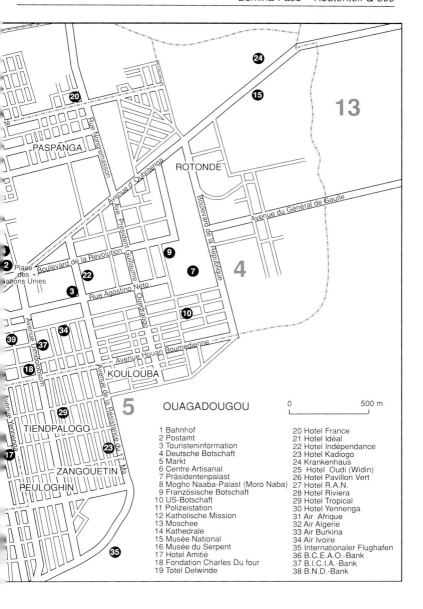

OUAGADOUGOU

1 Bahnhof
2 Postamt
3 Touristeninformation
4 Deutsche Botschaft
5 Markt
6 Centre Artisanal
7 Präsidentenpalast
8 Mogho Naaba-Palast (Moro Naba)
9 Französische Botschaft
10 US-Botschaft
11 Polizeistation
12 Katholische Mission
13 Moschee
14 Kathedrale
15 Musée National
16 Musée du Serpent
17 Hotel Amitié
18 Fondation Charles Du four
19 Totel Delwinde
20 Hotel France
21 Hotel Idéal
22 Hotel Indépendance
23 Hotel Kadiogo
24 Krankenhaus
25 Hotel Oudi (Widin)
26 Hotel Pavillon Vert
27 Hotel R.A.N.
28 Hotel Riviera
29 Hotel Tropical
30 Hotel Yennenga
31 Air Afrique
32 Air Algerie
33 Air Burkina
34 Air Ivoire
35 Internationaler Flughafen
36 B.C.E.A.O.-Bank
37 B.I.C.I.A.-Bank
38 B.N.D.-Bank

510 Durch Afrika

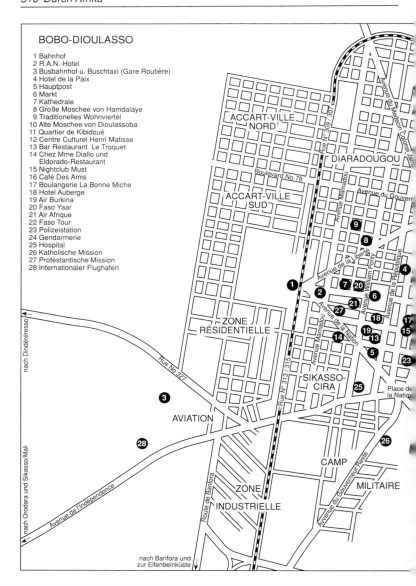

Burkina Faso – Routenteil Q 511

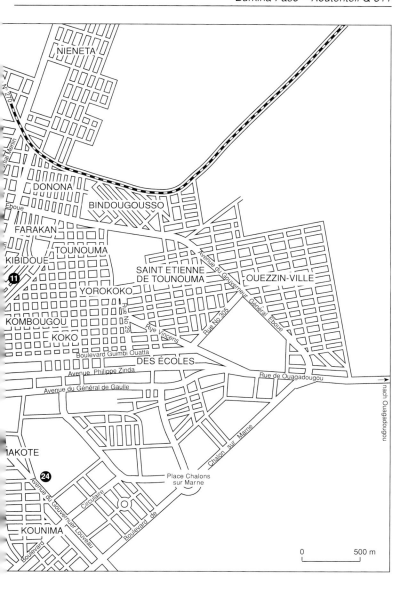

512 Durch Afrika

Ghana – Routenteil R

Überblick

Fläche: 238 537 qkm.

Einwohner: 15 824 000.

Ethnien: Aschanti, Fante, Ga, Ewe.

Hauptstadt: Accra (ca. 1 Mio. Einwohner).

Sprachen: Amtssprache Englisch, lokale Sprachen wie Twi, Fante, Gwa, Ewe, Ful.

Religion: Etwa ein Drittel Naturreligionen, 37% Protestanten, 15% Katholiken, 13% Muslime.

Ruhetag: Sonntag.

Feiertage: 1.1., 8.3., Karfreitag bis Ostermontag, Pfingstmontag, 1.7., 25. und 26.12. Fällt ein Feiertag auf einen Samstag, dann ist der darauffolgende Werktag frei.

Einreise: Visumpflicht für Deutsche, Österreicher und Schweizer, außerdem Nachweis ausreichender Geldmittel für den Aufenthalt sowie bei Flugreisenden Rück- oder Weiterflugticket. Nach Einreise muß man sich bei einem *immigration office* melden (nur wenn man länger als 6 Tage in Ghana bleibt, 2 Paßfotos vorlegen). Visum in Abidjan in zwei Tagen erhältlich (4 Paßfotos, 6000 CFA für 30 Tage, nur Montag, Mittwoch und Freitag).

Impfung/Gesundheit: Gelbfieberimpfung vorgeschrieben. Malariaprophylaxe dringend empfohlen.

Währung: Cedi. Wechselkurs: 1 DM = 526 Cedi; 100 Cedi = 0,19 DM. Ein- und Ausfuhr von Cedi ist verboten. Einfuhr ausländischer Währungen unbeschränkt, aber zu deklarieren. Auf diesem Formular wird auch der Geldumtausch vermerkt. Ausfuhr des deklarierten Betrags abzüglich der umgetauschten Summen.

Kfz: Internationaler Führerschein und Kfz-Schein, *carnet de passage* zwingend erforderlich. Für Fahrzeuge, die nicht älter als 5 Jahre sind und als „zollfrei" gelten, wie Geländewagen und Pkw wird an der Grenze ein *laissez* *passer* = „Undertaking C59" ausgestellt, zu dem das *carnet* nicht unbedingt notwendig ist. Ist das Kfz älter und man besitzt kein *carnet*, kann eine Kaution hinterlegt werden (bei einem Alter von 5 Jahren und mehr 20 %, bei über 10 Jahren 50 % des geschätzten Wertes). Die deutsche Botschaft rät von einer Hinterlegung ab. Die Haftpflichtversicherung wird an der Grenze abgeschlossen. Im Ausland zugelassene Kfz dürfen nach Einbruch der Dunkelheit nicht mehr fahren.

Treibstoffpreise: Super 355 Cedi/l; Diesel 302 Cedi/l.

Straßenzustand: Zumeist Pisten, in der Regenzeit häufig schlecht passierbar.

Kontrollen: Straßenkontrollen.

Sicherheit: 1994 kam es immer wieder zu ethnischen Auseinandersetzungen im Norden Ghanas.

Grenzen: Die Grenzen zu den Nachbarländern sind geöffnet.

Zeitverschiebung: - 1 Stunde; Sommerzeit: - 2 Stunden.

Stromspannung: 220/230 V.

Literatur und Landkarten:
Reiseführer: Anne Wodtcke, „Westafrika", REISE KNOW-HOW Verlag Därr, 55 Seiten über Ghana.
Karten: Übersichtskarte Michelin 953, 1:4 000 000. Als Detailkarten Blätter des IGN 1:1 000 000.

Geschichte: Große Goldvorkommen und der Handel mit Sklaven begründeten den Reichtum und die Macht des im südlichen Ghana angesiedelten Reiches der Aschanti. Ihre ersten europäischen Handelspartner waren die Portugiesen, die sich im 16. Jh. an der **Goldküste** festsetzten und ihre Forts schon bald gegen Niederländer, Briten und Dänen verteidigen mußten, die ebenfalls auf der Suche nach dem schnellen Geld versuchten, an der Goldküste Fuß zu fassen. Als der Sklavenhandel zu Beginn des 19. Jahrhunderts verboten wurde, war die Goldküste gesprenkelt mit 76 Festungen unterschiedlicher europäischer Herkunft. Die Briten übernahmen die Kontrolle über diese Festungsanlagen und versuchten durch Verträge mit den lokalen Häuptlingen ihren Einfluß landeinwärts zu intensivieren. Kumasi, die Hauptstadt des Aschanti-Reiches, konnten sie auf diese Art jedoch nicht erobern und so wurde die blühende Metropole der Aschanti-Kultur, in der übrigens auch zahlreiche Europäer als Militärberater und Verwaltungsbeamte beschäftigt waren, 1873 belagert und ein Jahr später schließlich erobert. Bis zur Unabhängigkeit 1957 blieb Ghana britische Kolonie.

514 *Durch Afrika*

Politik: Ghana war die erste afrikanische Kolonie, die sich die Unabhängigkeit erkämpfte. Der Staatsname erinnert an das alte westsudanische Reich Ghana, dessen Zerfall zu einer Wanderbewegung führte, in deren Zuge angeblich auch ghanaische Stämme in ihre heutigen Siedlungsgebiete gekommen sein sollen. Unter Kwame Nkrumah wurde Ghana 1960 zur Republik erklärt. Doch schon sechs Jahre später wurde der Präsident gestürzt, mehrere Militärputsche erschütterten das Land, das zugleich einen massiven wirtschaftlichen Niedergang erlebte. Erst 1979 kehrte mit einem erneuten Staatsstreich, diesmal von dem jungen Fliegerleutnant Jerry Rawlings, relative politische Ruhe in Ghana ein. Rawlings gehört neben Thomas Sankara (Burkina Faso) und Samuel Doe (Liberia) zu einer neuen, europäisch ausgebildeten und afrikanischselbstbewußten militärischen Elite, die puristische Ideale auf ihre Fahnen schrieb und für die Bevölkerung auch ein neues afrikanisches Selbstbewußtsein verkörperte. Im Gegensatz zu seinen beiden „Gesinnungsgenossen" konnte Rawlings sich bis heute an der Macht halten – die letzten, weitgehend freien Wahlen waren im Jahr 1992 –, nicht zuletzt auch deshalb, weil er das katastrophale wirtschaftliche Erbe seiner Vorgänger wie beispielsweise die enorme Inflation bisher überraschend gut in den Griff bekommen hat. In jüngster Zeit mehren sich Berichte über Unsicherheit und ethnische Auseinandersetzungen im Norden Ghanas.

Routeninformationen

R 1: Bolgatanga – Tamale – Yéji – Kumasi (554 km)

(09.93, Lada Niva) Asphalt bis Km 68, danach schlechte Piste (A) bis Tamale, dann asphaltiert (bis Ejura teilweise weggespült). Dann Rollsplit und ab Mampong guter Asphalt. Tropische Waldgegend.

Bolgatanga – S. Q 16. (Ende Q 16; Beginn R 2 und R 3.)
Tamale – 210 m, 200 000 Einw. Verpflegungsmöglichkeit. Treibstoff.
Unterkunft: Hotel „Inter Royal" (ca. 2500 Cedi/DZ); „Resthouse" (ca. 4000 Cedi/DZ); „Alhassan", laut (ca. 2200 Cedi/DZ); „Catering Rest House", bewachter Parkplatz (9900 Cedi/DZ mit Dusche/WC, Nachlaß bis 30 %).
Sehenswert: der schöne Markt.
(Ende R 12.)
Alternative (360 km Asphalt) zu der nachstehend beschriebenen Piste von Tamale ab Kumasi: Yapei – Kintampo – Techiman – Kumasi.
Salaga – Dorf. Treibstoff.
20 km von Salaga entfernt, bei Makongo, verkehrt eine Fähre nach Yeji, sobald der Wasserstand dies zuläßt (Abfahrt täglich um 10:15 und 17:15 Uhr, Fahrtzeit 1 Stunde, 500 Cedi/Person, Kfz mit Fahrer 1400 Cedi); sie fährt auch Akosombo (am südlichen Ende des Sees) an.
Yeji – Dorf. Keine Versorgungsmöglichkeit. Treibstoff.
Unterkunft: Hotel „Alliance" (2200 Cedi/DZ ohne Wasser).

Ghana – Routenteil R 515

Abfahrt der Fähre in Gegenrichtung um 09:00 und 16:00 Uhr.
Atebubu – Dorf. Verpflegungsmöglichkeit. Treibstoff.
Ejura – Dorf. Verpflegungsmöglichkeit (Markt). (Ende R 5.)
Mampong – Kleinstadt. Verpflegungsmöglichkeit. Treibstoff.
Die Buschsavanne weicht kurz vor Kumasi dem tropischen Regenwald.
Kumasi – 309 m, 350 000 Einwohner. Gute Infrastruktur.
Unterkunft: „Catering Resthouse", sehr schön, große Bungalows mit Klimaanlage und Bad, gute Küche; „Rose's Resthouse" (ca. 7000 Cedi/DZ); Hotel „Montana" (ca. 2200 Cedi/DZ); „Hotel de France" in Dichemso (ca. 1500 Cedi/DZ); „Presbiterian Guest House", in der Nähe der Hauptpost (ca. 1000 Cedi/Nacht in Mehrbett-Zimmern); „Menka Memorial Guest House" an der Straße nach Accra zum Zentrum, an der „Shell"-Tankstelle rechts, bewachter Parkplatz (3300 Cedi/DZ). Camping ist auf dem Parkplatz des Hotel „City" möglich.
Sehenswert: der Markt und das Freilichtmuseum.
In der Umgebung: der mehr als 2 km lange See vulkanischen Ursprungs, etwa 27 km von der Stadt entfernt (Straße in sehr schlechtem Zustand); Bademöglichkeiten; Übernachtung in einer Pension, schöne Aussicht auf den See. (Beginn R 4, R 8, R 14 und R 16; Ende R 6.)

R 2: Bolgatanga – Bwaku – Grenze zu Burkina Faso – Bitou (117 km)

(06.89, Hanomag AL 28) Asphalt auf den ersten 64 km; danach gute Piste (A) bis zum Km 100; danach Asphalt. Mehrere Polizeikontrollen.

Bolgatanga – S. Q 16. (Ende Q 16; Beginn R 1 und R 3.)
Km 77, **Bwaku** – Kleinstadt. Gute Infrastruktur.
Km 83, Polizeikontrolle. Hinter dem Polizeiposten nach links abbiegen.
Km 97, Grenzposten. Formalitäten für die Ausreise aus Ghana.
Km 100, hier stößt man wieder auf Asphalt (viele Löcher). Nach links abiegen (rechts geht es nach Togo).
Bitou – S. Q 15. (Zur Q 15.) Formalitäten für die Einreise nach Burkina Faso.

R 3: Bolgatanga – Navrongo – Tumu – Han – Wa – Sawla (350 km)

(09.93, Lada Niva) Gute Piste (A). Wunderschöne Landschaft (landwirtschaftlich genutzte Gegend); Durchquerung mehrerer Dörfer mit malerischen Hütten.

Bolgatanga – S. Q 16. (Ende Q 16; Beginn R 1 und R 2.)
Navrongo – Kleinstadt. Verpflegungsmöglichkeit. Treibstoff.
Km 30, Ende des Asphaltes.
Tumu – Dorf. Keine Versorgungsmöglichkeit.
Km 187, **Han** – Dorf. Verpflegungsmöglichkeit.

516 *Durch Afrika*

Abzweigung in Richtung Süden nach Wa.
Km 260, **Wa** – Kleinstadt. Verpflegungsmöglichkeit. Treibstoff. Mission.
Unterkunft: „Sawaba-Rest-House" (ca. 2000 Cedi/DZ); Hotel „Senu"
(ca. 1350 Cedi/Person); „Hotel du Pond" (3300 Cedi/DZ); Hotel „Upland"
(20 000 Cedi/DZ). Campingplatz etwa 2 km vom Zentrum entfernt.
Sawla – Dorf. (Zur R 4.)

R 4: Kumasi – Techiman – Kintampo – Nterso – Laraban-ga – Sawla – Bole – Techiman – Sunyani (736 km)

(06.93, IFA W 50) Asphalt bis Kamale; danach Piste (A). Mehrere mautpflichtige Brücken
über den Schwarzen Volta.

Kumasi – S. R 1. (Ende R 1 und R 6; Beginn R 8, R 14 und R 16.)
Techiman – Dorf. Verpflegungsmöglichkeit (Markt). Treibstoff rar. (Beginn R 5).
Kintampo – Dorf. Verpflegungsmöglichkeit.
Zwischen Kintampo und Nterso Überquerung des Schwarzen Volta über eine
mautpflichtige Brücke (10 Cedi/Fahrzeug). Bei Weiterfahrt in der gleichen Rich-tung erreicht man (auf 43 km gutem Asphalt) Tamale (zur R 1).
In Nterso nach links abbiegen (kein Hinweisschild). 200 m Asphalt, danach
Piste mit viel Wellblech.
Larabanga – Dorf. Keine Versorgungsmöglichkeit.
In der Umgebung: das „Mole Game Reserve Motel", etwa 5 km entfernt (in
der Ortsmitte nach links abbiegen), schöne Lage, geräumige Bungalows, ein-fache Küche, Tee und Kaffee, Swimming-Pool, Campingmöglichkeit (ca.
5500 Cedi/DZ), das Motel ist das ganze Jahr über geöffnet, in der Trockenzeit,
also von Dezember bis März, ist jedoch die Tierwelt am interessantesten (die
Tiere kommen von weit her, um an der Wasserstelle zu trinken, die nahe am
Motel liegt). Die Pisten im Naturpark sind sehr schlecht, ein Fahrzeug mit
Allradantrieb ist daher unerläßlich. Man hat dort die Möglichkeit, Löwen, Ele-fanten, Krokodile, Affen etc. zu beobachten (Eintritt 400 Cedi/Person, Auto
200 Cedi).
Swala – S. R 3. (Ende R 3.)
Die Piste nach links in Richtung Ortsmitte einschlagen.
Bole – Dorf. Verpflegungsmöglichkeit. Treibstoff rar.
Hinter Bole die ersten 10 km gute Piste, dann schlecht bis zur mautpflichtigen
Brücke (ca. 10 Cedi/Fahrzeug) über den Schwarzen Volta. Hinter der Brücke
guter Asphalt.
Techiman – Siehe oben. (Beginn R 5.)
Sunyani – Moderne Kleinstadt. Gute Infrastruktur.
Unterkunft: „Catering Resthouse", einfach, gute Küche, saubere Bungalows
mit Klimaanlage und Duschen (ca. 450 Cedi/DZ).
Verschiedenes: gute Werkstatt „C.M.T.C." des „DED" an der Straße nach
Kumasi. (Zur R 6.)

Ghana – Routenteil R 517

R 5: Techiman – Ejura (80 km)

Piste (A).

Techiman – S. R 4. (Zur R 4.)
Km 27, **Nkoranza** – Dorf. Verpflegungsmöglichkeit (Markt). Treibstoff.
In der Ortsmitte nach links abbiegen.
Km 30, Brücke in schlechtem Zustand (bereitet jedoch keine Schwierigkeiten).
Ejura – S. R 1. (Zur R 1.)

R 6: Agnibilékrou (Elfenbeinküste) – Takikroum – Grenze zu Ghana – Berekum – Sunyani – Kumasi (267 km)

(06.93, IFA W 50) Von Agnibilékrou bis Km 30 nach der Grenze kleine Piste im Wald (zahlreiche Polizeikontrollen). Danach guter Asphalt bis Berekum. Von Berekum bis Km 20 hinter Sunyani Asphaltdecke, stark beschädigt. Danach guter Asphalt.

Agnibilékrou – S. P 27. (Ende P 27 und P 29.)
Zakikiro – Dorf. Formalitäten für die Ausreise aus der Elfenbeinküste.
Takikroum – Dorf. Keine Versorgungsmöglichkeit.
Gonokrom – Dorf. Formalitäten für die Einreise nach Ghana (werden sehr langsam erledigt).
Dormaa-Ahenkro – Dorf. Keine Versorgungsmöglichkeit.
Berekum – Weiler. Verpflegungsmöglichkeit. Treibstoff rar.
Sunyani – S. R 4. (Ende R 4.)
Bechem – Dorf. Verpflegungsmöglichkeit. (Ende R 7.)
Kumasi – S. R 1. (Ende R 1; Beginn R 4, R 8, R 14 und R 16.)

R 7: Niablé (Elfenbeinküste) – Grenze zu Ghana – Goaso – Tepa – Bechem (203 km)

(06.93, IFA W 50) Piste (A/G/I) bis Goaso, danach Asphalt in sehr schlechtem Zustand. Überquerung mehrerer Holzbrücken; hier ist Vorsicht geboten.

Niablé – S. P 31. (Ende P 31.)
Km 2, Polizeikontrolle (ghanaische Polizei).
Oseikojokrom – Dorf. Formalitäten für die Einreise nach Ghana.
Km 28, nach links auf eine Piste biegen, die direkt nach Goaso führt (sie ist auf der Michelin-Karte nicht angegeben).
Km 125, **Mim** – Weiler. Verpflegungsmöglichkeit. Treibstoff. Bank (nimmt keine Schecks an) und Post.
Goaso – Kleinstadt. Verpflegungsmöglichkeit. Treibstoff (Tankstelle). Bank (nimmt keine Schecks an). Polizeikontrolle.
Ab Goaso viele Lkw.

518 Durch Afrika

Km 384, **Tepa** – Dorf. Verpflegungsmöglichkeit. Treibstoff.
Bechem – S. R 6. (Zur R 6.)

R 8: Kumasi – Konongo – Nkawkaw – Accra (253 km)

Asphalt mit Schlaglöchern. Tropische Waldlandschaft.

Kumasi – S. R 1. (Ende R 1 und R 6; Beginn R 4, R 14 und R 16.)
Konongo – Dorf. Verpflegungsmöglichkeit.
Sehenswert: die Goldminen der Umgebung.
Nkawkaw – Dorf. Verpflegungsmöglichkeit. Hotels. Restaurant. Treibstoff rar.
Bunso – Dorf.
In der Umgebung: die schönen **Boti-Wasserfälle**; auf die Straße nach Kofori-
dua (54 000 Einw.) abbiegen, in der Stadt dann nach Osten (Piste) fahren und
an der Kreuzung, die sich 6,5 km weiter befindet, links ab; hier etwa 6 km
weiter, dann einen kleinen Weg einschlagen, der zu einer Holzfällerhütte führt.
Von dort aus eine kleine Steintreppe zu den Wasserfällen nehmen (von Dez.
bis Mai trocken). Eintritt 500 Cedi/Pers., bewachter Parkplatz, Café, Camping.
Accra – 1 144 000 Einwohner. Gute Infrastruktur. Für Fahrzeuge mit ausländischem Kennzeichen gilt nach 18:00 Uhr in der Stadt und der Umgebung Fahrverbot. Abends Vorsicht vor Taschendieben, insbesondere in Jamestown.
Unterkunft: „Beach Hotel", gut, Bar, Grill (ca. 18 US-Dollar/DZ); Hotel „Califor-
nia", sauber, sehr freundlicher Empfang, Parkplatz im Hof (ca. 3300 Cedi/DZ
mit Klimaanlage). „YMCA" für Männer, sauber, Schloß mitbringen oder dort
kaufen (ca. 750 Cedi/Person im 4-Bett-Zimmer); „YWCA" für Frauen (gleicher
Preis); „Coco-Beach", Bungalow-Anlage am Strand mit Campingmöglichkeit,
außerhalb Accras in Richtung Téna, 5 km hinter Lavadi-Beach (ca. 800 Cedi/
Person).
Verschiedenes: Restaurant „Afrikiko"; Snack-Bar „Fort" und „Scissors", gut,
preiswert. Bademöglichkeit in Lavadi Beach, bewachter Park.
Sehenswert: das Nationalmuseum und das James Fort. Schöner botanischer
Garten von Aburi (27 km in Richtung Koforidua), mit 2 Restaurants.
(Beginn R 9, R13; Ende R10.)

R 9: Accra – Sogakofe – Grenze zu Togo – Lomé (201 km)

(12.92, Patrol) Asphalt. Vor Sogakofe mautpflichtige Brücke über den Volta.

Accra – S. R 8. (Ende R 8 und R 10; Beginn R 13.)
Ca. Km 100, Möglichkeit der Abzweigung nach Ada mit schönem Strand, Verpflegungsmöglichkeit, Treibstoff und Hotel „Ada", sauber, guter Empfang (ca.
4000 und 10 000 Cedi/DZ).
Sagakofe – Dorf.

Ghana – Routenteil R 519

Unterkunft: schönes Hotel mit Terrasse und Zugang zum Volta-Fluß, allerdings schlechte Versorgung und am Wochenende wegen der Dorfdiskothek sehr laut (ca. 15 000 Cedi/DZ).
Aflao – Dorf. Formalitäten für die Ausreise aus Ghana (evtl. stressig!).
Lomé – S. S 1. (Ende S 1; Beginn S 2.)

R 10: Kpalimé – Klouto – Grenze zu Ghana – Kpandu – Akosombo Dam – Accra (192 km)

04.93, Yamaha XT 600) Asphalt.

Kpalimé – S. S 2. (Zur S 2.)
Vor der Kirche von Kpalimé in Richtung Missahohe fahren.
Km 10, **Koto-Camp** – Auf 700 m Höhe in einer schönen bewaldeten Gegend; Zimmer mit Dusche und WC für ca. 4200 CFA; Camping möglich.
Klouto – 750 m. Dorf.
Unterkunft: *campement*, saubere Zimmer mit Duschen (ca. 3000 CFA/DZ), Campingmöglichkeit, Rasen, viel Schatten (ca. 1000 CFA/Person).
Sehenswert: das Schloß, das Residenz des togolesischen Präsidenten ist (die Genehmigung zur Besichtigung bekommt man bei der Präfektur in Kpalimé); schöne Spaziergänge im umliegenden tropischen Wald (nächtliche Spaziergänge sind jedoch wegen der Ameisen zu vermeiden, die bis an die Waden hochspringen und schwer heilende Bisse zufügen).
Am Ortsausgang von Klouto Formalitäten für die Ausreise aus Togo. Die Polizeiformalitäten werden direkt an der Grenze erledigt, die man 14 km weiter über eine kurvige Straße erreicht, die durch einen schönen tropischen Wald führt.
Dafor – Dorf. Formalitäten für Einreise nach Ghana; zwei Passfotos erforderlich.
Golokuati – Dorf. Verpflegungsmöglichkeit. Polizeikontrolle am Ortseingang. (Beginn R 11.)
Kurz hinter Golokuati zweigt eine Asphaltstraße nach rechts nach Hohoé. 19 km außerhalb Hohoé Unterkunftsmöglichkeit im Hotel „African Unity" (ca. 2000 Cedi/DZ). Hier liegen die Wli-Wasserfälle (Eintritt in das Naturschutzgebiet ca. 500 Cedi; 45 Minuten Fußweg); idyllische Landschaft; Campingmöglichkeit.
Kpandu – Kleinstadt. Verpflegungsmöglichkeit. Treibstoff. Bank (die nicht wechselt) und Post.
Unterkunft: „Lucky Hotel" im Zentrum, jedoch nicht sehr sauber (ca. 2000 Cedi/DZ mit Dusche und WC). Restaurant „Rose" gut, jedoch sehr teuer.
Kurz vor Akosombo Dam überquert man den Abfluß des Volta-Sees über eine mautpflichtige Brücke (ca. 10 Cedi/Fahrzeug). 100 m nach der Brücke Abzweigung nach rechts in Richtung Akosombo und Staudamm.
Akosombo – Kleinstadt. Verpflegungsmöglichkeit. Treibstoff. Bank.
In der Umgebung: Möglichkeit für Exkursionen per Schiff auf dem Volta-See.

520 *Durch Afrika*

Unterkunft: „Lakeside Motel" 8 km außerhalb der Stadt (ca. 4000 Cedi/DZ); Hotel „Benkum" in Atimpuku, 5 km außerhalb der Stadt (ca. 2500 Cedi/DZ).
Aburi – Dorf.
Sehenswert: der botanische Garten.
Accra – S. R 8. (Ende R 8; Beginn R 9 und R 13.)

R 11: Golokuati – Hohoé – Kadjebi – Nkwanta – Kpassa – Grenze zu Togo – Tindjassé – Bassar (315 km)

(07.89, Peugeot 504) Asphalt auf den ersten 30 km, danach Piste (A), zu sämtlichen Jahreszeiten befahrbar. Diese Piste ist auf der Michelin-Karte 953 nicht eingezeichnet.

Golokuati – S. R 10. (Zur R 10.)
Hohoé – Hübsche Kleinstadt. Verpflegungsmöglichkeit. Treibstoff. Banken und Post.
Unterkunft: Hotel „Matvin" am nördlichen Ortsausgang (Bungalow ca. 6600 Cedi), Campingmöglichkeit.
Kadjebi – Kleinstadt. Verpflegungsmöglichkeit. Post.
Die Piste führt anschließend durch einen tropischen Wald.
Nkwanta – Dorf. Schlechte Versorgungsmöglichkeiten. Katholische Mission mit medizinischer Ambulanz.
(Zur R 12.)
Kpassa – Dorf. Keine Versorgungsmöglichkeit. Formalitäten für die Ausreise aus Ghana.
Kurz nach dem Kpassa-Fluß in Richtung Togo (NW) abbiegen.
Tindjassé – Dorf. Keine Versorgungsmöglichkeit. Formalitäten für die Einreise nach Togo.
Boulo – Dorf. Keine Versorgungsmöglichkeit.
Bassar – S. S 4. (Zur S 4.)

R 12: Atakpamé (Togo) – Badou – Grenze zu Ghana – Nkwanta – Dambai – Bimbilla – Yendi – Tamale (409 km)

Asphalt bis hinter Badou; danach ziemlich gute Piste (A) bis Nkwanta, dann weniger gut.

Atakpamé – S. S 2. (Zur S 2.)
Durchquerung einer hübschen Berglandschaft und tropischer Wälder.
Badou – S. S 3. (Ende S 3.)
Bei der Ortsausfahrt Grenzposten. Formalitäten für die Ausreise aus Togo und die Einreise nach Ghana (problemlos).
Danach Durchquerung eines Dschungelgebiets.
Nkwanta – S. R 11. (Zur R 11.)
Dambai – Dorf. Verpflegungsmöglichkeit. Fähre über den Volta–See (ca. 350 Cedi/Fahrzeug). Buschlandschaft.

Ghana – Routenteil R 521

Bimbilla – Dorf. Polizeikontrolle.
Yendi – Kleinstadt, recht schmutzig. Verpflegungsmöglichkeit. Treibstoff.
(Ende S 7.)
Tamale – S. R 1. (Zur R 1.)

R 13: Accra – Cape Coast (163 km)

(03.94, Peugeot 505) Asphalt. Schöne Strände mit schattenspendenden Palmen entlang der ganzen Fahrstrecke. Zugang zum Meer jedoch schwierig, außer in den zahlreichen angenehmen Fischerdörfern. Sehr viel Verkehr. Die Umgehung von Cape Coast ist dreispurig und sehr gut.

Accra – S. R 8. (Ende R 8 und R 10; Beginn R 9.)
Biriwa – Fischerdorf.
Unterkunft: unweit das von Deutschen geführte „Beach Hotel", Restaurant (Zimmer ab ca. 14 000 Cedi), Camping erlaubt (ca. 500 Cedi), Strand, guter Ausgangspunkt für Erkundungen der Umgegend.
Cape Coast – 58 000 Einw., Kleinstadt. Gute Infrastruktur.
Unterkunft: „Catering Resthouse", am nördlichen Ortseingang (ca. 1300 Cedi/ DZ); „Palace Hotel" (ca. 2000 Cedi/DZ).
Sehenswert: die zahlreichen Festungen in der Umgebung.
(Beginn R 15; Ende R 14.)

R 14: Kumasi – Cape Coast (218 km)

(03.93, Hanomag AL) Nagelneuer japanischer Asphalt.

Kumasi – S. R 1. (Ende R 1 und R 6; Beginn R 4, R 8 und R 16.)
Cape Coast – S. R 13. (Ende R 13; Beginn R 15.)

R 15: Cape Coast – Sekondi-Takoradi – Dompin (131 km)

(03.94, Peugeot 505) Asphalt. Straße in gutem Zustand, in Sekondi-Takoradi mäßig mit viel Verkehr.

Cape Coast – S. R 13. (Ende R 13 und R 14.)
Elmina – Hübsche Stadt. Treibstoff.
Unterkunft: Motel (ca. 7500 Cedi/DZ); „Hollywood Hotel", schöner Innenhof und üppiges Frühstück (ca. 3000 Cedi/DZ); „Resthouse".
Sehenswert: die beiden Festungen (Eintritt 600 Cedi/Person inkl. Führung), der Fischmarkt und die Salzgärten.
Sekondi-Takoradi – 280 000 Einwohner. Drittgrößte Stadt des Landes. Gute Infrastruktur. Sommerfrischeort und bedeutender Hafen. Auftanken, da der Treibstoff billiger ist als an der Elfenbeinküste.
Unterkunft: Hotel „Star" im Zentrum, sauber (ca. 1500 Cedi/DZ).

Ausflug: zum Fort des Herzogs von Mecklenburg (Groß-Friedrichsburg) in Richtung Elfenbeinküste fahren und nach 20 km die Piste nach Frederiksburg nehmen (Führung, Campingmöglichkeit, aber keine Versorgung).
Km 129 ab Sekondi-Takoradi, **Busua** – Abzweigung nach links (10 km). Dorf. Schöner Strand. Verpflegungsmöglichkeit (Fisch, Brot, Eier, Obst), allerdings nur Mineralwasser.
Unterkunft: Bungalows und Camping ziemlich heruntergekommen (ca. 800 Cedi/Person). Restaurant mit gutem Essen.
In der Umgebung: das Dorf **Dixcove** und seine portugiesische Festung; Übernachtungsmöglichkeit.
Dompin – Dorf. Keine Versorgungsmöglichkeit. (Ende R 16; Beginn R 17.)

R 16: Kumasi – Obuasi – Dunkwa – Tarkwa – Dompin (250 km)

Asphalt (Straße eng und schlecht) bis Dunkwa; danach breite Laterit-Piste (Wellblech und Verformungen) bis Tarkwa. Asphalt zwischen Tarkwa und Dompin.

Kumasi – S. R 1. (Ende R 1 und R 6; Beginn R 4, R 8 und R 14.)
Obuasi – 60 000 Einw., Kleinstadt. Verpflegungsmöglichkeit. Treibstoff. Sammelunterkünfte.
Dunkwa – Kleinstadt. Keine Versorgungsmöglichkeit.
Tarkwa – Kleine Industriestadt. Keine Versorgungsmöglichkeit.
Dompin – S. R 15. (Ende R 15; Beginn R 17.)

R 17: Dompin – Mpataba – Elubo (140 km)

(03.94, Peugeot 505) Asphalt in gutem Zustand.

Dompin – S. R 15. (Ende R 15 und R 16.)
Esiama – Dorf.
Mpataba – Dorf. Keine Versorgungsmöglichkeit.
Elubo – Dorf. Formalitäten für die Ausreise aus Ghana (langwierig aber korrekt). (Beginn P 30.)
Verschiedenes: bei der Einreise nach Ghana werden hier teilweise trotz *carnet de passage* 2600 CFA für die „vorübergehende Einfuhr" eines Fahrzeuges verlangt.

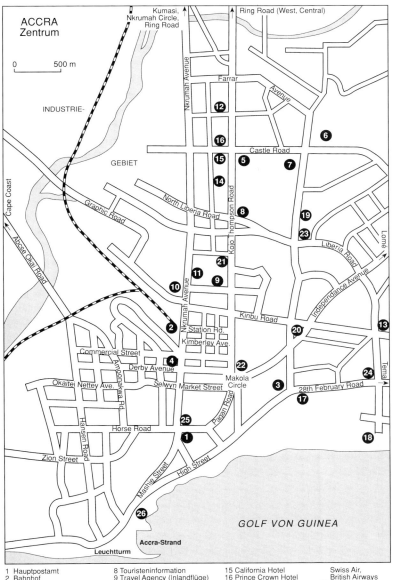

524 Durch Afrika

Togo – Routenteil S 525

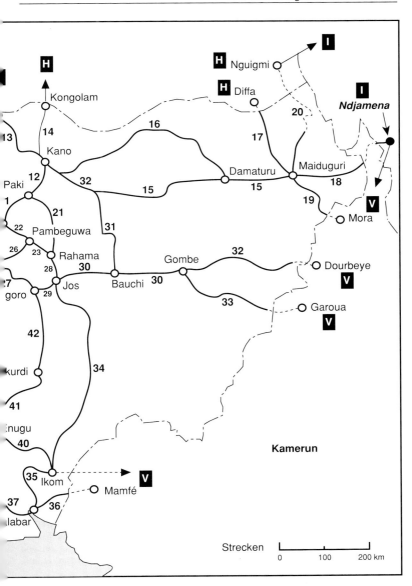

526 Durch Afrika

Togo – Routenteil S

Überblick

Fläche: 56 785 km².

Einwohner: 3 455 000.

Ethnien: Über 40% Ewe, außerdem verschiedene Volta-Völker und einige Haussa und Fulbe; große Europäergemeinde.

Hauptstadt: Lomé (500 000 Einw.).

Sprachen: Amtssprache Französisch, Ewe-Dialekte, Gur-Dialekte.

Religion: 46% Naturreligionen, 37% Christen, 17% Muslime.

Ruhetag: Sonntag.

Feiertage: 1.1., 13.1., 24.1., 24.4., 27.4., 1.5., Himmelfahrt, 15.8., 30.8., 23.9., 1.11., 30.11., 25.12., sowie einige sich jährlich ändernde Feiertage.

Einreise: Kein Visumzwang für Deutsche, Visumpflicht für Österreicher und Schweizer (im Ausland ausgestellte Visa sind normalerweise nur bis zu 48 Stunden gültig und müssen bei der *sureté nationale* verlängert werden). Nachweis ordnungsgemäßer Reisepapiere für die Weiterreise, bei Flugreisen Rück- oder Weiterreisetiket.

Impfung/Gesundheit: Gelbfieberimpfung vorgeschrieben. Malariaprophylaxe dringend empfohlen.

Währung: CFA-Franc; 100 CFA = 1 FF; 100 CFA = DM 0,30; Einfuhr von CFA und ausländischer Währungen bis zum Gegenwert von 1 000 000 CFA (muß deklariert werden). Ausfuhr von bis zu 25 000 CFA, ausländische Währungen bis zum deklarierten Betrag. Achtung: Durch Abwertung des CFA im Frühjahr 93 kam es zu enormen Preissteigerungen in allen CFA-Ländern. Preisangaben können dadurch zum Teil überholt sein.

Kfz: Nationaler Führerschein und Kfz-Schein werden anerkannt, ein internationaler Führerschein wird empfohlen. Ein *carnet de passage* ist nicht Pflicht (evtl. wird an der Grenze zusätzlich ein gebührenpflichtiges *laissez passer* ausgestellt). Eine Haftpflichtversicherung muß abgeschlossen werden. Gelbe Scheinwerfer vorgeschrieben.

Togo – Routenteil S 527

Treibstoffpreise: Super 220 CFA; Diesel 180 CFA.

Straßenzustand: Asphaltierte Küstenstraße, im Landesinneren Pisten, die in der Regenzeit schwer passierbar sein können.

Kontrollen: Zahlreiche Straßenkontrollen.

Sicherheit: Im Norden herrscht gespannte Ruhe, im Süden regiert der Vandalismus, die Bevölkerung flüchtet nach Ghana und Benin. Lomé sollte gemieden werden.

Grenzen: Die Grenzen zu den Nachbarländern sind geöffnet.

Zeitverschiebung: - 1 Stunde; Sommerzeit - 2 Stunden.

Stromspannung: 200 V.

Literatur und Landkarten:
Reiseführer: Anne Wodtcke, „Westafrika", REISE KNOW-HOW Verlag Därr, darin 36 Seiten über Togo.
Karten: Übersichtskarte Michelin 953, 1:4 000 000; IGN Togo, 1:500 000 (Carte routière et touristique).
Hintergrund: G. Chesi, „Woodoo", Perlinger Verlag (Bildband).

Geschichte: Über die Geschichte der Stammesgruppen vor Ankunft der Portugiesen im späten 15. Jahrhundert ist nur wenig bekannt. Im Gegensatz zum Nachbarland Benin hatte sich in Togo kein zentralisiertes Reich gebildet, die Volksgruppen waren auf Häuptlingsebene organisiert. Die Ewe scheinen aus Nigeria und Benin an die togolesische Küste gewandert zu sein, Mina und Guin stammen aus dem Gebiet des heutigen Ghana. Mit Beginn des Sklavenhandels organisierten insbesondere Mina die Raubzüge auf die Menschen für die europäischen Händler. Einige der nach Brasilien verschifften Sklaven kehrten später an die afrikanische Westküste zurück und engagierten sich ebenfalls im Sklavenhandel. „Brasilianer"-Gemeinden gibt es auch in Ghana und Benin. Eine wichtige Rolle spielen diese Heimkehrer auch bei der Entwicklung der traditionellen Besessenheitskulte zum Woodoo.
1884 gelang es Gustav Nachtigal im Wettlauf mit den anderen Kolonialmächten, dem Deutschen Reich durch Verträge mit einem lokalen Herrscher die Kolonie Togo zu sichern. Doch 1914 ging die Kolonie wieder an Briten und Franzosen verloren. Ein Drittel des Landes wurde dem englischen Einflußbereich (Ghana) zugeschlagen, die verbliebenen zwei Drittel kamen unter französische Verwaltung. Durch diesen willkürlichen Trennstrich fanden sich insbesondere die Ewe, Adélé und Konkomba als geteilte Völker in unterschiedlichen Sprach- und Kultursphären wieder. Noch heute bildet die „Ewe-Frage" ein Konfliktfeld mit dem Nachbarn Ghana. 1960 wurde Togo unabhängig.

Politik: Togos erster Präsident, Sylvanus Olympo, fiel bereits drei Jahre nach der Unabhängigkeit einem Putsch zum Opfer, an dem auch der langjährige togolesische Präsident Eyadema beteiligt war. Der neue Staatschef Grunitzky hielt sich vier Jahre an der Macht, bis auch er 1967 von Eyadema gestürzt wurde. Unter Eyadema wurden Oppositionsparteien und Parlament aufgelöst, jede politische Opposition unterdrückt. Freundschaftliche Kontakte verbanden Eyadema unter anderem mit Franz Joseph Strauß. So fanden auch exotische Einrichtungen wie ein bayrisches Restaurant und die bayrische Metzgerei ihren Weg an die afrikanische Westküste. Trotz internationaler Proteste gegen die Unterdrückung Andersdenkender und das korrupte Militärregime konnte Eyadema sich bis 1991 an der Macht halten und sich und seinen Klan bereichern. 1991 wurde nach massiven Protesten in der Bevölkerung eine Verfassungsänderung eingebracht, die eine allmähliche Demokratisierung durch eine Übergangsregierung unter dem Premierminister Koukou Koffigoh einleiten sollte. Eyadema wehrte sich dagegen mit Verhängung des Ausnahmezustands und Schließung der Grenzen, mußte aber schließlich nachgeben. Der darauffolgende, gescheiterte Putschversuch durch Militärs, von denen sich Eyadema offiziell distanzierte, zeigt aber, daß er im Gegensatz zu seinem beninischen Kollegen keineswegs bereit ist, die Macht abzutreten. 1994 unterstützt er einen weiteren gescheiterten Putschversuch. Die Wahlen 1994 gewann das Oppositionsbündnis; neuer Regierungschef ist bis auf weiteres Edem Kodjo.

Togo – Routenteil S 529

Routeninformationen

S 1: Cotonou (Benin) – togolesische Grenze – Lomé (127 km)

(02.93, BMW R 80) Asphalt.

Cotonou – S. T 17. (Ende T 17; Beginn U 1.)
Km 12 nach Cotonou, **Godomey** – Kleiner Ort.
Unterkunft: angenehmer Campingplatz „Ma Campagne", gut bewacht, netter Empfang, Restaurant, Bar, Laden (ca. 1000 CFA/Person).
In der Umgebung: Km 27, Privatzoo von Charles Guidigbi links der Straße; viele Tiere hat der Besitzer selbst gefangen; es macht ihm Spaß, von seinen Abenteuern zu erzählen.
Ouidah – Städtchen. Lebensmittel. Treibstoff.
Sehenswert: das portugiesische Fort mit einem interessanten Museum.
15 km vor der Grenze Überquerung des Flusses Momo auf einer Brücke (Maut ca. 300 CFA).
Unproblematische Grenzformalitäten (in Togo Zeitverschiebung, die Uhr muß um eine Stunde zurückgestellt werden).
Hilakondji – Kleinstadt. Lebensmittel.
Unterkunft: „Safari Maison" 150 m vom Meer entfernt, unter Schweizer Führung (ca. 4000 CFA/DZ), Restaurant und Bar.
Mautpflichtige Brücke (ca. 500 CFA/Fahrzeug).
Anéeho – Ort. Lebensmittel (Markt). Treibstoff. Sehr schöne Region.
Unterkunft: Hotel „Atlantic", sehr sauber, Pool, familiäre Atmosphäre (Zimmer ab 2000 CFA). Am östlichen Ortseingang liegt der fantastische Campingplatz „Atlantic Beach", der von einem Deutschen geführt wird.
20 km vor Lomé rechts der Straße ein Hotel am Togosee.
Lomé – 500 000 Einw. Hauptstadt. Gute Infrastruktur. (Beginn S 2; Ende R 9.)
Unterkunft: „Miramar" (ca. 6000 CFA/DZ); „Copacabana" (ca. 5000 CFA/DZ); „Sarawaka" (ca. 20 000 CFA/DZ), das Schwimmbad ist der Öffentlichkeit zugänglich (ca. 1000 CFA/Person); „Oceanis", am Meer (ca. 5000 CFA/DZ mit Klimaanlage, WC und Dusche); „Le Bénin", nahe am Meer gelegen, sehr schöner Garten mit Pool, gutes Restaurant, Kreditkarten werden akzeptiert (ca. 12 500 CFA/DZ); „La Plage" am Strand in Richtung Ghana (ca. 2500 CFA/DZ); Hotel „Le Maxime" (neben dem Hotel „La Plage", 7600 CFA/DZ), mit Restaurant (nicht ganz billig); „Secourina", Boulevard de la Republique, billig und sauber; „Coco" (ca. 5000 CFA/DZ); „Foyer des Marins" (Seemannsheim), Bar-Restaurant mit Pool, Treffpunkt der Reisenden. Camping und Baden am „Robinson-Plage" in Richtung Cotonou, europäischer Besitzer, gutes aber teures Essen ab 2000 CFA (Bungalow für zwei Personen ca. 4500 CFA, Camping ca. 500 CFA/Person und 500 CFA/Zelt), Anlage stark vernachlässigt, hohe Diebstahlgefahr; Camping „Ramatou-Plage" (unmittelbar daneben, Übernachtungs-

530 Durch Afrika

möglichkeit ca. 4000 CFA/Zimmer). An den Stränden Vorsicht vor Diebstählen, keine Wertsachen mitnehmen. Etwas weiter liegen Pension und Campingplatz „Petit Alexandre" (in Baguida, ca. 2500 CFA/DZ, ca. 500 CFA/Zelt); noch ein Stück weiter, ca.17 km vom Stadtzentrum entfernt, Camping-Restaurant „Chez Alice et Kofi", schweizerisch-togolesische Leitung, sehr gute schweizer Küche, hübsche Bungalows (ca. 1200 CFA/Person, Camping ca. 500 CFA/Person).

Verschiedenes: gute Land Rover-Vertretung. Deutscher „Marox"-Supermarkt und Restaurant, Boulevard de la République, bayerische Spezialitäten, günstige Preise; daneben der Supermarkt „Hollando". „Senegal Restaurant" gegenüber vom „Hotel du Golfe", gutes und günstiges Essen; weiteres „Senegal Restaurant" an der Rue du Marché. Deutsche Bücher und Zeitschriften im Goethe-Institut. Die Botschaft von Ghana stellt Visa innerhalb von drei Tagen aus (ca. 11 000 CFA); Visa bei den Botschaften von Nigeria und Zaïre (am östlichen Anfang des Ringboulevards, für Zaïre 11 000 CFA für dreißig Tage innert 24 Stunden); eine kamerunische Botschaft gibt es nicht. In der Agentur „STMP", 2 Rue du Commerce, können Flug- und Schiffspassagen gebucht werden. Die „SABENA" transportiert auch Motorräder in ihren Flugzeugen.

Sehenswert: die modernen Gebäude („Maison du Parti" und „Hotel de la Paix"), der große Markt (malerisch) und das Panorama von der Dachterrasse des „Hotel du 2 Février" (35. Stock).

In der Umgebung: der **Togosee** (10 km in Richtung Cotonou), Surf- und Segelmöglichkeit, „Hotel du Lac", Hotel „Suisse Castel" (2500 bis 10 000 CFA/ DZ, deutsche Leitung, angenehm), Campingplatz „Grand Popo" mit Duschen, Strand und Restaurant (1000 CFA/Fahrzeug); das Dorf **Vogan** (Markt am Freitag).

S 2: Lomé – Kpalimé – Atakpamé – Sotouboua – Sokodé (360 km)

(10.93, Land Rover) Asphalt. Schlechter Straßenzustand (einige Schlaglöcher) bis Kpalimé, danach besser, zwischen Anié und Blitta mit vielen Schlaglöchern. Viele Polizei-, Zoll- und Militärkontrollen zwischen Lomé und Kpalimé, vor allem an Festtagen. Alternativroute von Lomé nach Atakpamé über Notsé (156 km Asphalt); von Notsé asphaltierte Straße nach Benin (Abomey).

Lomé – S. S 1. (Ende S 1 und R 9.)
Ungefähr 12 km vor Kpalimé zweigt eine asphaltierte Straße rechts ab zum Mont Agou (968 m), dem höchsten Gipfel des Landes.
Kpalimé – 31 000 Einw., Kleinstadt. Gute Infrastruktur.
Unterkunft: Hotel „Chez Solo" (ca. 1500 CFA/DZ); Hotel „Domino" (3200 CFA/ DZ, 4000 CFA mit eigener Dusche, 5000 CFA mit Klimaanlage), schöner Innenhof mit Garten, Restaurant, Bar.
Verschiedenes: eine von einem Schweizer (Urs Bischofberger) geführte Werkstätte liegt an der Straße nach Kussunter hinter der neuen technischen Schule.

Togo – Routenteil S 531

Sehenswert: der schöne Markt (Fotos unerwünscht) und die kleine Weberei, dem Hotel „Domino" gegenüber, wo wunderschöne Stoffe angefertigt werden.
In der Umgebung: kl. deutscher Friedhof von **Misaohe** – Dorf. (Zur R 10.)
10 km hinter Kpalimé zweigt eine Piste nach links zu den **Kpimé-Wasserfäl-len** ab (4 km hin und zurück). In der Trockenzeit führen die Fälle kein Wasser.
Adéta – Kleiner Ort. Keine Versorgungsmöglichkeit. (Beginn S 3.)
In der Umgebung: das **Danyi-Plateau** mit dem Hauptort **Apeyémé**; malerische, asphaltierte Bergstraße nach Elavagnon.
Atakpamé – 30 000 Einw., Industriestadt. Gute Infrastruktur. (Beginn R 12.)
Unterkunft: „Roc-Hotel" (ca. 1500 CFA).
Sehenswert: der schöne Markt.
In der Umgebung: die **Ayomé-Wasserfälle**, Badeplatz und Duschen (in der Trockenzeit kein Wasser.
Anié – Kleinstadt. Lebensmittel (Markt). Treibstoff und Werkstatt.
Unterkunft: Hotel „L'Oasis".
Blitta – Kleiner Ort. Lebensmittel (Markt). Treibstoff.
Unterkunft: Motel „Les Paillotes", sauber, sehr angenehm (ca. 2000 CFA/DZ mit Dusche).
In der Umgebung: Blitta-Gare (4 km), Kleinstadt; Treibstoff; Endstation der Eisenbahnlinie aus Lomé.
Sotoboua – 380 m. Kleinstadt. Lebensmittel. Treibstoff.
In der Umgebung: 12 km nördlich von Sotoboua kurz hinter dem Dorf Ayengré Ausflugsmöglichkeit nach Fazao (52 km hin und zurück ab der Kreuzung); hier versteckt sich ein Drei-Sterne-Hotel mit Pool (ca. 13 000 CFA/DZ); Campmöglichkeit unter den Bäumen in der Nähe des Hotels; unten im Dorf bietet eine kleine afrikanische Bar gute Möglichkeiten zum Kontakt mit der Dorfbevölkerung.
Sokodé – 418 m., 55 000 Einw. Industriestadt. Gute Infrastruktur.
Unterkunft: *campement*, sehr ruhig aber ungepflegt (ca. 500 CFA/Person). Hotel „Central", akzeptabel (ca. 6000 CFA/DZ); Hotel „Kodédji", nicht sehr sauber (ca. 1500 bis 2000 CFA); Hotel „La Cigale" und „La Fourmi" (ca. 2500 CFA/Zimmer mit Ventilator, ca. 4000 CFA/Zimmer mit Klimaanlage); Hotel „La Bonne Auberge"; „Hotel des Trois Fontaines", einfach (2300 CFA/DZ). (Beginn S 4 und S 6.).

S 3: Adéta – Apeyémé – Kpété – Badou (109 km)

(10.93, Land Rover) Asphalt bis Apeyémé, danach gute Lateritpiste (A). Fantastische Gebirgslandschaft; schöne Dörfer (keine Versorgungsmöglichkeit).

Adéta – S. S 2. (Zur S 2.)
Badou – Kleinstadt. Lebensmittel. Treibstoff. (Zur R 12.)
Unterkunft: Hotel mit Campingmöglichkeit (ca. 1000 CFA/Person).
Verschiedenes: bei der Polizei melden.
In der Umgebung: der **Kpimé-Wasserfall** ungefähr 9 km (und dann noch 45

532 Durch Afrika

Minuten zu Fuß) entfernt; Übernachtungsmöglichkeit vor Ort; Eintritt ca. 500 CFA; die meisten Stege sind weggerissen, mehrere Bäche müssen durchwatet werden. Die Anfahrt ist auch mit Sammeltaxi möglich.

S 4: Sokodé – Bassar – Kabou – Guérin-Kouka – Kéran-Nationalpark – Naboulgou (ca. 155 km)

(10.93, Land Rover) Asphalt bis Bassar; danach gute Piste bis Guérin-Kouka; schließlich Piste (A/H/I).

Sokodé – S. S 2. (Ende S 2; Beginn S 6.)
In der Umgebung: zwischen Sokodé und Bassar führt die Piste durch den **Malfacassa-Park**.
Bassar – Kleinstadt. Gute Infrastruktur. (Ende R 11.)
Unterkunft: Hotel oberhalb des Ortes (teuer); *campement*, katholische Missionsstation.
Verschiedenes: bei der Polizei melden.
Kabou – Kleiner Ort. Markt.
Guérin-Kouka – Kleiner Ort. Lebensmittel (sonntags Markt). Katholische Mission (Ableger der Mission in Bassar).
Kéran-Nationalpark – Die Fahrt durch den Park (Gazellen und Affen) ist zwischen Guérin-Kouka und Naboulgou nur in der Trockenzeit und auch da nur auf sehr schlechten Straßen möglich. Der Park wird nicht mehr bewacht, kein Eintritt, keine Beschränkungen.
Naboulgou – Kleiner Ort. Keine Versorgungsmöglichkeit.
(Beginn S 5; Ende S 8.)
Unterkunft: Motel und Campingplatz, sehr sauber (ca. 4800 CFA/DZ).

S 5: Naboulgou – Sansanné-Mango – Dapaong (121 km)

Asphalt.

Naboulgou – S. S 4. (Ende S 4 und S 8.)
Sansanné-Mango – Jagdcamp „à l'africaine". Lebensmittel (Markt und Geschäfte). Manchmal gibt es auch das hervorragende Hirsebier „chapka".
Unterkunft: „Auberge Namiele" (ca. 3500 CFA/DZ mit Klimaanlage); „Hotel-Restaurant de la Savane", einfach (ca. 2000 CFA/Zimmer mit Dusche und WC); „Motel de l'Oti", schmutzig, Restaurant und Bar.
In der Umgebung: der **Kéran-Nationalpark** (s. S 4).
65 bis 70 km hinter Sansanné-Mango gibt es in der Nähe des Nationalparks beim Löwengraben (*fosse des lions*) die Möglichkeit Elefanten zu beobachten (vor allem von Dez. bis Ende Mai); fragen Sie Einheimische nach der Stelle.
Dapaong – Kleiner Ort. Gute Infrastruktur. Apotheke. (Beginn Q 14 und Q 15.)
Unterkunft: Hotel „Lafia", mit Klimaanlage (ca. 3500 CFA/DZ); Hotel „Le Ver-

Togo – Routenteil S 533

ger", an der Hauptstraße nicht geradeaus in das Stadtzentrum, sondern nach links fahren, angenehm, bewachter Parkplatz (ca. 5500 CFA/Zimmer mit Klimaanlage); „Chinese-Vietnamese Hotel" (2900 CFA/DZ), mit sehr gutem Restaurant. Jagdcamp mit Pool.

S 6: Sokodé – Kara – Kandé (143 km)

(03.93, Hanomag AL 28) Asphalt. Die Straße führt durch hügeliges, beinahe gebirgiges Gelände bis Bafilo; Gefälle von 8 bis 10 %, enge Kurven (von der großen Unfallgefahr zeugen die vielen Autowracks in den Schluchten).

Sokodé – S. S 2. (Ende S 2; Beginn S 4.)
Zwischen Sokodé und Kara wird der **Aledjo-Graben** durchquert. In der Umgebung ein kleiner See.
Bafilo – Kleiner Ort. Lebensmittel. Treibstoff.
Unterkunft: Übernachtungsmöglichkeit 8 km vor dem Ort.
Im Dorf Pya, 9 km in Richtung Kara, muß der Präsidentenpalast auf einer Wellblech-Umleitung umfahren werden.
Kara – 41 000 Einw. Gute Infrastruktur. Krankenhaus. (Beginn S 7 und T 13.)
Unterkunft: Hotel „Sapaw" (1500 CFA/DZ mit Ventilator), preiswertes, gutes Essen; Hotel „Kara", Pool (ca. 9000 CFA/DZ); Hotel-Camping „Le Relais", unangenehmer Platz mitten in einem Wohngebiet, Terasse mit Hütten (ca. 4000 CFA/DZ mit Ventilator, Dusche und WC, ca. 5000 CFA/Zimmer mit Klimaanlage, Camping ca. 800 CFA/Person). „Mini Swiss Bar", korrekte Preise; Restaurant „Le Chateau", Treffpunkt der deutschen Entwicklungshelfer.
Verschiedenes: gute Werkstatt etwa 10 km in Richtung Kandé. Ehemaliger „Marox"-Supermarkt mit vielen deutschen Produkten und gutem Restaurant.
Niamtougou – Kleiner Ort. Treibstoff, Werkstatt. Post. Flughafen.
Unterkunft: *campement*/Motel.
Kandé – Kleinstadt. Lebensmittel. Treibstoff. (Beginn S 8 und S 9.)
Unterkunft: das *campement*-Hotel besser meiden, es ist laut, die Sanitäranlagen sind schmutzig (ca. 2500 CFA/DZ).
Verschiedenes: neben dem Wasserturm togolesischer Polizeiposten (für diejenigen, die die Strecke S 9 fahren), kein Zollposten (die nächsten Zollbüros liegen in Sokodé und Sansanné-Mango).

S 7: Kara – ghanaische Grenze – Yendi (264 km)

Asphalt bis zur Grenze, danach Piste in sehr schlechtem Zustand. In Ghana zahlreiche Polizeikontrollen.

Kara – S. S 6. (Zur S 6; Beginn T 13.)
Kabou – S. S 4. (Zur S 4.)
Natchamba – Kleiner Ort. Formalitäten zur Ausreise aus Togo.
Tatalé – Kleiner Ort. Missionsstation. Formalitäten zur Einreise nach Ghana.
Yendi – S. R 12. (Zur R 12.)

534 Durch Afrika

S 8: Kandé – Naboulgou (37 km)

(10.93, Land Rover) Asphalt in schlechtem Zustand mit zahlreichen Schlaglöchern; mehrere Brücken (Zugang unproblematisch).

Kandé – S. S 6. (Ende S 6; Beginn S 9.)
Naboulgou – S. S 4. (Ende S 4; Beginn S 5).
In der Umgebung: der Kéran-Nationalpark (s. S 4).

S 9: Kandé – beninische Grenze – Boukombé – Natitingou (75 km)

(05.91) Passable Piste (A/G/I). Nach starken Regenfällen ist der Fluß 5 km hinter Boukombé unter Umständen mehrere Tage lang nicht passierbar. Ausweichmöglichkeit über die Straße Lomé – Ouagadougou, im Keran-Nationalpark Abzweigung nach rechts nach Gando, dann über Kobli wieder auf die Strecke S 9 nach Natitingou.
Fantastische Landschaft im Somba-Land (die Häuser erinnern an kleine Festungen).

Kandé – S. S 6. (Ende S 6; Beginn S 8.)
Km 25, Kreuzung, auf die Piste nach links abbiegen.
Nadoba – Kleiner Ort. Formalitäten zur Ausreise aus Togo.
Boukombé – Kleinstadt. Formalitäten zur Einreise nach Benin.
Verschiedenes: Zeitverschiebung (die Uhr muß um eine Stunde vorgestellt werden).
Natitingou – S. T 6. (Ende T 6 und T 14; Beginn T 7.)

Togo – Routenteil S 535

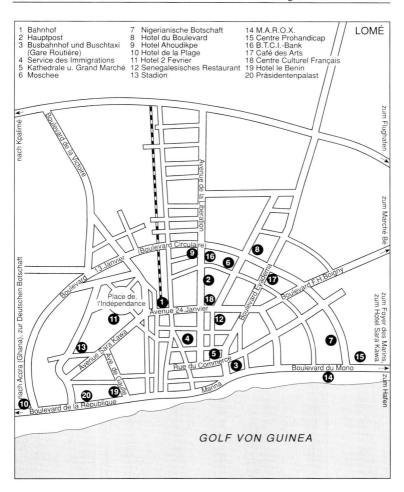

1 Bahnhof
2 Hauptpost
3 Busbahnhof und Buschtaxi (Gare Routière)
4 Service des Immigrations
5 Kathedrale u. Grand Marché
6 Moschee
7 Nigerianische Botschaft
8 Hotel du Boulevard
9 Hotel Ahoudikpe
10 Hotel de la Plage
11 Hotel 2 Fevrier
12 Senegalesisches Restaurant
13 Stadion
14 M.A.R.O.X.
15 Centre Prohandicap
16 B.T.C.I.-Bank
17 Café des Arts
18 Centre Culturel Français
19 Hotel le Benin
20 Präsidentenpalast

536 Durch Afrika

Benin – Routenteil T

Überblick

Fläche: 112 622 km².

Einwohner: 5 042 000 Einwohner.

Ethnien: Fon, Yoruba, Fulbe, Haussa.

Hauptstadt: Porto-Novo (164 000 Einw.).

Sprachen: Amtssprache Französisch, zahllose afrikanische Dialekte (Fon, Yoruba, Dendi, Haussa, Ful).

Religion: 70% Naturreligionen, 15% Christen, 15% Muslime.

Ruhetag: Sonntag.

Feiertage: 1.1., 16.1., 1.5., 1. 8., 15.8., 1.11., 25..12., 31.12., sowie einige jährlich wechselnde Feiertage.

Zeitverschiebung: Keine; in der Sommerzeit - 1 Stunde.

Stromspannung: 220 V, Adapter empfohlen.

Einreise: Visumpflicht für Deutsche (seit 1.1.1995), Schweizer und Österreicher. Bei Flugreisen ist ein gültiges Rück- oder Weiterreiseticket vorzulegen. Nach mehr als 48 Std. Aufenthalt ist eine Ausreisegenehmigung erforderlich.

Impfung/Gesundheit: Gelbfieberimpfung vorgeschrieben. Malariaprophylaxe dringend empfohlen.

Währung: Franc CFA; Einfuhr unbeschränkt, Ausfuhr bis zu 25 000 CFA. Ausländische Währungen können unbeschränkt eingeführt werden, müssen aber deklariert werden. Ausfuhr bis zum deklarierten Betrag abzüglich der umgetauschten Summen, höchstens aber bis zum Gegenwert von 100 000 CFA. Wechselkurs: 100 CFA-Franc = 0,30 DM. Achtung: Durch Abwertung des CFA im Frühjahr 93 kam es zu enormen Preissteigerungen in allen CFA-Ländern. Preisangaben können dadurch zum Teil überholt sein.

Kfz: Internationaler Führerschein, *carnet de passage*. Die Haftpflichtversicherung muß bei der Einreise bei der „S.O.N.A.R." abgeschlossen werden.

Benin – Routenteil T 537

Treibstoffpreise: Super 175 CFA, Diesel 135 CFA.

Straßenzustand: Zumeist Pisten, viele in der Regenzeit schlecht befahrbar.

Kontrollen: Zahlreiche Straßenkontrollen.

Sicherheit: Wildes Campen ist in Benin verboten. Wer in der Nähe von gesperrten Zonen, z.B. Militärbereichen, oder am Strand campt, muß mit Festnahme und Beschlagnahme des Fahrzeugs rechnen. Überfallgefahr!

Grenzen: Die Grenzen zu den Nachbarländern sind offen.

Literatur und Landkarten:
Reiseführer: Anne Wodtcke, „Westafrika", REISE KNOW-HOW Verlag Därr, darin 37 Seiten über Benin.
Karten: Übersichtskarte Michelin 953, 1:4 000 000; Benin, Carte Routière et Touristique, 1:600 000. Detailkarten von IGN im Maßstab 1:1 000 000, 1:500 000, 1:200 000, die meisten Blätter sind lieferbar.

Geschichte: Die Stadt Abomey war mehrere Jahrunderte lang Hauptstadt des Fon-Königreichs Dan-Homé (Dahomey), dessen Wohlstand auf dem Sklavenhandel mit den portugiesischen Niederlassungen an der Küste gründete, die später von britischen und französischen Sklavenhändlern abgelöst wurden. Dem sakralen König von Dahomey soll unter anderem eine „Amazonengarde" zur Seite gestanden haben, eine Frauentruppe, deren Mitglieder in strenger Abgeschiedenheit lebten und in kritischen Momenten in die Schlacht geschickt wurden, um den Gott des Krieges gnädig zu stimmen. Dahomey überstand mehrere Invasionsversuche durch die benachbarten Yoruba und wurde schließlich Ende des 19. Jahrhunderts Teil des französischen Protektorats.

Politik: Mit der 1960 erlangten Unabhängigkeit begann im damaligen Dahomey eine Phase innenpolitischer Auseinandersetzungen, die in unzähligen Putschen und Putschversuchen ihren Ausdruck fanden. Erst der Putsch 1972 stabilisierte das Land und führte es unter Major Kerekou auf einen sozialistischen Kurs. 1975 wurde Dahomey in Anlehnung an das historische, südnigerianische Königreich in Benin umbenannt. Lange blieb das neue Regime isoliert und fand nur wenig Unterstützung. Immer wieder wurden die Grenzen zu den Nachbarländern geschlossen, und wiederholte Putschversuche sowie die gescheiterte Söldner-Invasion von 1977, die mit französischer Hilfe organisiert worden war, erschütterten das Land. Dennoch entwickelte sich Benin überraschend stabil, und in seinem Weg zur Demokratisierung gilt Benin als Vorbild für alle anderen afrikanischen Länder: bei den ersten freien Parlamentswahlen erhielt zwar keine der angetretenen 24 Parteien die absolute Mehrheit, mit den Präsidentschaftswahlen jedoch wurde Kerekou von seinem Konkurrenten Necephore Soglo geschlagen und trat von seinem Amt zurück. Allen Unkenrufen

538 Durch Afrika

zum Trotz hat Kerekou die Demokratisierungsbestrebungen seines Nachfolgers nicht behindert und auch nicht versucht, die Macht wieder an sich zu reißen, wie seine abgesetzten Kollegen beispielsweise in Togo und im Kongo. Überraschend für die meisten Beobachter vollzieht sich in Benin der Übergang vom Einparteiensystem zur Demokratie bisher scheinbar ohne Probleme.

Routeninformationen

T 1: Malanville – Kandi (99 km)

Asphalt. 35 km nördlich von Kandi Elefanten beiderseits der Straße.

Malanville – S. H 21. (Ende H 21.)
Kandi – 290 m. Kleinstadt. Lebensmittel (Markt und Supermarkt). Post. Treibstoff und Werkstatt. Vorsicht vor Dieben! (Beginn T 2 und T 10; Ende T 5.)
Unterkunft: Hotel „Baobab 2000", einfach, aber sympathisches Personal. *Campement* ziemlich heruntergekommen.
Verschiedenes: Werkstatt am Ortsausgang ist gut (bei der Tankstelle nachfragen).

T 2: Kandi – Guessou-Sud (133 km)

Asphalt.

Kandi – S. T 1. (Ende T 1 und T 5; Beginn T 10.)
Bembèrèkè – Städtchen. Lebensmittel (Markt). Treibstoff. Krankenhaus unter Schweizer Leitung, außerdem „Hôpital evangelique" unter amerik. Leitung.
Unterkunft: Hotel „Madala" (EZ 1000 CFA), sauber, sehr freundliche weibliche Leitung durch Assou ma Berth Paliatou, die mit Rat und Tat zur Seite steht.
Guessou-Sud – Kleiner Ort. Keine Versorgungsmöglichkeit.
(Beginn T 3 und T 9.)

T 3: Guessou-Sud – Fô-Bouré – Pehonko – Kouandé (114 km)

(05.89, Peugeot 504) Gute kleine Pisten. Die Strecke führt durch Wälder und brandgerodete Baumwoll-, Maniok- und Bananenfelder. Viele Buschtaxis.

Guessou-Sud – S. T 2. (Ende T 2; Beginn T 9.)
Im Ortskern von Fô-Bouré dem kleinen Wegweiser folgend nach links in Richtung Kouandé fahren. Wenig Verkehr. Bis 6 km vor Tobré sehr schlechte Piste; danach mittelmäßiger Zustand, der bei niedrigen Geschwindigkeiten keine Probleme bietet. Schöne Waldlandschaft.

Benin – Routenteil T 539

Km 76, **Pehonko** – Kleiner Ort.
Kouandé – Kleiner Ort. Lebensmittel. Manchmal Treibstoff. Bei der _gendarmerie_ melden, wo auch die Pässe abgestempelt werden, wenn man aus Benin ausreist. (Beginn T 4 und T 6.)
Unterkunft: Campmöglichkeit in der Nähe der Bar im oberen Teil des Ortes.

T 4: Kouandé – Kédékou – Kérou – Goumori – Banikoara (149 km)

Piste (A/H/I), die nur in der Trockenzeit befahren werden kann.

Kouandé – S. T 3. (Ende T 3; Beginn T 6.)
Schlechte Piste bis Kédékou.
Kédékou – Kleiner Ort. Keine Versorgungsmöglichkeit.
Bis Kérou sehr schlechte Piste. Zahlreiche Umleitungen wegen umgestürzter Bäume und Termitenhügeln. Gefährliche Durchquerung einer Furt des Mekrou-Flusses.
Kérou – Kleiner Ort. Treibstoff.
Danach gute Piste.
Goumori – Kleiner Ort. Treibstoff.
Banikoara – Kleiner Ort. Lebensmittel. Treibstoff. Hotel.
(Beginn T 6; Ende Q 11.)
Verschiedenes: jeden Sonntagmorgen großes Dorffest. Am Ortseingang bei der Polizei melden (gegenüber dem Krankenhaus). Formalitäten bei Einreise in den Benin durchführen.

T 5: Banikoara – Sinaongourou – Kandi (66 km)

(11.93, Landcruiser) Gut ausgebaute Piste (A/H/I), nur in der Trockenzeit befahrbar (starkes Wellblech), viel Verkehr.

Banikoara – S. T 4. (Ende T 4 und Q 11.)
Sinaongourou – Kleiner Ort. Treibstoff.
Kandi – S. T 1. (Ende T 1; Beginn T 2 und T 10.)

T 6: Kouandé – Natitingou (52 km)

(11.93, Landcruiser) Piste in gutem Zustand. Mehrere Brücken. Die Strecke führt durch Wälder und brandgerodete Baumwoll-, Maniok- und Bananenfelder. Viele Buschtaxis.

Kouandé – S. T 3. (Ende T 3; Beginn T 4.)
Kouandé auf der Hauptallee verlassen. Auf 6 km starke steinige Steigung.
Km 37, Kreuzung mit einer größeren Piste; rechts abbiegen (gutes Wellblech).

540 Durch Afrika

Natitingou – 50 000 Einw. Größter Ort im Somba-Land. Die Sombas sind vor allem für ihre burgenähnliche Lehmbauweise und ihre runden Getreidespeicher bekannt. Gute Infrastruktur. (Beginn T 7; Ende T 14 und S 9.)
Unterkunft: hervorragendes Hotel „Tata Somba" (ca. 16 000 CFA/D); Hotel „Le Bourgogne", das frühere Motel „Nanto", 5 Minuten vom Bahnhof in Richtung Tangieta (6000 CFA/DZ); Hotel „Tanekas", am Ortseingang aus Richtung Djougou kommend links; Hotel „Canatborifa", nahe Hotel „Tanekas".
Umgebung: Cascade de la Kôta, sehr schöne Wasserfälle im Wald, Badegelegenheit, manchmal wurden aber auch schon Krokodile gesichtet (Anfahrt mit dem Mopedtaxi für 2500 CFA/Person); die Atakoraberge nordöstlich von Natitingou (Leihwagen mit Fahrer/Mechaniker 10 000 CFA).

T 7: Natitingou – Tanguiéta – Porga – Grenze zu Burkina Faso – Tindangou (125 km)

(02.93, Patrol) Piste (A/H in der Regenzeit) mit viel Wellblech und Verkehr.

Natitingou – S. T 6. (Ende T 6, T 14 und S 9.)
Gut befahrbare Piste zwischen Natitingou und Porga; die Strecke führt durch die Atakora-Gebirgskette.
Tanguiéta – Kleiner Ort. Treibstoff billiger als in Togo und Burkina Faso. (Ende T 8).
7 km vor Porga Polizeikontrolle zur Ausreise aus Benin. Kein Zoll! Vorsicht: Alle, die bei der Einreise nach Benin ihr *carnet de passage* haben abstempeln lassen, riskieren, nach Boukombé zurückfahren zu müssen (Strecke S 9, 232 km hin u. zurück), um ihren Aus reisestempel zu bekommen; mit Passierschein problemlos.
Porga – Kleiner Ort.
Unterkunft: Hotel „Porga" (Bungalows ca. 10 000 CFA).
Direkte Piste nach Arli (Q 12), die Tindangou umfährt; in der Trockenzeit mit jedem Fahrzeug zu befahren; viele Tiere; kein Zollposten auf dieser Strecke.
Tindangou – S. Q 12. Formalitäten zur Einreise nach Burkina Faso. (Ende Q 12; Beginn Q 13.)

T 8: Diapaga (Burkina Faso) – beninische Grenze – Pendjari-Nationalpark – Batia – Tanguiéta (235 km)

(02.94, Patrol) Piste (A/H/I).

Diapaga – S. Q 10. (Ende Q 10; Beginn Q 11 und Q 12.) Tanken Sie voll. Diapaga in Richtung Arli verlassen (Q 12).
Km 22, auf der Piste nach rechts in Richtung **Arli-Nationalpark** weiterfahren. Gute Piste bis Logobou.
Logobou – Dorf. Formalitäten zur Ausreise aus Burkina Faso; Polizeikontrolle.

Benin – Routenteil T 541

Die schlechte Piste führt über Oari, Nagaré und Diabondi.

Bei der Ortseinfahrt von **Diabondi** nicht geradeaus weiterfahren, sondern die Piste einschlagen, die nach links abbiegt (den Spuren folgen) und schon bald nur noch ein schmaler Weg ist.

Km 92 ab Diabondi, man trifft auf eine der Pisten zum Arli-Park; nach links fahren.

Km 109, schwierige Brückenüberquerung. Danach Einfahrt in den **Pendjari-Nationalpark** (geöffnet von Mitte Dez. bis Ende Mai (ca. 2000 CFA/Pers., der Eintritt gilt für alle Nationalparks in Benin); viele Tiere: Löwen, Elefanten, Leoparden, Büffel, Flußpferde, Wildschweine, Affen, Krokodile, Antilopen usw.; von Ende Nov. bis Ende Juni kann man sich im Park frei bewegen; die Pisten sind schlecht, Geschwindigkeitsbeschränkung auf 40 km/h; ein Führer ist nicht obligatorisch.

Unterkunft: wer die Nacht im Park verbringen will, muß eine zusätzliche Steuer von ca. 500 CFA/Person entrichten. Wildcampen ist im Park verboten. Campingmöglichkeiten in Mare Yangouali. Übernachtung auch im „Hotel de la Pendjari", am Fluß nahe der Grenze zu Burkina Faso.

Km 116, **Pendjari** – Einzige Wasserstelle im Nationalpark (Quelle).

Unterkunft: „Hotel de la Pendjari", renoviert (16 500 CFA/DZ mit Klimaanlage).

Km 119, Kreuzung, nach rechts fahren.

Km 127, erneut Kreuzung, nach rechts fahren.

Km 149, Mare Bali, schöner Aussichtspunkt.

Km 183, **Batia** – Kleiner Ort. Ausgang des Pendjari-Nationalparks.

Km 193, **Tanougou** – Kleiner Ort.

In der Umgebung: sehr schöne Wasserfälle, Badeplatz, gutes Wasser, Camping umsonst.

Tanguiéta – S. T 7. (Zur T 7.)

T 9: Guessou-Sud – Ndali (25 km)

Asphalt.

Guessou-Sud – S. T 2. (Ende T 2; Beginn T 3.)

Ndali – Kleiner Ort. Lebensmittel (Markt). Treibstoff. *Campement*-Hotel, kein Wasser, aber freundliches Personal. (Beginn T 11 und T 12; Ende T 10.)

T 10: Kandi – Ségbana – Kalalé – Nikki – Ndali (253 km)

(06.91) Piste (A/G), zunächst gute Erdpiste, dann zunehmend versandet. Die Route führt durch Baumwollanbaugebiet.

Kandi – S. T 1. (Ende T 1 und T 5; Beginn T 2.)
Kandi in östlicher Richtung verlassen.

Ségbana – Kleiner Ort. Treibstoff.
Zwischen Ségbana und Néngasi sehr schlechte und wenig befahrene Piste.
Km 140, **Néngasi** – Kleiner Ort.
Sehenswert: See der heiligen Krokodile, 800 m vom Ort entfernt, rechter Hand.
Kalalé – Kleiner Ort.
Zwischen Kalalé und Nikki gute kleine Piste.
Nikki – Kleiner Ort. Lebensmittel. Treibstoff. Formalitäten zur Ausreise aus
Benin für diejenigen, die nach Nigeria weiterfahren. (Ende U 4).
Bis Ndali breite Piste, die allmählich schmaler wird (Wellblech).
Ndali – S. T 9. (Ende T 9; Beginn T 11 und T 12.)

T 11: Ndali – Djougou (122 km)

(06.92) Schmale Piste, die in der Regenzeit möglicherweise nicht befahrbar ist. Zahlreiche künstliche Befestigungen an den Teichen und Flüssen.

Ndali – S. T 9. (Ende T 9 und T 10; Beginn T 12.)
Djougou – Kleine malerische Stadt, die noch stark in ihren Traditionen verwurzelt ist. Lebensmittel (Markt). Treibstoff. (Zur T 13 und T 14.)
Unterkunft: „Motel de Djougou", große, saubere Zimmer (4000 CFA/DZ).

T 12: Ndali – Parakou – Savé – Dassa (263 km)

(11.93, Landcruiser) Bis auf einige wenige Umfahrungen durchwegs Asphalt.

Ndali – S. T 9. (Ende T 9 und T 10; Beginn T 11.)
Parakou – 386 m, 92 000 Einw. Industriestadt. Gute Infrastruktur. (Ende T 13.)
Unterkunft: „Hotel des Routiers", gute Küche, sehr sauber, Pool (ab 8500 CFA/
DZ/Klimaanlage); „Hotel des Canaris", schattiger Innenhof, nicht besonders
sauber, für den Standard zu teuer (ab 3500 CFA/DZ); Hotel „Aux deux Soleils",
sympathisches Personal (8500 CFA/DZ, Preis kann diskutiert werden). Campingplatz „Chez Mimi", ca. 9 km nördlich von Parakou (Route de Malanville),
am Hinweisschild nach rechts (etwa 400 m), freundlicher Empfang, saubere
Anlagen, der Patron spricht fließend deutsch und ist sehr hilfsbereit.
Verschiedenes: Endhaltestelle der Eisenbahnlinie von Cotonou (ca. 3200 CFA/
2. Klasse, 5200 CFA/1. Klasse, 12 bis 16 Stunden Fahrt).
Savé – Städtchen. Lebensmittel (Markt und Supermarkt). Treibstoff.
Unterkunft: im Hotel am Ortsausgang freundliches Personal.
Dassa – 146 m. Kleiner Ort. Lebensmittel (Supermarkt). Treibstoff. Restaurant.
(Beginn T 14 und T 15.)
Unterkunft: „Auberge de Dassa", sehr gutes Essen, saubere Zimmer
(10 000 CFA/DZ).
Sehenswert: die auf den Felsen errichteten Häuser und die Grotte von Dassa.

Benin – Routenteil T 543

T 13: Kara (Togo) – Kétao – Kémérida – beninische Grenze – Ouaké – Djougou – Wé-Wé – Parakou (202 km)

(05.89, Hanomag AL) Asphalt bis zur Grenze, danach Piste (A). Wenig Verkehr. Freundliche Bevölkerung.

Kara – S. S 6. (Zur S 6; Beginn S 7.)
Von Norden kommend vor der Mobil-Tankstelle nach links fahren (in Richtung Kétao, nicht angezeigt).
Km 19, **Kétao** – Kleiner Ort. Lebensmittel (Markt).
Unterkunft: Hotel „Confiance".
Kémérida – Kleiner Ort. Keine Versorgungsmöglichkeit, aber eine Bar. Formalitäten zur Ausreise aus Togo (unproblematisch).
Ouaké – Kleiner Ort. Lebensmittel. Treibstoff. Formalitäten zur Einreise nach Benin (ebenfalls unproblematisch). Gute Piste bis Djougou.
Djougou – S. T 11. (Ende T 11; zur T 14.)
Hinter Djougou starkes Wellblech.
Km 131, **Wé-Wé** – Kleiner Ort. Keine Versorgungsmöglichkeit.
Hinter Wé-Wé wird die Piste besser. Sehr schöne Landschaft.
Km 161, **Bétérou** – Kleiner Ort mit Markt. Polizeiposten.
Hinter dem Polizeiposten geradeaus weiterfahren (starkes Wellblech); rechts Piste nach Tchaourou.
Parakou – S. T 12. (Zur T 12.)

T 14: Dassa – Savalou – Bassila – Djougou – Natitingou (344 km)

(02.94, Patrol) Bis Savalou Asphalt, danach Piste in schlechtem Zustand; in der Regenzeit Furchen und Löcher, starkes Wellblech in der Trockenzeit; Vorsicht vor Achsenbruch. Großartige Waldlandschaft.

Dassa – S. T 12. (Ende T 12; Beginn T 15.)
Savalou – 216 m. Kleinstadt. Lebensmittel. Treibstoff. Übernachtungsmöglichkeit.
Bassila – Kleiner Ort. Treibstoff.
Unterkunft: „Case de Passage".
Djougou – S. T 11. (Ende T 11; zur T 13.)
20 km nördlich von Djougou liegen die Hügel von **Tanéka** (malerischer kleiner Ort).
12 km vor Natitingou zweigt eine Piste nach rechts zu den Kota-Fällen ab.
Natitingou – S. T 6. (Ende T 6 und S 9; Beginn T 7.)

Gute Fahrt wünscht Ihnen der REISE KNOW-HOW Verlag Därr!

T 15: Dassa – Bohicon – Abomey (86 km)

Asphalt.

Dassa – S. T 12. (Ende T 12; Beginn T 14.)
Bohicon – 164 m. Stadt. Gute Infrastruktur.
Unterkunft: Hotel am Ortsausgang (ca. 12 000 CFA/DZ).
Abomey – 215 m, 53 000 Einw. Stadt. Gute Infrastruktur.
(Beginn T 16 und T 17.)
Unterkunft: Hotel „La Lutta", angenehm (ca. 3500 CFA); Hotel „Chez Monique", sauber, sehr freundliches Personal, mit schönem Tropengarten, in dem Affen turnen (5000 CFA/DZ).
Camping im „Foyer du Marin", freundliche Atmosphäre, kalte Getränke.
Verschiedenes: die Stadt wurde 1658 vom König von Allada Ouégbadja gegründet und war Hauptstadt des Königreiches Dahomey.
Sehenswert: der Königspalast von Djimé, das historische Museum (Fotografieren verboten), Eintritt 1500 CFA; das Viertel der Handwerker; der alle 5 Tage stattfindende Markt.

T 16: Abomey – Kétou – nigerianische Grenze – Meko – Abeokuta (190 km)

(05.93, Yamaha XT 600) Schlechte Piste bis Meko, danach Asphalt mit Schlaglöchern. Schöne Landschaft, malerische Dörfer. Zahlreiche Polizeikontrollen mit kompletter Gepäckdurchsuchung.

Abomey – S. T 15. (Ende T 15; Beginn T 17.)
Kétou – Kleiner Ort. Formalitäten zur Ausreise aus Benin (unproblematisch). Der Polizeiposten befindet sich gegenüber dem Hospital an der Asphaltstraße nach Porto Novo.
Sehenswert: das „Magische Tor" (Woodoo-Kult).
Schlechte Piste bis Meko.
Meko – Kleiner Ort. Formalitäten zur Einreise nach Nigeria (unproblematisch). Der Zollposten liegt etwas versteckt links neben der Piste.
Abeokuta – 280 000 Einw. Gute Infrastruktur. (Beginn U 3; Ende U 2.)
Unterkunft: „Ogun State Hotel", korrekte Preise, mittelmäßiges Restaurant; „Nafia Guest House" (210 N/DZ).
Sehenswert: die Granitfelsen über der Stadt (besonders der Olumo-Felsen), der Fürstenpalast und die zahlreichen Kolonialbauten.

Schicken Sie uns Beschreibungen neuer Routen
(GPS-Koordinaten willkommen) und sonstige Hinweise. Danke!

Benin – Routenteil T 545

T 17: Abomey – Cotonou (132 km)

(02. 94, Patrol) Asphalt. Vorsicht vor Tieren auf der Straße.

Abomey – S. T 15. (Ende T 15; Beginn T 16.)
Ganvié – Kleiner Ort (Pfahlbausiedlung), „Venedig Afrikas", sehr touristisch.
Unterkunft: Restaurant (teuer), bei dem auch campiert werden darf, kein Schatten (ca. 500 CFA/Person).
Sehenswert: der schwimmende Markt und die Pfahlbausiedlungen von Ganvié. Man kann Pirogen mieten, deren Preis aber gestaffelt je nach Mitfahrern ist. Deshalb ist es sinnvoll zu warten bis eine Gruppe zusammenkommt.
Cotonou – 500 000 Einw. Wichtigste Stadt und wichtigster Hafen des Landes. Gute Infrastruktur. (Beginn S 1 und U 1.)
Unterkunft: Hotel „Atlantique", am Bahnhof, freundliche Anlage (ab 4000 CFA/DZ); Hotel „Babo", einfach (ab 3500 CFA/DZ). Camping „Ma Campagne", keine Sanitäranlagen, freundlicher Empfang und gutes Essen, Taxiverbindung in die Stadt, Boottransfer zum Strand (ca. 500 CFA/Person), es werden auch Zimmer mit Ventilator vermietet (3500 CFA). Restaurant „Le Calao" in der Nähe der Kathedrale, französische Küche, Fisch, vernünftige Preise, aber sehr schmuddelig; Café und Restaurant „Caravelle", französische Küche; „Café Viennois" im „Sheraton", europäische Preise; Restaurant „Shelton" im Botschaftsviertel, gute libanesische Küche.
Verschiedenes: internationale Telefonate (auch Fax) kann die Telefonzentrale vermitteln. Bei der „Sonacop" werden Butangasflaschen aufgefüllt. Gute Versorgung im Supermarkt „BSS". Bei der algerischen Botschaft muß mit einer Woche Wartezeit für das Visum gerechnet werden; Visum für Ghana bei der Botschaft für 14 000 CFA (mehrere Ein- und Ausreisen möglich); Visum für Nigeria innerhalb von 24 Stunden mit einem Empfehlungsschreiben der deutschen Botschaft (3500 CFA). Die einzige Bademöglichkeit liegt in der Nähe des „Eldorado Beach Club" (im Meer oder Pool). Travellercheques wechselt günstig die „Financial Bank". Euroschecks tauschen Händler und hier lebende Europäer. Gute, schnelle, billige Werkstatt im Quartier Huie Vivé, Lot 1159, Herr Sanhandjo.
Sehenswert: Gemüsemarkt, Stoffmarkt, Nachtmarkt (Vorsicht vor Dieben), Recyclingmarkt (zwischen Rue des Libanais und Lagune) und das Kunsthandwerkzentrum.

546 Durch Afrika

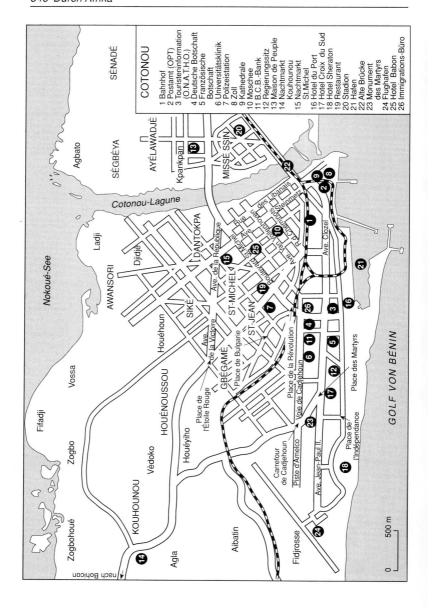

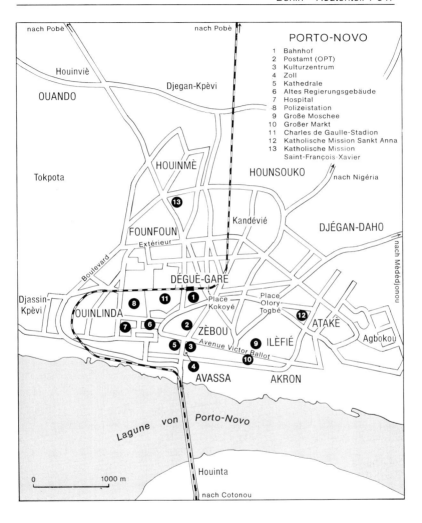

548 *Durch Afrika*

Nigeria – Routenteil U

Überblick

Fläche: 923 768 km².

Einwohner: 101 900 000.

Ethnien: Ibo, Yoruba, Tiv, Haussa, Kanuri, Tuareg, Ful.

Hauptstadt: Abuja (378 671 Einwohner).

Sprachen: Amtssprache Englisch, Umgangssprachen Ibo, Yoruba, Haussa, Ful.

Religion: 48% Muslime, 34% Christen, 18% Naturreligionen.

Ruhetag: Sonntag.

Feiertage: 1.1., Karfreitag, Ostermontag, 1.5., 1. 10., 25.12., 26.12., sowie einige jährlich wechselnde islamische Feiertage.

Zeitverschiebung: Keine; Sommerzeit - 1 Stunde.

Stromspannung: 220 V, Adapter empfohlen.

Einreise: Visumpflicht für Deutsche, Österreicher und Schweizer. Nachweis ausreichender Geldmittel für den Aufenthalt sowie eines gültigen Rück- oder Weiterreisetickets (bei Flugreisen) oder gültige Einreisepapiere für das nächste Reiseziel. Die Visa-Erteilung bei den Botschaften der Nachbarländer Niger und Benin ist wesentlich unkomplizierter, in Lomé innerhalb von 2 Tagen, in Niamey innerhalb von 1 Tag. In Abidjan dauert es 1 Tag, kostet 4500 CFA, ist aber etwas komplizierter. Bei der Einreise darauf achten, daß die Eintragungen im Paß vollständig und leserlich sind, da sonst immer wieder Geschenke fällig werden.

Impfung/Gesundheit: Gelbfieberimpfung vorgeschrieben. Malariaprophylaxe dringend empfohlen.

Währung: Naira. Ein- und Ausfuhr von höchstens 50 Naira erlaubt (zu deklarieren). Einfuhr ausländischer Währungen unbeschränkt, muß aber deklariert werden. Ausfuhr deklarierter Betrag abzüglich gewechselter Summen. Die Banken schummeln beim Kurs. Besser im Hotel wechseln (zumeist werden nur

Nigeria – Routenteil U 549

US-$ und £ gewechselt). Hotelrechnungen müssen theoretisch in frei konvertierbaren Währungen bezahlt werden. Wechselkurs: 1 DM = 13,26 N; 1 N = 0,07 DM.

Kfz: internationaler Führerschein und Fahrzeugschein. Zusätzlich muß bei der nigerianischen Polizei eine Fahrerlaubnis beantragt werden. Die Abstempelung des *carnet de passage* kann umgangen werden, indem man die „Appplication for delivery without payment of duty of motorvehicle temporarily imported" vorlegt (Zollgesetz 55, Abschnitt 40). An jedem letzten Samstag im Monat Fahrverbot zwischen 07:00 bis 10:00 Uhr („sanitation-day").

Treibstoffpreise: Super 0,70 Naira; Diesel 0,55 Naira. Treibstoffversorgung im Norden manchmal schwierig (Schwarzmarkt doppelt bis sechsmal teurer und auch nicht immer lieferfähig). Touristen werden bevorzugt abgefertigt.

Straßenzustand: Gut ausgebautes Straßennetz, zum Teil chaotischer Verkehr in den Städten aber auch auf den Überlandstraßen (gewagte Überholmanöver, viele Unfälle). Im Norden meist schlechter Asphalt.

Kontrollen: Straßenkontrollen, gelegentlich (im Süden) wird Geld verlangt – nach Möglichkeit verweigern.

Sicherheit: Hohe Diebstahl- und Überfall-Gefahr in den Großstädten. Große Korruption unter Beamten und Polizisten, die versuchen unter fadenscheinigen Vorwänden Gebühren abzukassieren (v.a. in Lagos).

Grenzen: Die Grenzen zu den Nachbarländern sind geöffnet.

Literatur und Landkarten:
Reiseführer: „Mais Weltführer Nigeria", Mai Verlag; E. Diezemann, „Nigeria", Goldstadt Verlag.
Karten: Übersichtskarte Michelin 953, 1:4 000 000. Detailkarten Macmillan-Karte Nigeria, 1:1 500 000; Karten des IGN 1:1 000 000 und ONC- und TPC-Karten (1:1 000 000 sowie 1:500 000) mit guter Geländedarstellung.
Hintergrund: Gerti Wöhe, „Reise-Story, Nigeria hinter den Kulissen", Reise Know-How, Därr Reisebuch-Verlag, mit Reise-Impressionen und Darstellung des heutigen Nigeria; E. Smith-Bowen, „Rückkehr zum Lachen", rororo-TB (ein ebenso amüsanter wie informativer und selbstkritischer Bericht der Ethnologin Laura Buchanan über ihren Forschungsaufenthalt in Nigeria und das Geheimnis der „Hexen").

Geschichte: Mehrere große Staaten und Königreiche prägten die Geschichte des heutigen Nigeria. Im Norden beherrschte bis weit ins 19. Jahrhundert Kanem Bornu die Haussa-Staaten (Kano, Katsina, Zaria, Nupe) und später das Ful-Emirat Sokoto die schon früh islamierten Bevölkerungsgruppen, im

550 Durch Afrika

Süden regierten sakrale Yoruba-Könige (Obas) über Reiche wie Ife, Oyo und Benin, in denen die traditionellen Glaubensvorstellungen der Yoruba das religiöse Leben bestimmten. Sowohl Ful-Emire als auch die Obas der Yoruba haben bis heute wichtige Ämter im traditionellen wie auch im modernen politischen Leben inne. Die geographische Lage der alten Nigeria-Reiche bestimmte auch ihre Orientierung; während die Yoruba-Reiche schon früh in Kontakt mit europäischen Handelsniederlassungen an der Westküste traten und mit Sklaven handelten, waren die Beziehungen der nördlichen Staaten nach Nordafrika gerichtet. Mit dem Verbot des Sklavenhandels verloren die Yoruba-Reiche ihre wirtschaftliche Grundlage und fielen schon bald unter britische Kontrolle, während das Ful-Emirat Sokoto noch bis zum Ende des 19. Jhs. unabhängig blieb. Im Wettlauf mit den Franzosen um die kolonialen Einflußgebiete gelang es Großbritannien, auch Nordnigeria zu unterwerfen. 1960 wurde Nigeria schließlich unabhängig.

Politik: Wie in den meisten anderen afrikanischen Ländern auch, hat die Kolonialzeit in Nigeria ein Gebilde hinterlassen, das ohne Rücksicht auf ethnische und religiöse Unterschiede konstruiert wurde. Auch hier müssen im Grunde zwei völlig unterschiedliche Staatsteile miteinander leben, der muslimisch dominierte Norden und der christlich-animistische Süden. Dieser Gegensatz hat auch die politische Entwicklung Nigerias bis heute geprägt. Ohne auf die verschiedenen Coups und Gegencoups einzugehen, die abwechselnd Militärs aus dem Norden und dem Süden an die Macht brachten, sei hier nur an den Biafra-Krieg erinnert, der von 1967 bis 1970 zu verbissenen Kämpfen und rassischer Verfolgung der Ibo führte, die Biafra für unabhängig erklärt hatten. 1979 erlebte Nigeria eine demokratische Wende unter der gewählten Zivilregierung von Präsident Shagari, der in der Bekämpfung der grassierenden Korruption und der zunehmenden wirtschaftlichen Schwierigkeiten (Verfall der Ölpreise) auch keine Erfolge aufweisen konnte. 1983 wurde Shagari von General Mohammed Buhari gestürzt, der 1985 seine Macht an General Ibrahim Babangida verlor, nachdem auch international die Vorwürfe über Folter und politischen Mord in Nigeria immer lauter wurden. Seit 17.11.1993 erneut Militärregierung unter Sani Abacha, der die Wahlen im Mai ´94 nach dem Sieg seines Opponenten, des Kaufmanns Moshood Abiola, für ungültig erklären läßt und Abiola inhaftiert. Seither ist das Land von Streiks und Protestdemonstrationen weitgehend gelähmt. Um die Halbinsel Bakassi kommt es 1994 zu kriegerischen Auseinandersetzungen mit Kamerun, und im Norden Nigerias flammen die Konflikte zwischen Islamisten und Nicht-Muslimen wieder auf, die immer wieder zur Schließung der Grenzen zum benachbarten Niger führen.

Nigeria – Routenteil U 551

Routeninformationen

U 1: Cotonou (Benin) – Porto Novo – Igolo – Grenze zu Nigeria – Idiroko – Lagos (187 km)

(01.94, Patrol) Asphalt. Autobahn ab Porto Novo. Der Grenzübergang nach Nigeria ist wegen der lästigen Grenzer nicht zu empfehlen (wollen Visa aus dem Ursprungsland, verkaufen Fotopermit usw.).

Cotonou – S. T 17. (Ende T 17; Beginn S1.)
Schöne Strände auf dem Weg nach Porto Novo.
Porto Novo – 164 000 Einw. Hauptstadt von Benin. Die Stadt erzeugt eher den Eindruck eines großen Dorfes. Gute Infrastruktur.
Sehenswert: die zahlreichen Kunsthandwerker (Töpfer, Färber, Gerber und Eisenschmiede); das ethnologische Museum (1000 CFA, mit Führer 1500 CFA); der Königspalast (1000 CFA).
Igolo – Kleiner Ort. Formalitäten für die Ausreise aus Benin.
Idiroko – Kleiner Ort. Treibstoff. Formalitäten für die Einreise nach Nigeria.
Lagos – 6 500 000 Einw., Hauptstadt. Gute Infrastruktur. Vorsicht vor Dieben. (Beginn U 2; Ende U 44.)
Unterkunft: Hotel „Eko Méridien", im Osten auf Victoria Island, Adetokur Ademola Street, das beste Hotel in Lagos (ca. 730 Naira/DZ); Hotel „Federal Palace", im Westen auf Victoria Island, Ahmadu Bello Road (ca. 600 Naira/DZ); Hotel „Golden Horse", in der Nähe des Flughafens, guter Service; Motel „Stop Over", genau gegenüber dem „Golden Horse" (ca. 90 Naira/DZ). Taxifahrt von diesen Hotels in die Stadt kostet ca. 20 Naira. Kein Campingplatz.
Verschiedenes: Botschaft Kameruns, 500 m vom Federal Palace entfernt, Visum innerhalb von 24 Stunden (ca. 12 500 CFA).
Strände in der Umgebung: Lekki Beach (**Victoria Island**), ca. 20 km östlich von Lagos, Vermietung von Hütten (ca. 10 Naira), Erfrischungsgetränke; Tarkwa-Bay, kleinerer Strand; Eleko Beach, ca. 50 km östlich von Lagos, erreichbar über die Straße nach Epe, sehr ruhig.
Sehenswert: das Nationalmuseum mit einer schönen Sammlung von Holzschnitzereien, Masken und dekorativen Tongegenständen und der königliche Palast (Kolonialarchitektur), 1704 von portugiesischen Sklavenhändlern erbaut (die Stadt war ein wichtiges Handelszentrum und später Zentrum für Sklavenhandel).

U 2: Lagos – Abeokuta (100 km)

Asphalt.

Lagos – S. U 1. (Ende U 1 und U 44.)
Abeokuta – S. T 16. (Ende T 16; Beginn U 3.)

552 Durch Afrika

U 3: Abeokuta – Ibadan – Iwo – Ede – Oshogbo – Ilorin (268 km)

Asphalt. Brücken und schmale Bahnübergänge. Viel Verkehr.

Abeokuta – S. T 16. (Ende T 16 und U 2.)
Ibadan – 229 m, 1 500 000 Einw. Gute Infrastruktur. Hauptstadt des Weststaates, 1830 gegründet. Ibadan ist eine Handelsstadt mit sehr afrikanischem Charakter.
Sehenswert: der Markt, die Universität (1948 gegründet und die älteste Universität Nigerias), die botanischen und zoologischen Gärten und das Zentrum für afrikanische Studien (Sammlungen von lokalem Kunsthandwerk), das der Universität angeschlossen ist.
Ab Ibadan gebührenpflichtige Autobahn nach Lagos.
Iwo – Kleinstadt. Lebensmittel, Verpflegung. Treibstoff. Hotel (einfach).
Ede – Kleinstadt. Lebensmittel, Verpflegung. Hotel (einfach).
Sehenswert: der „Palast des Timi" (König von Ede, der seine Sammlung traditioneller Musikinstrumente den Besuchern selbst vorstellt), die Blaskapelle spielt gegen Bezahlung vor dem Palast.
Oshogbo – 350 000 Einw. Gute Infrastruktur.
Unterkunft: moderne Hotels am Stadteingang, auf der linken Seite.
Sehenswert: der heilige Wald des Gottes Oshun, dessen Fest Ende August gefeiert wird. Der Kult entstand auf Anregung der Österreicherin Susanne Wenger, die seit mehr als 40 Jahren hier lebt.
Ilorin – 365 m. Kleinstadt. Lebensmittel, Verpflegung. Treibstoff. Hotel.
(Beginn U 4 und U 5.)
Sehenswert: die Weberei.

U 4: Ilorin – Igbetti – Kishi – Kaiama – Yashikéra – Chikanda – Grenze zu Benin – Nikki (365 km)

(05.89, Peugeot 504) Asphalt auf den ersten 20 km, dann Erdpiste (A/G) in der feuchten Jahreszeit; Teilstücke mit Asphalt bis Igbetti. Auf dieser Strecke ist Diesel schwierig zu bekommen.

Ilorin – S. U 3. (Ende U 3; Beginn U 5.)
Ilorin in Richtung Yashikéra (schwer zu finden) verlassen. Polizeikontrolle am Stadteingang.
Km 57, **Igbetti** – Kleiner Ort. Verpflegung, nicht immer erhältlich. Treibstoff.
Danach ist die schmale Piste teils sandig, teils steinig; teilweise Wellblech.
Km 107, **Kishi** – Kleiner Ort. Lebensmittel, Verpflegung. Treibstoff. Motel.
Kaiama – Kleiner Ort. Treibstoff. Asphaltstraße nach Wawa und dem Naturschutzgebiet von Borgu. (Ende U 7.)
Zwischen Kaiama und Chikanda viel Wellblech.

Nigeria – Routenteil U 553

Chikanda – Kleiner Ort. Formalitäten für die Ausreise aus Nigeria.
Nikki – S. T 10. Formalitäten für die Einreise nach Benin. (Zur T 10.)

U 5: Ilorin – Kontagora (297 km)

Asphalt. Viel Verkehr.

'Ilorin – S. U 3. (Ende U 3; Beginn U 4.)
Mokwa – Kleiner Ort. Verbindungsstraße nach Kaduna (U 24) via Tegina.
Kontagora – Kleinstadt. Gute Infrastruktur. (Beginn U 6 und U 24.)

U 6: Kontagora – Birni-Yauri (100 km)

Asphalt.

Kontagora – S. U 5. (Ende U 5; Beginn U 24.)
Birni-Yauri – Kleiner Ort ohne Versorgungsmöglichkeit.
(Beginn U 7 und U 8.)

U 7: Birni-Yauri – Rofia – Wawa/Naturschutzgebiet von Borgu (158 km)

Piste (A).

Birni-Yauri – S. U 6. (Ende U 6, Beginn U 8.)
Kurz hinter Birni-Yauri, Fähre auf dem Niger.
Rofia – Kleiner Ort. Keine Versorgungsmöglichkeit.
Wawa – Kleiner Ort. Sehr einfache Unterkunft.
Sehenswert: Naturschutzgebiet von **Borgu** (zahlreiche Tiere).
Verschiedenes: Asphaltstraße nach Kaiama (zur U 4).

U 8: Birni-Yauri – Yelwa – Koko – Jega – Birnin-Kebbi – Argungu – Sokoto (379 km)

(10.91, Unimog) Asphalt.

Birni-Yauri – S. U 6. (Ende U 6; Beginn U 7.)
Yelwa – Kleiner Ort. Unterkunftsmöglichkeit.
Birnin-Kebbi – Kleiner Ort. Treibstoff.
Argungu – Kleiner Ort. Unterkunftsmöglichkeit.
Sokoto – 350 m, 1 200 000 Einw. Gute Infrastruktur. Bezirkshauptstadt mit internationalem Flughafen. (Beginn U 9 und U 10.)
Sehenswert: der schöne große Markt.
Verschiedenes: Werkstatt „Adu-Lukat Motors Ltd.", Market-Round-About.

U 9 Sokoto – Illela – Grenze zu Niger – Birnin-Konni (93 km)

Asphalt. Schlechter Straßenzustand, große Löcher.

Sokoto – S. U 8. (Ende U 8; Beginn U 10.)
Illela – Kleiner Ort. Formalitäten für die Ausreise aus Nigeria.
Birnin-Konni – S. H 23. (Ende H 23 und H 24; Beginn H 38.) Formalitäten für die Einreise nach Niger.

U 10: Sokoto – Gusau – Giwa – Zaria (333 km)

Asphalt. Schlechter Straßenzustand.

Sokoto – S. U 8. (Ende U 8; Beginn U 9.)
Talata Mafara – Kleiner Ort. Lebensmittel. Treibstoff. Einfache Unterkunft.
Samaru – Kleiner Ort. Lebensmittel, Verpflegung. Treibstoff. Einfache Unterkunft.
Zaria – 640 m, 200 000 Einw. Gute Infrastruktur.
(Beginn U 11, U 12; Ende U 25.)
Verschiedenes: ehemalige Hauptstadt des Haussa-Staates Zegzeg, die während der Religionskriege (Jihad) von 1804-1810 durch Ousman dan Fodio erobert wurde. Residenz eines Emirs, die Universität wurde 1962 gegründet.
Sehenswert: Ringmauer (15 km Umfang) mit Stadttoren, der Palast des Emirs und das Militärmuseum.

U 11: Zaria – Paki (87 km)

Asphalt. Viel Verkehr.

Zaria – S. U 11. (Ende U 11 und U 25; Beginn U 22.)
Paki – Kleiner Ort abseits der Hauptstraße. Unterkunftsmöglichkeit.
(Beginn U 12, U 21.)

U 12: Paki – Kano (85 km)

Asphalt. Viel Verkehr.

Paki – S. U 11. (Ende U 11; Beginn U 21.)
Kano – 490 m, 550 000 Einw. Industriestadt und Zentrum des Erdnußhandels (mehr als die Hälfte des Marktes des ganzen Landes werden hier umgesetzt).
(Beginn U 15 und U 16; Ende U 13, U 14 und U 31.)
Unterkunft: Hotel „Locanda", ziemlich gepflegt, aber relativ weit vom Stadtzentrum entfernt, Sultan Road 40, italienisches Restaurant direkt nebenan (ca.

Nigeria – Routenteil U 555

186 Naira/DZ mit Bad); Hotel „Central", sehr gut, ausgezeichnetes chinesisches Restaurant, Wechselstube (ca. 470 Naira/DZ mit Klimaanlage); Hotel „Mikolo", Church Road (ca. 35 Naira/DZ mit Klimaanlage); zahlreiche Hotels im Sabon-Gari-Viertel. Unterkunftsmöglichkeit im Gasthaus der Baptistenkirche, Airport Road, in der Nähe vom Township Stadion, sauber mit Bad (ca. 12 Naira/Person). Kano State Tourist Camp, nett, aber die kalten Duschen sind manchmal außer Betrieb (ca. 10 Naira/Person und Fahrzeug).

Verschiedenes: sehr gute Buchhandlung „Zamani Bookshop", Church Road. Zahlreiche Läden mit europäischen Produkten, großer Supermarkt „UTC". Gute Führer sind Herr Mohammed Chruschow und Herr Hussein Adamo (erkundigen Sie sich beim Hotel „Central").

Sehenswert: die Ringmauer der Altstadt (17 km lang), die Färberei, der große Markt, der Palast des Emirs (Besichtigung nur an Festtagen) und die große Moschee (1947 erbaut), schöner Ausblick von den Minaretts; die 20 Meter hohen Erdnußpyramiden (im modernen Teil der Stadt), die aus für den Export bestimmten Säcken bestehen.

U 13: Jibiya – Katsina – Kano (264 km)

Asphalt. Guter Straßenzustand. Viele Polizeikontrollen.

Jibiya – S. H 40. (Ende H 40.)
Katsina – 426 m. Stadt. Gute Infrastruktur.
Unterkunft: „Katsina Guest Inn", Bgogo Road, 35 Naira/DZ, schöner Hinterhof.
Kano – S. U 12. (Ende U 12, U 14 und U 31; Beginn U 15 und U 16.)

U 14: Kongolam – Kano (145 km)

Asphalt.

Kongolam – S. H 41. (Ende H 41.)
Kano – S. U 12. (Ende U 12, U 13 und U 31; Beginn U 15 und U 16.)

U 15: Kano – Potiskum – Damaturu – Maiduguri (596 km)

(01.92) Asphalt zwischen Kano und Potiskum. Vorsicht vor Schlaglöchern auf den letzten 200 km vor Maiduguri. Zahlreiche Polizeikontrollen auf der ganzen Strecke.

Kano – S. U 12. (Ende U 12, U 13, U 14 und U 31; Beginn U 16.)
Potiskum – Kleiner Marktflecken. Lebensmittel, Verpflegung. Treibstoff.
Unterkunft: Hotel „Palace" (Bungalows ca. 15 Naira/Person); „Catering Resthouse", mittelmäßiges Essen (ca. 50 Naira/2 Personen).
Damaturu – Kleiner Ort. Treibstoff. Ausgezeichnete Asphaltstraße (137 km) nach Biu (zur U 32). (Ende U 16.)

556 Durch Afrika

Maiduguri – 300 m, 260 000 Einw. Gute Infrastruktur. Treibstoff nicht immer, Diesel nur auf dem Schwarzmarkt. VW-Niederlassung. Schöner Markt.
(Beginn U 18 und U 19; Ende U 17 und U 20.)
Unterkunft: Hotel „Lake Tchad", links an der Kreuzung und dann 400 m auf der linken Seite, schöner Pool (ca. 50 Naira/DZ mit Bad); Hotel „Derib", bewachter Parkplatz, gut, aber teuer. Campingmöglichkeit im zoologischen Garten („Sanda Kyarimi Parc Zoo"), freundlicher Empfang (Öffnungszeiten 09.30 bis 17.30 Uhr), oder auf dem Gelände des Hotels „Lake Tchad", Duschen und Pool dürfen benützt werden (50 Naira/Person, Fahrzeug frei).

U 16: Kano – Wudil – Jahun – Hadejia – Nguru – Gashua – Damataru (545 km)

Asphalt. Guter Straßenzustand.

Kano – S. U 12. (Ende U 12, U 13 U 14 und U 31; Beginn U 15.)
Kano in Richtung Potiskum (U 15) verlassen.
Km 43, bei Wudil nach links in Richtung Jahun abbiegen.
Jahun – Kleiner Ort. Lebensmittel, Verpflegung.
Hadejia – Kleiner Ort. Lebensmittel, Verpflegung. Treibstoff.
Immer trockenere Gegend; wenig Vegetation.
Km 293, **Nguru** – Kleiner Ort. Verpflegung (Läden). Treibstoff. Post.
Km 357, **Gashua** – Kleiner Ort. Verpflegung.
Km 413, Kreuzung. Nach Damataru nach rechts abbiegen; geradeaus geht es nach Geidam. Weniger guter Straßenzustand (Schlaglöcher).
Damataru – S. U 15. (Zur U 15).

U 17: Diffa (Niger) – Grenze zu Nigeria – Damasak – Maiduguri (206 km)

Piste (A) bis Damasak (27 km); danach Asphalt.

Diffa – S. H 48. (Zur H 48.)
Formalitäten für die Ausreise aus Niger.
Beim Zoll auf die Piste in Richtung Süden fahren.
Km 5, man erreicht den Fluß Komadougou (Fähre in der Regenzeit, nicht empfohlen für schwere Fahrzeuge, Gefahr des Kenterns).
Km 7, **Dutse** – Ort. Formalitäten für die Einreise nach Nigeria (oft wird eine gesetzeswidrige Steuer von der Polizei erhoben); keine Möglichkeit, ein Transitvisum zu bekommen.
Danach Piste bis Damasak.
Km 27, **Damasak** – Kleiner Ort. Keine Versorgungsmöglichkeit.
Asphaltstraße bis Maiduguri.
Km 206, **Maiduguri** – S. U 15. (Ende U 15, U 20; Beginn U 18, U 19.)

Nigeria – Routenteil U 557

U 18: Maiduguri – Gambaru – Grenze zu Kamerun – Fotokol – Kousseri – Grenze zum Tschad – N'Djamena (249 km)

(03.93, Hanomag AL 28) Asphalt bis Gambaru; dann schlechte Piste bis kurz vor Maltam; schließlich guter Asphalt. Brücke über den Chari.

Maiduguri – S. U 15. (Ende U 15, U 17 und U 20; Beginn U 19.)
Gambaru – Kleiner Ort. Zügige Formalitäten für die Ausreise aus Nigeria, Devisenkontrolle.
Fotokol – Kleiner Ort. Formalitäten für die Einreise nach Kamerun. In dieser Gegend ist die häufigste Währung der nigerianische Naira.
In der Umgebung: der **Tschadsee,** 28 km hinter Fotokol links auf die (schlechte) Piste nach Makary, dort links nach Blangua fahren (25 km) und hier mit einer Piroge zum See (mit ein bißchen Glück kann man Flußpferde sehen); Fahrzeug bei dem Polizeiposten am Eingang von Blangua stehenlassen (eine große Piroge kostet mindestens 10 000 CFA).
Hinter Fotokol Durchquerung eines Sumpfgebiets (vielfältige Fauna).
Kousseri (ehemals Fort-Foureau) – Kleiner Marktflecken auf dem linken Ufer des Flusses Logone. Lebensmittel, Verpflegung. Bank.
Unterkunft: Hotel „Relais Logone" (ca. 7000 bis 10 000 CFA/Person), Campingmöglichkeit im Hof; Hotel „Moderne".
Verschiedenes: Formalitäten für die Ausreise aus Kamerun.
Schlechter Asphalt bis zur Fähre (ca. 2000 CFA/Fahrzeug) am Zusammenfluß von Logone und Chari.
Formalitäten für die Einreise in den Tschad kurz vor N'Djamena.
N'Djamena – S. I 5. (Ende I 5; Beginn I 7, V 1 und V 4.)

U 19: Maiduguri – Bama – Banki – Grenze zu Kamerun – Mora (149 km)

(01.92) Gute Asphaltstraße von Maiduguri bis Limani; danach gute Piste bis Mora. Zahlreiche Polizeikontrollen.

Maiduguri – S. U 15. (Ende U 15, U 17 und U 20; Beginn U 18.)
Kurz vor Bama führt eine Brücke über den Yedseram.
Bama – Kleiner Ort. Lebensmittel, Verpflegung (Markt am Samstag).
Unterkunft: Hotel „Liberty", sehr gut.
Bei der letzten Tankstelle auf nigerianischer Seite volltanken.
Km 10 hinter Bama, nach Banki links abfahren (nach rechts in Richtung Pulka und Kerawa, von wo aus man ebenfalls Limani erreichen kann).
Banki – Kleiner Ort. Lebensmittel, Verpflegung (Markt). Formalitäten für die Ausreise aus Nigeria (schnell).
Limani – Ort. Formalitäten für die Einreise nach Kamerun.

558 Durch Afrika

Verschiedenes: ca. 5 km hinter dem Zoll, nicht weit von einem Polizeiposten, findet man – auf der linken Straßenseite – die Klinik einer Schweizer Mission. Sie wird von einem Franzosen geleitet; herzlicher Empfang.
Mora – S. V1. (Ende V 1; Beginn V 2 und V 5.)

U 20: Nguigmi (Niger) – Bosso – Grenze zu Nigeria – Kukawa – Maiduguri (361 km)

Mittelmäßige, teils versandete Piste (A/H/I/J) bis einige km vor Bosso. Ab Kukawa an der Kreuzung von Km 11 sehr schlechte Asphaltstraße (Löcher); dann gute Asphaltstraße bis Maiduguri. Hinter Bosso kann die Furt über den Komadugu bei hohem Wasserspiegel nicht überquert werden.

Nguigmi – S. H 48. (Ende H 48, Beginn H 49, H 50 und I 4.)
Bosso – Kleiner Ort. Formalitäten für die Ausreise aus Niger.
Nach der Furt über den Komadugu führt die Piste am schilfbewachsenen Ufer des Tschadsees entlang. Die hier lebenden Fischer führen noch ein traditionell verwurzeltes Leben.
Kukawa – Kleiner Ort. Lebensmittel, Verpflegung. Formalitäten für die Einreise nach Nigeria. Richtung Osten (Baga) fahren und bei Km 11 rechts abbiegen.
Maiduguri – S. U 15. (Ende U 15, U 17 und U 19; Beginn U 18.)

U 21: Paki – Rahama (142 km)

Asphalt. Schnelle Verbindung zwischen Kano und Jos.

Paki – S. U 11. (Ende U 11; Beginn U 12.)
Km 50, Campingmöglichkeit im Lager der „Forestry Game Reserve".
Km 110 bis 130, schlechter Straßenzustand.
Rahama – Kleiner Ort. Lebensmittel, Verpflegung. Treibstoff.
(Beginn U 28; Ende U 23.)

U 22: Zaria – Pambeguwa (84 km)

(03.93, Hanomag AL 28) Schlechte, löcherige Asphaltstraße durch hügeliges Gebiet.

Zaria – S. U 10. (Ende U 10 und U 25; Beginn U 11.)
Pambeguwa – Kleiner Ort. Treibstoff. Unterkunft. (Beginn U 23; Ende U 26.)

U 23: Pambeguwa – Rahama (70 km)

(03.93, Hanomag AL) Schlechter, löcheriger Asphalt. Schöne, teils gebirgige Landschaft.

Pambeguwa – S. U 22. (Ende U 22 und U 26.)
Rahama – S. U 21. (Ende U 21; Beginn U 28.)

Nigeria – Routenteil U 559

U 24: Kontagora – Tegina – Kaduna (303 km)

Asphalt. Viele Schlaglöcher und viel Verkehr.

Kontagora – S. U 5. (Ende U 5, Beginn U 6.)
Tegina – Kleiner Ort. Treibstoff. Unterkunft möglich.
Kaduna – 300 000 Einw. Stadt. Gute Infrastruktur.
Verschiedenes: Deutsches Konsulat ist geschlossen. Einzige diplomatische
Vertretung Deutschlands ist in Lagos. (Beginn U 25, U 26 und U 27.)

U 25: Kaduna – Zaria (84 km)

Asphalt. Viele Schlaglöcher und viel Verkehr.

Kaduna – S. U 24. (Ende U 24; Beginn U 26 und U 27.)
Km 22, rechter Hand Beginn der Strecke U 26.
Zaria – S. U 10. (Ende U 10; Beginn U 11 und U 22.)

U 26: Kaduna – Pambeguwa (122 km)

Asphalt.

Kaduna – S. U 24. (Ende U 24; Beginn U 25 und U 27.)
Km 22, auf der linken Seite läßt man die Strecke U 25 liegen.
Pambeguwa – S. U 22. (Ende U 22; Beginn U 23.)

U 27: Kaduna – Kachia – Zonkwa – Kurmingoro (266 km)

Asphalt.

Kaduna – S. U 24. (Ende U 24; Beginn U 25 und U 26.)
Kachia – Kleiner Ort. Treibstoff. Bescheidenes Hotel.
Zonkwa – Kleiner Ort. Treibstoff.
Kurmingoro – Kleiner Ort. Keine Versorgungsmöglichkeit.
(Beginn U 29; Ende U 42.)

U 28: Rahama – Jos (88 km)

Asphalt. Guter Straßenzustand. Schöne Gegend, teils gebirgig.

Rahama – S. U 21. (Ende U 21 und U 23.)
Jos – 1310 m. Bergwerksstadt und Luftkurort. Gute Infrastruktur.
(Beginn U 30; Ende U 29.)
Unterkunft: „Moonshine Hotel", sauber (ca. 30 Naira); Hotel „Hillstation", luxu-

riös (ca. 300 Naira); „Yelwa Club", 10 km südlich von Jos in Bukuru, angenehm geleitet von Mrs. Ruth Mohamed, große Zimmer, Restaurant, Bar, Billard, Pool (120 Naira/DZ mit Bad). Campingmöglichkeit in der Nähe des Hotels „Hillstation" oder des Sees von Jos (fragen Sie nach dem Weg).
Sehenswert: der Zoo, der Markt und das archäologische Museum.
In der Umgebung: faszinierende Berglandschaft.

U 29: Kurmingoro – Jos (75 km)

Asphalt.

Kurmingoro – S. U 27. (Ende U 27 und U 42.)
Jos – S. U 28. (Ende U 28; Beginn U 30 und U 34.)

U 30: Jos – Bauchi – Gombe (288 km)

(03.93, Hanomag AL 28) Schlechter und löcheriger Asphalt. Die Straße führt durch mehrere kleine Dörfer; Vorsicht geboten.

Jos – S. U 28. (Ende U 28 und U 29; Beginn U 34.)
Ca. auf der Hälfte der Strecke zwischen Jos und Bauchi, Pass von Panshanu (Jos-Plateau).
Km 99, Abzweigung (8 km) zu den „Gefi Rock Paintings" (Felsmalereien).
Bauchi – Kleinstadt. Lebensmittel, Verpflegung. Supermarkt mit großem Warenangebot auf der Strecke nach Jos. Treibstoff. Banken. Werkstatt („Steyr Nigeria").
Unterkunft: „Steyr Nigeria" hat ein angeschlossenes *guesthouse* (Pool, Tennisplätze, intern. Telefon- u. Telexverbindung); Hotel „Zaranda", sehr gut, Pool, schönes und gutes Restaurant mit Aussicht (ca. 100 Naira/DZ mit Bad und Klimaanlage). (Beginn U 31.)
Dindima – Kleiner Ort. Keine Versorgungsmöglichkeit.
In der Umgebung: die „Yankari Game Reserve" (Asphaltstraße, 55 km), ganzjährig geöffnet, man kann die meisten afrikanischen Tierarten beobachten (Eintritt 15 Naira/Person, 10 Naira/Student, 10 Naira/Fotoerlaubnis, 5 Naira/Person für den Führer, Besuch mit Bus und Führer für 2 Stunden 15 Naira/Person, da diese Touren meist zu spät starten, empfiehlt es sich, mit dem eigenen Wagen und einem Führer um 06:00 Uhr loszufahren), Hotel (ca. 300 Naira/DZ mit Dusche), Bungalows (ca. 75 Naira), Bar, kleiner Laden, Campingplatz (ca. 10 Naira/Person), Restaurant (ca. 55 Naira/Mahlzeit), kein Treibstoff, Baden in der Quelle von Wikki (31°), trotz der vielen Paviane angenehmer Platz.
Gombe – Kleiner Ort. Treibstoff. Bank. Unterkunft. (Beginn U 32, U 33.)

Schicken Sie uns Ihre Verbesserungsvorschläge zu! Danke!

Nigeria – Routenteil U 561

U 31: Bauchi – Ningi – Kano (298 km)

Asphalt.

Bauchi – S. U 30. (Zur U 30.)
Km 74, Kreuzung; nach Miya rechts abbiegen.
Km 114, **Kingi** – Kleiner Ort. Markt am Montag.
Km 125 – 135, Instandsetzung der Straße; Piste.
Km 145, man erreicht die Straße Kano-Potiskum (zur U 15); nach links abbiegen.
Kano – S. U 12. (Ende U 12, U 13 und U 14; Beginn U 15 und U 16.)

U 32: Gombe – Biu – Mubi – Sahuda – Grenze zu Kamerun – Dourbeye (335 km)

(05.92, Land Rover) Asphalt bis Mubi, dann einspurige, steinige Piste (A).

Gombe – S. U 30. (Ende U 30; Beginn U 33.)
Biu – Kleiner Ort. Treibstoff nicht immer erhältlich.
Unterkunft: sehr einfaches *campement*-Hotel.
Verschiedenes: Baumwollplantagen. Beginn einer guten Teerstraße (137 km) nach Damaturu (zur U 15).
Little Gombi – Kleiner Ort.
Unterkunft: sehr einfaches *campement*-Hotel.
Mubi – Kleiner Ort. Manchmal Treibstoff. Hotel.
Sahuda – Kleiner Ort. Formalitäten für die Ausreise aus Nigeria.
Boukoula – Kleiner Ort. Formalitäten für die Einreise nach Kamerun.
Einige km hinter dem Zoll mündet auf der linken Seite die Strecke V 2 von Mora.
Dourbeye – S. V 2.
Polizeikontrolle und Einreisestempel für Kamerun. (Ende V 2; Beginn V 3.)

U 33: Gombe – Numan – Yola – Grenze zu Kamerun – Garoua (351 km)

Asphalt bis 10 km vor der Grenze, dann schlechte Piste bis zur Grenze; schließlich gute Piste bis Garoua.

Gombe – S. U 30. (Ende U 30; Beginn U 32.)
Yola – Stadt. Gute Infrastruktur. Bescheidenes Hotel. Formalitäten für die Ausreise aus Nigeria. Die Piste führt dann am Fluß Benoué entlang.
Garoua – S. V 3.
Formalitäten für die Einreise nach Kamerun.
(Ende V 3, V 8; Beginn V 9.)

562 Durch Afrika

U 34: Jos – Wukari – Ikom (626 km)

(10.91, Unimog) Asphalt. Einige Schlaglöcher.

Jos – S. U 28. (Ende U 28 und U 29; Beginn U 30.)
Ab Jos die Strecke U 29 einschlagen.
Km 24, nach links abbiegen.
Km 100, **Panyam** – Kleiner Ort.
Verschiedenes: eine andere mögliche Strecke von Panyam bis Yelwa (nagelneuer Asphalt) führt via Schendam (Lebensmittel, Verpflegung und Treibstoff, Hotel, ca. 60 Naira/DZ).
Km 192, **Langtang** – Kleiner Ort. Versorgung. Treibstoff. Werkstatt. Hospital.
Yelwa – Kleiner Ort.
Nach Ibi über den Benoué setzen. Fähre ist in Ordnung (10 Naira/Lkw).
Km 322, **Ibi** – Kleiner Ort.
Km 362, **Wukari** – Kleiner Ort. Lebensmittel, Verpflegung. Treibstoff.
Km 458, **Katsina Ala** – Kleiner Ort. Beginn einer Schnellstraße (Gebühr für Lkw 2,5 Naira).
Ca.10 km vor Gakem, Abbzweigung nach links nach Obudu; 44 km weiter (Asphaltstraße) liegt die „Obudu Cattle Ranch" in wunderschöner Landschaft; Vermietung von Hütten (200 Naira, Campingmöglichkeit 50 Naira); schöne Ausflüge in die Berge (Wasserfälle). Man kann Ikom erreichen, ohne nach Gakem zurückfahren zu müssen; von Obudu bis Ikom führt eine gute Asphaltstraße durch Tropenwald.
Km 548, **Ogoja** – Kleiner Marktflecken. Lebensmittel. Treibstoff.
Ikom – Kleiner Ort. Treibstoff. (Beginn U 35 und U 40; Ende V 16.)
Unterkunft: „Wama-Hotel", runtergekommen (ca. 70 Naira); Hotel „Metropolis", gut (250 Naira/DZ mit Dusche).

U 35: Ikom – Ugep – Orira – Akamkpa – Calabar (217 km)

(01.94, Patrol) Sehr guter Asphalt.

Ikom – S. U 34. (Ende U 34 und V 16; Beginn U 40.)
Kurz hinter Akamkpa zweigt rechts eine Asphaltstraße ab, die zur Strecke U 37 führt (kurz vor Ikot-Ekpene). Auf diese Weise können Reisende nach Port Harcourt einen Umweg über Calabar vermeiden.
Calabar – Wichtiger Hafen. Gute Infrastruktur. (Beginn U 36 und U 37.)
Unterkunft: „Cross Road Hotel", sauber und ruhig (500 Naira/Zimmer mit Klimaanlage und Bad). Gute Küche in „Jennys Restaurant". Gutes Essen im „Estate Chinese Restaurant", Plot 254, Efanga Mkoa Road, Housing Estate.
Verschiedenes: das Konsulat von Kamerun stellt inzwischen wieder Visa aus (kurze Wartezeiten, ca. 1875 Naira). Bei Krankheiten an Dr. Oscar Umoh in der privaten „Hannah-Foundation-Clinic" wenden, 3 Akim Close, State Housing

Estate. U.U. gibt es Schwierigkeiten, wenn man seinen Treibstoffvorrat in Kanistern auffüllt.
Sehenswert: der Markt (Musikinstrumente).

U 36: Calabar – Ekang – Grenze zu Kamerun – Otu – Mamfé (210 km)

(01.94, Unimog) Asphalt bis Ekang; dann Piste (A/G/H in der Regenzeit) in schlechtem Zustand. Schlechte und teuere Treibstoffversorgung.

Calabar – S. U 35. (Ende U 35; Beginn U 37.)
Calabar über die Straße nach Akamkpa (Strecke U 35) verlassen. Am Stadtausgang hinter einer „Mobil"–Tankstelle nach rechts fahren.
Ekang – Kleiner Ort. Formalitäten für die Ausreise aus Nigeria.
Otu – Kleiner Ort. Formalitäten für die Einreise nach Kamerun. (Zur V 16.)
Wunderschöne Landschaft mit Tropenwald, der die Schwierigkeiten der Piste vergessen läßt. 30 km hinter Otu gelangt man zum **Lac Ejagham**, in dieser Region viele Tse-Tse-Fliegen aber schöne, einsame Übernachtungsplätze.
Mamfé – S. V 15. (Ende V 15 und V 20; Beginn V 16.)

U 37: Calabar – Oron – Aba (184 km)

(01.94, Patrol) Sehr guter Asphalt. Wenig Verkehr.

Calabar – S. U 35. (Ende U 35; Beginn U 36.)
Sie verlassen Calabar mit der Fähre nach Oron.
Kurz vor Ikot-Ekpene mündet auf der rechten Seite eine Asphaltstraße ein, über die man die Strecke U 35 kurz vor Akamkpa erreichen kann.
Ikot-Ekpene – Kleiner Ort. Treibstoff und Autowerkstatt.
Sehenswert: auf der rechten Straßenseite befinden sich zwei Kunsthandwerksläden (Bastgegenstände und Masken).
Aba – 200 000 Einw. Gute Infrastruktur. (Beginn U 38 und U 39.)
Verschiedenes: Vorsicht mit den Leuten vom *local governement*. Diese versuchen teilweise ausnehmend aggressiv eine Art Straßen- oder Fahrzeugsteuer zu kassieren. Nicht einschüchtern lassen und nicht zahlen.
Sehenswert: der schöne Stoffmarkt entlang der Asa Road.

U 38: Aba – Port Harcourt (115 km)

Asphalt. Viele Lkws.

Aba – S. U 37. (Ende U 37; Beginn U 39.)
Port Harcourt – 330 000 Einw. Einer der wichtigsten Häfen Afrikas. Gute Infrastruktur. Zahlreiche Meeresfrüchterestaurants.
Sehenswert: die Märkte (schöne bedruckte Stoffe).

564 Durch Afrika

U 39: Aba – Onitsha (214 km)

Asphalt.

Aba – S. U 37. (Ende U 37; Beginn U 38.)
Onitsha – 300 000 Einw. Gute Infrastruktur. (Beginn U 44; Ende U 43.)
Verschiedenes: Onitsha war aufgrund seiner Lage am Fluß Niger früher einer der wichtigsten Märkte Westafrikas (hier konnten auch noch entfernt lebende Bevölkerungsgruppen den Markt besuchen).

U 40: Ikom – Bansara – Abakaliki – Enugu (155 km)

Asphalt zwischen Ikom und Bansara, danach bis Abakaliki viele tiefe Schlaglöcher; auf den letzten 40 km (ab Nkalagu) gute Asphaltstraße.

Ikom – S. U 34. (Ende U 34 und V 16; Beginn U 35.)
Über die Straße nach Ogoja (U 34) verlassen Sie Ikom.
Km 60, nach links abbiegen.
Bansara – Kleiner Ort. Keine Versorgungsmöglichkeit.
Abakaliki – Kleiner Marktflecken. Lebensmittel, Verpflegung. Treibstoff. Hotel.
Enugu – 250 m, 200 000 Einw. Wichtiges Bergbaurevier (Kohle), früher die Hauptstadt des Ostens. Gute Infrastruktur. (Beginn U 41 und U 43.)
Unterkunft: Hotel „Panafric", bewachter Hof, sehr freundlicher Empfang, gutes Restaurant (ca. 50 Naira/DZ mit Bad und Klimaanlage).

U 41: Enugu – Makurdi (257 km)

Asphalt.

Enugu – S. U 40. (Ende U 40; Beginn U 43.)
Makurdi – Stadt. Gute Infrastruktur. (Beginn U 42.)

U 42: Makurdi – Lafia – Wamba – Kurmingoro (260 km)

Asphalt. Schlechter Straßenzustand zwischen Lafia und Wamba (viele Löcher).

Makurdi – S. U 41. (Ende U 41.)
Lafia – Kleiner Ort. Treibstoff.
Wamba – Kleiner Ort. Bescheidenes Hotel.
Kurmingoro – S. U 27. (Ende U 27; Beginn U 29.)

Aktuelle Reise-Informationen erhalten Sie unter der Tel.-Nummer 0 89/ 28 20 32 in der Reisesprechstunde beim Därr-Expeditionsservice.

Nigeria – Routenteil U 565

U 43: Enugu – Onitsha (93 km)

Asphalt. Vierspurige Straßen.

Enugu – S. U 40. (Ende U 40; Beginn U 41.)
Onitsha – S. U 39. (Ende U 39; Beginn U 44.)

U 44: Onitsha – Benin City – Shagamu – Lagos (464 km)

(01.94, Patrol) Asphalt. Zweispurige Straße zwischen Onitsha und Benin City; Autobahn zwischen Benin City und Lagos. Häufig Schlaglöcher und flächige Zerstörung des Asphaltes.

Onitsha – S. U 39. (Ende U 39 und U 43.)
Benin City – 160 000 Einw. Ehemalige Hauptstadt des Königreichs von Benin, Provinzhauptstadt von Mid-Western. Gute Infrastruktur. (Beginn U 45.)
Unterkunft: Hotel „Nova", bewachter Parkplatz, Pool (300 Naira/DZ mit Bad und Klimaanlage); „Benin Plaza Motel", luxuriös (460 Naira/DZ); Hotel „Edo" (150 Naira/DZ mit Bad und Klimaanlage).
Sehenswert: Museum und der „Palast des Oba" (König von Benin), der eine schöne Sammlung der Kunst dieses alten Königreichs beherbergt; Straßen der Kunsthandwerker (Igun Street und Igbesanwan Street). Wer sich Mitte Dezember in Benin City aufhält, sollte das Igwe Festival im „Palast des Oba" nicht verpassen (traditionelle und heilige Tänze aus der Zeit der Oba von Benin).
Lagos – S. U 1. (Ende U 1; Beginn U 2.)

U 45: Benin City – Sapela – Abraka (96 km)

Asphalt. Guter Straßenzustand. Viel Verkehr bis Sapele.

Benin City – S. U 44. (Zur U 44.)
Sapele – Alte Stadt mit Holzhäusern. Lebensmittel, Verpflegung nicht immer erhältlich. Einfache Hotels.
Einige km hinter Sapele nach links abbiegen.
Abraka – Kleiner Ort am Ufer eines Flusses. Motel.
Sehenswert: die Quellen des Flusses, ca. 2 km (Piste) vom Motel entfernt, und die Universität.

U 46: Lagos – Ife – Agabu (365 km)

(01.94, Patrol) Asphalt, zwischen Oyo und Ife schmal mit Schlaglöchern.

Lagos – S. U 1 (Beginn U 2, U 46; Ende U 44.)
Sehr gute Autobahn bis Ibadan.

Ibadan – S. U 3. (Zur U 3.)
Schöne Strecke über Land, allerdings viel Verkehr.
Oyo – Dorf.
Sehenswert: Kalebassenschnitzereien, anderes Kunsthandwerk.
Iwo – S. U 3. (Zur U 3.)
Es geht an landwirtschaftlich genutzten Flächen vorbei, Regenwaldcharakter. Die Leute sind sehr freundlich.
Ife – Stadt. Gute Infrastruktur. Zahlreiche Hotels und Restaurants.
Sehenswert: Nationalmuseum mit zahlreichen Bronzen aus dem alten Yoruba-Reich.
Agabu – Stadt. (Zur U 44.)

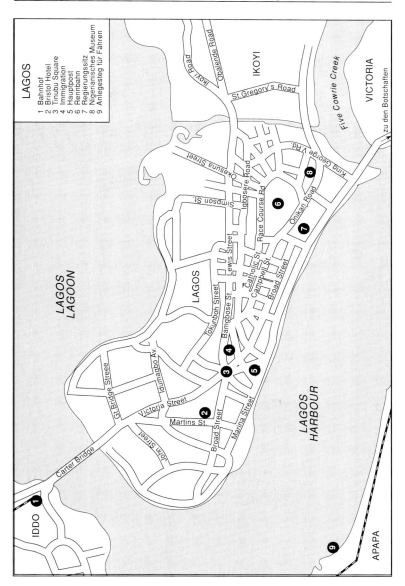

568 Durch Afrika

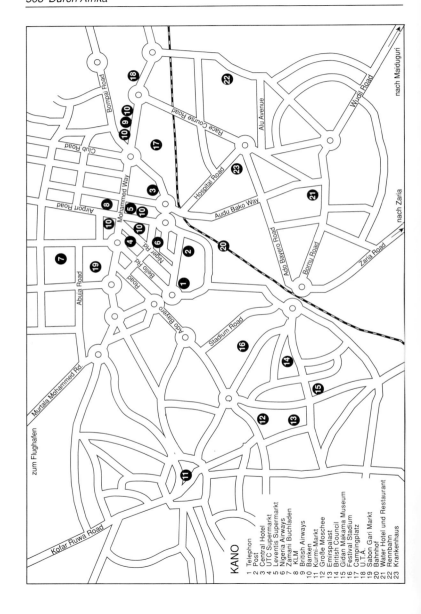

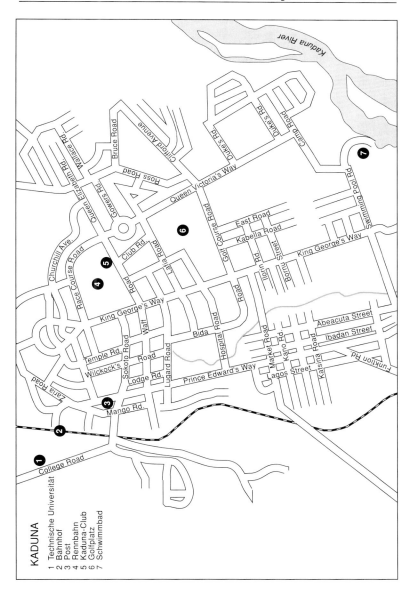

570 Durch Afrika

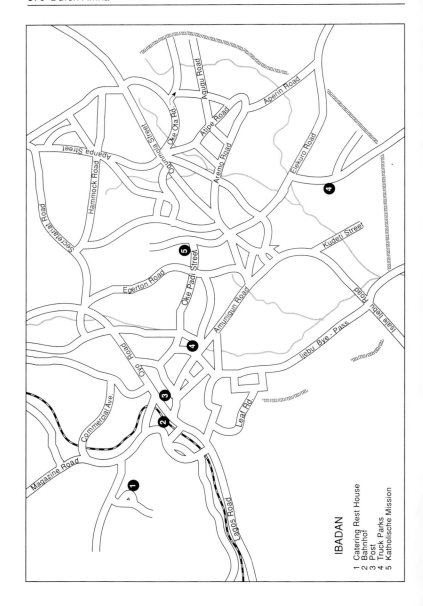

Nigeria – Routenteil U 571

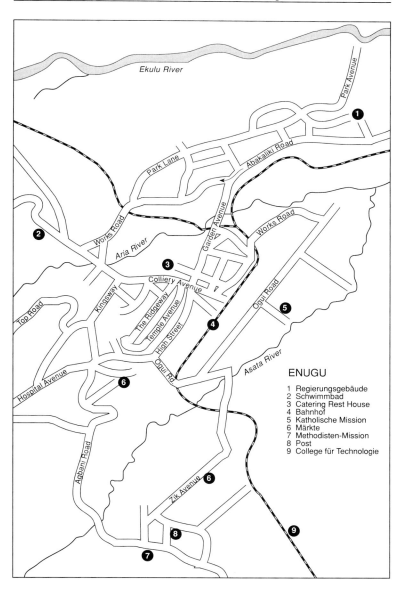

572 Durch Afrika

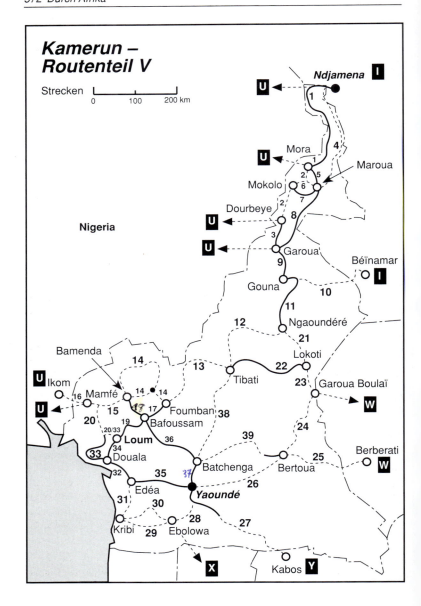

Kamerun – Routenteil V

Überblick

Fläche: 475 442 km².

Einwohner: 12 245 000.

Ethnien: Bantu, Peul, Haussa, Pygmäen.

Hauptstadt: Yaoundé (800 000 Einw.).

Sprachen: Französisch und Englisch, daneben Sprachen wie Bantu, Ful und Haussa.

Religion: 55% Christen, ca. 22% Muslime, Naturreligionen.

Ruhetag: Sonntag.

Feiertage: 1.1., 11.2., Karfreitag, 1.5., 20.5., Himmelfahrt, 15.8., 25.12., außerdem die islamischen Feiertage Aid el Kebir und Aid es Seghir (jährlich wechselnd). Fällt ein Feiertag auf den Sonntag, dann ist am darauffolgenden Montag ebenfalls frei. Werktage zwischen zwei Feiertagen sind meist auch frei.

Einreise: Deutsche, Schweizer und Österreicher benötigen ein Visum (ca. 90 DM). Der Nachweis ausreichender Geldmittel und ordnungsgemäßer Papiere für die Weiterreise ist erforderlich. Bei Flugreisenden Rück- oder Weiterflugticket.
Am Flughafen keine Bank, kein Geldwechsel! Taxi Flughafen - Douala 2000 CFA.

Impfung/Gesundheit: Gelbfieberimpfung vorgeschrieben; Malariaprophylaxe dringend empfohlen. Informieren Sie sich beim zuständigen Gesundheitsamt.

Währung: F-CFA. 100 CFA = 1 FF; 100 CFA = DM 0,30. Ein- und Ausfuhr auf 20 000 CFA beschränkt. Ausländische Währungen können unbegrenzt eingeführt, müssen aber deklariert werden. Achtung: Durch Abwertung des CFA im Frühjahr 93 kam es zu enormen CFA-Preissteigerungen in allen CFA-Ländern (für uns aber trotzdem billiger). Preisangaben können dadurch zum Teil überholt sein.

Kfz: Internationaler Führerschein und Kfz-Schein; *carnet de passage* (stattdessen wird auch ein *passavant* ausgestellt, das jedoch nicht an der Grenze

574 *Durch Afrika*

erhältlich ist); an der Grenze muß eine Haftpflichtversicherung abgeschlossen werden.

Treibstoffpreise: Super 261 CFA/l, Diesel 192 CFA/l.

Straßenzustand: Größtenteils Pisten (beachten Sie dazu die Pistenbeschreibungen). Auf Pisten mit viel Verkehr sind Regensperren eingerichtet, an denen mit Wartezeiten zu rechnen ist (vor allem Lkw mehrere Stunden).

Zeitverschiebung: Gleich; Sommerzeit - 1 Stunde.

Stromspannung: 220 V.

Kontrollen: Straßenkontrollen selten.

Grenzen: Die Grenzen zu den Nachbarländern sind geöffnet.

Literatur und Landkarten:
Karten: Übersichtskarten Michelin 953 Nord- und Westafrika, 1:4 000 000 und MacMillan Cameroun, 1:1 500 000. Detailkarten IGN 1:1 000 000..
Reiseführer: „Reise Know-How Kamerun", Därr Reisebuch-Verlag.
Hintergrund: Romane kamerunischer Autoren (z.B. Francis Bebey); G. Nachtigal, „Gustav Nachtigals Reisen in der Sahara und im Sudan", Time-Life-Verlag; nigel Barley, „Traumatische Tropen", Klett-Cotta, ein höchst amüsanter Bericht eines Ethnologen von seinen Erfahrungen aus Nordkamerun, ebenso bom gleichen Autor: „Die Raupenplage", Klett-Cotta.

Geschichte: Während der Norden Kameruns teils zum Reich Kanem-Bornu teils zu den Haussa-Stadt-Staaten gehörte und früh islamisiert wurde, lebten im südlichen Landesteil Pygmäenstämme, die jedoch bereits kurz vor Beginn unserer Zeitrechnung von bantusprachigen Völkern in ihre Rückzugsgebiete im tropischen Regenwald abgedrängt wurden. Ende des 15. Jahrhunderts wurden die ersten portugiesischen Handelsniederlassungen gegründet, die mit Kanem-Bornu rege Handelsbeziehungen unterhielten. Andere europäische Nationen folgten und erweiterten ihre Einflußsphären in das Landesinnere. Im Gefolge der Kolonisierung kamen immer mehr christliche Missionare nach Kamerun. 1884 gelang es Gustav Nachtigal in diesem Wettlauf für Kaiser Wilhelm die ersten Protektoratsverträge mit lokalen Fürsten abzuschließen. Kurz darauf wurde das Gebiet des heutigen Kamerun in Einflußsphären der Deutschen, Briten und Franzosen aufgeteilt. 1960 wurde auch Kamerun unabhängig.

Politik: Die Kolonialzeit hat Kamerun, wie den meisten anderen neugeschaffenen afrikanischen Ländern auch, ein ethnisches Konfliktpotential hinterlassen. Der Norden des Landes wird von muslimischen Haussa und Peul dominiert, während im Süden christliche und animistische Völker leben. So stellt sich auch die Besetzung wichtiger politischer Positionen als Balanceakt dar, bei dem jede Bevölkerungsgruppe und Religionsgemeinschaft zu ihrem Recht kommen sollte. Kameruns erster Präsident Ahidjo hatte beispielsweise mit starken Protesten der Studenten aus den anglophonen Landesteilen zu kämpfen. Für die Europäer galt Ahidjo trotz massiver Menschenrechtsverletzungen im Lande als respektabler politischer Partner, da er Kamerun zunächst eine wirtschaftliche Blütezeit bescherte und das Land zu den wenigen politisch stabilen Regionen des Kontinents zählte. 1982 trat Ahidjo zurück und überließ das Feld seinem politischen Ziehkind Paul Biya, der aus dem Süden stammt und zweisprachig aufgewachsen ist. Biya entwickelte sich zur Integrationsfigur für die bisher politisch unterrepräsentierten südlichen Landesteile, was wiederum den Widerstand des islamisch dominierten Nordens hervorrief. Trotz großer Hoffnungen auf Demokratisierung hat Biya bisher keine konkreten Schritte in diese Richtung unternommen. Die ersten freien Wahlen von 1992 (Sieger:Biya) sollen manipuliert gewesen sein.

Das Königreich Bamoun

Reisende, die in Foumban den Sultanspalast besichtigen, werden sich zunächst wohl fragen, ob sie tatsächlich in Afrika sind. Hier hat sich der sechzehnte König der Bamoun-Dynastie, Ibrahim Njoya, eine Residenz erbaut, die im freien Spiel der Fantasie alle erdenklichen Elemente europäischer Kunstgeschichte vereint. Ein Vereiner und Vermittler war dieser König jedoch nicht nur in seinen architektonischen Eskapaden. Sein ganzes Leben lang versuchte er, technische und kulturelle Errungenschaften Europas und insbesondere der Deutschen, die er heftig bewunderte, mit afrikanischem Kulturgut zu verschmelzen. So entwickelte er beispielsweise eine eigene Schrift, mit der Shumon, die Sprache Bamouns, transkribiert werden konnte. Überall im Reich ließ er Schulen bauen, in denen diese Schrift unterrichtet wurde. Er erfand eine elektrische Mühle, bemühte sich, sein Königreich kartografisch zu erfassen, und versuchte sich schließlich an einer neuen Religion, die islamische und christliche Elemente mit den traditionellen Glaubensvorstellungen verschmelzen sollte. 1924 wurde Njoya wegen seiner Deutschfreundlichkeit von den Franzosen abgesetzt und ins Exil geschickt.

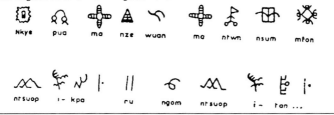

576 Durch Afrika

Routeninformationen

V 1: N'Djamena (Tschad) – kamerunische Grenze-Kousseri – Waza-Nationalpark – Mora (203 km)

(08.93, Mercedes G) Bis Waza guter Asphalt, danach bis Mora zahlreiche Schlaglöcher.

N'Djamena – S. I 5. (Beginn I 7; Ende I 5 und U 18.)
N´Djamena bzw. den Tschad über die Charibrücke verlassen, vor und nach der Brücke Ausreise- (Tschad) bzw. Einreiseformalitäten (Kamerun) erledigen Bis Maltam folgen Sie der Strecke U 18 (in umgekehrter Richtung), danach nach links zum Waza-Nationalpark.
Waza-Nationalpark – Seit 1992 gibt es kaum mehr Touristen in Kamerun, die wenigen Einnahmen machen einen vernünftigen Unterhalt des Parkes kaum mehr möglich, deshalb verkommen die Pisten und zur Regenzeit ist mittlerweile ein Besuch fast unmöglich geworden. Eintritt ca. 5000 CFA; der Führer (obligatorisch) kostet ca. 4000 CFA/Tag (bei eigenem Fahrzeug); Fahrzeug mit Chauffeur 25 000 CFA/halber Tag; viele Tiere (Elefanten, Giraffen, Löwen, Gazellen, Strauße usw.). Zur Regenzeit ist es infolge der Rückzugsmöglichkeiten der Tiere in schwer zugängliche Gebiete, und durch das dichte Buschwerk und hohe Gras kaum möglich Tiere zu beobachten.
Unterkunft: „Campement du Waza". Übernachtung in „Boukarous" (das sind gemauerte Rundhütten mit Strohdach ca. 15 000 CFA/DZ mit Klimaanlage, ohne ca. 12 000 CFA), die Poolbenutzung ist für Gäste gratis, für Fremde ca. 800 CFA, inforlge Wasserknappheit – das Wasser zum Camp muß in Tankwagen gebracht werden, – war der Pool die letzten Jahre kaum gefüllt; sehr freundlicher Empfang, gutes Restaurant, Bungalows (ca. 11 500 CFA ohne, ca. 14 500 mit Klimaanlage). Campingmöglichkeiten gibt es unterhalb des Campements, keine Ausstattung, daher gratis.
Mora – Städtchen. Lebensmittel. Treibstoff. (Beginn V 2 und V 5; Ende U 19.)
Sehenswert: der bunte Wochenmarkt am Sonntagmorgen.

V 2: Mora – Mokolo – Roumsiki – Dourbeye (183 km)

(08.93, Mercedes G) Piste (A/G) von Mora bis Mokolo; danach mittelmäßige bis schlechte Piste bis Dourbeye. In der Regenzeit nur mit Geländefahrzeug, manchmal kaum befahrbar Wunderschöne Landschaft (schwarze spitze Vulkanberge); Hütten mit spitzem Strohdach, zum Teil sehr freundliche Bewohner, die allerdings nicht Französisch sprechen, in den Dörfern vor und nach Roumsiki wird allerdings von Kindern versucht Straßensperren zu errichten und durch angebliche Vorgaukelei von durchgeführten Straßenreparaturen durch sie, Geld von den Touristen zu erpressen. Alternativstrecke von Mora nach Mokolo über Meri.

Mora – S. V 1. (Ende V 1 und U 19; Beginn V 5.)
Mora in Richtung Nigeria verlassen.
Koza – Dorf. Krankenhaus der Adventisten.

Kamerun – Routenteil V 577

Km 48, **Djiyngliya** – Sehr schönes Museumsdorf (ein traditionelles Mafa-ge-höft wurde hier zum Mueseum umgestaltet) mit interessanter Ausstellung des lokalen Kunsthandwerks (Handwerkerkooperative).

Km 56, Kreuzung, geradeaus weiterfahren.

Km 65, **Mokolo** – Dorf. Lebensmittel. (Beginn V 6; Ende V 7.)

Unterkunft: *campement*-Hotel „Flamboyant" (Hütten mit Dusche für ca. 20 000 CFA, Camping für ca. 8000 CFA/2 Personen, Menü ca. 2000 CFA).

Sehenswert: das Museum (Nähe Markt) und der Wochenmarkt am Mittwoch.

In der Umgebung: Vor allem Tourou lohnt einen Besuch (1 Stunde Fahrtzeit (35 km), fantastischer Wochenmarkt am Donnerstag bis etwa 11:30 Uhr; die Frauen tragen eigenartige Hüte aus Kalebassen).

Zwischen Mokolo und Roumsiki führt die Route durch Kapsiki-Gebiet. Die zuckerhutähnlichen Vulkankegel stehen weit verstreut in der Landschaft.

Roumsiki – 1100 m. Sehr touristisches Dorf, aber Hauptort des Kapsikigebie-tes. Lebensmittel (täglich Markt; am Sonntag großer Wochenmarkt). Während

Unterkunft: *campement*-Hotel mit sehr unfreundlichem Patron (Hütte ca. 15 000 CFA/2 Personen), Camping ist erlaubt (ca. 1500 CFA/Person inklusive Du-schen); Hotel „Relais Kapsiki", ca. 500 m vom *campement*, Campingmöglich-keit, preiswertes Essen, Möglichkeit der Teilnahme an organisierten Rundtou-ren und Safaris (Hütte zwischen 3500 und 4500 CFA). Restaurant / Auberge La Casserole, 5000 CFA/2 Personen im Boukarous, Essen ca. 4000 CFA.

Verschiedenes: es gibt fünf gut ausgebildete Führer, die eine Zulassung ha-ben, empfehlenswert ist Victor Zra. Meiden Sie die selbsternannten *guides*, die sehr zudringlich, manchmal gar aggressiv werden können. Treibstoff gibt es in den Dörfern entlang der nigerianischen Grenze.

Sehenswert: die traditionelle Gießerei, die Weber, der Zauberer mit dem „Krab-benorakel"; die traumhaft schöne Gegend, die sich je nach Jahreszeit als staubtrockenes Mondgebirge oder grüne, blühende, schroffe, Vulkankegelland-schaft darstellt .

In der Umgebung: zahlreiche Wanderungen vor allem in die Ebene zwischen den Vulkanschloten der Mandaraberge zur nigerianischen Grenze – an „Füh-rern" mangelt es nicht. Es ist auch möglich den Pic du Roumsiki bis zum Gipfel und den Pic du Zivi bis zur Hälfte zu besteigen, Trittsicherheit und Schwindel-freiheit vorausgesetzt. Vorsicht vor Diebstählen. Per Auto kann man das Dorf Mabas besuchen, das hoch oben auf der Felswand thront, die die nigeriani-sche Ebene von den **Mandarabergen** trennt. Auch ein Besuch des nahegele-genen Dorfes Amsa lohnt sich wegen des dort ansässigen traditionellen Schmie-dehandwerks und dem schönen Markt am Dienstag.

Kurz hinter Bourrah mündet von rechts die Strecke U 32 (von Gombe kom-mend) ein.

Ca. 8 km hinter Bourrah, neuer Staudamm am **Mayo Oulo** (Bewässerung und Strom).

Dourbeye – Dorf. Lebensmittel (täglicher Markt; Wochenmarkt am Sonntag). Restaurants. Wasser bei der Polizei. Polizeikontrolle (Meldepflicht).

(Beginn V 3; Ende U 32.)

578 Durch Afrika

V 3: Dourbeye – Guider – Garoua (173 km)

Asphalt. die direkte Strecke (Piste von Dourbeye nach Garoua ist aus Sicherheitsgründen (Überfälle) gesperrt.

Dourbeye – S. V 2. (Ende V 2 und U 32.)
Km 10 **Mayo Oulu,** Dorf, schön am Fluß gelegen, umgeben von Steinbergen mit riesigen Kullersteinen.
Km 49 **Guider** – Kleinstadt, rechts der Straße, gute Versorgungsmöglichkeiten.
Km 59 rechts nach Garoua weiter.
Garoua – 400 m, 95 000 Einw. Flußhafen am Benue (Endhafen des Schiffsverkehrs aus dem Niger), drittgrößte Stadt des Landes. Gute Infrastruktur.
Unterkunft: Hotel „Novotel" la Bénoué, der Pool ist auch der Öffentlichkeit zugänglich (ca. 25 000 CFA/DZ mit Bad und Klimaanlage, Pool ca. 1500 CFA für Fremde); Hotel „Le Figaro", im Industrieviertel, gepflegt und nachts bewacht (ca. 14 000 CFA/DZ, in der Nebensaison ca. 8500 CFA). Keine Campingmöglichkeit. Hotel Relais St. Hubert, 2 Personen 15 000 CFA, beste Anlage in Garoua, sauber, komfortabel, TV.
Verschiedenes: eine gute Werkstätte mit Ersatzteilen befindet sich gegenüber der protestantischen Mission. Treibstoff (aus Nigeria) ist auf dem Schwarzmarkt billiger.
Sehenswert: die Wäscher und Fischer am Ufer des Benue, das im sudanischen Stil erbaute afrikanische Viertel und der Zoo neben dem „Novotel" (etwas dürftig); Rundflüge über die Umgebung (Auskunft erteilt Ihr Hotel). Die „Große Moschee".
(Beginn V 9; Ende V 8 und U 33.)

V 4: N'Djamena (Tschad) – kamerunische Grenze – Logone Birni – Zina – Maroua (etwa 200 km)

Piste (A/G/I), in der Regenzeit nicht befahrbar.

N'Djamena – S. I 5. (Ende I 5 und U 18; Beginn I 7 und V 1.)
Nach Erledigung der Formalitäten zur Ausreise aus dem Tschad (direkt vor der Brücke) verlassen Sie N'Djamena über die Brücke über den **Chari**. Einreiseformalitäten direkt nach der Brücke.
Kousseri – Ort. Markt, viele Geschäfte.
Danach verläuft die Piste mehr oder weniger entlang des Flüßchens Logone bis kurz vor Zina.
Logone Birni – 15 000 Einw.
Unterkunft: Jagd-*campement* (2 Zimmer).
Sehenswert: das malerische alte Stadtviertel mit dem Sultanspalast.
Zina – Dorf. Landkrankenhaus, das von einem Schweizer Arzt geleitet wird.

Die Piste führt am Waza-Nationalpark entlang (s. V 1). Der Nationalpark kann von einer der offiziellen Parkstationen aus besichtigt werden (Mahé, Tchédé, Andirni), die sich im Westen und Süden des Parks befinden.

Maroua – 70 000 Einw. Gute Infrastruktur. Hervorragender CGD-Supermarkt mit dt. Besitzer, dort gibt es Eis, gutes Fleisch, Gemüse, Gaskartuschen etc..

Unterkunft: das Hotel „Le Sare" liegt hübsch in üppigem Grün, der Besitzer ist Franzose, das beste Hotel der Stadt, ca. 29 000 CFA/DZ; „Relais de Porte Mayo", angenehme Atmosphäre, Treffpunkt der Entwicklungshelfer, Bungalow 26 000 CFA für zwei Personen, gutes Essen ca. 6500 CFA, Alterdinger Bier 1000 CFA. Geldwechsel im Hotel +5% Gebühr! Reinhold Visse der dt. Chef gibt auch Tips weiter und organisiert Ausflüge in die Umgebung; gutes Essen gibt es im „Jardin Djarengol", etwas außerhalb der Stadt in Richtung Mora, am Hotel „Protocole" (italienischer Besitzer, der hervorragenden Kaffee brüht) nach links; im „New-Style" (Restaurant und Bar) wird neben guter Küche auch Tanz geboten.

Sehenswert: das „Centre artisanal" (Webarbeiten), das Museum von Diamuré, der Montagsmarkt und das Gerberviertel (am Flußufer).

(Beginn V 7 und V 8; Ende V 5 und V 6.)

V 5: Mora – Maroua (60 km)

Asphalt.

Mora – S. V 1. (Ende V 1 und U 19; Beginn V 2.)
Maroua – S. V 4. (Ende V 4 und V 6; Beginn V 7 und V 8.)

V 6: Mokolo – Meri – Maroua (83 km)

Piste (A/G), bis Meri schwierig, danach bis Km 64 besser befahrbar. Bei Km 64 trifft man auf die Strecke V 5. Mehrere Brücken (unproblematisch).

Mokolo – S. V 2. (Zur V 2; Ende V 7.)
Km 44, **Meri** – Dorf.
Km 64, man trifft auf die asphaltierte Route V 5.
Maroua – S. V 4. (Ende V 4 und V 5; Beginn V 7 und V 8.)

V 7: Maroua – Mokolo (75 km)

Asphalt. Diese Strecke verläuft südlich der V 6.

Maroua – S. V 4. (Ende V 4, V 5 und V 6; Beginn V 8.)
Maroua in Richtung Garoua verlassen (V 8).
Km 8, an der Kreuzung nach rechts abbiegen.
Mokong – Dorf. Wochenmarkt am Sonntag.
Mokolo – S. V 2. (Zur V 2; Beginn V 6.)

580 Durch Afrika

V 8: Maroua – Kaélé – Figuil – Garoua (212 km)

Asphalt. Guter Straßenzustand. Vorsicht vor *gendarmes couchés* (Straßenschwellen).

Maroua – S. V 4. (Ende V 4, V 5 und V 6; Beginn V 7.)
Sanak – Flughafen von Maroua.
Kaélé – Dorf. Treibstoff.
Figuil – Dorf. Treibstoff. Wasser gibt es am Brunnen hinter der Tankstelle.
Boula–Ibib – Dorf. Wochenmarkt am Samstag.
Pitoa – Dorf. Treibstoff.
Garoua – S. V 3. (Ende V 3 und U 33; Beginn V 9.)

V 9: Garoua – Gouna (107 km)

(09.93, IFA W 50) Asphalt. Guter Straßenzustand. Viel Verkehr.

Garoua – S. V 3. (Ende V 3, V 8 und U 33.)
Verlassen Sie Garoua auf der Brücke über den Benue.
Km 45, nach links zweigt eine Asphaltstraße nach **Lagdo** (19 km) ab.
Sehenswert: der 1964 von Chinesen erbaute Staudamm. Das Fischerdorf liegt in sehr schöner Landschaft, die Einwohner sind freundlich. Markt; Cafeteria.
Ausflugsmöglichkeit: mit Piroge oder Segelboot.
Gouna – Dorf. Keine Versorgungsmöglichkeit. Benue-Nationalpark siehe V 11. (Beginn V 10 und V 11.)

V 10: Gouna – Bougouma – Tcholliré – Bouba-Ndjida-Nationalpark – tschadische Grenze – Beïnamar (200 km)

Piste (A/G/I), nur in der Trockenzeit befahrbar.

Gouna – S. V 9. (Ende V 9; Beginn V 11.)
Verlassen Sie Gouna auf der Straße nach Ngaoundéré.
Ca. Km 30, nach links auf die Piste abbiegen, die den Benue-Nationalpark durchquert (s. V 11). Diese ist bis Tcholliré auch zur Regenzeit befahrbar (evtl. Regensperren beachten), allerdings sind zu dieser Zeit keine Tiere zu sehen.
Vor Bougouma führt eine Brücke über den Benue (gehen Sie zu Fuß ein Stück flußaufwärts, wenn Sie Flußpferde sehen wollen).
Tcholliré – Malerisches Dorf. Festung. Letzter Polizeiposten in Kamerun. Formalitäten zur Ausreise aus Kamerun.
Bouba-Ndjida-Nationalpark – 220 000 Einw.
Verschiedenes: der größte Nationalpark Kameruns wurde 1968 geschaffen (Antilopen, Büffel, Elefanten, Löwen usw.); Unterkunftsmöglichkeit im „Camp Rhinozéros" oder im „Camp Bouba Ndjida"; Eintritt (gültig für die Dauer einer

Kamerun – Routenteil V 581

Saison) ca. 2500 CFA; Führer ca. 1200 CFA/Tag.
Danach schlechte Piste bis Beïnamar.
Beïnamar – Dorf. Formalitäten zur Einreise in den Tschad. (Beginn I 9.)

V 11: Gouna – Benue-Nationalpark – Ngaoundéré (189 km)

((8.93 Mercedes G) Asphalt. Etwa 45 km vor Ngaoundéré wird die Straße sehr kurven-reich; Vorsicht vor Lkw.

Gouna – S. V 9. (Ende V 9; Beginn V 10.)
Ca. Km 30, Abzweigung nach links zum „Campement du Grand Capitaine"
(s.u.) im Benue-Park (27 km Piste, Wellblech) un Richtung Tcholliré (s. V 10).
Benue-Nationalpark – Eintritt (für die Dauer der Saison) für Touristen ca.
4500 CFA; in Kamerun Niedergelassene (nach Vorlage der Aufenthaltserlaub-nis) ca. 1500 CFA; interessante Fauna (Flußpferde, Büffel, Derby-Elche etc.);
ein Führer ist nicht Pflicht, sollte aber unbedingt mitgenommen werden, weil
man sich schnell im Park verirren kann (ca. 1200 CFA/Tag); der Park ist im
Sommer (zur Regenzeit, ca. ab 31. Mai) abgeshen von der piste nach Tcholliré
geschlossen.
Unterkunft: „Campement du Grand Capitaine" (empfehlenswert), in schöner
Lage auf einem Hügel über dem Flüßchen Mayo Oldiri (Badeplätze, aber Vor-sicht vor den Flußpferden), ca. 20 000 CFA/Bungalow für 2 Personen, gute
Mahlzeiten, Campingmöglichkeit, wenn man im *campement* ißt; von hier aus
sind auch schöne Jagd- oder Angelausflüge möglich.
Ngaoundéré – 1400 m. Stadt. Gute Infrastruktur. Alle Versorgungsmöglichkei-ten, gute Bäckerei am Markt zwei Supermärkte, gutes Restaurant La Plaza
(franz. Küche, Pizza, Eis, libanesischer Besitzer) neben kl. libanesischem Su-permarkt. Artisant am hinteren Teil des Tourismusamtes (gegenüber Shell-Tank-stelle). (Beginn V 12 u. V 21.)
Unterkunft: Hotel „Transcam" (ca. 15 000 CFA/DZ mit Dusche); Hotel „Rail"
am Ortseingang (ca. 7655 CFA/DZ, Menü 3000 CFA). Sehr schöne Unterkunft,
auch erholsam für einen längeren Aufenthalt ist die „Ngoundaba-Ranch" (franz.
Besitzer), ca. 35 km in Richtung Meiganga bzw. Tison-See (s.u.) mit sehr
schönen „Boukarous" (ca. 12 000 CFA/DZ), sehr guter Küche und eigenem
Kratersee. Hier kann man herrlich baden und die schöne Umgebung genießen.
Verschiedenes: in der Stadt sollten Sie sich vor allzu „hilfreichen" Menschen
in acht nehmen, die es vor allem auf Ihren Besitz abgesehen haben. Im Zug
nach Yaoundé ist ebenfalls Vorsicht geboten.
In der Umgebung: zum **Tison-See** (Kratersee) fahren Sie 8 km nach Süden,
danach nach links und 4 km weiter, Camping- und Bademöglichkeit, allerdings
ohne Infrastruktur; zum Telo-Wasserfall fahren Sie in Richtung des Militär-camps, folgen dann der Piste nach Mbalang und biegen nach 40 km in eine
schwer erkennbare Piste (verrrosteter Wegweiser zum Wasserfall); Camping-möglichkeit.

582 Durch Afrika

V 12: Ngaoundéré – Tibati (236 bzw. 225 km)

(08.93, Mercedes G) Piste (A/G/I). Steile Steigungen, zahlreiche kleine Holzbrücken und manchmal riesige Felsen am Pistenrand. Kaum Verkehr auf dieser Strecke und nur wenige Dörfer. Die häufiger befahrene und bessere Alternativroute (225 km) führt über Martap und Maribal (in der Trockenzeit gute Piste, bei Regen glitschig, dieser Pistenabschnitt ist in der Michelinkarte nicht eingezeichnet); in Maribal trifft man auf die Asphaltstraße Meiganga – Tibati. Schöne, urprüngliche Buschlandschaft (Affen!), wenige Dörfer mit interessanter Fulbebevölkerung

Ngaoundéré – S. V 11. (Ende V 11; Beginn V 21.)
Tignère – 1130 m. Dorf. Manchmal Treibstoff. *Campement*-Hotel.
Tibati – 863 m. Dorf. Lebensmittel (dürftig). Manchmal Treibstoff.
(Beginn V 13 und V 22; Ende V 38.)
Unterkunft: *campement*-Hotel (sehr einfach); Unterkunftsmöglichkeit auch in der katholischen Mission (sehr freundlich).
Verschiedenes: Krankenhaus. *Gendarmerie.*
In der Umgebung: Mbakaou-Staudamm.

V 13: Tibati – Banyo – Foumban (338 km)

(8.93, Mercedes G) Die Piste ist bis Banyo in schlechtem Zustand, zwischen Banyo und Foumban zum Teil ausgewaschen, steile Bergabfahrt in die Ebene um Foumban, in umgekehrter Richtung sitzen zur Regenzeit (bergauf) zahlreiche Lkw fest, so muß man u.U. mehrere Tage warten. Im grenznahen Gebiet zu Nigeria absolut korrekte Polizeikontrollen. Langweilige Hügel/Buschlandschaft bis Banyo, danach schöne Grashhügelland-schaft mit herrlichem Blick in die Ebene von Foumban und die nahegelegenen Stauseen.

Tibati – S. V 12. (Ende V 12 und V 38; Beginn V 22.)
Km 110, **Banyo** – 1110 m, Dorf. Lebensmittel. Treibstoff.
Unterkunft: einfache Hotels/auberge Saré Bar und Posada. Campingmöglich-keit auf dem Gelände der katholischen Missionsstation; man kann auch in einem der Schlafsäle auf Matratzen übernachten.
Verschiedenes: die hübsche, moderne Kirche wurde von einem österreichi-schen Missionar erbaut. Krankenhaus.
Bis Magba Gebirgspiste die zur Regenzeit sehr schlammig ist und in Serpenti-nen bergab (bzw. in Gegenrichtung bergauf) führt.
Mayo Darlé – Dorf. Lebensmittel, Tankstelle. Bei der Kupfermine gibt es eine Werkstätte, die im Notfall technische Hilfe leisten kann. Schöner Blick auf die Tikar-Ebene.
Danach schwierigster Pistenabschnitt, in Serpentinen in die Tikarebene.
Bankim – Dorf, wenig Lebensmittel.
Magba – großer Ort. Lebensmittel (schöner Sonntagsmarkt). Treibstoff.
Foumban – 1184 m, 45 000 Einw. Gute Infrastruktur, alle Versorgungsmög-lichkeiten. Hauptort des Bamounkönigreiches. (Beginn V 14 und V 17.)
Unterkunft: Hotel „Beauregard", etwas heruntergekommen (ca. 13 000 CFA/DZ); Hotel „Le Chalet" in der Nähe des Krankenhauses (ca. 15 000 CFA/DZ,

ca. 5500 CFA/Mahlzeit); Hotel „Refuge", 5 km außerhalb an der Straße nach Bafoussam, nicht immer Wasser, bewachter Parkplatz (ca. 10 000 CFA/DZ);
Sehenswert: der Sultanspalast (1920 erbaut und erst kürzlich von Deutschen mit Unterstützung der UNICEF restauriert); das Kunst- und Volkskundemuseum (Objekte der Bamoum-Kultur, Perlenthron aus der Kaiserzeit), Eintritt 500TCFA, Fotogenehmigung 1000 CFA; die Straße des Kunsthandwerks (Holzschnitzer, Metallgießer und Weber); der Samstagsmarkt (interessant ist besonders der Peul-Bororo-Teil in der Nähe der Moschee). Foumban ist erst seit 1915 islamisiert.

V 14: Die Ringroad: Foumban – Jakiri – Kumbo – Nkambé – Wum – Bamenda – Jakiri (468 km)

(8.93, Mercedes G) Asphalt auf den ersten 7 km, danach Piste (A/H/I) in mittelmäßigem bis wirklich schlechtem Zustand; steile Gefällstrecken mit großen Steinen (in der Regenzeit manchmal nicht passierbar – tiefe Löcher, extrem glitschig) zwischen Nkambé und Wum. Zwischen Bum und Wum wird die Piste extrem schlecht. nach Wum brauchbare Piste, dann 16 km Asphalt bis Bamenda. Wunderbare Gebirgslandschaft, vor allem im Gebiet um Wum bis Nkambé; interessante Dörfer, zahlreiche vulkanische Kraterseen.

Foumban – S. V 13. (Ende V 13; Beginn V 17.)
Bis Kumbo führt die Piste entlang des Mbam-Massivs.
Jakiri – Dorf. Treibstoff.
Unterkunft: Hotel „Ayaba", luxuriös, Pool (ca. 15 000 CFA/DZ mit Bad).
4 km vor Kumbo führt eine Piste (A/H) mit starkem Gefälle auf 40 km zum Oku-Kratersee; schöner Bergwald und Blick auf den See.
Kumbo – 1680 m. Dorf. Lebensmittel. Treibstoff. Hotel, *Resthouse* und Bar.
Über mehrere Pässe führt die Piste nun von Tal zu Tal. Viele Missionsstationen und Plantagen; freundliche Bevölkerung; in Mbot (kurz hinter Ndu) ist ein schönes Bamileké-Häuptlingshaus zu sehen.
Nkambé – Dorf. Treibstoff selten. Unterkunftsmöglichkeit.
Zwischen Bum (kl. Ort vor dem Kimbi-Reservat) und Wum ist die Piste sehr schlecht; steile Gefällstrecken und Bachdurchquerungen; sie führt durch das Kimbi-River-Reservat (etwa 22 km breite Ebene; Büffel, Antilopen, Leoparden usw., das Reservat wird kaum mehr unterhalten, da das Geld fehlt, ein netter Führer ist über die Verwaltung zu bekommen); in der Regenzeit ist es schwierig, die Tiere zu beobachten; einfache Unterkunft, das *resthouse* ist zerstört, Camping möglich, aber keine sanitären Einrichtungen.
Nahe beim Ortsschild „Nyos" Abstecher zum Kratersee Lake Nyos (nach dem Weg erkundigen, ca. 30 Min. Fußmarsch), der durch das Giftgasunglück Ende 1986 traurige Berühmtheit erlangte. Dabei löste sich giftiges Gas aus den Tiefen des Sees und tötete über 2600 Menschen. Seitdem ist der Ort verlassen und die wenigen Überlebenden wurden zwischen Bum und Kimbireservat angesiedelt. die Gegend wird seitedem gemieden und die Strecke nicht mehr unterhalten. Die Bevölkerung fühlt sich von der Regierung vergessen und fürch-

584 Durch Afrika

tet ein neuerliches ähnliches Unglück, denn Giftgasaustritte kommen bei den zahlreichen vulkanischen Kraterseen immer wieder mal vor.
Traumhaft schöne Gegend mit Grashügelbergen, Zeburindern, Kraterseen, Kamerun aus dem Bilderbuch.

Wum – 1038 m. Dorf. Lebensmittel. Treibstoff und Werkstätte. Mit Schweizer Hilfe wurde eine Käsefabrik aufgebaut. Katholische Mission. Krankenhaus. In der Nähe befindet sich ein leicht erreichbarer Kratersee, wo man baden kann.
Unterkunft: bei einem Angehörigen des „Peace Corps" (nach Dan Fragen). Verschiedene Hotels.

Bafut – Dorf. Lebensmittel (interessanter Markt, der mit dem 8-Tage-Kalender der Bamileké wechselt).
Sehenswert: *Chefferie* mit Frauenhäusern, Museum (Eintritt mit Fotoerlaubnis ca. 1000 CFA). Neben Bandjoun der sehenswerteste Bamilekéfürstensitz.

Bamenda – 1440 m, 60 000 Einw. Gute Infrastruktur. (Beginn V 15 und V 18.)
Unterkunft: mehrere Hotels. Zimmer gibt es auch im Zentrum der presbyterianischen Kirche, sehr sauber (ca. 5000 CFA/DZ, ca. 8000 CFA/4-Bett-Zimmer), hier auch Campingmöglichkeit (ca. 1000 CFA/Fahrzeug, ca. 1000 CFA/Person). Das Restaurant „Central Food" liegt gegenüber dem Kunsthandwerksladen der Schweizer Mission.
Sehenswert: der Markt, auf dem Produkte aus Nigeria wie Butter, Gemüse, Milch, Autoersatzteile und sehr schöne Stoffe verkauft werden, daneben auch Erzeugnisse des lokalen Kunsthandwerks wie Töpferwaren, Bronze- und Holzfiguren.
Zwischen Bamenda und Jakiri Wellblech und Schlaglöcher, steile Gefällstrekken.

Jakiri – S. o.

V 15: Bamenda – Bachuo-Akagbé – Mamfé (146 km)

(10.93, Mercedes G) Schlechte Piste (A/G/I, in der Regenzeit A/H/I) mit Wellblech und Schlaglöchern bis Batibo, danach auf 22 km gute Piste, schließlich bis Bamenda sehr schlechter Zustand, in der Regenzeit mit tiefen Schlammlöchern, in denen häufig Lkw festsitzen und Wartezeiten verursachen (Karten meist falsch – Asphalt eingezeichnet, keinerlei Anzeichen für eine Asphaltierung).

Bamenda – S. V 14. (Zur V 14; Beginn V 18.)
Bali – Dorf. Kunsthandwerkszentrum.
Unterkunft: „Safarihotel".
Bachuo-Akagbé – Dorf. (Zur V 20.)
Mamfé – 72 m. Kleinstadt. Lebensmittel. Treibstoff. Bank und Post.
Unterkunft: mehrere Hotels; das Hotel „Inland" sollte besser gemieden werden, es ist sehr schmutzig (Bungalows kosten ca. 5500 CFA/4 Personen). (Beginn V 16; Ende V 20 und U 36.)

Schicken Sie uns Ihre Routen-Informationen zu. Danke!

Kamerun – Routenteil V 585

V 16: Mamfé – Ekok – nigerianische Grenze – Mfum – Ikom (92 km)

(02.94, Patrol) Piste (A/G/I) in sehr gutem Zustand auf nigerianischer Seite, auf kamerunesischer Seite sehr schlechte Piste mit vielen Schlaglöchern; im September und Oktober (Regenzeit) ist diese Strecke wegen riesiger Schlammlöcher auch für Geländewagen nur schwer zu meistern; viele steckengebliebene Lkw (A/H/I).

Mamfé – S. V 15. (Ende V 15, V 20 und U 36.)
Nach ca. Dreiviertel der Strecke mündet von rechts die Route U 36 von Calabar ein.
Ekok – Dorf. Formalitäten zur Ausreise aus Kamerun.
Unterkunft: Hotel (ca. 5000 CFA/Zimmer). Camping an der Grenzstation.
Mfum – Dorf. Schnelle Formalitäten zur Einreise nach Nigeria (am Ende der Brücke).
Ikom – S. U 34. (Ende U 34; Beginn U 35 und U 40.)

V 17: Foumban – Koutaba – Bafoussam (76 km)

Asphalt. Schöne Landschaft.

Foumban – S. V 13. (Ende V 13; Beginn V 14.)
Koutaba – Dorf. Flughafen von Foumban (Flüge nach Douala und Yaoundé).
In der Umgebung: das sehenswerte Peul-Bororo-Dorf Didango (7 km Piste).
Foumbot – Dorf. Lebensmittel (großer Sonntagsmarkt, Gemüsemarkt am Dienstag und Samstag). Treibstoff.
Unterkunft: die Werkstätte „Terres Noires" wird von einem sehr sympathischen französischen Paar geführt; nahe dort Campingmöglichkeit (gratis). Hotel Le Sacre, DZ 10 000 CFA, sehr freundlich.
In der Umgebung: Ausflugsmöglichkeit zum **Bapit-See** (hübsche Lage).
Bafoussam – 1440 m, 75 000 Einw. Schöne Umgebung, gute Infrastruktur, alle Versorgungsmöglichkeiten. Restaurant „Cercle Bleu" an der Straße nach Douala. (Beginn V 19 und V 36; Ende V 18.)
Unterkunft: Hotel s.N Palace Garde, am Ortsausgang in Richtung Bamenda gelgen, empfehlenswertes und sauberes Hotel mit pool und Tennisplätzen. DZ ab ca. 21 000 CFA; Hotel le Saré, ebenfalls am Ortsausgang in Richtung Bamenda gelegen, geräumige Zimmer in Bungalows ab ca. 26 000 CFA..
Verschiedenes: Mercedes- und VW-Werkstätte.
Sehenswert: der Markt, der alle vier Tage stattfindet; verkauft werden weiße und blaue Porzellanketten, gebatikte Tanzkostüme und mit Perlen geschmückte Tanzmasken. Auch die zahlreichen Kunsthandwerker und das schöne „Bamileké-Häuptlingshaus" verdienen einen Besuch.
In der Umgebung: *Chefferie* (Häuptlingshaus) und der bilharziosefreie See von Baleng (auf der Straße nach Bamenda biegen Sie nahe der Schule, gegenüber dem Flughafenschild, nach rechts ab).

586 Durch Afrika

V 18: Bamenda – Dschang – Bafoussam (194 km)

Asphalt.

Bamenda – S. V 14. (Zur V 14; Beginn V 15.)
Km 12, rechter Hand ein Kunsthandwerkszentrum, freier Eintritt, Einkaufsmöglichkeit.
4 km vor dem Ortsschild von Mbouda, Abzweigung nach **Bamété** zum Kloster „St. Benoit".
Unterkunft: sehr freundlicher Empfang (ca. 10 000 CFA/Person mit Vollpension).
Mbouda – Dorf. Lebensmittel. Treibstoff. Hotel. Post mit guter internationaler Telefonverbindung.
In der Umgebung: der **Bamendjing-Stausee** (32 km Piste) in schöner Landschaft.
Ca. Km 70, schlechte Piste (ausgeschildert) nach Dschang.
Km 117, ausgeschilderte Abzweigung zum modernen Häuptlingshaus von Bafou (3 km), malerischer Sonntagsmarkt.
Km 127, **Dschang** – 1380 m. Luftkurort der bereits unter den Engländern konzipiert wurde. Lebensmittel. Treibstoff. Hotel „Centre Climatique" aus der Kolonialzeit, vom Zentrum 1 km entfernt auf einer Anhöhe inmitten eines riesigen Parks. DZ ca. 21 000 CFA. Zentrum der Holzschnitzer der Bamiléké.
Sehenswert: Der Markt, der nach dem Bamiléké-Kalender alle 8 Tage stattfindet und das schöne Eingangsportal zum Markt.
Zurück zur Hauptstrecke fahren.
Km 194, **Bafoussam** – S. V 17. (Ende V 17; Beginn V 19 und V 36.)

V 19: Bafoussam – Nkongsamba – Loum (153 km)

(8.93 Mercedes G) Gute breite Asphaltstraße. Viel Verkehr (und zahlreiche Unfälle). Die Route führt durch das Bamiléké-Land, das durch seine Häuser mit mehreren spitzkegeligen Blechdächern versehen, auffällt. Vor allem die Häuser der Notablen sind mit diesen Dächern versehen und glänzen schon von weitem im Sonnenlicht.

Bafoussam – S. V 17. (Ende V 17 und V 18; Beginn V 36.)
Bandjoun – Dorf. Lebensmittel. Treibstoff. Hotel. Bank. (Zur V 36.)
Sehenswert: die „Chefferie" mit seinen traditionellen strohgedeckten Bauten und kunstvollen Schnitzereien am Versammlungshaus. Bandjoun ist der sehenswerteste Häuptlingssitz im Bamilékéland (mit Museum, Eintritt ca. 800 CFA, Fotogenehmigung ca. 1500 CFA).
Die Straße überquert nun den **Batié-Paß** (1600 m, man fühlt sich urplötzlich in die Schweiz versetzt) der zum touristischen Zentrum ausgebaut ist.
Bafang – 1380 m. Dorf. Lebensmittel. Treibstoff. Hotels.
In der Umgebung: die **Grotten von Banwa** und von Boébo und der **Mouen-keu-Wasserfall**.

Kamerun – Routenteil V 587

Kekem – Dorf. Treibstoff.
In der Umgebung: der Ekom-Wasserfall (schwierige Piste, zur Regenzeit kaum befahrbar). Hier wurde einer der Tarzanfilme gedreht.
Einige km hinter Kekem Pistenabzweig rechts nach Dschang (s. V 18).
Nkongsamba – 883 m, 90 000 Einw. Gute Infrastruktur. Bahnhof. Kaffeeplantagen.
Loum – 215 m. Kleinstadt. Lebensmittel. Treibstoff. *Campement*-Hotel. Mittelpunkt eines Anbaugebiets mit Kaffee-, Bananen-, Ananas- und Zitronenpflanzungen. (Beginn V 20; Ende V 33 und V 34.)

V 20: Loum – Bachuo-Akagbé – Mamfé (211 km)

(02.94, Patrol) In der Regenzeit sehr schwierige Piste (A/G/I), auch für Geländewagen. In der Trockenzeit wird die Piste planiert. Zwischen Kumba und Mamfé sind genau 50 km asphaltiert.

Loum – S. V 19. (Ende V 19; V 33 und V 34.)
Sie verlassen Loum auf der Route V 33 und folgen ihr bis zur Kreuzung kurz vor Kumba. Hier biegen Sie nach rechts ab.
Bachuo-Akagbé – S. V 15. (Zur V 15.)
Mamfé – S. V 15. (Ende V 15 und U 36; Beginn V 16.)

V 21: Ngaoundéré – Meiganga – Lokoti (193 km)

(8/93, Mercedes G) Mittelmäßige Lateritpiste (A), teils Wellblech; zahlreiche Gefällstrecken und Bachdurchquerungen. Wenig Verkehr, keine Polizeikontrollen.

Ngaoundéré – S. V 11. (Ende V 11; Beginn V 12.)
Ca. Km 7 Abzweig links zum Lac Tizin der früher auch Opferstätte war und um den sich zahlreiche Kulte entwickelt haben. Campingmöglichkeit; nicht baden, da der See zahlreichen rituellen Tabus unterliegt.
Km 20, in der Nähe einer Fabrik (Gerberei), hinter der Brücke nach rechts, liegen die **Vina-Wasserfälle.**
Ca. Km 35, „Ngaoundaba-Ranch" (1360 m), familiäre Atmosphäre (ca. 11 000 CFA/DZ mit Dusche bzw. „Boukarou" (Rundhütten), sehr gute Küche; großartige Lage, Bademöglichkeit im privaten Kratersee, der bilharziosefrei ist.
Meiganga – 1030 m. Dorf.
Unterkunft: in der katholischen Mission, Campingmöglichkeit nahe der *brigade* (Polizei). *Campement*-Hotel.
Verschiedenes: die Bank wechselt keine Reiseschecks. Campingmöglichkeit eventuell an der technischen Schule.
Ungefähr auf halbem Weg zwischen Meiganga und Lokoti, in Meidougou, mündet von rechts die von Tibati kommende Route V 22.
Lokoti – Dorf. Keine Versorgungsmöglichkeit.
(Ende V 22; Beginn V 23.)

588 Durch Afrika

V 22: Tibati – Bagodo – Kalaldi – Lokoti (238 km)

Asphalt.

Tibati – S. V 12. (Ende V 12 und V 38; Beginn V 13.)
Ca. Km 100, **Ngaou Ndal** – Dorf. Neben der Bahnlinie Tankstelle mit guter Treibstoffversorgung.
In Meidougou trifft man auf die Strecke V 21.
Lokoti – S. V 21. (Ende V 21; Beginn V 23.)

V 23: Lokoti – Garoua Boulaï (99 km)

(6.94, Mercedes G) Schlechte Lateritpiste (A/I) mit viel Wellblech. Nach Überquerung des Flusses Lom auf 11 km Asphalt mit Schlaglöchern.

Lokoti – S. V 21. (Ende V 21 und V 22.)
Garoua Boulaï – Grenzstadt. Lebensmittel. Die Treibstoffversorgung ist nicht gesichert. (Beginn V 24 und W 2.)
Unterkunft: Hotel. In der polnischen katholischen Mission werden Gäste freundlich aufgenommen (nahe der Tankstelle).
Verschiedenes: Polizeikontrolle. Alle, die in die ZAR weiterfahren (W 2), sollten versuchen, hier noch einmal aufzutanken, da dort Treibstoff wesentlich teurer ist. Die Formalitäten zur Einreise in die ZAR gehen schnell und unproblematisch vonstatten. Passen Sie auf, daß die Polizei Dauer und Gültigkeit des Visums korrekt beachtet. Manche Beamte neigen dazu, das Ausstellungsdatum des Visums mit dem Einreisedatum zu verwechseln und erheben dann hohe Gebühren; bei Schwierigkeiten wende man sich an den Polizeikommissar von Garoua Boulaï. Die Bank wechselt keine Reiseschecks.

V 24: Garoua Boulaï – Bertoua (268 km)

(08.93, Range Rover) Schwierige Savannenpiste, einige Wellblechpassagen, viel Steine, Staub und tiefe Löcher.

Garoua Boulaï – S. V 23. (Ende V 23; Beginn W 2.)
Bertoua – 700 m, 18 000 Einw. Lebensmittelversorgung ist schwierig. Treibstoff. Kino. Krankenhaus. Bank (Geldwechsel nur bei der „Bicic-Bank").
(Beginn V 25, V 26 und V 39.)
Unterkunft: „Novotel", ein mittelmäßiges und teures Hotel (ca. 17 000 CFA/ Zimmer mit französischem Bett). Es gibt mehrere Missionsstationen, die angenehmste ist die katholische Mission am Ortsausgang mit freundlichen Zimmern in sympathischer Atmosphäre (ca. 5000 CFA/2 Personen).
Sonstiges: Vorsicht am östlichen Ortsausgang, sehr schikanöser Polizeiposten. Durchfahrt nach Einbruch der Dunkelheit vermeiden.

Kamerun – Routenteil V 589

V 25: Bertoua – Batouri – Kenzou – Grenze zur ZAR – Gamboula – Berbérati (301 km)

(08.93, Range Rover) Bis zur Grenze schlechte, danach gute Piste (A/H/I), Fahrgeschwindigkeit im Schnitt 30 km/h.

Bertoua – S. V 24. (Ende V 24; Beginn V 26 und V 39.)
Batouri – 647 m, 9000 Einw. Lebensmittel. Treibstoff und Werkstätte. Post. Mehrere Hotels. Vorsicht vor der Polizeikontrolle am Ortsausgang, u.U. unfreundlich.
Zwischen Batouri und Kenzou führt die Route durch mehrere malerische Dörfer.
Kenzou – 650 m. Dorf. Lebensmittel. Treibstoff (volltanken da der Treibstoff hinter der Grenze doppelt so teuer ist). _Resthouse_. Formalitäten zur Ausreise aus Kamerun (ohne Probleme).
Gamboula – Dorf. Treibstoff. Formalitäten zur Einreise in die Zentralafrikanische Republik. Am Sonntag ist die Grenze geschlossen.
Unterkunft: Übernachtungsplatz gleich außerhalb des Ortes in Richtung Berbérati auf dem Flugfeld (einsame Graspiste).
Zwischen Gamboula und Berbérati hervorragende, breite Piste, die gut zu befahren ist. Brücke über den Lom.
Berbérati – S. W 5. (Ende W 5; Beginn W 6.)

V 26: Bertoua – Abong–Mbang – Yaoundé (350 km)

(6.94 Mercedes G) Piste (A/I), bis Ayos guter Asphalt, danach bis Yaoundé im Ausbau begriffen. Erhöhte Unfallgefahr wegen der zahlreichen Holztransporter, die sehr schnell fahren. Die Route führt durch dichten Wald, in dem es schwierig ist, einen Platz für die Nacht zu finden.

Bertoua – S. V 24. (Ende V 24; Beginn V 25 und V 39.)
Verlassen Sie Bertoua auf der Asphaltstraße nach Yaoundé; nach einigen Kilometern zweigt nach links eine Piste nach Doumé ab.
Doumé – Dorf. Treibstoff. _Campement_-Hotel.
Abong-Mbang – Dorf. Lebensmittelversorgung schwierig. Treibstoff. Hotel.
Ayos – Dorf. Treibstoff. _Campement_-Hotel.
Yaoundé – 700 m, 800 000 Einw. Hauptstadt. Gute Infrastruktur.
(Beginn V 27, V 28 und V 35; Ende V 37.)
Unterkunft: Hotel „Sofitel - Mont Fébé", luxuriöses Haus mit fantastischem Blick, Tennis, Golf, Pool (ca. 24 000 CFA/DZ; „Hotel des Députés" (ca. 24 000 CFA/DZ); Hotel „Mansel", Route de l'Omnisport (ca. 19 000 CFA/DZ); Hotel-Restaurant „L'Unité" im Stadtzentrum, Place de l'Indépendance (in der Nähe der deutschen Botschaft), Treffpunkt der Reisenden, Wasser gibt es nicht durchgängig (ca. 8000 CFA/DZ); „Hotel de la Paix", kleines Haus am Boulevard de l'OCAM, sauber, aber heiß und laut, Parkplatz im Hof (ca.

590 Durch Afrika

4000 CFA/DZ); „Noah Country Club", sauber, Duschen (ca. 2000 CFA/Tag); Übernachtungen in der Presbyteriermission (auch „Foyer International" genannt, ruhig und kühl) möglich, allerdings kam es zu einer großen Zahl von Raubüberfällen in dieser Gegend. Camping in „Donatos Autogarage", in der Nähe des großen Fußballstadions, die Straße an der Tankstelle den Hügel hinunter und nach 300 m links in einer kleinen Seitenstraße. Die Pizzeria „Don Camillo" ist zu empfehlen; gute Musik gibt es im „Majestic" (Jazz, Reggae usw.).

Verschiedenes: einen amerikanischen Zahnarzt (Mr. Conner, Adventist) finden Sie in der Rue du Cercle Municipal, gegenüber dem Restaurant „Chez Joelle". Das neue *postoffice* befindet sich direkt gegenüber der alten Post. Briefe müssen allerdings weiterhin beim alten Postamt eingeworfen werden. Internationale Telefon- und Telexverbindungen werden von „INTELCAM", Place Ahmadou Ahidjo, vermittelt und funktionieren sehr gut (nach Europa kostet die Minute ca. 1500 CFA). In den Schreibwarenläden ist eine sehr gute Straßenkarte von Kamerun (Macmillan) für ca. 3000 CFA erhältlich (enthält auch gute Stadtpläne von Yaoundé und Douala). Die Mercedes- und VW-Werkstätten werden von Deutschen geführt (Mercedes-Werkstatt „Technik S.A.", Route d'Akonolinga); hervorragende Peugeot-Werkstätte; die Toyota-Werkstätte („Garage Intercar", nahe der Post) bietet nur mittelmäßigen Service. Im „SCORE"-Supermarkt sehr gute Versorgungsmöglichkeit. Vorsicht beim Geldwechseln, in den und um die Banken gibt es viele Taschendiebe, nicht in der Dunkelheit zu Fuß gehen, Yaoundeé und auch Douala gelten inzwischen als extrem gefährlich, zahlreiche Raubüberfälle wurden bekannt. Die Botschaft des Kongo stellt Ein-Monats-Visa innnerhalb von 24 Stunden aus (ca. 5000 CFA); an der Botschaft der Zentralafrikanischen Republik im Quartier Bastos dauert das Visum für einen Monat ein Tag (ca. 10 000 CFA); die Botschaft von Gabun ist recht unfreundlich (Visaanträge werden häufig abgelehnt, Wartezeit 1 bis 2 Wochen, für 15 Tage 15 000 CFA, für 30 Tage 20 000 CFA, für 3 Monate 35 000 CFA, jeweils zuzüglich 5000 CFA Telefongebühren).

Sehenswert: die 1951 erbaute Kathedrale, das Rathaus, das Museum kamerunischer Kunst mit bedeutenden Objekten vor allem aus dem Kameruner Grasland, das in der Benediktinermission am Mont Fébé untergebracht ist (täglich geöffnet, zwischen 11 h und 14:30 Uhr ist Mittagspause). Von dort oben hat man auch einen herrlichen Blick auf die Stadt.

Im Oktober 1994 ist im REISE KNOW-HOW Verlag Därr das Reise-Handbuch „Kamerun" von Regina Steinleitner erschienen. Zu beziehen im Buchhandel oder direkt gegen Vorauszahlung mit Scheck (inkl. Porto DM 44,00) beim Verlag Reise-Know-How Därr, Im Grund 12, 83104 Hohenthann.

Kamerun – Routenteil V 591

V 27: Yaoundé – Mbalmayo – Sangmélima – Mintom – Mbalam – kongolesische Grenze – Kabos (ca. 500 km)

(8.93, Patrol) Asphalt bis Sangmélima; danach gute Erdpiste (A) bis Mintom; von da schlechte Piste, die seit 1990 nicht mehr befahren wird, weil die Brücke nach Mbalam eingestürzt und deshalb keine Weiterfahrt möglich ist.

Yaoundé – S. V 26. (Ende V 26 und V 37; Beginn V 28 und V 35.)
Auf etwa 57 km der Route V 28 folgen. 5 km hinter Mbalmayo beginnt die hervorragende Asphaltstraße nach Sangmélima.
Sangmélima – 8000 Einw. Gute Infrastruktur. Restaurant „Chez Jeanine". Geburtsort des jetzigen Präsidenten Kameruns.
Die folgenden 109 km bestehen aus Erdpiste durch den feuchten Tropenwald.
Djoum – Dorf. Lebensmittel. Zoll, Formalitäten zur Ausreise aus Kamerun.
Nach Djoum folgen 81 km weiter Erdpiste.
Mintom – Dorf. Keine Versorgungsmöglichkeit.
Schlechte Piste auf den nächsten 145 km.
Mbalam – Dorf. Keine Versorgungsmöglichkeit. Polizeikontrolle.
Danach eingestürzte Brücke – nur noch Umkehr möglich.
Kabos – Dorf. Polizeikontrolle für die Einreise in den Kongo. (Beginn Y 1.)

V 28: Yaoundé – Mbalmayo – Ebolowa (177 km)

(08.93, Mercedes G) Asphaltstraße.

Yaoundé – S. V 26. (Ende V 26 und V 37; Beginn V 27 und V 35.)
Mbalmayo – Städtchen. Lebensmittel (Markt). Große katholische Mission.
Einige Kilometer hinter der Abzweigung nach Sangmélima liegt links der Piste ein schlecht ausgewiesener *parc touristique* (Zugang über schlechte Piste). Es gibt die Möglichkeit im Nyong zu baden; Pirogenfahrten, Bar.
Ebolowa – 660 m. Kleinstadt, wichtiges Wirtschaftszentrum, Holz- und Kohleindustrie. Lebensmittel. Treibstoff. (Beginn V 29; Ende V 30 und X 5.)
Unterkunft: Hotel „Le Ranch" in schöner Lage (ca. 8000 CFA/DZ ohne Bad, ca. 12 000 CFA mit Bad).

V 29: Ebolowa – Bitané – Akom – Adjap – Kribi (175 km)

(08.93 Mercedes G) Gute Piste (A/I). Schöne Strecke durch hügeliges Regenwaldgebiet, kaum Versorgungsmöglichkeiten außer mit Buschfleisch (kl. Gazellen, Affen, Stachelschwein und alles was die Einwohner als eßbar betrachten. Jedes der Dörfer hat seinen eigenen Charakter und besonderes Brauchtum mit sehr schönen Dorffesten.

Ebolowa – S. V 28. (Ende V 28, V 30 und X 5.)
Kribi – 18 000 Einw. Touristenort mit wunderschönen Stränden (nur der Strand nahe des Lobé-Wasserfalls ist schmutzig). Lebensmittel. Treibstoff. Bank.

592 Durch Afrika

Unterkunft: Hotel „Le pieds dans l´eau", an der Route de Campo, 5 km südlich von Kribi. Bungalows mit Dusche (ca. 29 000 CFA/2 Personen), direkts am Strand, sehr gemütlich und gut geführt; „Auberge Anette" direkt am schönen Sandstrand, 16 000 CFA/DZ, hervorragendes Fischessen, sehr empfehlenswertes Gästehaus. Campingmöglichkeiten 12 bzw. 15 km nördlich der Stadt am Meer (s.u. und V 30)

In der Umgebung: die **Lobé-Wasserfälle**, die direkt in den Ozean fallen (7 km südlich des Ortes), Achtung: Touristen werden ausgeraubt! Eine Tour von Kribi zu den Fällen mit Taxi, Pirogenfahrt zu einem Pygmäendorf, Flußfahrt ca. 3 h kostet 8000 CFA bei dem deutschsprechenden Frendenführer Balthasar; Paradis-Plage, 32 km südlich, hinter der Lobé-Brücke, ist ein schöner schattiger Platz mit Bade- und Campingmöglichkeit (ca. 500 CFA/Person); besuchenswert sind auch die vielen kleineren Strände im Süden des Ortes. Am *public beach* (7 km südlich von Kribi, 500 m hinter den Lobé-Fällen rechts abbiegen) treffen sich über Weihnachten und Sylvester die Globetrotter; wer einen Pirogenausflug zu dem Pygmäendorf unternehmen möchte, kann dies im Hotel buchen (ca. 20 000 CFA/Person, mindestens vier Teilnehmer). Am Strand „La belle Mere", 10 km vor Kribi, 800 m der Piste nach „Costa Blanca Plage" folgend, Campingmöglichkeit bei Pierre Gaspard (1200 CFA/2 Personen, Zimmer 3000 CFA/2 Personen). Vorsicht vor Dieben. Sehr schön ist es auch am Londji-Plage ca. 15Tkm nördlich von Kribi (s. V 31)
(Beginn V 30 und V 31.)

V 30: Kribi – Bipindi – Lolodorf – Ebolowa (187 km)

(06.93, Yamaha XT 600) Piste (A/H/I). Sehen Sie dazu die Anmerkungen zu Beginn der Route V 29.

Kribi – S. V 29. (Ende V 29; Beginn V 31.)

Km 66 **Bipindi** – Dorf. Kurz vor dem Ort befindet sich eine Brücke aus der dt. Kolonialzeit. In dem Ort wohnen die Nachfahren des deutschen Biologen *Zenker*, der zu den Begründern Yaoundés gehört und hier die ersten Versuche mit kakao und anderen tropischen Nutzpflanzen machte.

Km 75 **Bidjoka** – Dorf mit Kolonialcharakter, ein Ausflug zu den nahegelegenen Bidjoka-Wasserfällen lohnt sich.

Km 96 **Ngovayang** – Missionsstation mit einer schönen kleinen Kirche und einem Hospital.

Km 114 **Lolodorf** – ca. 11 000 Einwohner inmitten eines riesigen Waldgebietes und umgeben von Kakaoplantagen. Lolodorf war ein wichtiger Ort der deutschen Kolonialzeit, einige Gebäude und die Eisenbahnbrücke aus der Zeit sind noch zu bewundern. Apotheke, Bank, Krankenhaus, Treibstoff (nicht gesichert).

Unterkunft: Auberge de la Jeunesse (Jugendherberge), sehr einfach,kein Strom ca. 6000 CFA.

Weiter auf kurvenreicher Piste durch eine schöne Hügellandschaft.

Ebolowa – S. V 28. (Ende V 28 und X 5; Beginn V 29.)

Kamerun – Routenteil V 593

V 31: Kribi – Edéa (115 km)

(08.93, Mercedes G) Neue Asphaltstraße.

Kribi – S. V 29. (Ende V 29; Beginn V 30.)
Ca. Km 10, Abzweigung nach „La Costa Blanca". Übernachtungsmöglichkeit bei Pierre Gaspard (Camping oder einfache Zimmer).
Ca. Km 15 Abzweig zum Londji Plage, einem sehr schönen Palmenstrand. Erst erreicht man die „Auberge de Londji", mit einfachen aber sauberen Zimmern (ca. 13 000 CFA). Neben der Auberge geht eine Piste zum Strand wo man gegen Gebühr schön unter Palmen campen kann (ca. 1500 CFA). Fragen Sie nach Giselle, die auch hervorragend Fisch zubereitet und Getränke vorbeibringt (ca. 2500 CFA für 2 Personen), auch Lobster kann man bei ihr bestellen.
Edéa – 39 m, 40 000 Einw. Stadt. Aluminiumfabrik (Besuch nach Voranmeldung und in Gruppen). Gute Infrastruktur. (Beginn V 32; Ende V 35.)
Unterkunft: Hotel „Relais Edéa" (ca. 8000 CFA/DZ mit Dusche); Unterkunft außerdem in der kath. Mission, in hübscher Lage am Ufer des Sanaga, gut unterhalten, sehr freundlicher Empfang, Campingmöglichkeit, Bademöglichkeit im Fluß.

V 32: Edéa – Douala (57 km)

(10.93, Patrol) Asphalt.

Edéa – S. V 31. (Ende V 31 und V 35.)
Douala – 5 m, 1,5 Mio. Einw. Wichtigste Stadt des Landes. Gute Infrastruktur, zahlreiche gut bestückte Supermärkte und Geschäfte. (Beginn V 33 und V 34.)
Unterkunft: zahlreiche Hotels; Hotel „l'Ibis", Rue Pierre Loti, mit Pool und dem besten Preis-Leistungsverhältnis der Stadt (ca. 32 000 CFA/DZ; Hotel „Mirabel" (ca. 25 000 CFA/DZ); „Foyer du Marin" deutsches Seemannsheim das von dem Pastorenehepaar Becker geführt wird, mit Pool, Tel.42 27 94, Voranmeldung empfehlenswert, da die Zimmer immer gut belegt sind, (ca.14 000 CFA/DZ mit Klimaanlage, auch Mehrbettzimmer), Restaurant mit kleinen Mahlzeiten, 1x wöchentlich Bratwurstessen, bewachter Parkplatz. Empfehlenswerteste Unterkunft für Durchreisend, die Umgebung ist allerdings sehr gefährlich, man sollte keinesfalls bei Dunkelheit zu Fuß gehen; auch die katholische Mission „la Prucure Générale des Missions Catolique", rue Franqueville im Stadtteil Akwa, bietet Unterkunft in sympathischer Umgebung mit Pool (ca. 6500 CFA/Person, ca. 4800 CFA/Mahlzeit); Campingmöglichkeit am „Temple du Centenaire" (evangelische Kirche), in der Nähe des Hafens, saubere Sanitäranlagen (ca. 3000 CFA/2 Personen und Auto), da die Stadt aber sehr gefährlich ist, ist es sehr fraglich ob ein campen im Stadtbereich und näherer Umgebung zu empfehelen ist. Prinzipiell wird das Unterkommen in den Missionen auch immer schwieriger, da diese nicht als Hotels gemeldet sind um hohe

594 Durch Afrika

Abgaben zu vermeiden. Restaurant-Pizzeria „Le Refuge"; Restaurant „Chalet Suisse" (hier trifft man, was sonst, Schweizer) im Stadtteil Bonanjo nahe dem „Hotel de la Falaise".

Verschiedenes: Vorsicht, die Stadt ist ein gefährliches Pflaster (bewaffnete Überfälle). Es gibt eine hervorragende Toyota-Werkstätte. Alle Fluggesellschaften, die die Verbindung Kamerun – Europa fliegen, haben hier ihren Sitz (in den Sommermonaten lange Wartezeiten). Ein Schiff nach Europa zu finden wird dagegen zunehmend schwerer, wenden Sie sich an große Speditionen. Vora llem die Abwicklung im Hafen sowohl bei Empfang oder Ausschiffung des Fahrzeugs erfordert vile Ziet und Geduld, aber auch Schmiegelder zur Beschleunigung, da die Prozedur sonst Wochen dauert. Selbst bei beschleunigert Abwicklung dauern die Formalitäten mehrere Tage. Eine Verschiffung von Europa nach Douala ist ebenfalls über große Speditionen (oder über Därr Expeditionsservice GmbH, Theresienstr. 66, 80333 München, Tel.089/28 20 32) möglich. Der Fahrzeugverkauf ist sehr schwierig geworden. Geldwechsel bei der „Bibic"-Bank (nach Herrn Klaus Meissner, Zimmer 102, fragen).

Sehenswert: das Rathaus (das Douala-Museum befindet sich im ersten Stock), der Palast (Pagode) des Mango Bell, die Kathedrale und der Friedhof aus der Kolonialzeit und die Märkte.

V 33: Douala – Tiko – Limbe – Buea – Kumba – Loum (216 km)

(02.94, Patrol) Asphalt. Nachts auf Tiere auf der Straße achten. Sehr unfallgefährdete Stecke. Beginn des anglophonen Teils von Kamerun. Schlechte Piste zwischen Koumba und Loum.

Douala – S. V 32. (Ende V 32; Beginn V 34.)
Sie verlassen Douala auf der Brücke über den Wouri. Kurz hinter Bonabéri nach links in Richtung Tiko abbiegen. Die Route V 33, die ebenfalls nach Loum führt, verläuft zur Rechten.
Km 53, Abzweigung nach Tiko.

Tiko – Kleiner Fischereihafen. Lebensmittel (Markt). Treibstoff. Hotel.

Verschiedenes: es gibt organisierte Ausflüge mit einem kleinen Touristenzug. Die Werkstätte bei der katholischen Missionsstation von Mutengene ist gut ausgestattet (unweit des Ortes).
Kehren Sie auf die Hauptstraße zurück und fahren Sie dann nach links weiter.

Limbe (ehemals Victoria) – 35 000 Einw. Stadt. Gute Infrastruktur.

Sehenswert: der Botanische Garten und Zoo.

Unterkunft: Hotel „Atlantic Beach", gut unterhalten, Pool (ein „künstlicher" und ein „natürlicher", der bei Flut vom Meerwasser gespeist wird), Sonntagmittag hervorragendes Buffet (DZ ca. 20 000 – 30 000 CFA); „Seme New Beach Hotel", beim Dorf Bakingili, direkt am Fuß des Petit Mt. Cameroun mit schönem schwarzen Lavastrand (mile 11) in Richtung Idenao. Anlage im Bungalowstil (DZ ca. 25 000 CFA); Campingmöglichkeit (bewacht) am „Six-Mile-Beach"

Kamerun – Routenteil V 595

in Richtung Idenao, über eine kleine Piste, die 1 km nach dem Eingangstor der Raffinerie nach links abzweigt (ca. 300 CFA/Person, am Wochenende Restaurantbetrieb, Duschen, WC). Meiden Sie die anderen Strände, hier tummeln sich Diebe.

Verschiedenes: sehr gute Land Rover-Werkstatt. Mehrere Läden mit guter Auswahl an Zubehör. Beim Baden sollten Sie auf die sehr gefährlichen und starken unterseeischen Strömungen achten. Am Hauptstrand von Limbe viel Teer.

Abstecher: auf 43 km Asphalt von Limbe nach **Idéano** – Dorf. Lebensmittel. Hotel (ca. 2000 CFA/DZ), Grenzposten nach Nigeria.

Buea – 1000 m. Stadt. Gute Infrastruktur.

Unterkunft: Unterkunftsmöglichkeit im *guesthouse* der Presbyterianerkirche, in dem Gäste herzlich empfangen werden (ca. 4500 CFA/Person), Kochmöglichkeit, Camping ist erlaubt (ca. 1 500 CFA/Person); Camping auch beim Hotel „Mountain", Haus aus der Kolonialzeit mit schönem Garten (DZ ca. 18 000 CFA).

Verschiedenes: Nigeriavisa bei der Botschaft nach nur zwei Stunden Wartezeit.

Sehenswert: der Gouverneurspalast des ehemaligen dt. Gouverneurs Jesco von Puttkamer.

In der Umgebung: der **Mount Cameroun** (Führer ca. 12 500 CFA/Tag), dessen Besteigung ca. 2 bis 3 Tage dauert (guter Kälte- und Regenschutz erforderlich) und die Teeplantagen (erreichbar auf einer Piste in Richtung Limbe).

Kumba – 300 m, 50 000 Einw. Gute Infrastruktur. Auf dem Schwarzmarkt gibt es einfach alles. In der „RTC-Farm", am Ortseingang links, werden Wurstwaren verkauft.

Sehenswert: 3 km westlich des Ortes liegt der wunderschöne Kratersee Barombi Mbo (Elefantensee) von tropischer Vegetation umgeben. Schöner Übernachtungsplatz auf dem Kraterrand, 20 m hohe Leitern ermöglichen den Abstieg zum See.

Kurz hinter Kumba läßt man die Route V 20 nach Mamfé rechts liegen. Schlechte Piste mit Asphaltresten, viele Löcher.

Loum – S. V 19. (Ende V 19 und V 34; Beginn V 20.)

V 34: Douala – Mbanga – Loum (106 km)

Asphalt. Hier beginnt der anglophone Teil des Landes. Zahllose Polizeikontrollen.

Douala – S. V 32. (Ende V 32; Beginn V 33.)
Sie verlassen Douala auf der Brücke über den Wouri. Kurz hinter Bonabéri nach rechts in Richtung Mbanga abbiegen. Die Route V 33, die ebenfalls nach Loum führt, verläuft nach links.

Mbanga – 100 m. Kleinstadt. Lebensmittel. Treibstoff. *Campement*-Hotel.

Loum – S. V 19. (Ende V 19 und V 33; Beginn V 20.)

596 Durch Afrika

V 35: Yaoundé – Edéa (176 km)

Asphalt. Guter Straßenzustand aber stark unfallgefährdete Strecke.

Yaoundé – S. V 26. (Ende V 26 und V 37; Beginn V 27 und V 28.)
Etwa 80 km hinter Yaoundé führt eine gute Piste nach links nach Eséka mit einem sehenswerten Sonntagsmarkt.
In der Umgebung: am Bahnhof die gute Piste nach rechts einschlagen (achten Sie auf die vielen Holzstege, die nicht immer leicht zu erkennen sind) und bis zur Brücke über den **Nyong** fahren. Hier scheint der Fluß gegen den Strom zu fließen. Am Bahnhof nach links erreichen Sie auf einer 6 km langen Piste die „Socopalm"-Fabrik, die besichtigt werden kann.
Edéa – S. V 31. (Ende V 31; Beginn V 32.)

V 36: Bafoussam – Bafia – Batchenga (290 km)

Asphalt. Sehr guter Straßenzustand. Für die Strecke zwischen Bafoussam und Yaoundé (V 36 und V 37) mit zweieinhalb Stunden Fahrtzeit rechnen.

Bafoussam – S. V 17. (Ende V 17 und V 18; Beginn V 19.)
20 km weiter auf der Asphaltstraße in Richtung Bafang (V 19) bis Bandjoun.
Bandjoun – S. V 19. (Zur V 19.)
Bangwa – Dorf. Kleines Häuptlingshaus.
Bangangté – 1328 m. Kleinstadt. Lebensmittel. Treibstoff. Pension. Bank. Krankenhaus.
Unterkunft: Drei einfache kleine Hotels: Le Palais, Séjour du Ndé, Le Paysan.
Sehenswert: der Markt (Mittwoch und Samstag), die *Chefferie* (Häuptlingshaus, wird gerade restauriert) und das Haus des Kunsthandwerks.
Tonga – Dorf, schattig zwischen Allebäumen gelegen, zahlreiche Ziegelbauten erinnern noch an die Kolonialzeit.
In Tonga führt die Route aus dem Gebirge hinunter in feuchttropisches Gebiet.
Bafia – 500 m. Dorf. Lebensmittel. Treibstoff, kleine Werkstätten. Einfaches Hotel.
34 km weiter führt eine Fähre über den Nun (nur zwischen 06:00 und 18:00 Uhr, ca. 400 CFA/Fahrzeug). Campieren Sie nicht bei der Anlegestelle, hier ist es immer lärmig.
Ntui – 547 m. Dorf. Treibstoff. Nach links geht eine Piste nach Tibati ab (Route V 38).
In der Umgebung: kurz hinter Ntui führt eine Brücke über den Sanaga, unweit der sehr schönen Nachtigal-Fälle (benannt nach dem Deutschen Gustav Nachtigal, der sie Ende des 19. Jhs. entdeckte); interessant sind die Fälle allerdings nur bei Hochwasser.
Batchenga – Dorf. Keine Versorgungsmöglichkeit.
(Beginn V 37 und V 38; Ende V 39.)

Kamerun – Routenteil V 597

V 37: Batchenga – Yaoundé (62 km)

(02.94, Patrol) Asphalt. Sehr guter Straßenzustand. Viele Lkw. Mautgebühr 500 CFA.

Batchenga – S. V 36. (Ende V 36 und V 39; Beginn V 38.)
Obala – Dorf. Lebensmittel.
Unterkunft: Hotel mit *Boukarous* am Flußufer, Restaurant, Pool, Zoo, an den Wochenenden viele Gäste.
Sehenswert: der kleine, tägliche Markt und der Wochenmarkt am Samstag in idyllischer Lage, 1 km vom Stadtzentrum entfernt (daneben ein Freizeitpark).
Yaoundé – S. V 26. (Ende V 26; Beginn V 27, V 28 und V 35.)

V 38: Batchenga – Ntui – Yoko – Tibati (417 km)

(01.91, BMW) Bis Ntui Asphalt, danach bis Yoko enge, teilweise sehr schlechte Piste (A/ G/I) mit zahlreichen Auswaschungen.Vorsicht bei Gegenverkehr, da es keine Ausweich- möglichkeit gibt und die Strecke vonzahlreichen Holzlastern befahren wird. Hinter Yoko mittelmäßige bis gute Piste, schöne Waldlandschaft.

Batchenga – S. V 36. (Ende V 36 und V 39; Beginn V 37.)
Batchenga auf der Route V 36 verlassen. In Ntui nach rechts auf die Piste nach Mankim abbiegen.
Mankim – 600 m. Dorf. Einfache Unterkunft.
Yoko – 984 m. Dorf. Einfache Unterkunft.
Tibati – S. V 12. (Ende V 12; Beginn V 13 und V 21.)

V 39: Bertoua – Nanga-Eboko – Batchenga (283 km)

(01.91, BMW) Bis zur Abzweigung nach Belabo und auf den letzten 15 km Asphalt. Dazwischen Piste (A/I), die durch tropischen Wald führt. Zwischen Bertoua und bis 30 km vor Nanga-Eboko schwierige Piste, zahlreiche Lkw. Vorsicht, das Gebiet nördlich dieser Route, etwa ab Belabo bis ungefähr zwanzig Kilometer weiter nördlich, ist außerordent- lich gefährlich; Wildcampen oder gar Ausflüge zu Fuß oder mit dem Motorrad vermeiden; wenn Sie unbedingt nach Belabo wollen, fahren Sie mit dem Auto und halten Sie die Fenster verschlossen.

Bertoua – S. V 24. (Ende V 24; Beginn V 25 und V 26.)
Ausflug: 60 km nach **Belabo** – Dorf (Unterkunftsmöglichkeit bei der „Sofibel", die von einem Europäer geleitet wird).
Mbandjok – In der Zuckerfabrik „Socusam" können Sie Treibstoff kaufen.
Nanga-Eboko – 616 m. Dorf. Schwierige Lebensmittelversorgung. Treibstoff. Hotel. Bahnhof.
Batchenga – S. V 36. (Ende V 36; Beginn V 37 und V 38.)

598 Durch Afrika

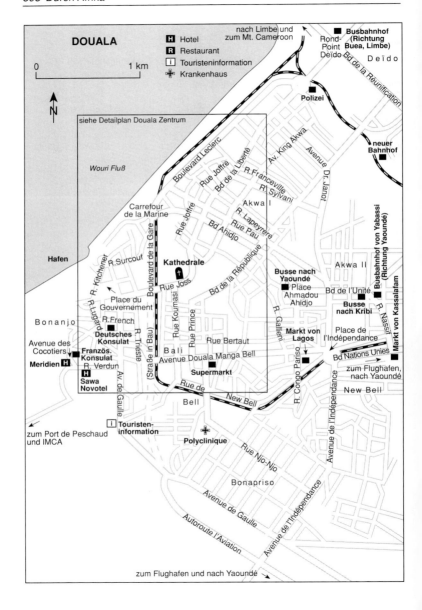

Kamerun – Routenteil V 599

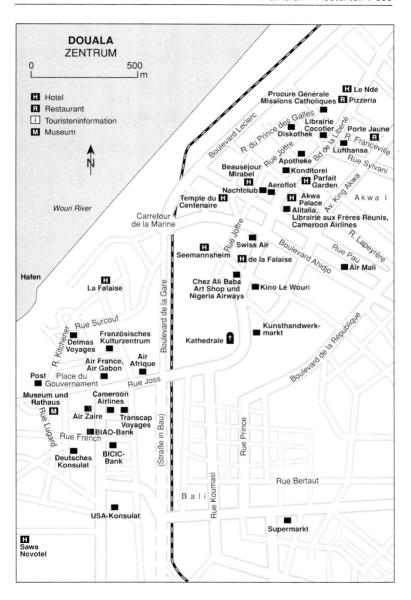

600 Durch Afrika

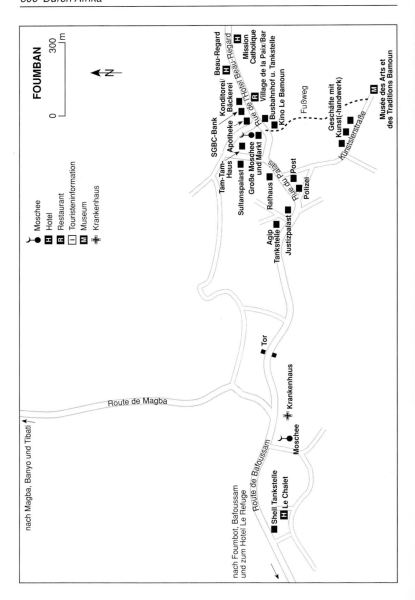

Kamerun – Routenteil V 601

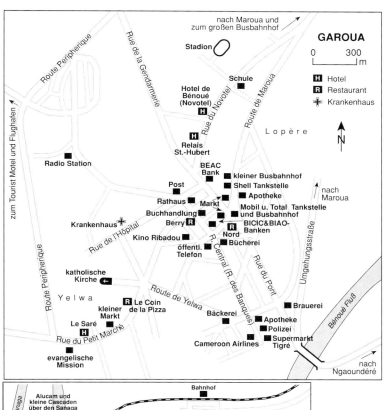

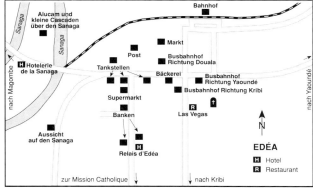

602 Durch Afrika

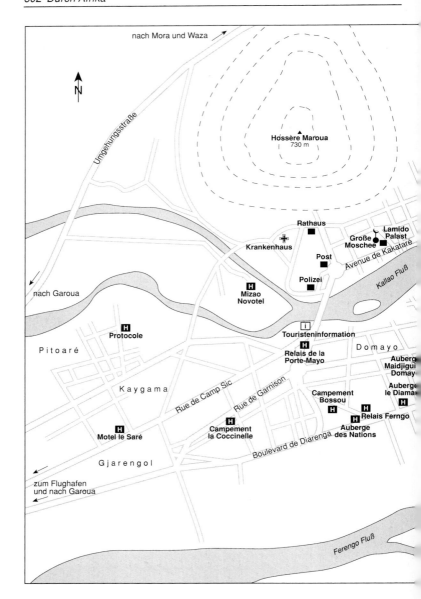

Kamerun – Routenteil V 603

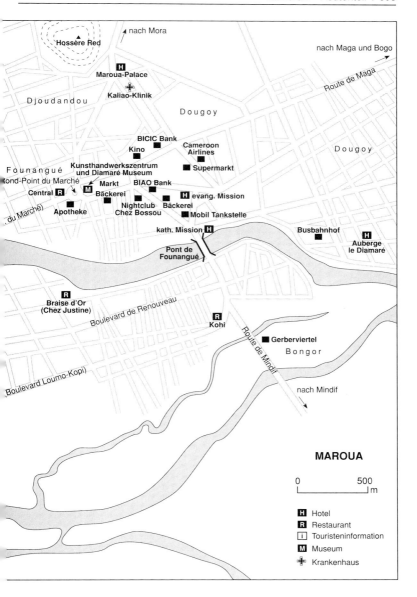

604 Durch Afrika

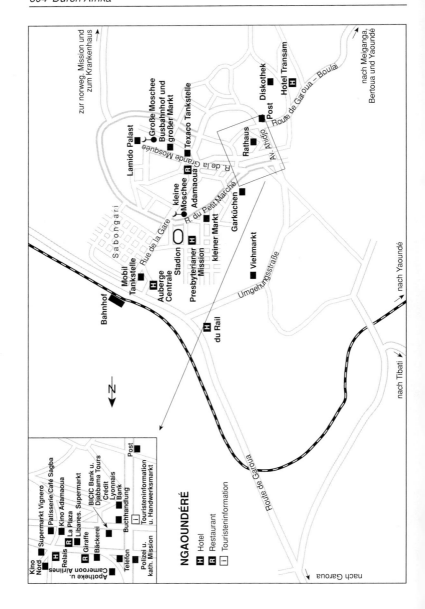

Kamerun – Routenteil V 605

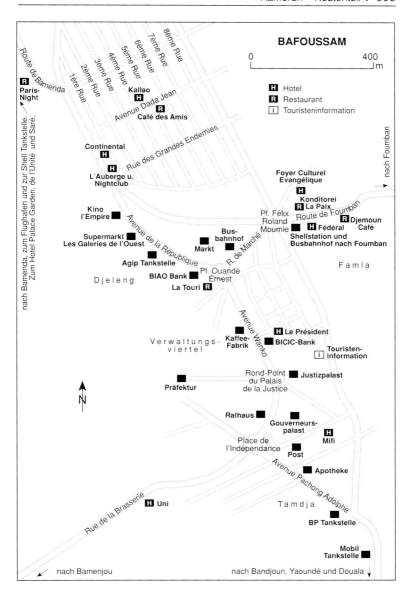

606 Durch Afrika

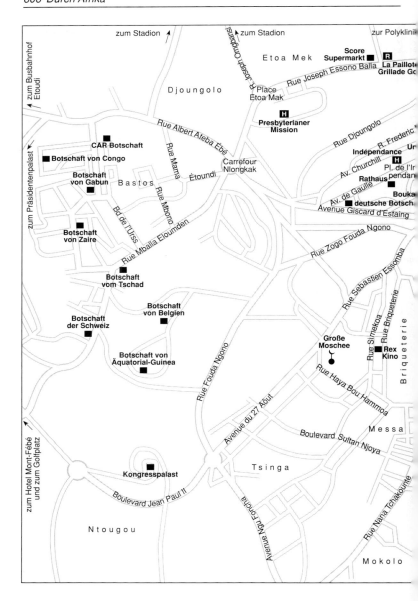

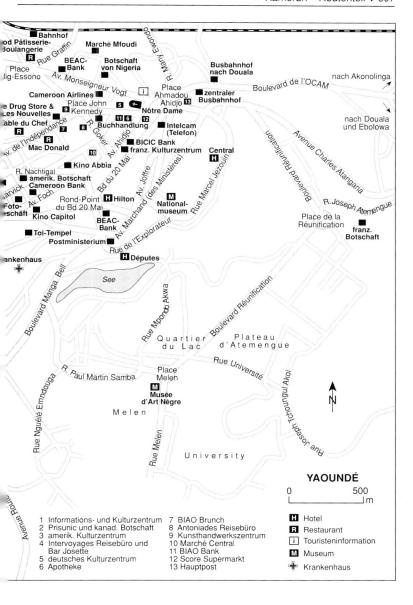

608 Durch Afrika

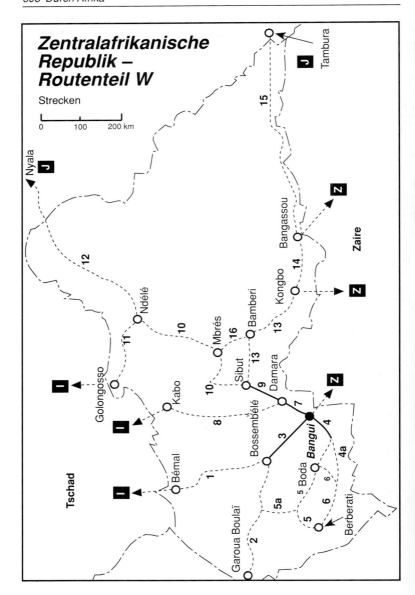

Zentralafrikanische Republik – Routenteil W

Überblick

Fläche: 622 984 km².

Einwohner: 3 166 000.

Ethnien: Bantu-Gruppen, Banda, Baja, Mandja.

Hauptstadt: Bangui (385 000 Einw.).

Sprachen: Amtssprache Französisch, daneben Umgangssprachen, Sangho, Bantu- u. Sudansprachen.

Religion: 60% Naturreligionen, 35% Christen, einige Muslime.

Ruhetag: Sonntag.

Feiertage: 1.1., 29.3., Ostermontag, 1.5., Himmelfahrt, Pfingsten, 13.8, 15.8., 1.9., 1.11., 1.12., 25.12.

Einreise: Visum für Deutsche und Österreicher. Schweizer benötigen kein Visum, aber für Bangui eine Sondergenehmigung. Staatsangehörige der EG-Länder können das Visum an der Grenze bzw. in Bangui (ca. 2 Tage) erhalten (gültiger Reisepaß, 3 Paßfotos, Gebühr von 10 000 CFA – Gültigkeit 30 Tage, 24 000 CFA – Gültigkeit 90 Tage). Außerdem Nachweis ausreichender Geldmittel, bei Flugreisenden Rück- oder Weiterreiseticket. Manchmal passiert es Deutschen, daß ihnen ein Visum an der Grenze mit dem Argument verweigert wird, daß Deutsche kein Visum bräuchten. Meldepflicht bei Aufenthalt über 1 Monat.

Impfung/Gesundheit: Gelbfieber- und Choleraimpfung vorgeschrieben, Malariaprophylaxe. HIV-Test-Nachweis erforderlich.

Währung: Franc CFA. 1 FF = 100 CFA. Achtung: Durch Abwertung des CFA im Frühjahr ´93 kam es zu enormen Preissteigerungen der Importgüter in allen CFA-Ländern. In CFA ausgedrückte Preisangaben können dadurch zum Teil überholt sein.

Kfz: Internationaler Führerschein und Kfz-Schein, *carnet de passage*, Haftpflichtversicherung muß nicht abgeschlossen werden.

Treibstoffpreise: Super ca. 365 CFA/l; Diesel ca.280 CFA/l.

610 Durch Afrika

Straßenzustand: Größtenteils bessere Pisten als in den Nachbarländern. Vorsicht, Warndreiecke weisen auf eine Polizeikontrolle hin – anhalten!

Kontrollen: In der Umgebung der größeren Städte zahlreiche Polizeikontrollen, ebenfalls auf den Touristenrouten, hier teilweise sehr schikanös.

Sicherheit: In Bangui nicht anhalten – am besten mit dem Taxi fahren. Überfallgefahr mit hoher Gewaltbereitschaft auf der Strecke Ndélé – Kaga Bandoro – Sibut – Banbari. Unbedingt sofort anhalten und alles hergeben. In der gesamten Republik viele Diebstähle.

Grenzen: Die Grenzen zu den Nachbarländern sind geöffnet. Der Übergang Mobaye – Gbadolite (Zaïre) war 07.94 gesperrt. Übergang möglich bei Bangassu und Ndu (die Fähre hat wieder ihren Betrieb aufgenommen, 5 l Diesel erforderlich, ca. 8000 CFA).

Zeitverschiebung: Keine; Sommerzeit - 1 Stunde.

Stromspannung: 220 V.
Literatur und Landkarten:
Reiseführer: Keine deutschsprachigen Reiseführer. Als englischsprachiger Führer empfiehlt sich „Central Africa – a travel survival kit", Lonely Planet Publications
Karten: Michelin 953, 1:4 000 000; Detailkarten von IGN, 1:1 000 000, Carte Routière, RCA.

Geschichte: Das Gebiet der heutigen Zentralafrikanischen Republik gehörte zu den größten „Sklaven-Lieferanten" Afrikas. Im 19. Jh. wurden jährlich 20 000 Sklaven aus dieser Region allein auf ägyptischen Märkten verkauft. In der Geschichte der Ausbeutung der natürlichen „Ressourcen" des Landes durch fremde Mächte (in diesem Fall zumeist muslimische Sklavenjäger) war dies jedoch nur der Anfang. Ende des 19. Jh. verleibte sich Frankreich diesen Teil „Französisch-Westafrikas", die Region Ubangi-Shari, ein. Skrupellose Handelsfirmen und Agenten steckten in der Zentralafrikanischen Republik ihre Claims ab. Bodenschätze wurden ausgebeutet (Zinn, Kupfer, Diamanten), Wälder gerodet und die Einheimischen unter mörderischen Bedingungen als Zwangsarbeiter eingesetzt; Revolten wurden gnadenlos niedergeschlagen. Der Führer der ersten Unabhängigkeitsbewegung, Boganda, kam Ende der fünfziger Jahre bei einem mysteriösen Flugzeugabsturz ums Leben. Sein Nachfolger, David Dacko, wurde nach der 1960 errungenen Unabhängigkeit des Landes zum ersten „freien" Präsidenten bestimmt. Doch auch danach blieb ein Großteil der zentralafrikanischen Wirtschaft in französischen Händen.

Politik: Dackos Regime war schon bald geprägt von Korruption und Verfolgung jeglicher oppositioneller Bestrebungen. 1966 wurde der Präsident von einem Verwandten, Jean-Bedel Bokassa, gestürzt. Mit Bokassa und aufgrund der massiven militärischen Unterstützung des ehemaligen Mutterlandes, begann in Zentralafrika eine neue Epoche von Unterdrückung und politischem Mord, die immer grausamere Züge annahm. Der neue Präsident und seit 1976 auch „Kaiser" von Zentralafrika scheute sich nicht, bei Hinrichtungen selbst Hand anzulegen. Seine Eskapaden wurden von Frankreich weiterhin finanziert und geduldet, denn im Gegenzug überließ der Kaiser seinen französischen Freunden das alleinige Recht an der Ausbeutung der Uranvorkommen. Frankreichs Politschickeria amüsierte sich derweil in den Franzosen vorbehaltenen Jagd-Reservaten an der Grenze zum Sudan. Internationale Proteste und die immer wieder zaghaft aufkeimende Opposition im Lande hatten erst Erfolg, als sich auch Gerüchte über Bokassas angebliche kannibalische Neigungen verdichteten, und man ihm die eigenhändige Ermordung zahlreicher Schulkinder nachweisen konnte, die gegen eine von Bokassa erlassene Maßnahme demonstriert hatten. 1979 wurde der Kaiser mit französischer Unterstützung von der Macht geputscht, sein Nachfolger (und Vorgänger) David Dacko wieder auf den Präsidentensessel gesetzt und schließlich 1981 von André Kolingba wieder verjagt. Bokassa kehrte übrigens nach erfolgloser Asylsuche 1987 wieder in die Zentralafrikanische Republik zurück, wo er umgehend verhaftet und 1993 wieder freigelassen wurde. Im Juli 1991 wurden auch wieder Oppositionsparteien zugelassen. Sieger der Präsidentschaftswahlen 1993 war Ange-Félix Patassé.

612 Durch Afrika

Routeninformationen

W 1: Bémal – Bossangoa – Bossembélé (350 km)

Piste (A/G/I). Schlaglöcher zwischen Bémal und Béboura.

Bémal – S. I 10. (Ende I 10.)
Bossangoa – Stadt. Lebensmittel, Verpflegung. Treibstoff und Werkstatt. Hotels.
Sehenswert: der große Markt (jeden Morgen) und die moderne Kirche).
Bossembélé – 700 m, 4500 Einw. Lebensmittel, Verpflegung. Treibstoff. *Campement* ohne Komfort. Zwei Missionen. Fahrzeugkontrolle (Licht, Warndreieck, usw.). (Beginn W 3; Ende W 2.)

W 2: Garoua Boulaï (Kamerun) – Grenze der Zentralafrikanischen Republik – Béloko – Baboua – Bouar – Bossembélé (457 km)

(02.94, Patrol) Asphalt bis 15 km vor der Grenze, dann gut gepflegte Piste mit einem Schnitt von 50 km/h (A/I) bis Baboua, danach zunehmend schlechter und ab Baoro wieder gut. Zwischen Yaloké und Bossembélé Asphalt. Viele Polizeikontrollen (Licht, Blinker etc.), Kugelschreiber bereithalten.

Garoua Boulaï – S. V 23. (Ende V 23; Beginn V 24.)
Am Ortsausgang von Garoua Boulaï Zollkontrolle für die Ausreise aus Kamerun. Einige Km weiter Polizeikontrolle für die Einreise in die Zentralafrikanische Republik. Zügige Kontrollen ohne Probleme (Tränengas wird beschlagnahmt).
Unterkunft: Übernachtung in der Nähe des Kontrollpostens für die Einreise.
Béloko – 1060 m. Kleiner Ort. Keine Versorgungsmöglichkeit. Zollformalitäten. Von Béloko nach Bossembélé sehr angenehme und sehr gute Piste.
Baboua – 1020 m. Kleiner Ort. Lebensmittel, Verpflegung. Manchmal Treibstoff. Italienische katholische Mission und protestantische Mission. Kontrolle der Meldestempel, der Fahrzeugpapiere, der Pässe und der Impfbescheinigungen, unter Umständen Zollkontrolle.
Unterkunft: Hotel. Camping bei der deutschen evangelischen Mission (sehr freundlich).
Ab Baboua einige gefährliche, sandige Kurven.
Bouar – 940 m, 91 000 Einw. Gute Infrastruktur. Mehrere europäische Missionen (Camping bei der deutschen). Französischer Militärposten (u.U. Hilfe bei Problemen mit dem Fahrzeug). Auf Diebstähle auf der Straße achten. Verlängerung des Visums ist hier nicht möglich (nur in Bangui).
Sehenswert: die malerischen afrikanischen und Haussa-Viertel.
In der Umgebung: steinzeitliche Fundstätten.
Baoro – Kleiner Ort. Hotel. Überfallgefahr bei Nächtigung in der Umgegend.

Yaloké – Kleiner Ort. Treibstoff.
Bossembélé – S. W 1. (Ende W 1; Beginn W 3.)
Verschiedenes: nach Möglichkeit nachts durchfahren um die Polizeikontrolle zu umgehen, die zum abkassieren immer einen Vorwand findet.

W 3: Bossembélé – Boali – Bangui (157 km)

(02.94, Patrol) Asphalt in der Regel gut, häufige und lästige Polizeikontrollen, die nach Mängeln am Fahrzeug suchen, um dann abzukassieren. Folgende Teile müssen funktionieren bzw. vorhanden sein: Versicherungspapiere, alle Blinkerbirnen, Warnblinkanlage, Scheinwerfer, Scheibenwischer und Waschanlage, Bremslichter, 2 Warndreiecke (!), Feuerlöscher.

Bossembélé – S. W 1. (Ende W 1 und W 2.)
Am Ortsausgang Polizeikontrolle.
Boali – Kleiner Ort in der Nähe der Wasserfälle.
Unterkunft: Hotel (ca. 2500 CFA/DZ), lassen Sie Ihr Fahrzeug nicht unbeaufsichtigt.
Sehenswert: die Wasserfälle des Flusses Mbali, auf schlechter Piste 5 km von der Straße entfernt, *campement* mit Strohhütten (ca. 1000 CFA/Person), Lianenbrücke (Eintritt 300 CFA); die Einwohner sind ab und an aggressiv und starten Erpressungsversuche. Kaiman-See ca 20 km entfernt.
Bangui – 353 m, 350 000 Einw. Hauptstadt. Gute Infrastruktur. Diesel auf dem Schwarzmarkt etwas billiger. (Beginn W 4, W 7 und Z 5.)
Unterkunft: Hotel „Minerva", gut (ca. 4000 CFA/Person); „New Palace" (gleicher Preis), „Novotel" (ca. 7000 CFA/Person); Hotel „Sofitel", sehr schöne Lage am Oubangui und sehr teuer! Empfangszentrum für Touristen (ca. 3000 CFA/DZ), Camping erlaubt (ca. 650 CFA/Person, aber auf Mücken achten, Malariarisiko); Unterkunftsmöglichkeit beim Roten Kreuz (ca. 500 CFA/Person, Camping erlaubt) und im evangelischen Jugendzentrum. Mehrere Campingplätze (z.B. Campingplatz „Dalango" in der Verlängerung der Avenue Barthélémy, ca. 650 CFA/Pers.). Restaurants „Oustachou", „Bacchus" und „Banguise", alle gut.
Verschiedenes: Zoll- und Polizeikontrolle am Stadteingang, wo man einen „Aufenthaltsstempel für Bangui" (90 Tage gültig) bekommt. Vorsicht, die Polizei neigt dazu, auch für geringfügiges Fehlverhalten im Verkehr teure Strafzettel auszustellen. Es ist praktisch unmöglich zu fotografieren, denn fast alles wird als verbotenes Objekt betrachtet. Besitzt man als EG-Bürger kein Visum muß man sich hier eines für 15 000 CFA besorgen. Wer per Flugzeug ankommt, sollte die Hotelzubringer meiden, denn sie sind oft teurer als Taxen. Verkauf von wunderschönen naturalisierten Schmetterlingen und Insekten im „Heim der Barmherzigkeit", das alle Länder zugunsten seines Krankenhauses beliefert. Land Rover- und Saurer-Ersatzteile bei der „Yalo"-Autowerkstatt (jeder kennt sie); gute Werkstatt „Garage du Canal", französische Leitung, in der Nähe der Avenue Barthélémy. Formalitäten für die Ausreise aus der Zentral-

614 *Durch Afrika*

afrikanischen Republik für Reisende, die nach Zaire weiterfahren (Strecke Z 5). Bei der Botschaft von Zaire, Rue Gamal Abdel Nasser, wird ein Visum von einmonatiger Gültigkeit innerhalb von 30 Minuten ausgestellt (20 000 CFA und 2 Paßphotos).

Kriminalität: Bangui ist eine kriminelle Hochburg, nie zu Fuß durch die Stadt gehen, möglichst nicht allein parken, auch wenn eine Person im Auto bleibt. Bei Fahrt durch die Stadt Türen abschließen und Fenster hochkurbeln, bei Halt vor der Ampel oder im Stau alle vier Ecken des Autos gleichzeitig beobachten. Bei Verlust der Papiere erkundigen Sie sich beim Hauptpostamt oder am großen Markt, in der Regel bekommt man sie innerhalb eines Tages gegen eine Belohnung von 20 000 bis 40 000 CFA zurück.

Schiffsverbindung: zwischen Bangui und Brazzaville (Kongo) Verbindung ca. zweimal pro Monat, je nach Wasserspiegel des Oubangui; die Reise dauert 8 bis 12 Tage (ca. 9000 CFA/Person, 80 000 CFA/Fahrzeug); Reservierung bei der „Agence Centrafricaine des Communications Fluviales".

Sehenswert: das „Bobanda-Museum", der Dom, die „St. Paul Mission", die Küstenstraße und das Haussa-Viertel.

W 4: Bangui – Mbaïki – Boda (192 km)

(03.91, Land Rover) Asphalt bis Mbaïki; dann Piste (A/G/I), manchmal durch den Regen unterbrochen, aber in gutem Zustand. Zahlreiche Polizeikontrollen.

Bangui – S. W 3. (Ende W 3; Beginn W 7 und Z 5.)
Bis Mbaïki führt die Route durch Waldlandschaft.
Mbaïki – 60 m, 74 000 Einw. Kleinstadt. Lebensmittel, Verpflegung. Treibstoff. Hotel.
In der Umgebung: Ausflugsmöglichkeit nach Bagandou zum Besuch des Pygmäengebiets (Touristentaxe ca. 1000 CFA/Person), Übernachtungsmöglichkeit bei M. Pierre Olivier, MAB, Bagandou; für den Ausflug ist eine Fotoerlaubnis aus Bangui erforderlich.
Boda – Kleiner Ort. Manchmal Treibstoff. (Beginn W 5; Ende W 6.)

W 4a: Bangui – Mbaiki – Bambio – Yamando – Bania – Berberati (ca. 477 km)

(05.94, Mercedes G und 01.95, Yamaha XT 600E) Direkte Piste (nicht in der Michelinkarte, A/C/G/I). Sehr empfehlenswerte Alternative für die Strecke Bangui – Berberati.Zwischen Mbaiki und Ngoto z.T. versandete und ausgewaschene Piste; dann bis Bambio stark versandet und tiefe Furchen, schwere und schmale Piste; erst ab Bambio gute Lateritpiste durch schönen Urwald. Kein Verkehr, keine Polizeikontrollen, herrliche Urwaldflüsse zum Baden, freundliches Volk. Die Strecke ist allerdings sehr schmal und hat Brücken, die mit maximal 5 t belastbar sind, d.h. nur für Geländewagen, nicht für Unimog oder ähnliches.

Bangui – S. W 3. (Beginn W 4, Ende W 3)
Mbaiki – S. W 4.

Bambio – S. W 6.
Yamando – Dorf.
Bania – Dorf.
Berberati – S. W 5. (Beginn W 6; Ende W 5.)

W 5: Boda – Carnot – Berbérati (325 km)

(08.93, Range Rover) Piste (A/H/I), manchmal durch den Regen unterbrochen; bis Carnot schlechte (viel Sand und tiefe Rillen), dann sehr gute Piste zwischen Carnot und Berbérati. Durchquerung von Waldlandschaft bis Carnot.

Boda – S. W 4. (Ende W 4 und S 6.)
Km 51, Überquerung eines sehr tiefen Bachs.
Km 59, kostenlose Fähre auf dem Lobaye. Danach schlechte Piste.
Km 132, **Gadzi** – Kleiner Ort. Polizeiposten. In der Nähe, auf der rechten Seite, Beginn einer Piste zur Strecke W 2.
Ab Km 177 wieder gut Piste.
Km 187, 214 und 234, Bachüberquerungen.
Carnot – 570 m, 83 000 Einw. Lebensmittel, Verpflegung. Treibstoff. Kein Hotel. Nicht empfehlenswerte Pensionen. Französische und schwedische Mission. Piste (166 km) in Richtung Norden nach Baoro (zur W 2).
In der Umgebung: Toutoubou Wasserfälle des Flusses Goéré südl. des Ortes.
2 km hinter Carnot Übernachtungsmöglichkeit in einer evangelischen Mission.
Berbérati – 660 m, 80 000 Einw. Gute Infrastruktur. (Beginn W 6; Ende V 25.)
Unterkunft: freundliche katholische Mission „St. Anne" mit Zimmern und Campingmöglichkeit, von Kamerun kommend vor dem Ortseingang links.

W 5a: Berberati – Carnot – Baoro (230 km)

(02.94, Patrol) Piste gut fahrbar, Durchschnittsgeschwindigkeit 50 km/h.

Berberati – S. W 5. (Ende W 5; Beginn W 6.)
Carnot – S. W 5.
Baoro – S. W 1. (Zur W 1.)

W 6: Berbérati – Bambio – Boda (350 km)

(02.93, Landcruiser) Schmale Piste (A/G/I), einspurig ausgebaut (siehe hierzu auch Route W 4a).

Berbérati – S. W 5. (Ende W 5 und V 25.)
Berbérati über die Piste nach Nola (S) verlassen.
Ca. Km 80, nach links auf eine Waldpiste nach Bambio abbiegen; zahlreiche Pygmäen. Campingmöglichkeit bei den Försterlagern.
Bambio – Kleiner Ort. Keine Versorgungsmöglichkeit.

616 Durch Afrika

Richtung Ngolo fahren. Kurz hinter Bambio Brücke über den Fluß Mbaéré.
Ngolo – Kleiner Ort. Keine Versorgungsmöglichkeit. Brücke über den Fluß
Lobaye am Dorfausgang.
Boda – S. W 4. (Ende W 4; Beginn W 5.)

W 7: Bangui – Damara (76 km)

(02.94, Patrol) Guter Asphalt, wenig Verkehr.

Bangui – S. W 3. (Ende W 3; Beginn W 4 und Z 5.)
Damara – Kleiner Ort. Treibstoff. (Beginn W 9; Ende W 8.)

W 8: Kabo – Batangafo – Bouca – Damara (360 km)

(04.91) Nur in der trockenen Jahreszeit befahrbare Piste (A), starkes Wellblech.

Kabo – S. I 13. (Ende I 13.)
Batangafo – Kleiner Ort. Treibstoff.
Bouca – Kleinstadt. Treibstoff.
Damara – S. W 7. (Ende W 7; Beginn W 9.)

W 9: Damara – Sibut (109 km)

(02.94, Patrol) Guter Asphalt, wenig Verkehr.

Damara – S. W 7. (Ende W 7 und W 8.)
Sibut – 446 m. Kleiner Ort. Lebensmittel, Verpflegung. Markt. Treibstoff (teurer
als in Bangui). (Beginn W 10 und W 13.)
Unterkunft: Übernachtungshütte ohne Komfort. Katholische Mission.

W 10: Sibut – Dékoa – Mbrés – Ndélé (474 km)

Piste (A/H/I), in gutem Zustand bis Mbrés, danach schlechter.

Sibut – S. W 9. (Ende W 9; Beginn W 13.)
Sibut über die Brücke verlassen. 100 m weiter Abzweigung nach links.
10 km vor Kaga Bandoro, Abzweigung, nach rechts fahren.
Mbrés – Kleiner Ort. Lebensmittel, Verpflegung. Tankstelle (manchmal ge-
schlossen). *Gendarmerie.* (Zur W 16.)
Übernachtung: Camping im Garten der katholischen Mission (sehr freundli-
che Schwestern).
Koukourou – Kleiner Ort. Kontrolle durch die Förster (sehr freundlich).
Km 10 hinter Bamingui, Jagdgebiet (durch ein Schild angezeigt), von zwei
Franzosen geleitet. Herzlicher Empfang; Abzweigung vor der Hauptpiste, die
kleine Piste nach rechts nehmen.

Zentralafrikanische Republik – Routenteil W 617

Bangoran – Polizeikontrolle.

Brücke über den Fluß.

Anschließend führt die Piste am **Bamingui-Bangoran-Nationalpark** entlang (Gebiet, in dem nur gejagt wird; Fotosafari nicht erlaubt; Übernachtung bei der „P.D.R.N.", bei der Abzweigung zum Park kurz vor dem kleinen Ort Bamingui rechts).

Ndélé – Kleiner Ort. Lebensmittel, Verpflegung. Kleiner Markt. Gutes Quellwasser. Treibstoff. Krankenhaus. Polizeikontrolle. (Beginn W 12; Ende W 11.)

Wenn die Feuerwehrpumpe defekt ist, verleiht der *préfet* die Brunnenpumpe an die Feuerwehr.

Unterkunft: Hotel. Campingmöglichkeit bei der katholischen Mission (Kirche von weitem zu sehen). Restaurant (Wein und Bier).

W 11: Golongosso – Niaméré – Ndélé (218 km)

Savannenpiste (A), schwierig in der Regenzeit.

Golongosso – S. I 14. (Ende I 14.)
Ndélé – S. W 10. (Ende W 10; Beginn W 12.)

W 12: Ndélé – Koumbala – Tiroungoulou – Birao – Grenze zum Sudan – Am Dafog – Nyala (719 km)

(02.93, Yamaha XT 600) Piste (A/C/H/I) in einem kritischen Zustand, wischen Birao und Am Dafog stark versandet; Durchschnittsgeschwindigkeit 10 bis 12 km/h. Zahlreiche sudanesische Lastwagen blockieren die Piste manchmal stundenlang, wenn sie eine Panne haben. Im Gebiet des Nationalparks von St. Floris darf nur tagsüber gefahren werden.

Ndélé – S. W 10. (Ende W 10 und W 11.)

Bis Birao Durchquerung einer hügeligen und tierreichen Savanne mit Strauchvegetation (Affen, Antilopen, Warzenschweine, Giraffen, Nilpferde, Elefanten, Löwen).

Km 5, Kreuzung; geradeaus weiterfahren; rechts geht es nach Ouadda.

Sehr schlechte Piste bis zum Km 44. Danach führt eine neue Piste an der alten entlang bis zum Km 65.

Km 65, Kreuzung. Nach Koumbala, nach rechts fahren; zu den Wasserfällen von **Matakil** (sehr schön, ca. 2000 CFA für einen Aufenthalt, länger als ein normaler Transit) und nach Gounda nach links fahren.

Km 77, **Koumbala** – Dorf.

Unterkunft: *campement*, geleitet vom Ehepaar Laboureur.

Km 205, **Gounda** – Dorf.

Unterkunft: nettes *campement*, das von einem Franzosen und zwei Amerikanern geleitet wird.

In der Umgebung: es lohnt sich, für eine Fotosafari im Nationalpark von St. Floris anzuhalten, denn ein großer Teil der Tiere lebt im Norden des Landes.

618 *Durch Afrika*

Dazu braucht man mindestens drei Tage. Pisten von den Förstern sehr gut gepflegt, zahlreiche Tiere (Vorsicht vor den Löwen).

Tiroungoulou – Kleiner Ort. Keine Versorgungsmöglichkeit.

Sehenswert: Nilpferdteich (Dorfbewohner nach dem Weg fragen), viele Tiere. Sehr schlechte Piste, teils mangelhaft gepflegt; wenig befahren bis Birao.

Birao – Kleiner Ort. Lebensmittel, Verpflegung. Kleiner Markt. Wasser. Treibstoff auf dem Schwarzmarkt (teuer). Mission. Polizei. Zoll.

Verschiedenes: Formalitäten für die Ausreise aus der Zentralafrikanischen Republik. In den Läden kann man sudanesische £ wechseln, allerdings zu einem sehr ungünstigen Wechselkurs.

Sehr schlechte Piste, teilweise durch Sumpfgebiet, bis Am Dafog.

Am Dafog – Kleiner Ort. Lebensmittel, Verpflegung nicht immer erhältlich (sehr kleiner Markt). Schmutziges und selten erhältliches Wasser. Mission.

Verschiedenes: erneute Kontrolle für die Ausreise aus der Zentralafrikanischen Republik und Formalitäten für die Einreise in den Sudan (müssen in Nyala wiederholt werden).

Danach sehr sandiges Gelände. Durchquerung zahlreicher versandeter *wadis*.

Nyala – S. J 16. (Ende J 16 und J 44; Beginn J 17.)

Einreiseformalitäten für den Sudan.

W 13: Sibut – Grimari – Bambari – Alindao – Kongbo (360 km)

(02.94, Patrol) Mäßige, eher schlechte Piste (A); Durchschnittsgeschwindigkeit 60 bis 70 km/h. Wenig Verkehr. Savanne mit Strauch- oder Waldvegetation, viele kleine, pilzförmige Termitenhügel.

Sibut – S. W 9. (Ende W 9; Beginn W 10.)

Grimari – Kleiner Ort. Treibstoff. *Campement*-Hotel. Katholische Mission.

Bambari – Zweitgrößte Stadt des Landes, dennoch sehr ländlich. Zwei Tankstellen. Laden. Baptistische und katholische Mission. Keine Bank (im Notfall Geldwechsel bei den Missionen). Keine Post. (Zur W 16.)

Unterkunft: bei der kath. Mission. „Auberge chez Ali", kleines, gutes Restaurant mit Bäckerei.

Alindao – Kleiner Ort. Treibstoff.

Kongbo – Kleiner Ort. Fähre über den Oubangui zeitweise aus politischen Gründen nicht in Betrieb. (Beginn W 14 und Z 12.)

W 14: Kongbo – Kembé – Bangassou (203 km)

(03.93, Yamaha XT 600) Die Piste (A/G/I) wird gerade ausgebessert. Ausgezeichnet zwischen Kembé und Bangassou. Immer dichter werdender Wald bei Bangassou.

Kongbo – S. W 13. (Ende W 13; Beginn Z 12.)

Kembé – Kleiner Ort. Treibstoff.

Zentralafrikanische Republik – Routenteil W 619

Unterkunft: *campement*-Hotel ohne Komfort. Camping bei der kath. Mission.
In der Umgebung: 5 km hinter Kembé, Brücke über den Fluß Kotto (beeindruckende Wasserfälle von 30 m Höhe mit Bademöglichkeit, hinter der Brücke den ersten Feldweg nach links nehmen, nach 200 m sind die Wasserfälle erreicht; eine weitere Bademöglichkeit mit ruhigerem Wasser erreichen Sie, wenn Sie am zweiten Feldweg links abbiegen, hier gibt es einen Campingplatz mit kühlen Getränken, aber ohne funktionierende Duschen, 300 CFA/Person).
An der Brücke aufpassen, wenn man campt. Fahrzeug immer abschließen.
Km 173, Kreuzung; nach links fahren.
Bangassou – 516 m, 15 000 Einw. Gute Infrastruktur. Fähre über den Oubangui ist meist in Betrieb (Motorräder werden auf Pirogen transportiert, 4000 CFA). (Beginn W 15 und Z 19.)
Unterkunft: bei der baptistischen Mission (sehr freundliche Amerikaner, falls keine *overland trucks* da sind), beim Polizeiposten am Stadteingang nach rechts fahren.
Verschiedenes: Ausreiseformalitäten für Reisende, die nach Sudan oder nach Zaïre weiterfahren (Ausreisestempel im *carnet* 4200 CFA).

W 15: Bangassou – Rafaï – Zémio – Mboki – Obo – Grenze zum Sudan – Sourceyubu – Tambura (651 km)

Sehr schwierige Piste (A/G/I) mit Löchern, Radspuren, Schlamm, Felsstufen und großen Steinen. Zugang zu den Fähren in der Regel schwierig (Schlamm). Brücken oft in schlechtem Zustand und glitschig. Die auf der Strecke liegenden Missionen sind meist baptistisch. Freundliche, hilfsbereite Bevölkerung. Eine Ausreise in den Sudan war wegen des Bürgerkriegs dort in den letzten Jahren nicht möglich.

Bangassou – S. W 14. (Ende W 14; Beginn Z 19.)
Formalitäten für die Ausreise aus der Zentralafrikanischen Republik.
Kostenlose Fähre 1 km vor Rafaï.
Rafaï – Kleiner Ort. Flughafen. Mission mit Autowerkstatt (Treibstoff für das Stromaggregat und Werkzeug zur Verfügung stellen).
Dembia – Kleiner Ort. Keine Versorgungsmöglichkeit.
Sehenswert: die Werkstätten der Elfenbeinschnitzerei (Achtung – eine Einfuhr von Elfenbein nach Deutschland ist verboten – siehe Zollbestimmungen und Broschüre des WWF).
Kostenlose Fähre am Dorfausgang.
Zémio – Kleiner Ort. Flughafen. Mission. Melden Sie sich bei der *gendarmerie*.
15 km hinter Zémio, Abzweigung; nach rechts fahren.
Kostenlose Fähre kurz hinter Kéré.
Mboki – Kleiner Ort. Flughafen. Leprakrankenhaus. Melden Sie sich bei der *gendarmerie*.
Kostenlose Fähre zwischen Mboki und Obo.
Obo – Kleiner Ort. Flughafen. Autowerkstatt. Mission mit Autowerkstatt (Treibstoff für das Stromaggregat und Werkzeug zur Verfügung stellen). Melden Sie sich bei der *gendarmerie*.

620 Durch Afrika

Bambouti – Kleiner Ort. Polizeikontrolle.
Sourceyubu – 745 m. Kleiner Ort. Formalitäten für die Einreise in den Sudan.
Tambura – 650 m. Kleiner Ort. Keine Versorgungsmöglichkeit. Bei der Polizei
melden. (Beginn J 42 und J 47.)

W 16: Mbrés – Bakala – Bambari (173 km)

(03.93, Motorrad) Bis Bakala einige schwierige Steigungsstellen, danach wird es einfacher.

Mbrés – S. W 10. (Zur W 10.)
Kurz vor Bakala Kontrollposten.
Bakala – Dorf.
Hinter Bakala Piste nach rechts Richtung Bambari nehmen.
Bambari – S. W 13. (Zur W 13.)

Notizen:

Zentralafrikanische Republik – Routenteil W 621

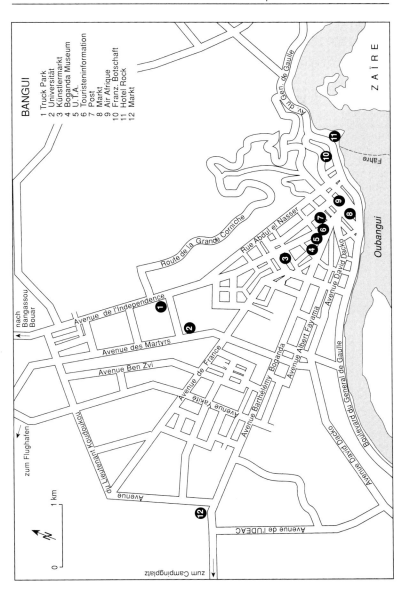

622 Durch Afrika

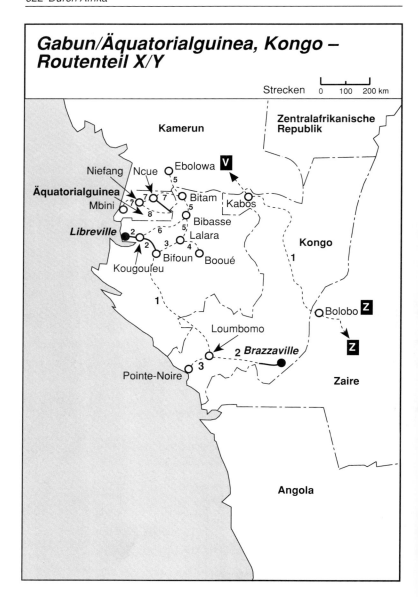

Gabun und Äquatorialguinea – Routenteil X

Gabun
Überblick

Fläche: 267 667 km².

Einwohner: 1 012 000.

Ethnien: Fang, Eshira, Adouma, etwa 1% Pygmäen.

Hauptstadt: Libreville (350 000 Einw.).

Sprachen: Amtssprache Französisch, daneben Bantu-Sprachen.

Religion: 70% Christen, ca. 9% Muslime, Naturreligionen.

Ruhetag: Sonntag.

Feiertage: 1.1., 12.3., Karfreitag, Ostermontag, 1.5., Pfingstmontag, 15.8., 17.8., 1.11., 25.12., außerdem zwei bewegliche Feiertage.

Einreise: Deutsche, Schweizer und Österreicher benötigen ein Visum. Bei der Ankunft Hinterlegung einer Kautionssumme, bei Flugreisenden Rück- oder Weiterreiseticket.

Impfung/Gesundheit: Gelbfieberimpfung vorgeschrieben. Malariaprophylaxe dringend empfohlen.

Währung: Franc CFA. 1 FF = 100 CFA. Achtung: Durch Abwertung des CFA im Frühjahr ´93 kam es zu enormen Preissteigerungen in allen CFA-Ländern. In CFA ausgedrückte Preisangaben können dadurch zum Teil überholt sein.

Kfz: Internationaler Führerschein und Kfz-Schein, *carnet de passage*, an der Grenze muß eine Haftpflichtversicherung abgeschlossen werden.

Treibstoffpreise: Super ca. 330 CFA/l; Diesel ca. 199 CFA/l.

Straßenzustand: Hauptsächlich Pisten, in der Regenzeit häufig nicht passierbar.

Kontrollen: Zahlreiche Polizeikontrollen.

Grenzen: Die Grenzen zu den Nachbarländern sind geöffnet.

624 *Durch Afrika*

Zeitverschiebung: Keine; Sommerzeit - 1 Stunde.

Stromspannung: 220-240 V, Adapter empfohlen.

Literatur und Landkarten:
Reiseführer: Deutschsprachige Reiseführer sind nicht auf dem Markt.
Karten: Übersichtskarte Michelin 955, 1:4 000 000. Detailkarten Cartes IGN, 1:1 000 000, Carte Routière.

Geschichte: Die Urbevölkerung, die Pygmäen, wurde zwischen dem 16. und dem 18. Jahrhundert durch die allmähliche Nord-Süd-Wanderung bantu-sprachiger Völker aus ihren angestammten Gebieten verdrängt. Heute leben nur noch wenige Pygmäen zurückgezogen in entfernten Landesteilen. Mit der Ankunft der ersten europäischen Handelsschiffe im 15. Jahrhunderts begann auch hier die Jagd auf Sklaven, die zu einer Dezimierung der Bevölkerung im Landesinneren und zum Ausbau der Macht kooperativer Bantu-Häuptlinge in küstennahen Gebieten führte. 1849 wurde Libreville als Siedlung befreiter Sklaven aus französischen Kolonien gegründet. Ende des 19. Jahrhunderts bemächtigte sich Frankreich auch dieses Teils Französisch-Äquatorialafrikas und setzte einen Gouverneur ein. 1960 wurde Gabun unter Präsident M'Ba unabhängig, blieb aber weiterhin ein treuer Verfechter französischer Interessen in Zentralafrika.

Politik: 1967 folgte Omar Bongo dem verstorbenen M'Ba im Präsidentenamt. Seit 1968 ist Gabun ein Ein-Parteien-Staat. Gabun galt lange Zeit als Parade-Entwicklungsland in Afrika; seine enormen Bodenschätze und die unermüdliche Beratertätigkeit Frankreichs bescherten dem Land zunächst ein Wirtschaftswunder, an dem allerdings nur ein geringer Teil der Bevölkeung teilhatte. Mit dem Verfall der Erdölpreise und der weltweiten wirtschaftlichen Rezession verlor auch Gabun seine wirtschaftliche Stabilität, die massive Vernachlässigung des Agrarsektors in der Entwicklung des Landes führte zu starker Landflucht. Bis heute sind die wichtigsten Industriezweige Gabuns zum Großteil in französischer Hand oder gehören Mitgliedern des Bongo-Clans. Gabun dient auch als Basis für die französischen Eingreiftruppen in Zentralafrika. Seit kurzem ist auch in Gabun ein Demokratisierungsprozeß im Gange, der sich durch die manipulierten Wahlen 1994 als Farce entpuppte.

Gabun/Äquatorialguinea – Routenteil X 625

Äquatorialguinea
Überblick

Fläche: 28 051 km².

Einwohner: 437 000.

Ethnien: Vorwiegend Bantu.
Hauptstadt: Malabo (33 000 Einw.).

Sprachen: Amtssprache Spanisch, Bantu-Sprachen.

Religion: 80% Christen, Naturreligionen.

Ruhetag: Sonntag.

Feiertage: 1.1., 1.5., 25.5., 5.6., 3.8., 12.10., 1.11., 25.12.

Einreise: Visumpflicht für Deutsche, Österreicher und Schweizer. Mindestens zwei Paßbilder mitführen.

Impfung/Gesundheit: Gelbfieberimpfung vorgeschrieben. Malariaprophylaxe dringend empfohlen. Evtl. Choleraimpfung.

Währung: Franc CFA. 1 FF = 100 CFA. Einfuhr von CFA in „vernünftigem" Umfang, ausländische Währungen unbeschränkt, aber zu deklarieren. Ausfuhr von bis zu 25 000 CFA, ausländische Währungen bis zum deklarierten Betrag. Achtung: Durch Abwertung des CFA im Frühjahr ´93 kam es zu enormen Preissteigerungen in allen CFA-Ländern. In CFA ausgedrückte Preisangaben können dadurch zum Teil überholt sein.

Kfz: Internationaler Führerschein und Kfz-Schein, _carnet de passage_, Haftpflichtversicherung muß in der ersten größeren Stadt des Landes abgeschlossen werden.

Treibstoffpreise: Super 480 CFA/l.

Straßenzustand: Hauptsächlich Pisten, schlechter Zustand.

Kontrollen: Polizeikontrollen.

Grenzen: Die Grenzen sind geöffnet.

Zeitverschiebung: Keine; Sommerzeit - 1 Stunde.

626 Durch Afrika

Stromspannung: 220 V, Adapter empfohlen.

Literatur und Landkarten:
Reiseführer: Keine deutschsprachigen Reiseführer.
Karten: Übersichtskarte Michelin 955, 1:4 000 000, Detailkarten IGN
1:1:000 000.

Geschichte: Im 15. Jahrhundert wurden die Inseln im Golf von Guinea von
Portugiesen besiedelt und im 18. Jahrhundert gegen lateinamerikanische Be-
sitzungen mit Spanien getauscht. Im 19. Jh. entwickelte sich Bioko zu einem
wichtigen Umschlaghafen für die Sklaven aus Zentralafrika. Während sich die
Aktivitäten der europäischen Kolonialmächte auf die Inseln beschränkten, blieb
der afrikanische Festlandsteil des heutigen Äquatorialguinea noch bis zum
Beginn des zwanzigsten Jahrhunderts ein weißer Fleck auf der Landkarte. Im
Spanischen Bürgerkrieg standen die spanischen Siedler Äquatorialguineas auf
der Seite General Francos. Der spanische Faschismus scheint auch den ersten „freien" Präsidenten des Landes, Macias Nguema, stark geprägt zu haben.

Politik: Erst 1968 erreichte Äquatorialguinea seine Unabhängigkeit. Eine kurze demokratische Phase endete mit einem tiefen Zerwürfnis des Präsidenten
Nguema mit dem ehemaligen Mutterland Spanien. Nguema forderte die verbliebenen 7000 Spanier auf das Land zu verlassen. Spanien mobilisierte seine
dort stationierten Streitkräfte und gab damit Nguema den Vorwand, den Aus-
nahmezustand zu verhängen. Mit dieser Aktion begann eine zehnjährige blutige Unterdrückungsgeschichte, die sich durchaus mit Amins Terrorherrschaft in
Uganda messen kann; Folter, Mord und blutige Niederschlagung angeblicher
Aufstände allerorts führten dazu, daß Ende der siebziger Jahre nur noch ein
Drittel der Bevölkerung (bei der Unabhängigkeit 300 000) in Äquatoralguinea
lebte. Alle wichtigen und lukrativen Posten waren mit Nguemas Familienmit-
gliedern besetzt. 1979 wurde Nguema von seinem Neffen Teodoro Nguema,
der zunächst eine allmähliche Liberalisierung verfolgte, aus dem Land gejagt;
politische Gefangene wurden freigelassen, die geflüchteten Guineer zur Heim-
kehr aufgefordert und sogar „Wahlen" wurden abgehalten. Mit dem Beitritt zur
CFA-Zone eröffnete sich das bis dahin wirtschaftlich isolierte Land den Zugang
zu den Märkten der Nachbarländer. Doch auch der neue Staatschef zeigt
autoritäre Tendenzen, die schon seinen Vorgänger auszeichneten, und so ist
das politische Klima im Land nicht wesentlich besser als zuvor. Die 1993
abgehaltenen Wahlen waren manipuliert.

Gabun/Äquatorialguinea – Routenteil X 627

Routeninformationen

X 1: Loubomo (Kongo) – Naturpark Mont Fouari – Grenze nach Gabun – Ndendé – Lambaréné – Bifoun (654 km)

(07.90, Fahrrad) Piste (A/G/I), die in der Regenzeit manchmal unbefahrbar ist. Ausgeprägtes Wellblech zwischen Loubomo und der Grenze nach Gabun; dann mittelgute Piste.

Loubomo – S. Y 2. (Ende Y 2; Beginn Y 3.)
Naturpark Mont Fouari – Jagdrevier. Zahlreiche Tiere. Kurz hinter dem Naturpark Formalitäten für die Einreise nach Gabun.
Ndendé – Kleiner Ort. Verpflegung. Treibstoff. Kleines Hotel. Ausreiseformalitäten für Kongo sind hier zu erledigen.
In der Umgebung: der Ort Mbigou (120 km schlechte Piste, in Richtung NO), 700 m, *campement*-Hotel.
Sehenswert: Steinskulpturen (Darstellungen der ortsansässigen Handwerker).
Lambaréné – 35 000 Einwohner. Gute Infrastruktur.
Sehenswert: das von dem elsässischen Arzt und Musiker Albert Schweitzer 1913 auf dem Nordufer des Flusses Ogooué errichtete Leprakrankenhaus.
Bifoun – Dorf. Keine Versorgungsmöglichkeit. (Beginn X 2 und X 3.)

X 2: Bifoun – Oyan – Kango – Kougouleu – Libreville (164 km)

(02.93, BMW R 80) Asphalt. Straße auf den ersten 40 km in schlechtem Zustand, dann ausgezeichnet.

Bifoun – S. X 1. (Ende X1; Beginn X 3.)
Ab Oyan folgt die Straße der transgabunesischen Eisenbahn, deren Gleise man kurz vor Kougouleu überquert.
Kurz vor Kango mautpflichtige Brücke über den Gabun-Fluß (ca. 500 CFA).
Kougouleu – Dorf. Keine Versorgungsmöglichkeit. (Beginn X 6.)
Libreville – 350 000 Einwohner. Hauptstadt Gabuns. Sehr moderne Stadt, ehemals Refugium der durch die Franzosen befreiten Sklaven. Gute Infrastruktur.
Unterkunft: Motel-Restaurant „Bananas", direkt an der A1, Ecke Lalala-Dakar-Bezirk (10 000 CFA/DZ mit Klimaanlage).
Sehenswert: das ethnographische Museum, die Holzkirche, das Cap Estérias, das Handwerkerviertel und die Strände.

Helfen Sie uns bei der Aktualisierung dieses Reise-Handbuchs, und schikken Sie uns Ihre Informationen und Hinweise zu den Routen. Danke!

628 Durch Afrika

X 3: Bifoun – Ndjolé – Alembé – Lalara (182 km)

(02.93, BMW R 80) Die ersten 140 Kilometer sind schlechte Piste; Asphalt nur zwischen Ndjolé bis 7 km nordöstlich von Mevong. Vorsicht vor den riesigen Holztransportern.

Bifoun – S. X 1. (Ende X 1; Beginn X 2.)
Ndjolé – 70 m. Kleinstadt. Verpflegungsmöglichkeit. Treibstoff. Bahnhof.
Unterkunft: Hotel „L'Escale", netter Empfang und gute Küche, Duschen (ca. 11 000 CFA/DZ mit Klimaanlage, ca. 6000 CFA/Mahlzeit).
Alembé – Dorf. Keine Versorgungsmöglichkeit.
In der Umgebung: hier beginnt die Piste, die zum Naturpark von Lopé-Okanda führt, der nicht besichtigt werden kann. Einige Kilometer im Norden von Alembé befindet sich die Äquatortaufe.
Lalara – 390 m. Dorf. Nur minimale Versorgungsmöglichkeiten. Rot-Kreuz-Dispensaire. (Beginn X 4 und X 5.).

X 4: Lalara – Koumameyong – Booué (130 km)

Die Piste (A/H/I) durchquert eine schöne bewaldete Gegend. Man kann sich hier auf den vielen Waldpisten, die von der Hauptpiste abgehen, leicht verirren (eventuell Anhalter mitnehmen).

Lalara – S. X 3. (Ende X 3; Beginn X 5.)
Wellblech und Querrinnen bis Koumameyong.
Koumameyong – 472 m. Dorf. Keine Versorgungsmöglichkeit.
Booué – Kleinstadt. Verpflegungs- und Übernachtungsmöglichkeit. Treibstoff.
Verschiedenes: provisorische Endstation der transgabunesischen Eisenbahn, die nach Ende der Bauarbeiten über Makokou zu den Eisenbergwerken von Belinga führen soll; es ist ebenfalls eine Abzweigung nach Franceville vorgesehen.

X 5: Lalara – Oyem – Bitan – Grenze zu Kamerun – Ambam – Ebolowa (395 km)

(02.93, BMW R 80) Die Piste (A/H/I) ist schmal und führt durch eine schöne bewaldete Gegend; sehr schlechter Zustand bis Oyem (Fahrzeit etwa 7 Stunden). Vorsicht vor den wild rasenden Buschtaxis! Zahlreiche Polizeikontrollen (wer in Bibasse nicht zahlt, muß lange Wartezeiten in Kauf nehmen).

Lalara – S. X 3. (Ende X3; Beginn X 4.)
Bibasse – Dorf. Keine Versorgungsmöglichkeit. Polizeikontrolle. (Ende X 6.)
17 km vor Oyem ist die Korbflechterei des Leprakrankenhauses zu sehen.
Oyem – 645 m. Weiler. Verpflegungsmöglichkeit. Treibstoff (selten Diesel).
Unterkunft: Hotel „La Cabosse", am Nthé, gutes Essen (ca. 6000 CFA/DZ, ca. 2300 CFA/Menu).
Piste nach Mongomo in Äquatorialguinea (zur X 8).

Gabun/Äquatorialguinea – Routenteil X 629

Bitam – 585 m. Dorf. Verpflegungsmöglichkeit. Treibstoff. Formalitäten für die Ausreise aus Gabun. (Beginn X 7.)
Falls die Piste von Bitam nach Ambam gesperrt ist, kann man die gute Waldpiste (Streckenabschnitt X 7) nehmen, die nach Méyé-Ossi (Formalitäten für die Ausreise aus Gabun) und dann nach Kyéossi (Formalitäten für Einreise nach Kamerun) führt. Von dort Weiterfahrt nach Ambam.
Ambam – 580 m. Dorf. Treibstoff. Grenzstation: Einreiseformalitäten für Kamerun.
Zwischen Ambam und Ebolowa stößt man abwechselnd auf erdige und splittrige, aber auch auf gute Lateritböden; in der Regenzeit oft sehr glitschige Piste.
Ebolowa – S. V 28. (Ende V 28 und V 30; Beginn V 29.)

X 6: Kougouleu – Akoga – Médouneu – Bibasse (341 km)

Piste (A/H/I).

Kougouleu – S. X 2. (Zur X 2.)
Kougouleu in Richtung Médouneu verlassen. Fester Boden, viele Löcher.
Km 45, Kreuzung; nach links abbiegen. Rechts nach Kinguélé.
Km 60, **Méla** – Dorf. Keine Versorgungsmöglichkeit.
Danach kiesige Piste mit Wellblech.
Km 91, **Assor** – Dorf. Keine Versorgungsmöglichkeit.
Ab Assor ist die Piste besser; viele Lkw – Holztransport.
Km 118, **Akoga** – Sehr weitläufiges Dorf ohne Versorgungsmöglichkeit.
Nach Akoga fährt man über eine große Brücke. 3 km danach von der Lkw-Piste abfahren und in eine kleinere Piste links einbiegen; einige schlammige Abschnitte.
Km 163, **Médouneu** – Dorf. Verpflegungsmöglichkeit (Lebensmittelladen). Wasser. Übernachtungsmöglichkeit in der Mission. Polizeikontrolle. Grenzstation mit Ausreisemöglichkeit nach Äquatorialguinea.
Hinter Médouneu sehr gewundene Piste, jedoch in gutem Zustand.
Km 237, **Sam** – Dorf. Keine Versorgung. Polizeikontrolle. Piste nach Mitzic. (Zur X 5.)
Nach Sam verschlechtert sich der Zustand der Piste (Hohlwege, Wellblech).
Bibasse – S. X 5. (Zur X 5.)

X 7: Bitam – Grenze zu Guinea – Ebebiyin – Ncue – Niefang – Bata – Mbini (325 km)

Brüchige Piste (A/G/I/K) in sehr schlechtem Zustand; Fahrzeit bis Bata (250 km) gute 6 Stunden.

Bitam – S. X 5. (Zur X 5.)
Bitam über die gute Waldpiste verlassen, die nach Méyé-Ossi führt (Formalitäten für die Ausreise aus Gabun); danach in Richtung Ebebiyin weiterfahren.

630 Durch Afrika

Ebebiyin – Dorf. Keine Versorgungsmöglichkeit.
Verschiedenes: Formalitäten für die Einreise nach Äquatorialguinea. Melden Sie sich bei der Verkehrspolizei und lassen Sie sich einen Straßenpassierschein ausstellen (ca. 1000 CFA).
Danach etwa 25 km scheußliche Piste, die allmählich besser wird.
Km 90, Hohlwege.
Km 120, **Micomeseng** – Kleinstadt. Verpflegung. Manchmal Treibstoff. Polizeikontrolle.
Danach schlechter Asphalt auf 10 km, anschließend Piste.
Km 143, **Ncue** – Dorf. Keine Versorgungsmöglichkeit. (Beginn X 8.)
Mittelgute Piste bis Km 159, danach sehr schlechte Asphaltstraße bis Niefang.
Km 182, **Niefang** – Kleinstadt. Verpflegung Treibstoff. Polizeikontrolle.
(Ende X 8.)
Hinter Niefang wechseln gute Piste und Asphaltstraße auf ca. 30 km, danach Verschlechterung; Piste mit Hohlwegen und Löchern bzw. schlechter Asphalt mit vielen Schlaglöchern. Verbesserung ab Km 235.
Bata – Hauptstadt. Kaum Versorgungsmöglichkeiten. Polizeikontrolle.
Von Bata nach Mbini (75 km) Reste der geteerten Straße. Straße meist sehr brüchig.
Mbini – Sehr schöne Bucht, jedoch keine Versorgungsmöglichkeit.

X 8: Ncue – Mongomo – Evinayong – Niefang (324 km)

Asphalt bis Mongomo; danach ziemlich regelmäßige, jedoch bei Regen sehr rutschige Piste.

Ncue – S. X 7. (Zur X 7.)
Mongomo – Dorf.
Die Piste in Richtung Süden einschlagen. Die Piste geradeaus führt nach Oyem (zur X 5).
Evinayong – Eine der schönsten Städte Äquatorialguineas, umgeben von Bergen. Verpflegungsmöglichkeit.
Niefang – S. X 7. (Zur X 7.)

Gabun/Äquatorialguinea – Routenteil X 631

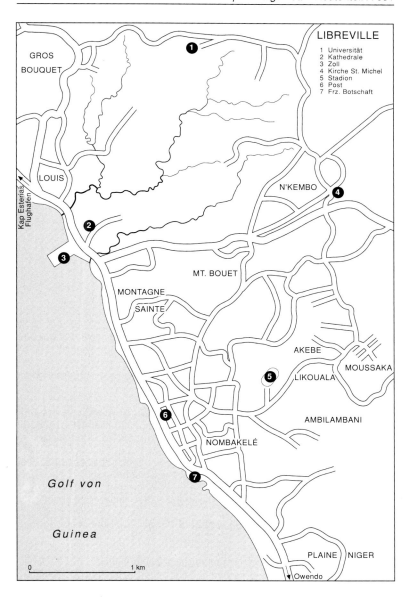

632 Durch Afrika

Kongo – Routenteil Y

Überblick

Fläche: 342 000 km²

Einwohner: 2 428 000

Ethnien: Bantu-Gruppen, Pygmäen (12 000) und ebensoviele Europäer.

Hauptstadt: Brazzaville (760 300 Einw.)

Sprachen: Amtssprache Französisch; Lingala, Kikoko, Teke etc.

Religion: Ca. 78% Christen, 19% Naturreligionen, 3% Muslime

Ruhetag: Sonntag

Feiertage: 1.1., 1.5., 15.8., 1.11., 25.12., 31.12.

Stromspannung: 220–240 V

Zeit: MEZ, in der Sommerzeit minus 1 Std.

Einreise: Visumpflicht für Deutsche, Österreicher und Schweizer. Bei der Einreise Nachweis ausreichender Geldmittel oder Einladungsschreiben.

Impfung/Gesundheit: Gelbfieber- und Tuberkuloseimpfung vorgeschrieben. Malariaprophylaxe dringend empfohlen.

Währung: Franc CFA. 1 FF = 100 CFA. Achtung: Durch Abwertung des CFA im Frühjahr ´93 kam es zu enormen Preissteigerungen in allen CFA-Ländern. In CFA ausgedrückte Preisangaben können dadurch zum Teil überholt sein.

Kfz: Internationaler Führerschein und Kfz-Schein, *carnet de passage*, an der Grenze muß eine Haftpflichtversicherung abgeschlossen werden.

Treibstoffpreise: Normal 400 CFA/l, Diesel 225 CFA/l, Super nicht erhältlich.

Straßenzustand: Außerordentlich schlechte Pisten. Zur Fährbenutzung muß Diesel mitgeführt werden.

Grenzen: Die Einreise mit dem Kfz ist nur aus Gabun möglich. Für die Überquerung des Zaire-Flusses in Richtung Zaire gelten besondere Vorschriften.

Kongo – Routenteil Y 633

Häufig war in den vergangenen Jahren der Grenzübertritt nach Zaire mit dem Fahrzeug nicht möglich. Erkundigen Sie sich vor Fahrtantritt beim Automobilclub oder vor Ort in Brazzaville oder Kinshasa.

Sonstiges: Fotografierverbot in sämtlichen Städten, das gleiche gilt für Brükken, Grenzübergänge etc.

Literatur und Landkarten:
Reiseführer: Deutschsprachige Reiseführer sind nicht auf dem Markt.
Landkarten: Übersichtskarte Michelin 955, 1:4 000 000. Detailkarte IGN 1:1 000 000, Carte Routière.

Geschichte: Ähnlich wie in den Nachbarländern wurden auch im Gebiet des heutigen Kongo die Ureinwohner, die Pygmäen, von den nach Süden drängenden Bantu-Gruppen in Randgebiete abgedrängt. Mit den ersten europäischen Handelsniederlassungen an der Küste begann auch hier ein florierender Sklavenhandel. Kleine Fürstentümer an der Küste besorgten Fang und Anlieferung der „Menschenware", die von den Händlern übernommen und verschifft wurde. Mit dem Verbot des Sklavenhandels verlegte sich die europäische Ausbeutung dieses Teils von Afrika auf andere natürliche „Ressourcen". Der französische Abenteurer Savorgnan de Brazza, der Namenspatron der heutigen Hauptstadt Kongos, teilte das Gebiet unter verschiedenen Handelsgesellschaften auf, die die in ihren „Claims" ansässigen Einheimischen zur Zwangsarbeit verpflichteten. Der Bau der Eisenbahnlinie nach Pointe Noire, zu dem ebenfalls Kongolesen sozusagen zwangsrekrutiert wurden, kostete Tausenden von Arbeitern das Leben. Die erste Widerstandsbewegung gegen die Kolonialmacht hatte unter ihrem Führer Matswa noch ein stark religiöses Gepräge, doch schon bald formierte sich massiverer Widestand seitens der Studenten und Gewerkschaften, deren Ideengut sich an den kommunistischen Ländern orientierte. Auch Kongo erlangte schließlich 1960 seine Unabhängigkeit.

Politik: Mit der Unterstützung gemäßigter Politiker versuchte Frankreich, die „kommunistische Bedrohung" im Kongo zu bannen. Der erste Präsident Youlou konnte sich allerdings nur drei Jahre an der Macht halten. Dann wurde er von dem marxistischen Präsidenten Massembat-Debat gestürzt. Die „Revolution" des neuen Staatschefs war geprägt von schweren Konflikten mit dem Militär und zunehmendem Widerstand der Volksmilizen. 1968 wurde Massembat-Debat von Major Marien Ngouabi abgesetzt, der die linke Politik des Landes fortsetzte und die PTC gründete. 1977 wurde er ermordet und durch einen Militärrat unter Yhombi Opango ersetzt, der zwei Jahre später nach schweren Korruptionsvorwürfen zurücktreten mußte. Sein Nachfolger Denis N'Guesso aktivierte die alten volksrevolutionären Ideale, suchte die Annäherung an China und die ehem. Sowjetunion und unterhielt zugleich Handelsbeziehungen zu Frankreich und den USA. Seit März 1992 ist Kongo eine Republik mit einem Mehrparteiensystem. Regierungschef ist André Milongo. Bei Parlamentswah-

634 Durch Afrika

len 1993 gewinnt die Regierungspartei die absolute Mehrheit. Die Opposition erklärt die Wahlen für gefälscht. Blutige Unruhen haben seitdem in Brazzaville mind. 60 Menschen das Leben gekostet. Der amtierende Staatschef ist Pascal Lissouba.

Routeninformationen

Y 1: Kabos – Souanké – Liouesso – Yengo – Owando – Bouanga – Grenze zu Zaire – Bolobo (ca. 815 km)

Piste (A, manchmal B/C/H/I). Sägen, Äxte, Sandbleche und Diesel-Treibstoff für die Fähren unentbehrlich.

Kabos: S. V 27. (Ende V 27.)
Souanké: Kleiner Ort. Lebensmittel, Verpflegung. Formalitäten für die Einreise nach Kongo für aus Kamerun kommende Reisende (gründliche Durchsuchung).
Liouesso: Kleiner Ort. Keine Versorgungsmöglichkeit.
Von Liouesso nach Yengo (72 km) entsetzliche Piste (viele umgestürzte Bäume und verfallene Brücken; aber freundliche und immer hilfsbereite Bevölkerung.
Yengo: Kleiner Ort. Keine Versorgungsmöglichkeit. Hier können Sie Holzschnitzereien, Felle, Leder und Schlangenhäute zu einem günstigen Preis kaufen.
Etwas bessere Piste auf 172 km.
Owando: Kleiner Marktflecken. Lebensmittel, Verpflegung. Treibstoff. Polizeikontrolle.
Schlechter Asphalt auf 69 km (bis Obouya), dann durchschnittliche Piste auf 167 km bis Bouanga.
Bouanga: Kleiner Ort. Formalitäten für die Ausreise aus Kongo.
Der Zugang zur Fähre über den Zaire hinter Bouanga ist schwierig. Unregelmäßiger Zeitplan (normalerweise einmal pro Woche, wenn die politische Lage es erlaubt; die Gebühren sind Verhandlungssache).
Bolobo: Kleiner Ort. Formalitäten für die Einreise nach Zaire; komplette Durchsuchung, die vielleicht dadurch verständlich wird, daß in dieser Gegend Touristen sehr selten sind. (Beginn Z 4.)

Y 2: Brazzaville – Kinkala – Loumbobo (390 km)

(05.90, Fahrrad) Asphalt bis Kinkala (relativ guter Straßenzustand); dann Piste (A). Mehrere Brücken, in der Regel in gutem Zustand.

Brazzaville: 307 m, 800 000 Einw. Haupstadt. 1890 von Savorgnan de Brazza gegründet. 1940 wurde die Stadt Hauptstadt des freien Frankreichs von Général de Gaulle. Gute Infrastruktur.
Unterkunft: Hotel „Majoca", sauber und preiswert, Möglichkeit, die sanitären Einrichtungen des Hotels zu nützen, auch wenn man dort nicht wohnt.

Verschiedenes: Formalitäten für die Einreise nach Kongo für Reisende aus Zaire oder aus der Zentralafrikanischen Republik. Fähre nach Kinshasa. Visum bei der Botschaft von Gabun. Schiffsverbindung Brazzaville - Bangui (Zentralafrikanische Republik); Verbindung ca. zweimal im Monat, je nach Wasserspiegel des Flusses Oubangui; die Reise dauert 8 bis 12 Tage (ca. 9000 CFA/Person und 80 000 CFA/Fahrzeug); Reservierung bei der „Agence Transcongolaise des communications".
Sehenswert: die Basilika „Ste. Anne du Congo" (das 5000 m^2 große Dach ist mit fast 20 000 Keramikziegeln gedeckt), das Nationalmuseum (Geschichte und Ethnographie), das neue Krankenhaus, das Poto-Poto Viertel (zahlreiche Kunsthandwerker), der Markt, der Hafen.
Kinkala: 500 m. Kleinstadt. Lebensmittel, Verpflegung. Treibstoff. Unterkunftsmöglichkeiten.
5 km Asphalt, dann schlechte Piste bis Mindouli.
Mindouli: 460 m. Dorf. Treibstoff.
Loutété: Kleiner Ort. Lebensmittel. Hotel. Bahnhof. Bank. Polizei.
Relativ gute Piste bis Loumbobo.
Loumbobo: 200 m, 35 000 Einw. Gute Infrastruktur. (Beginn Y 3 und X 1.)
Unterkunft: Beim Pfarrhaus von „Notre-Dame-de-Fatima".
Verschiedenes: Formalitäten für die Ausreise aus Kongo für Reisende, die nach Gabun weiterfahren.

Y 3: Loumbobo – Pointe Noire (208 km)

(03.92, VW-Bus Synchro) Piste (A/G/I), schlecht unterhalten und schwierig (verschlammt und kurvenreich) auf den ersten 100 km. Die Strecke kann auch mit der Bahn bewältigt werden, die Fahrt ist jedoch ziemlich teuer.

Loumbobo: S. Y 2. (Ende Y 2; Beginn X 1.)
Pointe Noire: 380 000 Einw. Hafen und wichtige Industriestadt. Beliebter Badeort der Kongolesen. Gute Infrastruktur.
Unterkunft: In der Mission „Saint-Jean Bosco". Campinggelegenheit an der katholischen Kirche, Av. Ch. de Gaulle.
Verschiedenes: Transitvisum für Angola im angolanischen Konsulat gegenüber dem Krankenhaus erhältlich.
Sehenswert: Die eigenwillige Anlage der Stadt (fächerartig) und die sehr schönen Strände.
In der Umgebung: Zahlreiche Lagunen, wo man gut angeln kann.

636 Durch Afrika

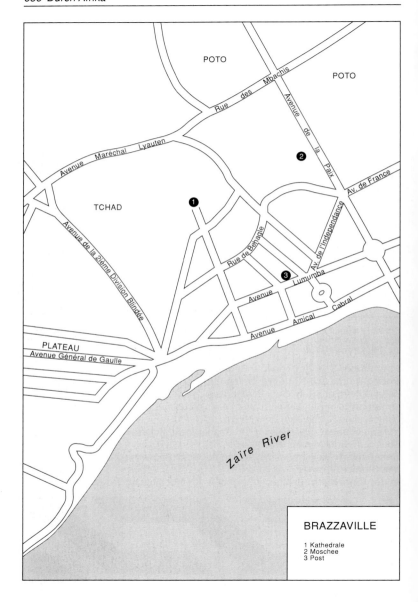

VOODOOVISION

DIE SCHWEIZER AFRIKA-REISESPEZIALISTEN

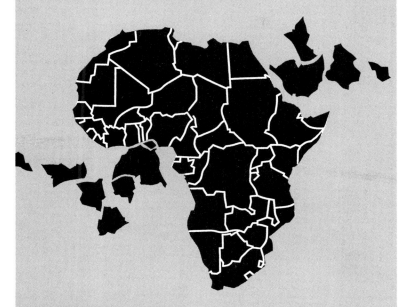

- Expeditionsausrüstung
- Vorbereitungs-Workshops
- Individuelle Beratung

Katalog/Unterlagen anfordern bei:
VOODOOVISION • CH-3282 Bargen
Tel. 032 82 18 33 • Fax 032 82 56 92

638 Durch Afrika

Zaire – Routenteil Z 639

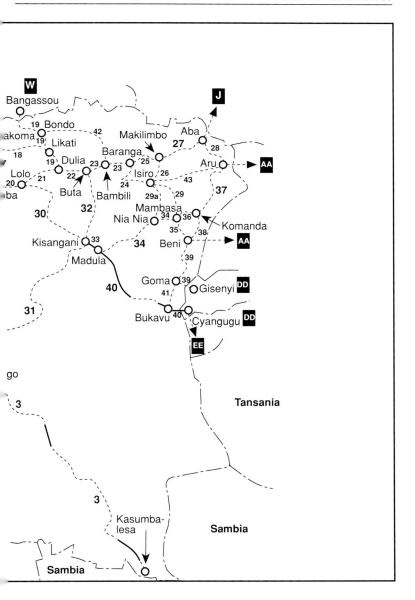

Zaire – Routenteil Z

Überblick

Fläche: 2 344 885 km².

Einwohner: 40 000 000.

Ethnien: Bantu (Luba, Mongo, Kongo), Niloten, Pygmäen.

Hauptstadt: Kinshasa (3 741 300 Einwohner).

Sprachen: Amtssprache Französisch, Nationalsprachen Tshiluba, Kikongo, Lingala, Suaheli.

Religion: Ca. 60% Christen, Muslime, Anhänger von Naturreligionen.

Ruhetag: Sonntag.

Feiertage: 1.1., 4.1., 1.5., 20.5., 24.6., 30.6., 1.8., 14.10., 27.10., 17.11., 24.11., 25.12. Fällt ein Feiertag auf Sonntag, dann wird er i. d. R. auf Samstag verlegt.

Einreise: Visumpflicht für Deutsche, Österreicher und Schweizer (gestaffelte Tarife zwischen DM 75.- und DM 355.-). Bescheinigung des Hausarztes, daß keine ansteckenden Krankheiten vorliegen. Bei Aufenthalt über einen Monat polizeiliches Führungszeugnis. Nachweis ordnungsgemäßer Einreisepapiere für das nächste Reiseziel, bei Flugreisenden Rück- oder Weiterreiseticket. Die Bergwerksregionen können nur mit einer Sondergenehmigung des „Département d'administration du territoire et de la décentralisation" bereist werden. Für die Einreise über den Kongo-Fluß ist ein zusätzliches Visum des „Département d'Immigration" erforderlich. Visum in Lagos und Bangui viel schneller und billiger zu erhalten!

Impfung/Gesundheit: Gelbfieberimpfung und Choleraimpfung vorgeschrieben. Malariaprophylaxe dringend empfohlen.

Währung: Es gab (und gibt) in Zaire eine galoppierende Inflation; neue Währung: Nouvaux Zaires, 5000 NZ = 1 US-$ (vorher: 75 000 Zaire = 1 US-$). Die im Buch angegebenen Preise basieren auf der Umrechnung zum neuen Wechselkurs, Garantien für die Richtigkeit können daher nicht gegeben werden. Am besten US-$ mitnehmen. Fremdwährungen dürfen unbeschränkt mitgeführt werden, eine Devisendeklaration ist erforderlich. Ausfuhr in Höhe der deklarierten Beträge minus Tauschbetrag. Geldumtausch offiziell nur bei autorisierten Wech-

Zaire – Routenteil Z 641

selstuben und Banken. Eine Quittung muß verlangt werden, da diese meist bei der Ausreise gefordert wird. Es gibt mehrere Banken in Kinshasa, die auch Traveller-Schecks wechseln (Citibank wechselt nur eigene Traveller-Schecks; die ehemalige Grindsley Bank – naha bei Bavaria - BMW – wechselt Visa-Travellerschecks). Rückumtausch von Zaire bis 10% des umgetauschten Devisenbetrages. Nach Möglichkeit immer nur kleine Beträge eintauschen. Im Osten des Landes (etwa ab Komanda) werden die 50- und 100-NZ-Scheine nicht akzeptiert, belgische Franc sind sinnvoll!

Stromspannung: 220 V.

Verpflegung: An der Strecke Ndu – Monga – Bondo – Likati – Dulia – Buta – Bambesa – Poko – Isiro gutes Straßenangebot (billig): Ananas, Papaya, Bananen, Tomaten, Bohnen, Pataten, Eier, Reis, Bananen-Maniok-Küchlein. Ab Isiro abnehmender Straßenverkauf, dafür zunehmendes Ladenangebot und höhere Preise Richtung Osten; am einfachsten ist der Tauschhandel (Zucker, Salz, Mehl, Seife, Kleidung).

Kfz: Internationaler Führerschein und Kfz-Schein, *carnet de passage*, die Haftpflichtversicherung muß in der ersten größeren Stadt des Landes bei der „S.O.N.A.S." abgeschlossen werden (ca. 170 US-$, Handeln möglich).

Treibstoffpreise: Benzin 1850 NZ/l, Diesel 1570 NZ/l.(auf dem Schwarzmarkt wesentlich teurer, aber immer noch billiger als in der Zentralafrikanischen Republik). Die Versorgung ist ungewiß. Entlang des Zaire-Flußes ist meist Treibstoff erhältlich, ansonsten erst wieder in Isiro (Uganda).

Straßenzustand: Zumeist schlechte bis katastrophale Pisten, in der Regenzeit kaum passierbar. Zahlreiche Fähren, für die Diesel-Kraftstoff mitgeführt werden muß. Viele Brücken müssen vor dem Befahren zunächst ausgebessert werden. Der Fährdienst nach Kinshasa wurde eingestellt. Die Schiffe auf dem Tanganjikasee sind heillos überfüllt. Möglichst im Konvoi fahren, um bei Pannen Unterstützung zu haben.

Kontrollen: Zahlreiche Straßenkontrollen, die mit Zigaretten und Aspirin manchmal zu beschwichtigen sind. Am besten Großstädte meiden.

Sicherheit: In größeren Orten Vorsicht vor Dieben, vor allem in der Hauptstadt; auf einigen Strecken nachts Gefahr von Überfällen (siehe Routen). Ansonsten besorgen sich Soldatenbanden ihren Lebensunterhalt bei Durchreisenden, da sie nicht mehr besoldet werden. Korruption üblich. Prinzipiell ist eine Durchquerung im Norden mit Einschränkung ohne Personenschaden möglich, man muß aber derzeit ca. 500 US-$ an Wegegeld kalkulieren; seit Herbst 1994 ist die nördliche Strecke Aru/Arua (nördl. Lake Albert) für Overlander gesperrt. Fotografierverbot in verschiedenen, wechselnden Regionen.

642 *Durch Afrika*

Grenzen: Je nach politischer Lage für Touristen häufig geschlossen. Erkundigen Sie sich vor der Abreise. Zur Zeit (Feb. ´95) ist der einzige offene Grenzübergang nach Zentralafrika Bangassou (zum Prozedere siehe Z 19).

Zeitverschiebung: Im westlichen Teil MEZ, (Sommerzeit - 1 Stunde), im östlichen Teil MEZ + 1 Stunde (Sommerzeit gleich).

Literatur und Landkarten:
Reiseführer: Christa Mang, „Zaire-Handbuch", Conrad-Stein-Verlag 1989.
Karten: Übersichtskarte Michelin 955, 1:4 000 000, Detailkarten ONC und TPC 1:1 000 000 und 1:500 000.

Geschichte: Die Ureinwohner des Zaire, die Pygmäen, lebten in lockeren Verwandschaftsverbänden in den dichten Waldzonen, bis sie durch Wanderungsbewegungen von nördlichen Stämmen (Bantu-Gruppen, Niloten) aus ihren angestammten Gebieten abgedrängt wurden. Im 14. Jahrhundert entstanden die ersten Königreiche, darunter auch das Reich Kongo an der Mündung des Zaire. Weiter südlich, an den Handelsrouten in das Innere Afrikas, bildeten sich andere mächtige Königreiche (Luba, Kuba, Lunda), die sich ab dem 15. Jh. im großen Stil am portugiesischen Sklavenhandel beteiligten und mit Unterstützung der Portugiesen Ende des 17. Jh. auch Kongo besiegten. Die Blütezeit der Zaire-Reiche endete im 19. Jh., als muslimische Händler die Kontrolle über den Sklavenhandel an sich rissen und an die Ostküste verlagerten. David Livingstone gelang es als einem der ersten Europäer, in das Innere des Landes vorzudringen. Gefolgt von Stanley ebnete er den Weg für die Kolonisierung des Zaire-Gebiets. Als persönlicher Abgesandter König Leopolds von Belgien sicherte Stanley schließlich einen großen Teil Zentralafrikas sozusagen als persönliche Domäne des Königs, der Land und Einwohner als persönlichen Besitz betrachtete und rücksichtslos ausbeutete. Nach heftigen Protesten mußte Leopold schließlich die Verwaltung des Territoriums an die belgische Regierung abgeben, was allerdings für die Afrikaner keine wesentliche Verbesserung mit sich brachte. Erst nach Erstarken der Unabhängigkeitsbewegungen überall in Afrika und dem Erfolg des „Mouvement National Congolais" von Patrice Lumumba war Belgien gezwungen, seine Kolonie 1960 in die Unabhängigkeit zu entlassen.

Politik: Unmittelbar nach der Unabhängigkeit erklärte die Provinz Katanga (Shaba) ihre Sezession. Lumumba wurde von Joseph Kasavubu und dem Armeechef Mobutu gestürzt und ermordet. Auf internationalen Druck kehrte Katanga zwar wieder in den Staatsverband zurück, doch Putschversuche und Armeerebellionen hielten das Land weiterhin in Atem. 1965 beendete Mobutu das Tauziehen um die Macht mit einem erfolgreichen Staatsstreich. Mit dem Verfall der Kupferpreise 1977 steigerten sich die Auslandsschulden Zaires ins Unermeßliche. Zugleich wurde die Kupferprovinz Shaba von Söldnern erobert, die sich erst nach massiver Unterstützung Mobutus durch ausländische Trup-

Zaire – Routenteil Z 643

pen (Marokkaner, Franzosen, Ägypter etc.) wieder aus dem Land jagen ließen. Mobutu hat sich bis heute erfolgreich gegen alle Maßnahmen des IWF zur Sanierung der bankrotten Wirtschaft widersetzt. Unterstützt wurde er insbesondere von den USA als verläßlicher, gemäßigter Gesprächspartner im krisenerschütterten Afrika. Ende 1990 strichen allerdings auch die Amerikaner ihre Militärhilfe für den Diktator. 1991 wurde seine autokratische Herrschaft von immer massiveren Protesten in der Bevölkerung erschüttert, die unter anderem Mobutus Ränkespiel im „Demokratisierungsprozeß" nicht länger hinnehmen wollte. Seither hat Mobutu mehrere Ministerpräsidenten ernannt und wieder abgesetzt, um Oppositionsparteien einzubinden und zugleich seinen alleinigen Machtanspruch zu behalten. Da Zaire zunehmend von Unruhen und Militäraktionen erschüttert wird, ist das Reisen dort (vor allem im Bereich um Kinshasa) in der augenblicklichen Situation nur beschränkt empfehlenswert.

Routeninformationen

Z 1: Kintanu – Matadi (325 km)

Asphalt.

Kintanu – S. GG 4. (Ende GG 4; Beginn Z 2.)
Mbanza Ngungu – 741 m. Ort. Lebensmittel. Treibstoff. Hotels. Bahnhof.
In der Umgebung: zahlreiche Höhlen mit prähistorischen Funden.
Matadi – 100 m, 200 000 Einw. Gute Infrastruktur.
Sehenswert: der Hafen (Frachtlinien in alle Welt) und die Altstadt.
In der Umgebung: der **Inga-Staudamm**, die Stadt **Boma** (ehemalige Hauptstadt des Landes) und die Strände Moanda, Banana und Vista (Fischfang und Wassersport).

Z 2: Kintanu – Kinshasa (120 km)

Asphalt.

Kintanu – S. GG 4. (Ende GG 4; Beginn Z 1.)
Kinshasa – 307 m, 3 000 000 Einw. Hauptstadt. Gute Infrastruktur.
(Beginn Z 3.)
Unterkunft: im katholischen Zentrum von Nganda, 4 km von der Stadtmitte entfernt, sehr ruhig und billig, Parkplatz im Garten.
Verschiedenes: Formalitäten zur Ausreise aus Zaire für diejenigen, die mit der Fähre nach Brazzaville übersetzen. Visa für folgende Länder werden innerhalb von 48 Stunden bei den jeweiligen Botschaften ausgestellt: Kenia, Ruanda, Tansania. Vorsicht vor Dieben und Überfällen, auch bei hellichtem Tag und mitten in der Stadt. Schiff nach Kisangani: ungefähr 9 Tage; auf dem Fluß ständig Choleragefahr; der Schiffsverkehr kann auch für längere Zeit unterbro-

644 Durch Afrika

chen sein; informieren Sie sich bei der „Onatra" (die ebenfalls andere Schiffsli-nien vertritt); auf jeden Fall die Erste Klasse oder besser noch die „Extra"-Klasse buchen; 10 Liter Trinkwasser mitnehmen; während der Reise gibt es die Möglichkeit, Liegestühle zu kaufen, bei der Ankunft werden sie dann wie-der verkauft.

Sehenswert: der Elfenbeinmarkt (preiswerte Skulpturen), das Museum für afri-kanische Kunst und Archäologie ist geschlossen. Die Akademie des Beaux Arts (neben der Cathédrale) hat jedoch eine hervorragende Sammlung zeitge-nössischer Kunst und bietet eine gute Gelegenheit, dort Studenten und Lehr-kräfte zu treffen. Die Altstadt, die Siedlung der Regierungspartei (MPR) in Nsélé und die Siedlung der „OUA", der Ngaliema-Berg mit exotischem Garten, das Fischerdorf Kinkole, die Märkte und Stromschnellen des Zaire-Flusses.

In der Umgebung: die „Chutes de Zongo" (Wasserfälle), von der Hauptstraße Kinshasa – Matadi über 50 km Piste zu erreichen; in Kisantu befindet sich ein sehenswerter botanischer Garten.

Z 3: Kinshasa – Kikwit – Ilebo – Kananga – Mbuji-Mayi – Kamina – Kolwezi – Likasi – Lubumbashi – Kasumbalesa – sambische Grenze (ca. 2685 km)

(05.90, Fahrrad) Asphalt bis Kikwit; danach Savannenstraße; schließlich Piste (B manchmal, fragen Sie nach, bevor Sie Kinshasa verlassen G/I); zwischen Mbuji-Mayi und Mwene Ditu wieder Asphalt, ebenfalls zwischen Kolwezi und Lubumbashi, danach nur noch rudi-mentär vorhanden. Mehrere Liter Diesel für die Fähren einkalkulieren.

Kinshasa – S. Z 2. (Ende Z 2.)
Von Kinshasa bis Kikwit 526 km teils gute Straße (Autobahn bis zur Präsiden-tendomäne Angele, 60 km, dann weiter bis zur Abzweigung – ohne Schild – nach Maluku, 90 km; danach bis Kenge (268 km) sehr schlechte Straße, schlechter als Piste, Fahrt mit Bus 20 Stunden) durch Hügellandschaft; mehre-re Gefällstrecken mit mehr als 10%.
Kenge – Städtchen. Lebensmittel (kleiner Markt). Treibstoff. Restaurant.
Kikwit – 150 000 Einw. Stadt. Lebensmittel (Markt). Kein Treibstoff , 2 Hotels. (Ende Z 4.)
Unterkunft: hervorragendes Hotel. Campingmöglichkeit bei der kath. Mission.
Verschiedenes: regelmäßige Schiffsverbindung mit Kinshasa.
Von Kikwit bis Idiofa 130 km (20 km Waldpiste, dann Sandpiste; tiefe Spurrillen von Lkw; große Bodenfreiheit unentbehrlich; häufiges Einsanden).
Idiofa – Großer Ort. Lebensmittel. Kein Treibstoff. Kleine Werkstatt. Kath. Mission.
Von Idiofa nach Ilebo, 227 km (Weichsandpiste auf 75 km, danach Waldpiste mit tiefen Spurrillen, in der Regenzeit nicht befahrbar).
Mapangu – Dorf. Unterkunftsmöglichkeit in der Mission. Polizeikontrolle.
Hinter Basongo Brücke in sehr schlechtem Zustand. Kurz vor Ilebo Fähre über den Kasaï-Fluß (ca. 100 Zaires/Fahrzeug); Polizeikontrolle.

Zaire – Routenteil Z 645

Ilebo – 354 m. Alte Kolonialstadt. Selten Lebensmittel. Treibstoff.
Unterkunft: Hotel-Mission (Verkauf schöner Holzskulpturen, Werkstatt).
Verschiedenes: Fähre und Polizeikontrolle. Gelegentlich Schiffsverbindung nach Kinshasa und Eisenbahn nach Lulumbashi.
Von Ilebo nach Mweka 148 km (schlechte Weichsandpiste, häufiges Einsanden; nach Regenfällen bilden sich tiefe Schlammstellen).
Domiongo – Dorf. Die kath. Mission liegt 1 km in Richtung Mushenge. (Beginn Z 31.)
Mweka – 569 m. Alte Kolonialstadt. Lebensmittel. Mission. Krankenhaus.
Sehenswert: die alten Häuser.
Von Mweka nach Demba 161 km (viel Sand; je näher man Demba kommt, desto weicher wird der Sand; keine Möglichkeit, die versandeten Teilstücke zu umfahren).
Demba – Dorf. Lebensmittel (Markt). Mission.
Sehenswert: die 1920 erbaute Kirche.
Von Demba nach Kananga 65 km (weniger Sand).
Kananga – 634 m, 300 000 Einw. Viertgrößte Stadt des Landes. Gute Infrastruktur. Bedeutende Missionsstation.
In der Umgebung: mehr oder minder gute Erdstraße nach Lusambo (220 km im Nordosten); Gefälle von 10 bis 15% an manchen Teilstücken, für einen Geländewagen kein größeres Problem, bei Regenfällen ist die Strecke auf einigen Teilen aber nicht befahrbar; in Lusambo Fähre über den Sankuru.
Von Kananga nach Mbuji-Mayi 175 km (trotz harter Piste Gefahr des Einsandens; die auf der Michelin-Karte 955 eingezeichnete Asphaltstraße ist völlig versandet und teilweise zerstört). Bademöglichkeit am Mukamba-See.
Mbuji–Mayi – 430 000 Einw. drittgrößte Stadt des Landes. Wichtiges Zentrum des Diamantabbaus. Lebensmittel (großer Markt). Treibstoff auf dem Schwarzmarkt. Hotel. Vorsicht vor Dieben.
Von Mbuji-Mayi nach Mwene Ditu 131 km (guter Asphalt).
Mwene Ditu – 952 m. Städtchen. Lebensmittel. Treibstoff auf dem Schwarzmarkt.
Von Mwene Ditu bis Kamina 330 km (schlechte Piste bis Luputa, nach Regenfällen viele Wasserlöcher, danach besser bis auf die Durchquerung der Sumpfgebiete).
Kaniama – 860 m. Kleinstadt. Wenig Versorgungsmöglichkeit.
Kamina – 1115 m. Mittelgroße Stadt. Lebensmittel. Treibstoff auf dem Schwarzmarkt. Mission.
Von Kamina nach Luena 174 km (schlechte Piste, viele Löcher; eindrucksvolle und steinige Talfahrt nach Bukama).
Luena – Bergbauzentrum. Lebensmittelversorgung schwierig. Kein Treibstoff. Das Hotel ist für das Personal der Minengesellschaft reserviert.
Sehenswert: die Minen, in denen im Tagebau Kohle abgebaut wird.
Von Luena nach Kolwezi 211 km (schnelle Piste; sehr vielfältige Landschaft; fahren Sie nicht an den Nzilo-See, Militärgebiet; vor und hinter Kolwezi zahlreiche Polizeikontrollen).

646 Durch Afrika

Kolwezi – 1443 m. Moderne Stadt. Gute Infrastruktur.
Sehenswert: Kupferminen, die nur mit Genehmigung besichtigt werden dürfen.
Von Kolwezi nach Lubumbashi 300 km (Asphalt, auf den ersten 150 km nur einspurig, danach breiter).
Likasi – 200 000 Einw. Industriestadt. Gute Infrastruktur. Das Hotel ist für das Personal der Bergbaugesellschaft reserviert.
Lubumbashi – 1230 m, 543 000 Einw. Zweitgrößte Stadt des Landes, die „Kupferstadt". Gute Infrastruktur.
Von Lubumbashi nach Kasumbalesa 90 km (Asphalt).
Kasumbalesa – Grenzstadt. Formalitäten zur Ausreise aus Zaire.
Der sambische Grenzposten ist ungefähr 500 m vom zairischen entfernt. (Beginn HH 6.)

Z 4: Bolobo – Ntadembele – Bandundu – Bendela – Bandundu – Kikwit (730 km)

Piste (A, manchmal B/C/H/I). Sägen, Beile, Sandbleche und Dieseltreibstoff für die Fähren mitnehmen.

Bolobo – S. Y 1. (Ende Y 1.)
Die sehr schlechte Piste verläuft bis Ntadembele durch sumpfiges Gelände.
Ntadembele – Dorf. Keine Versorgungsmöglichkeit.
Bis Bendela weiter sehr schlechte Piste (193 km).
Bendela – Dorf. Keine Versorgungsmöglichkeit. Tägliche Fährverbindung über den Kasaï-Fluß nach Dima.
Von Dima 7 km nach Bandundu.
Bandundu – Städtchen. Lebensmittel. Treibstoff.
Mittelmäßige Piste bis Kikwit (370 km).
Kikwit – S. Z 3. (Zur Z 3.)

Z 5: Bangui (Zentralafrikanische Republik) – zairische Grenze – Zongo (mit der Fähre)

(04.93, Hanomag AL 28) Achtung, die Fähre ist nicht immer in Betrieb (Tarif für Fahrzeug ca. 10 000 CFA; Motorrad ca. 7000 CFA). Wenn sie ausgefallen ist, werden Motorräder auf Pirogen verladen (ein sehenswerter Anblick). Autos können dann nicht übergesetzt werden und müssen sich einen anderen Übergang über den Oubangui suchen (das schont aber das Nervenkostüm); informieren Sie sich in Bangui.

Bangui – S. W 3. (Ende W 3; Beginn W 4 und W 7.)
Zongo – 353 m. Dorf. Lebensmittel. Bank mit Geldwechsel, allerdings keine Reiseschecks. (Beginn Z 6; Ende Z 13.)
Verschiedenes: der betonierte Verladequai ist nur bei hohem Wasserstand von Nutzen. Sehr gründliche Formalitäten zur Einreise nach Zaire mit Fahr-

Zaire – Routenteil Z 647

zeugdurchsuchung (jeder Tourist muß eine Steuer von ca. 2500 CFA und 10 US-$ pro Fahrzeug zum Unterhalt der Straßen bezahlen). Es werden nur in Bangui ausgestellte Visa akzeptiert. Die Ausreise kostet 2100 CFA/*carnet*. Vorsicht vor Dieben.

Z 6: Zongo – Boyabo (93 km)

(01.93, Land Rover) Schöne Piste (A/G/I) durch schöne Landschaft mit vielen Schlaglöchern. In der Regenzeit Geländewagen notwendig. Auf dem Teilstück bis Bogilima Gefahr von Überfällen, nicht wild campieren.

Zongo – S. Z 5. (Ende Z 5 und Z 13.)
Vor Boyabo zweigt eine Piste nach links ab, auf dem Wegweiser die Aufschrift „Abkürzung nach Gbadolite". Diese sehr schlechte Piste trifft auf die Strecke Z 13 (informieren Sie sich in Zongo, ob sie befahrbar ist).
Boyabo – Dorf. Keine Versorgungsmöglichkeit. (Beginn Z 7, Z 8 und Z 9.)
Unterkunft: bei der kath. Mission in Bolikio, 25 km in Richtung Gemena (Z 7).

Z 7: Boyabo – Bokada – Gemena (ca. 200 km)

(04.91, Land Rover) Von Boyabo bis Bokada schwierige, steinige und ausgewaschene Piste. Danach mittelmäßige Piste (A/G/I), die wenig befahren wird. Recht dicht besiedelte Savannenlandschaft. Zwischen Bokada und Gemena jetzt Brücken anstelle der Fähren.

Boyabo – S. Z 6. (Ende Z 6; Beginn Z 8 und Z 9.)
In Boyabo nach dem Ausgangspunkt der Piste fragen.
Bokada – Dorf. Keine Versorgungsmöglichkeit.
Gemena – 65 000 Einw. Gute Infrastruktur. Benzin auf dem Markt erhältlich (ca. 5000 CFA/I). (Beginn Z 10 und Z 11; Ende Z 8 und Z 9.)
Unterkunft: Hotel gegenüber dem kleinen Markt. Weder die belgische Mission (kath.) am Ortseingang, noch die von schwarzen Amerikanern geleitete protestantische Mission beherbergt Touristen.

Z 8: Boyabo – Bogilima – Gemena (156 km)

(01.93, Land Rover) Piste (A/I) in gutem Zustand. Schöne Landschaft. Hin und wieder gibt es Treibstoff, die Preise variieren stark.

Boyabo – S. Z 6. (Ende Z 6; Beginn Z 7 und Z 9.)
Km 25, **Bolikio** – Dorf.
Unterkunft: in der katholischen Mission, freundlicher Empfang.
Km 40, US-amerikanische Mission, Campingmöglichkeit.
Bogilima – Dorf. Keine Versorgungsmöglichkeit.
Kurz hinter Bogilima eine Brücke.
Km 106, von rechts Einmündung der Strecke Z 9.
Gemena – S. Z 7. (Ende Z 7 und Z 9; Beginn Z 10 und Z 11.)

648 Durch Afrika

Z 9: Boyabo – Libenge – Gemena (ca. 227 km)

Piste (A/H/I), in der Regenzeit überschwemmt. Die Fähre ist angeblich seit 1989 außer Betrieb.

Boyabo – S. Z 6. (Ende Z 6; Beginn Z 7 und Z 8.)
Libenge – Dorf. Keine Versorgungsmöglichkeit.
Auf der Piste nach Bozene weiterfahren und 8 km hinter der Fähre nach links abbiegen. Gute Piste, die ungefähr bei Km 177 auf die Strecke Z 8 trifft.
Gemena – S. Z 7. (Ende Z 7 und Z 8; Beginn Z 10 und Z 11.)

Z 10: Gemena – Akula – Diobo – Lisala (295 km)

(04.93, Hanomag AL 28) Piste (A/G/I), auf den ersten 50 km sehr gut, danach sandig mit gelegentlich tiefen Furchen. Die Strecke ist momentan nicht befahrbar, da hinter Akula keine Fähre mehr existiert. Umfahrung über Karawa, Businga nach Lisala.

Gemena – S. Z 7. (Ende Z 7, Z 8 und Z 9; Beginn Z 11.)
Zwischen Gemena und Akula Palmen-, Hevea-, Kaffee- und Kakaoplantagen.
Akula – Dorf. Keine Versorgungsmöglichkeit. Gratisfähre über den Fluß Mongala; schwierige Auffahrt; zur Zeit nicht in Betrieb.
Diobo – Dorf. Keine Versorgungsmöglichkeit.
Danach Sandpassagen; bei km 130 hinter Akula Steigung (nicht versandet).
Lisala – Wichtiger Hafen auf dem Zaire-Fluß. Gute Infrastruktur.
(Beginn Z 16; Ende Z 15.)
Unterkunft: Hotel „Isanaiso" links am Ortseingang, saubere Bungalows mit Dusche; Hotel „Pepe" in der Nähe des großen Marktes, billig aber Vorsicht vor Ungeziefern; Hotel „Centenaire" mit gutem Restaurant, Campingmöglichkeit im Garten; einfache Motels „Nzékélé", „Ma Campagne" und „La Compliquée", am Ortsausgang auf der Straße nach Bumba; „Complexe Venus" in der Nähe des Hafens. Unterkunftsmöglichkeit in der protestantischen Mission von Ubota, 5 km vom Fluß entfernt, schöne Lage. Auch beim Restaurant „Entre Nous" Campingmöglichkeit unter der Bedingung, daß man dort ißt (sehr gut); ebenfalls Campingmöglichkeit im Hof von „Jean-Pierre", auf der Straße zum Hafen, wo man auch essen kann; Campingplatz bei einer Gemüsefarm im Norden der Stadt; außerdem Campingplatz östlich des Stadtzentrums, nur über eine schwierige Sandzufahrt zu erreichen (ausgeschildert).
Verschiedenes: in der kath. Missionsstation (keine Übernachtungsmöglichkeit) gibt es evtl. Treibstoff zu kaufen; ansonsten nur auf dem Schwarzmarkt (billigste Tankmöglichkeit bis Kisangani). Post. Garage und Werkstatt. Bank.
Schiffsverkehr: auf dem Zaire nach Kisangani; der Fahrzeugtransport ist nicht immer möglich, weil die Verladerampe oft außer Betrieb ist (kaufen Sie keine Schiffsfahrkarte, solange das Schiff nicht eingelaufen ist, Fahrzeug ca 200 bis 300 US-$). Bessere Verlademöglichkeit in Bumba; das Schiff der „Onatra" verkehrt alle drei bis vier Wochen.

Zaire – Routenteil Z 649

Z 11: Gemena – Karawa – Businga (157 km)

(03.93, Hanomag AL) Bis Karawa gute Piste (A/I), dann schlechte Piste (A/H/I) mit langen, tiefen Weichsandpassagen, Schlammlöchern und Furchen.

Gemena – S. Z 7. (Ende Z 7, Z 8 und Z 9; Beginn Z 10.)
Karawa – Dorf. Keine Versorgungsmöglichkeit.
Businga – Städtchen, kleiner Hafen auf dem Mongala. Lebensmittel. Häufig Treibstoff (in der Regel nur Diesel) von privaten Händlern aus 200-l-Fässern erhältlich. (Beginn Z 15; Ende Z 14.)
Unterkunft: Camping „Pique-Nique" (Besitzer Herr Casimir Banga) am Ufer des Flusses (Bademöglichkeit und Ausflüge mit der Piroge), sehr angenehm, gutes Essen (auf Bestellung wird auch Krokodilfleisch serviert); andere Campingmöglichkeit in der Nähe der belgischen, katholischen Mission (von Norden kommend an der Kreuzung mit der parallel zum Fluß verlaufenden Hauptstraße rechts fahren, ca. 2 km).
Verschiedenes: Autoverlademöglichkeit auf einen Schleppkahn nach Mbandaka und Kinshasa (mindestens zwei Wochen Reisedauer); nur 3. Klasse, keine Kabinen, kein Komfort (01.92 war die Fähre außer Betrieb).

Z 12: Kongbo (ZAR) – Mobaye – zaïrische Grenze – Mobayi-Mbongo – Gbadolite – Molegbe (103 km)

(06.94, Mercedes G) Akzeptable Piste (A/G/I) bis Mobaye (Durchschnittsgeschwindigkeit 30 km/h); in Zaire guter Asphalt bis Gbadolite. Gbadolite – Molegbe gute Piste (Durchschnittsgeschwindigkeit 50 km/h). Die beste Verbindung zwischen der Zentralafrikanischen Republik und Zaire (allerdings ist der Grenzübergang für Ausländer häufig gesperrt; s. Allgemeiner Teil).

Kongbo – S. W 13. (Ende W 13; Beginn W 14.)
Mobaye – 404 m. Dorf. Lebensmittel. Teurer Treibstoff, der nur gelegentlich erhältlich ist.
Unterkunft: rustikale aber saubere Herberge (ca. 2000 CFA/DZ). Übernachtungsmöglichkeit in der „Case de Passage" der Missionare.
Verschiedenes: Formalitäten zur Ausreise aus der ZAR schnell und unproblematisch, das Grenzbüro ist von 08:00 bis 16:30 Uhr geöffnet.
Moderne Fähre über den Oubangui; die Brücke befindet sich im Bau, die Arbeiten wurden mangels Geld eingestellt.
Mobayi-Mbongo – 404 m. Dorf.
Unterkunft: im Camp der „Safricas", hier können auch kleinere Beträge gewechselt werden.
Verschiedenes: Formalitäten zur Einreise nach Zaire, korrekt, aber komplette Fahrzeugdurchsuchung, Devisenkontrolle; ungefähr mit eineinhalb Stunden Aufenthalt rechnen. Das Grenzbüro ist von 08:00 bis 16:30 Uhr und auch sonntags geöffnet.

650 Durch Afrika

Gbadolite – Geburtsstadt des Präsidenten Mobutu, der daraus ein zweites Yamoussoukro machen möchte. Banken, Lebensmittel (der Supermarkt hat ein geringes Angebot, teuer). Treibstoff selten, Dieselversorgung etwas besser (bei „Petro Zaire" kostet Diesel etwa ein Drittel des Schwarzmarktpreises).
Unterkunft: großes Motel mit Pool, gutes Essen; ein Rasthaus auf der Straße zum Markt, Parken im Hof. Mehrere Missionsstationen.
Verschiedenes: zwei dt. Ärzte im Krankenhaus. Hervorragende Nissan-Werkstatt, die einem hilfsbereiten, sympathischen Belgier, M. Bertrand, gehört. Vom Flughafen zweimal wöchtl. Flüge nach Kinshasa. Vorsicht vor Dieben.
Molegbe – Dorf. Treibstoff. (Beginn Z 13, Z 14 und Z 17.)
Unterkunft: in der katholischen Mission, sehr freundlicher Empfang.

Z 13: Molegbe – Zongo (426 km)

(03.91, Land Rover) Mittelmäßige Savannenpiste (A/H/I). Die Brücken sind teilweise zerstört; schwierige Flußdurchquerungen.

Molegbe – S. Z 12. (Ende Z 12; Beginn Z 14 und Z 17.)
95 km hinter Bosobolo rechts die Lola-Wasserfälle.
Zongo – S. Z 5. (Ende Z 5; Beginn Z 6.)

Z 14: Molegbe – Businga (117 km)

(01.92, Patrol) Piste (A/G/I in der Regenzeit H). Mäßige Waldpiste, wenig Verkehr, auf einigen Teilstücken tiefe Spurrillen, Schlammlöcher und Sand (große Bodenfreiheit von Vorteil). Piste bis 50 km hinter Molegbe gut (Schnitt 50 km/h), danach mäßig (Schnitt 25 km/h), in der Regenzeit katastrophal. Keine Tankstellen, Treibstoff (meist nur Diesel, Benzin kaum) oft von privaten Händlern in Businga erhältlich. Freundliche, sehr arme Bevölkerung, malerische Dörfer. Als Geschenke hochwillkommen sind Feuerzeuge, Salz, gebrauchte Kleidung, französische Zeitungen.

Molegbe – S. Z 12. (Ende Z 12; Beginn Z 13 und Z 17.)
Ungefähr 10 km vor Businga Weichsandpassage.
Businga – S. Z 11. (Ende Z 11; Beginn Z 15.)

Z 15: Businga – Gumba – Liboko – Lisala (204 km)

(06.92, Land Rover) Mäßige Piste mit starken Steigungen und Gefällen, Schnitt 25 bis 30 km/h (A/G/I, bei Regenzeit A/H/I); einige Sandpassagen und große Löcher im Waldstück ca. 20 km hinter Businga. Mehrere gut erhaltene Brücken. Bei Regen tiefe Schlammlöcher mit mehr als einem Meter Wassertiefe.

Businga – S. Z 11. (Ende Z 11 und Z 14.)
Gumba – Dorf. Keine Versorgungsmöglichkeit.
Hinter Gumba auf 30 km zahlreiche Wasserlöcher, danach Weichsandfelder.
Loboko – Dorf. Kautschukplantage.
Lisala – S. Z 10. (Ende Z 10; Beginn Z 16.)

Zaire – Routenteil Z 651

Z 16: Lisala – Bumba (156 km)

(03.93, Hanomag AL 28) Gute Waldpiste auf den ersten 40 km, dann mäßig (A/I), wenig Verkehr; einige steinige Passagen und einige Gefällstrecken. In diesem Gebiet Wälder und Kaffeeplantagen.

Lisala – S. Z 10. (Ende Z 10 und Z 15.)
Bumba – 95 000 Einw. Angenehmer Flußhafen. Gute Infrastruktur. Benzin ca. 3500 CFA/l. (Beginn Z 20; Ende Z 17.)
Unterkunft: zahlreiche einfache Hotels, darunter das „Dina" (laut) und das „Paix" in der Nähe des kleinen Marktes. Campingmöglichkeit beim Hotel „Dina" (wenig Platz, Wasser, ca. 2000 Zaires/Person), im Garten des „Peace Corps" (in der Nähe der „Saint-André-Kirche"), bei Nogueira (am Flußufer) oder in der Mission bei den gastfreundlichen Schwestern (2 km von der Ortsmitte aus auf der Piste nach Aketi).
Sonstiges: im Betriebskrankenhaus der Pflanzungsgesellschaft sehr gute ärztliche Versorgung. Es ist empfehlenswert mit dem Frachtschiff weiterzureisen, da die Landstrecke sehr schwierig ist; Fahrzeugverladung normalerweise unproblematisch; der Preis kann verhandelt werden (zwischen fünf und sieben Tage Fahrt, Abfahrten unregelmäßig einmal im Monat); Motorradfahrer sollten darauf bestehen, daß das Motorrad nicht als begleitendes Gepäckstück (teuer), sondern wie Geländewagen mit einem Frachtbrief verladen wird. Die Möglichkeit der Bahnverladung auf den Zug nach Aketi (siehe Z 21) besteht nicht mehr.

Z 17: Molegbe – Yakoma – Abumonbazi – Yandongi – Bumba (482 km)

Mittelmäßige Piste (A/H/I) bis Yakoma (steinige Passagen und versandete Teilstücke; Vorsicht bei der Auffahrt auf die Brücken); gute Piste von Yakoma nach Abumonbazi; schlechter Zustand zwischen Abumonbazi und Bumba.

Molegbe – S. Z 12. (Ende Z 12; Beginn Z 13 und Z 14.)
Fahren Sie die Strecke Z 12 in umgekehrter Richtung. Kurz vor dem Dorf Yakoma (Mission; zur Z 18) an der Kreuzung rechts abbiegen (Wegweiser).
Die ersten 20 km hinter der Kreuzung geht die Strecke durch mehrere Dörfer.
Abumonbazi – Dorf. Mission.
Km 310, sehr ausgewaschene Passage.
Yandongi – Dorf. Keine Versorgungsmöglichkeit.
In der Umgebung: das 8 km entfernte Dorf Yambuku (Mission), im Dorf nach rechts abbiegen.
Km 441, Piste nach rechts nach Modjamboli.
Km 446, sehr schlechte Passage.
Km 505, man trifft auf die Strecke Z 16.
Bumba – S. Z 16. (Ende Z 16; Beginn Z 20.)

652 Durch Afrika

Z 18: Yakoma – Wapinda – Litebale – Kateke – Misunga – Kuku – Likati (218 km)

(02.90, Land Rover) Schwierige Piste (A/G/I) mit wenig Verkehr, bis auf das letzte Stück ist sie nicht auf der Michelin-Karte 955 eingezeichnet. Sie folgt mehr oder weniger dem Fluß Uele und durchquert zahlreiche Dörfer. Mehrere schlecht erhaltene Brücken.

Yakoma – S. Z 17. (Zur Z 17.)
In Yakoma vor der Kathedrale in Richtung Wapinda (Südosten) fahren. Mittelmäßige Piste, in der Regenzeit einige Schlammlöcher.
Km 69, **Wapinda** – Dorf. Keine Versorgungsmöglichkeit.
Danach besserer Pistenzustand.
Zwischen Litebale und der Einmündung auf die Piste Bondo – Likati (Strecke Z 19), 39 Brücken (!), die meisten sind einfach zu überqueren; einige Weichsandpassagen.
Von Kateke führt eine Piste 12 km nach Muma.
Likati – Dorf. Keine Versorgungsmöglichkeit. Immigration an der Brücke: 20 US-$; Fotopermit pro Kamera für 30 Tage. (Zur Z 19.)
Unterkunft: bei der kanadischen Mission.

Z 19: Bangassou (Zentralafrikanische Republik) – zaïrische Grenze – Monga – Bondo – Dulia (330 km)

(01.94, Mercedes G und 02.95, LR 110) Piste (A/H/I) in sehr schlechtem Zustand. Achtung, die Fähre nach Bangassou ist nicht immer in Betrieb; ist sie ausgefallen, ist eine Überquerung des Oubangui nur für Motorräder und Fahrzeuge mit weniger als 3 to möglich (auf Pirogen; der Preis ist Verhandlungssache; ungefähr mit 8000 CFA/Fahrzeug rechnen). Sehr schöne Savannenlandschaft, Wildcampen soll wegen der angeblichen Löwen gefährlich sein. Allerdings sehr dichte Bevölkerung, so daß die Löwen kein angenehmes, ruhiges Leben führen dürften.

Bangassou – S. W 14. (Ende W 14; Beginn W 15.)
Zur Zeit der einzige offene Grenzübergang nach Zaire. Hier werden die Formalitäten zur Ausreise aus der ZAR erledigt. Der Ausreisestempel im *carnet* kostet 4200 CFA. Die Fähre kostet (abhängig vom Verhandlungsgeschick) 5000 CFA und 5 l Diesel. Ist die Fähre auf der anderen Seite, muß sie mit einer Piroge und Diesel geholt werden (3000 CFA). Es empfiehlt sich CFA zu wechseln, da bis Bondo mit CFA gehandelt wird.
Ndu – Dorf. Formalitäten zur Einreise nach Zaire.
Verschiedenes: Zoll, *gendarmerie*, Militärkontrolle und das Einwanderungsbüro befinden sich in demselben Gebäude. Die Behörden verlangen bei der Einreise 3000 CFA für den Polizeistempel, 65 US-$ als *road tax* und 40 US-$ für den *carnet*-Stempel („Gebühren" im Feb. ´95: Paß 10 US-$, Deklaration Auto 20 US-$; Deklaration Kamera 10 US-$, Straßenbenutzungsgebühr (LR 110) 100 US-$; Zahlung auch in DM/CFA möglich; verhandeln!). Gelbfieber- und Choleraimpfung muß vorhanden sein. Für Bondo sollte man eine *money*

Zaire – Routenteil Z 653

declaration (Formulare nicht vorhanden, selbst erstellen und vom *immigration officer* abstempeln lassen) und eine Fotoerlaubnis pro Kamera besitzen.

Zwischen Ndu und Monga schlechte Piste mit 9 Brücken in relativ gutem Zustand.

Monga – Dorf. Keine Versorgungsmöglichkeit.

Unterkunft: in der kath. Mission, warme Duschen, freundlicher Empfang.

Sehenswert: die Stromschnellen von Bili.

Zwischen Monga und Bondo 126 km scheußliche Piste mit 31 Brücken durch Bambuswald und Baumwollfelder. Zwei Brücken sind sehr schlecht, die erste kann umfahren, die zweite muß mit Sandblechen verbessert werden. Für Fahrzeuge mit größerer Spurbreite als Geländewagen (z.B. Unimog) können die Brücken Schwierigkeiten bereiten.

12 km hinter Monga Fähre; für 2 Fahrzeuge (LR 110 und Toyota Landcruiser) 20 US-$ + 5 l Diesel.

30 km vor Bondo wird die Piste sehr gut.

Bondo – Städtchen. Lebensmittel (kleiner Markt, Brot). Treibstoff auf dem Schwarzmarkt (Diesel 2 US-$/l). Fähre 10 l Diesel, Batterie muß zur Verfügung gestellt werden; keine Immigration. (Zur Z 42.)

Verschiedenes: Endstation der Eisenbahnlinie von Bumba; Abfahrt alle zwei Wochen. Sehr unfreundlicher Einreisebeamter, der sämtliche Papiere filzt (Devisendeklaration, Fotoerlaubnis), bis er etwas gefunden hat. Die Fährleute und er arbeiten zusammen: Es gibt kein Entkommen! Sind die Papiere in Ordnung, findet er sicher etwas am Fahrzeug. Schwarzgeld nicht am Leib tragen (Visitation, auch der Luftfilter im Motorraum wurde schon durchsucht).

Unterkunft: Hotel und bei der norwegischen Mission.

Bondo auf der Fähre über den Uele verlassen (umsonst, aber 10 l Diesel müssen zur Verfügung gestellt werden; einfache Auffahrt).

Piste Bondo – Dulia (viele Wasserpfützen, Löcher, hier beginnt der tropische Regenwald, die Bevölkerung jagt mit Armbrust und vergifteten Pfeilen) weist zwei zeitaufwendige Brückenpassagen auf: 15 km vor Likati Eisenbahnbrücke, die nach wie vor nur mit mind. 4 Sandblechen zu meistern ist (Zeitaufwand für zwei Fahrzeuge/8 Leute: 2½ Std.), in Likati selbst ist eine sehr löchrige Brücke (Zeitaufwand 2 Fahrzeuge/5 Leute: 3 Std.). Bei der Immigration liegen gute Holzplanken, die wir verwenden durften (nach Bezahlung des Fotopermits).

Likati – S. Z 18. (Ende Z 18.)

Dulia – Dorf. Keine Versorgungsmöglichkeit. (Beginn Z 22; Ende Z 21.)

Z 20: Bumba – Lolo (66 km)

(04.93, Hanomag Al 28) Überwiegend gute Piste (A/G/I, bei Regen A/H/I) mit einigen sandigen Teilstücken und Schlammlöchern; sehr wenig Verkehr. Sehr einfache, kleine Dörfer.

Bumba – S. Z 16. (Ende Z 16 und Z 17.)

Makala – Dorf, ca. 10 km vor Lolo. Sehr freundliche Einwohner.

654 Durch Afrika

Unterkunft: Campingplatz ohne Ausstattung.
Lolo – Kleines Dorf. Keine Versorgungsmöglichkeit.
Unterkunft: in der katholischen Mission. (Beginn Z 21 und Z 30.)

Z 21: Lolo – Aketi – Dulia (ca. 180 km)

(04.93, Hanomag AL 28) Sehr schwierige Piste (A/H/I) mit vielen Löchern, steilen Gefällstrecken und Schräglagen über 45 Grad, in der Regenzeit nicht befahrbar; zwischen
Lolo und Aketi einige längere Weichsandpassagen (8 bis 10 Stunden Fahrzeit); ab Aketi
sehr tiefe Auswaschungen.

Lolo – S. Z 20. (Ende Z 20; Beginn Z 30.)
Zwischen Lolo und Aketi mit ungefähr zehn Stunden Fahrzeit rechnen (Stei-
gungen mit tiefen Furchen, die Untersetzung verlangen).
Km 9, kaum noch vorhandene Brücke. Reste auf Spurweite legen. Unmittelbar
danach 1 m tiefes Wasserloch.
Aketi – Angenehme und ruhige Kleinstadt. Lebensmittel.
Unterkunft: Camping bei der Mission (WC, Duschen).
Verschiedenes: paranoischer Immigrationschef, der in jedem Touristen einen
Verschwörer wittert. Die Beamten sind in Zivil, das Büro ist hinter dem Bahnübergang. Am besten freundlich winkend vorbeifahren.
Hinter Aketi Fahrt durch dichte Wälder (Axt und Säge notwendig). 7 km und 30
km nach Aketi zwei Brücken an denen die Längsbohlen fehlen (ca. 50 cm
breite Lücken zwischen den Querbohlen), die nunmehr im Besitz der Einheimischen sind. Gegen eine Leihgebühr von ca. 15 bis 20 US-$ werden die Bohlen
wieder gelegt. Bei der langsamen Fahrt über die Brücken Vorsicht vor Dieben.
Dulia – S. Z 19. (Ende Z 19; Beginn Z 22.)

Z 22: Dulia – Buta (74 km)

(01.94, Mercedes G und 02.95, LR 110) Schmale Piste (A/H) in sehr schlechtem Zustand
(tiefe Löcher); sehr unangenehmes Teilstück zwischen Km 10 und 30. Acht Brücken,
davon die erste und dritte nur mit Sandblechen zu meistern, nachdem sie zuvor mit
Holz aufgefüllt wurden (abgesackte Stämme). Ab 40 km vor Buta gute Piste.

Dulia – S. Z 19. (Ende Z 19 und Z 21.)
Buta – (Beginn Z 23 und Z 32.) 15 000 Einw. Markt (Brot). Treibstoff auf dem
Schwarzmarkt. Bank (kein Geldwechsel). Polizei (Registrierung). S.O.N.A.S.:
Kfz-Haftpflichtversicherung, 15 Tage für LR 110 122 US-$; möglichst früh mor-
gens durchfahren, dann schläft der *immigration officer* noch. Immigration: 20 US-
$ Devisenerklärung; fehlt diese, muß man Strafe zahlen (75 US-$).
Unterkunft: zwei Hotels (im nahe am Fluß gelegenen Hotel mäßige Wasser-
qualität). Unterkunft in der norwegischen Mission am Ortseingang, sehr freundlicher Empfang, auch Camping (WC/Wasser).
Verschiedenes: guter Mechaniker im „Office des Routes" (Herr Gege Alidepo-
ne). Baumwollaufbereitungsfabrik.

Zaire – Routenteil Z 655

Z 23: Buta – Titule – Bambesa – Baranga (322 km)

(02.95,LR 110) Die ersten 15 km gute Piste, dann folgen 55 km übelste Piste (Löcher, Krater, Fahrspuren, Auisspülungen), ab Titule bis Baranga gut.

Buta – S. Z 22. (Ende Z 22; Beginn Z 32.)
Bis Bambesa Fahrt durch tropischen Regenwald.
Titule – Dorf. Keine Versorgungsmöglichkeit.
Unterkunft: belgische Missionsstation, sehr hilfsbereit.
Beginn einer meist unbefahrbaren Piste nach Isiro (Z 24) über Lengulu.
Bambesa – Dorf. Keine Versorgungsmöglichkeit.
Zwischen Bambesa und Bambili dichte Baumsavanne.
Dingila – Dorf. Markt. Lebensmittelgeschäft. Treibstoff. Kath. Mission.
Unterkunft: bei zwei Franzosen, sehr herzlicher Empfang.
Bambili – 640 m. Dorf. Lebensmittel. Treibstoff. (Zur Z 42.)
Unterkunft: *campement*-Hotel.
Hinter Bambili hügelige Landschaft mit Bäumen; viele Dörfer mit reich dekorierten Rundhütten; dicht besiedelt.
Baranga – Dorf. Keine Versorgungsmöglichkeit. (Beginn Z 24 und Z 25.)

Z 24: Baranga – Poko – Isiro (166 km)

(02.95, LR 110) Zwischen Baranga und Poko gute Piste , bis Isiro mittelmäßig.

Baranga – S. Z 23. (Ende Z 23; Beginn Z 25.)
Poko – Kleinstadt. Lebensmittel. Militär-Straßensperre ab 6 Uhr morgens.
Unterkunft: in der deutschen Mission (auch gute Werkstatt und u.U. Diesel).
Verschiedenes: deutsche Mission der Augustiner-Patres aus München, supermoderne, architektonisch reizvolle Kirche. Es gibt zwei unangenehme Polizeiposte, bei denen, wenn nötig, Pater Clemens von der Mission helfen kann.
Isiro – Wichtige Stadt. Verkehrsknotenpunkt und bedeutendes Handelszentrum. Gute Infrastruktur; Bank, Post. Auf dem Markt zum erstenmal besseres und reichhaltigeres Angebot als im gesamten Zentralzaire (teuer), Treibstoff aus Uganda wieder erhältlich; Diesel 1 US-$/l. Belgische Mission (eigene Tankstelle). Immigration problemlos. (Beginn Z 26, Z 29, Z 29a, Z 43; Ende Z 24.)
Unterkunft: Hotel „Mangbetu" (auch Camping, teuer). Die Mission darf keine Gäste mehr aufnehmen.

Z 25: Baranga – Niangara – Makilimbo (170 km)

(03.93, Yamaha XZ 600) Piste (A/H/I) nicht mehr befahrbar, da sie nur noch ein Trampelpfad ist (u.U. noch mit Motorrädern). Sie führt teils durch Savanne, teils durch Waldgebiete. Hügelige Landschaft; zahlreiche Dörfer mit reich verzierten Häusern; dicht besiedelt.

Baranga – S. Z 23. (Ende Z 23; Beginn Z 24.)

656 Durch Afrika

Niangara – Handels- u. Industriestadt. Lebensmittel.
Unterkunft: Hotel.
Bis Makilimbo viele Kurven.
Makilimbo – Dorf. Keine Versorgungsmöglichkeit. (Beginn Z 27; Ende Z 26.)

Z 26: Isiro – Makilimbo (128 km)

(05.91, Land Rover) Schlechte Savannenpiste (G), viele Kurven, recht viel Verkehr.

Isiro – S. Z 24. (Beginn Z 26, Z 29, Z 29 a, Z 43; Ende Z 24.)
Makilimbo – S. Z 25. (Ende Z 25; Beginn Z 27.)

Z 27: Makilimbo – Dungu – Faradje – Aba (290 km)

(01.93) Holperige, schlechte Piste bis Dungu (A/H/I) mit bis zu 50 m langen Schlammlöchern, von da an deutlich besser; Savannen- und Waldgebiet, hügelige Landschaft; viele
Dörfer mit reich verzierten Gehöften, wenig Verkehr.

Makilimbo – S. Z 25. (Ende Z 25 und Z 26.)
Dungu – 730 m. Stadt. Brücke über den Kibali. Viel Militär.
Unterkunft: winziges Hotel.
Bei Km 73 hinter Dungu zweigt eine Piste nach links ab zum Garamba-Natio-
nalpark.
Garamba-Nationalpark – 500 000 Einw. Park, der einen interessanten Quer-
schnitt sudanesischer Flora und Fauna bietet; hier lebt sogar noch das sehr
seltene weiße Rhinozeros.
Unterkunft: einfache Unterkunft an der Station von Gangala Na Bodio, wo
Elefanten gezähmt werden.
Faradje – 810 m. Städtchen. Lebensmittel.
Unterkunft: Hotel.
Abzweigung einer Piste nach Aru zur Weiterreise in den Sudan. In der Trok-
kenzeit ist diese Variante eventuell empfehlenswerter; erkundigen Sie sich in
Faradje.
Aba – Dorf. Lebensmittel. (Beginn Z 28 und J 48.)
Unterkunft: Hotel. Katholische Mission; hier können Sie sich über die Weiter-
fahrt in Richtung Aru informieren (Z 28); außerhalb der Stadt protestantische
Mission mit regelmäßigen Flugverbindungen nach Nairobi.
Verschiedenes: Formalitäten zur Ausreise aus dem Zaire für Reisende, die in
den Sudan weiterfahren (Reisen durch das von der SPLA kontrollierte Gebiet
westlich des Nils sind, solange der Bürgerkrieg im Sudan andauert, nicht möglich).

Gute Fahrt und angenehme Reiseerlebnisse wünscht Ihnen...

Zaire – Routenteil Z 657

Z 28: Aba – Aru (170 km)

(05.91, Land Rover) Diese Piste (A/H/I) gilt als eine der schlechtesten in Afrika (zumindest auf den ersten 70 km). Sehr holperiges Gelände. Auf den ersten 70 km müssen etwa 25 Brücken (in desolatem Zustand) überquert werden, meist stehen nur noch die Trägerbalken und auch die sind verbogen und teilweise weit voneinander entfernt. Die Brücken müssen also zunächst repariert werden, bevor man sie überqueren kann. Sind solche behelfsmäßigen Reparaturen nicht möglich, empfiehlt es sich, einen Führer zu nehmen (für eine Umgehung). Die folgenden 100 km dagegen sind in hervorragendem Zustand. Viele Militärkontrollen. Die Strecke führt durch das Gebiet der nilotischsprachigen Kakwa, ein Volk, das bis heute nur spärlich bekleidet geht.

Aba – S. Z 27. (Ende Z 27; Beginn J 48.)
Layba – Dorf. Katholische Mission.
Ariwara – Dorf. Katholische Mission.
Sehenswert: der Mittwochsmarkt.
Aru – Dorf. (Beginn AA 2; Ende Z 28, Z 37, Z43.)
Unterkunft: gastfreundliche katholische Mission.
Verschiedenes: Formalitäten zur Ausreise aus Zaire für Reisende, die nach Uganda weiterfahren.

Z 29: Isiro – Mungbere – Mambasa (322 km)

(08.93, Range Rover) Piste (A/H/I), sehr schlechter Zustand.

Isiro – S. Z 24. (Beginn Z 26, Z 29, Z 29 a, Z 43; Ende Z 24.)
Mungbere – Dorf. Italienische Mission.
Hinter Mungbere beginnt der Tropenwald, die Piste wird sehr schwierig (stellenweise tiefe Schlammlöcher, maximale Pistenbreite 3 m, kein Unterhalt).
Nduya – Dorf.
Verschiedenes: italienische katholische Mission mit Apotheke.
Nach Nduya mittelmäßiger Pistenzustand. Die Pygmäen verkaufen Felle, Pfeile und andere kunsthandwerkliche Gegenstände.
Mambasa – Kleinstadt. Lebensmittel. (Beginn Z 35 und Z 36; Ende Z 34.)
Unterkunft: in der Nähe der katholischen Mission (Père Carlo) angenehmer Campingplatz, ca. 5 km vom Ortskern entfernt auf der Piste nach Beni.
Verschiedenes: gut ausgerüstete Werkstatt mit kompetenten Mechanikern unweit der Mission. Achtung, die Beamten des *bureau d'immigration* sind Meister der Erpressung — nicht anhalten!
Sehenswert: die Erzeugnisse des örtlichen Kunsthandwerks (Holz- und Elfenbeinskulpturen).

...Ihr REISE KNOW-HOW Verlag Därr!

658 Durch Afrika

Z 29a: Isiro – Wamba – Nia Nia 235 km

(01.94, Mercedes G und 02.95, LR 110) Piste (A/I in der Regenzeit G) akzeptabel, ab Wamba mittelmäßig und glitschig, mit viel Schlamm (Schneeketten sind sinnvoll!); Ausbau im Gange, wobei die nicht ausgebauten Teilstücke oft besser befahrbar sind (Schnitt 40 km/h). Die Versorgungslage bessert sich, je weiter man nach Osten kommt.

Isiro – S. Z 24. (Beginn Z 26, Z 29, Z 29a, Z 43; Ende Z 24.)
Wamba – Dorf. Immigration (Devisenkontrolle, Kontrolle des Fotopermit).
Unterkunft: bei der italienischen Mission, nicht sehr freundlich, aber für eine Nacht ein guter Stellplatz.
78 km vor Nia Nia viele Schlammlöcher.
Nia Nia – S. Z 34. (Zur Z 34.)

Z 30: Lolo – Basoko – Lokutu – Isangi – Yangambi – Kisangani (456 km)

(04.93, Hanomag AL 28) Piste (A/G/I), in der Regenzeit nicht befahrbar (dann sind die Brücken bis Basoko sehr schwierig oder gar nicht passierbar). Alternative zu der unten beschriebenen Strecke zwischen Basoko und Yangambi: Fähre über den Aruwimi-Fluß (20 l Diesel und zwei Batterien), danach Piste durch den Wald zum rechten Ufer des Zaire bis Yangambi (kath. Mission); auch diese Variante ist in der Regenzeit nicht befahrbar.

Lolo – S. Z 20. (Ende Z 20; Beginn Z 21.)
Kurz hinter Lolo nach rechts zur Fähre über den Itimbiri abbiegen (gefährliche Zufahrt, Tarif ca. 500 Zaires/Fahrzeug).
Bis Km 50 gute Piste, danach sehr schlecht (besonders bei Regen); viel Lkw-Verkehr.
Km 110 – 140, zerstörte Brücken, unbewohnte Hütten, kein Verkehr.
Km 214, **Basoko** – Dorf am Zusammenfluß der Flüsse Aruwimi und Zaire. Keine Versorgungsmöglichkeit.
Unterkunft: Übernachtungsmöglichkeit in der französischen katholischen Missionsstation.
Gratisfähre (60 l Diesel) über den Zaire nach Lokutu (die sehr schöne Überfahrt dauert 55 Minuten). Wenn die Fähre defekt ist, kann man auf der rechten Zaireseite auf einer Piste nach Isangi weiterfahren. Diese Strecke ist auf der Michelin-Karte nicht eingezeichnet.
Lokutu (ehemals Elisabetha) – Dorf. Keine Versorgungsmöglichkeit.
Hinter Lokutu verläuft die sehr schlechte Piste durch fantastischen Regenwald.
Isangi – Dorf. Keine Versorgungsmöglichkeit.
Gratisfähre über den Zaire, danach wieder schlechte Piste bis Yangambi.
Yangambi – Dorf (ehemalige Kolonialstadt). Treibstoff selten. *Campement*-Hotel.
Danach gute Piste bis Kisangani. Einige Kilometer vor der Stadt Fähre über den Fluß Ituri (10 l Diesel).

Zaire – Routenteil Z 659

Kisangani – 428 m, 800 000 Einw. Heißfeuchtes Klima. Gute Infrastruktur. Am Fluß Fotografierverbot. Visa-Verlängerung innerhalb eines Tages.
(Beginn Z 33; Ende Z 31 und Z 32.)
Verschiedenes: der Supermarkt der Post führt eine große Auswahl; gute Konditorei. Gute Land Rover-Werkstätte mit vielen Ersatzteilen. Die Treibstoffversorgung ist unproblematisch, bei „Petro Zaire" („Fina", „Mobil" – allerdings muß mit einem Tag Wartezeit für die Abwicklung gerechnet werden; Mindestabnahme 200 l Diesel, die bestellt und bezahlt werden müssen; am nächsten Tag kann man sie im Depot abholen) und auf dem Schwarzmarkt (schneller, dafür teurer). Für den Geldwechsel muß mit mindestens drei Stunden Wartezeit in den Banken gerechnet werden. Die Telefonverbindungen mit dem Ausland sind unsicher. Keine diplomatische Vertretung der Nachbarländer. Wer sein Visum verlängern will, muß das hier im *bureau d'immigration* erledigen, vor Goma sonst keine andere Möglichkeit mehr (sollten Sie Hilfe brauchen, wenden Sie sich an den sympathischen Direktor des Touristenbüros). Vorsicht vor Dieben.
Unterkunft: Hotel „Olympia", gutes, aber teures Essen, Treffpunkt der Globetrotter, Campingmöglichkeit (2 US-$/Person, 1,50 US-$/Fahrzeug); „Zaire-Palace", sehr teuer; Hotel „Wagenia", sauber und unter guter Leitung. Unterkunftsmöglichkeit in der *procure* (Verwaltungszentrum) der katholischen Mission, sauber und nicht teuer. Gute Restaurants „Cafko", „Pergda"; ein griechisches Restaurant befindet sich hinter der griechisch-orthodoxen Kirche in der Nähe des „Olympia".
Schiffsverbindung mit Kinshasa: die „Onatra" gibt Auskunft über Tarife und Abfahrtszeiten (siehe dazu auch Kinshasa, Strecke Z 2).
Sehenswert: Elfenbeinschnitzerwerkstatt (Ortseingang), Brauerei „Bralima", Fischereistation „Wagenia" (touristisch), Ngaliema-Fälle (früher Stanley-Fälle).

Z 31: Domiongo – Bolombo – Bena Dibele – Lodja – Ikela – Kisangani (1290 km)

Piste (A/H/I). Mehrere Liter Diesel und zwei Batterien für die Fähren mitnehmen. Praktisch keine Versorgungsmöglichkeiten auf der gesamten Strecke (nur Obst). Treibstoff und Nahrung nur auf dem Schwarzmarkt.

Domiongo – S. Z 3. (Zur Z 3.)
Von Domiongo nach Bolombo 80 km (Wald- und Savannenpiste; zahlreiche Sandpassagen).
Mushenge – Dorf. Keine Versorgungsmöglichkeit.
Hinter Mushenge nach rechts fahren.
Vor Bolombo Fähre über den Sankuru, auf dem man 5 km flußaufwärts fährt.
Bolombo – Dorf. Keine Versorgungsmöglichkeit.
Von Bolombo nach Bena Dibele 230 km (die ersten 90 km sind sandig, aber gut und führen durch Grassavanne, danach schlechte Piste mit tiefen Rillen und Weichsand).
14 km hinter Bolombo in Richtung Kole abbiegen (angezeigt).

660 Durch Afrika

Km 168 ab Bolombo, nach rechts fahren. Die Piste umgeht Ishenga.

Bena Dibele – Großes Dorf. Lebensmittelversorgung schwierig. Katholische Mission.

Von Bena Dibele nach Lomela 370 km (gute Erdpiste durch Savannenlandschaft bis Lodja; zwischen Lodja und Lomela Buckelpiste mit zahlreichen Sandstrecken, während und unmittelbar nach Regenfällen ist die Piste gefährlich); sehr dicht besiedeltes Gebiet; hinter Poie schöne Landschaft.

Lodja – Dorf. Lebensmittelversorgung schwierig. Treibstoff. Mission.

Lomela – Großes Dorf, das mehr oder weniger verlassen wurde. Keine Versorgungsmöglichkeit.

Von Lomela nach Kisangani sind es 610 km bucklige Erdpiste. Während und nach Regenfällen ist sie zwar befahrbar, sollte aber besser gemieden werden; ein außerordentlich schwieriges Teilstück ist zwischen Ikéla und Opala – riesige Löcher erschweren die Fahrt! Wer hier liegenbleibt, bekommt keine Hilfe; kein Treibstoff.

Ikela – Kleinstadt. Lebensmittel (kleiner Markt).

Kisangani – S. Z 30. (Ende Z 30 und Z 32; Beginn Z 33.)

Z 32: Buta – Banalia – Kisangani (321 km)

(02.94, Patrol) Piste (A/G/I), in katastrophal schlechtem Zustand bis Banalia (Schlammlöcher u. tiefe Spurrillen). Bei Regen ein einziger Schlammpfuhl (A/H/I). Wer vom Regen überrascht wird benötigt 2 bis 4 Wochen für die Strecke. Zwischen Banalia und Kisangani zahllose Schlaglöcher.

Buta – S. Z 22. (Ende Z 22; Beginn Z 23.)

Kurz vor Banalia eine Fähre (10 l Diesel/Fahrzeug); schwierige Zufahrt, der Beton der Verladerampe existiert nicht mehr.

Banalia – Dorf. Lebensmittelversorgung schwierig.

Unterkunft: Campingmöglichkeit in der Mission.

3 km hinter Banalia ein riesiges Loch, danach besser befahrbare Piste.

35 km vor Kisangani eine neue Brücke.

Kisangani – S. Z 30. (Ende Z 30 und Z 31; Beginn Z 33.)

Z 33: Kisangani – Madula (22 km)

(04.93, Hanomag AL 28) Neuer Asphalt.

Kisangani – S. Z 30. (Ende Z 30, Z 31 und Z 32.)

Km 20, Piste nach links nach Nia Nia (kein Wegweiser).

Madula – Dorf. Keine Versorgungsmöglichkeit. (Beginn Z 34 und Z 40.)

Senden Sie uns Informationen zu!

Zaire – Routenteil Z 661

Z 34: Madula – Nia Nia – Tierfangstation Epulu – Mambasa (512 km)

(02.92, Patrol und 02.95, LR 110) Mittelmäßige Piste (A/C/H/I) bis Nia Nia (vor Nia Nia tiefe Morastlöcher), zwischen Nia Nia und Epulu Schlammlöcher, Fahrzeit 1 Tag. Danach gute Piste. Nach Regenfällen große Schlammlöcher, leichte Fahrzeuge können hier häufig steckenbleiben. Einige gut erhaltene Brücken.

Madula – S. Z 33. (Ende Z 33; Beginn Z 40.)
Zwischen Madula und Nia Nia findet sich leicht ein ruhiger Platz für die Nacht.
Km 243, **Bafwasende** – Dorf. Lebensmittel (Brot).
Unterkunft: Campingmöglichkeit in der Mission.
Die Brücke über den Lindi ist in gutem Zustand.
Nia Nia – Dorf. Lebensmittel (kleiner, sehr lebhafter Markt). Treibstoff auf dem Schwarzmarkt (teuer). (Zur Z 29a.)
Unterkunft: mehrere schmutzige Hotels, teure Restaurants, Mission.
Epulu – Dorf. Lebensmittel.
Unterkunft: Hotel (800 Zaires/DZ, 500 Zaires/Mahlzeit).
3 km hinter Epulu liegt die Tierfangstation. Interessanter Tierpark mit Okapizucht, der von sympathischen Schweizern geführt wird, freundlicher Empfang; Eintritt in den Zoo ca. 4 US-$/Pers.; Möglichkeit, beim Einfangen der Okapis zuzusehen und ein Pygmäendorf zu besuchen (ca. 20 US-$ inkl. Übernachtung). Schön gelegener Campingplatz in einem Waldstück am Fluß an der Ortsausfahrt (ca. 5 US-$/Pers., Bademöglichkeit im Mambasa für die, die vor Krokodilangriffen keine Angst haben), Übernachtung in Bungalows möglich.
Mambasa – S. Z 29. (Ende Z 29; Beginn Z 35 und Z 36.)

Z 35: Mambasa – Beni (ca. 200 km)

(04.93, Hanomag AL 28) Schmale Piste (A/H/I); die ersten 120 km sind sehr schwierig (auch für geländegängige Fahrzeuge); danach 20 km Schlammlöcher, steile Steigungen und Gefälle; schließlich 60 km gut befahrbare Piste. Die Brücke über den Fluß Ituri ist auf der Michelin-Karte nicht eingezeichnet. Schöne Landschaft. Viele sehr ursprüngliche Dörfer.

Mambasa – S. Z 29. (Ende Z 29 und Z 34; Beginn Z 36.)
Km 7, Einfahrt in ein Waldgebiet.
Km 17, 19, 23, 36 und 75, Betonbrücken.
Km 35, großes Dorf. Lebensmittel (Bäckerei, Laden).
Km 40, große Brücke über den Ituri.
Km 45, großes Dorf. Lebensmittel (Bäckerei, Laden). Restaurant.
Beni – Stadt. Lebensmittel (Markt; Käse und Wurst bei „Semliki", gute Auswahl an Nahrungsmitteln bei „Moshus" und „SETRACO"). Treibstoff ist billiger als in Kisangani und Uganda (an der Tankstelle, im Geschäft des Pflanzers Ngazajo oder bei der „ENRA", am Ortseingang rechts); Diesel bei „AGETRAF" (an der Straße in Richtung Butembo, 2500 NZ/l). (Beginn Z 39 und AA 7; Ende Z 38.)

662 Durch Afrika

Unterkunft: Hotel „Beni". Campingmöglichkeit bei Herrn Claude Bergmann, dem Verantwortlichen des Mandale-Guts; neuer Campingplatz unter griechischer Leitung, Parkanlage mit sauberen Sanitäreinrichtungen, gutes Restaurant (ca. 2,50 US-$/Person, 3 US-$/Fahrzeug, Mahlzeit 4 US-$), Zufahrt über die Piste nach Komanda. Die Mission befindet sich an der Straße nach Butembo, am Ende des asphaltierten Teils links (Reparaturwerkstätte).

Z 36: Mambasa – Komanda (94 km)

(02.95, LR 110) Piste völlig zerfahren, Wasserschäden, tiefe Löcher, aber trocken, 1 Tag Fahrzeit.

Mambasa – S. Z 29. (Ende Z 29 und Z 34; Beginn Z 35.)
Km 63, linkerhand die Lolwa–Mission, die von sehr sympathischen Amerikanern geleitet wird. Campingmöglichkeit; Hebebühne.
In Apawanza verläßt man das Regenwaldgebiet.
Komanda – Dorf. Lebensmittel (Markt). Treibstoff. Strenge Polizeikontrolle mit Schlagbaum am Ortsausgang. (Beginn Z 37 und Z 38.)

Z 37: Komanda – Bunia – Djugu – Nioka – Aru (340 km)

(04.93, Hanomag AL 28) Piste (A/H/I), bis Nizi in gutem Zustand, dann sehr schlecht. Alternative ist über Uganda am Nil entlang (Konvoifahren wegen der ugandischen Rebellen).

Komanda – S. Z 36. (Ende Z 36; Beginn Z 38.)
Gute Piste bis Bunia; hügelige, baumlose Landschaft.
Bunia – 1200 m. Stadt. Lebensmittel.
Unterkunft: Campingmöglichkeit in der belgischen katholischen Mission, außerhalb der Stadt in Richtung Aru.
Verschiedenes: Ersatzteile für Land Rover.
Sehenswert: der Markt.
Hinter Bunia hervorragende Piste auf 25 km, die sich dann jedoch verschlechtert (starke Steigungen und Gefälle, große Steine).
Djugu – 1800 m. Dorf. Keine Versorgungsmöglichkeit.
Gute, breite Piste von Djugu bis zur 15 km hinter Nioka gelegenen Kreuzung.
Hier verläßt man die gute Piste, die nach Mahagi und zur ugandischen Grenze führt, und biegt nach links auf eine sehr schmale und schlechte Piste (Felsstufen, tiefe Löcher, Quer- und Längsrillen), die durch Hügel und Täler verläuft; glitschige und gefährliche Streckenabschnitte nach Regenfällen.
Etwa 30 km vor Aru leichte Pistenverbesserung.
Aru - S. Z 28. (Beginn AA 2; Ende Z 28, Z 37, Z 43.)

Aktuelle Reise-Infos beim Därr-Expeditionsservice: 0 89/28 20 32.

Zaire – Routenteil Z 663

Z 38: Komanda – Oysha – Beni (125 km)

(01.94, Mercedes G und 02.95, LR 110) Piste (A/G/I, bei Regen A/G/H/I), Komanda – Erengeti miserable Piste mit grauenvollen Löchern (trocken), dann gut, kaum Wellblech, aber Regenrinnen. Starker Verkehr, unklare Sicherheitslage (vor Abfahrt informieren).

Komanda – S. Z 36. (Ende Z 36; Beginn Z 37.)
Km 12, es zweigt eine sehr schlechte Piste nach links ab zum Berg Hoyo (13 km, starke Steigungen und Gefälle).
Mont Hoyo – 1450 m. Hotel mit Campingplatz (hohe Preise, schlecht unerhalten). Eintritt für den Nationalpark ca. 20 US-$/Person.
Sehenswert: die Höhlen, die Pygmäendörfer und die Stufenwasserfälle.
Km 40, ein „Campingplatz" rechts der Piste, weder Sanitäranlagen noch Wasser, nur ein netter Besitzer.
Km 70, **Erengeti** – Dorf. Unterkunftsmöglichkeit.
Oysha – Dorf.
Unterkunft: Campingmöglichkeit in der amerikanischen Mission.
In der Umgebung: Pygmäendörfer (die Mission informiert über Besichtigungsmöglichkeiten mit einem einheimischen Führer) und der Regenwald (fantastisch).
Bei schönem Wetter ist von der Kreuzung kurz vor Beni aus der schneebedeckte Gipfel des Ruwenzori zu erkennen (5119 m, im O in Richtung der Piste nach Uganda).
5 km vor Beni, rechter Hand eine Kaffeeplantage.
Beni – S. Z 35. (Ende Z 35; Beginn Z 39, AA 7.)

Z 39: Beni – Butembo – Rwindi – Goma – ruandische Grenze – Gisenyi (381 km)

(03.94, Patrol) Piste (A/G/I), von Beni bis Parkeingang Virunga neu und breit, hübsche Gegend mit netten kleinen Dörfern auf den Hügeln und zahlreichen Tieren (Schnitt 40-60 km/h). Ab dem Parkeingang von Virunga bis Goma Asphalt. Wem die normale Strecke zu langweilig ist kann folgende Umfahrung wählen: bis etwa 3 km vor Kasindi auf der Strecke AA 7, dann über Ishango und kleine Paßstraße nach Butembo (landschaftlich schöner, jedoch sind ein Parkeintritt von ca. 40 US-$/Person sowie Fährgebühr zu zahlen). Bei Goma befinden sich Flüchtlingslager mit ruandischen Flüchtlingen. Die Gegend sollte gemieden werden.

Beni – S. Z 35. (Ende Z 35 und Z 38; Beginn AA 7.)
Butembo – Kleinstadt. Lebensmittel (Verkauf von Käse in kleinen Rundhütten am Pistenrand). Nicht immer Treibstoff; Werkstatt. „Banque Commerciale Zaïroise".
Unterkunft: Hotel „Kikyo" in sehr schöner Lage über der Stadt, komfortabel und sauber, gutes Essen (ca. 2400 Zaires/DZ, Camping ca. 500 Zaires/Person). Mehrere Missionsstationen.
Musienene – Dorf. Überquerung des Äquators. Gute Piste bis Lubero.
Lubero – Dorf. Lebensmittel (Obst, Gemüse und Käse).

664 Durch Afrika

Unterkunft: Hotel mit Campingmöglichkeit.

Kayna-Bayonga – Interessantes Rundhüttendorf, die Gehöfte stehen weit auf den Hügeln verstreut. Keine Versorgungsmöglichkeit.

Unterkunft: Campingmöglichkeit beim Hotel „Italia", Duschen.

Kurz hinter Kayna-Bayonga schöner Aussichtspunkt mit Blick auf den Lake Edward. Eingang in den Virunga-Nationalpark.

Rwindi – **Virunga-Nationalpark** (sehr artenreich); Eintritt gestaffelt, je nachdem was besichtigt werden soll, z.B. mittlerer Parkabschnitt (Rwindi) 60 US-$/ Fahrzeug ohne zeitliche Begrenzung; Besichtigung der Gorillas (ab Goma) 120 US-$/Person; Durchfahrt umsonst, gesperrt zwischen 17 und 6 Uhr).

Unterkunft: Hotel „Rwindi" (ca. 50 US-$/Person); am Parkausgang Campingwiese ohne sanitäre Einrichtungen (ca. 6000 Zaires/Fahrzeug). Wildcampen ist im Park verboten.

Ausflüge: viele Safarimöglichkeiten, vor allem von Vitshumbi aus, einem Fischerdorf am Lake Edward (Marabuts, viele Flußpferde).

Hinter Rwindi Lavastraße.

18 km hinter Rwindi, am Pistenrand heiße Quellen.

Baturande – Dorf, 4 km von Rutshuru entfernt.

Unterkunft: Hotel „Grefamu", billig, gutes Essen; Campingmöglichkeit auf dem Parkplatz.

Rutshuru – Kleinstadt. Lebensmittel.

Unterkunft: in der katholischen Mission (Gratiscamping).

2 km hinter Rutshuru, Abzweigung nach Djomba in Uganda (31 km schlechte Piste), wo man auch Gorillas beobachten kann (Gruppen mit sechs Personen, ca. 120 US-$/Person); Camping- und Übernachtungsmöglichkeit.

3 km hinter Rutshuru, es zweigt eine Piste ab zu den **Rutshuru-Wasserfällen** (3 km).

5 km hinter Rutshuru, gute billige Werkstätte bei der italo-zairischen Cooperation „Mondo giusto".

Nach 20 km hinter Rutshuru kommt man nach Rumangabo.

Rumangabo – Dorf.

In der Umgebung: von hier aus werden Trekking-Exkursionen in kleinen Gruppen bis zu sechs Teilnehmern zu den Berggorillas organisiert; der zehnstündige, anstrengende Fußmarsch lohnt die Mühe; die Wanderung führt zunächst durch Ackerbaugebiet und dann durch dichten Dschungel; Preis ca. 100 US-$/ Person.

Vor Goma mehrere nicht mehr aktive Vulkane.

Goma – 1500 m. Kleinstadt. Gute Infrastruktur. Flughafen. Am Ortsausgang von Goma Formalitäten zur Ausreise aus dem Zaire.

Unterkunft: „Hotel des Grands-Lacs". Übernachtungsmöglichkeit in der katholischen Mission. Camping „Salama" auf der Anhöhe über dem Flughafen (neuer, gut ausgestatteter Campingplatz, 4 US-$/Person); Campingmöglichkeit im *cercle sportif* preiswerter, allerdings unter ständiger Beobachtung Neugieriger. Bademöglichkeit im **Kivu-See**, durch die Höhenlage keine Bilharziosegefahr.

Verschiedenes: das belgische Konsulat kann bei Problemen mit den Grenz-

Zaire – Routenteil Z 665

beamten behilflich sein. Möglichkeit, hier das Zaire-Visum zu verlängern. Das Konsulat von Uganda stellt Touristenvisa aus (ca. 20 US-$). Das Tourismusbüro an der Hauptstraße organisiert Touren zum Niragongo (ca. 30 US-$), zu den Berggorillas und zu Schimpansenkolonien. Tankstellen sind sonntags geschlossen.

Sehenswert: das Kunsthandwerk (Masken, Halsketten, Gegenstände aus Holz oder Tierfellen).

In der Umgebung: zweitägige Exkursion zum **Niragongo** (3470 m), einem Vulkan der Virunga-Kette. Exkursionen zu den Berggorillas nach **Rumangabo/ Bukima:** Sie fahren etwa 40 km von Goma in Richtung Rutshuru, an der Rangerstation in Rumangabo steigt ein Ranger zu; Weiterfahrt auf steiniger Piste nach Bukima, wo am nächsten Morgen die Gorillas beobachtet werden können; Übernachtungsmöglichkeit in der Rangerstation (ca. 40 US-$/DZ). (Ende Z 41.)

Gisenyi – Kleinstadt. (Beginn DD 1 und DD 7.)

Unterkunft: Camping „Tam-Tam" am Sportplatz; andere Campingmöglichkeit in der Presbyterianer-Mission in der Nähe des Marktes (ca. 300 Fr.Rw./Person), gute Küche. Bademöglichkeit im Kivu-See. Formalitäten zur Einreise nach Ruanda.

Sehenswert: das lokale Kunsthandwerk (Masken) und die Landschaft, die unweigerlich an die Schweiz erinnert.

Z 40: Madula – Lubutu – Walikale – Kabunga – Bukavu – ruandische Grenze – Cyangugu (673 km)

(06.94, Mercedes G) Von Madula bis Lubutu (ca. 230 km) sehr schlechte, alte Teerstraße, die offensichtlich nicht mehr instandgehalten wird. Teilweise wurde sie bis auf eine 2 m breite Spur vom Urwaldgestrüpp wieder zurückerobert. Gute neue „STRABAG"-Asphaltstraße bis ca. 125 km hinter Lubutu. Dann gute Piste bis Km 380; weiter sehr schlechte Piste (A/G/H/I) bis Hombo, dann Teer. Bis auf einige Früchte keine Lebensmittel. Die reine Fahrzeit für diese ca. 700 km lange Strecke betrug 3 Tage, wobei auf den schlechtesten Etappen z.T. ein Schnitt von 3 bis 5 km/h erreicht wurde. Auf der gesamten Strecke so gut wie kein Kfz-Verkehr, auch nicht auf der nagelneuen „STRABAG"-Teerstraße. In der Michelin-Karte, Ausgabe 1992, ist fälschlicherweise zwischen Walikale und Murenge eine direkte Pistenverbindung eingezeichnet, diese existiert nicht mal ansatzweise. Die einzige mögliche Verbindung führt über Hebero und Kabunga nach Musenge. In Ruanda sind nach dem Bürgerkrieg die Grenzregionen voller Flüchtlinge, die Lage ist hochexplosiv.

Madula – S. Z 33. (Ende Z 33; Beginn Z 34.)

Km 0 – 13, Teerstraße mit wenig Löchern

Km 13 – 108, ständiger Wechsel zwischen passabler und zerstörter Teerstraße. Teilweise ist über mehrere km kein Teer mehr vorhanden. Diese Abschnitte könnten in der Regenzeit schwer passierbar sein.

Km 34 und 35, gute Brücken über die Flüsse Loboya und Maiko.

Km 108 – 118, schmale, einspurige Asphaltstraße mit gelegentlichen Schlaglöchern.

666 Durch Afrika

Km 118 – 228, die Straße wird in Richtung Lubutu immer besser, nur noch selten tiefe Löcher.

Km 231, **Lubutu** – Kleinstadt.

Unterkunft: Campingmöglichkeit im Hof der katholischen Mission, freundlicher Empfang, Toiletten und fließendes Wasser.

Km 238 – 353, neue breite „STRABAG"-Teerstraße.

Bei Km 295 „STRABAG"-Camp. Seit im Okt. ´91 aufgrund der großen Unruhen in den Städten Zaires die Bauleitung das Land verlassen hat, ruhen die Arbeiten.Km 310, **L'Oso** – Dorf. Brücke über den Oso, Kontrollposten mit Schranke, die nur geöffnet wird, wenn eine Ermächtigung der „STRABAG"-Verantwortlichen mit deren Unterschrift vorgelegt wird.

Km 353, Ende der Asphaltstraße und auf 10 km bereits trassierte, sehr gut befahrbare Piste.

Km 363 – 371, sogenannte *service road*, noch ordentlich befahrbar.

Km 371 – 384, sehr schlechte Schlammpiste, Brücken aus nebeneinanderliegenden Baumstämmen, schwierig zu passieren. Ab hier „High-Lift" und Sandbleche nötig.

Km 384 – 420, hervorragende neue Teerstraße von Chinesen erbaut.

Km 420, **Walikale** – Kleinstadt. Wenig Lebensmittel. Restaurant am Ortsausgang. Getränke dreimal so teuer wie im übrigen Zaire, da sie zu Fuß von Bukavu nach Walikale transportiert werden.

Unterkunft: drei sehr einfache Hotels (Zimmer 5000–10 000 Zaire). 1 km hinter Walikale kath. Mission, Unterkunftsmöglichkeit.

Km 420 – 466, extrem schlechte und schwierige, nur 1,5 bis 2,5 m breite „Piste", die fast nur noch von Fußgängern benutzt wird. Die meisten Schlammlöcher können nicht umfahren werden und erfordern sehr hohe Bodenfreiheit; viele Brücken sind in schlechtem Zustand. Bei ernsthaften Schwierigkeiten ist die Bevölkerung gegen angemessene Entlohnung hilfsbereit.

Km 466, **Hebero** – Kleiner Ort mit verfallenen Kolonialbauten, keine Versorgungsmöglichkeiten.

Km 466 – 488, weniger Schlamm, da die Piste ab Hebero steil ansteigt zu einem Paß von ca. 2000 m Höhe. Meist gleicht die Piste einem ausgewaschenen Bachbett. Dafür entschädigt die Landschaft, man befindet sich jetzt in den nördlichen Ausläufern des zentralafrikanischen Grabens.

Kabunga – Dorf. Keine Versorgungsmöglichkeit.

Km 488, **Musenge** – Kleiner Ort.

Km 488 – 525, präparierte Piste, die z.T. schon wieder durch Lkw–Spuren zerstört ist.

Km 525, **Hombo** – Kleiner Ort, einfachste Hotels, Beginn der Teerstraße bis Bukavu.

Km 552, **Ivangi** – Kleiner Ort.

Unterkunft: beim „IRSAC"-Camp, idyllisch am Fluß gelegen, in neuen, einfachen Zimmern (EZ 7500 Zaire).

Nach Ivangi steigt die Teerstraße steil um ca. 1500 Höhenmeter auf einen 2400 m hohen Paß an. Die Teerstraße ist oft schadhaft.

Zaire – Routenteil Z 667

Km 593, Eingang zum **Nationalpark Kahnzi-Biega**. Hier können Berggorillas beobachtet werden (Führerzwang, 120 US-$/Person).

Km 611, man verläßt den Nationalpark wieder (Schranke). Die Straße führt bergab bis Bukavu. Am Horizont ist schon der Kivu-See mit Ruanda zu sehen.

Km 619, Abzweig nach Goma.

Km 638, **Bukavu** – 230 000 Einw. Stadt am Kivu-See, schön gelegen, gute Infrastruktur. Treibstoff meist nur auf dem Schwarzmarkt. Gute Lebensmittelversorgung, kein Vergleich zu West- und Zentral-Zaire. Bäckerei „la baguette", von zwei Deutschen geführt. (Beginn Z 41.)

Unterkunft: Hotels verschiedener Preisklassen, z. T. mit Seeblick. Hotel „Olango", korrekte Preise, bewachter Parkplatz (Av. Mobutu). Campingmöglichkeit im Sportzentrum „Club Sportiv" (teuer), direkt am See, gute Bademöglichkeit.

Verschiedenes: wer nach Europa telephonieren will, kann zu Fuß ohne Visum über die Grenze nach Ruanda gehen. Direkt an der Grenze kann von einem kleinen Kiosk nach Deutschland durchgewählt werden (1 Minute ca. 6,60 DM). Fährverbindung (2 mal pro Woche) nach Goma. Formalitäten zur Ausreise aus dem Zaire. Es gibt eine Botschaft von Burundi, jedoch keine diplomatische Vertretung Ruandas. Großes Flüchtlingslager für Flüchtlinge aus Ruanda.

Sehenswert: die schöne Lage der Stadt am Kivu-See.

In der Umgebung: der **Kahuzi-Biega-Nationalpark**; Eintrittskarten gibt es im Büro der Nationalparkverwaltung gegenüber dem Hotel „Kivu", der Preis schließt einen Führer, drei Hilfskräfte und einen Wächter für das Fahrzeug, das am Straßenrand abgestellt werden muß, mit ein.

Kurz hinter Bukavu liegt der Grenzposten.

Cyangugu – Kleinstadt. Gute Infrastruktur. Einreiseformalitäten für Ruanda. (Beginn DD 3 und EE 1; Ende DD 2.)

Z 41: Bukavu – Goma (199 km)

(03.91, Land Rover) Asphalt auf den ersten 40 km, danach eine mittelmäßige Steinpiste (A/G/I) entlang des Kivu-Sees, die dann zu einem fast 2000 m hohem Paß hinaufklettert, um anschließend nach Goma hinunterzuführen. Schöne Landschaft. In Ruanda herrscht Bürgerkrieg, die Grenzregionen sind voller Flüchtlinge.

Bukavu – S. Z 40. (Zur Z 40.)
Goma – S. Z 39. (Zur Z 39.)

Z 42: Bondo – Bili – Api – Ango – Bambili (425 km)

(02.93, Motorrad) Bis Bango schlechter Pistenzustand, danach besser. Bis Ango 84 Brücken, davon 30 unterhalten, der Rest in bedenklichem Zustand. Die Landschaft wechselt von Bambuswäldern und grünem Dickicht in Savanne. Zwischen Bili und Ango soll es viele Löwen und Leoparden geben.

Bondo – S. Z 19. (Zur Z 19.)
Die Piste geht nach der kath. Mission links weg nach Bili.

668 Durch Afrika

Bambilo – Kleines Dorf.
Unterkunft: bei der kath. Mission, die von einem sehr netten zairischen Pater geleitet wird, der sich über Besuch freut.
Bili – Dorf. Kleiner Markt. Kath. Mission.
Kurz vor Api Überquerung des Mere mit einer handbetriebenen Fähre.
Api – Dorf.
Ango – Dorf. Kleiner Markt. Italienische Mission.
65 km nach Ango Verzweigung. Links geht es nach Dagwa, rechts nach Bambili. Kurz vor Bambili Überquerung des Mele mit einer riesigen Motorfähre.
Bambili – S. Z 23. (Zur Z 23.)

Z 43: Isiro – Mungbere – Gombari – Wanga – Dubele – Watsa – Aru (503 km)

(02.93, Motorrad) Die Piste fängt mittelmäßig an und wird immer schlechter; tiefe Löcher, steile Steigungen, mit großen Steinen durchsetzt, viel Schlamm und einige schlechte Brücken.

Isiro – S. Z 24. (Beginn Z 26, Z 29, Z 29a, Z 43; Ende Z 24.)
Die Piste fängt schlecht an und wird etwas besser. Die in Mungbere endende, stillgelegte Eisenbahn wird mehrfach gekreuzt. Auf Teilstücken schon nach wenig Regenfall große Wasserlöcher.
Mungbere – Dorf. Kath. Mission mit angeschlossenem Hospital (kann besichtigt werden).
Gombari – Dorf. Kath. Mission. Kontrollpunkt.
Gleich nach Gamberi folgen ein paar sehr bedenkliche Brücken und tiefe, ausgefahrene Löcher.
Wanga – Dorf. Kontrollposten.
Sehenswert: Goldschmiedearbeiten.
Das auf den Michelin-Karten eingezeichnete Moto existiert praktisch nicht mehr. Nach Wanga steigt die Piste, die Landschaft wird hügelig und offen. Ab hier wird die Piste katastrophal. Da man sie ausbessern wollte, füllte man die Löcher mit Erde. Es entstanden riesige Schlammlöcher.
Dubele – Dorf. Kontrollposten.
Weiter der Hauptpiste folgen.
Watsa – Ehemals sehr schöne Ortschaft mit großen Häusern und schönen Gärten. Heute wohnen hier Minenarbeiter. Treibstoff. Geschäfte (vom Militär kontrolliert). Mission.
Kontrollposten am Ortsein- und -ausgang. Wenn man morgens vor 06:00 Uhr losfährt, sind die Posten noch nicht besetzt.
Der Piste geradeaus folgen und an der Mission vorbei den Ort verlassen. Nach ca. 14 km kommt eine Abzweigung nach Mahoro.
Mahoro – Dorf. Kontrollposten.
Nach Mahoro kommt eine Abzweigung. Erkundigen Sie sich nach der Richtung nach Adranga.

Zaire – Routenteil Z 669

Adranga – Dorf.
Aufpassen, da sich die Piste nun häufig verzweigt und man leicht die falsche nimmt.
Aru – S. Z 28. (Beginn AA 2; Ende Z 28, Z 37, Z43.)

670 Durch Afrika

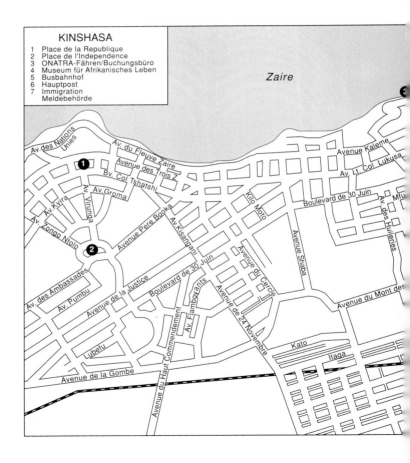

Zaire – Routenteil Z 671

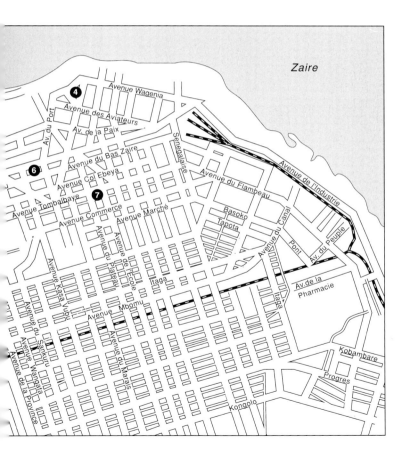

672 Durch Afrika

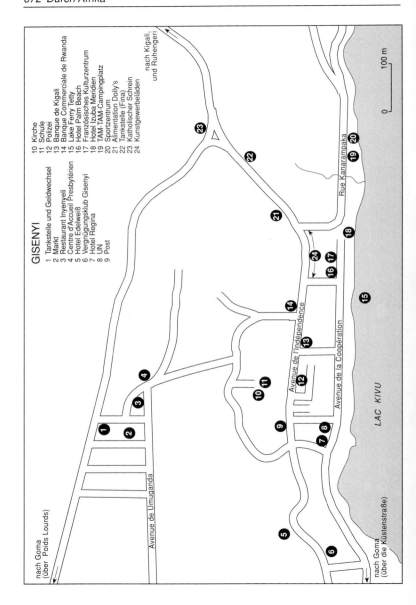

Zaire – Routenteil Z 673

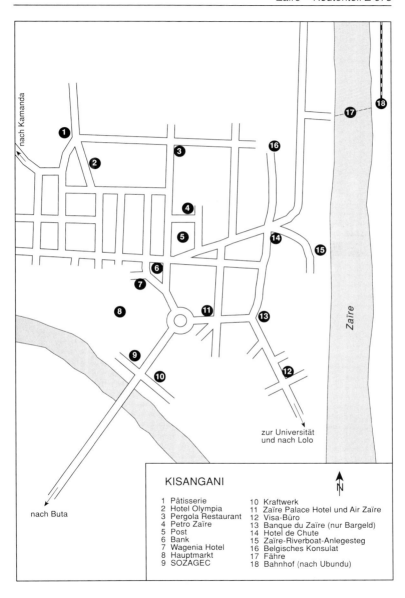

674 Durch Afrika

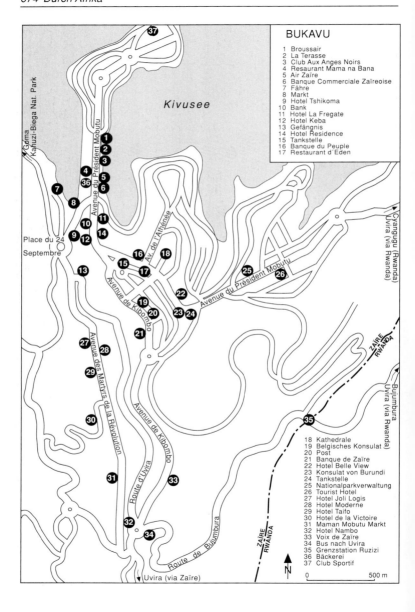

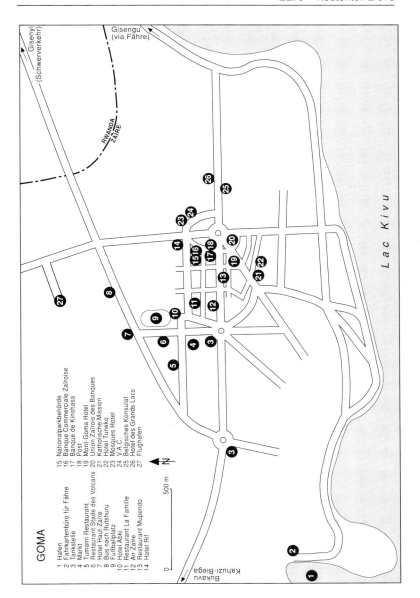

Zaire – Routenteil Z 675

676 Durch Afrika

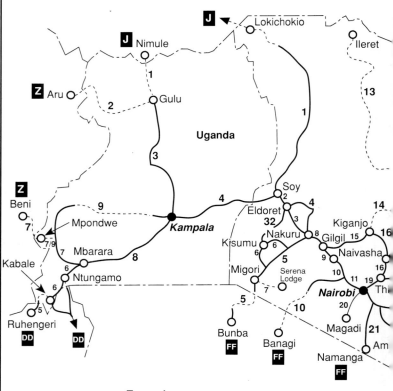

Uganda – Routenteil AA 677

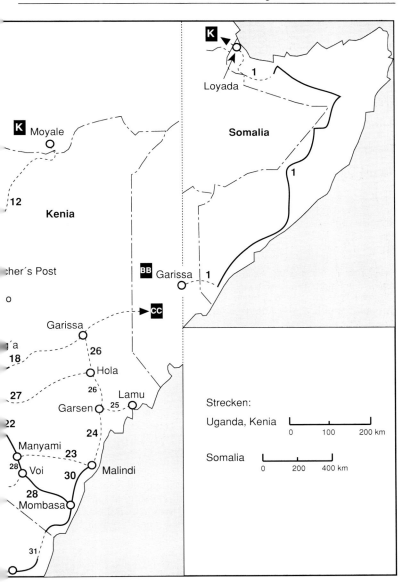

678 Durch Afrika

Uganda – Routenteil AA

Überblick

Fläche: 241 139 km².

Einwohner: 17 475 000.

Ethnien: Bantu-Gruppen, nilotische und hamitische Gruppen, einige Inder.

Hauptstadt: Kampala (650 800 Einw.).

Sprachen: Amtssprachen Englisch und Suaheli, Bantu-Dialekte.

Religion: 50% Christen, 6% Muslime, Naturreligionen.

Ruhetag: Sonntag.

Feiertage: 1.1., Karfreitag, Ostermontag, 1.5., 9.10., 25./26.12., außerdem der islamische Feiertag Aid el-Fitr (kl. Aid), jährlich wechselnd.

Stromspannung: 220 V, Adapter erforderlich.

Zeit: MEZ + 2 Std., in der Sommerzeit + 1 Std.

Einreise: Visumpflicht für Österreicher und Schweizer, nicht für Deutsche (Visum an der Grenze für 20 US-$). Nachweis ordnungsgemäßer Papiere für die Weiterreise und ausreichender Geldmittel für den Aufenthalt. Bei Flugreisen Rück- oder Weiterreiseticket. Die ugandische Botschaft in Bonn verschickt ausführliches Info-Material (frankierten Rückumschlag beilegen).

Impfung/Gesundheit: Gelbfieber- und Choleraimpfung vorgeschrieben. Malariaprophylaxe dringend empfohlen.

Währung: Shilling (USh). 1 DM = 625 USh. 1 USH = 0,16 DM. Ein- und Ausfuhr von Shilling verboten. Einfuhr ausländischer Währungen unbeschränkt, aber zu deklarieren. Ausfuhr bis zum deklarierten Betrag abzüglich Umtausch. Kein Zwangsumtausch mehr, Wechselkurs in Kampala etwa ein Drittel besser als außerhalb, Hotels müssen in Devisen bezahlt werden. Außerhalb von Kampala werden bei der Banken lediglich US-$ akzeptiert.

Kfz: Internationaler Führerschein und Kfz-Schein, *carnet de passage*, Haftpflichtversicherung muß an der Grenze abgeschlossen werden. Zusätzlich zum *carnet* muß an der Grenze ein *visitors license* gekauft werden (unterschiedlich gehandhabt). Die Gebühren variieren nach Fahrzeuggewicht zwischen 20 und 80 US-$. Motorradfahrer sind davon ausgeschlossen. Vollkasko- und Insassen-Unfallversicherung in Europa dringend empfohlen. Linksverkehr.

Treibstoffpreise: Super 900 USh/l, Diesel 820 bis 910 USh/l.

Straßenzustand: Bis auf den Großraum Kampala schlechter Straßenzustand, zahlreiche in der Regenzeit unpassierbare Pisten. Ausbesserungsarbeiten im Gange. Gelegentlich Mautstellen (Motorräder frei), Straßengebühr 20 US-$.

Schiffsverkehr: Zwischen Uganda und Tansania Fährverbindungen auf dem Victoriasee.

Kontrollen: Kaum noch Polizeikontrollen, freundlich und korrekt.

Sicherheit: Politische Lage ist stabil, die Wirtschaft im Aufschwung und Reisen fast überall im Land möglich. Vorsicht im Gebiet um Oysha, Beni, Kasindi und dem Virunga-Nationalpark: Rebellen und Deserteure aus Zaire haben hier Unterschlupf gefunden. Trotz starker Militärpräsenz Überfallgefahr. Nicht nachts fahren oder außerhalb von Ortschaften übernachten.

Grenzen: Die Grenzen zu den Nachbarländern sind geöffnet.

Literatur:
Reiseführer: Deutschsprachige Reiseführer speziell zu Uganda gibt es nicht. Uganda ist aber in zahlreichen Ostafrikaführern enthalten. Empfehlenswert ist das zweibändige Werk „Ostafrika" von Fritz Gleiß aus dem Mundo-Verlag: „Band 1 – praktische Reisetips", „Band 2 – Ostafrika, Politik und Ökonomie". „Kulturführer" oder „Ostafrika – Richtig Reisen", DuMont-Verlag.
Hintergrund: Colin Turnbull, „The Mountain People", Simon & Schuster, New York (das Buch ist auch bei rororo in deutsch erschienen, inzwischen aber vergriffen); der Autor ist Ethnologe und beschreibt eine Stammesgemeinschaft (Iks) in Norduganda, bei der soziale Beziehungen innerhalb der Gemeinschaft vom puren Überleben geprägt sind; gegenseitige Hilfe, Verständnis und soziale Verbindlichkeit scheinen sich im Laufe der Entwicklung dieses Stammes durch die extreme Not in aggressives Konkurrenzdenken und Rücksichtslosigkeit gewandelt zu haben; das Buch hat bei Erscheinen eine sehr kontroverse Diskussion ausgelöst, da es die Iks als beispiellos grausame und rücksichtslose Menschen zeigt, ohne letztendlich den Grund für diese Entwicklung benennen zu können; dennoch kann man sich bei der Lektüre des Buches der Parallele zwischen den schrecklichen Folgen der Existenzangst in dieser kleinen Gemeinschaft und der des brutalen Bürgerkriegs in Uganda (oder der jahrhundertelangen Sklavenjagden und der kolonialen Unterdrückung in anderen zentral- und ostafrikanischen Ländern) nicht erwehren.

680 Durch Afrika

Landkarten: Übersichtskarte Michelin 954, 1:4 000 000, F & B, Ostafrika 1:2 000 000. Detailkarten von ONC und TPC, 1:1 000 000 und 1:500 000.

Geschichte: Im Gegensatz zu den küstennahen afrikanischen Ländern blieb das Staatsgebiet Ugandas bis zum 19. Jh. relativ isoliert. Mehrere Bantu-Königreiche, darunter das mächtige Buganda, bestimmten die Geschicke der hier ansäßigen Stämme. Mitte des 19. Jh. knüpfte ein Buganda-König die ersten Handelskontakte mit Arabern und Ende des 19. Jh. wurde das jetzige Uganda auf der Berliner Kongo-Konferenz der Einflußsphäre Großbritanniens zugeteilt. Von den Briten gefördert, dominierten die Baganda auf allen wichtigen Verwaltungs- und Handelsposten, während die von der Kolonialmacht vernachlässigten Acholi und Lango bevorzugt Karriere im Militärapparat machten. Die ethnische Verteilung in Zivilleben und Militär programmierte so den Konflikt, unter dem Uganda bis heute zu leiden hat. Im Gegensatz zu anderen afrikanischen Ländern entwickelten sich in Uganda kaum stammesübergreifende Unabhängigkeitsbewegungen. Der erste Präsident des selbständigen Uganda, Milton Obote, stand vor der Aufgabe, die auseinanderdriftenden ethnischen Interessen zusammenzuführen – eine Aufgabe, bei der er versagte.

Politik: Mit der Vertreibung des traditionellen Baganda-Königs *kabaka*, der ursprünglich an der Regierung beteiligt sein sollte, schwang sich Obote zum alleinigen Staatschef auf. Einer seiner wichtigsten Handlanger war Idi Amin, der Obote schließlich 1971 stürzte. In den folgenden 17 Jahren herrschte Amin mit unberechenbarer Brutalität über Uganda. Sein erster Rachefeldzug galt den Acholi und Lango, die systematisch ausgerottet wurden. Folter und Mord waren an der Tagesordnung. Zugleich verstaatlichte Amin allen fremden Besitz und versuchte schließlich auch noch, tansanisches Territorium zu schlucken. Da ihm die immer drängender werdenden wirtschaftlichen Probleme über den Kopf wuchsen, war er gezwungen, immer mehr Autorität an Provinzgouverneure abzugeben – mit dem Erfolg, daß sich überall im Lande kleine Subzentren des Terrors bildeten. Die tansanische Eskapade kostete Amin schließlich seine Macht; tansanische Truppen verjagten den Diktator mit Unterstützung verschiedener ugandischer Befreiungsbewegungen aus dem Land. Allerdings folgten auch auf diese Befreiung nur erneutes Chaos und Plünderungen – diesmal seitens tansanischer Truppen, denen man längst überfälligen Sold nicht bezahlt hatte, bis Milton Obote aus dem Exil heimkehrte und die Macht in Uganda wieder übernahm, nur um Amins Politik, diesmal mit umgekehrten ethnischen Vorzeichen, fortzusetzen. Ihm folgte 1985 nach einem Coup Okello, der wiederum 1986 von der Guerilla des jetzigen Staatspräsidenten Museveni verjagt wurde. Museveni gehört zu den jungen charismatischen Staatsführern wie Thomas Sankara oder Jerry Rawlings, in die insbesondere die afrikanische Jugend ihre Hoffnung setzt. Seine Befriedung des Landes nach fast 30 Jahren Chaos und Bürgerkrieg sowie seine marxistisch geprägte aber in erster Linie pragmatische Politik scheint relativ erfolgreich zu sein. Dennoch gibt es immer wieder Berichte über neue Rebellenaktivitäten im Norden Ugandas.

Routeninformationen

AA 1: Nimule (Sudan) – Grenze zu Uganda – Gulu (141 km)

Piste (A/G/I).

Nimule – S. J 41. (Ende J 41.)
Km 35, **Atiak** – Dorf. Formalitäten für die Einreise nach Uganda.
Gulu – Kleine Stadt. Verpflegungsmöglichkeit. Treibstoff und Werkstätte.
(Beginn AA 3; Ende AA 2.)
Unterkunft: Hotel „Acholi Inn".

AA 2: Aru (Zaire) – Grenze zu Uganda – Arua – Pakwach – Anaka – Gulu (268 km)

(03.93, Yamaha XT 600) Gute Piste (A/H/I). Formalitäten für die Ausreise aus Zaire in Aru, für die Einreise nach Uganda in Vurra erledigen.

Aru – S. Z 28. (Ende Z 28 und Z 37.)
9 km hinter Aru wird die Grenze zwischen Zaire und Uganda überquert (ohne Formalitäten).
Arua – Kleinstadt. Verpflegungsmöglichkeit. Treibstoff und Werkstätte.
Unterkunft: *lodge, resthouse*.
Hinter Arua ganzjährig befahrbare Schotterstraße, die durch ein Gelände mit starken Gefällen und Steigungen führt. Abwechslungsreiche Landschaften und herrliche Aussichtspunkte.
Pakwach – Dorf. Verpflegungsmöglichkeit. Treibstoff. Endstation der Eisenbahnlinie. Brücke über den Albert-Nil.
Unterkunft: in preiswerter *lodge* (800 USh).
Die Weiterfahrt im Nationalpark nur im Militärkonvoi möglich. Ein Besuch des Parks ist möglich (Eingang nach der Fähre südlich des Flusses). Nördlich des Flusses Rebellengefahr.
Anschließend fährt man entlang des **Kabalega-Nationalparks** (der früher **Murchinson-Nationalpark** hieß): größter Nationalpark Ugandas, der erheblich unter der Herrschaft von Idi Amin Dada gelitten hat; an den Wasserfällen zahlreiche Krokodile und Möglichkeit zu Bootstouren; obwohl der „Paraa Safari Lodge" zerstört und geschlossen ist, müssen beim Eintritt in den Park 5 US-$ gezahlt werden (für die Übernachtung).
Gulu – S. AA 1. (Ende AA 1; Beginn AA 3.)

Senden Sie uns Ihre Hinweise, Anregungen, Beschreibungen neuer Routen, Tips, Anmerkungen, Kritiken, usw. zu.

682 *Durch Afrika*

AA 3: Gulu – Kampala (338 km)

(08.93, Yamaha XT 600) Asphalt mit Schlaglöchern. Hügelige Landschaft.

Gulu – S. AA 1. (Ende AA 1 und AA 2.)
Brücke über den Victoria-Nil am Ostende des Kabalega-Nationalparks (Zugang über Streckenabschnitt AA 2). Danach Durchquerung einer riesigen Sumpfebene, die früher ein Teil des Victoria-Sees war.
Kampala – 360 000 Einwohner. Hauptstadt. Die Stadt hat sehr stark unter den Ereignissen des Frühlings 1979 gelitten. Gute Infrastruktur. Treibstoff erhält man ohne weiteres, Öl dagegen nicht immer. Gute Wechselkurse, *poste restante* der „G.P.O." zuverlässig und kostenlos. (Beginn AA 4; Ende AA 8, AA 9.)
Unterkunft: Hotel „Tourist Lodge" in Bahnhofsnähe (ca. 30 000 USh/DZ); Hotel „Speke", bewachter Parkplatz im Hof (ca. 60 US-$/DZ, kann auf die Hälfte heruntergehandelt werden); Hotel „Athina Club", hervorragendes Essen (ca. 60 US-$/DZ); Hotel „Lion", Namirembe Road 18, neben dem Stadion (ca. 30 US-$/DZ mit heißem Wasser und TV); Hotel „Fairway", in der Parlamentsgegend, sehr unfreundlich (ca. 55 US-$/DZ). Campingmöglichkeit auf dem Gelände des „YMCA", nicht bewacht, relativ gute Sanitäreinrichtungen (600 USh/Nacht); auf dem Parkplatz des „Athina Club"; auf dem „Natete Backpack Hostel Camp Site", ca. 5 km vor Kampala in Richtung Masaka; am Resort Beach in Entebbe am Ufer des **Victoria-Sees**, sauber, gastfreundlich, gute Sanitäranlagen (kein Restaurant).
Verschiedenes: Visum für Tansania mit nur kurzen Wartezeiten (ca. 7800 USh/Person). Bus Kampala – Entebbe ca. 2000 USh. Der Rückflug nach Europa mit „Aeroflot" (Fahrzeugtransport möglich) für 800 US-$/Person, mit Sabena 730 US-$ /Person. Auffüllen von Gasflaschen bei „AGIP".
Sehenswert: Nationalmuseum, Parlament, die „Makerere-Kunstgalerie" und der Hindu-Tempel.
In der Umgebung: Entebbe (38 km), Stadt (Flughafen von Kampala mit Geldwechsel und internationaler Kommunikation); botanischer Garten und Zoo am Ufer des Victoria-Sees.
Unterkunft: „Kidepo Guesthouse", an der Hauptstraße (ca. 5000 USh/DZ mit Frühstück).

AA 4: Kampala – Jinja – Tororo – Malaba – Grenze zu Kenia – Webuye – Soy (350 km)

(01.94, Mercedes G) Asphalt. Straße bis zum Abzweig nach Busia in gutem Zustand; viele Schlaglöcher zwischen Malaba und Webuye. In Kenia mehrere Baustellen. Schöne Landschaft.

Kampala – S. AA 3. (Ende AA 3; Ende AA 8 und AA 9.)
Jinja – 1134 m. Zweitgrößte Stadt des Landes. Gute Infrastruktur. Bedeutendes Industriezentrum in der Nähe des Owen-Falls-Staudammes.

Uganda – Routenteil AA 683

Unterkunft: kurz vor Jinja schöner, neuer Campingplatz direkt am Nil.
Sehenswert: der Staudamm (Fotografieren verboten) und die Nilquellen im Süden des Ortes.
In der Umgebung: hinter dem Staudamm nach links Abzweigung zu den **Bujagali Falls** (Eintritt 1500 USh) in schöner Landschaft (8 km), Campingmöglichkeit, allerdings keine Infrastruktur.
Bugiri – Dorf. Wechselstuben. Einige km weiter geht nach rechts eine geteerte Straße nach Busia und Kisumu ab.
Unterkunft: „Equator Inn" am Ortseingang. Einfache Restaurants.
Tororo – 1176 m. Kleinstadt. Verpflegungsmöglichkeit. Treibstoff. Hotel.
Sehenswert: das Panorama vom Felsen aus, der die Stadt um beinahe 150 m überragt. Man sieht bis weit über die kenianische Grenze.
In der Umgebung: Mbale, im Norden (geteerte Straße), von wo aus man den **Mt. Elgon** und den gleichnamigen Nationalpark erreichen kann (Eintritt 220 USh/ Person und 50 USh/Camping), Unterkunft auch in der Mt. Elgon Lodge (35 US-$/DZ mit Vollpension).
Malaba – Dorf. Formalitäten für die Ausreise aus Uganda und die Einreise nach Kenia. Visum für Kenia hier erhältlich (1 Einreise, 3 Monate, 17 US-$).
Bungoma – Kleinstadt. Verpflegungsmöglichkeit. Treibstoff.
Unterkunft: mehrere Hotels, darunter Hotel „Tourist", hübsche Bungalows.
Webuye – Dorf. Treibstoff. Guter Wechselkurs bei der „Barclay's Bank". Brücke über den Nzoia-Fluß.
Unterkunft: günstiges Hotel an der Hauptstraße.
Soy – S. BB 1. (Ende BB 1; Beginn BB 2.)

AA 5: Ruhengeri (Ruanda) – Kisoro – Grenze zu Uganda – Kabale (130 km)

(01.93, Land Rover) Asphalt bis Cynika (25 km); dann Piste (A). Schöne bergige Gegend; sehr dichte Bambuswälder.

Ruhengeri – S. DD 9. (Ende DD 9; Beginn DD 10.)
Kurz vor Kisoro Formalitäten für die Ausreise aus Ruanda und Einreise nach Uganda (wobei die Einreiseformalitäten nach Uganda noch nicht ganz vollständig sind, da man den Einreisestempel für Uganda erst in Kabale erhält). Vorsicht, in Uganda herrscht Linksverkehr.
Kisoro – Kleinstadt. Verpflegungsmöglichkeit. Treibstoff. Hotels. Bank.
Verschiedenes: bei Problemen mit dem Auto nach Henry fragen. Er hat eine sehr gute Garage und ist zuverlässig.
In der Umgebung: Exkursionen zu Gorillas in den Zaire. Ohne Visum zahlt man an der Grenze 50 US-$.
Kabale – Kleinstadt. Gute Infrastruktur. Formalitäten für die Einreise nach Uganda. (Beginn AA 6; Ende DD 11.)
Unterkunft: Campingmöglichkeit am „White Horse Inn".

684 Durch Afrika

AA 6: Kabale – Mbarara (140 km)

(01.93, Land Rover) Sehr guter Asphalt, viele Lkw; diese Strecke ist eine wichtige Verbindung zwischen Zaire, Uganda, Ruanda, Burundi und Kenia.

Kabale – S. AA 5. (Ende AA 5 und DD 11.)
Ntungamo – Dorf. (Ende DD 8.)
Mbarara – Kleinstadt. Verpflegungsmöglichkeit. Treibstoff. Viehzuchtgebiet. (Beginn AA 8; Ende AA 7.)
Unterkunft: Hotel.
In der Umgebung: das **Lake Mburo Game Reserve**, an der Hauptstraße beschildert (Eintritt 10 US-$/Person, Camping 5 US-$/Person); Motorräder erlaubt, Bootstouren möglich.

AA 7: Beni – Kasindi – Grenze zu Uganda – Mpondwe – Busheyi – Mbarara (248 km)

(08.93, Range Rover) Einspurige Piste (A/G/I) bis Kasindi, danach Asphalt mit Schlaglöchern bis zur Grenze, ab hier neue Asphaltstraße. Vielbefahrene Route (vor allem Lkw). Die Strecke durch den Queen Elisabeth-Nationalpark ist asphaltiert. Die Route führt durch den Virunga-Nationalpark (Vorsicht, Rebellengebiet, starke Militärpräsenz, nicht anhalten, nicht nachts fahren, nicht übernachten).

Beni – S. Z 35. (Ende Z 35 und Z 38; Beginn Z 39.)
Ca. Km 10, großes Morastloch.
Km 30, kurz vor der Ortschaft Libikoro, schlechte Piste nach links in Richtung Mutwanga (13 km).
Mutwanga – Dorf.
Unterkunft: kostenloses Camping beim Hotel „Mutwanga".
Verschiedenes: kleiner Markt. Reparaturwerkstätte bei der Kaffeeplantage.
In der Umgebung: hier können Führer für eine Besteigung des **Ruwenzori** (5109 m) gemietet werden (beim „Mountain Club", ca. 90 US-$/Person für die gesamte Aufenthaltsdauer von 7 Tagen mit Führer und Träger, ca. 5 US-$/ Fotoerlaubnis); unbedingt hohe Gummistiefel kaufen oder leihen; auch für ungeübte Trekker möglich; Camping an der Mutsora-Station (ca. 250 Zaire/Fahrzeug).
3 km vor Kasindi Abzweigung nach Ishango (25 km); Eintrittspreis um die 30 US-$/Person (für 7 Tage), Camping ca. 250 Zaire/Fahrzeug; Flußpferde, Krokodile, Vögel usw.
Von Ishango keine direkte Verbindung nach Butembo (zur Z 39), nur eine steile Piste, die einen Paß mit 2400 m Höhe (83 km) überfährt; Fähre über den Semliki, ca. 750 Zaire/Fahrzeug.
Kasindi – Dorf. Formalitäten für die Ausreise aus Zaire.
Virguna-Nationalpark – Durchfahrt kostenlos, der Eintritt gilt für sämtliche Stationen und 7 Tage lang (ca. 60 US-$/Person); Motorräder dürfen einfahren,

Uganda – Routenteil AA 685

Wildzelten nicht erlaubt; wenn man den Park besichtigen und Tiere sehen will, muß ein Führer genommen werden; mit Privatfahrzeugen ist es verboten, die Piste zu verlassen (siehe auch unter Z 39.)

Mpondwe – Dorf. Einreiseformalitäten für Uganda. Visum für 20 US-$/Person erhältlich. Vorsicht, in Uganda herrscht Linksverkehr. (Beginn AA 9.)

In der Umgebung: Dorf Katwe (8 km), im **Queen Elisabeth-Nationalpark** (Antilopen, Elefanten, Flußpferde, Warzenschweine, usw.); Verpflegungsmöglichkeit, schöne Landschaft (Eintritt für den Nationalpark ca. 10 US-$/Person).

Unterkunft: „Mweya Lodge" (ca. 50 US-$/DZ), auch Möglichkeit zu Campen (5 US-$/Person) und gutes Essen (9 US-$ für das Buffet).

Verschiedenes: Bootstour auf dem Lake Edward, zahlreiche Flußpferde. Erste Tankmöglichkeit in Uganda in 65 km Entfernung.

Bushenyi – Dorf. Piste (in sehr schlechtem Zustand) nach Kigali, wobei Mbarara umfahren wird.

Mbarara – S. AA 6. (Ende AA 6; Beginn AA 8.)

AA 8: Mbarara – Masaka – Kampala (268 km)

(08.93, Yamaha XT 600) Zum größten Teil neue Asphaltstraße.

Mbarara – S. AA 6. (Ende AA 6 und AA 7.)

Masaka – 1472 m. Kleinstadt. Gute Infrastruktur. Angenehmer Ort in einem Kaffeeanbaugebiet.

Unterkunft: Campingmöglichkeit am Ufer des Lake Nagugabo (sehr schön).

20 km hinter Masaka wird an einer Mautstelle für den Pkw 200, den Lkw 500 USh verlangt.

Die Fähre zwischen Bukakata und Port Bell (Kampala), die auf der Michelin-Karte angegeben ist, existiert nicht; es gibt jedoch eine andere Fähre, die, solange sie Treibstoff hat, beinahe täglich zu den Sese Islands fährt.

Von Mpigi aus führt eine schlechte Piste nach Entebbe. Die auf der Michelin-Karte angegebene Überquerung des Meeresarms erfolgt mit Pirogen und ist daher nur für Zweiräder möglich.

Kampala – S. AA 3. (Ende AA 3 und AA 9; Beginn AA 4.)

AA 8a: Masaka – Kyotera – Grenze zu Tansania (ohne Angabe)

Sehr gute Piste (in keiner Karte verzeichnet).

Masaka – S. AA 8. (Zur AA 8.)

Masaka Richtung Mbarara verlassen. Kurz hinter Masaka beginnt linker Hand eine neue Piste in Richtung Kyotera.

Kyotera – Dorf. Gute Infrastruktur. Treibstoff.

Von hier führt eine gute Piste bis zur Grenze von Tansania.

686 Durch Afrika

AA 9: Mpondwe – Kasese – Fort Portal – Kampala
(455 km)

Piste (A/G/I) bis zur Kreuzung mit der Straße von Mabarara nach Fort Portal; danach Asphalt (in schlechtem Zustand) bis 35 km hinter Fort Portal; Piste (A/G/I) bis Mubende; danach sehr guter Asphalt.

Mpondwe – S. AA 7. (Zur AA 7.)

Kasese – Kleinstadt. Lebensmittel. Bank. Treibstoff. Endstation der Eisenbahnlinie von Kampala. Post.

Unterkunft: „SAAD"-Hotel; Hotel „Margherita".

Verschiedenes: Faxmöglichkeit in der Wechselstube unweit des Hotels „SAAD".

In der Umgebung: Mount Ruwenzori, dritthöchster Berg Afrikas (5109 m); Ausgangspunkt für die Besteigung ist das Dorf Ibanda (von Kasese aus Richtung Fort Portal, bei Mubuku am Schild links auf 18 km Piste erreichbar); die 7 bis 9 Tage dauernde Tour kostet inklusive Führer, Steigeisen, Pickel und Seil 200 US-$; wasserfeste Schuhe und warme Kleidung sind unbedingt nötig – es handelt sich um eines der regenreichsten Gebiete der Erde; genauere Informationen erhält man im „Mountain Club" in Kasese.

Fort Portal – Stadt. Gute Infrastruktur. Touristeninformation unweit der Banken.

Unterkunft: Hotel „Karabole", am Ortseingang auf der linken Seite.

In der Umgebung: Heißwasserquellen 45 km in Richtung Bundibugyo mit bewachter Campingmöglichkeit (Eintritt 2000 USh), Lebensmittel und Wasser mitbringen; 20 km südlich von Fort Portal kann man mit etwas Glück Schimpansen beobachten (Führer 6000 USh, Camping 3000 USh).

Kyegegwa – Dorf. Verpflegungsmöglichkeit. Post.

Unterkunft: *resthouse* mit Campingmöglichkeit.

Mubende – Dorf. Verpflegungsmöglichkeit. Treibstoff.

Unterkunft: Hotel und Restaurant.

Mityana – Dorf. Verpflegungsmöglichkeit. Post.

Unterkunft: Hotel und Restaurant.

Kampala – S. AA 3. (Ende AA 3 und AA 8; Beginn AA 4.)

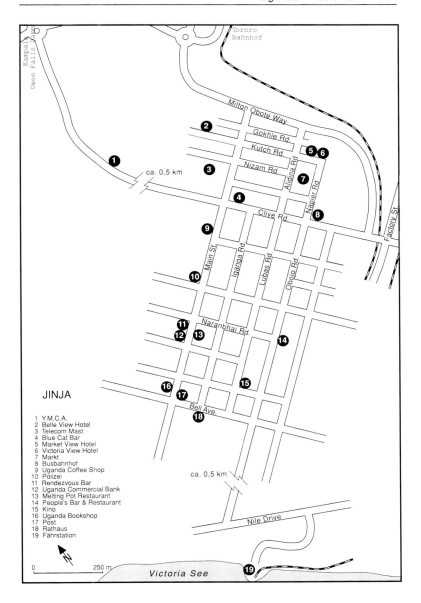

688 Durch Afrika

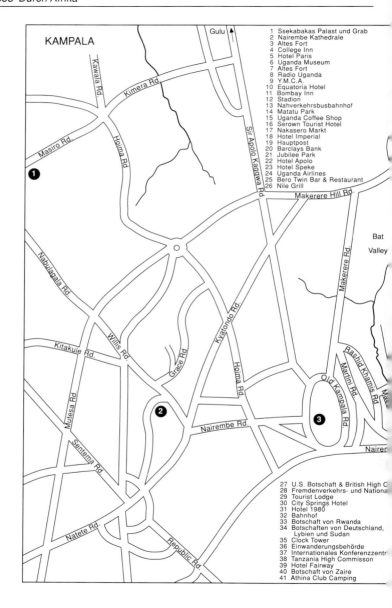

Uganda – Routenteil AA 689

690 Durch Afrika

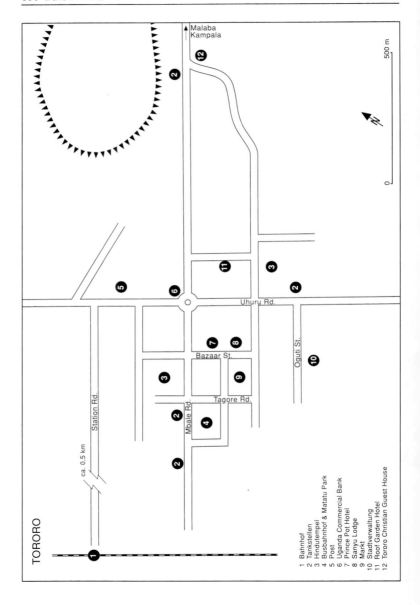

Uganda – Routenteil AA 691

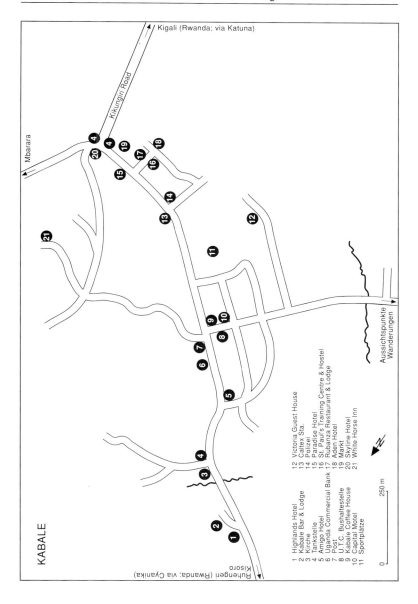

692 Durch Afrika

Kenia – Routenteil BB

Überblick

Fläche: 580 367 km².

Einwohner: 25 838 000.

Ethnien: 20% Kikuyu, 13% Luhya, 11% Kamba, nilotische und nilo-hamitische Gruppen, etwa 1,5% Masai.

Hauptstadt: Nairobi (1 429 000 Einwohner).

Sprachen: Amtssprache Suaheli, Englisch als Verkehrs- und Bildungssprache.

Religion: 59% Christen, ca. 5% Muslime, Naturreligionen.

Ruhetag: Sonntag.

Feiertage: 1.1., Karfreitag, Ostermontag, 1.5., 1.6., Pfingstmontag, 10.10., 20.10., 12.12., 25./26.12., sowie veränderliche Feiertage.

Stromspannung: 220 V, Adapter empfohlen.

Zeit: MEZ + 2 Std., in der Sommerzeit + 1 Std.

Einreise: Visumpflicht für Österreicher und Schweizer, keine Visa für Deutsche. Einreise ohne Probleme, am Wochenende Gebühr in Höhe von 4 US-$.

Impfung/Gesundheit: Gelbfieber- und Choleraimpfung vorgeschrieben. Malariaprophylaxe dringend empfohlen.

Währung: Kenia-Shilling (KSh). 1 DM = 38 KSh. 100 KSh = ca. 2,85 DM. 1 US$ = 67 KSh (März 94). Ein- und Ausfuhr von KSh verboten, Einfuhr ausländischer Währungen unbeschränkt, aber zu deklarieren. Ausfuhr bis zum deklarierten Betrag. Achtung: Durch die 1993 erfolgte, 25-prozentige Abwertung des KSh können die angegebenen Preise stark gestiegen sein.

Kfz: Bei Linkssteuerung wird ein Aufkleber „Left Hand Drive" verlangt; internationaler Führerschein und Kfz-Schein, *carnet de passage*, Haftpflichtversicherung muß bei der Einreise nicht mehr abgeschlossen werden (bei der „Kenya National Insurance" für 3 Monate 50 US-$, gültig bis Südafrika). In Nairobi wird

Kenia – Routenteil BB 693

ein *international circuit permit* für 3 Monate ausgestellt. Bei der Ausreise wird das „Road Permit" kontrolliert, das je nach Tonnage bzw. Sitzplätzen 20 US$– 200 US$ kostet.

Treibstoffpreise: Ca. Super 34 KSh/l, Diesel 27 KSh/l (in Mombasa 33 KSh/l).

Straßenzustand: Einige gute Asphaltstraßen, viele gute bis mittelmäßige Pisten.

Nationalparks: Einheitliche Eintrittspreise pro Person: 20 US$/Tag, Pkw mit ausländischem Nummernschild bis 5 Sitze: 10 US$/Tag, Minibus (6–13 Sitze): 20 US$ pro Tag, Camping: 8 US$/Pers.; Motorräder sind prinzipiell nicht erlaubt, bis auf Lake Bogoria und der Hauptstrecke des *game sanctuary* von Maralal.

National Reserves: 900 KSh/Pers./Tag, 100 KSh pro Auto einmalig bei Einfahrt, Camping ab 50 KSh/Pers.–150 KSh/Pers.

Kontrollen: Zahlreiche Polizeikontrollen.

Grenzen: Die Grenzen zu den Nachbarländern sind geöffnet.

Sicherheit: Erhöhte Überfall- und Diebstahlgefahr, vor allen in größeren Orten bzw. Städten. Vorsicht auch bei Fahrten in den Nationalparks. Nachdem sich hier Überfälle auf Touristen häuften, hat die kenianische Regierung die Polizeipräsenz im Frühjahr 1992 verstärkt. Von Reisen im äthiopisch-somalischen Grenzgebiet ist abzuraten. Wegen der vielen Flüchtlinge ist die Lage in Nordkenia angespannt. Vorsicht auch in Nairobi in der Nähe des Marktes, sowie bei Nachtfahrten mit Bus oder Zug (Überfallgefahr).

Literatur:
Reiseführer: Manfred Becker, „Reise-Know-How Kenya", Därr-Reisebuch-Verlag. Mit unzähligen sehr schönen Farbfotos: „APA-Guide Kenia", RV-Verlag.
Hintergrund: Robert Ruark, „Uhuru", Goldmann TB; T. Blixen, „Afrika dunkel lockende Welt", rororo TB; außerdem Hemingway, Grzimek, Ngugi wa Thiong'o. Sowohl informativ als auch prachtvoll der DuMont-Bildband von Carol Beckwith über die Massai.
Landkarten: Übersichtskarten Freytag & Bernd, Ostafrika, 1:2 000 000, Nelles Map Kenya, 1:1 000 000.

Geschichte: Durch die Ausgrabungen von Richard Leakey und dessen Sohn Louis wissen wir, daß im Gebiet des Turkana-Sees bereits vor 2,6 Mio. Jahren vorzeitliche Menschen lebten. Andere Fundstellen am Lake Nakuru, im Rift Valley und am Victoria-See zeichnen die Geschichte der Urmenschen nach. Bereits im 8 Jh. n. Chr. scheinen Seefahrer aus Persien und Arabien die Küste

694 Durch Afrika

besiedelt zu haben. Aus der Vermischung der fremden Händler mit den einheimischen Bantu entstand eine eigene Kultur und die Sprache Suaheli, die sowohl arabische als auch Bantu-Elemente umfaßt. Zugleich hielt auch der Islam Einzug in Kenia. Handelsbeziehungen unterhielten die neuen Gemeinden bis nach Indien und China, die Blütezeit erreichten die neu gegründeten Küstenstädte wie Mombasa und Malindi im 13. Jh. Im Binnenland vollzog sich in dieser Zeit die Wanderbewegung der Bantu-Völker nach Süden. Sie trafen auf kuschitische Stämme (z.b. Rendille), die als Jäger und Sammler in kleinen Familienverbänden lebten. Etwa 1600 n. Chr. wanderten die Massai in das Rift Valley. Die Küstenstädte wurden zu Beginn des 16. Jh. von Portugiesen unterworfen und konnten sich erst 200 Jahre später mit Hilfe der Omanis von der Fremdherrschaft wieder befreien. Somit wurde auch der islamische Einfluß verstärkt und Oman beherrschte die kenianische Küste von Sansibar aus. Zugleich wurde auch der Sklavenhandel mit Menschen aus dem Landesinneren intensiviert. Ende des 19.Jh. verloren die Omani ihre Macht über die Küstenstädte an die Briten. Der Bau der Eisenbahnlinie von Mombasa an den Lake Victoria führte zur Gründung einer neuen Stadt, Nairobi, deren klimatische Bedingungen für Europäer weitaus günstiger waren, als die des feuchtheißen Mombasa. Mit der Erschließung des Binnenlandes begann auch die weiße Besiedelung der ehemaligen Stammesgebiete. Dagegen formierte sich schon sehr früh, 1920, erster Widerstand. Doch erst zu Beginn der fünfziger Jahre explodierte die angespannte Stimmung im Mau-Mau-Aufstand der Kikuyu, der sich nicht nur gegen die weißen Siedler, sondern besonders auch gegen schwarze „Kollaborateure" wandte. Im Zuge dieses Aufstands kam es zu erschreckenden Grausamkeiten (s. dazu Ruark, „Uhuru"), die Rolle des späteren Staatspräsidenten Kenyatta in der religiös-politischen Mau-Mau-Bewegung konnte nie endgültig geklärt werden. 1963 erreichte Kenia schließlich seine Unabhängigkeit.

Politik: Bereits ein Jahr später wurde auch Kenia zum Ein-Parteien-Staat. Kenyatta gelang es das Land trotz der gewalttätigen Ausschreitungen des Mau-Mau relativ ruhig in die Unabhängigkeit zu führen. Kenia blieb Mitglied im *commonwealth* und galt lange Zeit als stabilster afrikanischer Staat. Nach Kenyattas Tod übernahm sein politischer Weggenosse Arap Moi das Amt des Regierungschefs. Sowohl Industrie als auch Dienstleistungsgewerbe erlebten in Kenia eine wirtschaftliche Blüte, der Safari- und Badetourismus boomte. Rückschläge kamen hier erst mit der rapiden Ausbreitung von AIDS, die den Prostitutionstourismus schlagartig beendete, und der immer größer werdenden Unsicherheit für Touristen, die zuletzt auch in den Nationalparks Opfer von Überfällen wurden. Daneben sieht sich auch Arap Moi mit immer lauter werdenden Vorwürfen von Korruption, Vetternwirtschaft und Unterdrückung politisch Andersdenkender konfrontiert. Bisher ist er nur zögerlich bereit, den Demokratisierungsbestrebungen im Lande nachzugeben.

Die Massai

Als arrogante, häufig gar aggressiv bettelnde „Straßenräuber" wirken viele Massai entlang der Haupt-Touristenrouten in Kenia nicht gerade wie ein freies und stolzes Kriegervolk. Und dennoch haben sie es ihrer kriegerischen Tradition zu verdanken, daß sie erst relativ spät in Kontakt mit Europäern kamen. Die Rindernomaden zogen um das 19. Jh. in ihre heutigen Weidegebiete. Zu Beginn des 20. Jh. schränkte die englische Kolonialverwaltung ihren Lebensraum auf die Region zwischen Rift Valley und Amboseli ein. Ethnisch gehören die Massai zu den Hamito-Niloten. Sie glauben, daß Gott ihnen alle Rinder der Welt geschenkt hat und scheuen sich daher auch nicht, sich ihren „rechtmäßigen" Besitz auf Raubzügen zu holen. Das herausragendste Element der Massai-Gesellschaft sind die Kriegerklassen, in die junge Männer mit der Beschneidung aufgenommen werden. Während sich die Altersklassen früher ausschließlich mit Kriegsvorbereitungen befaßten, bewachen sie heute die Herden. Jede andere Tätigkeit wird von Massai als ehrlos angesehen, damit natürlich auch die Bestellung des Bodens, der sich viele Massai heute nach dem Verlust ihrer Herden – sei es durch Raubzüge anderer Stämme, sei es durch Epidemien – widmen müssen. Die meisten Arbeiten im Lager werden von älteren Frauen erledigt – jüngere Frauen und Mädchen erfüllen in erster Linie ihre Aufgabe als Gefährtinnen der Krieger. Durch den Verlust ihrer Bewegungsfreiheit und ihrer Herden sind viele Massai gezwungen, sich ihren Lebensunterhalt durch ehrlose Tätigkeiten zu verdienen – beispielsweise als Bauern, als Nachtwächter oder als Statisten für Fotoaufnahmen. Daß dies das Selbstbewußtsein eines Massai-Kriegers zutiefst verletzt, liegt auf der Hand. Touristen, die in Massai-Hirten nur lohnende Foto-Objekte sehen, werden den verletzten Stolz dieser Menschen schnell zu spüren kriegen. Daher sind gerade hier besondere Sensibilität und Zurückhaltung geboten.

696 Durch Afrika

Routeninformationen

BB 1: Lokichokio – Lodwar – Sigor – Sebit – Kitale – Soy (784 km)

(04.93, Landcruiser) Piste (A/G/I) auf den ersten 100 km (Asphaltierungsarbeiten im Gange); danach Asphalt. In der Regenzeit ist die Pistenstrecke schwierig zu befahren. Zahlreiche Lkw für eine so abgelegene Strecke.

Lokichokio – S. J 40. (Ende J 40.)
Bis Lodwar ist die Piste gut. Das Gebiet ist nur dünn besiedelt, gelegentlich trifft man auf Turkana-Nomaden, deren Frauen teilweise reichen Schmuck tragen. Schaf-, Ziegen-, Rinder- und Kamelherden.
Lodwar – 509 m. Kleinstadt. Lebensmittel. Treibstoff (teuer). Hotel. Restaurants. Der kath. Mission ist eine hervorragende Werkstätte angeschlossen.
In der Umgebung: eine 50 km lange Hartsandpiste, die durchgängig markiert ist, führt zum Turkana-See (weder Bilharziose noch Mücken); in Eliye Spring gibt es eine *lodge* und einen Campingplatz; eine weitere *lodge* finden Sie im „Ferguson's Gulf Fishing Club" von Lokwawakangole, wenn der Wasserstand des Sees niedrig ist mit Geländewagen, sonst nur per Schiff erreichbar. Preis ca. 250 KSh/Person mit Vollpension (kein Camping), fantastische Landschaft, zahlreiche Vögel, Flußpferde und Krokodile.
Kurz vor der Abzweigung nach Sigor links der Straße schöner Campingplatz am Fluß, saubere Sanitäranlagen (Hütten ca. 120 KSh/Person, Camping ca. 60 KSh/Person).
Sigor – Kleiner Ort abseits der Straße. Keine Versorgungsmöglichkeit.
Von Sigor aus Möglichkeit, über Tot und Tambach auf zumeist schlechter Piste durch das Rift-Valley zu fahren.
Die Straße verläßt nun die Halbwüste und steigt allmählich auf üppig-grüne und fruchtbare Hochplateaus. Überquerung des Marich-Passes (über 2500 m) mit starkem Gefälle.
Sebit – Kleiner Ort. Keine Versorgungsmöglichkeit.
Kapenguria – Kleiner Ort. Lebensmittel. Treibstoff.
Unterkunft: „Karuda Lodge" mit Parkplatz im Hof.
Die Piste nach Kongelai führte ursprünglich bis Lodwar (starkes Wellblech); schöne Landschaft; in Kongelai ist die Versorgung mit Lebensmitteln schwierig; Mission mit Reparaturwerkstätte.
In der Umgebung: Campingplatz der „Sirikwa Safaris", schöne Anlage, saubere Sanitäranlagen (Vollpension 16 US-$/Person), Ausgangspunkt für ornithologische Exkursionen in den Nationalpark von Siawa-Swamp.
Kitale – Lebensmittel. Treibstoff, Banken.
Unterkunft: einfache Hotels, z.B. „Bongo Hotel", sauber (ca. 200 KSh); das nicht besonders gemütliche aber saubere „Kitale Hotel". Gepflegte Atmosphäre im altehrwürdigen „Kitale Club", Billigtouristen sind allerdings nicht erwünscht.
Sehenswert: der Markt.

Kenia – Routenteil BB 697

In der Umgebung: Ausflugsmöglichkeit zum Mount Elgon (4321 m) und zum gleichnamigen, sehr schönen Nationalpark.
Soy – Kleiner Ort. Treibstoff. Hotel. (Beginn BB 2; Ende AA 4.)

BB 2: Soy – Eldoret (34 km)

(04.93, Landcruiser) Asphalt. Zahlreiche Lkws.

Soy – S. BB 1. (Ende BB 1 und AA 4.)
Die letzten 8 km vor Soy schlechter Straßenzustand.
Eldoret – 2094 m, 51 000 Einw. Gute Infrastruktur. Bedeutendes Agrarzentrum in einem Gebiet, das einst von Südafrikanern aus Transvaal kolonisiert wurde. Land Rover- und VW-Vertretung. Bank.
(Beginn BB 3 und BB 4; Ende BB 2, BB 32.)
Unterkunft: das Hotel „Sirikwa" ist empfehlenswert (ca. 750 KSh/DZ); Hotel „Eldoret Wagon" (ca. 450 KSh/DZ); „Country Lodge", etwa 1 km vom Stadtzentrum entfernt in Richtung Kisumu (zwischen ca. 70 und 200 KSh/Person). Neu angelegter Campingplatz „Naiberi River Campsite" 21 km Richtung Kaptagat (ca. 90 KSh/Person u. Motorrad); auf der Farm von Herrn George A. Smith, P.O.Box 728, Eldoret, die 14 km westlich von Eldoret (siehe Stadtplan) auf einer Anhöhe liegt sauberer Campingplatz mit Nachtwächter, auch kleinere Autoreparaturen können durchgeführt werden.

BB 3: Eldoret – Nakuru (153 km)

(01.94, Fahrrad) Asphalt, bis auf ein 20 km langes Teilstück hinter Timboroa sehr gut. Zahlreiche Lkw.

Eldoret – S. BB 2. (Ende BB 2, BB 32; Beginn BB 3, BB 4.)
Nakuru – 1849 m, 93 000 Einw. Gute Infrastruktur.
(Beginn BB 6 und BB 8; Ende BB 4 und BB 5.)
Unterkunft: die „Abbey Lodge", in der Nähe des Stadions gelegen (ab 100 KSh/Zimmer); Hotel „Stem" (einige km in Richtung Nairobi), kostenlose Campingmöglichkeit auf bewachtem Innenhof, gutes indisches Essen; das „Midland Hotel" an der Geoffrey Kaman Road, nordwestlich des Zentrums; die „Mau View Lodge", Hotel in der Oginga Odinga Road; die „Florida Lodge", in der Nähe des Sees gelegen.
Sehenswert: die niedrigen Häuser und der Lake-Nakuru-Nationalpark, in dem v. a. viele rosa Flamingos und Rothschild-Giraffen beobachtet werden können (Eintritt ca. 220 KSh/Person); ein sehr schöner einsamer Campingplatz mit WC findet sich im Nordwesten des Parks am Wasserfall (ca. 65 KSh/Person). Rad- und Motorradfahrer können den Park mit einer zweimal täglich verkehrenden Bustour erkunden (Abfahrtszeiten erfragen, Abfahrt in der Ortsmitte von Nakuru).

698 Durch Afrika

In der Umgebung: der Mount Menegai (2277 m), ein erloschener Vulkan (Kraterdurchmesser 13 km). 30 km hinter Nakuru liegt rechter Hand der Lake Elmenteita mit vielen Flamingos.

BB 4: Eldoret – Tambach – Kabarnet – Marigat – Baringo-See – Marigat – Bogoria-See – Nakuru (ca. 300 km)

(12.93, Hanomag AL) Asphalt. Guter Straßenzustand.

Eldoret – S. BB 2. (Ende BB 2, BB 32; Beginn BB 3, BB 4.)
Von der Tambach-Böschung fantastischer Panoramablick.
Kabarnet – 2000 m. Kleiner Ort. Treibstoff.
Unterkunft: Hotel „Kabarnet" mit Pool und gutem Essen.
Marigat – Kleiner Ort. Asphaltstraße zum Baringo-See.
Baringo-See – Schöner See, dessen Wasser rosa schimmert; viele Vögel, Flußpferde und Krokodile.
Unterkunft: „Lake Baringo Club Lodge" (Treibstoff); „Lake Baringo Self Service Club Lodge" mit Camping; schöner Campingplatz am Seeufer, „Mrs. Robert's Campsite" (ca. 400 KSh/Pers., 1000 KSh in Hütten, ca. 40 KSh/Fahrzeug), nachts kommen Flußpferde auf die Campingwiese, Krokodile am Ufer.
Kehren Sie nach Marigat zurück und fahren Sie weiter in Richtung Nakuru.
Einige km hinter Marigat zweigt links eine gute Piste zum Bogoria-See ab.
Lake-Bogoria – See und Nationalpark (Rosaflamingos, Kudus, Elche, Leoparden und Impalas); heiße Quellen (Eintritt 800 KSh/Person und 600 KSh/Kfz). Campingplatz in wunderschöner Lage (ca. 150 KSh/Person) am Südostufer des Sees (kein Wasser, keine Duschen, nur WC).
Vom Lake Bogoria können Sie auf der asphaltierten Straße zurückfahren oder die schlechte Piste einschlagen, die direkt nach Nakuru führt.
Mogotio – Kleiner Ort, etwa 38 km von Nakuru entfernt. Lebensmittel.
Unterkunft: mehrere Hotels, darunter die „Sunshine Lodge".
Nakuru – S. BB 3. (Ende BB 3, BB 5; Beginn BB 6, BB 8.)

BB 5: Bunba (Tansania) – Tarime – kenianische Grenze – Isebania – Migori – Kisii – Kericho – Molo – Nakuru (ca. 450 km)

(02.94, BMW R 80) Auf den ersten 45 km Asphalt (bis Makutano), danach Piste (A/I) bis Isebania; zwischen Isebania und Nakuru wieder Asphalt. Die neue Straße führt 4 km nordwestlich an Molo vorbei.

Bunba – S. FF 3. (Ende FF 3; Beginn FF 4.)
Makutano – Kleiner Ort. Treibstoff.
Kreuzung; geradeaus geht es zur Grenze; nach links führt eine asphaltierte Straße (15 km) nach **Musoma** (30 000 Einw.) am Ufer des Viktoria-Sees; gute

Infrastruktur, Hotel „Musoma" am See; nach rechts zweigt eine gute Piste ab (20 km) zum Geburtsdorf des ehemaligen Präsidenten Julius Nyerere, Butiama. Von hier aus erreicht man über eine Piste die Route FF 4 in Ikizu.
Bis Migori katastrophale Schlaglochpiste.
Km 60, Brücke über das Flüßchen Mara; Polizeikontrolle.
Utegi – Kleiner Ort. Lebensmittel. Treibstoff. Straßengebühr ca. 1 US-$.
Tarime – Kleiner Ort. Treibstoff. Unterkunftsmöglichkeit.
Isebania – Kleiner Ort. Formalitäten zur Ausreise aus Tansania und zur Einreise nach Kenia (schnell und unproblematisch). Reisende in umgekehrter Richtung können hier ein Einreisevisum für Tansania bekommen (ca. 10 US-$). Manchmal wird den Reisenden nach Tansania die Einreise verweigert, weil 1. alle Reisenden in den Serengeti-Nationalpark wollten und 2. diese alle über Arusha einreisen müßten.
Migori – Kleiner Ort. Treibstoff. (Ende BB 6; Beginn BB 7.)
Kisii – Kleinstadt. Lebensmittel. Treibstoff.
Unterkunft: „Kisii"-Hotel im Kolonialstil.
Kericho – Kleinstadt. Hauptort der Teeproduktion des Landes. Gute Infrastruktur.
Unterkunft: Hotel „West View" (ca. 220 KSh/DZ); „Tas Lodge" an der Moi Av. (ca. 135 KSh/Zimmer, Camping ca. 40 KSh/Person), Restaurant; „Midwest Hotel", neueres Hotel mit Konferenzzentrum (ca. 700 Ksh); schöne Unterkunft im „Tea-Hotel", einem alten im Kolonialstil gebauten Gebäude, schön gelegen mit Pool. Besichtigungen der angrenzenden Teeplantagen werden organisiert.
Sehenswert: die Fabrikanlagen, in denen der Tee aufbereitet wird.
Molo – 2457 m. Kleinstadt. Lebensmittel. Treibstoff. Hotel.
Nakuru – S. BB 3. (Ende BB 3, BB 4; Beginn BB 6, BB 8.)

BB 6: Nakuru – Kisumu – Kendu Bay – Homa Bay – Olambwe Valley – Migori (ca. 405 km)

(11.89, Suzuki LJ 80) Asphalt und Piste.

Nakuru – S. BB 3. (Ende BB 3, BB 4 und BB 5; Beginn BB 8.)
Man verläßt Nakuru auf der A104 in Richtung Eldoret (Strecke BB 4).
Km 45, die B1 (Strecke BB 5) nach Südwesten einschlagen.
Km 102, **Kericho** – S. BB 5. (Zur BB 5.)
Km 149, **Ahero** – Kleinstadt. Lebensmittel (Markt). Treibstoff. Ausgangspunkt für Ausflüge an die Kendu und Homa Bay am Viktoriasee (s.u.).
Km 172, **Kisumu** – 150 000 Einw., drittgrößte Stadt des Landes; Fischereihafen. Gute Infrastruktur. (Beginn BB 32.)
Unterkunft: der Campingplatz „Dunga Refreshments" am Ufer des **Victoriasees** ist empfehlenswert. Im Restaurant wird guter Fisch (Tilapia) serviert.
In der Umgebung: Hippo Point (auch Kibuye Point), Park mit Restaurant, etwa 5 Minuten vom Zentrum in südöstlicher Richtung; weiter südlich befindet

700 Durch Afrika

sich in der Nähe des Yachtclubs die Fischerei-Kooperative von Ndungu (ab 16 Uhr wird hier täglich Fisch verkauft); am Seeufer schöne Papyruspflanzungen. Sie kehren nach Ahero zurück und fahren in der Trockenzeit auf der recht guten Piste C19 weiter. Während der Regenzeit ist es empfehlenswerter, auf der A1 31 km über Sondu (28 km hinter Ahero) hinauszufahren und dann auf die asphaltierte C26 abzubiegen. 45 km weiter ist Kendu Bay erreicht.

Kendu Bay – Kleines Fischerdorf.

In der Umgebung: der fast kreisrunde Sindi-Kratersee (etwa 2000 m Durchmesser). Hier leben zahlreiche Wasservögel.

Fahren Sie dann auf der C19, die nun asphaltiert ist, bis Homa Bay weiter.

Homa Bay – Kleinstadt. Lebensmittel. Treibstoff.

Unterkunft: im einfachen aber sehr schön in einem Park gelegenen „Homa Bay-Hotel" (ca. 500 KSh, gutes Essen).

In der Umgebung: 2 km vor Homa Bay kreuzt die C19 die C20; hier biegen Sie nach links in Richtung Sindo und Luanda ab; die schöne Strecke führt entlang des Victoriasees und zum **Olambwe-Valley-Nationalpark**; 12 km hinter dem Dorf Lambwe markiert ein weißes Schild den Eingang zum Park; Campingmöglichkeit beim Rangerposten (einfach, keine Infrastruktur), die Ranger können Sie bei der Besichtigung des Parks begleiten (verschiedene Antilopen-, Giraffen- und Vogelarten).

Verlassen Sie Homa Bay auf der C20 und folgen Sie ihr bis Rongo. Danach auf der A1 nach Süden bis Migori weiterfahren.

Migori – S. BB 5. (Zur BB 5; Beginn BB 7.)

BB 7: Migori – Lolgorien – Serena Lodge (ca. 80 km)

(11.89, Suzuki LJ 80) Sehr schwierige Piste (A/H/I), vor allem ab Lolgorien.

Migori – S. BB 5. (Zur BB 5; Ende BB 6.)
Migori auf der Piste C13 (allgem. Richtung Narok) nach Lolgorien verlassen.
Lolgorien – Kleiner Ort. Keine Versorgungsmöglichkeit.
Serena Lodge – (Zur BB 10.) Über den westlichen Eingang zum **Massai-Mara-Nationalpark** zu erreichen (Einzelheiten unter BB 10). Luxuriöses Gebäude mit fantastischem Panoramablick auf den Park, Pool (ca. 150 US-$/ DZ). Campingmöglichkeit (felsiger Boden, robuste Heringe unbedingt erforderlich). Eine gute Piste führt 30 km durch den Park zur „Keekorok Lodge".

BB 8: Nakuru – Gilgil (40 km)

(11.93, Hanomag AL) Guter Asphalt, viele Lkw.

Nakuru – S. BB 3. (Ende BB 3, BB 4 und BB 5; Beginn BB 6.)
Gilgil – Städtchen. Lebensmittel. Treibstoff. Hotel. Eine Straßengebühr von ca. 10 KSh/Fahrzeug wird erhoben (nicht für Motorräder).
(Beginn BB 9 und BB 15.)

Kenia – Routenteil BB 701

BB 9: Gilgil – Naivasha (27 km)

(02.94, BMW 80 GS) Asphalt (einige Schlaglöcher). Im Westen der Straße kann man viele Tiere sehen. Starker Verkehr.

Gilgil – S. BB 8. (Ende BB 8; Beginn BB 15.)
Naivasha – Kleinstadt. Lebensmittel. Treibstoff. (Beginn BB 11; Ende BB 10.)
Unterkunft: gepflegtes Traditionshotel „Lake Naivasha", sehr teuer. Einfache Unterkunft und Campingmöglichkeit beim *YMCA* bzw. „Naivasha Youth Hostel", Lake Hotel Road (ca. 20 KSh/Person). Ebenfalls Camping beim „Fisherman's Camp", siehe Umgebung.
Sehenswert: der See.
In der Umgebung: die „Safariland Lodge" am Seeufer (über die asphaltierte South Lake Road zu erreichen), beliebter Ferienort der Hauptstädter (Camping ca. 100 KSh/Person), Möglichkeit, Pferde und Boote zu mieten; bei Km 19 der South Lake Road zweigt eine Straße zum Hell's-Gate-Nationalpark (jetzt Elsamere Nationalpark) ab (Eintritt ca. 20 US-$/Person, 10 US-$/Kfz), viele Tiere und wunderschöne Landschaft (Erosionslandschaft, heiße Quellen, Wärmekraftwerk, schöner Aussichtspunkt, Campingmöglichkeit (der Park ist auch zu Fuß begehbar); bei Km 22 der South Lake Road liegt „Fisherman's Camp" (Camping ca. 120 KSh/Person, Hütten ca. 150 KSh); schöne Lage unter Akazien am See, viele Vögel, Bootsvermietung, nachts kommen Flußpferde zum grasen auf die Campingwiese. 1 km hinter „Fisherman's Camp" Abzweigung nach rechts zum „Elsamere-Conservation-Center", in dem Joy Adamson lebte. Die nördlich um den See führende Piste ist in schlechtem Zustand.

BB 10 Banagi (Tansania) - kenianische Grenze – Keekorok Lodge – Narok – Naivasha (384 km)

(04.94) Piste (A/G/I) bis 50 km vor Narok; danach Asphalt. Empfehlung: vermeiden Sie jeden Kontakt mit den Massai, befolgen Sie sofort jede Anweisung, die diese geben, und fotografieren Sie nie ohne ausdrückliche Erlaubnis; wer in einem Zelt campiert, sollte hier ein sehr robustes Modell mit doppeltem Dach wählen, da es viele wilde Tiere gibt (insbesondere Hyänen), die das Zelt zerreißen könnten.

Banagi – S. FF 4. (Ende FF 4; Beginn FF 5.)
Lobo Lodge – Luxusunterkunft etwa 35 km vor der Grenze (ca. 70 US-$/ Person für Halbpension), Pool, Videofilme über die Serengeti, schöne Aussicht, Treibstoff. Die Grenze ist täglich von 06:00 bis 18:00 Uhr geöffnet. Die Formalitäten zur Einreise nach Kenia bestehen nur aus einer Polizeikontrolle; Zoll- und Einreiseformalitäten müssen in Nairobi oder Mombasa erledigt werden (dies gilt auch bei Grenzübertritt in umgekehrter Richtung).
Unmittelbar nach der Grenze befindet man sich im Massai-Mara-Nationalpark.
Massai-Mara-Nationalpark – Sehr artenreich. Gute Pisten. Eintritt 900 KSh/ Person und 100 KSh/Fahrzeug. Im Park und in seinen Randgebieten zahlreiche Campingplätze (ca. 150 KSh/Pers.). „Mara Serena Lodge" mit schönem

702 *Durch Afrika*

Blick über den Nationalpark und gutem Essen. Auch das Fahren abseits der Pisten ist erlaubt, so daß man sich den Tieren gut nähern kann. Vorsicht vor dem hohen Gras, das den Kühler verstopfen kann.

Keekorok Lodge – Saubere aber teure Unterkunft. Gute Tankstelle (Benzin, Diesel, Motoröl, Reifen, Schläuche, Zündkerzen, Stoßdämpfer etc.).
Bis etwa 50 km vor Narok hervorragende Piste und viele Tiere, anschließend guter Asphalt.

Narok – Kleiner Ort. Lebensmittel. Treibstoff (gute Tankstellen mit Reparaturwerkstatt im Ort).
Sie erreichen die Route BB 11 40 km vor Naivasha; nach links geht es nach Naivasha (sehr schlechte Asphaltstraße), nach rechts nach Nairobi.

Naivasha – S. BB 9. (Ende BB 9; Beginn BB 11.)

B 11: Naivasha – Nairobi (86 km)

(02. 94, BMW 80 GS) Asphalt. Es gibt zwei mögliche Strecken, die parallel verlaufen: die nördliche Route ist eine gute touristische Straße (hervorragender Asphalt, wenig Verkehr); die südliche Route befindet sich in sehr schlechtem Zustand (viele Schlaglöcher hinter Naivasha) und wird von vielen Lkws befahren. Sie bietet schöne Aussichtspunkte auf das Rift Valley, allerdings besteht angeblich Überfallgefahr in der Rift-Region.

Naivasha – S. BB 9. (Ende BB 9 und BB 10.)
Wenn man hinter Limuru anstelle der A104 die C62 nach Nairobi einschlägt, erreicht man zunächst Gigiri (linker Hand gute Metzgerei). Hier fährt man auf der Parklands Avenue, vorbei an „Mrs. Roche" (Einzelheiten siehe Nairobi), weiter und biegt vor der „Esso"-Tankstelle nach rechts und dann nach links. Diese Asphaltstraße ist wesentlich besser als die A104.

Nairobi – 1661 m, 1 500 000 Einw. Hauptstadt. Gute Infrastruktur.
Unterkunft: Hotels der ersten Kategorie, „Hilton", „New Stanley" (Treffpunkt der Reisenden), das traditionsreiche „Norfolk-Hotel", Harry Thuku Road und „Intercontinental"; Hotels der zweiten Kategorie, „Fairview" (in schöner Lage), „Brunner's", New Avenue, „Embassy" und „Ambassadeur" (beim Bahnhof). Campingplatz von „Mrs. Roche", 10 km außerhalb bei „Aga-Khan-Hospital" (das Gelände ist bei Regen überschwemmt), hier treffen sich alle, die unterwegs sind, oft überbelegt, in letzter Zeit zunehmend heruntergekommen (ca. 70 KSh/Person, ca. 30 KSh/Fahrzeug, ca. 15 KSh/Motorrad); eine andere Campingmöglichkeit bietet das „Rowallan Camp" der *scouts*, etwa 10 km westlich der Stadt in Richtung Karen und Ngong, Pool (ca. 35 KSh/Person) und der Campingplatz am „Waterfalls Inn" in herrlicher Lage, ca. 25 km Richtung Limuru, gut bewacht, Reitmöglichkeit, gutes Essen (110 KSh/Person, auch Zimmer verfügbar). Restaurant „Carnivore", Langata Road in Richtung Nairobi N.P und in der Nähe des Flughafens, Spezialität ist auf Holzkohlenfeuer gegrilltes Fleisch, malerische Lage (etwa 15 US-$/Mahlzeit), Ableger des berühmten Restaurant „Tamarind" in Mombasa, das am besten bewertete Restaurant Kenias; im Restaurant „Thorntree" („Stanley Hotel"), Kimati Street im Zentrum, kann man umsonst am alten Thorntree, um den das Restaurant gebaut ist, Nachrichten

Kenia – Routenteil BB 703

hinterlegen; dieser Brauch hat eine lange Tradition und wird nun gerne von Touristen genützt.

Verschiedenes: deutsche Bücher und Zeitschriften gibt es im Goethe-Institut Ecke Monrovia/Loita Street. Guter Supermarkt ist das „YAYA"-Center, Valley Road Richtung Südwest, beim Kreisverkehr nach rechts, dann 2 km. Geldwechsel mit guten Kursen im „Zanzibar Courio Shop", Tom Mboya Street. Fahrzeuge mit ausländischem Kennzeichen benötigen eine Fahrgenehmigung, die im Nyayo House für den ersten Monat umsonst ausgestellt wird (auch bei „Automobile Association of Kenya", Hurlingham, für 3 Monate 100 KSh); die Genehmigung wird gelegentlich bei Straßenkontrollen und bei der Ausreise aus Kenia überprüft, auch wenn man Kenia mit dem Schiff verläßt. Vorsicht vor Dieben und Übergriffen. Lassen Sie Ihr Fahrzeug nie unbewacht stehen (bewachter Parkplatz beim Hotel Intercontinental, 150 KSh/Tag). In der Nähe der Jugendherberge - „Nairobi Youth Hostel", Ralph Bunch Rd. - kommt es nachts häufig zu Überfällen. Ersatzteile im gut sortierten „Impala-Spares", Tom Mboya Street. Preiswerte medizinische Versorgung im privaten Krankenhaus „Aga Khan" (gegenüber „Mrs Roche"). „Air France Cargo" transportiert auch Motorräder nach Europa (zwischen 3000 und 5000 FF/Fahrzeug). Visa für Tansania, Sambia, Zaire und Malawi gibt es bei den Botschaften (zwischen einem und drei Tagen Bearbeitungszeit; Tansania und Sambia 300 KSh; Zaire 5 US-$). Die deutsche Botschaft ist in der Ngang Road im Williamson House. Eisenbahnverbindung Nairobi – Mombasa, 345 KSh/Person in der ersten Klasse, 145 KSh/Person in der zweiten, im Speisewagen gutes Essen; auch Motorräder können auf die Bahn verladen werden, Preis nach Gewicht.

Sehenswert: die modernen Gebäude, das Nationalmuseum, das Aquarium, das Eisenbahnmuseum und der „Schlangenpark".

In der Umgebung: Besuch des gut erreichbaren **Nairobi-Nationalparks**, des einzigen Parks, in dem man noch das schwarze Rhinozeros beobachten kann (ca. 80 KSh/2 Personen und Fahrzeug).

BB 12: Moyale (Äthiopien) – kenianische Grenze – Marsabit – Archer's Post (489 km)

(09.93, Pajero) Breite Schotterpiste (A/D/G/I) mit Wellblech. Angesichts der Gefahr von Überfällen muß zwischen Moyale und Sololo im Konvoi gefahren werden (Abfahrt 07:30 Uhr). Danach ist Einzelfahrt möglich, wird aber nicht empfohlen. Überfälle meist nur nachts.

Moyale – S. K 15. (Ende K 15 und K 16.)
Formalitäten zur Ausreise aus Äthiopien. Der kenianische Grenzposten liegt 20 m hinter dem der Äthiopier. Vorsicht, in Kenia herrscht Linksverkehr.
Unterkunft: direkt bei der Polizeistation.
Sololo – Kleiner Ort. Restaurant.
Schlechte Savannenpiste (starkes Wellblech mit Steinen) bis Marsabit.
Marsabit – Stadt. Lebensmittel. Wasser. Treibstoff; Werkstätte.

704 Durch Afrika

Unterkunft: Hotel (Nebensaison ca. 1060 KSh/DZ, Hauptsaison ca. 1560 KSh/DZ). Vorsicht vor Dieben.

Eine in der Regenzeit unbefahrbare Piste führt nach North Horr (zur BB 13); bis Kalacha ist die Piste recht gut, wenig Sand, etwas Steine, ebenes Gelände; ab Kalacha gute Piste, nur kurz vor North Horr viel Sand; kleine Geschäfte in allen Dörfern, aber kein Treibstoff.

In der Umgebung: der sehenswerte **Marsabit-Nationalpark** (370 Quadratmeilen), der von Dezember bis Mitte März und von Juni bis Mitte Oktober geöffnet ist. Berühmt ist der Park für seine großen Kudus (sehr scheu und daher schwer zu beobachten) und Elefanten; die Pisten sind ausnehmend schlecht (das Motorrad kann ohne Risiko am Eingang abgestellt werden); *lodges*, Campingplatz am Eingang und am Lake Paradise, Wasser, Treibstoff.

Von Marsabit bis Laisamis Piste mit sehr ungleichmäßigem Wellblech.

Laisamis – Kleiner Ort. Polizeikontrolle.

Archer's Post – Kleiner Ort. Treibstoff. Unterkunftsmöglichkeit im Samburu-Nationalpark (s. BB 13). (Beginn BB 13, BB 14.)

In der Umgebung: der **Shaba-Game-Nationalpark** im Osten des Dorfes, mehrere Campingplätze.

BB 13: Archer's Post – Maralal – Baragoi – South Horr – Loiyangalani – Allia Bay – Ileret (413 km)

(02.94, BMW 80 GS) Piste (A/G/I). Bis etwa 30 km vor Loiyangalani recht gute Erdpiste (wenig Wellblech); danach im Tal bis zum Turkana-See sehr steinige und schwierige Piste. Sehr wenig Tourismus. Interessante Fauna und Flora.

Archer's Post – S. BB 12. (Ende BB 12; Beginn BB 14.)

Sie verlassen Archer's Post und durchqueren den Samburu-Nationalpark.

Samburu-Nationalpark – Überwältigend viele Tierarten (Elefanten, Büffel, Rhinozerosse, Löwen, Leoparden, Geparden etc.). Nachts fahren ist verboten.

Unterkunft: zahlreiche *lodges*, darunter die „Samburu-Lodge" am Flüßchen Ewaso Nyiro; die Bungalows sind aus Stein und Zedernholz erbaut; unbedingt reservieren, Pool, Elektrizität, Bäder, warmes Wasser, Restaurant und Bar, Treibstoff etc. Mehrere Campingplätze, (ca. 30 KSh/Person).

Sollte die unten beschriebene Piste nicht befahrbar sein, müssen Sie nach Archer's Post zurückkehren und die Piste nach Marsabit (BB 12) einschlagen.

Nach 19 km biegt man auf die Piste nach Wamba ab; 34 km weiter trifft man auf eine Kreuzung 24 km nördlich von Ngotogongoron.

15 km hinter der *lodge* Rangerstation am westlichen Parkausgang. Auf 21 km folgt man dem Lauf des Flüßchens Ewaso Nyiro (Steine und üppige Vegetation bedecken manchmal die Piste).

Ngotogongoron – Kleiner Ort. Keine Versorgungsmöglichkeit. Hier nach rechts fahren.

24 km weiter trifft man auf die Piste Isiolo – Wamba – Maralal. Nach links abbiegen (Richtung Westen).

Kenia – Routenteil BB 705

9 km weiter, Kreuzung von Wamba; nach links abbiegen.
Maralal – Kleiner Ort. Treibstoff (letzte Tankstelle, nicht immer versorgt, notfalls beim *district commissioner* an der Ausfallstraße nach Barsaloi versuchen).
Unterkunft: „Safari-Lodge". Restaurants. 3 km hinter der „Safari Lodge" liegt der Hof von Mrs. Morgan mit kleinem Campingplatz (Wasser und Duschen, ca. 20 KSh/Person, Vorsicht vor Dieben). Einen weiteren Campingplatz und einfache Unterkunft gibt es im „Yare Safari Hostel und campsite", 4 km südlich von Maralal (ca. 120 KSh), die Zufahrt ist beschildert.
Danach steinige Piste, gelegentlich unterbrochen von Sandpassagen. Sehr vielfältige Fauna (Zebras, Antilopen, Giraffen und Löwen). Die hier lebenden Samburu sollten nur fotografiert werden, wenn man sie vorher um ihr Einverständnis gefragt hat. Die Route führt durch die Dörfer Baragoi und South Horr (Camping, schattig, schöne Anlage) und erreicht schließlich Loiyangalani.
Loiyangalani – Kleiner Ort.
Unterkunft: mehrere sehr luxuriöse und entsprechend teure *lodges* (darunter die „Oasis Lodge" mit Pool und Möglichkeit zu fischen, zwischen März und Juli geschlossen). „El Molo Camp", ganzjährig geöffnet (Nebensaison ca. 50 KSh/Person, Hauptsaison ca. 100 KSh/Person, Zimmer ca. 80 DM). Restaurants. Katholische Mission (Reparaturwerkstatt, Wasser).
North Horr – Kleiner Ort. Lebensmittel. Möglichkeit, in der Missionsstation zu übernachten. Piste nach Marsabit. (Zur BB 12.)
Allia Bay – Verwaltungssitz des **Sibilot-Nationalparks** (ehemals East-Rudolf-Nationalpark). Der Park verfügt über ein gutes Straßennetz, über das man unter anderem auch die archäologische Ausgrabungsstätte von Kebifora erreichen kann. Camping „Seashore" (kein Schatten), „Camp Rocodeni" im Flußbett, etwa 4 km von Allia Bay in Richtung Koobi Fora.
Abstecher nach Kebifora: 55 km auf einer Piste. Im Bereich der Flußläufe können sich nach Regenfällen noch tagelang tiefe Schlammlöcher halten. Kebifora liegt malerisch am Ufer des **Turkana-Sees**; viele Tiere. Campingplatz (ca. 50 KSh/Person), Übernachtungsmöglichkeit in einfachen Hütten (ca. 250 KSh). Eintritt zum Museum und den Ausgrabungsstätten ca. 80 KSh, Führer (Pflicht) ca. 100 KSh. Baden, wegen der Krokodile, nur in der Nähe der Hüttendörfer.
Die meisten Wasserstellen zwischen Allia Bay und Ileret sind den größten Teil des Jahres trocken.
Von Allia Bay etwa 7 km zurückfahren und direkt nördl. in Richtung Ileret halten.
17 km weiter abgedeckte Wasserstelle in einer Palmengruppe.
18 km nach der Wasserstelle Kreuzung; nach links fahren (nach rechts geht es nach Sabarei).
8 km weiter linkerhand eine Quelle. Campingmöglichkeit (besser im Fahrzeug – wegen der Tiere).
Zahlreiche trockene Flußbetten müssen durchquert werden. Die Zufahrt ist manchmal schwierig. 18 km hinter der Quelle kommt man nach Ileret.
Ileret – Militärposten etwas südlich von Banya Fort. Sofort melden.

706 Durch Afrika

BB 14: Archer's Post – Isiolo – Nanyuki – Kiganjo
(202 km)

(01.94, Fahrrad) Piste (A) zwischen Isiolo und Nanyuki, teilweise extremes Wellblech;
zwischen Nanyuki und Kiganjo sehr schlechte Asphaltstraße.

Archer's Post – S. BB 12. (Ende BB 12; Beginn BB 13.)
Schöne Sicht auf den Mount Kenya (5202 m, im SO der Piste).
Isiolo – Kleiner Ort. Lebensmittel. Treibstoff und Werkstatt (beim Tanken an
der „BP"-Tankstelle, Vorsicht vor Reifenstechern, Reifenflicken bei der „Total"-
Tankstelle für 1 DM). (Ende BB 17.)
Unterkunft: Hotel „Bomen" mit gutem Restaurant; Hotel „Silent Inn", ange-
nehm, sehr preiswert.
Timau – Kleiner Ort.
Unterkunft: „Kentrout Grill" mit hervorragendem Essen. Idyllischer Camping-
platz (35 KSh/Person).
In der Umgebung: Besteigung des **Mount Kenya** über
die Westroute:
8 km vor Nanyuiki Abzweigung zur Siremon Route, dem schönsten West-
Aufstieg auf den Mount Kenya; mit dem Fahrzeug kann man bis auf 3500 m
Höhe fahren. Hier liegen zwei Campingplätze mit bewachtem Parkplatz. Nach
vier Stunden Aufstieg ist „Shiptons Camp" erreicht (Übernachtung: ca. 200 KSh/
Person), weitere 4 Std. bis Top Hut (Austrian Hut), nochmals 1 Std. zum Point
Lenana.
die Normalroute:
Nach Passieren von Naro Mori rechts fahren, nach 8 km angenehmer Cam-
pingplatz (Führer, Ausrüstung, Informationen). Weiterfahrt bis Meteo-Station
(A/H/I), 3000 m über NN, dann 4 bis 7 Stunden Aufstieg zum „Mackinders
Camp" (4200 m, Toiletten, Wasser, unbeheizte Hütte, keine Decken, eiskalt);
Gipfelbesteigung zum Point Lenana am nächsten Morgen um 3 Uhr, um den
Sonnenaufgang zu erleben (der Führer ist nur nachts nötig). In der „Naro Moru
Lodge" kann man Ausrüstung für die Tour auf den Mount Kenya leihen.
Nanyuiki – 1946 m. Die Kleinstadt liegt exakt auf dem Äquator (zahlreiche
Schilder weisen darauf hin). Lebensmittel. Treibstoff und eine „Motor-Cooper"-
Werkstatt (VW, Land Rover und Suzuki-Vertretung, sehr guter Service). End-
haltestelle der Bahnlinie von Nairobi.
Unterkunft: mehrere Hotels; „Siremons Guesthouse", sauber, Parkplatz im
Innenhof. Am Nordende des Ortes liegt die „Nanyuki River Lodge", für Selbst-
versorger (Camping ca. 50 KSh, *cottages* ca. 500 KSh); weitere Übernach-
tungs- und Campingmöglichkeit im „Sportsman's Arms Hotel", am nordöstli-
chen Ortsende (Camping ca. 50 KSh, *cottages* für ca. 400 KSh).
Naro Moru – Kleiner Ort. Lebensmittel. Treibstoff.
Unterkunft: Zimmer und Campingmöglichkeit bei der „Naro Moru River Lodge"
am gleichnamigen Fluß mit Blick auf den Mount Kenya (50 KSh/Person, ca.

Kenia – Routenteil BB 707

80 DM/DZ). Von dort aus werden in Zusammenarbeit mit dem „Mountain Club Kenya" Touren zum Mount Kenya organisiert (s. o.); Informationen bekommt man ebenfalls im „Mountain Shop"; etwa 8 km Richtung Mount Kenya Nationalpark liegt die Jugendherberge „Mount Kenya" (ca. 30 KSh/Nichtmitglieder, Camping 25 KSh/Person), ruhige, freundliche Atmosphäre, kleine Geschäfte.
In der Umgebung: der **Mount-Kenya-Nationalpark** (Piste, s. oben).
Kiganjo – Kleiner Ort. Keine Versorgungsmöglichkeit.
(Beginn BB 16; Ende BB 15.)

BB 15: Gilgil – Nyahururu – Nyeri – Kiganjo (186 km)

(11.93, Hanomag AL) Asphalt.

Gilgil – S. BB 8. (Ende BB 8; Beginn BB 9.)
Nyahururu (ehemals Thomson's Falls) – 2630 m. Kleinstadt. Gute Infrastruktur.
Unterkunft: „Thomson's Falls Lodge" im englischen Kolonialstil gehalten, herzlicher Empfang, sauber, Parkplatz (ca. 400 KSh/DZ, Camping ca. 50 KSh/Person, Essen ca. 160 KSh/Person).
Sehenswert: die schönen Wasserfälle.
Nyeri – Kleinstadt. Gute Infrastruktur.
Sehenswert: das Grab von Lord Baden Powell.
Unterkunft: sehr gutes „Outspan Hotel" (in Richtung Aberdares), westliches Ortsende, mit Pool und sehr gutem Essen (ca. 80 DM/DZ). Ermöglicht auch den Zugang bzw. die Buchungsmöglichkeit zum legendären „Treetops-Hotel" (Baumhotel) in den Aberdares; „White Rhino" im Zentrum südlich der Post, hier gibt es auch einfache Hütten zu mieten. Weitere Übernachtungsmöglichkeiten im Aberdares Park.
In der Umgebung: der **Aberdare-Nationalpark**, ein hübscher kleiner Park mit mehreren komfortablen *lodges* wie „Treetops" (hier erfuhr die jetzige Königin Elizabeth von England von Ihrer bevorstehenden Krönung) und „The Ark"; mehrere einfache Campingplätze ohne sanitäre Einrichtungen. Nach Möglichkeit auch in der Trockenzeit nur mit Geländewagen befahren.
Kiganjo – S. BB 14. (Ende BB 14; Beginn BB 16.)

BB 16: Kiganjo – Muranga – Thika (106 km)

(11.93, Hanomag AL) Asphalt. Maut 75 KSh/Kfz.

Kiganjo – S. BB 14. (Ende BB 14 und BB 15.)
Muranga – 1204 m. Kleinstadt. Lebensmittel. Treibstoff. (Beginn BB 17.)
Unterkunft: einfache Rasthäuser und die östlich des Ortes gelegene „Kimakia Fishing Lodge".
Sehenswert: das Museum mit traditionellen Waffen und die Kirche des Ortes mit Darstellungen eines schwarzen Christus.

708 Durch Afrika

Thika – 41 000 Einw., Kleinstadt. Lebensmittel. Treibstoff. Hauptsiedlungszentrum von weißen Farmern und eine der ältesten Siedlungen in Kenia.
(Beginn BB 19; Ende BB 18.)
Unterkunft: „Blue Posts Hotel", wenige km vor Thika.
Sehenswert: die **Chanya-Wasserfälle**.

BB 17: Muranga – Embu – Meru – Isiolo (184 km)

Asphalt. Die Route führt im Osten am Mount Kenya vorbei. Schöne Landschaft.

Muranga – S. BB 16. (Zur BB 16.)
Km 52, **Embu** – Kleinstadt. Lebensmittel. Treibstoff. Hotel.
Km 83, **Chogoria** – Das Dorf liegt 1 km östlich der Straße. Lebensmittel.
Unterkunft: „Chogoria Guesthouse" (ca. 120 KSh/DZ).
In der Umgebung: Ausgangspunkt für die Besteigung des Mount Kenya; das *guesthouse* kann Führer und Träger vermitteln.
Km 127, **Meru** – 75 000 Einw. Lebensmittel. Treibstoff.
Unterkunft: „Pig & Whistle Hotel", ein traditionelles Hotel aus der Kolonialzeit; „Meru Country Hotel", ein modernes Mittelklassehotel im Zentrum bei der Post.
In der Umgebung: der **Meru-Nationalpark** mit mehreren Campingplätzen bzw. *lodges* (komfortable „Meru Mulika Lodge", „Leopard Rock Lodge" – für Selbstversorger) in schöner Landschaft mit vielen Tieren (Nashörner).
Km 150, man trifft auf die Straße Isiolo-Nanyuki.
Isiolo – S. BB 14. (Zur BB 14.)

BB 18: Garissa – Thika (341 km)

(10.91, Fahrrad) Piste (A/I) bis Mwingi; danach Asphalt. Gefährliche Strecke, da es in diesem Gebiet sehr viele Wilderer und Banditen gibt; zeitweise nur mit Polizeieskorte zu befahren. Tägliche Busverbindung Garissa-Nairobi (ca. 50 KSh).

Garissa – S. CC 1. (Ende CC 1 und BB 26.)
Mwingi – Kleiner Ort. Lebensmittel. Treibstoff. Hotels.
Thika – S. BB 16. (Ende BB 16; Beginn BB 19.)

BB 19: Thika – Nairobi (42 km)

(01.94, Fahrrad) Asphalt. Mautpflichtige Autobahn (ca. 5 KSh); für Motorräder gratis.

Thika – S. BB 16. (Ende BB 16; Beginn BB 18.)
Nairobi – S. BB 11. (Ende BB 11; Beginn BB 20, BB 21, BB 22 und BB 27.)

Gute Reise und neue Erfahrungen wünscht Ihnen Ihr
REISE KNOW-HOW Verlag Därr!

Kenia – Routenteil BB 709

BB 20: Nairobi – Magadi (110 km)

(06.94, Yamaha XT 600) Asphalt; viel Verkehr.

Nairobi – S. BB 11. (Ende BB 11, BB 19; Beginn BB 21, BB 22, BB 27.)
Verlassen Sie Nairobi auf der Langata Road in Richtung Haupteingang des
Nairobi-Nationalparks. 3 km nach dem Eingang biegen Sie nach links in die
Magadi Road ab, eine Privatstraße, die den Sodium-Minen von Magadi gehört.
Die Strecke durchquert die Ngong Hills und führt dann hinunter in das Rift
Valley durch Massai-Land, das vom Tourismus noch kaum berührt wurde. Man
trifft auf Bomas der Massai und Tränken für die Rinderherden.
Km 65, etwa 1,5 km links der Straße liegt der Eingang des Orogesailie-Natio-
nalparks. Der kleine Park entstand an der Stelle, wo Dr. Leakey in den vierzi-
ger Jahren Werkzeug und Knochenfunde aus dem Pleistozän (etwa 200 000
Jahre vor unserer Zeitrechnung) entdeckte; kleines Museum; Campingplatz;
Unterkunft für Selbstversorger in einfachen Hütten, die über die Nationalparkverwaltung in Nairobi gebucht werden muß; keine Lebensmittel.
Ca. 20 km vor Magadi steigt die Straße steil an und ist mit Betonplatten belegt.
Hier zweigt links eine schöne Piste zur BB 21 Nairobi – Tansania ab (ca. 100
km, die Bahnlinie wird mehrfach gekreuzt).
Magadi – Moderne Stadt. Lebensmittel. Treibstoff. In der Stadt leben Arbeiter,
die im nahen See Sodiumkarbonat abbauen. Schreckliches Klima, unbedingt
auf guten Sonnenschutz achten.
Sehenswert: der **Magadi-See**, dessen Natron-Kristalle auf der Oberfläche
rosa Reflexe produzieren. Der See kann auf einem Damm überquert werden;
zahlreiche rosa Flamingos. 4 km hinter Magadi beginnt das Gebiet der „Group-
Ranch" mit unberührter, wildreicher Landschaft (Camping und Eintritt 50 KSh/
Person, 25 KSh/Motorrad, 50 KSh/Auto).

BB 21: Nairobi – Kajiado – Namanga – tansanische Grenze (169 km)

(02.94, Hanomag) Asphalt. Guter Straßenzustand. Die Straße ist zwar zweispurig, aber
schmal.

Nairobi – S. BB 11. (Ende BB 11, BB 19; Beginn BB 20, BB 22, BB 27.)
Bis Athi River (Treibstoff) folgen Sie der gleichen Strecke wie die Route BB 22.
20 km hinter Athi River Mautstelle (10 KSh/Fahrzeug).
Kajiado – Kleinstadt. Lebensmittel. Treibstoff. Bank.
Von hier ab führt die Straße durch Massai-Gebiet. Da die Massai den Grenz-
verlauf auf ihrem Land nicht akzeptieren, zeigen sie sich häufig unfreundlich
und streitsüchtig.
Namanga – Grenzort. Lebensmittel (Geschäfte). Treibstoff. Formalitäten zur
Ausreise aus Kenia und zur Einreise nach Tansania (Straßensteuer 63 US-$/

710 Durch Afrika

Pkw, 75 US-$/Lkw, Visum für Tansania erhältlich, für 90 Tage 10 US-$). Piste zum Amboseli-Nationalpark (näheres siehe unter BB 29). (Beginn FF 6.) **Unterkunft:** im gemütlichen „Namanga River Hotel" (ca. 1000 KSh) oder in den teureren *lodges* bzw. auf den Campingplätzen im Amboseli-Park (s. BB 29).

BB 22: Nairobi – Mtito Andei – Manyami (296 km)

(02.94, BMW 80 GS) Asphalt, guter Straßenzustand (einige Schlaglöcher).

Nairobi – S. BB 11. (Ende BB 11, BB 19; Beginn BB 20, BB 21, BB 27.) Bis Athi River (Treibstoff) folgt man derselben Route wie die Strecke BB 21.
Sultan Hamud – Kleiner Ort. Treibstoff.
Mtito Andei – Kleiner Ort. Lebensmittel. Treibstoff und Werkstatt. Hotel. Hinter Mtito Andei durchquert die Strecke den Tsavo-Nationalpark.
Tsavo-Nationalpark – größter Nationalpark Kenias (20 813 km²). Zahlreiche *lodges* ermöglichen eine Besichtigung in Etappen. Sehr große Elefantenkolonie, viele Raubtierarten (schwierig zu beobachten). Eintritt ca. 200 KSh/Person. Vorbildliche Ausschilderung, sowohl Richtungen als auch besonders sehenswerte Stellen.
Unterkunft: „Kilanguni Lodge" (im Westen des Parks), schöne Lage nahe einer Wasserstelle (ca. 1000 und 1700 KSh/DZ). Campingmöglichkeit am Parkausgang Ngulu Gate, gratis, dafür schlecht unterhalten, oder bei der „Ngulia Safari Lodge" (Tsavo West). Kurz hinter dem Ngulu Gate steht rechts ein kleines, unscheinbares Schild „Campside + Picnic"; wunderschöner Platz am Fluß mit Dusche, aber (noch) ohne Toilette; Pavianbesuche. Im Ostteil des Parks (Tsavo Ost) gibt es Campingmöglichkeiten bei der „Voi Safari Lodge" und bei der „Aruba Lodge".
Eine schlechte Piste (A) führt über 100 km vom Tsavo-Nationalpark zum Amboseli-Park (z. Z. gesperrt). Sie führt durch einen schönen Lavafluß, den „Shitani Flow" (Teufelsfluß); auf diesem Teilstück sind keine Tiere zu sehen.
Kurz vor Manyami liegt vor der Brücke über das Flüßchen Galana ein Campingplatz rechts der Straße am Wasser, ca. 40 KSh/Person.
Manyami – Kleiner Ort. Keine Versorgungsmöglichkeit (u. U. im Gefängnisladen). (Beginn BB 23 und BB 28.)

BB 23: Manyami – Lugard's Falls – Malindi (213 km)

(02.94, BMW 80 GS) Mittelmäßige Piste (A/I), bei starken Regenfällen nicht befahrbar.

Manyami – S. BB 22. (Beginn BB 28; Ende BB 22.)
Verlassen Sie Manyami auf der Piste, die nach Osten durch den **Tsavo-Nationalpark** führt.
Unterkunft: kurz hinter dem Sala Gate das „Crocodile Camp", dekadent möbliertes Zeltcamp, eigenes campen ist nicht erlaubt (50 US-$/Person).

Kenia – Routenteil BB 711

Lugard's Falls – Wasserfälle stürzen hier über rosa, graue und braune Felsen.
Crocodile Point – Sammelstelle der Tiere, in der Nähe des Parkausgangs.
Lodge.
Ab dem Parkausgang ist die Lateritpiste bei feuchtem Wetter sehr glitschig (hier regnet es auch in der Trockenzeit), tiefe Spurrillen von Lkw. Malindi ist nach mehreren Steigungen und Gefällstrecken erreicht, die durch zunehmend baumbestandene Savanne führen. Auch hier ist die Piste bei Regen sehr glitschig.
20 km vor Malindi verhindert eine Regensperre die Weiterfahrt, wenn die Piste zu verschlammt ist.
Malindi – Wichtiger Badeort an der Mündung des Galana. Gute Infrastruktur. Treibstoff rund um die Uhr an der Tankstelle am Ortsausgang (in Richtung Garissa, Benzin, Diesel, Öl, Reifenreparatur, aber kein Kompressor, um sie aufzupumpen); gute „Total"-Tankstelle (Benzin, Diesel, Öl, Schläuche, Stoßdämpfer und große Auswahl an Ersatzteilen). (Beginn BB 24 und BB 30.)
Unterkunft: Camping „Silversands" mit guter Infrastruktur an der Straße zum Unterwasser-Reservat (ca. 90 KSh/Person); empfehlenswert das „Blue Marlin Hotel" direkt am Strand, vom Ortszentrum 5 Minuten (ca. 900 KSh) oder das „Lawfords", ebenfalls direkt am Strand (Zimmer und Cottages ca. 750 KSh).
Sehenswert: das Korallenriff (Ausflüge kosten ca. 190 KSh für Anfahrt und Taucherbrille), zwei Schlangenparks (je 120 KSh/Person); Ruinenstadt Gedi (100 KSh/Person).

BB 24: Malindi – Garsen (111 km)

Piste (A/I), in der Regenzeit manchmal unterbrochen. Viele Busse.

Malindi – S. BB 23. (Ende BB 23 und BB 30.)
Garsen – Kleiner Ort. Lebensmittel. Treibstoff. (Beginn BB 25 und BB 26.)
Unterkunft: „Happy Family Lodge", sauber, gutes Essen (ca. 50 KSh/Person).

BB 25: Garsen – Lamu (117 km)

Piste (A/I) in recht gutem Zustand. Zwischen Garsen und Witu ist eine Asphaltstraße gebaut, die Brücke über den Tana-River ist fertiggestellt.

Garsen – S. BB 24. (Ende BB 24; Beginn BB 26.)
Witu – Kleiner Ort. Vorsicht, trinken Sie in den Bars keine Obstsäfte (oft sind Drogen beigemischt), kaufen Sie nur Flaschen, die in Ihrer Anwesenheit geöffnet werden.
Lamu – Kleine touristische Stadt. Lebensmittel. Treibstoff.
Unterkunft: viele kleine Hotels (etwa 100 bis 250 KSh/DZ); „Pole-Pole-Lodge", sauber und angenehm (ca. 100 bis 140 KSh/DZ). Restaurant „Yoghourt Inn" mit sehr guten Fischspezialitäten.

712 Durch Afrika

Sehenswert: die arabische Architektur der Stadt. Lamu hat seinen ursprünglichen Charakter weitgehend bewahrt. Die Eingangstüren der kleinen weißen Häuser sind mit kunstvollen Ornamenten geschmückt; enge Gassen und zahlreiche Moscheen finden sich. Man kann auch eine der vielen Schnitzerwerkstätten besichtigen. Besonders lohnenswert sind der Besuch des Hauses von Liwali Sud bin Hamed, mit seinem typischen Lamubaustil, und das Haus des Bwana Zahidi Mnguumi, ein altes Suahelihaus mit bis zu 1 m dicken Mauern. Ferner ist die Besichtigung der „Mpya Moschee" und des Lamu Museums von Interesse.

In der Umgebung: lohnenswerte Ausflüge zu den Inseln der Umgebung Manda Island und Pate Island (Ruinen von Manda, Ausgrabungen).

BB 26: Garsen – Hola – Garissa (238 km)

Recht gute Piste (A/I), etwas Sand, in der Regenzeit möglicherweise unterbrochen.

Garsen – S. BB 24. (Ende BB 24; Beginn BB 25.)
Hola – Kleiner Ort. Lebensmittel. Treibstoff. Hotels. (Ende BB 27.)
Garissa – S. CC 1. (Ende CC 1; Beginn BB 18.)

BB 27: Nairobi – Machakos – Kitui – Mutomo – Mutha – Hola (ca. 520 km)

Bis Kitui Asphalt und guter Straßenzustand; danach gute Piste (A/G/I) bis Mutomo (Wellblech- und Weichsandpassagen), ab Km 35 hinter Mutomo schlechte Piste (Sandpassagen, kaum sichtbare Spuren).

Nairobi – S. BB 11. (Ende BB 11, BB 19; Beginn BB 20, BB 21 und BB 22.)
Sie verlassen Nairobi auf der Straße der Route BB 22.
Km 46, Abzweigung nach links nach Machakos.
Machakos – 84 000 Einw. Lebensmittel. Treibstoff.
Kitui – Kleiner Ort. Treibstoff.
Zwischen Kitui und Mutomo schöne Landschaft (Baobabs).
Mutomo – Kleiner Ort. Treibstoff.
Danach führt die Piste durch Buschsavanne (zahlreiche Kurven bis Kakya). In dieser einsamen Gegend leben Somali. Vereinzelte Dörfer.
Hola – S. BB 26. (Zur BB 26.)

BB 28: Manyami – Voi – Mombasa (196 km)

Asphalt (viele Löcher). Vorsicht vor den zahlreichen Tieren, die die Straße queren.

Manyami – S. BB 22. (Ende BB 22; Beginn BB 23.)
Voi – Stadt. Gute Infrastruktur. (Beginn BB 29.)

Kenia – Routenteil BB 713

In der Umgebung: etwa 15 km hinter Voi weist ein Wegzeichen zur „Ndara Ranch" (2 km), angenehme Umgebung, Pool (*lodge* ca. 1600 KSh/Person, Camping ca. 75 KSh/Person), sehr gutes Restaurant.

Mombasa – 350 000 Einw. Gute Infrastruktur. (Beginn BB 30 und BB 31.)

Unterkunft: „Manor Hotel"; „Nyerere Hotel", gutes Mittelkassehotel (Zimmer ab 1000 KSh); Hotel „New Palm Tree", Nkrumah Road, sauber und freundlich, ruhig, Parkplatz hinter dem Haus (ca. 360 KSh/DZ); „Glory Guesthouse" (ca. 315 KSh/DZ mit Frühstück). Campingmöglichkeit beim Hotel „Coraldene" (ca. 20 KSh/Person); bei der „Twiga Lodge", 20 km südlich der Stadt über die Route BB 31 (ca. 30 KSh/Person); Campingplatz „Kikambala", 25 km nördlich von Mombasa. Das sehr gute Restaurant „Capri" in der Nkrumah Road wird von einem Schweizer geführt; das afrikanische Restaurant „New Ricordia" in der Nyeri Street ist sehr freundlich, gut und preiswert; Restaurant „Tamarind" mit Fischspezialitäten und Meeresfrüchten (Filiale in Nairobi).

Rückführung von Fahrzeugen per Schiff: Tarife und Auskünfte gibt die „Agence Maritime Générale", 19 Rue de Pontèves, BP 1957, F-13226 Marseille, CEDEX 02, Tel: 91919195; in Mombasa erkundigen Sie sich bei der „Oceanfreight", Moi Avenue, der „Spanfreight", unmittelbar daneben, der „Air Cargo Forwaders Ltd." oder bei „Mitchell Cott Co.", Moi Avenue; die letzte Agentur arbeitet sehr schnell (ein Tag für die Formalitäten); der Preis beträgt etwa 1200 US-$/Fahrzeug von Mombasa nach Le Havre oder Hamburg (der Preis kann sowohl bei der Abfahrt als auch bei der Ankunft entrichtet werden); mehrere Abfahrten/Woche, Dauer der Überfahrt drei bis vier Wochen. Über Verschiffungen nach Asien informiert die „Shipping Corporation of India", Renmar House, Moi Avenue.

Sehenswert: die modernen Stadtviertel, das „Jesus-Fort" aus dem Jahr 1593 mit Museum; der „Jain-(Hindu-)Tempel", dessen Kuppel mit Goldplättchen bedeckt ist; die wunderschön geschnitzten Holztüren im arabischen Viertel; die „Mandry-Moschee"; der alte Hafen. Lohnenswert ist auch der Besuch des Zentralmarktes **In der Umgebung:** der **Shimba-Hills-Nationalpark** (33 km, abwechselnd Asphalt und Erdpiste): verlassen Sie Mombasa in Richtung Lunga-Lunga auf der Nyerere-Avenue und nehmen Sie in Likoni die Fähre (10 KSh/Fahrzeug). In Ngombeni (Km 11) nach rechts in Richtung Kwale fahren (ausgeschildert); hinter Kwale (Treibstoff, zwei Restaurants) sehen Sie den gut ausgeschilderten Eingang zum Shimba-Hills-Nationalpark (Eintritt ca. 200 KSh/Person und ca. 20 KSh/Fahrzeug); reiche Flora (Bäume und Pflanzen), wenige Tiere (Antilopen, Elefanten, Affen etc.); gut ausgeschilderte Wege; der Campingplatz ist schmutzig und nicht empfehlenswert; vom Giriama Point öffnet sich der Blick bis zum Meer, ein Weg führt zu den **Shedrick Falls**.

Ausflug: nach **Shimo La Tewa** (15 km); verlassen Sie Mombasa in Richtung Malindi (mautpflichtige Brücke); nach dem „Bora-Bora-Nachtclub" fahren Sie am Wegweiser zum „Coral Palm Beach Hotel" nach links (Asphalt) nach Shimo La Tewa (schöne Gegend für Spaziergänge); zwischen dem „Coral Palm Beach Hotel" und Shimo La Tewa liegt die berüchtigte „Bush Bar": weißen Frauen ohne Begleitung ist ein Besuch der Bar nicht zu empfehlen, viele Prostituierte.

714 *Durch Afrika*

BB 29: Voi – Taveta – Amboseli-Nationalpark (290 km)

(10.93, Landcruiser) Auf den ersten 20 km Asphalt, danach bis Taveta gute Piste (A/G/I), von hier ab bis zum Parkeingang sehr staubige und ausgewaschene Piste.

Voi – S. BB 28. (Zur BB 28.)
Taveta – Kleiner Ort. Lebensmittel.
Unterkunft: „Matumu Guesthouse" (70 KSh/Person).
Amboseli-Nationalpark – sehr schönes Tierreservat, dessen Besichtigung anstrengend ist. Eintritt ca. 500 KSh/Person. Im Park gute, staubige Pisten. Bleiben Sie unbedingt auf den markierten Wegen. Großartige Ausblicke auf die Südflanke des **Kilimandjaro** – wenn der Berg sich nicht in Wolken hüllt.
Unterkunft: etwa 7 km hinter „Serena Lodge" liegt ein schlecht unterhaltener Campingplatz (ca. 30 KSh/Person); „Amboseli Serena Lodge" (ca. 2200 KSh); „Kilimanjaro Safari Lodge" (ca. 1650 KSh) oder preiswert in der „Ol Tukeni Lodge" für Selbstversorger (ca. 400 KSh).

BB 30: Mombasa – Malindi (121 km)

(02.94, BMW 80 GS) Asphalt. Die Straße führt entlang zahlreicher Badeorte mit guter Infrastruktur.

Mombasa – S. BB 29. (Ende BB 29; Beginn BB 31.)
Kikambala – Kleiner Ort.
Unterkunft: nach links zweigt eine Piste ab zum Hotel „Whispering Palm"; unmittelbar daneben liegen ein Campingplatz (ca. 30 KSh/Person) und Bungalows des „Kanamai Holiday Center" mit Zugang zum Meer.
Ca. 40 km nach Mombasa zweigt rechts eine Piste ab zu den „Fourways Beach Cottages"; wunderschöner Sandstrand, nette Leute, Restaurant, Bar, Pool, Fährdienst nach Mombasa (Hütte zwischen 45 und 135 US-$, Zimmer 30 bis 90 US-$, je nach Saison).
Zwischen Takaungu und Kilifi Brücke (40 KSh Maut).
Malindi – S. BB 23. (Beginn BB 24; Ende BB 23.)

BB 31: Mombasa – Tiwi – Lunga-Lunga – tansanische Grenze – Tanga – Segera (249 km)

(02.94, IFA W 50) Asphalt bis zur Grenze (guter Straßenzustand); danach bis Tanaga Piste (A); zwischen Tanaga und Mnyusi wieder Asphalt (Schlaglöcher).

Mombasa – S. BB 29. (Ende BB 29; Beginn BB 30.)
Tiwi – Badeort. Lebensmittel.
Unterkunft: „Twiga Lodge", sehr schöner Platz (Camping ca. 40 KSh/Person in der Nebensaison, Hauptsaison ca. 50 KSh/Person), Restaurant, Überfallge-

fahr außerhalb am Strand, sowie auf dem Weg zur Hauptstraße. Nicht zu Fuß gehen.
Diani – Kleiner Ort. Gute Werkstätte „Colette Motors".
Unterkunft: Strandhäuschen ab ca. 380 KSh/4 Personen, *bandas* ab 160 KSh/ 2 Personen.
Lunga-Lunga – Kleiner Ort. Formalitäten zur Ausreise aus Kenia und zur Einreise nach Tansania (unproblematisch).
Tanga – 160 000 Einw. Gute Infrastruktur.
Segera – S. FF 7. (Ende FF 7; Beginn FF 8.)

BB 32: Kisumu – Kakamenga Forest – Eldoret (ohne Angabe)

(02.92, Landcruiser) Asphalt, danach Piste.

Kisumu – S. BB 6. (Zur BB 6; Beginn BB 32.)
Km 29, **Maragdi** – Kleiner Ort.
Km 41, **Kaimosi** – Kleiner Ort.
Km 57, Abzweigung Richtung **Kakamenga Forest**.
30 km gute Piste durch Regenwald bis zu einem Hotel mit Campingmöglichkeit (Camping 25 KSh/Person); Regenwaldtouren möglich.
Eldoret – S. BB 2. (Ende BB 2, BB 32; Beginn BB 3, BB 4.)

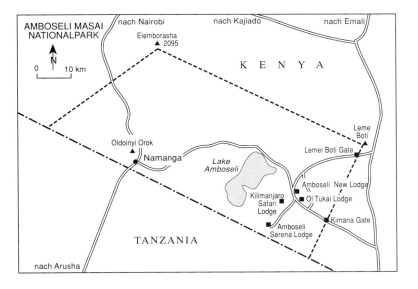

716 Durch Afrika

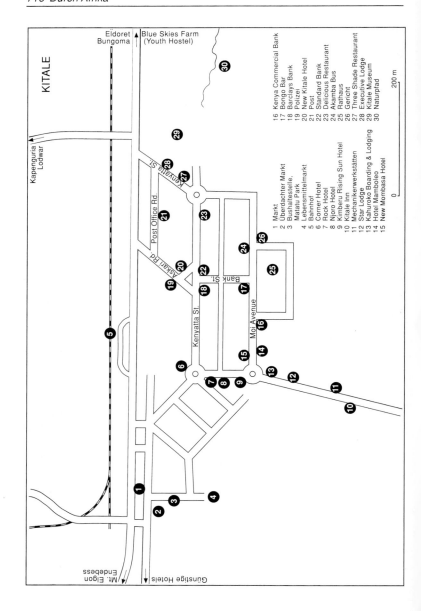

Kenia – Routenteil BB 717

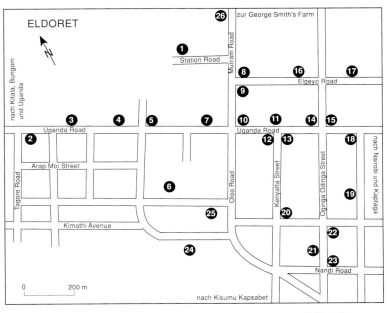

1 Bahnhof
2 Eldoret Valley Hotel
3 Post
4 Eldo Centre
5 Total-Garage
6 gedeckter Markt
7 Polizei
8 Eldoret Wagon Hotel (ehemals Wagon Wheel)
9 Sirikwa Hotel
10 Nationalbank von Kenya
11 Town Hall
12 Barclays Bank
13 Standard Bank
14 Matatus und Bücherei
15 und Kabernet
16 Mosop's Kino
17 Highlands Inn
18 Buchladen
19 Busse
20 Öffentl. Telephone
21 Eldoret Kino
22 Supermarkt
23 Top Lodge
24 Offener Gemüse-Markt
25 Matatus
26 Coca-Cola-Fabrik

718 Durch Afrika

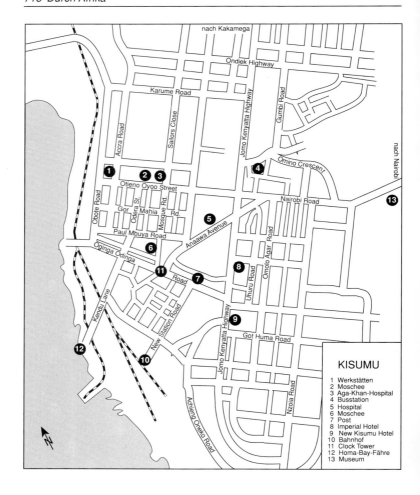

Kenia – Routenteil BB 719

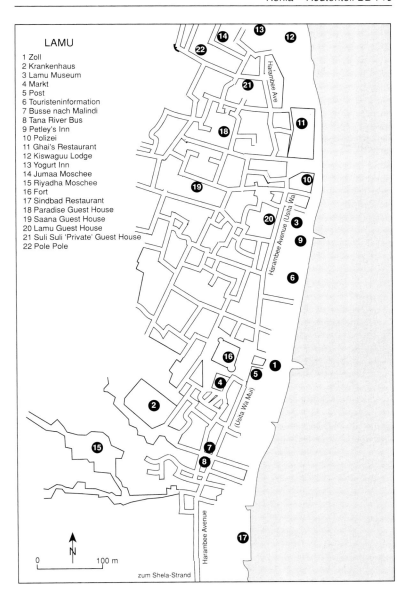

720 Durch Afrika

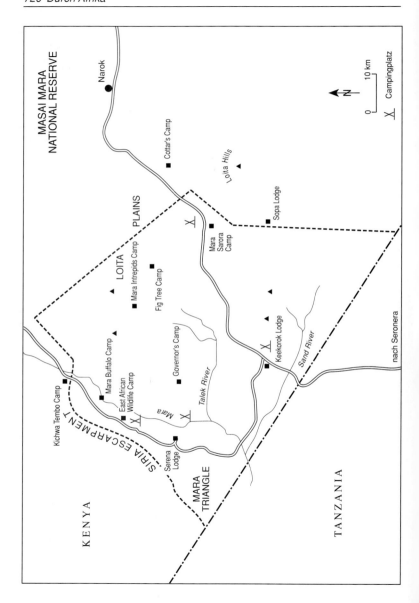

Kenia – Routenteil BB 721

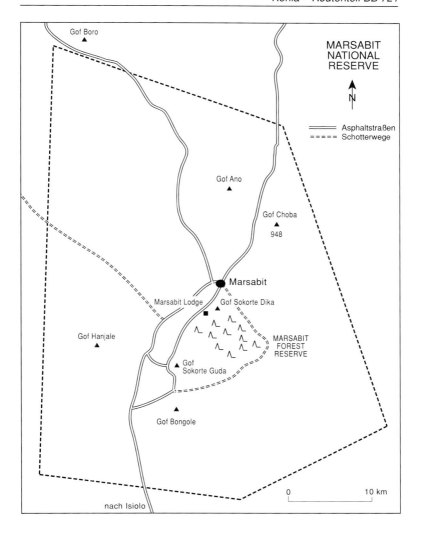

722 Durch Afrika

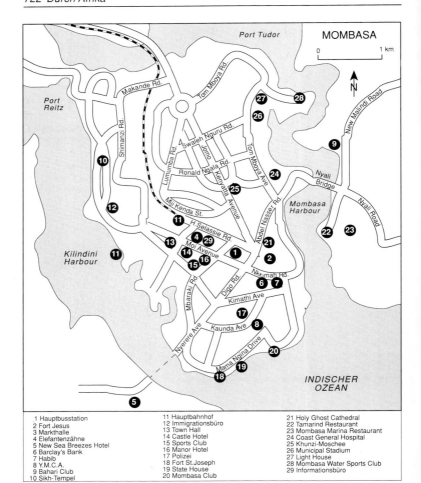

1 Hauptbusstation
2 Fort Jesus
3 Markthalle
4 Elefantenzähne
5 New Sea Breezes Hotel
6 Barclay's Bank
7 Habib
8 Y.M.C.A.
9 Bahari Club
10 Sikh-Tempel
11 Hauptbahnhof
12 Immigrationsbüro
13 Town Hall
14 Castle Hotel
15 Sports Club
16 Manor Hotel
17 Polizei
18 Fort St.Joseph
19 State House
20 Mombasa Club
21 Holy Ghost Cathedral
22 Tamarind Restaurant
23 Mombasa Marina Restaurant
24 Coast General Hospital
25 Khunzi-Moschee
26 Municipal Stadium
27 Light House
28 Mombasa Water Sports Club
29 Informationsbüro

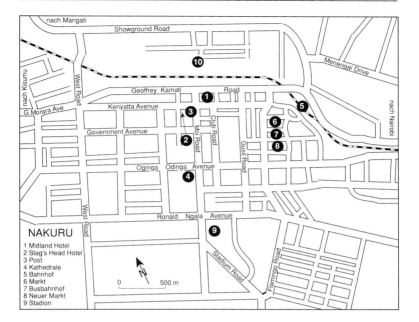

724 Durch Afrika

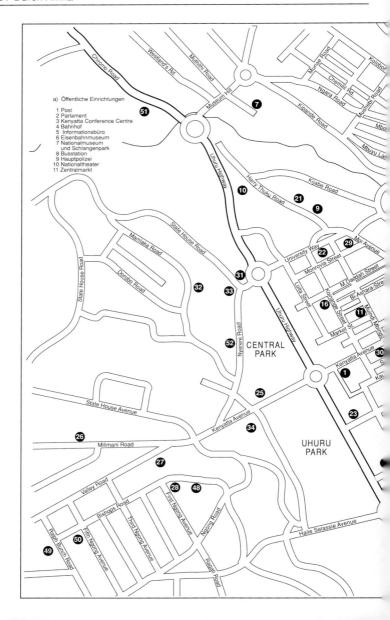

a) Öffentliche Einrichtungen

1 Post
2 Parlament
3 Kenyatta Conference Centre
4 Bahnhof
5 Informationsbüro
6 Eisenbahnmuseum
7 Nationalmuseum und Schlangenpark
8 Busstation
9 Hauptpolizei
10 Nationaltheater
11 Zentralmarkt

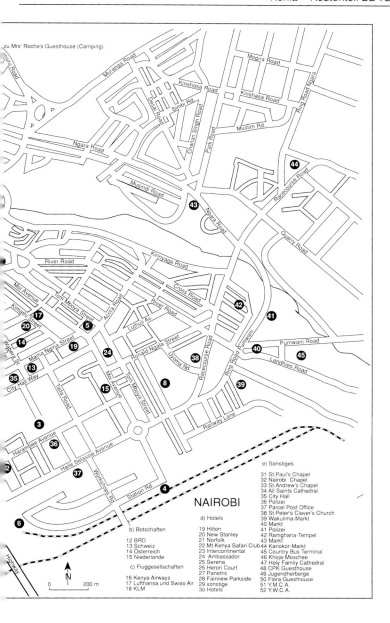

726 Durch Afrika

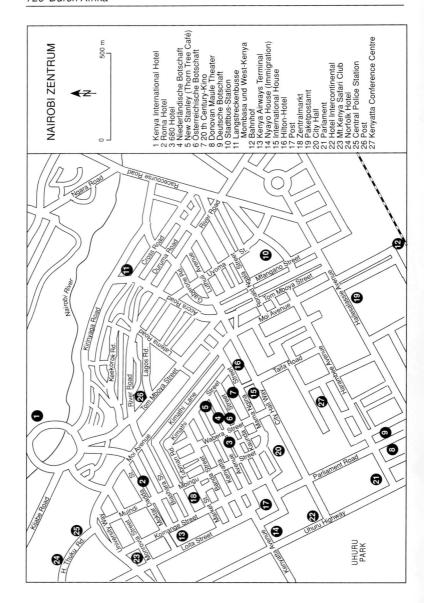

Kenia – Routenteil BB 727

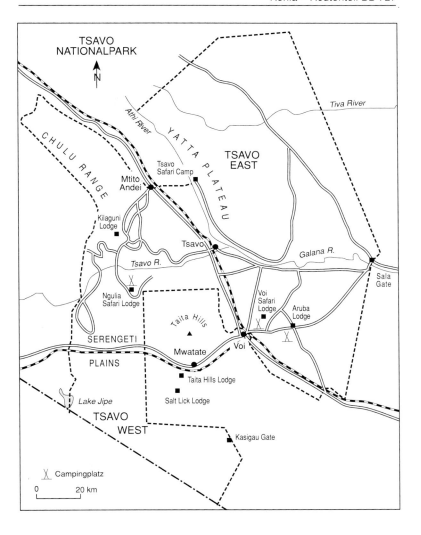

728 Durch Afrika

Somalia – Routenteil CC

Überblick

Vorbemerkung: In der augenblicklichen Bürgerkriegssituation verläßliche Informationen über Somalia zu geben, ist schier unmöglich. Das Land kann im Moment (Frühjahr 1995) nicht bereist werden. Der Krieg zwischen den einzelnen Somali-Clans ist derart eskaliert und unübersichtlich geworden, daß auch fast alle Mitarbeiter der Hilfsdienste Somalia verlassen haben. Die folgenden Informationen beziehen sich auf den Vorkriegszustand.

Fläche: 637 657 km².

Einwohner: 8 302 000.

Ethnien: 95% Somali-Stämme, einige Bantu und Araber.

Hauptstadt: Mogadischu (600 000 Einw.).

Sprachen: Amtssprache Somali, daneben Arabisch, Englisch und Italienisch.

Religion: Islam.

Ruhetag: Freitag.

Nationalfeiertag: 21. Oktober.

Stromspannung: 220 V.

Zeit: MEZ + 2 Std., in der Sommerzeit + 1 Std.

Einreise: Visumpflicht für Deutsche, Österreicher und Schweizer. Nachweis ausreichender Geldmittel für die Rückreise.

Impfung/Gesundheit: Gelbfieberimpfung vorgeschrieben. Malariaprophylaxe dringend empfohlen.

Währung: Somalia-Shilling (SH). 1 DM = 1000 Sh.

Kfz: Internationaler Führerschein und Kfz-Schein, *carnet de passage*, Haftpflichtversicherung muß bei der Einreise abgeschlossen werden.

Treibstoffpreise: Normal 60 Sh/l, Diesel 55 Sh/l, Super nicht erhältlich.

Somalia – Routenteil CC 729

Straßenzustand: Pisten.

Kontrollen: Zahlreiche Polizeikontrollen.

Grenzen: Theoretisch offen.

Literatur und Landkarten: Deutschsprachige Reiseführer über Somalia sind nicht auf dem Markt. Übersichtskarte Michelin 954, 1:4 000 000, Detailkarten ONC und TPC 1:1 000 000 und 1:500 000 mit guter Geländedarstellung.

Geschichte: Die Küstenzone Somalias gehörte zu dem im Süden bis Moçambique reichenden Einflußgebiet arabischer Handelsleute. Mit der Ankunft der Portugiesen im 16. Jh. und der Entdeckung des Seeweges nach Indien verloren Somalias Städte ihre Bedeutung als Umschlagplatz für Waren und Sklaven. Im 19. Jh. annektierte der äthiopische König Menelik einen Teil der somalischen Ogaden-Region und legte damit die Grundlage für einen äthiopisch-somalischen Konflikt, der bis heute schwelt. Mit der Kolonisierung wurde das somalische Territorium in den britisch besetzten Norden und den italienisch besetzten Süden geteilt. Erst die Unabhängigkeit 1960 brachte wieder die Vereinigung beider Landesteile.

Politik: Sieben Jahre nach der Unabhängigkeit kam Siad Barre durch einen Militärputsch an die Macht. Seine sozialistische Linie veranlaßte die USA schon bald, jede Entwicklungshilfe an das Land abzustellen und es mit einem Handelsboykott zu belegen. Barre erhielt jedoch sofort Unterstützung von der Sowjetunion, die Somalias Armee zu einer der bestgerüsteten Afrikas machte. Ende der siebziger Jahre ließ Barre die Russen aus dem Land vertreiben, nachdem sich die UdSSR auch mit dem Erzfeind Äthiopien angefreundet hatte. In der Folge öffnete sich das Land wieder dem Westen. Durch immer neue Auseinandersetzungen zwischen verfeindeten Somali-Clans schlitterte Somalia in den achtziger Jahren immer tiefer in einen Bürgerkrieg hinein, der mit dem Sturz Barres 1991 vorerst beendet schien. Während noch zu Barres Regierungszeit der Konflikt zwischen Marehan (Barres Clan) und Ishaak (dem Clan, der das Somali National Movement SNM dominiert) im Mittelpunkt der kriegerischen Auseinandersetzungen stand, zersplitterte die Widerstandsbewegung nach Barres Sturz in zahllose Einzelgruppen, die die jeweiligen Interessen ihres Clans auf die Fahne geschrieben haben. Vermittlungsversuche und Intervention der UNO blieben bislang erfolglos. Im Frühjahr 1995 zogen die Blauhelme wieder ab und überließen das Land erneut den Clanführern.

730 Durch Afrika

Die Somali

Fast alle Somali gehören zum selben Stamm, sie führen ihre Herkunft auf den Gründerahn Hill zurück. Hills Sohn Somali ist der Urahn der echten, also adeligen Somali, sein Bruder Sab gilt als Vorfahr der „unechten" Somali, zu denen auch Vasallen und verachtete Handwerkerkasten (Schmiede) gerechnet werden. Echte Somali sind beispielsweise die Darod, Ishaak und Dir, die „unechten" Sab leben im Südwesten Somalias. Durch die intensiven Kontakte mit muslimischer Kultur wurden die Somali bereits sehr früh und nachhaltig islamisiert. Die meisten Somali leben auch heute noch als Viehzüchter in den Halbwüsten des Landes, einige sind auch Vollnomaden geblieben. Eine hierarchisch gegliederte politische Organisation mit zentraler Autorität lehnen die Somali ab. Entscheidungsträger ist ein Ältestenrat, der demokratisch über die Geschicke der Unterstämme oder der Sippen entscheidet.

Routeninformationen

CC 1: Loyada – Hargeisa – Berbera – Burao – Galcaio – Belet Huen – Mogadischu – Brava – Grenze zu Kenia – Liboi – Garissa (ungefähr 3035 km)

(01.90, Fahrrad) Piste (B/D/H/I/K) bis Hargeisa; danach Asphalt bis Kisimaio; anschließend Piste zwischen Kisimaio und Garissa.

Loyada – S. K 19. (Ende K 19.)
Bis Hargeisa Piste mit sandigen Abschnitten. Zwischen Zeila und Hargeisa sehr schöne Landschaften und nur drei winzige Ortschaften.
Hargeisa – Zweitgrößte Stadt des Landes mit angenehmem Klima aufgrund der Höhenlage. Gute Infrastruktur.
Unterkunft: Hotel „Medina", sehr sauber.
Verschiedenes: Flughafen; Flugzeuge nach Mogadischu, Erigavo und manchmal nach Djibouti. Tägliche Busverbindungen nach Mogadischu (Abfahrt am frühen Morgen, Platzreservierung unbedingt erforderlich) und nach Berbera (Abfahrt sobald der Bus voll ist).
Sehenswert: die Bibliothek, das Theater und das Museum (sehr interessant). Asphalt bis Mogadischu.
Berbera – Hafen. Verpflegungsmöglichkeit. Treibstoff.
Unterkunft: Hotel „Red Sea", sehr sauber; ein anderes gutes Hotel liegt etwa 8 km vom Zentrum entfernt in Richtung Osten.
Verschiedenes: Stadt mit starkem arabischen Gepräge; erster Ort, an dem die Engländer gelandet sind. Das Klima ist im Sommer sehr feucht und heiß; die Bevölkerung zieht sich dann meist in die Dörfer der umliegenden Berge

Somalia – Routenteil CC 731

zurück (nach Hargeisa; ungezogene Kinder, so sagt man, werden damit einge-schüchtert, daß man ihnen droht, sie müssen den Sommer in Berbera verbrin-gen). Lkw nach Burao; Abfahrt morgens oder (im Sommer) abends.
Die Straße von Berbera nach Burao führt durch mehrere reizvolle kleine Orte (wunderschöne Landschaften).
Burao – Sehr weitläufige Stadt. Verpflegungsmöglichkeit. Treibstoff. Hotels. Klima angenehm frisch.
El Dab – Das Dorf liegt etwa 120 km von Burao entfernt.
In der Umgebung: Erigavo (250 km Piste, großartige Strecke), sehr schöne Stadt, an einer Klippe gelegen, von der aus man bei klarer Sicht Aden (Yemen) erkennen kann.
Verschiedenes: Flugzeuge nach Mogadischu, Lkw nach Gardo und Garoe.
Ab El Dab wird die Straße sehr eintönig, ab und zu Gazellen in der Savanne oder im lichten Wald links und rechts der Straße; zahlreiche Kamele; viele Restaurants (gutes Fleisch, Tee und morgens sehr erfrischende gezuckerte Milch).
Galcaio – Stadt. Gute Infrastruktur.
Kurz vor Belet Huen Abzweigung nach rechts zur äthiopischen Grenze, die nur mit Genehmigung der Militärkommandatur in Belet Huen passiert werden darf. Schlechte Asphaltstraße bis Ferfer, dort Formalitäten zur Ausreise aus Soma-lia. Auf äthiopischer Seite keine Kontrolle.
Belet Huen – Städtchen. Italienisches Krankenhaus. Gut ausgestattete Werk-statt mit hervorragendem Mechaniker.
Bis Bulo Burti leidlicher Asphalt, schöne Landschaft.
Bulo Burti – Dorf. Wasser.
Ab Bulo Burti stark von Lkws zerstörte Asphaltdecke, Militärkontrollen.
Giohar – Großes Dorf. Ab hier besserer Straßenzustand.
Mogadischu – 600 000 Einwohner. Hauptstadt. Gute Infrastruktur.
Unterkunft: zahlreiche Hotels, darunter: „Juba" (Klimaanlage, Night-Club, Swim-ming-Pool), „Shebelle" (Klimaanlage), „Rutga Taleh" (etwas außerhalb der Stadt, komfortabel, Garten, Bungalows), „Alcurubah" (staatliches Hotel, Diskothek, auch das meistfrequentierte Bordell der Stadt), „Croce del Sud" (italienische Leitung, sehr gut). Abgesehen von diesen besseren Hotels gibt es auch meh-rere kleinere, insbesondere das „Bultscho" (gegenüber vom Fremdenverkehrs-ministerium, großer Garten).
Verschiedenes: zügiger Straßenverkehr. Vorsicht bei Taxifahrten! Die Fahrer verlangen bei Fremden meist den zehnfachen Preis.
Sehenswert: das in einem alten arabischen Haus eingerichtete Museum, die Moschee „Arba Rukun", die katholische Kathedrale und der prächtige, von Mauern umgebene Garten, das Nationaltheater, das „Hawa-Tacco-Memorial", der Hafen, die alte Zitadelle und der prächtige Gesira-Strand (hier ist jedoch Vorsicht vor Dieben geboten).
Straße bis Merca geteert.
Merca – Die Stadt ist ein bedeutender Bananenumschlaghafen. Gute Infra-struktur. Mehrere einfache Hotels. Strand ohne Schatten.

732 Durch Afrika

Sehenswert: die sehr typische arabische Stadt (schöne Häuser mit wunderschönen verzierten Holztüren).

In der Umgebung: die Gegend bietet eine sehr reiche Fauna (Gazellen, Elefanten, Nashörner, die man jedoch nur schwer sieht).

Asphalt bis Kisimaio; Straße auf einigen Abschnitten in schlechtem Zustand (Schlaglöcher).

Zwischen Merca und Goluin sollte man keinesfalls auf einen Abstecher zum paradiesischen Garten eines ehemaligen italienischen Herrschaftshauses verzichten. Sämtliche Dörfer in der Umgebung sind sehr typisch (Strohhütten).

Brava – Hafen, der einige km abseits der Straße liegt. Gute Infrastruktur. Drei Hotels.

Sehenswert: die arabische Altstadt (schöne Häuser).

Verschiedenes: tägliche Busverbindung nach Kisimaio.

Modun – Weiler. Verpflegungsmöglichkeit. Treibstoff. Hier kann ein Lkw für die Weiterfahrt nach Kisimaio gefunden werden.

Zwischen Modun und Gelib Durchquerung eines tierreichen Waldes (Affen, Gazellen, Schakale, Störche sowie zahlreiche Arten von Raub- und Singvögeln).

Kisimaio – Drittgrößte Stadt des Landes. Gute Infrastruktur (letzte Tankstelle vor Garissa).

Unterkunft: Luxushotel im Süden der Stadt. Das „Waamo Tourist Village" (Feriendorf) liegt am Rande des einzigen Nationalparks des Landes, Zimmer und Bungalows, Swimming-Pool und Night-Club.

In der Umgebung: der Nationalpark sowie die gesamte Gegend, die bis zur kenianischen Grenze reicht, bieten eine sehr üppige und artenreiche Fauna (gilt auch für die Inseln zwischen Kisimaio und Bircao).

Piste zwischen Kisimaio und Belesc Cogani schlecht (viel Sand und kurvig, schwierige Orientierung), danach besser; bei Regen kann diese Piste unbefahrbar sein. Zahlreiche Kamele, Lkws und Polizeikontrollen. Die Beamten sind Ihnen meist gerne behilflich, einen Platz auf einem Lkw zu finden, jedoch eher aus Lust am Kontrollieren als aus Großzügigkeit (in Afmadu beispielsweise lassen sie einen nicht mal alleine essen). Mehrere Ortschaften (Hotels und Restaurants).

Liboi – Formalitäten für die Ausreise aus Somalia. Man wird von Militär bis zum Grenzposten Liboi an der kenianischen Grenze begleitet; Formalitäten für die Einreise nach Kenia; kein Hotel, es besteht jedoch die Möglichkeit, im Lager der Soldaten oder Zöllner zu übernachten; alle zwei Tage verkehrt ein Bus nach Garissa.

Von Liboi bis Garissa Schotterpiste (leichtes Wellblech, etwas Sand); flaches Gelände; zahlreiche Tiere.

Garissa – Stadt. Verpflegungsmöglichkeit. Treibstoff. Krankenhaus Hotel. Tägliche Busverbindung nach Nairobi. (Beginn BB 18; Ende BB 26.)

Somalia – Routenteil CC 733

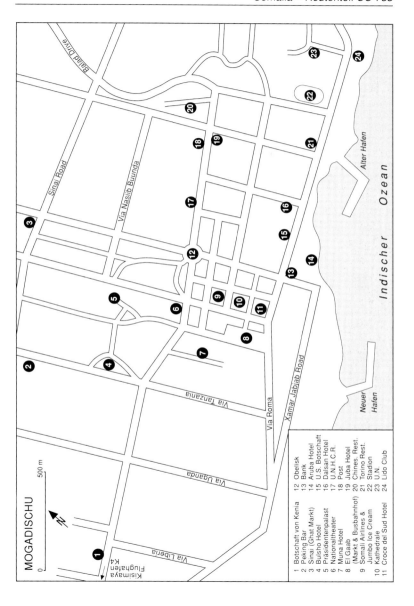

734 Durch Afrika

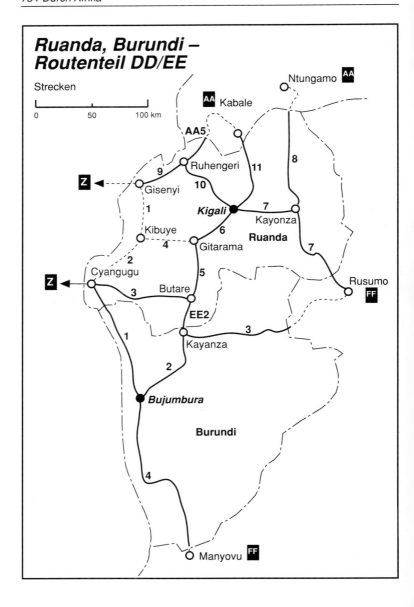

Ruanda – Routenteil DD 735

Ruanda – Routenteil DD

Überblick

Fläche: 26 338 km².

Einwohner: 7 310 000, davon über 1 Million im Bürgerkrieg ermordet, weitere 1,5 Millionen in Lagern der Nachbarländer.

Ethnien: Hutu, Tutsi, einige Pygmäen.

Hauptstadt: Kigali (155 000 Einw.).

Sprachen: Amtssprachen Französisch und Kiniyarwanda, Verkehrssprache Suaheli.

Religion: 62% Christen, 9% Muslime, 23% Naturrelig.

Ruhetag: Sonntag.

Feiertage: 1.1., 28.1., Ostermontag, 1.5., Himmelfahrt, Pfingstmontag, 1.7, 5.7., 1.8., 15.8., 8.9., 25.9., 26.10., 1.11., 25.12.

Stromspannung: 220 V.

Zeit: MEZ + 1 Sd, in der Sommerzeit gleich.

Einreise: Einreise zur Zeit nicht empfehlenswert (siehe Tagespresse).

Impfung/Gesundheit: Gelbfieberimpfung vorgeschrieben. Malariaprophylaxe.

Währung: Ruanda-Franc (Fr.rw.). 1 DM = 78,099 Fr.rw., 100 Fr.rw. = 1,28 DM. Ein- und Ausfuhr von bis zu 5000 Fr.rw. Einfuhr ausländischer Währungen unbeschränkt, aber zu deklarieren; Ausfuhr bis zum deklarierten Betrag.

Kfz: Internationaler Führerschein und Kfz-Schein, ein *carnet de passage* ist nach Auskunft der Botschaft nicht notwendig, eine Haftpflichtversicherung muß an der Grenze abgeschlossen werden.

Treibstoffpreise: Normal 66,80 Fr.rw., Diesel 62 Fr.rw.

Straßenzustand: Größtenteils gut unterhaltene Pisten. Die Routenbeschreibungen stammen aus der Vorkriegszeit.

736 Durch Afrika

Kontrollen: Siehe Tagespresse.

Grenzen: Die Grenzen zu den Nachbarländern sind geschlossen.

Sicherheit: Siehe Tagespresse.

Literatur und Landkarten:
Reiseführer: Michael Köhler, „Richtig Reisen Ostafrika", DuMont Verlag; Fritz Gleiß, „Ostafrika", Express-Reisehandbuch (mit Schwerpunkt auf Hintergrundinformationen).
Landkarten: F & B Ostafrika 1:2 000 000, „Carte touristique et routière" 1:420 000.

Geschichte: Die Urbevölkerung Ruandas, die Twa-Pygmäen, wurde ab etwa 1000 n. Chr. von Einwanderungswellen der bantustämmigen Hutu-Bauern aus ihren angestammten Gebieten vertrieben. Diesen folgten etwa 500 Jahre später die viehzüchtenden Tutsi (Hamito-Niloten), die die Hutu unterwarfen und sie in einer Art feudalem System bis zur Unabhängigkeit beherrschten. Grundlage der Sozialordnung waren sogenannte Klientelverhältnisse, die sozial Niedrigstehende oder Arme (Hutu, aber auch Tutsi) mit einem reichen oder adeligen Tutsi eingingen. Der Tutsi garantierte den Schutz seines Klienten und gab ihm einige Rinder als Lehen. Der Hutu war verpflichtet, dafür die Feldbauarbeiten und andere Dienstleistungen für seinen Herrn zu erfüllen. Zu einer Vermischung zwischen den Ethnien durch Heirat kam es nur selten. Gelang es einem Hutu aber, die für den Brautpreis nötige Zahl an Rindern aufzutreiben, konnte er mit der Heirat eines Tutsi-Mädchens auch in der sozialen Hierarchie sozusagen zum Rang eines Tutsi aufsteigen. Oberster Herrscher war der *mwani,* ein sakraler König, der als Mittler zwischen Erde und Kosmos verehrt wurde. Militärische Posten waren ausschließlich Tutsi vorbehalten. Der intensive Akkerbau führte in Ruanda schon früh zur Verkarstung der Landschaft. Immer wieder kam es zu Hungersnöten unter der Bevölkerung. 1890 geriet das Land unter die deutsche Kolonialgewalt. Nach dem Ersten Weltkrieg ging die Verwaltung auf die Belgier über, die sich auf die traditionellen Machtstrukturen stützten und damit die Tutsi-Elite förderten. Ende der fünfziger Jahre kam es zu einem Aufstand der Hutu, dem 100 000 Tutsi zum Opfer fielen. 1962 erlangte Ruanda die Unabhängigkeit. Der erste Premierminister war der Hutu Gregoire Kayibanda.

Politik: Der alte Konflikt zwischen Tutsi und Hutu prägt auch die Unabhängigkeit Ruandas. Die Regierung versuchte, durch Zuweisung von „Wirtschaftsbereichen" an einzelne Ethnien, das Land neu zu strukturieren: so sollte das Handwerk in den Händen der Twa verbleiben, Ackerbau und Grundbesitz wurden Domänen der Hutu, und Tutsi behielten das Recht auf Viehbesitz. Unter den „enteigneten" Tutsi formierten sich Widerstandsgruppen: nach zahlreichen Guerilla-Überfällen und den darauffolgenden Racheakten der Hutu flohen Tau-

Ruanda – Routenteil DD 737

sende von Tutsi ins benachbarte Uganda und Burundi. Als es auch in Burundi (das die gleiche ethnische Struktur hat) zu Progromen gegen Tutsi kam, drohte erneut Bürgerkrieg. 1973 stürzte Juvenal Habyarimana den Staatspräsidenten. Zusammen mit seinem burundischen Amtskollegen fand er 1994 bei einem attentat den Tod. Die daraufhin ausgebrochenen Kämpfe zwischen Hutu und Tutsi kosteten bis zu 1 Million Menschen das Leben. Nach dem Sieg der Tutsi-Rebellen wurden die Flüchtlinge in den Nachbarländern aufgefordert, heimzukehren. Da sich aber nach wie vor Gerüchte über Vergeltungsaktionen an Hutu halten, wagen die meisten nicht, die Lager zu verlassen. In den Flüchtlingslagern in Zaire hat sich inzwischen eine strenge Kommandostruktur unter Hutu-Milizen etabliert, die weitere Progrome befürchten läßt.

Routeninformationen

DD 1: Gisenyi – Kibuye (114 km)

(03.93, VW-Bus) Glitschige Piste (A/G) bei Regen. Sie führt durch das Gebirge und nähert sich dem Kivu-See bei Kibuye.

Gisenyi – S. Z 39. (Ende Z 39; Beginn DD 9.)
Kibuye – Kleinstadt am Ufer des **Kivusees**. Lebensmittel, Verpflegung. Treibstoff. (Beginn DD 2 und DD 4.)
Unterkunft: kleines Hotel. Unterkunft bei der „St.-Johann-Mission"; Campingmöglichkeit (auf eigenes Risiko) neben dem *guesthouse* am See (schöne Pavillons). Keine Mücken; Baden möglich aber Kobraschlangen im Wasser.

DD 2: Kibuye – Cyangugu (138 km)

Piste (A/G) in relativ gutem Zustand aber glitschig bei Regen. Malerische Strecke am Kivu-See entlang; kurvenreiche Piste; sehr schöne, hügelige Landschaft.

Kibuye – S. DD 1. (Ende DD 1; Beginn DD 4.)
Cyangugu – S. Z 40. (Ende Z 40; Beginn DD 3 und EE 1.)

DD 3: Cyangugu – Butare (148 km)

(03.93, VW-Bus) Asphalt. Guter Straßenzustand aber kurvenreiche Straße. Schöne Berg- und Waldlandschaft.

Cyangugu – S. Z 40. (Ende Z 40 und DD 2; Beginn EE 1.)
Ntendezi – Kleiner Ort. Keine Versorgungsmöglichkeit.
Pindula – Kreuzung. Auf der rechten Seite Beginn einer Piste, die zum Goldsucherdorf Nyungwe führt (Wald- und Tierschutzgebiet; Tour zur Beobachtung der Kolumbusaffen 300 Fr.rw./Person, Besuchszentrum 54 km von Cyangugu, 90 km vor Butare).

738 Durch Afrika

Im Bereich der Paßhöhe ca. 90 km vor Butare Campingplatz auf 2500 m Höhe, keine Versorgungsmöglichkeit.
Gikongoro – Kleiner Ort. Treibstoff.
Butare – 1750 m, 25 000 Einw. Universitätsstadt. Gute Infrastruktur. (Beginn EE 2; Ende DD 5.)
Unterkunft: Hotel „Falke" und Hotel „Ibis", letzteres empfehlenswert (4500 Fr.rw/ DZ).
Sehenswert: das Museum des Nationalinstituts für wissenschaftliche Forschung und das Arboretum.

DD 4: Kibuye – Gitarama (86 km)

(03.93, VW-Bus) Relativ gute, steinige Piste (A/H/I), hügelige Landschaft.

Kibuye – S. DD 1. (Ende DD 1; Beginn DD 2.)
Gitarama – Kleinstadt. Lebensmittel, Verpflegung. Treibstoff nicht immer erhältlich. Hotel. (Beginn DD 5 und DD 6.)

DD 5: Gitarama – Butare (76 km)

(03.93, VW-Bus) Guter Asphalt (einige Löcher).

Gitarama – S. DD 4. (Ende DD 4; Beginn DD 6.)
Kabgayi – 1800 m. Dorf. Lebensmittel, Verpflegung. Treibstoff und Autowerkstatt. Mission (keine Übernachtungsmöglichkeit, da der Erzbischof dagegen ist).
Sehenswert: das Kunst-, Kultur- und Teppichmuseum.
Butare – S. DD 3. (Ende DD 3; Beginn EE 2.)

DD 6: Gitarama – Kigali (53 km)

(03.93, VW-Bus) Asphalt. Guter Straßenzustand.

Gitarama – S. DD 4. (Ende DD 4; Beginn DD 5.)
Kigali – 1550 m, 150 000 Einw. Hauptstadt von Ruanda. Angenehmes Klima. (Beginn DD 7 und DD 11; Ende DD 10.)
Unterkunft: „Meridien", „Mille Collines" und „Diplomates" (alle international und teuer); Unterkunftsmöglichkeit bei der presbyterianischen Kirche von Ruanda, zentrumnah (ca. 650 Fr.rw./Person), Übernachtung im eigenen Fahrzeug ist nicht erlaubt; preiswerte Unterkunft auch im „Town-Hotel", einfach, sauber, gutes Essen (ca. 1000 Fr.rw./DZ); Motorräder können nachts ins Restaurant gestellt werden.
Verschiedenes: die Angestellten des Fremdenverkehrsbüros sind nett und kompetent. Gasflaschen können bei der „Rwanda Petrol Gaz" aufgefüllt wer-

Ruanda – Routenteil DD 739

den; auf dem großen Markt zahlreiche Stände mit Ersatzteilen für verschiedene Automarken (Vorsicht vor Dieben); Kunstgegenstände können nur in staatlichen Läden gekauft werden (empfehlenswerter Laden der „Caritas" am oberen Kreisverkehr im Stadtzentrum). Man kann theoretisch ohne Visum nach Ruanda einreisen, muß dies aber dann vom „Bureau d'Immigration" bestätigen lassen. Visa für Tansania (am selben Tag) und Kenia bei den Botschaften; Botschaft von Uganda in der Avenue de la Paix. Visum für Zaïre innerhalb von 48 Stunden (13 000 Fr.rw.).

DD 7: Kigali – Kayonza – Kibungo – Grenze zu Tansania – Rusumo (185 km)

Asphalt. Guter Straßenzustand.

Kigali – S. DD 6. (Ende DD 6 und DD 10; Beginn DD 11.)
Kayonza – Kleiner Ort. Treibstoff. (Beginn DD 8.)
Kibungo – Kleiner Ort. Treibstoff.
Die Brücke über den Akagera dient als Grenze. Aus- (Ruanda) bzw. Einreiseformalitäten (Tansania) ohne Probleme; Mittagspause von 12:00 bis 15:00 Uhr. Nach 18:00 Uhr keine Abfertigung mehr.
Vorsicht, in Tansania herrscht Linksverkehr.
Rusumo – Kleiner Ort. (Beginn EE 3 und FF 2.)
In der Umgebung: die schönen Wasserfälle über dem Fluß Akagera. Für Fotos Genehmigung der Soldaten einholen.

DD 8: Kayonza – Gabiro – Kagitumba – Grenze zu Uganda – Ntungamo (156 km)

(03.93, VW-Bus) Asphaltstraße bis Kagitumba; danach Piste (A/I). Die Straße führt am westlichen Teil des Nationalparks von Akagera entlang. Aride Landschaft, wenig Vegetation, viele Tiere.

Kayonza – S. DD 7. (Zur DD 7.)
Gabiro – Kleiner Ort. Treibstoff.
In der Umgebung: Nationalpark von Akagera. Eintritt ca. 1500 Fr.rw./Pers. und ca. 1000 Fr.rw./Fahrzeug. Der Park wird eine halbe Stunde vor Sonnenaufgang geöffnet und eine halbe Stunde vor Sonnenuntergang geschlossen. Gute Pisten. Hotel „Akagera" im Süden des Parks (8000 Fr.rw./DZ, einzige Zufahrt zum Park). Der Akagera-Nationalpark war Anfang ´92 wegen der anhaltenden Unruhen zwischen Hutu und Tutsi (zahlreiche Tutsi kommen auch aus Uganda) geschlossen. Sehr viele Tiere aller Arten, aber relativ wenig Raubkatzen. Vorsicht vor Tsetsefliegen, halten Sie die Fahrzeugfenster geschlossen!
Kagitumba – Dorf. Lebensmittel. Formalitäten für die Ausreise aus Ruanda. Schlechte Piste ab Kagitumba; viele Lastwagen.

740 Durch Afrika

Merama Hill – Kleiner Ort. Formalitäten für die Einreise nach Uganda. Vorsicht, in Uganda wird links gefahren.
Ntungamo – S. AA 6. (Zur AA 6.)

DD 9: Gisenyi – Ruhengeri (66 km)

(03.93, VW-Bus) Asphalt. Guter Straßenzustand. Paß in 2500 m Höhe; schöne Landschaft.

Gisenyi – S. Z 39. (Ende Z 39; Beginn DD 1.)
Ruhengeri – 16 000 Einw. Kleinstadt. Gute Infrastruktur.
(Beginn DD 10 und AA 5.)
In der Umgebung: Kunsthandwerkszentrum von Rwaza und der Nationalpark „des Volcans" (etwa 1 km auf der Cyanika-Street, danach nach links abbiegen nach Kingi), wo man Berggorillas beobachten kann; Eintritt und Gorillabeobachtung mit Vulkanbesteigung ca. 120 US-$/Person (Studenten 95 US-$), Träger 300 Fr.rw./Tag; nur Parkbesuch 16 US-$/Person (Aufenthaltsdauer 4 Tage).

DD 10: Ruhengeri – Kigali (94 km)

Asphalt. Guter Straßenzustand. Schöne Landschaft.

Ruhengeri – S. DD 7 (Ende DD 7; Beginn AA 5.)
Kigali – S. DD 6. (Ende DD 6; Beginn DD 7 und DD 11.)

DD 11: Kigali – Byumba – Grenze von Uganda – Kabale (100 km)

(03.93, VW-Bus) Asphalt. Guter Straßenzustand bis zur Grenze, schlecht in Uganda (Löcher), üppige Landschaft.

Kigali – S. DD 6. (Ende DD 6 und DD 10; Beginn DD 7.)
Die Straße führt durch das Nyabugogotal, vorbei an großen Reisfeldern mit zahlreichen Vögeln.
Km 24, auf der rechten Seite Gemüsekooperative der Kajevuba.
Km 45, man verläßt das Tal und fährt in die Hügel (Weizen- und Kaffeeanbau). Schöner Aussichtspunkt.
Km 60, **Byumba** – 2219 m. Kleiner Marktflecken. Lebensmittel. Treibstoff. Bank. Post. Krankenhaus.
Einige Km weiter Grenzübergang für beide Länder (nachts geschlossen). Relativ langwierige Formalitäten. Vorsicht: In Uganda wird links gefahren!
Kabale – S. AA 5. (Ende AA 5; Beginn AA 6.)

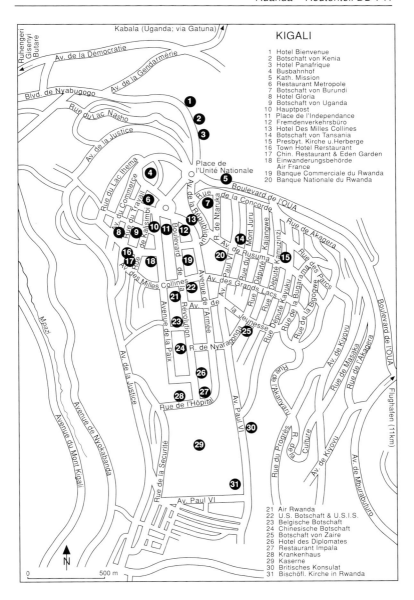

742 Durch Afrika

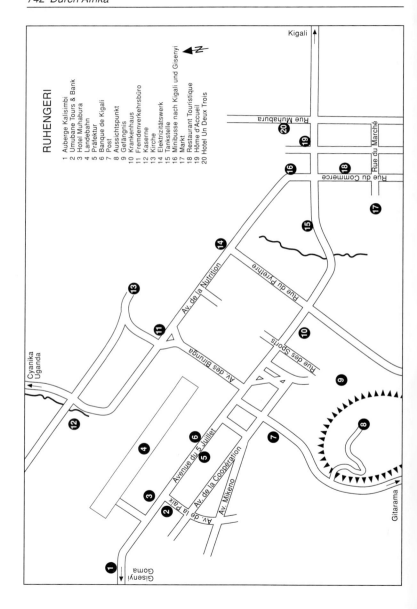

Ruanda – Routenteil DD 743

Notizen:

Burundi – Routenteil EE

Überblick

Fläche: 27 843 km².

Einwohner: 5 818 000.

Ethnien: Hutu, Tutsi, Twa.

Hauptstadt: Bujumbura (300 000 Einwohner).

Sprachen: Amtssprache Französisch und Kirundi, Verkehrssprache auch Suaheli.

Religion: 65% Christen, 33% Naturreligionen, Muslime.

Ruhetag: Sonntag.

Feiertage: 1.1., 1.5., Himmelfahrt, 1.7., 15.8., 3.9., 18.9., 13.10., 1.11., 25.12.

Stromspannung: 220 V.

Zeit: MEZ + 1 Std., in der Sommerzeit gleich.

Einreise: Einreise zur Zeit nicht empfehlenswert (siehe Tagespresse).

Impfung/Gesundheit: Gelbfieberimpfung vorgeschrieben. Malariaprophylaxe und Choleraimpfung dringend empfohlen.

Währung: Franc Burundi. 1 DM = 156,25 F.bu. 100 F.bu. = DM 0,64. Ein- und Ausfuhr bis 2000 F.bu. Einfuhr ausländischer Währungen unbeschränkt, aber zu deklarieren. Ausfuhr bis zum deklarierten Betrag.

Kfz: Internationaler Führerschein und internationale Zulassung, *carnet de passage* erforderlich. Haftpflichtversicherung muß bei der Einreise abgeschlossen werden.

Treibstoffpreise: Super 140 F.bu.; Diesel 130 F.bu.

Straßenzustand: Gut ausgebaute Pisten.

Kontrollen: Siehe Tagespresse.

Burundi – Routenteil EE 745

Grenzen: Die Grenzen zu den Nachbarländern sind geschlossen.

Sicherheit: Siehe Tagespresse.

Literatur und Landkarten:
Reiseführer: Michael Köhler, „Richtig Reisen Ostafrika", DuMont Verlag; Fritz Gleiß, „Ostafrika", Express-Reisehandbuch (mit Schwerpunkt auf Hintergrundinformationen).
Landkarten: Übersichtskarte Michelin 955 1:4 000 000; F & B Kenya, Tanzania, Uganda, 1:2 000 000. Detailkarten ONC-TPC-Karten 1:1 000 000 bzw. 1:500 000.

Geschichte: Burundis Entwicklung verlief parallel zu der des benachbarten Ruanda. Twa-Pygmäen, Hutu und schließlich Tutsi ließen sich hier nieder, die Tutsi als aristokratische Oberschicht mit Hutu-Klientel (s. Ruanda). Im Gegensatz zu Ruanda entstand hier jedoch kein zentralisiertes sakrales Reich, sondern mehrere kleine Königtümer, die sich häufig auch gegenseitig bekriegten. Nach einem kurzen deutschen Kolonial-Intermezzo fiel auch Burundi an die belgische Verwaltung und wurde schließlich 1962 unabhängig. Wie in Ruanda stützten sich auch in Burundi die Belgier auf die traditionelle Herrscherschicht der Tutsi, und die christlichen Missionare konzentrierten ihre Bemühungen ebenfalls ausschließlich auf Bekehrung und Ausbildung der Tutsi-Bevölkerung. Auch die angelegten Kaffeeplantagen waren fast ausschließlich in Tutsi-Händen. Zwar bildete sich in den fünfziger Jahren eine Widerstandsbewegung gegen die Kolonialmacht, die die ethnischen Gegensätze zu überwinden suchte, doch ihr Führer, ein Tutsi-Prinz, wurde ermordet.

Politik: Nach der Unabhängigkeit wurden 1964 Wahlen abgehalten, bei denen Hutu-Abgeordneten die Mehrzahl der Stimmen zufiel. Dennoch weigerte sich der *mwani*, einen Hutu-Premierminister zu bestimmen. Kurz darauf scheiterte ein Putsch von Hutu-Militärs, vor dem der Mwani in die Schweiz floh. Er wurde durch einen Tutsi-Militärrat ersetzt. In den folgenden Jahren kam es immer wieder zu Hutu-Revolten, und 1972 rächte sich die Militärjunta mit einem grausamen Genozid an den Hutu; innerhalb von drei Monaten wurden 200 000 Hutu ermordet, weitere 100 000 flohen nach Tansania. 1987 putschte Major Pierre Buyoya seinen Vorgänger von der Macht, und 1988 wiederholte sich diese Strafaktion, diesmal mit 5000 Toten. 1992 wurde per Referendum über eine neue Verfassung mit Mehrparteiensystem abgestimmt; sie wurde mit 90% der Stimmen angenommen. 14 der 24 Minister des Kabinetts von Staatspräsident Buyoya waren entsprechend dem Bevölkerungsanteil Hutu. 1993 ging der Hutu Melchior Ndadaya aus den ersten freien Präsidentschaftswahlen als Sieger hervor. Er fiel am 21.10.93 einem Attentat zum Opfer. Seither erschüttern auch in Burundi blutige Kämpfe zwischen Hutu und Tutsi das Land, die allerdings (noch) nicht die Ausmaße wie im Nachbarland Ruanda erreicht haben. Daß eine ähnliche Eskalation vor der Tür steht, ist zu befürchten.

746 Durch Afrika

Routeninformationen

EE 1: Cyangugu (Ruanda) – Grenze zu Burundi – Bujumbura (145 km)

(03.93, Landcruiser) Asphalt auf dem größten Teil der Strecke. Den folgenden Angaben genauestens folgen, ansonsten muß man u.U. anstelle zweier Grenzen acht Grenzübergänge passieren.

Cyangugu – S. Z 40. (Ende Z 40 und DD 2; Beginn DD 3.)
Cyangugu über eine Asphaltstraße in Richtung Süden verlassen. Nach einigen km gelangt man zur Asphaltstraße Bukavu – Uvira (Zaire). Auf dieser bis Bugarama fahren.
Bugarama – Kleiner Ort. Formalitäten für die Ausreise aus Ruanda. Am Dorfausgang auf die neue Asphaltstraße nach links abbiegen, die direkt zum Grenzübergang von Lukwa führt.
Lukwa – Kleiner Ort. Formalitäten für die Einreise nach Burundi.
Mparambo – Kleiner Ort. Keine Versorgungsmöglichkeit.
Weiter auf Asphalt bis
Bujumbura – 785 m, 400 000 Einw. Hauptstadt. Sehr angenehme Stadt, aber ziemlich teuer. Gute Infrastruktur. Flughafen. (Beginn EE 4; Ende EE 2.)
Unterkunft: Campingplatz im *cercle nautique* (ca. 500 F.bu./Person), teures Restaurant; ideal für Wassersport (auf Krokodile und Nilpferde achten). Empfehlenswertes „Polar Café", deutscher Besitzer, gute Informationen, Ecke Chaussée Prince Rwaga und Av. France.
Verschiedenes: wöchentlich verkehrt eine Fähre nach **Kigoma** (Tansania) und nach **Mpulungu** (Sambia) mit Verlademöglichkeit für Autos; erkundigen Sie sich an Ort und Stelle über die Preise und Fahrpläne. Die Lebensmittelversorgung ist hier preiswerter als in Ruanda. Touristeninformationen gibt es am Blvd. de l'Uprona, stadtauswärts auf der linken Seite. Die tansanische Botschaft ist an der Av. Grèce.

EE 2: Butare (Ruanda) – Grenze zu Burundi – Bujumbura (166 km)

Asphalt.

Butare – S. DD 3. (Ende DD 3 und DD 5.)
Kurz vor Kayanza, Formalitäten für die Ausreise aus Ruanda und Formalitäten für die Einreise nach Burundi.
Kayanza – Kleiner Ort. (Ende EE 3.)
Bujumbura – S. EE 1. (Ende EE 1; Beginn EE 4.)

Von einem Aufenthalt in Burundi ist z. Z. abzuraten!

EE 3 Rusumo (Tansania) – Grenze zu Burundi – Kayanza (265 km)

(03.93, VW-Bus) Piste (A) bis 30 km hinter Kobero, dann Asphalt.

Rusumo – S. DD 7. (Ende DD 7; Beginn FF 2.)
Der erste Teil dieser Strecke bis Ngara ist nicht auf der Michelin-Karte eingezeichnet. Man erreicht Ngara über eine ganz kleine Piste, die hinter dem Zoll nach links führt und kurz danach den Fluß Ruvubu überquert (kostenlose handbetriebene Fähre).
Ngara – Kleiner Ort. Keine Versorgungsmöglichkeit.
Ab Ngara breitere Piste. 50 km weiter Kabanga.
Kabanga – Kleiner Ort. Formalitäten für die Ausreise aus Tansania (schnell).
Kobero – Kleiner Ort. Formalitäten für die Einreise nach Burundi (noch schneller).
Kayanza – S. EE 2. (Zur EE 2.)

EE 4: Bujumbura – Rumonge – Makamba – Mugina – Grenze zu Tansania – Manyovu (ca. 175 km)

(10.92, Landcruiser) Asphalt bis zur Grenze, dann Piste (A); sehr schöne Landschaften.

Bujumbura – S. EE 1. (Ende EE 1 und EE 2.)
Km 59, sehr schöner Strand mit Surfmöglichkeit; Restaurant (teuer) und Campingplatz.
Rumonge – Kleiner Ort. Keine Versorgungsmöglichkeit.
Bururi – Kleiner Ort. Lebensmittel, Verpflegung. Treibstoff.
In der Umgebung: Quellen des Nil und warme Thermalquellen (Baden), die man über eine asphaltierte Straße erreichen kann.
Makamba – Kleiner Ort. Manchmal Treibstoff.
Mugina – Kleiner Ort. Keine Versorgungsmöglichkeit. Formalitäten für die Ausreise aus Burundi.
Manyovu – Kleiner Ort. Formalitäten für die Einreise nach Tansania (schnell). Vorsicht, in Tansania herrscht Linksverkehr. (Beginn FF 1.)
In der Umgebung: der kleine **Nationalpark von Gombe** (155 qkm, zahlreiche Schimpansen, erreichbar nur von Kigoma aus mit dem Schiff für 50 US-$).

748 Durch Afrika

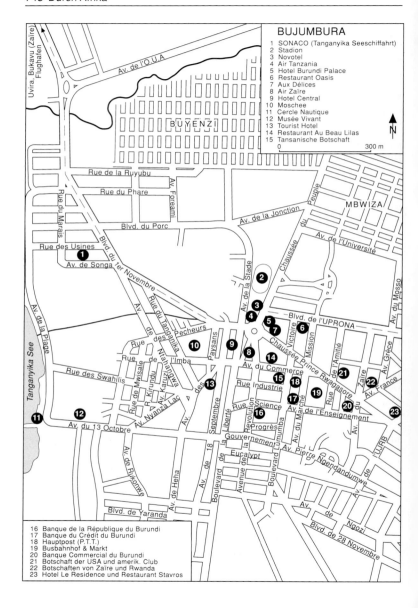

VERLAGSGRUPPE REISE KNOW-HOW

Gerti Wöhe
Nigeria – Hinter den Kulissen

Das dichtbevölkertste Land Afrikas ist ein Reiseland im Umbruch – alte afrikanische Kulturen, Ethnien, Traditionen und die Entwicklung zum Industriestaat prallen mitunter konfliktmächtig aufeinander.
Gerti Wöhe, ausgewiesene Afrika-Expertin, versteht es, die Situation in Nigeria differenziert, mit Anteilnahme und unterhaltsam zugleich zu schildern.
Ein Lesebuch für Touristen, Entwicklungshelfer und „Gastarbeiter" in Nigeria.

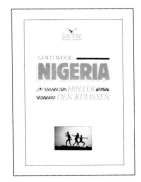

240 Seiten, 16 Farbseiten, 70 s/w-Fotos, DM 28,80
Reise KNOW-HOW Verlag Därr, ISBN 3-921497-30-2

Peter Senger

Afrikanische Reise

Mit dem Auto von Tunis nach Lomé. Ein Streifzug durch Landschaften und Kulturen Nord- und Westafrikas.
Mit zahlr. Zeichnungen von Waltraud Dörr.
Dieses Buch schildert nicht nur die Strapazen und Abenteuer der Reise, sondern führt einfühlsam und mit viel Background zu den Völkern der besuchten Regionen, schildert deren Lebensgewohnheiten, Kultur und Probleme der heutigen Zeit.
Unbedingt als Lesestoff zur Vertiefung vor einer Afrikareise zu empfehlen!
1. Aufl. 91, 308 Seiten, zahlr. Illustrationen, 16 Farbseiten. ISBN 3-921497-91-4   DM 26,80

750 Durch Afrika

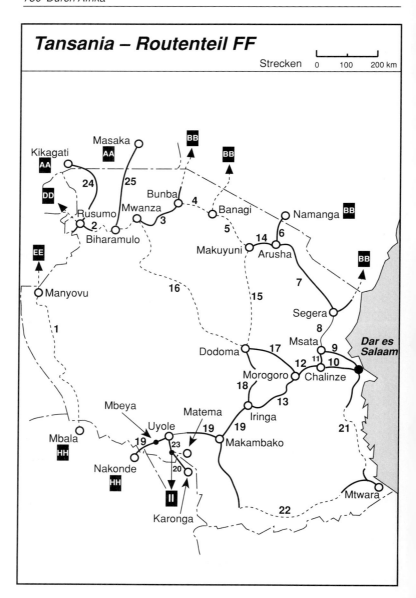

Tansania – Routenteil FF

Überblick

Fläche: 945 087 km².

Einwohner: 25 965 000.

Ethnien: Haya, Makonde, Njamwesi, Massai, Suaheli.

Hauptstadt: Offiziell Dodoma (203 833 Einwohner), Verwaltungssitz ist Dar es Salaam (1 360 000 Einwohner).

Sprachen: Amtssprache Suaheli, Englisch und Bantu- sowie hamitische Sprachen, an der Küste Arabisch.

Religion: 30% Muslime, 30% Naturreligionen, 30% Christen, Hindu-Minderheit.

Ruhetag: Sonntag.

Feiertage: 1.1., 12.1., 5.2., Karfreitag und Ostermontag, 26.4., 1.5., 7.7., 9.12., 25.12. sowie zahlreiche, jährlich wechselnde islamische Feiertage.

Stromspannung: 230 V, Adapter erforderlich.

Zeit: MEZ + 2 Std., in der Sommerzeit + 1 Std.

Einreise: Visumspflicht für Deutsche, Österreicher und Schweizer. Dem Visumantrag ist eine Bescheinigung des Reisebüros über bezahlte Rück- oder Weiterreise oder der Nachweis ausreichender Geldmittel für die Weiterreise beizulegen. In Nairobi ist das Visum innerhalb von 48 Std. erhältlich, an der Grenze gibt es das Visum in wenigen Minuten (für Deutsche 10 US$, andere Nationalitäten zahlen 10–20 US$).

Impfung/Gesundheit: Gelbfieberimpfung vorgeschrieben. Malariaprophylaxe dringend empfohlen.

Währung: Tansania Shilling (TSh). 1 DM = 322 TSh. Ein- und Ausfuhr von TSh verboten. Ausländische Währungen können unbeschränkt eingeführt werden. Dienstleistungen in touristischen Hochburgen werden i. d. R. in Devisen verkauft.

752 *Durch Afrika*

Kfz: Internationaler Führerschein und Kfz-Schein, *carnet de passage*. Eine Straßenbenutzungsgebühr von 60 US-$ wird erhoben (3 Monate gültig, Motorräder frei), plus 3 US$ pro Einreise.

Treibstoffpreise: Super 290 TSh, Diesel 218 TSh. Treibstoff ist in allen Kleinstädten verfügbar.

Straßenzustand: Hauptsächlich Pisten, zum Teil mäßiger Zustand, viele Asphaltstraßen in Bau. Hauptdurchfahrtsstraße Namanga – Arusha – Korogwe – Morogoro – Mbeya in hervorragendem Zustand.

Schiffsverkehr: Verschiedene Schiffsverbindungen auf dem Victoriasee, die mehrere hundert Kilometer schlechte Piste ersparen, z.b. zwischen Bukoba und Mwanza jeweils Di, Do und Sa abend (Ankunft am nächsten Morgen, 60 US-$/Fahrzeug, 3 US-$/Person in der 3. Klasse).

Nationalpark-Gebühren: (Seit Jan. 1994) 110 US$/Tag für 2 Personen mit einer Nacht Camping (20 US$/Pers. + Camping 20 US$/Pers. + 30 US$/Auto).

Kontrollen: Selten.

Grenzen: Die Grenzen zu den Nachbarländern sind geöffnet.

Literatur und Landkarten:
Reiseführer: Michael Köhler, „Richtig Reisen Ostafrika", DuMont Verlag; Fritz Gleiß, „Ostafrika", Express-Reisehandbuch (Schwerpunkt auf Hintergrundinfos).
Landkarten: Übersichtskarte Michelin 955 1:4 000 000; F & B Kenya, Tanzania, Uganda, 1:2 000 000. Als Detailkarten verschiedene Kilimanjaro-Karten in gutem Maßstab lieferbar.

Geschichte: Der Küstenstreifen des heutigen Tansania war bis zur Ankunft der Portugiesen im frühen 16. Jh. als „Land der Zandj" bekannt. Arabische Händler, Piraten und Flüchtlinge hatten sich bereits ab dem 7. Jh. an der Küste niedergelassen, Städte gegründet und sich auch schon bald mit der einheimischen Bantu-Bevölkerung vermischt und sie islamisiert. Die Nachkommen dieser afrikanisch-arabischen Mischbevölkerung nannten sich „Shirazi". Handelsbeziehungen unterhielt Zandj bis nach Indien und China. Die Portugiesen zerstörten die meisten Hafenstädte, in denen sie eine massive Konkurrenz für ihren Indienhandel sahen, wurden aber bereits 200 Jahre später von den Arabern unter Führung des Sultanats Oman wieder vertrieben. Bis zum 19. Jh. verblieb der Küstenstreifen in omanischer Hand, Ende des 19. Jh. wurde Tanganjika der deutschen Kolonialmacht zugesprochen, das omanische Sultanat auf Sansibar geriet unter britische Verwaltung, die nach dem Ersten Weltkrieg auch die ehemals deutschen Festlandsgebiete übernahm. 1954 gründete der

Volksschullehrer Julius Nyerere die TANU (Tanganyikan African National Union). Er wurde 1962, mit Erlangung der Unabhängigkeit, zum Präsidenten gewählt.

Politik: Nyerere verfolgte einen in der „Erklärung von Arusha" 1967 festgelegten sozialistischen Kurs, mit dem vorrangigen Ziel der Selbstversorgung. Die Landwirtschaft sollte dem traditionellen Prinzip der *ujamaa* folgend in kommunalem Besitz sein. Als Symbol der Offenheit für alle ethnischen Gruppen wurde im Herzen des Landes eine neue Hauptstadt, Dodoma, gegründet. Ende der siebziger Jahre wurden die wirtschaftlichen Probleme immer drängender, nicht zuletzt wegen Tansanias Unterstützung für die Widerstandsbewegungen im südlichen Afrika und wegen des militärischen Engagements in Uganda, das schließlich zur Vertreibung Idi Amins führte, dessen Rechnung Tansania aber letzten Endes alleine bezahlen mußte. Der Verfall der Rohstoffpreise (Kaffee, Baumwolle, Gewürze) zwang zu immer größeren Einsparungen. Zu Beginn der achtziger Jahre öffnete sich Tansania wieder stärker ausländischen Investoren, und die Beziehungen zum benachbarten Kenia wurden wieder aufgenommen. Innenpolitisch hielt Nyerere aber auch weiterhin die Zügel in der Hand und verhinderte jede politische Opposition. Bei den Wahlen 1985 bekam Ali Hassan Mwinyi 92% der Stimmen und Nyerere, der *mwalimu* (Lehrer), übergab ihm nach 24 Jahren Präsidentschaft sein Amt. Er führt jedoch weiterhin den Vorsitz der einzigen zugelassenen Partei CCM.

754 Durch Afrika

Routeninformationen

FF 1: Manyovu – Kigoma – Uvinza – Mpanda – Namanyere – Sumbawanga – Kasesya – Grenze zu Sambia – Mbala (ungefähr 825 km)

(10.92, Landcruiser) Piste (A/G/I), gut bis Uvinza, sehr schlecht zwischen Uvinza und Mpanda, danach besser. Schöne Landschaften.

Manyovu – s. EE 4. (Ende EE 4.)

Kigoma – Kleinstadt. Verpflegungsmöglichkeit. Treibstoff.

Unterkunft: „Lake View Hotel" beim Markt, sauber und freundliches Personal (ca. 120 TSh), bestes Restaurant von Kigoma. Campingplatz beim „Railway Hotel" mit Dusche/WC (750 TSh/Person).

Verschiedenes: Schiffe nach Bujumbura (Burundi), Kalundu und Kalemie (Zaire), Lagosa, Kibwesa, Karema, Mtakuja, Kipili, Wapembe, Kala, Kasanga (Tansania) und Mpulungu (Sambia); Tarife und Fahrzeiten bei der Hafenkommandantur erfragen. Fähren nach Mpulungu gehen Mi auf Do und kommen Fr auf Sa an (Kfz 50 000 TSh, Personen 7000 TSh); Buchungen wie folgt (Verweise zum Stadtplan von Kigoma):

a) Im Marinebüro (26) Buchung telefonisch an die Docks bestätigen lassen.

b) Zum Manager von „AMI" gehen (23), der die Autopapiere kontrolliert und eine Zahlungsanweisung für die Verladung ausstellt (15 bis 30 US-$ in bar).

c) Mit der Zahlungsanweisung unter einem, einem Angestellten von „AMI" unter dem anderen Arm geht man zur „Commercial Bank" (8) und zahlt das Geld ein.

d) Die Quittung und den Angestellten trägt man nun wieder zum Manager von „AMI" und zeigt beide her. Der Manager gibt dem Ticketbüro telefonisch Bescheid.

e) Einsam und allein geht man zum Ticketbüro (26) und bezahlt für das Auto. Gleich nebenan darf für die Passagiere bezahlt werden.

f) Im Untergeschoß des Bahnhofs (20) findet sich der Zoll.

g) Zurück am Hafen darf man nun stolz das Schiff entern.

Ujiji – Ort.

Sehenswert: eine Gedenktafel erinnert daran, daß hier am 28.10.1871 Dr. Livingstone von Stanley aufgestöbert wurde.

Kasulu – Ort. Verpflegungsmöglichkeit. Treibstoff.

Von Kasulu nach Uvinza gute Piste, breit und gut gekennzeichnet.

Die Piste umfährt das Dorf Uvinza. Um nach Mpanda zu gelangen, kurz vor Uvinza nach rechts abbiegen und über die Metallbrücke fahren, die den Malagarasi-Fluß überquert. Nach der Brücke in die schmale, ausgefahrene Piste einbiegen, die stark ansteigt. Ab da sehr schlechte Schotterpiste auf einer Strecke von etwa 180 km durch Baumsavanne, teilweise abgebrannt (bei Regen unbefahrbar); für die Fahrt nach Mpanda (die durch das Gelände geht)

Tansania – Routenteil FF 755

sind etwa sieben bis zwölf Stunden einzurechnen. Kein Verkehr. Von Affen und Antilopen abgesehen wenige Tiere. Viele Tsetsefliegen, mit hochgekurbelten Scheiben fahren.

Mpanda – Stadt. Gute Infrastruktur.

Unterkunft: Übernachtungsmöglichkeit im „Norad", einem norwegischen Entwicklungshilfeprojekt.

Zwischen Mpanda und Sumbawanga ist die Piste besser.

40 km im S von Mpanda Einfahrt in den **Katawi-Nationalpark** (40 TSh/Person, 200 TSh/Fahrzeug); viele Tiere, im Park besteht Campingmöglichkeit, wobei einem die Tsetsefliegen treue Gesellschaft leisten.

Sumbawanga – 60 000 Einw., Stadt. Verpflegungsmöglichkeit. Treibstoff.

Unterkunft: *campement*-Hotel.

Zollkontrolle für die Ausreise aus Tansania.

Ab Sumbawanga sehr gute Piste. Sumbawanga in Richtung Mpanda verlassen; am Ortsausgang nach der Brücke die nach links abgehende Piste einschlagen (rechts nach Mpanda).

Kasesya – Grenzstation zwischen Tansania und Sambia, etwa 30 km von Mbala gelegen. Grenzformalitäten für beide Länder.

Mbala – 1647 m. Kleinstadt. Verpflegungsmöglichkeit. Treibstoff. Hotel. (Beginn HH 1 und HH 2.)

Sehenswert: „Moto-Moto-Museum" (handwerkliche Produkte, Musikinstrumente und magische Utensilien).

FF 2: Rusumo – Biharamulo – Geita – Mwanza (347 km)

(01.93, Hilux) Asphalt auf den ersten 100 km (dann links abbiegen auf mäßige Piste (A/G/I). Nach 70 km wird die Piste gut, viele Lkw. Wenige Versorgungsmöglichkeiten unterwegs.

Rusumo – S. DD 7. (Ende DD 7; Beginn EE 3.)

Biharamulo – Kleiner Ort. Guter Empfang in der Mission. Bank. Erste Möglichkeit nach der ruandischen Grenze Treibstoff zu bekommen, Versorgung jedoch nicht immer gesichert.

4 km hinter Birhamulo an der unbeschilderten Abzweigung nach rechts abbiegen (geradeaus geht es nach Bukoba).

Geita – Ort. Schlechte Verpflegungsmöglichkeit. Mehrere Tankstellen, aber nicht immer Treibstoff erhältlich. Bank.

Ab Geita schlechte Piste (aufgerissen, zahlreiche Schlaglöcher) bis zur Fähre nach Busisi (ca. 3 US-$/Fahrzeug); moderne und schnelle Fähren, Dauer der Überquerung 30 Minuten, keine Wartezeiten (allerdings nur, wenn es Diesel gibt). Es gibt inzwischen zwei Fähren über die Mwanza-Bay, die nördlichere, private soll zuverlässiger sein.

Ab dort ist die Piste besser bis 22 km vor Mwanza, dann Reste einer geteerten Straße, die sich in einem extrem schlechten Zustand befindet, mit zahlreichen Schlaglöchern.

756 Durch Afrika

Mwanza – 180 000 Einwohner. Hafen und bedeutendes Baumwollzentrum. Gute Infrastruktur. Treibstoff (manchmal sind Berechtigungsscheine für den Kauf von Treibstoff erforderlich, man bekommt sie beim „Trade Office – Afisa Biashara" des *municipal council*, Balewa Road). Bahnhof und Flugplatz. (Beginn FF 3 und FF 16.)
Unterkunft: Hotel „New Avenue", Balewa Road, ausgezeichnet; Hotel „Natta" (4200 TSh/DZ), auf der Hauptstraße in Richtung Musoma (unweit vom Stadtzentrum), Parkplatz im Hof; „Sayi Guesthouse", billig, mit Gemeinschaftsduschen.
In der Umgebung: die Fähre nach Kamanga (auf der Michelin Karte nicht angegeben), im S der Stadt auf einem Seitenarm des Sees; hübsche Überfahrt, Dauer etwa 45 Minuten, kleine Inseln und Felsen.

FF 3: Mwanza – Magu – Bunba (157 km)

(02.94, BMW 80 GS) Asphalt, auf den ersten 37 km völlig zerstört, dann in relativ gutem Zustand.

Mwanza – S. FF 2. (Ende FF 2; Beginn FF 16.)
Km 17 Abzweigung nach links zum Sukuma-Museum; Campingmöglichkeit (ca. 200 TSh/Fahrzeug), Wasserpumpe defekt (kein Trinkwasser).
Km 135, kurz hinter dem Dorf Lamadi, Zufahrt zum „Kijereshi Camp", mit direkter Zufahrt zum Serengeti-Nationalpark, auch wenn das Westtor überschwemmt ist.
Km 144, Einfahrt in den Serengeti-Nationalpark (siehe FF 4), während Regenfällen geschlossen; Camping kostenlos.
Bunba – Kleiner Ort. Verpflegung. Treibstoff und Werkstätte. Einfachste Hotels. (Beginn FF 4 und FF 5.).
In der Umgebung: die Ukerewe-Insel (Piste, dann Fähre).

FF 4: Bunba – Ikizu – Banagi (151 km)

(01.94, Hanomag AL) Piste (A/I, in der Regenzeit G) in schlechtem Zustand mit schlammigen Abschnitten (bisweilen große Löcher und Niveauunterschiede) bis zur Einfahrt in den Serengeti-Nationalpark; im Parkinneren besser.

Bunba – S. FF 3. (Ende FF 3; Beginn BB 5.)
Ikizu – Kleiner Ort. Treibstoff.
Ikoma – Kleiner Ort.
Sehenswert: das von den Deutschen in der Kolonialzeit erbaute Fort.
Serengeti-Nationalpark – Der bekannteste Nationalpark in Tansania. Eintrittspreis muß in Devisen bezahlt werden: 20 US-$/Person/Tag, 75 US-$/Pkw (150 US-$ über 7,5 t). Zahlreiche Tiere, die man im gesamten Parkareal sehen kann.
Banagi – Abgerissenes Dorf. (Beginn FF 5 und BB 10.)

Tansania – Routenteil FF 757

FF 5: Banagi – Seronera Lodge – Ngorongoro – Makuyuni (232 km)

(08.93, Range Rover) Piste (A/G/I) mittlerer Qualität im Serengeti-Nationalpark; schlechte Piste (viel Wellblech, viele Steine) zwischen der Ausfahrt des Parks und Mto Wa Mbu; besser und breiter zwischen Mto Wa Mbu und Makuyuni. Durchquerung der Massai-Steppe: ist der Tourist freundlich, sind es die Bewohner auch.

Banagi – S. FF 4. (Ende FF 4; Beginn BB 10.)
Um zur „Seronera Lodge" zu gelangen, muß eine ausgebaute Furt durchquert werden; die Abzweigung dorthin ist schlecht ausgeschildert, man sollte sich bei der Einfahrt in den Park erkundigen.
Seronera Lodge – *Lodge* (90 US-$/DZ). Vier Campingplätze etwa 7 km von der *lodge* entfernt, Wasser in Richtung Park. Treibstoff rar; Reparaturwerkstätte. Einwanderungsbehörde zur Verlängerung von Visa.
Ndutu Safari Lodge – *Lodge* an den Ufern des Ndutu-Sees (ca. 55 US-$/DZ), Campingmöglichkeit, jedoch kein Wasser oder Sanitäranlagen.
Ngorongoro-Nationalpark – Der Eintrittspreis muß in Devisen bezahlt werden (siehe Anmerkungen und Preise bei Serengeti-Nationalpark, FF 4). Park von 06:00 bis 19:00 Uhr geöffnet. Zahlreiche Zebra- und Gnuherden, Antilopen, Giraffen usw.
Ngorongoro-Krater – 900 m tiefer Krater mit einem Durchmesser von 20 km (zweitgrößter der Erde). Der Anstieg zum Kraterrand ist bei Regen sehr rutschig. Besichtigung (wenn möglich morgens) nur für allradgetriebene Fahrzeuge möglich, Führer muß gemietet werden (hierzu kann man sich an die Parkleitung bei der *lodge* wenden, ca. 10 US-$/Tag). Anmietung eines Land Rover mit 8 Plätzen und Chauffeur kostet ca. 750 TSh/halber Tag, ca. 1000 TSh/Tag. Vorsicht, einspurige, sehr schlechte Zufahrtstraßen (starke Steigungen).
Unterkunft: „Crater Lodge", eine Blockhütten-Lodge in 2700 m Höhe, ohne Insekten, warme Kleidung ist empfehlenswert, 105 Betten, angenehmer Rahmen, sämtlicher Komfort (90 US-$/DZ); Hotel „Ngorongoro"; „Wildlife Lodge"; „Rhino Lodge"; alle diese Einrichtungen liegen am Kraterrand. „Simba-Camping". Treibstoff und Werkstätte (Mechaniker, Druckluft). Zwischen dem Ausgang des Ngorongoro-Nationalparks und dem Eingang zum Manyara-Park (nachstehend beschrieben) liegt am Rande der Piste das Hotel am Manyara-See am Westrand des Rift Valley mit ausgezeichneter Sicht auf den Park, Pool, exzellente Küche (ca. 60 US-$/DZ); Treibstoff und Werkstätte. In der Nähe das preiswerte Hotel „Starehe" (5000 TSh/Person mit Vollpension), Campingmöglichkeit (600 TSh/Person mit Duschen).
Mto Wa Mbu – Kleiner Ort. Verpflegungsmöglichkeit (Gemüsemarkt und Geschäfte). Manchmal Treibstoff.
Unterkunft: *resthouses*. Zwei Campingplätze, wo kleine Hütten mit Wasser, WC und Küche gemietet werden können.
In der Umgebung: der **Manyara-Nationalpark**, bekannt wegen seiner Baumlöwen (die man mit ein wenig Glück im südlichen Teil des Parks sehen kann),

758 Durch Afrika

den Büffelherden, Elefanten, Nashörnern und zahlreichen Vögeln; am Nachmittag kommen viele Flußpferde ans Ufer (Eintritt ca. 15 US-$/Person/Tag und ca. 20 US-$/Fahrzeug/Tag). Camping am Parkeingang (ca. 12 US-$/Person). Zwischen Mto Wa Mbu und Makayuni ist das Zelten entlang der Piste gefährlich, da in der Nähe ein Truppenübungsplatz liegt.
Makayuni – Kleiner Ort. Treibstoff. (Beginn FF 15; Ende FF 14.)

FF 6: Namanga – Arusha (108 km)

(02.94, Fahrrad) Asphalt in gutem Zustand, wenig Verkehr.

Namanga – S. BB 21. (Ende BB 21.)
Man gelangt in ein Steppengebiet mit üppiger Fauna.
Arusha – 1383 m, 100 000 Einwohner. Gute Infrastruktur.
(Beginn FF 7 und FF 14.)
Unterkunft: „Niamey Beach Guesthouse", sauber, Parkplatz im Hof (400 TSh/ DZ); kleines Hotel am Mount Meru Game Sanctuary. Übernachtungsmöglichkeit bei der katholischen Mission (200 TSh/Person, inklusive Frühstück). Campingplatz am Duluti-See, etwa 13 km entfernt auf der Straße nach Moshi (Streckenabschnitt FF 7, Hinweispfahl bei einer „Caltex"-Station), kein Wasser, wenn man vom See absieht (ca. 160 TSh/Person, ca. 100 TSh/Fahrzeug); Campingmöglichkeit bei der griechischen Schule (am Ortsausgang in Richtung Serengeti und Krater); vom „Clock Tower" 3 km Richtung Moshi Treffpunkt der Reisenden auf Campingplatz mit Duschen, WC, Restaurant und Bar. Gutes Essen im „Safari Grill".
Sehenswert: altes Fort beim Stadtzentrum; der **Arusha-Nationalpark.**
Verschiedenes: sollte die Bank nicht offen sein (ab 13:00 Uhr), kann bei der „State Travel Service Ltd." am Einwanderungsbüro gewechselt werden; vom Schwarztausch auf der Straße wird abgeraten (schon eher bei Händlern). Safaritour für 5 Tage, inklusive Wagen, Chauffeur, Koch und Verpflegung in die Serengeti, nach Ngorongoro und zum Manyara-See kostet zwischen 220 und 260 US-$; geparkte Autos werden häufig aufgebrochen. Gute Land Rover-Werkstatt an der Straße in Richtung Ngorongoro linker Hand; ebenfalls gut die Werkstatt „Swaco" an der Nairobi Moshi Road in Richtung Nairobi auf der rechten Seite (Besitzer spricht deutsch).

FF 7: Arusha – Moshi – Same – Korogwe – Segera
(271 km)

(07.94, Yamaha XT 600) Neue Asphaltstraße.

Arusha – S. FF 6. (Ende FF 6; Beginn FF 14.)
20 km hinter Arusha Zeltmöglichkeit beim Hotel „Tansanide" (ca. 300 TSh/ Person).

Tansania – Routenteil FF 759

Moshi – 809 m, 50 000 Einwohner. Gute Infrastruktur (Treibstoff jedoch nur mit Genehmigung). Großes Krankenhaus. Kaffeeplantagen am Fuße des Pic Uhuru (des höchsten Gipfels des Kilimandjaro).
In der Umgebung: das „YMCA" organisiert Exkursionen zum Kilimandjaro (ca. 250 US-$, 5 Tage). Besteigung des Mawenzi soll ohne Seil möglich sein.
Sehenswert: der Markt.
Himo – Kleiner Ort. Verpflegungsmöglichkeit (Markt und Geschäfte). Treibstoff. Piste (40 km), danach geteerte Straße (120 km) nach Voi (Kenia).
In der Umgebung: das Dorf Marangu, in 1300 m Höhe (Verpflegungsmöglichkeit, Treibstoff, Hotel); Ausgangspunkt für die Besteigung des Pic Uhuru (Gipfel des Kilimandjaro – 5895 m); etwa 300 US-$ für eine von einem Reisebüro organisierte Tour mit Führer und Träger. Die Besteigung des Pic Uhuru ist zwar nicht professionellen Bergsteigern vorbehalten, ist jedoch eine diffizile Bergtour, die eine ausgezeichnete körperliche Fitness voraussetzt. Vor allem die enormen Höhen machen den Bergsteigern zu schaffen – Anpassung für mehrere Tage in einem Zwischenlager auf mittlerer Höhe ist ratsam, sonst besteht die Gefahr der Höhenkrankheit.
Verschiedenes: Straßen nach Voi und Marungu sollen Ende ´95 asphaltiert sein.
Same – Kleinstadt. Verpflegungsmöglichkeit. Treibstoff. Übernachtungsmöglichkeit. Manganminen.
In der Umgebung: das Mkomazi-Jagdrevier.
Korogwe – Kleiner Ort. Verpflegungsmöglichkeit. Treibstoff. Hotel. Tee- und Sisalpflanzungen.
In der Umgebung: 45 km vor Korogwe Abzweigung nach Lushoto. Auf 35 km kurvenreicher Asphaltstraße geht es in die Berge. Übernachtungsmöglichkeit im „Lawn Hotel" mit privatem Parkplatz.
Serega – Kleiner Ort. Keine Versorgungsmöglichkeit.
(Beginn FF 8, Ende BB 31.)

FF 8: Segera – Msata (134 km)

(01.94, Hanomag AL) Asphalt.

Serega – S. FF 7. (Ende FF 7 und BB 31.)
Msata – Kleiner Ort. Keine Versorgungsmöglichkeit. (Beginn FF 9 und FF 11.)

FF 9: Msata – Bagamoyo – Kunduchi – Dar Es Salaam (120 km)

(02.94, BMW 80 GS) Asphalt. Straße in schlechtem Zustand (gefährliche Schlaglöcher).

Msata – S. FF 8. (Ende FF 8; Beginn FF 11.)
Kurz vor Bagamoyo, kostenlose Fähre über den Kingoni-Fluß.

760 *Durch Afrika*

Bagamoyo – Stadt. Gute Infrastruktur. Ehemalige Hauptstadt von Deutsch-Tanganjika, Zentrum für Sklaven- und Elfenbeinhandel, Ausgangspunkte der Forschungsreisen von Livingstone und Stanley.
Sehenswert: die geschnitzten Türen der Häuser im arabischen Stil.
Kaole – Kleiner Ort. Keine Versorgungsmöglichkeit.
Sehenswert: die Gräber aus dem 14. Jahrhundert und die Ruinen einer Moschee aus dem 12. Jahrhundert.
Kunduchi – Ort. Verpflegungsmöglichkeit. Treibstoff.
Unterkunft: Camping beim Hotel „Silversands" möglich: Vorsicht vor Dieben! „Kunduchi Beach Hotel", schlampige Anlage, schlechter Service (45 US-$/DZ).
Sehenswert: Insel Mbudja, wo man gut tauchen und baden kann (Bootsverleih beim „Kunduchi Beach Hotel").
Dar es Salaam – 1,2 Mio. Einwohner. Verwaltungshauptstadt. Stadt mit heruntergekommenen Gebäuden. Visa-Anträge für Sambia können bei der Botschaft nur am Dienstag und Donnerstag ab 9.30 Uhr gestellt werden.
(Beginn FF 10 und FF 21.)
Unterkunft: Hotel „Embassy", nahe der Hauptpost im Stadtzentrum, empfehlenswert; ebenso das „Lutherhouse", Sokoine Drive, sauber, Moskitonetze und Ventilator, warme Duschen (ca. 600 KSh/DZ); Hotel „Continental", in der Nähe des Bahnhofs (ca. 25 US-$ mit Frühstück). Camping 25 km außerhalb der Stadt in Richtung Kunduchi, der Beschilderung des Hotels „Silversand" folgen, Restaurant, Duschen. Gutes Essen im Hotel „Kilimanjaro".
Sehenswert: das Hotel „New Africa" (futuristische Architektur), die Universität, das Nationalmuseum (schöne Sammlung kunsthandwerklicher Gegenstände) und das Freilichtmuseum (verschiedene bäuerliche Bauformen des Landes). Die Gegenstände aus Elfenbein, die die direkt in der Gegend ansässigen Makonde verkaufen, sollten aus Artenschutzgründen nicht mehr erstanden werden.
In der Umgebung: die Insel Sansibar mit Stone Town und einer „Spice Tour" (am besten und preisgünstigsten bei Mr. Mitu, täglich um 9 Uhr bis 15.30 Uhr ab dem „Cinema Afrique" in der Nähe des Hafens, ca. 6 US-$). Überfahrt mehrmals am Tag mit modernen Fähren in 2 bis 4 Stunden, Preise 10 bis 20 US-$ für die einfache Fahrt, abhängig von der Tageszeit, und 5 US-$ Hafentaxe.
Verschiedenes: Vorsicht beim Fotografieren. Auf Diebe achten, die Kriminalität steigt.

FF 10: Dar es Salaam – Chalinze (109 km)

(02.94, BMW 80 GS) Neue Asphaltstraße, viel Verkehr, viele Fußgänger, schlechter Straßenrand.

Dar es Salaam – S. FF 9. (Ende FF 9; Beginn FF 21.)
Chalinze – Kleiner Ort. Verpflegungsmöglichkeit (Markt, billige Ananas). Treibstoff. Restaurant. (Ende FF 11; Beginn FF 12.)

Tansania – Routenteil FF 761

FF 11: Msata – Chalinze (40 km)

(01.94, Hanomag AL) Neue Asphaltstraße.

Msata – S. FF 8. (Ende FF 8; Beginn FF 9.)
Chalinze – S. FF 10. (Ende FF 10; Beginn FF 12.)

FF 12: Chalinze – Morogoro (92 km)

(02.94, Fahrrad) Neuer Asphalt.

Chalinze – S. FF 10. (Ende FF 10 und FF 11.) Maut ca. 3 US-$.
Morogoro – 520 m, 75 000 Einw. Stadt in hübscher Lage am Fuß der Uluguru-Berge. Landwirtschaftliches Zentrum. Gute Infrastruktur. Hotels.
(Beginn FF 13; Ende FF 17.)

FF 13: Morogoro – Mikumi-Nationalpark – Iringa (298 km)

(07.94, Yamaha XT 600) Asphalt mit einigen Schlaglöchern. Bergstraße, herrliche Landschaften.

Morogoro – S. FF 12. (Ende FF 12 und FF 17.)
Km 65, Eingang in den **Mikumi-Nationalpark** (3200 km^2). Viele Tiere, u. a. Löwenrudel, Giraffen, Elefanten, Büffel, Flußpferde, Antilopen. Ein guter Beobachtungspunkt ist „Mkata river flood plain", ca. 5 km vom Parkeingang. Durchfahrt kostenlos. Die Tiere sind auch von der Durchgangsstraße aus zu beobachten.
Unterkunft: Campingmöglichkeit 4 km vom Parkeingang (nicht beschriftet), einfach, für Selbstvesorger. Mehrere saubere und empfehlenswerte *lodges*. Motel „Genesis" mit Campingmöglichkeit.
Iringa – 1710 m, 30 000 Einwohner. Hübsches, von Deutschen gegründetes Städtchen. Verpflegungsmöglichkeit (gute griechische Metzgerei). Treibstoff.
(Beginn FF 19; Ende FF 18.)
Unterkunft: Hotel. *Guesthouse* des „Lutherian Centre" (900 TSh/DZ/Frühstück).
Sehenswert: der Gewürzmarkt.
In der Umgebung: der **Ruaha-Nationalpark** (gute Piste, 110 km), zweitgrößter Nationalpark des Landes, mehr als 300 Tierarten, unter anderem große Elefantenherden; schöner Campingplatz. 10 km hinter Iringa auf der linken Seite ein Schild, das zum Stone Age Isimila weist; dort eine Hütte mit einem Führer zu alten Ausgrabungsstätten mit schönen Felsformationen.

Der Verlag ist dankbar für Hinweise, Ergänzungen und Korrekturen, die die Aktualität dieses Reise-Handbuchs garantieren.

FF 14: Arusha – Makuyuni (74 km)

Neuer Asphalt.

Arusha – S. FF 6. (Ende FF 6; Beginn FF 21.)
Km 26, Beginn einer schlechten Piste (A/H/I) zum Natron-See (im NW); nur in der Trockenzeit befahrbar.
Makuyuni – S. FF 5. (Ende FF 5; Beginn FF 15.)

FF 15: Makuyuni – Babati – Kondoa Irangi – Dodoma (361 km)

(11.90, Fahrrad) Piste (A/H/I) in schlechtem Zustand (aufgerissen). Der Ort Babati muß umfahren werden, da die Straßen zu tief ausgefahren und daher unbefahrbar sind (aufgrund starker Regenfälle). Hügelige Landschaft.

Makuyuni – S. FF 5. (Ende FF 5 und FF 14.)
Km 22, Piste nach links, nach 8 km Eingang in den **Tarangire-Nationalpark** (etwa 2500 km^2); der Park ist verwahrlost. Campingplatz und Restaurant 8 km vom Parkeingang entfernt.
Kolo – Kleiner Ort.
Sehenswert: Höhlenmalereien (Steinzeit); es muß ein Führer gemietet werden, der die Besucher in seinem Fahrzeug befördert (ca. 300 bis 700 TSh).
Kondoa Irangi – Kleinstadt. Verpflegungsmöglichkeit. Treibstoff rar. Großes Krankenhaus.
Dodoma – 1131 m. Stadt. Verpflegungsmöglichkeit. Treibstoff. Hotel. Aufzucht von Schlachtvieh und Weinbau. (Beginn FF 17 und FF 18; Ende FF 16.)

FF 16: Mwanza – Ngudu – Shinyanga – Nzega – Singida – Dodoma (726 km)

(02.94, BMW 80 GS) Piste (A/H, in der Regenzeit I), die ersten 20 km katastrophal; schlechtes Wellblech zwischen Nzega und Dodoma.

Mwanza – S. FF 2. (Ende FF 2; Beginn FF 3.)
Ngudu – Ort. Verpflegungsmöglichkeit. Treibstoff. Sammelunterkunft.
Shinyanga – Ort. Verpflegungsmöglichkeit. Treibstoff. Sammelunterkunft.
Nzega – Ort. Verpflegungsmöglichkeit. Treibstoff. Sammelunterkunft.
Singida – 56 000 Einw. Verpflegungsmöglichkeit. Treibstoff. Sammelunterkunft.
Dodoma – S. FF 15. (Ende FF 15; Beginn FF 17 und FF 18.)

Tansania – Routenteil FF 763

FF 17: Dodoma – Morogoro (260 km)

Asphalt. Unterwegs kein Treibstoff.

Dodoma – S. FF 15. (Ende FF 15 und FF 16; Beginn FF 18.)
Gairo – Kleiner Ort. Verpflegungsmöglichkeit. Treibstoff rar.
Berega – Nördlich der Straße gelegen und nicht südlich, wie in der Michelin Karte angegeben. Keine Versorgungsmöglichkeit. Mission und Krankenhaus.
Morogoro – S. FF 12. (Ende FF 12; Beginn FF 13.)

FF 18: Dodoma – Iringa (260 km)

(11.90, Fahrrad) Piste (A/G/I) mittlerer Qualität. Hügellandschaft.

Dodoma – S. FF 15. (Ende FF 15 und FF 16; Beginn FF 17.)
Iringa – S. FF 13. (Ende FF 13; Beginn FF 19.)

FF 19: Iringa – Mbeya – Tunduma – Grenze zu Sambia – Nakonde (534 km)

(02.94, Fahrrad) Neuer Asphalt.

Iringa – S. FF 13. (Ende FF 13 und FF 18.)
Makambako – 1660 m. Ort. Verpflegung (Markt). Treibstoff. (Ende FF 21.)
Unterkunft: „Tours + Lodge" (1500 TSh/DZ, Frühstück 500 TSh).
Uyole – Kleiner Ort. (Beginn F 23.)
Mbeya – 1710 m, 79 000 Einwohner. Stadt in hübscher Lage am Fuße der Poroto-Berge. Verpflegungsmöglichkeit. Treibstoff. Hotel. (Anfang FF 20.)
Verschiedenes: gute Land Rover-Werkstätte („Cooper Motor Corporation"). Goldminen. Vorsicht vor dem Autoaufkäufer Sulemann.
Mbozi – Kleiner Ort.
In der Umgebung: die Reste eines zwölf Tonnen schweren Meteoriten; unmittelbar hinter Mbozi auf einer kleinen Piste nach NW (10 km).
Tunduma – Kleiner Ort. Treibstoff. Gemeinsamer Grenzposten von Sambia und Tansania. Reisende aus Sambia werden ausführlich über ihre Herkunft und die Gründe ihrer Reise befragt.
Nakonde – Dorf. Keine Versorgung. (Beginn HH 3, HH 4; Ende HH 2.)

FF 20: Mbeya – Tukuyu – Karonga (Malawi) (167 km)

(04.94) Neuer Asphalt (20 km im April 94 noch in Bau), herrliche Berglandschaft.

Mbeya – s. FF 19.
Tukuyu – s. FF 23.

764 *Durch Afrika*

Grenzübergang problemlos (ca. 40 Min.), kein Visum nötig für Malawi.
Karonga – Stadt. Versorgungsmöglichkeiten. Übernachtung in Gasthäusern
am See. (s. II 2.)

FF 21: Dar es Salaam – Kitibi – Kilwa – Lindi – Mtwara (639 km)

(08.90, IVECO 4x4) Asphalt (in schlechtem Zustand) bis Kitibi; danach Piste (A/G/I),
stellenweise sehr schlecht und in der Regenzeit bis Lindi unbefahrbar; Asphalt zwischen
Lindi und Mtwara. Zwischen Nangukuru und Lindi schöne einsame Strände.

Dar es Salaam – S. FF 9. (Ende FF 9; Beginn FF 10.)
Kitibi – Kleiner Ort. Verpflegungsmöglichkeit (Markt). Treibstoff. Post. Hotel.
In der Umgebung: Selou-Nationalpark, Unterkunft in den Camps (mit dem
Wagen nur in der Trockenzeit erreichbar) „Rufiji River" (zu empfehlen), „Behobe-
ho", „Mbuyu" und „Stiegler's Gorge"; Utete-Fähre bei Hochwasser außer Be-
trieb.
Nangurukuru – Kleiner Ort.
In der Umgebung: die Ruinen von Kilwa Kisiwani, Zentrum des Gold- und
Elfenbeinhandels vom 13. bis zum 15. Jahrhundert (mit dem Boot zu errei-
chen).
Lindi – 50 000 Einwohner. Verpflegungsmöglichkeit (Markt). Treibstoff. Schiffs-
verbindungen nach Kilwa, Mafia, Dar es Salaam. Sehr freundliche Bevölke-
rung, zahlreiche Bars mit Musik. Die Stadt liegt an einer großen Bucht.
Unterkunft: „River Rest House" im Stadtzentrum, sauber und ruhig; gutes
Essen gibt es im „Beach Hotel".
Km 92 ab Lindi, **Mikindani** – Hübsch in einer einsamen Bucht gelegener Ort.
Von hier brach Dr. Livingstone zu seiner letzten Reise auf.
Mtwara – 60 000 Einwohner. Verpflegungsmöglichkeit (Markt). Treibstoff. Fo-
tografieren ist nur mit Genehmigung erlaubt. (Beginn FF 22.)
Unterkunft: Hotel „Beach". Campingmöglichkeit bei der deutschen Benedikti-
nermission.
Sehenswert: Makonde-Schnitzereien und die afrikanisch ausgestattete Kirche
bei der Mission.

FF 22: Mtwara – Ndanda – Masasi – Tunduru – Songea – Njombe – Makambako (1017 km)

Asphalt bis nach Masasi; danach, Piste (A/G/I), bisweilen schlecht, bis Songea; Asphalt
zwischen Songea und Makambako.

Mtwara – S. FF 21. (Ende FF 21.)
Masasi – Stadt. Verpflegungsmöglichkeit (Markt). Treibstoff. Hotel.
Tunduru – Stadt. Verpflegungsmöglichkeit (Markt).

Tansania – Routenteil FF 765

Songea – 1100 m, 60 000 Einwohner. Verpflegungsmöglichkeit (Markt). Treibstoff. Hotel. Fotografieren ist nur mit Genehmigung erlaubt.
Njombe – 1950 m. Stadt. Verpflegungsmöglichkeit (Markt). Treibstoff.
Makambako – S. FF 19. (Zur FF 19.)

FF 23: Uyole – Tukuyu – Kyela – Matema
(ungefähr 130 km)

(07.94, Yamaha XT 600) Asphalt (in schlechtem Zustand, zahlreiche Schlaglöcher kurz vor Tukuyu) bis Kyela; dann Piste (A/G/I) in gutem Zustand. Bergige, landschaftlich reizvolle Gegend.

Uyole – S. FF 19. (Zur FF 19.)
Die Strecke führt über die Poroto-Berge.
Tukuyu – Stadt. Verpflegungsmöglichkeit. Treibstoff. Sehr regenreiche Region, Teepflanzungen.
Unterkunft: Campingmöglichkeit bei der „Pentecostal Mission" am nördlichen Ortsausgang (ausgeschildert), kostenlos, keine sanitären Einrichtungen außer Plumpsklo.
Die Strecke führt dann nach Kyela hinab. Gegend mit tiefen Tälern; hübsche kleine Dörfer mit weiß getünchten runden Hütten, die von Umzäunungen aus Bananenblättern umgeben sind.
Kyela – Kleiner Ort. Verpflegungsmöglichkeit (Markt). Treibstoff. (Beginn II 3.)
In der Umgebung: links bergauf zweigt eine ausgeschilderte Piste nach Matema ab. Man kommt zu einer Art Urlaubszentrum mit Café-Bar und _guesthouse_ (3000 TSh/DZ mit Dusche, Camping 1000 TSh), sehr schöner Sandstrand ohne Flußpferde und ohne Bilharziose.
Das Gebiet um Itungi am Ufer des Malawi-Sees sollte vermieden werden, es ist militärisches Sperrgebiet.
Ipinda – Kleiner Ort. Keine Versorgungsmöglichkeit.
Die Piste führt durch Bananenplantagen hindurch. Sehr schöne Landschaften; eindrucksvoller Blick auf die erloschenen Krater der Livingstone-Berge.
Matema – Kleiner Fischerhafen am Ufer dem Malawi-Sees. Herrliche Strände. Krankenhaus. Deutsche Mission.

FF 24: Kikagati – Grenze Tansania – Bugene – Rulenge –
Kayena – Grenze Burundi (301 km)

(08.93, Pajero) Piste (A/H/I).

Kikagati – Dorf. Formalitäten zur Ausreise aus Uganda (schnell, freundlich, korrekt). Nicht vergessen den Ausreisestempel im Paß einzuholen.
Hinter dem Dorf überquert man den Kagera mit einer kleinen handgezogenen Fähre nach Tansania. Etwa 1 km vom Ufer entfernt werden die Einreiseformalitäten nach Tansania erledigt.

766 Durch Afrika

Km 15, die Piste führt auf einen felsigen Hügel und ist extrem schlecht zu befahren.

Km 18, auf dem Hügel zweigt die Strecke nach links ab und umgeht ein ähnlich schlechtes Teilstück wie beim Anstieg.

Km 20, Mission, Übernachtung möglich.

Km 31, Dorf.

Km 72, Kaaro Parish, Station, Piste führt nach links.

Km 108, **Bugene** – Dorf. Verpflegung. Werkstatt.

Km 226, Kreuzung mit Asphaltstraße von Rusumo nach Mwanza. Kleines Dorf, viele Lastwagen. (Zur FF 2.)

Danach führt die Piste durch hügeliges Gelände und ist bei Regenfällen steinig und ausgewaschen und schwierig zu befahren.

Km 251, kleine Siedlung.

Km 271, T-Kreuzung. Die Strecke führt rechts nach Rulenge.

Rulenge – Dorf. Verpflegung.

Hinter Rulenge breite, gut ausgebaute Piste.

Km 286, Serpentinen zur Brücke über den Fluß.

Km 294, Kreuzung, neue Straße in Bau, die rechts nach Rusumo, links nach Kayena führen soll.

Km 301, Grenze zu Tansania. Ausreiseformalitäten.

Dahinter geht es bergab zu einer Asphaltstraße in Burundi.

FF 25: Masaka (Uganda) – Bakoba – Biharamulo (ohne Angabe)

Asphalt bis Kyotera, danach schlechte Piste.

Masaka – S. AA 8. (Zur AA 8.)

Asphalt bis Kyotera, danach gute Piste bis zur Grenze.

Zwischen den Grenzposten Niemandsland mit sehr schlechter Piste.

Bakoba – Dorf.

Danach schlechte Piste bis Biharamulo mit vielen Tsetsefliegen.

Biharamulo – S. FF 2. (Zur FF 2.)

Tansania – Routenteil FF 767

MOSHI

1 Y.M.C.A.
2 China Restaurant
3 Tankstelle
4 Kathedrale
5 National Bank of Commerce
6 Y.W.C.A.
7 Moshi (Livingstone) Hotel & Air Tanzania
8 Post
9 Clock Tower
10 National Bank of Commerce
11 Liberty Hotel
12 Hotel Green View
13 Uhuru Park
14 Lutheran. Zentrum
15 Busbahnhof
16 El Ghaneen's Restaurant
17 Weiße Moschee
18 Bahnhof
19 Polizei
20 Arawa Hotel
21 Boarding & Lodging
22 Markt
23 Hotel Taj Mahal
24 Korini Hotel
25 Mlay's Residential Hotel
26 Newcastle Hotel

768 Durch Afrika

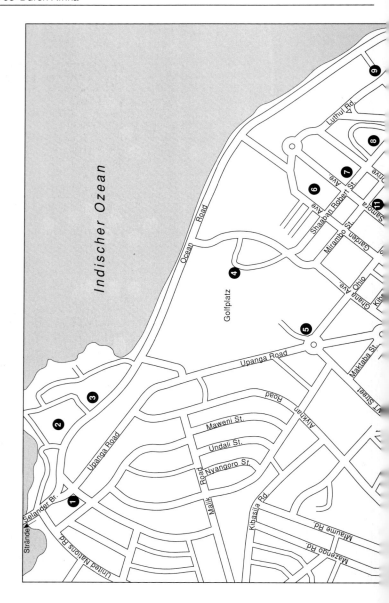

Tansania – Routenteil FF 769

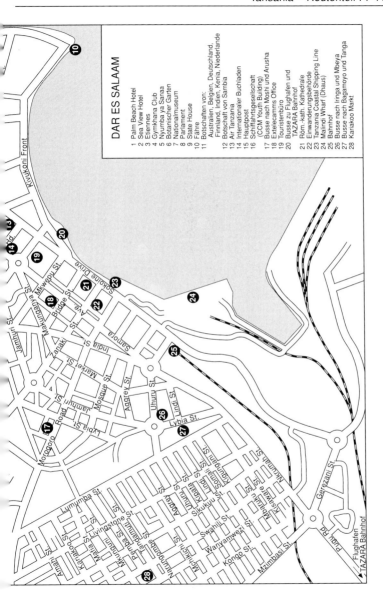

DAR ES SALAAM

1 Palm Beach Hotel
2 Sea View Hotel
3 Etiennes
4 Gymkhana Club
5 Nyumba ya Sanaa
6 Botanischer Garten
7 Nationalmuseum
8 Parlament
9 State House
10 Fähre
11 Botschaften von:
   Australien, Belgien, Deutschland,
   Finnland, Indien, Kenia, Niederlande
12 Botschaft von Sambia
13 Air Tanzania
14 Internationaler Buchladen
15 Hauptpost
16 Schiffahrtsgesellschaft
   (CCM Youth Building)
17 Busse nach Moshi und Arusha
18 Extelecomms Office
19 Touristenbüro
20 Busse zu Flughafen und
   TAZARA Bahnhof
21 Röm.-kath. Kathedrale
22 Einwanderungsbehörde
23 Tanzania Coastal Shipping Line
24 Malindi Wharf (Dhaus)
25 Bahnhof
26 Busse nach Iringa und Mbeya
27 Busse nach Bagamoyo und Tanga
28 Kariakoo Markt

770 Durch Afrika

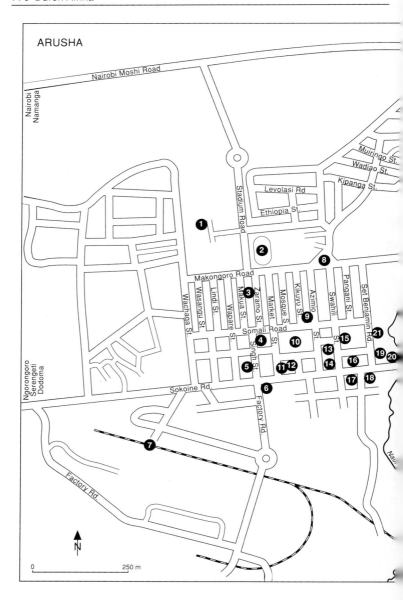

Tansania – Routenteil FF 771

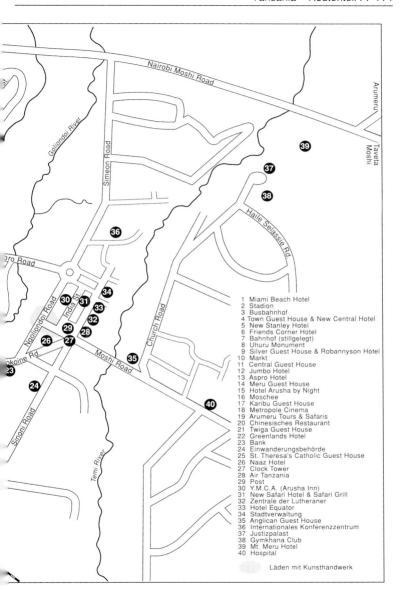

1 Miami Beach Hotel
2 Stadion
3 Busbahnhof
4 Town Guest House & New Central Hotel
5 New Stanley Hotel
6 Friends Corner Hotel
7 Bahnhof (stillgelegt)
8 Uhuru Monument
9 Silver Guest House & Robannyson Hotel
10 Markt
11 Central Guest House
12 Jumbo Hotel
13 Aspro Hotel
14 Meru Guest House
15 Hotel Arusha by Night
16 Moschee
17 Karibu Guest House
18 Metropole Cinema
19 Arumeru Tours & Safaris
20 Chinesisches Restaurant
21 Twiga Guest House
22 Greenlands Hotel
23 Bank
24 Einwanderungsbehörde
25 St. Theresa's Catholic Guest House
26 Naaz Hotel
27 Clock Tower
28 Air Tanzania
29 Post
30 Y.M.C.A. (Arusha Inn)
31 New Safari Hotel & Safari Grill
32 Zentrale der Lutheraner
33 Hotel Equator
34 Stadtverwaltung
35 Anglican Guest House
36 Internationales Konferenzzentrum
37 Justizpalast
38 Gymkhana Club
39 Mt. Meru Hotel
40 Hospital

Läden mit Kunsthandwerk

772 Durch Afrika

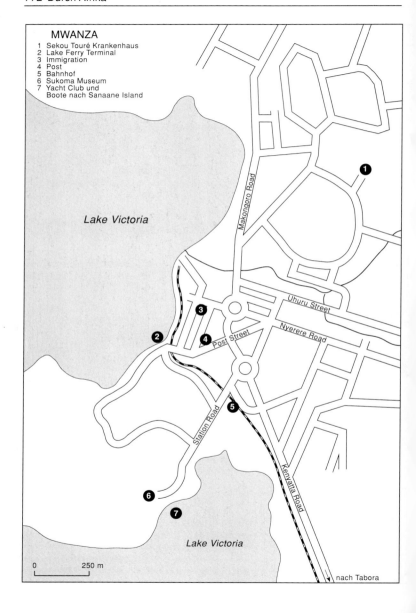

Tansania – Routenteil FF 773

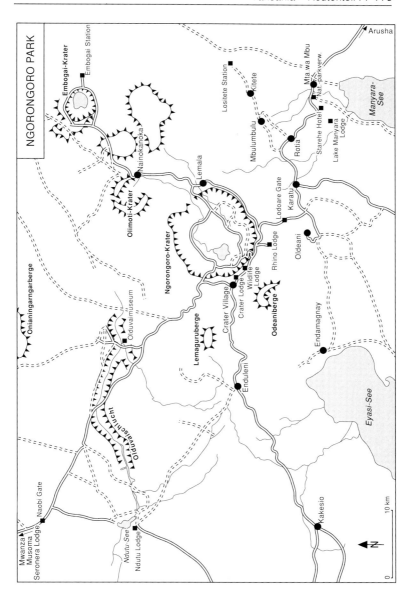

774 Durch Afrika

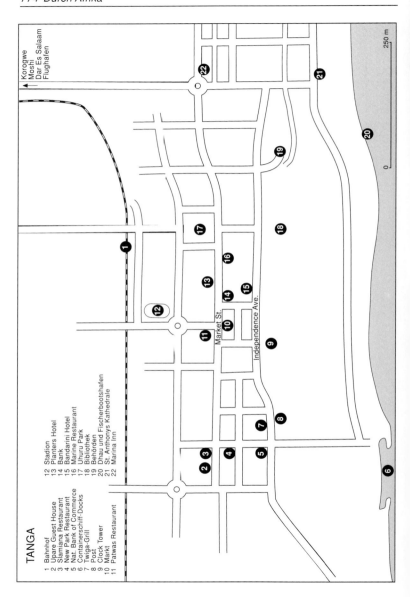

Tansania – Routenteil FF 775

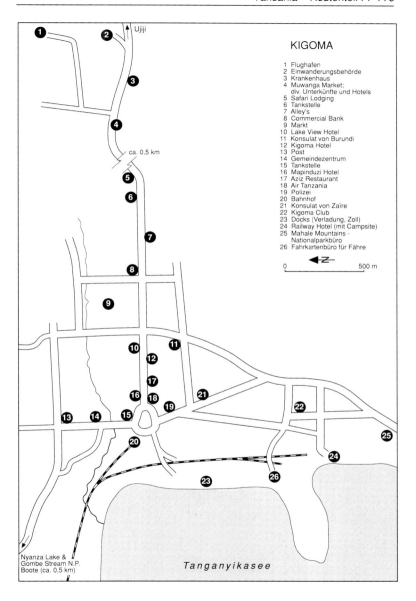

776 Durch Afrika

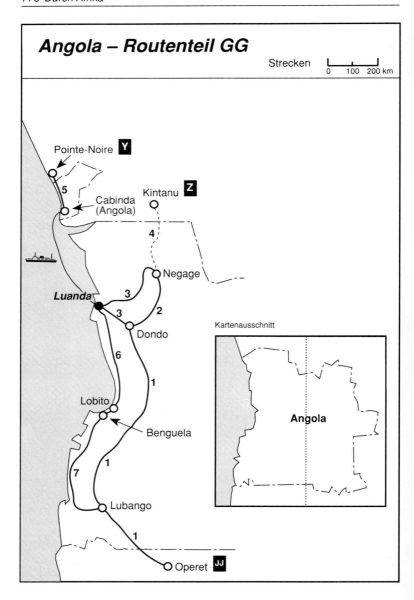

Angola – Routenteil GG

Überblick

Fläche: 1 246 700 km^2.

Einwohner: 9 732 000.

Ethnien: Mbundu, Kimbundu, Muschikongo, einige Buschmanngruppen.

Hauptstadt: Luanda (4 000 000 Einwohner).

Sprachen: Amtssprache Portugiesisch, Bantu-Sprachen.

Religion: 64% Christen, Anhänger von Naturreligionen.

Ruhetag: Sonntag.

Feiertage: 4.4., 1.5., 17.9., 11.11., 10.12., 25.12.

Stromspannung: 220 V.

Zeit: MEZ, in der Sommerzeit - 1 Std.

Einreise: Visumpflicht für Deutsche, Österreicher und Schweizer. Ausreisegenehmigung erforderlich (Antragstellung sofort nach Ankunft). Transitvisum auch in Pointe Noire (Y 3) beim angolanischen Konsulat (gegenüber dem Krankenhaus erhältlich, Ausstellungsdauer 2 Tage, Gültigkeit 5 Tage, Kosten 6000 CFA. Unproblematische Visaverlängerung bei der „D.N.E.F.A." *(immigration)* in der Nähe der britischen Botschaft. Auch nach der Einigung zwischen den Bürgerkriegsparteien (Mai ´95) ist unklar, wann Touristen wieder einreisen dürfen.

Impfung/Gesundheit: Gelbfieberimpfung, Cholera und Tetanus vorgeschrieben. Malariaprophylaxe dringend empfohlen.

Währung: Kwanza (Kz). 1 DM = ca. 58 000 Kz. Ein- und Ausfuhr von Kz verboten. Einfuhr ausländischer Währungen unbeschränkt, aber zu deklarieren. Ausfuhr bis zum deklarierten Betrag abzgl. Umtausch. Gelegentlich wird bei der Einreise von Norden her ein Zwangsumtausch von 5000 CFA gefordert, dies kann aber mit Hinweis auf das Transitvisum abgewiegelt werden.

Kfz: Einfuhr zu touristischen Zwecken war bislang verboten, ist aber nun mit Transitvisum möglich (siehe Einreise), *carnet* nicht erforderlich, aber dafür ca.

778 *Durch Afrika*

1000 CFA „Kosten" (von Kongo aus) für den Chef des Zolls. Für einen Mietwagen ist der internationale Führerschein erforderlich.

Straßenzustand: Einige Asphaltstraßen – häufig zerstört, Pisten.

Treibstoffpreise: Derzeit liegen keine aktuellen Preise vor, Versorgung nur in größeren Städten gesichert.

Kontrollen: Überall an wichtigen Kreuzungen und Stadtein- und Stadtausfahrten.

Sicherheit: Teilweise zerstörte Straßen und Hinweisschilder, kaputte Wasserversorgung, schlechte Lebensmittelversorgung. Wasser unbedingt filtern. Das Reisen ist unsicher, besonders im Landesinneren, in der Gegend um Quileneues, Lubango. Im Dezember 1991 wurden in Quileneues vier britische Touristen erschossen. Die Entmilitarisierung steht noch ganz am Anfang, auch Minen sollen sich an den Straßenrändern befinden. Eine touristische Infrastruktur gibt es so gut wie gar nicht. Der Bürgerkrieg ist noch nicht beendet.

Grenzen: Keine Informationen.

Literatur und Landkarten:
Reiseführer: Deutschsprachige Reiseführer sind nicht auf dem Markt. Zur Einstimmung: das Angola-Kapitel in Tin/Rasmussen, „Auf dem Motorrad durch Afrika", Frederking & Thaler Verlag.
Landkarten: Übersichtskarte Michelin 955, 1:4 000 000. Detailkarten ONC 1:1 000 000, TPC 1:500 000

Geschichte: Die Ureinwohner des Kongo-Beckens, zu dem auch Teile Angolas gerechnet werden, waren Pygmäen und Buschmänner, die durch mehrere Einwanderungswellen bantusprachiger Ethnien aus ihren Stammesgebieten tief in den Regenwald und in die südlichen Savannen vertrieben wurden. Die Bantu-Völker unterhielten intensive Handelskontakte, die bis zur afrikanischen Ostküste reichten und beuteten die im Grenzgebiet des heutigen Angola, Zaïre und Sambia liegenden Kupferminen aus. So entstanden Ende des 14. Jhs. im Kongo-Becken zahlreiche Reiche wie Luba, Matamba, Ndongo und Mbundu, die dem mächtigsten Bantu-Staat Kongo mit seinem König *manikongo*, tributpflichtig waren. Ende des 15. Jh. erreichten die Portugiesen die Küstenlinie und schlossen Handelsverträge mit dem *manikongo* in dessen Hauptstadt Mbanza (Sao Salvador) ab, der alsbald zum Christentum übertrat. Doch Auseinandersetzungen um das Monopol im Sklavenhandel führten bereits 50 Jahre später zum Bruch mit den Portugiesen. Der Sklavenhandel verlagerte sich zunächst südlich nach Ndongo und die Hafenstadt Luanda, doch auch hier flammte immer wieder Widerstand gegen die Portugiesen auf. Eine der legendären Gestalten dieser Kriege war die Ngongo-Königin Nzinga. Kriege und

Sklaverei reduzierten die Bevölkerung dieser Region von etwa 18 000 000 (1450) auf 8 000 000 (1850). Die Kolonisierung Angolas nach der Aufteilung durch die Berliner Kongo-Konferenz ließ sich ebenso beschwerlich an, und es dauerte Jahre, bis auch die Stämme des Landesinneren unterworfen waren. Die portugiesische Kolonialverwaltung beschränkte sich auf die Ausbeutung der großen Plantagen, die Einheimische in Zwangsarbeit zu bewirtschaften hatten. Die portugiesischen Siedler in Angola stammten durchwegs aus den verarmten bäuerlichen Schichten ihres Heimatlandes oder waren freigelassene Kriminelle. Den ersten ernsthaften Widerstand erlebte die portugiesische Kolonie 1961, als weiße Plantagenbesitzer angegriffen wurden. Drei Rebellengruppen kämpften um die Unabhängigkeit: die MPLA, die von den nördlichen Stämmen getragene UPNA, die sich später der FNLA anschlossen, und die UNITA aus Südangola, die sich kurz darauf abspaltete. Die FNLA agierte mit Unterstützung Zaïres und einiger europäischer Länder, ihr Ziel war nicht nur die Vertreibung der Portugiesen, sondern auch die Vernichtung der marxistisch orientierten MPLA. Von der ehem. UdSSR unterstützt hatte die MPLA ihre Basis im Zentrum und dem südlichen Teil Angolas. Die UNITA schließlich, die sich ebenfalls aus südlichen Stämmen rekrutierte, scheute sich in ihrem Kampf gegen die MPLA auch nicht, eine Allianz mit Südafrika einzugehen. Mit der „Nelkenrevolution" in Portugal kam 1974 schließlich auch die Unabhängigkeit für Angola.

Politik: Die Unabhängigkeit bescherte Angola den Bürgerkrieg. Im Norden marschierten zairische Truppen zur Unterstützung der FNLA ein, im Süden zogen südafrikanische Soldaten mit der UNITA in den Krieg. Bereits zwei Jahre später konnten die von Cubanern und zahlreichen sozialistischen afrikanischen Staaten unterstützten MPLA-Verbände einen Großteil des Landes unter ihre Kontrolle bringen. Der Bürgerkrieg wurde dadurch jedoch nicht beendet. 1988 wurde bei einer Friedenskonferenz in Luanda der Abzug cubanischer Truppen an den Rückzug der Südafrikaner gekoppelt. Dem Abkommen folgte eine Großoffensive der UNITA, die mit südafrikanischer Unterstützung noch schnell strategisch wichtige Positionen erobern konnte. 1991 unterzeichnete Präsident Jose dos Santos ein Friedensabkommen mit der UNITA, der auch die Bildung einer vereinigten Armee vorsah. In den Präsidentschaftswahlen 1992 gewann er die absolute Mehrheit, was seinen Widersacher Savimbi dazu bewegte, mit seiner UNITA wieder den Bürgerkrieg aufzunehmen. Friedensvermittlungen und -abschlüsse 1993 und 1994 wurden immer wieder sofort durchbrochen. Im Mai 1995 kam endlich eine Einigung zwischen den Kontrahenten dos Santos und Savimbi zustande – Savimbi akzeptierte den Wahlsieg von dos Santos. Die weitere Entwicklung bleibt abzuwarten...

780 Durch Afrika

Routeninformationen

GG 1: Operet (Namibia) – Oshikango – Grenze zu Angola – Xangongo – Lubango – Huambo – Dondo (1426 km)

(03.92, VW-Bus Synchro) Ab der Grenze miserable Piste (A/C/G/I) mit zum Teil metertiefen Minentrichtern, danach bis kurz vor Chibia Asphalt.

Operet – S. JJ 25. (Ende JJ 25 und JJ 26.)
Oshikango – 1180 m. Kleinstadt. Wenig Versorgungsmöglichkeiten. Ausreiseformalitäten bei Ausreise nach Namibia erledigen. Einige km weiter Grenzübergang, Ein- bzw. Ausreisestempel der „D.N.E.F.A." geben lassen.
Ondjiva – Fürchterlich zerstörte Kleinstadt. Am Ortsausgang kleiner Markt mit importierten Waren aus Namibia.
Xangongo (ehem. Roçadas) – Kleinstadt. Keine Versorgung. Ein-/Ausreisestempel bei „D.N.E.F.A." (Büro im Hinterhof, nahe der geschloss. Tankstelle).
Kurz nach Xangango Überquerung des Flußes Cunene auf einer Behelfsbrücke. Polizeikontrolle. Sehr schöne Landschaften zwischen Xangongo und Lubango. Weiter durch einige Dörfer ohne Versorgungsmöglichkeiten bis
Chibia – Restaurant, Tankstelle geschlossen.
Lubango (ehemals Sa da Bandeira) – 1774 m Kleinstadt mit angenehmem Klima. Lebensmittel, Bank, Hotels, letzte bzw. erste intakte Tankstelle seit bzw. bis Namibia, die Versorgung ist allerdings nicht immer gesichert.
Sehenswert: Museum, Gebirge in der Umgebung, zahlreiche Bauten aus der Zeit der portug. Besetzung (keine Angaben, ob die Bauten noch existieren).
Huambo (ehem. Nova Lisboa) – 1710 m, 203 000 Einw. Verpflegung. Treibstoff. Hotel.
Dondo – Kleinstadt. Versorgung nicht gesichert. Hotel. (Beginn GG 2, GG 3.)
Sehenswert: das ethnographische Museum, falls es noch existiert (zahlreiche Tonbandaufnahmen traditioneller Musik aus dem Nordosten des Landes).

GG 2: Dondo – Negage (314 km)

Asphalt (B).

Dondo – S. GG 1. (Ende GG 1; Beginn GG 3.)
Negage – Marktflecken. Lebensmittel, Verpflegung. Treibstoff. Hotel.
(Beginn GG 4; Ende GG 3.)

GG 3: Dondo – Luanda – Uige – Negage (565 km)

Asphalt (B). Schöne Landschaften; Kaffeeanbau.

Dondo – S. GG 1. (Ende GG 1; Beginn GG 2.)

Angola – Routenteil GG 781

Luanda – 74 m, 1 350 000 Einw. Gute Infrastruktur. Die Stadt wurde 1576 von den Portugiesen gegründet. Stadt im Wiederaufbau, Hotels, Tankstellen (Diesel nicht überall erhältlich), Banken.
Sehenswert: die Festung „Sao Miguel" (17. Jahrhundert), die Avenida Marginal (17. Jahrhundert), das Angolamuseum, das Kaffeemuseum.
Caxito – Marktflecken, Unterkunft, Versorgung nicht gesichert.
Uige (ehemals Carmona) – 826 m. Kleinstadt. Hauptort des Kaffeeanbaugebiets. Lebensmittel, Verpflegung. Treibstoff. Sehenswert: das ethnographische Museum (Holz- und Elfenbeinschnitzerei der Congo).
Negage – S. GG 2. (Ende GG 2; Beginn GG 4.)

GG 4: Negage – Banza Sossô – Grenze zu Zaire – Kizenga – Kintanu (ca. 420 km)

Piste (A/B/H/I).

Negage – S. GG 2. (Ende GG 2 und GG 3.)
Banza Sossô – Dorf. Formalitäten für die Ausreise aus Angola.
Kizenga – Dorf. Formalitäten für die Einreise nach Zaire.
Kintanu – Bahnhof, Marktflecken. Lebensmittel, Treibstoff nicht gesichert. (Beginn Z 1 und Z 2.)
Sehenswert: der botanische Garten.
In der Umgebung: die 60 m hohen **Zongo-Wasserfälle** (55 km über schlechte Piste).

GG 5: Pointe Noire (Kongo) – Cabinda (139 km) (bzw. Luanda)

(03.92, VW-Bus Synchro) Bis Nzassi Piste (A), anschließend Teerstraße mit Schlaglöchern bis Cabinda. Fahrzeugverschiffung bis Luanda.

Ponte Noire – S. Y 3 (Ende Y 3; Beginn GG 5.)
Nzassi – Ausreiseformalitäten Kongo.
Massabi – Einreiseformalitäten Angola, Fahrzeugdurchsuchung, kein *carnet* erforderlich (dafür 1000 CFA für den Zollchef). Internationaler Impfpaß mit Cholera- und Tetanusimpfung wird verlangt. Angeblich Zwangsumtausch von 5000 CFA (kann mit Hinweis auf das Transitvisum abgewendet werden).
Cabinda – Stadt. Lebensmittel. Bank. Treibstoff (nicht immer). Hafen.
Schifftransport nach Luanda: Buchung bei „Cabotane U.E.E.", Büro gegenüber der Hafeneinfahrt, Preis Verhandlungssache (für einen VW-Bus und Unimog und 5 Personen 900 US-$, ein Vielfaches des Preises für Einheimische). Abfahrt Cabinda Freitag abend, Verladung mit dem Kran, da der Höhenunterschied zwischen Kai und Laderampe des Schiffes groß ist. Unbeschreibliche Zustände auf dem Schiff. Ankunft Luanda gegen Mitternacht. Schwieriges Ver-

782 *Durch Afrika*

lassen des Schiffes über die Laderampe wegen des bekannten Höhenunterschiedes (kein Kran vorhanden). Es wird von Einheimischen empfohlen, das Hafengelände erst nach Sonnenaufgang zu verlassen (nächtliche Überfälle). **Luanda** – S. GG 3. (Ende GG 5; Beginn GG 6.)

GG 6: Luanda – Porto Amboin – Sombe – Lobito (517 km)

Bis km 370 guter Asphalt, anschließend Teerstraße mit Schlaglöchern, unterbrochen von kurzen Pistenstücken (I/C).

Porto Amboin – Kleine Stadt ohne Versorgungsmöglichkeit.
Km 346, **Sombe** – Dorf. Treibstoff (nicht immer). Keinerlei touristische Infrastruktur.
Km 435, Restaurant mit Übernachtungsmöglichkeit. Gute Steaks mit Pommes, kalte Getränke.
Kurz vor Lobito Übergang der Savanne in Steinwüste.
Km 517, **Lobito** – Polizeikontrolle. Bedeutende Hafenstadt mit besserer Versorgungslage. Treibstoff. Hotel. Werkstätten. Markt. (Beginn GG 7.)

GG 7: Lobito – Benguela – Dombe Grande – Bentia – Caraculo – Lubango (545 km)

(03.92, VW-Bus Synchro) Bis kurz vor Dombe Grande gute Teerstraße, anschließend Piste (A/C/G/I). Ab km 235 wieder Teerstraße, unterbrochen mit kurzen Pistenstücken.

Lobito – S. GG 6.
Bis Benguela starker Verkehr.
Benguela – Hafenstadt mit ebenfalls besserer Versorgung. Treibstoff.
Dombe Grande – Polizeikontrolle. Dorf ohne Versorgungsmöglichkeit.
Km 133, sandige Flußdurchquerung. Im Monat März führt der Fluß Wasser (ca. 50 cm an der Furt); die Durchfahrt kann sehr schwer sein, besonders gegen Abend, wenn viele Fahrzeuge den lockeren Untergrund aufgewühlt haben; keine Möglichkeit der Umfahrung.
Bis Km 235 steinige Wellblechpiste.
Km 235, Abzweigung nach rechts nach **Santa Maria**, Beginn der Teerstraße.
Km 246, intakte Brücke, anschließend 6 km Piste.
Km 292, **Bentiaba** – Dorf ohne Versorgungsmöglichkeit.
Km 396, Polizeikontrolle, Kreuzung; rechts nach Namibe, links nach Lubango.
Caraculo – Restaurant. Tankstelle geschlossen.
Km 491, Beginn einer gut ausgebauten Paßstraße auf das Hochplateau (bis 2000 m), herrliche Aussicht.
Km 544, **Lubango** – Stadt. Bank. Hotel. Letzte intakte Tankstelle vor Namibia, Treibstoff aber nicht immer vorhanden.

Angola – Routenteil GG 783

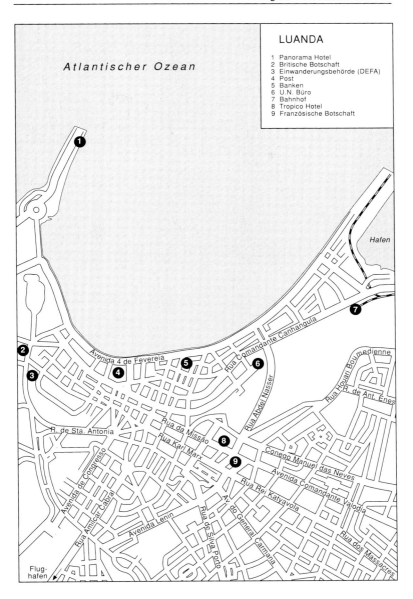

784 Durch Afrika

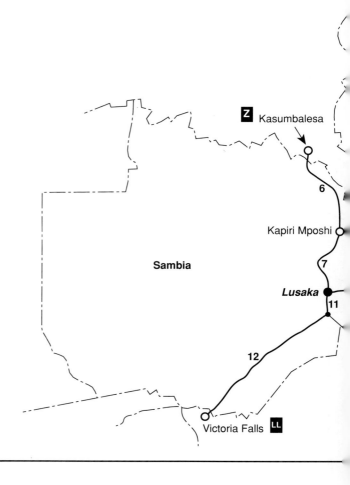

Sambia – Routenteil HH 785

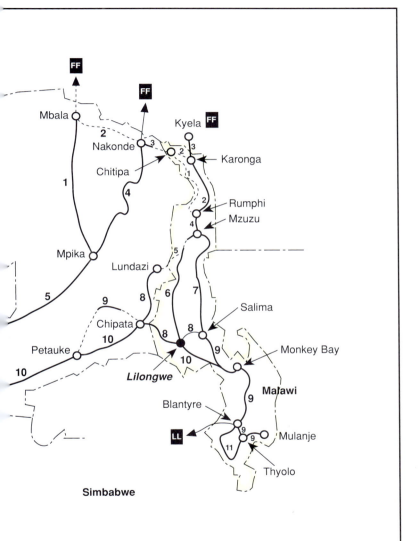

786 Durch Afrika

Sambia – Routenteil HH

Überblick

Fläche: 752 614 km².

Einwohner: 8 300 000.

Ethnien: Bemba, Tonga, Ngoni, einige Buschmanngruppen, Europäer. 1994 zahlreiche Flüchtlinge aus Angola, Zaire und Moçambique.

Hauptstadt: Lusaka (982 362 Einwohner).

Sprachen: Amtssprache Englisch, Bantu-Sprachen als Umgangssprachen.

Religion: 66% Christen, Anhänger von Naturreligionen, etwa 20 000 Muslime.

Ruhetag: Sonntag.

Feiertage: 1.1., Karfreitag, Karsamstag, 1.5., 24.5., 6.7., 7.7., 7.8., 9.8., 24.10., 25. und 26.12.

Stromspannung: 220/250 V.

Zeit: MEZ + 1 Std., in der Sommerzeit gleich.

Einreise: Visumpflicht für Deutsche, Österreicher und Schweizer. Nachweis ausreichender Geldmittel bzw. gültiges Rück-/Weiterreiseticket (evtl. wird die Vorlage eines Führungszeugnisses verlangt). Die sambische Botschaft versendet eine interessante Info-Broschüre (frankierten Rückumschlag beilegen). Transitvisum (3 Tage Gültigkeit, 10 US$/Pers., 20 US-$ Single Entry, 30 US$ Double Entry) ist an der Grenze erhältlich. Einreise per Schiff siehe FF 1.

Impfung/Gesundheit: Gelbfieber- und Choleraimpfung vorgeschrieben. Malariaprophylaxe dringend empfohlen.

Währung: Kwacha (Kw). 1 DM = 400 Kw. 100 Kw = 0,25 DM. Einfuhr von Kw verboten, Ausfuhr bis zu 100 Kw. Einfuhr ausländischer Währungen unbeschränkt, aber zu deklarieren. Ausfuhr bis zum deklarierten Betrag abzgl. Umtausch.

Kfz: Internationaler Führerschein und Kfz-Schein, *carnet de passage* wird nicht anerkannt, eine temporäre Einfuhrbewilligung muß ausgestellt werden (kosten-

Sambia – Routenteil HH 787

los), Haftpflichtversicherung muß i. d. R. bei der Einreise abgeschlossen werden. Nicht nachts fahren, da laut Gesetz nur ein Abblendlicht funktionieren darf (da man nicht weiß, ob dieses bei einem entgegenkommenden Fahrzeug das rechte oder das linke ist, hat man ein Problem).

Treibstoffpreise: Super 1200 Kw/l, Diesel 1000 Kw/l.

Straßenzustand: Teils sehr schlecht unterhaltene Pisten.

Kontrollen: Einige Straßenkontrollen. Vorsicht beim Fotografieren!

Grenzen: Die Grenzen zu den Nachbarländern sind geöffnet.

Literatur und Landkarten:
Reiseführer: Wolfgang Senftleben, „Mai's Weltführer Sambia", mit ausführlicher Landeskunde. Bornemann/Hämel, „Reise Know-How Simbabwe mit Botswana, Sambia, Malawi und Mocambique", Därr Reisebuch-Verlag.
Landkarten: Übersichtskarte Michelin 955 1:4 000 000, Fliegerkarten ONC 1:1 000 000, TPC 1:500 000.

Geschichte: Auch das Territorium Sambias und damit das Königreich Luanda gehörte zu den großen Congo-Reichen, die sich zwischen dem 14. und dem 18. Jh. im Congo-Becken bildeten (s. Angola). Mit dem Niedergang des Sklavenhandels verlor der *mwata* Luandas seine Macht und es bildeten sich zahlreiche kleine Fürstentümer. Versuche portugiesischer Händler, durch das sambische Territorium eine Verbindung zwischen den Handelsplätzen Angola und Moçambique zu schaffen, scheiterten. Stattdessen bemächtigte sich Cecil Rhodes, von Süden kommend, auch dieser Region und verleibte sie seiner „British-South Africa Co." ein. Das neue Territorium wurde North-Rhodesia genannt. Sein Reichtum, die Kupferminen, wurde von südafrikanischen und US-amerikanischen Gesellschaften ausgebeutet. 1953 wurde Sambia zusammen mit Rhodesien und Nyasaland (Malawi) verwaltungstechnisch zu einer Föderation unter Führung Rhodesiens zusammengeschlossen. Dies gegen den Widerstand der Unabhängigkeitsbewegung ANC, zu der auch Kenneth Kaunda gehörte. Durch die Föderation flossen fast alle Gewinne aus sambischem Territorium in Investitionen in Rhodesien. Sambia selbst profitierte kaum von dem Überschuß, den seine Kupferminen erwirtschafteten. Mit der Unabhängigkeit 1964 übernahm Kenneth Kaunda ein verarmtes Land mit geringster Infrastruktur.

Politik: Das unabhängige Sambia war zunächst fast gänzlich von feindlichen Ländern eingekreist: die portugiesischen Kolonien Angola und Moçambique im Osten und Westen, im Süden Rhodesien, Namibia und Südafrika. Trotzdem bot Kaunda Mitgliedern fast aller Widerstandsbewegungen Unterschlupf in Sambia und ließ sie von seinem Territorium aus operieren. Die Kupferminen wur-

788 Durch Afrika

den verstaatlicht. Der Bau der Bahnlinie nach Tansania durchbrach 1974 Sambias Isolation und schaffte einen Zugang zum Meer. Der Verfall der Kupferpreise zu Beginn der achtziger Jahre schwächte Sambias Wirtschaft und führte zu Streiks der Minenarbeiter. Kaunda reagierte mit Verhängung des Ausnahmezustandes. Seither haben die zunehmenden wirtschaftlichen Probleme des Landes und die Maßnahmen des IMF zur Sanierung der Wirtschaft immer wieder zu massiven Protesten der Bevölkerung und insbesondere der Gewerkschaften gegen die verkrusteten Führungsstrukturen geführt. 1990 wurde ein Demokratisierungsprozeß eingeleitet und 1991 die ersten freien Wahlen in der Geschichte Sambias abgehalten aus der der Oppositionskandidat und Gewerkschaftsführer Frederick Chiluba als Sieger hervorging. Ob ihm eine politische und wirtschaftliche Stabilisierung gelingt wird sich zeigen. Bislang wurde ein drastischer Sparkurs zur Sanierung der Staatsfinanzen eingeleitet, der die Bevölkerung zwingt den Gürtel noch enger zu schnallen.

Begrüßungszeremoniell im Sambesi-Gebiet (hist. Darstellung)

Sambia – Routenteil HH 789

Routeninformationen

HH 1: Mbala – Kasama – Mpika (376 km)

Asphalt. Straße in ausgezeichnetem Zustand.

Mbala – S. FF 1. (Ende FF 1; Beginn HH 2.)
Kasama – 1332 m. Kleinstadt. Verpflegung. Treibstoff. Hotel. Polizeikontrolle
zwischen Kasama und Mpika (sehr freundlich).
Mpika – Kleinstadt. Verpflegung. Treibstoff. Hotel. (Beginn HH 5; Ende HH 4.)

HH 2: Mbala – Nakonde (194 km)

Piste (A/I).

Mbala – S. FF 1. (Ende FF 1; Beginn HH 1.)
Nakonde – S. FF 19. (Ende FF 19; Beginn HH 3 und HH 4.)

HH 3: Nakonde – Nyala – Grenze zu Malawi – Chitipa (94 km)

Asphalt auf den ersten 27 km; danach Piste (A/I).

Nakonde – S. FF 19. (Ende FF 19 und HH 2; Beginn HH 4.)
Nakonde in Richtung Norden verlassen.
Km 27, an der „Mobil"-Tankstelle (die nicht immer Treibstoff vorrätig hat) nach
rechts in Richtung Osten abbiegen; ziemlich gute Piste bis Nyala.
Nyala – Kleiner Ort. Formalitäten für die Ausreise aus Sambia.
Chitipa – Kleiner Ort. Treibstoff. Formalitäten für die Einreise nach Malawi.
(Beginn II 1 und II 2.)

HH 4: Nakonde – Isoka – Mpika (333 km)

Asphalt. Die Straße ist bis Isoka in ziemlich schlechtem Zustand.

Nakonde – Siehe FF 19. (Ende FF 19 und HH 2; Beginn HH 3.)
Isoka – Kleinstadt. Verpflegung. Treibstoff. *Resthouse.*
Mpika – S. HH 1. (Ende HH 1; Beginn HH 5.)

---

*Achtung: Durch die extrem hohe Inflation können
die Preisangaben überholt sein.*

790 Durch Afrika

HH 5: Mpika – Kanona – Kapiri Mposhi (434 km)

Asphalt. Straße in ausgezeichnetem Zustand, aber langweiliger Streckenabschnitt.

Mpika – S. HH 1. (Ende HH 1 und HH 4.)
Km 145, Piste rechts nach **Chitambo** (100 km), einem Dorf, keine Verpflegungsmöglichkeit.
Sehenswert: die Livingstone-Gedenkstätte; der Baum, unter dem der Forscher im Mai 1873 beerdigt wurde, steht immer noch.
Einige km nach der Kreuzung, am Kilometerpunkt 145, liegen die prähistorische Höhlen und Zeichnungen von **Nsalu** (aus den Anfängen der Steinzeit).
Kanona – Kleiner Ort.
In der Umgebung: die wunderschönen **Kundalila-Wasserfälle**, am Kaombe-Fluß, mit einer Höhe von mehr als 70 m (Camping in der Nähe möglich); am Ortseingang die Piste einschlagen, die nach links führt.
Kapiri Mposhi – Kleiner Ort. Treibstoff. (Ende HH 6; Beginn HH 7.)

HH 6: Kasumbalesa (Zaire) – Grenze zu Sambia – Nchanga – Kitwe – Kapiri Mposhi (234 km)

Asphalt.

Kasumbalesa – S. Z 3. (Ende Z 3.)
Der Grenzposten für die Einreise nach Sambia befindet sich etwa 500 m nach dem Posten von Zaïre.
Hier beginnt der *copperbelt* (Kupfergürtel) von Sambia.
Kapiri Mposhi – S. HH 5. (Ende HH 5; Beginn HH 7.)

HH 7: Kapiri Mposhi – Kabwe – Lusaka (206 km)

Asphalt.

Kapiri Mposhi – S. HH 5. (Ende HH 5 und HH 6.)
Kabwe – 1181 m, 143 000 Einw. Stadt. Verpflegung. Treibstoff. Hotel. Blei und Zinkminen.
Sehenswert: der große Baum, Versammlungsplatz der führenden Häupter des Ortes.
Lusaka – 1296 m, 870 000 Einw. Hauptstadt. Gute Infrastruktur.
(Beginn HH 11; Ende HH 10.)
Unterkunft: Camping in „Makeni Caravan Camp", Straße nach Kafue, 1 km vom Zentrum entfernt, nicht empfehlenswert; bessere Adresse ist das „Motel Andrews", Great North Road, ca. 10 km von der City entfernt vom Süden (Kafue) kommend (Camping ca. 25 Kw/Person); neuer bewachter Campingplatz „Landa Camping", Chavama Road, 2 km südlich der Stadt, Sanitäranla-

Sambia – Routenteil HH 791

gen, Warmwasser, Fahrzeuge gratis (3 US-$/Person); „Eureka Camping", auf
einer Farm 10 km außerhalb Richtung Kafue Road, von Südafrikanern geführt,
Bar, Möglichkeit Fleisch zu kaufen, sehr sauber und sicher.
Verschiedenes: gutes Informationsmaterial im _tourist office_ an der Cairo Road.
In vielen Supermärkten ausgezeichnete deutsche Wurstwaren. Vorsicht, nicht
den Präsidentenpalast fotografieren, Sie riskieren sonst, den Film oder gar die
Kamera abgenommen zu bekommen. Lusaka, eine moderne Stadt, verdankt
ihren Reichtum den zahlreichen Kupferminen in der Umgebung; der _copperbelt_
liefert etwa 30% der Weltproduktion.
In der Umgebung: der **Kafue-Nationalpark** (22 500 km²), zu erreichen entweder per Flugzeug oder auf der Straße (275 km, guter Asphalt), sehr vielfältige Fauna, _lodges_ und Campingplätze.

HH 8: Lundazi – Chipata (180 km)

(12.92, Land Rover) Asphalt.

Lundazi – S. II 5. (Ende II 5.)
Von dort kein Zugang zum Kasungu-Nationalpark, da kein Grenzposten vor-
handen ist.
Chipata – 1104 m. Kleinstadt. Verpflegung. Treibstoff.
(Beginn HH 9 und HH 10; Ende II 8.)
Unterkunft: Campingplatz der „Wildlife Conservation Society", beim Postamt
nach Nordosten, bewacht, ruhig, Duschen/WC, Bar, freundlich und sauber.

HH 9: Chipata – Luangwa-Nationalpark – Petauke
(340 km)

(12.92, Land Rover) Piste (A/G), hinter Chipata auf 7 km Asphalt, die folgenden km teils
rauhe Piste, im Park 20 km bis Mfuwe-Lodge wieder Asphalt. Bei Regen auf der Piste
große und tiefe Schlammlöcher. Unterwegs Tse-Tse-Fliegen-Kontrolle.

Chipata – S. HH 8. (Ende HH 8 und II 8; Beginn HH 10.)
Kurz vor dem Parkeingang findet man statt der in der Michelin Karte vermerk-
ten Fähre eine Brücke vor.
Luangwa-Nationalpark – 10 000 km². Zahlreiche Tiere (Elefanten, Löwen, Giraffen, Büffel, Leoparden, Krokodile, Vögel etc.). Camping nur beim Parkeingang vor der Brücke im „James-Schultz-Camp" (ungepflegt) und direkt daneben auf dem Platz „Crocodile Farm"; letzterer ist sauber mit Duschen/WC, Bar,
Restaurant (10 US-$/Person/Fahrzeug); Übernachtungsmöglichkeit auch in sehr
gut eingerichteten und komfortablen _lodges_ (Bungalows) möglich. Das Verlassen der (zahlreichen) Pisten ist verboten. Mehr Wild im Nordteil des Parks. Die
Fähren des Nord- und Südteils des Parks sind außer Betrieb; der Park muß
über den Eingangspunkt wieder verlassen werden. Eintritt 10 US-$ pro Person
und Fahrzeug.

792 Durch Afrika

Vom Luangwa-Park nach Petauke zunächst kleine Waldpiste, dann breite, gut ausgebaute Piste auf den 100 km bis Petauke.
Petauke – Kleinstadt. Gute Infrastruktur. (Zur HH 10.)

HH 10: Chipata – Nyimba – Kachalola – Lusaka (604 km)

(03.94, BMW 80 GS) Sehr guter Asphalt. Vermeiden Sie wild zu campen. Bitten Sie stattdessen bei den gastfreundlichen Bauern um eine Übernachtungsmöglichkeit. Seit der Beruhigung in Moçambique sind die Bestimmungen entlang der Strecke nicht mehr so strikt wie vormals.

Chipata – S. HH 8. (Ende HH 8 und II 8; Beginn HH 9.)
Petauke – S. HH 9. (Ende HH 9; zur HH 10.)
Nyimba – Kleiner Ort. Treibstoff (nicht gesichert).
Kachalola – Kleiner Ort (leicht zu übersehen).
Unterkunft: Hotel und Motel vernachlässigt (Duschen nur mit Kaltwasser), Camping möglich (ca. 5 Kw/Person).
Etwa Km 80 ab Kachalola Brücke über den Luangwa-Fluß, nur jeweils ein Fahrzeug, strikte Geschwindigkeitsbegrenzung bei 5 km/h. Bei Nichteinhaltung von Vorschriften können die Wachen sehr schnell rabiat werden.
40 km vor Lusaka kleine Ortschaft mit Tankstelle, Bank und Markt.
Lusaka – S. HH 7. (Ende HH 7; Beginn HH 11.)

HH 11: Lusaka – Kafue – Kreuzung hinter Kafue (55 km)

(04.94, Hanomag AL) Asphalt, bis auf die ersten 5 km hinter Lusaka.

Lusaka – S. HH 7. (Ende HH 7 und HH 10.)
Kafue – Kleiner Ort. Treibstoff.
Unterkunft: „River Motel", etwa 10 km südlich der Ortschaft. Camping auf dem Gelände des Hotel „Rimo" möglich, das von Deutschen geführt wird, kostenlos, wenn die Mahlzeiten im Hotel eingenommen werden.
Brücke über den Kafue-Stausee.
Kreuzung hinter Kafue – Beginn HH 12 und LL 1.

HH 12: Kreuzung hinter Kafue – Mazabuka – Choma – Livingstone – Grenze zu Zimbabwe – Victoria-Wasserfälle (429 km)

(03.94, BMW 80 GS) Brauchbare Asphaltstraße.

Kreuzung hinter Kafue – Ende HH 11; Beginn LL 1.
Mazabuka – Kleiner Marktflecken. Verpflegungsmöglichkeit (deutsche Metzgerei). Treibstoff. Banken.

Sambia – Routenteil HH 793

Choma – Marktflecken. Verpflegung. Treibstoff. Hotel. Banken.
Livingstone (auch Maramba genannt) – 914 m, 98 000 Einw. Gute Infrastruktur.
Unterkunft: Camping beim Motel „Rainbow" möglich, 5 Minuten zu Fuß von den Wasserfällen (ca. 5 US-$/Person, vernachlässigt, schlecht bewacht); „Fairmont-Hotel", in der Ortsmitte (ca. 75 US-$/DZ); preisgünstiger ist das „Windsor-Hotel" hinter dem Bahnhof.
Sehenswert: der alte Regierungspalast (Livingstone war von 1905 bis 1935 Landeshauptstadt) und das Nationalmuseum (Anthropologie und Geschichte) und natürlich die Victoria-Fälle und der dazugehörige Naturpark, sowie die Eisenbahnbrücke über den Sambesi. „Sobek Expeditions" organisiert *river rafting tours* auf dem Sambesi, Informationen im Ort oder im „Mosi oa Tunya-Hotel".
Verschiedenes: Formalitäten für die Ausreise aus Sambia und Einreise nach Simbabwe an der Victoria-Falls-Brücke. Das *carnet de passage* wird in Sambia nicht anerkannt. Man muß eine temporäre Einfuhrbewilligung einholen (kostenlos) und eine Versicherung abschließen.
Victoria Falls – S. LL 12. (Ende LL 12; Beginn LL 13.)

794 Durch Afrika

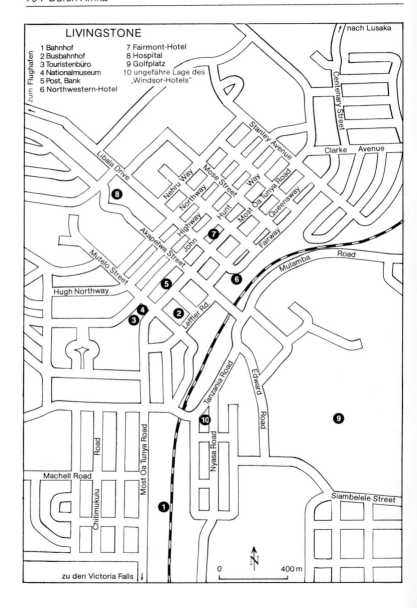

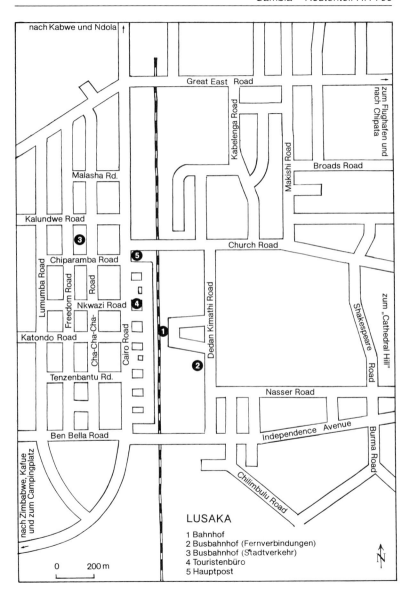

796 *Durch Afrika*

Malawi – Routenteil II

Überblick

Fläche: 118 484 km².

Einwohner: 9 085 000.

Ethnien: Chewa, Sena, etwa 10 000 Asiaten und Mischlinge, große Europäer-Kolonie.

Hauptstadt: Lilongwe (450 000 Einwohner).

Sprachen: Amtssprachen Englisch und Chichewa, daneben Nyanja, Tumbuca, etc.

Religion: 60% Christen, 10% Muslime, hinduistische Gruppen, Naturreligionen.

Ruhetag: Sonntag.

Feiertage: 1.1., 3.3., Karfreitag bis Ostermontag, 14.5., 6.7., 1.8., 17.10., 25.12., 27.12.

Stromspannung: 230 V, Adapter empfohlen.

Zeit: MEZ + 1 Std., in der Sommerzeit gleich.

Einreise: Schweizer und Österreicher benötigen ein Visum, Deutsche nicht (evtl. wird die Vorlage eines Führungszeugnisses verlangt). Nachweis ausreichender Geldmittel; bei Einreise mit dem Flugzeug Vorlage eines gültigen Rück-/Weiterreisetickets. Das Buch „Africa on a shoestring" ist verboten.

Impfung/Gesundheit: Gelbfieberimpfung vorgeschrieben (wird aber nicht unbedingt kontrolliert). Malariaprophylaxe.

Währung: Kwacha (MKw). 1 DM = 4,67 MKw. 1 Mkw = 0,21 DM. Ein- und Ausfuhr bis zu 20 Mkw gestattet, Einfuhr ausländischer Währungen unbeschränkt, aber zu deklarieren, Ausfuhr bis zum deklarierten Betrag. Geldwechsel läuft praktisch nur auf dem Schwarzmarkt, weil die Banken zu umständlich sind und bis zu 25% Gebühren abziehen.

Kfz: Internationaler Führerschein und Kfz-Schein, *carnet de passage* (alternativ kann an der Grenze eine vorübergehende Einfuhrbewilligung ausgestellt

Malawi – Routenteil II 797

werden), Haftpflichtversicherung muß in der Regel bei der Einreise abgeschlossen werden.

Treibstoffpreise: Normal 3,30 MKw, Diesel 2,78 MKw. Versorgungsengpässe können vorkommen.

Straßenzustand: Die meisten Pisten sind in gutem Zustand, die Nord-Süd-Verbindung von Karonga nach Blantyre und die Straße am See entlang wurden neu geteert.

Kontrollen: Zum Stand der Drucklegung selten.

Grenzen: Die Grenzen zu den Nachbarländern sind geöffnet.

Literatur und Landkarten:
Reiseführer: A. Hülsbörner/P. Belker, „Malawi, Land des Feuers", C. Stein-Verlag, praktische Informationen und Sehenswürdigkeiten. Bornemann/Hämel, „Reise Know-How Zimbabwe mit Botswana, Malawi, Zamiba und Moçambique", Därr Reisebuch-Verlag.
Landkarten: Übersichtskarte Michelin 955, 1:4 000 000, Detailkarten ONC/TPC-Karten 1:500 000 bzw. 1:1 000 000.

Geschichte: Vor Livingstones Ankunft im Territorium des heutigen Malawi (1859) war die Region von verschiedenen Bantu-Stämmen besiedelt, die Ackerbau trieben und mit den portugiesischen Küstenniederlassungen Handelsbeziehungen, insbesondere mit Elfenbein, unterhielten. 1890 übernahmen die Briten „Nyasaland" in ihr Protektorat. Die Kolonialwirtschaft förderte die Entstehung großer Kaffeeplantagen und trieb zahlreiche, nun landlose Bauern als Gastarbeiter in das benachbarte Rhodesien und Südafrika. Als Rhodesien, Nyasaland und Sambia (North-Rhodesia) zu einer Föderation zusammengeschlossen wurden, formierte sich in Nyasaland Widerstand gegen die zunehmende Dominanz weißer Siedler. Führende Gestalt der Unabhängigkeitsbewegung NAC war der Arzt Dr. Hastings Banda, der lange in den USA und Europa praktiziert hatte und schließlich nach Nyasaland heimkehrte, wo er von den Briten verhaftet und ins Gefängnis gesteckt wurde. 1961 kam er wieder frei, 1964 wurde die Föderation aufgelöst und Malawi unabhängig.

Politik: Die kurz nach der Unabhängigkeit aufgeflammten Differenzen zwischen Banda und einigen seiner Minister bekam der neue Präsident mit Unterstützung der bäuerlichen Bevölkerung schnell unter Kontrolle. Seine Widersacher gingen ins Exil. Banda nützte die Gelegenheit, sich zum „Präsidenten auf Lebenszeit" zu erklären. Seine südafrikafreundliche Politik brachte ihn immer wieder in Konflikt mit der OAU, innenpolitisch wurde und wird mit harter Hand gegen jede vermutete Opposition vorgegangen. Ein Großteil des Landes befindet sich in Händen einer kleinen von Banda geförderten Elite oder unter Kon-

798 Durch Afrika

trolle ausländischer Investoren (USA, Israel, Taiwan). Die Unterstützung Südafrikas bescherte Malawi eine relative wirtschaftliche Stabilität. Allerdings war
Banda in den letzten Jahren gezwungen, auch seine Beziehungen zu den
sozialistischen Nachbarländern zu verbessern, da er für die Exporte auf die
Verkehrsverbindungen (Eisenbahn) durch beispielsweise Moçambique angewiesen ist. 1992 kam es wiederholt zu blutigen Unruhen, nicht zuletzt wegen
der Folgen der schlimmen Dürre. Im Mai 1994 erringt Bakili Buluzi die Mehrheit bei den Präsidentschaftswahlen, der altersschwache und schwerkranke
Banda muß abtreten. Die Menschen in Malawi sind äußerst freundlich, es
herrscht eine hoffnungsvolle Aufbruchsstimmung im Land.

Routeninformationen

II 1: Chitipa – Chisenga – Nationalpark von Nyika –
Rumphi (198 km)

Piste (A/G/I) in relativ gutem Zustand. Wellblechpiste auf den letzten 20 km zwischen den
Parks von Nyika und Rumphi.

Chitipa – S. HH 3. (Ende HH 3; Beginn II 2.)
Chisenga – Kleiner Ort. Treibstoff. Kleines *resthouse*.
Die Piste durchquert die Hochebene Nord-Malawis.
Nationalpark von Nyika – Durchschnittshöhe 2300 m. Schöne Landschaft,
aber wenig Tiere.
Unterkunft: *lodge* (10 MKw/Person).
Die Piste führt danach hinunter nach Rumphi.
Rumphi – Kleiner Ort. Treibstoff. Kleines *resthouse*. Bank.
(Beginn II 4; Ende II 2.)

II 2: Chitipa – Karonga – Chilumba – Chiweta – Rumphi
(271 km)

(08.94, Yamaha XT 600) Piste (A/G, in der Regenzeit I) bis Karonga, danach Asphalt.
Sehr schöne Landschaft.

Chitipa – S. HH 3. (Ende HH 3; Beginn II 1.)
Von Chitipa nach Karonga müssen 1000 m Höhenunterschied bewältigt wer-
den. Auf den Hochebenen (dicht besiedelt) Piste in gutem Zustand; ausrei-
chend breit, wenn sich zwei Fahrzeuge begegnen. Danach fährt man über
eine kurvenreiche, aber gute Einbahnpiste in ein hügeliges, dünn besiedeltes
Gebiet hinunter.
Karonga – Kleinstadt. Verpflegung. Supermarkt. Treibstoff. (Ende II 3.)
Unterkunft: Campingplatz am Hotel „Malina" (10 MKw/Person); staatliches
Gasthaus, sehr sauber, heiße Duschen (25 MKw/Person). „Beach Chamber
Motel" (5 km nördl., dt. Leitung), Camping 10 MKw/Pers.

Malawi – Routenteil II 799

Verschiedenes: Bank nur vormittags geöffnet. Wer nachmittags Geld wechseln will, sollte sich an den *district commissioner* wenden. Nordendhaltestelle der Schiffahrtslinie auf dem Malawisee.
Sehenswert: Korbflechtarbeiten auf den Märkten.
Ab Karonga gute Asphaltstraße (Brücken jedoch nur einspurig).
Chilumba – Kleiner Ort. Umkehrpunkt der Malawisee-Fähre. Lebensmittel, Verpflegung. Treibstoff.
Unterkunft: es gibt zwei kleine, billige Herbergen, ein staatliches Gasthaus und eine Campingmöglichkeit.
Verschiedenes: Bank nur an einem Tag die Woche geöffnet, Wechselmöglichkeit evtl. mittags beim *district commissioner.*
25 km hinter Chilumba zweigt eine Piste, die sehr ausgewaschen und rutschig bei Regen ist, so daß in diesem Falle ein Geländefahrzeug notwendig ist, ab zur Mission Livingstonia auf der Ebene von Khondowe; 22 Haarnadelkurven, großartige Landschaft, schöner Blick auf den Malawi-See, 750 m tiefer gelegen; Kirche und Museum. Kurz vor der Abzweigung liegt der „Chitimba Campsite" direkt am Malawi-See. Weitere Campsites sind z. B. „Chiweta Campsite" für 5 MKw/Person, *resthouse* 500 m vom mittleren Kirchturm entfernt, sehr warmherziger Empfang, aber nur kaltes Wasser (ca. 10 MKw/Person); bei der Mission 12 MKw/Person.
In der Umgebung: Wasserfälle vom Manchewe; 5 km vor der Mission dem Fußweg nach rechts folgen.
Man trifft einige km südlich von Rumphi wieder auf die Strecke II 4.
Rumphi – S. II 1. (Ende II 1; Beginn II 4.)

II 3: Kyela (Tansania) – Grenze zu Malawi – Kaporo – Karonga (50 km)

(02.90, Fahrrad) Neue Asphaltstraße. Neu gebaute Grenzanlagen.

Kyela – S. FF 22 (zur FF 22). Ausreise aus Tansania.
Kaporo – Kleiner Ort. Grenze.
Karonga – S. II 2. (Zur II 2.)

II 4: Rumphi – Mzuzu (70 km)

(02.94, Fahrrad) Neuer Asphalt.

Rumphi – S. II 1. (Ende II 1 und II 2.)
Mzuzu – 25 000 Einw. Lebensmittel, Verpflegung. Treibstoff. Bank.
Unterkunft: Hotel „Mzuzu", gutes Essen. (Beginn II 5, II 6 und II 7.)

800 Durch Afrika

II 5: Mzuzu – Grenze zu Sambia – Lundazi (ca. 200 km)

Asphalt auf den ersten 20 km; danach schmale kurvenreiche Erdpiste durch Gebirgsland-schaft.

Mzuzu – S. II 4. (Ende II 4; Beginn II 6 und II 7.)
Mzuzu in Richtung Mzimba verlassen. Zwei oder drei km hinter dem großen Gebäude des „Chikangawa Forestry Development" (auf der rechten Seite, durch ein großes Schild angezeigt) bei der ersten Kreuzung nach links abbiegen. Aufgrund der zahlreichen Wald- und Ortspisten in dieser Gegend kann man sich leicht verfahren.
Einige km hinter der Kreuzung liegt linker Hand ein anderes Gebäude des „Forestry Development".
Km 20, auf die M12 fahren, die die Ebene von Vipya durchquert; große Wälder. Die Piste bleibt gut, wird jedoch schmäler. Schöne Landschaft in der Ebene von Vipya.
Danach auch an Kreuzungen leicht erkennbare Hauptpiste (jedenfalls tags-über) durch eine schöne, grasbewachsene Hochsavanne.
Nachdem man wieder in den Wald hineingefahren ist, gelangt man an eine größere Piste.
Nach rechts abbiegen (Haarnadelkurven). An den Kreuzungen der angezeig-ten Richtung nach Mzimba folgen.
Kurz vor **Mzimba** (1358 m, manchmal Treibstoff; kleines Hotel) nach links in Richtung Lundazi (angezeigt) abbiegen. Ziemlich gute Piste bis zum Ende des Hügelgebiets.
Einige km vor der Grenze ein etwa 100 m langes Sumpfgebiet in der Nähe einer kleinen Brücke; zweifelsohne bei Regen schwierig zu überqueren. Weiter entfernt zwei Grenzübergänge; Formalitäten für die Ausreise aus Malawi und Formalitäten für die Einreise nach Sambia. Danach gute sandige Piste bis Lundazi.
Lundazi – Kleinstadt. Lebensmittel, Verpflegung. Treibstoff. *Resthouse.*
(Beginn HH 8.)
In der Umgebung: der Nationalpark von Luambe (140 km Piste); *lodge.*

II 6: Mzuzu – Kasungu – Lilongwe (388 km)

(02.94, BMW 80 GS) Asphalt. Schöne Landschaft bie Kasungu.

Mzuzu – S. II 4. (Ende II 4; Beginn II 5 und II 7.)
Km 226, **Kasungu** – Sehr belebtes Dorf. Lebensmittel, Verpflegung. Treibstoff. Bank.
In der Umgebung: der Nationalpark von Kasungu (34 km gute Piste), ca. 5 MKw/Fahrzeug und 2 MKw/Person; schöne *lodge* und Campingplatz 23 km hinter dem Parkeingang.
Km 293, **Mponela** – Dorf. Lebensmittel, Verpflegung. Treibstoff.

Malawi – Routenteil II 801

Kasumu – Kleiner Ort. Lebensmittel, Verpflegung. Treibstoff. *Resthouse*.
Sehenswert: die „Kamazu Akademie", eine Eliteschule, die exakt nach dem Vorbild der Universitäten von Oxford und Cambridge erbaut wurde. Der Umweg lohnt sich.
Lilongwe – 1067 m, 120 000 Einw. Hauptstadt. Gute Infrastruktur. Zahlreiche moderne Gebäude. (Zur II 8; Ende II 10.)
Unterkunft: Campingplatz im „Lilongwe Golfclub", mit Restaurant, Pool und Tennis (ca. 20 MKw/Person). „Lilongwe-Hotel" (ab 150 Mkw/Person); preiswerter als die großen Hotels sind das „Mangoch Resthouse", Biwi Triangle, Flur-Duschen, preiswertes Essen und das einfache „Mulanje Resthouse". Gutes Essen im „Kurry Kraze", Kamuza Procession Road.
Verschiedenes: Visum für Sambia (ein Monat gültig, ein bis zwei Tage Wartezeit, ca. 50 MKw, auch an der Grenze erhältlich); Transitvisum für Moçambique in der Botschaft, Unity Road, Gebäude der „Commercial Bank of Malawi" (morgens mit 2 Paßfotos beantragen und um 14:00 Uhr abholen, ca. 50 MKw). Internationale Kommunikation im Plaza Gebäude. Postlagernd in der Hauptpost (auf dem Stadtplan Nr. 12).
Sehenswert: Markt in der Altstadt.

II 7: Mzuzu – Nkhata Bay – Nkhotakota – Salima (354 km)

(08.94, Yamaha XT 600) Asphalt. Guter Straßenzustand. Nach Regenfällen ist die Straße nach Salima am See entlang auf 15 km unpassierbar.

Mzuzu – S. II 4. (Ende II 4; Beginn II 5 und II 6.)
Nkhata – Kleiner Ort. Lebensmittel, Verpflegung. Treibstoff. Tauchschule.
Unterkunft: staatliches Gasthaus im Zentrum des Ortes, guter Empfang, sauber, Warmwasser, Küche (ca. 22 MKw/DZ); „Fumbani Resthouse", einfach, sauber, gutes Restaurant (20 MKw/DZ). Kostenloser Campingplatz am Seeufer (durch das Dorf, hinter dem Hafen über eine Brücke und dann auf einen kleinen Hügel hinauffahren; der Campingplatz befindet sich am Ende der zweiten Straße links), große Sicherheitsprobleme: Zelt aufgeschlitzt, Auto aufgebrochen, Wäsche geklaut – kein Tag ohne Ärger!
Verschiedenes: Bank hat vormittags geöffnet. Bademöglichkeit im See. Haltestelle der Schiffslinien über den **Malawisees** (Auskünfte am Hafen).
Danach befahren Sie die Straße, die am See entlangführt. Zahlreiche Brücken. Ca. 50 km von **Nkhata Bay** entfernt „Chinteche Inn", Campingmöglichkeit (ca. 12 MKw/Zelt), mehrere schöne, saubere *lodges*.
Ca. 9 km weiter ist der schöne Campingplatz „Kande-Beach" direkt am Seeufer (2 km sandige Piste). In der Nähe gibt es mindestens vier weitere, noch schönere Campingplätze am See, z. T. mit normalem Pkw nicht erreichbar, z. B. „Sambari Lodge", 7 MKw/Pers.; „Leopard Rock Bay", „Flame Tree Lodge".
Nkhotakota – Kleinstadt. Lebensmittel, Verpflegung. Treibstoff. *Resthouse*. Bank an Markttagen geöffnet. 11 km südlich Camping und Lodge „Sani", 10 MKw/Pers.

802 Durch Afrika

Salima – Kleiner Ort. Lebensmittel, Verpflegung. Treibstoff.
(Beginn II 8 und II 9.)
In der Umgebung: Senga Bay (ca. 25 km) am Ufer des Malawisees; ange-
nehme Landschaft, Katamaran- und Kanuvermietung, Ausflüge auf die Insel
der Kammeidechsen gegenüber, Möglichkeit Flußpferde zu beobachten.
Unterkunft: Hotels. Campingmöglichkeit am Hotel „Brak"; „Livingstone Beach
Hotel Campsite", direkt am schönen Strand, gut eingerichtet, bewacht, Was-
sersport, Restaurant, Bar (10 MKw/Person); „Carolina Campsite", bewacht,
gutes Restaurant (Camping 5 MKw/Person, Hütten 100 MKw); „Hippo Hide
Resthouse & Campsite", einfach und billig. „Wheel House Camping", 10 MKw/
Pers., schön, ruhig.

II 8: Salima – Lilongwe – Mchinji – Grenze von Sambia – Chipata (251 km)

(08.94, Yamaha XT 600) Guter Asphalt.

Salima – S. II 7. (Ende II 7; Beginn II 9.)
Lilongwe – S. II 6. (Ende II 6 und II 10.)
Mchinji – Kleiner Ort.
Unterkunft: Campingmöglichkeit am „Municipal Resthouse".
Verschiedenes: Formalitäten für die Ausreise aus Malawi.
Mwami – Kleiner Ort. Formalitäten für die Einreise nach Sambia.
Chipata – S. HH 8. (Ende HH 8; Beginn HH 9 und HH 10.)

II 9: Salima – Monkey Bay – Mangochi – Zomba – Blanty-re – Mulanje (522 km)

(08.94, Yamaha XT 600) Asphalt. Bauarbeiten an der Straße zwischen Salima und Monkey Bay; auf dem Teilstück zwischen Salima und der Einmündung in die Hauptstraße
sehr schlechter Straßenzustand, zahlreiche Umfahrungen. Vorsicht bei Regen.

Salima – S. II 7. (Ende II 7; Beginn II 8.)
Monkey Bay – Kleiner Marktflecken. Urlaubsort am Ufer des Malawisees.
Lebensmittel, Verpflegung. Treibstoff.
Verschiedenes: Abfahrt der Seeschiffe (Auskunft im Hafen). Keine Bank, Geld-
wechsel auf dem Schwarzmarkt.
Sehenswert: Museum.
Unterkunft: „Makokola Club", europäischer Standard (60 US-$/DZ).
Cape McLear – wunderschöner Nationalpark.
Unterkunft: 2 km vom Nationalpark „Mr. Steven's Resthouse", in einem klei-
nen Fischerdorf am Ufer des Sees, gute Küche, viele Tramper, unfreundliches
Personal (ca. 5 MKw/Einzelzimmer); herrlich zum Schnorcheln, schöne Bäu-
me, Strand, Felsen. Im Fischerdorf ist die Auswahl in den Läden sehr gering,

kein Obst und Gemüse, keine Eier, Tauchschule bei Mario (5-Tage-Kurs 1000 MKw). „Campsite Golden Sands", am Ende der Piste im Nationalpark (Eintritt: 20 MKw/Pers., Camping: ca. 40 MKw/Pers.), sauber, gut eingerichtet, Bar, keine Einkaufsmöglichkeit, Schnorchelrevier (Bungalow 25 MKw), außerhalb von Ferien und Feiertagen herrlich! Küche mit Koch, der (gratis!) die mitgebrachten Dinge brutzelt, z. B. Fisch von Dorfjungen.

Danach fährt man in Richtung Süden am Malombesee entlang und erreicht wieder die Hauptstraße Lilongwe-Blantyre in der Nähe des Dorfes Liwonde.

Liwonde – Kleiner Ort.

In der Umgebung: der Nationalpark von Liwonde einige km von der Ortschaft entfernt (zahlreiche Nilpferde).

Unterkunft: mehrere *lodges*. Campingplatz im Camp Mvuu 28 km vom Parkeingang entfernt, am Ufer des Shire (ca. 20 MKw/Person); ein weiterer Campingplatz liegt bei der „Kudya Discovery Lodge" am Fluß (ca. 10 MKw/Pers.).

Zomba – 884 m, 25 000 Einw. Ehemalige Hauptstadt des Landes. Lebensmittel, gutes Gemüse, Verpflegung. Treibstoff.

Unterkunft: Hotel. Auf dem Zomba-Plateau: hübscher kleiner Campingplatz im Wald, ca. 10 km von der Ortschaft entfernt, in der Nähe des Hotels „Ku Chawe Inn", warme Duschen (ca. 15 MKw/Pers.), schöne Spaziergänge, herrliche Aussichtspunkte, z. B. Queen´s View, wo man mit dem Wohnmobil stehen kann. Angenehm ist das „Government-Hotel" mit Etagen- oder Einzelbad, preiswerter das einfache „Municipality Resthouse" gegenüber dem Busbahnhof in Zomba.

Limbe – Kleiner Marktflecken. Lebensmittel, Verpflegung. Treibstoff.

Unterkunft: Campingmöglichkeit auf dem Parkplatz vom „Limbe Country Club" (ca. 20 MKw/Person).

Sehenswert: der Markt.

Blantyre – 1098 m, 260 000 Einw. Wirtschaftsmittelpunkt des Landes. Gute Infrastruktur. Der Name wurde von den Missionaren in Erinnerung an den schottischen Geburtsort des Forschungsreisenden Livingstone gewählt. (Beginn LL 3; Ende II 11.)

Unterkunft: Hotel „Chisakalime"; „Government Resthouse" (ca. 20 MKw/DZ); „Blantyre Travellers Resthouse"; „Grace Bandawe Conference Center", gute Unterkunft, sicherer Parkplatz (ab 20 MKw/Zimmer). Campingmöglichkeit für Autos gibt es im Stadtteil Limbe auf dem Parkplatz des „Limbwe Country Club" und am Busbahnhof bei der „Doogels-Lodge" (15 MKw/Pers., abgeschlossener Parkplatz); „Blantyre Sports Club" ist geschlossen.

Verschiedenes: Transitvisum (innerhalb von 24 Stunden) für Moçambique im Konsulat, „Mercury House" an der Straße nach Limbe, bis 12:00 Uhr geöffnet (ca. 50 MKw und 2 Paßfotos). Honorarkonsulat der Schweiz bei Frau V. Petzold, „Dossani House", Glyn Jones Road, Boc 1580, Blantyre, Tel: 621376.

Sehenswert: das Nationalmuseum und die Märkte.

Von Blantyre nach Limbe zurückfahren. Die einspurige Straße führt dann zur Grenze von Moçambique, durchquert Teeplantagen und führt am Mulanje-Gebirge entlang.

804 Durch Afrika

Thyolo – Kleinstadt. Treibstoff. *Resthouse.* (Beginn II 11.)
Sehenswert: die Teefabriken (Besichtigung möglich).
Mulanje – Stadt. Lebensmittel, Verpflegung. Treibstoff.
Unterkunft: am billigsten im „Government Resthouse" im Stadtzentrum; „District Council Resthouse", 5 km von Stadtzentrum entfernt auf einem Hügel, schöne Landschaft, guter Empfang, sauber, Strom, Küche, nur kaltes Wasser (ca. 10 MKw); Camping beim „Mulanje Golf Club", am Ortsende rechts, 12 MKw/Pers., schöne Sicht auf das Gebirgsmassiv, preiswerte Pub-Lunches. „Mulanja Motel", außerhalb in Richtung SO, sauber, sicherer Parkplatz, Restaurant, Bar (15 MKw/DZ). Gute Ausgangslage für Wanderungen bei der „Doogels Lodge" (Camping, Zimmer), am „PTC-Market" links der Piste nach Phalombe folgen (6 km).
In der Umgebung: Ausflugsmöglichkeiten zum Mulanje Gebirge (3000 m); besorgen Sie sich den ausgezeichneten Führer „Guide to the Mulanje Massif" von F. Eastwood oder erkundigen Sie sich bei der Nationalparkverwaltung; Asphaltstraße bis zum Fuß des Gebirges, danach gute Piste; Campingmöglichkeit bei der „Likabula Mission" im Park (2,50 MKw/Pers.); man kann auch Träger mieten.

II 10: Monkey Bay – Dedza – Lilongwe (190 km)

(08.90, Patrol) Asphalt auf 20 km (im Gebirge). Schöne Aussichtspunkte auf den Malawisee.

Monkey Bay – S. II 9. (Zur II 9.)
Monkey Bay über die Straße nach Salima (Strecke II 9) verlassen.
Dedza – Kleiner Marktflecken. Lebensmittel, Verpflegung. Treibstoff.
Lilongwe – S. II 6. (Ende HH 6; zur II 8.)

II 11: Thyolo – Bangula – Ngabu – Blantyre (226 km)

(12.92) Asphalt auf den ersten 25 km; danach Piste (A/G, in der Regenzeit I) bis Bangula; danach Asphaltstraße (Schlaglöcher).

Thyolo – S. II 9. (Zur II 9.)
Km 25, Ende der Asphaltstraße. Die Hauptpiste schlängelt sich am Gebirgskamm entlang. Schöne Landschaft. Kurz vor Bangula Straßen- und Eisenbahnbrücke mit nur einer Fahrbahn.
Bangula – Sehr belebter kleiner Marktflecken. Lebensmittel, Verpflegung. Treibstoff.
Unterkunft: „Government Resthouse" im Stadtzentrum, annehmbar, keine Küche (ca. 15 MKw/DZ).
In der Umgebung: der Mwabwi Game Reserve Park, ein wenig besuchter Park mit bescheidenem Camp ohne Versorgungsmöglichkeit.
Ab Bangula zweispurige Asphaltstraße (viele Schlaglöcher). Man fährt in der breiten Ebene des Flusses Shire.

Ngabu – Kleiner Ort. Lebensmittel, Verpflegung. Treibstoff. *Resthouse*.
Nchalo – Kleiner Ort. Lebensmittel, Verpflegung. Treibstoff und Autowerkstatt. Gasthaus.
In der Umgebung: die Zuckerrohrplantagen (Besichtigung möglich; erkundigen Sie sich bei der Unternehmensleitung); der Nationalpark von Lengwe (10 km von der Straße entfernt auf der linken Seite), viele Tiere (ca. 5 MKw/Fahrzeug und 2 MKw/Person), gut eingerichtete Hütten mit Küche, Dusche, Kühlschrank (ca. 10 MKw/Person), Campingmöglichkeit.
Ab Nchalo guter Straßenzustand.
Chikwawa – Kleiner Ort. Lebensmittel, Verpflegung nicht immer erhältlich. Treibstoff. *Resthouse*.
In der Umgebung: die **Wasserfälle von Kapichita** (20 km Piste) und der „Majete Game Park" (wenig besucht, keine Versorgungsmöglichkeit).
Hinter Chikwawa führt die Straße nach Blantyre. Sehr schöne Landschaft.
Blantyre – S. II 9. (zur II 9; Beginn LL 3.)

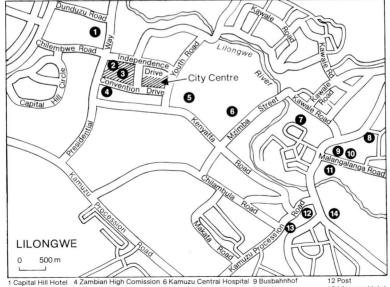

1 Capital Hill Hotel	4 Zambian High Comission	6 Kamuzu Central Hospital	9 Busbahnhof	12 Post
2 Air Malawi	(Botschaften)	7 Indische Geschäfte	10 Markt	13 Lilongwe Hotel
3 Post	5 National Bank	8 British Council	11 Council-Rest-House	14 Lilongwe Golf Club

806 Durch Afrika

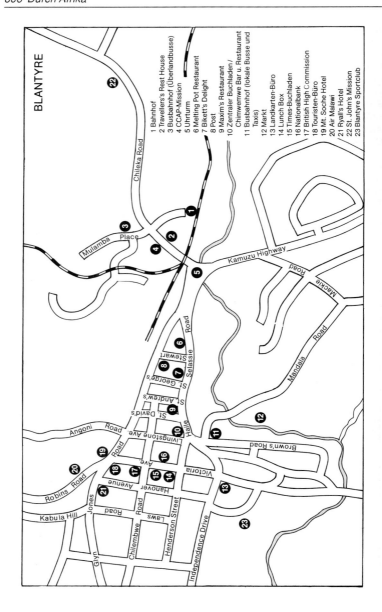

REISE KNOW-HOW

Reiner Bornemann, Wolfgang Hämel

Zimbabwe
Malawi, Sambia, Botswana und Moçambique

Ausführliches Reise-Handbuch mit fundierten Informationen zu Land und Leuten, historischen Reiseberichten, Reportagen über Entwicklungshilfe; praktische Tips zur Reisevorbereitung und für unterwegs; ausführliche Beschreibung der Regionen, Vorstellung der Nachbarländer.

6. Aufl. 1995, ca. 420 Seiten, 16 Farbseiten, zahlr. s/w-Fotos und Karten. ISBN 921497-26-4, DM 39,80

Manfred Becker

Kenya

Ausführliches Reise- und Geographie-Handbuch mit umfassenden Informationen über das Land und seine Bevölkerung.
Der Reisende findet alles, was Kenya zu bieten hat – die ausgedehnte Safari-Tour durch's ganze Land ebenso wie den Pauschalurlaub mit Ausflügen ins Hinterland und in die Nationalparks.
Fünf Rundreise-Vorschläge geben Anregungen zur Erkundung des Landes, auch der abgelegenen Gegenden des Nordens. Praktische Tips zur Reisevorbereitung und -gestaltung lassen keine Fragen offen.

520 Seiten, 16 Farbseiten, zahlr. s/w-Fotos/Karten. ISBN 921497-45-0, DM 39,80

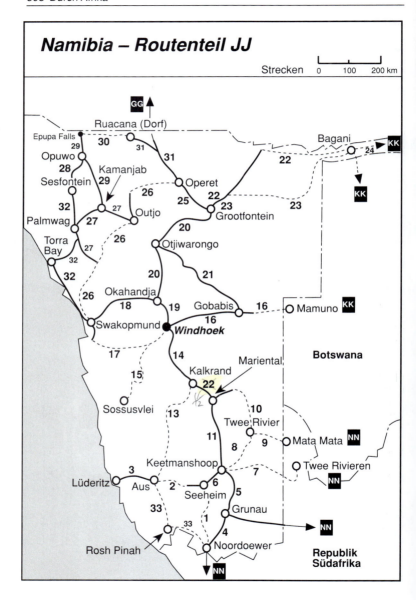

Namibia – Routenteil JJ

Überblick

Fläche: 824 292 km².

Einwohner: 1 529 000.

Ethnien: Ovambo, Kavango, Herero, Hottentotten, Buschmänner, Mischlinge, etwa 80 000 Weiße.

Hauptstadt: Windhoek (114 500 Einwohner).

Sprachen: Amtssprache Englisch, Umgangssprache Afrikaans, Bantu-Sprachen, dritte Amtssprache Deutsch.

Religion: Ca. 87% Christen, Anhänger von Natureligionen.

Ruhetag: Sonntag.

Feiertage: 1.1., 21.3., Karfreitag, Ostermontag, 1.5., Himmelfahrt, 7.10., 10.12., 25. und 26. 12.

Stromspannung: 230 V, Adapter empfohlen.

Zeit: MEZ - 1 Std., in der Sommerzeit gleich.

Einreise: Keine Visumpflicht für Schweizer, Deutsche und Österreicher, Nachweis eines gültigen Rück- oder Weiterreisetickets und ausreichender Geldmittel.

Impfung/Gesundheit: Gelbfieberimpfung vorgeschrieben. Malariaprophylaxe für Reisen im Norden des Landes dringend empfohlen.

Währung: Namibischer Dollar (N$). Der Wechselkurs ist an den südafrikanischen Rand gebunden, dieser wird auch überall im Verhältnis 1:1 akzeptiert. 1 DM = 2 N$; 1 US-$ = 3,516 N$. Einfuhr ausländischer Währungen unbeschränkt. Man muß angeben, wieviel Geld man auszugeben gedenkt.

Kfz: Internationaler Führerschein und Kfz-Schein, *carnet de passage* nicht notwendig. Haftpflichtversicherung muß bei der Einreise abgeschlossen werden.

Treibstoffpreise: Super 1,74 N$, Diesel 1,24 N$.

Kontrollen: Keine.

810 Durch Afrika

Straßenzustand: Zahlreiche asphaltierte Strecken und gut unterhaltene Pisten. Motorräder sind in Nationalparks nicht zugelassen.

Grenzen: Die Grenzen zu den Nachbarländern sind geöffnet.

Literatur und Landkarten:
Reiseführer: M. Iwanowski, „Reise-Handbuch Namibia"; „DuMont Kunstreiseführer Namibia und Botswana" von K. G. Schneider u. B. Wiese. In Vorbereitung: „Reise Know-How Namibia" von Daniela Schetar-Köthe und Friedrich Köthe, Verlag Helmut Hermann.
Hintergrund: „Märchen aus Namibia", Diederichs Verlag; „Namibia", Landbuch-Verlag, hervorragender Bildband.
Landkarten: Übersichtskarte Michelin 955 1:4 000 000, Macmillan Map Namibia, gute touristische Karte. Straßenkarte von „Shell" (mit allen Pisten). Die namibischen Konsulate versenden eine Karte, die alle Pisten mit Numerierung enthält (wichtig, da teils keine Ortsnamen, sondern nur die Nummern auf den Wegweisern stehen). Detailkarten von ONC und TPC 1:1 000 000 und 1:500 000.

Geschichte: Dank der rauhen und schwer schiffbaren Küstenlinie und der scheinbar undurchdringlichen Kalahari-Wüste blieben die Bewohner Namibias, Ovambo, Herero, Damara und Nama, sehr lange unbehelligt von europäischen Expansionsgelüsten. Erst Mitte des 19. Jahrhunderts verlegten die Deutschen ihre Anstrengungen auf diesen kargen Landstrich und hatten Namibia bald kolonisiert. Die Einheimischen, die als Hirten in der Kalahari nomadisierten, setzten den Besiedlungsversuchen heftigen Widerstand entgegen, der im Herero-Aufstand von 1904 mündete. Die „Befriedung" kostete über 60% der einheimischen Bevölkerung das Leben. Im Ersten Weltkrieg wurde Namibia von den Engländern erobert. Schließlich wurde das Land von der UNO unter südafrikanische Verwaltung gestellt und von dieser schon bald als Südwestafrika annektiert. Weiße Namibier erhielten Plätze im südafrikanischen Parlament, das Land wurde unter den weißen Siedlern aufgeteilt, die schwarze Bevölkerung in Reservate abgeschoben.

Politik: Trotz Protesten seitens der Vereinten Nationen entließ Südafrika seine „Kolonie" nicht in die Unabhängigkeit, da es einen weiteren feindlichen Frontstaat an seiner Grenze fürchtete und zudem auch nicht auf die reichen namibischen Bodenschätze – Uran, Kupfer und Diamanten – verzichten wollte. Dies mündete in dem von der SWAPO geführten Befreiungskrieg, der das Land ab 1966 in Unruhe versetzte. Doch der Verfall der Rohstoffpreise in den achtziger Jahren und die rücksichtslose Ausbeutung der Minen, die schon bald erschöpft waren, führten zu immer größeren wirtschaftlichen Problemen. Zudem verstärkte sich auch der internationale Druck auf Südafrika, das immer wieder die Unabhängigkeit Namibias verzögerte. Erst 1990 erreichte Namibia schließlich seine Unabhängigkeit. Bei den Wahlen zur verfassunggebenden Versammlung gewann die SWAPO die absolute Mehrheit.

Namibia – Routenteil JJ 811

Routeninformationen

JJ 1: Noordoewer – Ai-Ais – Fish River Canyon – Seeheim (363 km)

(01.91, Moto Guzzi 1000) Die ersten 40 km Asphalt, danach Piste (A/I).

Noordoewer – s. JJ 33 . (Ende NN 14; Beginn JJ 4.)
Km 37, nach links in die gute Piste einbiegen, die eine Sand- und Steinwüste durchquert (71 km bis nach Ai-Ais).
Ai-Ais – 1160 m. Fremdenverkehrsort am Südende des **Fish River Canyon** (nicht für Ruhesuchende, es herrscht reger Betrieb). Verpflegung und Treibstoff sehr teuer. Kleines Hotel und Campingplatz (17 N$). Panoramablick auf den Fish River Canyon (Einzelheiten nachstehend). Von Oktober bis zum zweiten Freitag im März ist Ai-Ais geschlossen. Den Fish River Canyon erreicht man dann besser über Grunau.
Sehenswert: die warmen Quellen, die 1850 entdeckt und dann als Schwimmbecken mit Mauern umbaut wurden.
Anschließend 24 km auf der Piste nach Grunau fahren, danach nach links abbiegen. 43 km hinter dieser Kreuzung eine weitere Abzweigung; rechts nach Holoog, links zu einem schönen Aussichtspunkt, zu dessen Füßen der Fish River Canyon liegt (80 km von Ai-Ais).
Unterkunft: etwa 10 km davor schöner, schattiger Campingplatz mit kleinem Pool am Eingangstor zum Canyon.
Hobas – Kleiner Ort, etwa 2 km vor der letzten Kreuzung.
Unterkunft: Campingplatz (saubere und angenehme Anlage) in der Nähe der besten Canyon-Aussichtspunkte gelegen (sie sind auf der Michelin Karte 955 nicht angegeben).
Fish River Canyon – Zweitgrößter Canyon der Erde (160 km lang, bis zu 700 m tief). Einfache Übernachtungsmöglichkeit in offenen Steinhütten mit gemauerten Bänken ohne Matratzen, Toilette, kein Wasser.
Auf derselben Piste bis zur Kreuzung zurückfahren, danach geradeaus weiter bis zum Bahngleis; an diesem auf der linken Seite entlangfahren (Richtung N).
Holoog – Kleiner Ort. Keine Versorgungsmöglichkeit.
Immer dem Bahngleis folgen. Etwa 60 km hinter Holoog geht die Piste nach rechts (Osten) zum Naute-Staudamm ab (Verpflegungs- und Campingmöglichkeit).
Seeheim – Kleiner Ort. Tankstelle. Keine Versorgungsmöglichkeit. Eisenbahnknotenpunkt. (Beginn JJ 2 und JJ 6.)

Hinweis: 1996 erscheint bei REISE KNOW-HOW das neue Reise-Handbuch „Namibia" von Daniela Schetar-Köthe und Friedrich Köthe.

JJ 2: Seeheim – Goageb – Aus (190 km)

(01.95, Yamaha XT 600) Durchgehend Asphalt.

Seeheim – S. JJ 1. (Ende JJ 1; Beginn JJ 6.)
Goageb – Kleiner Ort. Verpflegungsmöglichkeit. Treibstoff (kein Diesel). Hotel.
In der Umgebung: Bethanie (30 km, Asphalt), hier befindet sich das älteste Haus des Landes (das Schmelenhaus, erbaut im Jahre 1814).
Aus – 1445 m. Dorf. Verpflegung, Treibstoff. Hotel.
In der Umgebung: (1994) gute Piste in die Bergwerkssiedlung **Rosh Pinah** (170 km; keine Versorgungsmöglichkeiten); weiter nach Noordoewer führt eine gut befahrbare Lkw-Piste landschaftlich sehr interessant am **Oranje-River** entlang; sie ist teilweise durch canyonartige Durchbrüche sehr schmal und durch Lkw-Verkehr etwas ausgefahren, doch auch für normale Pkws bei vorsichtiger Fahrweise problemlos zu bewältigen; wild campen möglich. (Beginn JJ 3, JJ 13.)

JJ 3: Aus – Lüderitz (125 km)

(04.94, Honda Africa Twin) Asphalt, zwischen Km 18 und Km 6 vor Lüderitz Schotterpiste.

Aus – S. JJ 2. (Ende JJ 2; Beginn JJ 13.)
In der Nähe des Dorfes Aus befindet sich der Eingang in die *diamond area no 1*; ab dort nicht mehr von der Straße abfahren, das Gebiet beiderseits der Straße darf nicht befahren werden.
Lüderitz – 7000 Einwohner. Verpflegungsmöglichkeit. Treibstoff. Untergehende Stadt aus der dt. Kolonialzeit, mit zahlreichen leerstehenden Häusern; das Hauptzentrum der Diamantensuche wurde in den Süden nach Oranjemund verlegt.
Unterkunft: Hotel. Mehrere Campingmöglichkeiten; der einzige offizielle Campingplatz liegt auf der Haifischinsel (25 Rand/Person). Gutes Essen in „Franzel's Restaurant" (Langusten).
Sehenswert: die alten Häuser aus der deutschen Kolonialzeit, die evangelische Kirche, das „Eberlanz-Museum" und die gleichnamigen Höhlen, das „Goerke-Haus" und das „Diaz-Kreuz".
In der Umgebung: Geister-Stadt **Kolmanskop** (ehem. Diamantenminen; Gruppenführungen von Montag bis Samstag, 9 – 10.30 Uhr, *permits* stellt die Touristeninformation in Lüderitz aus); die von Pinguinen und Seehunden (Delphine im Wasser) bevölkerte Insel Halifax, per Schiff zu erreichen (25 N$/Person).

JJ 4: Noordoewer – Grunau (161 km)

(04.94, Honda Africa Twin) Asphalt.

Noordoewer – S. NN 14. (Ende NN 14; Beginn JJ 1.)
Grunau – 119 m. Dorf. Verpflegung. Treibstoff. (Beginn JJ 5; Ende NN 8.)

Namibia – Routenteil JJ 813

Unterkunft: Hotel „Grunau" (90 Rands/DZ).
In der Umgebung: das Naturreservat Hobas, von Grunau auf der C12 Richtung Seeheim bis Holoog, dann links 60 km auf der 601 (Schotter, gut befahrbar).

JJ 5: Grunau – Narubis – Keetmanshoop (171 km)

Asphalt.

Grunau – S. JJ 4. (Ende JJ 4 und MM 8.)
Narubis – 823 m. Dorf. Verpflegungsmöglichkeit. Treibstoff.
Unterkunft: Hotel. Guter Campingplatz.
Keetmanshoop – 1773 m. Stadt. Verpflegungsmöglichkeit. Treibstoff.
(Beginn JJ 7, JJ 8 und JJ 11; Ende JJ 6.)
Unterkunft: „Hansa-Hotel" (90 N$/DZ, Camping 2 N$/Person und 5 N$/Fahrzeug); Camping direkt neben dem Köcherbaum-Wald (s.u.).
Sehenswert: einige hübsche alte Häuser.
In der Umgebung: der Aloe und Koeckerbaum-(Köcherbaum-)Wald, der zwar umzäunt ist, da er auf Privatgrund liegt, jedoch jederzeit besichtigt werden kann (Eintritt 5 N$/Person). Die Köcherbäume sind die typischen Bäume Namibias mit ihrem flaschenartigen Stamm und den nach oben ragenden, nur an den Spitzen mit Blättern versehenen Ästen, sie stehen aber meist vereinzelt.

JJ 6: Seeheim – Keetmanshoop (48 km)

Asphalt.

Seeheim – S. JJ 1. (Ende JJ 1; Beginn JJ 2.)
Keetmanshoop – S. JJ 5. (Ende JJ 5; Beginn JJ 7, JJ 8 und JJ 11.)

JJ 7: Keetmanshoop – Aroab – Südafrikanische Grenze – Twee Rivieren (330 km)

(08.90, Patrol) Piste (A) in sehr gutem Zustand. Flaches Gelände, monotoner Streckenabschnitt.

Keetmanshoop – S. JJ 5. (Ende JJ 5 und JJ 6; Beginn JJ 8 und JJ 11.)
Aroab – Kleiner Ort. Keine Formalitäten für die Ausreise aus Namibia.
Rietfontain – Kleiner Ort. Formalitäten zur Einreise nach Südafrika (schnell).
Twee Rivieren – Treibstoff. Lebensmittel. (Beginn NN 25 und NN 26; Ende NN 24.)
Unterkunft: *lodge* und Campingplatz sehr komfortabel.
Zur Zeit der einzige Ort, von dem aus in den **Kalahari-Gemsbok-Nationalpark** aus- und eingefahren werden kann (nur Fahrzeuge bis 2,8 t).

814 *Durch Afrika*

JJ 8: Keetmanshoop – Koës – Twee Rivieren (234 km)

Piste (A/G/I), in der Regenzeit unbefahrbar.

Keetmanshoop – S. JJ 5. (Ende JJ 5 und JJ 6; Beginn JJ 7 und JJ 11.)
Koës – Kleiner Ort. Treibstoff. Übernachtungsmöglichkeit.
Km 71 hinter Koës Abzweigung; nach rechts abbiegen; nach links führt die Piste
nach Eindpaal (zur JJ 10).
Twee Rivieren – S. JJ 7. (Beginn JJ 9 und JJ 10.)

JJ 9: Twee Rivieren – Südafrikanische Grenze – Mata Mata (75 km)

Piste (A/G/I), in der Regenzeit unbefahrbar. Vorsicht, zur Zeit ist eine Zufahrt zum Kalahari-Gemsbok-Nationalpark von Mata Mata aus nicht möglich, der Grenzübergang ist seit Januar 1990 geschlossen; der einzige Eingang ist in Twee Rivieren (s. JJ 7).

Twee Rivieren – S. JJ 7. (Ende JJ 8; Beginn JJ 10.)
Mata Mata – Westl. Zugang zum Kalahari-Gemsbok-Park (s. o.). Treibstoff.
Unterkunft: *lodge* und Campingplatz.

JJ 10: Twee Rivieren – Eindpaal – Gochas – Stampriet – Mariental (214 km)

Piste (A/G/I), sandig und in der Regenzeit bis Stampriet nicht befahrbar; danach Asphalt.

Twee Rivieren – S. JJ 7. (Ende JJ 8; Beginn JJ 9.)
Zwischen Eindpaal und Stampriet Durchquerung des westlichen Teils der **Kalahari-Wüste**, sehr interessant hinsichtlich der Fauna und der Flora, die sich nach den großen Regenfällen, in der Zeit von November bis März, entwickelt.
Gochas – 1150 m. Dorf. Verpflegungs. Übernachtungsmöglichkeit. Treibstoff.
Sehenswert: artesische Brunnen, die jeden Tag Millionen Liter Wasser pumpen.
Mariental – 1181 m. Weiler. Verpflegungsmöglichkeit. Treibstoff. Übernachtungsmöglichkeit. (Beginn JJ 12; Ende JJ 11.)
In der Umgebung: der Hardap-Stausee (Treibstoff, Bungalows).

JJ 11: Keetmanshoop – Asab – Mariental (235 km)

(08.90, Patrol) Asphalt. Die Straße führt durch ein Halbwüstengebiet.

Keetmanshoop – S. JJ 5. (Ende JJ 5 und JJ 6; Beginn JJ 7 und JJ 8.)
Tses – Kleiner Ort. Treibstoff.
Asab – 1105 m. Dorf. Treibstoff. Übernachtungsmöglichkeit.
Mariental – S. JJ 10. (Ende JJ 10; Beginn JJ 12.)

Namibia – Routenteil JJ 815

JJ 12: Mariental – Kalkrand (69 km)

Asphalt.

Mariental – S. JJ 10. (Ende JJ 10 und JJ 11.)
Kalkrand – 1229 m. Dorf. Verpflegungsmöglichkeit. Treibstoff. Hotel.
(Beginn JJ 14; Ende JJ 13.)

JJ 13: Aus – Helmeringhausen – Duwisib – Maltahöhe – Kalkrand (ungefähr 400 km)

(03.93) Piste (A), teilweise asphaltiert. Die Strecke führt durch eine wenig bekannte Region Namibias.

Aus – S. JJ 2. (Ende JJ 2; Beginn JJ 3.)
Auf der Höhe von Neisip (55 km hinter Aus) zweigt links die Piste D707 ab, auf der man nach etwa 60 km häufig sandiger Piste die
Namtib-Farm erreicht; sehr schönes Fleckchen am Rande der Namibischen Wüste, in einem steinigen Tal gelegen. Man findet dort eine artenreiche Fauna, auch Affen, Oryxantilopen und Leoparden und zahlreiche Wanderwege. Unterkunft in Bungalows mit Sanitäranlagen neben dem Farmhaus, gemeinsame Ausflüge (Reitmöglichkeit) und Wanderungen und hervorragendes Abendessen mit den Besitzern Renate und Walter Theile, einem deutschen Ehepaar. Tel. Anmeldung erwünscht: R. u. W. Theile, POB 19, Aus, Tel: 0 63 62/66 40, Fam. Theile verlangen, da erst zur Farm durchgeschaltet werden muß. Auch auf der benachbarten Farm „Gunsbewys" des Biologen Dr. Graebner kann man übernachten bzw. campen (Tel.: 0 02 64/63 62/66 04, auch hier Anmeldung empfehlenswert); Führungen sind möglich (vgl. a. Karte auf Seite 827).
Helmeringhausen – 1342 m. Kleines Dorf, keine Versorgungsmöglichkeit. Treibstoff. Hotel.
In der Umgebung: 85 km auf der Piste 407, dann links zur „Sinclair-Farm". Zimmer, Essen, freundliche Atmosphäre (150 N$/Person mit Vollpension).
Duwisib-Schloß – Nach 41 km ab Helmeringhausen die Piste nach links einschlagen; 30 km weiter erneut nach links abbiegen und dieser Piste 17 km lang folgen; danach nach rechts abbiegen; nach 1 km ist das Schloß erreicht. Es wurde vor etwa 80 Jahren von dem deutschen Baron Wolff erbaut; Besichtigungen von 8 bis 17 Uhr.
Vom „Duwisib-Schloß" nach Maltahöhe nacheinander die Pisten 826, 831, 8124 und C14 in Richtung Maltahöhe nehmen (etwa 60 km gute Piste).
Maltahöhe – 1330 m. Kleinstadt. Verpflegung. Treibstoff. Hotel. Piste nach Abbabis, am Rande des Naukluft-Parks gelegen (siehe Streckenabschnitt JJ 17). Anschließend in Richtung Mariental fahren und nach etwa 13 km nach links in Richtung Kalkrand abbiegen. Nach Mariental führen 120 km guter Asphalt.
Kalkrand – S. JJ 12. (Ende JJ 12; Beginn JJ 14.)

816 Durch Afrika

JJ 14: Kalkrand – Windhoek (204 km)

Asphalt.

Kalkrand – S. JJ 12. (Ende JJ 12 und JJ 13.)
Rehoboth – Weiler. Verpflegungsmöglichkeit.
Unterkunft: Hotel „Warmbad", preisgünstige Bungalows, Campingmöglichkeit.
In der Umgebung: (04.94) bis Solitaire gute Piste, mit jedem Fahrzeug befahrbar, unterwegs keine Versorgungsmöglichkeiten; der Spreetshoogte-Paß (2049 m) kann bei Befahrung in West-Ost-Richtung für schwach motorisierte Fahrzeuge schon fast zu steil sein.
Windhoek – 1779 m, 120 000 Einwohner. Hauptstadt. Gute Infrastruktur. Die Stadt wurde 1890 von einem deutschen Offizier gegründet und hat sich seit der Unabhängigkeit Namibias blühend entwickelt. Der Flughafen liegt etwa 38 km vom Zentrum entfernt (Busverbindung). (Beginn JJ 15, JJ 16, JJ 17 und JJ 19.)
Unterkunft: „Hansa-Hotel" (ca. 130 N$/DZ mit Frühstück).
Sehenswert: Meteoriten-Sammlung im **Verwoerd-Park;** die Gebäude in dt. Kolonialstil, die drei dt. Schlösser und das „Alte-Feste-Kulturmuseum".
In der Umgebung: Daan Viljoen-Nationalpark, schöner Blick über die Stadt; Bungalows und Campingplatz.
Verschiedenes: Touristenbüro hält eine Broschüre mit allem Wissenswerten bereit. Gute Land Rover-Werkstatt („Minz-Garage") und Toyota-Werkstatt („Auto-Repairs").

JJ 15: Windhoek – Nauchas – Solitaire – Sesriem – Sossusvlei (440 km)

(04.94, Honda Africa Twin) Piste (A/I). Die letzten 70 km sind für Motorräder verboten.

Windhoek – S. JJ 14. (Ende JJ 14; Beginn JJ 16, JJ 17 und JJ 19.)
Auf dem Streckenabschnitt JJ 17 bis nach Göllschau fahren und dann nach links in Richtung **Nauchas** abbiegen. Von Nauchas bis Solitaire gute Piste (1275), jedoch große Steigungen (Piste für Wohnwagen gesperrt); großartige Aussicht auf den Gamsberg und die Naukluft-Berge.
Solitaire – Kleiner Ort. Verpflegungsmöglichkeit. Tankstelle 24 Std. geöffnet, bietet auch einfache Übernachtungsmöglichkeit. Weiter südlich zweimal Unterkunftsmöglichkeit auf Farmen.
Sesriem – Ort. Wasser. Treibstoff. Keine weiteren Verpflegungsmöglichkeiten. Über diese Piste wird Helmeringhausen oder Maltahöhe erreicht (zur JJ 13).
Unterkunft: Campingplatz im Nationalpark sowie im Okt. 1994 eröffnete Lodge unmittelbar am Eingang zum Nationalpark. Entfernung zum Canyon 4 km.
Für die Canyon-Pisten bei Sesriem und bei Sossusvlei ist ein Passierschein erforderlich (für die letzten 6 km sind nur Fahrzeuge mit Allradantrieb zugelassen). Im **Naukluft-Nationalpark** befindet sich ein Campingplatz (Treibstoff und

kalte Getränke). Von hier Ausflugsmöglichkeit zu Fuß (4,5 km) zum Sesriem-Canyon, Bademöglichkeit in den Wasserpools des **Tsauchali-River.** Die Straßen auf der Hochebene im Park sind für Fahrzeuge aller Art befahrbar. Der Passierschein (Eintrittsgeld) kann auch in Sesriem gekauft werden. Fahrten im Inneren des Parks, z. B. Khan-Flußtal (Geländefahrzeug erforderlich), sind nur noch für lizenzierte Fahrzeuge möglich; die Lizenzen werden nur an Autos der Reisebüros in Swakopmund (s. JJ 17) ausgegeben.

Sossusvlei – 70 km hinter Sesriem. Übernachten verboten. Von hier aus sieht man die apricotfarbenen Dünen, die fast 350 m hoch sind und somit zu den höchsten der Welt zählen; zahlreiche Oryxantilopen. Zufahrt zu den Dünen bis auf die letzten 5 km mit jedem Pkw möglich (Eintritt). 2 km vor den Dünen weiterer Parkplatz; von hier ca. 30 Min. Gehweg zum Dead Vlaei mit abgestorbenen Akazien. Motorräder haben in der Regel keinen Zutritt – Sondererlaubnisse werden zeitweise erteilt.

JJ 16: Windhoek – Gobabis – Buitepos – Grenze zu Botswana – Mamuno (333 km)

(04.94, Honda Africa Twin) Asphalt bis Km 16 hinter Gobabis; danach Piste (A/I) in ausgezeichnetem Zustand.

Windhoek – S. JJ 14. (Ende JJ 14; Beginn JJ 15, JJ 17 und JJ 19.)
Witvlei – Verpflegungsmöglichkeit. Treibstoff. Hotel.
Gobabis – 1445 m. Charmante Kleinstadt, sehr sauber und gastfreundlich. Verpflegungsmöglichkeit (Geschäfte und Supermarkt). Treibstoff. Bank. Endstation der Eisenbahn aus Windhoek. (Beginn JJ 21.)
Unterkunft: Hotel „Central". Camping beim Rastlager „Welcome", Pool, Hütten.
Buitepos – 1301 m. Dorf. Formalitäten für die Ausreise aus Namibia; Grenzposten von 8 bis 17 Uhr geöffnet. Vor der Grenzstation Tankstelle mit Campingmöglichkeit.
Mamuno – Kleiner Ort. Treibstoff. Grenzstation für die Einreise nach Botswana. Vorsicht, die Einfuhr von rohem Fleisch nach Botswana ist verboten. Die Polizei sucht nach Vergehen (Anschnallpflicht beachten). (Beginn KK 2 und KK 4.)

JJ 17: Windhoek – Naukluft–Park – Walvisbaai – Swakopmund (383 km)

(03.93) Piste (A/I) bis Walvisbaai; danach Asphalt bis Swakopmund.

Windhoek – S. JJ 14. (Ende JJ 14; Beginn JJ 15, JJ 16 und JJ 19.)
Windhoek in Richtung Göllschau (72 km) verlassen und über den Gamsberg-Paß weiterfahren. Kurz vor der „Rostock-Farm" ist eine gut beschilderte Kreuzung: rechts auf eine Piste abbiegen, die zum Canyon des **Kuiseb-Flusses** und nach Walvisbaai führt (die linke Piste führt nach Solitaire, zur JJ 15).

818　*Durch Afrika*

Naukluft-Nationalpark – Der Park entstand 1978 durch die Zusammenlegung des „Namib Desert Parks", eines Teils der *diamond area no 2* und des Naukluft-Zebra-Parks. Zahlreiche Tierarten (Gemsböcke, Springböcke, Hyänen, Schakale, Zebras, verschiedene Vögel usw.). Um die Hauptpiste zu verlassen, ist eine Genehmigung erforderlich (außer für Fahrten zu den Aussichtspunkten), die man sich zuvor ausstellen lassen muß („Service Nature Conservation and Tourism" in Swakopmund an der Ecke von Bismarck- und Kaiser-Wilhelm-Straße oder bei „Treck Garage" in Walvisbaai, 10th Street).
Walvisbaai – Kleinstadt. Verpflegungsmöglichkeit. Treibstoff. Hotels. Campingplatz. Walvisbaai (bis 1994 Enklave von Südafrika) war bis zur Gründung des neuen Hafens am Kap der bedeutendste südafrikanische Hafen.
Sehenswert: die Lagune mit den rosa Flamingos, Pelikanen und Pinguinen.
Swakopmund – Stadt. Verpflegung. Treibstoff. (Beginn JJ 18, JJ 26 und JJ 32.)
Unterkunft: zahlreiche Hotels. „Camping Mile 4", großer Caravanpark mit Waschsalon und allen Einrichtungen direkt am Strand (13 N$). „Hotel JJ", billig und gut; Ferienhaussiedlung am Stadtrand (Motorräder „normalerweise" verboten!).
In der Umgebung: bis Hentiesbaai (s. JJ 26 und JJ 32) Asphaltstraße, Abzweig der C 35 zum Brandberg; die Strände und Badeorte entlang der Strecke sind nur in der Saison geöffnet; keine bzw. geringe Möglichkeiten zur Versorgung. Eine gut befahrbare, mit Salz verfestigte Piste führt zum 55 km nördlich gelegenen Kreuzkap (Cape Cross); Eintrittsgeld zu einer sehr sehenswerten Zwergohrenpelzrobbenkolonie, ferner Gedenktafel an portugiesische Entdeckung 1486.
Verschiedenes: ehem. Sommerhauptstadt der deutschen Siedler; meist kühles, nebliges Wetter.
Sehenswert: die zahlreichen Gebäude aus der deutschen Besiedlungszeit, die lutheranische Kirche und das Museum, sowie das Uranbergwerk (Besichtigung Freitag, 5 N$, Anmeldung im Museum bis Donnerstag).

JJ 18: Swakopmund – Usakos – Karibib – Okahandja (302 km)

Asphalt.

Swakopmund – S. JJ 17. (Ende JJ 17; Beginn JJ 26.)
Usakos – Kleinstadt. Verpflegungsmöglichkeit. Treibstoff. Hotel.
In der Umgebung: die Höhlenmalereien in den **Erongo-Bergen** (Norden) und am **Spitzkoppe-Berg** (ca. 30 km vor Usakos nach links auf die Piste in Richtung Hentiesbaai abbiegen; nach 20 km guter Piste, Wegweiser nach rechts zur Spitzkoppe); die schönen Ebenen, die sich gut für Wanderungen und zum Übernachten eignen (aus dieser Gegend soll ein Nationalpark gemacht werden).
Karibib – Kleiner Ort. Verpflegungsmöglichkeit. Treibstoff. Hotel.
Wilhemstal – Kleiner Ort. Treibstoff.
Okahandja – 1439 m. Dorf. Verpflegungsmöglichkeit. Treibstoff.
(Beginn JJ 20; Ende JJ 19.)
Unterkunft: Hotel. Der Campingplatz liegt in Richtung Otjiwarongo.

Namibia – Routenteil JJ 819

Verschiedenes: hier sind die großen Häuptlinge des Herero-Stammes begraben (jährlich im August findet das große Fest der Verstorbenen statt).
Sehenswert: der Bahnhof (1901), die „Rhein-Missionskirche" (1876) und der Zoo (privat, etwa 3 km nördlich der Stadt).

JJ 19: Windhoek – Okahandja (72 km)

Asphalt.

Windhoek – S. JJ 14. (Ende JJ 14; Beginn JJ 15, JJ 16 und JJ 17.)
Okahandja – S. JJ 18. (Ende JJ 18; Beginn JJ 20.)

JJ 20: Okahandja – Otjiwarongo – Otavi – Grootfontein (394 km)

(04.94, BMW 80 GS) Asphalt.

Okahandja – S. JJ 18. (Ende JJ 18 und JJ 19.)
Km 154, rechts Abzweig zum Waterbergplateau-Park. 40 km auf Asphalt, dann links 15 km Piste (bei Regen sehr schlammig, sonst gut). Auf dem Plateau ist ein Camp mit Restaurant, Pool, Hütten und Laden. Motorräder sind erlaubt (25 N$/Person). Sehr schöne Wandermöglichkeiten.
Sukses – Kleiner Ort. Treibstoff.
Otjiwarongo – 1565 m. Bezaubernde Kleinstadt. Verpflegungsmöglichkeit. Treibstoff. Bank.
Unterkunft: Hotel. 2 km vor dem Ort links eine *lodge* mit Löwengehege, Pool und sehr gutem Restaurant (Essen auch ohne Übernachtung möglich).
In der Umgebung: der **Waterberg-Park** (s. o.), eine interessante geologische Eigenheit (zahlreiche temporäre Quellen nach der Regenzeit). (Ende JJ 21.)
Otavi – 1414 m. Weiler. Verpflegungsmöglichkeit. Treibstoff. Übernachtungsmöglichkeit; Campingplatz.
Geteerte Straße (65 km) nach Tsumeb (zur JJ 25.)
Grootfontein – 1571 m. Kleinstadt. Verpflegungsmöglichkeit. Treibstoff. (Beginn JJ 22 und JJ 25; Ende JJ 23.)
Unterkunft: Hotel. Campingplatz neben dem Schwimmbad; eine weitere Campingmöglichkeit besteht neben dem Hoba-Meteoriten, sanitäre Anlagen sind vorhanden. Deutsche Bäckerei, Konditorei und Café.
Sehenswert: der **Hoba-Meteorit**, der 1920 auf dem Gelände der „Hoba-West-Farm" (ca. 20 km, im Westen, Piste links von der Straße nach Tsumeb) gefunden wurde und als größter der Welt gilt (60 Tonnen); er besteht hauptsächlich aus Eisen und Nickel, eine Besichtigung ist jeden Tag von 8 bis 18 Uhr möglich.

GPS-Koordinaten sind immer willkommen; zur Vereinheitlichung bitte Angaben in Grad, Minuten, Sekunden, z. B. 20°13´17´´N/50°14´15´´O.

820 Durch Afrika

JJ 21: Gobabis – Otjiwarongo (400 km)

(08.90, Patrol) Die Piste (A/I) in ausgezeichnetem Zustand schlängelt sich über das flache Land. Wenig Sehenswertes neben der Straße.

Gobabis – S. JJ 16. (Zur J 16.)
Otjiwarongo – S. JJ 20. (Zur JJ 20.)

JJ 22: Grootfontein – Rundu – Bagani (470 km)

(07.94, Land Rover) Durchgehender Asphalt. Schöne Landschaften im Kavango-Land.

Grootfontein – S. JJ 20. (Ende JJ 20 und JJ 23; Beginn JJ 25.)
Rundu – 1095 m. Gute Infrastruktur.
Unterkunft: Campingmöglichkeit auf dem Parkplatz des Hotel „Kavango" (gutes Essen) oder am Ufer des Okavango-Flusses, schöne Zeltstandplätze; „Kaisosi Safari Lodge", von Holländern geführt, sehr sauber; entlang des Okavango mehrere *lodges*.
Die gute, malerische Erdpiste führt am Okavango und der angolanischen Grenze entlang. Zahlreiche Missionen, von denen die Mission „Andara" zweifellos die bedeutendste ist.
70 km vor Bagani Abzweig nach **Omega** – Dorf. Treibstoff. Lebensmittel.
Mukwe – 16 km vor Bagani. Dorf. Treibstoff.
Bagani – Kleiner Ort. Verpflegungsmöglichkeit. Treibstoff. Restaurant.
Unterkunft: Campingplatz und Hütten an den **Popa-Wasserfällen**, schöner Erholungsort (6 km von Bagani entfernt in Richtung Botswana).
In der Umgebung: der kleine Mahango-Nationalpark entlang der Grenze.
Die Ausreiseformalitäten werden an der Grenze zu Botswana erledigt.
(Beginn JJ 23, JJ 24; Ende KK 6.)

JJ 23: Bagani – Tsumkwe – Grootfontein (527 km)

(03.93) Piste (A/H/K/I) bis zum Km 467; danach Asphalt. Die Genehmigung zum Befahren dieser Piste wird von der „WHK" in Bagani ausgestellt (mindestens zwei Fahrzeuge).

Bagani – S. JJ 22. (Ende JJ 22 und KK 6; Beginn JJ 24.)
Bagani über die Piste nach Runde verlassen (Streckenabschnitt JJ 22 in umgekehrter Richtung).
Km 64, nach links auf eine kleine, sandige, wenig befahrene Piste (Wegweiser Kaudom-Naturpark) abbiegen.
Geradeaus in Richtung SW weiterfahren und sich nicht durch die vielen Spuren verwirren lassen, die aus dem Park herausführen.
Km 71 nach der Abzweigung, breite Piste (die alte Piste nach Botswana); geradeaus in Richtung Süden weiterfahren; ab da ist die Piste wieder mehr befahren, jedoch immer noch sehr sandig.

Namibia – Routenteil JJ 821

Km 175, links eine enge Piste.
Km 195, **Senkeretti** – Camping. Verpflegungsmöglichkeit. Wasser.
Km 219, Abzweigung; geradeaus fahren; links führt eine enge Piste zu einem riesigen, wunderschönen alten Baobab (3 km).
Km 235, Pistenquerung.
Tsumkwe – Verpflegungsmöglichkeit. Treibstoff. Zelten möglich.
In der Umgebung: zahlreiche alte Buschmann-Dörfer.
Ab Tsumkwe gute Piste, breit und instandgehalten.
Km 467, Ende der Piste und Beginn des Asphalts.
Grootfontein – S. JJ 20. (Ende JJ 20; Beginn JJ 22 und JJ 25.)

JJ 24: Bagani – Katima Mulilo – Grenze zu Botswana – Kasane (435 km)

(11.94, VW Golf 1,3 l) Gute Piste (A/G/I), breit bis Kongola, dann guter Asphalt bis Katima Mulilo (114 km); danach Piste (A/G/I) bis nach Kasane, mit dem PKW ohne Allrad nach Regenfällen nicht zu befahren.

Bagani – S. JJ 22. (Ende JJ 22 und KK 6; Beginn JJ 23.)
Kongola – Kontrollposten, Tankstelle.
Katima Mulilo – 45 000 Einwohner. Verpflegungsmöglichkeit. Treibstoff und Werkstatt (deutsch wird gesprochen). Bank. Post. Kauf von Kunsthandwerk, v. a. Holzschnitzereien hier oder am Straßenrand der Umgebung gut möglich.
Unterkunft: Schöner Gasthof mit Übernachtungsmöglichkeit am Ufer des Sambesi (ca. 10 N$/Person). „Zambezi Lodge" (ca. 160 N$/DZ), kleiner Park für Wohnwagen und Möglichkeit zum Zelten. Campingplatz „Hippo Lodge" in schöner Lage neben dem Golfplatz und -club am Sambesi (Zufahrt am Sambesi flußabwärts, vorbei an Kraftwerk und Polizei bis zum Ende der Asphaltstraße, dann links), Sanitäranlagen, Schwimmbad des Golfclubs kann benützt werden.
Verschiedenes: Fähre nach Sambia.
Bis zum namibischen Grenzposten 63 km gute Piste, zahlreiche malerische Dörfer.
Ngoma – Kleiner Ort. Formalitäten für die Ausreise aus Namibia (problemlos, Schließung um 17:00 Uhr) an der Brücke. Grenzposten für die Einreise nach Botswana hinter der Brücke (nicht in Kasana!).
In der Umgebung: der Chobe-Nationalpark (siehe Streckenabschnitt KK 8).
Kasane – S. KK 8. (Ende KK 8; Beginn KK 9 und LL 12.)

JJ 25: Grootfontein – Tsumeb – Operet (142 km)

(04.94, BMW 80 GS) Asphalt.

Grootfontein – S. JJ 20. (Ende JJ 20 und JJ 23; Beginn JJ 22.)
Tsumeb – 1279 m. Kleinstadt, bedeutendes Bergwerkszentrum. Verpflegungsmöglichkeit. Treibstoff.

822 *Durch Afrika*

Unterkunft: Hotels. Campingmöglichkeit am Ortsanfang (5 N$/Person). Großes Schwimmbad.

In der Umgebung: Farm Kryheid. Der deutschsprachige Besitzer Rudi Noelle führt mit einem VW-Bus Touren zum Etosha-Park durch (50 DM/Person). Dies ist für Motorradfahrer interessant, da diesen die Einfahrt verboten ist. Adresse: P.O. Box 94, 9000 Tsumeb, Tel: 0678-13221.

Direkte geteerte Straße (65 km) nach Otavi (zur JJ 20).

Km 24 hinter Tsumeb, Otjikoto-Stausee, links von der Straße (Eintritt 1 N$). Noch klarer und schöner soll der See von Guinas sein, 15 km weiter auf der P3043.

Km 142, **Operet** – Beginn des autonomen Gebiets der Ovambo. Eine Genehmigung zum Befahren des Ovambolands ist nicht mehr erforderlich.

(Beginn GG 1, JJ 30; Ende JJ 26.)

Unterkunft: Für Reisende empfiehlt sich eine Übernachtung in Namutoni bzw. in der am Eingang zum Nationalpark befindlichen Lodge, dann Besuch des Ovambolandes am nächsten Tag, ggfs. nächster Übernachtungsort Ruacana (Camping; s. JJ 30) oder Opuwo (s. JJ 28).

JJ 26: Swakopmund – Hentiesbaai – Uis – Khorixas – Outjo – Okaukuejo – Namutoni – Operet (ca. 780 km)

(07.94, Land Rover) Asphalt auf den ersten 15 km, dann wieder zwischen Khorixas und Outjo; ansonsten gute Piste (A/I). Typische Savannenlandschaft.

Swakopmund – S. JJ 17. (Ende JJ 17; Beginn JJ 18.)

Unterkunft: mehrere Campingplätze an der Küste zwischen Swakopmund und Hentiesbaai.

Hentiesbaai – Kleinstadt. Verpflegungsmöglichkeit. Treibstoff. Hotels.

In der Umgebung: im Norden über eine gute Piste erreichbar, der kleine Naturpark **Kaap Kruis** (Kreuzkap – erster Landeplatz der Portugiesen), wo eine große Robbenkolonie lebt. Ein großartiges Naturschauspiel – sehr sehenswert (als organisierte Tour kostet der Ausflug 130 N$ von Swakopmund aus, Dauer einen halben Tag).

Uis – Kleiner Ort. Verpflegungsmöglichkeit. Treibstoff. Restaurant.

In der Umgebung: das Brandberg-Massiv, das sich ungewöhnlich von der umgebenden Halbwüste abhebt und die „White-Lady-Höhlenmalereien"; die Straße nach Khorixas einschlagen und nach 14 km im Norden von Uis nach links auf eine gute Piste (25 km) abbiegen; man erreicht „The White Lady" nach einem 40-minütigem Marsch im trockenen Flußbett; wegen der Hitze ist es ratsam, diesen Ort morgens oder abends aufzusuchen (unbedingt genügend Wasser mitnehmen).

Fährt man nicht nach links, sondern geradeaus, stößt man nach 33 km auf eine Piste (D2611); nach links fahren und nach weiteren 65 km wieder links eine Abzweigung zum Verbrannten Berg und nach Twyfelfontein nehmen; nach 3 km

Namibia – Routenteil JJ 823

schöner Campingplatz (10 N$/Person); weiterer Campingplatz bei Twyfelfontein. Ungefähr 40 km vor Khorixas zweigt eine Piste links nach Burnt Mountain ab. (Beginn JJ 27.)

Khorixas (ehemals Welwitschia) – 1000 m. Kleinstadt. Verpflegungsmöglichkeit. Treibstoff.

Unterkunft: Hotel. *Restcamp* (Bungalows, Campingplatz, Swimming-Pool, Restaurant) etwa 1500 m vom Ort entfernt, in Richtung des versteinerten Waldes, unfreundliches Personal (22 N$/Person).

In der Umgebung: auf der Straße nach Torrabaai (in Richtung Westen) der versteinerte Wald von **Versteendewoud** (46 km, 200 Millionen Jahre alt); die Furt ca. 15 km vor Twyfelfontein auf dem Weg zum Verbrannten Berg (98 km, Basaltorgeln) und den Höhlenmalereien von **Twyfelfontein** (103 km, Ruinen einer Farm aus dem 19. Jahrhundert) kann in der Regenzeit unpassierbar sein.

Streckenvariante: 53 km hinter Khorixas nach rechts auf eine gute Piste abbiegen, die zum „Rock Finger" führt und in der Michelin Karte nicht eingezeichnet ist (P2752). Von dort Weiterfahrt durch das Ugab-Tal mit schönen Felsformationen. In der Regenzeit müssen einige Furten durchquert werden. 30 km vor Outjo mündet die Piste wieder in die Asphaltstraße.

Outjo – Kleinstadt. Verpflegungsmöglichkeit. Treibstoff. Bank. (Ende JJ 27.)

Unterkunft: Hotel. Camp mit Hüttenvermietung (12 N$/Person), 5 km außerhalb Richtung S.

Okaukuejo – Ort.

In der Umgebung: Einfahrt in den **Etosha-Nationalpark**, der ganzjährig geöffnet ist (Eintritt 10 N$/Kfz, 8 N$/Person). Gute Parkinfrastruktur mit *lodges*, Campingplätzen und Schwimmbädern in Okaukuejo (nachts beleuchtete Wasserstelle), Halali und Namutoni. Treibstoff und Restaurants sind in den Camps günstig. Viele Tiere: Elefanten, Giraffen, Zebras, Strauße, Löwen, Antilopen, Springböcke und Oryx-Antilopen, Blaue Gnus, Kudus, etc.

Namutoni – Lodge (ca. 11 N$/DZ, ca. 19 N$/Bungalow); Camping; Schwimmbecken, sehr gutes Restaurant, alles in sehr schöner Lage, sehr gepflegt. Treibstoff. Ehemaliges Fort, das von 1905 bis 1915 der Armee als Stützpunkt diente, von 1915 bis 1924 ein Gefangenenlager und von 1924 bis 1958 ein Polizeiposten war.

Operet – S. JJ 25. (Ende JJ 25; Beginn GG 1.)

JJ 27: Abzweigung Burnt Mountain – Twyfelfontein – Palmwag – Kamanjab – Outjo (ca. 400 km)

(03.93) Piste (A/I) bis Kamanjab; danach Asphalt. Sehr schöne Landschaften.

Abzweigung Burnt Mountain – Zur JJ 27.
Km 6, nach links auf die Piste D3254 abbiegen.
Km 21, nach links auf die Piste D2620 in Richtung Torrabai abbiegen.
Km 65, Kreuzung von D2630 und D3245; in Richtung Norden (Kamanjab) weiterfahren.

824 *Durch Afrika*

Km 114, Kreuzung in der Nähe von Palmwag. Nach Sesfontein nach links auf die Piste D3706 abbiegen.
Km 120, **Camp Palmwag** – Verpflegungsmöglichkeit (kleines Geschäft). Wasser. Treibstoff (teuer). Restaurant. Schwimmbad. Ausgangspunkt für viele Exkursionen in die Gegend.
Zurück zur Kreuzung bei Km 114; die Piste nach rechts einschlagen. 18 km weiter, Grootberg-Paß (1540 m), schöner Aussichtspunkt.
Kamanjab – Kleiner Ort. Verpflegungsmöglichkeit. Treibstoff. Keine Unterkunftsmöglichkeit. (Beginn JJ 29.)
Outjo – S. JJ 26. (Zur JJ 26.)

JJ 28: Sesfontein – Opuwo

(04.94, Mazda Geländewagen) 140 km; landschaftlich interessante Strecke durch Buschsavanne.

Die C 3704 (östliche Strecke) ist bei angepaßter Fahrweise mit jedem Pkw zu bewältigen (Fahrzeit ca. 2–3 Std.). Die westl. verlaufende C 3705 erfordert Vierrad-Fahrzeuge; sie ist häufig durch Erdrutsche und andere Hindernisse schwer befahrbar, so daß Eigeninitiative beim Wegräumen von Hindernissen gefragt ist. Die Fahrt hierüber lohnt allerdings nur, wenn man auf der C 3707 in Richtung Orupembe weiterfahren möchte, Fahrpraxis mit Geländewagen vorausgesetzt.
Opuwo – Kleinstadt. Versorgungsmöglichkeiten. Treibstoff. Unterkunft an der Tankstelle. Werkstatt; deren Betreiber bietet Rundflüge zur Skelett-Küste an (bei Zahlung in fremder Währung wird ein ungünstiger Wechselkurs geboten!).

JJ 29: Kamanjab – Epupa-Fälle (344 km)

(04.94, Mazda-Geländewagen) Piste.

Kamanjab – S. JJ 27. (Zur JJ 27.)
Kamanjab Richtung Ruacana (Dorf) verlassen.
Km 80, links Abzweig zur „Hobatere Lodge" im privaten Hobatere-Park (mit Motorrad Einfahrt möglich, 20 N$/Person), einfach und sauber. Vor hier geht eine schwierige Piste durch die Khuwarib-Schlucht zur JJ 32.
Km 133, links Abzweig nach Opuwo (nur mit Geländewagen). Man fährt geradeaus weiter.
Km 194, links Abzweig nach Opuwo. Diese Richtung nehmen.
Opuwo – s. JJ 28.
Opuwo in nördlicher Richtung verlassen und nach einigen Kilometern an einer Einmündung rechts halten. Es folgt eine gute Sandstraße. Achtung, keine Ausschilderung, daher unbedingt nach Kilometerzähler fahren! Unterwegs keine Versorgungsmöglichkeit, inoffiziell in der ehemaligen Luftwaffenbasis bei einem kleinen Händler, dreifacher Treibstoffpreis.
Km 294, **Okwangati** – Dorf.

Namibia – Routenteil JJ 825

Von hier aus gibt es nach der Rückkehr von den Epupa-Fällen eine sehr schwierige, aber schöne Route über Otjinda und Etanga (hohe Bodenfreiheit nötig). Bis zu den Fällen nur für Geländewagen geeignet.

Km 344, **Epupa-Fälle** – landschaftlich sehr schön gelegene Wasserfälle mit Campingmöglichkeit (geringes Entgelt), Wasser, WC (15 N$/Person). Baden in einigen vor Krokodilen geschützten Gumpen möglich. (Ende JJ 30.)

JJ 30: Ruacana (Dorf) – Okauahene – Epupa-Fälle (243 km)

(04.94, BMW 80 GS, Mazda Geländewagen) 24 km Asphalt, der Rest ist Piste.

Km 0, **Ruacana (Dorf)** – Dorf. Treibstoff. (Ende JJ 31.)

Km 6, links in die C 46 einbiegen.

Km 18, Ruacana-Fälle. Kraftwerk. Tankstelle. Werkstatt. Versorgungsmöglichkeiten. Unterkunft „Hippo-Pool". Camping ohne Versorgungsmöglichkeit unterhalb der Ruacana-Wasserfälle. Die Wasserfälle sind wegen der Elektrizitätsgewinnung ohne Wasser; trotzdem interessante Wanderung entlang der angolanischen Grenze; vorher mündliche Genehmigung am Grenzposten einholen; hier auch Grenzübergang für die Ausreise nach Angola (auch für Ausländer, sofern Visum vorhanden). Zahlreiche Versorgungsmöglichkeiten und Tankstellen entlang der Strecke.

Km 19, Ende der Asphaltstraße (rechts „Hippo-Point"), geradeaus weiterfahren.

Km 27, Bachdurchquerung.

Km 48, Bachdurchquerung.

Km 68, **Okauahene** – Camp (30 N$/Stellplatz).

Km 71, links Piste nach Opuwo (nicht befahren).

Km 73, links die befahrenere Piste nach Opuwo (aus der Gegenrichtung ist hier das Schild „9 km bis zur Lodge" zu sehen).

Km 79, „Blue Sodalite Mine".

Km 107, sandiges Bachbett.

Km 126, rechts abbiegen (links geht es nach Opuwo).

Km 158, **Otjijanasemo** – Dorf. Supermarkt.

Kurz vor dem Ort geht es rechts nach den Epupa-Fällen. Schlechte Piste bis Km 200, ab hier wieder gute Piste zwischen Bergen.

Km 235, die Piste knickt abrupt ab.

Km 243, **Epupa-Fälle** – S. JJ 28. (Ende JJ 28.)

JJ 31: Operet – Ondangwa – Ruacana (Dorf) (360 km)

(04.94, BMW 80 GS) Piste.

Operet – S. JJ 25. (Zur JJ 25.)

Km 165, **Ondangwa** – Stadt. Versorgungsmöglichkeit.

826 Durch Afrika

Unterkunft: Hotel. Campingplatz, am Ende der Durchfahrtsstraße (6 N$/Person).
Km 200, **Oshakati** – Stadt, sehr lebendig. Treibstoff. Versorgungsmöglichkeit. *Resthouse.*
Sonstiges: Zu Ondangwa und Oshakati liegen auch differierende Angaben zu Unterkunfts- und Versorgungsmöglichkeiten vor, die Situation wechselt wohl sehr schnell.
Die Gegend wird nun wüstenähnlich und einsam.
Km 314, Dorf. Treibstoff.
Km 360, links Abzweig nach **Ruacana (Dorf)** – S. JJ 29. (Beginn JJ 29.)

JJ 32: Swakopmund – Torra Bay – Terrace Bay – Sesfontein (ca. 450 km)

(04.94, Mazda Geländewagen)

Hentiesbaai – Ort. Bis hierher Asphaltstraße. Unterkunftsmöglichkeit. Tankstelle. Abzweig der C 35 zum Brandberg. Die Strände und Badeorte entlang der Strecke sind nur in der Saison geöffnet, es bestehen keine oder nur geringe Versorgungsmöglichkeiten.
Kreuzkap (Cape Cross) – 55 km nördl.; gut befahrbare, mit Salz verfestigte Sandpiste (Eintrittsgeld zu einer sehr sehenswerten Zwergohrenpelzrobben-Kolonie, ferner Gedenktafel an portug. Entdeckung 1486).
Die Piste zur Weiterfahrt nach Norden (Torra Bay und Terrace Bay) ist ausgezeichnet. Nördlich von Kreuzkap sowie nördlich des Ugab-Tors zum Skelett-Küsten-Nationalpark weisen Schilder zwei Wege zu Schiffswracks, die problemlos für jedes Fahrzeug zugänglich sind. Die Orte und Badestrände weisen keinerlei Versorgungsmöglichkeiten auf. Unterwegs zahlreiche Zeugnisse von Siedlungsversuchen, z. B. Bergbau bei Toscanini. In Terrace Bay Tankstelle, einfache Versorgungsmöglichkeiten, Übernachtungsgelegenheit (nur Vollpension). Die Strecke lohnt nicht unbedingt; sie ist allerdings eine Alternative für die Fahrt nach Nordwesten, z. B. zum „Versteinerten Wald“, Brandberg, etc. Die interessanteren, weiter nördlich gelegenen Gebiete sind nur mit Sondergenehmigung für Reisebüros aus Swakopmund zugänglich bzw. „Olympia-Reisen“.
Torra Bay – einige km nördl. interessante Wanderung durch das Canyon-Gebiet des Unjab-Flusses bis zur Mündung bzw. zum Versanden in der Namib. Von hier ca. 100 km bis zur Einmündung in die C 39 und von hier weiter zum „Versteinerten Wald“, „Verbrannten Berg“, etc.; Strecke problemlos mit jedem Fahrzeug befahrbar.
Palmwag – s. JJ 27.
Sesfontein – Hübsches Dorf. Tankstelle. Shop. Seit Ende 1994 Hotelunterkunft im restaurierten deutschen Fort.
Sehenswert: Palmenhain, die schönen Berge des Umlandes; dt. Friedhof.
In der Umgebung: Khuwarib-Schlucht (Abzweig 40 km südlich von Sesfontein ausgeschildert); Campingmöglichkeit sowie Vermietung von Hütten mit Matrat-

zen (eigener Schlafsack erforderlich), ausgeschildert. In der südlich von Sesfontein gelegenen Warmquelle (keine Versorgungsmöglichkeiten) Abzweig zu den 6 km nordöstlich gelegenen Ongongo-Wasserfällen (Übernachtungsmöglichkeit, einfach), Piste mit Geländewagen problemlos, mit Pkw bei vorsichtiger Fahrweise befahrbar.

JJ 33: Aus – Rosh Pinah – Noordoewer (ca. 300 km)

(04.94, Toyota Hilux) Gute Piste bis Rosh Pinah, danach gut befahrbare Lkw-Piste über Hochebene.

Aus – s. JJ 2.
Rosh Pinah – Bergwerkssiedlung. Keine Versorgungsmöglichkeiten (nur äußerste Notfälle).
Die Piste nach Noordoewer führt landschaftlich sehr interessant am Oranje entlang. Sie ist teilweise durch canyonartige Durchbrüche sehr schmal und durch Lkw-Verkehr etwas ausgefahren. Mit Fahrzeugen, die über hohe Bodenfreiheit verfügen, problemlos zu befahren. Mit normalen Pkw ist vorsichtige Fahrweise anzuraten. Die Strecke ist aufgrund der interessanten Landschaft sehr empfehlenswert.
Noordoewer – 886 m. Kleiner Ort. Lebensmittel. Verpflegung. Treibstoff und Autowerkstatt. Motel. (Beginn JJ 1, JJ 4; Ende NN 14.)

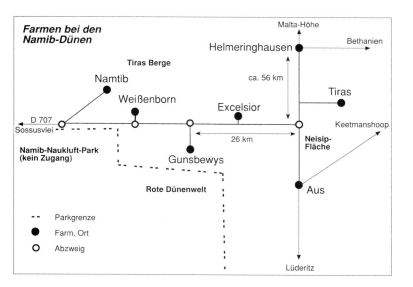

828 Durch Afrika

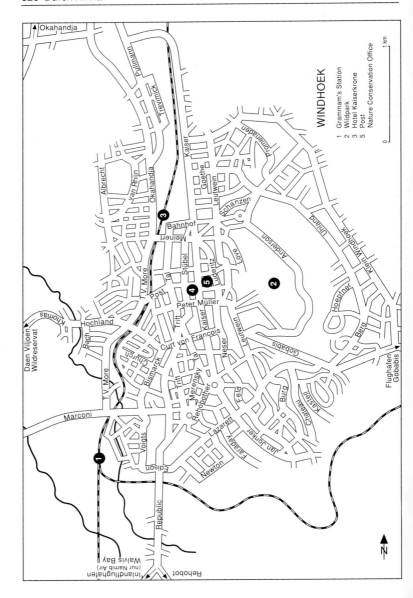

Namibia – Routenteil JJ 829

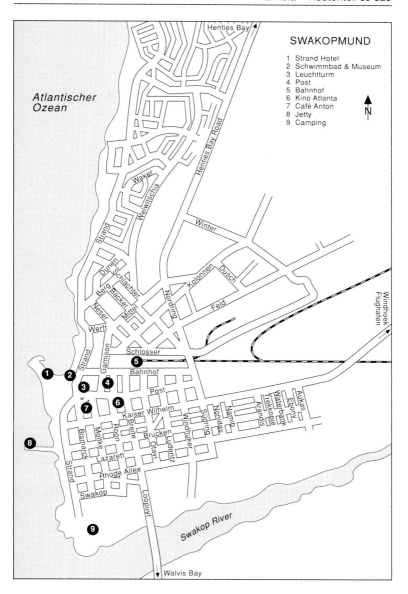

830 Durch Afrika

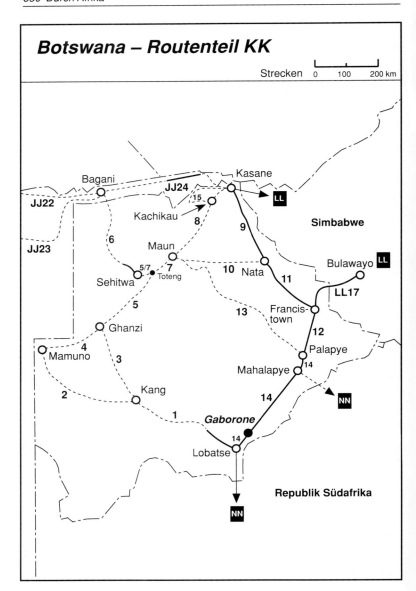

Botswana – Routenteil KK

Überblick

Fläche: 582 000 km^2.

Einwohner: 1 373 000.

Ethnien: Bantu-Gruppen, insb. Sotho-Tswana, Weiße, Inder.

Hauptstadt: Gaborone (133 800 Einwohner).

Sprachen: Amtssprache Se-Tswana, Englisch Handels- und Bildungssprache.

Religion: Überwiegend Anhänger von Naturreligionen, Christen.

Ruhetag: Sonntag.

Feiertage: 1. und 2.1., Karfreitag bis Ostermontag, Himmelfahrt, 15. und 16.7., 30. 9., 1.10., 25. und 26.12.

Stromspannung: 220/250 V.

Zeit: MEZ + 1 Std., in der Sommerzeit gleich.

Einreise: Keine Visumpflicht für Deutsche, Österreicher und Schweizer. Gültiges Rück- oder Weiterreiseticket. Einfuhr von tierischen Produkten (Fleisch, Butter, Eier etc.) ist verboten.

Impfung/Gesundheit: Gelbfieberimpfung vorgeschrieben. Malariaprophylaxe dringend empfohlen.

Währung: Pula. 1 DM = 1,75 P, 1 P = 0,57 DM; 1 US-$ = 2,61 P. Einfuhr verboten, Ausfuhr bis zu 50 Pula. Einfuhr ausländischer Währungen unbeschränkt, keine Gelddeklaration nötig.

Kfz: Internationaler Führerschein und Kfz-Schein, *carnet de passage* (wird abgestempelt bei Eintritt in die Zollunion Namibia, Botswana, Südafrika, nicht in den jeweiligen Ländern), Haftpflichtversicherung muß bei der Einreise abgeschlossen werden (8 US-$/1 Jahr). Auf eingeführtes Benzin – sei es im Tank, sei es in Kanistern – wird eine Steuer erhoben.

Treibstoffpreise: Super 1,10 P; Diesel 0,95 P.

832 Durch Afrika

Straßenzustand: Zumeist Pisten, guter bis mäßiger Zustand.

Treibstoffpreise: Super 1,1 P.

Kontrollen: Vereinzelte Kontrollen.

Grenzen: Die Grenzen zu den Nachbarländern sind geöffnet.

Verschiedenes: Die Nationalparkgebühren wurden 1990 drastisch erhöht und liegen jetzt bei 50 Pula/Tag/Person (Kind 15 Pula), Auto/Tag 10 Pula; Camping/ Tag/Person 20 Pula (Kind 10 Pula), trotz sehr einfachen Standards.

Literatur und Landkarten:
Reiseführer: M. Iwanowski, „Botswana Reisehandbuch", mit zahlreichen Routeninfos und praktischen Reisetips. „DuMont Kunstführer Botswana/Namibia" (s.u. Namibia). Bornemann/Hämel, „Reise Know-How Simbabwe mit Botswana, Moçambique, Sambia, Malawi", Reise Know-How Verlag Därr GmbH.
Hintergrund: „Die Buschmänner", Landbuch-Verlag, ein sehr schöner Bildband mit guten Texten zur Lebensweise dieses Naturvolkes. M. und D. Owens, „Der Ruf der Kalahari, 7 Jahre unter Wildtieren Afrikas", ein hervorragendes Buch über das Leben abseits aller Zivilisation und die Erfahrungen mit den Tieren, Bertelsmann-Verlag.
Karten: Übersichtskarte: Michelin 955 1:4 000 000, Macmillan Map Botswana 1:750 000. Im Land gibt es an „Shell"-Tankstellen gelegentlich die gute Shell Map Botswana. Detailkarten ONC 1:1 000 000, TPC 1:500 000.

Geschichte: Buschmann-Gruppen waren die Urbevölkerung im Territorium des heutigen Botswana. Nach und nach wanderten auch Hottentotten und schließlich Bantu-Stämme in dieses Gebiet. Um 1000 n. Chr. siedelten Shona im Nordosten Botswanas, etwa 500 Jahre später ließen sich Tswana im Südosten des Landes nieder. Aus den lockeren Stammesverbänden entwickelten sich im 18. Jh. mehrere Tswana-Königreiche entlang der heutigen Grenze zwischen Südafrika und Botswana. 1885 wurde das Gebiet als Bechuanaland zum britischen Protektorat, das durch den Verkauf von Rindern und Mais an gegen Norden ziehende weiße Siedler wirtschaftlich relativ unabhängig war. Durch den Bau der Eisenbahnlinie nach Rhodesien, die durch Bechuanaland führte, sowie durch den Ausbruch der Rinderpest wurden die ökonomischen Grundlagen des Protektorats empfindlich gestört. Als 1920 die Nachbarländer Südafrika und Rhodesien ihren Maisanbau intensivierten, brach damit auch der Maisexport Bechuanalands zusammen. Die arbeitslosen Farmer und Landarbeiter mußten sich als Gastarbeiter in den südafrikanischen Minen verdingen.

Politik: 1966 wurde Botswana unabhängig. Der erste Präsident, Seretse Khama, ein Neffe eines der Tswana-Könige, verfolgte eine neutrale Politik gegenüber seinen Nachbarn Südafrika und Rhodesien. Auch die weißen Grundbesit-

Botswana – Routenteil KK 833

zer blieben unangetastet. Wirtschaftlich abhängig von Südafrika, wo ein großer Teil der Botswaner in den Minen arbeitet und auf dessen Lebensmittelexporte das Land angewiesen ist, versuchte er eine Balance zwischen der Verurteilung des Apartheid-Regimes und den ökonomischen Zwängen zu halten. Trotz einer schweren Dürre ist die Wirtschaft Botswanas relativ stabil geblieben. 1980 wurde Khama von Sir Ketumile Joni Masire abgelöst. Botswana gehört zu den wenigen afrikanischen Ländern mit einer relativ stabilen, wenn auch von Südafrika abhängigen Wirtschaft und einer demokratischen Tradition.

Die Buschmänner

Buschmänner gehören mit den Hottentotten und den Pygmäen zu den ältesten Bevölkerungsgruppen Afrikas. Auffallend ist ihre geringe Körpergröße (zwischen 140 und 160 cm), die sehr helle Hautfarbe („Yellow People") und ihre Lebensweise als nomadisierende Jäger und Sammler. Entsprechend ihrer Wirtschaft haben die Buschmänner eine sehr ausgeprägte Jagdmagie entwickelt. Junge Männer erhalten in der Initiation die Fähigkeiten und die Kraft der Tiere, die sie jagen: in Schnitte an Armen und Beinen wird Asche des Jagdwildes gerieben und so eine Verbindung zwischen Jäger und Wild hergestellt. Traditionell kennen die Buschmänner keine hierarchische Organisation ihrer Gesellschaft. Die einzelnen Jagdgruppen verwalten sich selbst, einige Autorität wird dem Medizinmann und dem Ältesten oder erfahrendsten Jäger zuerkannt. Ein Buschmann kann mehrere Frauen haben, wobei der ersten Frau eine besonders geachtete Rolle zukommt. Während die Männer jagen, beschäftigen sich die Frauen mit dem Sammeln von Früchten und Beeren. Über die religiösen Vorstellungen der Buschmänner weiß man nur wenig. Wichtige Naturkräfte wie Sonne, Mond und vor allem Regen werden mit magischen Zeremonien beschworen. Der Regenbulle „Khwa" und die ihm assoziierten Tiere Frosch, Schlange und Schildkröte bringen für das Wild und die Früchte Regen. Die Gottesanbeterin „Mantis" ist ebenfalls Gegenstand wichtiger kultischer Handlungen und wird oft auch als höchstes Schöpferwesen angesprochen.

834 Durch Afrika

Routeninformationen

KK 1: Lobatse – Kanye – Salde – Tsebong – Sikoma – Kang (369 km)

Asphalt auf den ersten 125 km; dann Piste (A/C/H/I), abwechselnd Wellblech-, Schotter- und Sandpiste, wenig befahren.

Lobatse – S. KK 14. (Ende KK 14; Beginn MM 6.)
Kanye – Kleinstadt. Lebensmittel, Verpflegung. Treibstoff.
Sehenswert: das Vogelschutzgebiet.
Km 145, **Salde** – Sehr kleines Dorf (in der Michelin Karte nicht eingetragen). Keine Versorgungsmöglichkeit.
Km 205, **Tsebong** – Viehzüchterdorf (in der Michelin Karte nicht eingetragen). Keine Versorgungsmöglichkeit.
Hinter Tsebong wird die Piste breiter.
Km 208, **Sekoma** – Viehzüchterdorf. Keine Versorgungsmöglichkeit.
Km 217, Kontrollschranke.
Km 245, **Mobutsabe** – Dorf (in der Michelin Karte nicht eingetragen). Keine Versorgungsmöglichkeit. Hinter Mobutsabe wird die Piste sehr sandig.
Km 274, Abzweigung. Nach links Piste nach Werda.
Km 313, einsame Ranch links der Piste.
Km 331, Abzweigung. Nach links führt eine Piste zum Phuduhudu-Camp. Die immer noch sandige Piste mit tiefen Radspuren wird breiter.
Km 342, Kontrollschranke.
Km 353, erneut Abzweig zum Lager von Phuduhudu, ca. 14 km links der Piste.
Kang – Kleiner Ort. Lebensmittel und Verpflegung nicht immer erhältlich. Wasser. Manchmal Treibstoff (in Fässern) im *store*. Krankenhaus.
(Beginn KK 3; Ende KK 2.)
Unterkunft: im „Brigade-Guesthouse" (5 P/Nacht).

KK 2: Mamuno – Nojane – Hukuntsi – Tschane – Kang (421 km)

Piste (A/C/H/I).

Mamuno – S. JJ 16. (Ende JJ 16; Beginn KK 4.)
Sie verlassen Mamuno Richtung Süden und fahren entlang der Grenze zu Namibia.
Nojane – Kleines Dorf. Krankenhaus (dänische Leitung); Alleinreisende können in diesem Krankenhaus darum bitten, daß das Krankenhaus von Hukuntsi per Funk über den Abfahrtszeitpunkt von Nojane und die voraussichtliche Ankunft in Hukuntsi informiert wird. Im Falle einer Verspätung kann dann von Hukuntsi aus Hilfe organisiert werden.

Botswana – Routenteil KK 835

Die Piste zwischen Nojane und Hukuntsi ist sehr sandig und schmal, jedoch leicht zu finden; die Strecke führt durch Dornsavanne und an Salzbecken entlang durch das Gebiet der Buschmänner. Artenreiche Fauna. Kein Wasser!
Hukuntsi – Kleiner Ort. Wasser. Manchmal Treibstoff im von Europäern geleiteten *resthouse-store*. Informieren Sie das Krankenhaus über Ihre Ankunft.
Von Hukuntsi nach Kang etwas weniger Sand.
Kang – S. KK 1. (Ende KK 1; Beginn KK 3.)

KK 3: Kang – Takatshwane – Ghanzi (274 km)

(04.94, Honda Africa Twin) Sehr sandige Piste (A/H/I) mit tiefen Radspuren bis Takatshwane, danach besser (manchmal mit Kiesaufbau). Sehr wenig befahrene Piste.

Kang – S. KK 1. (Ende KK 1 und KK 2.)
Ghanzi – Kleinstadt. Lebensmittel, Verpflegung (Geschäfte). Bank. Tankstelle (Reifenreparatur, großes Reifenlager). (Beginn KK 5; Ende KK 4.)
Unterkunft: „Kalahari Arms Hotel" mit Campingmöglichkeit (90 P/EZ, 100 P/DZ).

KK 4: Mamuno – Kalkfontein – Ghanzi (208 km)

(04.94, Lada Niva) Piste (A/I) in schlechtem Zustand, nur für Geländefahrzeuge zu empfehlen. Steppenlandschaft mit niederem Buschwerk und viel Sand.

Mamuno – S. JJ 16. (Ende JJ 16; Beginn KK 2.)
Xomagas – Ort.
Unterkunft: bei der „Shell"-Tankstelle neuer Campingplatz unter deutscher Führung (Verpflegungsmöglichkeit).
Ghanzi – S. KK 3. (Ende KK 3; Beginn KK 5.)

KK 5: Ghanzi – Sehitwa (ca. 259 km)

Piste (A/I) in gutem Zustand, für alle Fahrzeuge befahrbar.

Ghanzi – S. KK 3. (Ende KK 3 und KK 4.)
Toteng – Kleiner Ort. Lebensmittel, Verpflegung nicht immer erhältlich. Kleines Restaurant. (Zur KK 7.)
Zwischen Sehitwa und Toteng führt die Piste am Ngami-See entlang (seit Januar 1989 ausgetrocknet).
Sehitwa – Kleiner Ort. Lebensmittel, Verpflegung. Manchmal Treibstoff.
(Beginn KK 6 und KK 7.)

Hinweis: Im Herbst ´95 erscheint im REISE KNOW-HOW Verlag Därr die Neuauflage des Reise-Handbuchs „Simbabwe (mit Botswana)" von R. Bornemann.

836 Durch Afrika

KK 6: Sehitwa – Tsau – Shakawe – Grenze von Namibia – Bagani (360 km)

(03.94, BMW 80 GS und 11.94, Yamaha XT 600) Asphalt bis 10 km vor Shakawe, bis Bagani zum Teil sandige Piste (A/C/G/I) mit Wellblech und Radspuren, die stellenweise nur mit Vierradantrieb befahren werden kann. Danach einfache Piste.

Sehitwa – S. KK 5. (Ende KK 5; Beginn KK 7.)
Ca. Km 75, Abzweigung; sandige buckelige (40 km) Piste nach links (kaum lesbares Schild) zu einem Tswana-Dorf, von wo ein staatlich anerkannter Führer des Nationalmuseums Reisende nach **Tsodili Hills** führt – hier sind ca. 2000 Felszeichnungen der Buschmänner (ca. 2000 v.Chr.) zu besichtigen, die zum größten Teil Tiere und Jagdszenen darstellen.
Über die selbe Piste zur Abzweigung bei Km 75 zurückfahren. Beim Abzweig Übernachtungsmöglichkeit im Camp von Berry Price, Land Rover-Vermietung und Ausflüge.
Shakawe – Tswana-Dorf. Lebensmittel, Verpflegung nicht immer erhältlich. Kein Treibstoff. Bank.
Unterkunft: „Drotzky's Cabins" (sehr nette Inhaber, Eileen und Jan Drotzky), schöne Lage am Okavango Ufer, 5 km südlich, gepflegter Ort (Ausflüge auf dem Fluß); „Fishing Camp", 10 km südlich, Camping und Zimmer, deutschsprechender Manager.
Sie verlassen Shakawe in Richtung Norden. 16 km weiter, am Graben, Militärkontrolle für die Ausreise aus Botswana; 1 km weiter Militärkontrolle für die Einreise nach Namibia.
Km 10 vor Bagani, links kleine sandige Piste zum Okavango mit einem kleinen Camp (Duschen, WC, idyllisch, keine Verpflegung, 10 P/Person).
Km 5 vor Bagani, **Popa-Wasserfälle.** Hier ist nicht immer Treibstoff erhältlich.
Bagani – S. JJ 22. (Ende JJ 22; Beginn JJ 23 und JJ 24.)

KK 7: Sehitwa – Toteng – Maun (100 km)

(11.94, Yamaha XT 600) Durchgehend Asphalt.

Sehitwa – S. KK 5. (Ende KK 5; Beginn KK 6.)
Sehitwa über die Strecke KK 5 bis Toteng verlassen, dann nach links fahren.
Maun – 13 000 Einw. Lebensmittel, Verpflegung. Werkstatt.
(Beginn KK 8, KK 10 und KK 13.)
Unterkunft: Hotel. Mehrere Campingplätze (und *lodges*) ca. 12 km von der Ortschaft entfernt; „Kudu Camp" (ca. 2 P/Person) und „Crocodile Camp" (ca. 5 P/Person), beide Campingplätze liegen 13 km im Nordosten (südlich des Thalamakane Flusses); die „Island Safari Lodge" (ca. 150 P/DZ, 12 P/Camping) liegt 12,5 km nach Norden (nördlich des Thalamakane Flusses); die „Okavango River Lodge", die beste (ca. 4 P/Person), liegt 13 km im Nordosten (südlich des Thalamakane Flusses). Die Zufahrten zu den *lodges* werden unterhalten, sind

Botswana – Routenteil KK 837

aber dennoch nur für geländegängige Fahrzeuge zu empfehlen (Sand und tiefe Radspuren, Brücke über den Thalamakane in schlechtem Zustand). Die *lodges* organisieren Ausflüge in das **Okavangodelta** (per Boot oder Piroge, wenn der Wasserspiegel hoch genug ist). Die ersten beiden hier genannten *lodges* vermieten auch Land Rover und organisieren Flüge über das Okavango-Delta (ca. 500 P/Person/Stunde). Weitere Campingmöglichkeit neben dem „Duck Inn" am Flughafen; das Restaurant wird von einer Schweizerin geführt; sie ist selber viel gereist und kann gute Ratschläge geben. Obst und Gemüse beim Lehrer. Bei Reifenproblemen „Three Way Tyres".

In der Umgebung: Okavangodelta (Besichtigung ziemlich teuer), faszinierende Wasserlandschaft mit Papyrussümpfen, in der viele Vogelarten leben. Die beste Möglichkeit zur Vogelbeobachtung ist auf den Chief Islands gegeben. Lassen Sie sich hinfliegen und bleiben Sie dort ein paar Tage (Übernachtungsmöglichkeit in Strohhütten). Mit einer Piroge können Sie nach Maun zurückfahren.

KK 8: Maun – Shorobe – Kachikau – Kasane (374 km)

(01.94, Lada Niva) Piste (A/H/I), zwischen Moremi North Gate und Chobe schlecht (Weichsand). Im Moremi Park sehr schwierige Piste mit Furten von 1 m tiefe (auf Krokodile achten). Nach Regenfällen ist die Piste durch Grasbewuchs besser. Diese Piste ist für Motorräder verboten. Ausrüstung, wie Sandbleche etc. dringend notwendig.

Maun – S. KK 7. (Ende KK 7; Beginn KK 10 und KK 13.)
Km 15, Abzweigung, nach rechts fahren.
Km 57, schlechte Piste, links zum Nationalpark von Moremi.
Nationalpark von Moremi – Ca. 1800 km², zahlreiche Tiere. Eintritt ca. 60 DM/ Person/Tag, zusätzlich Durchfahrtgebühr für Fahrzeuge. Die Tsetsefliege wurde im Okavangogebiet so gut wie ausgerottet; man findet sie nur gelegentlich in der Regenzeit (von November bis Januar). Mehrere einfache *lodges*; Campingmöglichkeiten am South Gate, North Gate, in Xaxanaxi und Third Bridges; manche Plätze ohne Wasser und Toiletten.
Km 136, südlicher Eingang des Nationalparks von Chobe.
Nationalpark von Chobe – Der größte Park Botswanas, zahlreiche Tiere (Eintritt ca. 50 P/Person/Tag, ca. 10 P/Fahrzeug, Camping ca. 20 P/Person); gebührenpflichtiger Transit, wenn man die Straße am Fluß entlangfährt, Transit auf der Hauptstraße kostenlos.
Km 199, **Savuti Camp** – Riesiges Savannengebiet, viele Löwen, Elefanten und Antilopen, *lodge* und Camping mit Wasser und Duschen, die häufig durch Elefanten zerstört sind (ca. 50 P/Person). Von hier Ausflüge in die Savuti-Marsch, dem ehemaligen Auslaufgebiet des ausgetrockneten Savuti. (Beginn KK 15.)
Km 203, Abzweigung; nach rechts fahren.
Km 292, **Kachikau** – Dorf. Versorgungsmöglichkeit. (Ende KK 15.)
Km 292, Einmündung in eine andere Piste.
Km 293, nördlicher Eingang des **Chobe-Parks**.
Unterkunft: „Chobe Game Lodge" (vermietet auch Boote, Geldwechsel möglich), gut aber teuer.

838 Durch Afrika

Kurz vor Kasane geht eine Piste auf der linken Seite zum „Serondela Camp": einfach aber sauber, warme Duschen, gute Tierbeobachtung möglich (Elefanten, Affen, Warzenschweine, Flußpferde, Krokodile im Fluß, wenig Tiere im Winter).

Bis zum **Serondela Camp** und ca. 20 km weiter in den Chobe-Park ist die Fahrt ohne Allrad möglich, die Weiterfahrt in den westlichen und südlichen Parkbereich ist nur mit Geländefahrzeug zu empfehlen.

Von Serondela Camp nach Kasane sind es 13 km.

Kasane – Kleiner Ort. Lebensmittel, Verpflegung. Treibstoff, Bank.

(Beginn KK 9 und LL 12; Ende JJ 24.)

Unterkunft: „Safari Lodge", Campingmöglichkeit, wobei man die Annehmlichkeiten des Hotels in Anspruch nehmen kann, kleiner Pool (ca. 10 P/Person).

Verschiedenes: französischer Arzt im Krankenhaus, sehr hilfsbereit. Das *immigration office* muß über Ankunft und Abfahrt nach Namibia und Simbabwe informiert werden (Ein- und Ausreisestempel vorläufig noch hier erhältlich; ein Grenzposten für die Ausreise nach Namibia war 1991 im Bau und dürfte mittlerweile fertig sein).

Bei Fahrzeugreparaturen (schweißen) hilft Herr Joe Nieuwenhuizen (beim Hotel/Camp nachfragen).

In der Umgebung: Bootausflüge auf dem **Sambesi** möglich (10 P/3 Stunden); sehr schöner Sonnenuntergang auf dem Fluß.

KK 9: Kasane – Nata (300 km)

(01.91, Moto Guzzi 1000) Asphalt. Vorsicht vor Elefanten. Es wird empfohlen, nicht nachts zu fahren.

Kasane – s. KK 8. (Ende KK 8 und JJ 24; Beginn LL 12.)

Km 5, Kreuzung. Grenzübergang von Botswana nach Sambia (Kazungula Fähre werktags von 8 bis 18 Uhr), Simbabwe und Namibia.

Km 105, Kreuzung (Treibstoff), nach Pandamatenga links abbiegen.

Nata – Kleiner Ort. Gute Infrastruktur. (Beginn KK 11; Ende KK 10.)

Unterkunft: „Nata Lodge", 10 km vom Dorf entfernt in Richtung Francistown, Pool, (Campingmöglichkeit ca. 6 P/Person).

KK 10: Maun – Gweta – Nata (306 km)

(11.94, Yamaha XT 600) Durchgehend asphaltiert.

Maun – s. KK 7. (Ende KK 7; Beginn KK 8 und KK 13.)

Diese Strecke führt an dem Naturschutzgebiet **Makgadikgadi Pans Game Reserve** (sehr ausgetrocknet) entlang; zahlreiche Büffel, Antilopen und Zebras.

Gweta – Kleiner Ort. Treibstoff. *Lodge.*

Nata – s. KK 9. (Ende KK 9; Beginn KK 11.)

Botswana – Routenteil KK 839

KK 11: Nata – Francistown (189 km)

Asphalt. Guter Straßenzustand. Keine Tankstelle vor Francistown.

Nata – s. KK 9. (Ende KK 9 und KK 10.)
Francistown – 1066 m, 36 000 Einw. Die Pionierstadt wurde ab 1869 um die erste Goldmine herum erbaut, die von weißen Südafrikanern ausgebeutet wurde. Gute Infrastruktur. (Beginn KK 12; Ende LL 17.)
Unterkunft: mehrere Hotels. Schöner Campingplatz am Hotel „Marang", 6 km von der Stadt entfernt (ca. 10 P/Person).
Sehenswert: „Legkaba Handwerkszentrum" (Holz- und Elfenbeinschnitzerei).

KK 12: Francistown – Palapye (156 km)

Asphalt. Sehr guter Straßenzustand (120 km/h durchschnittlich).

Francistown – S. KK 11. (Ende KK 11 und LL 17.)
Palapye – 987 m. Uninteressante Kleinstadt. Verpflegung. Treibstoff. Hotel. (Beginn KK 14; Ende KK 13.)

KK 13: Maun – Makalambedi – Rakops – Orapa – Serowe – Palapye (ca. 675 km)

Nur in der trockenen Jahreszeit befahrbare Piste (A/G/I). Malerische Tswana-Dörfer aber keine Versorgungsmöglichkeit.

Maun – s. KK 7. (Ende KK 7; Beginn KK 8 und KK 10.)
Von Maun kommend nimmt man keine der auf der Michelin Karte 955 eingetragenen Pisten. In Richtung Makalambedi und Rakops fahren.
Schlechte Piste bis Serowe.
Serowe – Tswana-Dorf. Lebensmittel, Verpflegung nicht immer erhältlich. Treibstoff selten erhältlich. Gutes Hotel.
Sehenswert: die typischen Hütten aus getrocknetem Schlamm mit einem oft mit Pfosten gestützten Strohdach (manchmal verzierte Außenwände); in der Mitte des Dorfes befindet sich die *kgotla* (Versammlungspunkt der Alten) sowie das Haus des Häuptlings.
Nach Serowe gute Piste.
Palapye – s. KK 12. (Ende KK 12; Beginn KK 14)

Seien Sie uns bei der Aktualisierung der in diesem Buch genannten Daten behilflich, und schicken Sie Informationen, Tips, Anregungen, usw..

840 Durch Afrika

KK 14: Palapye – Mahalapye – Gaborone – Lobatse
(332 km)

Asphalt.

Palapye – S. KK 12. (Ende KK 12 und KK 13.)
Mahalapye – 19 000 Einw. Lebensmittel, Verpflegung. Treibstoff. Hotel.
(Beginn NN 4.)
Gaborone – 112 000 Einw. Haupstadt; die sehr moderne Stadt wurde 1964
gegründet. Gute Infrastruktur.
Unterkunft: Hotel „Star" am Stadtrand, mit Campingmöglichkeiten; „Govern-
ment Resthouse" (ca. 25 P/Nacht); Gästehaus des „DED" (*german volunteer
service*), 2931 Pudologo Crescent (ca. 15 P/Nacht).
Verschiedenes: Autoreparatur bei der „Auto Trades Training School" (deutsche
Leitung).
Sehenswert: Nationalmuseum und Parlament (hochmoderne Architektur).
Lobatse – 1283 m, 26 000 Einw. Lebensmittel, Verpflegung. Treibstoff. Hotels.
Sitz des Obersten Gerichtshofs des Landes. (Beginn KK 1 und MM 6.)

KK 15: Savuti-Camp – Linynati-Camp – Kachikau
(132 km)

(03.94, Hilux) Piste (A/C/H/I), streckenweise lange Sandfelder, häufige Umgehungen,
umgestürzte Bäume, in der Regenperiode tiefe Schlammlöcher und Furten.

Savuti-Camp – S. KK 8. (Zur KK 8.)
Savuti-Camp in Richtung Kasane (KK 8) verlassen.
Km 1, Piste nach links am Wasserloch vorbei verlassen.
Km 7, Pistengabelung, zerstörter Steinwegweiser, links Abgang der alten Savu-
ti-Piste, die nach ca. 12 km an einen sehr sandigen Steilhang stößt, der in
umgekehrter Richtung auch von Geländewagen nur schwer zu befahren ist;
nach weiteren 8 km ist die Piste dann durch umgestürzte Bäume unpassierbar.
Rechts fahren, schnurrgerade Piste mit tiefen Sandfeldern.
Km 43, **Linyanti-Camp** – Kleiner Campingplatz mit Wächter und Duschen, sehr
einsam, wenig Besucher.
Ausflug: Abstecher am Linyanti entlang.
Km 4, Parkgrenze.
Km 12, „BDF"-Camp, Einfahrt verboten, Umfahrung links.
Km 19, privates Camp (450 P/Person), nicht auf Individualtouristen eingestellt.
Km 31, in Bau befindliches, privates Camp.
Km 46, Piste führt nach rechts (Camp). Ab hier Sandfelder.
Km 59, **Savuti-Bridge** – Brücke über den ehemaligen Savuti (18°34'52"S,
23°33'11"O). Von hier ist in der Trockenzeit die Umfahrung des Okavango-
Deltas über Seronga möglich. Links endet die alte Savuti-Piste.

Zurückfahren zum Linyanti-Camp.
Km 47, Parkgrenze.
Km 70, verlassenes Safaricamp. Nun führt die Piste durch sumpfiges Gebiet (in der Regenzeit viele Schlammlöcher und Furten).
Km 93, Dorf (18°03'56"S, 24°16'24"O). Keine Versorgungsmöglichkeit.
Km 104, **Parakarungu** – Dorf. Versorgungsmöglichkeit.
Ab hier viele Parallelpisten, in der Regenzeit Überschwemmungsgebiet.
Km 132, **Kachikau** – S. KK 8. (Zur KK 8.)

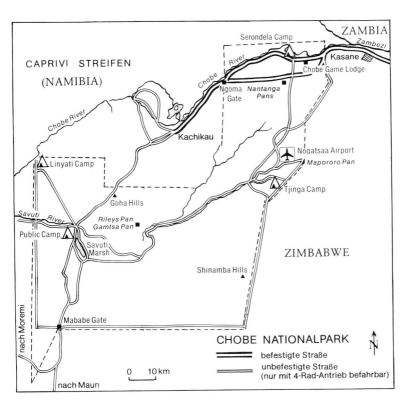

842 Durch Afrika

Botswana – Routenteil KK 843

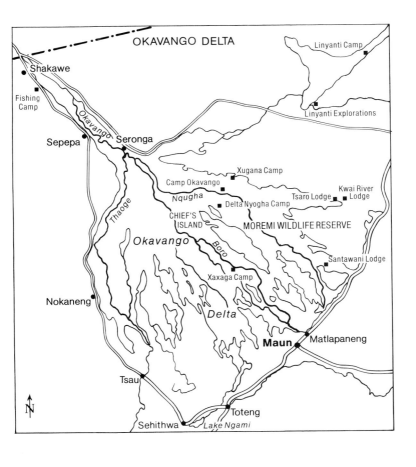

844 Durch Afrika

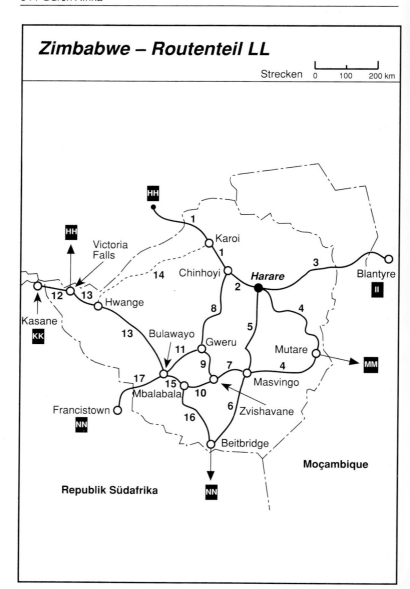

Zimbabwe – Routenteil LL

Überblick

Fläche: 390 759 km².

Einwohner: 10 872 000.

Ethnien: Shona, Ndebele, ca 100 000 Weiße, 20 000 Coloured und 30 000 Asiaten.

Hauptstadt: Harare (1 060 000 Einwohner).

Sprachen: Amtssprache Englisch, Bantu-Sprachen als Umgangssprachen.

Religion: Ca. 20% Christen, hauptsächlich Naturreligionen, einige Muslime und Hindus.

Ruhetag: Sonntag.

Feiertage: 1.1., Karfreitag bis Ostermontag, 18.4 und 19.4., 1.5., 25.5., 11.8., 12.8., 25. und 26.12.

Stromspannung: 220/240 V, Adapter empfohlen.

Zeit: MEZ + 1 Std., in der Sommerzeit gleich.

Einreise: Keine Visumpflicht für Deutsche, Österreicher oder Schweizer. Nachweis ausreichender Geldmittel für den Aufenthalt sowie ordnungsgemäßer Papiere für die Weiterreise bzw. Rück- oder Weiterflugticket.

Impfung/Gesundheit: Gelbfieberimpfung vorgeschrieben. Malariaprophylaxe.

Währung: Zimbabwe-Dollar. 1 DM = 4,70 Z$. Ein- und Ausfuhr von bis zu 20 Z$. Einfuhr ausländischer Währungen unbeschränkt, aber zu deklarieren. Ausfuhr bis zum deklarierten Betrag. Jeden Geldwechsel in die Deklaration eintragen lassen. Touristische Leistungen werden im allgemeinen in Devisen gezahlt. Fast überall werden die üblichen Kreditkarten akzeptiert.

Kfz: Internationaler Führerschein und Kfz-Schein, *carnet de passage* nicht erforderlich, *Temporary Import Permit* kostenlos an der Grenze, Haftpflichtversicherung muß bei der Einreise abgeschlossen werden (4 US-$, 1 Monat gültig). Ersatzteil- und Reifenversorgung sehr schwierig.

846 Durch Afrika

Treibstoffpreise: Super (*blend*) 3,16 Z$, Diesel 1,86 Z$.

Straßenzustand: Zahlreiche Asphaltstraßen, gute Pisten.

Kontrollen: Selten.

Nationalpark-Gebühren: Eintritt 40 Z$/Pers. für 7 Tage, Camping 20 Z$/Pers., Auto noch frei (April 1994).

Grenzen: Die Grenzen zu den Nachbarländern sind geöffnet.

Literatur und Landkarten:
Reiseführer: „Reise Know-How Zimbabwe" von Reiner Bornemann/Wolfgang Hämel, ausführliche Hintergrundinformationen, Sehenswürdigkeiten, Ortsbeschreibungen und praktische Tips.
Landkarten: Übersichtskarte Michelin 955 1:4 000 000, Detailkarte Relief 1:1 000 000, Hrsg. Surveyer Gereral, Harare, Zimbabwe.

Geschichte: Ab dem 8. Jh. ließen sich auch im Gebiet des heutigen Zimbabwe Bantu-Völker nieder, die von Norden gekommen waren und entlang der ostafrikanischen Küste siedelten. Schon bald entwickelte sich ein reger Handel mit den arabischen Handelsstädten an der Küste. Der Wohlstand der Bantu-Reiche basierte auf dem Gold- und Elfenbeinhandel und der Ausbeutung der zahlreichen Kupferminen der Region. Man nimmt an, daß Städte wie Great Zimbabwe, Khami und Dhlo-Dhlo jeweils Hauptstädte relativ unabhängiger Fürsten- oder Königstümer waren, die gemeinsam die Oberhohheit des *monomotapa*, des „Herrn der Minen", anerkannten. Great Zimbabwe soll seine Blütezeit zwischen dem 11. und 15. Jh. gehabt haben. Archäologische Funde belegen aber, daß die Fundamente der Stadt weitaus älter sind (4. Jh. v. Chr.). Da schriftliche Dokumente gänzlich fehlen, kann man nur vermuten, was schließlich zum plötzlichen Ende von Great Zimbabwe beigetragen hat. Wahrscheinlich wurde die Stadt aufgegeben, nachdem intensiver Ackerbau zur Verkarstung der Region geführt hatte. Nachfolgereiche wie Tonga und Tavara wurden von den im 16. Jh. eindringenden Portugiesen geschwächt, und erst 100 Jahre später gelang es dem Rovzi-Reich, die Weißen wieder zu vertreiben. Rovzi blieb bis zum 19. Jahrhundert die bestimmende Kraft in der Region. Im 19. Jh. schwächten die von Süden vordringenden Shaka Sulu sowie die ins Land strömenden Missionare und in ihrem Gefolge Goldsucher und Siedler das Reich. Ende des 19. Jh. schloß Cecil Rhodes mit dem König Lobengula einen Vertrag, der ihm die Schürfrechte in seinem Reich zusicherte. Mit der Gründung der „British South African Company" und der gewaltsamen Unterwerfung der Einheimischen errang Rhodes schließlich auch die politische Kontrolle über das Land und gründete Salisbury. 1922 erhielt Rhodesien den Status einer von Südafrika unabhängigen britischen Kolonie. 1965 erklärte das weiße Rhodesien einseitig seine Unabhängigkeit vom Mutterland.

Zimbabwe – Routenteil LL 847

Politik: 1957 gründete Joshua Nkomo den rhodesischen „African National Congress", der schon bald verboten wurde. Im Gefolge dieser schwarzen Unabhängigkeitsbewegung bildeten sich die ZAPU und die ZANU, die der weißen Minderheitsregierung unter Ian Smith schon bald auch militärischen Widerstand entgegensetzten und von den Nachbarländern Moçambique und Sambia aus operierten. Erst 1979 kam es zu einem Friedensabkommen, das freie Wahlen für 1980 vorsah. Der weißen Minderheit wurden bis 1990 20 Sitze im Parlament garantiert. Gewinnerin der Wahl war Robert Mugabes ZANU, die ihren Vorsprung bei den Wahlen 1990 noch ausbauen konnte. Mugabe verfolgt eine bündnisfreie, an sozialistischen Ländern orientierte Politik, die jedoch immer stärker zum Ein-Parteien-Staat tendiert.

Routeninformationen

LL 1: Kreuzung hinter Kafue (Sambia) – Grenze von Zimbabwe – Kariba Dam – Kariba – Chinhoyi (376 km)

(04.94, Hanomag AL 28) Asphalt.

Kreuzung hinter Kafue – S. HH 11. (Ende HH 11; Beginn HH 12.)
Km 62, Abzweigung; nach rechts fahren. Reisende, die es eilig haben, fahren geradeaus weiter und überqueren in **Chirundu** die Grenze. Sie treffen dann in Makuti wieder auf diese Strecke (58 km weniger).
Siavonga – Kleiner Ort. Treibstoff.
Der Grenzübergang nach Sambia liegt kurz vor dem Kariba-Staudamm; Formalitäten für die Ausreise aus Sambia.
Kariba Dam – Einer der größten Staudämme der Welt, im Jahre 1957 fertiggebaut und im Jahre 1961 ganz gefüllt; Stausee von 5180 km² (Kariba-See). Hier hat sich ein riesiges Erholungsgebiet entwickelt, wo man herrliche Bootstouren unternehmen oder die benachbarten Naturparks besichtigen kann (s. Kariba).
Unterkunft: Motel. Campingplatz, ruhig und sauber.
Die Straße überquert den Sambesi.
Grenzübergang nach Zimbabwe nach dem Staudamm (von 9 bis 16 Uhr geöffnet, außer Samstag nachmittags und an Sonn- und Feiertagen); Formalitäten für die Einreise nach Zimbabwe.
Vorsicht, in Zimbabwe wird links gefahren.
Unterkunft: ca. 1 km nach der Grenze, sehr gutes „Lake View Hotel" mit Pool und Wechselstube.
Kariba – Stadt. Ca. 15 000 Einwohner. Verpflegung. Bank. Treibstoff.
Unterkunft: Hotel „Cutty Sark" (sauber, aber auch am teuersten, Bezahlung in Devisen, ca. 70 DM); Hotel „Lake View Inn", mit Pool und schöner über dem See gelegener Terrasse (ca. 60 DM/DZ); Hotel „Carribea Bay" (60 DM/DZ); Hotel „Kariba Breeze" (ca. 50 DM/DZ); Hotel „M.O.T.H." (12 Z$/Person); von fast allen Hotels werden zahlreiche Wassersportmöglichkeiten wie Windsur-

848 Durch Afrika

fing, Segeln, Bootsverleih angeboten. Campingplatz „Mopani-Bay", ca. 10 km von Kariba entfernt an der Straße nach Makuti und Moth, Pool, kleiner Laden; am Abend sind Flußpferde und Elefanten gut zu beobachten; das „Lake Kariba Holiday Resort" mit Camping, dort gibt es auch drei Chalets zu mieten.

Verschiedenes: in Kariba können mehrtägige Kanu-Safaris auf dem Sambesi zum Mana-Pools-Nationalpark, nach Chirundu und Kanyemba gebucht werden. Beim „Cutty Sark Hotel" können Segelsafaris mit Katamaranen gebucht werden (Tagesausflug ca. 100 Z$).

Sehenswert: „St. Barbaras Kirche", von den italienischen Arbeitern, die am Bau des Dammes teilgenommen haben als Denkmal für ihre während der Bauarbeiten verunglückten Kollegen erbaut.

In der Umgebung: 20 km hinter Kariba führt auf der rechten Seite eine Piste zu einer Krokodilfarm; Campingplatz „Nyanyana" gegenüber der Farm (bei niedrigem Wasserspiegel durch das Delta, sonst über die Piste), ruhig, sauber, ideal zur Beobachtung der Tiere (ca. 20 Z$/Person).

Makuti – Kleiner Ort. Lebensmittel, Verpflegung. Treibstoff. Hotel.

In der Umgebung: Mana Pools Nationalpark an den Ufern des Sambesi, eine herrliche Landschaft mit einem riesigen tierreichen Naturschutzgebiet (Löwen, Elefanten usw.); besonders viele Tiere am Sambesi gegen Ende der Trockenzeit im Oktober (geöffnet von Mai bis Oktober). Campingplatz und *lodge* in herrlicher Lage am Ufer des Sambesi; keine Mücken; Einfahrt täglich von 07:00 bis 15:30 Uhr für 32 Z$. Der Park ist meist auf Monate ausgebucht, seit 1. Mai 1994 gibt es keine Day Permits mehr. Keine Versorgungsmöglichkeit. Fußsafaris erlaubt.

Karoi – Kleiner Ort. (Beginn LL 14.)

Chinhoyi – Kleinstadt. Verpflegung. Treibstoff. (Beginn LL 2, LL 8.)

Unterkunft: „Orange Grove Motel", am Stadteingang, Campingmöglichkeit, sauber, sicher und gutes Essen; beim staatlichen Motel Platz für Wohnwagen; Campingplatz in der Nähe der Höhlen des Nationalparks von Chinhoyi, schmutzige sanitäre Einrichtungen, unsicher (ca. 3 Z$/Person).

Sehenswert: Höhlen des Nationalparks von **Chinhoyi** (im Norden), ein riesiger Schlund von 50 m Tiefe und 100 m Durchmesser; er wurde früher vom Häuptling Chinhoyi als Zufluchtsort bei Angriffen feindlicher Stämme benutzt (Besichtigung der Höhlen ca. 10 Z$/Person).

LL 2: Chinhoyi – Harare (115 km)

(04.93) Asphalt.

Chinhoyi – S. LL 1. (Ende LL 1; Beginn LL 8.)

Harare (ehemaliges Salisbury) – 1471 m, 1 000 000 Einwohner. Haupstadt. Gute Infrastruktur. (Beginn LL4 und LL 5; Ende LL 3.)

Unterkunft: sehr zu empfehlen: „Monomatapa-Hotel", fantastisches Frühstücksbuffet 35 Z$, Dinner 55 Z$; Hotel „International", 97 Baker Av. Ecke 4th St.,

Zimbabwe – Routenteil LL 849

sehr sauber, ruhig (ca. 40 Z$/DZ); „Bronte Hotel", Baines Ave, Ecke 4th St., Tel. 79 66 31, Bad, kleiner Pool, 340 Z$/DZ, sehr gut (Voranmeldung empfehlenswert), Fahrradverleih; „Quality International Hotel", Stadtzentrum; „Cresta Lodge", Stadtrand. „Palm Rock Villa", 39 Selous Ave., Ecke 5th Street, gegenüber „Earlside Hotel" (DZ 120 Z$), Dreibettzimmer 30 US-$/Person; sehr zu empfehlen, sauber, Kochmöglichkeit. „Paw Paw Lodge" im Dormitory 25 US-$, DZ 70 US-$. „Travellers Guest Lodge", 932 Delport Rd., Airport, Ph 5074115, DZ 75 US-$, auch Dormitory und Campingmöglichkeit. „Sheraton", das DZ für 200 US-$. Jugendherberge, 2 km nördlich vom Stadtzentrum an der Ecke Prince Edward/Josiah Chinamano Ave., einfach, sauber, ruhig, schön gelegen (ca. 10 Z$/Mitglieder, ca. 15 Z$/Nichtmitglieder). Campingplatz ca. 8 km vom Stadtzentrum entfernt Richtung Mutare, Samora Machel Avenue, sauber und ruhig (ca. 6,40 Z$/Zelt/2 Pers.); ca. 3 km hinter dem Stadtzentrum in Msasa an der Mutare Road weiterer Platz.

Verschiedenes: genaue Karten der wichtigsten sehenswerten Gegenden gibt es beim *publicity bureau* (Fremdenverkehrsamt). Deutschsprachige Reiseberatung und -vermittlung bietet das neu gegründete „Zororo-Reisebüro" (auch für individuelle Touren), Allan Wilson Ave. 1, Belgravia, Harare. Fahrrad-Verleih bei Bush Trackers im „Bronte Hotel", Ph 303025. Beste und einzig erschwingliche Werkstatt für VW-Busse: „Hot Wheels", neben Hatfield Service Station, Richtung Airport.

In der Umgebung: 25 km außerhalb, bei Ruwa, gibt es einen Stützpunkt der Fernlastwagen mit Hütten, Campingmöglichkeit, Pool, Bar und Restaurant; Rampe, die für Reparaturen gemietet werden kann; freundlicher Besitzer. 30 km Richtung Bulawayo liegt der sehr schöne **McIlwane-Nationalpark** (Eintritt 20 Z$/Person/Tag).

Sehenswert: „Rhodes Gallery" (Ausstellungen alter und zeitgenössischer Kunst), das „Harare City Museum" (Ethnographie des Mashonalandes), „Queen Victoria Museum" (Geschichte, Geographie, Natur), „Tobacco Sales Floor" (öffentlicher Tabakmarkt, Besichtigung nur vormittags), die schönen Alleen und das Panorama vom Toposcope Hügel, ferner der botanische Garten (geöffnet von Sonnenauf- bis Sonnenuntergang mit fast tausend verschiedenen Pflanzen aus Osatafrika).

LL 3: *Blantyre (Malawi) – Grenze von Moçambique – Tete – Nyamapanda – Grenze von Zimbabwe – Harare (603 km)*

(09.94, Yamaha XT 600) Asphalt. Grundsätzlich keine Gefahr mehr auf dieser Strecke, keine Konvoifahrten.

Blantyre – S. II 9. (auf II 9; Ende II 11.)
Transitvisum für Moçambique besorgen (30 US-$/Pkw bzw. 100 US-$/Lkw für die Versicherung und 5 bzw. 10 US-$ für das Visum).

850 *Durch Afrika*

Mwanza – Kleiner Ort. Formalitäten für die Ausreise aus Malawi.
Km 115, **Zobué** – Dorf. Keine Versorgungsmöglichkeit. Formalitäten für die
Einreise nach Moçambique (Motorräder müssen keinen Zoll zahlen). Formular
für den Transit des Fahrzeugs ausfüllen und eine Versicherung abschließen
(ca. 30 US-$/Auto, 5 US-$/Motorrad, 10 US-$/Person).
Nach Zobué ist der Asphalt anfangs schlecht.
Km 215, **Tete** – Kleiner Marktflecken. Verpflegung. Überquerung der Brücke
über den Sambesi (ca. 1 US-$/Fahrzeug).
Gleich nach der Brücke links abbiegen.
Km 369, **Nyamapanda** – Grenzübergang von Moçambique. Ausreiseformalitä-
ten, die sehr lange dauern können.
Unterkunft: kleines, lautes Hotel.
Km 461, **Mutoko** – Kleiner Marktflecken. Verpflegung. Treibstoff. Bank. Hotel.
Wohnmobil-Campingmöglichkeit bei den Mutoko-Ruins (Mai 94 gratis).
Harare – S. LL 2. (Ende LL 2; Beginn LL4 und LL 5.)

LL 4: Harare – Mutare – Hot Springs – Birchenough Bridge – Masvingo (675 km)

(09.94, Yamaha XT 600) Asphalt. Besuch des Ostens Zimbabwes. Lebensmittel, Verpflegung, Treibstoff und Hotels in den meisten größeren Orten.

Harare – S. LL 2. (Ende LL 2 und LL 3; Beginn LL 5.)
Km 169, **Rusape** – Stadt. Verpflegung. Treibstoff. Unterkunft.
Von hier aus hat der Reisende zwei Möglichkeiten: entweder die Straße A3,
die direkt (93 km) nach Mutare führt, oder die Straße A14, die nach Juliasdale
(100 km) – am Eingang des Nationalparks – führt.
Rhodes-Inyanga-Nationalpark – Durchschnittliche Höhe 2500 m. Der Park
ist als Urlaubsort sehr begehrt. Schöne Flora und zwei Wasserfälle, der beste
Aussichtspunkt ist World's View (bei Troutbeck). Campingplatz und Hotel am
Parkeingang (Camping 20 Z$/Pers.).
Von dort aus der Straße A15 bis Mutare weiterfolgen.
Mutare – 1083 m, 75 000 Einw. Gute Infrastruktur.
Unterkunft: „Valley Lodge", DZ 330 Z$, köstliches Dinner für 60 Z$; der Cam-
pingplatz 5 km vor der Stadt wird von Einheimischen als Dauerwohnsitz be-
nutzt und ist nach allen Seiten offen (ca. 5 Z$/Zelt). Private Unterkunft bei Mrs.
Bruce, 99 4th St., nett und sauber, Verpflegung auf Wunsch (20 Z$/Person).
21 km vor der Stadt „Drifters Campsite and Lodge" mit privatem *gamepark*.
Sehenswert: das Museum.
In der Umgebung: botanischer Garten des Vumba-Gebirges (ca. 30 km Richtung Südosten, Eintritt: 40 Z$/Pers.); schöne Beispiele der örtlichen Gebirgs-
flora; Hotels, Campingplatz (20 Z$/Pers., keine Versorgungsmöglichkeit, nachts
keine Beleuchtung).
Von Mutare aus nach Süden (Straße A9) weiterfahren.

Zimbabwe – Routenteil LL 851

Km 67 hinter Mutare, Asphaltstraße zum Nationalpark von Chimanimani (ca. 6 Z$/Person/Tag); schöner Park, hervorragend zum Bersteigen und Wandern geeignet, Hütte bei 1700 m (Aufstieg ca. 2 Stunden, von hier 2 bis 3 Stunden zum Gipfel des Mount Binga); auch die Durchfahrt auf guter Piste ist möglich; kleiner Campingplatz (ca. 15 Z$/Zelt) und „Heaven Lodge" am Parkeingang. Alternativ ist Chimanimani auch über eine landschaftlich reizvollere Seitenstraße (Airpiste) zu erreichen.

Kurz nach der Kreuzung bei Km 67 **Hot Springs** – Warmwasserquellen.

Unterkunft: Hotel (verfallen). Campingplatz, Baden im Pool hinter dem Hotel (Warmwasser von den Quellen.)

Km 107, **Birchenough Bridge** – Kleiner Ort 1 km hinter der faszinierenden Brücke, die den Sabi überspannt. Lebensmittel, Verpflegung. Treibstoff.

Unterkunft: Hotel (ca. 45 Z$/DZ mit Bad); Campingmöglichkeit im Garten.

Auf der jetzt breiteren Straße A9 weiterfahren. Man überquert den Moodies Pass.

Masvingo (ehem. Fort Victoria) – 1068 m, 35 000 Einw. Landwirtschafts- und Touristenzentrum. Gute Infrastruktur. (Beginn LL 6, LL 7, LL 18; Ende LL 5.)

Unterkunft: Campingplatz, ca. 1 km nördlich der Stadt Richtung Birchenough Bridge und Mutare, sauber, Diebstahlsgefahr (ca. 4 Z$/Zelt); schöner Campingplatz im Kyle Recreation Park, ca. 13 km östlich von Masvingo (10 Z$/Eintritt und Camping/Pers.); auch bei den Ruinen von Zimbabwe befindet sich ein Campingplatz (20 Z$/Pers.). Empfehlenswerte Hotels: „Chevron" mit Pool (ca. 150 Z$/DZ), „Flamboyant" mit Pool zu ähnlichem Preis, wobei das „Chevron" besser sein soll; „Great Zimbabwe" an den Ruinen (ca. 70 US-$/DZ).

Sehenswert: die Ruinen von **Great Zimbabwe** (1898 entdeckt), mit einer Ringmauer von 110 m Durchmesser und 10 m Höhe mit Türmen und Passagen, das Ruinental (wahrscheinlich Arbeitersiedlung, angeblich sollen über 10 000 Arbeiter am Bau der Stadt beteiligt gewesen sein), die Akropolis (Festung am Gipfel eines Hügels; man vermutet, daß sie das religiöse Zentrum dieser Stadt war, deren wirklicher Ursprung noch nicht entdeckt wurde; sie wird von manchen den Phöniziern, von anderen den Arabern oder den Bantu zugeschrieben) und die „Memorial Church of St-Francis", eine schöne italienische Kirche (ca. 7 km in Richtung Mutare). Neben den Ruinen ein Museumsdorf (Eintritt 2 Z$). Eintritt in den Park für Touristen 40 Z$, Zelten 20 Z$/Person.

In der Umgebung: der **Nationalpark von Kyle** (35 km von Masvingo), an einem Stausee gelegen; mehrere Antilopenarten (Eintritt 40 Z$/Pers.); Campingplatz (20 Z$/Pers.); Kastell (78 km), das über eine sehr schöne (aber schwierige) Bergstraße erreicht werden kann.

LL 5: Harare – Mwuma – Masvingo (292 km)

Asphalt.

Harare – S. LL 2. (Ende LL 2 und LL 3; Beginn LL4.)
Mwuma – 1384 m. Kleinstadt. Lebensmittel, Verpflegung. Treibstoff.

852 Durch Afrika

Unterkunft: Hotel „Falcon".
In der Umgebung: der **Nationalpark von Sebakwe** (Angeln).
Masvingo – S. LL4. (Ende LL4; Beginn LL 6, LL 7 und LL 18.)

LL 6: Masvingo – Beitbridge (288 km)

(04.94, Honda Africa Twin) Asphalt. Hügelige Savanne, viele Bäume.

Masvingo – S. LL 4. (Ende LL 4 und LL 5; Beginn LL 7 und LL 18.)
Bubye – Brücke über den gleichnamigen Fluß. Motel. Camping beim Motel
(10 Z$/Pers.).
Beitbridge – Kleinstadt. Verpflegung. Treibstoff. (Beginn MM 1; Ende LL 16.)
Unterkunft: „Peter's Motel" (16 Z$/EZ mit Frühstück).

LL 7: Masvingo – Nationalpark von Mushandike – Zvishavane (97 km)

Asphalt.

Masvingo – S. LL4. (Ende LL4 und LL 5; Beginn LL 6 und LL 18.)
Nationalpark von Mushandike – Zahlreiche Vögel (Eintritt ca. 1 Z$/Person).
Zvishavane – 1083 m, 28 000 Einw. Gute Infrastruktur.
(Beginn LL 10; Ende LL 9.)
Unterkunft: Hotel Nilton. Caravaning.
In der Umgebung: zahlreiche Asbestbergwerke.

LL 8: Chinhoyi – Chegutu – Kadoma – Kwekwe – Gweru (262 km)

Asphalt.

Chinhoyi – S. LL 1. (Ende LL 1; Beginn LL 2.)
Chegutu (ehemals Hartley) – Kleine Industriestadt. Verpflegung. Treibstoff.
Hotels.
Kadoma – 1163 m, 50000 Einw. Industriestadt. Verpflegung. Treibstoff. Hotels.
Kwekwe – Industriestadt mit ca. 50 000 Einwohnern, Schwerindustrie, Berg-
bau und Landwirtschaft. Lebensmittel, Verpflegung. Treibstoff.
Unterkunft: „Shamwari Hotel (ca. 90 Z$/DZ); „Golden Mile Hotel", 2 km ent-
fernt in Richtung Gweru (ca. 100 Z$/DZ).
Gweru – 1418 m, 85 000 Einw. Viertgrößte Stadt Zimbabwes. Gute Infrastruk-
tur, Verwaltungszentrum der Provinz Midlands, Industriestandort und Viehwirt-
schaft. (Beginn LL 9 und LL 11.)
Sehenswert: das Militärmuseum an der Straße nach Mutare.

Zimbabwe – Routenteil LL 853

Unterkunft: Campingplatz im „Sports Club" (ca. 3 Z$/Person). „Midlands Hotel", Main Street; „Fairmile Hotel", vom Zentrum 1,5 km an der Straße nach Bulawayo.

LL 9: Gweru – Shurugwi – Zvishavane (119 km)

Asphalt.

Gweru – S. LL 8. (Ende LL 8; Beginn LL 11.)
Shurugwi – Kleinstadt. Verpflegung. Treibstoff.
Unterkunft: großes Hotel und Motel „Shurugwi". Caravaning.
In der Umgebung: Goldmine.
Zvishavane – S. LL 7. (Ende LL 7; Beginn LL 10.)

LL 10: Zvishavane – Mbalabala (130 km)

Asphalt.

Zvishavane – S. LL 7. (Ende LL 7 und LL 9)
Mbalabala – Kleiner Ort. Keine Versorgungsmöglichkeit.
(Beginn LL 16; Ende LL 15)

LL 11: Gweru – Bulawayo (164 km)

Asphalt.

Gweru – S. LL 8. (Ende LL 8; Beginn LL 9.)
Shangani – Kleiner Ort. Lebensmittel, Verpflegung. Treibstoff. Post.
Bulawayo – 1357 m, 480 000 Einw. Moderne Stadt, 1894 durch einen weißen Siedlertreck gegründet. Gute Infrastruktur, großzügig angelegt.
(Beginn LL 15 und LL 17; Ende LL 13.)
Unterkunft: angenehmer blumengeschmückter Campingplatz im Central Park (ca. 10 Z$/Person), Chalet (55 Z$/Person); Caravan Park (ca. 8 Z$/Person). Neben einer Reihe guter, klassifizierter Hotels ist als preiswertes Hotel das „Manor-Hotel", Lobengula St. Ecke 8th Ave., zu empfehlen (ca. 80 Z$/DZ mit Bad). Eine Jugendherberge gibt es Ecke 3rd Street/Townsend Road, Verlängerung der 12th Ave. nach Osten (ca. 15 Z$ für Nichtmitglieder, 10 Z$ für Mitglieder). 19 km außerhalb, an der Victoria Falls Road, liegt ein neuer Campingplatz mit Pool, Laden (Fleisch, Gemüse) und Häuschen (10 Z$/Person/Auto, 35 Z$ Camper). YWCA 65 Z$ mit (schlechtem) Frühstück; „Plaza Hotel" 140 Z$; Hotel „Cecil" 20 US-$; „Palace Hotel" 15 US-$, die drei letztgenannten Hotels sind abends meist laut.
Sehenswert: das Nationalmuseum, das Eisenbahnmuseum, „Chipangali Wildlife Orphange" (12 US-$) und die Parks.

854 Durch Afrika

In der Umgebung: Ruinen von Khami (17. Jahrhundert), ca. 20 km Richtung Westen, und der **Nationalpark von Matopos** (schöne Landschaften, Grab von Cecil Rhodes, Eintritt 20 Z$/Person, 40 Z$/Pkw, 100 Z$/Lkw), ca. 35 km Richtung Süden.

LL 12: Kasane (Botswana) – Kazungula – Grenze von Zimbabwe – Victoria Falls (80 km)

(01.94, Lada Niva) Asphalt.

Kasane – S. KK 8. (Ende KK 8 und JJ 24; Beginn KK 9.)
Km 5, Abzweigung; nach links abbiegen.
Km 21, **Kazungula** – Dorf. Formalitäten für die Ausreise aus Botswana; Zoll jeden Tag von 6 bis 18 Uhr geöffnet.
Victoria Falls – Touristenort, an den gleichnamigen Wasserfällen gelegen. (Beginn LL 13; Ende HH 12.)
Unterkunft: „Victoria Falls Rest Camp", ganz nah an den Fällen, Vermietung von Hütten; Hotel „Makasa Sun", Pool (ca. 150 US-$/DZ mit Dusche); „National Park Lodge", 6 km entfernt, sehr ruhig. Empfehlenswert sind das „Rainbow Hotel" mit Pool (ca. 120 Z$/DZ) und das „Sprayview-Hotel", 1 km vom Zentrum mit Pool (ca. 110 Z$/DZ); „Ilala Lodge", Frühstücksbuffet 35 Z$, sehr gut; sehr schön, direkt mit Blick zu den Fällen gelegen ist das im Kolonialstil erbaute „Victoria Falls Hotel" (ca. 85 US-$/DZ); wem das zu teuer ist, sollte auf jeden Fall einmal am Barbecue-Dinner-Buffet teilnehmen (zum Einheitspreis von 70 Z$ kann man essen, bis man platzt). Alle Hotels müssen neuerdings angeblich in US-$ bezahlt werden. Campingplatz entweder im Dorf – laut, schmutzig und viele Diebstähle (20 Z$/Person) – oder 4 km nördlich vom Dorf, ganz nah am Sambesi – ruhig, saubere sanitäre Einrichtungen (20 Z$/Person); bei der „Sambesi River Lodge" (ca. 30 Z$/Hütte, 80 US-$/DZ) ist auch Camping möglich.
Sehenswert: die Wasserfälle des Sambesi **(Victoria-Fälle,** nicht die größten der Welt, aber die mit den meisten Wassermassen, 1600 m breit, 106 m hoch). Ein großartiges Naturschauspiel die Fälle entlang zu laufen und die verschiedenen Ausssichtspunkte zu genießen. Eintritt ca. 20 Z$. Möglichkeit, ein Flugzeug bzw. Hubschrauber zu mieten, um die Wasserfälle zu überfliegen (15 Min. für ca. 270 bzw. 410 Z$); Raftingmöglichkeit beim Hotel „Masaha San" (90 US-$).
Verschiedenes: das Tagesvisum für Sambia kostet 10 US-$ (versuchen in Z$ zu zahlen, auch wenn die Beamten Devisen verlangen).

Ausführliche und aussagekräftige Infos, die Sie uns zuschicken, werden mit einem Exemplar der nächsten Auflage oder einem anderen Buch des Verlages honoriert!

Zimbabwe – Routenteil LL 855

LL 13: Victoria Falls – Hwange – Bulawayo (437 km)

(01.94, Lada Niva) Asphalt, guter Straßenzustand. Auf die Tiere achten, die die Straße überqueren, besonders am Nachmittag.

Victoria Falls – S. LL 12. (Ende LL 12 und HH 12.)
Hwange (ehemals Wankie) – 40 000 Einw. Industriestadt, Kohlegruben. Gute Infrastruktur, alle Versorgungsmöglichkeiten. (Ende LL 14.)
Unterkunft: Hotel „Baobab" (ca. 120 Z$/DZ mit Klimaanlage), sehr schön auf einer Anhöhe gelegen.
In der Umgebung: Nationalpark von Hwange (13 000 km^2), zahlreiche Tiere (unter anderem auch das weiße Nashorn); beobachten Sie wenn möglich die Elefanten beim Baden, ihre Größe ist beeindruckend; gute Piste (A) im Park (180 km); Eintritt ca. 40 Z$/Person. Mehrere *lodges* mit *cottages* oder Hütten; Campingplatz (20 Z$/Person); Chalet 90 Z$ für 2 Personen.
Gwayi River – Kleiner Ort. Lebensmittel, Verpflegung. Treibstoff.
Unterkunft: Hotel (130 Z$/DZ mit Halbpension).
Bulawayo – S. LL 1. (Ende LL 11; Beginn LL 15 und LL 17.)

LL 14: Karoi – Hwange (550 km)

(01.94, Lada Niva) Piste (A/G), ab Binga bis Hwange Asphalt (150 km). Wunderschöne kleine Piste, die durch zahlreiche Buschdörfer führt (gastfreundliche Bevölkerung) und es ermöglicht, den Nationalpark von Matusado zu besuchen.

Karoi – S. LL 1. (Zur LL 1.)
Nationalpark von Matusadona – Interessante Landschaft am Ufer des Kariba-Sees (Elefanten, usw.). Schmale Piste (A/H). Keine Mücken. Campingplatz.
Binga – Fischerdorf am Ufer des Kariba-Sees, ein paar km von der Piste entfernt. Lebensmittel, Verpflegung. Treibstoff. Campingplatz.
Kamativi – Kleiner Ort.
Sehenswert: Zinnbergwerk (Besichtigung möglich; Antrag beim Kontrollposten am Dorfeingang am Straßenrand stellen).
Zambezi-Deka – Fischerdorf. Einfacher, aber sauberer Campingplatz.
Hwange – S. LL 13. (Zur LL 13.)

LL 15: Bulawayo – Mbalabala (67 km)

Asphalt. Savannenlandschaft.

Bulawayo – S. LL 11. (Ende LL 11 und LL 13; Beginn LL 17.)
Mbalabala – S. LL 10. (Ende LL 10; Beginn LL 16.)

Gute Fahrt wünscht Ihnen Ihr Reise Know-How Verlag Därr!

856 Durch Afrika

LL 16: Mbalabala – Gwanda – Beitbridge (254 km)

Asphalt. Savannenlandschaft.

Mbalabala – S. LL 10. (Ende LL 10 und LL 15.)
Gwanda – Kleinstadt. Lebensmittel, Verpflegung. Treibstoff.
Unterkunft: „Hardy's Inn" (12 bis 15 Z$/Person mit Frühstück). Caravaning.
In der Umgebung: zahlreiche Goldminen (aber grundsätzlich keine Besichtigung).
Beitbridge – S. LL 6. (Ende LL 6; Beginn MM 1.)

LL 17: Bulawayo – Plumtree – Grenze von Botswana – Ramokgwebana – Francistowm (193 km)

Asphalt.

Bulawayo – S. LL 11. (Ende LL 11 und LL 13; Beginn LL 15.)
Plumtree – Kleinstadt. Lebensmittel, Verpflegung. Treibstoff.
Unterkunft: Hotel „Plumtree". Caravaning.
Einige km hinter Plumtree Grenzübergang; Formalitäten für die Ausreise aus Zimbabwe.
Ramokgwebana – Kleiner Ort. Keine Versorgungsmöglichkeit. Formalitäten für die Einreise nach Botswana. Haftpflichtversicherung abschließen (ca. 2 P).
Francistown – S. KK 11. (Ende KK 11; Beginn KK 12.)

LL 18: Masvingo – Zaka – Chiredzi (210 km)

(09.94, Yamaha XT 600) Asphalt.

Masvingo – S. LL 4. (Zur LL 4.)
Km 57, Tankstelle rechts.
Zaka – Kleiner Ort. Treibstoff.
Bei Buffalo Range links abbiegen.
Chiredzi – Ortschaft. Lebensmittel, Verpflegung. Treibstoff.
In der Umgebung: Gonarezhou-Nationalpark mit zwei Campingplätzen, Motorräder können abgestellt werden.

Zimbabwe – Routenteil LL 857

LL 16 Mbalabala - Gwanda - Beitbridge (254 km)
Asphalt. Savannenlandschaft.

Mbalabala - s. LL 10. (Ende LL 10 und LL 15.)
Gwanda - Kleinstadt. Lebensmittel, Verpflegung. Treibstoff.
Unterkunft: Hardy's Inn, 12 bis 15 $Z/Person mit Frühstück. Caravaning.
In der Umgebung: Zahlreiche Goldminen (aber grundsätzlich keine Besichtigung).
Beitbridge - s. LL 6. (Ende LL 6; Beginn MM 1.)

LL 17 Bulawayo - Plumtree - Grenze von Botswana - Ramokgwebana - Francistowm (193 km)
Asphalt.

Bulawayo - s. LL 11. (Ende LL 11 und LL 13; Beginn LL 15.)
Plumtree - Kleinstadt. Lebensmittel, Verpflegung. Treibstoff. Hotel Plumtree. Caravaning. Einige km hinter Plumtree Grenzübergang; Formalitäten für die Ausreise aus Zimbabwe.
Ramokgwebana - kleiner Ort. Keine Versorgungsmöglichkeit. Formalitäten für die Einreise nach Botswana. Pflichtversicherung abschließen (ca. 2 Pulas.)
Francistown - s. KK 11. (Ende KK 11; Beginn KK 12.)

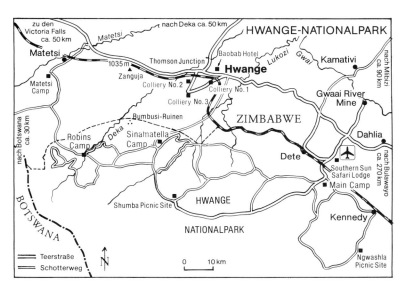

858 Durch Afrika

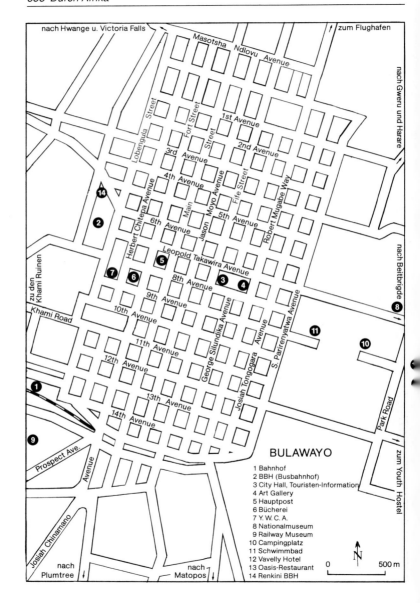

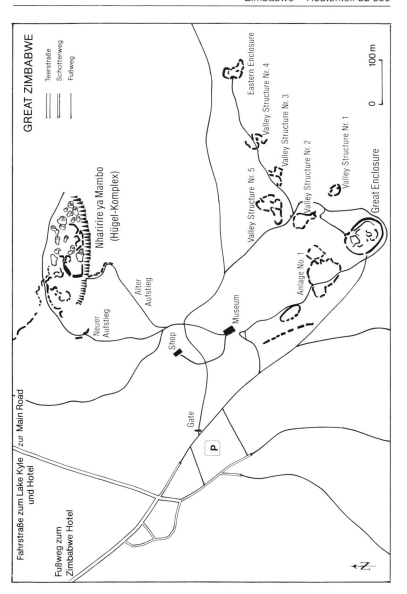

860 Durch Afrika

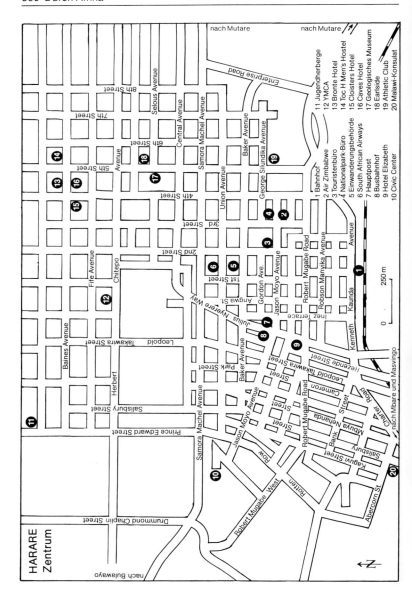

Zimbabwe – Routenteil LL 861

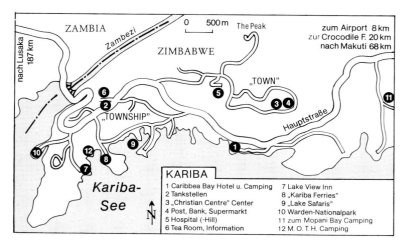

KARIBA

1 Caribbea Bay Hotel u. Camping
2 Tankstellen
3 „Christian Centre" Center
4 Post, Bank, Supermarkt
5 Hospital (-Hill)
6 Tea Room, Information
7 Lake View Inn
8 „Kariba Ferries"
9 „Lake Safaris"
10 Warden-Nationalpark
11 zum Mopani Bay Camping
12 M. O. T. H. Camping

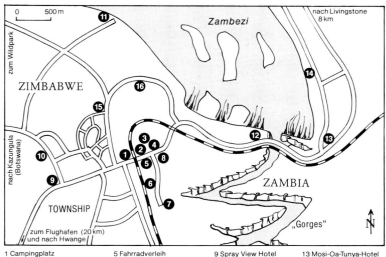

1 Campingplatz
2 Post
3 Air Zimbabwe
4 Banken
5 Fahrradverleih
6 Bahnhof
7 Victoria-Falls-Hotel
8 Sun Hotel
9 Spray View Hotel
10 Spray-View-Flugfeld
11 River Boat
12 Grenzposten
13 Mosi-Oa-Tunya-Hotel
14 Hotel / Café
15 Rainbow Hotel
16 Big Tree

VICTORIA FALLS

862 Durch Afrika

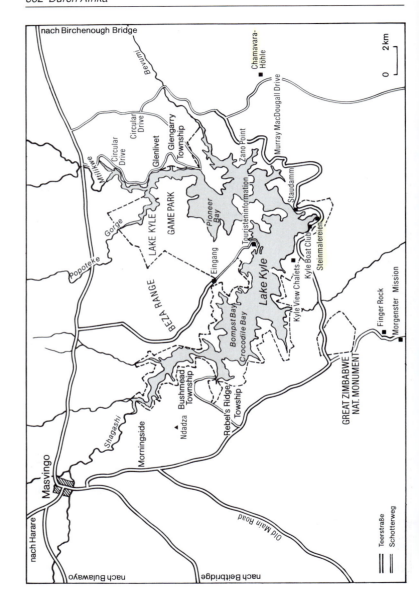

Zimbabwe – Routenteil LL 863

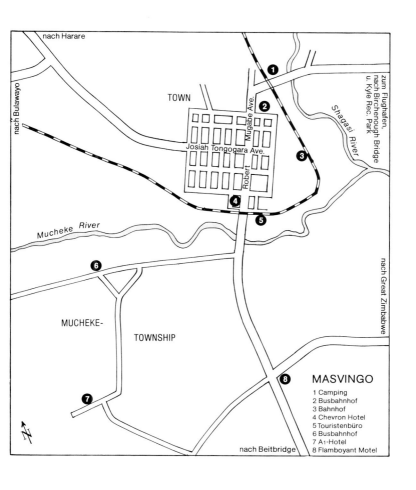

864 Durch Afrika

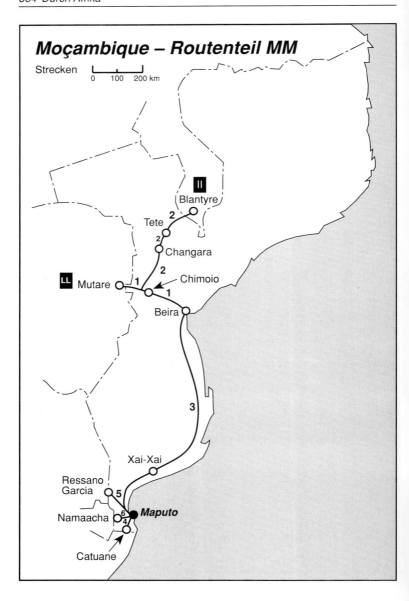

Moçambique – Routenteil MM

Überblick

Fläche: 807 751 km².

Einwohner: 16 565 000.

Ethnien: Makua, Tsonga, Shona.

Hauptstadt: Maputo (1 470 000 Einwohner).

Sprachen: Bantu-Sprachen, Amtssprache Portugiesisch.

Religion: 48% Anhänger verschiedener Naturreligionen, 18% Christen, 16% Muslime.

Ruhetag: Sonntag.

Feiertage: 1.1., 3.2., 7.4., 1.5., 25.6., 25.9., 25.12.

Stromspannung: 220 V.

Zeit: MEZ + 1 Std., in der Sommerzeit gleich.

Einreise: Visumpflicht für Deutsche, Österreicher und Schweizer. Touristenvisa werden in Bonn theoretisch gegen Bestätigung des Reisebüros über eine gebuchte Reise und Hotelunterkunft ausgestellt. Gelegentlich besteht die Möglichkeit in der moçambiquanischen Botschaft in Harare/Simbabwe, Herbert Chitepo Ave. (Ecke Leopold Tiakawira St.), ein Touristenvisum zu bekommen (Wartezeit zwei Wochen). Weitere Möglichkeiten, ein Visum zu erhalten, bestehen in Limbe/Malawi (5 Tage Wartezeit) und in Mbabane/Swasiland (1 Tag Wartezeit). Transitvisa werden schnell erteilt, sind aber nur einen Tag gültig.

Impfung/Gesundheit: Gelbfieberimpfung vorgeschrieben. Malariaprophylaxe dringend empfohlen.

Währung: Meticais (MT). 1 DM = 3470 MT, 1 US-$ = 5900 MT. Ein- und Ausfuhr von MT verboten. Einfuhr ausländischer Währungen unbeschränkt, aber zu deklarieren. Ausfuhr bis zum deklarierten Betrag, abzüglich Umtausch. Durch die starke Inflation sind zuverlässige Preisangaben nicht möglich.

Verpflegung: Kein Problem in allen größeren Städten; Supermärkte sind vorhanden, es können so gut wie alle Lebensmittel erstanden werden. Hinzu

866 Durch Afrika

kommen die vielen kleinen Straßenmärkte, auf denen allerlei Gemüse und Früchte angeboten werden.

Kfz: *Carnet de passage*, internationale Zulassung und internationaler Führerschein sind erforderlich. Eine Haftpflichtversicherung muß an der Grenze abgeschlossen werden. Ein Nationalitätenkennzeichen muß am Fahrzeug angebracht werden.

Sicherheit: Die Lage in Moçambique hat sich normalisiert. Das Reisen mit dem Kfz ist ungefährlich. Man sollte allerdings keine Polizisten, Militärs oder Anhalter mitnehmen, da die Kriminalität nach Beendigung des Krieges stark zugenommen hat. Auch sollte man vermeiden, nachts zu fahren, da die meisten Fahrzeuge schlecht oder gar nicht beleuchtet unterwegs sind. Außerdem hat der Schwerlastverkehr stark zugenommen. Absolut rücksichtsloses Fahren ist an der Tagesordnung. Von Abstechern in den Busch ist aufgrund der Minengefahr abzuraten. Im Falle eines Unfalles, auch wenn Menschen verletzt worden sind, nicht anhalten, sondern zur nächsten Polizeidienststelle fahren und dort den Unfall melden (nach Angaben in Moçambique lebender Weißer soll es vorkommen, daß Unfallfahrer von Einheimischen verprügelt werden). Auf der Strecke Boane – Ressano Garcia herrscht noch Überfallgefahr (Konvoi bilden).

Treibstoff: Durchweg kein Problem. Diesel 1700 bis 2100 MT.

Straßenzustand: Hauptverbindungsstrecken Asphalt, infolge des Krieges häufig zerstört, mit vielen scharfkantigen Schlaglöchern, schlechte Pisten. Linksverkehr und Anschnallpflicht. Die Straßen werden nun kontinuierlich ausgebessert.In der Regenzeit sind die Straßen schlechter.

Kontrollen: Mit Kontrollen ist überall im Land zu rechnen. Fahrzeuge bzw. die Insassen werden besonders auf Warndreieck, Verbandskasten und angeschnalltes Fahren hin untersucht (Bußgelder bis zu 100 000 MT).

Grenzen: Von Südafrika sind die Grenzen Komatipoort – Ressano, von Swaziland Lomahasha – Naamacha und von Simbabwe Mutare – Vila de Manica (Beirakorridor) offen. Die Grenzübergänge nach Malawi sind offen (Namwera/Mandimba, Mulanje/Milange, Nsanje/Vila Fronteira, Vila Nlongwe/Dedza).

Literatur und Landkarten:
Reiseführer: Deutschsprachige Reiseführer gibt es nicht.
Karten: Übersichtskarte Michelin 955 1:4 000 000, Detailkarten ONC und TPC 1:1 000 000 und 1:500 000, alle Blätter lieferbar.

Geschichte: Ende des 15. Jh. gründeten portugiesische Kaufleute Niederlassungen entlang der Küste und handelten mit Gold und Elfenbein, das sie von den Bantu-Stämmen des Landesinneren erhielten. Im 17. Jh. ließen sich die ersten portugiesischen Siedler auf dem Land nieder, das den Bantu-Häuptlingen durch Verträge oder auch mit Gewalt abgenommen wurde. Im 19. Jh. wurde Moçambique portugiesische Kolonie, in den sechziger Jahren des 20. Jhs. begann die FRELIMO ihren Unabhängigkeitskrieg gegen das Mutterland. 1975 erlangte das Land seine Unabhängigkeit.

Politik: Die portugiesische Ära hatte in Moçambique eine weitgehend schlecht oder nicht ausgebildete Bevölkerung hinterlassen. Die FRELIMO-Regierung stand vor fast unlösbaren Aufgaben. Qualifizierte Arbeitskräfte, *know how* und technische Ausrüstung hatten die abziehenden Portugiesen mitgenommen. Mit einer sozialistischen Politik versuchte die FRELIMO das Ungleichgewicht im Landbesitz zu beseitigen. Staatliche Kooperativen traten an die Stelle der Großgrundbesitzer. Das Bildungssystem wurde ausgebaut, wobei Studenten und Intellektuelle auch immer wieder zu Farmarbeiten herangezogen wurden. Trotz aller Anstrengungen verfiel die Wirtschaft immer mehr, und eine große Dürre in den achtziger Jahren sowie die Ausweisung der moçambiquanischen Minenarbeiter aus Südafrika führten zu immer schwerwiegenderen Problemen. Die von Südafrika unterstützte Guerillabewegung MNR sorgt mit Überfällen und Sabotageakten dafür, daß inzwischen nicht einmal die Basisversorgung funktionieren kann. Mittlerweile hat Südafrika seine Unterstützung der MNR offiziell zurückgezogen (im Gegenzug mußte Moçambique die Kämpfer des ANC ausweisen). Samora Machel, der erste Präsident des unabhängigen Moçambique, kam bei einem Flugzeugabsturz ums Leben. Der neue Präsident Chissano verfügte Ende 1990 den Übergang zum Mehrparteiensystem, am 1.12. 90 wurde ein Waffenstillstand mit der Guerilla RENAMO geschlossen und die Organisation 1993 als Partei zugelassen. Die seit Herbst 1993 geführten Verhandlungen zwischen RENAMO und Regierung führten schließlich dazu, daß 1994 die RENAMO-Truppen unter Aufsicht der Blauhelme entwaffnet wurden.

868 Durch Afrika

Routeninformationen

MM 1: Mutare – Beira (Beirakorridor – ca. 297 km)

(07.94, Land Rover) Gute Asphaltstraße. An der Grenze sind trotz entrichteter Visage-bühren nochmal 1000 MT Grenztaxe fällig, da die Landeswährung nicht eingeführt werden darf, kann man auch in Z$ (20 Z$) bezahlen. Tanken (Ersatzkanister) und Vorräte unbedingt in Mutare.Es gibt auch einen Buspendelverkehr von Mutare nach Beira.

Mutare – S. LL 4.
Von Mutare führt die Strecke über Forbes-Post (Grenze, Ausreiseformalitäten erledigen) nach der moçambiquanischen Grenze. Km 25 nach der Grenze, **Villa de Monica** – Dorf.
Unterkunft: gutes Restaurant „Flamingo-Bar" mit Schwimmbad.
Chimoyo – Hauptstadt der Manica-Provinz.
Sehenswert: portugiesische Kolonialarchitektur und Textilfabrik.
Verschiedenes: nach Einbruch der Dunkelheit sollte man die Innenstadt nicht mehr verlassen, da in den Slums (*barrios*) die Sicherheit nicht gewährleistet ist: Häufig finden Schießereien statt.
Unterkunft: Restaurant „Flor do Vouga" (Essen ca. 3000 MT) und das Café „Chimoyo" (Sandwiches und Bier ca. 1400 MT).
Hinter Chimoyo führt die Strecke durch abwechslungsreiche Landschaft und trifft nach 22 km auf die Bahnstation
Gondola – Bahnstation. Orangen- und Eukalyptusplantagen, Bäckerei und Eisenbahnclub.
Nach Gondola liegt auf der rechten Seite das frühere Anwesen der Baronin von Reibnitz und späterer Sitz einer Missionsschule.
20 km nach Gondola folgt die **Missionsstation Amatongas**. Ab hier wird die Strecke gefährlicher.
Inchobe – Militärkontrollpunkt und Kreuzungspunkt (rechts) der Hauptstraße nach Maputo (1200 km).
Linker Hand Ausflugsmöglichkeit nach **Gorongaza** – Nördlich von hier liegt ein großer Nationalpark, der zu portugiesischen Zeiten ein beliebtes Ausflugsziel der Rhodesier war. Die ehemals reichen Wildbestände wurden von der hungrigen Bevölkerung im Zuge der Nahrungsbeschaffung arg ausgedünnt. 70 km von hier liegt Casa Bananas, das ehemalige MNR-Hauptquartier, das von den Regierungstruppen erobert werden konnte, ohne einen nachhaltigen Erfolg zu erzielen. Angeblich gibt es in der Gegend schon wieder eine neue Hauptbasis der MNR.
An der Kreuzung von Inchobe geradeaus erreicht man nach 60 km Nyamatan-da.
Nyamatanda – Güterbahnhof, Bananenplantagen und ausgedehnte Flüchtlingslager, wo Tausende in armseligen Hütten entlang der Straße leben. Sumpfige und moskitoreiche Gegend.
Weiter 70 km bis Dondo und weiter 20 km bis Beira.

Moçambique – Routenteil MM 869

Beira – Wichtigste Hafenstadt des Landes und Endstation der Eisenbahnverbindung nach Simbabwe. Der Bahnkorridor wird mit internationaler Hilfe ausgebaut. Nach Maputo gibt es einen unregelmäßigen Schiffsverkehr.
Unterkunft: Hotel „Don Carlos", am Strand zwischen Stadt und Flughafen, häufig ohne Wasser (ca. 25 US-$/DZ); „Messe dos Trabalhadores", einen Block vom Hotel „Ambassador" (ca. 20 US-$/DZ), kein Essen; „Pensao Impero"; Hotel „Moçambique"; im „Club Nautico", 5 km außerhalb im Norden, gibt es ein brauchbares Restaurant (Camping 22 000 MT/Person); Camping auch im „Campismo Estoril", ca. 10 km außerhalb im Norden.

MM 2: Beira – Dondo – Tica – Nhamatanda – Chimoio – Tetel – Guro – Changara – Tetel – Fronteira (Grenze zu Malawi) – Blantyre (ca. 830 km)

Beira – siehe MM 1.
Km 20, **Dondo** – Ort.
Sehenswert: Drechslerei mit Verkauf. In Dondo sieht man auf der rechten Seite alte Eisenbahnwaggons stehen, 500 m nach dem beschrankten Bahnübergang, auch auf der rechten Seite, kommt die Drechslerei, ein Haus aus Astgeflecht durchwirkt mit kleinen Steinen.
Km 70, **Tica** – Ort. Zwischen Maphanbis, einer Ortschaft hinter Dondo, und Tica kommen auf einer Strecke von ca. 20 km mehrere Brücken, die sehr harte Absätze an Anfang und Ende haben (Schrittempo).
Sehenswert: Es werden Safaris angeboten, außerdem kann man Gazellenfleisch probieren (äußerst schmackhaft) und ein kühles Bier genießen.
Nhamatanda – kleiner Marktflecken ca. 100 km von Beira entfernt; Treibstoff, Hospital.
Sehenswert: Die Baumwollfarm „Lomaco", zu Kriegszeiten eine Enklave der FRELIMO; den Direktor ansprechen, um näheres zu erfahren, evtl. Unterkunft. Der Weg ist ausgeschildert, ca. 13 km von der Hauptstraße.
Chimoio – Ort. Unterkunft und Essen in der „Moinho" (Mühle), Weg ist ausgeschildert. Achtung: 62 km hinter der Kreuzung nach Tete kommt ohne Vorankündigung eine Holzbrücke, die Asphaltstraße endet in einem etwa 40 cm tiefen Graben (Schrittempo).
Catandica – Marktflecken; Treibstoff.
Guro – sehr großes Strohhüttendorf; Verpflegung.
Changara – Ort. Vorsicht: Plötzlich kommt man an einen Kontrollpunkt, der lediglich aus zwei Tonnen und einem Band besteht; keine Probleme. Hinter dem Rondell nach dem Weg fragen, da man sich leicht verfährt.
Tete – Stadt am Zambezi; Treibstoff und Apotheke (beim Zambezi-Hotel). Die Brücke über den Zambezi mit der vorgeschriebenen Geschwindigkeit überqueren, da Kontrolle auf der anderen Seite.
Fronteira – Grenzort; Schwarztauscher.
Blantyre – S. II 9.

870 Durch Afrika

MM 3: Maputo – Xai-Xai – Beira (1210 km)

(07.94, Land Rover) Asphalt, zur Hälfte sehr schlecht. Ausbesserungsarbeiten sind in Gang.

Maputo – S. MM 2. (Zur MM 2.)
Km 148, **Macia** – Ort. Abzweig nach **Praia do Bilene** (40 km).
Unterkunft: Praia do Bilene, schöner Campingplatz in den Dünen bei der Lagune (55 000 MT/2 Personen).
Km 209, **Xai-Xai** – Kleinstadt. Verpflegung. Treibstoff. Bank.
Unterkunft: am Strand Campingplatz (56 000 MT/2 Personen).
Km 434, Abzweig nach Inhambane (40 km).
Inhambane – Charmante Kleinstadt.
Verschiedenes: Fähre nach Maxixe.
Km 463, **Maxixe** – Ort. Treibstoff. Motel.
Km 689, Abzweig nach Vilanculos (10 km).
Vilanculos – Dorf.
Unterkunft: Hotel „Dona Ana" mit Campingplatz (bewacht, 22 000 MT/2 Pers.).
Km 811, **Save** – Kleinstadt. Eindrucksvolle Brücke (2000 MT Maut).
Km 1202, **Beira** – Stadt.

MM 4: Maputo – Boane – Catuane (137 km)

(07.94, Motorrad) 30 km Asphalt, dann Piste mit teilweise zerstörter Asphaltdecke.

Maputo – S. MM 2. (Ende MM 2; Beginn MM 3.)
Km 30, **Boane** – Dorf.
Km 32, 2 Brücken über einen Fluß.
Km 33, Abzweig einer Asphaltstraße nach rechts, geradeaus weiterfahren.
Auf 27 km sandige Erdpiste.
Km 60, **Porto Henrique** – Dorf. Versorgungsmöglichkeit.
Km 61, Pistenverzweigung, geradeaus weiterfahren; bis Catuane geht es auf ausgewascher Lehmpiste (nur mit Geländewagen in der Trockenzeit) weiter.
Km 72, Dorf. Versorgungsmöglichkeit.
Km 73, Verzweigung, geradeaus fahren.
Km 115, bei einer *primary school* Verzweigung, links fahren.
Km 137, **Catuane** – Dorf aus der Kolonialzeit. Versorgungsmöglichkeit.

MM 5: Boane – Ressano Garcia (86 km)

(07.94, Motorrad) Auf 43 km gute Asphaltdecke, danach zerstörter Asphalt (Schlaglöcher, Minentrichter).

Boane – S. MM 4. (Zur MM 4.)
Km 5, Abzweig nach Namaacha, geradeaus fahren.

Km 43, Abzweig nach Moamba, Beginn der „little Beirut Road".
Km 73, Abzweig nach Moamba.
Km 86, **Ressano Garcia** – Grenzort. Versorgungsmöglichkeit.

MM 6: Naamacha – Maputo (77 km)

(07.94, Land Rover) Asphalt, die ersten 35 km sehr schlecht.

Naamacha – Grenzort. Ausreiseformalitäten für Swaziland und Einreiseformalitäten für Moçambique erledigen. Weiter auf landschaftlich schöner Strecke bis Boane.
Km 37, Gabelung, rechts nach Maputo, links nach Ressano Garcia.
Km 42, **Boane** – Kleinstadt. Versorgungsmöglichkeit.
Km 57, Kontrollposten.
Km 77, **Maputo** – Hauptstadt des Landes, unter den Portugiesen Lourenço Marques, ca. 1 Mio. Einwohner. Keine besonderen Sehenswürdigkeiten, die Häuser im Kolonialstil verrotten zusehends, lediglich der Bahnhof ist noch recht gut erhalten. Hier kommt jeden Mittwoch Nachmittag der Zug aus Südafrika. Die Stadt wurde von Flüchtlingen überschwemmt, Elend macht sich breit, die Straßen und Gehwege sind großteils zerstört.
Unterkunft: eine Wohlstandsinsel im „Meer des Elends" ist das 1921 errichtete Hotel „Polonia", in dem die Zeit stehengeblieben zu sein scheint. Hier herrscht nach wie vor Luxus, im Speisesaal spielt der Pianist Beethoven, die Versorgung findet von Südafrika aus statt. Angeblich soll das Hotel von einer südafrikanischen Hotelkette übernommen werden; es liegt in der Ave. Julius Nyerere, Geldwechsel, gute Verpflegung, Zeitungen, Postkarten etc. (ca. 80 US-$/DZ); Hotel „Moçambiquano", Ave. Filipe S. Magaia (Nähe Ave. Julho); Hotel „Tourismo", kein Essen; Hotel „Andalusia" mit Hotelschule, Ecke Allende Patrice Lumumba Ave. (ca. 60 US-$/DZ); Hotel „Gordosa", Ave. Patrice Lumumba, mit Schweizer Restaurant. Der Campingplatz am Strand ist heruntergekommen; „Kaya Kwanga, *lodge* (Bugalows 90 US-$).
Verschiedenes: Botschaft von Tansania, hiner dem Park, gegenüber vom Hotel „Polonia" (Visum 1 Tag, 10 US-$, 2 Fotos).
In der Umgebung: Ausflugsmöglichkeiten zu den Stränden (Punta do Ouro im Süden, sehr schön, Geländewagen erforderlich) und vorgelagerten Inseln.

872 Durch Afrika

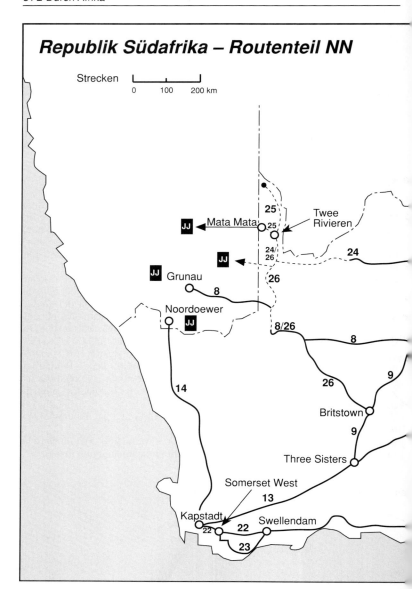

Republik Südafrika – Routenteil NN 873

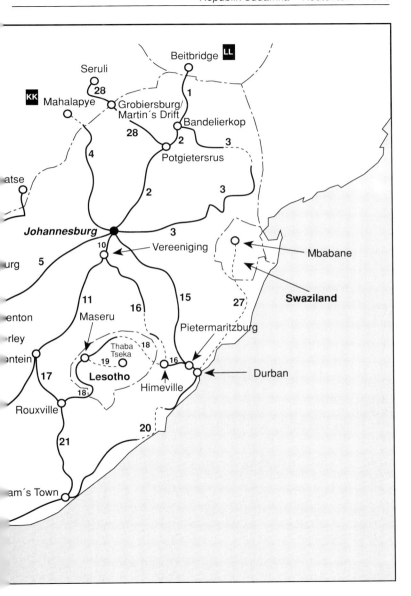

874 Durch Afrika

Republik Südafrika – Routenteil NN

Überblick

Fläche: 1 119 566 km², zzgl. „selbständige" homelands mit 1 221 037 km².

Einwohner: 23 385 645, *homelands* 6 900 000.

Ethnien: 4 568 739 Weiße, 18 816 906 Nicht-Weiße (davon 15 200 000 Zulu, Xhosa, Sotho, Tswana etc.).

Hauptstadt: Pretoria (822 925 Einwohner).

Sprachen: Amtssprachen Afrikaans und Englisch, Bantu-Sprachen und indische Sprachen als Umgangssprachen.

Religion: Hauptsächlich Christen verschiedener Konfessionen, ca. 118 000 Juden, 525 000 Hindu und 342 000 Muslime.

Ruhetag: Sonntag.

Feiertage: 1.1., 6.4., Karfreitag, Ostermontag, 14.4., 1.5., Himmelfahrt, 31. 5., 10.10., 16.12., 25. und 26.12.

Stromspannung: 220 V.

Zeit: MEZ + 1 Std., in der Sommerzeit gleich.

Einreise: Keine Visumpflicht für Deutsche, Österreicher und Schweizer. Nachweis ausreichender Geldmittel für den Aufenthalt sowie ordnungsgemäßer Papiere für die Weiterreise, bei Flugreisenden gültiges Rück- oder Weiterflugtikket.

Impfung/Gesundheit: Gelbfieberimpfung vorgeschrieben. Malariaprophylaxe dringend für Reisen in den nördlichen, östlichen und westlichen Gebieten Transvaals sowie in der Küstenregion Natals empfohlen.

Währung: Rand (R). 1 DM = 2,09 Rand. 1 Rand = 0,48 DM. Ein- und Ausfuhr bis höchstens 200 R. Einfuhr ausländischer Währungen unbeschränkt, aber zu deklarieren. Ausfuhr bis zum deklarierten Betrag.

Kfz: Internationaler Führerschein und Kfz-Schein, *carnet de passage*, Haftpflicht für Personen ist im Treibstoffpreis enthalten, Haftpflicht für Sachen ist

Republik Südafrika – Routenteil NN 875

freiwillig (kann bei verschiedenen Versicherungen abgeschlossen werden, am besten über AA). Südafrika, Namibia und Botswana bilden eine Zollunion. Das *carnet* wird nur bei Ein- oder Ausreise in einen dieser drei Staaten abgestempelt (das für Südafrika gültige *carnet* hat allerdings einen anderen Nennbetrag, wie für die beiden anderen Länder).

Treibstoffpreise: Super 1,87 R, Diesel ca. 1,60 R.

Straßenzustand: Gut ausgebautes Straßennetz.

Nationalpark-Gebühren: 10–20 R/Pers., Camping 10–20 R/Pers., Auto ca. 20 R.

Grenzen: Die Grenzen zu den Nachbarländern sind geöffnet.

Sicherheit: Das Fahrzeug darf niemals allein an einem nicht gesicherten Parkplatz geparkt werden – alles andere wäre grob fahrlässig. Die Aufklärungsquote bei Fahrzeugeinbrüchen beträgt nur 2%, und die Gauner gehen mit einer Kaltschnäuzigkeit sondergleichen vor!

Literatur und Landkarten:
Es gibt zahlreiche Reiseführer über Südafrika. Für Individualreisende Iwanowski, „Reisehandbuch Südafrika", J. Iwanowski-Verlag, in Vorbereitung H. Hermann, „Reise Know-How Südafrika", Reise Know-How Verlag H. Hermann.
Karten: Übersichtskarte Michelin 955 1:4 000 000, Detailkarten RSA Südafrika, 1:2 400 000 bzw. RSA Road-Atlas, versch. Maßstäbe. Detailkarten ONC und TPC 1:1 000 000 und 1:500 000, alle Blätter lieferbar, gute Geländedarstellung. Hervorragende Karten aller Gebiete beim AA (kostenlos für Automobilclub-Mitglieder).

Sonstiges: Die Camping-Gebühren liegen im Durchschnitt bei ca. 25 R für zwei Personen, die Bandbreite geht von 12 R–50 R.

Geschichte: Die ersten uns bekannten Bewohner der Region waren Buschmänner und Hottentotten, die als Jäger und Sammler bzw. Viehzüchter nomadisierten. Ihnen folgten Bantu-sprachige Tsonga, Nguni, Swazi und Zulu, die bis zum 13. Jh. die Region weitgehend besiedelt hatten und die Ureinwohner nach Norden und Westen abdrängten. Im 15. Jh. kamen portugiesische Seeleute, die am Kap jedoch nur navigatorisches Interesse zeigten. Erst im 17. Jh. begann die Kolonisierung Südafrikas mit einer Niederlassung der holländischen „East India Company" am Kap der guten Hoffnung, der sich etwas später Hugenotten-Flüchtlinge aus Frankreich anschlossen. Daraus entwickelte sich eine isolierte, eng zusammenhängende calvinistische Gemeinschaft mit einem eigenem Dialekt, dem Afrikaans, die ihr Siedlungsgebiet allmählich immer weiter nach Westen ausbreitete und schon bald auf den Widerstand der

876 Durch Afrika

Bantu-Xhosa stieß. 1779 kam es zum ersten Bantu-Krieg. Mit der britischen Besetzung des Kaps 1806 und dem Verbot der Sklaverei 1834 wurden die Buren immer weiter in das Landesinnere gedrängt. Die Gemeinschaft überquerte im „Großen Treck" den Oranje, wo sie auf heftigen Widerstand der einheimischen Stämme stieß. Zugleich verstärkte sich auch der britische Druck auf die Bantu am Kap. In den daraus resultierenden Kriegen entwickelten die Zulu unter ihrem Kriegsführer Shaka neue moderne Kriegsstrategien, die den traditionellen Kampfmethoden weit überlegen waren. Dennoch konnten sie sich gegen die europäischen Feuerwaffen nicht halten. Die Überlebenden flohen in angrenzende Länder wie das heutige Zimbabwe. Mit der Entdeckung von Diamanten- und Goldvorkommen näherten sich auch die verfeindeten Briten und Buren wieder an, da die Buren britisches Kapital zur Ausbeutung der Minen benötigten. Die besiegten Schwarzen verdingten sich als Arbeiter in den Minen. Doch schon Ende des 19. Jhs. vertieften sich die Spannungen zwischen Buren und Briten wieder und mündeten im Burenkrieg (1899 bis 1902), der das Ende der Burenrepubliken Transvaal und Oranje bedeutete. Im Friedensvertrag wurden Buren und Briten als gleichberechtigte Partner genannt, 1910 wurde dann die Südafrikanische Union gegründet.

Politik: Grundlage dieser Union waren die Elemente, die noch bis vor kurzem Südafrika prägten – strikte Rassentrennung, Beschränkung der Schwarzen auf bestimmte Wohngebiete etc. Jeder Versuch einer schwarzen Opposition wurde im Keim erstickt. 1948 erlebte Südafrika mit dem Wahlsieg der National Party ein Wiedererstarken des Selbstbewußtseins der Buren, dem noch schärfere Rassentrennungsgesetze folgten, die nun auch rücksichtslos von paramilitärischen Truppen durchgesetzt wurden. Die daraus resultierende Eskalation von Gewalttaten gegen die schwarze Bevölkerungsmehrheit trieb das Land in die internationale Isolation, die jedoch auf Schleichwegen immer wieder durchbrochen wurde. Konzessionen wie die Abschaffung des Verbotes von Mischehen und die Zulassung von Indern und Farbigen zum Parlament wurden zwar gemacht, schlossen die schwarzen Afrikaner aber immer noch vom politischen Leben aus. Bereits auf solche Änderungen hin formierten sich rechtsradikale Abspaltungsbewegungen unter den Buren. Doch auch der Widerstand der verschiedenen afrikanischen Befreiungsbewegungen ist zerrissen und von der tribalen Konkurrenz zwischen Zulu (Inkatha) und dem ANC von Nelson Mandela geprägt. Mit der Wahl von Frederik de Klerk 1989 kamen erstmals tiefergehende Reformen ins Rollen. In Gesprächen mit Inkatha und ANC wurden allgemeine Wahlen unter Einschluß der schwarzen Bevölkerungsmehrheit zugesichert. In der Volksabstimmung im März 1992 stimmte die Mehrheit der weißen Südafrikaner für diesen neuen Weg, der 1994 schließlich mit dem Wahlsieg des ANC und der Wahl Nelson Mandelas zum Staatspräsidenten seinen vorläufigen Höhepunkt fand. 1995 kam Queen Elizabeth II. zu einem Staatsbesuch, der den Neuanfang in den Beziehungen Englands zur Republik Südafrika unter dem Dach des Commonwealth unterstreichen sollte.

Republik Südafrika – Routenteil NN 877

Routeninformationen

NN 1: Beitbridge (Zimbabwe) – Grenze zu Südafrika – Louis Trichardt – Bandelierkop (147 km)

Asphalt.

Beitbridge – S. LL 6. (Ende LL 6 und LL 16.)
Formalitäten für die Ausreise aus Zimbabwe und Formalitäten für die Einreise nach Südafrika vor bzw. nach der Beitbridge über den Fluß Limpopo.
Messina – 594 m. Kleinstadt. Gute Infrastruktur.
Unterkunft: Caravan Park, sauber aber laut (6 R/Zelt).
In der Umgebung: der Kurort **Tshipise** 30 km südöstlich von Messina; *lodge*, Campingplatz, Tennis, Golf, Baden.
Die Straße führt dann durch den H. F. Verwoerd Tunnel durch den Soutpansberg.
Louis Trichardt – Kleinstadt. Lebensmittel, Verpflegung. Treibstoff.
Unterkunft: Hotels. Ein Campingplatz.
Bandelierkop – Kleiner Ort. Lebensmittel, Verpflegung. Treibstoff. Hotel.
(Beginn NN 2 und NN 3.)

NN 2: Banderlierkop – Pietersburg – Warmbad – Pretoria – Johannesburg (416 km)

Asphalt. Autobahn ab Warmbad.

Bandelierkop – S. NN 1. (Ende NN 1; Beginn NN 3.)
Pietersburg – 1302 m. Stadt. Gute Infrastruktur. Campingplatz.
Naboomspruit – Kleinstadt. Gute Infrastruktur.
Sehenswert: das Vogelnaturschutzgebiet (täglich geöffnet).
Nylstroom – 1198 m. Kleinstadt. Gute Infrastruktur.
Warmbad – Kurort. Gute Infrastruktur. Sehr schönes Schwimmbad mit Thermalwasser.
Sehenswert: die alte Burg.
Temba – Kleiner Ort. Lebensmittel, Verpflegung. Treibstoff.
Sehenswert: das Kunsthandwerkszentrum von *papatso* (Markt in Tswana Sprache), wo Arbeiten der Schwarzen aus allen Gegenden des Landes ausgestellt sind.
Pretoria – 1400 m, 823 000 Einw. Hauptstadt. Gute Infrastruktur.
Unterkunft: „Joos Becker Campingplatz" in Irene über die N1, von Warmbad kommend in Richtung Stadt, dann den Schildern folgend, dann rechts neben dem Bahngleis.
Sehenswert: die modernen Gebäude, der Regierungspalast und sein mit schönen Statuen verzierter Garten, die Inneneinrichtung des Hauptpostamts, das

878 *Durch Afrika*

„Voortrekker-Denkmal" (Erinnerung an den Burenkrieg, dienstags geschlossen), die verschiedenen Museen, das Aquarium und der Zoo.

In der Umgebung: Diamantenbergwerke in **Cullinanca**, 30 km nordöstl. über die R513 (Besichtigung Dienstag mit Freitag um 9.30 und 11 Uhr, 5 R/Person). Zwischen Pretoria und Johannesburg bei der Ausfahrt Kyalami der Autobahn N1 befindet sich der Schlangenpark von Transvaal, der größte Südafrikas.

Johannesburg – 1753 m, 1 600 000 Einw. Gute Infrastruktur. Größte Stadt des Landes. Diamanten- und Goldbergwerke in der Umgebung.

(Beginn NN 5, NN 10 und NN 15; Ende NN 3 und NN 4.)

Unterkunft: Hotel „Rand International" im Zentrum, sichere Garage (165 R/ EZ). Jugendherberge, 32 Main Street, im Zentrum (7 R/Person). Mehrere Campingplätze in der Umgebung, Auskunft im Touristenbüro im „Carlton Center".

Verschiedenes: guter Plan von Johannesburg und von anderen Städten bei „AA" erhältlich, Simonds Street Ecke President Street. Deutsche Buchhandlung, Hill Street im Randburg-Viertel. Wunderschöner Panoramablick über die Stadt vom „Carlton Center" (Aufzug 3 R/Person). Billige Frachttarife für Motorräder bei der Fluggesellschaft „Luxavia" (auch preiswerte Personentarife).

Sehenswert: sehr interessanter zoologischer Garten. Erkundigen Sie sich beim Fremdenverkehrsamt des „Carlton Center" über die zahlreichen Sehenswürdigkeiten der Stadt. Wenn Sie die Goldminen der Gegend besichtigen (täglich, 40 R/Person) und sich Tanzaufführungen von Bantubergarbeitern anschauen möchten, wenden Sie sich an die Bergwerkkammer, 5 Holland Street (35 R/ Person für einen halben Tag). In der Vergnügungsstadt **Gold Reef City**, südlich über die R27 (Museum, 6 R/Person), eine nachempfundene Goldgräberstadt, kann man ebenfalls eine ehemalige Mine besuchen und beim Goldgießen zuschauen, zudem gibt es jede Menge Touristenspektakel wie Zulutänze, Eisdielen, sehr gutes Essen, Frühstücksbuffet im Hotel (sehr preisgünstig) – für Familien recht unterhaltsam.

NN 3: Bandelierkop – Tzaneen – Phalaborwa – Nationapark Kruger – Graskop – Blyde River Canyon – Nelspruit – Lydenburg – Middelburg – Johannesburg (1195 km)

(03.91, Moto Guzzi 1000) Asphalt, zwischen Phalaborwa und Satara Piste (A). Die Route führt durch eine der schönsten Regionen des Landes – insbesondere durch den Kruger-Nationalpark.

Bandelierkop – S. NN 1. (Ende NN 1; Beginn NN 2.)

Tzaneen – Stadt. Gute Infrastruktur.

Unterkunft: Caravan Park, sauber (ca. 25 R/Zelt).

Sehenswert: die Teeplantagen (für eine Besichtigung wenden Sie sich an die Leitung der „Sapekoe").

Phalaborwa – Kleinstadt. Verpflegung. Treibstoff. Unterkunft. Kurz hinter Phalaborwa Eingang zum Krüger-Nationalpark, größter Nationalpark des Landes (Eintritt: 20 R/Pers., ca. 22 R/Fahrzeug, unbeschränkte Dauer).

Republik Südafrika – Routenteil NN 879

Kruger-Nationalpark – Riesiger Park mit 2400 km Straßen und Pisten (Geschwindigkeitsbeschränkung 40 km/h). Man sieht im südlichen Teil des Parks mehr Tiere als im nördlichen. Übernachtung nur in den 16 Camps; es ist verboten, das Fahrzeug oder die Pisten zu verlassen. Zahlreiche Tiere, wunderschöne Natur. Treibstoff. Lebensmittel, Verpflegung. Restaurants und Kochmöglichkeiten im Freien in den meistens Camps. Reservierungen mindestens ein Jahr im voraus bei dem Reservierungszentralamt des Nationalparks Kruger, P.O.B. 787, 0001 Pretoria, Tel: 012/44-1194, oder einfach hinfahren und campieren. Fahrzeuge, deren Achsbelastung 8164 kg überschreitet, werden im Park nicht zugelassen. 51 km hinter Phalaborwa Ankunft im Camp von Letaba.

Letaba – Camp. Lebensmittel, Verpflegung. Treibstoff. Erste Hilfe. Hütten mit zwei bis fünf Betten. Campingplatz (40 R/2 Pers.). Restaurant.
Danach in Richtung Süden fahren, um das Camp von Satara zu erreichen.

Satara – Camp. Gleiche Infrastruktur wie in Letaba.
Nach Süden weiterfahren, dann nach Südwesten in Richtung des Skukuza Camp. Man fährt an dem Denkmal von Trichardt (Km 37 ab Satara) vorbei, eine Erinnerung an Louis Trichardt (Führer der Voortrekker), der während seiner Reise nach Delagoa Bay im Jahre 1858 an dieser Stelle vorbeikam; später passiert man die „Kruger Memorial Tablets" (Km 66 ab Satara) und das Denkmal von Eileen Orpen, die an die Gründung und die Erweiterung des Parks erinnern.

Skukuza – Camp. Gleiche Infrastruktur wie in Letaba.
17 km weiter, „Paul Kruger Gate", Parkausgang.
In Hazy View nach rechts in Richtung Graskop fahren.

Graskop – Kleiner Marktflecken. Gute Infrastruktur.

Unterkunft: sauberer Campingplatz mit Pool und Restaurant.

In der Umgebung: die Wasserfälle von Berlin und Lisboa, Pinnacle Rock (Berggipfel aus Granit) und „Gottes Fenster" („God's Window", schöne Aussicht auf das Lowveld).
In Richtung Norden weiterfahren.

Naturschutzgebiet von Blyde Rivier – Es wird von der Straße durchquert und liegt auf beiden Seiten eines 16 km langen und 600 m tiefen Canyons; am Eingang dieses Naturschutzgebiets kann man die in den Fluß gegrabenen Vertiefungen der „Pfosten von Bourke" sehen, in welchen ein gewisser Tom Bourke einst Gold gefunden hat, den schönsten Aussichtspunkt bietet Three Rondavels.
Einige Kilometer hinter dem Ausgang des Naturschutzgebiets Kreuzung; nach Mogaba links fahren (nach rechts zum Strijdom Tunnel).

Mogaba – Kleiner Ort. Keine Versorgungsmöglichkeit.

Sehenswert: die Echohöhlen (**Echo Caves**) und das anthropologische Museum mit in den Höhlen gefundenen Artefakten (täglich geöffnet von 8 bis 18 Uhr).

Ohrigstad – Ehemaliger Ort der Voortrekkers. Lebensmittel, Verpflegung. Treibstoff. Hotel.

Sehenswert: der Friedhof und die Ruinen der Burg.

880 Durch Afrika

Kurz hinter dem Dorf Bergpunt nach links auf die Asphaltstraße nach Pilgrim's Rest abbiegen.

Pilgrim's Rest – Kleiner Ort, der 1873 gegründet wurde und die Atmosphäre eines Dorfes von Goldsuchern des 19. Jahrhunderts beibehalten hat. Verpflegung. Treibstoff. Hotel. Campingplatz.

11 km hinter Pilgrim's Rest in Richtung Sabie rechts abbiegen. Man fährt an den Wasserfällen von Forest (18 m hoch) und Mac-Mac vorbei (Teiche unterhalb, wunderschöner natürlicher Pool, Platz für Picknick und Kleiderablage).

Sabie – Kleinstadt, am Ende des 19. Jh.s gegründet. Verpflegung. Treibstoff.

Unterkunft: Hotel. Zwei Campingplätze, darunter der „Merry Pebbles Caravan Park", schöner, sauberer und ruhiger Platz (ca. 30 R/Zelt).

Sehenswert: die anglikanische Kirche (1913).

In der Umgebung: die Wasserfälle von Bridal Veil und Lone Creek.

Sabie in Richtung Süden verlassen.

Nelspruit – Kleinstadt. Gute Infrastruktur.

Sehenswert: der botanische Garten (täglich von 8 bis 18 Uhr geöffnet) und die Obstverpackungsfabriken (Besichtigung möglich).

Dann in Richtung W nach Montrose fahren und in Richtung Nordwesten zu den Höhlen von Sudwala abbiegen.

Höhlen von Sudwala – Höhlenkomplex mit einem 37 m hohen Amphitheater von 67 m Durchmesser (täglich von 8 bis 17 Uhr geöffnet; gute Führungen). Außerhalb Dinosaurierpark. Ferienwohnungen, Hütten.

Nach Lydenburg fahren Sie über den Paß von Long Tom (schöne Aussicht).

Lydenburg – 1470 m. Stadt. Gute Infrastruktur.

Unterkunft: drei Campingplätze, zwei in Richtung Belfast; der dritte in Richtung des Township, sehr teuer (ca. 45 R/Zelt).

Sehenswert: alte Schule (1851, Pionierhaus-Architektur), Pulverfabrik (1883/84). Anschließend fahren Sie nach Süden, um wieder auf die Hauptstraße Nelspruit – Johannesburg zu treffen.

Machadodorp – Stadt. Gute Infrastruktur.

Middelburg – Stadt. Gute Infrastruktur.

Unterkunft: Caravan Park, ruhig, sauber, Pool, Restaurant.

Kurz nach Middelburg, Autobahn nach Johannesburg.

Johannesburg – S.NN 2. (Ende NN 2, NN 4; Beginn NN 5, NN 10, NN 15.)

NN 4: Mahalapye (Botswana) – Parrs Halt – Grenze zu Südafrika – Stockport – Northam – Sun City (Bophutatswana) – Rustenburg – Johannesburg (590 km)

(05.90, VW-Bus) Piste (A) bis Parrs Halt, dann Asphalt.

Mahalapye – S. KK 14. (Zur KK 14.)

Gute Piste bis zum Grenzübergang von Parrs Halt (von 8 bis 16 Uhr geöffnet); Formalitäten für die Ausreise aus Botswana.

Republik Südafrika – Routenteil NN 881

Stockport – Kleiner Ort. Formalitäten für die Einreise nach Südafrika.
Man passiert die Städte Ellisras und Thabazimbi und das Dorf Northam und
erreicht (ohne Formalitäten) **Bophutatswana.**
Sun City – Sport- und Vergnügungspark mit Hotels und Casino; beliebtester
Entspannungsort der Johannesburger am Wochenende (Eintritt 5 R/Fahrzeug).
In der Umgebung: der Nationalpark von Pilanesberg, ca. 20 km von Sun City
entfernt (5 R/Person); schöner Campingplatz am „Manyane Gate" (2 R/Person,
4 R am Wochenende).
Keine Formalitäten für die Ausreise aus Bophutatswana und die Einreise nach
Südafrika.
Rustenburg – Stadt. Ausgezeichnetes Klima. Gute Infrastruktur.
In der Umgebung: das größte Platinbergwerk der Welt und 20 km westlich die
Farm von Boekenhoutfontein, wo Präsident Paul Kruger den größten Teil sei-
nes Lebens verbrachte.
Johannesburg – S. NN 2. (Ende NN 2, NN 3; Beginn NN 5, NN 10, NN 15.)

NN 5: Johannesburg – Potchefstroom – Klerksdorp – Christiana – Warrenton (411 km)

Asphalt.

Johannesburg – S.NN 2. (Ende NN 2, NN 3, NN 4; Beginn NN 10 und NN 15.)
Potchefstroom – 1352 m. Stadt. Gute Infrastruktur.
Sehenswert: Kirche „Nederduits Hervormde" (1866), Burg und der Friedhof.
Klerksdorp – Kleinstadt. Gute Infrastruktur. Campingplatz.
Sehenswert: Felsmalereien der Farm von Doornfontein (Besichtigung mit Er-
laubnis des Besitzers).
Wolmaransstad – Kleinstadt. Gute Infrastruktur.
Chritiana – Kleinstadt. Gute Infrastruktur. Urlaubs- und Kurort. Baden, Angeln
und Wassersport.
Sehenswert: Felsmalereien der Farm von Stowlands-on-Vaal (Besichtigung
mit Erlaubnis des Besitzers).
Warrenton – Kleinstadt. Verpflegung. Treibstoff. Hotel. Campingplatz.
(Beginn NN 7; Ende NN 6.)

NN 6: Lobatse (Botswana) – Ramatlabama – Grenze zu Südafrika – Mafikeng – Vryburg – Warrenton (376 km)

Asphalt.

Lobatse – S. KK 14. (Ende KK 14; Beginn KK 1.)
Ramatlabama – Kleiner Ort. Grenzübergang zwischen Botswana und Südafri-
ka (von 7 bis 20 Uhr geöffnet); Grenzformalitäten für beide Länder.
Mafikeng – Stadt. Gute Infrastruktur. Während des Zweiten Burenkriegs muß-

882 Durch Afrika

te die Stadt einen 218 Tage währenden Belagerungszustand durchstehen. In dieser Zeit organisierte Baden-Powell die Jugend von Mafikeng in nichtkämpfende Gruppen, woraus die Idee der Pfadfinder entstand.
Sehenswert: die Burg von Cannon Kopje, 1884 von Baden-Powell erbaut.
Vryburg – Stadt. Gute Infrastruktur. (Beginn NN 24.)
Warrenton – S. NN 5. (Ende NN 5; Beginn NN 7.)

NN 7: Warrenton – Kimberley (72 km)

Asphalt.

Warrenton – S. NN 5. (Ende NN 5 und NN 6.)
Kimberley – 1223 m, 150 000 Einw. Gute Infrastruktur. Campingplatz. (Beginn NN 8 und NN 9.)
Sehenswert: die Anlage der Stadt (die Straßen schlängeln sich zwischen den Diamantenbergwerken unter freiem Himmel), das Big Hole (ca. 400 m tief und 1600 m Durchmesser), das Bergbaumuseum, die Bantugalerie „Duggan-Cronin" (Kunsthandwerk und traditionelle Kleidung) und das „McGregor-Museum" (Geschichte der Stadt).
In der Umgebung: die Pionierstadt **Barkly West**, die Gletscherschliffe und Felsmalereien von **Nooitgedacht**, die Schlachtfelder von Perdeberg und Magersfontein.

NN 8: Kimberley – Griquatown – Upington – Grenze zu Namibia – Nakop – Karasburg – Grunau (721 km)

(02.91, Moto Guzzi 1000) Asphalt bis Kakamas und ab der Abzweigung nach Lutzputs; sonst Piste (A).

Kimberley – S. NN 7. (Ende NN 7; Beginn NN 9.)
Griquatown – Kleinstadt. Gute Infrastruktur.
Sehenswert: das Museum von Mary Moffat (sie war die Verlobte von David Livingstone).
Km 60 ab Griquatown, nach Matsap (24 km) auf die Piste nach rechts fahren, dann links nach Volop (5 km); in der Nähe der „brausende" Sand, eines der seltsamsten Naturereignisse der **Kalahari-Wüste**; auf dem Grundstück der Koedoesnek-Farm befindet sich eine Düne, die ein seltsames „Donnern", vergleichbar mit einem entfernten Donnerschlag, von sich gibt, wenn man auf sie hinaufsteigt (jedoch nur in der trockenen Jahreszeit, von September bis April); im Norden vermischt sich der weiße Sand nie mit dem roten Sand der Kalahari. Sie erreichen die Hauptstraße über die Piste in Richtung Südwesten bis Volop.
Groblershoop – Kleinstadt. Gute Infrastruktur.
Upington – 805 m. Stadt, landwirtschaftliche Oase mitten in der Wüste. Gute Infrastruktur. (Zur NN 26.)

Republik Südafrika – Routenteil NN 883

Unterkunft: der Beste der Campingplätze ist „Eiland" (45 R/2 Pers.).
Sehenswert: die längste Palmenallee der Welt (1041 m) und das Museum (Halbedelsteine).
Upington in Richtung Keimoes verlassen.
Keimoes – Kleinstadt. Lebensmittel. Treibstoff. Hotel.
Sehenswert: die alte Wassermühle und das nahe Naturschutzgebiet von Tierberg.
Kakamas – Kleinstadt. Pfirsichanbau. Gute Infrastruktur. (Zur NN 26.)
Sehenswert: die alten Schaufelräder, die der Bewässerung der Anbauflächen dienen und die Tunnels, die das Wasser führen (Anfang des Jahrhunderts erbaut).
In der Umgebung: der Nationalpark **Augrabies Falls**; Lebensmittel, Verpflegung, Treibstoff, Campingplatz und Hütten; die Wasserfälle von Augrabies bestehen aus mehreren Kaskaden, die größte – mit 148 m Höhe – ergießt sich in einen Canyon, der sich auf ca. 20 km durch den Park schlängelt. Die Piste entlang des Canyon ist für jeden Fahrzeugtyp befahrbar und eröffnet faszinierende Aussichtspunkte in die Schlucht. Die Erosion verleiht den Felsen der Umgebung spektakuläre Formen; keine Tiere.
Nach Kakamas zurückfahren und die Piste nach Lutzputs nehmen. Einige Kilometer hinter diesem Dorf gelangt man auf die Asphaltstraße Upington – Karasburg.
Nakop – Provisorischer Grenzposten; Formalitäten für die Ausreise aus Südafrika.
Ariamsvlei – Kleiner Ort. Treibstoff. Formalitäten für die Einreise nach Namibia.
Karasburg – 1090 m. Kleinstadt. Verpflegung. Treibstoff. Hotels.
Grunau – S. JJ 4. (Ende JJ 4; Beginn JJ 5.)

NN 9: Kimberley – Britstown – Victoria West – Three Sisters (446 km)

Asphalt.

Kimberley – S. NN 7. (Ende NN 7; Beginn NN 8.)
Hopetown – Kleinstadt. Gute Infrastruktur. Hier wurden 1866 die ersten Diamanten Südafrikas entdeckt.
Sehenswert: die „Old Wagon Bridge" (über den Fluß Oranje) und das Gazella-Naturschutzgebiet, in dem Gemsen, Koudous, Elen-Antilopen und Springböcke anzutreffen sind.
Britstown – Stadt. Gute Infrastruktur. (Ende NN 26.)
Victoria West – Stadt. Gute Infrastruktur.
In der Umgebung: zahlreiche archäologische Fundstätten.
Three Sisters – Kleiner Ort. Keine Versorgungsmöglichkeit.
(Beginn NN 13; Ende NN 12.)

NN 10: Johannesburg – Vereeniging (51 km)

Autobahn.

Johannesburg – S. NN2. (Ende NN 2, NN 3, NN 4; Beginn NN 5 und NN 15.)
Vereeniging – 540 000 Einw. Gute Infrastruktur. (Beginn NN 11, NN 16.)

NN 11: Vereeniging – Parys – Kroonstad – Willem Pretorius Nationalpark – Winburg – Bloemfontein (362 km)

Asphalt. Autobahnumfahrungen in Kroonstad und Bloemfontein.

Vereeniging – S. NN 10. (Ende NN 10; Beginn NN 16.)
Parys – Ferienort. Gute Infrastruktur.
Kroonstad – 1369 m. Stadt. Gute Infrastruktur.
In der Umgebung: Nationalpark Willem Pretorius – Kleiner Park um den Stausee von Allemanskraal (Eintritt 4 R/Fahrzeug); gute Angelmöglichkeiten; Unterkunft in einfachen Hütten (13 R/2 Personen) oder in Luxushütten (21 R für 2 Personen). Prähistorische Hütten aus Trockenmauerwerk.
Winburg – Kleinstadt. Gute Infrastruktur.
Sehenswert: das Rathaus in Form eines Burenkarrens.
In der Umgebung: das sehr schöne „Trek-Museum", 3 km südlich der Stadt.
Bloemfontein – 1393 m, 233 000 Einw. Gute Infrastruktur.
(Beginn NN 12 und NN 17.)
Sehenswert: „Raadsaal" (Sitz des Provinzrates), „Alter Raadsaal", das Nationalmuseum (sehr interessante Sammlung von Dinosaurierskeletten), das Kriegsmuseum und die Parks.

NN 12: Bloemfontein – Three Sisters (463 km)

Asphalt. Autobahn bis Trompsburg. Schöne Landschaft.

Bloemfontein – S. NN 11. (Ende NN 11; Beginn NN 17.)
Trompsburg – Kleinstadt. Lebensmittel, Verpflegung. Treibstoff. Hotel.
Philippolis – Stadt. Gute Infrastruktur.
Sehenswert: die geschnitzte Kanzel der reformierten niederländischen Kirche.
Three Sisters – S. NN 9. (Ende NN 9; Beginn NN 13.)

Republik Südafrika – Routenteil NN 885

NN 13: Three Sisters – Beaufort West – Worcester – Kapstadt (563 km)

(06.94, Land Rover) Asphalt. Autobahn (N1) ab Paarl.

Three Sisters – S. NN 9. (Ende NN 9 und NN 12.)
Beaufort West – 851 m. Kleinstadt. Verpflegung. Treibstoff. Hotel.
Sehenswert: das alte Rathaus.
Matjiesfontein – Kleiner Ort. Hotel.
Sehenswert: das interessante Museum.
Worcester – 242 m. Stadt in einem Weinanbaugebiet. Gute Infrastruktur.
Unterkunft: ca. 2 km von der Ortschaft entfernt „Farm Holidays", von Schweizern geleitet, obligatorische Reservierung, Pool, Sauna (*cottage* 70 R).
Sehenswert: das Museum, *drostdy* (Landvogtei) und die „Karoo-Gärten".
Überquerung des Du-Toit's-Passes, schöne Landschaft.
Paarl – Stadt. Gute Infrastruktur.
Sehenswert: Rathaus (niederländische Zeit), das Museum „Oude Pastorie", die „Strooidak-Kirche" (1805) und das dem Afrikaans gewidmete Denkmal.
In der Umgebung: die Weinkellerei „Nederburg" im Osten (über die R303 erreichbar), kostenlose Besichtigung und Weinprobe.
Kapstadt – 1 900 000 Einw. Moderne Stadt, 1652 gegründet. Gute Infrastruktur. (Beginn NN 14; Ende NN 22.)
Unterkunft: Hotel „Berghof" zentrumsnah, von Schweizern geleitet, ruhig und sehr gemütlich (44 bis 100 R/DZ mit Frühstück, abhängig von der Saison); Hotel „Backpack Lodge", New Church Street, Einstellmöglichkeit für nicht zu hohe Kfz (50 R/DZ). „YMCA" und Jugendherberge (15 R/Person). Campingplatz „Hardekraaltjie" in Bellville (über die N1), ziemlich laut; Camping „Sandvlei", gute Sanitäranlagen, ruhig, Strand 10 Minuten, Bahnverbindung alle 10 Minuten nach Kapstadt (22 R/Fahrzeug). Restaurant „Harbour" im Hafen, Meeresfrüchtespezialitäten, sehr gut; Restaurant „On the Rock" in Bloubergstrand (über die N1), schöner Blick
auf den Tafelberg, Meeresfrüchte, sehr gut.
Verschiedenes: Verschiffung von Fahrzeugen nach Europa (Rotterdam) mit „Danzas" ca. 4500 R/Fahrzeug.
Sehenswert: das alte Rathaus (Michaelis-Gemäldesammlung, holländische Schule, Radierungen von Rembrandt), die Lutherische Kirche, die „Groote Kerk" (schöne geschnitzte Kanzeln), der botanische Garten, das afrikanische Museum (Kunsthandwerk der Buschmänner und Urgeschichte), die alte holländische Windmühle, die verschiedenen Gebäude im Kolonialstil, der botanische Garten von Kirstenbosch und der Zoo.
In der Umgebung: Signal Hill (364 m, sehr schöner Blick, praktisch nie bewölkt), der Tafelberg (1067 m, Seilbahn 16 R/hin und zurück), schöner Blick, allerdings oft bewölkt, wenn möglich in der Dämmerung besuchen; das Vogelschutzgebiet von **Rondevlei**, die Pinguin-Kolonie bei „The Boulders", das **Kap**

886 Durch Afrika

der Guten Hoffnung und Stellenbosch, eine bedeutende Stadt, ca. 30 km von Kapstadt entfernt (über die N1); der „Braak" (Platz im niederländischen Stil), das „Burgher House" (1797), die „St.-Mary-Kirche" (1852), das „Haus des Kutschers" (1790), das Dorfmuseum, die Universität (die älteste im Lande) und in der Umgebung die Weinstraße und ihre schönen Bauernhöfe. Von Bloubergstrand (hinter Milnerton über die N1) eröffnet sich ein wunderschöner Blick auf Kapstadt und den Tafelberg.

NN 14: Kapstadt – Springbok – Vioolsdrif – Grenze zu Namibia – Noordoewer (717 km)

(06.94, Land Rover) Asphalt.

Kapstadt – S.NN13. (Ende NN 13 und NN 22.)
Melhbosstrand – Kleinstadt 20 km von Kapstadt entfernt. Gute Infrastruktur.
Unterkunft: Camping „Ship Park", sauber, ruhig, angenehm, Pool.
Citrusdal – Kleinstadt. Wichtiges Zentrum für den Export von Orangen. Gute Infrastruktur.
Unterkunft: schöner Campingplatz „The Baths" 15 km außerhalb Richtung Süden in einem kleinen Tal mit privaten Thermalbad (Jacuzzi, Whirlpool, Schwimmbad, 14 R/Person).
Springbok – Stadt. Gute Infrastruktur.
Unterkunft: unangenehmer Campingplatz (11 R/Person).
Sehenswert: die Hochöfen für Kupfer (1866).
In der Umgebung: Ausflüge in die schöne blumenreiche Landschaft.
Vioolsdrif – Kleiner Marktflecken. Wenig Versorgungsmöglichkeiten.
Überquerung des Flusses Oranje, Grenze zwischen Südafrika und Namibia; Formalitäten für beide Länder.
Noordoewer – S. JJ 33. (Beginn JJ 1 und JJ 4.)

NN 15: Johannesburg – Heidelberg – Volksrust – Newcastle – Ladysmith – Colenso – Estcourt – Howick – Pietermaritzburg (529 km)

Asphalt. Autobahn bis Heidelberg und ab Frere.

Johannesburg – S. NN 2. (Ende NN 2, NN 3, NN 4; Beginn NN 5 und NN 10.)
Heidelberg – Stadt. Gute Infrastruktur.
Standerton – 1531 m. Stadt. Gute Infrastruktur.
Volksrust – Stadt. Gute Infrastruktur.
Sehenswert: Amajuba, der Taubenhügel, wo der Friedensvertrag des 1. Burenkriegs in der „Villa O'Neill" unterzeichnet wurde.
Newcastle – Stadt. Gute Infrastruktur.
Ladysmith – Stadt. Gute Infrastruktur.

Republik Südafrika – Routenteil NN 887

Sehenswert: die Schlachtfelder von Platrand, Spioenkop und Wagon Hill (2. Burenkrieg) und die „Allerheiligen-Kirche".
Colenso – Stadt. Gute Infrastruktur.
Sehenswert: das „R. E. Stevenson-Museum".
In der Umgebung: Weenen (32 km, Asphalt) mit dem „Voortrekker-Museum" (in einem 1838 erbauten Haus) und der Wassermühle für Hafer, die Andries Pretorius, dem Führer der Voortrekker gehörte (Montag mit Freitag von 08:30 bis 13:00 Uhr und von 14:00 bis 16:00 Uhr, Samstag von 08:30 bis 12:00 Uhr).
Chieveley – Kleiner Ort. Keine Versorgungsmöglichkeit.
Sehenswert: das „Armoured Train Memorial", bei dessen Erstürmung der junge Winston Churchill im 2. Burenkrieg gefangengenommen wurde (1899).
Estcourt – 1169 m. Stadt. Gute Infrastruktur.
Sehenswert: das „Gerrit-Maritz-Haus".
In der Umgebung: Naturschutzgebiet Giant's Castle (ca. 60 km Piste, s. NN 16).
Howick – Stadt. Gute Infrastruktur. Campingplatz beim Wasserfall.
Sehenswert: der Wasserfall.
Hilton – Kleiner Ort. Keine Versorgungsmöglichkeit.
Sehenswert: Queen-Elizabeth-Nationalpark, interessante Fauna und Flora.
Pietermaritzburg – 676 m, 190 000 Einw. Die Stadt wurde 1838 von den Voortrekkers gegründet. Gute Infrastruktur. (Beginn NN 20; Ende NN 16.)
Unterkunft: Campingplatz zwischen der Autobahn und einer sehr befahrenen Transitstraße.
Sehenswert: „Natal Museum" (Ethnologie, Paläontologie), das alte „Voortrekker-Haus" (1847) und das „Voortrekker-Museum" (1847), die Kirchen, das Museum im „Macrorie-Haus" (viktorianische Möbel), „Alexandra-Park" (Blütezeit der Sukkulenten zwischen Juni und August) und die heilige Stätte der Vögel.

NN 16: Vereeniging – Harrismith – Mont-aux-Sources – Bergville – Underberg – Coleford – Bulwer – Pietermaritzburg (641 km)

Asphalt.

Vereeniging – S.NN 10. (Ende NN 10; Beginn NN 11.)
Villiers – Stadt. Lebensmittel, Verpflegung. Treibstoff. Hotel.
Harrismith – Stadt. Gute Infrastruktur.
Sehenswert: der versteinerte Baum (vor dem Rathaus, 29 m lang, 150 Millionen Jahre alt).
Unterkunft: „Drakensberg Accomodation", ein altes Farmhaus am Fuß der Drakensberg-Kette, in dem man Zimmer mieten (ca. 20 R) und auch campen kann, der Besitzer spricht auch deutsch und kann viel Interessantes über Land und Leute erzählen, zu erreichen über die R49 von Harrisburg in Richtung Bethlehem, beim Hinweisschild nach links („Leather"), telefonische Voranmeldung unter der Nummer 0 14 31/3 13 59.

888 Durch Afrika

In der Umgebung: der Nationalpark Golden Gate Highlands (75 km über die R712); zahlreiche Antilopen, schöne Wandermöglichkeiten, interessante Felsformationen; Campingplatz.

Harrismith über die Bethlehem-Straße verlassen. 8 km hinter Harrismith nach links auf die gute Piste abbiegen, die über den Oliviershoek-Paß (Hotel) führt. Danach in Richtung des Hotels von Mont-aux-Sources im Royal-Nathal-Nationalpark weiterfahren.

Royal-Nathal-Nationalpark – Der Park liegt in einem felsigen Talzirkus, von dessen Höhe die Wasserfälle des Flusses Tugela (855 m hoch) hinunterstürzen (Aufstieg zum Aussichtspunkt ca. 2,5 Stunden zu Fuß vom Campingplatz aus). Großartige Landschaft. Hotel, Campingplatz und Abstellplatz für Wohnwagen; in Ferienzeiten ist der Campingplatz häufig überfüllt. Ein weiterer Campingplatz liegt etwa 8 km vor dem Nationalpark („Hlalanathi Drakensberg Resort"), Voranmeldung erforderlich.

Danach der Asphaltstraße bis Bergville folgen, wo man nach rechts auf die Straße nach Loskop, Draycott und Rockmount abbiegt. Auf der linken Seite der Straße Abzweigungen zu zahlreichen Berghotels in der Gebirgskette von Drakensberg.

Rockmount – Kleiner Ort. Keine Versorgungsmöglichkeit.

In der Umgebung: das Naturschutzgebiet von Giant's Castle; zahlreiche Antilopenarten, Raubvögel (Adler und Bartgeier) und Felszeichnungen der Buschmänner.

Einige Kilometer weiter Durchquerung des Naturschutzgebiets von Kamberg (Angeln).

Lower Loteni – Kleiner Ort. Keine Versorgungsmöglichkeit.

In der Umgebung: das Naturschutzgebiet von Loteni, sehr vielfältige Fauna, Skifahren, Bergsteigen, Angeln; Campingplatz.

Himeville – S. NN 18. (Ende NN 18.)

Asphalt von Himeville (Beginn der Straße zum Sani-Paß nach Lesotho, nur für Geländefahrzeuge empfehlenswert, Strecke MM 18) nach Underberg. Kurz nach dieser Ortschaft nach links auf die zum Naturschutzgebiet von Coleford führende Piste abbiegen, die eine Zuchtfarm für Elen-Antilopen und andere Tiere beherbergt; Angeln, Reiten.

Das Naturschutzgebiet von Coleford über die Piste verlassen, die 14 km hinter Underberg in die Asphaltstraße mündet; dort nach rechts abbiegen.

Pietermaritzburg – S. NN 15. (Ende NN 15; Beginn NN 20.)

NN 17: Bloemfontein – Rouxville (173 km)

Asphalt.

Bloemfontein – S. NN 11. (Ende NN 11; Beginn NN 12.)
Rouxville – Kleinstadt. Gute Infrastruktur.
(Beginn NN 18 und NN 21.)

Republik Südafrika – Routenteil NN 889

NN 18: Rouxville – Zastron – Grenze zu Lesotho – Mohales Hoek – Mafeteng – Maseru – Leribe – Butha-Buthe – Mokhotlong –Grenze zu Südafrika – Himeville (632 km)

(02.91, Moto Guzzi 1000) Asphalt bis zur Oxbow-Lodge; dann Piste (A/H/I), bis zum Sani-Paß auch für Pkw mit hoher Bodenfreiheit befahrbar.

Rouxville – S. NN 17. (Ende NN 17; Beginn NN 21.)
Rouxville in Richtung Zastron verlassen. Hinter Zastron zu der Grenze zu Lesotho weiterfahren, wo man über den Grenzübergang von Makhaleng Bridge einreist.
Mohales Hoek – Kleiner Ort. Verpflegung. Treibstoff.
Unterkunft: Hotel „Mount Maluti", Pool, Golf, Tennis, Angeln, Bergwanderungen.
Von Mohales Hoek nach Mafeteng führt die Route durch verdorrte Ebenen (einige Maisfelder). Die Landschaft erinnert an manche Regionen der Anden, die arme und isoliert lebende Bevölkerung an die Indios des Altiplano.
Mafeteng – Großes Dorf. Verpflegung. Treibstoff.
Unterkunft: Hotel „Mafiteng".
Maseru – 1507 m, 109 000 Einw. Hauptstadt Lesothos. Gute Infrastruktur.
In der Umgebung: Ausflüge in die zentralen Täler des Landes, sehr interessant unter ethnologischem Gesichtspunkt (Kunsthandwerk). (Beginn NN 19.)
7 km vor Leribe über dem Dorf von Tsihoane, prähistorische Stätte mit Fußspuren von Dinosauriern.
Leribe – Kleinstadt. Verpflegung. Treibstoff.
Unterkunft: Hotel „Mountain View", Pool, Kegelbahn und Tennis.
In der Umgebung: Pitseng am Fuß der Maluti-Berge.
5 km hinter Leribe liegt eine andere prähistorische Stätte mit Fußspuren von Dinosauriern (200 m links im Flußbett).
Butha-Buthe – 1933 m. Kleinstadt. Verpflegung. Läden. Treibstoff.
Unterkunft: Hotel „Crocodile Inn".
Asphalt bis zum Moteng Paß (2840 m, steile Hänge, bei Regen nur von Geländefahrzeugen befahrbar).
Km 98 von Leribe, **Oxbow Lodge** – *Lodge*. Die Landschaft erinnert an Schottland. Forellenfang.
Ca. 40 km hinter Oxbow Lodge führt die Piste über den Tlaeeng-Paß (3275 m), dem angeblich höchsten Paß Afrikas. Die Furt zwischen dem Paß und Mokhotlong ist in der Regenzeit schwer passierbar; große Steine im Bachbett.
Km 212 ab Leribe, **Mokhotlong** – 2400 m. Kleiner Ort. Lebensmittel, Verpflegung. Treibstoff. Hotel.
Ab hier ist ein Geländefahrzeug zu empfehlen, in umgekehrter Richtung für die Auffahrt unbedingt notwendig. Beginn der Piste, die zum Paß von Sani (64 km, sehr steil) führt. Viele Haarnadelkurven. Auf der südafrikanischen Seite sehr schlechte Piste. Ab dem Paß 42 km bis Himeville.
Himeville – S. NN 16. (Zur NN 16.)

NN 19: Maseru – Thaba Tseka (180 km)

Asphalt auf den ersten 70 km; danach Piste (A.)

Maseru – S. NN 18. (Zur NN 18.)
Km 45, kurz hinter dem Dorf Ntsi zweigt eine Piste auf der linken Seite (6 km) nach Ha Baroana ab (archäologische Stätte, die schönsten Felsmalereien von Lesotho, täglich von 09:00 bis 17:00 Uhr geöffnet, Eintritt 30 Cents).
Km 55, Bushmen's Pass (2226 m); wunderschöner Blick ins Tal.
Km 70, Molimo Nauts Pass (2300 m). In der Nähe die Quiloane Wasserfälle. Kurz vor dem Paß schöne *lodge*; Ausflüge mit Ponys.
Km 110, *lodge* von Marakabei am Ufer des Flusses Senqunyane.
Km 135, **Mantsonyane** – 2366 m. Kleiner Ort. Verpflegung. Treibstoff.
Die Route führt anschließend über den Jackali-Paß (2700 m) und den Mokhoabong-Paß (2860 m).
Thaba Tseka – 2300 m. Kleiner Ort. Verpflegung. Manchmal Treibstoff. Krankenhaus.

NN 20: Pietermaritzburg – Durban – Port Edward – Port St. Johns (Transkei) – Umtata (Transkei) – East London – King William's Town (823 km)

(06.94, Land Rover) Asphalt auf der ganzen Strecke außer auf dem Teilstück 20 km hinter Bizana bis 20 km hinter Port St. Johns. Die Fahrt durch die Transkei sollte vermieden werden (Schießereien, Überfälle, Diebstähle, keine Versorgungsmöglichkeiten).

Pietermaritzburg – S. NN 15. (Ende NN 15 und NN 16.)
Ca. 20 km hinter Pietermaritzburg, Park Natal Lion (sehr touristisch).
Bei der Autobahnausfahrt Hillcrest Zugang zum Thousands Hills Tal (sehr touristisch, man kann sich Zulutänze anschauen) und zum Naturschutzgebiet von Kranskloof (Schluchten, Wasserfälle, kleiner Zoo).
Durban – 982 000 Einw. Gute Infrastruktur. Sehr weltoffene Stadt, in der man sich dank der vielen hier lebenden Asiaten und der aus Asien importierten Rikschas plötzlich in den Fernen Osten versetzt fühlt. Achtung Diebstähle, wenn möglich nicht in der Nähe eines Strandes parken. (Zur NN 27.)
Unterkunft: „Traveller Lodge", 9th Avenue, Morningside, in der Nähe des „Windermere Shopping Center", sicherer Parkplatz (50 R/DZ). „Caravan Park" am Meer, auf der Autobahn in Richtung Süden fahren, Ausfahrt Bluff nehmen und der Ausschilderung folgen (3 R/Person); zwei Campingplätze in Bluff, preiswert und gepflegt.
Sehenswert: das Aquarium, der Schlangenpark, der indische Markt, die alte Burg, das Museum für Lokalgeschichte, das Stadtmuseum (im ersten Stock der City Hall) und die zahlreichen Parks und botanischen Gärten. Der alte Bahnhof wurde in ein Einkaufszentrum umgewandelt.

Republik Südafrika – Routenteil NN 891

Verschiedenes: deutsches Konsulat, 320 West Street, 15th floor. Botschaft der Transkei, 320 Commercial City, 40 Commercial Road.

Verlassen Sie Durban in Richtung Süden über die Küstenstraße am Indischen Ozean entlang. Zahlreiche Urlaubsorte (Lebensmittel, Verpflegung, Treibstoff und Hotel fast überall). Vorsicht beim Baden – Haie!

Kurz vor **Port Shepstone** Abstecher zur sehenswerten Oribi-Schlucht.

Kurz hinter **Port Edward** führt eine Brücke über den Fluß Umtawuna; Einreise in die Transkei (rasche Formalitäten).

Ca. 5 km hinter Port Edward nach links abbiegen zum versteinerten Wald (einige Baumstämme und Fossilien von kleinen Tieren) – nur bei Ebbe möglich. Danach in Richtung Bizana, Flagstaff und Lusikisiki weiterfahren.

In **Lusikisiki** Piste (letzte 10 km nur bei trockenem Wetter befahrbar) nach **Mboty** – Kleines Dorf. Fangfrischer Fisch bei den Fischern.

Sehenswert: Lagune (ca. 4 km langer Strand), die Felsen und der Wasserfall.

Kurz vor Port St. Johns Wasserfälle von Magwa (142 m hoch).

Port St. Johns – Seebad. Gute Infrastruktur. Fisch, Austern und Muscheln preiswert bei den Fischern.

Sehenswert: die Felsklippen und die Strände.

Die Piste verläuft nun im Hinterland in Richtung Umtata und wird nach 20 km zur Asphaltstraße. Sehr schöne Landschaft.

Umtata – 40 000 Einw. Haupstadt der **Transkei**. Gute Infrastruktur. Campingplatz am Stadtausgang.

In der Umgebung: Coffee Bay (sehr gute Asphaltstraße), wenig touristisch. Schöne Ausflugsmöglichkeit nach Hole in the Wall, einem vom Meer ausgespülten Felsen (ca. 20 km vor Coffee Bay nach rechts auf eine gute Piste abbiegen, nach 18 km ist eine Hotelsiedlung am Strand erreicht, dann 10 Minuten Fußweg).

Unterkunft: schöner Campingplatz, aber schlecht geführt; da der Platz zur „Nature Conservation" gehört, ist eine Genehmigung aus Umtata nötig; einfache Campingmöglichkeit am Ende des Dorfes (den Fluß durchqueren und ca. 100 m hinter dem Fluß nach rechts, kein Leitungswasser, keine Duschen oder Toiletten).

Von Umtata aus kann man die Stadt **Butterworth** (Verpflegung, Campingmöglichkeit auf dem Gewerbegrundstück von „Caravan Homes", ohne Versorgung und sanitäre Einrichtungen) direkt über eine Asphaltstraße erreichen. Alternativstrecke auf Pisten über Mqanduli, Elliotdale, Alderley und Nyokana.

Qora Mouth – Kleiner Ort. Lebensmittel. Verpflegung. Hotels.

Sehenswert: Hole in the Wall (s. oben).

Über Nyokana und Willowvale wird kurz vor Butterworth die Asphaltstraße erreicht.

Ca. 35 km hinter Butterworth, Brücke über den Fluß Broot Kei, Südgrenze der Transkei; schnelle Ausreiseformalitäten.

East London – 200 000 Einw. Gute Infrastruktur. Campingplatz.

Sehenswert: das Aquarium (39 Becken, 100 Fischarten), das Museum (Marine, Anthropologie und schöne Sammlung von Vögeln), der Wollmarkt (jeden

892 Durch Afrika

Dienstag um 9 Uhr für die Öffentlichkeit), die „Ann Bryant-Galerie" (englische und südafrikanische Malerei), das historische Museum von „Gately House" (viktorianische Zeit), der Zoo.
King William's Town – Stadt. Ehemalige Hauptstadt der unabhängigen Kolonie Kaffre. Gute Infrastruktur. (Beginn NN 22; Ende NN 21.)
Sehenswert: das „Kaffrarian Museum" (Naturgeschichte) und das südafrikanische Missionsmuseum in der „Wesleyan Kirche".

NN 21: Rouxville – Aliwal North – Queenstown – King William's Town (357 km)

Asphalt.

Rouxville – S. NN 17. (Ende NN 17; Beginn NN 18.)
Aliwal North – Berühmter Kurort. Gute Infrastruktur.
Unterkunft: guter Campingplatz, im Preis ist der Eintritt in die Thermalbäder inbegriffen.
Zwischen Aliwal North und Queenstown führt die Straße auf dem Paß von Penhoek über den Stormberg.
Queenstown – 1082 m. Stadt. Viehzuchtzentrum. Gute Infrastruktur.
Sehenswert: das Museum.
King William's Town – S. NN 20. (Ende NN 20; Beginn NN 22.)

NN 22: King William's Town – Grahamstown – Port Elizabeth – Humansdorp – George – Oudtshoorn – Mossel Bay – Swellendam – Sommerset West – Kapstadt (1131 km)

(01.94, Lada Niva) Asphalt. Von Coega aus kann man Port Elizabeth über eine Autobahnumfahrung umgehen, die kurz nach Humansdorp wieder auf die normale Straße trifft.

King William's Town – S. MM 20. (Ende MM 20 und MM 21.)
Grahamstown – 532 m. 1812 von den Pionieren gegründet. Gute Infrastruktur.
Unterkunft: Campingplatz (9 R/Person).
Sehenswert: Burg von Selwyn, Pionierdenkmal, „Albany Museum", „St.-Michael-" und „St.-Georg-Kathedrale", Thomas-Baines-Naturschutzgebiet.
Port Elizabeth – 652 000 Einw. Gute Infrastruktur.
Unterkunft: mehrere Campingplätze am Strand südlich der Stadt; Campingmöglichkeit auch kurz hinter dem Oceanarium.
Sehenswert: die alten Häuser in Donkin Street, der „Kampanile" (schöner Blick auf die Stadt), das Oceanarium (Delphine), das Museum, der Schlangenpark und das „Weiße Haus".

Republik Südafrika – Routenteil NN 893

In der Umgebung: der Addo-Elefantenpark (65 km nördlich) mit dem „Äpfelex-
press", einer lustigen kleinen Schmalspurbahn; die kleine Stadt Uitenhage (35
km nördlich) mit *drostdy* und einer interessanten Sammlung von Africana. Ausflugsmöglichkeit nach Graaff Reinet (270 km), einer der ältesten Städte Südafrikas mit vielen historischen Gebäuden, schöner Kirche und Campingplatz. In
16 km Entfernung lohnt auch das Valley of Desolation einen Besuch.
Humansdorp – Stadt. Gute Infrastruktur.
Jeffrey's Bay – Gute Infrastruktur.
Unterkunft: Campingplatz am Meer, sauber, nett, Restaurant (15 R/Person).
Sehenswert: die Muschelsammlung von Charlotte Kritzinger.
Auf der Küstenstraße weiterfahren; nach Passieren der „Paul-Sauer-Bridge"
über den Fluß Storm heißt die Straße Garden Road. Die Landschaft macht
diesem Namen alle Ehre, sie ist wunderschön, besonders wenn im Frühjahr
(September bis November) alles blüht.
Nationalpark von Tsitsikama – In verlassenem Zustand, dennoch teuer. „Tsitsi-
kama Lodge", sehr freundlicher Empfang, sauber (35 R/Person, 56 R/DZ);
Campingplatz in schöner Lage an der Felsküste, teuer.
Plettenberg Bay – Wichtiges Seebad. Gute Infrastruktur.
Unterkunft: Caravan Park am Meer, sauber.
Zwischen Plettenberg Bay und Knysna liegen der Knysna-Wald und die Was-
serfälle von Brakenhill. Fährt man durch den Knysna-Wald weiter, erreicht man
auf guter Piste den Prince-Alfred's-Paß; schöne Landschaft.
Knysna – Kleinstadt. Campingplatz.
Sehenswert: „The Heads", zwei große Felsen, die die Einfahrt der Lagune
begrenzen.
In der Umgebung: die „Castles", ca. 5 km von Knysna nach links abbiegen
und durch den Wald in Richtung Küste fahren, zu Fuß gehen Sie an einer
Privatstraße entlang weiter bis Sie auf mehrere alte Burgen mit Türmen und
Schießscharten treffen.
George – Kleinstadt. Gute Infrastruktur.
Sehenswert: das Museum (Musikinstrumente).
Man verläßt dann die Küste und überquert auf dem Outeniekwa-Paß die Oute-
niekwa-Berge.
Oudtshoorn – 305 m. Stadt. Gute Infrastruktur.
Unterkunft: Campingplatz und Bungalows in Richtung des Militärstützpunk-
tes.
Sehenswert: das „C.P.-Nel-Museum" (Geschichte des Straußenvogels), die
Straußenfarmen, das „Arbeidsgenot-Museum" (ehemaliger Wohnort des Schrift-
stellers C. J. Langenhoven) und die Hängebrücke über den Grobbelaar-River.
In der Umgebung: die **Cango-Höhlen** (30 km nach Norden), acht wunderschöne Grotten und Galerien (Eintritt 6,5 R). Abstecher von den Höhlen auf
problemloser Piste über den Swartberg-Paß nach Prince Albert. Schöne Aussichtspunkte. Rückkehr über die Meirings-Schlucht und De Rust.
Danach in Richtung Mossel Bay weiterfahren. Die Strecke führt wieder durch
die Outenikwa-Berge (über den Robinson-Paß).

894 Durch Afrika

Mossel Bay – Seebad. Bekannt seit 1488, dem Jahr der Landung von Bartholomëu Dias. Gute Infrastruktur.
Unterkunft: mehrere Campingplätze, darunter „Die Punt", am Meer, wenig Schatten (10 R/Zelt).
Sehenswert: der Postbaum (wo man im 16. Jahrhundert Briefe in einen Stiefel steckte), das historische Museum, das „Muschelmuseum", die Seehundinsel und das „Hartenbos-Museum".
Riversdale – Kleinstadt. Gute Infrastruktur.
Sehenswert: das Museum der afrikanischen Kunst von Julius Gordon und das Werner-Frehse-Naturschutzgebiet.
Swellendam – Kleinstadt. Gute Infrastruktur. (Beginn NN 23.)
Unterkunft: Campingplatz (14 R/Person).
Sehenswert: die alten Häuser im holländischen Stil und das alte *drostdy* (jetzt historisches Museum).
In der Umgebung: Bontebok-Nationalpark (Buntböcke, Antilopen, darunter die rote Kuhantilope).
Caledon – Kleinstadt. Gute Infrastruktur.
Sehenswert: Blumenschau (erste Sept.-Woche) mit über 500 blühenden Arten.
Zwischen Caledon und Somerset West Überquerung des Sir-Lowry's-Paß mit schöner Aussicht auf die False Bay und die Kap-Halbinsel.
Somerset West – Stadt. Gute Infrastruktur. (Ende NN 23.)
Sehenswert: die niederländische reformierte Kirche (1820) und das Naturschutzgebiet Helderberg (lokale Flora).
In der Umgebung: die Stadt Stellenbosch mit Campingplatz.
Autobahn bis Kapstadt.
Kapstadt – S. NN 13. (Ende NN 13; Beginn NN 14.)

NN 23: Swellendam – Bredasdorp – Agulhas – Hermanus – Strand – Somerset West (245 km)

(06.94, Land Rover) Asphalt. Schöne Landschaft. Sehr touristische Gegend; Hotels, Motels und Campingplätze in allen Ortschaften.

Swellendam – S. NN 22. (Zur NN 22.)
Bredasdorp – Stadt. Gute Infrastruktur.
Agulhas – Stadt. Gute Infrastruktur. Campingplatz. Die südlichste Spitze Afrikas, wo der Indische Ozean und der Pazifik sich treffen.
Sehenswert: der Leuchtturm, immer noch funktionstüchtig aber inzwischen zu einem Museum mit einem kleinen Restaurant umgewandelt.
Gansbaai – Lebensmittel, Verpflegung. Campingplatz.
Hermanus – Stadt. Gute Infrastruktur. In der Gegend von Hermanus und Kleinmond kann man Sept. bis Nov. Walfische mit ihren Jungen beobachten.
Zwischen Hermanus und Strand schöne Aussichtspunkte.
Strand – Hafenstadt. Gute Infrastruktur.
Somerset West – S. NN 22. (zur NN 22.)

Republik Südafrika – Routenteil NN 895

NN 24: Vryburg – Kuruman – Hotazel – Vanzylsrus – Witdraal – Twee Rivieren (378 km)

Asphalt bis Hotazel; danach sandige Piste (A).

Vryburg – S. NN 6. (Zur NN 6.)
Hotazel – Kleiner Ort. Lebensmittel, Verpflegung. Treibstoff. Bergwerk.
Zwischen Vanzylsrus und Witdraal führt die Piste am ausgetrockneten Flußbett
vom Kuruman entlang und durchquert den südlichen Teil der Kalahari.
Vanzylsrus – Kleiner Ort. Lebensmittel, Verpflegung. Treibstoff. Hotel.
Witdraal – Kleiner Ort. Treibstoff.
Twee Rivieren – S. JJ 7. (Ende JJ 7; Beginn NN 25 und NN 26.)

NN 25: Twee Rivieren – Kalahari-Gemsbok-Nationalpark (450 km)

(08.90, Patrol) Gute, von jedem Fahrzeug befahrbare Piste (A).

Twee Rivieren – S. JJ 7. (Ende JJ 7 und NN 24; Beginn NN 26.)
Zur Zeit einzige Ein- und Ausfahrt des Kalahari-Gemsbok-Nationalparks. Es ist
nicht möglich, über die eine oder andere nördliche Einfahrt des Parks von
Namibia nach Südafrika (oder umgekehrt) zu fahren .
Kalahari-Gemsbok-Nationalpark – Wunderschöner Nationalpark an der äußersten Grenze der Kalahari-Wüste. Wenn möglich, zwischen März und Oktober besichtigen. Drei Erholungscamps (Hütten mit 4 Betten und eingerichteter
Küche, Campingplatz, eingeschränkte Versorgung; Treibstoff): Mata Mata, Twee
Rivieren und Nossob (139 km nördlich von Twee Rivieren). Löwen, Oryx-Antilopen, Gemsböcke, Springböcke, Geparde, zahlreiche Vögel usw. Das Verlassen der Piste ist nicht erlaubt.

NN 26: Twee Rivieren – Augrabies – Upington – Brits-town (910 km)

(08.90, Patrol) Piste (A) bis Kakamas; danach Asphalt.

Twee Rivieren – S. JJ 7. (Ende JJ 7 und NN 24; Beginn NN 25.)
Twee Rivieren in Richtung Wirdraal (Strecke MM 24 in umgekehrter Richtung)
verlassen, danach an der Grenze zu Namibia entlangfahren. Eintönige Hoch-
ebene (schöner und besser ist die östliche Piste direkt nach Upington; viele
Hügel, Täler, Salzpfannen).
Kakamas – S. NN 8. (Zur NN 8.)
Augrabies – S. NN 8. (Zur NN 8.)
Upington – S. NN 8. (Zur NN 8.)
Eintönige Landschaft zwischen Upington und Britstown.

896 Durch Afrika

Prieska – Kleinstadt. Gute Infrastruktur.
Sehenswert: kleine Burg, vor dem zweiten Unabhängigkeitskrieg errichtet, angeblich aus dem Halbedelstein Tigerauge, der aus dieser Gegend stammt.
Britstown – S. NN 9. (Zur NN 9.)

NN 27: Durban – Mbabane (Swaziland) (ca. 650 km)

(06.94, Land Rover) Die Einreise in Swaziland ist problemlos, die Landeswährung ist an den Rand gebunden.

Durban – S. NN 20. (Zur NN 20.)
Mkuze – Kleine Stadt.
Unterkunft: im „Mkuze Game Reserve" Campingmöglichkeit (im Sommer Reservierung erforderlich).
Lavumisa – Grenzstadt. Grenzformalitäten.
Mbabane – Nette Stadt. Verpflegung. Treibstoff. Banken.
Unterkunft: Campingplatz ca. 15 km vor Mbabane im Talgrund (40 R/2 Pers.).
Sehenswert: der Swazi-Markt.
In der Umgebung: in Lobamba das Nationalmuseum und das „Royal Village".
Verschiedenes: Botschaft von Moçambique in der Nähe des „Mountain View Hotel" (Visum zwischen 75 und 150 Rand, je nach Dringlichkeit, innerhalb eines Tages, zwei Paßfotos).

NN 28: Potgietersrus – Grobiersburg/Martin´s Drift (Grenze zu Botswana) – Selebi Phikwe (Botswana) – Seruli (ca. 412 km)

(12.94, VW Golf) Durchgehend Asphalt.

Potgietersrus – Stadt. Gute Infrastruktur.
Von der N1 auf die R35 (518) lt. Karte (am Straßenrand als N11 ausgeschildert) 180 km bis zur Grenze. Vorsicht: Menschen und Tiere am Straßenrand. Nach 102 km Ort Steilloop (links der Straße), ab hier R35. Tankstellen und 2 Polizeistationen unterwegs. Ebenes Land, Ackerbau, Weiden, Brachland, Buschlandschaft.
Grobiersburg – Grenze; Grenzstation geöffnet von 8–18 Uhr.
Im weiteren Verlauf 2 „disease control points" (u.a. Maul- und Klauenseuche, für Touristen meist nur Kontrolle der Papiere). 21 km hinter der Grenze Abzweig rechts Richtung Sefophe (ca. 100 km neue Teerstraße), nicht die Gravelroad geradeaus Richtung Palapye nehmen!
Selebi Phikwe – Stadt; Flughafen, Bank, Einkaufsmöglichkeiten, Lodge (DZ ca. 150 P) und Hotel, kein Campingplatz.
Seruli – Dorf; Tankstelle. Einmündung in die Hauptverbindungsstraße Gaborone nach Francistown.

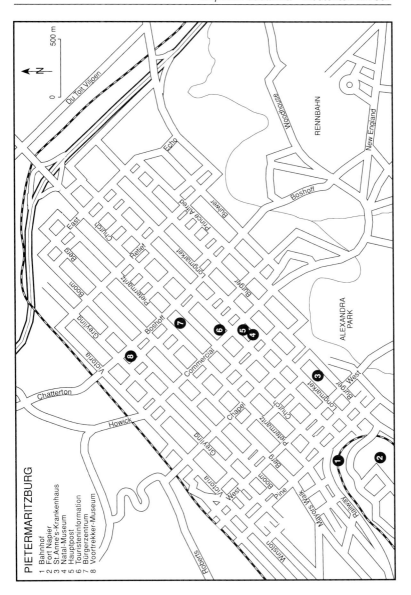

898 Durch Afrika

Republik Südafrika – Routenteil NN 899

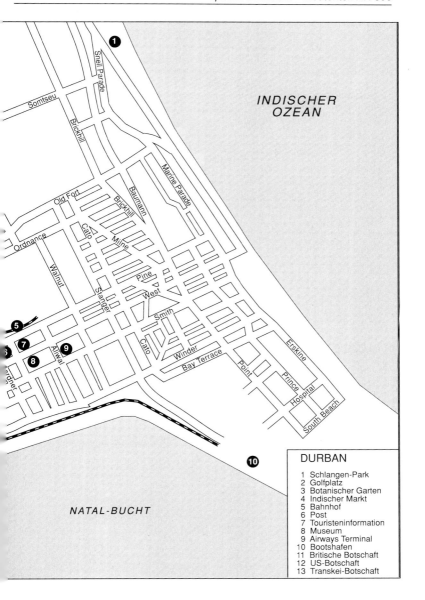

900 Durch Afrika

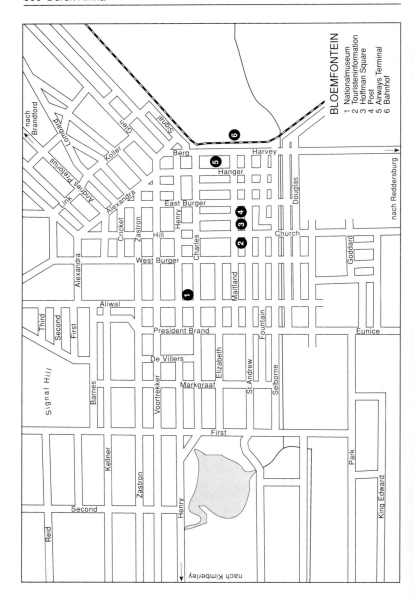

Republik Südafrika – Routenteil NN 901

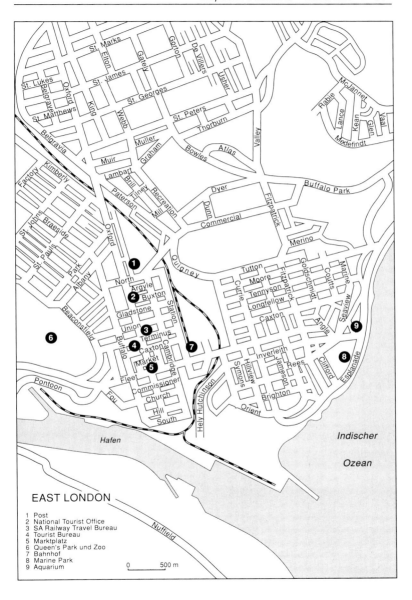

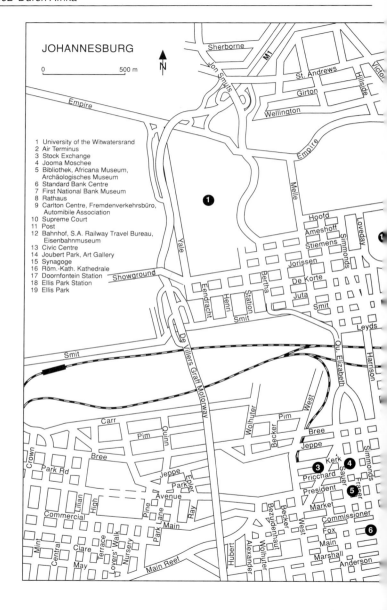

Republik Südafrika – Routenteil NN 903

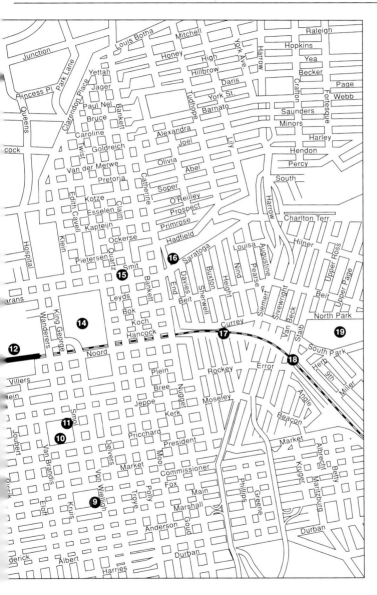

904 Durch Afrika

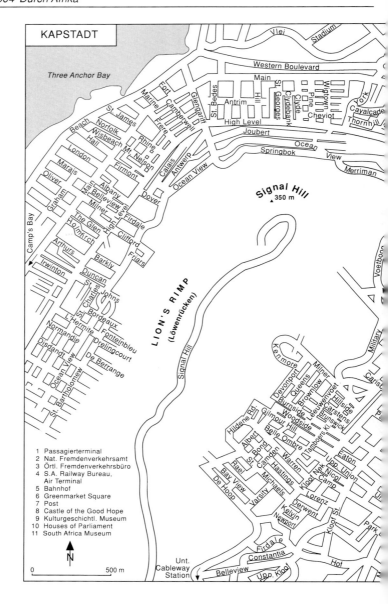

Republik Südafrika – Routenteil NN 905

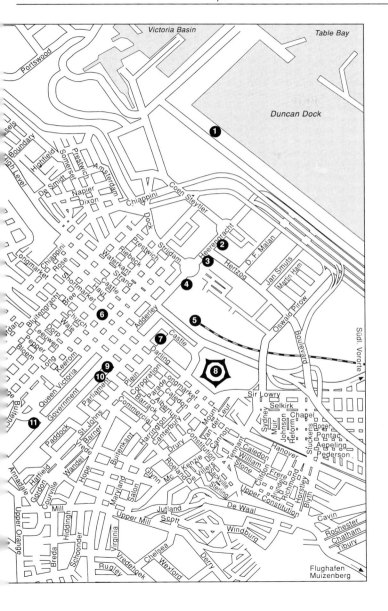

906 Durch Afrika

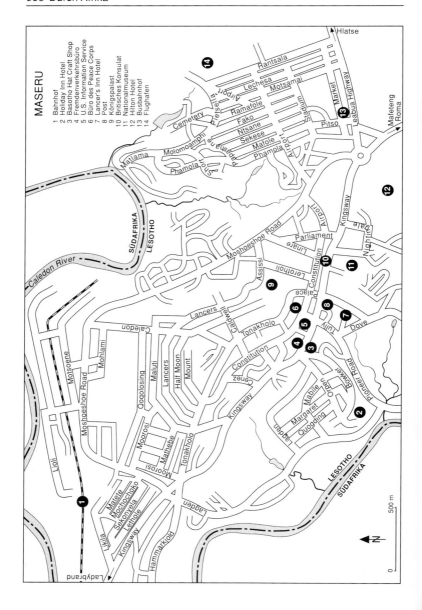

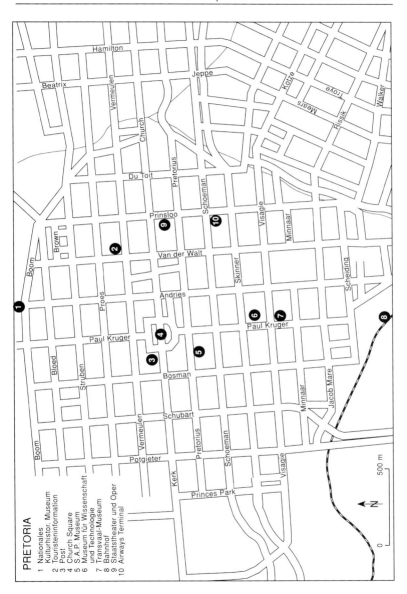

908 Durch Afrika

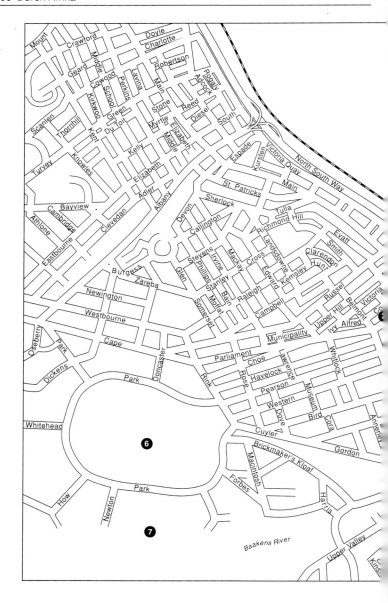

Republik Südafrika – Routenteil NN 909

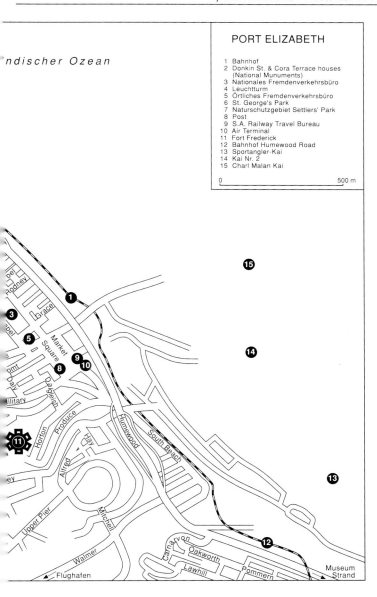

Wie notiert man die Korrekturen

Ihre Korrekturen sind willkommen, ja sogar unerläßlich für alle, die nach Ihnen reisen werden.
Die Beurteilung ist oft schwierig: Um nichts von den wertvollen Angaben zu verlieren und eine optimale Bearbeitung zu gewährleisten, bitten wir Sie – wenn möglich – folgende Regeln zu beachten:

Fahrzeugart und das Reisedatum, Beispiel:
Toyota Landcruiser BJ 45, Jan. 95

Land/genaue Streckennummer/Kapitel/Plan, Beispiel:
Tunesien, C 6.....; Ägypten, Einreisebestimmungen; Stadtplan Douala

mit Angabe:
– der Stadt   C 6, Nefta:...........
– des Gegenstandes (angeben, wenn kein Name
vorhanden)   C 6, Nefta: Hotel Saha-
                                                         ra Palace: .... oder z.B.
                                                         Hotel ohne Namen ge-
                                                         genüber der Post: ...
– evtl. des Abschnitts   C 6, 5. Zeile:......

Vollständige Angaben
(richtig **und** falsch)

z. B. Stadtplan von Gao:

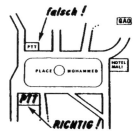

Genaue Informationen, kurzgefaßt (keine Erzählungen), im knappen Stil von „Durch Afrika". Notieren Sie diese sofort an Ort und Stelle; am nächsten Tag riskiert man bereits Verwechslungen und Ungenauigkeiten.

Falls Ihre Korrekturen Verwendung finden, erhalten Sie ein Gratisexemplar der 9. Auflage (Adresse auf dem Brief nicht vergessen – nicht nur auf dem Umschlag).

Notfall

Rückholflüge

Für Mitglieder des Roten Kreuzes oder des Malteser Hilfsdienstes sind in einigen Landesverbänden (z. B. Bayern) die Kosten für den Flugrettungsdienst bereits durch die Mitgliedsgebühr abgedeckt (Erkundigen Sie sich bei Ihrem Landesverband!). Grundsätzlich ist für Rückholflüge eine ärztliche Begründung erforderlich. Folgende Unternehmen führen **Rückholflüge** durch:

- *Deutsche Flugambulanz*
  40474 Düsseldorf/
  Flughafen Halle 3
  Tel. 0049/2 11/43 17 17
  Fax 0049/2 11/4 36 02 52
- *Deutsche Rettungsflugwacht*
  Postfach 230127
  70624 Stuttgart/Flughafen
  Tel. 0049/7 11/70 10 70
- *Flugdienst des
  Deutschen Roten Kreuzes*
  Friedrich-Ebert-Allee 71,
  53113 Bonn
  Tel. 0049/2 28/23 00 23
- *SOS-Flugrettung e.V.*
  Postfach 230323
  70623 Stuttgart/Flughafen
  Tel. 0049/7 11/70 55 55
- *Malteser Hilfsdienst (MHD)*
  Einsatzzentrale
  Leonhard-Tietz-Str. 8, 50676 Köln
  Tel. 0049/2 21/20 30 80
- *Flugrettungsring*
  Postfach 230311
  70623 Stuttgart/Flughafen
  Tel. 0049/7 11/79 50 79
- *Verein für internationale
  Krankentransporte*
  Villemombler Str. 62–64
  53123 Bonn
  Tel. 0049/2 28/61 20 32-33

- *KVDB Westerheim*
  Tel. 0049/0 73 33/80 82 02

- Rettungsflugdienst in der **Schweiz:**
  Rettungsflugwacht REGA,
  Zürich
  Tel. 0041/1/3 83 11 11

912 Durch Afrika – Notfall / Nottelex/-fax / Tropenmedizinische Institute

Nottelex/-fax

Sollten Sie trotz aller Vorsichtsmaßnahmen unterwegs in eine Notsituation geraten, etwa ein lebenswichtiges Medikament, ein wichtiges Autoersatzteil benötigen oder eine wichtige Nachricht an Angehörige weiterleiten wollen, so haben verschiedene Globetrotter-Läden in Deutschland dafür ein Nottelex eingerichtet.
Vergewissern Sie sich jedoch, bevor Sie diese Einrichtung in Anspruch nehmen, ob Sie nicht auch vor Ort bereits Hilfe finden!

Folgende **Angaben** sind für eine reibungslose Abwicklung erforderlich:
❏ Auf dem Telex sollte Adresse/Telefonnumer der Person vermerkt sein, die die Kosten für die Hilfeleistung übernimmt,
❏ die genaue Anschrift des Nachrichtenempfängers,
❏ die genaue Anschrift des Nachrichtenübermittlers bzw. wohin evtl. Ersatzteile oder Medikamente geschickt werden sollen.

Folgende **Firmen** haben ein Nottelex/-fax eingerichtet:

◆ *Därr Expeditionsservice GmbH*
  Fax 0049/89/28 25 25
◆ *Dr. Kneifel Fernreisen GmbH*
  Fax 0049/89/55 35 04

◆ In der **Schweiz:**
  Globetrotter Travel Service AG
  Fax 0041/1/2 11 43 39

Tropenmedizinische Institute
Deutschland
◆ *Robert-Koch-Institut*
  Nordufer 20, 13353 Berlin
  Tel. 0 30/45 03 31
◆ *Hygiene-Institut der Uni*
  Sigmund-Freud-Str.25
  53127 Bonn
  Tel. 02 28/1 92 66 73
◆ *Bernhard-Nocht-Institut*
  Bernhard Nochtstr. 74
  20359 Hamburg
  Tel. 0 40/31 10 21
◆ *Institut für Tropenhygiene*
  Im Neuenheimer Feld
  69120 Heidelberg
  Tel. 0 62 21/56 29 05

◆ *Ernst-Rodenwald-Institut*
  Viktoria-Str. 11, 56068 Koblenz
  Tel. 02 61/40 69 50
◆ *Institut für Infektions- und Tropenmedizin*
  Leopoldstr. 5, 80802 München
  Tel. 0 89/33 33 22
  Automatische Ansage zur
  Impfberatung für Afrika:
  Tel. 0 89/33 67 44
◆ *Tropenmedizinisches Institut*
  Wilhelmstr. 31, 72074 Tübingen
  Tel. 0 70 71/29 23 65
◆ *Institut für Hygiene und Mikrobiologie*
  Salvatorstr. 7, 97074 Würzburg
  Tel. 09 31/80 91

Geographische Buchhandlungen 913

Geographische Buchhandlungen

Folgende Buchhandlungen mit geographischen Spezialabteilungen (Auswahl) führen eine große Auswahl an Literatur und Afrika-Detailkarten:

Deutschland

Aachen
- *Mayersche Buchhandlung*
  Talbotstr. 25, 52068 Aachen

Bielefeld
- *Phönix*
  Jahnplatz/Oberntorplatz 23
  33602 Bielefeld

Berlin
- *Kiepert KG*
  Hardenbergstraße 4–5
  10623 Berlin
- *Schropp'sche Landkartenhandlung*
  Lauterstr. 14-15, 12159 Berlin

Bremen
- *Fata Morgana,*
  Auf den Häfen 7-8, 28203 Bremen

Düsseldorf
- *Sack & Pack*
  Aachener Str. 10,
  40223 Düsseldorf

Essen
- *Baedeker*
  Kettwiger Str. 23-25, 45127 Essen
- *Landkartenhaus Orgs*
  Rosastr. 12, 45130 Essen

Frankfurt am Main
- *Richard Schwarz KG*
  Eckenheimer Landstr. 36
  60318 Frankfurt, und:
  Berliner Str. 72,
  60311 Frankfurt
- *Greul Aree Int. Alpin u. Polarlitera-tur* (Detailkarten für Bergsteiger)
  Am Goldsteinpark 28,
  60529 Frankfurt

Freiburg
- *Gerhard Voigt*
  Schiffstr. 6, 79098 Freiburg

Hamburg
- *Dr. Götze*
  Bleichenbrücke 9, 20354 Hamburg

Hannover
- *Schmorl & Seefeld*
  Bahnhofstr. 14, 30159 Hannover

Heidelberg
- *Books on African Sudies*
  Jerry Bedu-Addo, PF 1320
  69198 Schriesheim (Versandbuch-handlung mit sehr vielfältigem An-gebot zu Afrika (Nordafrika ist un-terrepräsentiert); viele CDs und Mu-sikkassetten)

Köln
- *Gleumes & Co*
  Hohenstauffenring 47–51,
  50674 Köln
- *Mayersche Buchhandlung*
  Neumarkt/Kronengasse,
  50667 Köln

Ludwigsburg
- *Aigner*
  Arsenalplatz, 71638 Ludwigsburg

Mainz
- *Gutenberg Buchhandlung*
  Große Bleiche, 55116 Mainz

München
- *Äquator*
  Hohenzollernstr. 93, 80796 München
- *Därr Expeditionsservice GmbH*
  Theresienstr. 66, 80333 München
- *Geobuch*
  Rosental 6, 80331 München

Regensburg
- *Friedrich Pustet*
  Gesandtenstr. 6
  93047 Regensburg

914 Durch Afrika – Geographische Buchhandlungen

Stuttgart
◆ *Konrad Wittwer*
  Königstr. 30, 70173 Stuttgart
Tübingen
◆ *Osiandersche Buchhandlung*
  Wilhelmstr. 12, 72074 Tübingen

Wiesbaden
◆ *Angermann*
  Mauergasse 21, 65183 Wiesbaden
Wuppertal
◆ *Baedeker*
  Friedrich-Ebert-Str. 31
  42103 Wuppertal

Ein gutes und vielfältiges Angebot an Büchern und Landkarten führen ferner die *Hugendubel-Buchhandlungen.*

Österreich
Wien
◆ *Freytag & Berndt*
  Kohlmarkt 9, A-1010 Wien
◆ *Hof & Turecek GmbH*
  Markgraf-Rüdiger-Str. 1
  A-1150 Wien
◆ *Reiseladen*
  Dominikanerbastei 4
  A-1010 Wien (Katalog)

Schweiz
Bern
◆ *Atlas-Reisebuchladen*
  Schauplatzgasse 31
  CH-3011 Bern
Zürich
◆ *Travel Book Shop*
  Rindermarkt 20, CH-8001 Zürich
  (sehr gutes Sortiment)
◆ *Trottomundo*
  Rindermarkt 6, CH-8001 Zürich

Niederlande
◆ *Nilsson & Lamm*
  Pampuslaan 212–214
  NL-1380 ad Weesp

◆ *Pied à Terre*
  Singel 393
  NL-1012 WN-Amsterdam
◆ *Olivier van Noort*
  Pannekoekstraat 43a
  NL-3011 LC-Rotterdam

Großbritannien
◆ *Edward Stanford Ltd.*
  12–14 Long Acre
  London WC2E 9LP

Die **Deutsche Afrikagesellschaft** gibt zahlreiche kleine und preiswerte Ländermonographien heraus, die über Geschichte, Bevölkerung, Politik, Verkehr, Wirtschaft, Natur, Sehenswürdigkeiten und andere Themen aus jeweils einem afrikanischen Land berichten. **Informationen** sind zu bekommen über:

◆ *Deutsche Afrikagesellschaft*
  Markt 10-12, 53111 Bonn
  oder
◆ *Kurt Schroeder-Verlag*
  Rheinallee 21,53639 Königswinter.

Botschaften und Informationsstellen

Ägypten

Für Deutschland:
Botschaft der Arabischen Republik Ägypten
Kronprinzenstr. 2, 53173 Bonn, TX: 88 57 19

Visa erteilen die Konsulate in:
- Wendelstadtallee 3, 53179 Bonn
- Straße 22, Nr. 3, 13187 Berlin-Pankow
- Eysseneckstr. 52, 60322 Frankfurt
- Harvestehuder Weg 50, 20149 Hamburg

Ägyptisches Fremdenverkehrsamt
Kaiserstr. 64a, 60329 Frankfurt
Tel.: 0 69/25 21 53, Fax 23 98 76

Für Österreich:
Gallmeyergasse 5, 1040 Wien, Tel.: 02 22/36 11 34, 36 11 35

Konsularabteilung:
Trautsohngasse 6, 1080 Wien, Tel.: 02 22/4 02 67 21

Ägyptisches Fremdenverkehrsamt
Elisabethstr. 4/5/1, 1010 Wien, Tel.: 02 22/5 87 66 33, Fax 5 87 66 34

Für die Schweiz:
Elfenauweg 61, 3000 Bern, Tel.: 0 31/44 80 12
Konsulate in Zürich und Genf

Office d'information et de tourisme de l'Egypte
9, Rue des Alpes, 1201 Genève, Tel.:022/7 32 91 32

Vertretungen in Ägypten:
Botschaft der BR Deutschland
Sharia Hassan Sabri, Cairo-Zamalek, Tel.: 3 41 00 15, Fax 3 41 05 30

Botschaft der Rep. Österreich
El Nile Street/Corner 5, Wissa Wassef Street, 5Th Floor, Riyadth-Tower, Gizah
11111 Kairo, Tel.: 5 70 29 75, Fax 5 70 29 79

Botschaft der Schweiz
10, Abdel Khalek Saroit, POB 633, Kairo, Tel.: 75 81 33, 75 82 84, Fax 5 74 52 36

916 Durch Afrika

Äquatorialguinea

Für Deutschland/Österreich/Schweiz:
Ambassade de la Republique de Guinea Equatoriale
6, Rue Alfred de Vogny, F - 75008 Paris, Tel.: 0 03 31-47 66 44 33

Amt f. Tourismus u. Information der Rep. Äquatorialguinea
Geiselgasteigstr. 130a, 81545 München, Tel.: 0 89/64 64 11

Vertretungen in Äquatorialguinea:
Botschaft der BR Deutschland
s. u. Kamerun

Botschaft der Rep. Österreich
s. u. Nigeria

Botschaft der Schweiz
s. u. Kamerun

Äthiopien

Für Deutschland:
Botschaft der Demokratischen Volksrepublik Äthiopien mit Konsularabteilung
Brentanostr. 1, 53113 Bonn, Tel.: 02 28/23 30 41

Für Österreich:
s. u. Schweiz

Für die Schweiz:
56, Rue de Moillebeau, 1211 Genf, Tel.: 7 33 07 50, 7 33 07 58
Office ethiopien du tourisme
c/o Ethiopian Airlines, 9, Rue du Mont Blanc, 1201 Genève,
Tel.: 022/7 31 11 92

Vertretungen in Äthiopien:
Botschaft der BR Deutschland
Khabana, POB 660, Addis Abeba, Tel.: 55 04 33, 55 04 53, TX: 2 10 15

Botschaft der Rep. Österreich
Old Airport Area, POB 1219, Addis Abeba, Tel.: 71 21 44-45, Fax 71 21 40
(auch zuständig für Djibouti)

Botschaft der Schweiz
Jimma Road (Old Airport Area), POB 1106, Addis Abeba, Tel.: 71 11 07, 71 05 77
Fax 71 21 77

Botschaften und Informationsstellen 917

Algerien

Für Deutschland:
Botschaft der Demokratischen Volksrepublik Algerien mit Konsularabteilung
Rheinallee 32, 53173 Bonn, Tel.: 0228/8 20 70, TX: 885723, Fax 82 07 44

Air Algérie
Friedensstr. 11, 60311 Frankfurt, Tel.: 0 69/23 32 81/83

Für Österreich:
Rudolfinergasse 16 u. 18, 1190 Wien, Tel.: 02 22/36 88 53

Für die Schweiz:
Willadingweg 74, 3006 Bern, Tel. 031/44 69 61-3, Fax: 031/44 62 68

Vertretungen in Algerien:
Botschaft der BR Deutschland
165, Chemin Sfindja, BP 664, 1600 Algier, Tel.: 2 74 19 41, 2 74 19 56,
Fax 2 74 05 21

Botschaft der Rep. Österreich
"Les Vergers", Rue 2, Villa 9, 16330 Birkhadem, Tel.: 56 29 09, 56 26 99,
Fax 56 73 52

Botschaft der Schweiz
27, Bld. Zirot Youcef, BP 482, 16004 Algier, Tel.: 63 39 02, FAX: 63 79 77

Angola

Für Deutschland:
Angolanische Botschaft
Kaiser-Karl-Ring 20 c, 53111 Bonn, Tel.: 02 28/55 57-0

Für Österreich:
Konsulat: Gonzaggasse 2/5/1. Stock, 1010 Wien, Tel.: 02 22/63 92 18

Für die Schweiz:
Via Filippo Bernardini 21, I - 00165 Rom, Tel.: 0 03 96-63 06 15

Vertretungen in Angola:
Botschaft der BR Deutschland
Avenida 4 de Fevreiro, Caixa Postal 1295, 120 Luanda, Tel.: 33 47 73, 33 45 16
TX: 3372

Botschaft der Rep. Österreich. s. u. Simbabwe

918 Durch Afrika

Botschaft der Schweiz
Rua 4 de Fevereiro 129, CP 3163, Luanda, Tel.: 33 83 14, Fax 33 68 78

Benin

Für Deutschland:
Botschaft der Volksrepublik Benin mit Konsularabteilung
Rüdigerstr. 10, 53179 Bonn, Tel.: 02 28/34 40 31, TX: 8 86 96 56

Für Österreich: s. u. Deutschland

Für die Schweiz: s. u. Deutschland

Generalkonsulate in Genf und Basel

Vertretungen in Benin:
Botschaft der BR Deutschland
7, Route Inter-Etats, BP 504, Cotonou, Tel.: 31 29 67/68, TX: 52 24

Botschaft der Rep. Österreich s.u. Elfenbeinküste

Botschaft der Schweiz
s. u. Nigeria. Postadresse in Benin: BP 08-0123, Cotonou

Botswana

Für Deutschland:
Embassy of Botswana
169, Avenue de Tervueren, Bruxelles, Tel.: 7 35 61 10

Für Österreich:
Britisches Generalkonsulat
Jauresgasse 12, 1030 Wien, Tel.: 02 22/75 61 17, Fax 7 12 73 16

Für die Schweiz: s.u. Deutschland.
Vertretung hat außerdem die *Botschaft Großbritanniens*
Thunstr. 50, Bern, Tel.: 0 31/44 50 21

Vertretungen in Botswana:
Botschaft der BR Deutschland
IGI House, The Mall, Gaborone, Tel.: 35 31 43, 35 38 06, TX: 22 25

Botschaft der Rep. Österreich s. u. Simbabwe

Botschaft der Schweiz s. u. Simbabwe

Botschaften und Informationsstellen 919

Burkina Faso

Für Deutschland:
Botschaft von Burkina Faso
Wendelstadtallee 18, 53179 Bonn, Tel.: 02 28/33 20 63, TX: 88 55 08

Für Österreich und Schweiz:
s. u. Deutschland

Vertretungen in Burkina Faso:
Botschaft der BR Deutschland
Rue Joseph Badaoua, BP 600, Ouagadougou, Tel.: 30 67 31/32, TX: 52 17

Botschaft der Rep. Österreich
s. u. Elfenbeinküste

Botschaft der Schweiz
Av. Président Guillaume Ouedraogo, BP 578, Ouagadougou 01, Tel.: 30 67 29
Fax 31 04 66

Burundi

Für Deutschland:
Botschaft der Republik Burundi mit Konsularabteilung
Drosselweg 2, 53343 Wachtberg-Niederbachern, Tel.: 0228/34 50 32, 34 50 82
TX: 88 57 45

Für Österreich und die Schweiz:
Corso d'Italia 83/3/6, I - 00198 Rom, Tel.: 06/8 44 22 14

Vertretungen in Burundi:
Botschaft der BR Deutschland
22, Rue du 18 Septembre, Bujumbura, Tel.: 2 64 12, TX: 50 68

Botschaft der Rep. Österreich s. u. Kenia

Botschaft der Schweiz
Av. du stade No. 1, BP 586, Bujumbura, Tel.: 22 57 45, Fax 22 72 70

Djibouti

Für Deutschland:
Zuständig ist die französische Botschaft:
Botschaft der Republik Frankreich
Kapellenweg 2a, 53121 Bonn, Tel.: 02 28/36 20 31, TX: 88 54 45

Für Österreich:
Generalkonsulat, Dr. Dolezal
Schönbrunnerstr. 13, 1050 Wien, Tel.: 02 22/5 87 56 12, Fax 58 81 32 07

Für die Schweiz:
Rue Emile-Ménier 26, F - 75116 Paris, Tel.: 0 03 31/47 27 49 22

Vertretungen in Djibouti:
Honorarkonsulat der BR Deutschland
Rue des Bruxelles, Djibouti, Tel.: 35 57 35

Botschaft der Rep. Österreich
S. unter Äthiopien!

Konsulat:
Savon & Ris, attn. Mat. Jean-Phillipe Dealarue, Consul de l'Autriche
Rue de Genève, PO 2125, Djibouti, Tel.: 35 23 50, Fax 35 11 03

Botschaft der Schweiz s. u. Äthiopien

Elfenbeinküste

Für Deutschland:
Botschaft der Republik Elfenbeinküste mit Konsularabteilung
Königstr. 93, 53115 Bonn, Tel.:02 28/22 90 31

Für Österreich:
Alser Str. 28, 1030 Wien, Tel.: 0222/4 08 37 23/24

Für die Schweiz:
Thormannstr. 51, 3005 Bern, Tel.: 0 31/43 10 51/53
Konsulate in Genf und Zürich

Vertretungen in der Elfenbeinküste:
Botschaft der BR Deutschland
Blvd Botseau Roussel - Av. Nogues, Immeuble le Mans, 4. et., Abidjan,
Tel.: 32 47 27, TX: 2 36 42

Botschaft der Rep. Österreich
70 bis, Av. Jean Mermoz, Cocody, Abidjan, Tel: 44 03 02,-4, 44 00 07
Postadresse: 01 BP 1837 Abidjan 01

Botschaft der Schweiz
Immeuble Alpha 2000, Rue Gourgas, 12e étage, BP 1814, Abidjan-Plateau,
Tel.: 21 17 21, Fax 21 27 70

Botschaften und Informationsstellen 921

Eritrea

Für Deutschland:
Botschaft des Staates Eritrea
Marktstraße 8, 50968 Köln, Tel.: 02 21/37 30 16, Fax 02 21/3 40 41 28

Gabun

Für Deutschland:
Botschaft der Republik Gabun mit Konsularabteilung
Kronprinzenstr. 52, 53173 Bonn, Tel.: 02 28/36 58 44, TX: 88 55 20, Fax 35 60 96
Konsulate in Berlin, Düsseldorf, Hamburg.

Für Österreich und die Schweiz:
26 bis, Av. Raphael , F - 75016 Paris, Tel.: 0 03 31-42 24 79 60

Vertretungen in Gabun:
Botschaft der BR Deutschland
Boulevard de l'Indépendance, Immeuble de Frangipaniers, Libreville,
Tel.: 76 01 88, 74 27 90, TX: 52 48

Botschaft der Rep. Österreich s. u. Zaire

Botschaft der Schweiz s. u. Kamerun

Gambia

Für Deutschland:
Ambassade de la Republique de Gambia
126, Avenue F. Roosevelt, B-1050 Brüssel, Tel.: 00 32-2/6 40 10 49

Für Österreich:
57, Kensington Court
Kensington, GB-London W8 5DG, Tel.: 01/9 37 63 16/7/8

Für die Schweiz:
siehe Österreich
Honorarkonsulat: Via al Poggio 6, 6932 Breganzona, Tel. 091/56 96 86

Vertretungen in Gambia:
Zuständig ist die Botschaft in Senegal:
Botschaft der BR Deutschland
20, Avenue Pasteur + Rue J. Mermoz, Dakar, Tel.: 22 25 19. 22 48 84,
TX: 5 42
Büro der Botschaft in Banjul: Fitzgerald and Grant Streets, Banjul, Tel.: 2 77 83

922 Durch Afrika

Botschaft der Rep. Österreich s. u. Senegal

Konsulat der Rep. Österreich
3A, Russel Street, POB 184, Banjul, Tel.: 2 83 03, 2 74 36, Fax 2 70 99

Botschaft der Schweiz s. u. Senegal

Ghana

Für Deutschland:
Botschaft der Republik Ghana mit Konsularabteilung
Rheinallee 56-58, 5300 Bonn 2, Tel.: 0228/35 20 11, TX: 88 56 60

Für Österreich: s.u. Schweiz

Für die Schweiz:
Belpstr. 11, 3007 Bern, Tel.: 031/7 25 78 52-54

Vertretungen in Ghana:
Botschaft der BR Deutschland
"Valldemosa Lodge" Nr. 4, off the 7th Avenue Extension, North Ridge, POB 1757
Tel.: 2 13 11, TX: 20 25

Botschaft der Rep. Österreich s. u. Nigeria

Konsulat der Rep. Österreich
32, Independence Avenue, POB 564, Accra, Tel.: 22 57 16

Botschaft der Schweiz
9, Water Road, North Ridge Area, POB 359, Accra, Tel.: 22 81 25, TX: 21 97

Guinea

Für Deutschland:
Botschaft der Republik Guinea mit Konsularabteilung
Rochusweg 50, 53129 Bonn, Tel.: 02 28/23 10 98, TX: 88 64 48

Für Österreich: s. u. Deutschland

Für die Schweiz:
51, Rue de la Faisanderie, , F-75016Paris, Tel.: 0 03 31-45 53 85 45

Vertretungen in Guinea:
Botschaft der BR Deutschland
BP 540, Conakry, Tel.: 44 15 06, 44 15 08, TX: 2 24 79

Botschaft der Rep. Österreich s. u. Senegal

Botschaft der Schweiz
Donka (Conakry II), BP 720, Conakry I, Tel.: 44 31 80, TX: 2 24 16

Guinea-Bissau

Für Deutschland:
Zuständig ist die Botschaft in Belgien:
Ambassade de la Republique Guinee-Bissau
2, Av. Palmerston, 1040 Brüssel, Tel.: 00 32-2/2 30 41 21

Für Österreich:
s. u. Deutschland

Für die Schweiz:
70, Av. F. Roosevelt, B-1050 Bruxelles, Tel. 0 03 22/6 47 08 90

Vertretungen in Guinea-Bissau:
Botschaft der BR Deutschland
Botschaft der Rep. Österreich
Botschaft der Schweiz
s. alle unter Senegal

Kamerun

Für Deutschland:
Botschaft der Republik Kamerun mit Konsularabteilung
Rheinallee 76, 53173 Bonn, Tel.: 02 28/35 60 37/38

Nationale Kamerunesische Fremdenverkehrsgesellschaft SOCATOUR
Repräsentanz: *Wolff & Partner*
Postfach 2144, 7012 Fellbach, Tel.: 0711/57 47 88, Fax 57 48 11
(zuständig auch für Schweiz und Österreich)

Für Österreich: s. u. Deutschland

Für die Schweiz:
Brunnadernrain 29, 3006 Bern, Tel.: 031/44 47 37
Generalkonsulat:
Rue du Nant 6-8, 11207 Genf, Tel.: 022/7 36 20 22

Vertretungen in Kamerun:
Botschaft der BR Deutschland
Rue Charles de Gaulle, Yaoundé, Tel.: 22 05 66, TX: 82 38

924 Durch Afrika

Douala: *Außenstelle der deutschen Botschaft*
14, Av. du General de Gaulle, Tel.: 42 86 00

Botschaft der Rep. Österreich
s. u. Zaire

Konsulat der Rep. Österreich
c/o Trapp Cameroun S. à. r. l., 5803 Yaoundé, Tel.: 20 38 26, 20 14 86, Fax 20 00 94

Botschaft der Schweiz
Villa Zogo Massy, Route du Mont Fébé, Quartier Bastos, BP 1169, Yaoundé,
Tel.: 2128 96, Fax 20 62 20

Kenia

Für Deutschland:
Botschaft der Republik Kenia mit Konsularabteilung
Villichgasse 17, 53177 Bonn, Tel.: 02 28/35 30 66, 35 60 41
Staatliches Verkehrsbüro Kenia
Hochstr. 53, 60313 Frankfurt, Tel.: 069/2 82 55 12, zuständig auch für Österreich

Für die Schweiz:
Generalkonsulat: Kenya Tourist Office
Bleicherweg 30, 8039 Zürich, Tel.: 2 02 22 44

Vertretungen in Kenia:
Botschaft der BR Deutschland
Harambee Avenue, Embassy House, POB 3 01 80, Nairobi, Tel.: 2 66 61-63

Botschaft der Rep. Österreich
City House/2nd floor, Corner Wabera Street/Standard Street, POB 3 05 60, Nairobi,
Tel.: 22 82 81, 22 91 63, Fax 33 17 92

Konsulat/Mombasa
Ralli House, 3rd floor, Nyerere Avenue, Mombasa, Tel.:31 33 86

Botschaft der Schweiz
International House, Mama Ngina Street, 7th floor, POB 30752, Nairobi,
Tel.: 22 87 35-8, Fax 21 73 88

Kongo

Für Deutschland:
Botschaft der Volksrepublik Kongo
Rheinallee 45, 53173 Bonn, kein Telefonanschluß

Botschaften und Informationsstellen 925

Für Österreich: s. u. Deutschland

Für die Schweiz:
Rue Paul-Valéry 37 bis, F-75116 Paris, Tel.: 0 03 31/45 00 60 57

Vertretungen in Kongo:
Botschaft der BR Deutschland
Place de la mairie, BP 2022, Brazzaville, Tel.: 83 29 90, 83 11 27

Botschaft der Rep. Österreich und Schweiz
s. u. Zaire

Lesotho

Für Deutschland:
Botschaft des Königreichs Lesotho
Godesberger Allee 50, 53175 Bonn, Tel.: 02 28/35 70 85

Für Österreich:
s.u. Deutschland

Für die Schweiz:
Avenue de Corthenbergh 66/5, B-1040 Brüssel, Tel.: 0 03 22/7 36 39 76/77

Vertretungen in Lesotho:
Botschaft der BR Deutschland
10th Floor, Lesotho Bank Building, Kingswpy, POB MS 1641, Maseru,
Tel.: 31 27 50

Botschaft der Rep. Österreich s. u. Simbabwe

Botschaft der Schweiz s. u. Südafrika

Liberia

Für Deutschland:
Botschaft der Republik Liberia mit Konsularabteilung
Hohenzollernstr. 73, 53173 Bonn, Tel.: 02 28/35 18 10

Für Österreich:
s.u. Deutschland

Für die Schweiz:
Rue Jacques-Bingen 8, F-75017 Paris, Tel.: 00331/47 63 58
Generalkonsulat: Limmatquai 3, 8001 Zürich, Tel.: 01/2 51 29 46

926 Durch Afrika

Vertretungen in Liberia:
Botschaft der BR Deutschland
Tubman Blvd., Oldest Congotown, POB 34, Monrovia, Tel.: 26 14 60, 26 15 16

Botschaft der Rep. Österreich
s. u. Nigeria

Botschaft der Schweiz
Old Sinkor Road 245, Congotown, POB 10-0283, Monrovia 10, Tel.: 26 10 65

Libyen

Für Deutschland:
Botschaft der Volksrepublik Libyen (Volksbüro)
Beethovenallee 12 a, 53173 Bonn, Tel.: 0228/8 20 09-0

Für Österreich:
Dornbacher Str. 27, 1170 Wien, Tel.: 02 22/45 36 11-15

Für die Schweiz:
Volksbüro, Tavelweg 2, 3006 Bern, Tel.: 031/43 30 76/79

Vertretungen in Libyen:
Botschaft der BR Deutschland
POB 302, Tripolis, Tel.: 3 05 54, 3 38 27, 4 85 52

Botschaft der Rep. Österreich
Shara Khalid Ben Walid/Shara Arismondi, Dahra Area, Garden City, POB 3207, Tripolis, Tel.: 4 33 79, 4 33 93, Fax 4 08 38

Botschaft der Schweiz
Shara Jeraba (gegenüber der Kinderklinik), POB 439, Tripolis, Tel.: 60 73 65/6

Malawi

Für Deutschland:
Botschaft der Republik Malawi mit Konsularabteilung
Mainzer Str. 124, 53179 Bonn, Tel.: 02 28/34 30 16/19

Für Österreich:
s. u. Deutschland

Für die Schweiz: s. u. Deutschland
Konsulat
Rue du Rhone 40, 1204 Genf, Tel.: 0 22/28 82 73

Botschaften und Informationsstellen 927

Vertretungen in Malawi:
Botschaft der BR Deutschland
POB 30046, Capital City, Lilongwe 3, Tel.: 73 12 66

Botschaft der Rep. Österreich s.u. Simbabwe

Konsulat der Rep. Österreich
Realty-House, Churchill Road, POB 5133, Blantyre-Limbe, Tel.: 64 07 12, 64 05 29

Botschaft der Schweiz s.u. Simbabwe

Mali

Für Deutschland:
Botschaft der Republik Mali mit Konsularabteilung
Basteistr. 86, 53173 Bonn, Tel.: 02 28/35 70 48/49

Für Österreich: s.u. Deutschland

Für die Schweiz:
Rue du Cherche-Midi 89, F-75006 Paris, Tel.: 0 03 31/45 48 58 43
Konsulat
Spalenberg 25, Postfach 1204, 4001 Basel, Tel.: 061/25 13 73

Vertretungen in Mali:
Botschaft der BR Deutschland
Badalabougou Zone est, Lotissement A 6, BP 100, Bamako, Tel.: 22 32 99, 22 37 15

Botschaft der Rep. Österreich s.u. Senegal

Botschaft der Schweiz s.u. Senegal
Postadresse in Bamako: BP 2386, Bamako

Marokko

Für Deutschland:
Botschaft des Königreichs Marokko
Gotenstr. 7, 53175 Bonn, Tel.: 0228/355044

Staatliches Marokkanisches Fremdenverkehrsamt
Graf-Adolf-Str. 59, 40210 Düsseldorf, Tel.: 02 11/37 05 51-52, Fax 02 11/37 40 48

Für Österreich:
Untere Donaustr. 13-15/6. Stock, 1020 Wien, Tel.: 02 22/2 14 25 68, 2 14 23 93

928 Durch Afrika

Marokkanisches Fremdenverkehrsamt, TX: 11 13 14

Für die Schweiz:
Helvetiastr. 42, 3000 Bern, Tel.: 031/43 03 62/63

Office National du Tourisme Maroc
Schifflände 5, 8001 Zürich, Tel.: 2 52 77 52

Vertretungen in Marokko:
Botschaft der BR Deutschland
7, Zankat Madnine, Rabat, Tel.: 6 96 62

Botschaft der Republik Österreich
2, Zankat Tiddas, Rabat, Tel.: 76 40 03, 76 16 98, Fax 76 54 25

Konsulat:
45, Avenue Hassan II, Casablanca, Tel.: 26 69 04, 22 32 82, Fax 22 10 83

Botschaft der Schweiz
Square de Bercane, BP 169, Rabat, Tel.: 70 69 74, Fax 70 57 49

Mauretanien

Für Deutschland:
Botschaft der Islamischen Republik Mauretanien
Bonner Str. 48, 53173 Bonn, Tel.: 02 28/36 40 25

Offizielles Verkehrsbüro der Islamischen Republik Mauretanien
Postfach 811, 6600 Saarbrücken, Tel.: 06 81/75 28 68,
(zuständig auch für Österreich und Schweiz)

Für Österreich: s. u. Deutschland

Für die Schweiz:
Rue de Montevideo 5, F-75116 Paris, Tel.: 0 03 31/45 04 88 54
Konsulat
Witikonerstr. 15, 8032 Zürich, Tel.: 01/55 35 00

Vertretungen in Mauretanien:
Botschaft der BR Deutschland
BP 372, Nouakchott, Tel.: 25 10 32, 25 17 22

Botschaft der Rep. Österreich s. u. Senegal

Botschaft der Schweiz s. u. Algerien

Moçambique

Für Deutschland:
Ambassade de la Republique populaire Moçambique
Bd. Saint Michel 97, B-1040 Brüssel, Tel.: 02/21 00 91, 21 00 92

Für Österreich:
s. u. Deutschland

Für die Schweiz:
Rue Laugier 82, F-75017 Paris, Tel.: 0 03 31/47 64 91 32

Honorarkonsulat
Route de Florissant 51, 1206 Genf, Tel.: 0 22/47 90 46

Vertretungen in Moçambique:
Botschaft der BR Deutschland
Rua de Mapulangwene No. 506, Caixa Postal 1595, Maputo, Tel.: 74 27 14, 74 29 96

Botschaft der Rep. Österreich
s. u. Simbabwe

Konsulat der Rep. Österreich
Av. 24 de Julho 4, POB 487, Maputo, Tel.: 42 32 44, 42 53 87, Fax 42 91 12

Botschaft der Schweiz
Avenida Julius Nyerere 1213, CP 135, Maputo, Tel.: 492744, Fax 492474

Namibia

Für Deutschland:
Embassy of the Republic of Namibia
Konstantinstr. 25 a, 53179 Bonn, Tel. 02 28/35 90 91, Fax 35 90 51

Namibia Verkehrsbüro
Im Atzelnest 3, 61352 Bad Homburg-Obereschbach, Tel.: 061 72/40 66 50, Fax 406690

Für Österreich:
Außenamt für Namibia
Ballhausplatz 2, 1014 Wien, Tel.: 0222/53115-3842

Für die Schweiz:
s. u. Deutschland

930 Durch Afrika

Vertretungen in Namibia:
Botschaft der BR Deutschland
Uhlandstr., P.O.Box 231, Windhoek 9000, Tel.: 061/22 92 17, Fax 22 29 81

Botschaft der Rep. Österreich s.u. Simbabwe

Konsulat der Rep. Österreich
60, Jan Jonker Road, POB 3163, Klein-Windhoek 9000, Tel.: 3 79 20, 3 79 23,
Fax 38795

Botschaft der Schweiz
Southern Life Tower, Post Street Mall 39, POB 22287, Windhoek, Tel.: 22 23 59,
Fax 227922

Niger

Für Deutschland:
Botschaft der Republik Niger mit Konsularabteilung
Dürenstr. 9, 53173 Bonn, Tel.: 02 28/35 60 57/58

Für Österreich:
78, Av. Fr. Roosevelt, B - 1050 Brüssel, Tel.: 6 48 61 40

Für die Schweiz:
Rue de Longchamp 154, F-75116 Paris, Tel.: 0 03 31/45 04 80 60

Vertretungen in Niger:
Botschaft der BR Deutschland
Av. du General de Gaulle, Niamey-Plateau, Tel.: 72 25 34, 72 35 10

*Botschaft der Rep. Österreich.*s.u. Elfenbeinküste

Botschaft der Schweiz s.u. Elfenbeinküste
Postadresse in Niger: BP 728, Niamey

Nigeria

Für Deutschland:
Botschaft der Republik Nigeria mit Konsularabteilung
Goldbergweg 13, 53177 Bonn, Tel.: 02 28/32 20 71-75

Für Österreich:
Rennweg 25, 1030 Wien, Tel.: 02 22/72 66 85-87

Für die Schweiz:
Zieglerstr. 54, 3007 Bern, Tel.: 031/26 07 26/28

Botschaften und Informationsstellen 931

Vertretungen in Nigeria:
Botschaft der BR Deutschland
15 Eleke Crescent, Victoria Island, POB 728, Lagos, Tel.: 61 10 11

Botschaft der Rep. Österreich
Victoria Island, Olosa Street 7A, Plot 1656, POB 1914, Lagos, Tel.: 61 60 81, 61 62 86, Fax 61 76 39

Botschaft der Schweiz
7 Anifowoshe Street, Victoria Island, Lagos, Tel.: 61 38 48, Fax 61 69 28

Ruanda

Für Deutschland:
Botschaft der Republik Ruanda
Beethovenallee 72, 53173 Bonn, Tel.: 02 28/35 50 58

Für Österreich:
s. u. Deutschland

Für die Schweiz:
Gesellschaftsstr. 30, 3012 Bern, Tel.: 031/23 06 11/12, Konsulat in Zürich

Vertretungen in Ruanda:
Botschaft der BR Deutschland
8, Rue de Bugarama, BP 355, Kigali, Tel.: 7 52 22, 7 51 41

Konsulat der Rep. Österreich
Centre Kigali, Blvd. de la Révolution 6, Maison "La Rwandaise S.A.", Kigali, Tel.: 7 30 12, 7 30 13, Fax 7 30 18

Botschaft der Schweiz
Blvd de la Révolution 38, BP 597, Kigali, Tel.: 7 35 34, Fax 7 24 61

Sambia

Für Deutschland:
Botschaft der Republik Sambia mit Konsularabteilung
Mittelstr. 39, 53175 Bonn, Tel.: 02 28/37 68 11-13

Für Österreich :
s. u. Deutschland

Für die Schweiz:
Via E. Quirino Visconti 8, I-00193 Rom, Tel. 0 03 96/3 21 38 05

932 Durch Afrika

Vertretungen in Sambia:
Botschaft der BR Deutschland
United Nations Avenue, Stand No. 5209, POB RW 50120, Lusaka, Tel.: 21 50 86

Botschaft der Rep. Österreich und Schweiz s. u. Simbabwe

Senegal

Für Deutschland:
Botschaft der Republik Senegal mit Konsularabteilung
Argelanderstr. 3, 53115 Bonn, Tel.: 02 28/21 80 08/9

Fremdenverkehrsamt Senegal
Argelanderstr. 3, 53115 Bonn
(zuständig auch für Österreich und Schweiz)

Für Österreich: s. u. Deutschland

Für die Schweiz:
Monbijoustr. 10, 3011 Bern, Tel.: 0 31/26 12 02/03

Vertretungen in Senegal:

Botschaft der BR Deutschland
Avenue Pasteur + Rue J. Mermoz 20, Dakar, Tel.: 23 25 19

Botschaft der Rep. Österreich
24, Blvd. Pinet Laprade (Entrée Rue Malan), BP 3247, Dakar, Tel.: 22 38 86, 21 73 56, Fax 21 03 09

Botschaft der Schweiz
Rue René N'Diaye/Rue Seydou, Nourou Tall, BP 1772, Dakar, Tel.: 23 58 48, Fax 22 36 57

Sierra Leone

Für Deutschland:
Botschaft der Republik Sierra Leone mit Konsularabteilung
Rheinallee 20, 53173 Bonn, Tel.: 02 28/35 20 01/02,

Für Österreich: s. u. Deutschland

Für die Schweiz:
Konsulat,
Boulevard Georges-Favon 8, 1211 Genf, Tel.: 0 22/29 21 95

Botschaften und Informationsstellen 933

Vertretungen in Sierra Leone:
Botschaft der BR Deutschland
Santanno House, 10 Howe Street, POB 728, Tel.: 2 25 11/12

Botschaft der Rep. Österreich s. u. Nigeria

Konsulat:
16, Spur View Estate, POB 497, Freetown, Tel.: 3 04 95

Botschaft der Schweiz
Freetown Cold, Storage Co Ltd., George Brook, POB 99, Freetown, Tel.: 4 04 45

Simbabwe

Für Deutschland:
Botschaft der Republik Simbabwe
Villichgasse 7, 53177 Bonn, Tel.: 0228/35 60 71/72

Zimbabwe Tourist Board
Wienerstr. 40, 60599 Frankfurt, Tel.: 069/65 32 04

Für Österreich: s. Deutschland

Für die Schweiz:

5, Chemin du Pivage, 1292 Chambesy, Tel. 0 22/73 20 43 34

Vertretungen in Simbabwe:
Botschaft der BR Deutschland
14, Samora Machel Av., POB 2168, Harare, Tel.: 73 19 55-58

Botschaft der Rep. Österreich
30, Samora Machel Av., New Shell House, Room 216, POB 4120, Harare, Tel.: 70 29 21-22, Fax 70 57 77

Botschaft der Schweiz
Lanark Road 9, Belgravia, POB 3440, Harare, Tel.: 70 39 97/8

Somalia

Für Deutschland:
Botschaft der Demokratischen Republik Somalia
Hohenzollernstr. 12, 53173 Bonn, Tel.: 02 28/35 50 84-86

Für Österreich: s. u. Deutschland

934 Durch Afrika

Für die Schweiz:
Ständige Vertretung: 9-11 Rue Valais, 1202 Gend, Tel. 0 22/7 31 54 50

Vertretungen in Somalia:
Botschaft der BR Deutschland
Via Mohammed Harbi, Mogadischu, Tel.: 2 05 47-48

Botschaft der Rep. Österreich s.u. Kenia
Konsulat: J.Hussein Building, POB 557, Mogadischu

Botschaft der Schweiz s. u. Kenia

Sudan

Für Deutschland:
Botschaft der Demokratischen Republik Sudan
Koblenzer Str. 99, 53177 Bonn, Tel.: 02 28/36 30 74/75

Für Österreich:
Spittelauer Platz 4/1-4, 1090 Wien, Tel.: 02 22/34 46 40

Für die Schweiz:
Generalkonsulat
Rue de Moillebeau 56, 1209 Genf, Tel.: 0 22/7 33 25 60/68/69

Vertretungen im Sudan:
Botschaft der BR Deutschland
53, Sharia el Baladia, Block No. 8 D, Plot No. 2, Khartoum, Tel.: 7 79 90, 7 79 95

Botschaft der Rep. Österreich s. u. Ägypten

Botschaft der Schweiz
New Extension Street 15, House No. 7, POB 1707, Khartoum, Tel.: 44 00 00

Republik Südafrika

Für Deutschland:
Botschaft der Republik Südafrika mit Konsularabteilung
Auf der Hostert 3, 53173 Bonn, Tel.: 02 28/8 20 10

Südafrikanisches Verkehrsbüro SATOUR
An der Hauptwache 11, 60313 Frankfurt, Tel.: 0 69/2 06 56

Für Österreich:
Sandgasse 33, 1190 Wien, Tel.: 02 22/32 64 93

Botschaften und Informationsstellen 935

SATOUR, Stefan-Zweig-Platz 11, 1010 Wien, Tel.: 4 70 45-11, Fax 4 70 45-1 14

Für die Schweiz:
Jungfraustr. 1, 3005 Bern, Tel.: 0 31/44 20 11

SATOUR, Seestr. 42, 8802 Kilchberg b. Zürich, Tel.: 7 15 18 15, Fax 7 15 18 89

Vertretungen in Südafrika:
Botschaft der BR Deutschland
180, Blackwood Street, Arcadia, POB 2023, Pretoria, Tel.: 43 59 31-34

Botschaft der Rep. Österreich
"Apollo Center", 10th floor, Church Street/Corner Du Toit Street, POB 851, Pretoria,
Tel.: 3 22-38 49, 3 22-77 90, Fax 3 22-77 93

Generalkonsulat
Samro House, 9th floor, 73, Juta Street, Braamfontein, Tvl. RSA 2001, Johannesburg, Tel.: 4 03-18 50/1, Fax 3 39 78 02

Konsulat
33, Bellevue Road, Berea Durban 4001, POB 3603, Durban 4000, Tel.: 21 54 08,
3 09 13 99, Fax 3 09 13 40

Botschaft der Schweiz
353 Berea Street, Corner Bourke Street, Mukleneuk 002, POB 2289, Pretoria,
Tel.: 3 44 00 34, Fax 3 44 00 37

Swasiland

Für Deutschland:
Honorarkonsulat des Königreichs Swasiland
Worringerstr. 59, 40211 Düsseldorf, Tel.: 02 11/35 08 66

Für Österreich: s. u. Deutschland

Für die Schweiz:
Generalkonsulat
Talstr. 58, 8039 Zürich, Tel.: 01/2 11 52 03

Vertretungen in Swasiland:
Botschaft der BR Deutschland s. u. Moçambique

Botschaft der Rep. Österreich s. u. Simbabwe

Konsulat: Matsapa Industrial Site, POB 282, Malkerns, Tel.: 8 45 29
Botschaft der Schweiz s. u. Südafrika

Tansania

Für Deutschland:
Botschaft der Vereinigten Republik Tansania
Theaterplatz 26, 53177 Bonn, Tel.: 02 28/35 34 77, 35 60 95

Für Österreich: s. u. Deutschland

Für die Schweiz:
Ständige Vertretung: 47, Av. Blanc, 1202 Genf, Tel. 0 22/7 31 89 20

Vertretungen in Tansania:
Botschaft der BR Deutschland
NIC Investment House, Samora Avenue, 10th Floor, POB 9541, Dar es Salaam, Tel.: 23 68/87

Botschaft der Rep. Österreich s.u. Kenia
Generalkonsulat: Independence Av. 20 J, POB 312, Dar es Salaam, Tel.: 4 62 51

Botschaft der Schweiz
17, Keyatta drive, POB 2454, Dar es Saalam, Tel.: 4 18 23, Fax 4 10 54

Togo

Für Deutschland:
Botschaft der Republik T173 Bonn, Tel.: 02 28/35 50 91-93

Für Österreich:
s. u. Deutschland

Für die Schweiz:
Konsulat
Leonhardstr. 53, 4003 Basel, Tel. 06/2 71 82 37

Togo Travel Service
Pfeffingerstr. 104, 4008 Basel, Tel.: 061/35 32 33

Vertretungen in Togo:
Botschaft der BR Deutschland
Boulevard de la Republique, Lomé Tel.: 21 23 70

Botschaft der Rep. Österreich s. u. Elfenbeinküste

Botschaft der Schweiz
294, Bvld. du 13 janvier, BP 4851, Lomé, Tel.: 21 56 19, Fax 21 86 43

Tschad

Für Deutschland:
Botschaft der Republik Tschad mit Konsularabteilung
Basteistr. 80, 53173 Bonn, Tel.: 02 28/35 60 26, Fax 35 58 87

Für Österreich: s. Deutschland

Für die Schweiz:
Rue des Belles-Feuilles 65, F-75116 Paris, Tel.: 0 03 31/45 53 36 75

Vertretungen im Tschad:
Botschaft der BR Deutschland
Av. Felix Ebue, BP 893, N'Djamena, Tel.: 30 90, 31 02

Botschaft der Rep. Österreich s.u. Zaire

Botschaft der Schweiz s.u. Kamerun.
Postadresse in N'Djamena: Quartier Sabangali, N'Djamena

Tunesien

Für Deutschland:
Botschaft von Tunesien
Godesberger Allee 103, 53175 Bonn, Tel.: 02 28/37 69 83

Fremdenverkehrsamt Tunesien
Am Hauptbahnhof 6, 60329 Frankfurt, Tel.: 0 69/23 18 91-92, Fax 23 21 68

Für Österreich:
Ghegastr. 3, 1030 Wien, Tel.: 02 22/78 65 52

Tunesisches Fremdenverkehrsamt
Landesgerichtstr. 22, 1010 Wien, Tel.: 02 22/40 83 94 40, Fax 39 60 18

Für die Schweiz:
Botschaft von Tunesien
Kirchenfeldstr. 63, 3005 Bern, Tel. 0 31/44 82 26

Office tunésien du tourisme
Bahnhofsstr. 69, 8001 Zürich, Tel.: 01/2 11 48 30/31

Vertretungen in Tunesien:
Botschaft der BR Deutschland
Rue el Hamra, Mutuelleville-Tunis (Belvédère), BP. 35, Tel.: 786455

938 Durch Afrika

Botschaft der Rep. Österreich
16, Rue Ibn Hamdis, El Menzah I, Tunis, Tel.: 23 86 96, Fax 76 78 24

Botschaft der Schweiz
10, Rue Ech-Chenkiti, Mutuelleville, BP 501, 1025 Tunis-Belvédère, Tel.: 28 19 17, Fax 78 87 96

Uganda

Für Deutschland:
Botschaft der Republik Uganda mit Konsularabteilung
Dürenstr. 44, 53173 Bonn, Tel.: 02 28/35 50 27 (hier auch Touristikinformation)

Für Österreich: s.u. Deutschland

Für die Schweiz:
Avenue Raymond-Poincaré 13, F-75116 Paris, Tel.: 0 03 31/47 27 46 80/82

Vertretungen in Uganda:
Botschaft der BR Deutschland
9-11 Parliament Avenue, Embassy House, Kampala, Tel.: 25 67 67

Botschaft der Rep. Österreich s.u. Kenia

Konsulat:
Entebbe Road (Bank Lane), Plot 6, POB 11273, Kampala, Tel.:24 15 58, 23 45 97, Fax 23 30 02

Botschaft der Schweiz s.u. Kenia
Konsulat: Baskerville Av. 1, POB 4187, Kololo, Kampala, Tel.: 24 15 748

Zaire

Für Deutschland:
Botschaft der Republik Zaire mit Konsularabteilung
Im Meisengarten 133, 53179 Bonn, Tel.: 02 28/85 81 60

Touristische Vertretung der Rep. Zaire
c/o Air Zaire, Friedensstr. 9, 60311 Frankfurt, Tel.: 069/23 19 11

Für Österreich:
Marokkanergasse 22/1/6, 1030 Wien, Tel.: 02 22/713 88 75-76

Für die Schweiz:
Sulgenheimweg 21, 3007 Bern, Tel.: 0 31/45 35 38/39

Botschaften und Informationsstellen 939

Vertretungen in Zaire:
Botschaft der BR Deutschland
82, Avenue des trois "Z", Kinshasa-Gombe, Tel.: 2 77 20, 2 83 04

Botschaft der Rep. Österreich
39, Av. Iubefu, Kinshasa-Gombe, Tel.: 2 16 27, 2 17 06

Botschaft der Schweiz
654, Av. Colonel Tsahatshi, Zone de la Gombe, BP 8724, Kinshasa, Tel.: 3 42 34, Fax 3 42 46

Zentralafrikanische Republik

Für Deutschland:
Botschaft der Zentralafrikanischen Republik mit Konsularabteilung
Rheinaustr. 120, 53225 Bonn, Tel.: 02 28/47 04 29 (nur schriftliche Anfragen)

Für Österreich: s. u. Deutschland

Für die Schweiz: s. u. Deutschland

Vertretungen in der ZAR:
Botschaft der BR Deutschland
Av. du President Gamal Abdel- Nasser, BP 901, Tel.: 61 47 65, 61 07 46

Botschaft der Rep. Österreich s. u. Zaire

Botschaft der Schweiz s. u. Zaire

Was bedeuten diese Sahara-Ausdrücke?

Acheb: Kleine nach dem Regen wachsende Wüstenpflanze
Adrar: Mz. *idrarene:* Berg, Gebirge
Aftut: Regstreifen zwischen zwei Dünen
Agadir: Mz. *igudar:* schroffer Abhang; auch Festung, Speicherburg
Aghbalu: Mz. *ighbula:* Quelle
Aguelmame: Permanente Wasserstelle, See
Ain: Mz. *Aioun,* Schachtbrunnen
Akba: Steigung, Pfad in der Flanke eines Steilhangs
Ank: Paß, Engpaß
Anseur: Mz. *anaseur:* Quelle
Anu: Brunnen
Areg: Düne
Ateuf: Umgehung, Kurve
Aourir: Bergspitze
Azalai: Salzkarawane

Bab: Mz. *bidane:* Eingang, Tor
Barkane: Kleine, halbmondförmige Düne auf Regboden
Baten: Steilrand einer Hochebene
Batha: Sandiges Flußbett
Bir: Mz. *biar:* Brunnen
Bordj: Mz. *Boroudsch:* Festung,Unterstand
Bu: Abkürzung von Vater oder Eigentümer

Chaba: Hohlweg, Engpaß
Chebka: Chaotische Gegend, wörtlich Netz
Chegga: Mz. *Cheggag:* Spalte, Felsspalte
Chott: Salzsee, manchmal ausgetrocknet
Cram-Cram: Sehr hartnäckige Kletten (mit Dornen) des Sahelgrases

Djebel: Mz. *Djebal:* Berg
Douar: Zeltlager, Zeltdorf

Enfida: Hohlweg
Erg: Dünengebiet

Fesch-Fesch: Einförmiger Boden, scheinbar gut befahrbar, aber sehr weich
Fedsch, Fedj: Engpaß
Foggara: Mz. *Fegaguir:* Unterirdische Bewässerungskanäle mit begehbaren Schächten

Gara: Mz. *Gur:* Tafelberg in einer Ebene
Gassi: Tal zwischen zwei Dünenketten
Ghaba: Wald
Ghedir: Teich, wasserführende Mulde

Was bedeuten diese Sahara-Ausdrücke? 941

Guelaa: Festung
Guelb: Felsiger, steil aus einer Ebene aufragender Einzelberg, oft mit Krater
Guelta: Wasserstelle im Fels
Guemira: Steinmännchen oder Sandhaufen als Pistenwegzeichen

Hammada: Stein-, Geröllwüste
Hartani: Mz. *Harratine:* Sklavennachkommen, jetzt schwarze Oasenbauern
Hassi: Mz. *Huasi:* Schachtbrunnen

Kalaa: Festung
Kasbha: Mz. *Ksabi:* Zitadelle, befestigter Ort, Festung
Kef: Mz. *Kifane:* Felsblock, felsiger Steilabfall
Kelaa: Festung
Khanga: Mz. *Kheneg:* Engpaß
Koris: Westafrikanisch für Oued
Ksar: Mz. *Ksour:* Altes, befestigtes Dorf oder Stadt
Koubba: Kuppel, auch kuppelförmiges Grab eines Heiligen
Kudia: Mz. *Kudiast:* Kleiner Hügel

Maghreb: Land des Westens, West, die Staaten des westl. Nordafrikas
Medersa: Mz. *Mdares*, medresen: Koranschule
Medina: Mz. *Medun:* Arabische Stadt, Altstadt
Mehari: Rennkamel
Mellah: Jüdisches Viertel
Mercubas: Grasbüschel in denen sich der Sand sammelt
Merdscha: Mz. *Mrudsch:* Morast, Sumpf

Oasis: Palmenhain
Oued: Mz. *Ouidane:* Flußbett, in der Sahara ausgetrocknet

Redschem: Wegzeichen (s. a. Guemira)
Reg: feinkörnige Kiesebene, gut befahrbar
Rhurde: Sandberg
Rmel: Sand, sandige Erde

Schott: Salzwassersee (manchmal trocken)
Sebhka: Salzsee (meist trocken)
Seguia: Mz. *Suagi:* Bewässerungskanal
Souk: Mz. *Asuak:* (gedeckter) Markt

Tassili: Sandsteinplateau
Tizi: Paßhöhe (in Marokko)

Wad, Wadi: Trockenflußbett

Zaouia: Mz. *Zuaia:* Sitz einer religiösen Gemeinschaft

Arabische Zahlen

Im Gegensatz zur arabischen Schrift werden die Zahlen wie bei uns von links nach rechts gelesen.

0	٠	= sifr
1	١	= wa:hid
2	٢	= ithna:n
3	٣	= thala:tha
4	٤	= arba'a
5	٥	= chamsa
6	٦	= sitta
7	٧	= sab'a
8	٨	= thama:nija
9	٩	= tis'a
10	١٠	= 'aschara
11	١١	= ihda'aschara
12	١٢	= ithnata:'aschara
13	١٣	= thala:th'aschara
14	١٤	= arba''aschara
15	١٥	= chams'aschara
16	١٦	= sitt'aschara
17	١٧	= sab'aschara
18	١٨	= thama:ni'aschara
19	١٩	= tis''aschara
20	٢٠	= 'ischru:n
30	٣٠	= thala:thu:n
40	٤٠	= arba'u:n
50	٥٠	= chamsu:n
60	٦٠	= sittu:n
70	٧٠	= sab'u:n
80	٨٠	= thama:nu:n
90	٩٠	= tis'u:n
100	١٠٠	= mi'a
200	٢٠٠	= mi'ata:n
1000	١٠٠٠	= alf
2000	٢٠٠٠	= alfa:n

Register

A
Aba 563, 656
Abadla 71
Abakaliki 564
Abalak 310
Abalessa 87
Abbé-See 410
Abéché 343
Abengourou 484
Abeokuta 544
Aberdare-Nationalpark 707
Abidjan 482
Aboisso 485
Abomey 544
Abong-Mbang 589
Aborak 324
Abraka 565
Abu Dom 362
Abu Hamed 368
Abu Hashim 382
Abu Nijayn 170
Abu Qurqfs 206
Abu Rudeis 213
Abu Simbel 221
Abu Zabad 380
Abu Zenima 213
Abugrin 166
Abumonbazi 651
Aburi 520
Abyad 365
Abydos 217
Accra 518
Achegour 319
Adami Tulu 406
Addis Abeba 402
Addis Zemen 402
Adel Bagrou 248
Aderbissinat 323
Adi Abun 401
Adi Arkay 401
Adi Kevih 403
Adi Quala 401
Adi Ugri 401
Adigrat 403
Adré 343
Adranga 669
Adrar 72
Adéta 531
Adzop, 484
Aegilka 220
Aflao 519
Aflou 76
Africana Tokey Village 461

Agabu 566
Agadem 326
Agadez 306
Agadir 15
Agamor 269
Agdz 35
Aghrijit 250
Agnibilekrou 484
Agnibil,krou 485
Agoudal 29
Aguelhok 261
Aguelmane Azigza 28
Agulhas 894
Ägypten 197
ägyptische Grenze 360
Ahero 699
Ahfir 21
Ai-Ais 811
Ain ben Tili 238
Ain Draham 141
Ain Sukhna 215
Ain-Benimathar 22
Ain-Ech-Chair 26
Ain-Leuh 28
Aïn F'ka 77
Aïn Oussera 77
Aïn Sefra 70
Aïn Ziza 85
Aït Benhaddou 33
Aït Melloul 16
Ajdabiya 167
Akaki 405
Akakus-Nationalpark 181
Akasha 367
Aketi 654
Akjoujt 240
Akka 38
Akobo 377
Akoga 629
Akordat 400
Akosombo 519
Akoup, 484
Akula 648
Al Hoceima 21
Al-Awaynat 180, 188
Al-Bayda 168
Al-Katrun 182
Al-Marj 167
Aledjo-Graben 533
Aleg 242
Alemaya 408
Alemb, 628
Alexandria 200

Algier 68
Ali Sabieh 409
Alindao 618
Aliwal North 892
Allia Bay 705
Alnif 34
Alouef 82
Am Dafog 618
Amadi 380
Ambam 629
Amboseli-Nationalpark 714
Amerou 339
Amguid 112
Amor 150
Amsaad 168
Amtoudi 38
Andéramboukane 266
Anéého 529
Anéfis 262
Ango 668
Anié 531
Annaba 102
Ansongo 265
Aoudaghost 246
Apeyémé 531
Api 668
Arak 83
Araouane 271
Arba Minch 406
Arbaoua 13
Arboré 406
Arbre du Ténéré 319
Archer's Post 704
Argungu 553
Ariamsvlei 883
Ariwara 657
Arli-Nationalpark 540
Arlit 304
Arly 498, 499
Aroab 813
Aroma 385
Arris 103
Arta 409
Aru 657, 669
Arua 681
Arusha 758
Arusha-Nationalpark 758
Arzew 68
As Sidrah 167
Asab 814
Asbe Teferi 408
Aseb 405
Asilah 13

944 Durch Afrika

Asmara 400
Asni 34
Assal-See 409
Assamaka 101
Assekrem-Schutzhütten 97
Assif-Ounila-Tales 33
Assor 629
Aswân 220
Asyut 206
Atakor-Massiv 97
Atbara 369
Atebubu 515
Ati 343
Atiak 681
Atlik-Ebangue 270
Atâr 239
Augrabies 895
Augrabies Falls 883
Aus 812
Awasa 406
Awasa-See 406
Awash 408
Awash-Nationalpark 408
Awaynat Uennin 177
Awbari 180
Aweil 379
Awila 172
Axum 401
Ayo–n el Atro–s 247
Ayod 376
Ayomé-Wasserfälle 531
Ayorou 301
Ayos 589
Aysha 409
Azemmour 15
Azezo 382
Azilal 31
Aziziyah 170
Azrou 28

B
Babanusa 379
Babar 104
Babban Mutum 324
Bab el Maub 208
Baboua 612
Badéguichéri 314
Badogo 447
Badou 531
Bafang 586
Bafia 596
Bafilo 533
Bafoussam 585
Bafut 584
Bafwasende 661
Bagamoyo 760
Bagani 820

Bahâriya 201, 208
Bahir Dar 402
Bakala 620
Bakel 425, 429
Bakoba 766
Bakouna 448
Bala 425
Balabo 597
Baladga 339
Balaki 438
Bali 584
Balloul 76
Bama 557
Bamako 283
Bambari 618
Bambesa 655
Bambili 655
Bambilo 668
Bambio 615
Bambouti 620
Bamenda 584
Bamendjing-Stausee 586
Bamingui-Bangoran-Natio-
  nalpark 617
Bamété 586
Ban Koumawa 281
Banalia 660
Banani 275
Bandafassi 428
Bandelierkop 877
Bandiagara 274
Bandjoun 586
Bandundu 646
Banfora 503
Banfora-Wasserfälle 502
Bangangté 596
Bangassou 619
Bangoran 617
Bangui 613
Bangula 804
Bangwa 596
Bani 495
Banikoara 539
Banjul 422
Banki 557
Bansara 564
Banyo 582
Banza Sossô 781
Baoro 612
Bapit-See 585
Bara 364
Bardai 345
Barentu 400
Bargan 178
Baringo-See 698
Bâris 209
Barkal 368

Barkly West 882
Barra 422
Basoko 658
Bassar 532
Bassikounou 248
Bassila 543
Bata 630
Batacaridi 248
Batangafo 616
Batchenga 596
Bati 404
Batié-Paá 586
Batia 541
Batna 103
Batouri 589
Baturande 664
Bauchi 560
Bawiti 208
Beaufort West 885
Béchar 71
Bechem 517
Beika 243
Beïnamar 581
Beira 869, 870
Beitbridge 852
Bejaïa 102
Belet Huen 731
Belga 497
Belhirane 106
Béloko 612
Bémal 342
Bembèrèkè 538
Bénéna 278
Ben Guerdane 146
Ben-Zireg 70
Bena Dibele 660
Bendela 646
Benguela 782
Beni 661
Beni Kheddache 149
Beni Mazâr 206
Beni Suef 204
Beni Zeltene 148
Beni-Abbès 72
Beni-Mellal 30
Beni-Ounif 70
Benin City 565
Bentiaba 782
Benue-Nationalpark 581
Ber 270
Berber 369
Berbera 730
Berega 763
Berekum 517
Berenice 223
Berg Kakoulima 441
Berkane 21

Berriane 106
Bertoua 588
Bétérou 543
Bethanie 812
Beyla 449
Biankouma 479
Bibasse 628
Bifoun 627
Bignona 423
Biharamulo 755
Bili 668
Bilma 319
Bimbilla 521
Bin-El-Ouidane-Stausee 30
Binga 855
Bingazi 167
Bir Abu el Husein 209
Bir Abu Minqâr 208
Bir Alagh 170
Bir bu Zarraigh 172
Bir Djedid 109
Bir el Hâmmâmat 223
Bir el Nuss 201
Bir Ghézene 150
Bir Guendoûz 19
Bir Larache 110
Bir Mogreïn 20
Bir Rhoraffa 110
Bir Roumi 150
Bir Shalatein 223
Bir Zar 147
Birao 618
Birchenough Bridge 851
Biriwa 521
Birni-Yauri 553
Birnin-Gaour, 311
Birnin-Kebbi 553
Birnin-Konni 313
Bîr el Gifgâfa 212
Bîr el Thamâda 212
Bîr Hasana 212
Bîr Mogrein 238
Biskra 103
Bissikrima 445
Bitam 629
Bitou 501
Biu 561
Bla 277
Blantyre 803
Blay 479
Blida 77
Blidet 151
Blitta 531
Blitta-Gare 531
Blyde Rivier Naturschutzge-
biet 879
Bo 460

Boali 613
Boane 870
Bobo-Dioulasso 502
Boda 614
Boffa 441
Bofossou 451
Bogilima 647
Bohicon 544
Boké 440
Bokada 647
Bol 339
Bole 516
Bolgatanga 501
Bolikio 647
Bolobo 634
Bolombo 659
Boma 643
Bondo 653
Bondoukou 485
Bongor 341
Boni 505
Boola 449
Booué 628
Bophutatswana 881
Bor 376
Boré 267
Bordj Jenein 147
Bordj Messaouda 110
Bordj Messouda 108
Bordj Moktar 74, 88
Bordj Omar Driss 111
Bordj Omar Driss 115
Borgu 553
Borj Bourgiba 152
Boromo 505
Bossangoa 612
Bossembélé 612
Bosso 558
Boti-Wasserfälle 518
Botou 304
Bou Kra 19
Bou Saada 77
Bou-Izakarn 39
Bou-Rbia 37
Bouaflé 478
Bouaké 477
Bouanga 634
Bouar 612
Bouarfa 22
Bouba-Ndjida-NP 580
Bouchekif 77
Boudenib 26
Bougouni 280
Bouhajla 145
Bouknadelé 13
Boukombé 534
Boukoula 561

Boula 447
Boula-Ibib 580
Boulmane-du-Dadès 32
Boulo 520
Boulouli 247
Boulsa 497
Bouna 504
Bouânane 26
Boundiali 475
Boundou-Foudou 429
Bourem 270
Boureïmi 313
Boutilimit 242
Bouza 321
Boyabo 647
Brak 178
Brava 732
Braygah 167
Brazzaville 634
Bredasdorp 894
Brikama 422
Britstown 883
B.U.C 185
Buchanan 469
Buea 595
Buedu 467
Bugarama 746
Bugene 766
Bugiri 683
Bujagali Falls
Bukamash 165
Bukavu 667
Bûlaq 209
Bulawayo 853
Bulbula 406
Bulla Regia 141
Bulo Burti 731
Bumba 651
Bunba 756
Bungoma 683
Bunia 662
Bunso 518
Burao 731
Burnt Mountain 823
Bururi 747
Burush 365
Bushenyi 685
Businga 649
Busua 522
Buta 654
Butare 738
Butembo 663
Butha-Buthe 889
Butterworth 891
Bwaku 515
Byumba 740

C

Cabinda 781
Calabar 562
Camana 248
Cangarâfa 243
Cango-Höhlen 893
Cap Skirring 423
Cape Coast 521
Caraculo 782
Carnot 615
Casablanca 14
Cascade de la Kôta 540
Catuane 870
Caxito 781
Chalinze 760
Chanya-Wasserfälle 708
Charaouine 80
Chari 578
Chbika 145
Chechaouen 20
Chegguet El Ftaïet 105
Chegutu 852
Chenini 149
Cherchell 68
Chéria 104
Cherket 29
Chibia 780
Chieveley 887
Chikanda 553
Chikwawa 805
Chilumba 799
Chimoyo 868
Chinguetti 239
Chinhoyi 848
Chinoyi-Höhlen 848
Chipata 791
Chiredzi 856
Chirfa 314
Chirundu 847
Chisenga 798
Chitambo 790
Chitipa 789
Choûm 239
Chobenationalpark 837
Chogoria 708
Choma 793
Chritiana 881
Cinzana 277
Citrusdal 886
Colenso 887
Comoé-Nationalpark 476
Conakry 441
Conakry-Halbinsel 441
Constantine 102
Coral Island 214
Cotonou 545
Coyah 444

Crocodile Point 711
Cullinanca 878
Cyangugu 667

D

Dabakala 484
Dabola 445
Dabou 483
Daboua 338
Dafor 519
Dahab 214
Dakar 419
Dakhla 18
Dalaba 442
Daloa 478
Dam Gamad 365
Damara 616
Damasak 556
Damaturu 555
Dambai 520
Dan-Issa 322
Danané 478
Dandara 217
Dandela 447
Dangla 402
Danyi-Plateau 531
Dao Timmi 317
Daora 17
Dapaong 532
Dar es Salaam 760
Darj 169
Daru 460
Dassa 542
Daukro 484
Day-Wald 410
Deb-Deb 108, 147
Debark 401
Debba 362
Debila 108
Debre Birhan 405
Debre Damo 403
Debre Libanos 402
Debre Markos 402
Debre Zeit 405
Debre-Sina 405
Dédougou 506
Dedza 804
Degache 151
Deir Amba Bishoi 202
Deir Baramûs 202
Deir Makâryûs 202
Deir Suriâni 202
Dekemehare 403
Delgo 367
Demba 645
Dembia 619
Dengolo 400

Derudeb 385
Dese 404
Dewele 409
Diabondi 541
Dialakoto 425
Diamou 285
Diandioumé 247
Diani 715
Diapaga 498
Dibella 326
Diboli 425
Didiéni 282, 283
Diébougou 504
Diéma 283
Die Mossi 493
Diffa 325
Dikhil 410
Dila 407
Dilling 372
Dime 205
Dinder 382
Dinder Station 382
Dinder-Nationalpark 382
Dindima 560
Dingila 655
Diobo 648
Dioloulou 423
Dioumara 283
Dire Dawa 408
Dirkou 318
Ditinn 442
Divo 481
Dixcove 522
Diyngliya 577
Djanet 123
Djebel al-Awaynat 188
Djebel Musa 213
Djebel Toubkal 33
Djenné 276
Djermaya 340
Djibasso 506
Djibouti 409
Djiffer 421
Djiroutou 481
Djoudj-Nationalpark 419
Djougou 542
Djoum 591
Djugu 662
Doba 341
Dodoma 762
Dogon 260
Dogondoutchi 313
Dogonland 268
Dombe Grande 782
Domiongo 645
Dompin 522
Donam 497

Dondo 780
Dongola 361
Dorey 268
Dori 496
Dormaa-Ahenkro 517
Dosso 312
Douala 593
Douentza 267
Dougga 140, 141
Douguia 340
Douiret 149
Doumé 589
Doum-Doum 339
Dounet 445
Dourbeye 561, 577
Douz 150
Dschang 586
Dubaibat 373
Dubele 668
Duekoué 478
Dulia 653
Dungu 656
Dungunab 384
Dunkwa 522
Dupuy-Yao 481
Durban 890
Dutse 556
Duwisib-Schloá 815

E

East London 891
Ebebiyin 630
Ebilassekro 485
Ebolowa 591
Echo Caves 879
Ed Daein 380
Ed Dueim 371
Edéa 593
Ede 552
Ejura 515
Ekang 563
Ekismane 308
Ekok 585
El Adeb Larache 114
El Aid 386
El Alamein 200
El Alia 105
El Argoub 19
El Aricha 70
El Arîsh 212
El Atrun 359
El Badrshein 204
El Balyana 217
El Baqeir 369
El Bauga 369
El Bayad 76
El Dab 731

El Djedid 73
El Djem 145
El Faiyûm 205
El Faouar 151
El Fasher 357
El Fawakhir 223
El Gedida 208
El Geneina 365
El Giza 202
El Goléa (El Meniaa) 79
El Hadjira 105
El Haiz 208
El Hammam 76
El Hilla 365
El Jebelein 383
El Kala 102
El Kantara-Ost 212
El Kasr 207
El Kef 140
El Khandaq 361
El Khârga 207
El Ksiba 28
El Kurru 368
El Lâhûn 206
El Laqeita 223
El Madâmûd 218
El Maks 209
El Matanieh 204
El Minya 206
El Muglad 379
El Obeid 364
El Odaiya 380
El Ouata 72
El Oued 104
El Saff 216
El Shab 210
El Sheik Fadl 217
El Tabbin 216
El Tûr 214
El Wasta 204
El-Gor 76
El-Jadida 15
El-Khofra 172
El-Sod-Krater 407
Eldoret 697
Elmina 521
Elméki 308
Elubo 522
Embu 708
En Nahud 364
Enugu 564
Epupa-Fälle 824
Er Rahad 371
Er-Rachidia 25
Erengeti 663
Erfoud 26
Erida 385

Erongo-Berge 818
Es Sabria 151
Es-Eyla 410
Esiama 522
Essaouira 15
Estcourt 887
Etiolo 428
Etosha-Nationalpark 823
Evinayong 630
Ezzara 148

F

Fachi 320
Fada 343
Fada-Ngourma 498
Fadiouth 421
Fafa 266
Falaba 461
Falamana 279
Falmey 313
Fana 279
Faraba 448
Faradje 656
Farâfra 208
Farako-Fälle 279
Faranah 450
Farié 301
Farmorene 444
Faya (Largeau) 336
Fdérik 238
Félou-Fälle 285
Feran 213
Ferhat Zit 76
Ferké 476
Ferkessédougou 476
Fes 23
Figuig 22
Figuil 580
Filingué 311
Firgoun 301
Fish River Canyon 811
Fô 279
Foggâret ez Zoûa 92
Fongolembi 438
Forcadi 248
Forécariah 444
Fort Miribel 107
Fort Portal 686
Fotokol 557
Foum-el-Hassan 38
Foum-el-Kheneg 72
Foum-Zguid 36
Foumban 582
Foumbot 585
Foya 467
Francistown 839
Freetown 461

948 Durch Afrika

Frenda 77
Fungor 375

G
Gabiro 739
Gaborone 840
Gabès 146
Gadzi 615
Gafsa 143
Gagnoa 482
Galcaio 731
Galegu 382
Gallabat 382
Galtat Zemmur 19
Gambaru 557
Gamboula 589
Gansé 484
Gansbaai 894
Ganvié 545
Gao 264
Gaoual 440
Garagûs 218
Garissa 732
Gariyat 189
Garmabe 381
Garoua 578
Garoua Boulaï 588
Garsen 711
Gashua 556
Gaya 312
Gbableu 450
Gbadolite 650
Gbarnga 467
Gedaref 382
Geigar 383
Geita 755
Gemena 647
Gemmeiza 377
George 893
Germa 179
Gewane 408
Ghadamès 169
Ghanzi 835
Ghardaïa 78
Ghubeish 386
Gikongoro 738
Gilgil 700
Ginda 400
Giohar 731
Gisenyi 665
Gité 340
Gitarama 738
Goaso 517
Gobabis 817
Gochas 814
Godomey 529
Gold Reef City 878

Goldküste 513
Golokuati 519
Golongosso 343
Goma 664
Gombari 668
Gombe 560
Gonder 401
Gondola 868
Gonokrom 517
Goré 342
Gorom-Gorom 496
Gorongaza 868
Gossi 267
Gothèye 303
Goudiri 425
Goudoumaria 324
Goulimime 17
Goumori 539
Gouna 580
Gounda 617
Goundam 271
Gouré 324
Gourma-Rharous 274
Goush 168
Grabo 481
Grahamstown 892
Grand Bassam 485
Grand-Bérébi 480
Grand-Lahou 484
Graskop 879
Great Simbabwe 851
Grimari 618
Griquatown 882
Groblershoop 882
Grootfontein 819
Grotten von Banwa 586
Guéckédou 451
Guelb el Richât 240
Guélengdeng 341
Guerara 106
Guermessea 149
Guérin-Kouka 532
Guéssabo 478
Guessou-Sud 538
Guiglo 479
Guitri 484
Gulu 681
Gumba 650
Gwanda 856
Gweru 852
Gweta 838

H
Habila 372
Had Sahari 77
Hadejia 556
Hadjer el Begui 340

Hadjer el Hamis 341
Haiya 384
Halaib 223
Hamadid 148
Hamid 360, 361
Hammam Lif 141
Hammamet 142
Han 515
Harare 848
Harer 408
Hargeisa 730
Harrismith 887
Hassi bel Guebbour 106
Hassi el Khebi 71
Hassi Fahl 79
Hassi In Akeouet 117
Hassi Khélifa 108
Hassi Marroket 80, 81
Hassi Messaoud 105
Hassi Touiel 79
Hassi-el-Mokta 71
Hazoua 144
Heidelberg 886
Heliopolis 210
Helmeringhausen 815
Hentiesbaai 822
Heremakono 281, 461
Hermanus 894
Hilakondji 529
Hilton 887
Himeville 888
Himo 759
Hirhafok 96
Hoba-Meteorit 819
Hobas 811
Höhlen von Sudwala 880
Hohoé 520
Hola 712
Holoog 811
Homa Bay 700
Hombo 666
Hombori 267
Hopetown 883
Hosenofu 187
Hot Springs 851
Hotazel 895
Houndé 505
Howick 887
Huambo 780
Hukuntsi 835
Humansdorp 893
Hun 171
Hurghada 215
Hwange 855

I
Ibadan 552
Ibel 428

Register 949

Ibi 562
Icchoukane 103
Id-Aissa 38
Idelès 122
Idfu 220
Idfu-Bahnhof 220
Idiofa 644
Idiroko 551
Idri 177
Ife 566
Iferouâne 307
Ifrane 28
Igbetti 552
Igli 72
Igolo 551
Ihérir 118
Ikela 660
Ikom 562, 585
Ikot-Ekpene 563
Ilebo 645
Ileret 705
Illela 554
Ilorin 552
Imilchil 29
Iminni 33
Imlili 19
Imouzzèr des Ida Outana-
ne 15
I-n-Abangarit 309
In Amguel 83
In Aménas 114
Inchobe 868
Inda Silase 401
In Ecker 83
In Ezzane 315
Inga-Staudamm 643
Ingal 309
In Ghar 83
In Guezzam 100
Inhambane 870
I-n-Ouagar 309
In Salah 81
In Tellit 268
Insel Djerba 146
Insel Gorée 420
Inticho 403
Irelli 275
Irobo 483
Isangi 658
Isebania 699
Iseirom 339
Iserhoua 314
Isiolo 706
Isiro 655
Ismailia 212
Isoka 789
Issia 479

Ivangi 666
Iwo 552

J
Jahun 556
Jakiri 583
Jalu 172
Jebel Heiban 374
Jebel Marra 366
Jeffrey's Bay 893
Jendouba-Ebene 141
Jibiya 322
Jijel 102
Jinja 682
Joal 421
Johannesburg 878
Joru 460
Jos 559
Jreida 242
Juba 377

K
Kaap Kruis 822
Kabala 461
Kabale 683
Kabalega-Nationalpark 681
Kabanga 747
Kabarnet 698
Kabgayi 738
Kabo 342
Kabos 591
Kabou 532
Kabunga 666
Kabwe 790
Kachalola 792
Kacham 269
Kachia 559
Kachikau 837
Kadeita 369
Kadjebi 520
Kadoma 852
Kadugli 373
Kaduna 559
Kaedi 246
Kaélé 580
Kaffrine 421
Kafoutine 423
Kafue 792
Kafue-Nationalpark 791
Kagitumba 739
Kahnplay 467
Kahuzi-Biega-NP 667
Kaiama 552
Kairo 203
Kairouan 142
Kajiado 709
Kakamas 883

Kakamenga Forest 715
Kakata 468
Kalahari-Gemsbok-Natio-
nalpark 813, 895
Kalahari-Wüste 814, 882
Kalalé 542
Kalifourou 428
Kamanjab 824
Kamativi 855
Kambaia 443
Kambia 444
Kamina 645
Kampala 682
Kampti 504
Kamsar 440
Kananga 645
Kandé 533
Kandi 538
Kang 834
Kaniama 645
Kanioum, 274
Kankan 445
Kano 554
Kanona 790
Kantchari 304, 498
Kanye 834
Kaoda 374
Kap der Guten Hoffnung
885
Kapenguria 696
Kapiri Mposhi 790
Kaporo 799
Kappeta 378
Kapstadt 885
Kara 533
Karabatum 358
Karakore 405
Karang 422
Karasburg 883
Karawa 649
Kariba 847
Kariba Dam 847
Karibib 818
Karima 368
Karnak 219
Karoi 848
Karonga 798
Kasama 789
Kasane 838
Kasese 686
Kasesya 755
Kasindi 684
Kasr el Ban 223
Kasserine 141
Kasulu 754
Kasumbalesa 646
Kasumu 801

950 Durch Afrika

Kasungu 800
Katawi-Nationalpark 755
Kati 283
Katima Mulilo 821
Katiola 477
Katsina 555
Katsina Ala 562
Kau 375
Kauara 504
Kawa 361
Kaya 495
Kayanza 746
Kayes 284, 425
Kayna-Bayonga 664
Kayonza 739
Kazungula 854
Kebili 151
Kédékou 539
Kédougou 426, 438
Keekorok Lodge 702
Keetmanshoop 813
Keimoes 883
Kekem 587
Kellia 202
Kembé 618
Kembolcha 404
Kémérida 543
Kenema 460
Kenge 644
Kéniéba 427
Kénitra 13
Kenzou 589
Kéran-Nationalpark 532
Kérémou 499
Keren 400
Kericho 699
Kerma en Nuzi 367
Kérou 539
Kérouané 448
Kerzaz 72
Ketama 21
Kétao 543
Kétou 544
Khartum 362
Khashm el Girba 385
Khatmia-Paá 212
Khenifra 28
Khorixas 823
Kibre Mengist 407
Kibuye 737
Kidal 262
Kidira 425
Kiffa 245
Kigali 738
Kiganjo 707
Kigoma 754
Kikagati 765

Kikambala 714
Kikwit 644
Kilimandjaro 714
Kimberley 882
Kindia 442
King William's Town 892
Kingi 561
Kinkala 635
Kinshasa 643
Kintampo 516
Kintanu 781
Kisangani 659
Kishi 552
Kisimaio 732
Kiskawa 338
Kisoro 683
Kissidougou 451
Kisumu 699
Kita 286
Kitale 696
Kitibi 764
Kitui 712
Kivu-See 664
Kivusee 737
Kizenga 781
Klay 469
Klerksdorp 881
Klippen von Borodougou 502
Klouto 519
Knysna 893
Kobenni 247
Kobero 747
Kodieran 447
Kodjari 499
Kodok 375
Koës 814
Koka-Staudamm 407
Kokofata 286
Kolabouniy 441
Kolda 423
Kolmanskop 812
Kolo 762
Kologi 374
Kolokani 283
Koloko 281
Kolwezi 646
Kom Aushim 205
Komanda 662
Kôm Ombo 220
Kondio 499
Kondoa Irangi 762
Kongbo 618
Kongola 821
Kongolam 322
Konkobougou 273
Konna 267, 274

Konongo 518
Konso 406
Kontagora 553
Korémairwa 313
Korhogo 475
Korientzé 274
Koro 276, 502
Koro-Toro 337
Korogwe 759
Kortala 372
Korti 368
Kosti 383
Koto-Camp 519
Kouandé 539
Koudougou 506
Koufey 326
Kougouleu 627
Koulouba-Höhlen 285
Koumameyong 628
Koumba 440
Koumbala 617
Koumbi Saleh 247
Koumi 502
Koundara 440
Kounkané 423
Koupéla 497
Kouri 278
Kourémalé 446
Kouroussa 445
Kourya 443
Kousseri 557, 578
Koutaba 585
Koutiala 278
Koza 576
Kpalimé 530
Kpandu 519
Kpassa 520
Kpimé-Wasserfälle 531
Krib 140
Kribi 591
Kroonstad 884
Kruger-Nationalpark 879
Ksabi 72
Ksar el Hallouf 149
Ksar Ghilane 149, 150
Ksar Haddada 149
Ksar Ouled Debbab 149
Ksar Ouled Soltane 148
Kuiseb-Fluss 817
Kukawa 558
Kulb 360
Kulubi 408
Kuma 365
Kumasi 515
Kumba 595
Kumbo 583
Kundalila 790

Kunduchi 760
Kurmingoro 559
Kwekwe 852
Kwendin 468
Kwiha 404
Kyegegwa 686
Kyotera 685

L
La Tapoa 303
Laayoun 17
Labdah 166
Labé 438
Labézanga 266
Lac Ejagham 563
Lac Faguibine 272
Ladysmith 886
Lafia 564
Lagdo 580
Laghouat 77
Lagos 551
Laï 341
Laisamis 704
Lake Mburo Game Reserve 684
Lake-Bogoria 698
Lakota 482
Lalara 628
Lalibela 404
Lambaréné 627
Lamordé-Torodi 303
Lamu 711
Langtang 562
Larabanga 516
Larache 13
Laso 381
Lavumisa 896
Layba 657
Léo 505
Léraba-Wasserfälle 503
Léré 273
Leribe 889
Letaba 879
Libenge 648
Liboi 732
Libreville 627
Likasi 646
Likati 652
Lilongwe 801
Limani 557
Limbe 594, 803
Lindi 764
Linguère 429
Linyanti-Camp 840
Liouesso 634
Lisala 648
Little Gombi 561

Livingstone 793
Liwa 338
Liwonde 803
Lobatse 840
Lobé-Wasserfälle 592
Lobito 782
Lobo Lodge 701
Loboko 650
Lodja 660
Lodwar 696
Logia 405
Logobou 540
Logone Birni 578
Loiyangalani 705
Lokichokio 378
Lokoti 587
Lokutu 658
Lola 450
Lolgorien 700
Lolo 654
Lomé 529
Longué 439
L'Oso 666
Louis Trichardt 877
Loum 587
Loumbobo 635
Loutété 635
Lower Loteni 888
Luanda 781
Luangwa-Nationalpark 791
Lubango 780, 782
Lubero 663
Lubumbashi 646
Lubutu 666
Lüderitz 812
Luena 645
Lugard's Falls 711
Lukwa 746
Lundazi 800
Lunga-Lunga 715
Lusaka 790
Lusikisiki 891
Luxor 218
Lydenburg 880

M
Macenta 451
Machadodorp 880
Machakos 712
Macia 870
Madama 316
Madaoua 321
Madina-Salambandé 438
Madu 357
Madula 660
Maferena 444
Mafeteng 889

Mafikeng 881
Magadi 709
Magadi-See 709
Magaria 324
Magba 582
Magbale 461
Magburaka 461
Maghnia 69
Mahalapye 840
Mahina 287
Mahoro 668
Maiduguri 556
Maïné-Soroa 324
Makala 653
Makalondi 303
Makamba 747
Makayuni 758
Makeni 461
Makgadikgadi Pans Game Reserve 838
Makilimbo 656
Maknusa 178, 182
Makurdi 564
Makutano 698
Makuti 848
Malaba 683
Malakal 376
Malanville 312
Malawisee 801
Malek 377
Malfacassa-Park 532
Malha 358, 360
Mali 256, 439
Malindi 711
Malische Grenze 311
Mallawi 206
Maltahöhe 815
Mambasa 657
Mamou 442
Mampong 515
Mamuno 817
Man 478
Mana Pools NP 848
Manankoro 281
Manantalis 286
Manda 342
Mandara-Seen 178
Mandaraberge 577
Mandiana 447, 448
Mandingo-Berge 285
Mandélia 341
Mankim 597
Mantsonyane 890
Manyami 710
Manyara-Nationalpark 757
Manyovu 747
Mao 336

952 Durch Afrika

Mapangu 644
Maputo 871
Maradi 321
Maralal 705
Maridi 381
Mariental 814
Marigat 698
Markoye 266, 496
Maro 342
Maroua 579
Marrakech 33
Marsa Alam 223
Marsa Umbarek 222
Marsabit 703
Marsabit-Nationalpark 704
Masaka 685
Masasi 764
Mascara 69
Maseru 889
Masiaka 460
Masivingo 851
Massabi 781
Massai-Mara-NP 700, 701
Massakori 336
Mata Mata 814
Matadi 643
Matakil-Wasserfälle 617
Matamey 322
Matema 765
Matiacoali 498
Matjiesfontein 885
Matmata 148
Maun 836
Mauretanien 235
Maxixe 870
Mayo Darlé 582
Mayo Oulo 577
Mazabuka 792
Mazoula 111
Mbabane 896
Mbaïki 614
Mbala 755
Mbalabala 853
Mbalam 591
Mbalmayo 591
Mbandjok 597
Mbanga 595
Mbanza Ngungu 643
Mbarara 684
Mbini 630
Mboki 619
Mboro-s-Mer 419
Mboty 891
Mbouda 586
Mbozi 763
Mbrés 616
Mbuji-Mayi 645

Mchinji 802
M'Chounèche 103
Mcllwane-Nationalpark 849
Mecheria 70
Medd Allah 248
Medenine 146
Medi 380
Médina Gounas 428
Médouneu 629
Mega 407
Mehdiya-Plage 13
Meiganga 587
Meki 406
Meko 544
Méla 629
Melhbosstrand 886
Melilla 21
Mellt 357
Ménaka 266
Menawashei 366
Ménéké-Strand 480
Mengoub 26
Merama Hill 740
Merca 731
Merdjerda-Salzsee 105
Merga 356
Meri 579
Meroë 370
Merowe 368
Mersa Matruh 200
Merto–tek 95
Meru 708
Meru-Nationalpark 708
Merzouga 27
Messina 877
Metameur 146
Metema 382
Metlaoui 143
Mfum 585
M'Guiden 80
Mhamid 36
Micomeseng 630
Middelburg 880
Midelt 25
Midès 145
Mieso 408
Migori 699
Mikindani 764
Mikumi-Nationalpark 761
Mim 517
Mina 102
Mindouli 635
Mininian 447
Mintom 591
Miria 324
Mirimina 38
Misaohe 531

Miski 345
Misratah 166
Missirikoro 279
Mitatib 385
Mitsiwa 400
Mityana 686
Mkuze 896
Mobaye 649
Mobayi-Mbongo 649
Mobutsabe 834
Modun 732
Mogaba 879
Mogadischu 731
Mogotio 698
Mohales Hoek 889
Mohammedia 14
Mojo 405
Mokhotlong 889
Mokolo 577
Mokong 579
Mokté 497
Mokwa 553
Molegbe 650
Molo 699
Mombasa 713
Monga 653
Mongalla 377
Mongomo 630
Monkey Bay 802
Monrovia 468
Mons Porphyrites 215
Mont Hoyo 663
Mont Kokoun 280
Mopti 265, 268
Mora 576
Moremi-Nationalpark 837
Morogoro 761
Mossel Bay 894
Mostaganem 68
Moudjéria 243
Moulay Larbi 76
Moundou 341
Mount Cameroun 595
Mount Kenya 706
Mount-Kenya-NP 707
Mouriden 417
Moussayah 444
Moussoro 337
Moyale 407
Mpanda 755
Mparambo 746
Mpataba 522
Mpika 789
Mpondwe 685
Mponela 800
Mpulungu 746
Msata 759

Register 953

Mt. Elgon Nationalpark 683
M,tanbougou 283
Mtito Andei 710
Mtwara 764
Mubende 686
Mubi 561
Mugina 747
Muhammad Qol 384
Mukwe 820
Mundri 380
Mungbere 657, 668
Muranga 707
Murchinson-NP 681
Murzuk 182
Musawwarat 370
Musenge 666
Mushenge 659
Musienene 663
Musoma 698
Mût 207
Mutare 850
Mutoko 850
Mutomo 712
Mwanza 756, 850
Mweka 645
Mwene Ditu 645
Mwingi 708
Mwuma 851
Mzimba 800
Mzuzu 799

N
Na'ama 214
Naamacha 871
Nabeul 141
Naboomspruit 877
Naboulgou 532
Nadoba 534
Nador 21
Nag Hammâdi 217
Naga 370
Nahouri 501
Nairobi 702
Nairobi-NP 703, 709
Naivasha 701
Nakonde 763
Nakop 883
Nakuru 697
Namanga 709
Nampala 273
Namtib-Farm 815
Namutoni-Lodge 823
Nanga-Eboko 597
Nangurukuru 764
Nanyiuki 706
Napata 368
Nara 282

Naréna 281
Naro Moru 706
Narok 702
Narubis 813
Nassian 476
Nata 838
Natchamba 533
NP Kahnzi-Biega 667
NPs Bontioli und Léo 504
NP von Gombe 747
NP von Hwange 855
NP von Kyle 851
NP von Matopos 854
NP von Matusado 855
NP von Mushandike 852
NP von Nazinga 501
NP von Nyika 798
NP von Pô 501
NP von Sebakwe 852
NP von Tsitsikama 893
Natitingou 540
Naturpark Mont Fouari 627
Nauchas 816
Naukluft-Nationalpark 816
Navrongo 515
Nazret 407
Nchalo 805
Ncue 630
Ndaki 269
Ndali 541
Ndend, 627
N'Djamena 340
Ndjolé 628
Ndélé 617
Ndouci 481
Ndu 652
Nduya 657
Nefta 144
Nefza 140
Negage 780
Negele 407
Nelspruit 880
Néma 247
Néngasi 542
New-Halfa 385
Newcastle 886
Ngabu 805
Ngaou Ndal 588
Ngaoundéré 581
Ngara 747
Ngarangou 339
Ngolo 616
Ngoma 821
Ngorkou 273
Ngorongoro-NP 757
Ngotogongoron 704
Ngouma 274

Nguigmi 325
Nguru 556
Nia Nia 661
Niablé 485, 517
Niafounk, 272
Niakaramandougou 477
Niale 447
Niamey 301
Niandakoro 446
Niangara 656
Niangoloko 504
Niefang 630
Niega 482
Niéllé 279
Niéna 280
Niger 296
Nikki 542
Nimule 378
Niodior 421
Niokolo-Koba-NP 426
Niono 273
Niragongo 665
Nkambé 583
Nkawkaw 518
Nkhata 801
Nkhata Bay 801
Nkhotakota 801
Nkongsamba 587
Nkoranza 517
Nkwanta 520
Noé 485
Nojane 834
Nokou 336
Nombori 275
Nooitgedacht 882
Noordoewer 886
Nord-Khartum 370
North Horr 705
Nouail 151
Nouakchott 240
Nouâdhibou 19
Nsalu 790
Ntadembele 646
Ntendezi 737
Ntui 596
Ntungamo 684
Nuweiba 213
Nyahururu 707
Nyala 366, 789
Nyamatanda 868
Nyampanda 850
Nyeri 707
Nyimba 792
Nylstroom 877
Nyong-Fluá 596
Nzassi 781
Nzo 450

954 Durch Afrika

Nzérékoré 449

O
Obala 597
Obo 619
Obock 410
Obuasi 522
Odiénné 475
Ogoja 562
Ohanet 111
Ohrigstad 879
Okahandja 818
Okauahene 825
Okavangodelta 837
Okwangati 824
Olambwe-Valley-NP 700
Omdurman 362
Omega 820
Ondangwa 825
Ondjiva 780
Ongarou 498
Onitsha 564
Operet 822
Opuwo 824
Oran 68
Orodara 502, 503
Oseikojokrom 517
Oshakati 826
Oshikango 780
Oshogbo 552
Otavi 819
Otjijanasemo 825
Otjiwarongo 819
Otu 563
Ouadâne 240
Ouahigouya 494
Ouaké 543
Oualâta 249
Ouangolodougou 504
Ouargla 106
Ouarkoye 506
Ouarzazate 32
Oudtshoorn 893
Oued El Khatt 245
Oueha 409
Ouellé 484
Ouidah 529
Oujda 22
Ouéléssébougou 280
Oum Teboul 102
Oum-er-Rbia-Quellen 28
Ounianga Kébir 344
Ounianga Sérir 344
Ouro Sogui 429
Oursi 269, 496
Outjo 823
Oûtoul 83, 85

Owando 634
Ownsrik 178
Oxbow Lodge 889
Oyako-Fälle 285
Oyem 628
Oyo 566
Oysha 663

P
Paarl 885
Paga 501
Paki 554
Pakwach 681
Palapye 839
Palmwag 824
Paloich 383
Pama 500
Pambeguwa
Pamelap 444
Panyam 562
Paparah-Fälle 285
Parakou 542
Parys 884
Pehonko 539
Pékanhouébili 479
Pendembu 460
Pendjari 498, 541
Pendjari-Nationalpark 541
Peul-Bororo 300
Phalaborwa 878
Philae 220
Philippolis 884
Pibor Post 376
Pietermaritzburg 887
Pietersburg 877
Pilgrim's Rest 880
Pindula 737
Pita 442
Pitoa 580
Plettenberg Bay 893
Plumtree 856
Pô 501
Pogo 279
Pointe Noire 635
Poko 655
Ponio 500
Popa-Wasserfälle 820, 836
Porga 540
Port Edward 891
Port Elizabeth 892
Port Harcourt 563
Port Loko 462
Port Safaga 216
Port Shepstone 891
Port St. Johns 891
Port Sudan 384
Port Tewfik 211

Porto Amboin 782
Porto Henrique 870
Porto Novo 551
Potchefstroom 881
Potiskum 555
Pouyentza 497
Pretoria 877
Prieska 896
Prikro 484
Ptolemais 167

Q
Qena 217
Qift 218
Qora Mouth 891
Queen Elisabeth-NP 685
Queenstown 892
Qûs 218
Quseir 222

R
Rabat 14
Rafaï 619
Rahama 558
Ramatlabama 881
Ramokgwebana 856
Randa 410
Ras Ajdir 146, 165
Ras-El-Ma 76
Râs Gemsa 215
Râs Gharib 215
Rashad 374
Râs Timirist 241
Râs Zafarana 215
Rechaiga 77
Redeyef 145
Reggane 73
Rehobot 816
Relizane 68
Remada 147
Renk 383
Ressano Garcia 871
Rhodes-Inyanga-NP 850
Rhoufi 103
Rietfontain 813
Rikka 204
Rissani 26
Riversdale 894
Robit 405
Rockmount 888
Rofia 553
Rondevlei 885
Rosh Pinah 812
Roumsiki 577
Rouxville 888
Royal-Nathal-NP 888
Ruacana (Dorf) 825

Ruha-Nationalpark 761
Ruhengeri 740
Ruinen von Khami 854
Rulenge 766
Rumangabo 664, 665
Rumbek 380
Rumonge 747
Rumphi 798
Rundu 820
Rusape 850
Rustenburg 881
Rusumo 739
Rutshuru 664
Rutshuru-Wasserfälle 664
Ruwenzori 684
Rwindi 664

S
Sabha 171, 189
Sabie 880
Sabou 505
Sabrata 165
Safi 15
Sagakofe 518
Sahuda 561
Saïda 70, 76
Saida 21
Saint Louis 419
Saipem 106
Saladou 448
Salaga 514
Salal 337
Salala 468
Salde 834
Salé 13
Salewa 314
Salima 802
Salmossi 496
Sam 629
Samaru 554
Sambailo 440
Sambesi 838
Samburu-Nationalpark 704
Same 759
San 278
San-Pédro 480
Sanak 580
Sandaré 282
Sanga 274
Sangmélima 591
Sanniquellie 467
Sansanné-Mango 532
Santa Maria 782
Sapele 565
Saqqôra 204
Saraféré 273
Saraya 427

Sarh 342
Sassandra 482
Satara 879
Satiri 507
Savalou 543
Save 870
Savuti Camp 837
Savuti-Bridge 840
Sawla 516
Say 303
Sayah 357
Sbaa 81
Sbeitla 143
Sebdou 70
Sebit 696
Seddenga-Tempel 361
See von Dem 495
Seeheim 811
Ségala 282
Ségbana 542
Ségou 277, 279, 439
Seguedine 316
Sehitwa 835
Sekoma 834
Sekondi-Takoradi 521
Selima 210
Selouane 21
Senafe 403
Senevaly 247
Senga Bay 802
Senkeretti 821
Sennar 382
Senufo 474
Serdo 405
Serega 759
Serena Lodge 700
Serengeti-Nationalpark 756
Sériba 440
Serondela Camp
Seronera Lodge 757
Serouenout 121
Serowe 839
Sesibi 356
Sesriem 816
Sfax 145
Shaba-Game-NP 704
Shahat 168
Shakawe 836
Shangani 853
Sharm el Sheik 214
Shashemene 406
Shedrick Falls 713
Shendi 370
Shilluk-Dörfer 376
Shimba-Hills-NP 713
Shimo La Tewa 713
Shurugwi 853

Shwayrif 189
Siavonga 847
Sibata 452
Sibilot-Nationalpark 705
Sibut 616
Siddi-bel-Abbès 69
Sidi Abd el Rahman 200
Sidi Abdallah des Rhiata 24
Sidi Ameur 77
Sidi Ladjel 77
Sidi Nadji 104
Sidi-Rbat 16
Sido 280, 342
Sidra 372
Sigor 696
Siguiri 446
Sikasso 279
Silet 87
Sinaongourou 539
Sinawan 169
Sindia 449
Sindou 503
Sindou-Spitzen 503
Sinkanse 501
Sinkat 384
Sinko 449
Sinématiali 476
Sirte 167
Sitenga 496
Siwa 201
Skukuza 879
Smara 18
Sofara 276
Sohâg 217
Soko 485
Sokod, 531
Sokoto 553
Solitaire 816
Sololo 703
Soloum 200
Sombe 782
Somerset West 894
Songea 765
Sossusvlei 817
Sotoboua 531
Souanké 634
Soubré 480
Sougueur 77
Sourceyubu 620
Soy 697
Spitzkoppe 818
Springbok 886
Standerton 886
Stockport 881
Strand 894
Stromschnellen von Bili 653
Suakin 384

956 Durch Afrika

Suakoko 468
Sudr 211
Suez 210, 213
Suki 382
Suknah 171
Sukses 819
Sulb-Tempel 361
Sultan Hamud 710
Sumbawanga 755
Sumeih 379
Sun City 881
Sunyani 516
Sévaré 267, 276
Swellendam 894

T
Taba 214
Tabalak 310
Tabankort 262
Tabarka 140
Taberdga 104
Tabla 311
Tabou 480
Tadjourah 410
Tafiré 477
Tafraoute 16
Taghit 71
Tahoua 310
Taï 481
Tajarhi 182
Takikroum 517
Takiéta 322
Talata Mafara 554
Talcho 310
Taleb Larbi 144
Taliouine 37
Tamale 514
Tamalest 148
Tamanrasset 84
Tambacounda 284, 422
Tambura 620
Tàmchekett 246
Tamelhat 105
Tamentit 73
Tamerza 145
Tamtattouchte 29
Tanéka 543
Tanga 715
Tanger 13
Tanguiéta 540
Tanougou 541
Tanout 323
Tansarga 499
Tan-Tan 17
Taourit 25
Taouz 27
Tappita 468

Tarangire-Nationalpark 762
Tarat 117
Targuist 21
Tarhazoute 15
Tarime 699
Tarkwa 522
Taroudannt 37
Tassili 123
Tata 38
Tatalé 533
Tataouine 147, 148
Taveta 714
Taza 25
Tazenakht 36
Tazolé 320
Tazoult Lambèse 103
Tazrouk 98
Tazurbu 185
Tazzarine 34
Tcholliré 580
Tébessa 104
Téboursouk 141
Techiman 516
Téchine 148
Tegguida-n-Tessoum 309
Tegina 559
Tekerkiba 178
Telouet-Tizi-n-Tichka 33
Temacine 105
Témara Plage 14
Temba 877
Tendaho 405
Tendelti 371
Téné 277
Ténès 68
Tenkodogo 501
Tepa 518
Téra 496
Termit-Ouest 325
Termit-Sud 325
Tesawa 182
Teseney 400
Tessalit 75, 89
Tessaoua 322
Tessit 266
Tete 850
Tétouan 20
Thaba Tseka 890
The Fjord 214
Thélepte 143
Thika 708
Three Sisters 883
Thyolo 804
Tiankoye 428
Tiaret 75
Tiassalé 481
Tibati 582

Tiberghamine 81
Tîchît 250
Tiddis 102
Tidjikja 243, 250
Tiéfinzo 281
Tienie 469
Tienra 280
Tifrit 76
Tignère 582
Tiko 594
Tillabéri 301
Tilrehmt 78
Timbedgha 247
Timbi Madina 443
Timbuktu 265, 270
Timgad 103
Timia 307
Timiaouine 89
Timimoun 80
Tin Agadel 496
Tin Akof 269
Tin Alkoum 124
Tin Fouyé 111
Tin Fouyé Tabankort 113
Tin Zawatine 90
Tindangou 540
Tindila 448
Tindjassé 520
Tindouf 20, 71
Tinerhir 30
Tingréla-See 503
Tiou 276
Tipaza 68
Tirakoulou 448
Tiroungoulou 618
Tison-See 581
Tissint 38
Titao 506
Titule 655
Tiwi 714
Tizi-n-Bachkoum 36
Tiznit 17
Tlemcen 69
Togosee 530
Tomat 372
Tominian 277
Tonka 272
Tororo 683
Toteng 835
Touba 479
Toubakouta 422
Tougan 506
Touggourt 105
Tougouri 495
Touifza 70
Toujane 148
Toulépleu 479

Register 957

Toumanina 447
Toumodi 481
Tourba 341
Tozeur 144
Traghan 182
Transkei 891
Tripolis 165
Trompsburg 884
Tsauchali-River 817
Tsavo-Nationalpark 710
Tschadsee 557
Tsebong 834
Tses 814
Tshipise 877
Tsodili Hills 836
Tsumeb 821
Tsumkwe 821
Tubruk 168
Tumu 182, 316, 515
Tunduma 763
Tunis 139
Turkana-See 705
Twee Rivieren 813
Twyfelfontein
Tzaneen 878

U
Uige 781
Uis 822
Ujiji 754
Umm Keddada 365
Umm Marahik 357
Umm Mirdi 369
Umm Ruwaba 371, 374
Umtata 891
Ungwatiri 385
Upington 882
Usakos 818
Utegi 699

V
Vanzylsrus 895
Velingara 424
Versteendewoud 823
Verwoerd-Park 816
Victoria Falls 854
Victoria Island 551
Victoria-Fälle 854
Victoria-See 682
Victoriasee 699
Vilanculos 870
Villa de Monica 868
Villiers 887
Vina-Wasserfälle 587
Vioolsdrif 886
Virguna-NP 664, 684
Vogan 530

Voi 712
Voinjama 467
Volksrust 886
Vryburg 882

W
Wa 516
Waat 377
Wad Banda 364
Wad Ben Naqa 370
Wad Medani 381
Waddan 171
Wadi al-Kheil 189
Wadi Ghirza 170
Wadi Halfa 367
Wadi Howar 359
Wadi Magrur 360
Wadi Mathendous 171
Wadi Natrun 202
Walikale 666
Walvisbaai 818
Wamba 564, 658
Wanga 668
Wapinda 652
Warmbad 877
Warrenton 881
Wasserfälle Kapichita 805
Wasserfälle Karfiguéla 503
Wassou 441
Waterberg-Park 819
Watsa 668
Wau 378
Waw al-Kebir 183
Waw an-Namus 171, 184
Wawa 553
Waza-Nationalpark 576
Webuye 683
Wed Weil 379
Weldiya 404
Wendo 406
Wé-Wé 543
Wikro 404
Wilhemstal 818
Willem Pretorius NP 884
Winburg 884
Windhoek 816
Witdraal 895
Witu 711
Witvlei 817
Wolmaransstad 881
Worcester 885
Wukari 562
Wum 584

X
Xai-Xai 870
Xangongo 780

Y
Yabayo 479
Yabelo 407
Yako 494
Yalogo 495
Yambio 381
Yambéring 439
Yamoussoukro 477
Yandongi 651
Yanfolila 281
Yangambi 658
Yaoundé 589
Yebbi Bou 345
Yebbi Souma 345
Yei 381
Yeji 514
Yelwa 553
Yendi 521
Yengo 634
Yfren 170
Yoko 597
Yola 561

Z
Zaglou 73
Zagora 35
Zaka 856
Zakikiro 517
Zam-Zam 170
Zambezi-Deka 855
Zaoutallaz/Fort Gardel 118
Zaria 554
Zégoua 279
Zéguédéguin 497
Zeitum 213
Zelfana 106
Zémio 619
Zemraguié 248
Zéralda 68
Ziguinchor 423
Zilla 172
Zimmi 469
Zina 578
Zinder 323
Zliten 166
Zobué 850
Zomba 803
Zongo 646
Zongo-Wasserfälle 781
Zonkwa 559
Zoo Baba 326
Zorzor 467
Zouar 317
Zouérat 238
Zuara 165
Zvishavane 852

REISE KNOW-HOW

REISE KNOW-HOW Bücher werden von Autoren geschrieben, die Freude am Reisen haben und viel persönliche Erfahrung einbringen. Sie helfen dem Leser, die eigene Reise bewußt zu gestalten und zu genießen. Wichtig ist uns, daß der Inhalt nicht nur im reisepraktischen Teil „Hand und Fuß" hat, sondern daß er in angemessener Weise auf Land und Leute eingeht. Die Reihe REISE KNOW-HOW soll dazu beitragen, Menschen anderer Kulturkreise näher zu kommen, ihre Eigenarten und ihre Probleme besser zu verstehen. Wir achten darauf, daß jeder einzelne Band gemeinsam gesetzten Qualitätsmerkmalen entspricht. Um in einer Welt rascher Veränderungen laufend aktualisieren zu können, drucken wir bewußt kleine Auflagen.

SACHBÜCHER:

Die Sachbücher vermitteln KNOW-HOW rund ums Reisen: Wie bereite ich eine Motorrad- oder Fahrradtour vor? Welche goldenen Regeln helfen mir, unterwegs gesund zu bleiben? Wie komme ich zu besseren Reisefotos? Wie sollte eine Sahara-Tour vorbereitet werden? In der Sachbuchreihe von REISE KNOW-HOW geben erfahrene Vielreiser Antworten auf diese Fragen und helfen mit praktischen, auch für Laien verständlichen Anleitungen bei der Reiseplanung.

Welt

Achtung Touristen
DM 16,80   ISBN 3-922376-32-0
Äqua-Tour (RAD & BIKE)
DM 28,80   ISBN 3-929920-12-3
Auto(fern)reisen
DM 34,80   ISBN 3-921497-17-5
Die Welt im Sucher
DM 24,80   ISBN 3-9800975-2-8
Fahrrad-Weltführer
DM 44,80   ISBN 3-9800975-8-7
Motorradreisen
DM 34,80   ISBN 3-921497-20-5
Um-Welt-Reise (REISE STORY)
DM 22,80   ISBN 3-9800975-4-4
Wo es keinen Arzt gibt
DM 26,80   ISBN 3-922376-35-5

REISE STORY:

Reise-Erlebnisse für nachdenkliche Genießer bringen die Berichte der REISE KNOW-HOW REISE STORY. Sensibel und spannend führen sie durch die fremden Kulturbereiche und bieten zugleich Sachinformationen. Sie sind eine Hilfe bei der Reiseplanung und ein Lesevergnügen für jeden Fernwehgeplagten.

STADTFÜHRER:

Die Bücher der Reihe REISE KNOW-HOW CITY führen in bewährter Qualität durch die Metropolen der Welt. Neben den ausführlichen praktischen Informationen über Hotels, Restaurants, Shopping und Kneipen findet der Leser auch alles Wissenswerte über Sehenswürdigkeiten, Kultur und „Subkultur" sowie Adressen und Termine, die besonders für Geschäftsreisende wichtig sind.

Europa

Amsterdam
DM 26,80   ISBN 3-89416-231-7
Baltikum – Estl./Lettl./Litauen
DM 39,80   ISBN 3-89416-196-5
Bretagne
DM 39,80   ISBN 3-89416-175-2
Budapest
DM 26,80   ISBN 3-89416-212-0
Bulgarien
DM 36,80   ISBN 3-89416-220-1
England, der Süden
DM 36,80   ISBN 3-89416-224-4
Estland
DM 26,80   ISBN 3-89416-215-5
Irland-Handbuch
DM 36,80   ISBN 3-89416-194-9
Lettland
DM 26,80   ISBN 3-89416-216-3
Litauen mit Kaliningrad
DM 29,80   ISBN 3-89416-169-8
London
DM 26,80   ISBN 3-89416-199-x
Madrid
DM 26,80   ISBN 3-89416-201-5
Mallorca
DM 29,80   ISBN 3-927554-17-0
Mallorca für Eltern und Kinder
DM 24,80   ISBN 3-927554-15-4
Oxford
DM 26,80   ISBN 3-89416-211-2
Paris
DM 26,80   ISBN 3-89416-200-7
Portugal-Handbuch
DM 34,80   ISBN 3-923716-05-2
Prag
DM 26,80   ISBN 3-89416-204-X
Rom
DM 26,80   ISBN 3-89416-203-1
Schottland-Handbuch
DM 36,80   ISBN 3-89416-179-5
Schweden-Handbuch
DM 36,80   ISBN 3-923716-10-9
Skandinavien – der Norden
DM 36,80   ISBN 3-89416-191-4
Tschechien
DM 36,80   ISBN 3-89416-600-2
Türkei-Handbuch
DM 36,80   ISBN 3-923716-02-8
Türkei West & Südküste
DM 32,80   ISBN 3-923716-11-7
Ungarn
DM 32,80   ISBN 3-89416-188-4

Europa

Warschau/Krakau
DM 26,80   ISBN 3-89416-209-0
Wien
DM 26,80   ISBN 3-89416-601-0
Zypern-Handbuch
DM 32,80   ISBN 3-923716-04-4

Deutschland

Berlin mit Potsdam
DM 26,80   ISBN 3-89416-226-0
Frankfurt/Main
DM 24,80   ISBN 3-89416-207-4
Mecklenburger Seenplatte
DM 24,80   ISBN 3-89416-221-X
München
DM 24,80   ISBN 3-89416-208-2
Nordfriesische Inseln
DM 19,80   ISBN 3-89416-601-0
Nordseeinseln
DM 29,80   ISBN 3-89416-197-3
Nordseeküste
DM 26,80   ISBN 3-89416-603-7
Ostdeutschland individuell
DM 32,80   ISBN 3-921838-12-6
Ostfriesische Inseln
DM 19,80   ISBN 3-89416-602-9
Ostharz mit Kyffhäuser
DM 19,80   ISBN 3-89416-228-7
Oberlausitz
DM 24,80   ISBN 3-89416-165-5
Ostseeküste/ Mecklenburg
DM 19,80   ISBN 3-89416-184-1
Rügen/Usedom
DM 19,80   ISBN 3-89416-190-6
Freistaat Sachsen
DM 26,80   ISBN 3-89416-177-9
Land Thüringen
DM 24,80   ISBN 3-89416-189-2
Westharz mit Brocken
DM 19,80   ISBN 3-89416-227-9

P R O G R A M M